陕西省圖書館
古籍普查登記目録
（中）

全國古籍普查登記目録

國家圖書館出版社
National Library of China Publishing House

610000－1001－0010324　普 0010885

**法律醫學二十四卷首一卷附一卷**　（英國）該惠連　（英國）弗里愛撰　（英國）傅蘭雅口譯　（清）徐壽筆述　（清）趙元益校錄　清光緒二十五年(1899)江南機器製造總局刻本　十冊　十行二十二字上下黑口左右雙邊

610000－1001－0010325　普 0010886

**補註補註洗冤錄四卷附刊檢骨圖格一卷**　（宋）宋慈撰　（清）王又槐集證　（清）阮其新補註　**作吏要言一卷**　（清）葉玉屏著　（清）朱性齋增　清道光二十三年(1843)刻三色套印本　二冊　十行十八字小字雙行同白口左右雙邊

610000－1001－0010326　普 0010888

**漢律類纂一卷**　張鵬一纂　清光緒三十三年(1907)奉天學務公所鉛印本　一冊　十行二十二字小字雙行同四周單邊

610000－1001－0010327　普 0010889

**國際公法志五章**　蔡鍔編　清光緒二十八年(1902)廣智書局鉛印本　一冊　十三行三十六字白口四周雙邊

610000－1001－0010328　普 0010890

**農務化學問答二卷**　（英國）仲斯敦著　（英國）秀耀春口譯　（清）范熙庸筆述　清光緒二十五年(1899)江南機器製造總局刻本　二冊　十行二十二字小字雙行同上下黑口左右雙邊

610000－1001－0010329　普 0010891

**農務化學簡法三卷**　（美國）固來納著　（英國）傅蘭雅口譯　（清）王澍善筆述　清光緒二十九年(1903)江南機器製造總局刻本　一冊　十行二十二字上下黑口左右雙邊

610000－1001－0010330　普 0010892

**農務化學簡法三卷**　（美國）固來納著　（英國）傅蘭雅口譯　（清）王澍善筆述　清光緒二十九年(1903)江南機器製造總局刻本　一冊　十行二十二字上下黑口左右雙邊

610000－1001－0010331　普 0010893

**意大利蠶書十五章**　（意大利）丹吐魯著

（英國）傅蘭雅　（英國）傅紹蘭口譯　（清）汪振聲筆述　清光緒二十四年(1898)江南機器製造總局刻本　一冊　十行二十二字上下黑口左右雙邊

610000－1001－0010332　普 0010894

**農學津梁六十章**　（英國）恆里湯納耳著　（美國）衛理譯　（清）汪振聲述　清光緒二十八年(1902)刻本　一冊　十行二十五字上下黑口左右雙邊

610000－1001－0010333　普 0010895

**農學初級十章**　（英國）旦爾恆理著　（英國）秀耀春口譯　（清）范熙庸筆述　清光緒二十四年(1898)江南機器製造總局刻本　一冊　十行二十二字小字雙行同上下黑口左右雙邊

610000－1001－0010334　普 0010896

**農務全書上編十六卷**　（美國）施妥縷撰　（清）舒高第口譯　趙詒琛筆述　清光緒三十三年(1907)江南機器製造總局刻本　七冊　十行二十二字小字雙行同上下黑口左右雙邊　缺二卷(十一至十二)

610000－1001－0010335　普 0010897

**農務全書中編十六卷**　（美國）施妥縷撰　（清）舒高第口譯　趙詒琛筆述　清宣統元年(1909)江南機器製造總局刻本　八冊　十行二十二字上下黑口左右雙邊

610000－1001－0010336　普 0010898

**萬國公法會通十卷**　（德國）步倫撰　（美國）丁韙良譯　清光緒二十二年(1896)上海飛鴻閣石印本　四冊　十五行三十字小字雙行同白口四周雙邊

610000－1001－0010337　普 0010899

**萬國公法會通十卷**　（德國）步倫撰　（美國）丁韙良譯　清光緒二十二年(1896)上海飛鴻閣石印本　四冊　十五行三十字小字雙行同白口四周雙邊

610000－1001－0010338　普 0010900

**萬國公法會通十卷**　（德國）步倫撰　（美國）丁韙良譯　清光緒二十二年(1896)上海飛鴻

閣石印本　四冊　十五行三十字小字雙行同白口四周雙邊

610000－1001－0010339　普0010901
**西學軍政全書十二種**　（美國）歐瀩登等撰　清光緒上海石印本　八冊　二十行二十二字白口四周雙邊

610000－1001－0010340　普0010902
**日本武學兵隊紀略一卷附一卷**　（清）張大鏞著　清光緒二十五年(1899)浙江書局刻本　一冊　十行二十一字小字雙行同白口左右雙邊

610000－1001－0010341　普0010903
**初等農業學堂教科書九卷**　（清）王世鎧等編　清宣統三年(1911)陝西學務公所鉛印本　十冊　十二行三十字白口四周雙邊

610000－1001－0010342　普0010905
**法國水師考五章**　（美國）杜默能撰　（美國）羅亨利　（清）瞿昂來譯　清末江南機器製造總局刻本　一冊　十行二十四字上黑口四周雙邊

610000－1001－0010343　普0010906
**蠶桑速效編一卷**　（清）曹偶編　清光緒刻本　一冊　十行二十三字小字雙行同白口四周雙邊

610000－1001－0010344　普0010907
**蠶桑速效編一卷**　（清）曹偶編　清光緒刻本　一冊　十行二十三字小字雙行同白口四周雙邊

610000－1001－0010345　普0010908
**蠶桑簡編一卷**　（清）楊名颺編　清道光九年(1829)刻本　一冊　九行二十字小字雙行同白口四周雙邊

610000－1001－0010346　普0010909
**區田編一卷**　（清）張起鵬撰　清同治九年(1870)刻本　一冊　九行二十二字小字雙行同白口四周雙邊

610000－1001－0010347　普0010910

漢律考一卷　張鵬一輯　清光緒二十三年(1897)刻本　一冊　十行二十四字小字雙行同白口左右雙邊

610000－1001－0010348　普0010911
**遵議滿漢通行刑律一卷**　沈家本修　清光緒二十三年(1897)法律館鉛印本　一冊　十二行二十五字下黑口四周雙邊

610000－1001－0010349　普0010913
**行軍指要六卷**　（英國）哈密撰　（德國）金楷理口譯　（清）趙元益筆述　清光緒二十七年(1901)江南機器製造總局刻本　六冊　十行二十二字小字雙行同上下黑口左右雙邊

610000－1001－0010350　普0010914
**營工要覽四卷**　（英國）傅蘭雅　（清）汪振聲譯　清末江南機器製造總局刻本　二冊　十行二十二字白口四周雙邊

610000－1001－0010351　普0010915
**前敵須知四卷**　（英國）克利賴著　（清）舒高第　（清）鄭昌棪譯　清末江南機器製造總局刻本　四冊　十行二十二字小字雙行同白口四周雙邊

610000－1001－0010352　普0010916
**喇叭吹法一卷**　（美國）金楷理口譯　（清）蔡錫齡筆述　清末江南機器製造總局刻本　一冊　十行二十二字小字雙行同上下黑口左右雙邊

610000－1001－0010353　普0010917
**行軍測繪十卷首一卷**　（英國）連提撰　（英國）傅蘭雅口譯　（清）趙元益筆述　清末江南機器製造總局刻本　二冊　十行二十二字小字雙行同上下黑口左右雙邊

610000－1001－0010354　普0010918
**行軍測繪十卷首一卷**　（英國）連提撰　（英國）傅蘭雅口譯　（清）趙元益筆述　清末江南機器製造總局刻本　二冊　十行二十二字小字雙行同上下黑口左右雙邊

610000－1001－0010355　普0010919
**列國陸軍制不分卷**　（美國）歐瀩登著　（美

國)林樂知 (清)瞿昂來譯 清末江南機器製造總局刻本 三冊 十行二十二字小字雙行同上下黑口左右雙邊

610000－1001－0010356 普0010920

**水師保身法六章** (法國)勒羅阿撰 (英國)伯克雷譯 (清)程鑾 (清)趙元益重譯 清末江南機器製造總局刻本 一冊 十行二十二字上下黑口左右雙邊

610000－1001－0010357 普0010921

**製火藥法三卷** (英國)利稼孫 (英國)華得斯輯 (英國)傅蘭雅口譯 (清)丁樹棠筆述 清末江南機器製造總局刻本 一冊 十行二十二字上下黑口左右雙邊

610000－1001－0010358 普0010923

**農務土質論三卷圖說一卷** (美國)金福蘭格令希蘭撰 (美國)衛理口譯 (清)范熙庸筆述 清光緒二十六年(1900)江南機器製造總局刻本 三冊 十行二十二字小字雙行同上下黑口左右雙邊

610000－1001－0010359 普0010924

**英國定準軍藥書四卷附編三卷** (英國)陸軍水師部編纂 (清)舒高第譯 (清)汪振聲述 清末江南機器製造總局刻本 二冊 十行二十二字上下黑口左右雙邊

610000－1001－0010360 普0010925

**摘注聖武記城守篇一卷** (清)魏源撰 清光緒二十一年(1895)陝西味經售書處刻本 一冊 十行二十四字小字雙行同白口左右雙邊

610000－1001－0010361 普0010926

**摘注聖武記城守篇一卷** (清)魏源撰 清光緒二十一年(1895)陝西味經售書處刻本 一冊 十行二十四字小字雙行同白口左右雙邊

610000－1001－0010362 普0010927

**摘注聖武記城守篇一卷** (清)魏源撰 清光緒二十一年(1895)陝西味經售書處刻本 一冊 十行二十四字小字雙行同白口左右雙邊

610000－1001－0010363 普0010928

**英國水師考一卷** (英國)巴那比 (美國)克

理撰 (英國)傅蘭雅 (清)鍾天緯譯 清末江南機器製造總局刻本 二冊 十行二十四字小字雙行同上黑口四周雙邊

610000－1001－0010364 普0010929

**美國水師考一卷** (英國)巴那比 (美國)克理撰 (英國)傅蘭雅 (清)鍾天緯譯 清末江南機器製造總局刻本 一冊 十行二十四字小字雙行同上黑口四周雙邊

610000－1001－0010365 普0010930

**俄國水師考一卷** (英國)百拉西撰 (英國)傅少蘭 (清)李嶽蘅譯 清末江南機器製造總局刻本 一冊 十行二十四字小字雙行同上黑口四周雙邊

610000－1001－0010366 普0010940

**廣東武備學堂章程外論一卷** (清)廣東武備學堂編 清末鉛印本 一冊 十行二十五字小字雙行同白口左右雙邊

610000－1001－0010367 普0010941

**廣東武備學堂章程外論一卷** (清)廣東武備學堂編 清末鉛印本 一冊 十行二十五字小字雙行同白口左右雙邊

610000－1001－0010368 普0010942

**廣東武備學堂章程外論一卷** (清)廣東武備學堂編 清末鉛印本 一冊 十行二十五字小字雙行同白口左右雙邊

610000－1001－0010369 普0010943

**廣東武備學堂試辦簡要章程一卷** (清)廣東武備學堂編 清末鉛印本 一冊 十行二十五字小字雙行同白口左右雙邊

610000－1001－0010370 普0010944

**廣東武備學堂試辦簡要章程一卷** (清)廣東武備學堂編 清末鉛印本 一冊 十行二十五字小字雙行同白口左右雙邊

610000－1001－0010371 普0010945

**廣東武備學堂試辦簡要章程一卷** (清)廣東武備學堂編 清末鉛印本 一冊 十行二十五字小字雙行同白口左右雙邊

610000 – 1001 – 0010372　普 0010946

船塢論略一卷圖一卷　（英國）傅蘭雅輯譯
（清）鍾天緯筆述　清末江南機器製造總局刻
本　一冊　十行二十二字白口四周雙邊

610000 – 1001 – 0010373　普 0010947

行軍鐵路工程二卷附圖一卷　（英國）傅蘭雅
　（清）汪振聲譯　清末江南機器製造總局鉛
印本　一冊　十行二十二字白口四周雙邊

610000 – 1001 – 0010374　普 0010948

臨陣管見九卷　（布國）斯拉弗司撰　（美國）
金楷理口譯　（清）趙元益筆述　清末江南機
器製造總局刻本　一冊　十行二十二字上下
黑口左右雙邊

610000 – 1001 – 0010375　普 0010949

格林礮操法一卷　（美國）富蘭克令著　（英
國）傅蘭雅口譯　（清）徐建寅筆述　清末江
南機器製造總局刻本　一冊　十行二十二字
上下黑口左右雙邊

610000 – 1001 – 0010376　普 0010950

航海章程一卷初議紀錄一卷　（美國）弗蘭克
林纂　（蒙古）鳳儀口譯　（清）徐家寶筆述
清末江南機器製造總局刻本　一冊　十行二
十二字上下黑口左右雙邊

610000 – 1001 – 0010377　普 0010951

兵船礮法六卷　（美國）水師書院編　（美國）
金楷理口譯　（清）朱恩錫筆述　（清）李鳳苞
刪潤　清末江南機器製造總局刻本　三冊
十行二十二字上下黑口左右雙邊

610000 – 1001 – 0010378　普 0010952

日本憲法說明書十二卷　（日本）穗積八束講
述　清光緒三十三年(1907)政治官報局鉛印
本　一冊　十六行三十六字白口四周雙邊

610000 – 1001 – 0010379　普 0010957

中藏經八卷華佗內照法一卷　（漢）華佗撰
（清）徐舜山重校　清光緒六年(1880)刻本
二冊　九行二十五字小字雙行同白口左右
雙邊

610000 – 1001 – 0010380　普 0010958

天元餘義二卷　（清）蔣大鴻撰　抄本　二冊
八行二十六字小字雙行同

610000 – 1001 – 0010381　普 0010959

西藥新書中西藥名目錄一卷　（清）上海製造
局翻譯館編　清末上海製造局圖書處鉛印本
一冊

610000 – 1001 – 0010382　普 0010960

葬經內篇一卷　（晉）郭璞撰　黃帝宅經二卷
（□）□□注　清光緒三年(1877)湖北崇文
書局刻本　一冊　十二行二十四字上下黑口
左右雙邊

610000 – 1001 – 0010383　普 0010962

幼科銖鏡六卷　（清）夏鼎著　清刻本　二冊
九行二十四字白口四周單邊

610000 – 1001 – 0010384　普 0010964

握奇經訂本一卷　（清）李光地注　（清）劉紹
攽訂　清刻本　一冊　八行二十二字白口四
周雙邊

610000 – 1001 – 0010385　普 0010965

專治血症經驗良方論一卷　（清）潘爲縉著
（清）趙光弼校　清刻本　一冊　十一行二十
二字上下黑口左右雙邊

610000 – 1001 – 0010386　普 0010966

西藥大成藥品中西名目表一卷　（清）上海製
造局翻譯館編　清末上海製造局圖書處鉛印
本　一冊

610000 – 1001 – 0010387　普 0010968

鼎鍥幼幼集成六卷　（清）陳復正輯訂　清刻
本　八冊　十行二十四字白口左右雙邊

610000 – 1001 – 0010388　普 0010970

蘇沈內翰良方十卷　（清）程永培校　清光緒
二十三年(1897)武強賀氏刻本　四冊　九行
二十一字小字雙行同上下黑口左右雙邊

610000 – 1001 – 0010389　普 0010971

刪註脈訣規正二卷　（清）沈鏡刪註　清光緒二
十年(1894)益元書局刻本　一冊　十行二十四
字小字雙行同白口四周單邊　存一卷(上)

610000－1001－0010390　普0010973

婦科五十二章附圖　（美國）湯麥斯著　（清）舒高第　（清）鄭昌棪譯　清光緒二十六年(1900)刻本　六冊　十行二十四字小字雙行同上黑口四周雙邊

610000－1001－0010391　普0010975

圖註脈訣辨眞四卷　（晉）王叔和撰　（明）張世賢註　清道光三年(1823)崇順堂刻本　二冊　九行二十字小字雙行同白口上下雙邊

610000－1001－0010392　普0010976

產科七十二章　（英國）密爾纂　（清）舒高第口譯　（清）鄭昌棪筆述　清末江南機器製造總局鉛印本　四冊　十行二十四字小字雙行同上黑口四周雙邊

610000－1001－0010393　普0010980

增注類證活人書二十二卷釋音一卷藥性一卷　（宋）朱肱著　（明）吳勉學校　清光緒十年(1884)江南機器製造總局刻本　四冊　十行二十字小字雙行同上下黑口左右雙邊

610000－1001－0010394　普0010982

濟急法一卷　（英國）舍白辣撰　（英國）秀耀春口譯　（清）趙元益筆述　清光緒二十九年(1903)江南機器製造總局刻本　一冊　十行二十二字小字雙行同上下黑口左右雙邊

610000－1001－0010395　普0010983

保全生命論一卷附一卷　（英國）古蘭肥勒撰　（英國）秀耀春口譯　（清）趙元益筆述　清光緒二十七年(1901)江南機器製造總局刻本　一冊　十行二十二字上下黑口左右雙邊

610000－1001－0010396　普0010987

傅青主先生男女科全編四卷　（清）傅山撰　清光緒十六年(1890)刻本　二冊　九行二十二字白口四周單邊　存二卷(男科上下)

610000－1001－0010397　普0010989

日知錄集釋三十二卷刊誤二卷續刊誤二卷　（清）顧炎武著　（清）黃汝成集釋　清光緒元年(1875)湖北崇文書局刻本　十六冊　十一行二十二字小字雙行同上黑口四周雙邊

610000－1001－0010398　普0010991

地學指略三卷　（英國）文教治口譯　（清）李慶軒筆述　清光緒七年(1881)刻本　一冊　十行二十二字小字雙行同上下黑口左右雙邊

610000－1001－0010399　普0010992

地學指略三卷　（英國）文教治口譯　（清）李慶軒筆述　清光緒七年(1881)刻本　一冊　十行二十二字小字雙行同上下黑口左右雙邊

610000－1001－0010400　普0010993

地學指略三卷　（英國）文教治口譯　（清）李慶軒筆述　清光緒七年(1881)刻本　一冊　十行二十二字小字雙行同上下黑口左右雙邊

610000－1001－0010401　普0010996

日本學校源流一卷　（美國）路義思撰　（美國）衛理口譯　（清）范熙庸筆述　清光緒二十五年(1899)江南機器製造總局刻本　一冊　十行二十二字上下黑口左右雙邊

610000－1001－0010402　普0010997

李氏蒙求詳註四卷　（唐）李瀚著　（清）陳宸書纂註　清嘉慶二十年(1815)刻本　四冊　八行二十五字小字雙行同白口左右雙邊

610000－1001－0010403　普0010998

無邪堂答問五卷　（清）朱一新撰　清光緒二十二年(1896)石印本　五冊　十行二十四字上下黑口四周單邊

610000－1001－0010404　普0010999

更豈有此理四卷　（□）□□撰　清刻本　三冊　八行二十字白口左右雙邊　存三卷(二至四)

610000－1001－0010405　普0011001

公門修行一卷　（□）□□撰　清光緒十年(1884)刻本　一冊　八行二十字白口四周雙邊

610000－1001－0010406　普0011002

天咫偶聞十卷　（清）震鈞撰　清光緒三十三年(1907)刻本　八冊　九行二十一字上下黑口左右雙邊

610000－1001－0010407　普0011004

**元城語錄解三卷行錄解一卷**　（明）王崇慶著　（清）李錫齡校刊　清末刻本　二冊　十行二十二字小字雙行同上下黑口四周單邊

610000－1001－0010408　普0011005

**元城語錄解三卷行錄解一卷**　（明）王崇慶著　（清）李錫齡校刊　清末刻本　二冊　十行二十二字小字雙行同上下黑口四周單邊

610000－1001－0010409　普0011008

**胡敬齋先生居業錄四卷**　（明）胡居仁著　清同治八年（1869）刻本　四冊　九行二十字上下黑口四周雙邊

610000－1001－0010410　普0011012

**樵說續六卷**　（清）蜀西樵也撰　清刻本　二冊　十行二十一字上下黑口左右雙邊

610000－1001－0010411　普0011014

**兩般秋雨盦隨筆八卷**　（清）梁紹壬撰　清宣統元年（1909）上海掃葉山房石印本　四冊　十六行三十八字白口四周雙邊

610000－1001－0010412　普0011015

**庸書內篇二卷外篇二卷**　（清）陳次亮撰　清光緒二十四年（1898）刻本　三冊　十行二十三字白口左右雙邊

610000－1001－0010413　普0011016

**宋尚宮女論語一卷**　（唐）宋若昭撰　清光緒二十九年（1903）刻本　一冊　八行十二字小字雙行同上下黑口四周雙邊

610000－1001－0010414　普0011017

**校邠廬抗議別論一卷**　（清）陳鼎撰　清末刻本　一冊　十三行二十八字上下黑口左右雙邊

610000－1001－0010415　普0011018

**訓女三字文一卷註一卷**　（明）李文定公著　（清）李毓秀註釋　清光緒十四年（1888）柏經正堂刻本　一冊　六行十二字小字雙行十八字上下黑口四周雙邊

610000－1001－0010416　普0011019

610000－1001－0010416　普0011023

**松陽鈔存二卷**　（清）陸隴其著　（清）楊開基編次　清同治九年（1870）刻本　一冊　十行二十字小字雙行同白口左右雙邊

610000－1001－0010417　普0011023

**四言閨鑑二卷**　（清）馮樹森編　（清）段象離校　清光緒三十四年（1908）刻本　一冊　十行二十字小字雙行同白口四周雙邊

610000－1001－0010418　普0011027

**張楊園訓子語一卷**　（清）張履祥撰　清刻本　一冊　九行二十二字小字雙行同下黑口四周雙邊

610000－1001－0010419　普0011028

**程氏家塾讀書分年日程三卷綱領一卷**　（元）程端禮編　清光緒二十三年（1897）柏經正堂刻本　一冊　十二行二十二字下黑口四周單邊

610000－1001－0010420　普0011029

**尋常語一卷**　（清）劉沅撰　清光緒十七年（1891）平遙李氏刻本　一冊　十一行二十一字小字雙行同上下黑口左右雙邊

610000－1001－0010421　普0011033

**共城從政錄一卷海陵從政錄一卷廣陵從政錄一卷**　（清）周際華撰　清咸豐八年（1858）刻本　一冊　九行二十五字白口左右雙邊

610000－1001－0010422　普0011034

**紀愼齋先生求雨文一卷**　（清）紀大奎撰　清光緒十三年（1887）刻本　一冊　九行二十四字白口四周雙邊

610000－1001－0010423　普0011035

**讀書錄十一卷續錄十二卷**　（明）薛瑄撰　清光緒二十年（1894）柏經正堂刻本　八冊　十行二十字小字雙行同上下黑口四周單邊

610000－1001－0010424　普0011036

**聖功編不分卷**　（清）賀瑞麟撰　清宣統三年（1911）刻本　一冊　九行二十二字白口左右雙邊

610000－1001－0010425　普0011037

聖功編不分卷 （清）賀瑞麟撰 清宣統三年(1911)刻本 一冊 九行二十二字白口左右雙邊

610000－1001－0010426 普0011038

聖功編不分卷 （清）賀瑞麟撰 清宣統三年(1911)刻本 一冊 九行二十二字白口左右雙邊

610000－1001－0010427 普0011039

復齋錄六卷 （清）王建常著 清光緒二年(1876)刻本 二冊 九行二十字小字雙行同上下黑口四周雙邊

610000－1001－0010428 普0011045

福永堂彙鈔二卷 （清）約庵居士著 清光緒十二年(1886)刻本 二冊 九行二十二字小字雙行同下黑口左右雙邊

610000－1001－0010429 普0011047

寒夜叢談三卷 （清）沈赤然撰 清嘉慶十三年(1808)刻本 一冊 十行二十一字上下黑口左右雙邊

610000－1001－0010430 普0011049

鑑戒錄十卷 （五代）何光遠編 清光緒三年(1877)湖北崇文書局刻本 二冊 十二行二十四字上下黑口四周雙邊

610000－1001－0010431 普0011051

芥隱筆記三卷 （宋）龔頤正撰 清渤海高氏刻本 一冊 九行二十一字上下黑口左右雙邊

610000－1001－0010432 普0011053

時事新論圖說一卷 （英國）李提摩太撰 清光緒二十年(1894)上海廣學會石印本 一冊 十三行四十字白口四周單邊

610000－1001－0010433 普0011055

廣三字經一卷 （清）蕉軒氏撰 清光緒十四年(1888)傳經堂刻本 一冊 九行二十字小字雙行同上下黑口四周單邊

610000－1001－0010434 普0011056

體微齋遺編三種附一種 （清）祝壋撰 清光緒刻本 四冊 八行二十二字白口四周雙邊

610000－1001－0010435 普0011057

體微齋遺編三種附一種 （清）祝壋撰 清光緒刻本 三冊 八行二十二字白口四周雙邊

610000－1001－0010436 普0011059

學規七種一卷附一卷 （清）賀瑞麟纂輯 清光緒十六年(1890)強勉學堂刻本 一冊 十二行二十四字下黑口四周雙邊

610000－1001－0010437 普0011060

學旨要略一卷 （清）賀瑞麟撰 清末刻本 一冊 九行二十二字上下黑口四周單邊

610000－1001－0010438 普0011063

新聞學三十六章 （日本）松本君平撰 清光緒二十九年(1903)商務印書館鉛印本 一冊 十五行三十二字上下黑口四周單邊

610000－1001－0010439 普0011065

萬象一原圖一卷 （清）張紹元繪編 清刻本 一冊 九行二十二字白口四周單邊

610000－1001－0010440 普0011066

辦學七種 （清）賀瑞麟輯 清光緒十八年至二十年(1892－1894)刻本 九冊 十行二十二字下黑口四周單邊 存五種

610000－1001－0010441 普0011067

續知不足齋叢書二集十七種 （清）高承勳輯 清渤海高氏刻本 一冊 九行二十一字上下黑口左右雙邊 存第二集二種

610000－1001－0010442 普0011069

閱微草堂筆記二十四卷 （清）紀昀撰 清刻本 十二冊 十行二十一字上下黑口左右雙邊

610000－1001－0010443 普0011071

希臘名士伊索寓言不分卷 林紓等譯 清光緒二十九年(1903)商務印書館鉛印本 一冊 十一行二十七字下黑口四周雙邊

610000－1001－0010444 普0011072

希臘名士伊索寓言不分卷 林紓等譯 清光緒二十九年(1903)商務印書館鉛印本 一冊

十一行二十七字下黑口四周雙邊

610000－1001－0010445　普0011073

希臘名士伊索寓言不分卷　林紓等譯　清光緒二十九年(1903)商務印書館鉛印本　一冊　十一行二十七字下黑口四周雙邊

610000－1001－0010446　普0011075

第一才子書六十卷一百二十回　(明)羅貫中撰　(清)金聖嘆　(清)毛宗崗評　清刻本　十五冊　十行二十五字小字雙行同白口四周單邊　缺十六卷(一至十六)

610000－1001－0010447　普0011077

唐詩金粉十卷　(清)沈炳震纂輯　清光緒七年(1881)八杉齋刻本　六冊　九行二十五字小字雙行同白口左右雙邊

610000－1001－0010448　普0011081

宜稼堂叢書七種　(清)郁松年輯　清道光刻本　十冊　十一行二十二字上下黑口左右雙邊　存三種

610000－1001－0010449　普0011082

天學大成二種　(清)□□輯　清光緒二十三年(1897)石印本　三冊　二十行四十四字白口四周雙邊

610000－1001－0010450　普0011083

古今算學叢書□□種　(清)劉鐸輯　清光緒二十四年(1898)石印本　一冊　十三行二十五字小字雙行同白口四周單邊　存二種

610000－1001－0010451　普0011084

先天三皇大數演易正冊三卷副冊三卷　(清)王金聲著　清光緒二十八年(1902)刻本　二冊　八行二十字上下黑口四周單邊

610000－1001－0010452　普0011085

求一術通解二卷　(清)黃宗憲編述　清同治十三年(1874)荷池精舍刻本　一冊　十行二十二字小字雙行同白口左右雙邊

610000－1001－0010453　普0011086

徐莊愍公算書七種　(清)徐有壬著　清同治十一年(1872)長沙刻本　一冊　十行二十二字白口左右雙邊

610000－1001－0010454　普0011087

算學問津不分卷　(清)陳祥熙參訂　(清)董夢庚纂輯　(清)汪維城　(清)余宜誥校　清光緒二十四年(1898)德興實學館石印本　二冊　十一行二十二字白口四周雙邊

610000－1001－0010455　普0011089

算式解注十四卷　(美國)好敦司　(美國)開奈利著　(英國)傅蘭雅口譯　(清)華蘅芳筆述　清光緒二十五年(1899)江南機器製造總局刻本　二冊　十行二十二字上下黑口左右雙邊

610000－1001－0010456　普0011091

淮南天文訓補注二卷　(清)錢塘撰　清光緒三年(1877)湖北崇文書局刻本　二冊　十二行二十四字小字雙行同上下黑口四周雙邊

610000－1001－0010457　普0011092

簡易庵算稿四卷　(清)劉彝程撰　清光緒二十六年(1900)刻本　四冊　十行二十五字上下黑口左右雙邊

610000－1001－0010458　普0011093

測繪海圖全法八卷附一卷　(英國)華爾敦著　(英國)傅蘭雅口譯　(清)趙元益筆述　清光緒二十五年(1899)江南機器製造總局刻本　六冊　十行二十二字上下黑口左右雙邊

610000－1001－0010459　普0011096

御製數理精蘊二編四十五卷表八卷　(清)何國宗　(清)梅穀成彙編　清光緒十四年(1888)石印本　二十四冊　十八行四十字白口四周雙邊

610000－1001－0010460　普0011097

算書廿一種　(清)吳嘉善撰　清光緒二十一年(1895)刻本　一冊　十行二十四字白口左右雙邊　存三種

610000－1001－0010461　普0011098

火礮量算通法一卷　(清)張秉樞著　清末刻本　一冊　十行二十四字小字雙行同白口左右雙邊

610000 – 1001 – 0010462　普 0011099

躔離引蒙二卷　（清）賈步緯撰　（清）賈文浩校勘　清光緒十八年（1892）鉛印本　二冊　十行二十二字小字雙行同上下黑口四周單邊

610000 – 1001 – 0010463　普 0011100

交食引蒙一卷　（清）賈步緯撰　（清）賈文浩等校勘　清光緒二十年（1894）鉛印本　一冊　十行二十二字小字雙行同上下黑口左右雙邊

610000 – 1001 – 0010464　普 0011101

八線拾級二卷答案一卷　（美國）温德鄂輯（清）劉光照譯　清光緒三十年（1904）鉛印本　一冊　十二行三十四字白口四周雙邊

610000 – 1001 – 0010465　普 0011102

測地志要四卷三角須知不分卷量法須知不分卷　（清）黃炳垕撰　清光緒二十三年（1897）上海書局石印本　四冊　九行二十三字小字雙行二十二字上下黑口四周雙邊

610000 – 1001 – 0010466　普 0011103

御製曆象考成上編十六卷　（清）何國宗（清）梅毅成彙編　清光緒二十三年（1897）雙梧書屋石印本　十六冊　九行二十字白口四周雙邊

610000 – 1001 – 0010467　普 0011104

西學大成十二編五十六種　（清）王西清輯清光緒二十一年（1895）上海醉六堂石印本　七冊　二十四行字數不等白口四周雙邊　存三十五種

610000 – 1001 – 0010468　普 0011105

西學書目表三卷附一卷　梁啟超編　清光緒二十二年（1896）鉛印本　一冊　十二行三十字上下黑口四周單邊

610000 – 1001 – 0010469　普 0011106

格致啟蒙四種　（美國）林樂知　（清）鄭昌棪譯　清光緒二十四年（1898）上海六先書局石印本　四冊　十五行三十二字下黑口四周雙邊

610000 – 1001 – 0010470　普 0011107

格致啟蒙四種　（美國）林樂知　（清）鄭昌棪譯　清光緒二十四年（1898）上海六先書局石印本　四冊　十五行三十二字下黑口四周雙邊

610000 – 1001 – 0010471　普 0011108

格致啟蒙四種　（美國）林樂知　（清）鄭昌棪譯　清光緒二十二年（1896）上海著易堂書局鉛印本　四冊　十三行三十二字白口四周雙邊

610000 – 1001 – 0010472　普 0011109

格致志八卷　（清）李掄元撰　清道光七年（1827）刻本　二冊　八行二十字白口四周單邊

610000 – 1001 – 0010473　普 0011110

無線電報八章補編一章　（英國）克爾撰（美國）衛理口譯　（清）范熙庸筆述　清光緒二十六年（1900）刻本　一冊　十行二十二字上下黑口左右雙邊

610000 – 1001 – 0010474　普 0011111

無機化學教科書三卷　（英國）瓊司原著（清）徐兆熊譯述　清光緒三十四年（1908）刻本　三冊　十行二十二字上下黑口四周雙邊

610000 – 1001 – 0010475　普 0011112

行船免撞章程十八章附三卷　（英國）傅蘭雅（清）鍾天緯譯　清光緒二十一年（1895）刻本　一冊　十行二十二字白口四周雙邊

610000 – 1001 – 0010476　普 0011113

電氣鍍鎳一卷　（英國）傅蘭雅口譯　（清）徐華封筆述　清末江南機器製造總局刻本　一冊　十行二十二字上下黑口左右雙邊

610000 – 1001 – 0010477　普 0011114

工程致富論略十三卷首一卷附圖　（英國）馬體生著　（英國）傅蘭雅　（清）鍾天緯譯　清光緒四年（1878）鉛印本　八冊　十行二十二字白口四周雙邊

610000 – 1001 – 0010478　普 0011115

格致小引一卷　（英國）赫施資著　（英國）羅亨利　（清）瞿昂來譯　清末江南機器製造總局刻本　一冊　十行二十二字上下黑口左右雙邊

610000 - 1001 - 0010479　普 0011116

**通物電光四卷附圖一卷**　（美國）莫耳登撰
（英國）傅蘭雅口譯　（清）王季烈筆述　清光
緒二十五年（1899）江南機器製造總局刻本
一冊　十行二十二字上下黑口左右雙邊

610000 - 1001 - 0010480　普 0011117

**物理學上編四卷中編四卷下編四卷**　（日本）
飯盛挺造編纂　（日本）藤田豐八譯　（清）王
季烈重編　清光緒二十六年至二十九年
（1900 - 1903）江南機器製造總局刻本　十二
冊　十行二十二字上下黑口左右雙邊

610000 - 1001 - 0010481　普 0011118

**算學五種**　（唐）李淳風注　清光緒二十二年
（1896）上海鴻寶齋石印本　五冊　十六行三
十四字白口四周雙邊

610000 - 1001 - 0010482　普 0011119

**江南機器製造總局記十卷首一卷**　（清）魏允
恭編　清光緒三十一年（1905）上海文寶書局
石印本　十冊　十一行二十四字下黑口四周
雙邊

610000 - 1001 - 0010483　普 0011120

**江南機器製造總局記十卷首一卷**　（清）魏允
恭編　清光緒三十一年（1905）上海文寶書局
石印本　十冊　十一行二十四字下黑口四周
雙邊

610000 - 1001 - 0010484　普 0011121

**物體遇熱改易記四卷**　（英國）瓦特斯輯
（英國）傅蘭雅口譯　（清）徐壽筆述　（清）
趙元益校錄　清光緒二十五年（1899）江南機
器製造總局刻本　二冊　十行二十二字上下
黑口左右雙邊

610000 - 1001 - 0010485　普 0011122

**考工記要十七卷**　（英國）瑪體生著　（英國）
傅蘭雅　（清）鍾天緯譯　（清）汪振聲校訂
清末江南機器製造總局刻本　八冊　十行二
十二字上下黑口左右雙邊

610000 - 1001 - 0010486　普 0011123

**工業與國政相關論二卷**　（美國）司旦離遮風

司撰　（美國）衛理　（清）王汝騋譯　清光緒
二十六年（1900）鉛印本　二冊　十行二十四
字小字雙行不等上黑口四周雙邊

610000 - 1001 - 0010487　普 0011124

**電學測算一卷**　（清）徐兆熊譯　（清）王汝騋
　（清）陳炳華校勘　清末鉛印本　一冊　十
行二十四字小字雙行不等上黑口四周雙邊

610000 - 1001 - 0010488　普 0011125

**化學考質八卷附表一卷**　（德國）富里西尼烏
司著　（英國）傅蘭雅口譯　（清）徐壽筆述
清末江南機器製造總局刻本　六冊　十行二
十二字上下黑口左右雙邊

610000 - 1001 - 0010489　普 0011126

**電學綱目一卷**　（英國）田大里輯　（英國）傅
蘭雅口譯　（清）周郇筆述　清末江南機器製
造總局刻本　一冊　十行二十二字上下黑口
左右雙邊

610000 - 1001 - 0010490　普 0011127

**化學求數十五卷附表一卷**　（德國）富里西尼
烏司著　（英國）傅蘭雅口譯　（清）徐壽筆述
　清末江南機器製造總局刻本　十四冊　十
行二十二字上下黑口左右雙邊

610000 - 1001 - 0010491　普 0011128

**化學表一卷**　（英國）傅蘭雅口譯　（清）汪振
聲筆述　清光緒十年（1884）鉛印本　一冊

610000 - 1001 - 0010492　普 0011129

**化學工藝初集四卷圖一卷**　（英國）智能撰
（英國）傅蘭雅　（清）汪振聲口譯　清光緒二
十四年（1898）鉛印本　五冊　十行二十四字
上黑口四周雙邊

610000 - 1001 - 0010493　普 0011130

**化學工藝二集四卷圖一卷**　（英國）智能撰
（英國）傅蘭雅　（清）汪振聲口譯　清光緒二
十四年（1898）鉛印本　五冊　十行二十四字
上黑口四周雙邊

610000 - 1001 - 0010494　普 0011131

**格物課程一卷**　（法國）亨利華百爾撰　（清）
陳錄譯　清光緒二十九年（1903）一新書局鉛

印本　一冊　十行二十五字白口四周雙邊

610000－1001－0010495　普0011132
**化學鑑原續編二十四卷**　（英國）蒲陸山撰
（英國）傅蘭雅口譯　（清）徐壽筆述　清末江
南機器製造總局刻本　六冊　十行二十二字
上下黑口左右雙邊

610000－1001－0010496　普0011133
**化學分原八卷**　（英國）蒲陸山撰　（英國）傅
蘭雅口譯　（清）徐建寅筆述　清末江南機器
製造總局刻本　一冊　十行二十二字上下黑
口左右雙邊

610000－1001－0010497　普0011134
**化學鑑原補編六卷附一卷**　（英國）傅蘭雅口
譯　（清）徐壽筆述　清末江南機器製造總局
刻本　六冊　十行二十二字上下黑口左右
雙邊

610000－1001－0010498　普0011135
**化學鑑原六卷**　（英國）韋而司撰　（英國）傅
蘭雅口譯　（清）徐壽筆述　清末江南機器製
造總局刻本　四冊　十行二十二字上下黑口
左右雙邊

610000－1001－0010499　普0011137
**理財學課本一卷**　（美國）華克撰　（清）顏惠
慶譯　清光緒二十九年（1903）上海商務印書
館鉛印本　一冊　十二行三十二字上下黑口
四周雙邊

610000－1001－0010500　普0011139
**美國提煉煤油法一卷**　（清）孫士頤　（清）蘇
銳釗譯　清光緒三十一年（1905）江南機器製
造總局鉛印本　一冊　九行二十四字小字雙
行不等白口四周雙邊

610000－1001－0010501　普0011141
**開煤要法十二卷**　（英國）士密德輯　（英國）
傅蘭雅口譯　（清）王德均筆述　清末江南機
器製造總局刻本　二冊　十行二十二字上下
黑口左右雙邊

610000－1001－0010502　普0011142
**鐵路紀要三卷**　（美國）柯理集　（清）潘松譯

（清）章壽彝校　清光緒二十年（1894）江南
機器製造總局刻本　一冊　十行二十二字上
下黑口左右雙邊

610000－1001－0010503　普0011143
**美國鐵路彙考十三卷**　（美國）柯理集　（英
國）傅蘭雅口譯　（清）潘松筆述　清光緒二
十五年（1899）江南機器製造總局刻本　二冊
十行二十二字上下黑口左右雙邊

610000－1001－0010504　普0011144
**美國鐵路彙考十三卷**　（美國）柯理集　（英
國）傅蘭雅口譯　（清）潘松筆述　清光緒二
十五年（1899）江南機器製造總局刻本　二冊
十行二十二字上下黑口左右雙邊

610000－1001－0010505　普0011145
**取濾火油法一卷附圖一卷**　（美國）日得鳥物
著　（英國）秀耀春　（美國）衛理譯　清光緒
二十六年（1900）江南機器製造總局刻本　一
冊　十行二十二字上下黑口左右雙邊

610000－1001－0010506　普0011146
**求礦指南十卷附一卷**　（英國）安德孫撰
（英國）傅蘭雅　（清）潘松譯　清光緒二十五
年（1899）江南機器製造總局刻本　二冊　十
行二十二字上下黑口左右雙邊

610000－1001－0010507　普0011147
**金石表一卷**　（美國）代那撰　（美國）瑪高溫
譯　清末江南機器製造總局鉛印本　一冊

610000－1001－0010508　普0011148
**顏料篇三卷**　（日本）江守襄吉郎編　（日本）
藤田豐八譯　（清）汪振聲重編　清末江南機
器製造總局刻本　二冊　十行二十二字上下
黑口左右雙邊

610000－1001－0010509　普0011149
**製屦金法二卷**　（日本）橋本奇策著　（清）王
季點譯　清光緒二十七年（1901）上海製造局
刻本　二冊　十行二十二字上下黑口左右
雙邊

610000－1001－0010510　普0011150
**製屦金法二卷**　（日本）橋本奇策著　（清）王

季點譯　清光緒二十七年(1901)上海製造局刻本　二冊　十行二十二字上下黑口左右雙邊

610000－1001－0010511　普0011151
金工教範一卷　(美國)康澄吞撰　(清)王汝驤　(清)范熙庸譯　清光緒三十年(1904)江南機器製造總局刻本　一冊　十行二十二字上下黑口左右雙邊

610000－1001－0010512　普0011152
相地探金石法四卷　(英國)喝爾勃特喀格司著　(清)王汝驤譯　清光緒二十九年(1903)江南機器製造總局刻本　四冊　十行二十二字上下黑口左右雙邊

610000－1001－0010513　普0011153
保富述要十七章　(英國)布來德著　(英國)傅蘭雅口譯　(清)徐家寶筆述　清末江南機器製造總局刻本　一冊　十行二十二字上下黑口左右雙邊　存十章(一至十)

610000－1001－0010514　普0011154
東語初階□□篇　(清)泰東同文局撰　清末刻本　一冊　行數不等字數不等下黑口四周雙邊　存一篇(第一篇)

610000－1001－0010515　普0011155
東語初階□□篇　(清)泰東同文局撰　清末刻本　一冊　行數不等字數不等下黑口四周雙邊　存一篇(第一篇)

610000－1001－0010516　普0011161
藝舟雙楫論書四卷　(清)包世臣著　清光緒十九年(1893)刻本　一冊　九行十九字白口四周雙邊

610000－1001－0010517　普0011163
奏定度量權衡畫一制度圖說總表推行章程不分卷　(清)內閣政務處訂　清末農工商部印刷科鉛印本　一冊　九行二十三字小字雙行同白口四周雙邊

610000－1001－0010518　普0011164
籌辦萍鄉鐵路公牘四卷　(清)顧家相著　清光緒二十六年(1900)萍鄉縣署活字印本　二

冊　十一行二十五字上下黑口四周單邊

610000－1001－0010519　普0011165
籌辦萍鄉鐵路公牘四卷　(清)顧家相著　清光緒二十六年(1900)萍鄉縣署活字印本　二冊　十一行二十五字上下黑口四周單邊

610000－1001－0010520　普0011166
籌辦萍鄉鐵路公牘四卷　(清)顧家相著　清光緒二十六年(1900)萍鄉縣署活字印本　二冊　十一行二十五字上下黑口四周單邊

610000－1001－0010521　普0011167
鐵網珊瑚書品十卷畫品六卷　(明)朱存理集錄　清刻本　一冊　十行二十一字小字雙行同白口左右雙邊　存二卷(書品一至二)

610000－1001－0010522　普0011168
照相鏤板印圖法九章　(美國)貝列尼撰　(美國)衛理譯　(清)王汝驤筆述　清光緒二十六年(1900)製造局刻本　一冊　十行二十二字上下黑口左右雙邊

610000－1001－0010523　普0011169
照相鏤板印圖法九章　(美國)貝列尼撰　(美國)衛理譯　(清)王汝驤筆述　清光緒二十六年(1900)製造局刻本　一冊　十行二十二字上下黑口左右雙邊

610000－1001－0010524　普0011170
江南製造全案□□卷　(清)李鴻章等撰　清末鉛印本　一冊　十二行二十四字下黑口四周單邊　存一卷(一)

610000－1001－0010525　普0011171
製機理法八卷圖一卷　(英國)覺顯祿斯著　(英國)傅蘭雅口譯　(清)華備鈺筆述　清光緒二十五年(1899)江南機器製造總局刻本　四冊　十行二十二字上下黑口左右雙邊

610000－1001－0010526　普0011172
鑄金論署六卷　(英國)司布勒村著　(英國)傅蘭雅口譯　(清)汪振聲筆述　清光緒二十八年(1902)江南機器製造總局刻本　五冊　十行二十二字上下黑口左右雙邊

610000－1001－0010527　普0011173

白玉蟾真人註釋木郎祈雨咒一卷　（□）白玉蟾真人註釋　清刻本　一冊　四行十二字小字雙行不等上黑口四周雙邊

610000－1001－0010528　普0011174

新輯廣東同文館上海育材書塾東語課程不分卷　（清）夏宗禹　（清）姜鴻賓編　清光緒二十九年(1903)上海書局石印本　一冊

610000－1001－0010529　普0011175

訓蒙千字文一卷　（清）何桂珍著　清光緒十三年(1887)刻本　一冊　五行四字下黑口四周雙邊

610000－1001－0010530　普0011177

大悲心呪持誦簡法不分卷　（□）□□撰　清刻本　一冊　九行十八字小字雙行同上下黑口左右雙邊

610000－1001－0010531　普0011178

大乘起信論科注一卷　（南朝梁）釋真諦譯　清光緒三十年(1904)廬陵黃氏刻本　一冊　九行二十四字小字雙行同下黑口四周單邊

610000－1001－0010532　普0011181

支那教案論一卷　（英國）宓克撰　薛己譯　清光緒南洋公學譯書院鉛印本　一冊　九行二十二字小字雙行同上下黑口四周單邊

610000－1001－0010533　普0011188

開礦器法十卷圖二卷　（美國）俺特累撰（英國）傅蘭雅口譯　（清）王澍善筆述　清光緒二十五年(1899)江南機器製造總局石印本　六冊　二十二行三十五字白口四周雙邊

610000－1001－0010534　普0011189

大佛頂首楞嚴經正脈疏四十卷首一卷　（明）朱俊柵撰　清光緒二十二年(1896)金陵刻經處刻本　十四冊　十行二十字上下黑口左右雙邊

610000－1001－0010535　普0011193

敬告牧令學官勸導士民入學堂習洋文條議一卷　（清）顧家相撰　清末刻本　一冊　十一行二十五字小字雙行同上下黑口左右雙邊

610000－1001－0010536　普0011194

敬告牧令學官勸導士民入學堂習洋文條議一卷　（清）顧家相撰　清末刻本　一冊　十一行二十五字小字雙行同上下黑口左右雙邊

610000－1001－0010537　普0011195

敬告牧令學官勸導士民入學堂習洋文條議一卷　（清）顧家相撰　清末刻本　一冊　十一行二十五字小字雙行同上下黑口左右雙邊

610000－1001－0010538　普0011196

中文訓蒙學塾課程不分卷附功課年表　（清）瞿繼昌編　清光緒刻本　一冊　十二行二十五字小字雙行同白口左右雙邊

610000－1001－0010539　普0011199

江西大學堂教習芻言一卷　（清）劉人熙著　清刻本　一冊　九行二十二字白口四周雙邊

610000－1001－0010540　普0011200

靈峽學則一卷　（清）薛于瑛著　（清）秦魁炎（清）陳維江校刊　清光緒三年(1877)刻本　一冊　十行二十二字上下黑口四周雙邊

610000－1001－0010541　普0011204

師範半夜講習所講本八種　（□）□□編　清光緒三十三年(1907)廣東學務公所鉛印本　七冊　十二行三十七字下黑口四周雙邊

610000－1001－0010542　普0011205

中國地理學教科書三卷　（清）屠寄撰　清光緒三十二年(1906)鉛印本　二冊　十二行三十字白口四周雙邊

610000－1001－0010543　普0011207

西學課程彙編一卷　（清）出洋肄業局譯　清光緒二十三年(1897)刻本　一冊　十行二十二字白口左右雙邊

610000－1001－0010544　普0011208

學校管理術一卷　（日本）能勢榮撰　清光緒三十一年(1905)石印本　一冊　十一行二十五字下黑口四周雙邊

610000－1001－0010545　普0011209

京師大學堂講義十四種　（清）京師大學堂輯

清光緒陝西味經官書局鉛印本 六冊 九行二十五字小字雙行同下黑口四周雙邊 存六種

610000－1001－0010546 普0011216

**天道溯原三卷附徐光啓奏疏一卷** （美國）丁韙良撰 清光緒三十二年(1906)中國聖教會鉛印本 一冊 十一行三十二字白口四周雙邊

610000－1001－0010547 普0011220

**關帝桃園明聖經註不分卷附錄不分卷** （□）□□撰 清同治十一年(1872)刻本 一冊 九行十八字小字雙行同白口四周單邊

610000－1001－0010548 普0011227

**四書字類釋義六卷** （清）李毓秀撰 清光緒十六年(1890)柏經正堂刻本 一冊 九行十七字小字雙行同上下黑口四周雙邊

610000－1001－0010549 普0011229

**日本東京大學規制考略一卷** （清）學部編 清末江南機器製造總局鉛印本 一冊 十行二十四字小字雙行不等上黑口四周雙邊

610000－1001－0010550 普0011231

**義學條規一卷** （□）□□撰 清光緒刻本 一冊 九行二十二字小字雙行同白口四周雙邊

610000－1001－0010551 普0011232

**兩廣學務處遊學報告一卷** （清）許士熊等撰 清末鉛印本 一冊 十三行三十七字小字雙行同下黑口四周雙邊

610000－1001－0010552 普0011233

**陝西存古學校現辦節略不分卷** （清）高曦亭撰 清宣統元年(1909)刻本 一冊 十行二十二字白口四周雙邊

610000－1001－0010553 普0011234

**陝西存古學校現辦節略不分卷** （清）高曦亭撰 清宣統元年(1909)刻本 一冊 十行二十二字白口四周雙邊

610000－1001－0010554 普0011235

**陝西存古學校現辦節略不分卷** （清）高曦亭撰 清宣統元年(1909)刻本 一冊 十行二十二字白口四周雙邊

610000－1001－0010555 普0011236

**視學制度不分卷** （清）□□編 印本 一冊 十行二十一字

610000－1001－0010556 普0011237

**廣學類編十二卷** （英國）唐蘭孟編 （英國）李提摩太鑒定 （清）任保羅譯 清光緒二十九年(1903)上海商務印書館鉛印本 六冊 十二行二十八字小字雙行同下黑口四周雙邊

610000－1001－0010557 普0011241

**雷祖志一卷** （明）莊元貞撰 清嘉慶六年(1801)刻本 一冊 八行二十字白口四周雙邊

610000－1001－0010558 普0011242

**閱藏隨筆二卷** （清）釋元度撰語 （清）釋太穆節解 （清）楊維漢校 **續一卷** （清）釋熙敬述注 清光緒九年(1883)刻本 二冊 十行二十二字小字雙行同下黑口四周雙邊

610000－1001－0010559 普0011243

**奏定學堂章程不分卷** （清）張之洞等纂 清光緒刻本 一冊 八行二十一字白口四周雙邊 存初級師範學堂章程

610000－1001－0010560 普0011244

**陝西全省學堂一覽表不分卷** （清）□□編 清宣統二年(1910)石印本 一冊 行數不等字數不等白口四周單邊 存宣統二年下學期第三冊

610000－1001－0010561 普0011245

**千金裘二十七卷** （清）蔣義彬纂 **二集二十六卷** （清）蔣義彬 （清）徐元麟纂 清道光十四年(1834)刻本 十冊 八行十七字小字雙行同白口四周單邊

610000－1001－0010562 普0011246

**分類賦學雞跖集三十卷附錄一卷** （清）張維城輯 清道光十二年(1832)刻本 十二冊 十五行三十八字小字雙行同四周雙邊

610000－1001－0010563　普0011247
**增補事類統編九十三卷首一卷**　(清)黄葆真增輯　清道光二十九年(1849)丹陽黄氏刻本　四十八册　九行二十一字小字雙行同白口四周單邊

610000－1001－0010564　普0011252
**佛説阿彌陀經要解便蒙鈔三卷**　(清)釋達默造鈔　(清)釋達林參訂　清光緒二十三年(1897)刻本　三册　十行二十字下黑口左右雙邊

610000－1001－0010565　普0011254
**五言今體詩鈔九卷七言今體詩鈔九卷**　(清)姚鼐輯　清同治五年(1866)金陵刻本　二册　十行二十二字上下黑口左右雙邊

610000－1001－0010566　普0011254
**七言詩歌行鈔十五卷**　(清)王士禛選　清刻本　三册　十行二十二字上下黑口左右雙邊　缺四卷(一至四)

610000－1001－0010567　普0011256
**全五代詩一百卷**　(清)李調元編　清刻本　八册　十行二十一字白口左右雙邊　存三十五卷(三十一至六十五)

610000－1001－0010568　普0011257
**註釋竹笑軒賦鈔初集一卷二集二卷**　(清)孫清達編次　清光緒刻本　六册　九行二十五字小字雙行同白口四周單邊

610000－1001－0010569　普0011265
**律賦偶箋四卷**　(清)沈豐岐箋　清刻本　六册　九行十九字小字雙行同白口四周單邊

610000－1001－0010570　普0011278
**寧都三魏全集三種附三種**　(清)林時益輯　清道光二十五年(1845)紱園書塾刻本　三十八册　九行二十字白口左右雙邊　存二種附三種

610000－1001－0010571　普0011279
**東萊先生古文關鍵二卷**　(宋)吕祖謙評　(宋)蔡子文註　(清)徐樹屏考異　清光緒二十六年(1900)柏經正堂刻本　二册　十行二十二字小字雙行同上下黑口四周單邊

610000－1001－0010572　普0011280
**晚邨先生八家古文精選**　(清)吕留良選　(清)吕褒中批點　清刻本　五册　十行二十五字上黑口左右雙邊　存四家

610000－1001－0010573　普0011281
**二十一史文鈔五十八卷**　(明)沈國元輯　清刻本　四十八册　九行二十五字小字雙行同白口四周單邊　存四十八卷(一至四十八)

610000－1001－0010574　普0011285
**善成堂重訂古文釋義新編八卷**　(清)余誠評注　清光緒十年(1884)刻本　八册　十行二十二字小字雙行同白口四周單邊

610000－1001－0010575　普0011288
**忠雅堂評選四六法海八卷**　(清)蔣士銓評選　清同治刻朱墨印本　八册　九行二十字白口四周雙邊

610000－1001－0010576　普0011289
**金文雅十六卷**　(清)莊仲方編　清光緒十七年(1891)江蘇書局刻本　四册　十四行二十五字白口左右雙邊

610000－1001－0010577　普0011292
**晉國垂棘一卷**　(清)范弘嗣輯　**續晉國垂棘六卷續二集十卷續三集十卷續四集九卷**　(清)范鄗鼎選定　清刻本　十六册　九行二十五字白口四周雙邊

610000－1001－0010578　普0011293
**國朝駢體正宗十二卷**　(清)曾燠輯　清同治十三年(1874)刻本　六册　十一行二十二字白口左右雙邊

610000－1001－0010579　普0011295
**叩鉢齋四六春華十二卷**　(清)李之淜　(清)汪建封輯　清刻本　十册　九行二十字白口左右雙邊　缺三卷(五、八至九)

610000－1001－0010580　普0011296
**楹聯叢話十二卷**　(清)梁章鉅編輯　清道光二十二年(1842)刻本　二册　九行二十二字

白口四周雙邊　存四卷(一至四)

610000－1001－0010581　普0011297

**木蘭書齋詩鈔一卷**　(清)王治撰　清咸豐八年(1858)刻本　一冊　十行二十二字白口左右雙邊

610000－1001－0010582　普0011299

**國朝常州駢體文錄三十一卷結一宦駢體文一卷**　(清)屠寄輯　清光緒十六年(1890)石印本　六冊　十九行三十三字上下黑口四周雙邊

610000－1001－0010583　普0011303

**文選六十卷**　(南朝梁)蕭統撰　(唐)李善注　清同治八年(1869)崇文書局刻本　二十四冊　十行二十一字小字雙行同白口四周雙邊

610000－1001－0010584　普0011306

**金陵賦一卷**　(清)程先甲撰　清宣統二年(1910)石印本　一冊　十行二十一字小字雙行同上下黑口四周單邊

610000－1001－0010585　普0011307

**有正味齋駢文箋注十六卷補注一卷**　(清)吳錫麒著　(清)葉聯芬箋注　清同治七年(1868)慈北葉氏刻本　八冊　九行二十字小字雙行同上下黑口左右雙邊

610000－1001－0010586　普0011308

**宏道高等學堂預科中國地理講義一卷**　(清)陝西宏道書院編　清鉛印本　一冊　十一行二十五字小字雙行同上下黑口四周單邊

610000－1001－0010587　普0011311

**然鐙記聞一卷**　(清)王士禎口授　(清)何世璂筆述　**說詩晬語二卷**　(清)沈德潛著　清刻本　一冊　八行二十一字白口四周雙邊

610000－1001－0010588　普0011313

**性相通說一卷**　(明)釋德清述　清同治十二年(1873)金陵刻經處刻本　一冊　十行二十字上下黑口左右雙邊

610000－1001－0010589　普0011317

**詩料菁華平仄詳註六卷**　(清)燕桂樹輯　清

嘉慶十年(1805)繡文堂刻本　三冊　十行二十字小字雙行同白口四周單邊

610000－1001－0010590　普0011318

**增廣詩句題解彙編三十二卷**　(清)陳劍芝等編　清光緒八年(1882)刻本　十五冊　九行二十字小字雙行同白口四周雙邊　存十五卷(一至八、十至十六)

610000－1001－0010591　普0011319

**賦學指南十六卷**　(清)余丙照編輯　清道光二十八年(1848)文質堂刻本　六冊　八行二十四字小字雙行同白口四周雙邊

610000－1001－0010592　普0011320

**賦學指南十卷**　(清)余丙照編輯　清道光十年(1830)刻本　四冊　八行二十四字白口四周單邊間四周雙邊

610000－1001－0010593　普0011321

**五十名家書札十二卷**　(清)陸心源輯　清光緒十九年(1893)上海學有根柢齋石印本　四冊　行數不等字數不等白口四周花欄

610000－1001－0010594　普0011323

**唐詩選六卷**　王闓運撰　清光緒十二年(1886)尊經書局刻本　六冊　十行二十一字下黑口四周雙邊

610000－1001－0010595　普0011324

**蓮齋賦評二卷**　(清)劉廷櫓評註　清道光二十五年(1845)刻本　一冊　九行二十四字小字雙行同白口左右雙邊

610000－1001－0010596　普0011326

**詩比興箋四卷**　(清)陳沆譔　清光緒九年(1883)長洲彭祖賢武昌官舍刻本　二冊　十行二十二字白口左右雙邊

610000－1001－0010597　普0011327

**詩比興箋四卷**　(清)陳沆譔　清光緒九年(1883)長洲彭祖賢武昌官舍刻本　二冊　十行二十二字白口左右雙邊

610000－1001－0010598　普0011328

**列朝詩集八十一卷**　(清)錢謙益輯　清宣統

二年(1910)鉛印本　五十六冊　十三行三十二字上下黑口四周單邊

610000－1001－0010599　普0011329

**聽桐廬殘草一卷附錄一卷**　（清）王繼戮撰
清光緒六年(1880)刻本　一冊　十二行二十五字上黑口左右雙邊

610000－1001－0010600　普0011330

**國朝詩鐸二十六卷首一卷**　（清）張應昌選輯
清同治刻本　十五冊　十行二十一字小字雙行同下黑口左右雙邊　存二十五卷(二至二十六)

610000－1001－0010601　普0011331

**歷代名人書札二卷**　吳曾祺編　清宣統元年(1909)商務印書館鉛印本　二冊　十四行三十四字白口四周雙邊

610000－1001－0010602　普0011334

**回春夢二卷**　（清）顧森編　（清）王元常評（清）楊坊訂　清道光三十年(1850)刻本　二冊　九行二十字下黑口四周雙邊

610000－1001－0010603　普0011335

**國朝六家詩鈔八卷**　（清）劉執玉選　清光緒九年(1883)汗青簃刻本　七冊　十行二十一字小字雙行同上下黑口四周單邊

610000－1001－0010604　普0011337

**漢詩音註十卷**　（清）李因篤評　清刻本　一冊　九行十九字小字雙行同白口四周單邊　存一卷(一)

610000－1001－0010605　普0011338

**而菴說唐詩二十二卷首一卷**　（清）徐增著
清刻本　八冊　十行十九至二十一字不等白口左右雙邊

610000－1001－0010606　普0011339

**苾芻館詞集六卷**　（清）胡延著　清光緒二十九年(1903)金陵糧儲道廨刻朱印本　三冊　十行二十字朱口四周雙邊

610000－1001－0010607　普0011340

**二竹齋文集二卷詩鈔四卷**　（清）張井撰　清

道光十五年(1835)刻本　八冊　九行二十一字白口四周雙邊

610000－1001－0010608　普0011342

**樊南陽詩解一卷**　（唐）樊宗師撰　（清）王琦解　（清）樊鎮輯　清綿絳書屋刻朱印本　一冊　十行二十字上下朱口四周雙邊

610000－1001－0010609　普0011344

**二南遺音四卷補遺一卷**　（清）劉紹攽編輯
清刻本　四冊　九行二十字小字雙行同白口四周雙邊

610000－1001－0010610　普0011345

**午陰清舍詩草三編五卷**　（清）何福堃著　清宣統元年(1909)刻本　二冊　九行二十一字下黑口四周雙邊

610000－1001－0010611　普0011346

**午陰清舍詩草三編五卷**　（清）何福堃著　清宣統元年(1909)刻本　二冊　九行二十一字下黑口四周雙邊

610000－1001－0010612　普0011347

**午陰清舍詩草十六卷試帖四卷**　（清）何福堃撰　清光緒三十一年(1905)蘭州官書局鉛印本　六冊　十行二十四字小字雙行同白口四周雙邊

610000－1001－0010613　普0011348

**古唐詩合解十二卷**　（清）王堯衢注　清刻本　六冊　十行二十一字小字雙行同白口四周單邊

610000－1001－0010614　普0011350

**正誼堂文集二十二卷**　（清）董詔著　（清）謝玉珩編次　清道光三年(1823)刻本　六冊　九行二十二字白口左右雙邊

610000－1001－0010615　普0011351

**正誼堂詩集十卷**　（清）董詔著　（清）謝玉珩編次　清道光四年(1824)刻本　二冊　九行二十二字小字雙行同白口左右雙邊

610000－1001－0010616　普0011352

**己酉庚戌存古學校課業齋文言略存不分卷**

（清宣統元年至二年）　（清）高廡恩鑒定　清宣統二年（1910）刻本　四冊　十行二十二字白口四周雙邊

610000－1001－0010617　普0011357
苾芻館詞集五卷　（清）胡延撰　清光緒十三年（1887）刻朱印本　三冊　十行二十一字上下朱口左右雙邊

610000－1001－0010618　普0011358
七家試帖輯註彙鈔不分卷　（清）王植桂輯註　清同治九年（1870）刻本　八冊　九行二十二字小字雙行同上下黑口四周雙邊

610000－1001－0010619　普0011360
有正味齋試帖詩註八卷　（清）吳錫麒著　清道光二十五年（1845）刻本　八冊　九行十九字小字雙行同白口左右雙邊

610000－1001－0010620　普0011362
賦學正鵠集釋十一卷　（清）李元度輯　清光緒七年（1881）長沙奎光樓刻本　四冊　九行二十一字小字雙行同白口四周單邊

610000－1001－0010621　普0011363
詳批律賦精腴四卷　（清）葉祺昌評選　清光緒五年（1879）刻本　四冊　九行二十五字小字雙行同白口四周雙邊

610000－1001－0010622　普0011367
古雪堂詩集□□集　（清）王令著　清刻本　一冊　八行十八字白口四周雙邊　存五集（敵集、月集、到集、柴集、門集）

610000－1001－0010623　普0011370
二南遺音續集一卷　（清）劉紹攽編輯　清刻本　一冊　九行十九字小字雙行同白口四周雙邊

610000－1001－0010624　普0011371
攜雪堂試帖不分卷　（清）吳可讀著　清光緒刻本　一冊　九行二十五字小字雙行同白口四周雙邊

610000－1001－0010625　普0011372
太鶴山人集十三卷　（清）端木國瑚著　清道

光二十年（1840）刻本　六冊　九行二十二字小字雙行同白口左右雙邊

610000－1001－0010626　普0011374
有正味齋詩集十六卷外集五卷駢體文二十四卷詞集八卷　（清）吳錫麒著　清嘉慶十三年（1808）刻本　十二冊　十二行二十四字上下黑口四周單邊

610000－1001－0010627　普0011377
李文清公遺書四種附一種　（清）李棠階撰　清光緒八年（1882）河北分守道署刻本　三冊　十行二十一字白口四周雙邊　缺一種

610000－1001－0010628　普0011378
陰隲文制藝一卷　（清）殷壽彭鑒定　（清）周憲曾等原輯　（清）張太齡等校刊　清光緒十三年（1887）刻本　一冊　九行二十五字白口左右雙邊

610000－1001－0010629　普0011379
陰隲文制藝一卷　（清）殷壽彭鑒定　（清）周憲曾等原輯　（清）張太齡等校刊　清光緒十三年（1887）刻本　一冊　九行二十五字白口左右雙邊

610000－1001－0010630　普0011380
光緒壬寅補行庚子恩正併科山西鄉試闈墨不分卷　（清）王炳宸等撰　清刻本　一冊　九行二十三字白口四周雙邊

610000－1001－0010631　普0011381
光緒癸卯恩科山西鄉試闈墨不分卷　（清）楊大芳等撰　清衡鑒堂刻本　一冊　九行二十五字白口四周雙邊

610000－1001－0010632　普0011387
昭代名人尺牘小傳二十四卷　（清）吳修輯　清光緒七年（1881）刻本　二冊　九行二十八字白口四周單邊

610000－1001－0010633　普0011388
吳吳山三婦合評牡丹亭還魂記二卷附錄一卷或問一卷　（明）湯顯祖撰　（清）陳同評點　（清）錢宜參評　清同治九年（1870）刻本　二冊　十行二十字上下黑口左右雙邊

610000 – 1001 – 0010634　普 0011391

**六半樓詩鈔四卷**　(清)蔡鵬飛著　清光緒十年(1884)刻本　一冊　十一行二十三字白口左右雙邊

610000 – 1001 – 0010635　普 0011395

**西廬文集四卷**　(清)張雋撰　清宣統二年(1910)鉛印本　二冊　十三行三十字上下黑口四周雙邊

610000 – 1001 – 0010636　普 0011396

**定盦全集十一卷**　(清)龔自珍撰　清光緒二十八年(1902)浙江文匯書局鉛印本　四冊　十五行三十二字小字雙行同白口四周雙邊

610000 – 1001 – 0010637　普 0011397

**定盦全集十一卷**　(清)龔自珍撰　清光緒二十八年(1902)浙江文匯書局鉛印本　四冊　十五行三十二字小字雙行同白口四周雙邊

610000 – 1001 – 0010638　普 0011402

**文信國公集二十卷**　(宋)文天祥撰　清刻本　十三冊　九行二十四字白口四周雙邊

610000 – 1001 – 0010639　普 0011403

**檉華館試帖彙鈔輯注十卷**　(清)路德編　清道光十四年(1834)刻本　十冊　九行二十二字小字雙行同上下黑口四周雙邊

610000 – 1001 – 0010640　普 0011404

**左文襄公奏疏一百二十卷**　(清)左宗棠撰　清光緒十六年(1890)圖書集成局鉛印本　二十冊　十四行四十字小字雙行同白口四周單邊

610000 – 1001 – 0010641　普 0011408

**養雲山館試帖四卷**　(清)許球著　(清)王榮緻注釋　清道光刻本　四冊　九行二十五字小字雙行同白口四周雙邊

610000 – 1001 – 0010642　普 0011409

**似昇長生冊不分卷**　(清)周嵩堯編　清宣統三年(1911)浙江印刷公司鉛印本　二冊　八行十八字小字雙行同下黑口四周雙邊

610000 – 1001 – 0010643　普 0011412

610000 – 1001 – 0010644　普 0011413

**有正味齋駢文箋注合纂二十四卷**　(清)吳錫麒撰　(清)王廣業箋　(清)葉聯芬注　清光緒十五年(1889)上海蜚英館石印本　四冊　十五行三十六字小字雙行同白口四周雙邊

610000 – 1001 – 0010644　普 0011413

**胡文忠公遺集八十六卷**　(清)胡林翼撰　(清)曾國荃輯　(清)胡鳳丹編　清光緒二十七年(1901)上海圖書集成印書局鉛印本　八冊　十四行四十二字小字雙行同白口四周單邊

610000 – 1001 – 0010645　普 0011415

**屺雲樓文鈔十二卷**　(清)劉存仁著　清光緒四年(1878)福州刻本　五冊　十行二十一字下黑口四周雙邊

610000 – 1001 – 0010646　普 0011415

**屺雲樓集四種**　(清)劉存仁撰　清咸豐、同治刻本　六冊　十行二十一字小字雙行同下黑口左右雙邊間四周雙邊　存三種

610000 – 1001 – 0010647　普 0011416

**東山草堂全集五種**　(清)丘嘉穗撰　清光緒八年(1882)漢陽邱氏刻本　十五冊　十行二十二字上下黑口四周單邊

610000 – 1001 – 0010648　普 0011417

**受祺堂文集四卷續刻四卷**　(清)李因篤著　清道光七年至十年(1827 – 1830)刻本　八冊　十行二十四字白口左右雙邊

610000 – 1001 – 0010649　普 0011419

**松雅堂雜著不分卷**　(清)郭廷謹撰　清光緒三十四年(1908)鉛印本　一冊　十二行三十一字

610000 – 1001 – 0010650　普 0011421

**李中丞遺集三卷**　(清)李發甲著　清同治九年(1870)湖南撫署刻本　二冊　九行二十一字下黑口左右雙邊

610000 – 1001 – 0010651　普 0011423

**來鹿堂文集八卷詩集三卷**　(清)張鵬飛撰　清刻本　十一冊　九行二十字小字雙行同白口四周雙邊

610000－1001－0010652　　普0011435

**玉笥山房制義一卷**　（清）顧廷綸著　清光緒二十年(1894)刻本　三冊　九行二十五字上下黑口四周雙邊

610000－1001－0010653　　普0011437

**紀愼齋先生全集十二種續集七種**　（清）紀大奎撰　清嘉慶十三年(1808)刻續集咸豐二年(1852)刻本　十六冊　八行二十字上下黑口四周雙邊　存八種

610000－1001－0010654　　普0011450

**夏峰先生集十四卷補遺二卷首一卷**　（清）孫奇逢著　清道光二十五年(1845)大梁書院刻本　十六冊　九行二十一字白口四周雙邊

610000－1001－0010655　　普0011456

**淮海集四十卷首一卷後集六卷長短句三卷詩餘一卷**　（宋）秦觀著　（明）徐渭評　清同治十二年(1873)秦氏家塾刻本　六冊　十行二十四字小字雙行同白口四周雙邊

610000－1001－0010656　　普0011460

**通隱堂詩存四卷**　（清）張京度著　清同治六年(1867)五百梅花草堂刻本　一冊　九行二十一字白口四周雙邊

610000－1001－0010657　　普0011461

**呂涇野先生文集三十八卷續刻八卷首一卷**　（明）呂柟撰　（清）楊浚編校　清道光十二年(1832)刻本　十六冊　十二行二十三字白口左右雙邊

610000－1001－0010658　　普0011462

**中俄約章會要三卷**　（清）總理衙門編　清光緒八年(1882)同文館鉛印本　三冊　八行二十字小字雙行同白口四周雙邊

610000－1001－0010659　　普0011464

**廬陵周益國文忠公集十二種續刊三種**　（宋）周必大撰　清道光二十八年(1848)歐陽棨瀛塘別墅刻咸豐元年(1851)續刻本　四十冊　十行二十四字小字雙行同白口左右雙邊

610000－1001－0010660　　普0011465

**清麓文集二十三卷日記五卷**　（清）賀瑞麟著

清光緒二十五年(1899)傳經堂刻本　二十三冊　十行二十字下黑口四周雙邊

610000－1001－0010661　　普0011466

**清麓文集二十三卷日記五卷**　（清）賀瑞麟著　清光緒二十五年(1899)傳經堂刻本　二十二冊　十行二十字下黑口四周雙邊

610000－1001－0010662　　普0011467

**許文正公遺書十二卷首一卷末一卷**　（元）許衡撰　清光緒十三年(1887)刻本　四冊　十二行二十二字上下黑口四周單邊

610000－1001－0010663　　普0011468

**伊川擊壤集二十卷補遺一卷**　（宋）邵雍著　清光緒三年(1877)三原述荆堂刻本　五冊　九行十八字上下黑口四周雙邊

610000－1001－0010664　　普0011475

**湖海文傳七十五卷**　（清）王昶輯　清道光十七年(1837)刻本　十六冊　十二行二十三字上下黑口左右雙邊

610000－1001－0010665　　普0011478

**梅村詩集箋注十八卷**　（清）吳偉業撰　（清）吳翌鳳箋注　清光緒十年(1884)湖北官書局刻本　十二冊　十行二十一字白口左右雙邊

610000－1001－0010666　　普0011487

**毛西河先生全集經集四十九種文集六十九種**　（清）毛奇齡撰　清刻本　五冊　十行二十字小字雙行同白口四周單邊　存八種

610000－1001－0010667　　普0011491

**湖海詩傳四十六卷**　（清）王昶輯　清同治四年(1865)刻本　十六冊　十二行二十三字小字雙行三十四字上下黑口左右雙邊

610000－1001－0010668　　普0011492

**湖海詩傳四十六卷**　（清）王昶輯　清同治四年(1865)刻本　十六冊　十二行二十三字小字雙行三十四字上下黑口左右雙邊

610000－1001－0010669　　普0011498

**漁洋山人精華錄箋注十二卷年譜一卷**　（清）金榮箋注　（清）徐淮纂輯　清刻本　十冊

十一行二十字小字雙行三十字白口左右雙邊

610000－1001－0010670　普0011506

**胡敬齋先生文集三卷**　（明）胡居仁撰　清同治八年(1869)傳經堂刻本　二冊　九行二十字上下黑口四周雙邊

610000－1001－0010671　普0011508

**楊忠愍公全集四卷**　（明）楊繼盛撰　（清）毛奇齡鑒定　（清）柏森校刊　清光緒二十一年(1895)柏經正堂刻本　四冊　九行二十字下黑口四周單邊

610000－1001－0010672　普0011514

**戴東原集十二卷**　（清）戴震撰　**年譜一卷覆校札記一卷**　（清）段玉裁撰　清宣統二年(1910)渭南嚴氏孝義家塾成都刻本　六冊　十行二十一字小字雙行同上下黑口左右雙邊

610000－1001－0010673　普0011522

**錢南園先生遺集五卷**　（清）錢灃撰　清光緒十九年(1893)浙江書局刻本　六冊　十行二十一字白口左右雙邊

610000－1001－0010674　普0011523

**陶庵集二十二卷首一卷末一卷**　（明）黃淳燿撰　清光緒八年(1882)刻本　八冊　九行二十一字下黑口左右雙邊

610000－1001－0010675　普0011524

**甌香館集十二卷首一卷末一卷**　（清）惲格著　（清）蔣光煦輯　清光緒七年(1881)刻本　四冊　十一行二十一字小字雙行同上下黑口左右雙邊

610000－1001－0010676　普0011525

**揅經室一集十四卷二集八卷三集五卷四集十三卷續集十一卷再續集六卷外集五卷**　（清）阮元撰　清道光三年(1823)刻本　二十四冊　十行二十字小字雙行同白口四周雙邊

610000－1001－0010677　普0011527

**韓文考異四十卷外集考異十卷遺文考異一卷首一卷末一卷**　（宋）朱熹考異　（宋）王伯大音釋　清光緒十八年(1892)刻本　十二冊

九行十八字小字雙行同下黑口四周雙邊

610000－1001－0010678　普0011528

**豐川續集三十四卷**　（清）王心敬撰　清刻本　二冊　十行二十一字白口四周雙邊　存四卷(三至四、七至八)

610000－1001－0010679　普0011529

**楊忠愍集八卷首一卷末一卷**　（明）楊繼盛著　（清）蔣攸銛重輯　清道光五年(1825)刻本　四冊　十一行二十一字小字雙行同白口四周雙邊

610000－1001－0010680　普0011530

**舊雨集三卷**　（清）鄭士範著　清光緒二十六年(1900)周正誼堂刻本　二冊　九行十七字黑口四周雙邊

610000－1001－0010681　普0011531

**舊雨集三卷**　（清）鄭士範著　清光緒二十六年(1900)周正誼堂刻本　一冊　九行十七字黑口四周雙邊

610000－1001－0010682　普0011532

**鮚埼亭集三十八卷全謝山先生經史問答十卷外編五十卷首一卷**　（清）全祖望撰　（清）董秉純輯　（清）史夢蛟校　清同治十一年(1872)刻本　二十六冊　十行二十一字白口左右雙邊

610000－1001－0010683　普0011534

**代耕堂吟存一卷**　（清）李嘉績撰　清光緒十五年(1889)青門寓廬刻本　一冊　十行二十一字小字雙行同上下黑口左右雙邊

610000－1001－0010684　普0011539

**味塵軒詩集十六卷詩餘二卷詞餘一卷**　（清）李文瀚撰　清道光刻本　四冊　九行十八字下黑口四周雙邊　存十卷(詩集八至十四、詩餘上至下、詞餘一)

610000－1001－0010685　普0011549

**聲調四譜圖說十二卷首一卷末一卷**　（清）董文渙編輯　清同治三年(1864)洪洞董氏刻本　六冊　十行二十四字上下黑口左右雙邊

610000－1001－0010686　普0011550

尊間齋遺草一卷　（清）王應昌著　清光緒二
十一年(1895)古歙王氏刻本　一冊　八行二
十字白口四周雙邊

610000－1001－0010687　普0011552

宋宗忠簡公文集四卷首一卷補遺一卷遺事二
卷　（宋）宗澤撰　清同治十二年(1873)刻本
四冊　九行二十字上下黑口四周雙邊

610000－1001－0010688　普0011553

漸西村舍彙刊四十四種　（清）袁昶輯　清光
緒刻本　六冊　十行二十二字小字雙行同上
黑口左右雙邊　存三種

610000－1001－0010689　普0011554

瀛奎律髓刊誤四十九卷　（元）方回選　（清）
紀昀批點　清嘉慶五年(1800)侯官李光垣刻
本　十二冊　十行十九字小字雙行二十八字
白口左右雙邊

610000－1001－0010690　普0011555

璧沼集四卷　（清）胡元玉撰　清刻本　一冊
十三行二十二字小字雙行同上下黑口左右
雙邊

610000－1001－0010691　普0011556

曝書亭集十卷　（清）朱彝尊著　（清）孫銀槎
輯注　（清）黃河清較勘　清嘉慶五年(1800)
刻本　五冊　十二行二十三字小字雙行二十
八字白口左右雙邊

610000－1001－0010692　普0011557

謝華啟秀集八卷　（明）楊慎撰　（清）吳藹人
（清）董琴涵鑒定　清道光五年(1825)刻本
八冊　九行二十字小字雙行同白口左右
雙邊

610000－1001－0010693　普0011561

諸葛忠武侯集四卷附錄二卷首一卷　（三國
蜀）諸葛亮著　清同治十二年(1873)劉質慧
刻本　四冊　九行二十字上下黑口四周雙邊

610000－1001－0010694　普0011562

雙桂堂稿十卷　（清）紀大奎撰　清嘉慶十三
年(1808)刻本　五冊　十行二十二字上下黑

口四周雙邊

610000－1001－0010695　普0011564

端敏先生遺集四卷　（清）胡元直著　清光緒
二十年(1894)刻本　一冊　十三行二十二字
上下黑口左右雙邊

610000－1001－0010696　普0011565

端敏先生遺集四卷　（清）胡元直著　清光緒
二十年(1894)刻本　一冊　十三行二十二字
上下黑口左右雙邊

610000－1001－0010697　普0011569

宋大家蘇文忠公文抄二十八卷　（宋）蘇軾撰
清刻本　五冊　九行二十字白口四周單邊

610000－1001－0010698　普0011573

陶文毅公全集六十四卷首一卷末一卷　（清）
陶澍撰　清道光二十年(1840)兩淮淮北士民
刻本　二十四冊　十行二十一字小字雙行同
白口四周雙邊

610000－1001－0010699　普0011580

蘇詩查註補正四卷　（宋）蘇軾撰　（清）沈欽
韓註　清光緒八年(1882)長洲蔣氏心矩齋刻
本　二冊　十一行二十一字白口左右雙邊

610000－1001－0010700　普0011583

確山先生時藝不分卷　（清）宋世犖撰　清道
光惜陰軒刻本　二冊　九行二十五字小字雙
行同白口四周單邊

610000－1001－0010701　普0011589

述文一卷　（清）馬綱章撰　清光緒三十三年
(1907)紹興石印本　一冊　十行二十四字白
口四周雙邊

610000－1001－0010702　普0011592

史文忠公集四卷首一卷　（明）史可法撰　清
同治十二年(1873)三原劉氏述荊堂刻本　二
冊　九行二十字小字雙行同上下黑口四周雙邊

610000－1001－0010703　普0011598

魏鄭公文集三卷詩集一卷諫續錄一卷　（唐）
魏徵撰　清光緒定州王氏刻畿輔叢書初編本
一冊　十行二十二字白口四周單邊

610000－1001－0010704　普0011600

皋蘭課業詩賦約編不分卷　（清）葉氏輯　清刻本　一冊　十行二十五字小字雙行同白口四周雙邊

610000－1001－0010705　普0011606

曾文正公手書日記不分卷　（清）曾國藩撰　清宣統元年(1909)上海中國圖書公司石印本　四十冊　行數不等字數不等

610000－1001－0010706　普0011608

自愉堂文集六卷詩集四卷　（明）來儼然撰　（清）李錫齡校刊　清道光二十一年(1841)宏道書院刻本　六冊　十行二十二字白口四周雙邊

610000－1001－0010707　普0011617

逆旅集二十卷　（明）焦源溥撰　清道光十九年(1839)惜陰軒刻本　三冊　十行二十二字白口左右雙邊

610000－1001－0010708　普0011618

逆旅集奏議四卷　（明）焦源溥撰　清道光十九年(1839)惜陰軒刻本　一冊　十行二十二字白口左右雙邊

610000－1001－0010709　普0011619

元扈山房集二十二卷　（明）梁爾升撰　清道光二十一年(1841)惜陰軒刻本　四冊　十行二十二字白口左右雙邊

610000－1001－0010710　普0011620

元扈山房集二十二卷　（明）梁爾升撰　清道光二十一年(1841)惜陰軒刻本　四冊　十行二十二字白口左右雙邊

610000－1001－0010711　普0011621

谿田文集十一卷首一卷補遺一卷續補遺一卷搜遺一卷　（明）馬理撰　（清）李錫齡校刊　清道光二十年(1840)惜陰軒刻本　六冊　十行二十二字白口四周單邊

610000－1001－0010712　普0011622

鶴巢詩存一卷　（清）顧淳慶撰　清光緒十二年(1886)刻本　一冊　九行二十一字上下黑口四周雙邊

610000－1001－0010713　普0011624

授堂文鈔八卷續集二卷讀書山房文鈔二卷　（清）武億撰　（清）孫未校刊　清道光二十三年(1843)刻本　一冊　十一行二十三字白口左右雙邊　存四卷(授堂文鈔一至四)

610000－1001－0010714　普0011627

西學啟蒙十六種　（英國）艾約瑟譯　清光緒二十四年(1898)石印本　十六冊　十八行三十七字白口四周雙邊

610000－1001－0010715　普0011633

觀象廬叢書十九種　（明）呂調陽撰　清光緒十四年(1888)刻本　二十冊　九行二十二字小字雙行同上下黑口四周雙邊　存六種

610000－1001－0010716　普0011635

崇正叢書十二種　（清）葉晴峰輯　清道光十九年(1839)品石山房木活字印本　八冊　八行二十字白口四周雙邊　存六種

610000－1001－0010717　普0011637

陸清獻公松陽講義十二卷　（清）陸隴其撰　清光緒十四年(1888)涇陽柏經正堂刻本　六冊　九行二十三字下黑口左右雙邊

610000－1001－0010718　普0011638

陸清獻公松陽講義十二卷　（清）陸隴其撰　清光緒十四年(1888)涇陽柏經正堂刻本　六冊　九行二十二字下黑口左右雙邊

610000－1001－0010719　普0011646

增訂寄嶽雲齋試體詩選四卷　（清）聶銑敏著　（清）朱兆鳳評　清聚錦堂刻本　四冊　八行十七字小字雙行同白口四周單邊

610000－1001－0010720　普0011647

通鑑綱目分類策論檢題不分卷　（清）夢蝶生編　清光緒二十九年(1903)上海官書局石印本　二冊　十三行三十八字小字雙行同下黑口四周單邊

610000－1001－0010721　普0011648

菉斐軒詞韻一卷　（宋）紹興内府審定　（清）顧復初輯　清光緒二十六年(1900)吳郡顧氏盛山官舍刻本　一冊　十二行二十三字白口

左右雙邊

610000－1001－0010722　普0011649

**箓斐軒詞韻一卷**　（宋）紹興内府審定　（清）顧復初輯　清光緒二十六年（1900）吳郡顧氏盛山官舍刻本　一冊　十二行二十三字白口四周單邊

610000－1001－0010723　普0011650

**洪北江全集二十三種**　（清）洪亮吉撰　清光緒洪用懃授經堂刻本　八十四冊　十一行二十二字小字雙行同上下黑口左右雙邊

610000－1001－0010724　普0011651

**惜陰軒叢書三十四種續編一種**　（清）李錫齡輯　清道光二十六年（1846）宏道書院刻本　一百二十三冊　十行二十二字上下黑口四周單邊

610000－1001－0010725　普0011653

**金華文萃七十種**　（清）胡鳳丹輯　清同治八年（1869）退補齋刻本　四十二冊　九行二十字小字雙行同白口四周雙邊　存十四種

610000－1001－0010726　普0011655

**蒙古史二卷**　（日本）河野元三撰　（清）歐陽瑞驊譯　清宣統三年（1911）江南圖書館鉛印本　二冊　十一行三十字小字雙行同上下黑口四周雙邊

610000－1001－0010727　普0011657

**何斠元聖武親征錄一卷**　（清）何秋濤校正　清道光二十九年（1849）刻本　一冊　十一行二十二字小字雙行同白口左右雙邊

610000－1001－0010728　普0011663

**盛京典制備考八卷首一卷目錄一卷**　（清）崇厚輯　清光緒四年（1878）奉天警署刻本　六冊　十行二十二字小字雙行同白口四周雙邊

610000－1001－0010729　普0011664

**元史譯文證補三十卷**　（清）洪鈞撰　清光緒二十三年（1897）刻本　四冊　十二行二十五字小字雙行三十七字白口左右雙邊

610000－1001－0010730　普0011665

**大清通禮五十四卷**　（清）來保等撰　清道光四年（1824）刻本　十二冊　九行二十字白口四周雙邊

610000－1001－0010731　普0011669

**書目答問不分卷**　（清）張之洞撰　清光緒十四年（1888）上海蜚英館石印本　二冊　十三行二十五字小字雙行不等白口左右雙邊

610000－1001－0010732　普0011671

**聖廟祀典圖考五卷崇聖祠考一卷聖跡圖考一卷**　（清）顧沅輯　清道光六年（1826）刻本　六冊　九行十九字白口左右雙邊

610000－1001－0010733　普0011672

**大金國志四十卷**　（宋）宇文懋昭撰　清嘉慶二年（1797）席氏掃葉山房刻本　二冊　十二行二十五字小字雙行同白口左右雙邊

610000－1001－0010734　普0011690

**續編綏寇紀略五卷**　（清）葉夢珠輯　清光緒鉛印本　二冊　十一行二十七字白口左右雙邊

610000－1001－0010735　普0011691

**淮軍平捻記十二卷**　（清）周世澄撰　清鉛印本　四冊　十二行三十字白口四周單邊

610000－1001－0010736　普0011692

**光緒諭摺彙存二十二卷**　（清）□□編　清光緒二十九年（1903）上海慎記書莊石印本　二十四冊　十六行四十字白口四周雙邊

610000－1001－0010737　普0011693

**翼教叢編六卷**　（清）蘇輿輯　清光緒二十四年（1898）武昌刻本　三冊　十二行二十四字下黑口左右雙邊

610000－1001－0010738　普0011694

**大唐西域記十二卷**　（唐）釋玄奘譯　清宣統元年（1909）常州天寧寺刻本　四冊　十行二十字上下黑口左右雙邊

610000－1001－0010739　普0011695

**下學寮彙稿四卷**　（清）羅振嵩撰　清光緒三十三年（1907）長沙刻本　二冊　九行二十一

字下黑口四周雙邊

610000－1001－0010740　普0011697

**通商各國條約不分卷** （清）□□撰　清光緒
鉛印本　二十一冊　九行二十三字白口四周
雙邊

610000－1001－0010741　普0011702

**顏學辯八卷** （清）程仲威撰　清光緒安徽官
紙印刷局鉛印本　四冊　十二行三十二字下
黑口四周雙邊

610000－1001－0010742　普0011703

**韓非子二十卷** （戰國）韓非撰　**韓非子識誤
三卷** （清）顧廣圻編　清嘉慶二十三年
(1818)吳鼒刻本　三冊　十三行二十四字小
字雙行不等白口四周單邊

610000－1001－0010743　普0011704

**資政院第一次常年會會議錄不分卷** （清）資
政院撰　清宣統鉛印本　四冊　十三行三十
字小字雙行同白口四周雙邊

610000－1001－0010744　普0011717

**天方曆源不分卷** （清）馬復初著　清光緒元
年(1875)成都清真七寺刻本　一冊　七行十
五字白口四周雙邊

610000－1001－0010745　普0011724

**三省邊防備覽十四卷** （清）嚴如熤輯　清道
光二年(1822)刻本　六冊　十行二十四字小
字雙行同白口四周雙邊

610000－1001－0010746　普0011732

**李文忠公全集六種** （清）李鴻章　（清）吳汝
綸編　清光緒三十四年(1908)金陵刻本　一
百冊　十二行二十五字小字雙行同白口左右
雙邊

610000－1001－0010747　普0011733

**歧韻詳辨六卷** （清）馬名駒輯　清嘉慶二十
四年(1819)木卜堂刻本　四冊　九行二十五
字小字雙行同白口左右雙邊

610000－1001－0010748　普0011734

**資治通鑑補二百九十四卷** （宋）司馬光編集

（元）胡三省音注　（清）嚴衍補　清光緒二
年(1876)思補樓刻本　八十冊　十一行二十
五字小字雙行同白口左右雙邊

610000－1001－0010749　普0011736

**懷古田舍梅統十三卷** （清）徐榮輯　清咸豐
二年(1852)刻本　六冊　九行二十一字小字
雙行同上下黑口四周雙邊

610000－1001－0010750　普0011740

**禮書綱目八十五卷首三卷** （清）江永撰　清
光緒二十一年(1895)廣雅書局刻本　三十二
冊　十一行二十四字小字雙行同上下黑口四
周單邊

610000－1001－0010751　普0011744

**十六金符齋印存不分卷** （清）吳大澂輯　清
光緒十四年(1888)刻鈐印本　二十八冊　白
口四周單邊

610000－1001－0010752　普0011748

**黃鵠山志十二卷首一卷** （清）胡鳳丹纂修
清同治十三年(1874)退補齋刻本　六冊　九
行二十一字小字雙行同白口四周雙邊

610000－1001－0010753　普0011749

**南疆繹史勘本紀略六卷列傳二十四卷首二卷**
　（清）溫睿臨撰　**摭遺十八卷卹諡考八卷**
（清）李瑤撰　清道光十年(1830)都城琉璃廠
半松居士刻本　八冊　九行二十字白口左右
雙邊　缺二十六卷(摭遺一至十八、卹諡考一
至八)

610000－1001－0010754　普0011751

**百將圖傳二卷** （清）丁日昌輯　清同治八年
(1869)江蘇書局刻本　四冊　十一行二十一
字白口左右雙邊

610000－1001－0010755　普0011756

**平山堂圖志十卷圖一卷** （清）趙之璧撰　清
光緒九年(1883)楚南歐陽利見刻本　四冊
十行二十一字白口左右雙邊

610000－1001－0010756　普0011760

**通鑑注商十八卷** （清）趙紹祖撰　清嘉慶二
十四年(1819)刻本　四冊　十行二十字白口

左右雙邊

610000－1001－0010757　普0011761

**輶軒使者絕代語釋別國方言箋疏十三卷**
（清）錢繹撰　（清）王文韶撰　清光緒十六年(1890)紅蝠山莊刻本　六冊　十行二十字小字雙行同白口左右雙邊

610000－1001－0010758　普0011769

**求闕齋弟子記三十二卷**　（清）王定安撰　清光緒二年(1876)都門刻本　十六冊　十行二十四字小字雙行同白口左右雙邊

610000－1001－0010759　普0011770

**錢敏肅公奏疏七卷**　（清）錢鼎銘撰　清光緒六年(1880)存素堂刻本　四冊　十行二十一字上下黑口左右雙邊

610000－1001－0010760　普0011773

**說文古本攷十四卷**　（清）沈濤撰　清光緒九年(1883)吳縣潘氏滂喜齋刻本　八冊　十行二十四字白口左右雙邊

610000－1001－0010761　普0011774

**求古精舍金石圖初集四卷**　（清）陳經編　清嘉慶十八年至二十二年(1813－1817)烏程陳氏說劍樓刻本　六冊　九行二十字上下黑口四周單邊

610000－1001－0010762　普0011781

**石經考文提要十三卷**　（清）彭元瑞輯　清嘉慶四年(1799)許宗彥刻本　二冊　九行十字小字雙行二十字白口左右雙邊

610000－1001－0010763　普0011795

**唐代叢書一百六十四種**　（清）王文誥輯　清同治十年(1871)刻本　二十冊　九行二十一字白口四周雙邊

610000－1001－0010764　普0011797

**金石苑六卷**　（清）劉喜海撰　清道光二十六年(1846)劉氏來鳳堂刻本　十二冊　白口四周單邊

610000－1001－0010765　普0011798

**國語三君注輯存四卷發正二十一卷國語明道**

---

**本攷異四卷**　（清）汪遠孫輯　清道光二十五年(1845)刻本　六冊　十行二十一字小字雙行不等白口左右雙邊

610000－1001－0010766　普0011799

**紅雪樓十二種**　（清）蔣士銓撰　清刻本　十冊　九行二十二字白口左右雙邊

610000－1001－0010767　普0011805

**五經同異三卷**　（清）顧炎武撰　清常熟蔣氏省吾堂刻本　三冊　十行二十一字上黑口左右雙邊

610000－1001－0010768　普0011806

**石經考一卷**　（清）萬斯同撰　清常熟蔣氏省吾堂刻本　一冊　十行二十一字上黑口左右雙邊

610000－1001－0010769　普0011807

**周易本義辨證五卷**　（清）惠棟撰　清常熟蔣氏省吾堂刻本　二冊　十行二十一字上黑口左右雙邊

610000－1001－0010770　普0011808

**九經古義十六卷**　（清）惠棟撰　清常熟蔣氏省吾堂刻本　四冊　十行二十一字上黑口左右雙邊

610000－1001－0010771　普0011809

**金石文鈔八卷續鈔二卷**　（清）趙紹祖輯　清咸豐十年(1860)刻本　十冊　九行十八字白口四周單邊

610000－1001－0010772　普0011811

**重刊道藏輯要二十八集二百九十種**　（清）彭定求輯　（清）閻永和增　清光緒三十二年(1906)成都二仙庵刻本　二百四十四冊　十行二十四字小字雙行同白口左右雙邊

610000－1001－0010773　普0011841

**碑版文廣例十卷**　（清）王芑孫撰　清道光二十一年(1841)刻本　四冊　十行二十字小字雙行同白口左右雙邊

610000－1001－0010774　普0011844

**雙楳景闇叢書十六種**　葉德輝編　清光緒、

宣統長沙葉氏郎園刻本　五冊　十一行二十二字小字雙行同上下黑口左右雙邊

610000－1001－0010775　普0011847
**天中記六十卷**　（明）陳耀文撰　（明）屠隆校　清道光刻本　十冊　十一行二十一字小字雙行同下黑口四周雙邊

610000－1001－0010776　普0011848
**宣德鼎彝譜八卷**　（明）呂震撰　清光緒九年（1883）鉛印本　四冊　九行二十二字白口四周雙邊

610000－1001－0010777　普0011854
**廬山紀游詩一卷武夷紀游詩一卷**　（清）吳嵩梁撰　清嘉慶刻本　一冊　十二行二十四字小字雙行同上下黑口四周單邊

610000－1001－0010778　普0011857
**江蘇詩徵一百八十三卷**　（清）王豫輯　清道光元年（1821）焦山海西庵詩徵閣刻本　四十冊　十一行二十三字小字雙行同白口四周單邊

610000－1001－0010779　普0011858
**長安獲古編二卷補遺一卷**　（清）劉喜海撰　清東武劉喜海刻本　二冊　行數不等字數不等白口四周單邊

610000－1001－0010780　普0011861
**隨軒金石文字九種**　（清）徐渭仁雙鉤　清道光刻本　四冊　行數不等大小字不等白口四周單邊

610000－1001－0010781　普0011862
**廣西全省地輿圖說不分卷**　（清）蘇鳳文編　清同治五年（1866）刻本　二冊　九行四十字白口四周單邊

610000－1001－0010782　普0011863
**敬吾心室識篆圖不分卷**　（清）朱善旂編　清光緒三十四年（1908）影印本　二冊　行數不等字數不等

610000－1001－0010783　普0011871
**史記一百三十卷**　（漢）司馬遷撰　（南朝宋）

裴駰集解　（唐）司馬貞索隱　（唐）張守節正義　清光緒二十八年（1902）竢實齋石印本　八冊　二十三行五十字小字雙行同白口四周單邊

610000－1001－0010784　普0011874
**一鐙精舍甲部藁五卷**　（清）何秋濤撰　清光緒五年（1879）淮南書局刻本　一冊　十一行二十一字小字雙行同白口左右雙邊

610000－1001－0010785　普0011877
**梅苑十卷**　（宋）黃大輿輯　清刻本　一冊　十行二十字小字雙行同上下黑口四周雙邊

610000－1001－0010786　普0011879
**藝海珠塵八集一百六十三種**　（清）吳省蘭輯　清嘉慶南匯吳氏聽彝堂刻本　六十四冊　十行二十一字小字雙行同白口左右雙邊

610000－1001－0010787　普0011884
**齊民要術十卷**　（北魏）賈思勰撰　清光緒元年（1875）湖北崇文書局刻本　四冊　十二行二十四字小字雙行同上下黑口四周雙邊

610000－1001－0010788　普0011885
**閩都記三十三卷**　（明）王應山纂輯　清道光十一年（1831）求放心齋刻本　六冊　十行二十四字小字雙行同上下黑口左右雙邊

610000－1001－0010789　普0011887
**劍南詩藁八十五卷**　（宋）陸游撰　（清）楊大鶴選　清同治八年（1869）潘貞敏刻本　八冊　十行十八字小字雙行同白口左右雙邊　存六卷（一至六）

610000－1001－0010790　普0011891
**韓苑洛全集二十二卷**　（明）韓邦奇撰　清道光八年（1828）同里謝氏刻本　十冊　十行二十字小字雙行同白口四周雙邊

610000－1001－0010791　普0011894
**御製詩初集四十八卷目錄六卷**　（清）仁宗顒琰撰　（清）慶桂等編　清嘉慶八年（1803）武英殿刻本　三十冊　九行十七字小字雙行同白口四周雙邊

610000－1001－0010792　普0011895

**太平廣記五百卷目錄十卷**　（宋）李昉等編
（清）黃晟校刊　清嘉慶十一年（1806）姑蘇聚
文堂刻本　四十八冊　十二行二十二字小字
雙行同白口四周雙邊

610000－1001－0010793　普0011897

**翠娛閣評選十六名家小品三十二卷**　（明）陸
雲龍評　清刻本　六冊　九行十九字小字雙
行同白口四周單邊

610000－1001－0010794　普0011898

**箋註陶淵明集十卷總論一卷**　（晉）陶潛撰
清宣統三年至民國二年（1911－1913）貴池劉
世珩玉海堂刻本　四冊　九行十六字小字雙
行同白口左右雙邊

610000－1001－0010795　普0011912

**評點春秋左傳綱目句解彙雋六卷**　（清）韓葵
重訂　清上海進步書局石印本　六冊　十三
行二十三字小字雙行五十字下黑口四周雙邊

610000－1001－0010796　普0012002

**李文忠公全集六種**　（清）李鴻章撰　（清）吳
汝綸編錄　清光緒三十一年至三十四年
（1905－1908）金陵刻本　一百冊　十二行二
十五字白口左右雙邊

610000－1001－0010797　普0012006

**檉華館雜錄一卷附錄一卷**　（清）路德撰　清
光緒十七年（1891）刻本　一冊　九行二十二
字小字雙行同下黑口四周雙邊

610000－1001－0010798　普0012008

**新排同蒲鐵路演說集股壯劇一卷**　（清）姚向
州編　清光緒三十四年（1908）瀋文書局鉛印
本　一冊　十行三十字白口四周雙邊

610000－1001－0010799　普0012009

**新排同蒲鐵路演說集股壯劇一卷**　（清）姚向
州編　清光緒三十四年（1908）瀋文書局鉛印
本　一冊　十行三十字白口四周雙邊

610000－1001－0010800　普0012010

**誥授奉政大夫焦公行述一卷**　（清）□□撰
清刻本　一冊　八行二十四字白口四周雙邊

610000－1001－0010801　普0012015

**孫真人千金方二卷**　（清）雷開祉輯　清光緒
二年（1876）刻本　一冊　九行二十四字小字
雙行同白口四周單邊

610000－1001－0010802　普0012016

**三河創業記五卷**　（清）范壽金輯　清光緒石
印本　一冊　十四行三十字小字雙行同白口
四周雙邊

610000－1001－0010803　普0012017

**［河南淅川］楊氏宗譜四卷首一卷**　（清）楊永
恭纂修　清同治十一年（1872）刻本　三冊
九行二十字白口四周雙邊　存三卷（一至二、
四）

610000－1001－0010804　普0012018

**場前屬別一卷**　（清）史兆熊撰　清同治十二
年（1873）刻本　一冊　八行二十二字白口四
周雙邊

610000－1001－0010805　普0012019

**辰州府義田總記二卷**　（清）□□撰　清刻本
　一冊　十行二十六字白口四周雙邊　存一
卷（下）

610000－1001－0010806　普0012020

**廣輿記二十四卷**　（明）陸應陽原纂　（清）蔡
方炳增輯　清嘉慶七年（1802）刻本　十二冊
十行十九字小字雙行同白口左右雙邊

610000－1001－0010807　普0012023

**唐語林八卷**　（宋）王讜撰　清刻本　四冊
十行二十二字小字雙行同上下黑口四周單邊

610000－1001－0010808　普0012025

**石經考一卷**　（清）萬斯同撰　清刻本　一冊
　十行二十一字小字雙行同上黑口左右雙邊

610000－1001－0010809　普0012027

**庚子銷夏記八卷**　（清）孫承澤撰　清光緒四
年（1878）崇川葛氏刻本　四冊　九行二十字
黑口左右雙邊

610000－1001－0010810　普0012028

**庚子銷夏記八卷**　（清）孫承澤撰　清宣統三

年(1911)掃葉山房石印本　四冊　十行二十字黑口左右雙邊

610000－1001－0010811　普0012029
**關中金石記八卷附記一卷**　(清)畢沅原本
清宣統二年(1910)刻本　四冊　十一行二十一字小字雙行同上下黑口左右雙邊

610000－1001－0010812　普0012030
**介菴先生年譜十七卷**　(清)李錫齡　(清)王稷校訂　清刻本　四冊　十行二十字小字雙行同白口左右雙邊

610000－1001－0010813　普0012032
**關中金石記八卷附記一卷札記一卷**　(清)畢沅撰　清光緒三十四年(1908)渭南嚴氏成都刻本　四冊　十一行二十一字小字雙行三十五字上下黑口左右雙邊

610000－1001－0010814　普0012033
**關中金石記八卷附記一卷**　(清)畢沅撰　清道光二十七年(1847)刻本　五冊　十二行二十四字上下黑口四周雙邊

610000－1001－0010815　普0012035
**西清古鑑四十卷錢錄十六卷**　(清)梁詩正等輯　清光緒十四年(1888)上海鴻文書局石印本　二十四冊　十行十八字白口四周雙邊

610000－1001－0010816　普0012036
**石刻鋪敘二卷**　(宋)曾宏父纂述　清刻本一冊　十一行二十一字小字雙行同上下黑口左右雙邊

610000－1001－0010817　普0012038
**觀古閣叢稿二卷**　(清)鮑康著　清同治十二年(1873)刻本　一冊　十行二十一字小字雙行同白口四周單邊

610000－1001－0010818　普0012039
**觀古閣泉說一卷**　(清)鮑康著　清同治十二年(1873)歙鮑氏刻本　一冊　十行二十一字白口四周單邊

610000－1001－0010819　普0012040
**漢石例六卷**　(清)劉寶楠錄　清同治刻本

二冊　十二行二十八字小字雙行同白口四周單邊

610000－1001－0010820　普0012041
**錢志新編二十卷**　(清)張崇懿校輯　清道光十年(1830)刻本　八冊　九行二十一字小字雙行同白口左右雙邊

610000－1001－0010821　普0012045
**金石錄三十卷**　(宋)趙明誠撰　**附札記一卷今存碑目一卷**　繆荃孫撰　清光緒三十一年(1905)仁和朱氏刻本　六冊　九行二十一字小字雙行同上下黑口左右雙邊

610000－1001－0010822　普0012048
**攜雪堂全集五卷**　(清)吳可讀著　清光緒十九年(1893)刻本　五冊　十行二十三字小字雙行同白口四周雙邊

610000－1001－0010823　普0012049
**養素堂文集三十五卷首一卷**　(清)張澍撰　清刻本　十二冊　十行二十二字小字雙行同白口四周雙邊

610000－1001－0010824　普0012050
**陶淵明集八卷首一卷末一卷**　(晉)陶潛撰　清刻朱墨印本　四冊　九行二十一字小字雙行同白口四周雙邊

610000－1001－0010825　普0012055
**山左金石志二十四卷**　(清)畢沅撰　(清)阮元撰　清嘉慶二年(1797)儀徵阮氏小琅嬛僊館刻本　十二冊　十二行二十四字小字雙行同上下黑口四周單邊

610000－1001－0010826　普0012056
**唐代叢書一百六十四種**　(清)王文誥等輯　清嘉慶十一年(1806)刻本　二十四冊　九行二十一字小字雙行同白口左右雙邊

610000－1001－0010827　普0012060
**二酉堂叢書二十一種**　(清)張澍輯　清道光元年(1821)武威張氏二酉堂刻本　十二冊　十行二十四字小字雙行同白口左右雙邊

610000－1001－0010828　普0012061

陝西省圖書館古籍普查登記目錄

行素草堂金石叢書十六種 （清）朱記榮輯
清光緒十四年(1888)吳縣朱氏刻彙印本 四
十冊 十一行二十一字小字雙行同上下黑口
左右雙邊

610000－1001－0010829 普0012063

宋元舊本書經眼錄三卷附錄二卷 （清）莫友
芝撰 清刻本 一冊 十行二十一字小字雙
行同白口左右雙邊

610000－1001－0010830 普0012065

東巡金石錄八卷 （清）高宗弘曆撰 （清）崔
應階 （清）梁燾鴻編 清刻本 二冊 九行
十七字小字雙行同白口四周雙邊

610000－1001－0010831 普0012066

廣金石韻府五卷附玉篇字略一卷 （明）朱
時望編纂 （清）林尚葵廣輯 （清）李根較
正 （清）周亮工鑒定 （清）張鳳藻增訂
清咸豐七年(1857)巴郡理董軒張鳳藻刻本
六冊 六行大小字不等上下黑口左右
雙邊

610000－1001－0010832 普0012068

東甌金石志十二卷 （清）戴咸弼輯 （清）孫
詒讓校補 清光緒二十五年(1899)石印本
四冊 十二行二十字小字雙行同下黑口左右
雙邊

610000－1001－0010833 普0012069

栝蒼金石志十二卷續四卷 （清）李遇孫輯
清同治十三年(1874)刻本 六冊 十行二十
一字小字雙行同白口左右雙邊

610000－1001－0010834 普0012071

隨軒金石文字九種 （清）徐渭仁輯 清同治
七年(1868)徐允臨刻本 四冊 行數不等字
數不等白口四周單邊

610000－1001－0010835 普0012073

積古齋鐘鼎彝器款識十卷 （清）阮元編錄
清嘉慶九年(1804)刻本 四冊 行數不等大
小字不等白口四周單邊

610000－1001－0010836 普0012074

歷代鐘鼎彝器款識法帖二十卷 （宋）薛尚功

輯 清嘉慶二年(1797)刻本 四冊 十二行
大小字不等白口四周單邊

610000－1001－0010837 普0012075

說文測議七卷 （清）董詔注 清道光二年
(1822)羊城竹香齋刻本 二冊 七行字數不
等小字雙行二十二字白口四周雙邊

610000－1001－0010838 普0012076

六書正譌五卷 （元）周伯琦編注 清光緒十
二年(1886)刻本 二冊 五行大字不等小字
雙行二十字白口四周單邊

610000－1001－0010839 普0012077

字說一卷 （清）吳大澂撰 清刻本 一冊
十行十九字白口四周單邊

610000－1001－0010840 普0012078

班馬字類五卷 （宋）婁機撰 明刻本 二冊
六行大小字不等黑口四周單邊

610000－1001－0010841 普0012080

史姓韻編六十四卷 （清）汪輝祖輯 清光緒
十年(1884)慈谿馮氏耕餘樓鉛印本 十六冊
十二行字數不等小字雙行三十二字白口四
周單邊

610000－1001－0010842 普0012081

得一齋雜著四種 （清）黃楙材撰 清光緒十
二年(1886)夢花軒刻本 二冊 十行二十二
字小字雙行同上下黑口左右雙邊

610000－1001－0010843 普0012082

忠武祠墓志七卷首一卷末一卷 （清）李復心
彙輯 清同治五年(1866)刻本 四冊 九行
二十字小字雙行同白口四周雙邊

610000－1001－0010844 普0012086

石經彙函十種 王秉恩輯 清光緒十六年
(1890)四川尊經書局刻本 十六冊 十一行
二十四字小字雙行同上下黑口左右雙邊

610000－1001－0010845 普0012088

水經注四十卷首一卷附錄二卷 （漢）桑欽撰
（北魏）酈道元注 王先謙校 清光緒十八
年(1892)長沙王氏思賢講舍刻本 十五冊

十一行二十四字小字雙行同上下黑口左右雙邊　缺三卷(二十一至二十三)

610000－1001－0010846　普0012090

**關中漢唐存碑跋一卷**　(清)王志沂撰　清道光七年(1827)刻本　一冊　十行二十字白口左右雙邊

610000－1001－0010847　普0012091

**陶齋藏石記四十四卷附陶齋藏磚記二卷**　(清)端方撰　清宣統元年(1909)石印本　十二冊　十行二十五字小字雙行同白口四周單邊

610000－1001－0010848　普0012092

**陶齋藏石記四十四卷附陶齋藏磚記二卷**　(清)端方撰　清宣統元年(1909)石印本　十二冊　十行二十五字小字雙行同白口四周單邊

610000－1001－0010849　普0012093

**再續寰宇訪碑錄二卷**　羅振玉撰　清光緒十九年(1893)面城精舍石印本　二冊　十四行三十字小字雙行同上下黑口四周單邊

610000－1001－0010850　普0012094

**再續寰宇訪碑錄二卷**　羅振玉撰　清光緒十九年(1893)面城精舍石印本　二冊　十四行三十字小字雙行同上下黑口四周單邊

610000－1001－0010851　普0012095

**秋燈叢話十八卷**　(清)王椷撰　清道光八年(1828)刻本　六冊　九行十七字白口四周雙邊

610000－1001－0010852　普0012096

**遊歷日本圖經三十卷**　(清)傅雲龍撰　清光緒十五年(1889)鉛印本　十八冊　十二行二十五字小字雙行同上下黑口四周單邊

610000－1001－0010853　普0012099

**金石索十二卷首一卷**　(清)馮雲鵬等輯　清光緒三十三年(1907)文新局石印本　二十三冊　行數不等大小字不等白口四周單邊

610000－1001－0010854　普0012102

**漢碑錄文四卷**　(清)馬邦玉輯　清光緒七年(1881)刻本　三冊　十行二十三字小字雙行同白口左右雙邊

610000－1001－0010855　普0012103

**授堂遺書八種**　(清)武億撰　清道光二十三年(1843)偃師武氏刻本　十六冊　十行二十一字小字雙行同白口左右雙邊

610000－1001－0010856　普0012105

**金石摘十卷**　(清)陳善墀輯　清同治十二年(1873)瀏陽縣學不求甚解齋刻本　二十四冊　行數不等字數不等白口四周單邊

610000－1001－0010857　普0012108

**隸辨八卷**　(清)顧藹吉撰　清同治十二年(1873)刻本　八冊　十二行大小字不等黑口四周單邊

610000－1001－0010858　普0012110

**紀效新書十八卷首一卷**　(明)戚繼光撰　清刻本　四冊　九行二十四字小字雙行同白口左右雙邊

610000－1001－0010859　普0012111

**香祖筆記十二卷**　(清)王士禎撰　清刻本　四冊　十行十九字白口左右雙邊

610000－1001－0010860　普0012114

**顏楊合璧法帖藁不分卷**　(唐)顏真卿　(唐)楊凝式撰　清道光十八年(1838)刻本　二冊　九行二十五字白口左右雙邊

610000－1001－0010861　普0012116

**小學彙函十四種**　(□)□□撰　清光緒十五年(1889)湘南書局刻本　三十二冊　十行二十一字小字雙行同白口左右雙邊

610000－1001－0010862　普0012121

**管子二十四卷**　(春秋)管仲撰　(唐)房玄齡注　清光緒五年(1879)影宋刻本　四冊　十二行二十三字小字雙行二十八字四周雙邊

610000－1001－0010863　普0012122

**典林瑯環二十四卷**　(清)江氏輯　清光緒二年(1876)武林湛蘭書屋刻本　三冊　十一行

二十三字白口左右雙邊

610000－1001－0010864　普0012123

**子史輯要詩賦題解四卷題解續編四卷**　（明）
胡本淵編輯　清道光九年(1829)掃葉山房刻
本　二冊　八行二十二字小字雙行同白口左
右雙邊

610000－1001－0010865　普0012124

**井蛙錄四卷**　（清）宋靜庵撰　清刻本　一冊
九行二十字白口左右雙邊

610000－1001－0010866　普0012125

**傅蘭雅叢書八種**　（英國）傅蘭雅著　清光緒
刻本　八冊　十行二十二字上下黑口四周
雙邊

610000－1001－0010867　普0012126

**重鐫官板地理天機會元正篇體用括要三十五
卷**　（唐）卜則巍撰　（唐）顧乃德輯　（明）
徐之鏌補　（明）陳孫賢繪　清上海校經山房
石印本　十六冊　十八行三十七字小字雙行
四十二字白口四周雙邊

610000－1001－0010868　普0012129

**惇倫堂詩集六卷雜著一卷**　（清）伍鼎臣著
清道光二年(1822)刻本　三冊　八行二十字
白口四周雙邊

610000－1001－0010869　普0012130

**文心雕龍十卷**　（南朝梁）劉勰撰　（清）黃叔
琳輯注　清刻本　四冊　九行十九字小字雙
行同白口左右雙邊

610000－1001－0010870　普0012133

**大清同治七年歲次戊辰時憲書一卷**　（清）欽
天監編　清同治刻朱墨印本　一冊　行數不
等字數不等上下黑口四周雙邊

610000－1001－0010871　普0012136

**周易傳義大全二十四卷**　（明）胡廣等輯　清
刻本　十六冊　十一行二十二字小字雙行
白口四周單邊

610000－1001－0010872　普0012137

**書經大全十卷**　（明）胡廣等輯　清刻本　十

冊　十一行二十二字小字雙行同白口四周
單邊

610000－1001－0010873　普0012138

**詩經大全二十卷**　（明）胡廣等輯　清刻本
十冊　十一行二十二字小字雙行同白口四周
單邊

610000－1001－0010874　普0012141

**關中金石文字存逸考十二卷首一卷**　（清）毛
鳳枝撰　清光緒二十七年(1901)會稽顧氏江
西萍鄉縣署刻本　八冊　十行二十字小字雙
行同上下黑口左右雙邊

610000－1001－0010875　普0012142

**二十二子**　（清）浙江書局輯　清光緒浙江書
局刻本　八十三冊　九行二十一字小字雙行
同白口左右雙邊

610000－1001－0010876　普0012143

**時病論八卷**　（清）劉賓臣鑒定　（清）雷豐著
清光緒十年(1884)雷氏慎修堂刻本　四冊
八行二十字小字雙行同白口左右雙邊

610000－1001－0010877　普0012144

**友雲詩鈔十二卷**　（清）臧吉康撰　清道光二
十五年(1845)刻本　二冊　九行二十一字小
字雙行同上下黑口左右雙邊

610000－1001－0010878　普0012145

**守身執玉軒遺文不分卷**　（清）袁世紀撰　清
光緒二十年(1894)刻本　一冊　九行二十四
字白口左右雙邊

610000－1001－0010879　普0012147

**息存室吟稿一卷續集一卷**　（清）杭溫如著
清嘉慶十三年(1808)刻本　二冊　八行二十
一字小字雙行同白口四周雙邊

610000－1001－0010880　普0012149

**聽經閣同聲集六卷**　（清）胡鳳丹輯　清同治
八年(1869)刻本　一冊　九行二十一字小字
雙行同上黑口四周雙邊　存五卷(一至五)

610000－1001－0010881　普0012153

**御批歷代通鑑輯覽一百二十卷**　（清）傅恆等

撰　清同治十年(1871)浙江書局刻朱墨印本　四十八冊　十一行二十二字小字雙行同白口四周雙邊

610000－1001－0010882　普0012157

區種四種附一種　(清)趙夢齡輯　(清)鄒凌沅校刊　清光緒二十四年(1898)致如書局鉛印本　一冊　十四行三十二字白口四周雙邊

610000－1001－0010883　普0012158

孫真人備急千金要方三十卷　(唐)孫思邈撰　(清)張璐衍義　(清)席世臣校勘　清光緒三十四年(1908)上海久敬齋書莊鉛印本　十六冊　十四行四十二字白口四周雙邊

610000－1001－0010884　普0012159

豳風廣義三卷　(清)楊屾編輯　清刻本　三冊　十行二十一字小字雙行同上下黑口左右雙邊

610000－1001－0010885　普0012160

銀海精微四卷　(唐)孫思邈原輯　(清)周亮節較正　清刻本　一冊　十三行二十四字小字雙行同白口四周單邊　存二卷(一至二)

610000－1001－0010886　普0012162

濟陰綱目十四卷　(明)武之望輯著　(清)汪淇箋釋　清掃葉山房刻本　八冊　十一行二十五字小字雙行同白口左右雙邊

610000－1001－0010887　普0012163

國朝詩人徵略六十卷　(清)張維屏輯　清刻本　三十二冊　十行二十二字小字雙行同上下黑口左右雙邊

610000－1001－0010888　普0012165

半半山莊農言著實一卷　(清)楊秀沅著　清光緒二十三年(1897)柏經正堂刻本　一冊　十行二十二字小字雙行同上下黑口四周單邊

610000－1001－0010889　普0012167

區田編加注一卷變通區田省工法一卷　(清)友益書局輯　清咸豐七年(1857)友益書局刻本　一冊　十行二十字小字雙行同白口四周雙邊

610000－1001－0010890　普0012168

寰宇分合志八卷　(明)徐樞編輯　增輯一卷　(清)鄭元慶述　(清)楊超冶編　清光緒二十八年(1902)湘潭楊氏家塾刻本　八冊　十行二十字下黑口四周雙邊

610000－1001－0010891　普0012173

銷燬抽燬書目禁書總目違礙書目奏繳咨禁書目合刻四卷　(清)鄧實輯　清光緒三十三年(1907)上海國學保存會鉛印本　一冊　十一行二十五字下黑口四周雙邊

610000－1001－0010892　普0012175

乾隆府廳州縣圖志五十卷　(清)洪亮吉撰　清光緒二十三年(1897)三味書屋刻本　二十冊　十一行二十四字小字雙行同粗黑口左右雙邊

610000－1001－0010893　普0012176

乾隆府廳州縣圖志五十卷　(清)洪亮吉撰　清光緒五年(1879)授經堂刻本　十四冊　十二行二十四字小字雙行同粗黑口四周雙邊

610000－1001－0010894　普0012182

[同治]畿輔通志三百卷首一卷　(清)李鴻章等修　(清)黃彭年等纂　清宣統二年(1910)北洋官報兼印刷局石印本　二百三十九冊　十二行二十五字小字雙行同白口四周雙邊　缺一卷(一百四十二)

610000－1001－0010895　普0012185

[同治]靈壽縣志十卷末一卷　(清)陸隴其原本　(清)劉庚年續纂修　清同治十三年(1874)刻本　六冊　十行二十二字小字雙行同白口四周雙邊

610000－1001－0010896　普0012186

[光緒]吳橋縣志十二卷　(清)倪昌燮修　(清)馮慶楊纂　清光緒元年(1875)瀾陽書院刻本　八冊　十行二十四字小字雙行同白口四周雙邊

610000－1001－0010897　普0012188

[光緒]蠡縣志十卷　(清)韓志超　(清)何雲誥修　(清)張瑢　(清)王其衡等纂　清光

緒二年(1876)刻本　七冊　十行二十字小字
雙行同白口四周雙邊　存七卷(一至四、六至
七、十)

610000－1001－0010898　普0012189
[同治]欒城縣志十四卷首一卷末一卷　(清)
陳詠修　(清)張惇德纂　清同治十一年
(1872)刻本　六冊　十行二十二字小字雙行
同白口四周雙邊

610000－1001－0010899　普0012190
[光緒]通州直隸州志十六卷首一卷末一卷
(清)梁悅馨　(清)莫祥芝修　(清)季念詒
(清)沈鍠纂　清光緒元年(1875)刻本　十
六冊　十一行二十三字小字雙行同下黑口左
右雙邊

610000－1001－0010900　普0012191
[光緒]獲鹿縣志十四卷首一卷末一卷　(清)
俞錫綱修　(清)曹鑅纂　清光緒七年(1881)
刻本　十冊　九行二十四字小字雙行同白口
四周雙邊

610000－1001－0010901　普0012193
[光緒]鉅鹿縣志十二卷首一卷　(清)凌燮
(清)赫慎修　(清)夏應麟纂　清光緒十二年
(1886)刻本　六冊　九行二十字小字雙行同
白口四周單邊

610000－1001－0010902　普0012196
[光緒]續修井陘縣志三十六卷　(清)常善修
(清)趙文濂纂　清光緒元年(1875)刻本
二冊　九行二十四字小字雙行同白口四周
雙邊

610000－1001－0010903　普0012206
泰山志二十卷　(清)金棨錄　清嘉慶刻本
十冊　十一行二十二字小字雙行同上下黑口
左右雙邊

610000－1001－0010904　普0012210
[道光]重修膠州志四十卷　(清)張同聲修
(清)李圖等纂　清道光二十五年(1845)刻本
八冊　十行二十五字小字雙行同白口左右
雙邊

610000－1001－0010905　普0012218
[同治]深州風土記二十二卷附表五卷　(清)
吳汝綸纂　清同治十年(1871)修光緒二十六
年(1900)文瑞書院刻本　八冊　十行二十二
字小字雙行同粗黑口四周雙邊

610000－1001－0010906　普0012221
[雍正]河南通志八十卷　(清)田文鏡等修
(清)孫灝等纂　清光緒二十八年(1902)補刻
本　四十冊　十行二十二至二十三字不等小
字雙行二十二字白口四周雙邊

610000－1001－0010907　普0012224
[乾隆]續河南通志八十卷首四卷　(清)阿思
哈　(清)嵩貴纂修　清光緒二十八年(1902)
補刻本　二十冊　十一行二十二至二十三字
不等小字雙行二十二字白口四周雙邊

610000－1001－0010908　普0012234
[道光]汝州全志十卷首一卷　(清)白明義修
(清)趙林成纂　清道光二十年(1840)刻本
十冊　九行二十五字小字雙行同白口四周
單邊

610000－1001－0010909　普0012239
[光緒]山西通志一百八十四卷首一卷　(清)
曾國荃　(清)張煦等修　(清)王軒　(清)
楊篤等纂　清光緒十八年(1892)刻本　九十
六冊　十二行二十三字小字雙行同粗黑口左
右雙邊

610000－1001－0010910　普0012241
清涼山志十卷　(明)釋鎮澄修　(清)釋阿王
老藏重修　清光緒十三年(1887)刻本　四冊
九行二十字小字雙行同白口四周雙邊

610000－1001－0010911　普0012242
清涼山志十卷　(明)釋鎮澄修　(清)釋阿王
老藏重修　清光緒十三年(1887)刻本　四冊
九行二十字小字雙行同白口四周雙邊

610000－1001－0010912　普0012251
[光緒]聞喜縣志續四卷　(清)陳作哲修
(清)楊深秀纂　清光緒六年(1880)刻本　二
冊　十行二十二字小字雙行同白口左右雙邊

610000－1001－0010913　普0012252

[光緒]聞喜縣志斠三卷首一卷　（清）陳作哲修　（清）楊深秀纂　清光緒六年(1880)刻本　一冊　十行二十二字小字雙行同白口左右雙邊

610000－1001－0010914　普0012253

[光緒]聞喜縣志補四卷　（清）陳作哲修　（清）楊深秀纂　清光緒六年(1880)刻本　一冊　十行二十二字小字雙行同白口左右雙邊

610000－1001－0010915　普0012254

[嘉慶]介休縣志十四卷　（清）徐品山　（清）陸元鏸修　（清）熊兆占等纂　清嘉慶二十四年(1819)刻本　八冊　十行二十一字小字雙行同白口四周雙邊

610000－1001－0010916　普0012256

[道光]汾陽縣志十四卷首一卷　（清）周貽繽修　（清）曹樹穀纂　清道光三十年(1850)修咸豐元年(1851)刻本　八冊　十行二十一字小字雙行同白口四周雙邊

610000－1001－0010917　普0012257

[光緒]汾陽縣志十四卷首一卷　（清）方家駒　（清）慶文修　（清）王文員纂　清光緒十年(1884)刻本　十冊　十行二十一字小字雙行同白口左右雙邊

610000－1001－0010918　普0012258

[光緒]夏縣志十卷首一卷　（清）黃繽榮　（清）萬啟鈞修　（清）張承熊纂　清光緒六年(1880)刻本　四冊　十行二十一字小字雙行同下粗黑口四周雙邊

610000－1001－0010919　普0012281

陝西志輯要六卷首一卷關中漢唐存碑跋一卷漢南游草一卷　（清）王志沂纂　秦疆治略一卷　（清）盧坤撰　清道光七年(1827)謝氏賜書堂刻本　九冊　十行二十字小字雙行同白口左右雙邊

610000－1001－0010920　普0012282

陝西志輯要六卷首一卷關中漢唐存碑跋一卷漢南游草一卷　（清）王志沂纂　秦疆治略一卷　（清）盧坤撰　清道光七年(1827)謝氏賜書堂刻本　九冊　十行二十字小字雙行同白口左右雙邊

610000－1001－0010921　普0012283

陝西志輯要六卷首一卷關中漢唐存碑跋一卷漢南游草一卷　（清）王志沂纂　秦疆治略一卷　（清）盧坤撰　清道光七年(1827)謝氏賜書堂刻本　九冊　十行二十字小字雙行同白口左右雙邊

610000－1001－0010922　普0012284

陝西志輯要六卷首一卷關中漢唐存碑跋一卷漢南游草一卷　（清）王志沂纂　秦疆治略一卷　（清）盧坤撰　清道光七年(1827)謝氏賜書堂刻本　十冊　十行二十字小字雙行同白口左右雙邊

610000－1001－0010923　普0012285

陝西志輯要六卷首一卷關中漢唐存碑跋一卷漢南游草一卷　（清）王志沂纂　秦疆治略一卷　（清）盧坤撰　清道光七年(1827)謝氏賜書堂刻本　九冊　十行二十字小字雙行同白口左右雙邊

610000－1001－0010924　普0012298

[嘉慶]長安縣志三十六卷　（清）張聰賢修　（清）董會臣纂　清嘉慶二十年(1815)刻同治十二年(1873)補刻本　六冊　九行二十四字小字雙行同白口四周單邊

610000－1001－0010925　普0012299

[嘉慶]長安縣志三十六卷　（清）張聰賢修　（清）董會臣纂　清嘉慶二十年(1815)刻本　八冊　九行二十四字小字雙行同白口四周單邊

610000－1001－0010926　普0012303

[嘉慶]咸寧縣志二十六卷首一卷　（清）高廷法　（清）沈琮修　（清）陸耀通　（清）董祐誠纂　清嘉慶二十四年(1819)刻本　六冊　十二行二十五字小字雙行同白口四周雙邊

610000－1001－0010927　普0012304

[嘉慶]咸寧縣志二十六卷首一卷　（清）高廷

法 （清）沈琮修 （清）陸耀遹 （清）董祐
誠纂 清嘉慶二十四年（1819）刻本 五冊
十二行二十五字小字雙行同白口四周雙邊
存十八卷（九至二十六）

610000－1001－0010928 普0012305
[嘉慶]咸寧縣志二十六卷首一卷 （清）高廷
法 （清）沈琮修 （清）陸耀遹 （清）董祐
誠纂 清嘉慶二十四年（1819）刻本 五冊
十二行二十五字小字雙行同白口四周雙邊
存二十二卷（五至二十六）

610000－1001－0010929 普0012306
[嘉慶]咸寧縣志二十六卷首一卷 （清）高廷
法 （清）沈琮修 （清）陸耀遹 （清）董祐
誠纂 清嘉慶二十四年（1819）刻本 五冊
十二行二十五字小字雙行同白口四周雙邊

610000－1001－0010930 普0012307
[嘉慶]咸寧縣志二十六卷首一卷 （清）高廷
法 （清）沈琮修 （清）陸耀遹 （清）董祐
誠纂 清嘉慶二十四年（1819）刻本 六冊
十二行二十五字小字雙行同白口四周雙邊

610000－1001－0010931 普0012316
[光緒]臨潼縣續志二卷 （清）安守和修
（清）楊彥修纂 清光緒十六年（1890）刻本
二冊 十行二十四字小字雙行同白口四周
雙邊

610000－1001－0010932 普0012317
[嘉慶]續修中部縣志四卷首一卷 （清）丁瀚
修 （清）張永清等纂 清嘉慶十二年（1807）
刻本 三冊 九行二十二字白口四周單邊
存三卷（一至二、四）

610000－1001－0010933 普0012320
[光緒]藍田縣志十六卷 （清）呂懋勳修
（清）袁廷俊纂 重修輞川志六卷文徵錄四卷
（清）胡元煐纂 清光緒元年（1875）刻本
六冊 九行二十二字小字雙行同白口左右
雙邊

610000－1001－0010934 普0012322
[光緒]藍田縣志十六卷 （清）呂懋勳修

（清）袁廷俊纂 重修輞川志六卷文徵錄四卷
（清）胡元煐纂 清光緒元年（1875）刻本
六冊 九行二十二字小字雙行同白口左右
雙邊

610000－1001－0010935 普0012324
藍田縣鄉土志二卷 （清）□□編 清宣統二
年（1910）抄本 二冊 九行二十二至二十三
字小字雙行不等

610000－1001－0010936 普0012360
[光緒]富平縣志稿十卷首一卷 （清）樊增祥
（清）劉錕修 （清）譚麐纂 清光緒十七年
（1891）刻本 十冊 十行二十三至二十五字
不等小字雙行同粗黑口四周雙邊

610000－1001－0010937 普0012361
[光緒]富平縣志稿十卷首一卷 （清）樊增祥
（清）劉錕修 （清）譚麐纂 清光緒十七年
（1891）刻本 十冊 十行二十二至二十五字
不等小字雙行同粗黑口四周雙邊

610000－1001－0010938 普0012362
[光緒]富平縣志稿十卷首一卷 （清）樊增祥
（清）劉錕修 （清）譚麐纂 清光緒十七年
（1891）刻本 九冊 十行二十二至二十五字
不等小字雙行同粗黑口四周雙邊 存九卷
（一至九）

610000－1001－0010939 普0012375
[嘉慶]耀州志十卷 （清）陳仕林纂修 清嘉
慶七年（1802）刻本 五冊 九行二十字白口
左右雙邊 存五卷（一至四、十）

610000－1001－0010940 普0012379
[光緒]三原縣新志八卷 （清）焦雲龍修
（清）賀瑞麟纂 清光緒六年（1880）刻本 四
冊 十二行二十四字小字雙行同黑口四周
單邊

610000－1001－0010941 普0012380
[光緒]三原縣新志八卷 （清）焦雲龍修
（清）賀瑞麟纂 清光緒六年（1880）刻本 四
冊 十二行二十四字小字雙行同黑口四周
單邊

610000 - 1001 - 0010942　普0012381

[光緒]三原縣新志八卷　（清）焦雲龍修
（清）賀瑞麟纂　清光緒六年(1880)刻本　四
冊　十二行二十四字小字雙行同黑口四周
單邊

610000 - 1001 - 0010943　普0012382

[光緒]三原縣新志八卷　　（清）焦雲龍修
（清）賀瑞麟纂　清光緒六年(1880)刻本　四
冊　十二行二十四字小字雙行同黑口四周
單邊

610000 - 1001 - 0010944　普0012383

[光緒]三原縣新志八卷　　（清）焦雲龍修
（清）賀瑞麟纂　清光緒六年(1880)刻本　四
冊　十二行二十四字小字雙行同黑口四周
單邊

610000 - 1001 - 0010945　普0012384

[光緒]三原縣新志八卷　　（清）焦雲龍修
（清）賀瑞麟纂　清光緒六年(1880)刻本　三
冊　十二行二十四字小字雙行同黑口四周單
邊　存五卷(四至八)

610000 - 1001 - 0010946　普0012385

[光緒]三原縣新志八卷　　（清）焦雲龍修
（清）賀瑞麟纂　清光緒六年(1880)刻本　四
冊　十二行二十四字小字雙行同黑口四周
單邊

610000 - 1001 - 0010947　普0012386

[光緒]三原縣新志八卷　　（清）焦雲龍修
（清）賀瑞麟纂　清光緒六年(1880)刻本　四
冊　十二行二十四字小字雙行同黑口四周
單邊

610000 - 1001 - 0010948　普0012387

[光緒]三原縣新志八卷　　（清）焦雲龍修
（清）賀瑞麟纂　清光緒六年(1880)刻民國二
十六年(1937)補刻本　四冊　十二行二十四
字小字雙行同黑口四周單邊

610000 - 1001 - 0010949　普0012388

[光緒]三原縣新志八卷　　（清）焦雲龍修
（清）賀瑞麟纂　清光緒六年(1880)刻本　四

冊　十二行二十四字小字雙行同黑口四周
單邊

610000 - 1001 - 0010950　普0012389

[光緒]三原縣新志八卷　　（清）焦雲龍修
（清）賀瑞麟纂　清光緒六年(1880)刻本　四
冊　十二行二十四字小字雙行同黑口四周
單邊

610000 - 1001 - 0010951　普0012393

[宣統]重修涇陽縣志十六卷首一卷末一卷
劉懋官修　宋伯魯　周斯億纂　清宣統三年
(1911)天津華新印刷局鉛印本　四冊　十一
行二十三字下黑口四周雙邊

610000 - 1001 - 0010952　普0012395

[宣統]重修涇陽縣志十六卷首一卷末一卷
劉懋官修　宋伯魯　周斯億纂　清宣統三年
(1911)天津華新印刷局鉛印本　四冊　十一
行二十三字下黑口四周雙邊

610000 - 1001 - 0010953　普0012396

[宣統]重修涇陽縣志十六卷首一卷末一卷
劉懋官修　宋伯魯　周斯億纂　清宣統三年
(1911)天津華新印刷局鉛印本　四冊　十一
行二十三字下黑口四周雙邊

610000 - 1001 - 0010954　普0012397

[宣統]重修涇陽縣志十六卷首一卷末一卷
劉懋官修　宋伯魯　周斯億纂　清宣統三年
(1911)天津華新印刷局鉛印本　四冊　十一
行二十三字下黑口四周雙邊

610000 - 1001 - 0010955　普0012401

陝甘味經書院志一卷　（清）劉光蕡編　清光
緒二十年(1894)陝西涇陽味經書院售書處刻
本　一冊　十行二十四字小字雙行同白口左
右雙邊

610000 - 1001 - 0010956　普0012403

[嘉靖]呂涇野先生高陵縣志七卷　（明）呂柟
纂修　清光緒十年(1884)刻本　二冊　十二
行二十六字小字雙行同上下黑口四周單邊

610000 - 1001 - 0010957　普0012405

[光緒]高陵縣續志八卷　　（清）程維雍修

（清）白遇道纂　清光緒十年（1884）刻本　二册　十二行二十六字小字雙行同黑口四周單邊

610000－1001－0010958　普0012407

[光緒]高陵縣續志八卷　（清）程維雍修（清）白遇道纂　清光緒七年（1881）修十年（1884）刻本　二册　十二行二十六字小字雙行同黑口四周單邊

610000－1001－0010959　普0012417

[光緒]蒲城縣新志十三卷首一卷　（清）李體仁修　（清）王學禮纂　清光緒三十一年（1905）刻本　四册　十二行二十四字小字雙行同粗黑口四周單邊

610000－1001－0010960　普0012419

[光緒]蒲城縣新志十三卷首一卷　（清）李體仁修　（清）王學禮纂　清光緒三十一年（1905）刻本　四册　十二行二十四字小字雙行同粗黑口四周單邊

610000－1001－0010961　普0012424

[乾隆]白水縣志四卷首一卷　（清）梁善長纂修　清末刻本　四册　九行二十二字白口左右單邊

610000－1001－0010962　普0012425

[乾隆]白水縣志四卷首一卷　（清）梁善長纂修　清同治九年（1870）刻本　四册　九行二十二字白口左右單邊

610000－1001－0010963　普0012433

[順治]澄城縣志二卷　（明）石道立原纂（清）姚欽明增修　（清）路世美增纂　清咸豐元年（1851）刻本　二册　十一行二十三字小字雙行同白口四周雙邊

610000－1001－0010964　普0012439

[咸豐]澄城縣志三十卷北征文鈔一卷北征詩鈔一卷　（清）金玉麟修　（清）韓亞熊纂　清咸豐元年（1851）刻本　十五册　十一行二十三字小字雙行同白口四周雙邊

610000－1001－0010965　普0012455

[嘉慶]韓城縣續志五卷　（清）冀蘭泰修

（清）陸耀遹纂　清嘉慶二十三年（1818）刻本　一册　十二行二十四至二十五字細黑口四周單邊

610000－1001－0010966　普0012456

[嘉慶]韓城縣續志五卷　（清）冀蘭泰修（清）陸耀遹纂　清嘉慶二十三年（1818）刻本　一册　十二行二十四至二十五字粗黑口四周單邊

610000－1001－0010967　普0012473

[咸豐]同州府志三十四卷首二卷　（清）李恩繼　（清）文廉修　（清）蔣湘南纂　清咸豐二年（1852）刻本　二十四册　九行二十二字粗黑口四周單邊

610000－1001－0010968　普0012474

[咸豐]同州府志三十四卷首二卷　（清）李恩繼　（清）文廉修　（清）蔣湘南纂　清咸豐二年（1852）刻本　二十三册　九行二十二字粗黑口四周單邊　存三十三卷（四至三十四、首一至二）

610000－1001－0010969　普0012475

[光緒]同州府續志十六卷首一卷　（清）饒應祺修　（清）馬先登　（清）王守恭纂　清光緒七年（1881）刻本　六册　九行二十二字小字雙行同粗黑口四周單邊

610000－1001－0010970　普0012476

[光緒]同州府續志十六卷首一卷　（清）饒應祺修　（清）馬先登　（清）王守恭纂　清光緒七年（1881）刻本　六册　九行二十二字小字雙行同粗黑口四周單邊

610000－1001－0010971　普0012477

[光緒]同州府續志十六卷首一卷　（清）饒應祺修　（清）馬先登　（清）王守恭纂　清光緒七年（1881）刻本　六册　九行二十二字小字雙行同粗黑口四周單邊

610000－1001－0010972　普0012480

[道光]大荔縣志十六卷首一卷足徵錄四卷（清）熊兆麟纂修　清道光三十年（1850）刻本　六册　十行二十二字小字雙行同上下黑口

四周單邊

610000 - 1001 - 0010973　普 0012481
**[道光]大荔縣志十六卷首一卷足徵錄四卷**
(清)熊兆麟纂修　清道光三十年(1850)刻本
　四冊　十行二十二字小字雙行同上下黑口
四周單邊

610000 - 1001 - 0010974　普 0012482
**[道光]大荔縣志十六卷首一卷足徵錄四卷**
(清)熊兆麟纂修　清道光三十年(1850)刻本
　六冊　十行二十二字小字雙行同上下黑口
四周單邊

610000 - 1001 - 0010975　普 0012490
**[正德]朝邑縣志二卷**　(明)王道修　(明)
韓邦靖纂　清光緒九年(1883)刻本　一冊
九行二十二字白口四周雙邊

610000 - 1001 - 0010976　普 0012491
**[正德]朝邑縣志二卷**　(明)王道修　(明)
韓邦靖纂　清同義文會刻本　一冊　九行二
十二字白口左右雙邊

610000 - 1001 - 0010977　普 0012493
**[正德]朝邑縣志二卷**　(明)王道修　(明)
韓邦靖纂　清同義文會刻本　一冊　九行二
十二字白口左右雙邊

610000 - 1001 - 0010978　普 0012494
**[正德]朝邑縣志二卷**　(明)王道修　(明)
韓邦靖纂　清同義文會刻本　一冊　九行二
十二字白口左右雙邊

610000 - 1001 - 0010979　普 0012495
**[正德]朝邑縣志二卷**　(明)王道修　(明)
韓邦靖纂　清同義文會刻本　一冊　九行二
十二字白口左右雙邊

610000 - 1001 - 0010980　普 0012496
**[正德]朝邑縣志二卷**　(明)王道修　(明)
韓邦靖纂　清同義文會刻本　一冊　九行二
十二字白口左右雙邊

610000 - 1001 - 0010981　普 0012497
**[正德]朝邑縣志二卷**　(明)王道修　(明)

韓邦靖纂　清同義文會刻本　一冊　九行二
十二字白口左右雙邊

610000 - 1001 - 0010982　普 0012498
**[正德]朝邑縣志二卷**　(明)王道修　(明)
韓邦靖纂　清同義文會刻本　一冊　九行二
十二字白口左右雙邊

610000 - 1001 - 0010983　普 0012498
**[宣統]重修涇陽縣志十六卷首一卷末一卷**
劉懋官修　宋伯魯　周斯億纂　清宣統三年
(1911)天津華新印刷局鉛印本　四冊　十一
行二十三字下黑口四周雙邊

610000 - 1001 - 0010984　普 0012499
**[正德]朝邑縣志二卷**　(明)王道修　(明)
韓邦靖纂　清同義文會刻本　一冊　九行二
十二字白口左右雙邊

610000 - 1001 - 0010985　普 0012500
**[正德]朝邑縣志二卷**　(明)王道修　(明)
韓邦靖纂　清同義文會刻本　一冊　九行二
十二字白口左右雙邊

610000 - 1001 - 0010986　普 0012501
**[正德]朝邑縣志二卷**　(明)王道修　(明)
韓邦靖纂　清同義文會刻本　一冊　九行二
十二字白口四周單邊

610000 - 1001 - 0010987　普 0012516
**咸豐初朝邑縣志三卷附志例一卷志例後錄一**
**卷**　(清)李元春纂　清咸豐元年(1851)華原
書院刻本　二冊　九行二十二字小字雙行同
白口左右雙邊

610000 - 1001 - 0010988　普 0012517
**咸豐初朝邑縣志三卷附志例一卷志例後錄一**
**卷**　(清)李元春纂　清咸豐元年(1851)華原
書院刻本　二冊　九行二十二字小字雙行同
白口左右雙邊

610000 - 1001 - 0010989　普 0012518
**咸豐初朝邑縣志三卷附志例一卷志例後錄一**
**卷**　(清)李元春纂　清咸豐元年(1851)華原
書院刻本　二冊　九行二十二字小字雙行同
白口左右雙邊

610000－1001－0010990　普0012519

咸豐初朝邑縣志三卷　（清）李元春纂　清咸豐元年(1851)華原書院刻本　一冊　九行二十二字小字雙行同白口左右雙邊

610000－1001－0010991　普0012520

咸豐初朝邑縣志三卷附志例一卷志例後錄一卷　（清）李元春纂　清光緒七年(1881)同義文會刻本　二冊　九行二十二字小字雙行同白口左右雙邊

610000－1001－0010992　普0012521

咸豐初朝邑縣志三卷附志例一卷志例後錄一卷　（清）李元春纂　清光緒七年(1881)同義文會刻本　二冊　九行二十二字小字雙行同白口左右雙邊

610000－1001－0010993　普0012522

咸豐初朝邑縣志三卷附志例一卷志例後錄一卷　（清）李元春纂　清光緒七年(1881)同義文會刻本　二冊　九行二十二字小字雙行同白口左右雙邊

610000－1001－0010994　普0012530

[光緒]新續渭南縣志十二卷　（清）嚴書麐修（清）焦聯甲纂　清光緒十八年(1892)刻本十冊　十行二十二字小字雙行同白口四周雙邊

610000－1001－0010995　普0012531

[光緒]新續渭南縣志十二卷　（清）嚴書麐修（清）焦聯甲纂　清光緒十八年(1892)刻本八冊　十行二十二字小字雙行同白口四周雙邊　缺一卷(卷十上)

610000－1001－0010996　普0012535

[嘉慶]續修潼關廳志三卷　（清）向淮修（清）王森文纂　清嘉慶二十二年(1817)刻本二冊　十行二十四字白口四周雙邊

610000－1001－0010997　普0012549

[隆慶]華州志二十四卷　（明）李可久修（明）張光孝纂　清光緒八年(1882)合刻華州志本　四冊　十行二十字小字雙行同白口四周單邊

610000－1001－0010998　普0012551

[康熙]續華州志四卷　（清）馮昌奕修（清）劉遇奇纂　清光緒八年(1882)合刻華州志本　四冊　十行二十字白口四周單邊

610000－1001－0010999　普0012555

[乾隆]興平縣志二十五卷　（清）顧聲雷修（清）張塤纂　興平縣士女續志三卷　（清）王權撰　清光緒二年(1876)刻本　七冊　十二行二十四字粗黑口四周單邊

610000－1001－0011000　普0012556

[乾隆]興平縣志二十五卷　（清）顧聲雷修（清）張塤纂　興平縣士女續志三卷　（清）王權撰　清光緒二年(1876)刻本　七冊　十二行二十四字黑口四周單邊

610000－1001－0011001　普0012557

[乾隆]興平縣志二十五卷　（清）顧聲雷修（清）張塤纂　興平縣士女續志三卷　（清）王權撰　清光緒二年(1876)刻本　七冊　十二行二十四字黑口四周單邊

610000－1001－0011002　普0012570

興平縣鄉土志六卷　張元際編　清光緒三十三年(1907)木活字印本　六冊　十二行二十六字白口四周單邊

610000－1001－0011003　普0012570

興平縣鄉土志六卷　張元際編　清光緒三十三年(1907)木活字印本　三冊　十二行二十六字白口四周單邊　存三卷(二至四)

610000－1001－0011004　普0012571

興平縣鄉土志六卷　張元際編　清光緒三十三年(1907)木活字印本　六冊　十二行二十六字白口四周單邊

610000－1001－0011005　普0012572

[正德]武功縣志三卷　（明）康海纂　清刻本一冊　十行二十二字小字雙行同白口四周雙邊

610000－1001－0011006　普0012574

[正德]武功縣志三卷首一卷　（明）康海纂（清）孫景烈評注　（清）瑪星阿參訂　清嘉慶

十九年(1814)刻光緒十三年(1887)張世英重修本　一冊　十二行二十五字小字雙行同白口四周雙邊

610000－1001－0011007　普0012575
[正德]武功縣志三卷首一卷　(明)康海纂(清)孫景烈評注　(清)瑪星阿參訂　清嘉慶十九年(1814)刻光緒十三年(1887)張世英重修本　一冊　十二行二十五字小字雙行同白口四周雙邊

610000－1001－0011008　普0012576
[正德]武功縣志三卷首一卷　(明)康海纂(清)孫景烈評注　(清)瑪星阿參訂　清嘉慶十九年(1814)張樹勳綠野書院刻本　一冊十二行二十五字小字雙行同白口四周雙邊

610000－1001－0011009　普0012577
[正德]武功縣志三卷首一卷　(明)康海纂(清)孫景烈評注　(清)瑪星阿參訂　清道光三年(1823)重印嘉慶本　一冊　十二行二十五字小字雙行同白口四周雙邊

610000－1001－0011010　普0012578
[正德]武功縣志四卷首一卷　(明)康海纂(清)孫景烈評注　清道光八年(1828)黨金衡慎德堂刻本　四冊　六行十六字小字雙行同白口四周雙邊

610000－1001－0011011　普0012579
[正德]武功縣志三卷首一卷　(明)康海纂(清)孫景烈評注　清道光十一年(1831)來鹿堂刻本　一冊　十行二十二字白口四周單邊

610000－1001－0011012　普0012580
[正德]武功縣志三卷首一卷　(明)康海纂(清)孫景烈評注　(清)瑪星阿參訂　清同治十二年(1873)崇文書局刻本　一冊　九行二十一字白口四周雙邊

610000－1001－0011013　普0012581
[正德]武功縣志三卷首一卷　(明)康海纂(清)孫景烈評注　清嘉慶十九年(1814)刻光緒十三年(1887)張世英重修本　一冊　十二行二十五字小字雙行同白口四周雙邊

610000－1001－0011014　普0012582
[嘉慶]續武功縣志五卷　(清)張樹勳修(清)王森文纂　清嘉慶二十一年(1816)綠野書院刻本　四冊　十二行二十五字小字雙行同白口四周雙邊

610000－1001－0011015　普0012583
[光緒]武功縣續志二卷　(清)張世英修(清)巨國桂纂　清光緒十四年(1888)刻本二冊　十二行二十五字小字雙行同白口四周雙邊

610000－1001－0011016　普0012584
[光緒]武功縣續志二卷　(清)張世英修(清)巨國桂纂　清光緒十四年(1888)刻本二冊　十二行二十五字小字雙行同白口四周雙邊

610000－1001－0011017　普0012585
[光緒]武功縣續志二卷　(清)張世英修(清)巨國桂纂　清光緒十四年(1888)刻本二冊　十二行二十五字小字雙行同白口四周雙邊

610000－1001－0011018　普0012586
[光緒]武功縣續志二卷　(清)張世英修(清)巨國桂纂　清光緒十四年(1888)刻本二冊　十二行二十五字小字雙行同白口四周雙邊

610000－1001－0011019　普0012588
[嘉慶]扶風縣志十八卷首一卷　(清)宋世犖修　(清)吳鵬翱　(清)王澍棠纂　清嘉慶二十三年(1818)刻本　四冊　十一行二十三字小字雙行同白口左右雙邊

610000－1001－0011020　普0012589
[嘉慶]扶風縣志十八卷首一卷　(清)宋世犖修　(清)吳鵬翱　(清)王澍棠纂　清嘉慶二十四年(1819)刻本　四冊　十一行二十三字小字雙行同白口左右雙邊

610000－1001－0011021　普0012590
[嘉慶]扶風縣志十八卷首一卷　(清)宋世犖修　(清)吳鵬翱　(清)王澍棠纂　清嘉慶二

十四年(1819)刻本　三冊　十一行二十三字
小字雙行同白口左右雙邊　存十四卷(一至
十、十五至十八)

610000－1001－0011022　普0012592
[乾隆]重修盩厔縣志十四卷　(清)楊儀修
(清)王開沃等纂　抄本　四冊　十一行二十
二字小字雙行不等

610000－1001－0011023　普0012603
[乾隆]郿縣志十八卷首一卷　(清)李帶雙修
　(清)張若纂　清嘉慶二十一年(1816)刻本
　四冊　十二行二十四字小字雙行三十六字
粗黑口左右雙邊

610000－1001－0011024　普0012604
[乾隆]郿縣志十八卷首一卷　(清)李帶雙修
　(清)張若纂　清嘉慶二十一年(1816)刻本
　四冊　十二行二十四字小字雙行三十六字
粗黑口左右雙邊

610000－1001－0011025　普0012607
[乾隆]鳳翔府志十二卷首一卷　(清)達靈阿
修　(清)周方炯　(清)高登科纂　清嘉慶十
四年(1809)重修本　十二冊　九行二十二字
白口四周雙邊

610000－1001－0011026　普0012608
[乾隆]鳳翔府志十二卷首一卷　(清)達靈阿
修　(清)周方炯　(清)高登科纂　清嘉慶十
四年(1809)重修本　十二冊　九行二十二字
白口四周雙邊

610000－1001－0011027　普0012610
[光緒]麟遊縣新志草十卷首一卷　(清)彭洵
纂修　清光緒九年(1883)刻本　四冊　九行
二十二字白口四周雙邊

610000－1001－0011028　普0012611
[光緒]麟遊縣新志草十卷首一卷　(清)彭洵
纂修　清光緒九年(1883)刻本　四冊　九行
二十二字白口四周雙邊

610000－1001－0011029　普0012612
[光緒]麟遊縣新志草十卷首一卷　(清)彭洵
纂修　清光緒九年(1883)刻本　四冊　九行

二十二字白口四周雙邊

610000－1001－0011030　普0012613
[光緒]麟遊縣新志草十卷首一卷　(清)彭洵
纂修　清光緒九年(1883)刻本　四冊　九行
二十二字白口四周雙邊

610000－1001－0011031　普0012614
[光緒]麟遊縣新志草十卷首一卷　(清)彭洵
纂修　清光緒九年(1883)刻本　四冊　九行
二十二字白口四周雙邊

610000－1001－0011032　普0012620
[光緒]岐山縣志八卷　(清)胡昇猷修
(清)張殿元纂　清光緒十年(1884)刻本　四
冊　十行二十四字小字雙行同白口四周雙邊

610000－1001－0011033　普0012621
[光緒]岐山縣志八卷　(清)胡昇猷修
(清)張殿元纂　清光緒十年(1884)刻本　四
冊　十行二十四字小字雙行同白口四周雙邊

610000－1001－0011034　普0012634
[道光]重修汧陽縣志十二卷首一卷　(清)羅
日璧纂修　清道光二十一年(1841)刻本　四
冊　九行二十四字白口四周雙邊

610000－1001－0011035　普0012635
[道光]重修汧陽縣志十二卷首一卷　(清)羅
日璧纂修　清道光二十一年(1841)刻本　四
冊　九行二十四字白口四周雙邊

610000－1001－0011036　普0012636
[光緒]增續汧陽縣志二卷　(清)焦思善修
(清)張元璧　(清)王潤纂　清光緒十三年
(1887)刻本　五冊　九行二十四字白口四周
雙邊

610000－1001－0011037　普0012637
[道光]重修汧陽縣志十二卷首一卷　(清)羅
日璧纂修　[光緒]增續汧陽縣志二卷　(清)
焦思善修　(清)張元璧　(清)王潤纂　清光
緒十三年(1887)刻本　五冊　九行二十四字
白口四周雙邊

610000－1001－0011038　普0012646

[宣統]長武縣志十二卷　沈錫榮修　王錫璋　魚獻珍纂　清宣統二年(1910)鉛印本　四冊　十二行三十字白口四周雙邊

610000－1001－0011039　普0012648

[同治]三水縣志十二卷首一卷　(清)姜桐岡修　(清)郭四維纂　清同治十二年(1873)刻本　四冊　十二行二十五字小字雙行同白口四周雙邊

610000－1001－0011040　普0012649

[光緒]新續渭南縣志十二卷　(清)嚴書麐修　(清)焦聯甲纂　清光緒十八年(1892)刻本　十冊　十行二十二字小字雙行同白口四周雙邊

610000－1001－0011041　普0012651

[光緒]乾州志稿十四卷首一卷別錄四卷乾陽殉難士女錄一卷　(清)周銘旂纂修　清光緒十年(1884)乾陽書院刻本　七冊　十二行二十四字黑口四周單邊

610000－1001－0011042　普0012652

[光緒]乾州志稿十四卷首一卷別錄四卷乾陽殉難士女錄一卷　(清)周銘旂纂修　清光緒十年(1884)乾陽書院刻本　六冊　十二行二十四字黑口四周單邊

610000－1001－0011043　普0012653

[光緒]乾州志稿十四卷首一卷別錄四卷乾陽殉難士女錄一卷　(清)周銘旂纂修　清光緒十年(1884)乾陽書院刻本　六冊　十二行二十四字黑口四周單邊

610000－1001－0011044　普0012654

[光緒]乾州志稿十四卷首一卷別錄四卷乾陽殉難士女錄一卷　(清)周銘旂纂修　清光緒十年(1884)乾陽書院刻本　五冊　十二行二十四字黑口四周單邊

610000－1001－0011045　普0012655

乾州志稿補正一卷　(清)周銘旂纂修　清光緒十七年(1891)刻本　一冊　十二行二十四字黑口四周單邊

610000－1001－0011046　普0012656

乾州志稿補正一卷　(清)周銘旂纂修　清光緒十七年(1891)刻本　一冊　十二行二十四字黑口四周單邊

610000－1001－0011047　普0012657

乾州志稿補正一卷　(清)周銘旂纂修　清光緒十七年(1891)刻本　一冊　十二行二十四字黑口四周單邊

610000－1001－0011048　普0012658

乾州志稿補正一卷　(清)周銘旂纂修　清光緒十七年(1891)刻本　一冊　十二行二十四字黑口四周單邊

610000－1001－0011049　普0012659

乾州志稿補正一卷　(清)周銘旂纂修　清光緒十七年(1891)刻本　一冊　十二行二十四字黑口四周單邊

610000－1001－0011050　普0012663

[光緒]永壽縣重修新志十卷首一卷　(清)鄭德樞修　(清)趙奇齡等纂　清光緒十四年(1888)刻本　六冊　十一行二十五字小字雙行同白口四周單邊

610000－1001－0011051　普0012664

[光緒]永壽縣重修新志十卷首一卷　(清)鄭德樞修　(清)趙奇齡等纂　清光緒十四年(1888)刻本　六冊　十一行二十五字小字雙行同白口四周單邊

610000－1001－0011052　普0012665

[光緒]永壽縣重修新志十卷首一卷　(清)鄭德樞修　(清)趙奇齡等纂　清光緒十四年(1888)刻本　六冊　十一行二十五字小字雙行同白口四周單邊

610000－1001－0011053　普0012669

[嘉慶]重修延安府志八十卷　(清)洪蕙纂修　清嘉慶七年(1802)刻光緒十年(1884)增修本　十六冊　十行二十二字白口左右雙邊

610000－1001－0011054　普0012670

[嘉慶]重修延安府志八十卷　(清)洪蕙纂修　清嘉慶七年(1802)刻光緒十年(1884)增修本　四冊　十行二十二字白口左右雙邊　存

十六卷(五十一至六十六)

610000－1001－0011055　普0012671
[同治]三水縣志十二卷首一卷　(清)姜桐岡
修　(清)郭四維纂　清同治十二年(1873)刻
本　四冊　十二行二十五字小字雙行同白口
四周雙邊

610000－1001－0011056　普0012679
[隆慶]華州志二十四卷　(明)李可久修
(明)張光孝纂　清光緒八年(1882)合刻華州
志本　四冊　十行二十字小字雙行同白口四
周單邊

610000－1001－0011057　普0012680
[康熙]續華州志四卷　(清)馮昌奕修
(清)劉遇奇纂　清光緒八年(1882)合刻華州
志本　四冊　十行二十字白口四周單邊

610000－1001－0011058　普0012681
[乾隆]再續華州志十二卷　(清)汪以誠修
(清)史蕚纂　清光緒八年(1882)合刻華州志
本　二冊　十行二十字白口四周單邊

610000－1001－0011059　普0012682
[光緒]三續華州志十二卷　(清)吳炳南修
(清)劉域纂　清光緒八年(1882)合刻華州志
本　六冊　十行二十字白口四周單邊

610000－1001－0011060　普0012683
甘泉縣鄉土志一卷　□□編　清宣統二年
(1910)抄本　一冊　十行字數不等

610000－1001－0011061　普0012685
[道光]安定縣志八卷首一卷　(清)姚國齡修
(清)米毓璋纂　抄本　四冊　九行字數
不等

610000－1001－0011062　普0012689
[道光]重修延川縣志五卷首一卷　(清)謝長
清纂修　清道光十一年(1831)刻本　二冊
九行二十四字白口四周雙邊

610000－1001－0011063　普0012690
[道光]重修延川縣志五卷首一卷　(清)謝長
清纂修　清道光十一年(1831)刻本　二冊

九行二十四字白口四周雙邊

610000－1001－0011064　普0012702
[嘉慶]洛川縣志二十卷首一卷　(清)劉毓秀
修　(清)賈構纂　清嘉慶十一年(1806)刻本
二冊　九行二十二字白口四周雙邊

610000－1001－0011065　普0012724
[光緒]保安縣志略二卷　(清)侯昌銘纂修
清光緒二十四年(1898)抄本　二冊　行數不
等字數不等

610000－1001－0011066　普0012731
[道光]榆林府志五十卷首一卷　(清)李熙齡
纂修　清道光二十一年(1841)刻本　十二冊
九行二十五字小字雙行同白口四周雙邊

610000－1001－0011067　普0012741
[道光]神木縣志八卷　(清)王致雲修
(清)朱壎纂　補編一卷　(清)張琛纂　清道
光二十一年(1841)刻本　四冊　十行二十五
字白口左右雙邊

610000－1001－0011068　普0012745
[光緒]米脂縣志十二卷　高照煦纂　高增融
校訂　清光緒三十三年(1907)鉛印本　四冊
十行二十四字白口四周雙邊

610000－1001－0011069　普0012746
[光緒]米脂縣志十二卷　高照煦纂　高增融
校訂　清光緒三十三年(1907)鉛印本　四冊
十行二十四字白口四周雙邊

610000－1001－0011070　普0012747
[光緒]米脂縣志十二卷　高照煦纂　高增融
校訂　清光緒三十三年(1907)鉛印本　三冊
十行二十四字白口四周雙邊

610000－1001－0011071　普0012748
[光緒]米脂縣志十二卷　高照煦纂　高增融
校訂　清光緒三十三年(1907)鉛印本　四冊
十行二十四字白口四周雙邊

610000－1001－0011072　普0012750
[嘉慶]葭州志二卷　(清)高珣修　(清)龔
玉麟纂　清嘉慶十五年(1810)刻本　二冊

九行二十字白口四周雙邊

610000－1001－0011073　普0012751
[嘉慶]葭州志二卷　（清）高珣修　（清）龔玉麟纂　清嘉慶十五年(1810)刻光緒二十年(1894)增刻本　二冊　九行二十字白口四周雙邊

610000－1001－0011074　普0012752
[嘉慶]葭州志二卷　（清）高珣修　（清）龔玉麟纂　清嘉慶十五年(1810)刻光緒二十年(1893)增刻本　二冊　九行二十字白口四周雙邊

610000－1001－0011075　普0012758
[光緒]綏德直隸州志八卷首一卷　（清）孔繁樸修　（清）高繼岳纂　清光緒三十一年(1905)刻本　六冊　九行二十二字白口左右雙邊

610000－1001－0011076　普0012759
[光緒]綏德直隸州志八卷首一卷　（清）孔繁樸修　（清）高繼岳纂　清光緒三十一年(1905)刻本　四冊　九行二十二字白口左右雙邊　存六卷(一至五、八)

610000－1001－0011077　普0012761
[道光]吳堡縣志四卷首一卷　（清）譚瑀纂修　清道光二十七年(1847)刻本　三冊　九行二十二字白口四周雙邊

610000－1001－0011078　普0012762
[道光]吳堡縣志四卷首一卷　（清）譚瑀纂修　清道光二十七年(1847)刻本　三冊　九行二十二字白口四周雙邊

610000－1001－0011079　普0012763
[道光]清澗縣志八卷首五卷　（清）鍾章元修　（清）陳頌第等纂　清道光八年(1828)刻本　二冊　十行二十四字白口四周雙邊　存四卷(一至四)

610000－1001－0011080　普0012765
[光緒]靖邊志稿四卷　（清）丁錫奎修　（清）白翰章　（清）辛居乾纂　清光緒二十五年(1899)刻本　四冊　十行二十四字白口四周單邊

口四周單邊

610000－1001－0011081　普0012766
[光緒]靖邊志稿四卷　（清）丁錫奎修　（清）白翰章　（清）辛居乾纂　清光緒二十五年(1899)刻本　四冊　十行二十四字白口四周單邊

610000－1001－0011082　普0012767
[光緒]靖邊志稿四卷　（清）丁錫奎修　（清）白翰章　（清）辛居乾纂　清光緒二十五年(1899)刻本　三冊　十行二十四字白口四周單邊　存三卷(一至三)

610000－1001－0011083　普0012770
[嘉慶]定邊縣志十四卷首一卷　（清）徐觀海　（清）戴元爕原纂　（清）黃沛增修　（清）宋謙　（清）江廷球增纂　清嘉慶二十五年(1820)刻本　四冊　九行二十五字白口四周雙邊

610000－1001－0011084　普0012776
[光緒]大荔縣續志十二卷首一卷足徵錄四卷　（清）周銘旂修　（清）李志復纂　清光緒十一年(1885)刻本　六冊　十行二十二字小字雙行同上下黑口四周單邊

610000－1001－0011085　普0012777
[光緒]大荔縣續志十二卷首一卷足徵錄四卷　（清）周銘旂修　（清）李志復纂　清光緒十一年(1885)刻本　六冊　十行二十二字小字雙行同上下黑口四周單邊

610000－1001－0011086　普0012778
[道光]大荔縣志十六卷首一卷足徵錄四卷　（清）熊兆麟纂修　清道光三十年(1850)刻本　六冊　十行二十二字小字雙行同上下黑口四周單邊

610000－1001－0011087　普0012779
[道光]大荔縣志十六卷首一卷足徵錄四卷　（清）熊兆麟纂修　清道光三十年(1850)刻本　五冊　十行二十二字小字雙行同上下黑口四周單邊　存十一卷(六至十六)

610000－1001－0011088　普0012781

陝西同州府大荔縣鄉土志稿不分卷　□□輯
抄本　一冊　八行大小字不等

610000－1001－0011089　普0012797－
普0012798
鎮安鄉土志二卷　(清)李麟圖編　抄本　二
冊　九行字數不等

610000－1001－0011090　普0012800
[光緒]孝義廳志十二卷首一卷　(清)常毓坤
修　(清)李開甲等纂　清光緒九年(1883)刻
本　四冊　十行二十二字白口四周雙邊

610000－1001－0011091　普0012801
[光緒]孝義廳志十二卷首一卷　(清)常毓坤
修　(清)李開甲等纂　清光緒九年(1883)刻
本　四冊　十行二十二字白口四周雙邊

610000－1001－0011092　普0012802
[光緒]孝義廳志十二卷首一卷　(清)常毓坤
修　(清)李開甲等纂　清光緒九年(1883)刻
本　四冊　十行二十二字白口四周雙邊

610000－1001－0011093　普0012805
[嘉慶]續興安府志八卷　(清)葉世倬纂修
清嘉慶十七年(1812)刻本　四冊　十一行二
十二字粗黑口左右雙邊

610000－1001－0011094　普0012806
[嘉慶]續興安府志八卷　(清)葉世倬纂修
清嘉慶十七年(1812)刻本　二冊　十一行二
十二字粗黑口左右雙邊

610000－1001－0011095　普0012807
[嘉慶]安康縣志二十卷　(清)鄭謙修
(清)王森文纂　清嘉慶二十年(1815)刻本
四冊　十一行二十二字白口四周單邊

610000－1001－0011096　普0012808
[嘉慶]安康縣志二十卷　(清)鄭謙修
(清)王森文纂　清嘉慶二十年(1815)刻本
四冊　十一行二十二字白口四周單邊

610000－1001－0011097　普0012810
[光緒]磚坪廳志不分卷　(清)□□修　清光
緒三十一年(1905)抄本　二冊　九行二十字

610000－1001－0011098　普0012812
[光緒]洵陽縣志十四卷　(清)劉德全修
(清)郭焱昌　(清)姜善繼纂　清光緒三十年
(1904)刻本　四冊　十行二十二字粗黑口四
周雙邊

610000－1001－0011099　普0012813
[光緒]洵陽縣志十四卷　(清)劉德全修
(清)郭焱昌　(清)姜善繼纂　清光緒二十九
年(1903)刻本　四冊　十行二十二字白口四
周雙邊

610000－1001－0011100　普0012816
[光緒]白河縣志十三卷　(清)顧騄修
(清)王賢輔　(清)李宗麟纂　清光緒十九年
(1893)刻本　四冊　十行二十二字白口四周
雙邊

610000－1001－0011101　普0012817
[光緒]白河縣志十四卷　(清)顧騄修
(清)王賢輔　(清)李宗麟纂　(清)朱廷榘
增補　清光緒十九年(1893)刻民國九年
(1920)朱廷榘重印本　四冊　十行二十二字
白口四周雙邊

610000－1001－0011102　普0012819
[光緒]續修平利縣志十卷　(清)楊孝寬修
(清)李聯芳等纂　清光緒二十三年(1897)刻
本　四冊　十一行二十三字白口四周雙邊

610000－1001－0011103　普0012820
[光緒]續修平利縣志十卷　(清)楊孝寬修
(清)李聯芳等纂　清光緒二十三年(1897)刻
本　四冊　十一行二十三字白口四周雙邊

610000－1001－0011104　普0012821
[光緒]續修平利縣志十卷　(清)楊孝寬修
(清)李聯芳等纂　清光緒二十三年(1897)刻
本　四冊　十一行二十三字白口四周雙邊

610000－1001－0011105　普0012822
[光緒]續修平利縣志十卷　(清)楊孝寬修
(清)李聯芳等纂　清光緒二十三年(1897)刻
本　四冊　十一行二十三字白口四周雙邊

610000－1001－0011106　普0012825

[道光]紫陽縣志八卷首一卷 （清）陳僅
（清）吳純修 （清）楊家坤 （清）曹學易纂
清道光二十三年（1843）刻光緒八年（1882）
吳世澤補刻本 六冊 十行二十三字白口四
周單邊

610000－1001－0011107 普0012826
[道光]紫陽縣志八卷首一卷 （清）陳僅
（清）吳純修 （清）楊家坤 （清）曹學易纂
清道光二十三年（1843）刻光緒八年（1882）
吳世澤補刻本 四冊 十行二十三字白口四
周單邊

610000－1001－0011108 普0012827
[道光]紫陽縣志八卷首一卷 （清）陳僅
（清）吳純修 （清）楊家坤 （清）曹學易纂
清道光二十三年（1843）刻光緒八年（1882）
吳世澤補刻本 四冊 十行二十三字白口四
周單邊

610000－1001－0011109 普0012832
[道光]石泉縣志四卷 （清）舒鈞纂修 清道
光二十九年（1849）刻本 二冊 十行二十二
字白口四周雙邊

610000－1001－0011110 普0012833
[道光]石泉縣志四卷 （清）舒鈞纂修 清道
光二十九年（1849）刻本 二冊 十行二十二
字白口四周雙邊

610000－1001－0011111 普0012834
[道光]石泉縣志四卷 （清）舒鈞纂修 清道
光二十九年（1849）刻本 二冊 十行二十二
字白口四周雙邊

610000－1001－0011112 普0012835
[道光]寧陝廳志四卷 （清）林一銘修
（清）焦世官 （清）胡官清纂 清道光九年
（1829）刻本 四冊 十行二十四字白口四周
雙邊

610000－1001－0011113 普0012836
[道光]寧陝廳志四卷 （清）林一銘修 （清）焦
世官 （清）胡官清纂 清道光九年（1829）刻本
四冊 十行二十四字白口四周雙邊

610000－1001－0011114 普0012837
[道光]寧陝廳志四卷 （清）林一銘修
（清）焦世官 （清）胡官清纂 清道光九年
（1829）刻本 四冊 十行二十四字白口四周
雙邊

610000－1001－0011115 普0012838
[道光]寧陝廳志四卷 （清）林一銘修
（清）焦世官 （清）胡官清纂 清道光九年
（1829）刻本 四冊 十行二十四字白口四周
雙邊

610000－1001－0011116 普0012839
[道光]寧陝廳志四卷 （清）林一銘修
（清）焦世官 （清）胡官清纂 清道光九年
（1829）刻本 四冊 十行二十四字白口四周
雙邊

610000－1001－0011117 普0012842
[嘉慶]漢陰縣志十卷首一卷 （清）錢鶴年修
（清）董詔纂 清嘉慶二十三年（1818）刻本
六冊 九行二十字白口四周雙邊

610000－1001－0011118 普0012843
[嘉慶]漢陰縣志十卷首一卷 （清）錢鶴年修
（清）董詔纂 清嘉慶二十三年（1818）刻本
六冊 九行二十字白口四周雙邊

610000－1001－0011119 普0012844
[嘉慶]漢陰縣志十卷首一卷 （清）錢鶴年修
（清）董詔纂 清嘉慶二十三年（1818）刻本
六冊 九行二十字白口四周雙邊

610000－1001－0011120 普0012845
[嘉慶]漢陰縣志十卷首一卷 （清）錢鶴年修
（清）董詔纂 清嘉慶二十三年（1818）刻本
六冊 九行二十字白口四周雙邊

610000－1001－0011121 普0012846
[嘉慶]漢陰縣志十卷首一卷 （清）錢鶴年修
（清）董詔纂 清嘉慶二十三年（1818）刻本
六冊 九行二十字白口四周雙邊

610000－1001－0011122 普0012847
[嘉慶]漢陰縣志十卷首一卷 （清）錢鶴年修
（清）董詔纂 清嘉慶二十三年（1818）刻本

四冊　九行二十字白口四周雙邊　存八卷
（一至八）

610000－1001－0011123　普0012857
[康熙]城固縣志十卷　（清）王穆纂修　清光
緒四年(1878)徐德懷刻本　四冊　九行二十
字白口四周雙邊

610000－1001－0011124　普0012858
[康熙]城固縣志十卷　（清）王穆纂修　清光
緒四年(1878)徐德懷刻本　四冊　九行二十
字白口四周雙邊

610000－1001－0011125　普0012859
[康熙]城固縣志十卷　（清）王穆纂修　清光
緒四年(1878)徐懷德刻本　四冊　九行二十
字白口四周雙邊

610000－1001－0011126　普0012860
[康熙]城固縣志十卷　（清）王穆纂修　清光
緒四年(1878)徐德懷刻本　四冊　九行二十
字白口四周雙邊

610000－1001－0011127　普0012862
[光緒]洋縣志八卷　（清）張鵬翼纂修　清光
緒二十四年(1898)青門寓廬刻本　八冊　十
行二十二字粗黑口四周雙邊

610000－1001－0011128　普0012863
[光緒]洋縣志八卷　（清）張鵬翼纂修　清光
緒二十四年(1898)青門寓廬刻本　八冊　十
行二十二字粗黑口四周雙邊

610000－1001－0011129　普0012868
[光緒]佛坪廳志二卷首一卷　（清）劉燨纂修
　清光緒九年(1883)刻本　一冊　九行二十
二字白口四周雙邊

610000－1001－0011130　普0012869
[光緒]佛坪廳志二卷首一卷　（清）劉燨纂修
　清光緒九年(1883)刻本　一冊　九行二十
二字白口四周雙邊

610000－1001－0011131　普0012870
[光緒]佛坪廳志二卷首一卷　（清）劉燨纂修
　清光緒九年(1883)刻本　一冊　九行二十

二字白口四周雙邊

610000－1001－0011132　普0012871
[光緒]佛坪廳志二卷首一卷　（清）劉燨纂修
　清光緒九年(1883)刻本　一冊　九行二十
二字白口四周雙邊

610000－1001－0011133　普0012872
佛坪廳鄉土志一卷　（清）□□編　清光緒三
十四年(1908)抄本　一冊　八行二十字

610000－1001－0011134　普0012873
[道光]西鄉縣志六卷　（清）張廷槐纂修　清
道光八年(1828)刻本　四冊　九行二十字白
口四周雙邊

610000－1001－0011135　普0012875
[光緒]定遠廳志二十六卷首一卷末一卷
（清）余修鳳纂修　清光緒五年(1879)刻本
六冊　十行二十四字白口四周雙邊

610000－1001－0011136　普0012876
[光緒]定遠廳志二十六卷首一卷末一卷
（清）余修鳳纂修　清光緒五年(1879)刻本
六冊　十行二十四字白口四周雙邊

610000－1001－0011137　普0012877
[光緒]寧羌州志五卷　（清）馬毓華修
（清）鄭書香　（清）曹良模纂　清光緒十四年
(1888)刻本　五冊　九行二十一字白口四周
雙邊

610000－1001－0011138　普0012878
[光緒]寧羌州志五卷　（清）馬毓華修
（清）鄭書香　（清）曹良模纂　清光緒十四年
(1888)刻本　五冊　九行二十一字白口四周
雙邊

610000－1001－0011139　普0012879
[光緒]寧羌州志五卷　（清）馬毓華修
（清）鄭書香　（清）曹良模纂　清光緒十四年
(1888)刻本　五冊　九行二十一字白口四周
雙邊

610000－1001－0011140　普0012880
寧羌州鄉土志二卷　（清）陳芑芬修　（清）黎

彩彰纂　清光緒漢南允貞學社活字印本　一
冊　十行二十二字白口四周雙邊

610000－1001－0011141　普0012881

**寧羌州鄉土志二卷**　(清)陳苣芬修　(清)黎
彩彰纂　清光緒漢南允貞學社活字印本　一
冊　十行二十二字白口四周雙邊

610000－1001－0011142　普0012882

**[道光]重修略陽縣志四卷**　(清)譚瑀修
(清)黎成德等纂　清光緒三十年(1904)刻本
四冊　九行二十二字白口四周雙邊

610000－1001－0011143　普0012883

**[道光]重修略陽縣志四卷**　(清)譚瑀修
(清)黎成德纂　清道光二十六年(1846)刻本
四冊　九行二十二字白口四周雙邊

610000－1001－0011144　普0012884

**[光緒]新續略陽縣志一卷**　(清)桂超修
(清)侯龍光纂　清光緒三十年(1904)刻本
一冊　九行二十二字白口四周雙邊

610000－1001－0011145　普0012885

**[光緒]略陽鄉土志三卷**　(清)□□編　清光
緒抄本　三冊　六行字數不等

610000－1001－0011146　普0012887

**[光緒]沔縣新志四卷**　(清)孫銘鍾　(清)
羅桂銘修　(清)彭齡纂　清光緒九年(1883)
刻本　四冊　九行二十一字白口四周雙邊

610000－1001－0011147　普0012888

**[光緒]沔縣新志四卷**　(清)孫銘鍾　(清)
羅桂銘修　(清)彭齡纂　清光緒九年(1883)
刻本　四冊　九行二十一字白口四周雙邊

610000－1001－0011148　普0012894

**[光緒]鳳縣志十卷首一卷**　(清)朱子春修
(清)段澍霖纂　清光緒十八年(1892)刻本
四冊　九行二十四字白口四周雙邊

610000－1001－0011149　普0012895

**[道光]留壩廳志十卷附足徵錄四卷**　(清)賀
仲瑊修　(清)蔣湘南纂　清道光二十二年
(1842)漢中友義齋刻本　四冊　九行二十三

字白口四周雙邊

610000－1001－0011150　普0012896

**[道光]留壩廳志十卷附足徵錄四卷**　(清)賀
仲瑊修　(清)蔣湘南纂　清道光二十二年
(1842)漢中友義齋刻本　四冊　九行二十三
字白口四周雙邊

610000－1001－0011151　普0012899

**[光緒]甘肅新通志一百卷首五卷**　(清)昇允
等修　(清)安維峻纂　清光緒三十四年
(1908)修宣統元年(1909)刻本　七十九冊
十二行二十六字小字雙行同白口四周雙邊
存一百〇四卷(一至七十七、七十九至一百,
首一至五)

610000－1001－0011152　普0012900

**[光緒]重纂秦州直隸州新志二十四卷首一卷**
(清)余澤春修　(清)王權等纂　清光緒十
五年(1889)隴南書院刻本　十六冊　九行二
十一字小字雙行同白口四周雙邊

610000－1001－0011153　普0012901

**[光緒]重纂秦州直隸州新志二十四卷首一卷**
(清)余澤春修　(清)王權等纂　清光緒十
五年(1889)隴南書院刻本　十六冊　九行二
十一字小字雙行同白口四周雙邊

610000－1001－0011154　普0012905

**[光緒]重纂禮縣新志四卷首一卷**　(清)雷文
淵修　(明)王思溫纂　清光緒十六年(1890)
刻本　四冊　九行二十一字小字雙行同白口
四周雙邊

610000－1001－0011155　普0012913

**華嶽志八卷首一卷**　(清)李榕纂修　清道光
十一年(1931)刻光緒九年(1883)補刻本　四
冊　十行二十四字小字雙行同白口左右雙邊

610000－1001－0011156　普0012914

**華嶽志八卷首一卷**　(清)李榕纂修　清道光
十一年(1831)刻光緒九年(1883)補刻本　四
冊　十行二十四字小字雙行同白口左右雙邊

610000－1001－0011157　普0012915

**華嶽志八卷首一卷**　(清)李榕纂修　清道光

十一年(1831)刻光緒九年(1883)補刻本 四
冊 十行二十四字小字雙行同白口左右雙邊

610000－1001－0011158 普0012916
華嶽志八卷首一卷 (清)李榕纂修 清道光
十一年(1831)刻本 四冊 十一行二十四字
小字雙行同白口左右雙邊

610000－1001－0011159 普0012917
華嶽志八卷首一卷 (清)李榕纂修 清道光
十一年(1831)刻本 四冊 十一行二十四字
小字雙行同白口左右雙邊

610000－1001－0011160 普0012918
華嶽志八卷首一卷 (清)李榕纂修 清道光
十一年(1831)刻光緒九年(1883)補刻本 四
冊 十一行二十四字小字雙行同白口左右
雙邊

610000－1001－0011161 普0012919
華嶽志八卷首一卷 (清)李榕纂修 清道光
十一年(1831)刻光緒三十年(1904)補刻本
四冊 十一行二十四字小字雙行同白口左右
雙邊

610000－1001－0011162 普0012926
襃城古蹟輯略一卷 (清)萬方天等輯注 清
同治十三年(1874)刻本 二冊 八行十七字
小字雙行同白口四周單邊

610000－1001－0011163 普0012927
綏德州甘井記一卷 (清)汪士松撰 清刻本
一冊 九行二十二字白口四周單邊

610000－1001－0011164 普0012933
[道光]敦煌縣志七卷首一卷 (清)蘇履吉修
(清)曾誠纂 清道光十一年(1831)刻本
四冊 九行二十字小字雙行同白口四周雙邊

610000－1001－0011165 普0012935
[道光]重修鎮番縣志十卷首一卷 (清)許協
修 (清)謝集成纂 清道光五年(1825)刻本
五冊 九行二十二字小字雙行同白口四周
雙邊

610000－1001－0011166 普0012937

[道光]鎮原縣志二十二卷首一卷 (清)李從
圖纂修 清道光二十七年(1847)刻本 十
冊 九行二十二字小字雙行同白口四周雙邊
缺四卷(一至二、十一,首一)

610000－1001－0011167 普0012940
崆峒山志二卷 (清)張伯魁纂修 清同治十
一年(1872)刻本 二冊 八行二十字小字雙
行同白口四周雙邊

610000－1001－0011168 普0012945
[宣統]新疆圖志一百十六卷首一卷 (清)袁
大化修 (清)王樹枏等纂 清宣統三年
(1911)活字印本 一百十六冊 九行二十一
字小字雙行同白口四周單邊

610000－1001－0011169 普0012955
[乾隆]盛京通志四十八卷首一卷 (清)呂耀
曾等修 (清)魏樞等纂 清咸豐二年(1852)
雷以誠校補重印本 二十冊 十行二十一字
小字雙行同白口四周雙邊

610000－1001－0011170 普0012958
[光緒]吉林通志一百二十二卷圖一卷 (清)
長順等修 (清)李桂林等纂 清光緒十七年
(1891)刻本 四十九冊 十行二十二字小字
雙行同上下黑口四周單邊

610000－1001－0011171 普0012959
[光緒]吉林通志一百二十二卷圖一卷 (清)
長順等修 (清)李桂林等纂 清光緒十七年
(1891)刻本 四十九冊 十行二十二字小字
雙行同上下黑口四周單邊

610000－1001－0011172 普0012960
[光緒]吉林通志一百二十二卷圖一卷 (清)
長順等修 (清)李桂林等纂 清光緒十七年
(1891)刻本 四十九冊 十行二十二字小字
雙行同上下黑口四周單邊

610000－1001－0011173 普0012964
[嘉慶]黑龍江外記八卷 (清)西清纂 清光
緒二十六年(1900)刻廣雅書局叢書本 二
冊 十一行二十四字小字雙行同上下黑口四周
單邊

610000 – 1001 – 0011174　普 0012965

[光緒]黑龍江述略六卷　(清)徐宗亮纂　清光緒十七年(1891)徐氏觀自得齋刻本　二冊　十行二十一字小字雙行同上下黑口左右雙邊

610000 – 1001 – 0011175　普 0012968

[道光]吉林外記十卷刊誤一卷　(清)薩英額纂　清光緒二十六年(1900)刻廣雅書局叢書本　二冊　十一行二十四字小字雙行同上下黑口四周單邊

610000 – 1001 – 0011176　普 0012971

[同治]上海縣志三十二卷首一卷末一卷附補遺敘錄　(清)應寶時等修　(清)俞樾(清)方宗誠纂　清同治十一年(1872)刻光緒八年(1882)補刻本　十六冊　十二行二十三字小字雙行同白口四周雙邊

610000 – 1001 – 0011177　普 0012972

[同治]上江兩縣志二十九卷首一卷　(清)莫祥芝　(清)甘紹盤修　(清)汪士鐸等纂　清同治十三年(1874)刻光緒二年(1876)重印本　十二冊　十行二十五字小字雙行同上下黑口四周雙邊

610000 – 1001 – 0011178　普 0012973

[光緒]寶山縣志十四卷首一卷　(清)梁蒲貴(清)吳康壽修　(清)朱延射　(清)潘履祥纂　清光緒八年(1882)學海書院刻本　十冊　十一行二十三字小字雙行同白口左右雙邊

610000 – 1001 – 0011179　普 0012974

[嘉慶]重刊江寧府志五十六卷校勘記一卷(清)呂燕昭修　(清)姚鼐纂　清光緒六年(1880)刻本　十二冊　十二行二十五字小字雙行同白口四周雙邊

610000 – 1001 – 0011180　普 0012979

[同治]續纂江寧府志十五卷首一卷勘誤一卷　(清)蔣啟勳　(清)趙佑宸修　(清)汪士鐸等纂　清同治十三年(1874)修光緒六年(1880)刻光緒十年(1884)重印本　十二冊　十二行二十五字小字雙行同白口四周雙邊

610000 – 1001 – 0011181　普 0012980

[同治]續纂江寧府志十五卷首一卷勘誤一卷　(清)蔣啟勳　(清)趙佑宸修　(清)汪士鐸等纂　清同治十三年(1874)修光緒六年(1880)刻光緒十年(1884)重印本　十二冊　十二行二十五字小字雙行同白口四周雙邊

610000 – 1001 – 0011182　普 0012981

[嘉慶]重刊江寧府志五十六卷校勘記一卷(清)呂燕昭修　(清)姚鼐纂　清光緒六年(1880)刻本　八冊　十二行二十五字小字雙行同白口四周雙邊　缺二十一卷(一至十四、三十八至四十四)

610000 – 1001 – 0011183　普 0012982

常昭合志稿四十八卷首一卷末一卷　(清)鄭鍾祥　(清)張瀛修　(清)龐鴻文等纂　校勘記一卷　(清)張守誠校勘　清光緒三十年(1904)木活字印本　十七冊　十行二十四字小字雙行同白口四周單邊

610000 – 1001 – 0011184　普 0012983

常昭合志稿四十八卷首一卷末一卷　(清)鄭鍾祥　(清)張瀛修　(清)龐鴻文等纂　清光緒三十年(1904)木活字印本　十六冊　十行二十四字小字雙行同白口四周單邊

610000 – 1001 – 0011185　普 0012984

[嘉慶]重修揚州府志七十二卷首一卷　(清)阿克當阿修　(清)姚文田等纂　清嘉慶十五年(1810)刻本　四十六冊　十行二十四字小字雙行同白口四周單邊

610000 – 1001 – 0011186　普 0012985

[同治]續纂揚州府志二十四卷　(清)方濬頤修　(清)晏端書等纂　清同治十三年(1874)刻本　十二冊　十行二十一字小字雙行同白口四周單邊

610000 – 1001 – 0011187　普 0012986

[同治]續纂揚州府志二十四卷　(清)方濬頤修　(清)晏端書等纂　清同治十三年(1874)刻本　十冊　十行二十一字小字雙行同白口四周單邊

610000－1001－0011188　普0012987

[道光]武進陽湖縣合志三十六卷首一卷
(清)孫琬　(清)王德茂修　(清)李兆洛
(清)周儀暐纂　清光緒十二年(1886)木活字
印本　三十冊　十行二十三字小字雙行同白
口左右雙邊

610000－1001－0011189　普0012988

[光緒]武陽志餘十二卷首一卷　(清)莊毓鋐
(清)陸鼎翰纂修　清光緒十四年(1888)木
活字印本　十五冊　十行二十三字小字雙行
同白口左右雙邊

610000－1001－0011190　普0012989

武陽團練紀實二卷　(清)莊毓鋐采輯　(清)
薛紹元編纂　清光緒十二年(1886)刻本　一
冊　十行二十三字白口左右雙邊

610000－1001－0011191　普0012990

[光緒]無錫金匱縣志四十卷首一卷　(清)裴
大中　(清)倪咸生修　(清)秦緗業等纂　清
光緒七年(1881)刻本　二十冊　十行二十二
字小字雙行同白口左右雙邊

610000－1001－0011192　普0012992

[光緒]丹徒縣志摭餘二十一卷　(清)李恩綬
原纂　(清)李丙榮續纂　清光緒修民國七年
(1918)刻本　十二冊　十一行二十一字小字
雙行同白口左右雙邊

610000－1001－0011193　普0012993

[光緒]丹徒縣志六十卷首四卷　(清)何紹章
(清)馮壽鏡修　(清)呂耀斗等纂　清光緒
五年(1879)刻本　三十二冊　十一行二十一
字小字雙行同白口左右雙邊

610000－1001－0011194　普0012994

[道光]重修寶應縣志二十八卷首一卷　(清)
孟毓蘭修　(清)喬載繇等纂　清道光二十年
(1840)湯氏沐華堂刻本　二冊　十行二十一
字小字雙行同白口左右雙邊

610000－1001－0011195　普0012995

[咸豐]重修興化縣志十卷　(清)梁園棣修
(清)鄭之僑　(清)趙彥俞纂　清咸豐二年

(1852)刻本　八冊　十行二十一字小字雙行
同白口左右雙邊

610000－1001－0011196　普0012996

[咸豐]重修興化縣志十卷　(清)梁園棣修
(清)鄭之僑　(清)趙彥俞纂　清咸豐二年
(1852)刻本　八冊　十行二十一字小字雙行
同白口左右雙邊

610000－1001－0011197　普0012997

[道光]泰州志三十六卷首一卷　(清)王有慶
等修　(清)陳世鎔等纂　清道光七年(1827)
刻本　十冊　十行二十一字小字雙行同白口
左右雙邊

610000－1001－0011198　普0012998

[道光]銅山縣志二十四卷首一卷　(清)崔志
元纂修　清道光十年(1830)刻本　十六冊
十行二十一字小字雙行同白口四周雙邊

610000－1001－0011199　普0012999

[咸豐]邳州志二十卷首一卷　(清)董用威
(清)馬軼羣修　(清)魯一同纂　清咸豐元年
(1851)刻本　四冊　十行二十一字小字雙行
同白口四周雙邊

610000－1001－0011200　普0013000

[嘉慶]海州直隸州志三十二卷首一卷　(清)
唐仲冕修　(清)汪梅鼎等纂　清嘉慶十六年
(1811)刻本　十冊　十一行二十三字小字雙
行同白口左右雙邊

610000－1001－0011201　普0013003

[同治]蘇州府志一百五十卷首三卷　(清)李
銘皖　(清)譚鈞培修　(清)馮桂芬纂　清光
緒九年(1883)江蘇書局刻本　八十冊　十行
二十四字小字雙行同白口左右雙邊

610000－1001－0011202　普0013004

[同治]蘇州府志一百五十卷首三卷　(清)李
銘皖　(清)譚鈞培修　(清)馮桂芬纂　清光
緒九年(1883)江蘇書局刻本　八十冊　十行
二十四字小字雙行同白口左右雙邊

610000－1001－0011203　普0013007

莫愁湖志六卷首一卷　(清)馬士圖輯著　清

光緒十七年(1891)刻本　二冊　九行十九字
小字雙行同上下黑口左右雙邊

610000－1001－0011204　普0013008
**莫愁湖志六卷首一卷**　(清)馬士圖輯著　清
光緒十七年(1891)刻本　二冊　九行十九字
小字雙行同上下黑口左右雙邊

610000－1001－0011205　普0013009
**江蘇海塘新志八卷首一卷**　(清)李慶雲纂
(清)蔣師轍編輯　清光緒十六年(1890)刻本
　四冊　十行二十二字小字雙行同白口左右
雙邊

610000－1001－0011206　普0013010
**泰伯梅里志八卷**　(清)吳熙編輯　(清)安起
東等原稿　(清)過鑄等參訂　(清)許巨楫校
刊　清光緒二十三年(1897)刻本　二冊　九
行二十四字小字雙行同下黑口左右雙邊

610000－1001－0011207　普0013012
**[元豐]吳郡圖經續記三卷**　(宋)朱長文撰
清同治十二年(1873)江蘇書局刻本　一冊
十二行二十三字小字雙行同上下黑口四周
雙邊

610000－1001－0011208　普0013013
**吳地記一卷**　(唐)陸廣微纂　**後集一卷**
(宋)□□撰　清同治十二年(1873)江蘇書局
刻本　一冊　十二行二十三字小字雙行同上
下黑口四周雙邊

610000－1001－0011209　普0013014
**[光緒]安徽通志三百五十卷補遺十卷**　(清)
吳坤修等修　(清)何紹基等纂　(清)盧世傑
續修　(清)馮焌續纂　清光緒七年(1881)馮
焌校補刻本　一百二十冊　十二行二十六字
小字雙行同白口四周雙邊

610000－1001－0011210　普0013016
**[光緒]滁州志十卷首一卷末一卷**　(清)熊祖
詒纂修　光緒二十三年(1897)活字印本　十
冊　十行二十二字小字雙行同白口左右雙邊

610000－1001－0011211　普0013017
**[道光]宿州志四十二卷首一卷**　(清)蘇元璐

等修　(清)徐用熙等纂　清道光五年(1825)
刻本　十冊　九行二十字白口左右雙邊

610000－1001－0011212　普0013025
**齊山巖洞志二十六卷首一卷**　(清)陳蔚纂輯
清光緒二十七年(1901)唐石簇刻本　八冊
十行二十一字小字雙行同白口左右雙邊

610000－1001－0011213　普0013026
**[雍正]浙江通志二百八十三卷首三卷**　(清)
李衛　(清)嵇曾筠等修　(清)沈翼機
(清)傅王露等纂　清光緒二十五年(1899)浙
江書局刻本　一百二十冊　十行二十二字小
字雙行同白口左右雙邊

610000－1001－0011214　普0013027
**[雍正]浙江通志二百八十三卷首三卷**　(清)
李衛　(清)嵇曾筠等修　(清)沈翼機
(清)傅王露等纂　清光緒二十五年(1899)浙
江書局刻本　一百二十冊　十行二十二字小
字雙行同白口左右雙邊

610000－1001－0011215　普0013028
**[雍正]浙江通志二百八十三卷首三卷**　(清)
李衛　(清)嵇曾筠等修　(清)沈翼機
(清)傅王露等纂　清光緒二十五年(1899)浙
江書局刻本　一百二十冊　十行二十二字小
字雙行同白口左右雙邊

610000－1001－0011216　普0013029
**[雍正]浙江通志二百八十三卷首三卷**　(清)
李衛　(清)嵇曾筠等修　(清)沈翼機
(清)傅王露等纂　清光緒二十五年(1899)浙
江書局刻本　一百二十冊　十行二十二字小
字雙行同白口左右雙邊

610000－1001－0011217　普0013034
**西湖志四十八卷**　(清)李衛修　(清)傅王露
等纂　清光緒四年(1878)浙江書局刻本　二
十冊　九行二十一字小字雙行同白口左右雙邊

610000－1001－0011218　普0013036
**湖山便覽十二卷**　(清)翟灝　(清)翟瀚輯
(清)王維翰重訂　清光緒元年(1875)槐蔭堂
王氏刻本　六冊　九行二十二字小字雙行同

上下黑口左右雙邊

610000－1001－0011219　普0013040
[同治]湖州府志九十六卷首一卷　（清）宗源瀚　（清）郭式昌修　（清）周學濬　（清）陸心源纂　清同治九年(1870)修十一年至十三年(1872－1874)愛山書院刻本　四十冊　十一行二十六字小字雙行同白口左右雙邊

610000－1001－0011220　普0013042
[嘉慶]嘉興縣志三十六卷首二卷　（清）司能任修　（清）屠本仁纂　清嘉慶六年至七年(1801－1802)刻本　十六冊　十行二十三字小字雙行同白口左右雙邊

610000－1001－0011221　普0013045
[嘉慶]長興縣志二十八卷首一卷　（清）邢澍修　（清）錢大昕　（清）錢大昭纂　清嘉慶十年(1805)刻本　十六冊　十行二十一字小字雙行同白口四周雙邊

610000－1001－0011222　普0013046
[嘉慶]桐鄉縣志十二卷　（清）李廷輝修　（清）徐志鼎纂　清嘉慶四年(1799)刻本　八冊　十行二十三字小字雙行同白口左右雙邊

610000－1001－0011223　普0013050
[光緒]餘姚縣志二十七卷首一卷末一卷　（清）周炳麟修　（清）邵友濂等纂　清光緒二十五年(1899)刻本　十六冊　十一行二十二字小字雙行同白口四周雙邊

610000－1001－0011224　普0013053
岳廟志略十卷首一卷　（清）馮培編輯　清光緒五年(1879)浙江書局刻本　四冊　九行二十一字白口左右雙邊

610000－1001－0011225　普0013055
咸淳臨安志一百卷　（宋）潛說友纂　清道光十年(1830)刻本　二十六冊　十行二十字小字雙行同黑口左右雙邊

610000－1001－0011226　普0013056
[嘉慶]石門縣志二十六卷首一卷　（清）耿維祐修　（清）潘文烙　（清）潘蓉鏡纂　清嘉慶二十三年(1818)修道光元年(1821)刻本　八

冊　十行二十二字小字雙行同白口左右雙邊

610000－1001－0011227　普0013057
[雍正]寧波府志三十六卷首一卷　（清）曹秉仁等修　（清）萬經等纂　清道光二十六年(1846)刻本　十六冊　九行二十二字小字雙行同白口四周雙邊

610000－1001－0011228　普0013058
宋元四明六志八種　（清）徐時棟輯　清光緒五年(1879)刻本　四十冊　十行二十一字小字雙行同上下黑口左右雙邊

610000－1001－0011229　普0013060
[光緒]諸暨縣志六十一卷首一卷　（清）陳遹聲修　（清）蔣鴻藻纂　清光緒三十四年(1908)修宣統二年(1910)刻本　十八冊　十二行二十五字小字雙行同白口左右雙邊

610000－1001－0011230　普0013061
[光緒]上虞縣志四十八卷首一卷末一卷附錄一卷　（清）唐煦春等修　（清）朱士黻等纂　清光緒十六年至十七年(1890－1891)刻本　二十冊　九行二十二字小字雙行同白口左右雙邊

610000－1001－0011231　普0013066
[光緒]玉環廳志十四卷首一卷補遺一卷　（清）杜冠英　（清）胥壽榮修　（清）呂鴻燾纂　清光緒十四年(1888)胡鍾駿續增刻本　八冊　十行二十一字小字雙行同白口四周雙邊

610000－1001－0011232　普0013072
嚴州圖經八卷　（宋）陳公亮修　（宋）劉文富纂　清光緒二十二年(1896)漸西村舍彙刻本　二冊　十行二十一字小字雙行同白口左右雙邊　存三卷(一至三)

610000－1001－0011233　普0013073
景定嚴州續志十卷　（宋）錢可則修　（宋）鄭瑤　（宋）方仁榮纂　清光緒二十二年(1896)漸西村舍彙刻本　二冊　八行二十一字小字雙行同白口左右雙邊

610000－1001－0011234　普0013076

[光緒]江西通志一百八十卷首五卷 （清）劉坤一等修 （清）劉繹 （清）趙之謙等纂 清光緒七年(1881)刻本 一百二十冊 十二行二十三至二十四字不等小字雙行二十三字粗黑口四周雙邊

610000－1001－0011235 普0013077

[光緒]江西通志一百八十卷首五卷 （清）劉坤一等修 （清）劉繹 （清）趙之謙等纂 清光緒七年(1881)刻本 一百二十冊 十二行二十三至二十四字不等小字雙行二十三字粗黑口四周雙邊

610000－1001－0011236 普0013088

[光緒]荊州府志八十卷首一卷 （清）倪文蔚 （清）蔣銘勛修 （清）顧嘉蘅 （清）李廷鉽纂 清光緒六年(1880)刻本 三十二冊 十行二十五字小字雙行同粗黑口四周雙邊

610000－1001－0011237 普0013089

[同治]鶴峯州志續修十四卷首一卷 （清）徐樹楷修 （清）雷春沼纂 清同治六年(1867)刻本 四冊 十行二十一字白口左右雙邊

610000－1001－0011238 普0013090

[同治]咸豐縣志二十卷首一卷附圖一卷 （清）張梓修 （清）張光傑纂 清同治四年(1865)刻本 一冊 九行字數不等白口四周雙邊 存一卷(首一)

610000－1001－0011239 普0013091

[同治]江夏縣志八卷首一卷 （清）王庭禎修 （清）彭崧毓纂 清同治八年(1869)刻本 四冊 十行二十五字小字雙行同白口四周雙邊 存五卷(三至六、八)

610000－1001－0011240 普0013092

[光緒]湖南通志二百八十八卷首八卷末十九卷 （清）卞寶第 （清）李瀚章修 （清）曾國荃 （清）郭嵩燾纂 清光緒十一年(1885)刻本 一百六十三冊 十行二十四字小字雙行同白口左右雙邊 缺八卷(四至七、九至十二)

610000－1001－0011241 普0013097

[光緒]湘陰縣圖志三十四卷首一卷末一卷 （清）郭嵩燾等纂修 清光緒六年(1880)縣志局刻本 十四冊 十二行二十六字小字雙行同白口左右雙邊

610000－1001－0011242 普0013099

[嘉慶]四川通志二百〇四卷首二十二卷 （清）常明等修 （清）楊芳燦等纂 清嘉慶二十一年(1816)刻本 一百六十冊 九行二十一字小字雙行同白口四周雙邊

610000－1001－0011243 普0013100

[嘉慶]四川通志二百〇四卷首二十二卷 （清）常明等修 （清）楊芳燦等纂 清嘉慶二十一年(1816)刻本 一百十冊 九行二十一字小字雙行同白口四周雙邊

610000－1001－0011244 普0013101

蜀典十二卷 （清）張澍編輯 清光緒二年(1876)刻本 四冊 十行二十四字白口左右雙邊

610000－1001－0011245 普0013104

[嘉慶]漢州志四十卷首一卷末一卷 （清）劉長庚修 （清）侯肇元 （清）張懷泗纂 清嘉慶十七年(1812)修二十二年(1817)刻本 十三冊 九行二十一字小字雙行同白口四周雙邊

610000－1001－0011246 普0013105

[同治]續漢州志二十四卷首一卷補一卷志餘一卷 （清）張超等修 （清）曾履中 （清）張敏行纂 清同治八年(1869)刻本 七冊 九行二十一字小字雙行同白口四周雙邊

610000－1001－0011247 普0013111

[嘉慶]羅江縣志三十六卷 （清）李桂林等纂修 清同治四年(1865)刻本 四冊 九行二十一字白口四周雙邊

610000－1001－0011248 普0013112

[同治]續修羅江縣志二十四卷 （清）馬傳業修 （清）劉正慧等纂 清同治四年(1865)刻本 二冊 九行二十一字白口四周雙邊

610000－1001－0011249 普0013116

[光緒]新修潼川府志三十卷　（清）阿麟修
（清）王龍勳等纂　清光緒二十三年(1897)刻
本　十六冊　十行二十二字下黑口四周雙邊

610000－1001－0011250　普0013117

[光緒]蓬州志十五卷　（清）方旭修　（清）
張禮傑等纂　清光緒二十三年(1897)刻本
三冊　十二行二十四字小字雙行同白口四周
單邊

610000－1001－0011251　普0013119

[光緒]奉節縣志三十六卷首一卷　（清）曾秀
翹修　（清）楊德坤等纂　清光緒十九年
(1893)刻本　八冊　九行十九字小字雙行同
下黑口四周雙邊

610000－1001－0011252　普0013122

[乾隆]富順縣志五卷首一卷　（清）段玉裁等
纂修　清光緒八年(1882)刻本　五冊　九行
二十二字小字雙行同白口左右雙邊

610000－1001－0011253　普0013127

桑梓述聞十卷　（清）傅玉書稿　清光緒二十
四年(1898)刻本　四冊　九行十八字小字雙
行同白口四周雙邊

610000－1001－0011254　普0013128

黔書二卷　（清）田雯編　清嘉慶十三年
(1808)刻本　二冊　十一行二十四字上下黑
口左右雙邊

610000－1001－0011255　普0013129

黔記四卷　（清）李宗昉輯　清道光十四年
(1834)刻本　一冊　十一行二十四字上下黑
口左右雙邊

610000－1001－0011256　普0013130

[道光]遵義府志四十八卷首一卷　（清）平翰
等修　（清）鄭珍等纂　道光二十一年(1841)
刻本　十冊　十行二十二字小字雙行同白口
左右雙邊

610000－1001－0011257　普0013132

[道光]雲南通志稿二百十六卷首三卷　（清）
阮元　（清）伊里布修　（清）王崧　（清）李
誠纂　清道光十五年(1835)刻本　九十冊

十行二十二字小字雙行同白口四周雙邊　存
一百七十九卷（五、十三至七十、九十五至一
百七十、一百七十三至二百十六）

610000－1001－0011258　普0013133

[光緒]續雲南通志稿一百九十四卷首六卷
（清）王文韶等修　（清）唐炯等纂　清光緒二
十七年(1901)四川岳池刻本　一百冊　十三
行二十五字上下黑口四周單邊

610000－1001－0011259　普0013134

[光緒]續雲南通志稿一百九十四卷首六卷
（清）王文韶等修　（清）唐炯等纂　清光緒二
十六年(1900)四川岳池刻本　一百冊　十三
行二十五字上下黑口四周單邊

610000－1001－0011260　普0013136

[嘉慶]滇繫四十卷　（清）師範纂輯　清光緒
十三年(1887)雲南通志局刻本　四十冊　九
行二十四字小字雙行同白口四周雙邊

610000－1001－0011261　普0013137

[嘉慶]滇繫四十卷　（清）師範纂輯　清光緒
六年(1880)雲南通志局刻本　四十冊　九行
二十四字小字雙行同白口四周雙邊

610000－1001－0011262　普0013140

[道光]昆明縣志十卷　（清）戴絅孫纂修　清
道光二十一年(1841)修緒二十七年(1901)
刻本　六冊　十行二十一字小字雙行同下黑
口四周雙邊

610000－1001－0011263　普0013141

[道光]昆明縣志十卷　（清）戴絅孫纂修　清
道光二十一年(1841)修光緒二十七年(1901)
刻本　六冊　十行二十一字小字雙行同下黑
口四周雙邊

610000－1001－0011264　普0013142

[道光]昆明縣志十卷　（清）戴絅孫纂修　清
道光二十一年(1841)修光緒二十七年(1901)
刻本　六冊　十行二十一字小字雙行同下黑
口四周雙邊

610000－1001－0011265　普0013148

[嘉慶]衛藏通志十六卷首一卷　（清）和琳纂

清光緒二十一年(1895)刻漸西村舍彙刻本
八冊　十行二十一字小字雙行同白口左右
雙邊

610000－1001－0011266　普0013153
**武夷山志二十四卷首一卷**　（清）董天工編
清道光九年(1829)羅良嵩刻本　八冊　十行
二十二字小字雙行同白口四周雙邊

610000－1001－0011267　普0013155
[萬曆]**閩都記三十三卷**　（明）王應山纂　清
道光十一年(1831)求放心齋刻本　六冊　十
行二十四字粗黑口左右雙邊

610000－1001－0011268　普0013156
[康熙]**寧化縣志七卷**　（清）祝文郁修
（清）李世熊纂　清同治八年(1869)刻本　五
冊　九行二十二字小字雙行同白口四周雙邊

610000－1001－0011269　普0013159
[道光]**廈門志十六卷**　（清）周凱等纂修　清
道光十九年(1839)玉屏書院刻本　十二冊
十行二十二至二十四字不等小字雙行二十二
字白口四周雙邊

610000－1001－0011270　普0013163
[嘉慶]**廣西通志二百七十九卷首一卷**　（清）
謝啟昆修　（清）胡虔纂　清光緒十七年
(1891)桂垣書局補刻本　八十冊　十一行二
十一字上下黑口四周雙邊

610000－1001－0011271　普0013164
[嘉慶]**廣西通志二百七十九卷首一卷**　（清）
謝啟昆修　（清）胡虔纂　清光緒十七年
(1891)桂垣書局補刻本　八十冊　十一行二
十一字小字雙行同上下黑口四周雙邊

610000－1001－0011272　普0013168
[同治]**乾州廳志十六卷首一卷**　（清）蔣琦溥
（清）羅行楷修　（清）張漢槎纂　清同治十
一年(1872)刻本　十冊　九行二十二字小字
雙行同白口左右雙邊

610000－1001－0011273　普0013172
[光緒]**武緣縣圖經八卷勘誤表一卷**　（清）黃
君鉅等纂修　清宣統三年(1911)鉛印增補光

緒本　八冊　十二行三十三字小字雙行同白
口四周雙邊

610000－1001－0011274　普0013173
**重修南海普陀山志二十卷首一卷**　（清）秦耀
曾編輯　清道光十二年(1832)刻本　四冊
十行二十一字白口四周雙邊

610000－1001－0011275　普0013176
**羊城古鈔八卷首一卷**　（清）仇池石纂　清嘉
慶十一年(1806)刻本　四冊　十行十九字白
口四周雙邊

610000－1001－0011276　普0013177
[道光]**肇慶府志二十二卷首一卷**　（清）屠英
等修　（清）江藩等纂　清光緒二年(1876)刻
本　二十二冊　十二行二十三字小字雙行同
白口四周雙邊

610000－1001－0011277　普0013178
[乾隆]**豐順縣志八卷首一卷**　（清）葛曙纂修
清同治四年(1865)補刻本　四冊　九行二
十二字白口四周雙邊

610000－1001－0011278　普0013183
[乾隆]**潮州府志四十二卷首一卷**　（清）周碩
勳纂修　清光緒十九年(1893)刻本　二十五
冊　十行二十字白口四周雙邊

610000－1001－0011279　普0013184
[光緒]**惠州府志四十五卷首一卷**　（清）劉溎
年　（清）張聯桂修　（清）鄧掄斌　（清）陳
新銓纂　清光緒七年(1881)刻本　二十冊
十一行二十二字粗黑口四周雙邊

610000－1001－0011280　普0013185
[同治]**韶州府志四十卷**　（清）額哲克等修
（清）單興詩纂　清同治十三年(1874)萬竹園
刻本　二十四冊　十一行二十二字粗黑口四
周雙邊

610000－1001－0011281　普0013191
[同治]**海豐縣志續編二卷**　（清）蔡逢恩修
（清）林光斐纂　清同治十二年(1873)刻本
二冊　九行二十二字白口四周雙邊

610000－1001－0011282　普0013195
**鼎湖山慶雲寺志八卷首一卷**　(清)丁易總修
(清)釋成鷟纂述　清刻本　四冊　九行十
九字小字雙行同白口左右雙邊

610000－1001－0011283　普0013196
**鼎湖山慶雲寺志八卷首一卷**　(清)丁易總修
(清)釋成鷟纂述　清刻本　二冊　九行十
九字小字雙行同白口左右雙邊　存五卷(一
至五)

610000－1001－0011284　普0013201
**京口山水志十八卷首一卷末一卷**　(清)楊棨
撰　清刻本　四冊　十行二十一字小字雙行
同白口左右雙邊

610000－1001－0011285　普0013204
**[光緒]上虞縣志校續五十卷首一卷末一卷**
(清)儲家藻修　(清)徐致靖纂　清光緒二十
四年至二十五年(1898－1899)刻本　二十冊
九行二十二字小字雙行同白口左右雙邊

610000－1001－0011286　普0013205
**[光緒]上虞縣志校續五十卷首一卷末一卷**
(清)儲家藻修　(清)徐致靖纂　清光緒二十
四年至二十五年(1898－1899)刻本　二十冊
九行二十二字小字雙行同白口左右雙邊

610000－1001－0011287　普0013206
**[光緒]諸暨縣志六十一卷首一卷**　(清)陳遹
聲修　(清)蔣鴻藻纂　清光緒三十四年
(1908)修宣統二年(1910)刻本　十八冊　十
二行二十五字小字雙行同白口左右雙邊

610000－1001－0011288　普0013207
**[光緒]諸暨縣志六十一卷首一卷**　(清)陳遹
聲修　(清)蔣鴻藻纂　清光緒三十四年
(1908)修宣統二年(1910)刻本　十八冊　十
二行二十五字小字雙行同白口左右雙邊

610000－1001－0011289　普0013214
**[光緒]餘姚縣志二十七卷首一卷末一卷**
(清)周炳麟修　(清)邵友濂等纂　清光緒二
十五年(1899)刻本　十六冊　十一行二十二
字小字雙行同白口四周雙邊

610000－1001－0011290　普0013219
**桃花源志二十四卷首一卷**　(清)胡鳳丹錄
清光緒三年(1877)胡氏退補齋刻本　八冊
九行二十一至二十二字白口四周雙邊

610000－1001－0011291　普0013223
**[康熙]衢州府志四十卷首一卷**　(清)楊廷望
纂修　清光緒八年(1882)劉國光刻本　十二
冊　九行二十二字小字雙行同上下黑口四周
雙邊

610000－1001－0011292　普0013227
**[同治]萍鄉縣志十卷首一卷**　(清)錫榮
(清)王明璠纂修　清同治十一年(1872)尊經
堂刻本　八冊　十行二十五字白口四周雙邊

610000－1001－0011293　普0013228
**[光緒]宜興荊谿縣新志十卷首一卷末一卷**
(清)施惠　(清)錢志澄修　(清)吳景牆等
纂　清光緒八年(1882)刻本　八冊　十行二
十四字小字雙行同白口左右雙邊

610000－1001－0011294　普0013230
**明州阿育王山志十卷續志六卷**　(明)郭子章
撰　(清)釋畹荃輯集　清刻本　六冊　十行
十九字小字雙行同白口四周單邊

610000－1001－0011295　普0013231
**曹江孝女廟誌八卷首一卷末一卷補遺一卷**
(清)金廷棟編輯　清光緒八年(1882)刻本
二冊　九行十九字白口四周單邊

610000－1001－0011296　普0013235
**永定河志三十二卷附錄一卷**　(清)李逢亨纂
**永定河續志十六卷首一卷補錄一卷**　(清)
朱其詔修　(清)蔣廷皋纂　清光緒八年
(1882)刻本　二十八冊　八至十行二十一至
二十四字小字雙行二十一至二十四字白口四
周雙邊

610000－1001－0011297　普0013240
**[光緒]富陽縣志二十四卷首一卷**　(清)汪文
炳修　(清)蔣敬時　(清)何鎔纂　清光緒二
十五年(1899)修三十二年(1906)刻本　十五
冊　十行二十二字小字雙行同白口左右雙邊

610000－1001－0011298　普 0013241

**光緒蘭谿縣志八卷首一卷附補遺一卷**　（清）
秦簧　（清）邵秉經修　（清）唐壬森纂　清光
緒七年(1881)修十五年(1889)刻本　十冊
十行二十二字小字雙行同下黑口四周雙邊

610000－1001－0011299　普 0013242

**[光緒]常山縣志六十八卷首一卷末一卷**
（清）李瑞鍾修　（清）朱昌泰等纂　光緒十二
年(1886)刻本　十冊　十行二十二字小字雙
行同白口四周雙邊

610000－1001－0011300　普 0013243

**[光緒]永康縣志十六卷首一卷**　（清）李汝爲
等修　（清）潘樹棠等纂　清光緒十八年
(1892)刻本　十二冊　十行二十二字小字雙
行同下黑口四周雙邊

610000－1001－0011301　普 0013246

**國朝常州詞錄三十一卷**　繆荃孫輯　清光緒
二十二年(1896)江陰繆氏雲自在龕刻本　十
冊　十一行二十三字小字雙行同上下黑口左
右雙邊

610000－1001－0011302　普 0013247

**孟塗文集十卷前集十卷後集二十二卷駢體文
二卷**　（清）劉開撰　清道光六年(1826)桐城
姚氏檗山草堂刻本　八冊　十二行二十四字
上下黑口四周單邊

610000－1001－0011303　普 0013249

**寰宇訪碑錄十二卷刊謬一卷**　（清）孫星衍
（清）邢澍撰　**補寰宇訪碑錄五卷失編一卷**
（清）趙之謙纂集　清光緒十一年至十二年
(1885－1886)吳縣朱氏刻本　八冊　十一行
二十字小字雙行同白口間上下黑口左右雙邊

610000－1001－0011304　普 0013251

**遏云閣曲譜不分卷**　（清）王錫純輯　（清）王
濱校勘　清光緒十九年(1893)鉛印本　八冊
三行二十字小字雙行三十一字白口四周
雙邊

610000－1001－0011305　普 0013253

**篆學瑣著二十八種**　（清）顧湘輯　清道光二

十年(1840)海虞顧氏刻本　十二冊　九行二
十一字小字雙行同上下黑口四周雙邊

610000－1001－0011306　普 0013255

**山右石刻叢編四十卷**　（清）胡聘之撰　清光
緒二十五年至二十七年(1899－1901)刻本
二十四冊　十二行二十三字小字雙行同上下
黑口左右雙邊

610000－1001－0011307　普 0013256

**樊山集二十八卷續集二十八卷二家詠古詩一
卷二家試帖一卷二家詞鈔五卷公牘三卷批判
十四卷時文一卷**　（清）樊增祥撰　清光緒十
九年至二十八年(1893－1902)渭南縣署西安
臬署刻本　二十五冊　十二行二十三字小字
雙行同上下黑口左右雙邊

610000－1001－0011308　普 0013261

**清尊集十六卷**　（清）汪遠孫編　清道光十九
年(1839)錢塘汪氏振綺堂刻本　四冊　十一
行二十四字小字雙行不等上下黑口左右雙邊

610000－1001－0011309　普 0013276

**東垣十書**　（明）王肯堂訂正　清文奎堂刻本
十三冊　十行二十字小字雙行同白口左右
雙邊

610000－1001－0011310　普 0013281

**十二門論宗致義記三卷**　（唐）釋法藏述　清
光緒二十一年(1895)金陵刻經處刻本　一冊
十行二十字上下黑口左右雙邊

610000－1001－0011311　普 0013282

**徑中徑又徑徵義三卷首一卷**　（清）張師誠輯
（清）徐槐廷徵義　清光緒二十五年
(1899)刻本　一冊　十行二十字上下黑口
左右雙邊

610000－1001－0011312　普 0013283

**佛祖歷代通載三十六卷**　（元）釋念常集　清
宣統元年(1909)江北刻經處刻本　八冊　十
行二十字小字雙行同上下黑口左右雙邊

610000－1001－0011313　普 0013288

**曲江淚痕一卷**　（清）宗喬唐撰　清光緒三十
二年(1906)上海著易堂鉛印本　一冊　十行

二十四字下黑口四周雙邊

610000－1001－0011314　普0013290

**科儀二卷** （□）□□撰　清光緒四年（1878）刻本　一冊　九行十八字小字雙行同白口四周雙邊

610000－1001－0011315　普0013291

**鉛彈子地學正義不分卷** （清）張鳳藻著　清刻本　一冊　八行二十二字小字雙行同白口四周單邊

610000－1001－0011316　普0013297

**忠武誌十卷** （清）張鵬翮輯　清刻本　六冊　九行二十五字小字雙行同白口左右雙邊

610000－1001－0011317　普0013300

**平易方四卷** （清）葉香侶集　清嘉慶九年（1804）刻本　四冊　九行二十二字小字雙行同白口左右雙邊

610000－1001－0011318　普0013301

**醫砭一卷** （清）徐大椿撰　（清）張鴻補輯　**柳洲醫話良方一卷** （清）魏之琇著　（清）王士雄輯　清道光三十年至咸豐元年（1850－1851）刻本　一冊　十行二十字小字雙行同上下黑口左右雙邊

610000－1001－0011319　普0013302

**女科輯要二卷** （清）沈堯封輯　（清）王士雄參　（清）徐政杰補注　清道光三十年（1850）重慶堂刻本　二冊　十行二十字小字雙行同上下黑口左右雙邊

610000－1001－0011320　普0013305

**石室秘錄六卷** （清）陳士鐸撰　清文英堂刻本　六冊　十行二十五字小字雙行同白口四周單邊

610000－1001－0011321　普0013306

**父師善誘法二卷讀書作文譜十二卷** （清）唐彪輯著　清刻本　二冊　十一行二十五字小字雙行同白口四周單邊

610000－1001－0011322　普0013310

**宜雨宜晴山館文存一卷** （清）張燁著　清光

緒二十四年（1898）刻本　一冊　九行二十五字上黑口四周雙邊

610000－1001－0011323　普0013314

**池陽吟草二卷** （清）余庚陽撰　清同治十年（1871）三原劉昇之刻本　二冊　九行二十字小字雙行同上下黑口四周雙邊

610000－1001－0011324　普0013315

**温樂與先生詩集一卷** （清）温啟知著　清刻本　一冊　八行二十字小字雙行同白口四周單邊

610000－1001－0011325　普0013320

**樵山堂集九卷** （清）張恂著　清刻本　一冊　九行十八字白口四周單邊　存二卷（舟草一至二）

610000－1001－0011326　普0013324

**怡靜齋詩鈔一卷** （清）閻迺烑撰　清光緒八年（1882）解梁書院刻本　一冊　九行二十二字小字雙行同下黑口四周雙邊

610000－1001－0011327　普0013325

**怡靜齋詩鈔一卷** （清）閻迺烑撰　清光緒八年（1882）解梁書院刻本　一冊　九行二十二字小字雙行同下黑口四周雙邊

610000－1001－0011328　普0013327

**疹科類編一卷** （明）武之望編輯　清嘉慶十四年（1809）三原敦厚堂張鯉臣刻本　一冊　八行二十字小字雙行同白口四周單邊

610000－1001－0011329　普0013328

**思菴野錄三卷** （明）薛敬之著　清咸豐元年（1851）渭邑武鴻模刻本　二冊　十行二十一字白口四周雙邊

610000－1001－0011330　普0013329

**創辦密雲學堂檔案不分卷** （清）陳雄蕃輯　清光緒三十四年（1908）鉛印本　一冊　十二行二十五字下黑口四周雙邊

610000－1001－0011331　普0013335

**正誼書院朱文公祠藏書目錄二卷** （清）劉嗣曾撰　清光緒二十三年（1897）刻本　一冊

十行二十二字小字雙行同上下黑口四周單邊

610000－1001－0011332　普0013338

**易圖明辨十卷**　（清）胡渭輯著　清嘉慶元年(1796)德清胡氏刻本　四冊　十一行二十二字小字雙行同白口左右雙邊

610000－1001－0011333　普0013339

**周易集解十七卷**　（唐）李鼎祚集解　清嘉慶二十三年(1818)木瀆周氏刻本　二冊　九行二十二字小字雙行同白口左右雙邊

610000－1001－0011334　普0013345

**周易八卷**　（宋）程頤傳　清同治五年(1866)金陵書局刻本　三冊　九行十七字小字雙行同白口左右雙邊

610000－1001－0011335　普0013346

**周易四卷**　（宋）朱熹本義　清同治七年(1868)楚北崇文書局刻本　二冊　九行十七字小字雙行同白口四周雙邊

610000－1001－0011336　普0013347

**周易通義二十二卷首一卷**　（清）蘇秉國撰　清嘉慶二十一年(1816)南清河蘇氏刻本　六冊　十行二十二字小字雙行同下黑口左右雙邊

610000－1001－0011337　普0013348

**易漢學八卷**　（清）惠棟學　清刻本　二冊　十一行二十二字小字雙行同上下黑口四周單邊

610000－1001－0011338　普0013349

**周易詮義十四卷首一卷**　（清）汪烜著　清同治十二年(1873)安徽敷文書局刻本　十四冊　十二行二十四字小字雙行同上黑口四周雙邊

610000－1001－0011339　普0013350

**周易鏡十一卷學易管窺二卷**　（清）何毓福註釋　清光緒十年(1884)刻本　十三冊　九行二十字小字雙行同上下黑口四周單邊

610000－1001－0011340　普0013351

**河上易注八卷圖說二卷**　（清）黎世序學　清道光元年(1821)刻本　五冊　九行二十二字小字雙行同白口四周雙邊

610000－1001－0011341　普0013352

**漢魏二十一家易注**　（清）孫堂輯　清嘉慶四年(1799)平湖孫氏映雪草堂刻本　五冊　十行十九字小字雙行同上下黑口左右雙邊

610000－1001－0011342　普0013354

**古文尚書辨八卷**　（清）焦循撰　清光緒十八年(1892)刻本　三冊　九行二十三字白口四周雙邊

610000－1001－0011343　普0013356

**禹貢錐指二十卷略例圖一卷**　（清）胡渭學　清刻本　十二冊　十一行二十一字小字雙行三十一字白口左右雙邊

610000－1001－0011344　普0013357

**尚書孔傳參正三十六卷**　王先謙撰　清光緒三十年(1904)虛受堂刻本　六冊　十二行二十五字小字雙行同白口左右雙邊

610000－1001－0011345　普0013358

**尚書後案三十卷後辨一卷**　（清）王鳴盛學　清刻本　八冊　十四行三十字小字雙行四十五字上下黑口四周單邊

610000－1001－0011346　普0013359

**古微書三十六卷**　（明）孫瑴著錄　清嘉慶二十一年(1816)對山問月樓刻本　六冊　十一行二十四字小字雙行同黑口左右雙邊

610000－1001－0011347　普0013360

**古文尚書撰異三十二卷**　（清）段玉裁學　清刻本　八冊　十一行二十二字小字雙行同白口左右雙邊

610000－1001－0011348　普0013361

**焦氏易林四卷**　（漢）焦贛撰　清光緒元年(1875)湖北崇文書局刻本　二冊　十二行二十四字小字雙行同上下黑口四周雙邊

610000－1001－0011349　普0013362

**尚詩徵名二卷**　（清）王蔭祜學　清同治十二

年(1873)刻本　二冊　十行二十字上下黑口
四周雙邊

610000－1001－0011350　普0013364
**毛詩稽古編三十卷**　（清）陳啟源述　清嘉慶
十八年(1813)刻本　八冊　十行二十五字小
字雙行同白口左右雙邊

610000－1001－0011351　普0013365
**毛詩稽古編三十卷**　（清）陳啟源述　**附考一
卷**　（清）費雲倬輯　清嘉慶十八年(1813)刻
本　八冊　十行二十五字小字雙行同白口左
右雙邊

610000－1001－0011352　普0013367
**毛詩故訓傳定本三十卷**　（漢）鄭玄箋　（唐）
陸德明音義　（唐）孔穎達疏　清光緒四年
(1878)淮南書局刻本　十六冊　十二行二十
四字小字雙行同白口左右雙邊

610000－1001－0011353　普0013368
**陳氏毛詩五種**　（清）陳奐撰　清道光、咸豐
吳門南園陳氏掃葉山莊刻本　十六冊　十行
二十一字小字雙行同上下黑口左右雙邊

610000－1001－0011354　普0013369
**毛詩禮徵十卷**　（清）包世榮述　清道光八年
(1828)涇縣包氏刻本　六冊　九行十九字小
字雙行同白口左右雙邊

610000－1001－0011355　普0013371
**詩經小學三十卷**　（清）段玉裁撰　清道光五
年(1825)抱經堂刻本　四冊　十行二十一字
小字雙行同白口左右雙邊

610000－1001－0011356　普0013372
**詩書古訓六卷**　（清）阮元撰　清道光二十一
年(1841)刻本　六冊　十行二十字小字雙行
同白口四周雙邊

610000－1001－0011357　普0013373
**詩經詮義十二卷首一卷末二卷**　（清）汪烜纂
集　清道光二十三年(1843)延川金氏世德堂
刻本　十五冊　十行二十二字小字雙行同白
口左右雙邊

610000－1001－0011358　普0013374
**毛詩本義十六卷**　（宋）歐陽修著　清道光十
四年(1834)刻本　四冊　十行二十字小字雙
行同白口四周雙邊

610000－1001－0011359　普0013375
**毛詩要義二十卷**　（宋）魏了翁撰　清光緒八
年(1882)上海獨山莫祥芝影宋刻本　十二冊
九行十八字上下黑口四周雙邊

610000－1001－0011360　普0013376
**周官禮注十二卷**　（漢）鄭玄注　清得齋校刻
本　八冊　九行二十二字小字雙行同白口左
右雙邊

610000－1001－0011361　普0013377
**呂氏家塾讀詩記三十二卷**　（宋）呂祖謙撰
清刻本　十冊　十行二十字小字雙行同白口
四周雙邊

610000－1001－0011362　普0013378
**周禮述注二十四卷**　（清）李光坡撰　清光緒
三年(1877)刻本　六冊　八行二十二字小字
雙行同白口左右雙邊

610000－1001－0011363　普0013380
**周禮漢讀考六卷**　（清）段玉裁撰　清嘉慶元
年(1796)刻本　二冊　十行二十一字小字雙
行同白口左右雙邊

610000－1001－0011364　普0013382
**儀禮鄭註句讀十七卷監本正誤一卷石經誤字
一卷**　（漢）鄭玄注　（清）張爾岐句讀　清同
治七年(1868)金陵書局刻本　四冊　九行二
十四字小字雙行同白口左右雙邊

610000－1001－0011365　普0013383
**儀禮釋官九卷首一卷**　（清）胡匡衷著　清同
治八年(1869)續溪胡肇智刻本　四冊　十行
二十一字小字雙行同白口左右雙邊

610000－1001－0011366　普0013385
**儀禮章句十七卷**　（清）吳廷華章句　清光緒
二十三年(1897)蘇州書局刻本　三冊　十行
二十一字小字雙行同下黑口四周單邊

610000－1001－0011367　普 0013386

**儀禮正義四十卷**　（漢）鄭玄注　（清）胡培翬
學　（清）楊大堉補　清同治七年(1868)刻本
二十四冊　十行二十二字小字雙行同白口
左右雙邊

610000－1001－0011368　普 0013388

**儀禮小疏十一卷尚書小疏一卷春秋左傳小疏
一卷文孝先生墓誌銘一卷**　（清）沈彤著
（清）沈廷芳訂　清刻本　六冊　九行二十一
字小字雙行白口四周雙邊

610000－1001－0011369　普 0013392

**禮書通故五十卷**　（清）黃以周述　清光緒十
九年(1893)黃氏試館刻本　三十二冊　十行
二十一字小字雙行同上下黑口四周雙邊

610000－1001－0011370　普 0013395

**禮經釋例十三卷首一卷**　（清）凌廷堪學　清
嘉慶十四年(1809)阮氏文選樓刻本　六冊
十行二十一字小字雙行同白口四周雙邊

610000－1001－0011371　普 0013397

**禮經校釋二十二卷**　（清）曹元弼撰　清光緒
十八年(1892)刻本　十二冊　十行二十字小
字雙行同白口左右雙邊

610000－1001－0011372　普 0013400

**禮記二十卷**　（漢）鄭玄注　**撫本禮記鄭注考
異二卷**　（清）張敦仁撰　清同治九年(1870)
楚北崇文書局刻本　八冊　九行十七字小字
雙行同白口四周雙邊

610000－1001－0011373　普 0013401

**禮記十卷**　（元）陳澔集說　清光緒十九年
(1893)江南書局刻本　十冊　九行十七字小
字雙行同白口左右雙邊

610000－1001－0011374　普 0013402

**左傳舊疏考正八卷**　（清）劉文淇撰　清道光
十八年(1838)青溪舊屋劉氏刻本　二冊　十
行二十一字小字雙行同白口左右雙邊

610000－1001－0011375　普 0013403

**左傳舊疏考正八卷**　（清）劉文淇撰　清光緒
三年(1877)湖北崇文書局刻本　四冊　十二

行二十四字小字雙行同上下黑口四周雙邊

610000－1001－0011376　普 0013405

**春秋穀梁傳十二卷**　（晉）范甯集解　清同治
七年(1868)金陵書局刻本　二冊　九行二十
二字小字雙行同白口左右雙邊

610000－1001－0011377　普 0013406

**春秋穀梁經傳補注二十四卷首一卷末一卷**
（清）鍾文烝撰　清光緒二年(1876)鍾氏信美
室刻本　八冊　十一行二十二字小字雙行同
上下黑口左右雙邊

610000－1001－0011378　普 0013407

**春秋會義二十六卷**　（宋）杜諤撰　清光緒十
八年(1892)古不夜城孫氏山淵閣刻本　十二
冊　十行二十字小字雙行同白口四周雙邊

610000－1001－0011379　普 0013408

**求古錄禮說十六卷補遺一卷**　（清）金鶚撰
**校勘記三卷**　（清）王士駿輯　清光緒二年
(1876)刻本　十冊　十行二十一字小字雙行
同上下黑口左右雙邊

610000－1001－0011380　普 0013409

**左傳事緯十二卷附左傳字釋一卷**　（清）馬驌
編論　（清）潘耒校訂　清光緒四年(1878)吳
縣潘氏敏德堂刻本　十冊　九行二十二字小
字雙行同下黑口左右雙邊

610000－1001－0011381　普 0013410

**春秋公羊經何氏釋例十卷公羊春秋何氏解詁
箋一卷左氏春秋考證二卷穀梁廢疾申何二卷
箴膏盲評一卷論語述何二卷**　（清）劉逢祿著
清光緒二十三年(1897)廣州太清樓刻本
(穀梁廢疾申何卷一至二、箴膏盲評卷一、論
語述何卷一至二配清道光九年廣東學海堂刻
皇清經解叢書本)　六冊　十一行二十四字
小字雙行同上下黑口左右雙邊

610000－1001－0011382　普 0013412

**春秋正傳三十七卷末一卷**　（明）湛若水撰
清同治五年(1866)增城湛氏資政堂刻本　十
冊　十行二十一字小字雙行同白口左右雙邊

610000－1001－0011383　普 0013413

春秋世族輯略二卷春秋列國輯略一卷 （清）
王文源著 清道光二十五年(1845)紹林陳氏
敏求軒刻本 二冊 十行二十五字小字雙行
不等上下黑口左右雙邊

610000－1001－0011384 普0013414
春秋宗朱辨義十二卷首一卷末一卷 （清）張
自超著 清光緒七年(1881)刻本 八冊 八
行二十二字小字雙行同白口四周雙邊

610000－1001－0011385 普0013415
春秋宗朱辨義十二卷首一卷末一卷 （清）張
自超著 清光緒七年(1881)刻本 八冊 八
行二十二字小字雙行同白口四周雙邊

610000－1001－0011386 普0013417
此木軒春秋闕如編八卷 （清）焦袁熹著 清
嘉慶十二年(1807)金山錢氏刻本 六冊 十
行二十字小字雙行同白口左右雙邊

610000－1001－0011387 普0013418
春秋左傳三十卷首一卷 （晉）杜預 （宋）林
堯叟註釋 （唐）陸德明音義 （清）馮李驊集
解 清光緒十二年(1886)湖北官書處刻本
十二冊 九行十七字小字雙行同白口四周
雙邊

610000－1001－0011388 普0013419
春秋大事表五十卷輿圖一卷附錄一卷 （清）
顧棟高輯 清光緒十四年(1888)陝西求友齋
刻本 二十四冊 十一行二十五字小字雙行
四十字白口左右雙邊

610000－1001－0011389 普0013420
春秋左傳詁二十卷 （清）洪亮吉學 清道光
八年(1828)刻本 十六冊 十行二十二字小
字雙行同上下黑口左右雙邊

610000－1001－0011390 普0013421
春秋屬辭辨例編六十卷首二卷 （清）張應昌
學 清同治十二年(1873)江蘇書局刻本 三
十二冊 十二行二十六字小字雙行同下黑口
左右雙邊

610000－1001－0011391 普0013423
論語正義二十四卷 （清）劉寶楠學 清同治

五年(1866)刻本 六冊 十行二十三字小字
雙行同白口左右雙邊

610000－1001－0011392 普0013425
論語注疏解經十卷 （三國魏)何晏集解 （宋）
邢昺疏 札記一卷 （宋)邢昺疏 清光緒三十
年(1904)劉氏玉海堂影元刻本 二冊 十三行
二十字小字雙行二十八字白口四周單邊

610000－1001－0011393 普0013426
孟子正義三十卷 （清）焦循撰 清道光五年
(1825)刻本 八冊 十行二十一字小字雙行
同上下黑口左右雙邊

610000－1001－0011394 普0013428
四書緯四卷 （清）常增撰 清道光十六年
(1836)刻本 一冊 十行二十一字小字雙行
同下黑口左右雙邊

610000－1001－0011395 普0013429
四書改錯二十二卷 （清）毛奇齡撰 清嘉慶
十六年(1811)學圃刻本 六冊 十行二十字
小字雙行同白口四周單邊

610000－1001－0011396 普0013430
四書集注十九卷四書家塾讀本句讀一卷四書
章句集注定本辨一卷四書章句附考四卷
（宋）朱熹注 清嘉慶十六年(1811)璜川吳氏
刻本 四冊 九行十七字小字雙行同白口左
右雙邊

610000－1001－0011397 普0013431
四書說苑十一卷首一卷補遺一卷 （清）孫應
科撰 清道光四年(1824)刻本 四冊 十一
行二十二字白口左右雙邊

610000－1001－0011398 普0013434
爾雅古義十二卷首一卷 （清）黃奭輯 清道
光十八年(1838)刻本 十六冊 九行十七字
小字雙行同上下黑口四周單邊

610000－1001－0011399 普0013437
爾雅三卷 （宋）鄭樵注 清嘉慶三年(1798)
侯官鄭氏刻本 三冊 八行十七字小字雙行
同白口四周雙邊

610000－1001－0011400　普0013438

**爾雅三卷**　（晉）郭璞撰　清嘉慶十一年(1806)刻本　三冊　八行十七字小字雙行同白口四周雙邊

610000－1001－0011401　普0013439

**爾雅疏十卷**　（宋）邢昺撰　清光緒四年(1878)吳興陸氏十萬卷樓刻本　二冊　十五行三十字白口左右雙邊

610000－1001－0011402　普0013441

**高密遺書十一種**　（漢）鄭玄撰　（清）黃奭輯　清光緒刻本　十二冊　九行十七字小字雙行不等上下黑口四周單邊

610000－1001－0011403　普0013442

**王本史記一百三十卷**　（漢）司馬遷撰　（南朝宋）裴駰集解　（唐）司馬貞索隱　（唐）張守節正義　清同治九年(1870)湖北崇文書局刻本　二十四冊　十行十八字小字雙行二十三字白口四周雙邊

610000－1001－0011404　普0013444

**漢書補注一百卷首一卷**　（漢）班固撰　（唐）顏師古注　王先謙補注　清光緒二十六年(1900)長沙王氏刻本　三十二冊　十二行二十五字小字雙行同白口左右雙邊

610000－1001－0011405　普0013445

**太平寰宇記二百卷目錄二卷**　（宋）樂史撰　清光緒八年(1882)金陵書局刻本　三十六冊　十行二十字小字雙行不等白口左右雙邊

610000－1001－0011406　普0013448

**說文校議十五卷**　（清）嚴可均　（清）姚文田撰　（清）孫星衍商訂　清嘉慶二十三年(1818)冶城山館刻本　四冊　十一行二十四字上下黑口左右雙邊　存五卷(一至五)

610000－1001－0011407　普0013449

**說文校議十五卷**　（清）嚴可均　（清）姚文田撰　清同治十三年(1874)歸安姚氏刻本　四冊　十行二十四字白口左右雙邊

610000－1001－0011408　普0013450

**說文解字十五卷**　（漢）許慎撰　（清）孫星衍校勘　清光緒十年(1884)孫谿朱氏槐廬家塾刻本　四冊　十行十九字小字雙行三十字白口左右雙邊

610000－1001－0011409　普0013451

**說文解字注三十卷**　（漢）許慎撰　（清）段玉裁注　清嘉慶刻本　十六冊　九行二十二字小字雙行同白口左右雙邊

610000－1001－0011410　普0013452

**說文解字注三十二卷**　（漢）許慎撰　（清）段玉裁注　清同治六年(1867)蘇州保息局刻本　十六冊　九行二十二字小字雙行同白口左右雙邊

610000－1001－0011411　普0013453

**說文解字義證五十卷**　（清）桂馥撰　清同治九年(1870)湖北崇文書局刻本　三十二冊　十行二十三字小字雙行同白口四周雙邊

610000－1001－0011412　普0013454

**說文解字繫傳四十卷校勘記三卷**　（南唐）徐鍇傳釋　清光緒三年(1877)平江吳氏影宋刻本　八冊　七行十四字小字雙行二十二字白口左右雙邊

610000－1001－0011413　普0013455

**說文段注撰要九卷**　（清）馬壽齡撰　清光緒九年(1883)金陵胡氏愚園刻本　四冊　十行二十二字小字雙行同上下黑口左右雙邊

610000－1001－0011414　普0013456

**說文管見三卷**　（清）胡秉虔撰　清同治十二年(1873)世澤樓刻本　一冊　十二行二十四字小字雙行同上下黑口左右雙邊

610000－1001－0011415　普0013457

**說文辨字正俗八卷**　（清）李富孫撰　清同治九年(1870)刻本　四冊　十行二十一字小字雙行二十字白口左右雙邊

610000－1001－0011416　普0013458

**說文解字十五卷**　（漢）許慎撰　（宋）徐鉉校　清嘉慶十二年(1807)藤花樹刻本　四冊　十行二十一字小字雙行不等白口左右雙邊

610000－1001－0011417　普0013459

**仿唐寫本說文解字木部一卷箋異一卷**　（漢）
許慎撰　（清）莫友芝箋異　清同治三年
(1864)刻本　一冊　十行二十二字白口四周
雙邊

610000－1001－0011418　普0013460

**說文分韻易知錄五卷說文分畫易知錄一卷說
文重文標目五卷**　（清）許巽行撰　清光緒五
年(1879)刻本　十冊　行數不等字數不等白
口左右雙邊

610000－1001－0011419　普0013461

**碑別字五卷**　（清）羅振鋆輯　清光緒二十年
(1894)刻本　二冊　十一行二十一字白口左
右雙邊

610000－1001－0011420　普0013463

**一切經音義二十五卷**　（唐）釋玄應撰　（清）
莊炘　（清）錢坫　（清）孫星衍校正　清同治
八年(1869)阮氏摹經堂刻本　四冊　十二行
二十四字小字雙行同上下黑口四周單邊

610000－1001－0011421　普0013465

**說文三種**　（清）王筠撰　清同治四年(1865)
刻本　二十八冊　九行二十二字白口四周
雙邊

610000－1001－0011422　普0013468

**音學五書**　（清）顧炎武撰　清光緒十一年
(1885)湘陰郭氏岵瞻堂刻本　十二冊　九行
二十一字小字雙行同白口左右雙邊

610000－1001－0011423　普0013469

**廣雅疏證十卷**　（清）王念孫撰　清光緒五年
(1879)淮南書局刻本　八冊　十行二十一字
小字雙行同白口左右雙邊

610000－1001－0011424　普0013470

**廣雅疏證十卷**　（清）王念孫撰　清嘉慶元年
(1796)刻本　八冊　十行二十一字小字雙行
同白口左右雙邊

610000－1001－0011425　普0013472

**許學叢刻九種**　（清）許頌鼎編　（清）許漲祥
輯　清光緒十三年(1887)海寧許氏古均閣刻

本　四冊　十一行二十二字小字雙行同上下
黑口四周單邊

610000－1001－0011426　普0013473

**書契原恉十四卷**　（清）陳致煥撰　（清）謝宗
校校刊　清咸豐五年(1855)北涇草堂刻本
四冊　十行二十一字小字雙行同白口四周
雙邊

610000－1001－0011427　普0013475

**集韻三十卷**　（宋）丁度撰　清光緒二年
(1876)川東官舍刻本　二十八冊　八行十四
字小字雙行二十字白口左右雙邊

610000－1001－0011428　普0013479

**復古編二卷附一卷**　（宋）張有撰　清光緒八
年(1882)揚州淮南書局刻本　三冊　五行九
字小字雙行十六字上下黑口四周單邊

610000－1001－0011429　普0013480

**江氏叢書六種**　（清）江藩撰　清道光九年
(1829)刻本　四冊　十行二十二字小字雙行
同白口四周雙邊

610000－1001－0011430　普0013481

**積古齋鐘鼎彝器款識十卷**　（清）阮元撰　清
光緒五年(1879)武昌刻本　六冊　十二行二
十三字小字雙行同白口四周單邊

610000－1001－0011431　普0013482

**駢雅訓纂七卷首一卷**　（明）朱謀㙔撰　清道
光二十五年(1845)有不爲齋刻本　八冊　十
二行二十五字小字雙行同白口四周雙邊

610000－1001－0011432　普0013484

**張皋文箋易詮全集十六種**　（清）張惠言撰
清嘉慶八年(1803)揚州阮氏琅嬛仙館刻本
十二冊　十一行二十三字小字雙行同白口左
右雙邊

610000－1001－0011433　普0013485

**味經齋遺書十二種**　（清）莊存與撰　清道光
莊綬甲寶研堂刻本　十二冊　十行二十字小
字雙行同上下黑口左右雙邊

610000－1001－0011434　普0013486

十三經札記 （清）朱亦棟撰 清光緒四年(1878)武林竹簡齋刻本 十二冊 九行二十一字小字雙行同白口四周雙邊

610000－1001－0011435 普0013488

璜川吳氏經學叢書十四種 （清）吳泰來編 清道光十年(1830)寶仁堂刻本 四十四冊 九行二十一字小字雙行同白口左右雙邊

610000－1001－0011436 普0013489

經學叢書十三種 （清）朱記榮編 清光緒十二年(1886)行素草堂刻本 十二冊 十一行二十一字小字雙行同上下黑口左右雙邊

610000－1001－0011437 普0013490

頤志齋叢書二十一種 （清）丁晏撰 清同治元年(1862)刻本 十冊 十行二十字小字雙行同白口左右雙邊

610000－1001－0011438 普0013491

經傳繹義五十卷 （清）陳煒撰 清嘉慶九年(1804)校字齋刻本 三十二冊 八行二十一字小字雙行同白口左右雙邊

610000－1001－0011439 普0013494

經義述聞三十二卷 （清）王引之撰 清嘉慶二十二年(1817)刻本 十六冊 十行二十一字小字雙行同白口四周雙邊

610000－1001－0011440 普0013496

句溪雜箸五卷 （清）陳立撰 清同治三年(1864)陳立刻本 二冊 十行二十一字白口左右雙邊

610000－1001－0011441 普0013499

經義雜記三十卷首一卷 （清）臧琳撰 清嘉慶四年(1799)武進臧氏拜經堂刻本 四冊 十行二十一字小字雙行同白口左右雙邊

610000－1001－0011442 普0013500

晉畧六十五卷序目一卷 （清）周濟譔 清光緒二年(1876)味雋齋刻本 十冊 十二行二十五字小字雙行三十八字白口左右雙邊

610000－1001－0011443 普0013502

御批通鑑輯覽一百二十卷 （清）傅恆 （清）

劉統勳纂修 清同治十一年(1872)湖北崇文書局刻本 六十冊 十一行二十二字小字雙行同白口四周雙邊

610000－1001－0011444 普0013503

新舊唐書合鈔二百六十卷首一卷宰相世系表訂訛十二卷 （清）沈炳震撰 新舊唐書合鈔補正六卷 （清）丁子復撰 清同治十年(1871)武林吳氏清來堂刻本 八十冊 十行二十一字小字雙行同上下黑口左右雙邊

610000－1001－0011445 普0013505

詞科掌錄十七卷詞科餘話七卷 （清）杭世駿編 清刻本 八冊 十一行二十一字小字雙行同上下黑口左右雙邊

610000－1001－0011446 普0013506

小腆紀年附考二十卷 （清）徐鼒撰 清咸豐十一年(1861)刻本 十二冊 十一行二十三字小字雙行同白口四周雙邊

610000－1001－0011447 普0013507

海國圖志一百卷 （清）魏源撰 清光緒六年(1880)邵陽急當物齋刻本 三十二冊 九行二十一字小字雙行同白口左右雙邊

610000－1001－0011448 普0013509

遼史地理志考五卷 （清）李慎儒撰 清光緒二十八年(1902)丹徒李氏刻本 二冊 九行二十一字小字雙行同白口四周雙邊

610000－1001－0011449 普0013511

遼史拾遺二十四卷 （清）厲鶚撰 清道光元年(1821)錢塘汪氏振綺堂刻本 八冊 十行二十一字小字雙行同白口左右雙邊

610000－1001－0011450 普0013512

野獲編三十卷首一卷補遺四卷 （明）沈德符著 清道光七年(1827)錢塘姚氏扶荔山房刻本 二十冊 十行二十一字小字雙行同白口四周雙邊

610000－1001－0011451 普0013513

安吳四種 （清）包世臣撰 清同治十一年(1872)湖北包誠注經堂刻本 十六冊 十行二十二字小字雙行同白口左右雙邊

610000 – 1001 – 0011452　普 0013514

**安吳四種** （清）包世臣撰　清光緒十四年
(1888)刻本　十六冊　十行二十二字小字雙
行同白口左右雙邊

610000 – 1001 – 0011453　普 0013515

**三晉見聞錄不分卷** （清）齊翀撰　清刻本
二冊　十行二十一字白口四周雙邊

610000 – 1001 – 0011454　普 0013516

**吉林外記十卷** （清）薩英額撰　**甯古塔記略
一卷** （清）吳桭臣撰　清光緒二十一年
(1895)漸西村舍刻本　四冊　十行二十一字
小字雙行同白口左右雙邊

610000 – 1001 – 0011455　普 0013518

**霞客遊記十卷外編一卷** （明）徐宏祖撰　**遊
記補編一卷** （清）葉廷甲輯　清嘉慶十三年
(1808)江陰葉廷甲水心齋刻本　十冊　十行
二十三字小字雙行同上下黑口四周單邊

610000 – 1001 – 0011456　普 0013519

**霞客遊記十卷外編一卷** （明）徐宏祖撰　**遊
記補編一卷** （清）葉廷甲輯　清嘉慶十三年
(1808)江陰葉廷甲水心齋刻本　十冊　十行
二十三字小字雙行同上下黑口四周單邊

610000 – 1001 – 0011457　普 0013522

**東萊先生音注唐鑑二十四卷** （宋）范祖禹撰
（宋）呂祖謙注　清刻本　四冊　九行十八
字小字雙行同上下黑口左右雙邊

610000 – 1001 – 0011458　普 0013525

**輿地紀勝二百卷** （宋）王象之撰　清道光二
十九年(1849)懼盈齋刻本　四十八冊　十行
二十字小字雙行同白口左右雙邊

610000 – 1001 – 0011459　普 0013526

**十三經注疏附考證** （三國魏）王弼注　（唐）
陸德明音義　（唐）孔穎達疏　清同治十年
(1871)廣東書局刻本　一百二十冊　十行二
十一字小字雙行同白口左右雙邊

610000 – 1001 – 0011460　普 0013528

**五代史記注七十四卷** （宋）歐陽修撰　（宋）
徐無黨原注　（清）彭元瑞注　清道光八年

(1828)刻本　三十六冊　十行二十一字小字
雙行同白口左右雙邊

610000 – 1001 – 0011461　普 0013529

**錢陟園考訂資治通鑑綱目全書五十九卷**
（清）錢選考訂　清光緒八年(1882)惜物軒刻
本　六十冊　八行二十字小字雙行同白口四
周單邊

610000 – 1001 – 0011462　普 0013532

**五代會要三十卷** （宋）王溥撰　清道光十一
年(1831)秀州王氏百華萬卷草堂木活字印本
六冊　九行二十字白口四周單邊

610000 – 1001 – 0011463　普 0013535

**朔方備乘六十八卷首十二卷** （清）何秋濤輯
清咸豐十年(1860)刻本　二十四冊　九行
二十一字白口四周雙邊

610000 – 1001 – 0011464　普 0013539

**朱子年譜四卷考異四卷附錄二卷** （清）王懋
竑撰　清末刻本　四冊　八行二十字小字雙
行同白口左右雙邊

610000 – 1001 – 0011465　普 0013540

**六藝綱目二卷附錄一卷** （元）舒天民撰
（元）舒恭注　（明）趙宜中附注　清咸豐三年
(1853)聊城楊氏海源閣刻本　二冊　九行十
九字小字雙行同下黑口左右雙邊

610000 – 1001 – 0011466　普 0013541

**史通削繁四卷** （清）紀昀編　清光緒元年
(1875)湖北崇文書局刻本　四冊　五行二十
一字小字雙行同白口左右雙邊

610000 – 1001 – 0011467　普 0013542

**國語校注本三種** （清）汪遠孫撰　清道光二
十六年(1846)錢塘汪氏振綺堂刻本　六冊
十行二十一字小字雙行不等白口左右雙邊

610000 – 1001 – 0011468　普 0013544

**[光緒]贛榆縣志十八卷** （清）王豫熙修
（清）張謇纂　清光緒十九年(1893)刻本　四
冊　十行二十五字小字雙行同白口四周單邊

610000 – 1001 – 0011469　普 0013546

**闕里述聞十四卷** （清）鄭曉如撰　清同治七年(1868)廣州華文堂刻本　八冊　十一行二十二字白口四周雙邊

610000－1001－0011470　普 0013549

**咸淳臨安志一百卷** （宋）潛說友纂　清道光十年(1830)錢塘振綺堂汪氏刻本　二十四冊　十行二十字小字雙行同上下黑口左右雙邊

610000－1001－0011471　普 0013550

**海國圖志六十卷** （清）魏源撰　清道光二十七年(1847)古微堂刻本　二十冊　九行二十一字小字雙行同白口左右雙邊

610000－1001－0011472　普 0013551

**各國立約始末記三十卷** （清）陸元鼎撰　清光緒三十二年(1906)上海商務印書館鉛印本　十六冊　十行二十四字小字雙行三十二字上下黑口四周雙邊

610000－1001－0011473　普 0013552

**廣陵通典十卷** （清）汪中撰　清同治八年(1869)揚州書局刻本　二冊　十行二十字上下黑口左右雙邊

610000－1001－0011474　普 0013553

**黎文肅公遺書七種** （清）黎培敬撰　清光緒十七年(1891)湘潭黎氏刻本　八冊　十一行二十一字小字雙行同上下黑口左右雙邊　存六種

610000－1001－0011475　普 0013554

**文獻通考詳節二十四卷** （元）馬端臨撰 (清)嚴虞惇輯　清光緒九年(1883)刻本　十二冊　十四行大小字不等白口左右雙邊

610000－1001－0011476　普 0013555

**吾學錄初編二十四卷** （清）吳榮光撰　清道光二十九年(1849)刻本　八冊　九行二十一字小字雙行同白口左右雙邊

610000－1001－0011477　普 0013556

**十駕齋養新錄二十卷餘錄三卷** （清）錢大昕撰　錢辛楣先生年譜一卷 （清）錢慶曾校注　竹汀居士年譜續編一卷 （清）錢慶曾撰　清光緒二年(1876)浙江書局刻本　八冊　十

行二十三字白口左右雙邊

610000－1001－0011478　普 0013558

**國語正義二十一卷** （清）董增齡撰集　清光緒六年(1880)章氏式訓堂刻本　八冊　十行二十一字小字雙行同上下黑口左右雙邊

610000－1001－0011479　普 0013559

**三省邊防備覽十四卷** （清）嚴如熤輯　清道光二年(1822)刻本　六冊　十行二十四字小字雙行同白口左右雙邊

610000－1001－0011480　普 0013560

**期不負齋政書九卷文集五卷** （清）周家楣撰　清光緒二十一年(1895)刻本　八冊　十一行二十四字上下黑口左右雙邊

610000－1001－0011481　普 0013561

**十六國宮詞二卷** （清）周昇撰　清道光十二年(1832)刻本　二冊　十一行二十三字小字雙行同上下黑口左右雙邊

610000－1001－0011482　普 0013565

**述學內篇三卷補遺一卷外篇一卷別錄一卷附錄一卷校勘記一卷** （清）汪中撰　清同治八年(1869)揚州書局刻本　一冊　十三行三十字白口左右雙邊

610000－1001－0011483　普 0013568

**宦遊紀略六卷續一卷** （清）桂超萬撰　清同治三年(1864)刻本　四冊　九行二十字白口左右雙邊

610000－1001－0011484　普 0013569

**重刊補註洗冤錄集證六卷** （宋）宋慈撰 (清)王又槐補　清同治十一年(1872)刻四色套印本　六冊　十行十八字白口左右雙邊

610000－1001－0011485　普 0013570

**勝朝殉揚錄三卷** （清）劉寶楠輯　清同治十年(1871)淮南書局刻本　二冊　十行二十五字小字雙行同上下黑口左右雙邊

610000－1001－0011486　普 0013571

**審看擬式四卷首一卷** （清）剛毅輯　清光緒十八年(1892)浙江書局刻本　二冊　十三行

二十四字白口左右雙邊

610000－1001－0011487　普0013572

**入幕須知五種附一種**　（清）張廷驤輯　清光緒十八年(1892)浙江書局刻本　六冊　十行二十字白口四周雙邊

610000－1001－0011488　普0013573

**魏公譚訓十卷**　（宋）蘇頌撰　（宋）蘇象先輯　清道光十年(1830)刻本　四冊　十行二十一字白口左右雙邊

610000－1001－0011489　普0013574

**湘軍志十六卷**　王闓運撰　清光緒刻本　四冊　十行二十一字白口左右雙邊

610000－1001－0011490　普0013575

**讀史鏡古編三十二卷**　（清）潘世恩輯　清同治十一年(1872)飛霞閣刻本　六冊　九行二十一字白口左右雙邊

610000－1001－0011491　普0013578

**皕宋樓藏書志一百二十卷**　（清）陸心源撰　清光緒八年(1882)歸安陸氏十萬卷樓刻本　三十冊　十行二十字小字雙行同白口四周雙邊

610000－1001－0011492　普0013579

**重定金石契不分卷**　（清）張燕昌撰　清光緒二十二年(1896)貴池劉世珩聚學軒刻本　四冊　十行十六字白口四周單邊

610000－1001－0011493　普0013580

**困學紀聞二十卷首一卷**　（宋）王應麟撰　（清）翁元圻輯　清光緒十三年(1887)上海同文書局石印本　六冊　十四行三十四字小字雙行四十九字白口四周單邊

610000－1001－0011494　普0013582

**隨軒金石文字九種**　（清）徐渭仁撰　清道光十七年(1837)刻本　四冊　九行十八字小字雙行二十七字白口四周雙邊

610000－1001－0011495　普0013583

**楹書隅錄五卷續編四卷**　（清）楊紹和撰　清宣統三年(1911)海王邨補刻本　十冊　九行

二十字白口左右雙邊

610000－1001－0011496　普0013585

**四庫全書表文箋釋四卷**　（清）林鶴年撰　劉承幹校　清宣統元年(1909)吳興劉氏求恕齋刻本　四冊　十行二十一字上下黑口四周單邊

610000－1001－0011497　普0013587

**書目答問不分卷**　（清）張之洞撰　清光緒元年(1875)刻本　一冊　十三行大小字不等白口左右雙邊

610000－1001－0011498　普0013588

**輶軒語七卷**　（清）張之洞撰　清光緒元年(1875)刻本　一冊　十三行大小字不等白口左右雙邊

610000－1001－0011499　普0013589

**金石索十二卷首一卷**　（清）馮雲鵬　（清）馮雲鵷輯　清道光四年(1824)崇川馮氏邃古齋刻本　十二冊　行數不等字數不等白口四周單邊

610000－1001－0011500　普0013591

**彙刻書目二十卷**　（清）顧修編　清光緒十五年(1889)上海福瀛書局刻本　二十冊　十一行二十五字小字雙行同上下黑口左右雙邊

610000－1001－0011501　普0013592

**行素草堂目睹書錄十編**　（清）朱記榮輯　清光緒十年(1884)槐廬刻本　十一冊　九行二十一字小字雙行同上下黑口左右雙邊

610000－1001－0011502　普0013593

**四庫全書總目提要二百卷**　（清）紀昀等撰　清刻本　八十八冊　九行二十一字小字雙行同白口左右雙邊　缺四十卷(三十至四十三、一百十二至一百二十六、一百九十至二百)

610000－1001－0011503　普0013596

**篆學叢書二十八種**　（清）顧湘輯　清光緒十四年(1888)虞山飛鴻延年堂刻本　八冊　九行二十一字上下黑口四周雙邊

610000－1001－0011504　普0013597

二十二子　（清）浙江書局輯　清光緒浙江書局刻本　八十冊　九行二十一字小字雙行同白口左右雙邊

610000－1001－0011505　普0013600

史通通釋二十卷　（清）浦起龍撰　清光緒汪氏翰墨園刻本　八冊　十一行二十四字小字雙行同上下黑口四周單邊

610000－1001－0011506　普0013601

東林同難錄一卷同難列傳一卷同難附傳一卷　（清）繆敬持輯　（清）周鸞翔等校勘　清道光五年(1825)江陰耕學草堂刻本　四冊　十行二十字上下黑口左右雙邊

610000－1001－0011507　普0013602

拜經樓藏書題跋記五卷附錄一卷　（清）吳壽暘撰　清道光二十七年(1847)刻本　二冊　十一行二十一字上下黑口四周單邊

610000－1001－0011508　普0013603

平津館鑒藏記書籍三卷補遺一卷續編一卷廉石居藏書記二卷　（清）孫星衍撰　清同治七年(1868)刻本　二冊　十一行二十一字上下黑口四周單邊

610000－1001－0011509　普0013606

欽定天祿琳琅書目十卷後編二十卷　（清）于敏中編　清光緒十年(1884)長沙王氏刻本　十冊　九行二十一字上下黑口左右雙邊

610000－1001－0011510　普0013609

李文忠公朋僚函稿二十四卷　（清）李鴻章撰　（清）吳汝綸編　清光緒二十八年(1902)鉛印本　六冊　十二行二十八字上下黑口四周雙邊

610000－1001－0011511　普0013610

明季稗史彙編十六種　（清）留雲居士輯　清都城琉璃廠刻本　十冊　九行十九字白口左右雙邊

610000－1001－0011512　普0013611

佩文齋書畫譜一百卷　（清）孫岳頒輯　清光緒九年(1883)上海同文書局石印本　八冊　二十二行四十二字白口左右雙邊

610000－1001－0011513　普0013613

古文辭類纂七十四卷　（清）姚鼐輯　清道光合河康氏刻本　十二冊　十三行二十二字上下黑口左右雙邊

610000－1001－0011514　普0013614

續古文辭類纂二十八卷　王先謙輯　清光緒十六年(1890)金陵書局刻本　十二冊　十二行二十五字小字雙行五十字白口左右雙邊

610000－1001－0011515　普0013615

藝風堂金石文字目十八卷　繆荃孫藏并編　清光緒三十二年(1906)刻本　八冊　十一行二十四字小字雙行同上下黑口左右雙邊

610000－1001－0011516　普0013616

漢西域圖考七卷首一卷　（清）李光廷撰　清同治九年(1870)刻本　四冊　九行二十一字小字雙行同白口四周雙邊

610000－1001－0011517　普0013618

韓非子二十卷　（戰國）韓非撰　清嘉慶二十三年(1818)全椒吳氏刻本　四冊　十三行二十四字小字雙行同上下黑口四周單邊

610000－1001－0011518　普0013621

南華真經十卷　（戰國）莊周撰　（晉）郭象注　（唐）陸德明音義　清嘉慶九年(1804)姑蘇聚文堂刻本　四冊　十一行二十一字小字雙行同上下黑口四周單邊

610000－1001－0011519　普0013622

莊子因六卷　（清）林雲銘評述　清光緒六年(1880)常州培本堂善本書局刻本　四冊　九行二十二字小字雙行同白口左右雙邊

610000－1001－0011520　普0013626

山海經箋疏十八卷附圖贊一卷　（晉）郭璞傳　（清）郝懿行箋疏　清光緒十二年(1886)上海還讀樓刻本　四冊　十行二十四字小字雙行同白口左右雙邊

610000－1001－0011521　普0013627

春暉叢稿十一種　（清）郭階撰　清光緒十五年(1889)刻本　十六冊　六行二十字小字雙行同白口左右雙邊

610000－1001－0011522　普0013630

**國朝學案小識十四卷首一卷末一卷**　（清）唐鑑撰　清光緒十年(1884)刻本　十二冊　十行二十一字上下黑口左右雙邊

610000－1001－0011523　普0013631

**國朝學案小識十四卷首一卷末一卷**　（清）唐鑑撰　清光緒十年(1884)四砭齋刻本　十二冊　十行二十一字上下黑口左右雙邊

610000－1001－0011524　普0013632

**南漘楛語八卷**　（清）蔣伯超輯　清同治十年(1871)兩膴山房刻本　二冊　十二行二十三字小字雙行同白口四周單邊

610000－1001－0011525　普0013633

**詞律二十卷**　（清）萬樹撰　清抄本　十一冊　九行二十字

610000－1001－0011526　普0013639

**漢學商兌三卷**　（清）方東樹撰　清同治十年(1871)望三益齋刻本　四冊　十行二十三字小字雙行同白口左右雙邊

610000－1001－0011527　普0013642

**札樸十卷**　（清）桂馥撰　清嘉慶十八年(1813)山陰小李山房刻本　六冊　十行二十一字上下黑口左右雙邊

610000－1001－0011528　普0013646

**多識錄八種**　（清）練恕撰　清道光十八年(1838)連平練氏上海官舍刻本　二冊　十一行二十二字上下黑口左右雙邊

610000－1001－0011529　普0013649

**大佛頂首楞嚴經十卷**　（唐）釋般剌密帝譯　（唐）釋彌伽釋迦譯語　（唐）房融筆受　清同治八年(1869)金陵經處刻本　二冊　十行二十字上下黑口左右雙邊

610000－1001－0011530　普0013650

**浪跡續談八卷**　（清）梁章鉅撰　清道光二十八年(1848)亦東園刻本　四冊　十行二十二字下黑口左右雙邊

610000－1001－0011531　普0013654

**翼教叢編六卷**　（清）蘇輿輯　清光緒二十四年(1898)武昌刻本　三冊　十二行二十四字小字雙行同下黑口左右雙邊

610000－1001－0011532　普0013655

**大學衍義四十三卷**　（宋）眞德秀撰　清同治十三年(1874)金陵書局刻本　十二冊　十行二十字小字雙行同白口左右雙邊

610000－1001－0011533　普0013657

**大學衍義輯要六卷**　（宋）眞德秀原本　（清）陳宏謀纂　**大學衍義補輯要十二卷首一卷**（明）丘濬撰　（清）陳弘謀輯　清道光二十二年(1842)寶恕堂刻本　十六冊　十行二十一字小字雙行同白口左右雙邊

610000－1001－0011534　普0013659

**顏氏學記十卷**　（清）戴望撰　清同治十年(1871)冶城山館刻本　四冊　十二行二十四字上下黑口左右雙邊

610000－1001－0011535　普0013661

**校訂困學紀聞集證二十卷**　（宋）王應麟撰（清）閻若璩等輯注　（清）屠繼序校補（清）萬希槐集證　清嘉慶二十四年(1819)刻本　十二冊　十一行二十五字白口四周單邊

610000－1001－0011536　普0013662

**此木軒雜著八卷**　（清）焦袁熹撰　（清）何承謙　（清）姚鴻煦校字　清光緒八年(1882)席氏掃葉山房刻本　四冊　十行二十字白口左右雙邊

610000－1001－0011537　普0013669

**白虎通疏證十二卷**　（清）陳立撰　清光緒元年(1875)刻本　六冊　十二行二十四字小字雙行同白口左右雙邊

610000－1001－0011538　普0013672

**食舊德齋雜著不分卷**　（清）劉岳雲撰　清光緒八年(1882)刻本　四冊　十一行二十三字小字雙行同黑口左右雙邊

610000－1001－0011539　普0013674

**瀛舟筆談十二卷首一卷**　（清）阮亨撰　清嘉慶二十五年(1820)刻本　六冊　十行二十三

字小字雙行同白口左右雙邊

610000－1001－0011540　普 0013675

**董方立遺書八種**　（清）董祐誠撰　清同治八年(1869)四川成都刻本　六冊　十一行二十一字小字雙行同白口左右雙邊

610000－1001－0011541　普 0013676

**癸巳類稿十五卷**　（清）俞正燮撰　清道光十三年(1833)王氏求日益齋刻本　五冊　十二行二十四字白口四周雙邊

610000－1001－0011542　普 0013680

**司馬彪莊子注一卷**　（晉）司馬彪注　清道光十四年(1834)梅瑞軒刻本　三冊　十行二十字小字雙行同白口左右雙邊

610000－1001－0011543　普 0013683

**厄林小語十卷**　（明）周嬰撰　清抄本　六冊　十行大小字不等

610000－1001－0011544　普 0013685

**王氏四種**　（清）□□撰　清光緒二十一年(1895)鴻文書局石印本　十四冊　二十二行四十六字小字雙行同上黑口四周雙邊

610000－1001－0011545　普 0013686

**人鏡類纂四十六卷**　（清）程之楨輯　清同治十二年(1873)刻本　十六冊　十五行二十二字白口左右雙邊

610000－1001－0011546　普 0013688

**稽古錄二十卷**　（宋）司馬光撰　清同治十一年(1872)湖北崇文書局刻本　四冊　九行十九字小字雙行同白口四周雙邊

610000－1001－0011547　普 0013690

**胡文忠公政書十四卷**　（清）胡林翼撰　（清）但湘良編　清光緒二十五年(1899)湖南糧儲道署刻本　六冊　十二行二十五字白口左右雙邊　存十二卷(三至十四)

610000－1001－0011548　普 0013691

**水經注圖二卷**　（清）汪士鐸學　清咸豐十一年(1861)刻本　一冊　大小字不等上下黑口四周雙邊

610000－1001－0011549　普 0013692

**紀載彙編十種**　（清）□□撰　清光緒四年(1878)鉛印本　四冊　十行二十二字白口四周雙邊

610000－1001－0011550　普 0013693

**呂語集粹四卷首一卷**　（明）呂坤撰　清光緒五年(1879)龍城官廨刻本　二冊　九行二十字白口左右雙邊

610000－1001－0011551　普 0013697

**經史論存四卷**　（清）吳成佐撰　清嘉慶十九年(1814)吳氏真意堂刻本　四冊　十一行二十一字上下黑口四周單邊

610000－1001－0011552　普 0013699

**管子校正二十四卷**　（清）戴望纂　清同治十二年(1873)刻本　四冊　十二行二十四字小字雙行同上下黑口左右雙邊

610000－1001－0011553　普 0013702

**小學集解六卷**　（清）張伯行撰　清光緒二十七年(1901)廣雅書局刻本　四冊　十行二十字小字雙行同上下黑口左右雙邊

610000－1001－0011554　普 0013704

**近思錄十四卷**　（宋）朱熹　（宋）呂祖謙撰　（宋）葉采集解　清蓮花書院刻本　二冊　九行二十一字小字雙行同白口左右雙邊

610000－1001－0011555　普 0013705

**歸田瑣記八卷**　（清）梁章鉅撰　清道光二十五年(1845)北東園刻本　四冊　十行二十二字上下黑口左右雙邊

610000－1001－0011556　普 0013708

**漁洋山人古詩選三十二卷**　（清）王士禎選　清同治刻本　八冊　十行二十二字小字雙行同上下黑口左右雙邊

610000－1001－0011557　普 0013710

**大學衍義四十三卷**　（宋）眞德秀撰　清光緒十三年(1887)陝西涇陽柏經正堂刻本　十冊　十行二十字小字雙行同黑口四周單邊

610000－1001－0011558　普 0013711

**南華真經本義十六卷附錄八卷** （明）陳治安
注 清道光十五年(1835)紅蘭山房刻本 八
冊 十行二十字小字雙行同白口四周單邊

610000－1001－0011559 普0013713

**讀書雜志八十二卷餘編二卷** （清）王念孫撰
清嘉慶刻本 十八冊 十行二十一字小字
雙行同白口四周雙邊

610000－1001－0011560 普0013715

**新學偽經考十四卷** 康有為撰 清光緒十七
年(1891)廣州萬木草堂刻本 八冊 十行十
九字小字雙行同上下黑口左右雙邊

610000－1001－0011561 普0013719

**校訂困學紀聞集證二十卷** （宋）王應麟撰
清嘉慶十二年(1807)刻本 十冊 十一行二
十五字小字雙行二十七字下黑口左右雙邊

610000－1001－0011562 普0013721

**雷塘庵主弟子記八卷** （清）張鑒等編 清刻
本 四冊 十行二十字小字雙行同白口四周
雙邊

610000－1001－0011563 普0013722

**大佛頂首楞嚴經十卷** （唐）釋般刺密帝譯
清刻本 三冊 八行十八字白口四周單邊

610000－1001－0011564 普0013725

**北堂書鈔一百六十卷首一卷** （唐）虞世南輯
清光緒十四年(1888)南海孔氏三十有三萬
卷堂影宋刻本 二十冊 十二行二十二字小
字雙行同上下黑口四周單邊

610000－1001－0011565 普0013726

**外科正宗十二卷** （明）陳實功撰 清咸豐十
年(1860)刻本 六冊 九行二十一字小字雙
行同上下黑口左右雙邊

610000－1001－0011566 普0013727

**日知錄集釋三十二卷刊誤二卷續刊誤二卷**
（清）顧炎武撰 （清）黃汝成集釋 清道光十
四年(1834)黃氏西黔草廬刻本 十六冊 十
一行二十二字小字雙行同上下黑口左右雙邊

610000－1001－0011567 普0013728

**東塾讀書記二十五卷** （清）陳澧撰 清光緒
二十四年(1898)紉蘭館刻本 五冊 十二行
二十四字小字雙行同上下黑口四周單邊 存
五卷(一至二、十五至十六、二十一)

610000－1001－0011568 普0013731

**徐孝穆全集六卷** （南朝陳）徐陵撰 （清）吳
兆宜注 清光緒二年(1876)翰墨園刻本 三
冊 十行二十字小字雙行同上下黑口左右
雙邊

610000－1001－0011569 普0013732

**曹集銓評十卷逸文一卷** （三國魏）曹植撰
（清）丁晏注 **年譜一卷附錄一卷** （清）丁晏
撰 清同治十年(1871)金陵書局刻本 二冊
九行二十二字小字雙行同白口左右雙邊

610000－1001－0011570 普0013735

**杜樊川集注六卷** （唐）杜牧撰 （清）馮集梧
注 清嘉慶六年(1801)桐川馮氏德裕堂刻本
四冊 十行二十一字小字雙行同白口左右
雙邊

610000－1001－0011571 普0013737

**初唐四傑文集二十一卷** （□）□□撰 清光
緒五年(1879)淮南書局刻本 三冊 十二行
二十二字小字雙行同白口左右雙邊

610000－1001－0011572 普0013741

**玉臺新詠箋注十卷** （南朝陳）徐陵編 （清）
彭啟豐考訂 清光緒五年(1879)宏達堂刻本
六冊 十行二十一字小字雙行同白口四周
雙邊

610000－1001－0011573 普0013744

**李義山詩集三卷首一卷** （唐）李商隱撰
（清）朱鶴齡注 清同治九年(1870)廣州倅署
刻三色套印本 四冊 十行二十一字小字雙
行同白口左右雙邊

610000－1001－0011574 普0013749

**文選六十卷** （南朝梁）蕭統撰 （唐）李善注
清同治八年(1869)湖北崇文書局刻本 二
十四冊 十行二十一字小字雙行同白口四周
單邊

610000－1001－0011575　普0013750

**文選六十卷**　（南朝梁）蕭統撰　（唐）李善注
清上海鴻文書局石印本　六冊　二十行四
十七字小字雙行同白口四周雙邊

610000－1001－0011576　普0013751

**文選六十卷考異十卷**　（南朝梁）蕭統撰
（唐）李善注　清同治八年（1869）潯陽萬本儀
刻本　十八冊　十行二十一字小字雙行同白
口左右雙邊

610000－1001－0011577　普0013753

**昌黎先生詩增注證訛十一卷**　（唐）韓愈撰
（清）顧嗣立刪補　（清）黃鉞增注證訛
（清）黃中民校刊　清咸豐七年（1857）四明鮑
氏刻本　四冊　十一行二十字小字雙行三十
字白口左右雙邊

610000－1001－0011578　普0013754

**昌黎先生詩集注十一卷**　（唐）韓愈撰　（清）
朱彝尊　（清）何焯評　（清）顧嗣立刪補　清
道光二十五年（1845）膺德堂刻朱墨印本　四
冊　十一行二十字小字雙行三十字白口左右
雙邊

610000－1001－0011579　普0013757

**盤洲文集八十卷首一卷末一卷**　（宋）洪适撰
**校勘記一卷**　（清）洪汝奎撰　清光緒十年
（1884）涇縣藤谿洪氏刻本　十二冊　十行二
十字小字雙行同白口左右雙邊

610000－1001－0011580　普0013761

**朱文公書劄十四卷**　（宋）朱熹撰　（清）朱玉
訂補　清刻本　五冊　十二行二十四字上下
黑口四周單邊

610000－1001－0011581　普0013763

**文選補遺四十卷**　（宋）陳仁子輯　（宋）譚紹
烈纂　（清）蔣恭鎰校刊　清道光二十五年
（1845）刻本　十二冊　十一行二十四字小字
雙行同白口四周雙邊

610000－1001－0011582　普0013768

**杜詩鏡銓二十卷附年譜一卷**　（唐）杜甫撰
（清）楊倫輯　**讀書堂杜工部文集註解二卷**

（清）張溍注　清同治十一年（1872）望三益齋
刻本　十二冊　九行二十字小字雙行三十字
白口左右雙邊

610000－1001－0011583　普0013773

**楚辭十七卷**　（戰國）屈原撰　（漢）王逸注
清同治十一年（1872）金陵書局刻本　四冊
九行十七字小字雙行二十字白口左右雙邊

610000－1001－0011584　普0013781

**十種古逸書**　（清）茆泮林輯　清道光二十二
年（1842）梅瑞軒刻本　六冊　十行二十一字
小字雙行同白口左右雙邊

610000－1001－0011585　普0013782

**李翰林集三十卷**　（唐）李白著　清光緒三十
二年（1906）西泠印社影宋刻本　六冊　十行
二十字白口四周單邊

610000－1001－0011586　普0013783

**山谷詩集注二十卷外集十七卷別集二卷**
（宋）黃庭堅撰　（宋）任淵　（宋）史容
（宋）史季溫注　楊守敬校勘　清宣統二年
（1910）義寧陳氏四覺草堂刻本　二十冊　九
行十六字小字雙行同上下黑口左右雙邊

610000－1001－0011587　普0013784

**舊德集十四卷**　繆荃孫輯　清光緒二十二年
（1896）江陰繆氏刻本　四冊　十一行二十三
字上下黑口左右雙邊

610000－1001－0011588　普0013785

**艮齋先生薛常州浪語集三十五卷**　（宋）薛季
宣撰　清同治十一年（1872）金陵書局刻本
八冊　十三行二十二字上下黑口左右雙邊

610000－1001－0011589　普0013787

**徐騎省集三十卷補遺一卷**　（宋）徐鉉撰　**校
勘記一卷**　（清）李元英校勘　清光緒十九年
（1893）黟縣李氏刻本　八冊　十行二十一字
小字雙行同白口四周雙邊

610000－1001－0011590　普0013789

**柳河東集十五卷**　（宋）柳開撰　清光緒六年
（1880）韓江官署刻本　二冊　十行二十一字
上下黑口左右雙邊

610000 - 1001 - 0011591　　普 0013790

河南先生文集二十七卷附錄一卷　（宋）尹洙撰　清光緒六年(1880)韓江官署刻本　三冊　十行二十一字上下黑口左右雙邊

610000 - 1001 - 0011592　　普 0013791

鶴山文鈔三十二卷周禮折衷四卷附師友雅言一卷　（宋）魏了翁撰　清同治十三年(1874)望三益齋刻本　十二冊　十三行二十四字白口左右雙邊

610000 - 1001 - 0011593　　普 0013801

邱海二公合集　（清）邱啟光等輯　清同治十年(1871)邱氏可繼堂刻本　十二冊　十行二十二字白口四周雙邊

610000 - 1001 - 0011594　　普 0013802

國朝十家四六文鈔不分卷　王先謙編　清光緒十五年(1889)長沙王氏刻本　四冊　十三行二十二字白口左右雙邊

610000 - 1001 - 0011595　　普 0013803

去偽齋集十卷呻吟語六卷附錄一卷實政錄七卷　（明）呂坤撰　清道光七年(1827)開封府署刻本　二十二冊　九行二十二字下黑口四周雙邊

610000 - 1001 - 0011596　　普 0013805

楊忠愍公集四卷　（明）楊繼盛撰　清道光二十三年(1843)刻本　四冊　十行二十字白口四周雙邊

610000 - 1001 - 0011597　　普 0013806

重刊校正唐荊川先生文集十二卷補遺五卷新刊外集三卷附錄一卷　（明）唐順之撰　清光緒三十年(1904)江南書局刻本　十冊　十行二十字上下黑口左右雙邊

610000 - 1001 - 0011598　　普 0013818

元詩選二集不分卷　（清）顧嗣立輯　清刻本　十二冊　十三行二十三字小字雙行三十六字白口左右雙邊

610000 - 1001 - 0011599　　普 0013821

剡源集三十卷附劄記一卷　（元）戴表元撰　清道光二十年(1840)上海郁氏刻本　八冊

十一行二十二字上下黑口左右雙邊

610000 - 1001 - 0011600　　普 0013824

張太岳文集四十八卷　（明）張居正撰　清道光八年(1828)刻本　十二冊　十行二十字白口左右雙邊

610000 - 1001 - 0011601　　普 0013826

等閒集詩鈔一卷　（清）張敬謂撰　清光緒十九年(1893)長沙學院刻本　一冊　九行二十四字白口四周雙邊

610000 - 1001 - 0011602　　普 0013826

蘇亭詩話四卷　（清）張道撰　清光緒十九年(1893)長沙學院刻本　三冊　九行二十四字小字雙行同白口四周雙邊

610000 - 1001 - 0011603　　普 0013827

嘉樹山房集二十卷外集二卷　（清）張士元撰　清光緒四年(1878)刻本　四冊　十行二十一字白口左右雙邊

610000 - 1001 - 0011604　　普 0013831

角山樓蘇詩評注彙鈔二十卷　（清）趙克宜考訂　清咸豐二年(1852)刻本　八冊　十行二十一字小字雙行同白口四周雙邊

610000 - 1001 - 0011605　　普 0013832

松壽堂詩鈔十卷　（清）陳夔龍撰　清宣統三年(1911)刻本　四冊　十行二十一字下黑口四周單邊

610000 - 1001 - 0011606　　普 0013833

梅村詩集箋注十八卷　（清）吳偉業撰　（清）吳翌鳳箋注　吳梅村先生行狀一卷　（清）顧湄撰　清嘉慶十九年(1814)嚴榮滄浪吟榭刻本　十二冊　十行二十一字小字雙行同白口四周單邊

610000 - 1001 - 0011607　　普 0013835

秣陵集六卷金陵歷代紀年事表一卷歷代互見圖考一卷　（清）陳文述撰　清道光三年(1823)刻本　四冊　十一行二十二字上下黑口左右雙邊

610000 - 1001 - 0011608　　普 0013836

**袁文箋正十六卷補注一卷** (清)袁枚撰 (清)石韞玉箋 清嘉慶十七年(1812)石氏鶴壽山堂刻本 四册 十行二十字小字雙行三十字白口左右雙邊

610000－1001－0011609 普0013837
**切問齋文鈔三十卷集十六卷** (清)陸燿輯 清嘉慶刻本 十八册 十二行二十五字白口左右雙邊

610000－1001－0011610 普0013844
**潛室陳先生木鍾集十一卷** (宋)陳埴撰 清同治六年(1867)東甌郡齋刻本 四册 十二行二十二字上下黑口左右雙邊

610000－1001－0011611 普0013846
**扁善齋文存二卷詩存一卷** (清)鄧嘉緝撰 清光緒二十七年(1901)刻本 三册 十三行二十二字白口左右雙邊

610000－1001－0011612 普0013847
**樹經堂詠史詩八卷** (清)謝啟昆撰 清道光五年(1825)樹經堂刻本 四册 九行二十一字小字雙行同白口四周雙邊

610000－1001－0011613 普0013851
**江風集五卷** (清)何栻撰 清咸豐八年(1858)刻本 二册 九行二十一字小字雙行同白口四周雙邊

610000－1001－0011614 普0013853
**攬青閣詩鈔二卷夢春廬詞一卷** (清)李貽德撰 **早花集一卷** (清)吳筠撰 清同治六年(1867)刻本 二册 十行二十五字白口左右雙邊

610000－1001－0011615 普0013857
**范忠貞公全集五卷首一卷** (清)范承謨撰 清光緒二十一年(1895)安化龍錫慶刻本 四册 十行二十四字上下黑口左右雙邊

610000－1001－0011616 普0013858
**研六室文鈔十卷** (清)胡培翬撰 清道光十七年(1837)涇川書院刻本 四册 九行二十字小字雙行同白口左右雙邊

610000－1001－0011617 普0013859
**定盦文集三卷附少作一卷** (清)龔自珍撰 清道光三年(1823)仁和龔氏刻本 一册 十行二十四字白口四周雙邊

610000－1001－0011618 普0013860
**定盦文集初集三卷續集四卷** (清)龔自珍撰 清同治七年(1868)刻本 四册 十二行二十四字白口左右雙邊

610000－1001－0011619 普0013863
**儀鄭堂文集二卷** (清)孔廣森撰 清刻本 一册 十一行二十一字白口左右雙邊

610000－1001－0011620 普0013864
**溉亭述古錄二卷** (清)錢塘撰 清刻本 二册 十一行二十一字白口左右雙邊

610000－1001－0011621 普0013865
**顧亭林先生詩箋注十七卷** (清)徐嘉注 清光緒二十三年(1897)徐氏味靜齋刻本 六册 十一行二十五字小字雙行三十三字白口左右雙邊

610000－1001－0011622 普0013869
**頻羅庵遺集四種** (清)梁同書撰 清嘉慶二十二年(1817)刻本 六册 十行二十一字小字雙行同白口左右雙邊

610000－1001－0011623 普0013870
**頻羅庵遺集四種** (清)梁同書撰 清嘉慶二十二年(1817)刻本 五册 十行二十一字小字雙行同白口左右雙邊

610000－1001－0011624 普0013871
**覺華龕詩存一卷** (清)王蔭祜撰 清光緒二十年(1894)刻本 一册 十行二十字白口四周雙邊

610000－1001－0011625 普0013872
**聽雨齋詩集二十五卷別集一卷補編一卷** (清)吳照撰 清嘉慶五年(1800)刻本 四册 十一行二十四字小字雙行同上下黑口四周單邊

610000－1001－0011626 普0013873

樊南文集補編十二卷附錄一卷　（唐）李商隱撰　（清）錢振倫箋　（清）錢振常注　清同治五年(1866)望三益齋刻本　四冊　十一行二十五字小字雙行三十三字白口左右雙邊

610000－1001－0011627　普0013875

丹邱生集五卷附錄一卷　（元）柯九思撰　清光緒三十四年(1908)息園刻本　一冊　十一行二十字小字雙行同白口左右雙邊

610000－1001－0011628　普0013877

潛莊文鈔六卷　（清）卜起元撰　清光緒五年(1879)甬江刻本　二冊　十一行二十三字上下黑口左右雙邊

610000－1001－0011629　普0013879

清芬樓遺稿四卷　（清）任啟運撰　清光緒十四年(1888)刻本　二冊　十二行二十二字上下黑口左右雙邊

610000－1001－0011630　普0013885

存素堂詩稾十三卷續集一卷文稾四卷補遺一卷　（清）錢寶琛撰　清同治七年至九年(1868－1870)刻本　二冊　十行二十一字小字雙行同白口左右雙邊

610000－1001－0011631　普0013886

賞雨茅屋詩集二十二卷外集一卷　（清）曾燠撰　清嘉慶二十四年(1819)刻本　八冊　十行二十一字白口四周雙邊

610000－1001－0011632　普0013889

忠雅堂文集十二卷詩集二十七卷補遺二卷銅絃詞附南北曲二卷　（清）蔣士銓撰　清同治九年(1870)刻本　十二冊　十二行二十四字粗黑口左右雙邊　缺十二卷(文集一至十二)

610000－1001－0011633　普0013891

趙氏淵源集十卷消暑錄一卷　（清）趙紹祖輯　清光緒十三年(1887)綦江小古墨齋刻本　六冊　十行十九字小字雙行同白口左右雙邊

610000－1001－0011634　普0013892

三十家詩鈔六卷首一卷末一卷　（清）曾國藩纂　（清）王定安增輯　清同治十三年(1874)湖南傳忠書局刻本　六冊　十行二十四字小字雙行同下黑口左右雙邊

610000－1001－0011635　普0013894

小峴山人詩集十卷　（清）秦瀛撰　清嘉慶五年(1800)世思堂刻本　二冊　十行二十一字白口左右雙邊

610000－1001－0011636　普0013895

悔昨齋詩錄四卷　（清）張深撰　清道光二十年(1840)刻本　二冊　十行二十一字上下黑口左右雙邊

610000－1001－0011637　普0013896

東皋詩存四十八卷　（清）汪之珩編　清嘉慶八年(1803)汪氏文園刻本　二十冊　十行二十五字白口左右雙邊

610000－1001－0011638　普0013897

學海堂集十六卷二集二十二卷　（清）吳蘭修輯　學海堂集三集二十四卷　（清）張維屏輯　學海堂集四集二十八卷　（清）金錫齡輯　清道光五年至咸豐九年(1825－1859)啟秀山房刻本　十二冊　十行二十字小字雙行同白口間黑口左右雙邊

610000－1001－0011639　普0013898

學海堂集四集二十八卷　（清）金錫齡輯　清光緒十二年(1886)刻本　十六冊　十行二十字下黑口左右雙邊

610000－1001－0011640　普0013901

小謨觴館詩集八卷詩續集二卷文集四卷文續集二卷　（清）彭兆蓀撰　清同治十三年(1874)吳縣潘氏謗喜齋刻本　六冊　十二行二十三字小字雙行同白口左右雙邊

610000－1001－0011641　普0013902

小謨觴館文注四卷文續注二卷　（清）孫元培（清）孫長熙注　清光緒二十年(1894)刻本　三冊　十行二十一字小字雙行同上下黑口左右雙邊

610000－1001－0011642　普0013903

石笥山房集十卷　（清）胡天游撰　清嘉慶三年(1798)刻本　四冊　十一行二十二字上下黑口左右雙邊

610000 – 1001 – 0011643　普 0013904

**石笥山房集二十一卷**　（清）胡天游撰　清咸豐二年(1852)刻本　八冊　十行二十字白口四周雙邊

610000 – 1001 – 0011644　普 0013907

**舊德集十四卷**　繆荃孫撰　清光緒二十二年(1896)刻本　四冊　十一行二十三字小字雙行同上下黑口左右雙邊

610000 – 1001 – 0011645　普 0013909

**悔餘菴集三種**　（清）何栻撰　清同治四年(1865)鳩江戎幄刻本　十二冊　十二行二十四字白口四周雙邊

610000 – 1001 – 0011646　普 0013910

**崇蘭堂詩初存十卷**　（清）張預撰　抄本　四冊　十一行二十一字小字雙行同白口左右雙邊

610000 – 1001 – 0011647　普 0013911

**柏梘山房文集十六卷續集一卷詩集十卷續集二卷駢體文二卷**　（清）梅曾亮撰　清咸豐六年(1856)刻本　八冊　十行二十一字白口四周雙邊

610000 – 1001 – 0011648　普 0013912

**古微堂内集三卷外集七卷**　（清）魏源撰　清光緒四年(1878)揚州淮南書局刻本　四冊　十行二十一字白口左右雙邊

610000 – 1001 – 0011649　普 0013913

**水雲村吟稿十二卷首一卷末一卷**　（元）劉壎撰　清道光十年(1830)愛餘堂刻本　四冊　八行二十四字小字雙行同白口四周雙邊

610000 – 1001 – 0011650　普 0013917

**儀顧堂集二十卷**　（清）陸心源撰　清光緒二十四年(1898)刻本　六冊　十行十八字上下黑口四周雙邊

610000 – 1001 – 0011651　普 0013918

**詩比興箋四卷**　（清）陳沆輯注　清咸豐五年(1855)刻本　二冊　十行二十二字白口左右雙邊

610000 – 1001 – 0011652　普 0013919

**東溟文集六卷外集四卷**　（清）姚瑩撰　清道光十三年(1833)刻本　四冊　十二行二十二字下黑口左右雙邊

610000 – 1001 – 0011653　普 0013920

**南菁講舍文集六卷**　（清）黃以周編　清光緒十五年(1889)刻本　四冊　十一行二十一字上下黑口左右雙邊

610000 – 1001 – 0011654　普 0013921

**南菁文鈔二集六卷**　（清）黃以周編　清光緒二十年(1894)刻本　四冊　十一行二十一字上下黑口左右雙邊

610000 – 1001 – 0011655　普 0013922

**南菁文鈔三集十六卷**　（清）丁立鈞編　清光緒二十七年(1901)江陰南菁學堂刻本　八冊　十一行二十一字小字雙行同上下黑口左右雙邊

610000 – 1001 – 0011656　普 0013923

**南菁札記十四種**　（清）溥良輯　清光緒二十年(1894)江陰使署刻本　六冊　九行二十二字白口左右雙邊

610000 – 1001 – 0011657　普 0013924

**潛研堂文集五十卷詩集十卷詩續集十卷**　（清）錢大昕撰　清嘉慶二十一年(1816)刻本　二十四冊　十行二十一字小字雙行同白口四周單邊

610000 – 1001 – 0011658　普 0013925

**潛研堂文集五十卷詩集十卷詩續集十卷**　（清）錢大昕撰　清嘉慶二十一年(1816)刻本　十六冊　十行二十一字小字雙行同白口四周單邊

610000 – 1001 – 0011659　普 0013927

**邵亭詩鈔六卷**　（清）莫友芝撰　清同治五年(1866)刻本　二冊　十行二十一字小字雙行同白口左右雙邊

610000 – 1001 – 0011660　普 0013928

**癸巳存稿十五卷**　（清）俞正燮撰　清光緒十年(1884)刻本　八冊　十二行二十四字白口

四周雙邊

610000 – 1001 – 0011661　普 0013929

**海虞三陶先生集合刻**　(清)楊沂孫輯　清光緒七年(1881)海虞楊同福貴池縣署刻本　八冊　十一行二十一字白口左右雙邊

610000 – 1001 – 0011662　普 0013931

**澹仙詩鈔四卷澹仙詞鈔二卷**　(清)熊璉撰　(清)熊瑚校　清嘉慶二年(1797)刻本　二冊　九行十九字白口四周雙邊

610000 – 1001 – 0011663　普 0013932

**海峰先生精選八大家文鈔一卷**　(清)劉大櫆撰　(清)曾紀雲　(清)歐陽霖校　清光緒二年(1876)邢邱劉繼刻本　二冊　十二行二十四字白口左右雙邊

610000 – 1001 – 0011664　普 0013932

**惜抱軒時文一卷**　(清)姚鼐撰　清光緒二年(1876)桐城劉氏刻本　一冊　十行二十一字白口左右雙邊

610000 – 1001 – 0011665　普 0013932

**劉海峯制藝一卷**　(清)劉大櫆撰　清光緒元年(1875)邢邱劉繼刻本　三冊　九行二十五字白口四周雙邊

610000 – 1001 – 0011666　普 0013932

**劉海峯文集八卷詩集十一卷**　(清)劉大櫆撰　(清)歐陽霖　(清)高肇麟校　清同治十三年(1874)邢邱劉繼刻本　八冊　十二行二十四字白口四周單邊

610000 – 1001 – 0011667　普 0013934

**范伯子詩集十九卷**　(清)范當世撰　**蘊素軒詩稿四卷**　(清)姚倚雲撰　清鉛印本　四冊　十一行二十六字白口四周雙邊

610000 – 1001 – 0011668　普 0013936

**紫薇花館集二十五卷**　(清)王廷鼎撰　清光緒十七年(1891)刻本　八冊　十行二十二字白口四周雙邊

610000 – 1001 – 0011669　普 0013937

**柈湖文集十二卷**　(清)吳敏樹撰　清光緒十九年(1893)思賢講舍刻本　四冊　十三行二十二字白口左右雙邊

610000 – 1001 – 0011670　普 0013938

**讀書堂綵衣全集四十六卷**　(清)趙士麟撰　清光緒十九年(1893)浙江書局刻本　十二冊　十二行二十四字小字雙行同上下黑口四周雙邊

610000 – 1001 – 0011671　普 0013941

**六朝文絜箋注十二卷**　(清)許槤評選　(清)黎經誥注　清光緒十五年(1889)枕謚書屋刻本　四冊　十行二十二字小字雙行同白口左右雙邊

610000 – 1001 – 0011672　普 0013942

**宜堂類編二十五卷**　(清)丁立中編　清光緒二十六年(1900)嘉惠堂丁氏刻本　十二冊　十行二十字白口四周雙邊

610000 – 1001 – 0011673　普 0013944

**海門詩鈔八卷外集四卷補錄一卷**　(清)鮑皋撰　清宣統三年(1911)刻本　四冊　十行二十一字白口左右雙邊

610000 – 1001 – 0011674　普 0013946

**角山樓詩鈔十五卷**　(清)趙克宜撰　清道光二十五年(1845)刻本　四冊　八行二十一字白口四周雙邊

610000 – 1001 – 0011675　普 0013947

**翠岩偶集六卷**　(清)李雍熙撰　(清)王士禎評述　清刻本　二冊　九行二十二字下黑口左右雙邊

610000 – 1001 – 0011676　普 0013948

**柏堂集前編十四卷次編十三卷續編二十二卷餘編八卷補存三卷外編十二卷附五卷**　(清)方宗誠撰　清光緒六年至十二年(1880－1886)桐城方氏刻本　二十四冊　十一行二十一字上下黑口左右雙邊

610000 – 1001 – 0011677　普 0013949

**鳥目山房詩存六卷**　(清)蔣因培撰　清道光二十三年(1843)海寧楊氏述鄭齋刻本　四冊　十一行二十一字上下黑口左右雙邊

610000－1001－0011678　普0013950

**兩當軒詩鈔十四卷竹眠詞鈔二卷**　（清）黃景仁撰　清道光十四年(1834)刻本　四冊　十一行二十四字上下黑口四周單邊

610000－1001－0011679　普0013952

**峴桐集文集十卷詩集十卷**　（清）劉城撰　清光緒十九年(1893)養雲山莊刻本　八冊　十行二十二字白口四周雙邊

610000－1001－0011680　普0013954

**大雲山房文槀初集四卷二集四卷言事二卷**（清）惲敬著　清嘉慶二十年(1815)南昌甲戌坊刻本　十冊　十行二十二字上下黑口四周雙邊

610000－1001－0011681　普0013955

**船山遺書五十六種附一種**　（清）王夫之撰　清同治四年(1865)湘鄉曾國荃金陵刻本　一百二十冊　十行二十二字上下黑口左右雙邊

610000－1001－0011682　普0013956

**同人集十二卷**　（清）冒襄輯　清光緒八年(1882)水繪閣刻本　十二冊　十一行二十三字白口左右雙邊

610000－1001－0011683　普0013959

**鳴鶴堂文集二十一卷**　（清）任源祥撰　（清）魏冰叔　（清）宋漫堂考訂　清光緒十六年(1890)刻本　六冊　九行二十一字白口四周單邊

610000－1001－0011684　普0013960

**皇清經解一百七十三種**　（清）阮元輯　清道光九年（1829）廣東學海堂刻咸豐十一年(1861)補刻本　三百六十冊　十一行二十一字白口左右雙邊

610000－1001－0011685　普0013961

**皇清經解續編二百〇七種**　王先謙輯　清光緒十四年(1888)刻本　三百二十冊　十一行二十四字小字雙行同白口左右雙邊

610000－1001－0011686　普0013962

**重刊宋本十三經注疏附校勘記**　（清）阮元撰校勘記　清同治十二年(1873)江西書局刻本

一百八十二冊　十行二十字小字雙行同上下黑口左右雙邊

610000－1001－0011687　普0013963

**玉海二百卷辭學指南四卷附刻十四種**　（宋）王應麟撰　**校補玉海瑣記二卷**　（清）張大昌撰　清光緒九年(1883)浙江書局刻本　一百二十冊　十行二十字小字雙行同白口左右雙邊　缺一種

610000－1001－0011688　普0013965

**望溪先生正集十八卷集外文十卷集外文補遺二卷年譜二卷**　（清）方苞撰　（清）戴鈞衡校刊　清咸豐元年(1851)刻本　十四冊　十一行二十一字小字雙行同白口四周雙邊

610000－1001－0011689　普0013966

**湘軍記二十卷**　（清）王定安撰　清光緒十五年(1889)江南書局刻本　十二冊　十行二十二字白口四周雙邊

610000－1001－0011690　普0013967

**東塾集六卷附申范一卷**　（清）陳澧撰　清光緒二十八年(1902)刻本　四冊　十二行二十四字小字雙行同白口四周雙邊

610000－1001－0011691　普0013969

**葦間詩集五卷**　（清）姜宸英撰　清道光四年(1824)睿吾樓刻本　二冊　十行十九字上下黑口左右雙邊

610000－1001－0011692　普0013970

**明三十家詩選初集八卷二集八卷**　（清）汪端輯　清同治十二年(1873)蘊蘭吟館刻本　八冊　十一行二十二字小字雙行同上下黑口左右雙邊

610000－1001－0011693　普0013971

**八代詩選二十卷**　王闓運撰　清光緒十六年(1890)江蘇書局刻本　八冊　十行二十一字白口左右雙邊

610000－1001－0011694　普0013973

**宋文鑑一百五十卷目錄三卷**　（宋）呂祖謙輯　清光緒二十一年(1895)江蘇書局刻本　二十四冊　十四行二十五字白口左右雙邊

610000 – 1001 – 0011695　普 0013974

**元文類七十卷目錄三卷** （元）蘇天爵輯　清
光緒十五年(1889)江蘇書局刻本　十冊　十
四行二十五字白口左右雙邊

610000 – 1001 – 0011696　普 0013975

**金文最六十卷首一卷** （清）張金吾輯　清光
緒二十一年(1895)蘇州書局刻本　十六冊
十四行二十五字白口左右雙邊

610000 – 1001 – 0011697　普 0013976

**明文在一百卷** （清）薛熙編　清光緒十五年
(1889)江蘇書局刻本　十冊　十四行二十五
字白口左右雙邊

610000 – 1001 – 0011698　普 0013985

**因寄軒文初集十卷** （清）管同撰　清光緒五
年(1879)刻本　四冊　十二行二十四字上下
黑口左右雙邊

610000 – 1001 – 0011699　普 0013986

**黃梨洲先生南雷文約四卷明夷待訪錄一卷**
（清）黃宗羲撰　清刻本　八冊　十行二十字
上下黑口四周單邊

610000 – 1001 – 0011700　普 0013987

**陶文毅公全集六十四卷首一卷末一卷** （清）
陶澍撰　清道光二十年(1840)兩淮淮北士民
刻本　二十四冊　十行二十二字小字雙行同
白口四周雙邊

610000 – 1001 – 0011701　普 0013992

**白雲文集五卷詩集二卷** （清）陳斌撰　清嘉
慶十二年(1807)刻本　四冊　九行二十一字
白口四周雙邊

610000 – 1001 – 0011702　普 0013993

**四憶堂詩集六卷** （清）侯方域撰　（清）賈開
宗等選注　清刻本　六冊　九行十八字小字
雙行同白口左右雙邊

610000 – 1001 – 0011703　普 0013994

**江左三大家詩鈔九卷** （清）顧有孝　（清）趙
澐輯　清刻本　三冊　十一行二十一字小字
雙行同白口四周單邊

610000 – 1001 – 0011704　普 0013996

**揅經室一集十四卷二集八卷三集五卷四集十
三卷續集十一卷再續集六卷外集五卷** （清）
阮元撰　清道光二年(1822)阮氏文選樓刻本
（續集十一卷、外集五卷配清抄本）　二十六
冊　十行二十字小字雙行同白口四周雙邊

610000 – 1001 – 0011705　普 0013997

**青溪舊屋文集十一卷** （清）劉文淇撰　清光
緒九年(1883)刻本　四冊　十三行二十二字
上下黑口左右雙邊

610000 – 1001 – 0011706　普 0013998

**青溪舊屋文集十一卷** （清）劉文淇撰　清光
緒九年(1883)刻本　二冊　十三行二十二字
上下黑口左右雙邊

610000 – 1001 – 0011707　普 0013999

**文心雕龍十卷** （南朝梁）劉勰撰　（清）黃叔
琳注　清道光十三年(1833)兩廣節署刻朱墨
印本　四冊　十行二十一字小字雙行同白口
左右雙邊

610000 – 1001 – 0011708　普 0014001

**綠雪堂遺集二十卷** （清）王衍梅撰　清道光
二十年(1840)刻本　八冊　十二行二十三字
小字雙行同白口左右雙邊

610000 – 1001 – 0011709　普 0014002

**綠雪堂遺集二十卷** （清）王衍梅撰　清道光
二十年(1840)刻本　四冊　十二行二十三字
小字雙行同白口左右雙邊　存十三卷(一至
十三)

610000 – 1001 – 0011710　普 0014003

**茗柯文編初編一卷二編二卷三編一卷四編一
卷** （清）張惠言撰　清道光八年(1828)刻本
　二冊　十行二十一字小字雙行同白口左右
雙邊

610000 – 1001 – 0011711　普 0014004

**茗柯文編初編一卷二編二卷三編一卷四編一
卷** （清）張惠言撰　清光緒七年(1881)刻本
　二冊　十行二十一字白口四周雙邊

610000 – 1001 – 0011712　普 0014007

孟塗初集十卷　(清)劉開撰　清嘉慶刻本
二冊　九行十九字白口四周雙邊

610000－1001－0011713　普0014008

左傳紀事本末五十三卷　(清)高士奇著　清
同治十二年(1873)江西書局刻本　十二冊
十行二十字下黑口左右雙邊

610000－1001－0011714　普0014009

子書百家　(清)崇文書局輯　清光緒元年
(1875)湖北崇文書局刻本　五十七冊　十二
行二十四字上下黑口四周雙邊

610000－1001－0011715　普0014012

通鑑紀事本末二百三十九卷　(宋)袁樞編輯
　(明)張溥論正　清同治十二年(1873)江西
書局刻本　八十冊　十行二十字小字雙行同
下黑口左右雙邊

610000－1001－0011716　普0014013

佩文韻府拾遺一百〇六卷　(清)張玉書等編
　清嶺南潘氏海山仙館刻本　一百六十冊
十二行二十五字小字雙行同白口四周雙邊

610000－1001－0011717　普0014016

湖海樓叢書十二種　(清)陳春輯　清嘉慶蕭
山陳氏刻本　十二冊　十行二十字上黑口左
右雙邊　存五種

610000－1001－0011718　普0014017

粵雅堂叢書三編三十集　(清)伍崇曜輯　清
道光、光緒南海伍氏刻本　三百六十四冊
九行二十一字小字雙行同上下黑口左右雙邊

610000－1001－0011719　普0014019

湘潭王氏所著書二十一種　(清)王氏說　清
光緒三十二年(1906)東洲刻本　六十四冊
八行十七字小字雙行同白口四周單邊

610000－1001－0011720　普0014020

曝書雜記三卷　(清)錢泰吉撰　經籍跋文一
卷　(清)陳鱣撰　清刻本　四冊　十一行二
十一字小字雙行同上下黑口四周單邊

610000－1001－0011721　普0014021

周孟侯先生全書六種　(明)周拱辰撰　清道

光二十七年(1847)刻光緒元年(1875)補刻本
十二冊　十行二十一字白口左右雙邊

610000－1001－0011722　普0014022

半廠叢書初編十種　(清)譚獻輯　清光緒仁
和譚氏刻本　二十冊　十一行二十一字小字
雙行同白口左右雙邊

610000－1001－0011723　普0014024

鄦齋叢書二十種　徐乃昌輯　清光緒二十六
年(1900)南陵徐氏刻本　十二冊　十一行二
十一字小字雙行同上下黑口左右雙邊

610000－1001－0011724　普0014025

暢園叢書甲函五種　(清)張邁輯　清光緒二
十年(1894)四明刻本　四冊　十一行二十一
字上下黑口左右雙邊

610000－1001－0011725　普0014026

湘綺樓全書十八種　王闓運撰　清光緒、宣
統刻本　六十六冊　八行十七字小字雙行同
白口左右雙邊

610000－1001－0011726　普0014028

琳琅祕室叢書三十種　(清)胡珽輯　清光緒
十四年(1888)董氏取斯堂木活字印本　二十
四冊　九行二十一字上下黑口四周單邊

610000－1001－0011727　普0014029

槐廬叢書五編四十六種　(清)朱記榮輯　清
光緒吳縣朱氏槐廬家塾刻本　六十四冊　十
一行二十一字小字雙行同上下黑口左右雙邊

610000－1001－0011728　普0014034

漁洋山人精華錄箋注十二卷補注一卷　(清)
金榮箋注　(清)徐淮纂輯　清刻本　六冊
十一行二十字小字雙行三十字白口左右雙邊

610000－1001－0011729　普0014036

陳檢討四六二十卷　(清)陳維崧撰　清道光
二年(1822)刻本　六冊　十行二十二字小字
雙行同白口四周單邊

610000－1001－0011730　普0014038

駢體文鈔三十一卷　(清)李兆洛編　清同治
六年(1867)刻本　十冊　十三行二十二字小

字雙行同上下黑口左右雙邊

610000 – 1001 – 0011731　普 0014039
**國朝駢體正宗十二卷**　（清）曾燠輯　清嘉慶十一年(1806)粵東緯文堂刻本　六冊　十一行二十二字小字雙行同白口左右雙邊

610000 – 1001 – 0011732　普 0014040
**國朝駢體正宗十二卷**　（清）曾燠輯　清同治十三年(1874)刻本　六冊　十一行二十二字小字雙行同白口左右雙邊

610000 – 1001 – 0011733　普 0014041
**國朝駢體正宗續編八卷**　（清）張鳴珂輯　清光緒十四年(1888)寒松閣刻本　八冊　十一行二十二字上下黑口左右雙邊

610000 – 1001 – 0011734　普 0014042
**八家四六文鈔**　（清）吳鼒輯　清較經堂刻本　四冊　十一行二十四字上下黑口四周單邊

610000 – 1001 – 0011735　普 0014043
**四六叢話三十三卷選詩叢話一卷**　（清）孫梅輯　清光緒七年(1881)吳下刻本　十二冊　十行二十一字小字雙行同上下黑口左右雙邊

610000 – 1001 – 0011736　普 0014044
**四六叢話三十三卷選詩叢話一卷**　（清）孫梅輯　清光緒七年(1881)吳下刻本　十二冊　十行二十一字小字雙行同上下黑口左右雙邊

610000 – 1001 – 0011737　普 0014045
**忠雅堂評選四六法海八卷**　（明）王志堅編（清）蔣士銓評選　清同治十年(1871)藏園刻朱墨印本　八冊　九行二十字小字雙行同白口四周雙邊

610000 – 1001 – 0011738　普 0014049
**中復堂全集九種附一種**　（清）姚瑩撰　清同治六年(1867)安福縣署刻本　三十二冊　十二行二十二字白口左右雙邊

610000 – 1001 – 0011739　普 0014052
**清尊集十六卷**　（清）汪遠孫輯　清道光十九年(1839)錢塘汪氏振綺堂刻本　四冊　十一行二十四字小字雙行同上下黑口左右雙邊

610000 – 1001 – 0011740　普 0014054
**顧亭林先生遺書十種補遺十一種**　（清）顧炎武撰　清光緒三十二年(1906)彙印本　八冊　十一行二十字小字雙行三十字白口左右雙邊

610000 – 1001 – 0011741　普 0014055
**文選旁證四十六卷**　（清）梁章鉅撰　清道光十四年(1834)刻本　十二冊　十二行二十四字下黑口左右雙邊

610000 – 1001 – 0011742　普 0014057
**有正味齋駢體文二十四卷首一卷**　（清）吳錫麒撰　清咸豐九年(1859)青箱塾刻本　八冊　十二行二十五字小字雙行三十字上下黑口四周雙邊

610000 – 1001 – 0011743　普 0014060
**洪北江全集二十三種**　（清）洪亮吉輯　清光緒洪用懃授經堂刻本　二十四冊　十一行二十二字上下黑口左右雙邊

610000 – 1001 – 0011744　普 0014061
**結一廬朱氏賸餘叢書四種**　（清）朱澂輯　清光緒三十一年(1905)仁和朱氏刻本　二十冊　九行二十一字小字雙行同上下黑口左右雙邊

610000 – 1001 – 0011745　普 0014064
**拜經堂叢書十種**　（清）臧琳撰　清光緒十一年(1885)會稽章氏刻本　四冊　十行二十字小字雙行同上下黑口左右雙邊

610000 – 1001 – 0011746　普 0014066
**孫氏叢書四種**　（清）孫志祖輯　清嘉慶四年(1799)刻本　四冊　十行二十一字小字雙行同白口左右雙邊

610000 – 1001 – 0011747　普 0014067
**行朝錄十二卷**　（清）黃宗羲撰　清光緒十九年(1893)徐氏鑄學齋刻本　一冊　十行二十三字小字雙行同白口左右雙邊

610000 – 1001 – 0011748　普 0014068
**曼陀羅花室全集五種附一種**　（清）吳翊寅撰　清光緒十九年(1893)廣雅書局刻本　六冊　十三行二十二字上下黑口左右雙邊

610000－1001－0011749　普 0014069

通藝錄二十一種　（清）程瑤田撰　清嘉慶刻本　十六冊　十行二十一字小字雙行三十一字白口左右雙邊

610000－1001－0011750　普 0014070

番禺陳氏東塾叢書五種　（清）陳澧輯　清咸豐、光緒刻本　八冊　十一行二十八字小字雙行同上下黑口左右雙邊

610000－1001－0011751　普 0014074

鑑止水齋集二十卷　（清）許宗彥撰　清咸豐八年(1858)刻本　六冊　十行二十字上下黑口左右雙邊

610000－1001－0011752　普 0014075

葉柝紀程二卷　（清）王廷襄撰　清光緒二十一年(1895)刻本　二冊　九行二十一字小字雙行同白口四周雙邊

610000－1001－0011753　普 0014079

林東莆先生全集六卷　（明）林大欽撰　清光緒十二年(1886)刻本　五冊　七行十八字白口四周雙邊

610000－1001－0011754　普 0014080

顧端文公遺書十四種　（明）顧憲成撰　清光緒三年(1877)涇里宗祠刻本　十八冊　十行二十字小字雙行同下黑口左右雙邊

610000－1001－0011755　普 0014081

田間文集三十卷　（清）錢澄之撰　清宣統二年(1910)刻本　十冊　十行二十一字白口四周單邊

610000－1001－0011756　普 0014083

傅鶉觚集五卷　（晉）傅元撰　清光緒二年(1876)廣州書局刻本　四冊　九行二十一字小字雙行同白口四周雙邊

610000－1001－0011757　普 0014085

皇朝詞林典故六十四卷　（清）朱珪撰　清嘉慶十年(1805)刻本　三十四冊　七行十七字小字雙行同白口四周雙邊

610000－1001－0011758　普 0014087

征剿紀略四卷　（清）尹嘉賓著　抄本　四冊　十行十八字上黑口四周單邊

610000－1001－0011759　普 0014088

福州潮一卷　丁茹真撰　抄本　一冊　十一行二十字上下黑口左右雙邊

610000－1001－0011760　普 0014089

鎮江剿平粵匪記二卷　（清）橫山鄉人撰　清光緒二十一年(1895)抄本　二冊　十一行十八字上下黑口左右雙邊

610000－1001－0011761　普 0014090

廣陵史稿四卷　（□）□□撰　抄本　四冊　十行二十字上黑口四周單邊

610000－1001－0011762　普 0014091

揚州劫餘小識一卷　（清）臧穀著　抄本　一冊　十行十九字上黑口四周單邊

610000－1001－0011763　普 0014092

揚州方言韻語長短句一卷　（□）□□撰　抄本　一冊　十行二十字小字雙行同上下黑口左右雙邊

610000－1001－0011764　普 0014102

蛾術堂集十四種　（清）沈豫撰　清道光十八年(1838)蕭山沈氏漢讀齋刻本　二冊　十一行二十四字小字雙行同上下黑口左右雙邊

610000－1001－0011765　普 0014104

平津館叢書三十八種　（清）孫星衍輯　清光緒十一年(1885)吳縣朱氏槐廬家塾刻本　六十冊　十一行二十字小字雙行同白口左右雙邊

610000－1001－0011766　普 0014105

木犀軒叢書三十三種　李盛鐸輯　清光緒德化李氏木犀軒刻本　四十八冊　十一行二十一字小字雙行同上下黑口左右雙邊

610000－1001－0011767　普 0014107

苾芻館詞集六卷　（清）胡延撰　清光緒十三年(1887)刻本　四冊　十行二十字上下黑口左右雙邊

610000－1001－0011768　普 0014108

萍綠詞三卷　（清）丁至和撰　清咸豐十一年（1861）刻本　一冊　九行二十一字白口左右雙邊

610000－1001－0011769　普0014109

明詞綜十二卷　（清）王昶纂　清同治四年（1865）刻本　二冊　十行二十一字小字雙行同上下黑口左右雙邊

610000－1001－0011770　普0014110

香畹樓二卷影梅庵傳奇二卷　（清）彭劍南填詞　（清）孫如金正譜　清道光六年（1826）刻本　四冊　九行二十二字白口左右雙邊

610000－1001－0011771　普0014111

珍執宦遺書十一種　（清）莊述祖撰　清嘉慶、道光武進莊氏脊令舫刻本　十六冊　十行二十二字小字雙行同上下黑口左右雙邊

610000－1001－0011772　普0014112

汪梅村先生集十二卷文外集一卷　（清）汪士鐸撰　清光緒七年（1881）刻本　四冊　十二行二十四字上下黑口左右雙邊

610000－1001－0011773　普0014113

悔翁詩鈔十五卷補遺一卷詞鈔五卷　（清）汪士鐸撰　清光緒十年（1884）合肥張氏味古齋刻本　四冊　十一行二十一字上黑口左右雙邊

610000－1001－0011774　普0014114

湘綺樓文集八卷　王闓運撰　清光緒二十六年（1900）刻本　六冊　十行二十一字上下黑口左右雙邊

610000－1001－0011775　普0014115

湘綺樓箋啟八卷　王闓運著　清光緒三十三年（1907）長沙刻本　四冊　十行二十一字上下黑口左右雙邊

610000－1001－0011776　普0014117

澄懷園文存十五卷　（清）張廷玉著　清光緒十七年（1891）刻本　八冊　十行十九字上黑口四周雙邊

610000－1001－0011777　普0014118

式訓堂叢書四十一種　（清）章壽康輯　清光緒會稽章氏刻本　十二冊　十一行二十一字小字雙行同上下黑口四周單邊

610000－1001－0011778　普0014119

集虛草堂叢書甲集九種　李國松輯　清光緒合肥李氏刻本　三十六冊　十行二十一字小字雙行同上下黑口左右雙邊

610000－1001－0011779　普0014120

玉簡齋叢書二十二種　羅振玉輯　清宣統二年（1910）上虞羅氏刻本　八冊　十三行二十二字上下黑口四周單邊

610000－1001－0011780　普0014125

三山陳氏家刻左海全集十種　（清）陳壽祺撰　清嘉慶、道光刻本　二十四冊　十行二十字上黑口左右雙邊

610000－1001－0011781　普0014127

文選古字通疏證六卷　（清）薛傳均撰　清光緒十二年（1886）還讀樓刻本　二冊　九行二十一字上下黑口四周單邊

610000－1001－0011782　普0014128

常州先哲遺書第一集四十四種　盛宣懷輯　清光緒武進盛氏刻本　六十冊　十四行二十五字上下黑口左右雙邊

610000－1001－0011783　普0014129

宋史四百九十六卷目錄三卷　（元）脫脫等修　清光緒元年（1875）浙江書局刻本　一百冊　十二行二十五字白口左右雙邊

610000－1001－0011784　普0014130

皇朝經世文編一百二十卷姓名總目二卷　（清）賀長齡輯　清光緒十四年（1888）上海廣百宋齋鉛印本　二十四冊　十六行四十二字白口四周雙邊

610000－1001－0011785　普0014131

皇朝經世文續編一百二十卷姓名總目一卷　（清）葛士濬編　清光緒十四年（1888）上海圖書集成局鉛印本　二十四冊　十三行四十字白口四周單邊

610000－1001－0011786　普0014132

**李文貞公全集三十九種**　(清)李光地撰　清
道光五年(1825)刻本　六十四冊　八行二十
字白口四周單邊

610000－1001－0011787　普0014133

**回文類聚四卷補遺一卷**　(宋)桑世昌纂次
**續編十卷**　(清)朱象賢集　清刻本　二十四
冊　十三行四十字白口四周單邊

610000－1001－0011788　普0014136

**古文七種**　(清)儲欣撰　清光緒九年(1883)
刻本　十八冊　九行二十五字小字雙行同白
口四周雙邊

610000－1001－0011789　普0014139

**皇朝駢文類苑十四卷首一卷**　(清)姚燮選
清光緒九年(1883)林鍾刻本　二十冊　九行
二十字上下黑口左右雙邊

610000－1001－0011790　普0014140

**古經解彙函十六種**　(清)鍾謙鈞等輯　清同
治十二年(1873)粵東書局刻本　四十冊　十
行二十一字小字雙行同白口左右雙邊

610000－1001－0011791　普0014142

**養一齋集二十六卷劄記九卷四書文一卷試帖
一卷詩話十卷李杜詩話三卷詞三卷首一卷**
(清)潘德輿撰　清道光二十九年至同治十一
年(1849－1872)刻本　二十冊　十行二十二
字白口四周雙邊

610000－1001－0011792　普0014143

**後八家四六文鈔八卷**　(□)□□撰　清光緒
七年(1881)刻本　四冊　九行二十字上下黑
口左右雙邊

610000－1001－0011793　普0014144

**當歸草堂叢書八種**　(清)丁丙輯　清同治錢
塘丁氏刻本　八冊　九行二十一字上黑口左
右雙邊

610000－1001－0011794　普0014145

**郝氏遺書三十三種**　(清)郝懿行撰　清嘉
慶、光緒刻本　三十二冊　九行二十一字小
字雙行同上下黑口左右雙邊

610000－1001－0011795　普0014146

**新化鄒氏敦菽齋遺書五種**　(清)鄒漢勛撰
清光緒四年(1878)攸縣龍汝霖南昌刻本　六
冊　十一行二十二字上下黑口左右雙邊

610000－1001－0011796　普0014147

**正覺樓叢刻二十九種**　(清)崇文書局輯　清
光緒崇文書局刻本　三十六冊　九行十八字
白口左右雙邊

610000－1001－0011797　普0014148

**求實齋叢書十五種**　(清)蔣德鈞輯　清光緒
湘鄉蔣氏龍安郡署刻本　十冊　十行二十四
字上下黑口左右雙邊

610000－1001－0011798　普0014149

**湖州叢書十二種**　(清)陸心源輯　清光緒湖
城義塾刻本　二十二冊　九行二十字小字雙
行同上下黑口四周雙邊

610000－1001－0011799　普0014150

**南菁書院叢書八集四十一種**　王先謙　繆荃
孫輯　清光緒十四年(1888)江陰南菁書院刻
本　四十八冊　九行二十五字小字雙行同白
口左右雙邊

610000－1001－0011800　普0014151

**長恩書室叢書十九種**　(清)莊肇麟輯　清咸
豐四年(1854)新昌莊氏過客軒刻本　十八冊
十一行二十三字上下黑口左右雙邊

610000－1001－0011801　普0014152

**史記集解索隱正義合刻本一百三十卷**　(漢)
司馬遷撰　(清)張文虎校訂　清同治五年
(1866)金陵書局刻本　二十二冊　十一行二
十二字小字雙行同上下黑口四周雙邊

610000－1001－0011802　普0014153

**晉書一百三十卷**　(唐)房玄齡等撰　清同治
十年(1871)金陵書局刻本　二十冊　十二行
二十五字白口左右雙邊

610000－1001－0011803　普0014154

**周書五十卷**　(唐)令狐德棻等撰　清同治十
三年(1874)金陵書局刻本　四冊　十二行二
十五字白口左右雙邊

610000 – 1001 – 0011804　普 0014155

**南齊書五十九卷**　（南朝梁）蕭子顯撰　清同治十三年(1874)金陵書局刻本　六冊　十二行二十五字白口左右雙邊

610000 – 1001 – 0011805　普 0014156

**魏書一百十四卷**　（北齊）魏收撰　清同治十一年(1872)金陵書局刻本　二十冊　十二行二十五字白口左右雙邊

610000 – 1001 – 0011806　普 0014157

**隋書八十五卷**　（唐）魏徵撰　清同治十年(1871)金陵書局刻本　十六冊　十二行二十五字白口左右雙邊

610000 – 1001 – 0011807　普 0014158

**唐書二百二十五卷**　（宋）歐陽修等撰　清同治十二年(1873)浙江書局刻本　四十冊　十二行二十五字白口左右雙邊

610000 – 1001 – 0011808　普 0014159

**舊五代史一百五十卷**　（宋）薛居正等撰　清同治十一年(1872)湖北崇文書局刻本　十六冊　十二行二十五字小字雙行三十八字白口四周雙邊

610000 – 1001 – 0011809　普 0014160

**五代史七十四卷**　（宋）歐陽修撰　清同治十一年(1872)湖北崇文書局刻本　八冊　十二行二十五字小字雙行三十八字白口四周雙邊

610000 – 1001 – 0011810　普 0014161

**南史八十卷**　（唐）李延壽撰　清同治十一年(1872)金陵書局刻本　十二冊　十二行二十五字白口左右雙邊

610000 – 1001 – 0011811　普 0014162

**北史一百卷**　（唐）李延壽撰　清同治十一年(1872)金陵書局刻本　二十冊　十二行二十五字白口四周雙邊

610000 – 1001 – 0011812　普 0014163

**陳書三十六卷**　（唐）姚思廉撰　清同治十一年(1872)金陵書局刻本　四冊　十二行二十五字白口左右雙邊

610000 – 1001 – 0011813　普 0014164

**後漢書一百卷**　（南朝宋）范曄撰　清同治十年(1871)成都書局刻本　二十八冊　十行二十一字小字雙行同白口左右雙邊

610000 – 1001 – 0011814　普 0014165

**三國志六十五卷**　（晉）陳壽撰　清同治九年(1870)金陵書局刻本　八冊　十二行二十五字小字雙行三十八字白口左右雙邊

610000 – 1001 – 0011815　普 0014166

**舊唐書二百卷**　（後晉）劉昫等撰　清同治十一年(1872)定遠方氏刻本　八十冊　十二行二十五字白口左右雙邊

610000 – 1001 – 0011816　普 0014167

**遼史一百十六卷**　（元）脫脫等撰　清同治十二年(1873)江蘇書局刻本　十二冊　十二行二十五字小字雙行同白口左右雙邊

610000 – 1001 – 0011817　普 0014169

**萬善花室文藁六卷續編一卷附錄一卷**　（清）方履籛著　清光緒小岯山館刻本　四冊　十一行二十二字小字雙行同上下黑口左右雙邊

610000 – 1001 – 0011818　普 0014170

**中復堂全集九種附一種**　（清）姚瑩撰　清同治六年(1867)安福縣署刻本　二十八冊　十二行二十二字白口左右雙邊

610000 – 1001 – 0011819　普 0014172

**歸雲別集十種**　（明）陳士元撰　清道光十三年(1833)刻本　四冊　九行二十字小字雙行同白口左右雙邊

610000 – 1001 – 0011820　普 0014173

**惜抱軒全集十種**　（清）姚鼐撰　清同治五年(1866)省心閣刻本　二十四冊　十行二十一字上下黑口左右雙邊

610000 – 1001 – 0011821　普 0014174

**古文披金二十四卷**　（清）納蘭常安評選　清受宜堂刻本　十二冊　九行二十字白口四周單邊

610000 – 1001 – 0011822　普 0014175

顧亭林先生遺書十種　（清）顧炎武撰　清蓬瀛閣刻本　十冊　十一行二十字白口左右雙邊

610000－1001－0011823　普0014178

西堂全集四集附一種　（清）尤侗撰　清刻本　二十三冊　十行二十一字白口四周單邊

610000－1001－0011824　普0014180

榕園叢書六十三種續刻三種　（清）張丙炎輯　清同治真州張氏廣東刻本　六十冊　十行二十一字上下黑口左右雙邊

610000－1001－0011825　普0014181

桐華閣叢書六種　（清）杜貴墀輯　清光緒刻本　十二冊　十一行二十四字小字雙行同上下黑口左右雙邊

610000－1001－0011826　普0014182

清頌堂叢書八種　（清）黃奭輯　清道光甘泉黃氏刻本　二十冊　九行十九字小字雙行同上下黑口四周單邊　缺二種

610000－1001－0011827　普0014183

咫進齋叢書三十七種　（清）姚覲元輯　清光緒九年(1883)歸安姚氏刻本　十二冊　十三行二十二字上黑口左右雙邊

610000－1001－0011828　普0014184

咫進齋叢書三十七種　（清）姚覲元輯　清光緒九年(1883)歸安姚氏刻本　二十四冊　十三行二十二字上黑口左右雙邊

610000－1001－0011829　普0014185

昭代叢書十一集　（清）張潮輯　清道光吳江沈氏世楷堂刻本　八冊　九行二十字白口四周單邊　存乙集四十種

610000－1001－0011830　普0014187

望三益齋叢書十一種　（清）郭傳璞輯　清光緒刻本　十二冊　十行二十一字小字雙行同上下黑口左右雙邊

610000－1001－0011831　普0014188

讀畫齋叢書四十六種　（清）顧修輯　清嘉慶四年(1799)桐川顧氏刻本　六十四冊　九行二十

一字小字雙行同上下黑口左右雙邊

610000－1001－0011832　普0014193

授經堂遺集二百二十二卷　（清）洪用輯　清光緒三年(1877)授經堂刻本　八十冊　十一行二十二字上下黑口左右雙邊

610000－1001－0011833　普0014194

宜稼堂叢書七種　（清）郁松年輯　清道光郁氏刻本　七十六冊　十一行二十二字上下黑口左右雙邊

610000－1001－0011834　普0014195

曾文正公全集十五種　（清）曾國藩撰　清同治、光緒傳忠書局刻本　一百二十八冊　十行二十四字上下黑口左右雙邊

610000－1001－0011835　普0014196

船山遺書五十六種附一種　（清）王夫之撰　清同治四年(1865)湘鄉曾國荃金陵刻本　一百一十二冊　十行二十二字小字雙行同上下黑口左右雙邊

610000－1001－0011836　普0014198

春在堂全書三十四種　（清）俞樾撰　清光緒二十五年(1899)刻本　八十冊　十行二十一字小字雙行同上下黑口左右雙邊　存十六種

610000－1001－0011837　普0014199

功順堂叢書十八種　（清）潘祖蔭輯　清光緒吳縣潘氏刻本　二十四冊　九行二十二字小字雙行同上下黑口左右雙邊

610000－1001－0011838　普0014200

滂喜齋叢書五十種　（清）潘祖蔭輯　清同治、光緒吳縣潘氏京師刻本　三十二冊　十一行二十三字小字雙行同上下黑口左右雙邊

610000－1001－0011839　普0014201

平津館叢書三十八種　（清）孫星衍輯　清嘉慶蘭陵孫氏刻本　四十八冊　十一行二十字小字雙行同白口左右雙邊

610000－1001－0011840　普0014203

藝海珠塵八集一百六十三種　（清）吳省蘭輯　清道光三十年(1850)刻本　六十四冊　十

行二十一字小字雙行同白口左右雙邊

610000－1001－0011841　普0014204

藏書十三種　（清）朱軾撰　清光緒二十三年(1897)朱衡等刻本　八十冊　九行二十一字小字雙行同白口四周單邊

610000－1001－0011842　普0014205

新鐫經苑二十五種　（清）錢儀吉輯　清同治七年(1868)王儒行等刻本　七十二冊　十行二十字小字雙行同白口四周雙邊

610000－1001－0011843　普0014206

嘉定錢氏潛研堂全書二十一種　（清）錢大昕撰　清光緒十年(1884)長沙龍氏家塾刻本　八十冊　十行二十二字上下黑口左右雙邊

610000－1001－0011844　普0014207

毛西河先生全集經集四十九種文集六十九種　（清）毛奇齡撰　清刻本　八十冊　十行二十字小字雙行同白口四周單邊

610000－1001－0011845　普0014208

焦氏叢書十種　（清）焦循撰　清光緒二年(1876)衡陽魏氏刻本　四十八冊　十行二十一字小字雙行同上下黑口左右雙邊

610000－1001－0011846　普0014209

東華錄一百九十五卷續錄二百三十卷　王先謙編　清光緒十年(1884)刻本　一百六十冊　十二行二十五字小字雙行同白口左右雙邊

610000－1001－0011847　普0014210

太平御覽一千卷目錄十五卷　（宋）李昉等纂　清嘉慶十二年(1807)鮑氏刻本　八十冊　十三行二十二字小字雙行同白口左右雙邊

610000－1001－0011848　普0014211

通志堂經解一百三十九種　（清）納蘭性德輯　清同治十二年(1873)粵東書局刻本　四百二十冊　十一行二十字白口左右雙邊

610000－1001－0011849　普0014214

周易四卷　（宋）朱熹本義　清同治十年(1871)刻本　二冊　九行十七字小字雙行同白口四周雙邊

610000－1001－0011850　普0014215

書經六卷　（宋）蔡沈集傳　清同治十年(1871)刻本　四冊　九行十七字小字雙行同白口四周雙邊

610000－1001－0011851　普0014216

易經八卷　（宋）程頤傳　清同治五年(1866)刻本　一冊　九行十七字小字雙行同白口左右雙邊

610000－1001－0011852　普0014217

詩經八卷　（宋）朱熹集傳　清同治十年(1871)刻本　四冊　九行十七字小字雙行同白口四周雙邊

610000－1001－0011853　普0014218

四書十九卷　（宋）朱熹集注　清同治十年(1871)刻本　六冊　九行十七字小字雙行同白口四周雙邊

610000－1001－0011854　普0014219

禮記十卷　（元）陳澔集說　清同治十年(1871)刻本　十冊　九行十七字小字雙行同白口四周雙邊

610000－1001－0011855　普0014220

春秋十六卷首一卷名號歸一圖二卷釋文音義一卷　（春秋）左丘明等傳　（晉）杜預注　清同治十年(1871)刻本　十四冊　十一行二十二字小字雙行十七字白口四周雙邊

610000－1001－0011856　普0014221

十三經古注　（明）金蟠輯　（明）葛鼐校　清同治八年(1869)浙江書局重修本　四十八冊　九行二十五字小字雙行同白口左右雙邊

610000－1001－0011857　普0014222

御纂七經五種　（清）聖祖玄燁撰　清湖北文書局刻本　二百二十二冊　八行二十二字小字雙行同白口四周雙邊

610000－1001－0011858　普0014223

御纂周易述義十卷　（清）傅恆等纂　清道光十八年(1838)味經書院刻本　六冊　八行二十字小字雙行同白口四周雙邊

610000 – 1001 – 0011859　普 0014224

**御纂七經** (清)聖祖玄燁撰　清崇文書局刻本　十八冊　八行二十一字小字雙行同白口四周雙邊

610000 – 1001 – 0011860　普 0014225

**詩經八卷首一卷** (宋)朱熹集傳　清光緒十三年(1887)刻本　五冊　九行十七字小字雙行同白口四周單邊

610000 – 1001 – 0011861　普 0014226

**樂律攷二卷** (清)徐灝撰　清光緒十三年(1887)刻本　一冊　十一行二十一字黑口四周雙邊

610000 – 1001 – 0011862　普 0014227

**檀氏儀禮韻言塾課藏本二卷** (清)檀萃纂　清光緒九年(1883)刻本　二冊　八行十九字小字雙行同白口左右雙邊

610000 – 1001 – 0011863　普 0014228

**來瞿唐先生易註十五卷首一卷末一卷** (明)來知德註　清嘉慶十四年(1809)符永培刻本　二十冊　九行二十二字小字雙行同白口四周雙邊

610000 – 1001 – 0011864　普 0014229

**樂經律呂通解五卷** (清)汪烜輯　清光緒九年(1883)刻本　五冊　八行二十字小字雙行同白口左右雙邊

610000 – 1001 – 0011865　普 0014230

**聲律通考十卷** (清)陳澧撰　清咸豐十年(1860)富文齋刻本　二冊　十一行二十八字小字雙行同黑口左右雙邊

610000 – 1001 – 0011866　普 0014231

**五經旁訓** (清)徐立綱撰　清匠門書屋刻本　十二冊　七行二十字小字雙行二十四字白口四周單邊

610000 – 1001 – 0011867　普 0014232

**五經體注大全合參三十二卷** (□)□□輯　清刻本　二十四冊　十行二十字白口左右雙邊

610000 – 1001 – 0011868　普 0014233

**周禮精華六卷** (清)陳龍標編輯　清道光十二年(1832)刻本　四冊　七行二十字白口左右雙邊

610000 – 1001 – 0011869　普 0014235

**禮記旁訓六卷** (元)陳澔撰　清光緒十年(1884)新都墨耕堂刻本　六冊　八行二十字小字雙行同白口左右雙邊

610000 – 1001 – 0011870　普 0014237

**皇朝五經彙解二百七十卷** (清)抉經心室主人輯　清光緒十四年(1888)上海鴻文書局石印本　三十二冊　四十行六十六字白口四周單邊

610000 – 1001 – 0011871　普 0014239

**唐陸宣公翰苑集二十四卷首一卷末一卷** (唐)陸贄撰　(清)張佩芳註釋　清光緒十八年(1892)柏經正堂刻本　八冊　九行二十一字小字雙行同下黑口左右雙邊

610000 – 1001 – 0011872　普 0014240

**唐陸宣公集二十四卷** (唐)陸贄撰　(清)耆英重訂　清道光二十二年(1842)刻本　八冊　十行二十字小字雙行同白口四周單邊

610000 – 1001 – 0011873　普 0014241

**涇野子內篇二十七卷** (明)呂柟撰　清光緒七年(1881)刻本　六冊　十行二十五字黑口四周雙邊

610000 – 1001 – 0011874　普 0014243

**書古微十二卷首一卷** (清)魏源撰　清光緒四年(1878)淮南書局刻本　四冊　十行二十一字小字雙行同白口左右雙邊

610000 – 1001 – 0011875　普 0014249

**春秋直解十二卷** (清)方苞著　清刻本　四冊　九行十九字白口左右雙邊

610000 – 1001 – 0011876　普 0014251

**書經大全十卷** (明)胡廣等纂　清詩瘦閣刻本　十二冊　八行二十一字小字雙行同白口左右雙邊

610000－1001－0011877　普0014252

柏堂遺書九種　（清）方宗誠撰　清光緒桐城方氏刻本　十二冊　十一行二十一字上下黑口左右雙邊　存一種

610000－1001－0011878　普0014253

尚書古文疏證八卷　（清）閻若璩撰　清嘉慶元年(1796)天津吳氏刻本　十冊　十一行二十字小字雙行同白口左右雙邊

610000－1001－0011879　普0014255

周易傳義合訂十二卷　（清）朱軾輯　清刻本　五冊　八行二十字小字雙行同白口四周雙邊

610000－1001－0011880　普0014257

禮書綱目八十五卷首三卷　（清）江永撰　清刻本　二十四冊　九行二十二字小字雙行同白口左右雙邊

610000－1001－0011881　普0014258

春秋比事參義十六卷　（清）桂含章輯　清光緒八年(1882)金陵刻本　十六冊　十一行二十二字白口四周雙邊

610000－1001－0011882　普0014259

書經傳說匯纂二十一卷首二卷書序一卷　(清)王頊齡等輯　清同治十一年(1872)刻本　十六冊　十七行十四字白口四周雙邊

610000－1001－0011883　普0014260

尚書因文六卷首一卷末一卷　（清）武士選撰　清光緒十七年(1891)桂垣書局刻本　二冊　十行十九字下黑口左右雙邊

610000－1001－0011884　普0014262

書經詮義十二卷首二卷　（清）汪烜集　清光緒紫陽書院刻本　十三冊　十行二十五字小字雙行同白口左右雙邊

610000－1001－0011885　普0014265

春秋三傳十六卷首一卷　（明）萬淺源輯　清同治十年(1871)左氏刻本　十四冊　九行十七字小字雙行同白口四周雙邊

610000－1001－0011886　普0014266

春秋集傳辨異十二卷　（清）趙培桂集辨　清同治五年(1866)明德堂刻本　六冊　九行二十三字小字雙行同白口左右雙邊

610000－1001－0011887　普0014267

讀禮通考一百二十卷　（清）徐乾學撰　清光緒七年(1881)江蘇書局刻本　三十二冊　十三行二十一字小字雙行同白口左右雙邊

610000－1001－0011888　普0014269

說文通檢十四卷首一卷末一卷　（清）黎永椿編　清光緒二年(1876)崇文書局刻本　二冊　十行二十二字小字雙行同白口左右雙邊

610000－1001－0011889　普0014271

說文辨疑一卷　（清）顧廣圻撰　清光緒三年(1877)湖北崇文書局刻本　一冊　九行二十一字白口四周雙邊

610000－1001－0011890　普0014272

小學考五十卷　（清）謝啟昆撰　清咸豐二年(1852)樹經堂刻本　十六冊　十一行二十一字小字雙行同白口左右雙邊

610000－1001－0011891　普0014277

春秋大全三十七卷　（明）胡廣撰　（明）馮夢龍輯　清刻本　十冊　十行二十字小字雙行同白口四周單邊

610000－1001－0011892　普0014278

書經精義旁訓四卷　（宋）蔡沈撰　清光緒十一年(1885)新都墨耕堂刻本　四冊　八行十八字小字雙行同白口左右雙邊

610000－1001－0011893　普0014279

易經精義旁訓三卷　（宋）程頤撰　清光緒九年(1883)新都墨耕堂刻本　三冊　八行十八字小字雙行同白口左右雙邊

610000－1001－0011894　普0014280

增訂四經精華三十卷　（清）薛悟村撰　清光緒十一年(1885)新都墨耕堂刻本　二十冊　十一行十六字小字雙行三十字白口左右雙邊

610000－1001－0011895　普0014281

爾雅正義二十卷　（清）邵晉涵撰　清刻本

八冊　九行二十一字小字雙行同白口四周
雙邊

610000－1001－0011896　普0014282
**說文解字十五卷**　（漢）許慎撰　清嘉慶十二
年(1807)藤花榭刻本　八冊　十行字數不等
白口左右雙邊

610000－1001－0011897　普0014285
**儀禮韻言二卷**　（清）檀萃纂　清光緒八年
(1882)掃葉山房刻本　二冊　九行二十字小
字雙行同白口左右雙邊

610000－1001－0011898　普0014286
**經典釋文三十卷**　（唐）陸德明撰　清同治八
年(1869)湖北崇文書局刻本　十二冊　十一
行二十二字小字雙行同上下黑口四周雙邊

610000－1001－0011899　普0014288
**十三經集字摹本不分卷**　（清）彭玉雯纂　清
道光二十九年(1849)刻本　八冊　行數不等
大小字不等上下黑口四周雙邊

610000－1001－0011900　普0014289
**經傳釋詞十卷**　（清）王引之撰　清道光二十
七年(1847)刻本　二冊　十行二十一字小字
雙行同白口左右雙邊

610000－1001－0011901　普0014290
**孝經刊誤一卷**　（宋）朱熹撰　清刻本　二冊
十行二十字小字雙行同白口四周雙邊

610000－1001－0011902　普0014291
**十三經注疏校勘記識語四卷**　（清）汪文臺撰
清光緒三年(1877)江西書局刻本　二冊
十行十八字上下黑口左右雙邊

610000－1001－0011903　普0014292
**五車韻瑞一百六十卷**　（明）凌稚隆輯　清金
閶葉瑤池刻本　二十四冊　十行十八字小字
雙行二十七字白口左右雙邊

610000－1001－0011904　普0014293
**尚書要義二十卷**　（宋）魏了翁撰　清光緒十
年(1884)江蘇書局刻本　六冊　九行十八字
上下黑口四周雙邊

610000－1001－0011905　普0014294
**毛詩要義二十卷**　（宋）魏了翁撰　清光緒十
二年(1886)江蘇書局刻本　十二冊　九行十
八字上下黑口四周雙邊

610000－1001－0011906　普0014295
**儀禮要義五十卷**　（宋）魏了翁撰　清光緒十
年(1884)江蘇書局刻本　十二冊　九行十八
字上下黑口四周雙邊

610000－1001－0011907　普0014296
**禮記要義三十三卷校勘記一卷**　（宋）魏了翁
撰　清光緒十二年(1886)江蘇書局刻本　八
冊　九行十八字上下黑口四周雙邊

610000－1001－0011908　普0014299
**五經三傳讀本四十四卷**　（清）燕毅撰　清光
緒十年(1884)刻本　四十冊　十一行十七字
小字雙行同白口四周單邊

610000－1001－0011909　普0014300
**新刻批點四書讀本十九卷**　（宋）朱熹集注
清道光七年(1827)藝方齋刻本　六冊　九行
十七字小字雙行同白口左右雙邊

610000－1001－0011910　普0014301
**小學類編六種附編三種**　（清）李祖望輯　清
咸豐、光緒江都李氏半畝園刻本　五冊　十
行二十一字小字雙行同上下黑口左右雙邊

610000－1001－0011911　普0014302
**說文引經考證七卷互異說一卷**　（清）陳瑑撰
清同治十三年(1874)湖北崇文書局刻本
二冊　十行二十三字白口四周雙邊

610000－1001－0011912　普0014303
**經餘必讀八卷**　（清）雷琳等輯　清光緒二年
(1876)退補齋刻本　十冊　十行二十二字小
字雙行同白口四周雙邊

610000－1001－0011913　普0014304
**復古編二卷**　（宋）張有撰　**曾樂軒稿一卷**
（宋）張維撰　**安陸集一卷**　（清）張先撰　清
光緒八年(1882)揚州淮南書局刻本　三冊
九行大小字不等上下黑口四周單邊

610000－1001－0011914　普0014305

**敬齋古今黈八卷拾遺五卷**　（元）李冶撰　清光緒十九年(1893)刻本　五冊　九行二十一字小字雙行同白口四周雙邊

610000－1001－0011915　普0014306

**六書假借經徵四卷**　（清）朱駿聲撰　清光緒十八年(1892)金陵刻本　三冊　八行二十字小字雙行同上黑口四周雙邊

610000－1001－0011916　普0014307

**新鐫古史要評五卷**　（明）吳崇節纂　清刻本　五冊　十行二十一字小字雙行同白口四周雙邊

610000－1001－0011917　普0014308

**習是編二卷**　（清）屈成霖編輯　清光緒二年(1876)刻本　四冊　九行二十一字上黑口左右雙邊

610000－1001－0011918　普0014310

**四書經注集證十九卷**　（宋）朱熹集注　（清）吳昌宗撰　（清）汪廷機評選　清咸豐三年(1853)刻本　十二冊　十一行二十五字小字雙行同白口四周單邊

610000－1001－0011919　普0014311

**四書朱子本義匯參四十三卷首四卷**　（清）王步青輯　（清）王士鼇編　清敦復堂刻本　三十冊　九行二十三字小字雙行同白口四周單邊

610000－1001－0011920　普0014314

**四書恆解十卷**　（清）劉沅輯注　清光緒二十六年(1900)刻本　十二冊　十行二十字小字雙行同白口四周雙邊

610000－1001－0011921　普0014315

**四書劄記九卷**　（清）王巡泰著　清光緒九年(1883)橫渠書院刻本　八冊　九行二十一字白口四周雙邊

610000－1001－0011922　普0014317

**欽定化治四書文一卷**　（清）方苞評選　清光緒二年(1876)崇文書局刻本　十六冊　九行二十五字白口四周雙邊

610000－1001－0011923　普0014319

**四書說約三十三卷**　（明）鹿善繼著　清刻本　四冊　八行二十字白口左右雙邊

610000－1001－0011924　普0014320

**四書通旨六卷**　（元）朱公遷撰　清同治七年(1868)敏樹堂刻本　六冊　九行二十字小字雙行同下黑口四周雙邊

610000－1001－0011925　普0014321

**四書釋地補一卷續補一卷又續補一卷三續補一卷**　（清）閻若璩原本　（清）樊廷枚校補　清嘉慶二十一年(1816)敬藝堂刻本　六冊　九行二十一字小字雙行同上下黑口左右雙邊

610000－1001－0011926　普0014323

**駁呂留良四書講義八卷**　（清）朱軾編　清刻本　八冊　九行二十一字白口四周雙邊

610000－1001－0011927　普0014324

**去傲齋四書存十六卷**　（清）呂崇謐著　清道光七年(1827)刻本　十六冊　八行二十一字小字雙行同白口左右雙邊

610000－1001－0011928　普0014325

**銅板四書遵注合講十九卷**　（清）翁復編次　清道光十年(1830)懋德堂刻本　六冊　九行十七字小字雙行同白口左右雙邊

610000－1001－0011929　普0014330

**雷刻八種**　（清）雷浚撰　清光緒吳縣雷氏刻本　四冊　十行二十一字小字雙行同上下黑口四周雙邊

610000－1001－0011930　普0014331

**四書近指二十卷**　（清）孫奇逢纂　清中州學署刻本　五冊　九行二十字白口四周單邊

610000－1001－0011931　普0014335

**四書翼注論文三十八卷**　（清）張甄陶述　清嘉慶十五年(1810)竹下書堂刻本　十六冊　十一行二十二字小字雙行同白口四周單邊

610000－1001－0011932　普0014338

**如登樓遵注四書揭要四卷**　（清）韓敏樞輯　清嘉慶十三年(1808)如登樓刻本　五冊　九

行十五字小字雙行十七字白口四周雙邊

610000－1001－0011933　普0014341

**删訂四書初學易知解十卷**　（清）邵嗣堯撰
清道光六年(1826)長白鄂山刻本　十冊　十
行二十字小字雙行字白口四周單邊

610000－1001－0011934　普0014342

**四書隨見錄四十五卷**　（清）鄒鳳池　（清）陳
作梅輯　清道光二十七年(1847)刻本　二十
冊　十行二十六字粗黑口四周雙邊

610000－1001－0011935　普0014344

**寄愿堂四書玩注詳說四十卷**　（清）冉覲祖輯
清寄愿堂刻本　五十八冊　十三行三十字
小字雙行同白口四周單邊

610000－1001－0011936　普0014346

**四書經正錄不分卷**　（清）沈濟燾著　清嘉慶
九年(1804)刻本　十二冊　九行二十三字小
字雙行同上下黑口左右雙邊

610000－1001－0011937　普0014347

**讀孟會心記略七卷**　（清）翟雲生撰　清光緒
三十三年(1907)刻本　三冊　九行十七字白
口四周雙邊

610000－1001－0011938　普0014349

**四書旁訓二卷**　（□）□□撰　清光緒六年
(1880)古香閣刻本　八冊　八行十八字白口
左右雙邊

610000－1001－0011939　普0014352

**四書疏註撮言大全三十七卷**　（宋）朱熹章句
（清）胡蓉芝輯　清光緒十八年(1892)益元
書局刻本　二十四冊　九行三十五字小字雙
行同白口四周單邊

610000－1001－0011940　普0014353

**四書集說四十一卷**　（清）陶起庠纂定　清嘉
慶十八年(1813)刻本　十一冊　九行二十三
字小字雙行同白口四周單邊

610000－1001－0011941　普0014354

**四書摭餘說七卷**　（清）曹之升編　清嘉慶三
年(1798)曹氏家塾刻本　六冊　十行二十四

字白口左右雙邊

610000－1001－0011942　普0014355

**四書集編二十九卷**　（宋）真德秀撰　清同治
七年(1868)刻本　十冊　九行二十三字小字
雙行同白口左右雙邊

610000－1001－0011943　普0014356

**四書集編二十九卷**　（宋）真德秀撰　清同治
七年(1868)刻本　六冊　十行二十三字小字
雙行同白口左右雙邊　存十五卷（一至十五）

610000－1001－0011944　普0014358

**讀四書叢說八卷**　（元）許謙撰　清同治十一
年(1872)退補齋刻本　六冊　九行二十字白
口四周雙邊

610000－1001－0011945　普0014360

**論語古注集箋十卷考一卷附一卷**　（清）潘維
城撰　清光緒七年(1881)江蘇書局刻本　六
冊　九行二十一字小字雙行同下黑口左右
雙邊

610000－1001－0011946　普0014362

**四書逸箋六卷**　（清）程大中撰　清光緒十七
年(1891)三餘草堂刻本　一冊　十一行二十
字小字雙行同上下黑口四周單邊

610000－1001－0011947　普0014363

**四書說苑十一卷首一卷補遺一卷續遺一卷**
（清）孫應科撰　清道光四年(1824)刻本　四
冊　十一行二十二字白口左右雙邊

610000－1001－0011948　普0014364

**四書人物類典串珠四十卷**　（清）臧志仁編輯
清光緒十年(1884)文會堂刻本　十二冊
十一行二十六字小字雙行同白口四周單邊

610000－1001－0011949　普0014365

**四書味根錄三十七卷**　（清）金澂纂　清道光
二十五年(1845)刻本　十二冊　九行三十六
字小字雙行同白口四周單邊

610000－1001－0011950　普0014368

**論語正義二十四卷**　（清）劉寶楠學　清同治
五年(1866)刻本　六冊　十行二十三字小字

雙行同白口左右雙邊

610000－1001－0011951　普0014369
**孟子注疏十四卷**　（漢）趙岐注　清同治十年
(1871)刻本　七冊　十行二十一字小字雙行
同白口左右雙邊

610000－1001－0011952　普0014370
**四書益智錄二十卷**　（清）桂含章輯　清光緒
八年(1882)金陵刻本　二十冊　十一行二十
二字白口四周雙邊

610000－1001－0011953　普0014371
**四書質疑十九卷孝經質疑一卷**　（清）徐紹楨
撰　清光緒九年(1883)梧州刻本　二冊　十
一行二十一字上下黑口四周雙邊　存五卷
(一至四、孝經質疑一)

610000－1001－0011954　普0014372
**十三經注疏校勘記**　（清）阮元撰　清同治十
三年(1874)湖南書局刻本　二十八冊　九行
二十一字小字雙行同白口左右雙邊　存七種

610000－1001－0011955　普0014375
**十三經札記**　（清）朱亦棟撰　清光緒四年
(1878)武林竹簡齋刻本　六冊　九行二十一
字小字雙行同白口四周雙邊

610000－1001－0011956　普0014376
**十三經客難五十五卷**　（清）龔元玠著　清道
光二十六年(1846)刻本　二十二冊　九行二
十四字小字雙行同白口左右雙邊

610000－1001－0011957　普0014377
**三禮約編十八卷**　（清）汪基鈔撰　清光緒三
十二年至三十三年(1906－1907)陝西公務所
鉛印本　十冊　九行二十二字小字雙行同白
口四周雙邊

610000－1001－0011958　普0014378
**茶香室經說十六卷**　（清）俞樾撰　清光緒十
八年(1892)刻本　四冊　十行二十一字白口
左右雙邊

610000－1001－0011959　普0014379
**愚一錄十二卷**　（清）鄭獻甫撰　清光緒二年

(1876)刻本　六冊　九行二十字白口四周
雙邊

610000－1001－0011960　普0014380
**宋鄭夾漈先生六經奧論六卷首一卷**　（清）鄭
樵著　清嘉慶九年(1804)刻本　四冊　九行
十八字小字雙行同上下黑口左右雙邊

610000－1001－0011961　普0014381
**文家稽古編十卷首一卷**　（清）劉旂錫纂定
清慎詒堂刻本　十冊　十行二十二字小字雙
行同白口左右雙邊

610000－1001－0011962　普0014382
**資治通鑑外紀十卷目錄五卷**　（宋）劉恕編集
清刻本　十冊　行數不等大小字不等上下
黑口左右雙邊

610000－1001－0011963　普0014384
**資治通鑑綱目發明五十九卷**　（宋）尹起莘撰
清光緒八年(1882)退補齋刻本　六冊　八
行十八字小字雙行同白口四周單邊

610000－1001－0011964　普0014385
**史記集解索隱正義合刻本一百三十卷**　（漢）
司馬遷撰　清同治五年(1866)金陵書局刻本
二十冊　十一行二十二字小字雙行同上下
黑口四周雙邊

610000－1001－0011965　普0014387
**御批歷代通鑑輯覽一百二十卷**　（清）傅恆等
纂　清刻本　四十八冊　十一行二十一字小
字雙行同白口四周雙邊

610000－1001－0011966　普0014388
**左傳紀事本末五十三卷**　（清）高士奇著　清
同治十二年(1873)江西書局刻本　十二冊
十行二十字下黑口左右雙邊

610000－1001－0011967　普0014389
**皇朝輿地略二帙**　（清）六承如撰　清同治二
年(1863)廣州城西寶萃坊刻本　二冊　十一
行二十四字小字雙行同白口四周雙邊

610000－1001－0011968　普0014390
**皇朝中外壹統輿圖中一卷南十卷北二十卷首**

一卷　（清）胡林翼　（清）嚴樹森主持
（清）鄒世詒　（清）晏啟鎮編繪　（清）李廷
簫　（清）汪士鐸核校　清同治二年(1863)湖
北撫署刻本　五冊　行數不等字數不等下黑
口四周雙邊

610000－1001－0011969　普0014391
關中金石記八卷　（清）畢沅撰　清光緒三十
四年(1908)渭南嚴嶽蓮成都刻本　四冊　十
一行二十一字上下黑口左右雙邊

610000－1001－0011970　普0014392
日本訪書志十六卷　楊守敬撰　清光緒二十
三年(1897)蘇園刻本　八冊　九行二十字上
下黑口左右雙邊

610000－1001－0011971　普0014393
周官精義十二卷　（清）連斗山註釋　清嘉慶
二年(1797)致和堂刻本　六冊　九行二十三
字白口四周單邊

610000－1001－0011972　普0014394
通鑑紀事本末二百三十九卷　（宋）袁樞編輯
　（明）張溥論正　清同治十二年(1873)江西
書局刻本　八十冊　十行二十字下黑口左右
雙邊

610000－1001－0011973　普0014395
宋史紀事本末一百〇九卷　（明）馮琦編　清
同治十三年(1874)江西書局刻本　二十冊
十行二十字下黑口左右雙邊

610000－1001－0011974　普0014396
中國江海險要圖志二十二卷首一卷　（清）陳
壽彭譯　清光緒三十三年(1907)上海廣雅書
局石印本　十五冊　十四行三十五字小字雙
行同白口四周雙邊

610000－1001－0011975　普0014397
明史紀事本末八十卷　（清）谷應泰編輯　清
同治十三年(1874)江西書局刻本　二十冊
十行十八字下黑口左右雙邊

610000－1001－0011976　普0014398
五朝名臣言行錄七十五卷　（宋）朱熹撰　清
光緒十三年(1887)刻本　十二冊　十二行二

十二字上下黑口四周單邊

610000－1001－0011977　普0014399
元朝名臣事略十五卷　（元）蘇天爵撰　清刻
本　五冊　九行二十一字小字雙行同白口四
周雙邊

610000－1001－0011978　普0014400
御批資治通鑑綱目二十七卷　（明）商輅撰
清石印本　六冊　十八行三十六字小字雙行
同白口四周單邊

610000－1001－0011979　普0014401
御批資治通鑑綱目五十九卷首一卷　（清）宋
犖纂修　清石印本　十四冊　十八行三十六
字小字雙行同白口四周單邊

610000－1001－0011980　普0014402
葬書一卷　（晉）郭璞撰　清道光十五年
(1835)刻本　一冊　八行二十一字白口左右
雙邊

610000－1001－0011981　普0014403
讀史及幼編一卷　（清）鄭德暉編　清同治十
三年(1874)刻本　一冊　八行二十字小字雙
行同白口四周雙邊

610000－1001－0011982　普0014404
御批資治通鑑綱目前編十八卷首一卷　（明）
陳仁錫撰　清石印本　八冊　十八行三十六
字小字雙行同白口四周單邊

610000－1001－0011983　普0014405
洴澼百金方十四卷首一卷　（清）袁宮桂編次
　清咸豐六年(1856)刻本　八冊　九行二十
四字白口四周單邊

610000－1001－0011984　普0014406
欽定明鑑二十四卷首一卷　（清）托津纂　清
同治九年(1870)刻本　十冊　八行二十字白
口四周雙邊

610000－1001－0011985　普0014407
御撰資治通鑑綱目三編二十卷　（清）張廷玉
等編　清刻本　四冊　十一行二十二字小字
雙行同下黑口四周雙邊

610000－1001－0011986　普0014408
**皇朝經世文編一百二十卷姓名總目二卷**
（清）賀長齡輯　清光緒十二年(1886)思補樓
石印本　六十冊　十一行二十四字下黑口四
周雙邊

610000－1001－0011987　普0014409
**歷代名臣言行錄二十四卷**　（清）朱桓輯　清
嘉慶二年(1797)刻本　三十二冊　十行二十
一字白口四周單邊

610000－1001－0011988　普0014410
**硃批諭旨六十卷**　（清）世宗胤禛撰　清石印
本　六十冊　十五行三十三字小字雙行同白
口四周雙邊

610000－1001－0011989　普0014411
**國朝先正事略六十卷**　（清）李元度纂　清同
治五年(1866)循陔草堂刻本　二十四冊　十
行二十四字白口左右雙邊

610000－1001－0011990　普0014412
**元史紀事本末二十七卷**　（明）陳邦瞻編輯
清同治十三年(1874)江西書局刻本　四冊
十行二十字小字雙行同下黑口左右雙邊

610000－1001－0011991　普0014413
**文獻通考鈔一卷**　（元）馬端臨著　清刻本
十冊　十二行二十七字白口左右雙邊

610000－1001－0011992　普0014415
**十一朝東華錄六百二十四卷**　王先謙編　清
光緒十三年(1887)上海廣百宋齋石印本　九
十八冊　十四行四十字小字雙行四十九字白
口四周雙邊　缺七十九卷(天聰一至十、咸豐
一至六十九)

610000－1001－0011993　普0014418
**吾學錄初編二十四卷**　（清）吳榮光撰　清同
治九年(1870)江蘇書局刻本　六冊　九行二
十一字小字雙行同下黑口左右雙邊

610000－1001－0011994　普0014419
**經史百家雜鈔二十六卷**　（清）曾國藩纂　清
光緒二十年(1894)金城刻本　二十四冊　十
行二十四字下黑口四周單邊

610000－1001－0011995　普0014423
**朱子原訂近思錄十四卷**　（宋）朱熹撰　（清）
江永集注　清光緒十五年(1889)刻本　四冊
九行十七字小字雙行同白口四周雙邊

610000－1001－0011996　普0014424
**小學集解六卷**　（清）張伯行輯注　清光緒十
三年(1887)陝西布政司刻本　四冊　九行十
七字小字雙行同白口四周雙邊

610000－1001－0011997　普0014426
**十三經集字摹本不分卷**　（清）彭玉雯纂　清
道光二十九年(1849)刻本　八冊　行數不等
大小字不等上下黑口四周雙邊

610000－1001－0011998　普0014427
**勸學篇二卷**　（清）張之洞撰　清光緒二十四
年(1898)襄平趙氏刻本　一冊　十行二十三
字小字雙行同白口左右雙邊

610000－1001－0011999　普0014428
**勸學篇二卷**　（清）張之洞撰　清光緒二十四
年(1898)秦中書局刻本　一冊　十行二十三
字小字雙行同白口四周單邊

610000－1001－0012000　普0014430
**日知錄集釋三十二卷刊誤二卷續刊誤二卷**
（清）顧炎武撰　清光緒三年(1877)刻本　十
六冊　十一行二十二字小字雙行同上下黑口
四周雙邊

610000－1001－0012001　普0014431
**書目答問不分卷**　（清）張之洞撰　清刻本
二冊　十行二十五字小字雙行同白口四周雙
邊

610000－1001－0012002　普0014432
**五經合纂大成四十四卷**　（清）同文書局編
清光緒十一年(1885)上海同文書局石印本
二十冊　十四行二十七字小字雙行五十二字
白口四周單邊

610000－1001－0012003　普0014433
**五經集解三十卷附錄三卷**　（清）馮壺川撰
清同治四年(1865)味無味齋刻本　四十
十二行二十四字白口四周雙邊

610000－1001－0012004　普 0014437

**大清律例彙輯便覽四十卷督捕則例二卷五軍道里表一卷三流道里表一卷** （清）刑部制訂　清同治十一年（1872）湖北讞局刻本　二十四冊　九行二十字小字雙行同白口四周雙邊　存三十一卷（四至十九、二十三至二十六、二十九至三十五、三十七至四十）

610000－1001－0012005　普 0014438

**判語錄存四卷** （清）李鈞撰　清道光十三年（1833）刻本　四冊　九行二十二字小字雙行同白口四周雙邊

610000－1001－0012006　普 0014439

**洗冤錄義證四卷** （清）剛毅編輯　清光緒十七年（1891）江蘇書局刻本　二冊　九行二十字白口四周雙邊

610000－1001－0012007　普 0014440

**提牢備考四卷** （清）趙舒翹輯　清光緒十九年（1893）東甌官舍刻本　二冊　十行二十一字小字雙行同白口左右雙邊

610000－1001－0012008　普 0014441

**重刊補註洗冤錄集證六卷** （宋）宋慈撰（清）王又槐增輯　清同治十一年（1872）刻四色套印本　六冊　十行十八字小字雙行同白口左右雙邊

610000－1001－0012009　普 0014443

**折獄龜鑑八卷** （宋）鄭克輯　清光緒八年（1882）刻本　二冊　九行二十四字小字雙行同白口左右雙邊

610000－1001－0012010　普 0014444

**重修名法指掌圖四卷** （清）徐灝重修　清光緒二十六年（1900）京都榮錄堂刻本　四冊　行數不等大小字不等白口四周雙邊

610000－1001－0012011　普 0014445

**楹書隅錄五卷續編四卷** （清）楊紹和撰　清同治十二年（1873）刻本　八冊　九行二十一字小字雙行同白口左右雙邊

610000－1001－0012012　普 0014446

**欽定天祿琳琅書目十卷** （清）于敏中等編

**後編二十卷** （清）彭元瑞續編　清光緒十年（1884）長沙王氏刻本　十冊　九行二十一字小字雙行同上下黑口左右雙邊

610000－1001－0012013　普 0014447

**彙刻書目正續合編十卷補編一卷** （清）顧修撰　清同治九年（1870）崇雅堂刻本　十二冊　九行二十一字小字雙行同白口四周雙邊

610000－1001－0012014　普 0014448

**八史經籍志** （日本）□□撰　清光緒九年（1883）鎮海張壽榮刻本　十七冊　十行二十一字小字雙行同白口左右雙邊

610000－1001－0012015　普 0014449

**御纂朱子全書六十六卷** （宋）朱熹撰　（清）李光地等修　清江西書局刻本　四十冊　九行二十字上下黑口四周單邊

610000－1001－0012016　普 0014451

**金湯借箸十二籌十二卷** （明）李盤撰　清琉璃廠刻本　八冊　九行十九字白口四周雙邊

610000－1001－0012017　普 0014452

**武備志六種** （明）茅元儀輯　清刻本　七十九冊　九行十九字小字雙行同白口四周單邊

610000－1001－0012018　普 0014453

**兵鏡備考十三卷孫子集注一卷兵鏡或問二卷** （清）鄧廷羅輯　清來鹿堂刻本　十六冊　九行二十字白口四周雙邊

610000－1001－0012019　普 0014454

**練兵實紀九卷雜集六卷** （明）戚繼光撰　清嘉慶二十四年（1819）刻本　六冊　九行二十一字上下黑口左右雙邊

610000－1001－0012020　普 0014458

**欽定四庫全書總目二百卷首一卷** （清）紀昀等纂修　清同治七年（1868）廣東書局刻本　一百三十二冊　九行二十一字小字雙行同白口左右雙邊

610000－1001－0012021　普 0014459

**古香齋新刻袖珍淵鑑類函四百五十卷目錄四卷** （清）張英等纂　清光緒南海孔氏刻本

一百六十冊　十行二十一字小字雙行同白口
四周雙邊

610000－1001－0012022　普0014460
[隆慶]華州志二十四卷　（明）李可久修
（明）張光孝纂　[康熙]續華州志四卷
（清）馮昌奕修　（清）劉遇奇纂　[乾隆]再
續華州志十二卷　（清）汪以誠修　（清）史蕚
纂　[光緒]三續華州志十二卷　（清）吳炳南
修　（清）劉域纂　清光緒八年(1882)合刻華
州志本　十六冊　十行二十字

610000－1001－0012023　普0014461
華嶽志八卷首一卷　（清）李榕纂修　清道光
十一年(1831)刻光緒九年(1883)補刻本　四
冊　十一行二十四字小字雙行同白口左右
雙邊

610000－1001－0012024　普0014462
[嘉慶]長安縣志三十六卷　（清）張聰賢修
（清）董會臣纂　清嘉慶二十年(1815)刻本
六冊　九行二十四字小字雙行同白口四周
單邊

610000－1001－0012025　普0014465
[光緒]重纂秦州直隸州新志二十四卷首一卷
　（清）余澤春修　（清）王權等纂　清光緒十
五年(1889)隴南書院刻本　十六冊　九行二
十一字小字雙行同白口四周雙邊

610000－1001－0012026　普0014467
欽定四庫全書簡明目錄二十卷首一卷　（清）
紀昀等撰　清刻本　二十冊　九行二十一字
小字雙行同白口左右雙邊

610000－1001－0012027　普0014470
昭德先生郡齋讀書志二十卷附一卷首一卷
（宋）晁公武撰　（宋）姚應績編　清光緒十年
(1884)長沙王氏刻本　十冊　八行二十四字
小字雙行同白口左右雙邊

610000－1001－0012028　普0014471
春秋繁露十七卷　（漢）董仲舒撰　清光緒十
七年(1891)刻本　六冊　十行二十字小字雙
行同白口四周單邊

610000－1001－0012029　普0014472
春秋左傳杜注三十卷首一卷　（清）姚培謙學
　清光緒九年(1883)江南書局刻本　十冊
十一行二十二字小字雙行同白口左右雙邊

610000－1001－0012030　普0014473
四書章句集注十九卷　（宋）朱熹撰　清光緒
十二年(1886)傳經堂刻本　六冊　九行十七
字小字雙行同下黑口左右雙邊

610000－1001－0012031　普0014474
正蒙四書十九卷　（宋）朱熹集注　清致盛堂
刻本　六冊　九行十七字小字雙行同白口四
周單邊

610000－1001－0012032　普0014475
皇朝經世文鈔三十卷　（清）陸燿輯　清同治
八年(1869)金陵錢氏刻本　十冊　十二行二
十五字小字雙行同白口左右雙邊

610000－1001－0012033　普0014476
宋名臣言行錄前集十卷後集十四卷續集八卷
別集二十六卷外集十七卷　（宋）朱熹撰　清
光緒十三年(1887)刻本　十二冊　十二行二
十二字小字雙行同上下黑口四周單邊

610000－1001－0012034　普0014477
正誼堂全書六十八種　（清）張伯行輯　清同
治五年(1866)福州正誼書院刻本　二百二十
冊　十行二十二字小字雙行同白口左右雙邊

610000－1001－0012035　普0014478
御纂性理精義十二卷　（清）李光地等編　清
咸豐二年(1852)李鴻緒刻本　六冊　八行十
八字小字雙行二十二字白口四周雙邊

610000－1001－0012036　普0014479
古品節錄六卷　（清）松筠著　清嘉慶四年
(1799)中書院刻本　六冊　六行二十四字小
字雙行同白口四周雙邊

610000－1001－0012037　普0014482
理學宗傳辨正十六卷　（清）劉廷詔原本　清
同治十一年(1872)六安求我齋刻本　六冊
十二行二十五字白口左右雙邊

610000－1001－0012038　普0014483

**朱子語類一百四十卷**　（宋）朱熹撰　清光緒二年(1876)傳經堂刻本　四十八冊　十二行二十四字小字雙行同上下黑口四周雙邊

610000－1001－0012039　普0014484

**張子全書九種**　（宋）張載撰　清道光二十三年(1843)鳳郡祠刻本　八冊　十行二十四字小字雙行同白口四周雙邊

610000－1001－0012040　普0014485

**張子全書九種**　（宋）張載撰　清光緒十七年(1891)三原傳經堂刻本　八冊　二十行二十字小字雙行同上下黑口四周雙邊

610000－1001－0012041　普0014486

**尊聞堂四書文十二卷**　（清）胡兆春著　清同治十三年(1874)刻本　六冊　九行二十五字下黑口四周雙邊

610000－1001－0012042　普0014487

**讀史大署六十卷首一卷**　（清）沙張白撰　清道光二十六年(1846)刻本　十六冊　九行二十一字下黑口四周雙邊

610000－1001－0012043　普0014488

**四書經注集證十九卷**　（宋）朱熹集注　（清）吳昌宗撰　清嘉慶三年(1798)江都汪氏刻本　十四冊　十一行二十五字小字雙行同白口左右雙邊

610000－1001－0012044　普0014489

**歸震川先生集三十卷別集十卷附錄一卷**　（明）歸有光著　清光緒六年(1880)常熟歸氏刻本　十六冊　十行二十字白口左右雙邊

610000－1001－0012045　普0014491

**孫淵如先生全集二十二卷**　（清）孫星衍撰　清光緒二十年(1894)思賢書局刻本　十冊　十行二十字上下黑口左右雙邊

610000－1001－0012046　普0014493

**學案小識十四卷首一卷末一卷**　（清）唐鑑輯　清光緒十年(1884)刻本　十四冊　十行二十一字上下黑口左右雙邊

610000－1001－0012047　普0014494

**增修東萊書說三十五卷首一卷**　（宋）時瀾修定　清同治八年(1869)退補齋刻本　八冊　九行二十字白口左右雙邊

610000－1001－0012048　普0014495

**呂東萊先生文集二十卷首一卷**　（宋）呂祖謙撰　（清）王崇炳編輯　清同治七年(1868)退補齋刻本　十冊　九行二十字小字雙行同白口四周雙邊　存十三卷(一至十二、首一)

610000－1001－0012049　普0014496

**居易錄三十四卷**　（清）王士禎撰　清刻本　八冊　十行二十字上下黑口左右雙邊

610000－1001－0012050　普0014497

**學案續編二十卷**　（清）伊里布原訂　清光緒七年(1881)甘肅臬署刻本　十冊　九行十六字白口四周雙邊

610000－1001－0012051　普0014501

**黃帝內經素問九卷**　（明）馬元臺撰　（清）張志聰集注　清刻本　六冊　九行二十字白口左右雙邊

610000－1001－0012052　普0014502

**王先生十七史蒙求十六卷**　（宋）王令著　清道光二十八年(1848)文雅齋刻本　八冊　十一行二十一字白口左右雙邊

610000－1001－0012053　普0014503

**同治光緒中興奏議八卷**　（清）陳弢撰　清光緒元年(1875)經訓堂刻本　八冊　十行二十二字白口左右雙邊

610000－1001－0012054　普0014504

**江表忠略二十卷**　（清）陳澹然撰　清光緒二十六年(1900)長沙刻本　四冊　十二行二十五字小字雙行同上下黑口左右雙邊

610000－1001－0012055　普0014505

**易知摘要類編十二卷**　（清）高崇基編　清同治十三年(1874)紹衣堂刻本　十二冊　十行二十四字小字雙行同白口左右雙邊

610000－1001－0012056　普0014506

舊雨集三卷 （清）鄭士範著 清光緒周正誼堂刻本 一冊 九行十七字黑口四周雙邊

610000－1001－0012057 普0014509

牧令書輯要十卷 （清）徐棟輯 清同治七年(1868)江蘇書局刻本 十二冊 十一行二十一字上下黑口左右雙邊

610000－1001－0012058 普0014510

政學錄初稿八卷 （清）陸言纂輯 清道光十三年(1833)刻本 八冊 八行二十二字白口四周單邊

610000－1001－0012059 普0014511

道齋正軌二十卷 （清）鄒鳴鶴纂述 清道光三十年(1850)刻本 八冊 八行二十二字白口四周雙邊

610000－1001－0012060 普0014512

實政錄七卷 （明）呂坤撰 清道光七年(1827)開封府署刻本 六冊 九行二十二字下黑口四周雙邊

610000－1001－0012061 普0014514

實政錄七卷 （明）呂坤撰 清嘉慶二年(1797)刻本 十冊 九行十八字白口四周雙邊

610000－1001－0012062 普0014515

五種遺規 （清）陳宏謀撰 清同治七年(1868)金陵書局刻本 十冊 九行二十字小字雙行同白口左右雙邊

610000－1001－0012063 普0014516

宋元學案一百卷首一卷 （清）黃宗羲撰 清光緒五年(1879)長沙刻本 四十冊 十一行二十四字小字雙行同上下黑口左右雙邊

610000－1001－0012064 普0014517

讀書雜志八十二卷餘編二卷 （清）王念孫撰 清同治九年(1870)金陵書局刻本 二十四冊 十行二十一字小字雙行同白口四周雙邊

610000－1001－0012065 普0014519

性理體注補訓解八卷 （宋）周敦頤撰 （清）

張道升纂輯 清文會堂刻本 四冊 九行十五字小字雙行同白口四周單邊

610000－1001－0012066 普0014520

呻吟語六卷補遺一卷 （明）呂坤撰 清咸豐十年(1860)稽古堂刻本 六冊 十一行二十一字白口左右雙邊

610000－1001－0012067 普0014521

尊經書院初集十二卷 王闓運輯 清刻本 十一冊 九行二十一字上下黑口四周單邊 存十一卷(二至十二)

610000－1001－0012068 普0014523

包孝肅公奏議十卷 （宋）包拯撰 清同治二年(1863)省心閣刻本 四冊 九行十八字白口四周雙邊

610000－1001－0012069 普0014524

忠簡公集七卷 （宋）宗澤撰 清同治八年(1869)退補齋刻本 二冊 九行二十字白口四周雙邊

610000－1001－0012070 普0014525

忠武祠墓志七卷首一卷末一卷 （清）李復心匯輯 清同治五年(1866)刻本 四冊 九行二十字小字雙行同白口四周雙邊

610000－1001－0012071 普0014526

武侯全書二十卷首一卷 （清）趙承恩編輯 清光緒十年(1884)刻本 十冊 八行十七字下黑口四周雙邊

610000－1001－0012072 普0014527

新刻張太岳先生文集四十七卷 （明）張居正著 清江陵鄧氏刻本 十六冊 十行二十字白口四周單邊

610000－1001－0012073 普0014528

岳忠武王集八卷首一卷末一卷 （宋）岳飛撰 （清）黃邦寧編輯 清同治三年(1864)刻本 四冊 九行二十字白口四周單邊

610000－1001－0012074 普0014529

司馬溫公文集八十二卷 （宋）司馬光撰 清同治四年(1865)刻本 二十四冊 九行二十

字小字雙行同白口四周雙邊　存五十卷(一至五十)

610000－1001－0012075　普0014530

**王臨川全集一百卷目錄二卷** （宋）王安石撰　清光緒九年(1883)刻本　十六冊　十一行二十二字上下黑口左右雙邊　存三十四卷（一至三十四）

610000－1001－0012076　普0014531

**日知錄集釋三十二卷刊誤二卷續刊誤二卷** (清)顧炎武撰　(清)黃汝成校　清同治十一年(1872)崇文書局刻本　十六冊　十一行二十二字小字雙行同上下黑口四周雙邊

610000－1001－0012077　普0014533

**宋張宣公詩文集論孟解合刻四十四卷** （宋）張栻撰　清咸豐四年(1854)刻本　十六冊　十一行二十字白口左右雙邊

610000－1001－0012078　普0014534

**盧忠肅公集十二卷首一卷** （明）盧象昇撰　清光緒元年(1875)刻本　八冊　十行二十一字下黑口左右雙邊

610000－1001－0012079　普0014537

**望溪先生文集十八卷集外文十卷集外文補遺二卷年譜二卷** （清）方苞撰　清咸豐元年(1851)刻本　十六冊　十一行二十一字小字雙行同白口四周雙邊

610000－1001－0012080　普0014538

**培遠堂偶存稿四十八卷** （清）陳宏謀著　清刻本　三十冊　九行二十字白口四周雙邊

610000－1001－0012081　普0014540

**楊忠愍公全集四卷** （明）楊繼盛撰　清道光二十三年(1843)刻本　四冊　十行二十字白口四周雙邊

610000－1001－0012082　普0014541

**郝文忠公陵川文集三十九卷附錄一卷** （元）郝經撰　（清）王鏐編訂　清道光十六年(1836)刻本　十冊　十行二十二字白口左右雙邊

610000－1001－0012083　普0014542

**陶文毅公全集六十四卷首一卷末一卷** （清）陶澍撰　清道光二十年(1840)淮北士民公刻本　二十四冊　十行二十一字白口四周雙邊

610000－1001－0012084　普0014543

**林文忠公政書甲集九卷乙集十七卷丙集十一卷** （清）林則徐撰　清光緒刻本　十冊　九行二十字下黑口四周雙邊

610000－1001－0012085　普0014544

**遂寧張文端公全集七卷首一卷** （清）張鵬翮撰　清光緒八年(1882)刻本　八冊　九行二十二字白口四周雙邊

610000－1001－0012086　普0014545

**彭剛直公奏稿八卷詩集八卷** （清）彭玉麟撰　清光緒十七年(1891)吳下刻本　八冊　十行二十四字白口左右雙邊

610000－1001－0012087　普0014546

**倭文端公遺書十一卷首二卷** （清）倭仁輯　清同治元年(1862)刻本　八冊　十行二十一字白口四周雙邊

610000－1001－0012088　普0014547

**多忠勇公勤勞錄四卷** （清）雷正縮纂輯　清光緒三年(1877)敬恕堂刻本　四冊　八行二十二字白口四周雙邊

610000－1001－0012089　普0014548

**胡敬齋先生文集三卷居業錄四卷** （明）胡居仁撰　清同治八年(1869)傳經堂刻本　六冊　九行二十字上下黑口四周雙邊

610000－1001－0012090　普0014549

**時齋文集十卷詩集四卷** （清）李元春撰　清刻本　十冊　九行二十字白口左右雙邊

610000－1001－0012091　普0014550

**養素堂文集三十五卷首一卷** （清）張澍撰　清道光十七年(1837)刻本　十六冊　十行二十二字小字雙行同白口四周雙邊

610000－1001－0012092　普0014551

**十子全書** （清）王子興輯　清嘉慶全椒吳氏

刻本 三十二冊 十一行二十一字上下黑口四周單邊

610000－1001－0012093 普0014553
**京江後七子詩鈔七卷** （清）周伯義輯 清同治十一年(1872)刻本 二冊 十一行二十一字下黑口左右雙邊

610000－1001－0012094 普0014560
**許魯齋先生年譜一卷心法約編一卷** （清）鄭士範編集 清光緒六年(1880)刻本 一冊 十行二十二字小字雙行同下黑口四周雙邊

610000－1001－0012095 普0014564
**史忠正公集四卷首一卷末一卷** （明）史可法撰 清光緒十六年(1890)刻本 三冊 十行二十一字白口四周單邊

610000－1001－0012096 普0014565
**人譜類記二卷** （明）劉宗周撰 清教忠堂刻本 二冊 十一行二十一字白口四周單邊

610000－1001－0012097 普0014568
**史約不分卷** （清）查嘉蔭纂輯 清道光二十六年(1846)刻本 一冊 八行八至十六字小字雙行同白口四周雙邊

610000－1001－0012098 普0014569
**必元局增定課讀鑑略妥注五卷** （明）李廷機著 清刻本 二冊 十行二十八字小字雙行同白口四周雙邊

610000－1001－0012099 普0014571
**古南餘話五卷** （清）舒白香撰 清嘉慶十八年(1813)刻本 一冊 八行二十字小字雙行同白口四周雙邊

610000－1001－0012100 普0014572
**歷代政要表二卷** （清）胡子清編輯 清光緒二十九年(1903)長沙刻本 二冊 十行三十二字白口左右雙邊

610000－1001－0012101 普0014573
**小學集解六卷輯說一卷** （宋）朱熹撰 （清）張伯行輯注 清光緒十三年(1887)陝布政司

刻本 四冊 九行十七字小字雙行同白口四周雙邊

610000－1001－0012102 普0014574
**小學集解六卷輯說一卷** （宋）朱熹撰 （清）張伯行輯注 清光緒十三年(1887)陝布政司刻本 四冊 九行十七字小字雙行同白口四周雙邊

610000－1001－0012103 普0014575
**近思錄集解十四卷** （宋）朱熹編 （宋）葉采集解 清刻本 二冊 九行十九字小字雙行二十四字白口左右雙邊

610000－1001－0012104 普0014576
**韓苑洛全集二十二卷** （明）韓邦奇撰 清道光八年(1828)同里謝氏刻本 十冊 十行二十字白口四周雙邊

610000－1001－0012105 普0014579
**小學淺解六卷** （清）薛于瑛著 清宣統二年(1910)存心堂刻本 四冊 九行二十二字小字雙行同下黑口四周單邊

610000－1001－0012106 普0014580
**近思錄十四卷** （宋）朱熹撰 （清）江永集注 清同治八年(1869)江蘇書局刻本 四冊 九行十九字小字雙行同白口左右雙邊

610000－1001－0012107 普0014583
**弘明集十四卷** （南朝梁）釋僧祐集 清光緒二十二年(1896)金陵刻經處刻本 四冊 十行二十字小字雙行同上下黑口左右雙邊

610000－1001－0012108 普0014584
**楚辭集注八卷** （宋）朱熹集注 清聽雨齋刻朱墨印本 四冊 八行二十二字白口左右雙邊

610000－1001－0012109 普0014586
**溫飛卿詩集七卷別集一卷集外詩一卷** （唐）溫庭筠撰 （明）曾益原注 清刻本 四冊 十一行二十字小字雙行三十字白口左右雙邊

610000－1001－0012110 普0014587
**杜詩鏡詮二十卷** （唐）杜甫撰 （清）楊倫編

輯 清同治十一年(1872)望三益齋刻本 十冊 九行二十字小字雙行三十一字白口左右雙邊

610000－1001－0012111 普0014589
白香山詩集二十卷後集十七卷別集一卷補遺二卷 (唐)白居易撰 (清)汪立名編訂 清刻本 十二冊 十二行二十一字小字雙行三十一字白口左右雙邊

610000－1001－0012112 普0014591
李長吉歌詩四卷首一卷外集一卷 (唐)李賀撰 (清)王琦匯解 清光緒四年(1878)宏達堂刻本 四冊 十行二十字小字雙行同下黑口左右雙邊

610000－1001－0012113 普0014594
宋四名家詩 (清)周之鱗選輯 清光緒元年(1875)刻本 四冊 十二行二十二字小字雙行同上下黑口左右雙邊

610000－1001－0012114 普0014598
小蘇潭詞六卷 (清)謝學崇撰 清道光元年(1821)刻本 二冊 十行十八字白口左右雙邊

610000－1001－0012115 普0014599
胡文忠公遺集八十六卷首一卷 (清)曾國荃 (清)鄭敦謹纂輯 清光緒元年(1875)湖北崇文書局刻本 三十二冊 十行二十字上下黑口四周雙邊

610000－1001－0012116 普0014600
涇野先生四書因問六卷 (清)魏廷萱撰 清刻本 四冊 十行二十二字白口左右雙邊

610000－1001－0012117 普0014601
隨園三十種 (清)袁枚撰 清同治五年(1866)三讓睦記刻本 九十六冊 十行二十一字上下黑口左右雙邊

610000－1001－0012118 普0014605
諸史間論十五卷 (清)李元春撰 清道光十八年(1838)刻本 八冊 九行二十字白口左右雙邊

610000－1001－0012119 普0014606
東萊先生古文關鍵二卷 (宋)呂祖謙編 清同治九年(1870)古閩晏湖張勵志書屋刻本 二冊 九行二十一字小字雙行三十一字白口左右雙邊

610000－1001－0012120 普0014608
綱目大戰錄三卷 (清)李元春評輯 清刻本 三冊 九行二十字白口左右雙邊

610000－1001－0012121 普0014610
許魯齋先生集六卷 (元)許衡撰 (清)張伯行輯訂 清刻本 一冊 十行二十二字白口四周單邊

610000－1001－0012122 普0014611
通鑑答問五卷 (宋)王應麟著 清光緒八年(1882)刻本 四冊 九行二十字白口左右雙邊

610000－1001－0012123 普0014612
尚史七十卷 (清)李鍇纂 清嘉慶十九年(1814)晚香草堂刻本 二十二冊 十行二十四字小字雙行同白口左右雙邊

610000－1001－0012124 普0014613
史外八卷 (清)汪有典著 清同治三年(1864)廬陵尋樂山房刻本 四冊 九行二十四字白口左右雙邊

610000－1001－0012125 普0014614
歷代史案二十卷首一卷 (清)洪亮吉撰 清刻本 十冊 十行二十二字白口左右雙邊

610000－1001－0012126 普0014615
史略八十七卷 (清)朱堃輯 清同治五年(1866)刻本 二十冊 十行二十五字小字雙行同白口左右雙邊

610000－1001－0012127 普0014616
史記菁華錄六卷 (清)姚苧田撰 清道光四年(1824)吳興姚氏扶荔山房刻本 六冊 九行二十字上下黑口四周單邊

610000－1001－0012128 普0014617
廿二史劄記三十六卷補遺一卷 (清)趙翼撰

清光緒二十五年(1899)益元書局刻本　十二冊　十一行二十一字小字雙行三十二字白口左右雙邊

610000－1001－0012129　普0014618
**廿二史攷異一百卷**　(清)錢大昕撰　清光緒二十年(1894)廣雅書局刻本　十八冊　十一行二十四字小字雙行同上下黑口四周單邊

610000－1001－0012130　普0014620
**輟耕錄三十卷**　(明)陶宗儀撰　清光緒十一年(1885)福瀛書局刻本　八冊　十行二十一字白口左右雙邊

610000－1001－0012131　普0014621
**帝鑑圖說不分卷**　(明)張居正著　清刻本　四冊　九行十九字白口四周雙邊

610000－1001－0012132　普0014622
**臣鑑錄二十卷**　(清)蔣伊編輯　清刻本　二十冊　九行二十三字白口左右雙邊

610000－1001－0012133　普0014623
**廿一史彈詞註十卷**　(明)楊慎撰　**明紀彈詞註一卷**　(清)張三異撰　清道光十二年(1832)刻本　八冊　十一行二十一字小字雙行同白口四周雙邊

610000－1001－0012134　普0014624
**孔子家語四卷**　(三國魏)王肅注　清刻本　四冊　八行二十三字小字雙行同白口四周單邊

610000－1001－0012135　普0014625
**制義禮要十九卷**　(清)陳句山原本　(清)孫衣言補　清光緒三年(1877)湖北崇文書局刻本　四冊　九行二十五字白口四周單邊

610000－1001－0012136　普0014626
**瑞芝室家傳一卷經義尋中十二卷**　(清)楊琪光著　清光緒十一年(1885)刻本　三冊　九行二十一字白口左右雙邊　存三卷(瑞芝室家傳一、經義尋中二至三)

610000－1001－0012137　普0014627
**詩韻集成十卷**　(清)余照輯　清李光明莊刻

本　四冊　十行大小字數不等白口左右雙邊

610000－1001－0012138　普0014628
**舊德集十四卷**　繆荃孫輯　清刻本　四冊　十一行二十三字小字雙行同上下黑口左右雙邊

610000－1001－0012139　普0014632
**廿一史約編八卷首一卷**　(清)鄭元慶撰　抄本　八冊　九行二十一字小字雙行同白口四周單邊

610000－1001－0012140　普0014633
**廿二史綜編八卷**　(清)陶有容編　清咸豐三年(1853)刻本　十二冊　九行二十二字小字雙行同白口四周單邊

610000－1001－0012141　普0014637
**大學衍義補一百六十卷首一卷**　(明)丘濬撰　(明)陳仁錫評閱　清道光十七年(1837)刻本　四十冊　十行二十字小字雙行同白口四周單邊

610000－1001－0012142　普0014639
**列女傳十六卷**　(漢)劉向撰　(清)梁端校注　清道光十三年(1833)振綺堂刻本　四冊　十一行十九字小字雙行二十六字白口左右雙邊

610000－1001－0012143　普0014640
**易知摘要類編十二卷**　(清)高崇基等編　清同治十三年(1874)刻本　十二冊　十行二十四字白口左右雙邊

610000－1001－0012144　普0014646
**大學衍義四十三卷**　(宋)真德秀撰　清光緒十三年(1887)柏經正堂刻本　八冊　十行二十字小字雙行同黑口四周單邊

610000－1001－0012145　普0014649
**大學衍義輯要六卷**　(宋)真德秀原本　(清)陳宏謀纂　**大學衍義補輯要十二卷首一卷**　(明)丘濬撰　(清)陳宏謀纂　清同治五年(1866)刻本　八冊　十行二十一字小字雙行同白口左右雙邊

610000－1001－0012146　普0014650

**大學衍義體要十六卷**　（宋）眞德秀原編（清）徐桐輯　清刻本　八冊　九行二十字白口左右雙邊

610000－1001－0012147　普0014651

**大學衍義輯要六卷**　（宋）眞德秀原本　（清）陳宏謀纂　清道光二十二年(1842)寶恕堂刻本　四冊　十行二十一字小字雙行同白口左右雙邊

610000－1001－0012148　普0014652

**大學衍義續七十卷**　（清）強汝詢輯　清光緒十二年(1886)刻本　二十四冊　九行二十五字白口左右雙邊

610000－1001－0012149　普0014654

**蠶桑備要四卷附醫蠶病方一卷**　（清）劉青藜補輯　清光緒二十一年(1895)陝西蠶桑局刻本　一冊　十行二十一字小字雙行同白口四周雙邊　存三卷(一至三)

610000－1001－0012150　普0014656

**二曲集四十六卷**　（清）李顒著　清光緒三年(1877)刻本　十六冊　九行二十字白口四周雙邊

610000－1001－0012151　普0014661

**周易集解十七卷**　（唐）李鼎祚輯　清刻本　五冊　十行二十一字白口左右雙邊

610000－1001－0012152　普0014663

**朱子原訂近思錄十四卷**　（宋）朱熹撰（清）江永集注　清光緒十五年(1889)刻本　四冊　九行十七字小字雙行同白口四周雙邊

610000－1001－0012153　普0014664

**小學集解六卷輯說一卷**　（清）張伯行輯注　清同治六年(1867)崇文書局刻本　三冊　九行十七字小字雙行同白口四周雙邊

610000－1001－0012154　普0014665

**清麓文集二十三卷日記五卷**　（清）賀瑞麟撰　清光緒二十五年(1899)傳經堂刻本　三十九冊　十行二十字白口四周雙邊

610000－1001－0012155　普0014667

**呂新吾先生語錄六卷**　（明）呂坤著　清嘉慶元年(1796)刻本　六冊　十二行二十二字白口左右雙邊

610000－1001－0012156　普0014668

**關學原編四卷首一卷**　（明）馮從吾著　（清）李元春續編　清道光十年(1830)傳經堂刻本　四冊　九行十八字小字雙行同白口四周雙邊

610000－1001－0012157　普0014669

**人範六卷**　（清）蔣元輯　清光緒十六年(1890)守拙軒刻本　二冊　九行二十三字小字雙行同下黑口四周雙邊

610000－1001－0012158　普0014670

**家塾蒙求五卷**　（清）康基淵纂輯　清同治七年(1868)刻本　二冊　十行二十二字小字雙行同白口左右雙邊

610000－1001－0012159　普0014671

**朱子原訂近思錄十四卷**　（宋）朱熹撰　（清）江永集注　清光緒十五年(1889)刻本　四冊　九行十七字小字雙行同白口四周雙邊

610000－1001－0012160　普0014672

**小學淺解六卷**　（清）薛于瑛著　清宣統二年(1910)存心堂刻本　四冊　九行二十二字下黑口四周單邊

610000－1001－0012161　普0014678

**史鑑節要便讀六卷**　（清）鮑東里編　清光緒二十五年(1899)湖南書局刻本　二冊　八行十六字小字雙行不等白口左右雙邊

610000－1001－0012162　普0014679

**曾子問講錄四卷**　（清）毛奇齡撰　清渭南嚴氏刻本　三冊　十行二十字小字雙行同上下黑口左右雙邊

610000－1001－0012163　普0014680

**真文忠公心經一卷政經一卷**　（宋）真德秀撰　清光緒元年(1875)述荊堂刻本　二冊　九行二十字小字雙行同上黑口四周雙邊

610000－1001－0012164　普0014681

**文光堂增定課兒鑑略妥注善本五卷**　（明）李
廷機撰　清道光十二年(1832)刻本　二冊
十行二十八字小字雙行同白口四周單邊

610000－1001－0012165　普0014682

**皇清經解一百七十三種**　（清）阮元輯　清光
緒十三年(1887)上海書局石印本　六十四冊
二十八行六十字白口四周雙邊

610000－1001－0012166　普0014684

**讒書五卷**　（唐）羅隱撰　清光緒十二年
(1886)邵武徐氏刻本　一冊　九行二十二字
白口左右雙邊

610000－1001－0012167　普0014686

**治心齋琴學練要五卷**　（清）王善編輯　抄本
四冊　九行二十字白口四周單邊

610000－1001－0012168　普0014687

**朱子約編八卷**　（清）鄭士範輯　清光緒十九
年(1893)鳳翔周氏刻本　二冊　九行十七字
小字雙行同下黑口四周雙邊

610000－1001－0012169　普0014688

**許魯齋先生年譜一卷心法約編一卷**　（清）鄭
士範編集　清光緒六年(1880)刻本　一冊
十行二十二字小字雙行同下黑口四周雙邊

610000－1001－0012170　普0014689

**朱子年譜一卷**　（清）鄭士範編集　清光緒六
年(1880)刻本　一冊　十行二十二字小字雙
行同下黑口四周雙邊

610000－1001－0012171　普0014690

**揚子法言音義十三卷**　（漢）揚雄撰　（晉）李
軌輯　清嘉慶二十三年(1818)石研齋秦氏刻
本　一冊　十行十八字小字雙行二十五字白
口左右雙邊

610000－1001－0012172　普0014691

**四書小參一卷**　（明）朱斯行著　清光緒三年
(1877)姑蘇刻經處刻本　一冊　十行二十字
上下黑口左右雙邊

610000－1001－0012173　普0014692

610000－1001－0012174　普0014693

**資治通鑑外紀十卷目錄五卷**　（宋）劉恕編
（清）胡克家注補　清同治十年(1871)江蘇書
局刻本　十冊　十行二十二字小字雙行同上
下黑口左右雙邊

610000－1001－0012174　普0014693

**讀書鏡八卷**　（明）陳繼儒撰　清光緒四年
(1878)味經書院刻本　四冊　九行十八字白
口四周雙邊

610000－1001－0012175　普0014694

**思辨錄輯要前集二十二卷後集十三卷**　（清）
陸世儀撰　清光緒三年(1877)江蘇書局刻本
八冊　十二行二十三字白口四周雙邊

610000－1001－0012176　普0014695

**春秋大事表五十卷輿圖一卷附錄一卷**　（清）
顧棟高輯　清光緒十四年(1888)求友齋刻本
十三冊　十一行二十五字小字雙行三十八
字白口左右雙邊

610000－1001－0012177　普0014696

**人譜類記二卷人譜一卷**　（明）劉宗周撰　清
光緒二十八年(1902)三原寰氏刻本　一冊
十行二十字白口四周單邊

610000－1001－0012178　普0014697

**文公朱先生感興詩一卷**　（宋）朱熹撰　（宋）
蔡模學　清刻本　一冊　九行十七字上下黑
口左右雙邊

610000－1001－0012179　普0014698

**禮表一卷**　（清）鄭士範著　清光緒十九年
(1893)正誼堂刻本　一冊　行數不等字數不
等上下黑口四周單邊

610000－1001－0012180　普0014701

**困學紀聞注二十卷**　（宋）王應麟撰　（清）翁
元圻注　清光緒三年(1877)善成堂刻本　十
六冊　十行二十字小字雙行三十一字白口左
右雙邊

610000－1001－0012181　普0014702

**廣列女傳二十卷附錄一卷**　（清）劉開纂　清
光緒十年(1884)刻本　六冊　十二行二十四
字上下黑口四周雙邊

610000－1001－0012182　普 0014704

正誼堂全書六十八種　（清）張伯行輯　清同治五年(1866)福州正誼書院刻八年至九年(1869－1870)續刻本　一百六十冊　十行二十二字小字雙行同白口左右雙邊

610000－1001－0012183　普 0014705

子書百家　（清）崇文書局輯　清光緒元年(1875)湖北崇文書局刻本　一百十冊　十二行二十四字上下黑口四周雙邊

610000－1001－0012184　普 0014706

武英殿聚珍版書　清同治十三年(1874)江西書局刻本　一百二十八冊　九行二十一字白口四周雙邊

610000－1001－0012185　普 0014707

資治通鑑綱目五十九卷首一卷　（宋）朱熹撰　清光緒二年(1876)述荆堂刻本　三十冊　九行二十字小字雙行同上下黑口四周雙邊

610000－1001－0012186　普 0014708

資治通鑑後編一百八十四卷校勘記十五卷　(清)徐乾學編集　清富陽夏氏刻本　四十八冊　十二行二十一字白口左右雙邊

610000－1001－0012187　普 0014709

資治通鑑目錄三十卷　（宋）司馬光撰　清同治八年(1869)江蘇書局刻本　十冊　十一行大小字不等白口左右雙邊

610000－1001－0012188　普 0014711

明紀六十卷　（清）陳鶴纂　清同治十年(1871)江蘇書局刻本　二十冊　十一行二十四字上下黑口四周雙邊

610000－1001－0012189　普 0014712

欽定書經圖說五十卷　（清）孫家鼐等修　清光緒三十一年(1905)石印本　十六冊　十行二十四字小字雙行同白口四周雙邊

610000－1001－0012190　普 0014713

十三經注疏　（三國魏）王弼著　（唐）陸德明音義　清刻本　四十冊　九行二十一字小字雙行同白口左右雙邊　存四種

610000－1001－0012191　普 0014715

稱謂錄三十二卷　（清）梁章鉅撰　清光緒元年(1875)刻本　八冊　九行二十一字白口左右雙邊

610000－1001－0012192　普 0014716

尚書因文六卷首一卷末一卷　（清）武士選撰　清光緒十八年(1892)關中書院刻本　四冊　九行十九字小字雙行同白口左右雙邊

610000－1001－0012193　普 0014717

皇朝經世文編一百二十卷姓名總目二卷　(清)賀長齡輯　清同治十二年至光緒八年(1873－1882)刻本　八十一冊　十一行二十四字白口四周雙邊

610000－1001－0012194　普 0014718

硃批諭旨六十卷　（清）世宗胤禛撰　清石印本　六十冊　十五行三十三字小字雙行同白口四周雙邊

610000－1001－0012195　普 0014719

資治新書初集十四卷首一卷二集二十卷　(清)李漁輯　清刻本　二十冊　十行二十字小字雙行同白口左右雙邊

610000－1001－0012196　普 0014720

稽古錄二十卷　（宋）司馬光撰　清光緒九年(1883)解梁書院刻本　四冊　八行十九字小字雙行同下黑口左右雙邊

610000－1001－0012197　普 0014721

稽古錄二十卷　（宋）司馬光撰　清光緒九年(1883)解梁書院刻本　四冊　八行二十字小字雙行同下黑口左右雙邊

610000－1001－0012198　普 0014723

唐鑒十二卷　（宋）范祖禹撰　清刻本　四冊　八行十九字小字雙行同上黑口左右雙邊

610000－1001－0012199　普 0014725

吾學錄初編二十四卷　（清）吳榮光撰　清道光十二年(1832)會經堂刻本　四冊　九行二十一字小字雙行同白口左右雙邊

610000－1001－0012200　普 0014726

**吾學錄初編二十四卷** (清)吳榮光撰 清道光十二年(1832)會經堂刻本 八册 九行二十一字小字雙行同白口左右雙邊

610000－1001－0012201 普0014727
**涑水記聞十六卷** (宋)司馬光撰 清光緒五年(1879)解梁書院刻本 四册 九行二十二字白口左右雙邊

610000－1001－0012202 普0014728
**涑水記聞十六卷** (宋)司馬光撰 清光緒五年(1879)解梁書院刻本 四册 九行二十二字白口左右雙邊

610000－1001－0012203 普0014729
**史通削繁四卷** (清)紀昀撰 清道光十三年(1833)兩廣節署刻本 四册 十行二十一字小字雙行同白口左右雙邊

610000－1001－0012204 普0014730
**開知錄十四卷** (清)張秉直著 清光緒元年(1875)刻本 四册 九行二十字上下黑口四周雙邊

610000－1001－0012205 普0014733
**陶靖節集八卷** (晉)陶潛撰 清光緒五年(1879)傳忠書舍刻本 二册 十行二十字小字雙行同上下黑口左右雙邊

610000－1001－0012206 普0014735
**史鑑節要便讀六卷** (清)鮑東里編 清光緒二十九年(1903)陝西官運書局石印本 二册 十行十九字小字雙行五十三字白口左右雙邊

610000－1001－0012207 普0014736
**物理小識十二卷首一卷** (清)方以智集 清嵩崑書農刻本 六册 十一行二十二字小字雙行同上下黑口左右雙邊 存十一卷(二至十二)

610000－1001－0012208 普0014737
**女教詩鈔三卷** (清)子餘輯 清光緒二十九年(1903)經正堂刻本 一册 十行二十二字上下黑口四周單邊

610000－1001－0012209 普0014738
**人範六卷** (清)蔣元輯 清光緒十六年(1890)守拙軒刻本 二册 九行二十三字小字雙行同下黑口四周雙邊

610000－1001－0012210 普0014739
**困學紀聞二十卷** (宋)王應麟撰 清刻本 四册 十一行二十五字白口左右雙邊

610000－1001－0012211 普0014747
**辨志堂家訓節鈔一卷** (清)劉澔輯 清光緒二十年(1894)青門刻本 一册 九行二十三字上下黑口四周雙邊

610000－1001－0012212 普0014748
**真文忠公心經一卷政經一卷** (宋)真德秀撰 清光緒元年(1875)述荆堂刻本 一册 九行二十字小字雙行同上下黑口四周雙邊

610000－1001－0012213 普0014749
**濂洛關閩書十九卷** (清)張伯行集解 清刻本 四册 九行十七字小字雙行同白口四周單邊

610000－1001－0012214 普0014750
**王深寧先生年譜一卷** (清)陳僅纂輯 (清)張恕編次 清道光二十五年(1845)繼雅堂刻本 一册 十行二十二字白口四周雙邊

610000－1001－0012215 普0014751
**史約便讀一卷** (清)查嘉葮著 抄本 一册 八行字數不等

610000－1001－0012216 普0014753
**羅豫章先生集十二卷首一卷末一卷** (宋)羅從彥撰 清光緒八年(1882)盱江謝甘棠刻本 二册 九行二十字白口左右雙邊

610000－1001－0012217 普0014754
**皇朝謚法考五卷續編一卷補編一卷** (清)鮑康撰 清同治三年(1864)刻本 二册 十行二十四字小字雙行同白口左右雙邊

610000－1001－0012218 普0014756
**我法集二卷** (清)紀昀撰 清刻本 二册 九行二十字白口四周雙邊

610000－1001－0012219　普0014757

**國朝古文所見集十三卷**　（清）陳兆麒編　清道光二年(1822)一枝山房刻本　二冊　十行二十字上下黑口左右雙邊　存六卷(一至六)

610000－1001－0012220　普0014758

**冷語二卷**　（清）劉源淥著　清光緒十七年(1891)求我齋刻本　二冊　十一行二十一字上下黑口左右雙邊

610000－1001－0012221　普0014759

**蠻書十卷**　（唐）樊綽撰　清刻本　一冊　九行二十一字小字雙行同白口四周雙邊

610000－1001－0012222　普0014760

**讒書五卷**　（唐）羅隱撰　清光緒十二年(1886)邵武徐氏刻本　一冊　九行二十二字小字雙行同白口左右雙邊

610000－1001－0012223　普0014763

**國學講義二卷**　（清）王蘭生著　清同治十二年(1873)刻本　二冊　九行二十字白口四周雙邊

610000－1001－0012224　普0014764

**為政忠告四卷**　（元）張養浩撰　清道光十一年(1831)碧鮮齋影元刻本　二冊　八行十七字上下黑口四周雙邊

610000－1001－0012225　普0014765

**馬氏光裕錄一卷**　（清）馬錫編輯　清光緒二十九年(1903)刻本　一冊　十行二十二字白口四周單邊

610000－1001－0012226　普0014766

**本朝史講義三編**　（清）京師譯學館編　清湖北公立工業傳習所鉛印本　三冊　十一行三十二字小字雙行同下黑口四周雙邊

610000－1001－0012227　普0014767

**真文忠公心經一卷政經一卷**　（宋）真德秀撰　清光緒元年(1875)述荊堂刻本　一冊　九行二十字小字雙行同上下黑口四周雙邊

610000－1001－0012228　普0014768

**呻吟語六卷**　（明）呂坤撰　清道光六年(1826)刻本　六冊　十一行二十一字白口左右雙邊

610000－1001－0012229　普0014770

**餘齋恥言二卷**　（明）徐禎稷著　清光緒三十二年(1906)南扶山房刻本　一冊　九行二十二字白口左右雙邊

610000－1001－0012230　普0014771

**大意尊聞一卷**　（清）方東樹著　清刻本　一冊　九行二十二字小字雙行同下黑口左右雙邊

610000－1001－0012231　普0014774

**真西山全集七種**　（宋）真德秀撰　清同治刻本　一百冊　十行二十字小字雙行同白口四周雙邊　存四種

610000－1001－0012232　普0014776

**御批歷代通鑑輯覽一百二十卷**　（清）傅恆纂　清同治十年(1871)潯陽萬氏刻本　一百二十冊　八行二十一字小字雙行同白口四周雙邊

610000－1001－0012233　普0014778

**書目答問不分卷**　（清）張之洞撰　清光緒四年(1878)上海淞隱閣刻本　四冊　九行二十一字小字雙行三十一字白口四周雙邊

610000－1001－0012234　普0014780

**陸批四書不分卷**　（宋）朱熹撰　（清）陸思誠批　清光緒十一年(1885)同文書局石印本　二冊　十九行二十五字小字雙行同白口四周單邊

610000－1001－0012235　普0014781

**朱子語類日鈔五卷**　（清）陳澧撰　清刻本　一冊　九行二十二字白口左右雙邊

610000－1001－0012236　普0014783

**增訂南詔野史二卷**　（明）楊慎編輯　清光緒六年(1880)刻本　二冊　九行二十二字小字雙行同白口四周雙邊

610000－1001－0012237　普0014785

**歷代帝王年表三卷**　（清）齊召南編　清光緒

十二年(1886)掃葉山房刻本　三冊　八行二十四字小字雙行三十六字上下黑口左右雙邊

610000－1001－0012238　普0014786

**李氏五種合刊**　(清)李兆洛撰　清光緒十四年(1888)上海掃葉山房刻本　十冊　八行二十二字小字雙行同白口四周雙邊　存三種

610000－1001－0012239　普0014787

**蒲編堂訓蒙草一卷**　(清)路德撰　清道光十七年(1837)三味齋刻本　一冊　九行二十二字白口左右雙邊

610000－1001－0012240　普0014788

**小四書**　(明)朱升輯　清光緒十四年(1888)刻本　一冊　六行大小字不等白口四周雙邊

610000－1001－0012241　普0014793

**孟子年譜二卷**　(清)曹之升撰　清嘉慶十年(1805)刻本　二冊　九行二十一字上下黑口左右雙邊

610000－1001－0012242　普0014795

**兩漢策要十二卷**　(宋)陶叔獻編　清光緒十三年(1887)同文書局石印本　八冊　六行十三字上下黑口四周雙邊

610000－1001－0012243　普0014798

**三餘偶筆十六卷**　(清)左暄著　清嘉慶十六年(1811)刻本　六冊　九行二十字小字雙行同下黑口左右雙邊

610000－1001－0012244　普0014799

**一切經音義二十五卷**　(唐)釋玄應撰　(清)莊炘等校正　清道光二十五年(1845)刻本　八冊　九行二十一字小字雙行同上下黑口左右雙邊

610000－1001－0012245　普0014801

**鐵彈子靈誠精義傳心三集三卷**　(唐)何令通著　清刻本　二冊　九行二十二字小字雙行同白口左右雙邊

610000－1001－0012246　普0014802

**地理辨正五卷**　(清)蔣平階撰　清刻本　二冊　八行二十字白口四周單邊

610000－1001－0012247　普0014803

**三元秘授六集**　(清)張廷濟集　清刻本　三冊　八行二十二字白口四周雙邊

610000－1001－0012248　普0014804

**重訂選擇集要七卷**　(清)黃一鳳編集　清刻本　四冊　十行二十二字白口左右雙邊

610000－1001－0012249　普0014805

**羅經指南撥霧集三卷**　(清)葉泰撰　(清)吳天洪批點　清經國堂刻本　二冊　九行二十一字白口四周單邊

610000－1001－0012250　普0014806

**羅經指南撥霧集三卷**　(清)葉泰撰　(清)吳天洪批點　清經國堂刻本　二冊　九行二十一字白口四周單邊

610000－1001－0012251　普0014807

**新鐫徐氏家藏羅經頂門針二卷鄙言一卷**　(明)徐之鏌著　清刻本　四冊　九行二十二字白口四周單邊

610000－1001－0012252　普0014808

**地理指掌四卷續四卷**　(清)洪季子纂輯　清光緒二十三年(1897)退思堂刻本　八冊　十行二十五字白口四周雙邊

610000－1001－0012253　普0014809

**援溺金縷四卷**　(□)□□撰　清光緒九年(1883)刻朱墨印本　四冊　八行二十一字白口四周雙邊

610000－1001－0012254　普0014810

**入地眼全書十卷**　(宋)釋靜道著　清刻本　六冊　十行二十一字白口四周單邊

610000－1001－0012255　普0014811

**地理大全入門要訣二十二卷**　(清)鄒可廷編輯　清刻本　九冊　九行二十三字白口四周單邊

610000－1001－0012256　普0014826

**湘舟漫錄三卷**　(清)舒夢蘭著　清嘉慶十六年(1811)桂林刻本　一冊　八行二十字白口四周雙邊

610000－1001－0012257　普0014840

古詩源十四卷　（清）沈德潛選　清尊經閣刻本　六冊　十行十九字小字雙行二十八字上下黑口左右雙邊

610000－1001－0012258　普0014841

陰隲文圖解四卷　（清）趙如升輯著　清道光十五年(1835)長白齊氏刻本　四冊　十行二十字白口四周雙邊

610000－1001－0012259　普0014845

八宮圖訣八卷　（清）洪季子輯　清光緒二十四年(1898)刻本　一冊　十行二十五字白口四周雙邊

610000－1001－0012260　普0014846

讀書鏡八卷　（明）陳繼儒撰　清光緒四年(1878)味經書院刻本　二冊　九行十八字白口四周雙邊

610000－1001－0012261　普0014847

人壽金鑑二十二卷　（清）程得齡輯　清光緒元年(1875)崇文書局刻本　六冊　十二行二十四字上下黑口左右雙邊

610000－1001－0012262　普0014848

性理集解四卷　（清）張伯行注　清刻本　四冊　十行二十一字小字雙行同下黑口左右雙邊

610000－1001－0012263　普0014851

廿一史約編八卷首一卷　（清）鄭元慶撰　清刻本　八冊　九行二十一字小字雙行同白口四周單邊

610000－1001－0012264　普0014852

廿一史約編八卷首一卷　（清）鄭元慶撰　清刻本　七冊　九行二十一字小字雙行同白口四周單邊

610000－1001－0012265　普0014853

五子近思錄發明十四卷　（清）施璜纂註　清刻本　八冊　九行二十字小字雙行同下黑口左右雙邊

610000－1001－0012266　普0014854

國朝閨秀正始集二十卷附錄一卷補遺一卷題詞一卷附錄一卷　（清）完顏惲珠輯　清道光十一年(1831)刻本　六冊　九行十九字小字雙行同白口四周單邊

610000－1001－0012267　普0014855

家塾蒙求五卷　（清）康基淵纂輯　清同治七年(1868)刻本　二冊　十行二十二字小字雙行同白口左右雙邊

610000－1001－0012268　普0014856

家塾蒙求五卷　（清）康基淵纂輯　清同治七年(1868)刻本　二冊　十行二十二字小字雙行同白口左右雙邊

610000－1001－0012269　普0014857

讀史記憶說五卷　（清）楊琪光著　清光緒三年(1877)刻本　一冊　九行二十一字白口左右雙邊

610000－1001－0012270　普0014858

雍正上諭不分卷　（清）世宗胤禛撰　（清）愛新覺羅允祥等編　清刻本　三十四冊　十一行二十一字白口四周雙邊

610000－1001－0012271　普0014874

沈端恪公遺書四卷年譜二卷　（清）余元遴著　清光緒二十二年(1896)江蘇書局刻本　三冊　十行二十二字上下黑口左右雙邊

610000－1001－0012272　普0014881

唐代叢書一百六十四種　（清）王文誥輯　清嘉慶十一年(1806)刻本　三十冊　九行二十一字白口左右雙邊

610000－1001－0012273　普0014888

劉氏家塾四書解不分卷　（清）袁文煥校訂　清光緒二年(1876)刻本　八冊　九行二十二字白口四周雙邊

610000－1001－0012274　普0014890

孟子要略五卷　（宋）朱熹原編　（清）曾國藩重編　清道光二十九年(1849)漢陽劉氏刻本　一冊　十行二十五字上下黑口四周雙邊

610000－1001－0012275　普0014892

禪林寶訓筆說二卷　（清）釋智祥注　清嘉慶

四年(1799)刻本　二冊　十行二十字下黑口左右雙邊

610000－1001－0012276　普0014893

四書小參一卷　(明)朱斯行著　清光緒三年(1877)姑蘇刻經處刻本　一冊　十行二十字上下黑口左右雙邊

610000－1001－0012277　普0014894

四書劄記九卷　(清)王巡泰著　清光緒九年(1883)橫渠書院刻本　八冊　九行二十一字白口四周雙邊

610000－1001－0012278　普0014895

大中講義三卷　(清)朱柏廬著　清光緒二年(1876)江蘇書局刻本　三冊　十行二十二字白口四周雙邊

610000－1001－0012279　普0014896

四書近指二十卷　(清)孫奇逢纂　清中州學署刻本　五冊　九行二十字白口四周單邊

610000－1001－0012280　普0014897

刪訂四書初學易知解十卷　(清)邵嗣堯撰　清道光六年(1826)長白鄂山刻本　八冊　十行二十字白口四周單邊

610000－1001－0012281　普0014898

四書朱子本義匯參四十三卷首四卷　(清)王步青輯　(清)王士鼇編　清藜照書屋刻本　二十冊　十行二十五字小字雙行同白口四周單邊

610000－1001－0012282　普0014899

鴻蒙室叢書四種　(清)方玉潤著　清同治十年(1871)刻本　十四冊　十一行二十五字上下黑口左右雙邊　缺一種

610000－1001－0012283　普0014901

焦山續志八卷　(清)陳任暘輯　清光緒三十一年(1905)刻本　二冊　九行二十一字白口左右雙邊

610000－1001－0012284　普0014902

招隱山志十二卷首一卷　(清)李恩綬著　清宣統三年(1911)昭明讀書臺刻本　四冊　九

行二十一字白口左右雙邊

610000－1001－0012285　普0014904

[嘉慶]長安縣志三十六卷　(清)張聰賢修　(清)董曾臣纂　清嘉慶二十年(1815)刻本　八冊　九行二十四字小字雙行同白口四周單邊

610000－1001－0012286　普0014905

四書諸儒輯要四十卷　(清)李沛霖訂　清三樂齋刻本　三十六冊　十二行三十字白口左右雙邊

610000－1001－0012287　普0014907

正字略一卷　(清)王菉友輯　清道光十三年(1833)仕學齋刻本　一冊　六行字數不等白口四周雙邊

610000－1001－0012288　普0014912

說文辨字正俗八卷　(清)李富孫撰　清刻本　三冊　十行二十一字上下黑口左右雙邊　缺二卷(一至二)

610000－1001－0012289　普0014916

四書集疏附正二十二卷論語緒言一卷　(清)張秉直著　(清)張南雅編輯　清道光十五年(1835)刻本　十冊　十行二十一字白口左右雙邊

610000－1001－0012290　普0014917

四書集疏附正二十二卷論語緒言一卷　(清)張秉直著　(清)張南雅編輯　清道光十五年(1835)刻本　六冊　十行二十一字白口左右雙邊

610000－1001－0012291　普0014926

西陲總統事略十二卷　(清)松筠纂　清嘉慶十三年(1808)刻本　八冊　十行二十三字上下黑口四周雙邊

610000－1001－0012292　普0014938

蕩平髮逆圖記二十二卷首一卷　(清)杜文瀾輯　清光緒十四年(1888)上海漱六山莊石印本　六冊　十六行三十六字白口四周雙邊

610000－1001－0012293　普0014939

新鐫玉茗堂批點按鑑參補南宋志傳十卷五十回 （清）李邦熾訂正 清咸豐四年(1854)刻本 六冊 十行二十三字白口左右雙邊

610000－1001－0012294 普0014953
桐閣先生文鈔十二卷首一卷 （清）李元春著 （清）賀瑞麟編 清光緒十年(1884)刻本 十二冊 九行二十二字黑口四周單邊

610000－1001－0012295 普0014958
祛疴齋文集六卷續集一卷 （清）王會昌著 清光緒元年(1875)刻本 四冊 九行二十字白口四周雙邊

610000－1001－0012296 普0014961
南疆繹史勘本紀略六卷列傳二十四卷首二卷 （清）溫睿臨撰 清道光十年(1830)都城琉璃廠半松居士刻本 十二冊 九行二十字白口四周雙邊 存三十卷(紀略一至六、列傳一至二十二,首一至二)

610000－1001－0012297 普0014962
新鐫忠孝節義龍鳳報八卷 （□）□□撰 清同治十二年(1873)立文堂刻本 四冊 十行二十三字白口四周單邊

610000－1001－0012298 普0014966
林嚴文鈔四卷 林紓 嚴復撰 清宣統元年(1909)國學扶輪社中新印書局鉛印本 四冊 十三行三十字上下黑口四周雙邊

610000－1001－0012299 普0014968
九朝野記四卷 （明）祝允明撰 清宣統三年(1911)上海時中書局鉛印本 二冊 十四行三十一字白口四周單邊

610000－1001－0012300 普0014972
中衢一勺三卷附錄四卷 （清）包世臣著 清同治十一年(1872)刻本 四冊 十行二十二字小字雙行同白口左右雙邊

610000－1001－0012301 普0014980
詩比興箋四卷 （清）陳沆撰 清咸豐四年(1854)刻本 二冊 十行二十二字白口四周雙邊

610000－1001－0012302 普0014981
裁減淮北票鹽浮費全案不分卷 （清）都轉鹽運使司編 清光緒二十七年(1901)刻本 一冊 九行二十四字小字雙行同白口四周雙邊

610000－1001－0012303 普0014982
安危注四卷 （明）吳甡輯 清刻本 四冊 九行二十字白口四周雙邊

610000－1001－0012304 普0014984
蛻樵詩抄不分卷 （清）趙鴻書著 清光緒九年(1883)刻本 一冊 九行二十字黑口左右雙邊

610000－1001－0012305 普0014986
直齋書錄解題二十二卷 （宋）陳振孫撰 清光緒九年(1883)江蘇書局刻本 六冊 十一行二十四字小字雙行同白口四周雙邊

610000－1001－0012306 普0014988
泉幣圖說六卷 （清）吳文炳纂輯 清同治十年(1871)抄本 二冊 十二行二十二字

610000－1001－0012307 普0014989
朝邑縣幅員地糧總說不分卷 （清）霍勤勳撰 清光緒十九年(1893)刻本 一冊 十行二十四字白口四周雙邊

610000－1001－0012308 普0014991
封泥考略十卷 （清）吳式芬 （清）陳介祺輯 清光緒三十年(1904)上海石印本 十冊 九行二十四字白口四周單邊

610000－1001－0012309 普0014992
滇軺紀程一卷荷戈紀程一卷 （清）林則徐撰 清光緒三年(1877)刻本 一冊 十行二十四字白口左右雙邊

610000－1001－0012310 普0014995
鳳臺祇謁筆記一卷 （清）董恂撰 清同治九年(1870)刻本 一冊 九行二十五字小字雙行同白口四周雙邊

610000－1001－0012311 普0014996
花甲閒談十六卷首一卷 （清）張維屏著 （清）葉夢草繪圖 清光緒二十五年(1899)刻

本　八冊　十行二十一字小字雙行同白口四
周雙邊

610000－1001－0012312　普0014997
**錢志新編二十卷**　（清）張崇懿輯　清道光十
年(1830)刻本　二冊　九行二十一字白口四
周雙邊

610000－1001－0012313　普0014998
**虛齋名畫錄十六卷**　龐元濟編　清宣統元年
(1909)刻本　十六冊　九行二十一字小字雙
行同下黑口四周雙邊

610000－1001－0012314　普0014999
**楊椒山先生垂範集不分卷**　（清）章淵輯　清
咸豐二年(1852)刻本　一冊　九行二十字白
口四周單邊

610000－1001－0012315　普0015000
**崇禎五十宰相傳一卷**　（清）曹溶撰　清宣統
三年(1911)國學扶輪社鉛印本　一冊　十一
行二十八字上下黑口四周雙邊

610000－1001－0012316　普0015001
**明太祖功臣圖一卷**　（清）上官周繪　清刻本
一冊　行數不等大小字不等白口左右雙邊

610000－1001－0012317　普0015003
**臨證指南醫案十卷續四卷**　（清）葉桂撰　清
道光二十四年(1844)經鉏堂刻本　十二冊
十行二十二字白口左右雙邊

610000－1001－0012318　普0015011
**三雁紀游一卷**　（清）天倪子述　清光緒十四
年(1888)刻本　一冊　九行二十一字黑口四
周雙邊

610000－1001－0012319　普0015012
**曝書雜記二卷**　（清）錢泰吉撰　清同治七年
(1868)刻本　一冊　十一行二十一字細黑口
左右雙邊

610000－1001－0012320　普0015014
**史記一百三十卷首一卷**　（漢）司馬遷撰
（唐）司馬貞校　（明）徐孚遠　（明）陳子龍
測議　清刻本　十四冊　九行二十字小字雙

行同白口左右雙邊

610000－1001－0012321　普0015015
**關西馬氏叢書二十二種附三種**　（清）馬先登
等輯　清光緒十二年(1886)刻本　三十一冊
十行二十三字白口左右雙邊　存七種

610000－1001－0012322　普0015016
**名醫類案十二卷續編三十六卷**　（明）江瓘集
（清）魏之琇編　清宣統元年(1909)上海書
局石印本　二十冊　十八行四十四字小字雙
行同白口四周雙邊

610000－1001－0012323　普0015020
**蜀輶日記四卷**　（清）陶澍著　清道光五年
(1825)刻本　四冊　十行二十一字白口四周
雙邊

610000－1001－0012324　普0015023
**費氏遺書三種**　（清）費密撰　清光緒三十四
年(1908)刻本　三冊　十一行二十五字細黑
口左右雙邊

610000－1001－0012325　普0015027
**欽定天祿琳琅書目十卷**　（清）于敏中等撰
**後編二十卷**　（清）彭元瑞等撰　清光緒十年
(1884)長沙王氏刻本　十冊　九行二十一字
細黑口左右雙邊

610000－1001－0012326　普0015029
**河工簡要四卷**　（清）邱步洲輯　清光緒十三
年(1887)刻本　二冊　九行二十一字白口四
周單邊

610000－1001－0012327　普0015032
**河濱文選二十六卷**　（清）李楷著　（清）李元
春選集　清嘉慶十六年(1811)謝氏刻本　二
十一冊　九行二十二字白口左右雙邊

610000－1001－0012328　普0015035
**西微水道一卷**　（清）黃枬材著　清光緒二十
三年(1897)刻本　一冊　八行二十五字白口
左右雙邊

610000－1001－0012329　普0015036
**明季北略二十四卷**　（清）計六奇撰　清道光

琉璃廠半松居士木活字印本　十冊　九行二十字白口左右雙邊

610000－1001－0012330　普0015038

**水經注圖一卷附錄一卷**　（清）汪士鐸著　清咸豐十年（1860）刻本　一冊　十二行字數不等粗黑口四周雙邊

610000－1001－0012331　普0015040

**述古叢鈔第一集十六種**　（清）劉晚榮輯　清同治、光緒古岡劉氏藏修書屋刻本　十冊九行二十字粗黑口左右雙邊

610000－1001－0012332　普0015044

**籀高述林十卷**　（清）孫詒讓撰　清咸豐六年（1856）刻本　四冊　十二行二十字白口左右雙邊

610000－1001－0012333　普0015047

**皇朝諡法考五卷續編一卷補編一卷**　（清）鮑康輯　清同治三年（1864）刻本　二冊　十行二十四字白口左右雙邊

610000－1001－0012334　普0015048

**孟姜仙女寶卷一卷**　（清）雲山風月主人編輯　清咸豐二年（1852）刻本　一冊　九行二十二字白口左右雙邊

610000－1001－0012335　普0015049

**希達太子寶卷全集一卷**　（□）□□撰　清刻本　一冊　九行十八字黑口四周雙邊

610000－1001－0012336　普0015050

**太華山紫金嶺兩世修行劉香寶卷全集二卷**　（□）□□撰　清光緒瑪瑙寺經房刻本　二冊九行十八字黑口四周雙邊

610000－1001－0012337　普0015051

**浙江溫州府平陽縣白梅村七世修行玉英寶卷一卷**　（□）□□撰　清越郡剞劂被刻本　一冊八行十八字白口左右雙邊

610000－1001－0012338　普0015054

**蜀中名勝記三十卷**　（明）曹學佺撰　清茹古堂刻本　十二冊　十行二十字黑口左右雙邊

610000－1001－0012339　普0015058

**欽定萬年書不分卷**　（□）□□撰　清宣統元年（1909）刻本　一冊　行數不等字數不等白口四周雙邊

610000－1001－0012340　普0015059

**[正德]武功縣志三卷首一卷**　（明）康海纂（清）孫景烈評注　（清）瑪星阿參訂　清同治十二年（1873）崇文書局刻本　一冊　九行二十一字白口四周雙邊

610000－1001－0012341　普0015063

**平山堂圖志十卷首一卷**　（清）趙之壁編纂　清光緒九年（1883）楚南歐陽利見刻本　四冊十行二十一字小字雙行同白口左右雙邊

610000－1001－0012342　普0015066

**讒書五卷**　（唐）羅隱撰　清光緒十二年（1886）邵武徐氏刻本　一冊　九行二十二字白口左右雙邊

610000－1001－0012343　普0015069

**百將圖傳二卷**　（清）丁日昌輯　（清）陸昀繪清陳振海刻本　二冊　十一行二十一字白口四周單邊

610000－1001－0012344　普0015070

**畿輔水利議一卷**　（清）林則徐撰　清光緒二年（1876）三山林氏刻本　一冊　十行二十四字白口左右雙邊

610000－1001－0012345　普0015072

**新增本草微備一卷病證機治一卷**　（□）□□撰　抄本　一冊　十六行二十四字

610000－1001－0012346　普0015074

**朔方備乘六十八卷首十二卷**　（清）何秋濤撰清光緒七年（1881）石印本　八冊　十六行三十九字白口四周單邊

610000－1001－0012347　普0015076

**婦科一盤珠十卷首一卷**　（清）洪金鼎纂　抄本　一冊　八行二十四字

610000－1001－0012348　普0015077

**內外驗方選不分卷**　（□）□□撰　抄本　一冊　八行二十四字

610000－1001－0012349　普0015078

**驗方新選不分卷**　（□）□□撰　抄本　一冊
八行二十四字

610000－1001－0012350　普0015079

**豐川家訓節要一卷**　（清）王心敬撰　**農言著
實一卷**　（清）楊秀沅著　清光緒三十四年
(1908)三原永遠局刻本　一冊　九行二十四
字白口間黑口四周雙邊

610000－1001－0012351　普0015083

**錢氏小兒藥證三卷附方一卷**　（宋）錢乙著
抄本　二冊　十行字數不等　存二卷(一至
二)

610000－1001－0012352　普0015084

**平津讀碑記八卷續記一卷**　（清）洪頤煊著
清嘉慶十八年(1813)刻本　三冊　十一行二
十二字黑口左右雙邊

610000－1001－0012353　普0015085

**歷代鐘鼎彝器款識法帖二十卷**　（宋）薛尚功
撰　清嘉慶二年(1797)刻本　四冊　行數不
等字數不等黑口四周單邊

610000－1001－0012354　普0015086

**習苦齋畫絮十卷**　（清）戴熙撰　清光緒十九
年(1893)景文齋刻本　四冊　十行二十二字
小字雙行同上下黑口左右雙邊

610000－1001－0012355　普0015087

**南宋文範七十卷外編四卷**　（清）莊仲方編
清光緒十四年(1888)江蘇書局刻本　十六冊
十四行二十五字白口左右雙邊

610000－1001－0012356　普0015090

**本草備要八卷**　（清）汪昂編　清光緒五年
(1879)刻本　四冊　行數不等字數不等白口
四周單邊

610000－1001－0012357　普0015091

**顯志堂稿十二卷**　（清）馮桂芬著　清光緒二
年(1876)校邠廬刻本　八冊　十一行二十三
字粗黑口左右雙邊

610000－1001－0012358　普0015092

**陳忠裕全集三十卷首四卷末一卷**　（明）陳子
龍撰　（清）王昶輯　清嘉慶八年(1803)簳山
草堂刻本　十冊　十行二十一字白口左右
雙邊

610000－1001－0012359　普0015093

**陸氏傳家記四卷陸氏先德錄一卷**　（清）陸文
衡等著　（清）陸遒普校輯　清同治十一年
(1872)刻本　五冊　九行二十一字粗黑口四
周雙邊

610000－1001－0012360　普0015094

**古文觀止十二卷**　（清）吳乘權編　清李光明
莊刻本　六冊　十一行二十二字白口左右
雙邊

610000－1001－0012361　普0015096

**二林居集二十四卷**　（清）彭紹升撰　清光緒
七年(1881)刻本　六冊　十一行二十三字細
黑口左右雙邊

610000－1001－0012362　普0015099

**小峴山人詩集十卷**　（清）秦瀛撰　清嘉慶五
年(1800)世思堂刻本　二冊　十行二十一字
白口左右雙邊

610000－1001－0012363　普0015102

**積學齋叢書二十種**　徐乃昌輯　清光緒南陵
徐氏刻本　二十冊　十一行二十字粗黑口左
右雙邊

610000－1001－0012364　普0015103

**文廟祀典考五十卷首一卷**　（清）龐鍾璐輯
清光緒四年(1878)刻本　八冊　十二行二十
四字白口四周雙邊

610000－1001－0012365　普0015105

**說文解字通釋四十卷附校勘記三卷**　（南唐）
徐鍇傳釋　（宋）朱翱反切　清道光十九年
(1839)江陰壽陽祈寯藻影宋刻本　八冊　七
行字數不等上下黑口左右雙邊

610000－1001－0012366　普0015108

**桐溪耆隱集一卷補錄一卷**　（清）江肇塽著
清同治七年(1868)刻本　一冊　十行二十二
字小字雙行同粗黑口左右雙邊

610000－1001－0012367　普0015109

**選讀朱子文集目錄十八卷**　（清）朱澤瀛編
清光緒二十三年(1897)刻本　一冊　十行二十字粗黑口四周雙邊

610000－1001－0012368　普0015110

**助字辨畧五卷**　（清）劉淇撰　清咸豐五年(1855)刻本　五冊　九行二十一字白口左右雙邊

610000－1001－0012369　普0015115

**札樸十卷**　（清）桂馥撰　清嘉慶十八年(1813)山陰小李山房刻本　十冊　十行二十一字上下黑口左右雙邊

610000－1001－0012370　普0015117

**詩故攷異三十二卷**　（清）徐華嶽輯　清道光十二年(1832)刻本　七冊　十行二十一字小字雙行同白口左右雙邊　存二十七卷(一至二十七)

610000－1001－0012371　普0015120

**詩古微上編六卷首一卷中編十卷下編三卷**
（清）魏源輯　清道光二十年(1840)刻本　八冊　十行二十二字白口左右雙邊

610000－1001－0012372　普0015122

**鳴鶴堂文集十卷詩集十一卷**　（清）任源祥撰　清光緒十六年(1890)刻本　六冊　九行二十一字白口四周單邊

610000－1001－0012373　普0015123

**南唐書三十卷**　（宋）馬令編　清嘉慶十八年(1813)刻本　四冊　九行二十三字白口四周單邊

610000－1001－0012374　普0015124

**東萊先生音註唐鑑二十四卷**　（宋）范祖禹撰　（宋）呂祖謙註　清刻本　二冊　九行十八字小字雙行同粗黑口四周雙邊

610000－1001－0012375　普0015125

**寶綸堂集十卷拾遺一卷**　（清）陳洪綬撰　清光緒十四年(1888)會稽董氏取斯堂刻本　八冊　十行二十字白口左右雙邊

610000－1001－0012376　普0015126

**中國度支考一卷**　（英國）哲美森編　（美國）林樂知譯　清光緒二十三年(1897)圖書集成公司鉛印本　一冊　十三行四十字白口四周單邊

610000－1001－0012377　普0015127

**懷幽雜俎十二種**　徐乃昌輯　清光緒、宣統南陵徐乃昌刻本　八冊　十行二十字粗黑口左右雙邊

610000－1001－0012378　普0015128

**台州叢書九種**　（清）宋世犖輯　清嘉慶、道光臨海宋氏刻本　十冊　十行二十字白口左右雙邊　存五種

610000－1001－0012379　普0015131

**羣書札記十六卷**　（清）朱亦棟撰　清光緒四年(1878)武林竹簡齋刻本　六冊　九行二十一字白口四周雙邊

610000－1001－0012380　普0015132

**草窗詞二卷草窗詞補二卷**　（宋）周密著　清光緒二十六年(1900)刻本　一冊　十行二十一字小字雙行同細黑口四周雙邊

610000－1001－0012381　普0015134

**九數通考十一卷首一卷末一卷**　（清）屈曾發輯　清同治十一年(1872)刻本　六冊　十二行二十四字小字雙行同白口左右雙邊

610000－1001－0012382　普0015136

**國語二十一卷**　（春秋）左丘明撰　（三國吳）韋昭解　清嘉慶五年(1800)刻本　三冊　十一行二十字小字雙行三十二字白口四周雙邊

610000－1001－0012383　普0015139

**古文賞音十二卷**　（清）謝有輝纂　清嘉慶三年(1798)宋思仁刻本　六冊　十行二十四字粗黑口左右雙邊

610000－1001－0012384　普0015140

**西亭文鈔十二卷首一卷末一卷**　（清）王原撰　清光緒十七年(1891)刻本　四冊　十行二十二字小字雙行同白口左右雙邊

610000 – 1001 – 0012385　普 0015141

**芳茂山人文集十二卷**　（清）朱記榮編　清光緒十二年(1886)朱氏槐廬家塾刻本　七冊　十行二十字粗黑口左右雙邊

610000 – 1001 – 0012386　普 0015142

**春暉堂叢書十二種**　（清）徐渭仁輯　清道光、咸豐上海徐氏刻本　九冊　九行二十二字粗黑口四周雙邊　缺一種

610000 – 1001 – 0012387　普 0015143

**孝肅奏議十卷**　（宋）包拯撰　（清）李瀚章校　清同治三年(1864)刻本　二冊　九行十八字白口四周雙邊

610000 – 1001 – 0012388　普 0015144

**山海經存九卷首一卷**　（清）汪紱釋　清光緒二十一年(1895)石印本　四冊　十行二十二字小字雙行同白口四周雙邊

610000 – 1001 – 0012389　普 0015145

**于湖小集六卷金陵襍事詩一卷**　（清）袁昶撰　清光緒二十年(1894)水明樓刻本　三冊　十行二十二字粗黑口左右雙邊

610000 – 1001 – 0012390　普 0015146

**夢鷗閣題詞一卷**　（清）許銓撰　清道光二十六年(1846)刻本　一冊　十行二十一字白口左右雙邊

610000 – 1001 – 0012391　普 0015147

**第一樓叢書九種**　（清）俞樾撰　清同治十年(1871)刻本　九冊　十行二十一字白口左右雙邊　缺四種

610000 – 1001 – 0012392　普 0015150

**歲寒堂詩話二卷**　（宋）張戒撰　清刻本　一冊　九行二十一字白口四周雙邊

610000 – 1001 – 0012393　普 0015151

**剡源集三十卷**　（元）戴表元撰　清道光二十年(1840)刻本　八冊　十一行二十二字細黑口左右雙邊

610000 – 1001 – 0012394　普 0015153

**蠶桑實濟六卷**　（清）□□撰　清光緒八年(1882)津河廣仁堂刻本　二冊　十行二十三字小字雙行同粗黑口四周雙邊

610000 – 1001 – 0012395　普 0015154

**山海經十八卷**　（晉）郭璞傳　（清）毕沅校　清光緒三年(1877)浙江書局刻本　三冊　九行二十一字白口左右雙邊

610000 – 1001 – 0012396　普 0015156

**浙東紀遊草一卷**　（清）沈錫爵著　清道光二年(1822)刻本　一冊　十行二十一字粗黑口左右雙邊

610000 – 1001 – 0012397　普 0015158

**吏治三書六卷**　（清）劉衡著　清同治七年(1868)江蘇書局刻本　一冊　十一行二十一字細黑口左右雙邊

610000 – 1001 – 0012398　普 0015159

**清容居士集五十卷目錄二卷清容集札記一卷**　（元）袁桷撰　清道光二十年(1840)刻本　十二冊　十一行二十二字細黑口左右雙邊

610000 – 1001 – 0012399　普 0015161

**吹網錄六卷**　（清）葉廷琯撰　清同治八年(1869)刻本　二冊　十行二十四字白口左右雙邊

610000 – 1001 – 0012400　普 0015162

**小學鉤沈三十九種**　（清）任大椿撰　（清）王念孫校　清光緒十年(1884)龍氏刻本　四冊　十行二十二字小字雙行同細黑口左右雙邊

610000 – 1001 – 0012401　普 0015165

**新刊古列女傳八卷**　（漢）劉向撰　（晉）顧愷之繪　清道光五年(1825)刻本　二冊　十五行三十字細黑口左右雙邊

610000 – 1001 – 0012402　普 0015166

**漢魏二十一家易注**　（清）孫堂輯　清嘉慶四年(1799)平湖孫氏映雪草堂刻本　三冊　十行十九字粗黑口左右雙邊

610000 – 1001 – 0012403　普 0015167

**駢體文鈔三十一卷**　（清）李兆洛編　清同治六年(1867)刻本　十冊　十三行二十二字黑口左右雙邊

610000－1001－0012404　普0015168

**說文校議十五卷**　（清）姚文田等撰　清歸安姚氏咫進齋刻本　六冊　十行二十四字白口左右雙邊

610000－1001－0012405　普0015169

**說文解字斠詮十四卷**　（清）錢坫撰　清光緒九年(1883)淮南書局刻本　六冊　七行字數不等白口左右雙邊

610000－1001－0012406　普0015171

**陶齋藏石記四十四卷**　（清）端方撰　清宣統二年(1910)商務印書館石印本　十二冊　十行二十五字小字雙行同上黑口四周單邊

610000－1001－0012407　普0015172

**盛湖詩萃十二卷**　（清）王鯤編　清咸豐七年(1857)刻本　四冊　九行二十一字小字雙行同白口左右雙邊

610000－1001－0012408　普0015173

**萃錦唅八卷**　（清）奕訢著　清光緒十六年(1890)刻本　五冊　九行二十一字小字雙行同白口左右雙邊

610000－1001－0012409　普0015174

**徐孝穆全集六卷**　（南朝陳）徐陵著　（清）吳兆宜箋注　清光緒四年(1878)西齋別墅刻本　三冊　十行二十字小字雙行同白口左右雙邊

610000－1001－0012410　普0015175

**陸宣公集二十二卷**　（唐）陸贄撰　清咸豐元年(1851)刻本　八冊　十行二十字白口四周雙邊

610000－1001－0012411　普0015176

**水心先生別集十六卷**　（宋）葉適撰　清同治九年(1870)刻本　二冊　十三行二十一字粗黑口左右雙邊

610000－1001－0012412　普0015178

**紹興先正遺書十五種**　（清）徐友蘭輯　清光緒徐氏鑄學齋刻本　四十八冊　十行二十三字白口左右雙邊

610000－1001－0012413　普0015179

**澄蘭室古緣萃錄十八卷**　（清）邵松年輯　清光緒三十年(1904)上海鴻文書局石印本　六冊　九行二十四字小字雙行同白口四周雙邊

610000－1001－0012414　普0015182

**東都事略一百三十卷**　（宋）王偁撰　清上海精一閣刻本　八冊　十二行二十五字白口四周單邊

610000－1001－0012415　普0015183

**元文類七十卷目錄三卷**　（元）蘇天爵編　清光緒十五年(1889)江蘇書局刻本　十冊　十四行二十五字小字雙行同白口左右雙邊

610000－1001－0012416　普0015184

**七國地理考七卷國策編年一卷**　（清）顧觀光著　清光緒五年(1879)高氏刻本　六冊　十行二十二字白口左右雙邊

610000－1001－0012417　普0015185

**式訓堂叢書四十一種**　（清）章壽康輯　清光緒會稽章氏刻本　十六冊　十一行字數不等細黑口四周單邊

610000－1001－0012418　普0015187

**章氏遺書二種**　（清）章學誠撰　清道光十二年至十三年(1832－1833)章華紱刻本　五冊　十二行二十五字小字雙行同白口四周單邊

610000－1001－0012419　普0015188

**元詩選癸集十六卷**　（清）顧嗣立集　清嘉慶三年(1798)刻本　十六冊　十三行二十三字細黑口左右雙邊　存十卷(一至十)

610000－1001－0012420　普0015189

**遙集集六卷**　（清）許貞幹輯　清光緒二十八年(1902)刻本　六冊　九行十八字白口左右雙邊

610000－1001－0012421　普0015190

**本事詩十二卷**　（清）徐釚編輯　清鹽尾山房刻本　四冊　十一行二十一字小字雙行三十二字白口左右雙邊

610000－1001－0012422　普0015191

香山詩選六卷　（唐）白居易撰　（清）曹文埴輯　清光緒十七年(1891)刻本　二冊　九行十九字白口左右雙邊

610000－1001－0012423　普0015192

左忠毅公集五卷　（明）左光斗著　清道光二十六年(1846)刻本　三冊　九行二十四字白口左右雙邊　存四卷(一至四)

610000－1001－0012424　普0015194

褉湖詩拾八卷首一卷　（清）徐達源編　清嘉慶十年(1805)刻本　二冊　十行二十三字白口左右雙邊

610000－1001－0012425　普0015196

白石道人詩集二卷集外詩一卷詩說一卷歌曲四卷別集一卷　（宋）姜夔撰　清光緒十年(1884)娛園刻本　二冊　十二行二十三字白口左右雙邊

610000－1001－0012426　普0015197

城北草堂存稿七卷　（清）顧夔著　清光緒十四年(1888)刻本　二冊　十一行二十二字白口四周雙邊

610000－1001－0012427　普0015198

三魚堂文集十二卷外集六卷附錄一卷　（清）陸隴其著　清刻本　六冊　九行二十字白口左右雙邊

610000－1001－0012428　普0015199

水經注四十卷首一卷　（北魏）酈道元撰　清光緒三年(1877)湖北崇文書局刻本　十二冊　十二行二十四字小字雙行同粗黑口四周雙邊

610000－1001－0012429　普0015200

稱謂錄三十二卷　（清）梁章鉅撰　清光緒元年(1875)刻本　八冊　九行二十一字白口左右雙邊

610000－1001－0012430　普0015201

金文最六十卷首一卷　（清）張金吾輯　清光緒二十一年(1895)蘇州書局刻本　十六冊　十四行二十五字白口左右雙邊

610000－1001－0012431　普0015209

讀書雜志八十二卷餘編二卷　（清）王念孫撰　清同治九年(1870)金陵書局刻本　二十四冊　十行二十一字白口四周雙邊

610000－1001－0012432　普0015211

揅經室一集十四卷二集八卷三集五卷四集十三卷續集十一卷再續集六卷外集五卷　（清）阮元撰　清道光三年(1823)刻本　二十四冊　十行二十字白口四周雙邊

610000－1001－0012433　普0015213

湖北叢書三十一種　（清）趙尚輔輯　清光緒十七年(1891)三餘草堂刻本　一百冊　十行十八字小字雙行二十四字粗黑口四周單邊

610000－1001－0012434　普0015215

金忠節公文集八卷　（明）金聲撰　清光緒十四年(1888)刻本　四冊　九行二十字白口左右雙邊

610000－1001－0012435　普0015217

覆瓿集十三種　（清）張文虎撰　清同治、光緒刻本　十冊　十一行二十一字細黑口四周雙邊

610000－1001－0012436　普0015218

人壽金鑑二十二卷　（清）程得齡輯　清嘉慶二十五年(1820)刻本　六冊　十二行二十四字粗黑口左右雙邊

610000－1001－0012437　普0015219

駁呂留良四書講義八卷　（清）朱軾編　清刻本　四冊　九行二十一字小字雙行同白口四周雙邊

610000－1001－0012438　普0015220

淮海集十七卷後集二卷詞一卷補遺一卷　（宋）秦觀著　清道光十七年(1837)刻本　六冊　十行二十一字白口左右雙邊

610000－1001－0012439　普0015221

五朝名臣言行錄前集十卷後集十四卷　（宋）朱熹撰　五朝名臣言行錄續集八卷別集二十六卷外集十七卷　（宋）李幼武撰　清道光元年(1821)刻本　十二冊　十二行二十三字粗

黑口左右雙邊

610000－1001－0012440　普0015222

**故唐律疏議三十卷** （唐）長孫無忌撰　**律音義一卷** （宋）孫奭等撰　**宋提刑洗冤集錄五卷** （宋）宋慈編　清光緒十七年(1891)刻本　八冊　十二行二十三字細黑口四周雙邊

610000－1001－0012441　普0015223

**玉獅堂傳奇十種附一種** （清）陳烺撰　清光緒刻本　五冊　九行二十二字白口四周雙邊　存五種

610000－1001－0012442　普0015224

**左傳事緯十二卷附錄八卷** （清）馬驌撰　清光緒四年(1878)吳縣潘氏敏德堂刻本　十二冊　九行二十二字小字雙行同粗黑口左右雙邊

610000－1001－0012443　普0015225

**金元明八大家文選五十三卷** （清）李祖陶編注　清道光二十五年(1845)刻本　二十四冊　九行二十五字白口四周雙邊

610000－1001－0012444　普0015226

**南宋雜事詩七卷目錄一卷** （清）沈嘉轍撰　清同治十一年(1872)淮南書局刻本　四冊　十一行二十一字小字雙行二十六字白口左右雙邊

610000－1001－0012445　普0015227

**吳學士詩集五卷文集五卷** （清）吳鼎撰　(清)梁肇煌編　清光緒八年(1882)江寧藩署刻本　六冊　十一行二十四字小字雙行同白口左右雙邊

610000－1001－0012446　普0015229

**沅湘通藝錄八卷四書文二卷** （清）江標編　清光緒二十三年(1897)長沙使院刻本　八冊　十一行二十三字小字雙行同粗黑口左右雙邊

610000－1001－0012447　普0015230

**陳檢討詞鈔十二卷** （清）陳維崧著　清刻本　二冊　十行二十一字細黑口左右雙邊

610000－1001－0012448　普0015232

**大唐六典三十卷** （唐）玄宗李隆基撰　（唐）李林甫等注　清嘉慶五年(1800)刻本　六冊　十行二十字小字雙行同白口左右雙邊

610000－1001－0012449　普0015236

**伏敔堂詩錄十五卷續錄四卷首一卷** （清）江湜著　清同治元年(1862)刻本　四冊　九行二十一字細黑口左右雙邊

610000－1001－0012450　普0015238

**錢敏肅公奏疏七卷首一卷** （清）錢鼎銘撰　清光緒六年(1880)刻本　四冊　十行二十一字粗黑口左右雙邊

610000－1001－0012451　普0015239

**寰宇訪碑錄十二卷** （清）孫星衍撰　清光緒九年(1883)江蘇書局刻本　四冊　十一行二十三字白口左右雙邊

610000－1001－0012452　普0015240

**潛虛先生文集十四卷補遺一卷年譜一卷** (清)宋潛虛著　清光緒十八年(1892)刻本　八冊　十行十九字粗黑口四周雙邊

610000－1001－0012453　普0015241

**潛書四卷** （清）唐甄著　（清）王聞遠編　**西蜀唐圃亭先生行畧一卷** （清）王聞遠述　清光緒九年(1883)刻本　八冊　九行二十字白口左右雙邊

610000－1001－0012454　普0015242

**東軒吟社畫像一卷附一卷** （清）費丹旭繪　(清)黃士珣記　（清）諸可寶傳　清光緒二年(1876)刻本　一冊　十一行二十四字小字雙行同粗黑口四周雙邊

610000－1001－0012455　普0015243

**袁文箋正十六卷補注一卷** （清）袁枚著　(清)石韞玉箋　清嘉慶十七年(1812)石氏鶴壽山堂刻本　八冊　十行二十字小字雙行三十字白口左右雙邊

610000－1001－0012456　普0015245

**國朝文錄八十二卷** （清）姚椿輯　清咸豐元年(1851)終南山館刻本　三十二冊　十二行

二十三字白口四周雙邊

610000－1001－0012457　普0015247

**尚書考異六卷**　（明）梅鷟撰　清光緒十八年(1892)浙江書局刻本　四冊　十行二十字白口左右雙邊

610000－1001－0012458　普0015248

**湖蠶述四卷**　（清）汪曰楨撰　清光緒六年(1880)刻本　四冊　十行二十二字粗黑口左右雙邊

610000－1001－0012459　普0015251

**鈐山堂集四十卷**　（明）嚴嵩著　清嘉慶十一年(1806)刻本　十冊　十行二十一字粗黑口四周單邊

610000－1001－0012460　普0015253

**淮南子二十一卷**　（漢）高誘注　（清）莊逵吉校　清光緒二年(1876)浙江書局刻本　六冊　九行二十一字小字雙行同白口左右雙邊

610000－1001－0012461　普0015255

**湖海文傳七十五卷**　（清）王昶輯　清道光十七年(1837)經訓堂刻本　十六冊　十二行二十三字粗黑口左右雙邊

610000－1001－0012462　普0015257

**唐宋十大家全集錄**　（清）儲欣輯　清光緒八年(1882)江蘇書局刻本　三十二冊　九行二十五字粗黑口左右雙邊

610000－1001－0012463　普0015260

**郭侍郎奏疏十二卷**　（清）郭嵩燾撰　清光緒十八年(1892)刻本　十二冊　十行二十一字粗黑口左右雙邊

610000－1001－0012464　普0015262

**梅村詩集箋注十八卷**　（清）吳偉業撰　（清）吳翌鳳箋注　清嘉慶十九年(1814)嚴榮滄浪吟榭刻本　六冊　十行二十一字小字雙行同白口左右雙邊

610000－1001－0012465　普0015263

**金石三例再續編二種附二種**　（清）朱記榮輯　清光緒十四年(1888)吳縣朱記榮刻本　六

冊　十一行二十一至二十三字小字雙行同粗黑口左右雙邊

610000－1001－0012466　普0015265

**攜雪堂文集四卷**　（清）吳可讀著　清光緒二十六年(1900)浙江書局刻本　四冊　十行二十三字小字雙行同粗黑口左右雙邊

610000－1001－0012467　普0015266

**南菁講舍文集六卷**　（清）黃以周編　清光緒十五年(1889)刻本　四冊　十一行二十一字粗黑口左右雙邊

610000－1001－0012468　普0015271

**憺園全集三十六卷**　（清）徐乾學撰　清光緒九年(1883)鉏月唫館刻本　十二冊　九行二十一字粗黑口左右雙邊

610000－1001－0012469　普0015273

**補注黃帝內經素問二十四卷靈樞十二卷素問遺篇一卷**　（唐）王冰注　（宋）孫兆重改誤　（宋）林億校正　清光緒三年(1877)浙江書局刻本　十冊　九行二十一字小字雙行同白口左右雙邊

610000－1001－0012470　普0015280

**經笥堂文鈔二卷**　（清）雷鋐撰　清嘉慶十六年(1811)刻本　二冊　十行二十二字白口左右雙邊

610000－1001－0012471　普0015281

**四印齋所刻詞二十種附一種**　（清）王鵬運輯　清光緒十四年(1888)臨桂王氏家塾刻本　八冊　十行十八字白口左右雙邊

610000－1001－0012472　普0015283

**古月軒詩存五卷文存西江泛宅集二卷試帖偶存一卷**　（清）朱伸林著　**浣霞軒詩稿二卷試帖拾遺一卷**　（清）朱驤成撰　**過廳集一卷**　（清）朱馺成撰　清光緒十年(1884)刻本　六冊　十行二十二字白口左右雙邊

610000－1001－0012473　普0015285

**李義山詩集三卷詩譜一卷諸家詩評一卷**　（唐）李商隱撰　（清）朱鶴齡箋　清同治九年(1870)刻本　四冊　十行二十一字小字雙行

同白口左右雙邊

610000 – 1001 – 0012474　普 0015286

**皇朝貞孝節烈文編六卷**　（清）汪正錄　清刻本　五冊　十一行二十二字白口左右雙邊　存五卷(一至五)

610000 – 1001 – 0012475　普 0015288

**郎潛紀聞十四卷**　（清）陳康祺撰　清光緒六年(1880)刻本　二冊　十行二十一字白口左右雙邊

610000 – 1001 – 0012476　普 0015289

**國朝閨秀正始集二十卷附錄一卷補遺一卷題詞一卷附錄一卷**　（清）完顏惲珠輯　清道光十一年(1831)刻本　八冊　九行十九字小字雙行同白口四周單邊

610000 – 1001 – 0012477　普 0015291

**孫真人千金方衍義三十卷**　（清）張璐著（清）席世臣校　清嘉慶五年(1800)刻本　三十二冊　十行二十字細黑口左右雙邊

610000 – 1001 – 0012478　普 0015293

**回文類聚續編十卷補遺一卷**　（清）朱象賢集　清刻本　三冊　十行十九字細黑口左右雙邊　存八卷(一至八)

610000 – 1001 – 0012479　普 0015294

**古歡室全集四種**　（清）曾懿撰　清光緒刻本　四冊　十行二十一字白口四周雙邊

610000 – 1001 – 0012480　普 0015295

**蕉庵琴譜四卷**　（清）秦維瀚編　（清）秦履亨等輯　清光緒三年(1877)廣陵秦履亨等刻本　四冊　九行二十二字白口左右雙邊

610000 – 1001 – 0012481　普 0015298

**二酉堂叢書二十一種**　（清）張澍輯　清道光元年(1821)武威張氏二酉堂刻本　十一冊　十行二十五字小字雙行同白口左右雙邊

610000 – 1001 – 0012482　普 0015299

**[光緒]蒲城縣新志十三卷首一卷**　（清）李體仁修　（清）王學禮纂　清光緒三十一年(1905)刻本　四冊　十二行二十四字小字雙行同粗黑口四周單邊

610000 – 1001 – 0012483　普 0015299

**韓非子二十卷**　（戰國）韓非撰　清光緒元年(1875)浙江書局刻本　六冊　九行二十三字白口左右雙邊

610000 – 1001 – 0012484　普 0015300

**四書摭餘說七卷**　（清）曹之升編　清嘉慶三年(1798)曹氏家塾刻本　五冊　十行二十四字小字雙行同白口四周雙邊

610000 – 1001 – 0012485　普 0015303

**文獻通考紀要二卷**　（清）胡錦鱗校　清刻本　二冊　九行二十字小字雙行同白口四周雙邊

610000 – 1001 – 0012486　普 0015304

**人壽金鑑二十二卷**　（清）程得齡輯　清光緒元年(1875)崇文書局刻本　六冊　十二行二十四字上下黑口左右雙邊

610000 – 1001 – 0012487　普 0015305

**姑蘇名賢小記二卷**　（明）文震孟編　清光緒八年(1882)刻本　一冊　十一行二十一字細黑口左右雙邊

610000 – 1001 – 0012488　普 0015306

**史記一百三十卷**　（漢）司馬遷撰　清光緒十年(1884)上海同文書局石印本　二十六冊　十行二十一字小字雙行同白口左右雙邊

610000 – 1001 – 0012489　普 0015307

**浮邱子十二卷首一卷**　（清）湯鵬撰　清宣統二年(1910)掃葉山房石印本　六冊　十四行三十字白口四周雙邊

610000 – 1001 – 0012490　普 0015309

**晁具茨先生詩集十五卷**　（宋）晁冲之著　清刻本　二冊　八行十七字粗黑口四周單邊

610000 – 1001 – 0012491　普 0015310

**松陵文錄二十四卷**　（清）王錫闡等撰　清同治十三年(1874)刻本　八冊　十二行二十三字白口四周雙邊

610000 – 1001 – 0012492　普 0015312

直省釋奠禮樂記六卷首一卷末一卷 （清）應寶時等輯 清光緒十七年(1891)廣東藩署刻本 三冊 九行二十六字小字雙行同白口四周雙邊 存七卷(一至六、首一)

610000－1001－0012493 普0015313

說文釋例二十卷 （清）王筠撰 清同治四年(1865)刻本 十六冊 九行二十二字白口四周雙邊

610000－1001－0012494 普0015314

武林掌故叢編二十六集 （清）丁丙輯 清光緒錢塘丁氏嘉惠堂刻本 一百十一冊 十一行二十字白口四周雙邊

610000－1001－0012495 普0015315

明三十家詩選初集八卷二集八卷 （清）汪端輯 清同治十二年(1873)薀蘭吟館刻本 八冊 十一行二十二字粗黑口左右雙邊

610000－1001－0012496 普0015317

西清古鑑四十卷 （清）梁詩正編 清光緒十四年(1888)邁宋書館影印本 一冊 行數不等字數不等白口四周雙邊

610000－1001－0012497 普0015318

說文拈字七卷補遺一卷 （清）王玉樹撰 清光緒十九年(1893)石印本 四冊 七行十六字小字雙行二十字白口四周雙邊

610000－1001－0012498 普0015319

語新二卷 （清）錢學綸撰 清光緒二年(1876)上海申報館鉛印本 一冊 十一行二十四字白口四周雙邊

610000－1001－0012499 普0015320

薈蕞編二十卷 （清）俞樾撰 清光緒七年(1881)上海申報館鉛印本 六冊 十二行二十七字白口四周雙邊 存十二卷(一至十二)

610000－1001－0012500 普0015321

說文答問疏證六卷 （清）錢大昕著 （清）薛傳均注 清刻本 二冊 九行二十一字小字雙行同白口四周雙邊

610000－1001－0012501 普0015322

詞學叢書六種 （清）秦恩復輯 清嘉慶、道光江都秦氏享帚精舍刻本 八冊 十行二十字白口左右雙邊

610000－1001－0012502 普0015323

詞學叢書六種 （清）秦恩復輯 清嘉慶、道光江都秦氏享帚精舍刻本 八冊 十行二十字白口左右雙邊

610000－1001－0012503 普0015324

復堂類集文四卷詩十一卷詞三卷 （清）譚獻撰 清光緒十一年(1885)刻本 四冊 十一行二十二字粗黑口左右雙邊

610000－1001－0012504 普0015325

衍石齋記事稿十卷 （清）錢儀吉撰 清道光十四年(1834)刻本 六冊 九行二十一字粗黑口四周雙邊

610000－1001－0012505 普0015326

衍石齋記事稿十卷 （清）錢儀吉撰 清道光十四年(1834)刻本 五冊 九行二十一字粗黑口四周雙邊

610000－1001－0012506 普0015327

嘯古堂文集八集 （清）蔣敦復撰 清同治七年(1868)上海道署刻本 四冊 十行二十一字白口左右雙邊

610000－1001－0012507 普0015329

中興將帥別傳三十卷 （清）朱孔彰撰 清光緒二十三年(1897)刻本 十冊 九行二十字粗黑口四周雙邊

610000－1001－0012508 普0015330

當湖文繫初編二十八卷 （清）朱壬林撰 清光緒十五年(1889)刻本 十二冊 十行二十四字白口四周雙邊

610000－1001－0012509 普0015331

讀書記數略五十四卷 （清）宮孟仁輯 清刻本 十九冊 十一行二十一字粗黑口左右雙邊 存五十二卷(一至五十二)

610000－1001－0012510 普0015336

松陵詩徵續編十四卷 （清）陸日愛輯 清咸

豐七年(1857)刻本　四冊　十二行二十三字
小字雙行同白口左右雙邊

610000 – 1001 – 0012511　普 0015339

**宋七家詞選七卷**　（清）戈載輯　清光緒十一
年(1885)刻本　三冊　九行二十字粗黑口左
右雙邊

610000 – 1001 – 0012512　普 0015340

**杜工部集二十卷首一卷**　（唐）杜甫撰　清光
緒二年(1876)刻本　十冊　八行二十字小字
雙行同粗黑口左右雙邊

610000 – 1001 – 0012513　普 0015341

**江蘇詩徵一百八十三卷**　（清）王豫輯　清道
光元年(1821)焦山海西庵詩徵閣刻本　四十
冊　十一行二十三字白口四周單邊

610000 – 1001 – 0012514　普 0015344

**積石文稿十八卷**　（清）張履撰　清光緒二十
年(1894)刻本　八冊　十一行二十二字粗黑
口四周單邊

610000 – 1001 – 0012515　普 0015350

**湖州詩徵二十四卷**　（清）朱祖謀輯校　清宣
統三年(1911)刻本　四冊　十二行二十二字
粗黑口左右雙邊

610000 – 1001 – 0012516　普 0015352

**列子盧重陽注八卷**　（戰國）列禦寇著　（唐）
盧重元注　清嘉慶八年(1803)刻本　二冊
十行二十一字小字雙行同白口左右雙邊

610000 – 1001 – 0012517　普 0015354

**王文成公全書三十八卷**　（明）王守仁撰　清
刻本　二十四冊　九行二十一字白口左右
雙邊

610000 – 1001 – 0012518　普 0015355

**重定金石契不分卷**　（清）張燕昌撰　清光緒
二十二年(1896)貴池劉世珩聚學軒刻本　四
冊　十行十五字小字雙行同白口四周單邊

610000 – 1001 – 0012519　普 0015356

**日本國志四十卷首一卷**　（清）黃遵憲纂　清
光緒二十四年(1898)浙江書局刻本　十

十二行二十四字白口四周雙邊

610000 – 1001 – 0012520　普 0015357

**國朝閨閣詩鈔一百種**　（清）蔡殿齊輯　清道
光二十四年(1844)娜嬛別館刻本　十冊　八
行十八字粗黑口四周雙邊　缺一種

610000 – 1001 – 0012521　普 0015358

**惜抱軒遺書三種**　（清）姚鼐撰　清光緒五年
(1879)桐城徐宗亮刻本　四冊　十行二十一
字粗黑口左右雙邊

610000 – 1001 – 0012522　普 0015359

**竹葉亭雜記八卷**　（清）姚元之撰　清光緒十
九年(1893)刻本　二冊　十二行二十四字小
字雙行同粗黑口四周雙邊

610000 – 1001 – 0012523　普 0015360

**困學紀聞注二十卷**　（宋）王應麟撰　（清）翁
元圻輯注　清道光六年(1826)刻本　二十冊
十一行二十字小字雙行二十九字白口左右
雙邊

610000 – 1001 – 0012524　普 0015362

**文心雕龍十卷**　（南朝梁）劉勰撰　（清）黃叔
琳注　清道光十三年(1833)兩廣節署刻朱墨
印本　四冊　十行二十一字小字雙行同白口
左右雙邊

610000 – 1001 – 0012525　普 0015365

**嘯云軒文集六卷附錄一卷詩集二卷**　（清）程
畹著　清光緒十二年(1886)刻本　三冊　十
行二十四字白口左右雙邊

610000 – 1001 – 0012526　普 0015366

**有正味齋駢文十六卷**　（清）吳錫麒著　（清）
葉聯芳箋注　清道光二十年(1840)刻本　八
冊　九行二十字小字雙行同粗黑口左右雙邊

610000 – 1001 – 0012527　普 0015368

**翁山文外十六卷**　（清）屈大均撰　清宣統二
年(1910)國學扶輪社鉛印本　五冊　十一行
三十字上下黑口四周雙邊

610000 – 1001 – 0012528　普 0015371

**千甓亭磚錄六卷續錄四卷**　（清）陸心源撰

清光緒十四年(1888)刻本　四冊　十行二十字白口左右雙邊

610000－1001－0012529　普0015372

**耻躬堂詩鈔十六卷**　(清)彭士望著　清咸豐元年(1851)刻本　二冊　九行二十字白口左右雙邊

610000－1001－0012530　普0015373

**邵武徐氏叢書二十三種**　(清)徐榦輯　清光緒刻本　二十冊　十行二十二字白口左右雙邊　缺三種

610000－1001－0012531　普0015375

**鑑止水齋集二十卷**　(清)許宗彥撰　清咸豐七年(1857)刻本　六冊　十行二十字粗黑口左右雙邊

610000－1001－0012532　普0015376

**學詩詳說三十卷正詁五卷**　(清)顧廣譽著　清光緒三年(1877)刻本　十冊　十一行二十四字粗黑口左右雙邊

610000－1001－0012533　普0015377

**少室山房集二種**　(明)胡應麟撰　清光緒二十二年(1896)刻本　十冊　十一行二十四字粗黑口四周單邊

610000－1001－0012534　普0015378

**睫巢鏡影十二卷**　(清)童葉庚著　清光緒十六年(1890)刻本　二冊　九行二十二字白口四周單邊

610000－1001－0012535　普0015380

**北堂書鈔一百六十卷首一卷**　(唐)虞世南輯　(清)孔廣陶校注　清光緒十四年(1888)南海孔氏三十有三萬卷堂影宋刻本　二十冊　十二行二十二字小字雙行同粗黑口四周單邊

610000－1001－0012536　普0015383

**小學考五十卷**　(清)謝啟昆撰　清光緒十四年(1888)浙江書局刻本　二十冊　十一行二十一字白口左右雙邊

610000－1001－0012537　普0015384

**范忠宣公集二十卷首一卷奏議二卷遺文一卷**

附錄一卷補編一卷　(宋)范純仁撰　清刻本　八冊　十一行二十一字白口左右雙邊

610000－1001－0012538　普0015385

**古均閣遺箸二種**　(清)許槤撰　清光緒十四年(1888)許頌鼎刻本　一冊　十一行二十二字粗黑口左右雙邊

610000－1001－0012539　普0015386

**求古錄禮說十六卷補遺一卷校勘記三卷**　(清)金鶚撰　(清)王士駿輯　清光緒二年(1876)刻本　十冊　十行二十一字細黑口左右雙邊

610000－1001－0012540　普0015387

**戴氏注論語二十卷**　(清)戴望撰　清同治十年(1871)刻本　二冊　十二行二十四字粗黑口左右雙邊

610000－1001－0012541　普0015389

**切韻考五卷**　(清)陳澧撰　清道光二十二年(1842)粵東城西湖街富文齋刻本　四冊　十一行二十八字粗黑口左右雙邊

610000－1001－0012542　普0015390

**呂氏家塾讀詩記三十二卷**　(宋)呂祖謙撰　清刻本　十冊　十行二十字小字雙行同白口四周雙邊

610000－1001－0012543　普0015391

**補刻段氏說文解字注三十二卷**　(清)段玉裁注　清同治十一年(1872)蘇州保息局刻本　二十四冊　九行二十二字小字雙行同白口左右雙邊

610000－1001－0012544　普0015393

**藝華閣遺集四卷**　(清)盛昱撰　清光緒三十一年(1905)有正書局石印本　一冊　九行十八字小字雙行同上下黑口左右雙邊

610000－1001－0012545　普0015394

**十駕齋養新錄二十卷餘錄三卷**　(清)錢大昕撰　**錢辛楣先生年譜一卷**　(清)錢慶曾校注　**竹汀居士年譜續編一卷**　(清)錢慶曾撰　清光緒二年(1876)浙江書局刻本　八冊　十行二十三字白口左右雙邊

610000－1001－0012546　普 0015396

字典考證十二集　（清）王引之撰　清光緒二年(1876)崇文書局刻本　六冊　十行二十一字白口四周雙邊

610000－1001－0012547　普 0015399

世說新語三卷佚文一卷校勘小識一卷校勘小識補一卷　（南朝宋）劉義慶撰　清光緒十七年(1891)思賢講舍刻本　六冊　十一行二十四字小字雙行同粗黑口左右雙邊

610000－1001－0012548　普 0015400

心白日齋集六卷　（清）尹耕雲撰　清光緒十年(1884)刻本　三冊　十行二十二字白口左右雙邊

610000－1001－0012549　普 0015401

宋六十名家詞　（明）毛晉輯　清光緒十四年(1888)錢塘汪氏刻本　二十四冊　十一行二十字小字雙行同粗黑口左右雙邊

610000－1001－0012550　普 0015402

徐州詩徵八卷　（清）桂中行輯　清光緒十七年(1891)刻本　四冊　十行二十二字小字雙行同粗黑口四周雙邊

610000－1001－0012551　普 0015405

小安樂窩文集四卷詩存一卷　（清）張海珊撰　清道光十一年(1831)刻本　二冊　十行二十一字白口四周雙邊

610000－1001－0012552　普 0015406

小安樂窩文集四卷詩存一卷　（清）張海珊撰　清道光十一年(1831)刻本　二冊　十行二十一字白口四周雙邊

610000－1001－0012553　普 0015407

漸學廬叢書第一集十五種　（清）胡祥鑅輯　清光緒元和胡氏石印本　六冊　十三行三十字小字雙行同上下黑口四周單邊　缺一種

610000－1001－0012554　普 0015408

文粹一百卷　（宋）姚鉉纂　文粹補遺二十六卷　（清）郭麐撰　清光緒十六年(1890)杭州許氏榆園刻本　二十四冊　十四行二十五字粗黑口左右雙邊

610000－1001－0012555　普 0015410

夏節愍全集十卷首一卷末一卷補遺二卷　（明）夏完淳撰　（清）莊師洛輯　清同治八年(1869)婁縣陳履泰刻本　四冊　十行二十一字白口左右雙邊

610000－1001－0012556　普 0015412

有正味齋集十六卷駢體文二十四卷駢體文續集八卷外集五卷　（清）吳錫麒撰　清刻本　十二冊　十二行二十四字粗黑口四周單邊

610000－1001－0012557　普 0015413

靈芬館集十種　（清）郭麐撰　清嘉慶、道光刻本　十八冊　十二行二十三字白口左右雙邊　存八種

610000－1001－0012558　普 0015415

王孟調明經西鳧草不分卷　（清）王星誠撰　（清）潘祖蔭選　清刻本　一冊　十行二十一字白口四周雙邊

610000－1001－0012559　普 0015416

一乘決疑論不分卷　（清）彭際清述　清同治八年(1869)如皋刻經處刻本　一冊　十行二十字細黑口左右雙邊

610000－1001－0012560　普 0015419

史忠正公集四卷首一卷末一卷　（明）史可法撰　清同治十年(1871)趙承恩刻本　四冊　十行二十一字白口左右雙邊

610000－1001－0012561　普 0015420

晚翠樓詩鈔四卷　（清）朱炳清撰　清刻本　二冊　十二行二十四字小字雙行同白口左右雙邊

610000－1001－0012562　普 0015421

倭文端公遺書十一卷首二卷　（清）倭仁輯　清同治元年(1862)刻本　八冊　十行二十一字白口四周雙邊

610000－1001－0012563　普 0015423

說文引經考證七卷互異說一卷　（清）陳瑑撰　清同治十三年(1874)湖北崇文書局刻本　二冊　十行三十三字白口四周雙邊

610000－1001－0012564　普0015425

音學辨微不分卷　（清）江永撰　清嘉慶元年(1796)刻本　一冊　九行二十字粗黑口左右雙邊

610000－1001－0012565　普0015426

萍因蕉夢十二圖題辭二卷　（清）金黼廷輯　清光緒五年(1879)刻本　一冊　九行二十字白口左右雙邊

610000－1001－0012566　普0015427

泖東近課五卷　（清）王芑孫輯　清嘉慶十九年(1814)刻本　一冊　十行十九字細黑口左右雙邊

610000－1001－0012567　普0015428

山海經十八卷圖贊一卷　（晉）郭璞傳　（清）郝懿行箋疏　清嘉慶十四年(1809)阮氏琅嬛僊館刻本　四冊　十行二十四字小字雙行同白口左右雙邊

610000－1001－0012568　普0015429

是程堂初集四卷　（清）屠倬著　清嘉慶九年(1804)刻本　一冊　十一行二十二字白口左右雙邊

610000－1001－0012569　普0015430

留溪外傳十八卷　（清）陳鼎撰　清光緒二十四年(1898)刻本　四冊　十四行二十五字細黑口左右雙邊

610000－1001－0012570　普0015431

司馬氏書儀十卷　（宋）司馬光撰　清同治七年(1868)江蘇書局刻本　一冊　十一行十九字小字雙行二十四字細黑口左右雙邊

610000－1001－0012571　普0015432

天仙正理二卷附錄一卷　（明）伍守陽撰　清咸豐五年(1855)刻本　二冊　八行二十字小字雙行同白口四周雙邊

610000－1001－0012572　普0015433

樊榭山房全集二十八卷　（清）厲鶚撰　清光緒十年(1884)錢塘汪氏振綺堂刻本　十二冊　十一行二十一字小字雙行三十三字粗黑口左右雙邊

610000－1001－0012573　普0015434

角山樓蘇詩評註彙鈔二十卷目錄二卷附錄三卷　（宋）蘇軾撰　（清）趙克宜輯　清咸豐二年(1852)刻本　十二冊　十行二十一字小字雙行同白口四周雙邊

610000－1001－0012574　普0015438

琴隱園詩集三十六卷詞集四卷　（清）湯貽芬撰　清光緒元年(1875)武進曹氏刻本　八冊　十一行二十二字白口左右雙邊

610000－1001－0012575　普0015439

李昌谷詩注四卷首一卷外集一卷　（唐）李賀撰　（清）王琦輯　清光緒四年(1878)宏達堂刻本　四冊　十行二十字小字雙行同白口左右雙邊

610000－1001－0012576　普0015440

王子安集注二十卷首一卷末一卷　（唐）王勃撰　（清）蔣清翊注　清光緒九年(1883)蔣氏雙唐碑館刻本　六冊　十一行二十五字小字雙行三十三字白口左右雙邊

610000－1001－0012577　普0015441

有竹居集十六卷　（清）任兆麟撰　清嘉慶二十四年(1819)兩廣節署刻本　五冊　九行十九字白口左右雙邊

610000－1001－0012578　普0015442

悔餘菴文稿六卷樂府四卷詩稿十二卷　（清）何栻撰　清同治四年(1865)鳩紅書屋刻本　八冊　十二行二十四字粗黑口四周雙邊

610000－1001－0012579　普0015444

毘陵集十六卷附錄一卷　（宋）張守撰　清光緒二十一年(1895)刻朱印本　四冊　十四行二十五字粗紅口左右雙邊

610000－1001－0012580　普0015445

夢窗詞四卷重校夢窗詞札記一卷　（宋）吳文英撰　清光緒三十四年(1908)歸安朱氏刻本　二冊　十二行二十二字粗黑口左右雙邊

610000－1001－0012581　普0015446

孟子正義三十卷　（清）焦循撰　清道光五年(1825)刻本　十冊　十行二十字小字雙行同

粗黑口左右雙邊

610000－1001－0012582　普0015447

證璧集四卷　（清）況周頤輯　清光緒三十二年(1906)刻本　二冊　十行二十字粗黑口左右雙邊

610000－1001－0012583　普0015448

說文新附攷六卷　（清）鄭珍撰　（清）王士濂校　清呂祝三刻本　六冊　九行二十字白口左右雙邊

610000－1001－0012584　普0015449

萬充宗先生經學五書　（清）萬斯大撰　清嘉慶元年(1796)刻本　六冊　十一行二十一字粗黑口左右雙邊

610000－1001－0012585　普0015451

貴池二妙集四十七卷　（明）吳應箕撰　清光緒三十四年(1908)刻本　十二冊　十三行二十三字上下黑口左右雙邊

610000－1001－0012586　普0015452

養一齋文集二十卷　（清）李兆洛著　清光緒四年(1878)刻本　八冊　十二行二十二字小字雙行同下黑口左右雙邊

610000－1001－0012587　普0015453

船山詩草二十卷　（清）張問陶撰　清道光八年(1828)刻本　四冊　十行二十字小字雙行同白口左右雙邊

610000－1001－0012588　普0015457

鄭氏四種　（清）鄭曉如撰　清同治八年(1869)刻本　六冊　七至八行不等十六至十七字不等白口四周雙邊

610000－1001－0012589　普0015458

古泉雜詠四卷　葉德輝撰　清光緒二十七年(1901)刻本　二冊　十一行二十二字上下黑口左右雙邊

610000－1001－0012590　普0015460

杜工部集二十卷　（唐）杜甫撰　（清）錢謙益注　清宣統二年(1910)鉛印本　八冊　十一行二十八字小字雙行四十二字上下黑口四周單邊

610000－1001－0012591　普0015461

韓詩外傳十卷補逸一卷拾遺一卷　（漢）韓嬰撰　清光緒元年(1875)刻本　四冊　十行二十一字小字雙行同白口左右雙邊

610000－1001－0012592　普0015462

瑞芍軒詩鈔四卷　（清）許乃穀撰　清同治七年(1868)刻本　二冊　九行十九字下黑口左右雙邊

610000－1001－0012593　普0015466

抱犢山房集六卷　（清）嵇永仁著　續離騷不分卷　（清）嵇永仁填詞　清同治元年(1862)刻本　四冊　十行二十四字白口左右雙邊

610000－1001－0012594　普0015468

鶴山文鈔三十二卷　（宋）魏了翁撰　清同治十年(1871)刻本　十二冊　十三行二十四字白口左右雙邊

610000－1001－0012595　普0015469

周易變通解六卷首一卷末一卷　（清）萬裕澐撰　清同治十二年(1873)刻本　六冊　九行二十七字小字雙行同白口四周單邊

610000－1001－0012596　普0015470

國朝文錄八十二卷　（清）李祖陶選　清道光十九年(1839)瑞州鳳儀書院刻本　六十八冊　九行二十五字白口四周雙邊

610000－1001－0012597　普0015471

國語二十一卷　（春秋）左丘明撰　（三國吳）韋昭注　清刻本　四冊　九行二十字小字雙行同白口左右雙邊

610000－1001－0012598　普0015472

權衡一書四十一卷　（清）王植輯錄　清刻本　十四冊　十行二十一字白口四周單邊

610000－1001－0012599　普0015473

湖海詩傳四十六卷　（清）王昶輯　清嘉慶八年(1803)刻本　十六冊　十二行二十三字小字雙行三十一字上下黑口四周單邊

610000－1001－0012600　普0015475

駢體文鈔三十一卷　（清）李兆洛編　清刻本

八冊　十三行二十二字上下黑口左右雙邊

610000－1001－0012601　普0015478

篋中詞六卷詞續三卷　（清）譚獻篆錄　清光
緒八年(1882)刻本　四冊　十行二十四字小
字雙行同上下黑口左右雙邊

610000－1001－0012602　普0015479

畫學心印八卷桐陰論畫圖二卷首一卷桐陰畫
訣一卷續桐陰論畫一卷　（清）秦祖永評輯
清光緒四年(1878)刻朱墨印本　十冊　八行
十八字小字雙行同上下黑口左右雙邊

610000－1001－0012603　普0015483

變雅堂詩集十卷文集八卷附錄二卷　（清）杜
濬著　清光緒二十年(1894)刻本　六冊　十
行二十一字上下黑口左右雙邊

610000－1001－0012604　普0015486

明人詩鈔續集十四卷　（清）朱琰編次　清刻
本　四冊　十行十九字小字雙行二十九字白
口左右雙邊

610000－1001－0012605　普0015489

順安詩草八卷清儀閣雜詠一卷竹田樂府一卷
竹里畫者詩一卷竹里耆舊詩一卷感逝詩一卷
　（清）張廷濟著　稻香樓詩槀不分卷　（清）
張慶榮著　清道光二十八年(1848)刻本　四
冊　十行十九字小字雙行同白口左右雙邊

610000－1001－0012606　普0015490

儀顧堂題跋十六卷續跋十六卷　（清）陸心源
輯　清光緒十八年(1892)刻本　八冊　十行
二十字白口四周雙邊

610000－1001－0012607　普0015491

孫真人千金方衍義三十卷　（清）張璐著　清
嘉慶六年(1801)刻本　二十冊　十行二十字
小字雙行同上黑口左右雙邊

610000－1001－0012608　普0015492

澣雲詩鈔八卷　（清）汪梅鼎撰　清嘉慶二十
三年(1818)刻本　一冊　十一行二十一字小
字雙行同白口左右雙邊

610000－1001－0012609　普0015493

浪跡叢談十一卷　（清）梁章鉅撰　清刻本
二冊　十行二十二字小字雙行同下黑口左右
雙邊

610000－1001－0012610　普0015496

香屑集十八卷首一卷末一卷　（清）黃之雋撰
　清同治十年(1871)刻本　四冊　十行二十
一字上下黑口左右雙邊

610000－1001－0012611　普0015503

經字異同四十八卷　（清）張維屏撰　清光緒
五年(1879)刻本　二冊　八行大小字不等白
口左右雙邊

610000－1001－0012612　普0015506

王臨川全集一百卷目錄二卷　（宋）王安石撰
　清光緒九年(1883)刻本　十六冊　十一行
二十二字上下黑口左右雙邊

610000－1001－0012613　普0015507

宛鄰書屋叢書十種　（清）張琦撰　清道光陽
湖張氏宛鄰書屋刻本　十一冊　十一行二十
三字白口左右雙邊　存六種

610000－1001－0012614　普0015509

湘綺樓文集八卷　王闓運撰　清光緒二十六
年(1900)刻本　四冊　十行二十一字上下黑
口左右雙邊

610000－1001－0012615　普0015511

元豐類藁五十卷首一卷　（宋）曾鞏撰　清光
緒十六年(1890)刻本　十二冊　十行二十字
白口四周雙邊

610000－1001－0012616　普0015513

晨風閣叢書第一集五十二種　沈宗畸等輯
清光緒三十四年至宣統三年(1908－1911)國
學萃編社鉛印本　十六冊　十二行二十九字
小字雙行同白口四周雙邊　缺三種

610000－1001－0012617　普0015514

鶴泉文抄二卷集李三百篇二卷　（清）戚學標
撰　清嘉慶五年(1800)刻本　二冊　十行二
十二字白口四周單邊

610000－1001－0012618　普0015515

經義質疑八卷　（清）陳梓著　清嘉慶二十年(1815)刻本　一冊　九行二十一字白口左右雙邊

610000－1001－0012619　普0015518

四書拾義六卷　（清）胡紹勳學　清道光十四年(1834)刻本　二冊　十行二十一字白口左右雙邊

610000－1001－0012620　普0015519

鮚埼亭集三十八卷首一卷全謝山先生經史問答十卷　（清）全祖望撰　清嘉慶九年(1804)餘姚史夢蛟刻本　六冊　十行二十一字小字雙行同白口左右雙邊

610000－1001－0012621　普0015521

陶山詩錄二十四卷詩前錄二卷露蟬吟詞鈔一卷詞續鈔一卷　（清）唐仲冕撰　清嘉慶十六年(1811)刻本　八冊　十行二十一字上下黑口左右雙邊

610000－1001－0012622　普0015523

周禮軍賦說四卷　（清）王鳴盛撰　清嘉慶三年(1798)刻本　二冊　十行十九字小字雙行同白口左右雙邊

610000－1001－0012623　普0015524

昌黎先生集四十卷　（唐）韓愈撰　清同治八年(1869)刻本　十一冊　九行十七字小字雙行同上下黑口左右雙邊

610000－1001－0012624　普0015525

瓶水齋詩集十七卷別集二卷詩話一卷　（清）舒位撰　清光緒十二年(1886)刻本　八冊　十二行二十三字白口四周單邊

610000－1001－0012625　普0015526

邵亭詩鈔六卷　（清）莫友芝撰　清同治五年(1866)刻本　四冊　十行二十一字小字雙行同上下黑口左右雙邊

610000－1001－0012626　普0015527

謫麐堂遺集四卷　（清）戴望輯　清光緒元年(1875)刻本　四冊　十一行二十一字上下黑口左右雙邊

610000－1001－0012627　普0015528

傷科補要四卷　（清）錢秀昌編輯　清嘉慶二十三年(1818)刻本　二冊　九行二十字白口左右雙邊

610000－1001－0012628　普0015529

重刊校正笠澤叢書四卷補遺一卷　（唐）陸龜蒙撰　清刻本　四冊　九行十八字白口四周雙邊

610000－1001－0012629　普0015534

柏堂遺書八種　（清）方宗誠撰　清光緒桐城方氏刻本　二十四冊　十一行二十一字上下黑口左右雙邊　存四種

610000－1001－0012630　普0015535

王荊公唐百家詩選二十卷　（宋）王安石選　清刻本　五冊　十行十八字白口左右雙邊　存十七卷(四至二十)

610000－1001－0012631　普0015536

常山貞石志二十四卷　（清）沈濤撰　清光緒二十年(1894)刻本　九冊　十一行二十一字小字雙行同上下黑口左右雙邊

610000－1001－0012632　普0015537

歷代名人年譜十卷存疑及生年卒月無攷一卷　（清）吳榮光撰　清光緒二年(1876)刻本　十冊　行數不等大小字不等白口四周雙邊

610000－1001－0012633　普0015538

湖海文傳七十五卷　（清）王昶輯　清道光十七年(1837)刻本　十六冊　十二行二十六字上下黑口左右雙邊

610000－1001－0012634　普0015540

廣雅疏證十卷　（清）王念孫撰　博雅音十卷　（隋）曹憲撰　清嘉慶元年(1796)刻本　八冊　十行二十一字小字雙行同白口左右雙邊

610000－1001－0012635　普0015542

唐御史臺精舍題名考三卷附錄一卷　（清）趙鉞　（清）勞格撰　清刻本　二冊　十行二十二字小字雙行同上黑口左右雙邊

610000－1001－0012636　普0015545

欽定勝朝殉節諸臣錄十二卷首一卷 （清）國史館編 清光緒十二年(1886)刻本 六冊 十行二十一字小字雙行同下黑口左右雙邊

610000－1001－0012637 普0015546

覆瓿集十三種 （清）張文虎撰 清同治、光緒刻本 十冊 十一行二十一字小字雙行同上下黑口四周雙邊 存三種

610000－1001－0012638 普0015547

壯悔堂文集十卷遺稿一卷 （清）侯方域撰 清光緒四年(1878)刻本 八冊 九行二十字白口左右雙邊

610000－1001－0012639 普0015548

藝槩六卷 （清）劉熙載撰 清同治十二年(1873)刻本 六冊 十一行二十一字白口左右雙邊

610000－1001－0012640 普0015550

南宋文錄錄二十四卷 （清）董兆熊輯 清光緒十七年(1891)蘇州書局刻本 六冊 十四行二十五字白口左右雙邊

610000－1001－0012641 普0015552

伊川擊壤集二十卷補遺一卷 （宋）邵雍著 清光緒三年(1877)三原劉氏述荊堂刻本 六冊 九行十八字上下黑口四周雙邊

610000－1001－0012642 普0015554

閱微草堂筆記二十四卷 （清）紀昀撰 清嘉慶二十一年(1816)北平盛氏刻本 十冊 十行二十一字上下黑口四周雙邊

610000－1001－0012643 普0015555

廣陵思古編二十九卷 （清）汪廷儒編 清道光二十九年(1849)刻本 二十四冊 十一行二十二字上下黑口左右雙邊

610000－1001－0012644 普0015556

巳吾集十四卷壼山集三卷 （明）陳際泰著 清刻本 四冊 十二行二十四字白口四周單邊

610000－1001－0012645 普0015557

復堂類集文四卷詩十一卷詞三卷日記八卷 （清）譚獻撰 清光緒十一年(1885)刻本 八冊 十一行二十二字上下黑口左右雙邊

610000－1001－0012646 普0015558

揅經室一集十四卷二集八卷三集五卷四集十三卷續集十一卷再續集六卷外集五卷 （清）阮元撰 清道光三年(1823)刻本 二十四冊 十行二十字小字雙行同白口四周雙邊

610000－1001－0012647 普0015560

振綺堂叢書二集 （清）汪康年輯 清光緒二十年(1894)刻本 八冊 十行二十一字上下黑口四周單邊 存十二種

610000－1001－0012648 普0015563

儀禮正義四十卷 （漢）鄭玄注 （清）胡培翬學 清道光二十九年(1849)刻本 二十冊 十行二十一字小字雙行同白口四周雙邊

610000－1001－0012649 普0015565

孫溪朱氏經學叢書初編十三種 （清）朱記榮輯 清光緒刻本 十二冊 十一行二十一字小字雙行同上下黑口左右雙邊

610000－1001－0012650 普0015566

小石山房叢書三十八種 （清）顧湘輯 清同治十三年(1874)刻本 十六冊 十一行二十二字上下黑口左右雙邊

610000－1001－0012651 普0015569

聲遠堂文鈔四卷 （清）王翼鳳撰 清咸豐二年(1852)刻本 四冊 十行二十一字白口左右雙邊

610000－1001－0012652 普0015570

春融堂集六十八卷 （清）王昶撰 清嘉慶十二年(1807)刻本 十二冊 十二行二十三字小字雙行同上下黑口左右雙邊

610000－1001－0012653 普0015571

宋文憲公全集五十三卷首四卷 （明）宋濂撰 清嘉慶十五年(1810)刻本 二十四冊 十二行二十三字白口左右雙邊

610000－1001－0012654 普0015573

研六室文鈔十卷補遺一卷 （清）胡培翬撰

清光緒四年(1878)續溪胡氏世澤樓刻本　五
冊　九行二十字小字雙行同白口左右雙邊

610000－1001－0012655　普0015574
**儀顧堂集二十卷**　(清)陸心源撰　清光緒二
十四年(1898)浙江俞樾刻本　六冊　十行十
八字上下黑口四周雙邊

610000－1001－0012656　普0015575
**敦艮吉齋詩存二卷補遺一卷**　(清)徐子苓撰
清光緒三十二年(1906)刻本　二冊　十行
二十一字上下黑口左右雙邊

610000－1001－0012657　普0015576
**殷齋文集八卷詩集四卷**　(清)張穆撰　清咸
豐八年(1858)刻本　六冊　十行二十二字小
字雙行同白口左右雙邊

610000－1001－0012658　普0015577
**詩毛氏傳疏三十卷**　(清)陳奐撰　清道光二
十年至二十七年(1840－1847)刻本　十二冊
十行二十一字小字雙行同上下黑口左右
雙邊

610000－1001－0012659　普0015578
**東越儒林傳一卷文苑傳一卷**　(清)陳壽祺撰
清刻本　一冊　十行十九字白口左右雙邊

610000－1001－0012660　普0015579
**荆川集十八卷補遺一卷附錄一卷**　(明)唐順
之撰　清光緒二十一年(1895)刻本　四冊
十四行二十五字上下黑口左右雙邊　存十九
卷(一至九、十一至十八,補遺一,附錄一)

610000－1001－0012661　普0015580
**十萬卷樓叢書五十一種**　(清)陸心源輯　清
光緒歸安陸氏刻本　一百十二冊　十行十八
字上下黑口左右雙邊

610000－1001－0012662　普0015582
**東萊集註類編觀瀾文甲集二十五卷甲攷一卷
乙集二十五卷乙攷一卷丙集二十卷丙攷一卷
續攷一卷**　(宋)林之奇編　清光緒七年
(1881)刻本　九冊　十一行十八字小字雙行
二十四字白口左右雙邊

610000－1001－0012663　普0015584
**樊川文集二十卷別集一卷外集一卷**　(唐)杜
牧撰　清光緒二十二年(1896)蘇園影宋刻本
六冊　十行十八字白口左右雙邊

610000－1001－0012664　普0015585
**儀顧堂集十六卷**　(清)陸心源撰　清同治十
三年(1874)福州刻本　四冊　十行二十字白
口四周雙邊

610000－1001－0012665　普0015587
**澤雅文集八卷**　(清)施補華撰　清光緒十九
年(1893)刻本　二冊　十行二十字白口四周
雙邊

610000－1001－0012666　普0015592
**東觀漢記二十四卷**　(漢)劉珍等撰　清刻本
四冊　十二行二十五字白口左右雙邊

610000－1001－0012667　普0015593
**焦山六上人詩**　(清)陳任暘輯　清道光、光
緒刻本　六冊　十一行二十一字白口左右
雙邊

610000－1001－0012668　普0015594
**句溪雜箸五卷**　(清)陳立撰　清同治三年
(1864)刻本　四冊　十行二十一字下黑口左
右雙邊

610000－1001－0012669　普0015595
**說文辨字正俗八卷**　(清)李富孫撰　清嘉慶
二十一年(1816)刻本　四冊　十行二十字小
字雙行同上下黑口左右雙邊

610000－1001－0012670　普0015596
**秣陵集六卷金陵歷代紀年事表一卷歷代互見
圖考一卷**　(清)陳文述撰　清光緒三年
(1877)刻本　三冊　十一行二十二字上下黑
口左右雙邊

610000－1001－0012671　普0015597
**大雲山房文槀二集四卷**　(清)惲敬著　清刻
本　四冊　十行二十二字上下黑口四周雙邊

610000－1001－0012672　普0015598
**思茗齋集十二卷題詞一卷**　(清)宋咸熙撰

清道光五年(1825)刻本　二冊　十行二十一字上下黑口左右雙邊

610000－1001－0012673　普0015601
**二林居集二十四卷**　(清)彭紹升撰　清光緒七年(1881)刻本　六冊　十一行二十三字下黑口左右雙邊

610000－1001－0012674　普0015603
**周易通論月令二卷**　(清)姚配中撰　清道光十四年(1834)刻本　二冊　九行二十字小字雙行同上下黑口四周雙邊

610000－1001－0012675　普0015604
**經進文稾六卷**　(清)高士奇撰　清刻本　四冊　十行十九字上下黑口四周單邊

610000－1001－0012676　普0015606
**東槎紀略五卷姚氏先德傳六卷**　(清)姚瑩著　清道光九年(1829)刻本　三冊　十行二十四字白口左右雙邊

610000－1001－0012677　普0015607
**東溟文集六卷外集四卷**　(清)姚瑩撰　清道光十三年(1833)刻本　二冊　十二行二十二字下黑口左右雙邊

610000－1001－0012678　普0015608
**後湘詩集九卷二集五卷**　(清)姚瑩撰　清道光十三年(1833)刻本　二冊　十二行二十二字下黑口左右雙邊

610000－1001－0012679　普0015610
**俞俞齋文稾四卷詩稾二卷**　(清)史念祖撰　清光緒十六年(1890)刻本　六冊　十行二十五字白口四周雙邊

610000－1001－0012680　普0015612
**自遠堂琴譜十二卷**　(清)吳灯輯　清嘉慶六年(1801)刻本　六冊　八行十八字小字雙行同白口左右雙邊

610000－1001－0012681　普0015613
**崔東壁遺書前編八種附二種**　(清)崔述撰　清道光二年(1822)刻本　二十六冊　八行二十三字小字雙行同白口四周雙邊

610000－1001－0012682　普0015614
**崔東壁遺書前編八種附二種**　(清)崔述撰　清道光二年(1822)刻本　十二冊　八行二十三字小字雙行同白口四周雙邊　存二種

610000－1001－0012683　普0015616
**兩當軒集二十卷集攷二卷附六卷**　(清)黃景仁著　清咸豐八年(1858)刻本　四冊　十一行二十二字上下黑口四周單邊

610000－1001－0012684　普0015617
**樊榭山房十卷集續集十卷文集八卷遊仙百詠三卷秋林琴雅四卷變新曲二卷集外詩一卷集外詞一卷集外文一卷**　(清)厲鶚撰　振綺堂詩存一卷　(清)汪憲撰　松聲池館詩存四卷　(清)汪璐撰　清光緒十年(1884)刻本　十六冊　十一行二十一字上下黑口左右雙邊

610000－1001－0012685　普0015618
**思適齋集十八卷**　(清)顧廣圻撰　清道光二十九年(1849)徐氏刻本　四冊　十行二十字小字雙行同上下黑口左右雙邊

610000－1001－0012686　普0015619
**船山詩草二十卷**　(清)張問陶撰　清嘉慶二十年(1815)刻本　八冊　十行二十字小字雙行同白口左右雙邊

610000－1001－0012687　普0015620
**東塾集六卷附申范一卷**　(清)陳澧撰　清光緒十八年(1892)刻本　四冊　十二行二十四字白口四周單邊

610000－1001－0012688　普0015621
**國朝嶺南文鈔十八卷**　(清)陳在謙輯　清刻本　六冊　十行二十一字白口四周雙邊

610000－1001－0012689　普0015622
**柏梘山房文集十六卷續集一卷駢體文二卷詩集十卷續集二卷**　(清)梅曾亮撰　清咸豐六年(1856)刻本　四冊　十行二十一字白口四周雙邊

610000－1001－0012690　普0015624
**詞科掌錄十七卷詞科餘話七卷**　(清)杭世駿編　清刻本　六冊　十一行二十一字上下黑

口左右雙邊

610000－1001－0012691　普0015626

**繡水王氏家藏集十二種**　（清）王相輯　清咸豐六年(1856)刻本　八冊　十行二十一字白口左右雙邊

610000－1001－0012692　普0015627

**通志二百卷**　（宋）鄭樵撰　清光緒二十二年(1896)刻本　一百八十三冊　九行二十一字小字雙行同白口左右雙邊　存一百八十九卷（一至一百七十八、一百九十至二百）

610000－1001－0012693　普0015629

**思辨錄輯要前集二十二卷後集十三卷**　（清）陸世儀撰　清光緒三年(1877)江蘇書局刻本　八冊　十二行二十三字白口四周雙邊

610000－1001－0012694　普0015630

**荀莊詩鈔四卷**　（清）孟騄撰　清刻本　二冊　十行二十字上黑口左右雙邊

610000－1001－0012695　普0015631

**周易虞氏義九卷周易虞氏消息二卷**　（清）張惠言撰　清嘉慶八年(1803)刻本　四冊　十行十九字上黑口左右雙邊

610000－1001－0012696　普0015633

**戴東原集十二卷札記一卷**　（清）戴震撰　**戴東原先生年譜一卷**　（清）段玉裁編　清光緒刻本　四冊　十行二十一字白口左右雙邊

610000－1001－0012697　普0015635

**曲園襍纂五十卷**　（清）俞樾撰　清刻本　八冊　十行二十一字白口左右雙邊

610000－1001－0012698　普0015636

**開有益齋讀書志六卷續志一卷金石文字記一卷**　（清）朱緒曾撰　清光緒六年(1880)金陵翁氏茹古閣刻本　八冊　十行二十一字小字雙行同白口左右雙邊

610000－1001－0012699　普0015637

**孫淵如先生全集二十二卷**　（清）孫星衍撰　清光緒十一年(1885)長沙王氏刻本　八冊　十行二十字小字雙行同上下黑口左右雙邊

610000－1001－0012700　普0015638

**小題篋存草一卷**　（清）葉廉鍔撰　清同治四年(1865)刻本　二冊　九行二十五字白口左右雙邊

610000－1001－0012701　普0015639

**瀛舟筆談十二卷首一卷**　（清）阮亨撰　清嘉慶二十五年(1820)刻本　六冊　十行二十三字小字雙行同白口左右雙邊

610000－1001－0012702　普0015640

**說文解字十五卷**　（漢）許慎撰　清嘉慶九年(1804)刻本　四冊　十行十七字小字雙行二十八字白口左右雙邊

610000－1001－0012703　普0015641

**嶺南三大家詩選二十四卷**　（清）王隼選　清同治七年(1868)南海陳氏刻本　四冊　十行十九字上下黑口左右雙邊

610000－1001－0012704　普0015642

**文恭集四十卷附一卷**　（宋）胡宿撰　**春卿遺稿一卷**　（宋）蔣堂撰　清光緒二十一年(1895)刻本　四冊　十四行二十五字上下黑口左右雙邊

610000－1001－0012705　普0015644

**西征集四卷**　（清）黃家鼎撰　清光緒八年(1882)刻本　二冊　九行十九字白口四周雙邊

610000－1001－0012706　普0015645

**札樸十卷**　（清）桂馥撰　清嘉慶十八年(1813)山陰小李山房刻本　六冊　十行二十一字上下黑口左右雙邊

610000－1001－0012707　普0015646

**鈍硯卮言一卷**　（清）錢綺著　清道光三十年(1850)刻本　二冊　十一行二十一字小字雙行同白口四周雙邊

610000－1001－0012708　普0015647

**春秋公羊經傳十二卷**　（漢）何休撰　清道光四年(1824)揚州汪氏問禮堂刻本　四冊　十一行十九字小字雙行二十七字白口左右雙邊

610000 - 1001 - 0012709　普 0015648

**四書正事括略七卷附錄一卷**　(清)毛奇齡撰
清道光十九年(1839)刻本　二冊　十行二
十字小字雙行同白口四周單邊

610000 - 1001 - 0012710　普 0015649

**三家詩異文疏證六卷補遺三卷**　(宋)王應麟
集攷　(清)馮登府補釋　清道光十年(1830)
刻本　一冊　十一行二十二字小字雙行同上
下黑口左右雙邊

610000 - 1001 - 0012711　普 0015650

**說文蟊箋十四卷**　(清)潘奕雋述　清嘉慶七
年(1802)刻本　一冊　十行二十字白口四周
雙邊

610000 - 1001 - 0012712　普 0015651

**道援堂詩集十三卷**　(清)屈大均著　清刻本
　八冊　十行二十一字小字雙行同白口四周
雙邊

610000 - 1001 - 0012713　普 0015652

**八家四六文注八卷首一卷**　(清)孫星衍著
(清)許眞幹校　清光緒十七年(1891)刻本
八冊　十一行二十三字小字雙行同上下黑口
四周雙邊

610000 - 1001 - 0012714　普 0015653

**四六叢話三十三卷選詩叢話一卷**　(清)孫梅
輯　清光緒七年(1881)吳下刻本　十二冊
十行二十一字小字雙行同上下黑口左右雙邊

610000 - 1001 - 0012715　普 0015655

**廣濟耆舊詩集十二卷**　(清)夏槐輯　清光緒
十三年(1887)刻本　六冊　十行二十一字上
黑口四周雙邊

610000 - 1001 - 0012716　普 0015656

**陸氏傳家集十六種附一種**　(清)陸乃普輯
清同治十一年(1872)刻本　五冊　九行二十
一字上黑口四周雙邊

610000 - 1001 - 0012717　普 0015660

**東萊先生左氏博議二十五卷**　(宋)呂祖謙撰
　清道光十九年(1839)刻本　四冊　十行二
十二字上下黑口四周單邊

610000 - 1001 - 0012718　普 0015661

**古紅楳閣集八卷附錄一卷**　(清)劉履芬撰
**紫藤花館詩餘一卷**　(清)劉觀藻撰　清光緒
六年(1880)刻本　二冊　十二行二十三字小
字雙行同上下黑口左右雙邊

610000 - 1001 - 0012719　普 0015662

**賦鈔四卷**　(清)張惠言評選　清道光元年
(1821)刻本　三冊　十三行二十二字小字雙
行同上下黑口左右雙邊　存四卷(一至四)

610000 - 1001 - 0012720　普 0015663

**韓非子二十卷**　(戰國)韓非撰　清嘉慶二十
三年(1818)刻本　三冊　十三行二十四字小
字雙行同上下黑口四周單邊

610000 - 1001 - 0012721　普 0015665

**新編古列女傳八卷**　(漢)劉向撰　**列女傳攷
證一卷**　(清)顧廣圻撰　清嘉慶元年(1796)
刻本　四冊　十一行十八字小字雙行二十七
字上下黑口左右雙邊

610000 - 1001 - 0012722　普 0015666

**藝海珠塵八集一百六十三種**　(清)吳省蘭輯
　清嘉慶南匯吳氏聽彝堂刻本　四冊　十行
二十一字小字雙行同白口左右雙邊　存十種

610000 - 1001 - 0012723　普 0015668

**湖東集四卷**　(清)范淩霨撰　清咸豐十一年
(1861)刻本　一冊　十行二十一字小字雙行
同白口左右雙邊

610000 - 1001 - 0012724　普 0015669

**戴靜齋先生遺書二卷傳一卷**　(清)戴清著
清咸豐元年(1851)刻本　一冊　十行二十一
字小字雙行同白口左右雙邊

610000 - 1001 - 0012725　普 0015671

**古文辭類纂七十四卷**　(清)姚鼐輯　清道光
元年(1821)刻本　十四冊　十三行二十二字
小字雙行同上下黑口左右雙邊

610000 - 1001 - 0012726　普 0015672

**忠雅堂文集十二卷**　(清)蔣士銓撰　清嘉慶
二十一年(1816)刻本　六冊　十一行二十一
字白口左右雙邊

610000 - 1001 - 0012727　普 0015675

**晚學齋文集十二卷**　（清）姚椿撰　清咸豐二年(1852)刻本　二冊　十行二十二字上下黑口四周雙邊

610000 - 1001 - 0012728　普 0015676

**從野堂存稿八卷存稿補遺一卷年譜一卷附錄一卷**　（明）繆昌期撰　清光緒二十一年(1895)刻本　三冊　十四行二十五字上下黑口左右雙邊

610000 - 1001 - 0012729　普 0015677

**賜墨齋詩二卷詞一卷**　（清）姚念曾撰　清光緒八年(1882)刻本　一冊　十二行二十四字小字雙行同白口四周單邊

610000 - 1001 - 0012730　普 0015678

**夢陔堂集五十卷文集十卷**　（清）黃承吉撰
**字詁一卷附一卷義府二卷**　（清）黃生撰　清道光二十三年(1843)刻本　十冊　十行二十一字小字雙行同白口左右雙邊

610000 - 1001 - 0012731　普 0015679

**太平御覽一千卷目錄十五卷**　（宋）李昉等纂　清光緒十八年(1892)南海李氏刻本　一百二十冊　十三行二十二字小字雙行同白口左右雙邊

610000 - 1001 - 0012732　普 0015683

**南宋院畫錄八卷**　（清）厲鶚輯　清光緒十年(1884)刻本　三冊　十行二十字小字雙行同白口左右雙邊　存六卷(一至六)

610000 - 1001 - 0012733　普 0015685

**李氏蒙求補注六卷**　（清）金三俊輯　清刻本　三冊　十一行二十一字白口左右雙邊

610000 - 1001 - 0012734　普 0015686

**燼遺集二卷**　（清）徐麟吉著　清咸豐二年(1852)刻本　四冊　九行二十一字小字雙行同白口四周單邊

610000 - 1001 - 0012735　普 0015689

**說文古籀補十四卷附錄一卷**　（清）吳大澂撰　清光緒二十四年(1898)刻本　二冊　八行大小字不等白口四周單邊

610000 - 1001 - 0012736　普 0015690

**循蘭館詩存三卷**　（清）盧先駱撰　清道光六年(1826)刻本　一冊　十行二十一字白口左右雙邊

610000 - 1001 - 0012737　普 0015691

**南軒先生孟子說七卷**　（宋）張栻撰　清咸豐四年(1854)刻本　四冊　十一行二十字小字雙行同白口左右雙邊

610000 - 1001 - 0012738　普 0015692

**南軒論語解十卷**　（宋）張栻撰　清道光二十五年(1845)刻本　二冊　十一行二十字小字雙行同白口左右雙邊

610000 - 1001 - 0012739　普 0015697

**仰視千七百二十九鶴齋叢書六集四十種**　（清）趙之謙輯　清光緒會稽趙氏刻本　十六冊　九行二十字小字雙行同粗黑口左右雙邊　存二十五種

610000 - 1001 - 0012740　普 0015698

**續東軒遺集不分卷**　（清）高均儒撰　清光緒八年(1882)刻本　一冊　九行二十一字小字雙行同粗黑口左右雙邊

610000 - 1001 - 0012741　普 0015699

**壽世編四種**　（清）□□撰　清光緒十七年(1891)羅溪聚芳齋刻本　一冊　十行二十一字小字雙行同白口左右雙邊

610000 - 1001 - 0012742　普 0015700

**陳忠裕全集三十卷首一卷末一卷年譜三卷兵垣奏議一卷**　（明）陳子龍撰　（清）王昶輯（清）王鴻逵等訂　清光緒二十三年(1897)松江府事陳通聲刻本　十二冊　十行二十一字小字雙行三十一字白口左右雙邊

610000 - 1001 - 0012743　普 0015701

**茗柯文四編五卷**　（清）張惠言撰　清嘉慶十四年(1809)刻本　二冊　十行二十一字白口左右雙邊

610000 - 1001 - 0012744　普 0015702

**春秋朔閏日食攷二卷**　（清）宋慶雲撰　（清）張聲馳等校　清光緒七年(1881)刻本　二冊

九行二十一字小字雙行同白口左右雙邊

610000－1001－0012745　普0015703

**虹橋詩稿不分卷**　（清）朱廷芝撰　**小琴詩稿不分卷**　（清）高以宷撰　清嘉慶十五年(1810)刻本　一冊　八行十七字白口左右雙邊

610000－1001－0012746　普0015704

**周易述補四卷**　（清）江藩集注并疏　**易大義一卷**　（清）惠棟撰　清嘉慶二十五年(1820)刻本　一冊　十行二十二字小字雙行同白口四周雙邊

610000－1001－0012747　普0015705

**春秋比二卷**　（清）郝懿行輯　（清）趙銘彝校　清嘉慶十四年(1809)刻本　一冊　十二行二十四字白口四周雙邊

610000－1001－0012748　普0015706

**道古堂文集四十八卷詩集二十六卷集外文一卷集外詩一卷**　（清）杭世駿撰　清光緒十四年(1888)汪氏振綺堂刻本　十六冊　十行二十一字白口左右雙邊

610000－1001－0012749　普0015707

**讀律心得一卷**　（清）劉衡輯　**求治管見一卷**　（清）戴肇成撰　**敬聞堂學治雜錄四卷**　(清)戴杰撰　清光緒十六年(1890)刻本　六冊　九行二十一字白口四周雙邊

610000－1001－0012750　普0015708

**說文審音十六卷**　（清）張行孚撰　清光緒二十四年(1898)漸西村舍刻本　四冊　十行二十二字小字雙行同粗黑口左右雙邊

610000－1001－0012751　普0015709

**壹齋集四十卷奏御集二卷兩朝恩賚記一卷賦錄二卷汪槳錄二卷蕭湯二老遺詩合編一卷**　(清)黃鉞撰　（清）許文校　清光緒七年(1881)許文刻本　六冊　十二行二十四字粗黑口四周單邊

610000－1001－0012752　普0015712

**水田居文集五卷**　（清）賀貽孫撰　清刻本　五冊　九行二十六字白口左右單邊

610000－1001－0012753　普0015713

**淩忠介公文集二卷**　（明）淩義渠撰　（清）孫炳煊校　清咸豐九年(1859)刻本　二冊　九行十八字白口四周雙邊

610000－1001－0012754　普0015714

**誠齋詩集十六卷**　（宋）楊萬里撰　（清）徐達源校　清嘉慶五年(1800)刻本　六冊　十行二十一字白口左右雙邊

610000－1001－0012755　普0015715

**理瀹駢文摘要不分卷**　（清）吳師機撰　清光緒元年(1875)江蘇書局刻本　二冊　六行二十二字白口左右雙邊

610000－1001－0012756　普0015716

**養心光室詩棻八卷**　（清）顧福仁撰　清光緒十四年(1888)刻本　二冊　九行二十一字白口左右雙邊

610000－1001－0012757　普0015717

**校經廎文棻十八卷**　（清）李富孫撰　清道光元年(1821)刻本　二冊　十行二十三字粗黑口左右雙邊

610000－1001－0012758　普0015719

**梅村詩集箋注十八卷**　（清）吳偉業撰　（清）吳翌鳳箋注　清嘉慶十九年(1814)嚴榮滄浪吟榭刻本　十二冊　十行二十一字小字雙行同白口左右雙邊

610000－1001－0012759　普0015720

**說文外編十五卷補遺一卷**　（清）雷浚撰　**劉氏碎金一卷**　（清）劉禧延撰　清光緒二年(1876)刻本　四冊　十行二十一字小字雙行同粗黑口四周雙邊

610000－1001－0012760　普0015721

**綠雪館詩鈔四卷**　（清）張鴻卓撰　清道光十年(1830)刻本　一冊　十行十九字白口左右雙邊

610000－1001－0012761　普0015722

**郭大理遺稿八卷**　（清）郭尚先撰　清刻本　三冊　十行二十字白口四周雙邊　存六卷(三至八)

610000－1001－0012762　普0015724

東塾讀書記二十五卷　（清）陳澧撰　清光緒
八年(1882)廣州刻本　五冊　十二行二十四
字小字雙行同上下黑口四周單邊　存十五卷
（一至十二、十五至十六、二十一）

610000－1001－0012763　普0015725

御定駢字類編二百四十卷　（清）張廷玉等編
　清光緒十三年(1887)上海同文書局石印本
　四十八冊　二十行四十二字小字雙行同白
口四周雙邊

610000－1001－0012764　普0015727

楚辭十七卷　（漢）劉向集　（漢）王逸章句
清同治十一年(1872)金陵書局刻本　六冊
九行十五字小字雙行二十字白口左右雙邊

610000－1001－0012765　普0015728

悔翁詩鈔十五卷補遺一卷詞鈔五卷　（清）汪
士鐸撰　（清）張士珩校　清光緒十年(1884)
合肥張氏味古齋刻本　三冊　十一行二十一
字小字雙行同粗黑口左右雙邊

610000－1001－0012766　普0015729

弟子箴言十六卷　（清）胡達源撰　清光緒七
年(1881)廣仁堂刻本　四冊　十行二十三字
白口四周雙邊

610000－1001－0012767　普0015730

曹集銓評十卷逸文一卷年譜一卷　（三國魏）
曹植撰　（清）丁晏纂　清同治十一年(1872)
刻本　二冊　九行二十二字小字雙行同白口
左右雙邊

610000－1001－0012768　普0015731

高子遺書十二卷附錄一卷　（明）高攀龍撰
(清)陳龍正編　附錄一卷　（明）錢士升等撰
　清光緒二年(1876)無錫東林書院刻本　八
冊　九行十九字白口四周雙邊

610000－1001－0012769　普0015732

惜抱軒全集十種　（清）姚鼐撰　清同治五年
(1866)省心閣刻本　十六冊　十行二十一字
白口左右雙邊

610000－1001－0012770　普0015734

樹廬文鈔十卷　（明）彭士望撰　（清）彭汝霖
等校　清道光四年(1824)刻本　六冊　九行
二十字白口左右雙邊

610000－1001－0012771　普0015735

文選六十卷考異十卷　（南朝梁）蕭統撰
(唐)李善注　清嘉慶十四年(1809)胡克家影
宋刻本　二十四冊　十行二十一字小字雙行
同白口左右雙邊

610000－1001－0012772　普0015736

養餘齋初集四卷二集四卷三集六卷　（清）柳
樹芳撰　清道光二十七年(1847)刻本　四冊
　十行二十一字白口左右雙邊

610000－1001－0012773　普0015739

通甫類稾四卷續編二卷詩存四卷詩存之餘二
卷　（清）魯一同撰　清刻本　六冊　十一行
二十三字白口四周雙邊

610000－1001－0012774　普0015740

子良詩錄二卷　（清）馮詢撰　（清）王豐等校
　清同治二年(1863)廣州城西寶華坊刻本
二冊　十行二十一字黑口四周雙邊

610000－1001－0012775　普0015741

西圃集十卷續集三卷　（清）潘遵祁撰　清光
緒六年(1880)刻本　三冊　十行二十一字小
字雙行同白口四周雙邊

610000－1001－0012776　普0015743

太上感應篇一卷　（清）惠棟註　二十二史感
應錄二卷　（清）彭希涑輯　清光緒二十七年
(1901)善化瞿氏刻本　二冊　九行二十二字
小字雙行同白口左右雙邊

610000－1001－0012777　普0015744

昭昧詹言十卷續錄二卷續昭昧詹言八卷
(清)方東樹撰　清光緒十七年(1891)刻本
六冊　十行二十三字粗黑口左右雙邊

610000－1001－0012778　普0015745

曝書亭集詩註二十二卷年譜一卷　（清）朱彝
尊撰　（清）楊謙註　清刻本　四冊　十一行
二十三字小字雙行三十至三十一字白口左右
雙邊

610000－1001－0012779　普0015746

景陸稡編八卷首一卷　（清）許仁沐輯　清光緒二十四年(1898)刻本　六冊　十一行二十三字粗黑口左右雙邊

610000－1001－0012780　普0015747

段氏說文注訂八卷　（清）鈕樹玉撰　清同治十三年(1874)湖北崇文書局刻本　二冊　九行二十二字白口四周雙邊

610000－1001－0012781　普0015750

陶堂志微錄五卷遺文一卷恤誦一卷　（清）高心夔撰　清光緒八年(1882)平湖朱氏註經齋刻本　三冊　十行二十五字粗黑口左右雙邊

610000－1001－0012782　普0015751

鑑止水齋集二十卷　（清）許宗彥撰　清道光刻本　六冊　十行二十字黑口左右雙邊

610000－1001－0012783　普0015752

田硯齋文集二卷　（清）褚榮槐撰　（清）元開輯　清宣統二年(1910)刻本　一冊　九行二十一字黑口四周雙邊

610000－1001－0012784　普0015753

青草堂集十二卷二集十六卷　（清）趙國華撰　清同治十一年至光緒八年(1872－1882)濟南菁衫氏刻本　十冊　九行二十一字白口四周雙邊

610000－1001－0012785　普0015755

爾雅三卷　（晉）郭璞註　（唐）陸德明音義　清嘉慶二十二年(1817)刻本　三冊　十二行二十五字小字雙行三十八字白口左右雙邊

610000－1001－0012786　普0015756

亭林遺書十種　（清）顧炎武撰　清吳江潘氏遂初堂刻本　六冊　十一行二十字小字雙行三十字白口左右雙邊　存九種

610000－1001－0012787　普0015758

蜀中名勝記三十卷　（明）曹學佺撰　清宣統二年(1910)刻本　十冊　十行二十字黑口左右雙邊

610000－1001－0012788　普0015761

二酉堂叢書二十一種　（清）張澍輯　清道光元年(1821)武威張氏二酉堂刻本　八冊　十行二十四字小字雙行同白口左右雙邊

610000－1001－0012789　普0015762

仲實詩存二卷類稿一卷　（清）魯賁撰　清咸豐、同治刻本　三冊　九行二十一字白口左右雙邊

610000－1001－0012790　普0015763

琳琅祕室叢書三十種　（清）胡珽輯　（清）董金鑑校　清光緒十四年(1888)會稽董氏取斯堂木活字印本　二十四冊　九行二十一字小字雙行同上下黑口四周單邊

610000－1001－0012791　普0015765

述學內篇三卷補遺一卷外篇一卷別錄一卷附錄一卷校勘記一卷　（清）汪中撰　清同治八年(1869)揚州書局刻本　二冊　十三行三十字白口左右雙邊

610000－1001－0012792　普0015767

士那補釋一卷　（清）張義澍撰　清光緒十八年(1892)刻本　一冊　八行二十一字小字雙行同白口左右雙邊

610000－1001－0012793　普0015768

保心堂詩鈔不分卷　（清）思成撰　清同治十三年(1874)刻本　一冊　六行十六字白口四周雙邊

610000－1001－0012794　普0015769

榆園叢刻十五種附一種　（清）許增輯　清同治、光緒刻本　十冊　十二行二十三字小字雙行同白口左右雙邊

610000－1001－0012795　普0015772

詩品三卷　（南朝梁）鍾嶸撰　清嘉慶十九年(1814)刻本　一冊　十行十六字細黑口左右雙邊

610000－1001－0012796　普0015776

會典簡明錄一卷　（清）張祥河訂　清道光六年(1826)刻本　一冊　九行十八字黑口左右雙邊

610000－1001－0012797　普0015777

**小知錄十二卷**　（清）陸鳳藻輯　清同治十二年(1873)淮南書局刻本　四冊　十行二十五字小字雙行同白口左右雙邊

610000－1001－0012798　普0015778

**文史通義八卷**　（清）章學誠撰　（清）趙天錫校　清光緒十九年(1893)菁華閣刻本　七冊　十行二十一字黑口左右雙邊

610000－1001－0012799　普0015779

**景文集六十二卷**　（宋）宋祁撰　清道光八年(1828)吳榮光刻本　十六冊　九行二十一字白口四周雙邊

610000－1001－0012800　普0015781

**說文段注訂補十四卷**　（清）王紹蘭撰　（清）胡燏棻輯　清光緒十四年(1888)刻本　八冊　十行二十一字白口四周雙邊

610000－1001－0012801　普0015782

**顯志堂稿十二卷**　（清）馮桂芬撰　清光緒三年(1877)校邠廬刻本　八冊　十一行二十三字黑口左右雙邊

610000－1001－0012802　普0015783

**說文發疑六卷**　（清）張行孚撰　清光緒十年(1884)邠上寓廬刻本　三冊　九行二十字小字雙行同黑口左右雙邊

610000－1001－0012803　普0015785

**鳳墅殘帖釋文十卷**　（清）錢大昕撰　清光緒姚氏刻本　二冊　十三行二十二字黑口左右雙邊

610000－1001－0012804　普0015786

**國朝文錄續編六十七卷**　（清）李祖陶選　清同治七年(1868)刻本　三十六冊　十行二十二字白口四周雙邊

610000－1001－0012805　普0015789

**世濟堂遺詩一卷附錄一卷**　（清）何明睿撰
**粟香館遺詩一卷**　（清）潘兆熊撰　清道光二年(1822)得脩綆齋刻本　一冊　十行二十一字白口左右雙邊

610000－1001－0012806　普0015791

**國朝兩浙科名錄不分卷**　（清）黃安綬輯　清咸豐七年(1857)刻光緒二年(1876)琉璃廠東門增修本　二冊　十行二十字小字雙行同白口四周雙邊

610000－1001－0012807　普0015792

**東都事略一百三十卷**　（宋）王偁撰　清光緒九年(1883)淮南書局刻本　十二冊　十二行二十四字白口左右雙邊

610000－1001－0012808　普0015793

**辛卯侍行記六卷**　（清）陶保廉撰　清光緒二十三年(1897)養樹山房刻本　六冊　十行二十二字小字雙行同黑口左右雙邊

610000－1001－0012809　普0015794

**汲古堂集二十八集**　（明）何白撰　（清）董登瀛校　清道光十六年(1836)董登瀛刻本　十冊　十行二十字白口左右雙邊

610000－1001－0012810　普0015795

**南宋雜事詩七卷目錄一卷**　（清）沈嘉轍撰　清同治十一年(1872)淮南書局刻本　四冊　十一行二十一字小字雙行二十九字白口左右雙邊

610000－1001－0012811　普0015796

**南宋雜事詩七卷目錄一卷**　（清）沈嘉轍撰　清同治十一年(1872)淮南書局刻本　二冊　十一行二十一字小字雙行二十九字白口左右雙邊

610000－1001－0012812　普0015798

**忠雅堂詩集二十七卷補遺二卷**　（清）蔣士銓撰　清嘉慶、道光刻本　八冊　十二行二十四字粗黑口左右雙邊

610000－1001－0012813　普0015799

**鐵橋漫稿八卷**　（清）嚴可均撰　清光緒十一年(1885)心矩齋刻本　四冊　十一行二十一字小字雙行同細黑口左右雙邊

610000－1001－0012814　普0015800

**韞山堂詩集十六卷文集八卷**　（清）管世銘撰　清光緒二十年(1894)刻本　六冊　十一行

二十三字小字雙行同粗黑口左右雙邊

610000 – 1001 – 0012815　普 0015801

**藍山詩集六卷**　（明）藍仁撰　清咸豐七年(1857)刻本　三冊　十行二十一字白口四周雙邊

610000 – 1001 – 0012816　普 0015802

**古文辭類纂七十四卷**　（清）姚鼐輯　清嘉慶道光刻本　十二冊　十三行二十二字粗黑口左右雙邊

610000 – 1001 – 0012817　普 0015803

**說文解字十五卷**　（漢）許慎撰　（宋）徐鉉校　清刻本　八冊　七行大小字不等白口左右雙邊

610000 – 1001 – 0012818　普 0015804

**鄭少谷先生全集二十四卷首一卷**　（明）鄭善夫撰　（清）鄭炳文校　清道光五年(1825)鄭炳文刻本　十冊　九行十八字白口四周雙邊

610000 – 1001 – 0012819　普 0015806

**癸巳存稿十五卷**　（清）俞正燮撰　清光緒十年(1884)刻本　六冊　十二行二十四字白口四周雙邊

610000 – 1001 – 0012820　普 0015814

**駱文忠公奏稿十卷**　（清）駱秉章撰　清光緒十七年(1891)刻本　十冊　十行二十五字細黑口左右雙邊

610000 – 1001 – 0012821　普 0015816

**退菴隨筆二十卷**　（清）梁章鉅編　清道光、同治刻本　六冊　九行二十二字小字雙行同白口左右雙邊

610000 – 1001 – 0012822　普 0015817

**明詩紀事甲籤三十卷乙籤二十二卷丙籤十二卷丁籤十七卷戊籤二十二卷己籤二十卷庚籤三十卷辛籤三十四卷**　（清）陳田輯　清光緒二十五年至宣統三年(1899－1911)貴陽陳氏聽詩齋刻本　六冊　十一行二十三字小字雙行同白口左右雙邊　存三十卷(甲籤一至三十)

610000 – 1001 – 0012823　普 0015818

**實政錄七卷**　（明）呂坤撰　清同治十一年(1872)浙江書局刻本　六冊　九行二十二字白口左右雙邊

610000 – 1001 – 0012824　普 0015820

**事類賦三十卷**　（宋）吳淑撰　（明）華麟祥校　清同治五年(1866)刻本　四冊　十一行二十字小字雙行同細黑口左右雙邊

610000 – 1001 – 0012825　普 0015821

**呂晚邨先生文集八卷附錄一卷**　（清）呂留良撰　清同治八年(1869)刻本　四冊　十行二十字黑口四周雙邊

610000 – 1001 – 0012826　普 0015823

**落落齋遺集十卷附錄一卷**　（明）李應昇撰　清光緒二十二年(1896)盛氏思惠齋刻本　三冊　十四行二十五字黑口左右雙邊

610000 – 1001 – 0012827　普 0015825

**湘軍志十六卷**　王闓運撰　清刻本　二冊　十行二十一字白口左右雙邊

610000 – 1001 – 0012828　普 0015827

**愚一錄十二卷**　（清）鄭獻甫撰　（清）周幹臣校　清光緒二年(1876)刻本　六冊　九行二十字白口四周雙邊

610000 – 1001 – 0012829　普 0015828

**說文新附攷六卷續攷一卷**　（清）鈕樹玉撰　清同治十三年(1874)崇文書局刻本　二冊　十行二十三字小字雙行同白口四周雙邊

610000 – 1001 – 0012830　普 0015829

**躬恥齋文鈔二十卷詩鈔十四卷首一卷**　（清）宗稷辰撰　清咸豐、同治朳杜軒越峴山館刻本　二十三冊　十三行二十四字白口四周雙邊

610000 – 1001 – 0012831　普 0015830

**躬恥齋文鈔二十卷詩鈔十四卷首一卷**　（清）宗稷辰撰　清咸豐、同治朳杜軒越峴山館刻本　二十三冊　十三行二十四字白口四周雙邊

610000 – 1001 – 0012832　普 0015832

**存素堂詩稾十三卷續集一卷** （清）錢寶琛撰 清同治七年（1868）刻本 二冊 十行二十一字白口左右雙邊

610000－1001－0012833 普0015833
**十華小築詩鈔四卷** （清）佘本愚撰 （清）慶雲等校 清光緒十二年（1886）刻本 二冊 十行二十一字白口左右雙邊

610000－1001－0012834 普0015834
**佩文詩韻釋要五卷** （清）周蓮塘撰 （清）林重輯 清光緒十二年（1886）刻本 二冊 九行字數不等白口四周雙邊

610000－1001－0012835 普0015835
**大佛頂首楞嚴經十卷** （唐）釋般刺密帝譯 清道光二十年（1840）刻本 三冊 八行十五字白口四周雙邊

610000－1001－0012836 普0015837
**九鍾精舍金石跋尾甲編不分卷** （清）吳士鑑撰 清宣統二年（1910）刻本 一冊 十行二十四字白口四周單邊

610000－1001－0012837 普0015838
**羅鄂州小集六卷附録一卷** （宋）羅願撰 清光緒十九年（1893）李氏刻本 二冊 十一行二十一字粗黑口四周雙邊

610000－1001－0012838 普0015839
**兩當軒詩鈔十四卷** （清）黄景仁撰 （清）趙希璜校 清刻本 一冊 十一行二十三字白口左右雙邊 存七卷（一至七）

610000－1001－0012839 普0015840
**傳樸堂詩稿四卷補遺一卷竹樊山莊詞一卷附録一卷** （清）葛金烺撰 **弢華館詩稿一卷** （清）葛嗣濚撰 清光緒三十三年（1907）刻本 二冊 九行二十一字白口四周雙邊

610000－1001－0012840 普0015841
**危太僕文集十卷附録一卷補遺一卷** （明）危素撰 **危太僕雲林集二卷補遺一卷續補一卷** （清）迺賢編 （清）鮑廷博輯 清咸豐三年（1853）刻本 三冊 十一行二十一字朱口左右雙邊

610000－1001－0012841 普0015843
**隸篇十五卷續十五卷再續十五卷** （清）翟云升撰 清道光十七年至十八年（1837－1838）刻本 十冊 行數不等字數不等白口左右雙邊

610000－1001－0012842 普0015845
**明詩紀事甲籤三十卷乙籤二十二卷丙籤十二卷丁籤十七卷戊籤二十二卷己籤二十卷庚籤三十卷辛籤三十四卷** （清）陳田輯 清光緒二十五年至宣統三年（1899－1911）刻本 三十八冊 十一行二十三字小字雙行同白口左右雙邊

610000－1001－0012843 普0015846
**相理衡真十卷首一卷** （清）陳釗撰 （清）周彦等校 清道光十三年（1833）刻本 十冊 十一行二十一字白口四周單邊

610000－1001－0012844 普0015848
**伊川文集八卷附録一卷** （宋）程頤撰 清刻本 二冊 十二行二十二字黑口左右雙邊

610000－1001－0012845 普0015849
**劍南詩鈔不分卷** （宋）陸游撰 （清）楊大鶴輯 清同治八年（1869）羣玉齋刻本 六冊 九行二十字白口四周雙邊

610000－1001－0012846 普0015850
**讀選樓詩稿十卷** （清）王采蘋撰 清光緒二十年（1894）刻本 二冊 十一行二十二字黑口左右雙邊

610000－1001－0012847 普0015851
**枕經堂金石書畫題跋三卷** （清）方朔撰 清同治三年（1864）刻本 一冊 十二行二十四字黑口四周單邊

610000－1001－0012848 普0015852
**藝槩六卷** （清）劉熙載撰 清同治十二年（1873）刻本 二冊 十一行二十一字白口左右雙邊

610000－1001－0012849 普0015853
**茶磨山人詩鈔八卷** （清）汪芑撰 （清）潘志萬校 清光緒刻本 四冊 十行二十一字白

口四周雙邊

610000－1001－0012850　普0015854

**夢鷗閣詩鈔一卷** （清）許銓撰　**夢鷗閣題詞一卷**　（清）吳家騏等撰　清道光二十六年(1846)刻民國九年(1920)柳氏補刻本　一冊　十行二十一字白口左右雙邊

610000－1001－0012851　普0015855

**求己錄三卷** （清）盧涇邏士輯　清光緒二十六年(1900)刻本　三冊　十行二十二字黑口左右雙邊

610000－1001－0012852　普0015857

**方泉先生詩集三卷** （宋）周文璞撰　清宣統元年(1909)國光社石印本　一冊　九行二十字

610000－1001－0012853　普0015858

**楚辭釋十一卷**　王闓運注　清光緒二十七年(1901)衡陽刻本　一冊　十行二十一字小字雙行同白口左右雙邊

610000－1001－0012854　普0015861

**翼教叢編六卷** （清）蘇輿輯　清光緒二十四年(1898)武昌刻本　三冊　十二行二十四字下黑口左右雙邊

610000－1001－0012855　普0015862

**湖海文傳七十五卷** （清）王昶輯　清道光十九年(1839)刻同治五年(1866)重修本　十六冊　十二行二十三字小字雙行同粗黑口左右雙邊

610000－1001－0012856　普0015863

**南宋文範七十卷外編四卷** （清）莊仲方編　清光緒十四年(1888)江蘇書局刻本　十六冊　十四行二十五字白口左右雙邊

610000－1001－0012857　普0015864

**韻彙五卷** （清）朱彝尊輯 （清）沈通寬編　清同治十三年(1874)盛德堂刻本　四冊　六行大小字不等白口左右雙邊

610000－1001－0012858　普0015865

**九經古義十六卷** （清）惠棟撰 （清）蔣光弼

等校　清刻本　三冊　十行二十一字小字雙行同黑口左右雙邊

610000－1001－0012859　普0015867

**定香亭筆談四卷** （清）阮元撰 （清）吳文溥錄　清嘉慶五年(1800)阮氏瑯環仙館刻本　四冊　十行二十字白口四周雙邊

610000－1001－0012860　普0015868

**論語類考二十卷** （明）陳士元撰 （清）陳春校　清嘉慶湖海樓刻本　六冊　十行二十字粗黑口左右雙邊

610000－1001－0012861　普0015869

**六藝綱目二卷附錄二卷** （元）舒天民述 （元）舒恭注 （明）趙宜中附注　**重刊六藝綱目札記一卷** （清）管禮耕校　清道光二十八年(1848)劉喜刻光緒沈錫堂補刻本　四冊　九行十九字細黑口左右雙邊

610000－1001－0012862　普0015870

**尊聞居士集八卷附錄一卷** （清）羅有高撰 （清）彭紹升錄　清光緒八年(1882)刻本　二冊　十一行二十三字黑口左右雙邊

610000－1001－0012863　普0015871

**尊聞居士集八卷附錄一卷** （清）羅有高撰 （清）彭紹升錄　清光緒八年(1882)刻本　四冊　十一行二十三字黑口左右雙邊

610000－1001－0012864　普0015872

**爾雅疏十卷** （晉）郭璞注 （宋）邢昺等校　清光緒四年(1878)陸心源影宋刻本　四冊　十五行三十字白口左右雙邊

610000－1001－0012865　普0015873

**納蘭詞五卷補遺一卷** （清）納蘭性德撰　清光緒六年(1880)仁和許氏娛園刻本　二冊　十二行二十三字細黑口左右雙邊

610000－1001－0012866　普0015874

**金剛經集註四卷** （後秦）釋鳩摩羅什譯 （明）朱棣集註　**大悲咒註像一卷**　釋德昌輯　清道光二十六年(1846)刻民國十年(1921)增修本　五冊　六行十三字小字雙行不等白口四周雙邊

610000－1001－0012867　普0015875

**說文辨字正俗八卷**　（清）李富孫撰　清同治九年(1870)刻本　四冊　十行二十一字小字雙行同粗黑口左右雙邊

610000－1001－0012868　普0015878

**欽定篆文六經四書六十三卷**　（清）李光地等纂修　清光緒九年(1883)上海同文書局石印本　十冊　十二行十八字白口左右雙邊

610000－1001－0012869　普0015882

**嶺南三大家詩選二十四卷**　（清）王隼選　清同治七年(1868)南海陳氏刻本　四冊　十行十九字上下黑口左右雙邊

610000－1001－0012870　普0015884

**安吳四種**　（清）包世臣撰　清同治十一年(1872年)湖北包誠注經堂刻本　十六冊　十行二十二字小字雙行同白口左右雙邊

610000－1001－0012871　普0015885

**胡文忠公遺集十卷首一卷**　（清）胡林翼撰　清同治五年(1866)刻本　八冊　九行二十字下黑口四周雙邊

610000－1001－0012872　普0015886

**履園叢話二十四卷**　（清）錢泳輯　清道光三年(1823)刻本　八冊　九行二十二字小字雙行同上下黑口四周單邊

610000－1001－0012873　普0015887

**曉庵先生文集三卷詩集二卷**　（清）王錫闡撰　（清）張海珊輯　清光緒九年(1883)刻本　三冊　十行二十一字小字雙行同白口左右雙邊

610000－1001－0012874　普0015888

**國朝杭郡詩三輯一百卷**　（清）丁申　（清）丁丙編　清光緒十四年(1888)刻本　二十八冊　十二行二十三字小字雙行同白口左右雙邊

610000－1001－0012875　普0015889

**唐人五十家小集**　（清）江標輯　清光緒二十一年(1895)元和江氏影宋刻本　三十一冊　十行十八字白口左右雙邊　存四十九種

610000－1001－0012876　普0015890

**潛研堂全書二十一種**　（清）錢大昕撰　清光緒十年(1884)長沙龍氏家塾刻本　六十四冊　十二行二十四字上下黑口左右雙邊　缺五種

610000－1001－0012877　普0015892

**通藝錄二十一種**　（清）程瑤田撰　清嘉慶刻本　十七冊　十行二十一字小字雙行三十二字白口左右雙邊　缺五種

610000－1001－0012878　普0015893

**說文解字通釋四十卷附錄一卷**　（南唐）徐鍇傳釋　清光緒九年(1883)刻本　八冊　七行大小字數不等上下黑口左右雙邊

610000－1001－0012879　普0015897

**甫田集三十六卷**　（明）文徵明撰　清宣統三年(1911)千頃堂書莊鉛印本　十二冊　十二行三十一字小字雙行同白口四周雙邊

610000－1001－0012880　普0015898

**國朝文匯二百卷首一卷**　（清）國學扶輪社輯　清宣統元年(1909)上海國學扶輪社石印本　一百〇一冊　十五行三十二字小字雙行同下黑口四周雙邊

610000－1001－0012881　普0015899

**算經十書**　（清）孔繼涵輯　清光緒十六年(1890)滬上刻本　十冊　九行十八字小字雙行同上下黑口左右雙邊

610000－1001－0012882　普0015900

**文粹一百卷**　（宋）姚鉉纂　清光緒三年(1877)刻本　二十冊　十四行二十五字小字雙行同白口左右雙邊

610000－1001－0012883　普0015902

**爾雅郭注義疏二十卷**　（清）郝懿行撰　清光緒十三年(1887)刻本　八冊　九行二十一字小字雙行同上下黑口左右雙邊

610000－1001－0012884　普0015905

**拙尊園叢稿六卷**　（清）黎庶昌撰　清光緒十九年(1893)上海醉六堂石印本　四冊　十一行二十五字上下黑口左右雙邊

610000 – 1001 – 0012885　普 0015906

三十家詩鈔六卷首一卷末一卷　（清）曾國藩
纂　（清）王定安增輯　清同治十三年(1874)
湖南傳忠書局刻本　六冊　十行二十四字小
字雙行同下黑口左右雙邊

610000 – 1001 – 0012886　普 0015907

番禺陳氏東塾叢書五種　（清）陳澧撰　清咸
豐、光緒刻本　九冊　十行二十字小字雙行
同白口左右雙邊

610000 – 1001 – 0012887　普 0015913

儀衛軒詩集五卷　（清）方東樹撰　清同治七
年(1868)刻本　二冊　十一行二十一字白口
四周雙邊

610000 – 1001 – 0012888　普 0015917

高子遺書十二卷附錄一卷　（明）高攀龍撰
清光緒二年(1876)無錫東林書院刻本　八冊
九行十九字白口四周雙邊

610000 – 1001 – 0012889　普 0015918

半厂叢書初編十種　（清）譚獻輯　清光緒仁
和譚氏刻本　十六冊　十一行二十一字小字
雙行同白口左右雙邊

610000 – 1001 – 0012890　普 0015919

尚書後案三十卷後辨一卷　（清）王鳴盛學
清刻本　十二冊　十四行三十字小字雙行四
十五字白口四周單邊

610000 – 1001 – 0012891　普 0015920

越縵堂駢體文四卷散體文一卷　（清）李慈銘
著　清光緒二十三年(1897)刻本　四冊　十
一行二十一字白口左右雙邊

610000 – 1001 – 0012892　普 0015921

忠雅堂詞集二卷　（清）蔣士銓撰　清刻本
二冊　十二行二十四字小字雙行同上下黑口
左右雙邊

610000 – 1001 – 0012893　普 0015922

經學文鈔十五卷首三卷　（清）梁鼎芬集　清
光緒三十四年(1908)刻本　二十九冊　九行
二十字小字雙行同白口四周雙邊

610000 – 1001 – 0012894　普 0015923

墨妙亭碑目攷二卷附攷一卷　（清）張鑑撰
清光緒刻本　一冊　十行二十三字小字雙行
同上下黑口左右雙邊　存二卷(下、附攷一)

610000 – 1001 – 0012895　普 0015927

二垞詩稿四卷詞稿一卷　（清）朱棟撰　清嘉
慶十一年(1806)刻本　二冊　八行十七字小
字雙行同白口左右雙邊

610000 – 1001 – 0012896　普 0015928

清儀閣題跋不分卷　（清）張廷濟撰　清光緒
十九年(1893)錢塘丁氏刻本　四冊　十一行
二十一字白口左右雙邊

610000 – 1001 – 0012897　普 0015929

儀衛軒文集十二卷外集一卷　（清）方東樹撰
年譜一卷　（清）鄭福照輯　清同治七年
(1868)刻本　四冊　十一行二十一字小字雙
行同白口四周雙邊

610000 – 1001 – 0012898　普 0015930

義門讀書記五十八卷　（清）何焯撰　清光緒
六年(1880)刻本　十二冊　十四行二十二字
上下黑口左右雙邊

610000 – 1001 – 0012899　普 0015931

小湖田樂府十卷　（清）吳蔚光著　清嘉慶二
年(1797)刻本　二冊　十行二十一字白口左
右雙邊

610000 – 1001 – 0012900　普 0015932

積古齋鐘鼎彝器款識十卷　（清）阮元編錄
清嘉慶九年(1804)刻本　二冊　十二行二十
四字白口四周單邊

610000 – 1001 – 0012901　普 0015933

汪子遺書二種　（清）汪紹著　清光緒八年
(1882)刻本　四冊　十一行二十三字下黑口
左右雙邊　缺一種

610000 – 1001 – 0012902　普 0015934

江邨銷夏錄三卷　（清）高士奇撰　清刻本
三冊　九行十八字小字雙行同上下黑口左右
雙邊

610000－1001－0012903　普0015936

**瀛壖雜志六卷**　（清）王韜撰　清光緒元年(1875)刻本　二冊　十二行二十三字小字雙行同白口左右雙邊

610000－1001－0012904　普0015938

**籌濟編三十二卷首一卷**　（清）楊景仁輯　清道光六年(1826)刻本　六冊　九行二十五字小字雙行同白口左右雙邊

610000－1001－0012905　普0015939

**韻補五卷**　（宋）吳棫撰　**韻補正一卷**　（清）顧炎武撰　清光緒九年(1883)邵武徐氏刻本　二冊　九行二十二字小字雙行同白口左右雙邊

610000－1001－0012906　普0015942

**讀書脞錄七卷續編四卷**　（清）孫志祖撰　清嘉慶七年(1802)刻本　二冊　十行二十一字小字雙行同白口左右雙邊

610000－1001－0012907　普0015945

**春秋內外傳筮辭考證三卷**　（清）婁章末著　清光緒九年(1883)刻本　一冊　九行二十一字小字雙行同白口左右雙邊

610000－1001－0012908　普0015948

**宜堂類編二十五卷**　（清）丁立中編　清光緒二十六年(1900)嘉惠堂丁氏刻本　七冊　十行二十字小字雙行同白口四周雙邊

610000－1001－0012909　普0015949

**說文古籀疏證六卷原目一卷**　（清）莊述祖撰　清光緒二十年(1894)刻本　四冊　九行大小字不等上下黑口左右雙邊

610000－1001－0012910　普0015950

**禮經宮室答問二卷**　（清）洪頤煊撰　清光緒十年(1884)刻本　一冊　十一行二十字上下黑口四周雙邊

610000－1001－0012911　普0015951

**孝經易知一卷**　（清）耿介撰　清光緒二十二年(1896)刻本　一冊　十一行二十一字小字雙行同上下黑口左右雙邊

610000－1001－0012912　普0015952

**養古齋叢錄二十六卷餘錄十卷**　（清）吳振棫纂　清光緒刻本　八冊　十二行二十四字小字雙行同白口四周單邊

610000－1001－0012913　普0015953

**道援堂詩集十三卷**　（清）屈大均著　清刻本　六冊　十行二十一字白口四周雙邊

610000－1001－0012914　普0015955

**李忠武公奏疏一卷**　（清）李續賓撰　清光緒十七年(1891)刻本　三冊　八行二十字下黑口左右雙邊

610000－1001－0012915　普0015956

**古經解彙函十七種**　（清）鍾謙鈞輯　清同治、光緒刻本　五冊　十行二十一字小字雙行同白口左右雙邊　存三種

610000－1001－0012916　普0015957

**報恩論二卷首一卷附一卷**　（清）沈善登述　清光緒二十四年(1898)刻本　四冊　十行二十一字上下黑口左右雙邊

610000－1001－0012917　普0015958

**常州先哲遺書第一集四十四種**　盛宣懷輯　清光緒刻本　一冊　十四行二十五字上下黑口左右雙邊　存六種

610000－1001－0012918　普0015959

**詩集傳音釋集二十卷**　（宋）朱熹撰　（元）羅復纂輯　清咸豐五年(1855)刻本　六冊　十二行二十一字小字雙行同白口左右雙邊

610000－1001－0012919　普0015960

**讀禮叢鈔十六種**　（清）李輔耀輯　清光緒十七年(1891)刻本　六冊　十行二十字小字雙行同白口左右雙邊

610000－1001－0012920　普0015961

**左通補釋三十二卷**　（清）梁履繩撰　清道光九年(1829)刻本　十冊　十一行二十三字小字雙行同上下黑口左右雙邊

610000－1001－0012921　普0015962

**相宗八要解八卷**　（唐）釋玄奘釋　（明）釋

明昱贅言　清光緒二十八年(1902)刻本
三冊　十行二十字小字雙行同上下黑口左
右雙邊

610000－1001－0012922　普0015963
叢睦汪氏遺書十九種　(清)汪簠輯　清光緒
十二年(1886)錢塘汪氏刻本　二十八冊　十
二行二十四字下黑口左右雙邊　存十四種

610000－1001－0012923　普0015967
嵇庵詩集六卷　(清)梅植之撰　清道光十六
年(1836)刻本　二冊　十行二十一字白口左
右雙邊

610000－1001－0012924　普0015968
長安獲古編二卷補遺一卷　(清)劉喜海撰
清刻本　一冊　大小字不等白口四周單邊
無格

610000－1001－0012925　普0015969
金石文字記六卷　(清)顧炎武撰　清刻本
二冊　十一行二十字小字雙行不等白口左右
雙邊

610000－1001－0012926　普0015971
名賢手札一卷　(清)郭慶藩輯　清光緒十年
(1884)刻本　四冊　行數不等大小字不等白
口四周單邊

610000－1001－0012927　普0015973
墨子十六卷　(清)畢沅撰　清光緒二年
(1876)浙江書局刻本　四冊　九行二十一字
小字雙行同白口左右雙邊

610000－1001－0012928　普0015974
寶鐵齋金石跋尾三卷　(清)韓崇撰　清光緒
四年(1878)刻本　一冊　十行二十二字小字
雙行同白口左右雙邊

610000－1001－0012929　普0015975
寶鐵齋金石跋尾三卷　(清)韓崇撰　清光緒
四年(1878)刻本　一冊　白口左右雙邊

610000－1001－0012930　普0015976
集古錄目十卷原目一卷　(宋)歐陽棐撰　清
光緒十年(1884)刻本　三冊　十一行二十三

字小字雙行同上下黑口左右雙邊

610000－1001－0012931　普0015977
徑中徑又徑徵義三卷首一卷　(清)張師誠輯
(清)徐槐廷徵義　清光緒二十五年(1899)
刻本　一冊　九行二十一字上下黑口左右
雙邊

610000－1001－0012932　普0015978
維摩詰所說經註八卷　(後秦)釋鳩摩羅什譯
清光緒十三年(1887)刻本　二冊　八行二
十字小字雙行同上下黑口左右雙邊

610000－1001－0012933　普0015980
茶香室經說十六卷　(清)俞樾撰　清光緒十
八年(1892)刻本　四冊　十行二十一字白口
左右雙邊

610000－1001－0012934　普0015982
洪氏晦木齋叢書二十一種　(清)洪汝奎輯
清同治刻本　八冊　九行二十字小字雙行同
白口四周單邊　存三種

610000－1001－0012935　普0015983
靈鶼閣叢書五十六種　(清)江標輯　清光緒
元和江氏湖南使院刻本　四十五冊　十一行
二十三字小字雙行同上下黑口左右雙邊

610000－1001－0012936　普0015985
滂喜齋叢書五十種　(清)潘祖蔭輯　清同
治、光緒吳縣潘氏京師刻本　三十二冊　十
一行二十三字小字雙行同上下黑口左右
雙邊

610000－1001－0012937　普0015988
木犀軒叢書三十三種　李盛鐸輯　清光緒德
化李氏木犀軒刻本　二十冊　十一行二十一
字上下黑口左右雙邊　缺十二種

610000－1001－0012938　普0015989
潛書四卷　(清)唐甄著　(清)王聞遠編　西
蜀唐圃亭先生行畧一卷　(清)王聞遠述　清
光緒九年(1883)刻本　四冊　九行二十字白
口左右雙邊

610000－1001－0012939　普0015990

潛書四卷 (清)唐甄著 (清)王聞遠編 西蜀唐圃亭先生行畧一卷 (清)王聞遠述 清光緒九年(1883)刻本 四冊 九行二十字白口左右雙邊

610000－1001－0012940 普0015991
古今說海四部一百三十五種 (明)陸楫輯 清道光元年(1821)苕溪邵氏西山堂刻本 二十冊 八行十六字白口左右雙邊

610000－1001－0012941 普0015992
藝風堂文續集八卷外集一卷 繆荃孫著 清宣統二年(1910)刻本 四冊 十一行二十三字小字雙行同上下黑口左右雙邊

610000－1001－0012942 普0015993
唐文粹補遺二十六卷 (清)郭麐纂 清嘉慶二十四年(1819)刻本 四冊 十四行二十五字白口左右雙邊

610000－1001－0012943 普0015994
兩浙輶軒續錄五十四卷補遺六卷 (清)潘衍桐訂 清光緒十七年(1891)浙江書局刻本 四十冊 十二行二十三字小字雙行同白口左右雙邊

610000－1001－0012944 普0015996
大慈恩寺三藏法師傳十卷 (唐)釋彥悰箋 (唐)釋慧立撰 清宣統元年(1909)刻本 三冊 十行二十字白口左右雙邊

610000－1001－0012945 普0015997
維摩詰所說經三卷 (後秦)釋鳩摩羅什譯 清同治九年(1870)刻本 一冊 十行二十字小字雙行同上下黑口左右雙邊

610000－1001－0012946 普0015998
江氏音學十書 (清)江有誥撰 清嘉慶、道光刻本 八冊 十行二十字小字雙行同白口左右雙邊 原缺三種

610000－1001－0012947 普0015999
春秋公羊經傳解詁十二卷 (漢)何休撰 清道光四年(1824)刻本 四冊 十一行十九字小字雙行二十七字白口左右雙邊

610000－1001－0012948 普0016000
詩小學三十卷補一卷 (清)吳樹聲學 清同治七年(1868)壽光官廨刻本 十二冊 十行二十字小字雙行同白口左右雙邊

610000－1001－0012949 普0016002
古微書三十六卷 (明)孫瑴著錄 清嘉慶二十一年(1816)對山問月樓刻本 六冊 十一行二十四字小字雙行同黑口左右雙邊

610000－1001－0012950 普0016003
金文最一百二十卷首一卷 (清)張金吾輯 清光緒八年(1882)粵雅堂刻本 二十五冊 十行二十字小字雙行同白口四周雙邊

610000－1001－0012951 普0016005
梅苑十卷 (宋)黃大輿輯 清刻本 二冊 十行二十字小字雙行同上下黑口四周雙邊

610000－1001－0012952 普0016006
柏堂集前編十四卷次編十三卷續編二十二卷餘編八卷補存三卷外編十二卷附五卷 (清)方宗誠撰 清光緒六年(1880)刻本 二十四冊 十一行二十一字上下黑口左右雙邊

610000－1001－0012953 普0016008
宛鄰書屋古詩錄十二卷 (清)張琦輯 清同治八年(1869)刻本 四冊 十一行二十三字小字雙行同白口左右雙邊

610000－1001－0012954 普0016009
古詩源十四卷 (清)沈德潛選 清光緒十七年(1891)思賢書局刻本 四冊 九行二十一字小字雙行同上下黑口左右雙邊

610000－1001－0012955 普0016010
李長吉集四卷外集一卷 (唐)李賀撰 (明)黃淳耀評 清光緒十八年(1892)刻朱墨印本 一冊 九行二十字小字雙行同白口四周單邊

610000－1001－0012956 普0016011
楊龜山先生集四十二卷首一卷末一卷 (宋)楊時撰 清光緒五年(1879)刻本 十冊 九行二十字白口左右雙邊

610000－1001－0012957　普0016012

杜少陵全集詳注二十五卷首一卷附編二卷
（清）杜甫輯注　清刻本　十四冊　十行二十
二字小字雙行同下黑口左右雙邊

610000－1001－0012958　普0016013

武林往哲遺著二編六十六種　（清）丁丙輯
清光緒錢塘丁氏嘉惠堂刻本　四十八冊　十
一行二十一字白口左右雙邊

610000－1001－0012959　普0016014

孤鴻編四卷首一卷　（清）殷增著　清同治十
年(1871)刻本　一冊　十行二十一字小字雙
行同白口左右雙邊

610000－1001－0012960　普0016015

國朝畿輔詩傳六十卷　（清）陶樑輯　清道光
十九年(1839)刻本　十六冊　十行二十一字
小字雙行同白口左右雙邊

610000－1001－0012961　普0016016

國朝常州詞錄三十一卷　繆荃孫輯　清光緒
二十二年(1896)江陰繆氏雲自在龕刻本　十
二冊　十一行二十三字小字雙行同上下黑口
左右雙邊

610000－1001－0012962　普0016017

續碑傳集八十六卷首二卷　繆荃孫纂錄　清
宣統二年(1910)江楚編譯書局刻本　二十四
冊　十六行二十七字上下黑口四周單邊

610000－1001－0012963　普0016018

松陵文錄二十四卷　（清）王錫闡等撰　清同
治十三年(1874)刻本　八冊　十二行二十三
字白口四周雙邊

610000－1001－0012964　普0016019

讀書雜釋十四卷　（清）徐鼒學　清咸豐十一
年(1861)刻本　四冊　十一行二十三字白口
四周雙邊

610000－1001－0012965　普0016020

劍南詩鈔六卷　（宋）陸游撰　（清）楊大鶴選
　清同治刻本　八冊　十行十八字白口左右
雙邊

610000－1001－0012966　普0016021

鹿洲全集八種　（清）藍鼎元撰　清光緒五年
(1879)刻本　二十冊　八行二十字白口左右
雙邊　缺一種

610000－1001－0012967　普0016022

玉臺新詠十卷　（南朝陳）徐陵撰　（清）程琰
刪補　（清）吳兆宜原注　清光緒五年(1879)
宏達堂刻本　四冊　十行二十一字小字雙行
同白口四周雙邊

610000－1001－0012968　普0016023

甌北詩話十卷續詩話二卷　（清）趙翼撰　清
嘉慶七年(1802)刻本　二冊　十一行二十一
字白口左右雙邊

610000－1001－0012969　普0016025

宋文鑑一百五十卷目錄三卷　（宋）呂祖謙撰
　清光緒十二年(1886)江蘇書局刻本　二十
四冊　十四行二十五字白口左右雙邊

610000－1001－0012970　普0016027

翠螺閣詩詞薰一卷　（清）凌祉媛撰　清咸豐
四年(1854)刻本　一冊　九行十八字小字雙
行二十六字白口左右雙邊

610000－1001－0012971　普0016028

山海經圖贊二卷爾雅圖贊一卷　（晉）郭璞傳
　（清）嚴可均集　清光緒二十一年(1895)刻
本　一冊　十一行二十二字小字雙行同上下
黑口左右雙邊

610000－1001－0012972　普0016029

劉武慎公遺書五種附一種　（清）劉長佑撰
清光緒十六年(1890)金陵刻本　二十四冊
十行二十四字下黑口左右雙邊

610000－1001－0012973　普0016031

御選唐宋文醇五十八卷　（清）高宗弘曆選
清光緒三年(1877)刻本　二十冊　九行二十
二字白口左右雙邊

610000－1001－0012974　普0016032

湛然居士集十四卷　（元）耶律楚材撰　清光
緒二十一年(1895)刻本　三冊　十行二十一
字小字雙行同白口左右雙邊

610000 – 1001 – 0012975　普 0016033

陸子全書十八種　（清）陸隴其撰　清同治七年至九年(1868 – 1870)刻本　十二冊　十行二十二字白口四周雙邊　存六種

610000 – 1001 – 0012976　普 0016034

余忠宣公青陽集五卷　（元）余闕著　清道光元年(1821)刻本　一冊　十一行二十三字白口左右雙邊

610000 – 1001 – 0012977　普 0016035

管子二十四卷　（春秋）管仲撰　（唐）房玄齡注　清光緒五年(1879)影宋刻本　四冊　十二行大小字不等白口四周雙邊

610000 – 1001 – 0012978　普 0016036

玉芝堂談薈三十六卷首一卷　（明）徐應秋輯　清光緒元年(1875)刻本　三十四冊　九行十九字小字雙行同白口四周單邊

610000 – 1001 – 0012979　普 0016040

清足居集一卷蕉窗詞一卷　（清）鄧瑜撰　清光緒二十二年(1896)刻本　一冊　十行二十一字小字雙行同上下黑口四周單邊

610000 – 1001 – 0012980　普 0016040

璞齋集八卷　（清）諸可寶撰　清光緒二十二年(1896)刻本　三冊　十行二十一字小字雙行同上下黑口四周單邊

610000 – 1001 – 0012981　普 0016041

茶夢盦稿十二卷　（清）高望曾撰　清同治九年(1870)刻光緒十六年(1890)補刻本　四冊　十二行二十四字小字雙行同白口四周雙邊

610000 – 1001 – 0012982　普 0016042

格致古微六卷　（清）王仁俊述　清光緒二十二年(1896)刻本　五冊　十一行二十四字小字雙行同白口左右雙邊

610000 – 1001 – 0012983　普 0016043

輶軒使者絕代語釋別國方言箋疏十三卷　(清)錢繹撰集　（清）王文韶校刊　清光緒十六年(1890)紅蝠山房刻本　六冊　十行二十字小字雙行同白口左右雙邊

610000 – 1001 – 0012984　普 0016044

女科二卷產後編二卷　（清）傅山著　清同治八年(1869)湖北崇文書局刻本　二冊　十二行二十一字小字雙行同白口四周雙邊

610000 – 1001 – 0012985　普 0016046

楚國文憲公雪樓程先生文集三十卷附錄一卷　（元）程鉅夫撰　清宣統二年(1910)刻本　十冊　十三行二十二字上下黑口四周雙邊

610000 – 1001 – 0012986　普 0016047

書目答問不分卷　（清）張之洞撰　清光緒元年(1875)刻本　一冊　十三行二十六字白口左右雙邊

610000 – 1001 – 0012987　普 0016050

弘正四傑詩集四種附一種　（清）張祖同輯　清光緒二十一年(1895)長沙張氏湘雨樓刻本　十六冊　十一行二十一字上下黑口左右雙邊

610000 – 1001 – 0012988　普 0016053

味餘書室隨筆二卷　（清）仁宗顒琰撰　清嘉慶十二年(1807)刻本　二冊　九行十九字小字雙行同白口四周雙邊

610000 – 1001 – 0012989　普 0016058

息存室吟稿初集二卷　（清）杭溫如著　清光緒三十四年(1908)刻本　二冊　八行二十一字白口四周雙邊

610000 – 1001 – 0012990　普 0016062

鶴汀詩草一卷　（清）王佩鍾撰　清道光五年(1825)刻本　一冊　八行二十一字上下黑口四周雙邊

610000 – 1001 – 0012991　普 0016064

醫門法律六卷　（清）喻昌著　清光緒三十一年(1905)刻本　二十冊　十行二十字小字雙行不等白口左右雙邊

610000 – 1001 – 0012992　普 0016069

晉五胡指掌二卷　（明）張玄羽著　清咸豐七年(1857)刻本　二冊　十行二十一字上下黑口左右雙邊

610000－1001－0012993　普0016073

明史稿三百十卷目錄三卷　（清）王鴻緒撰
清刻本　八十冊　十一行二十三字白口左右
雙邊

610000－1001－0012994　普0016074

宋豔十二卷　（清）徐士鑾輯　清光緒十七年
(1891)刻本　十二冊　九行二十一字小字雙
行同上下黑口四周雙邊

610000－1001－0012995　普0016082

欽定錢錄十六卷　（清）梁詩正撰　清光緒刻
本　六冊　行數不等二十一字上下黑口四周
單邊

610000－1001－0012996　普0016083

小豆棚十六卷　（清）曾衍東撰　清光緒六年
(1880)上海申報館鉛印本　六冊　十二行二
十四字白口四周雙邊

610000－1001－0012997　普0016084

史記一百三十卷　（漢）司馬遷撰　清光緒二
年(1876)武昌張氏刻本　二十冊　十一行二
十字小字雙行同上下黑口四周雙邊

610000－1001－0012998　普0016085

明齋小識十二卷　（清）諸聯著　清同治四年
(1865)刻本　四冊　十行二十一字白口左右
雙邊

610000－1001－0012999　普0016100

西泠詞萃六種　（清）丁丙輯　清光緒刻本
二冊　十二行二十三字小字雙行同白口左右
雙邊

610000－1001－0013000　普0016106

定香亭筆談四卷　（清）阮元撰　（清）吳文溥
錄　清嘉慶五年(1800)阮氏瑯環仙館刻本
四冊　十行二十字白口四周雙邊

610000－1001－0013001　普0016120

三松堂集三十卷　（清）潘奕雋撰　清同治九
年(1870)刻本　十冊　十行二十一字小字雙
行同白口四周雙邊

610000－1001－0013002　普0016122

洴澼百金方十四卷首一卷　（清）袁宮桂編次
清道光二十年(1840)陳階平刻本　五冊
九行二十五字白口四周單邊

610000－1001－0013003　普0016125

張氏適園叢書初集七種　（清）張鈞衡輯　清
宣統三年(1911)上海國學扶輪社鉛印本　十
冊　十一行二十九字上下黑口四周雙邊

610000－1001－0013004　普0016126

楊氏全書八種　（清）楊名時撰　清光緒三十
四年(1908)刻本　十冊　十行二十一字小字
雙行同白口左右雙邊

610000－1001－0013005　普0016128

秦川焚餘草六卷首一卷　（清）董平章撰　清
光緒二十七年(1901)刻本　六冊　九行二十
一字小字雙行同上下黑口左右雙邊

610000－1001－0013006　普0016129

使西紀程二卷　（清）郭嵩燾撰　清光緒刻本
一冊　九行二十字下黑口四周雙邊

610000－1001－0013007　普0016132

赤水玄珠三十卷醫案五卷　（明）孫一奎撰
清刻本　三十冊　十一行二十二字小字雙行
同白口四周雙邊

610000－1001－0013008　普0016135

如諫果室叢刻四種　（清）王延釣撰　清宣統
二年(1910)鉛印本　一冊　十行二十三字白
口四周雙邊

610000－1001－0013009　普0016139

千金翼方三十卷備急千金要方三十卷考異一
卷　（唐）孫思邈撰　（宋）林億校正　清光緒
四年(1878)上海刻本　二十冊　十三行二十
三字小字雙行同上下黑口四周雙邊

610000－1001－0013010　普0016140

劉香寶卷二卷　（□）□□撰　清刻本　一冊
十行二十字白口四周單邊　存一卷(二)

610000－1001－0013011　普0016142

無益有益齋論畫詩二卷　（清）李葆恂撰　清
宣統元年(1909)鉛印本　一冊　十行二十三

字白口四周單邊

610000 – 1001 – 0013012　普 0016143

竹葉亭雜記八卷　（清）姚元之撰　清光緒十
九年(1893)刻本　二冊　十二行二十四字小
字雙行同上下黑口四周雙邊

610000 – 1001 – 0013013　普 0016144

竹葉亭雜記八卷　（清）姚元之撰　清光緒十
九年(1893)刻本　二冊　十二行二十四字小
字雙行同上下黑口四周雙邊

610000 – 1001 – 0013014　普 0016147

雲自在龕叢書十九種　繆荃孫輯　清光緒江
陰繆氏刻本　三冊　十一行二十三字上下黑
口左右雙邊　存一種

610000 – 1001 – 0013015　普 0016150

白下瑣言十卷　（清）甘熙著　清道光二十七
年(1847)刻本　四冊　十行二十二字白口左
右雙邊

610000 – 1001 – 0013016　普 0016151

醫旨緒餘二卷　（明）孫一奎著輯　清刻本
二冊　十一行二十二字白口四周雙邊

610000 – 1001 – 0013017　普 0016156

新刻清風閘四卷　（□）□□撰　清同治十三
年(1874)刻本　四冊　十一行二十字白口四
周單邊

610000 – 1001 – 0013018　普 0016157

新刻秦雪梅三元記全部六卷　（□）□□撰
清刻本　一冊　十二行二十八字白口四周
單邊

610000 – 1001 – 0013019　普 0016158

樵隱詩話二卷　（清）林鈞著　清光緒二年
(1876)刻本　一冊　九行二十一字上下黑口
左右雙邊

610000 – 1001 – 0013020　普 0016168

青泥蓮花記十三卷　（明）梅鼎祚編　清宣統
二年(1910)北京古槐書屋石印本　四冊　十
四行三十字上黑口四周雙邊

610000 – 1001 – 0013021　普 0016169

目連三世寶卷三卷　（□）□□撰　清宣統三
年(1911)刻本　一冊　十行二十六字白口左
右雙邊

610000 – 1001 – 0013022　普 0016170

潘公免災救難寶卷三卷　（清）潘沂撰　清光
緒二年(1876)刻本　一冊　九行二十字白口
左右雙邊

610000 – 1001 – 0013023　普 0016171

秀英寶卷一卷　（□）□□撰　清光緒十五年
(1889 年)刻本　一冊　九行二十三字白口四
周單邊

610000 – 1001 – 0013024　普 0016172

通庠題名錄四卷末一卷　（清）顧鴻撰　清光
緒刻本　一冊　十一行大小字不等白口左右
雙邊

610000 – 1001 – 0013025　普 0016173

適可齋記行六卷　（清）馬建忠撰　清光緒刻
本　二冊　十一行二十二字上下黑口四周
雙邊

610000 – 1001 – 0013026　普 0016175

蝶仙小史一卷　（清）延清輯　清光緒二十三
年(1897)刻本　一冊　九行二十四字小字雙
行同白口四周雙邊

610000 – 1001 – 0013027　普 0016176

南宋雜事詩七卷目錄一卷　（清）沈嘉轍撰
清同治十一年(1872)淮南書局刻本　四冊
十一行二十一字小字雙行二十九字白口左右
雙邊

610000 – 1001 – 0013028　普 0016180

大觀亭志二卷　（清）李丙榮編　清宣統三年
(1911)安徽官紙印刷局鉛印本　一冊　十二
行三十二字下黑口四周雙邊

610000 – 1001 – 0013029　普 0016198

咳唾珠玉二卷補遺一卷　（清）傅山撰　清光
緒三十二年(1906)刻本　二冊　九行二十字
小字雙行同白口四周雙邊

610000 – 1001 – 0013030　普 0016198

霜紅龕文四卷 （清）傅山著 清光緒三十三年(1907)刻本 一冊 九行二十字小字雙行同白口四周雙邊

610000－1001－0013031 普0016199

封泥考略十卷 （清）吳式芬 （清）陳介祺編 清光緒三十年(1904)上海石印本 十冊 九行二十三字白口四周單邊

610000－1001－0013032 普0016202

娛萱草彈詞三十二卷 （清）橘道人撰 清光緒二十年(1894)活字印本 六冊 十一行二十一字白口左右雙邊

610000－1001－0013033 普0016204

蠕範八卷 （清）李元著 清同治十三年(1874)刻本 四冊 九行二十二字白口四周雙邊

610000－1001－0013034 普0016206

宋瑣語一卷 （清）郝懿行撰 清嘉慶刻本 六冊 十行二十一字小字雙行同白口四周雙邊

610000－1001－0013035 普0016207

本草綱目五十二卷首一卷藥品總目一卷圖三卷附奇經八脈考一卷脈訣考證一卷瀕湖脉學一卷 （明）李時珍撰 本草萬方鍼線八卷 （清）蔡烈先輯 本草綱目拾遺十卷 （清）趙學敏撰 清光緒十一年(1885)合肥張氏味古齋刻本 四十冊 九行二十字小字雙行同白口左右雙邊

610000－1001－0013036 普0016208

西泠五布衣遺著五種 （清）丁丙輯 清同治、光緒錢塘丁氏當歸草堂刻本 八冊 十一行二十二字白口四周雙邊

610000－1001－0013037 普0016215

百華詩箋譜不分卷 （清）張兆祥繪 清宣統三年(1911)文美齋刻彩色套印本 一冊 行數不等大小字不等白口四周單邊

610000－1001－0013038 普0016216

屈原賦注七卷賦通釋二卷賦音釋三卷 （清）戴震撰 清光緒十七年(1891)刻本 二冊 十一行二十四字小字雙行同上下黑口四周單邊

610000－1001－0013039 普0016221

王奉常書畫題跋二卷 （清）王時敏著 清宣統二年(1910)刻本 二冊 十一行二十五字白口四周雙邊

610000－1001－0013040 普0016222

摩兜堅齋汲古集聯一卷 （清）白遇道撰 清光緒三十年(1904)鉛印本 六冊 十行二十二字白口四周雙邊

610000－1001－0013041 普0016225

北堂書鈔一百六十卷首一卷 （唐）虞世南撰 （清）孔廣陶校注 清光緒十四年(1888)南海孔氏三十有三萬卷堂影宋刻本 十六冊 十二行二十二字小字雙行同上下黑口四周單邊

610000－1001－0013042 普0016226

晨風閣叢書二十二種 沈宗畸輯 清宣統元年(1909)沈氏刻本 十冊 十一行二十一字上下黑口四周單邊

610000－1001－0013043 普0016227

歷代仙史八卷 （清）王建章輯 （清）嵐氏增訂 清光緒七年(1881)常熟抱芳閣刻本 六冊 九行二十字白口左右雙邊

610000－1001－0013044 普0016233

綏寇紀略十二卷補遺三卷 （清）吳偉業撰 清嘉慶九年(1804)刻本 四冊 九行二十一字小字雙行同上下黑口左右雙邊

610000－1001－0013045 普0016236

木蘭書齋詩鈔一卷 （清）王治稿 清咸豐八年(1858)刻本 一冊 十行二十二字小字雙行同上黑口左右雙邊

610000－1001－0013046 普0016241

友石軒印存不分卷 （清）楊秉信篆 清光緒三十年(1904)刻鈐印本 一冊 行數不等字數不等白口四周雙邊

610000－1001－0013047 普0016242

郟雲詞一卷 李岳瑞撰 清光緒二十七年(1901)刻本 一冊 十行十七字上下黑口左右雙邊

610000 – 1001 – 0013048　普 0016248

**燼餘錄二卷**　（元）城北遺民撰　清刻本　一
冊　十行二十四字白口左右雙邊

610000 – 1001 – 0013049　普 0016249

**平江記事一卷**　（元）高德基撰　清刻本　一
冊　十行二十四字白口左右雙邊

610000 – 1001 – 0013050　普 0016262

**怡堂詩鈔二卷**　（清）唐若時著　清道光十四
年(1834)刻本　二冊　九行二十二字小字雙
行同白口左右雙邊

610000 – 1001 – 0013051　普 0016263

**黃湄詩選十卷**　（清）王又旦撰　清鉛印本
二冊　九行二十二字小字雙行同白口四周
單邊

610000 – 1001 – 0013052　普 0016269

**復堂類集文四卷詩九卷詞二卷待堂文一卷日
記六卷**　（清）譚獻撰　清同治、光緒刻本
六冊　十一行二十二字上下黑口左右雙邊

610000 – 1001 – 0013053　普 0016270

**十竹齋書畫譜八種**　（清）胡正言輯并繪　清
嘉慶二十二年(1817)金陵芥子園刻彩色套印
本　八冊

610000 – 1001 – 0013054　普 0016272

**澹粹軒詩草二卷**　（清）王志融撰　清嘉慶二
十五年(1820)刻本　三冊　九行十九字小字
雙行同白口四周雙邊

610000 – 1001 – 0013055　普 0016273

**湘軍記二十卷**　（清）王定安撰　清光緒十五
年(1889)江南書局刻本　十二冊　九行二十
二字白口四周雙邊

610000 – 1001 – 0013056　普 0016275

**宜稼堂叢書七種**　（清）郁松年輯　清道光刻
本　六十三冊　十一行二十二字上下黑口左
右雙邊

610000 – 1001 – 0013057　普 0016276

**四書考異總考三十六卷條考三十六卷**　（清）
翟灝撰　清刻本　十冊　十一行二十一字白

口左右雙邊

610000 – 1001 – 0013058　普 0016279

**靜遠堂集二卷首一卷補一卷**　（清）陳壽熊撰
清光緒二十八年(1902)刻本　二冊　十行
二十四字白口左右雙邊

610000 – 1001 – 0013059　普 0016280

**東萊左氏博議二十五卷**　（宋）呂祖謙撰　清
光緒十四年(1888)刻本　六冊　十行二十二
字上下黑口四周單邊

610000 – 1001 – 0013060　普 0016281

**南漢書十八卷文字四卷叢錄二卷**　（清）梁廷
枏撰　清道光十九年(1839)刻本　八冊　八
行十八字白口四周雙邊

610000 – 1001 – 0013061　普 0016282

**蘐庵文鈔一卷**　（清）費蘭墀著　清道光七年
(1827)刻本　一冊　十行二十一字上下黑口
左右雙邊

610000 – 1001 – 0013062　普 0016283

**明齋小識十二卷**　（清）諸聯著　清道光十四
年(1834)刻本　六冊　十行二十一字白口左
右雙邊

610000 – 1001 – 0013063　普 0016284

**春秋左氏傳賈服注輯述二十卷**　（清）李貽德
學　清光緒八年(1882)刻本　六冊　十行二
十五字小字雙行同白口左右雙邊

610000 – 1001 – 0013064　普 0016285

**汲庵文存六卷**　（清）楊象濟著　清光緒七年
(1881)杭州刻本　四冊　十行二十二字白口
左右雙邊

610000 – 1001 – 0013065　普 0016289

**木雞書屋文鈔四卷二集六卷三集八卷四集六
卷五集六卷**　（清）黃金臺撰　清道光六年
(1826)刻本　六冊　十一行二十一字白口左
右雙邊

610000 – 1001 – 0013066　普 0016290

**瓶水齋詩集十七卷別集二卷詩話一卷**　（清）
舒位撰　清光緒十二年(1886)刻本　六冊

十二行二十三字白口四周單邊

610000－1001－0013067　普0016291

山礬書屋詩二集九卷　（清）郭鳳撰　清道光
三年(1823)刻本　二冊　十二行二十三字白
口左右雙邊

610000－1001－0013068　普0016292

史姓韻編六十四卷　（清）汪輝祖輯　清刻本
二十二冊　八行大小字不等上下黑口四周
單邊

610000－1001－0013069　普0016293

簡莊文鈔六卷續編二卷詩鈔一卷　（清）陳鱣
撰　清光緒十四年(1888)粵東海昌羊氏刻本
二冊　十行二十一字上黑口左右雙邊

610000－1001－0013070　普0016295

紅蕉館詩鈔六卷　（清）周光緯撰　清道光十
年(1830)刻本　一冊　十行二十一字白口四
周雙邊

610000－1001－0013071　普0016296

聽泉遺詩三卷　（清）李菖著　清嘉慶元年
(1796)刻本　一冊　十行十九字白口左右
雙邊

610000－1001－0013072　普0016297

扶雅堂詩集十四卷　（清）楊炳春撰　清刻本
四冊　十行二十一字小字雙行同白口四周
單邊

610000－1001－0013073　普0016298

扶雅堂初集十卷　（清）楊炳春著　清刻本
二冊　十行二十一字白口四周單邊

610000－1001－0013074　普0016299

苕城三子詩合存三卷　（清）姜榕撰　清道光
二十五年(1845)刻本　一冊　十行二十一字
白口左右雙邊

610000－1001－0013075　普0016300

柳洲遺稿二卷　（清）魏之琇著　清刻本　一
冊　十二行二十四字白口四周單邊

610000－1001－0013076　普0016302

閨情集三卷　（清）顧有孝編　清刻本　一冊

十一行二十一字上下黑口左右雙邊

610000－1001－0013077　普0016305

理瀹駢文二十一種膏藥一卷附錄應驗諸方一
卷　（清）吳師機撰　清光緒五年(1879)刻本
四冊　十行二十一字小字雙行同白口四周
雙邊

610000－1001－0013078　普0016306

有餘地遺詩六卷　（清）邱孫錦撰　清咸豐元
年(1851)刻本　二冊　十二行二十四字上下
黑口左右雙邊

610000－1001－0013079　普0016308

李太白文集三十卷　（唐）李白撰　清光緒十
四年(1888)刻本　四冊　十一行二十字白口
左右雙邊

610000－1001－0013080　普0016309

秋江集註六卷　（清）黃任撰　清道光二十三
年(1843)刻本　四冊　十行二十四字小字雙
行同白口四周雙邊

610000－1001－0013081　普0016310

況太守集十六卷首一卷補遺一卷　（明）況鍾
著　（清）況廷秀輯　清光緒十年(1884)刻本
四冊　十行二十三字白口四周雙邊

610000－1001－0013082　普0016311

弁服釋例八卷　（清）任大椿撰　清嘉慶元年
(1796)望賢家塾刻本　四冊　十一行二十三
字小字雙行同左右雙邊

610000－1001－0013083　普0016314

藝風堂文集七卷外編一卷　繆荃孫撰　清光
緒二十六年至二十七年(1900－1901)刻本
四冊　十一行二十三字上下黑口左右雙邊

610000－1001－0013084　普0016315

海上老人畫稿一卷　海上老人繪　清光緒十
一年(1885)上海同文書局石印本　二冊　四
周單邊

610000－1001－0013085　普0016317

數峯詩鈔六卷　（清）錢之青撰　清刻本　一
冊　十一行二十三字白口左右雙邊

610000 – 1001 – 0013086　普 0016318

**古今錢略三十二卷首一卷末一卷**　（清）倪模述　清光緒五年(1879)望江倪氏兩疆勉齋刻本　十五冊　十行二十五字上下黑口左右雙邊　缺二卷(一至二)

610000 – 1001 – 0013087　普 0016319

**曝書亭詞拾遺三卷**　（清）朱彝尊著　（清）翁之潤輯　**志異一卷**　（清）翁之潤纂輯　清光緒二十二年(1896)常熟翁氏刻本　一冊　十二行二十三字白口左右雙邊

610000 – 1001 – 0013088　普 0016320

**清尊集十六卷**　（清）汪遠孫輯　清道光十九年(1839)錢塘汪氏振綺堂刻本　四冊　十一行二十四字上下黑口左右雙邊

610000 – 1001 – 0013089　普 0016321

**存研樓文集十六卷**　（清）儲大文著　清光緒元年(1875)刻本　八冊　九行二十字白口左右雙邊

610000 – 1001 – 0013090　普 0016322

**藤陰雜記十二卷**　（清）戴璐著　清嘉慶刻本　二冊　九行二十字白口四周雙邊

610000 – 1001 – 0013091　普 0016323

**受恆受漸齋集十二卷**　（清）沈日富撰　清光緒十三年(1887)刻本　四冊　十一行二十三字白口左右雙邊

610000 – 1001 – 0013092　普 0016324

**汲庵文存六卷**　（清）楊象濟著　清光緒七年(1881)杭州刻本　四冊　十行二十二字白口左右雙邊

610000 – 1001 – 0013093　普 0016325

**茶香室叢鈔二十三卷目錄一卷**　（清）俞樾撰　清光緒九年(1883)吳下春在堂刻本　四冊　十行二十一字白口左右雙邊

610000 – 1001 – 0013094　普 0016326

**楊椒山先生文集二卷**　（明）楊繼盛著　清同治五年(1866)福州正誼書院刻本　四冊　十行二十二字白口左右雙邊

610000 – 1001 – 0013095　普 0016327

**于湖題襟集十卷**　（清）袁昶輯　清光緒二十一年(1895)刻本　四冊　十行二十二字上黑口左右雙邊

610000 – 1001 – 0013096　普 0016328

**御製圓明園詩二卷**　（清）高宗弘曆撰　（清）鄂爾泰等注　清光緒十三年(1887)天津石印書屋石印本　二冊　六行十六字小字雙行同白口四周雙邊

610000 – 1001 – 0013097　普 0016331

**播琴堂文集五卷詩集十卷**　（清）金學詩撰　清刻本　四冊　十行二十一字白口左右雙邊

610000 – 1001 – 0013098　普 0016333

**尚書大傳四卷**　（漢）鄭玄注　**考異一卷補遺一卷續補遺一卷**　（清）盧文弨學　清嘉慶五年(1800)刻本　一冊　九行二十字白口左右雙邊

610000 – 1001 – 0013099　普 0016334

**穰梨館過眼錄四十卷續錄十六卷**　（清）陸心源編　清光緒十七年(1891)吳興陸氏刻本　十八冊　十行二十字上下黑口四周雙邊

610000 – 1001 – 0013100　普 0016335

**秋樹讀書樓遺集十六卷**　（清）史善長著　清道光十六年(1836)刻本　四冊　十行二十一字小字雙行同白口左右雙邊

610000 – 1001 – 0013101　普 0016336

**順安詩草八卷**　（清）張廷濟著　清道光二十八年(1848)刻本　四冊　十行十九字小字雙行同白口左右雙邊

610000 – 1001 – 0013102　普 0016337

**詞選二卷續詞選二卷附錄一卷**　（清）張惠言錄　清道光十年(1830)宛鄰書屋刻本　一冊　十二行二十三字小字雙行同白口左右雙邊

610000 – 1001 – 0013103　普 0016338

**宋四六選二十四卷**　（清）彭元瑞輯　（清）曹振鏞編　清刻本　八冊　九行十九字白口四周雙邊

610000 – 1001 – 0013104　　普 0016339

小知錄十二卷　（清）陸鳳藻輯　清同治十二年(1873)淮南書局刻本　四冊　十行二十五字小字雙行同白口左右雙邊

610000 – 1001 – 0013105　　普 0016340

檇李遺書二十六種　（清）孫福清輯　清光緒四年(1878)秀水孫氏望雲仙館刻本　五冊　九行二十一字上下黑口左右雙邊　存五種

610000 – 1001 – 0013106　　普 0016343

有恆心齋集六種　（清）程鴻詔編　清同治刻本　八冊　十二行二十三字小字雙行同上下黑口四周雙邊間左右雙邊

610000 – 1001 – 0013107　　普 0016344

文竹山房詩稿四卷　（清）葉昉升著　清刻本　一冊　十行十九字白口左右雙邊

610000 – 1001 – 0013108　　普 0016350

陶淵明集十卷　（晉）陶潛撰　清咸豐十一年(1861)刻本　二冊　七行十五字小字雙行同白口四周單邊

610000 – 1001 – 0013109　　普 0016351

增訂臨文便覽不分卷　張啟泰輯　清光緒二年(1876)刻本　四冊　六行大小字不等白口四周單邊

610000 – 1001 – 0013110　　普 0016353

國朝二十四家文鈔二十四卷　（清）徐斐然輯評　（清）徐秉愿參訂　清道光十年(1830)刻本　六冊　十行二十一字白口四周雙邊

610000 – 1001 – 0013111　　普 0016354

鈍翁文錄十六卷　（清）汪琬著　清光緒十三年(1887)鉏月種梅室活字印本　六冊　九行二十一字上下黑口左右雙邊

610000 – 1001 – 0013112　　普 0016358

桐陰論畫二卷首一卷畫訣一卷續桐陰論畫一卷　（清）秦祖永著　清同治五年(1866)刻朱墨印本　四冊　八行十八字小字雙行同上下黑口左右雙邊

610000 – 1001 – 0013113　　普 0016359

南畇文稿十二卷詩稿十卷雜稿十一卷姚江釋毀錄一卷　（清）彭定求撰　清光緒七年(1881)刻本　十三冊　十二行二十三字上下黑口四周單邊

610000 – 1001 – 0013114　　普 0016360

忠雅堂詩集二十七卷補遺二卷詞集二卷　（清）蔣士銓著　清刻本　八冊　十二行二十四字上下黑口左右雙邊

610000 – 1001 – 0013115　　普 0016362

金石萃編一百六十卷　（清）王昶著　清嘉慶十年(1805)刻本　四十冊　十行十五至二十一字不等小字雙行二十一字上下黑口左右雙邊

610000 – 1001 – 0013116　　普 0016363

金石萃編一百六十卷　（清）王昶著　清嘉慶十年(1805)刻本　四十冊　十行十五至二十一字不等小字雙行二十一字上下黑口左右雙邊　缺四卷(九至十二)

610000 – 1001 – 0013117　　普 0016364

別下齋叢書二十七種　（清）蔣光煦輯　清道光海昌蔣氏刻本　五冊　十一行二十一字小字雙行同上下黑口左右雙邊　存十種

610000 – 1001 – 0013118　　普 0016364

榮祭酒遺文一卷　（元）榮肇著　清刻本　一冊　十一行二十一字上下黑口左右雙邊

610000 – 1001 – 0013119　　普 0016366

蘭綺堂詩鈔十七卷　（清）王鼎撰　清嘉慶八年(1803)刻本　二冊　十行二十一字白口左右雙邊

610000 – 1001 – 0013120　　普 0016367

國朝松江詩鈔六十四卷　（清）姜兆翀錄　清嘉慶十三年(1808)刻本　八冊　十二行二十三字小字雙行三十一字白口左右雙邊

610000 – 1001 – 0013121　　普 0016368

受祺堂文集四卷　（清）李因篤撰　清道光七年(1827)刻本　四冊　十行二十四字白口左右雙邊

610000 – 1001 – 0013122　普 0016372

**絕妙好詞箋七卷續鈔一卷**　（宋）周密原輯
（清）查為仁　（清）厲鶚箋　（清）余集鈔撮
　清道光八年(1828)刻本　三冊　九行二十
一字小字雙行同白口四周單邊

610000 – 1001 – 0013123　普 0016375

**石笥山房文集六卷補一卷詩集十一卷詩餘一**
**卷補二卷續補二卷**　（清）胡天游撰　清咸豐
二年(1852)刻本　八冊　十行二十字白口四
周雙邊

610000 – 1001 – 0013124　普 0016377

**增廣大生要旨五卷**　（清）唐千頃纂　（清）葉
灝增訂　清光緒十年(1884)刻本　二冊　十
行二十二字白口左右雙邊

610000 – 1001 – 0013125　普 0016378

**青溪舊屋文集十一卷**　（清）劉文淇撰　清光
緒九年(1883)刻本　二冊　十三行二十二字
上下黑口左右雙邊

610000 – 1001 – 0013126　普 0016379

**佩文詩韻釋要五卷**　（清）周蓮塘撰　（清）林
重輯　清光緒浙江書局刻本　一冊　九行大
小字不等白口四周雙邊

610000 – 1001 – 0013127　普 0016380

**西泠詞萃六種**　（清）丁丙輯　清光緒錢塘丁
氏刻本　四冊　十二行二十三字白口左右
雙邊

610000 – 1001 – 0013128　普 0016382

**聚學軒叢書五集六十種**　劉世珩輯　清光緒
二十二年(1896)貴池劉氏刻本　八十七冊
十一行二十一字上下黑口左右雙邊　存五十
一種

610000 – 1001 – 0013129　普 0016383

**唐文恪公文集十六卷首一卷**　（明）唐文獻著
　清道光三十年(1850)寶研山房刻本　六冊
九行二十一字上下黑口左右雙邊

610000 – 1001 – 0013130　普 0016384

**讀有用書齋雜著二卷**　（清）韓應陛著　清同
治二年(1863)刻本　一冊　十行二十二字白

口左右雙邊

610000 – 1001 – 0013131　普 0016386

**釣魚蓬山館集六卷附錄一卷**　（清）劉佳著
清同治十三年(1874)蘇州刻本　二冊　十二
行二十三字小字雙行同上下黑口左右雙邊

610000 – 1001 – 0013132　普 0016387

**懷小編二十卷**　（清）沈濂撰　清咸豐四年
(1854)刻本　六冊　十行二十一字上下黑口
四周雙邊

610000 – 1001 – 0013133　普 0016388

**平津館叢書四十二種**　（清）孫星衍輯　清嘉
慶十七年(1812)孫氏平津館刻本　十冊　九
行二十一字小字雙行同白口四周雙邊　存
四種

610000 – 1001 – 0013134　普 0016389

**全上古三代秦漢三國六朝文七百四十六卷**
（清）嚴可均校輯　清光緒十三年至十九年
(1887 – 1893)廣雅書局刻本　一百冊　十三
行二十五字小字雙行同上下黑口四周單邊

610000 – 1001 – 0013135　普 0016390

**御定歷代賦彙一百四十卷外集二十卷逸句二**
**卷補遺二十二卷**　（清）陳元龍等編輯　清光
緒二十年(1894)點石齋石印本　十二冊　二
十行四十一字白口四周單邊

610000 – 1001 – 0013136　普 0016391

**小方壺輿地叢鈔再補編十二秩一百七十八種**
　（清）王錫祺輯　清光緒二十三年(1897)上
海著易堂鉛印本　十四冊　十八行四十字白
口四周雙邊　存一百四十四種

610000 – 1001 – 0013137　普 0016393

**重訂唐詩別裁集二十卷**　（清）沈德潛選　清
刻本　十冊　八行十六字小字雙行同白口四
周單邊

610000 – 1001 – 0013138　普 0016398

**梧溪集七卷補遺一卷**　（元）王逢撰　**困學齋**
**雜錄一卷**　（元）鮮于樞撰　清同治十三年
(1874)活字印本　八冊　九行二十一字小字
雙行同上下黑口四周單邊

610000－1001－0013139　普0016399

**南菁書院叢書八集四十一種**　王先謙　繆荃
孫輯　清光緒十四年(1888)江陰南菁書院刻
本　八冊　九行二十五字小字雙行同白口左
右雙邊　存二種

610000－1001－0013140　普0016400

**切問齋文鈔三十卷**　(清)陸燿輯　清刻本
八冊　十二行二十五字小字雙行同白口左右
雙邊

610000－1001－0013141　普0016402

**焦南浦先生年譜一卷附錄一卷增附一卷**
(清)焦以敬　(清)焦以恕編　清光緒二十三
年(1897)活字印本　一冊　十行二十一字上
黑口四周雙邊

610000－1001－0013142　普0016403

**雙楳景闇叢書十六種**　葉德輝輯　清光緒、
宣統長沙葉氏郎園刻本　五冊　十一行二十
二字上下黑口四周單邊

610000－1001－0013143　普0016406

**孔子編年五卷**　(宋)胡仔撰　清同治九年
(1870)胡湛刻本　一冊　九行二十字上下黑
口左右雙邊

610000－1001－0013144　普0016407

**衍石齋記事稿十卷**　(清)錢儀吉撰　清道光
十四年(1834)刻本　五冊　九行二十一字上
下黑口四周雙邊

610000－1001－0013145　普0016408

**憨山老人夢遊集五十五卷**　(明)釋德清撰
(明)釋通炯編輯　(清)劉起相重校　清光緒
刻本　十二冊　十行二十字上下黑口左右雙
邊　缺三卷(二至四)

610000－1001－0013146　普0016410

**莫愁湖楹聯便覽一卷**　(清)釋壽安輯　清光
緒五年(1879)刻本　一冊　八行二十字小字
雙行同上下黑口四周雙邊

610000－1001－0013147　普0016411

**皇朝武功紀盛四卷**　(清)趙翼著　清刻本
一冊　十一行二十一字白口左右雙邊

610000－1001－0013148　普0016413

**退密删存稿二卷**　(清)趙秉源撰　清嘉慶十
八年(1813)刻本　一冊　八行二十一字小字
雙行同白口四周雙邊

610000－1001－0013149　普0016414

**石甫文鈔三卷**　(清)姚瑩撰　清嘉慶二十三
年(1818)刻本　二冊　十行十八字白口四周
雙邊

610000－1001－0013150　普0016415

**本經疏證十二卷續疏六卷序疏要八卷**　（清）
鄒澍撰　清道光二十九年(1849)刻本　一冊
十一行二十一字白口左右雙邊

610000－1001－0013151　普0016417

**詞選二卷**　(清)張惠言錄　**茗柯詞一卷**
(清)張惠言填　**續詞選二卷附錄一卷**　(清)
董毅復編　**立山詞一卷**　(清)張琦著　清道
光十年(1830)官書處刻本　一冊　十一行二
十三字白口左右雙邊

610000－1001－0013152　普0016418

**選集漢印分韻二卷**　(清)袁日省撰　(清)謝
雲生摹錄　清嘉慶二年(1797)漱藝堂刻本
二冊　六行字數不等白口四周雙邊

610000－1001－0013153　普0016420

**朱文定公集十卷**　(清)朱士彥著　清刻本
二冊　十行二十一字上下黑口左右雙邊

610000－1001－0013154　普0016421

**通介堂經說十二卷**　(清)徐灝撰　清咸豐四
年(1854)刻本　五冊　十一行二十一字上下
黑口左右雙邊

610000－1001－0013155　普0016422

**字學蒙求四卷**　(清)王筠輯　清道光刻本
一冊　六行大小字不等白口左右雙邊

610000－1001－0013156　普0016424

**吳越春秋十卷補注一卷**　(漢)趙曄撰　（宋）
徐天祐注　**逸文一卷札記一卷**　徐乃昌撰
清光緒三十二年(1906)刻本　二冊　九行十
七字小字雙行同上下黑口左右雙邊

610000－1001－0013157　　普0016425

**道鄉先生文集四十卷補遺一卷附錄一卷**
(宋)鄒浩撰　清道光十一年(1831)刻本　七冊　十行二十一字白口左右雙邊　存四十卷(一至四十)

610000－1001－0013158　　普0016426

**清閟閣全集十二卷**　(元)倪瓚撰　清光緒二十一年(1895)刻本　三冊　十四行二十五字小字雙行同上下黑口左右雙邊

610000－1001－0013159　　普0016427

**鴻慶居士文集四十二卷**　(宋)孫覿撰　清光緒二十一年(1895)刻本　四冊　十四行二十五字上下黑口左右雙邊

610000－1001－0013160　　普0016428

**盧陵歐陽文忠公全集十種**　(宋)歐陽修撰　清嘉慶二十四年(1819)刻本　二十四冊　十行二十四字小字雙行同白口左右雙邊

610000－1001－0013161　　普0016429

**淮軍平捻記十二卷**　(清)周世澄撰　清刻本　四冊　九行二十四字白口左右雙邊

610000－1001－0013162　　普0016430

**淮南子二十一卷**　(漢)高誘注　(清)莊逵吉校　清光緒二年(1876)浙江書局刻本　六冊　九行二十一字小字雙行同白口左右雙邊

610000－1001－0013163　　普0016431

**國朝金陵詩徵四十八卷**　(清)朱緒曾編　清光緒十一年(1885)刻本　十六冊　十二行二十三字小字雙行同上下黑口左右雙邊

610000－1001－0013164　　普0016432

**復初齋文集三十五卷**　(清)翁方綱撰　清光緒三年(1877)刻本　八冊　十一行二十一字白口左右雙邊

610000－1001－0013165　　普0016433

**述古叢鈔初集十種二集三種**　(清)劉晚榮輯　清同治藏修書屋刻本　十九冊　九行二十字上下黑口左右雙邊

610000－1001－0013166　　普0016436

**河東先生集十五卷**　(宋)柳開撰　(宋)張景編　**行狀一卷**　(宋)張景撰　清嘉慶刻本　四冊　十行二十一字上下黑口左右雙邊

610000－1001－0013167　　普0016439

**覆瓿集十三種**　(清)張文虎撰　清同治、光緒刻本　十二冊　十一行二十一字小字雙行同上下黑口四周雙邊

610000－1001－0013168　　普0016440

**隸辨八卷**　(清)顧藹吉撰　清同治十二年(1873)刻本　八冊　十二行大小字不等黑口四周單邊

610000－1001－0013169　　普0016445

**嘉樹山房集二十卷外集二卷**　(清)張士元撰　清嘉慶二十四年(1819)刻本　四冊　十行二十一字白口左右雙邊

610000－1001－0013170　　普0016446

**柏梘山房文集十六卷續集一卷駢體文二卷詩集十卷詩續集二卷**　(清)梅曾亮撰　清咸豐六年(1856)刻本　六冊　十行二十一字白口四周雙邊

610000－1001－0013171　　普0016447

**胡文忠公遺集十卷首一卷**　(清)胡林翼撰　(清)閻敬銘等編輯　清同治五年(1866)刻本　六冊　九行二十字下黑口四周雙邊

610000－1001－0013172　　普0016448

**頤志齋叢書二十一種**　(清)丁晏輯　清咸豐、同治刻本　二十冊　十行二十字白口左右雙邊

610000－1001－0013173　　普0016449

**湘綺樓詩集八卷**　王闓運著　清光緒二十六年(1900)東州講舍刻本　三冊　十行二十一字白口左右雙邊

610000－1001－0013174　　普0016449

**夜雪集一卷後集一卷**　王闓運著　清光緒十七年(1891)多文堂刻本　一冊　十行二十一字白口四周雙邊

610000－1001－0013175　　普0016451

船山遺書五十六種附一種　（清）王夫之撰
清同治四年(1865)湘鄉曾國荃金陵刻本　一
百冊　十行二十二字上下黑口左右雙邊

610000－1001－0013176　普0016452

西泠五布衣遺著五種　（清）丁丙輯　清同
治、光緒錢塘丁氏當歸草堂刻本　八冊　十
一行二十二字小字雙行同白口四周雙邊　存
四種

610000－1001－0013177　普0016455

陶齋吉金錄八卷　（清）端方輯　清光緒三十
四年(1908)石印本　八冊　行數不等字數不
等白口四周單邊

610000－1001－0013178　普0016456

恆言錄六卷　（清）錢大昕纂　清光緒二十八
年(1902)鉛印本　二冊　十二行三十四字白
口四周雙邊

610000－1001－0013179　普0016457

紹興先正遺書十五種　（清）徐友蘭輯　清刻
本　三十冊　十行二十三字白口左右雙邊
存八種

610000－1001－0013180　普0016458

劉禮部集十二卷　（清）劉逢祿著　清光緒十
八年(1892)延暉承慶堂刻本　六冊　十一行
二十一字小字雙行同上下黑口四周雙邊

610000－1001－0013181　普0016459

暢園叢書甲函五種　（清）張邁輯　清光緒二
十年(1894)四明刻本　二冊　十一行二十一
字上下黑口左右雙邊　存二種

610000－1001－0013182　普0016461

白鵠山房駢體文鈔二卷續鈔二卷　（清）徐熊
飛撰　清嘉慶刻本　四冊　十行二十字小字
雙行同白口左右雙邊

610000－1001－0013183　普0016463

十種古逸書　（清）茆泮林輯　清道光二十二
年(1842)刻本　六冊　十行二十一字小字雙
行同白口左右雙邊

610000－1001－0013184　普0016464

簡莊文鈔六卷續編二卷河莊詩鈔一卷　（清）
陳鱣撰　清光緒十四年(1888)羊復禮刻本
二冊　十行二十一字上黑口左右雙邊

610000－1001－0013185　普0016466

自怡園屏錦詩集二卷詞集二卷　（清）葉珪輯
　清咸豐六年(1856)刻本　一冊　九行十八
字小字雙行同上下黑口左右雙邊　存二卷
(詩集一至二)

610000－1001－0013186　普0016467

小萬卷樓叢書十八種　（清）錢培名輯　清光
緒四年(1878)刻本　十二冊　十行二十字白
口左右雙邊　存十四種

610000－1001－0013187　普0016468

積古齋鐘鼎彝器款識十卷　（清）阮元編錄
清嘉慶九年(1804)刻本　四冊　行數不等大
小字不等白口四周單邊

610000－1001－0013188　普0016471

陳檢討集二十卷　（清）陳維崧撰　（清）程師
恭註　清刻本　四冊　十行二十二字小字雙
行同上下黑口左右雙邊

610000－1001－0013189　普0016472

胡氏雜著五種　（清）胡念修著　清光緒刻本
　六冊　九行二十一字小字雙行同白口四周
雙邊　存四種

610000－1001－0013190　普0016473

庸盦全集七種　（清）薛福成著　清光緒刻本
　二十三冊　十行二十一字白口左右雙邊
存三種

610000－1001－0013191　普0016475

觀古堂所著書十七種　葉德輝撰　清光緒長
沙葉氏刻本　四冊　十一行二十二字上下黑
口左右雙邊　存三種

610000－1001－0013192　普0016476

振綺堂叢書二集　（清）汪康年輯　清宣統二
年(1910)泉唐汪氏鉛印本　六冊　十三行三
十二字上下黑口四周雙邊　存十種

610000－1001－0013193　普0016477

海鹽張氏涉園叢刻七種　（清）張元濟輯　清宣統三年(1911)鉛印本　八冊　十一行三十字白口四周雙邊

610000－1001－0013194　普0016478

城北草堂詩餘二卷詞餘一卷　（清）顧夒撰　小嫏嬛室詩餘殘槁一卷　（清）王清霞撰　清光緒十三年(1887)刻本　一冊　十一行二十二字小字雙行同白口四周雙邊

610000－1001－0013195　普0016479

金文雅十六卷金文雅作者考一卷　（清）莊仲方編　清道光二十一年(1841)刻本　四冊　十四行二十五字小字雙行同白口左右雙邊

610000－1001－0013196　普0016482

元遺山先生全集九種　（金）元好問撰　清刻本　十六冊　十二行二十三字白口左右雙邊　存六種

610000－1001－0013197　普0016483

新鐫經苑二十五種　（清）錢儀吉輯　清道光、咸豐大梁書院刻同治七年(1868)王儒行等印本　七十九冊　十行二十字白口四周雙邊

610000－1001－0013198　普0016485

緝雅堂詩話二卷　（清）潘衍桐撰　清光緒十七年(1891)刻本　一冊　十行二十字上下黑口四周雙邊

610000－1001－0013199　普0016486

金氏世德紀二卷　（清）金應麟撰　清光緒二十二年(1896)錢塘丁氏嘉惠堂刻本　二冊　十行二十字白口四周雙邊

610000－1001－0013200　普0016488

曾文正公文鈔四卷　（清）曾國藩撰　（清）張瑛編校　清同治十一年(1872)蘇郡刻本　四冊　九行二十一字白口左右雙邊

610000－1001－0013201　普0016489

林文忠公遺集四種　（清）林則徐撰　清光緒三山林氏刻本　一冊　九行二十四字白口左右雙邊　存三種

610000－1001－0013202　普0016490

看陽宅要訣不分卷　（□）□□□撰　抄本　一冊　九至十行字數不等

610000－1001－0013203　普0016492

孤鴻編四卷首一卷　（清）殷增著　清同治十年(1871)刻本　一冊　十行二十一字小字雙行同白口左右雙邊

610000－1001－0013204　普0016493

庚子山集十六卷總釋一卷　（北周）庾信撰　（清）倪璠註釋　清刻本　八冊　十行二十字小字雙行同白口左右雙邊

610000－1001－0013205　普0016494

尊古齋詩鈔四卷　（清）馮珍撰　清嘉慶十八年(1813)刻本　一冊　十二行二十四字小字雙行同上下黑口左右雙邊

610000－1001－0013206　普0016495

戴東原集十二卷　（清）戴震撰　年譜一卷札記一卷　（清）段玉裁撰　清宣統二年(1910)渭南嚴氏孝義家塾成都刻本　六冊　十行二十一字小字雙行同上下黑口左右雙邊

610000－1001－0013207　普0016496

畫禪室隨筆四卷　（明）董其昌著　（明）楊補編　清刻本　一冊　八行十八字白口左右雙邊

610000－1001－0013208　普0016497

昭代名人尺牘續集二十四卷　陶湘選　清宣統三年(1911)石印本　二十三冊　行數不等字數不等

610000－1001－0013209　普0016500

曾文正公文集四卷詩集四卷雜著四卷　（清）曾國藩撰　（清）李瀚章輯　清同治十三年(1874)傳忠書局刻本　十冊　十行二十四字上下黑口左右雙邊

610000－1001－0013210　普0016501

隨軒金石文字九種　（清）徐渭仁雙鉤　清道光二十三年(1843)刻同治七年(1868)補刻本　四冊　行數不等字數不等白口四周單邊

610000 – 1001 – 0013211　普 0016502

遯窟讕言十二卷　（清）王韜撰　清光緒六年
(1880)鉛印本　四冊　十二行二十三字白口
四周雙邊

610000 – 1001 – 0013212　普 0016503

遂初堂文集二十卷　（清）潘耒撰　清刻本
十冊　十行二十一字白口四周單邊

610000 – 1001 – 0013213　普 0016505

弦雪居重訂遵生八牋十九卷　（明）高濂編輯
（清）鍾惺校閱　清刻本　二十冊　九行十
八字白口四周單邊

610000 – 1001 – 0013214　普 0016507

說部精華十二卷　（清）劉堅編　清光緒五年
(1879)仁和葛氏刻本　六冊　九行二十字下
黑口四周雙邊

610000 – 1001 – 0013215　普 0016508

熙朝新語十六卷　（清）余金輯　清光緒元年
(1875)刻本　四冊　九行二十字白口四周
單邊

610000 – 1001 – 0013216　普 0016509

酒令叢鈔四卷　（清）俞敦培輯　清光緒四年
(1878)藝雲軒刻本　二冊　九行二十字上下
黑口四周雙邊

610000 – 1001 – 0013217　普 0016510

日本國志四十卷首一卷　（清）黃遵憲編纂
清光緒二十七年(1901)上海書局石印本　八
冊　十八行四十字白口四周雙邊

610000 – 1001 – 0013218　普 0016512

古事比五十二卷　（清）方中德輯　（清）王梓
校　清光緒十三年(1887)點石齋石印本　六
冊　十八行三十六字小字雙行同白口四周
雙邊

610000 – 1001 – 0013219　普 0016513

古經解彙函十七種　（清）鍾謙鈞等輯　清同
治十二年(1873)粵東書局刻本　六十八冊
十行二十一字小字雙行同白口左右雙邊

610000 – 1001 – 0013220　普 0016515

式訓堂叢書三集四十一種　（清）章壽康輯
清光緒會稽章氏刻本　十二冊　十一行二十
一字小字雙行同上下黑口四周單邊　存十
五種

610000 – 1001 – 0013221　普 0016517

音韻闡微十八卷　（清）李光地等撰　清光緒
七年(1881)淮南書局刻本　六冊　八行大小
字不等白口四周雙邊

610000 – 1001 – 0013222　普 0016518

芙蓉山館詩稿六卷　（清）楊芳燦撰　清刻本
一冊　十行二十一字小字雙行同白口左右
雙邊

610000 – 1001 – 0013223　普 0016522

于氏中說二卷　（明）于鎰撰　清光緒四年
(1878)于馭良刻本　一冊　八行二十字白口
四周單邊

610000 – 1001 – 0013224　普 0016525

重訂幼學須知句解四卷　（清）程允升撰
（清）錢元龍核　清光緒十六年(1890)狀元閣
石印本　四冊　十行十八字小字雙行同白口
四周單邊

610000 – 1001 – 0013225　普 0016527

呂晚邨先生家書真跡四卷　（清）呂留良撰
清光緒三十四年(1908)澄衷學堂影印本　二
冊　七行字數不等

610000 – 1001 – 0013226　普 0016528

榆園叢刻十五種附一種　（清）許增輯　清同
治、光緒刻本　十四冊　十二行二十三字白
口左右雙邊　缺二種

610000 – 1001 – 0013227　普 0016529

春在堂全書三十四種　（清）俞樾撰　清光緒
二十五年(1899)刻本　六十五冊　十行二十
一字上下黑口左右雙邊　缺十八種

610000 – 1001 – 0013228　普 0016530

懷小編二十卷　（清）沈濂撰　清咸豐四年
(1854)刻本　六冊　十行二十一字小字雙行
同上下黑口四周雙邊

610000－1001－0013229　普0016531

梅氏叢書輯要二十一種附二種　（清）梅文鼎著　（清）梅毂成輯　清同治十三年(1874)梅繼高頤園石印本　六冊　二十二行二十四字小字雙行同白口四周雙邊

610000－1001－0013230　普0016532

扶雅堂詩集十四卷　（清）楊炳春撰　清刻本　四冊　十行二十一字白口四周單邊

610000－1001－0013231　普0016533

河工器具圖說四卷　（清）麟慶纂輯　清道光十六年(1836)南河節署刻本　二冊　行數不等字數不等四周單邊

610000－1001－0013232　普0016534

功順堂叢書十八種　（清）潘祖蔭輯　清光緒吳縣潘氏刻本　三十二冊　九行二十二字上下黑口左右雙邊

610000－1001－0013233　普0016535

桐陰論畫二編二卷　（清）秦祖永撰　清光緒八年(1882)刻朱墨印本　二冊　八行十八字小字雙行同上下黑口左右雙邊

610000－1001－0013234　普0016536

惜抱軒全集十種　（清）姚鼐撰　清同治五年(1866)省心閣刻本　十八冊　十行二十一字白口左右雙邊　缺一種

610000－1001－0013235　普0016541

四書正事括略七卷附錄一卷　（清）毛奇齡撰　清道光十九年(1839)刻本　二冊　十行二十字小字雙行同白口四周單邊

610000－1001－0013236　普0016545

晚聞居士遺集九卷首一卷　（清）王宗炎撰　清道光十一年(1831)刻本　四冊　十行二十字上下黑口左右雙邊

610000－1001－0013237　普0016546

鐵華館叢書六種　（清）蔣鳳藻輯　清光緒長洲蔣氏影刻本　六冊　十四行二十六字小字雙行三十字白口左右雙邊

610000－1001－0013238　普0016547

繹志十九卷　（明）胡承諾撰　清同治十一年(1872)浙江書局刻本　八冊　十行二十一字白口左右雙邊

610000－1001－0013239　普0016549

宛陵先生文集六十卷　（宋）梅堯臣撰　清宣統二年(1910)上海影印本　十冊　十一行二十一字白口左右雙邊

610000－1001－0013240　普0016550

節孝先生文集三十卷　（宋）徐積撰　清宣統三年(1911)刻本　六冊　十行二十一字上下黑口左右雙邊

610000－1001－0013241　普0016551

南塘張氏詩略二卷　（清）張家鼎輯　清光緒四年(1878)鐵花館刻本　一冊　九行十九字白口左右雙邊

610000－1001－0013242　普0016552

韞山堂詩集十六卷　（清）管世銘撰　清光緒二十年(1894)讀雪山房刻本　三冊　十一行二十三字小字雙行同上下黑口左右雙邊

610000－1001－0013243　普0016555

蘀石齋詩集四十九卷　（清）錢載撰　清刻本　六冊　十二行二十三字白口左右雙邊

610000－1001－0013244　普0016556

郎潛紀聞十四卷　（清）陳康祺撰　清光緒六年(1880)刻本　四冊　十行二十一字小字雙行同白口左右雙邊

610000－1001－0013245　普0016559

重定金石契不分卷　（清）張燕昌撰　清光緒二十一年(1895)刻本　四冊　十行十六字白口四周雙邊

610000－1001－0013246　普0016563

杜詩鏡銓二十卷　（清）楊倫編輯　讀書堂杜工部文集註解二卷　（清）張溍評註　清同治十一年(1872)望三益齋刻本　十冊　九行二十字小字雙行三十字白口左右雙邊

610000－1001－0013247　普0016564

隸釋二十七卷　（宋）洪适撰　清光緒二十三

年(1897)刻本　八冊　九行二十字小字雙行
同白口四周單邊

610000－1001－0013248　普0016568
**天壤閣叢書二十六種**　（清）王懿榮輯　清同
治、光緒福山王氏刻本　五冊　十行二十字
上下黑口左右雙邊　存四種

610000－1001－0013249　普0016569
**惜抱軒今體詩選十八卷**　（清）姚鼐選　清光
緒七年(1881)山西濬文書局刻本　四冊　十
行二十二字上下黑口左右雙邊

610000－1001－0013250　普0016571
**正覺樓叢刻二十九種**　（清）崇文書局輯　清
光緒崇文書局刻本　三十二冊　九行十八字
小字雙行同白口左右雙邊　缺一種

610000－1001－0013251　普0016577
**心矩齋叢書八種**　（清）蔣鳳藻輯　清光緒長
洲蔣氏刻本　八冊　十一行二十一字小字雙
行同上下黑口左右雙邊

610000－1001－0013252　普0016578
**二知軒詩鈔十四卷**　（清）方濬頤撰　清同治
五年(1866)刻本　六冊　十行二十一字下黑
口四周雙邊

610000－1001－0013253　普0016580
**說文解字句讀三十卷**　（清）王筠撰集　清同
治四年(1865)刻本　十六冊　十行大字不等
小字雙行二十四字白口四周雙邊

610000－1001－0013254　普0016582
**復初齋文集三十五卷**　（清）翁方綱撰　清刻
本　十二冊　十一行二十一字白口左右雙邊

610000－1001－0013255　普0016585
**金文雅十六卷**　（清）莊仲方編　清光緒十七
年(1891)江蘇書局刻本　四冊　十四行二十
五字白口左右雙邊

610000－1001－0013256　普0016586
**有正味齋詞集八卷續集二卷外集二卷**　（清）
吳錫麒撰　清刻本　三冊　十二行二十四字
上下黑口四周單邊

610000－1001－0013257　普0016587
**錢志新編二十卷**　（清）張崇懿校輯　清道光
十年(1830)酌春堂刻本　二冊　九行二十一
字白口左右雙邊

610000－1001－0013258　普0016588
**南薰殿圖像攷二卷**　（清）胡敬輯　清嘉慶二
十一年(1816)刻本　一冊　十二行二十四字
上下黑口四周單邊

610000－1001－0013259　普0016589
**元遺山詩集箋注十四卷附錄一卷補載一卷**
（元）張德輝類次　（清）施國祁箋　清道光二
年(1822)南潯蔣氏瑞松堂刻本　四冊　十二
行二十三字小字雙行三十四字上下黑口左右
雙邊

610000－1001－0013260　普0016590
**伏敔堂詩錄十五卷續錄二卷**　（清）江湜撰
清道光二十七年(1847)刻本　四冊　九行二
十一字下黑口左右雙邊

610000－1001－0013261　普0016591
**詩藪內編六卷外編四卷雜編六卷**　（明）胡應
麟撰　清光緒二十二年(1896)廣雅書局刻本
四冊　十一行二十四字上下黑口四周單邊

610000－1001－0013262　普0016593
**蔡中郎集十卷外紀一卷外集四卷列傳一卷年
表一卷**　（漢）蔡邕撰　清咸豐二年(1852)楊
氏海源閣刻本　十冊　九行十八字小字雙行
同白口左右雙邊

610000－1001－0013263　普0016594
**昌黎先生詩集注十一卷**　（唐）韓愈撰　（清）
朱彝尊　（清）何焯評　（清）顧嗣立刪補　清
光緒九年(1883)廣州翰墨園顧氏刻三色套印
本　四冊　十一行二十字小字雙行三十字白
口左右雙邊

610000－1001－0013264　普0016595
**欽定全唐文一千卷總目三卷**　（清）董誥等編
清嘉慶十九年(1814)武英殿刻本　五百〇
一冊　九行二十二字白口四周雙邊

610000－1001－0013265　普0016596

謫麈堂遺集四卷 （清）戴望撰 清宣統三年（1911）歸安陸氏刻本 二冊 十一行二十一字上下黑口左右雙邊

610000－1001－0013266 普0016597

國朝文徵四十卷 （清）吳翌鳳選輯 清咸豐元年（1851）吳江沈氏世美堂刻本 四十冊 十二行二十五字白口左右雙邊

610000－1001－0013267 普0016598

永嘉叢書十三種 （清）孫衣言輯 清同治、光緒瑞安孫氏刻本 三十六冊 十三行二十二字上下黑口左右雙邊

610000－1001－0013268 普0016599

望溪先生文集十八卷集外文十卷集外文補遺二卷 （清）方苞撰 （清）戴鈞衡重編 年譜二卷 （清）蘇惇元撰 清咸豐元年（1851）刻本 十二冊 十一行二十一字小字雙行同白口四周雙邊

610000－1001－0013269 普0016600

新學偽經考十四卷 康有為撰 清光緒十七年（1891）康氏萬木草堂刻本 六冊 十行二十字上下黑口左右雙邊

610000－1001－0013270 普0016602

顧亭林先生詩箋注十七卷校補一卷 （清）顧炎武撰 （清）徐嘉注 清光緒二十三年至二十七年（1897－1901）山陽徐氏味經齋刻本 六冊 十一行大字不等小字雙行三十三字白口四周單邊

610000－1001－0013271 普0016603

說文解字校錄十五卷 （清）鈕樹玉校錄 清光緒十一年（1885）江蘇書局刻本 十四冊 七行大字不等小字雙行二十二字上下黑口左右雙邊

610000－1001－0013272 普0016604

天真閣集三十二卷 （清）孫原湘撰 清光緒十七年（1891）強氏南皋草廬刻本 八冊 十二行二十四字上下黑口左右雙邊

610000－1001－0013273 普0016610

金石苑六卷 （清）劉喜海輯 清道光二十八年（1848）劉氏來鳳堂刻本 六冊 行數不等字數不等四周單邊

610000－1001－0013274 普0016611

四書二十六卷 （宋）朱熹注 清刻本 十冊 八行十五字白口左右雙邊

610000－1001－0013275 普0016612

退菴金石書畫跋二十卷 （清）梁章鉅撰 清道光二十五年（1845）刻本 六冊 九行二十二字小字雙行同白口左右雙邊

610000－1001－0013276 普0016613

焦山六上人詩 （清）陳任暘輯 清道光、光緒刻本 六冊 十一行二十一字小字雙行同白口左右雙邊

610000－1001－0013277 普0016614

西事文鈔十二卷首一卷末一卷 （清）王原著 （清）劉汝錫編次 清光緒十七年（1891）刻本 四冊 十行二十二字白口四周雙邊

610000－1001－0013278 普0016615

恥躬堂詩文鈔二十六卷 （清）彭士望撰 清咸豐二年（1852）刻本 八冊 九行二十字白口左右雙邊

610000－1001－0013279 普0016616

易園集七卷 （清）李林松撰 清光緒二十九年（1903）刻本 六冊 九行二十二字小字雙行同白口四周雙邊

610000－1001－0013280 普0016618

札迻十二卷 （清）孫詒讓撰 清光緒二十年（1894）刻本 四冊 十二行二十三字小字雙行同上下黑口左右雙邊

610000－1001－0013281 普0016619

漢魏六朝女子文選二卷 （清）張維選輯 清宣統三年（1911）海鹽朱是刻本 一冊 九行二十一字上黑口四周雙邊

610000－1001－0013282 普0016620

虛齋名畫錄十六卷 龐元濟輯 清宣統元年（1909）龐氏刻本 十六冊 九行二十一字小字雙行同下黑口四周雙邊

610000－1001－0013283　普0016623

**心白日齋集六卷** （清）尹耕雲撰　清光緒十年(1884)刻本　六冊　十行二十二字白口左右雙邊

610000－1001－0013284　普0016626

**樂府詩集一百卷目錄二卷** （宋）郭茂倩輯　清同治十三年(1874)湖北崇文書局刻本　十六冊　十一行二十一字上下黑口四周雙邊

610000－1001－0013285　普0016628

**大雲山房文槀初集四卷二集四卷言事二卷補編一卷** （清）惲敬著　清同治二年(1863)楚南惲臨楚南節署刻本　八冊　十行二十二字上下黑口四周雙邊

610000－1001－0013286　普0016629

**木庵居士詩四卷補遺一卷** （清）侯官撰　清光緒三十二年(1906)武昌刻本　一冊　十一行二十二字白口左右雙邊

610000－1001－0013287　普0016631

**復莊駢儷文榷二編八卷** （清）姚燮撰　清咸豐六年(1856)大梅山館刻本　四冊　九行二十一字白口左右雙邊

610000－1001－0013288　普0016632

**平湖顧氏遺書五種** （清）顧廣譽撰　清光緒三年(1877)顧鴻昇刻本　四冊　十一行二十四字上下黑口左右雙邊　存三種

610000－1001－0013289　普0016633

**遯雅堂集十卷** （清）姚文田撰　清道光元年(1821)江陰學使者署刻本　四冊　八行二十一字白口左右雙邊

610000－1001－0013290　普0016634

**兩當軒詩鈔十四卷悔存詞鈔二卷** （清）黃景仁撰　（清）趙希璜校　清嘉慶二十二年(1817)侯官鄭炳文刻本　二冊　十一行二十三字白口左右雙邊

610000－1001－0013291　普0016635

**六朝文絜四卷** （清）許槤輯評　清光緒三年(1877)刻朱墨印本　四冊　九行十八字上下黑口左右雙邊

610000－1001－0013292　普0016637

**半厂叢書初編十種** （清）譚獻輯　清光緒仁和譚氏刻本　二十冊　十一行二十一字小字雙行同白口左右雙邊

610000－1001－0013293　普0016640

**范伯子詩集十九卷** （清）范當世撰　清光緒三十四年(1908)刻本　四冊　十行二十二字上下黑口四周雙邊

610000－1001－0013294　普0016641

**庾開府全集十六卷** （北周）庾信撰　（清）倪璠註釋　**庾子山年譜一卷總釋一卷** （清）倪璠編釋　清同治八年(1869)刻本　十二冊　十行二十字小字雙行同白口左右雙邊

610000－1001－0013295　普0016642

**評月樓遺詩三卷** （清）陳三陛撰　清嘉慶十九年(1814)刻本　三冊　十行二十一字白口左右雙邊

610000－1001－0013296　普0016643

**功順堂叢書十八種** （清）潘祖蔭輯　清光緒吳縣潘氏刻本　二十四冊　九行二十二字上下黑口左右雙邊

610000－1001－0013297　普0016644

**雲間小課二卷** （清）練廷璜編　清道光二十九年(1849)刻本　二冊　九行二十五字白口左右雙邊

610000－1001－0013298　普0016647

**槐廬叢書五編四十六種** （清）朱記榮輯　清光緒吳縣朱氏槐廬家塾刻本　七十八冊　十一行二十一字小字雙行同上下黑口左右雙邊　缺一種

610000－1001－0013299　普0016648

**樂志堂文略四卷** （清）譚瑩撰　清光緒四年(1878)刻本　三冊　十一行二十二字白口左右雙邊

610000－1001－0013300　普0016649

**中西紀事二十四卷** （清）夏燮撰　清同治七年(1868)刻本　六冊　十行二十二字白口四周雙邊

610000－1001－0013301　普0016651

國朝蘇州府長元吳三邑科第譜四卷　（清）陸懋修輯　（清）陸潤庠補編　清光緒三十二年（1906）刻本　二冊　九行大小字不等白口左右雙邊

610000－1001－0013302　普0016652

陸陳二先生文鈔十二卷　（清）葉裕仁編次　清同治九年（1870）合肥蒯德模刻本　二冊　十二行二十三字白口四周雙邊

610000－1001－0013303　普0016653

皇朝文典七十四卷　（清）李兆洛輯　清嘉慶二十年（1815）刻本　十六冊　十一行二十二字白口左右雙邊

610000－1001－0013304　普0016654

小謨觴館詩集注八卷詩續集注二卷詩餘附錄注一卷詩餘續附錄注一卷小謨觴館文集注四卷文續集注二卷　（清）彭兆蓀撰　清光緒二十年（1894）泉塘汪氏刻本　八冊　十行二十一字小字雙行同上下黑口左右雙邊

610000－1001－0013305　普0016655

南菁書院叢書八集四十一種　王先謙　繆荃孫輯　清光緒十四年（1888）江陰南菁書院刻本　四十冊　九行二十五字小字雙行同白口左右雙邊

610000－1001－0013306　普0016657

樊川詩集四卷　（唐）杜牧撰　（清）馮集梧注　清光緒十六年（1890）湘南書局刻本　四冊　十行二十一字小字雙行同白口左右雙邊

610000－1001－0013307　普0016658

蒿盦隨筆四卷　（清）馮煦撰　清光緒二十八年（1902）刻本　二冊　十一行二十二字小字雙行同上下黑口左右雙邊

610000－1001－0013308　普0016659

五湖漁莊圖題詞四卷　（清）葉承桂輯　清咸豐三年（1853）石林園刻本　二冊　十行二十一字白口四周雙邊

610000－1001－0013309　普0016660

御製數理精蘊上編五卷下編四十卷表八卷（清）何國宗　（清）梅瑴成編　清光緒八年（1882）江寧藩署刻本　四十冊　九行二十字白口四周雙邊

610000－1001－0013310　普0016661

海山仙館叢書五十六種　（清）潘仕成輯　清道光、咸豐番禺潘氏刻本　一百二十冊　九行二十一字上下黑口左右雙邊

610000－1001－0013311　普0016662

養古齋叢錄二十六卷餘錄十卷　（清）吳振棫纂　清光緒二十二年（1896）刻本　八冊　十二行二十四字小字雙行同白口四周單邊

610000－1001－0013312　普0016666

履園叢話二十四卷　（清）錢泳輯　清道光十八年（1838）述德堂刻本　八冊　九行二十二字上下黑口四周單邊

610000－1001－0013313　普0016667

竹柏山房十五種　（清）林春溥撰　清嘉慶、咸豐刻本　三十二冊　十二行二十二字小字雙行同上下黑口四周單邊

610000－1001－0013314　普0016668

義門先生集十二卷附錄一卷　（清）何焯撰　（清）吳雲等輯　清宣統三年（1911）中華圖書館影印本　四冊　十四行三十字白口四周雙邊

610000－1001－0013315　普0016669

水心文集二十九卷補遺一卷別集十六卷（宋）葉適撰　清光緒八年（1882）瑞安孫氏詒善祠塾刻本　十一冊　十三行二十二字上下黑口左右雙邊

610000－1001－0013316　普0016671

古今說海四部一百三十五種　（明）陸楫輯　清道光元年（1821）苕溪邵氏西山堂刻本　十二冊　八行十六字白口左右雙邊　存五十二種

610000－1001－0013317　普0016672

學海堂集十六卷二集二十二卷　（清）吳蘭修輯　學海堂集三集二十四卷　（清）張維屏輯　學海堂集四集二十八卷　（清）金錫齡輯

清道光五年至光緒十二年(1825－1886)啟秀山房刻本　四十冊　十行二十字白口左右雙邊

610000－1001－0013318　普0016673

**國朝杭郡詩續輯四十六卷**　（清）吳振棫編　清光緒二年(1876)錢塘丁氏刻本　二十四冊　十二行二十三字小字雙行同白口左右雙邊

610000－1001－0013319　普0016676

**樂志簃詩錄六卷詞錄一卷筆記四卷文錄四卷味經堂詩錄二卷**　（清）沈祥龍撰　清光緒二十六年至二十七年(1900－1901)刻本　四冊　十一行二十三字白口左右雙邊

610000－1001－0013320　普0016677

**樂志簃詩錄六卷詞錄一卷筆記四卷文錄四卷味經堂詩錄二卷**　（清）沈祥龍撰　清光緒二十六年至二十七年(1900－1901)刻本　三冊　十一行二十三字白口左右雙邊

610000－1001－0013321　普0016678

**師鄭堂聯文二卷**　孫雄撰　清光緒二十一年(1895)刻本　一冊　十二行二十五字上下黑口左右雙邊

610000－1001－0013322　普0016679

**劍虹居文集二卷詩集二卷**　（清）秦煥撰　清光緒三十一年(1905)刻本　四冊　九行二十二字白口左右雙邊

610000－1001－0013323　普0016682

**恆軒所見所藏吉金錄不分卷**　（清）吳大澂藏並輯　清光緒十一年(1885)刻本　二冊　行數不等字數不等白口四周單邊

610000－1001－0013324　普0016683

**昌黎先生詩集注十一卷**　（清）朱彝尊　（清）何焯評　（清）顧嗣立注　**昌黎年譜一卷**　（□）□□撰　清道光十六年(1836)膺德堂刻朱墨印本　四冊　十一行二十字小字雙行三十字白口左右雙邊

610000－1001－0013325　普0016684

**提牢備考四卷**　（清）趙舒翹輯　清光緒十九年(1893)東甌官舍刻本　二冊　十行二十一字白口左右雙邊

610000－1001－0013326　普0016685

**白香詞譜箋四卷**　（清）舒夢蘭輯　（清）謝朝徵箋　清光緒十一年(1885)刻本　二冊　十行二十四字小字雙行同上下黑口左右雙邊

610000－1001－0013327　普0016686

**揚州畫舫錄題詞十八卷**　（清）李斗撰　清道光十九年(1839)刻本　四冊　十行二十四字小字雙行同白口左右雙邊

610000－1001－0013328　普0016687

**陶庵集二十二卷首一卷末一卷**　（明）黃淳燿撰　清光緒八年(1882)刻本　八冊　九行二十一字下黑口左右雙邊

610000－1001－0013329　普0016688

**嶺南集八卷**　（清）杭世駿撰　清刻本　二冊　十行十九字白口左右雙邊

610000－1001－0013330　普0016691

**安吳四種**　（清）包世臣輯　清光緒十四年(1888)刻本　十六冊　十行二十二字白口左右雙邊

610000－1001－0013331　普0016692

**湖海樓叢書十二種**　（清）陳春輯　清嘉慶蕭山陳氏刻本　二十四冊　十行二十字小字雙行同上黑口左右雙邊

610000－1001－0013332　普0016693

**四印齋彙刻宋元三十一家詞三十一卷**　（清）王鵬運輯　清光緒十九年(1893)臨桂王氏四印齋刻本　四冊　十行二十一字上下黑口左右雙邊

610000－1001－0013333　普0016695

**石笥山房集二十三卷**　（清）胡天游撰　清咸豐二年(1852)刻本　十冊　十行二十字白口四周雙邊

610000－1001－0013334　普0016696

**虛白室詩鈔十一卷**　（清）方昌翰撰　清同治十三年(1874)刻本　二冊　十行二十一字上下黑口左右雙邊

610000－1001－0013335　普0016697

寒松堂全集十二卷　（清）魏象樞撰　清嘉慶十六年(1811)刻本　八冊　十行二十字下黑口左右雙邊

610000－1001－0013336　普 0016698

石鼓文纂釋一卷　（清）趙烈文撰　清光緒二十三年(1897)刻本　一冊　六行十八字小字雙行同白口左右雙邊

610000－1001－0013337　普 0016699

新安先集二十卷　（清）朱子榛輯　清同治十三年(1874)蘇州當湖朱氏刻本　六冊　十行二十五字上下黑口左右雙邊

610000－1001－0013338　普 0016700

林和靖集五卷　（宋）林逋撰　清同治十二年(1873)長洲朱氏刻本　二冊　八行十七字上下黑口四周雙邊

610000－1001－0013339　普 0016701

明宮雜詠二十卷　（清）饒智元撰　清光緒十九年(1893)湘渌館刻本　六冊　九行二十字上下黑口左右雙邊

610000－1001－0013340　普 0016702

養一齋文集二十卷　（清）李兆洛撰　清光緒四年(1878)刻本　八冊　十二行二十二字下黑口左右雙邊

610000－1001－0013341　普 0016703

游定夫先生集四卷首一卷末一卷　（宋）游酢撰　清同治六年(1867)和州官舍刻本　二冊　十行二十字上下黑口四周雙邊

610000－1001－0013342　普 0016705

滄溟先生集十四卷　（明）李攀龍撰　清光緒二十一年(1895)長沙張氏湘雨樓刻本　四冊　十一行二十一字上下黑口左右雙邊

610000－1001－0013343　普 0016707

士禮居黃氏叢書十八種附二種　（清）黃丕烈輯　清光緒十三年(1887)上海蜚英館影印本　二十八冊　行數不等大小字不等　存十八種

610000－1001－0013344　普 0016709

味無味齋詩鈔十卷　（清）董兆熊撰　清光緒元年(1875)刻本　二冊　十二行二十四字上下黑口四周單邊

610000－1001－0013345　普 0016710

長安宮詞一卷　（清）胡延撰　清光緒二十八年(1902)刻本　一冊　八行二十字小字雙行同白口左右雙邊

610000－1001－0013346　普 0016713

鄭氏佚書二十三種　（清）鄭玄撰　（清）袁鈞輯　清光緒十四年(1888)浙江書局刻本　十冊　十行二十一字小字雙行同下黑口左右雙邊

610000－1001－0013347　普 0016714

小謨觴館全集四種　（清）彭兆蓀撰　（清）孫元培等注　清光緒三十二年(1906)刻本　十七冊　十行二十一字小字雙行同上下黑口左右雙邊

610000－1001－0013348　普 0016715

徐州二遺民集　（清）馮煦輯　清光緒十九年(1893)刻本　五冊　十行二十二字上下黑口四周雙邊

610000－1001－0013349　普 0016718

集虛草堂叢書甲集九種　李國松輯　清光緒合肥李氏刻本　二十四冊　十行二十一字白口左右雙邊

610000－1001－0013350　普 0016719

黃梨洲先生南雷文約四卷　（清）黃宗羲撰　（清）鄭性訂　清刻本　六冊　十行二十字上下黑口四周單邊

610000－1001－0013351　普 0016720

在陸草堂文集六卷　（清）儲欣撰　清光緒十七年(1891)刻本　六冊　八行二十一字上下黑口左右雙邊

610000－1001－0013352　普 0016721

夏節愍全集十卷首一卷末一卷補遺二卷　(明)夏完淳撰　（清）莊師洛輯　（清）陳均等編　清同治八年(1869)婁縣陳履泰刻本　三冊　十行二十一字白口左右雙邊

610000－1001－0013353　普0016724

**古逸叢書二十六種**　（清）黎庶昌輯　清光緒遵義黎氏日本東京使署影刻本　四十九冊八行十五字小字雙行二十一字白口左右雙邊

610000－1001－0013354　普0016725

**當湖文繫初編二十八卷**　（清）朱壬林輯　清光緒十五年(1889)刻本　十二冊　十行二十四字白口四周雙邊

610000－1001－0013355　普0016726

**顧亭林先生遺書十種**　（清）顧炎武撰　清蓬瀛閣刻本　八冊　十一行二十字白口左右雙邊

610000－1001－0013356　普0016727

**續樵李詩繫四十卷**　（清）胡昌基輯　清宣統三年(1911)刻本　二十冊　十一行二十一字上黑口四周單邊

610000－1001－0013357　普0016728

**張蒼水集二卷**　（明）張煌言撰　清光緒鉛印本　二冊　十三行三十二字小字雙行四十二字白口四周雙邊

610000－1001－0013358　普0016729

**墨林今話十八卷續編一卷**　（清）蔣寶齡撰　清咸豐二年(1852)刻本　四冊　十行二十一字白口四周單邊

610000－1001－0013359　普0016730

**楊誠齋詩集十六卷**　（宋）楊萬里撰　清嘉慶五年(1800)刻本　六冊　十行二十一字白口左右雙邊

610000－1001－0013360　普0016731

**顧端文公遺書十四種**　（明）顧憲成撰　清光緒三年(1877)涇里宗祠刻本　十八冊　十行二十字小字雙行同下黑口左右雙邊

610000－1001－0013361　普0016732

**八指頭陀詩集十卷補遺一卷**　（清）釋敬安撰　清光緒二十四年(1898)刻本　二冊　十行二十一字小字雙行同上下黑口左右雙邊

610000－1001－0013362　普0016733

**歷代帝王年表十四卷帝王廟諡年諱譜一卷**　（清）陸費墀撰　（清）齊召南編　（清）阮福續編　清道光四年(1824)刻本　四冊　八行大小字不等上下黑口左右雙邊

610000－1001－0013363　普0016736

**霜紅龕集四十卷附錄三卷年譜一卷**　（清）傅山撰　（清）丁寶銓編　清宣統三年(1911)山陽丁氏刻本　十二冊　十行二十一字上下黑口左右雙邊

610000－1001－0013364　普0016738

**國朝常州駢體文錄三十一卷附結一宦駢體文一卷**　（清）屠寄輯　清光緒十六年(1890)陶濬宣刻本　八冊　十三行二十二字上下黑口左右雙邊

610000－1001－0013365　普0016739

**磨綺室詩存一卷**　（清）丁蓉綏撰　**壽梅山房詩存一卷**　（清）李謨撰　清光緒十年(1884)長沙王氏刻本　一冊　十三行二十二字白口四周雙邊

610000－1001－0013366　普0016740

**碧城詩鈔十二卷**　（清）俞功懋撰　清光緒十三年(1887)刻本　四冊　九行二十一字上下黑口四周雙邊

610000－1001－0013367　普0016741

**葦間詩集五卷**　（清）姜宸英撰　清道光四年(1824)睿吾樓刻本　三冊　十行十九字下黑口左右雙邊

610000－1001－0013368　普0016742

**嶺南三大家詩選二十四卷**　（清）王隼選　清同治七年(1868)南海陳氏刻本　六冊　十行十九字上下黑口左右雙邊

610000－1001－0013369　普0016743

**會稽掇英總集二十卷**　（宋）孔延之編　清道光元年(1821)山陰杜氏浣花宗墊刻本　四冊　十行二十字小字雙行同下黑口左右雙邊

610000－1001－0013370　普0016744

**鄦齋叢書二十種**　徐乃昌輯　清光緒二十六年(1900)南陵徐氏刻本　十六冊　十一行二

十一字小字雙行同上下黑口左右雙邊

610000－1001－0013371　普0016747

**陶齋吉金錄八卷續錄二卷**　（清）端方輯　清光緒三十四年至宣統元年（1908－1909）金陵石印本　九冊　八行十三字白口四周單邊

610000－1001－0013372　普0016749

**呂氏春秋二十六卷**　（漢）高誘注　清光緒元年（1875）浙江書局刻本　六冊　九行二十一字小字雙行同白口左右雙邊

610000－1001－0013373　普0016750

**古文苑二十一卷**　（宋）章樵注　清光緒十二年（1886）江蘇書局刻本　四冊　十行二十二字小字雙行同上下黑口左右雙邊

610000－1001－0013374　普0016751

**養知書屋遺集三種**　（清）郭嵩燾撰　清光緒十八年（1892）刻本　二十七冊　十行二十一字白口左右雙邊

610000－1001－0013375　普0016752

**管子二十四卷**　（唐）房玄齡注　清嘉慶九年（1804）姑蘇王氏聚文堂刻本　八冊　九行二十字小字雙行同白口四周單邊

610000－1001－0013376　普0016753

**癸巳類稿十五卷**　（清）俞正燮撰　清道光十三年（1833）求日益齋刻本　十二冊　十二行二十四字白口四周雙邊

610000－1001－0013377　普0016755

**恩餘堂經進稿四十九卷**　（清）彭元瑞撰　清刻本　十八冊　八行十九字白口四周雙邊

610000－1001－0013378　普0016756

**江表忠略二十卷**　（清）陳澹然撰　清光緒二十八年（1902）刻民國十二年（1923）重印本　四冊　十二行二十五字上下黑口左右雙邊

610000－1001－0013379　普0016758

**四印齋所刻詞二十種附一種**　（清）王鵬運輯　清光緒十四年（1888）臨桂王氏刻本　六冊　十行十八字白口左右雙邊　存七種

610000－1001－0013380　普0016759

**小睡足寮詩錄四卷續錄二卷補錄二卷附錄一卷**　（清）秦敏樹撰　清光緒十三年（1887）吳縣秦氏刻本　二冊　十行二十二字白口左右雙邊

610000－1001－0013381　普0016760

**彊邨詞三卷**　（清）朱祖謀撰　清光緒三十一年（1905）刻本　二冊　十行十七字上下黑口左右雙邊

610000－1001－0013382　普0016761

**慎盦文鈔二卷詩鈔二卷**　（清）左宗植撰　清光緒元年（1875）刻本　四冊　十行二十二字上下黑口四周雙邊

610000－1001－0013383　普0016762

**幼迂詩鈔四卷**　（清）倪鈞撰　清光緒金陵湯明林聚珍書局木活字印本　一冊　九行二十一字白口四周雙邊

610000－1001－0013384　普0016763

**青浦續詩傳八卷附一卷**　（清）何其超輯　清光緒三十一年（1905）木活字本　八冊　九行二十一字白口左右雙邊

610000－1001－0013385　普0016764

**紫竹山房詩文集十二卷文集二十卷**　（清）陳兆崙撰　清嘉慶刻本　八冊　十行二十一字白口四周雙邊

610000－1001－0013386　普0016767

**船山遺書五十六種附一種**　（清）王夫之撰　清同治四年（1865）湘鄉曾國荃金陵刻本　一百冊　十行二十二字上下黑口左右雙邊

610000－1001－0013387　普0016768

**船山遺書五十六種附一種**　（清）王夫之撰　清同治四年（1865）湘鄉曾國荃金陵刻本　九十四冊　十行二十二字上下黑口左右雙邊　缺十五種

610000－1001－0013388　普0016773

**忠義紀聞錄三十卷續錄十卷**　（清）陳繼聰撰　清光緒八年（1882）刻本　八冊　十一行二十二字白口左右雙邊

610000 – 1001 – 0013389　普 0016774

**幸餘求定稿十二卷**　（清）姚濬昌撰　清光緒刻本　四冊　十行二十一字白口四周雙邊

610000 – 1001 – 0013390　普 0016775

**詞林正韻三卷**　（清）戈載輯　清道光元年(1821)稻香館刻本　二冊　八行字數不等白口四周雙邊

610000 – 1001 – 0013391　普 0016776

**古詩選十五卷**　（清）王士禎選　清刻本　四冊　十行二十二字小字雙行同上下黑口左右雙邊

610000 – 1001 – 0013392　普 0016778

**曝書亭集詞注七卷**　（清）朱彝尊撰　（清）李富孫注　清嘉慶十九年(1814)校經廎刻本　四冊　十一行二十三字小字雙行三十一字白口左右雙邊

610000 – 1001 – 0013393　普 0016785

**唐駢體文抄十七卷**　（清）陳均輯　清嘉慶二十五年(1820)海寧陳氏松籟閣刻本　四冊　十一行二十四字白口左右雙邊

610000 – 1001 – 0013394　普 0016786

**嘯古堂詩集八卷**　（清）蔣敦復撰　清光緒十一年(1885)長洲王韜淞隱廬刻本　二冊　十一行二十四字上下黑口左右雙邊

610000 – 1001 – 0013395　普 0016787

**士禮居藏書題跋記六卷**　（清）黃丕烈撰　清光緒十年(1884)滂喜齋刻本　四冊　十一行二十三字上下黑口左右雙邊

610000 – 1001 – 0013396　普 0016788

**歸田瑣記八卷**　（清）梁章鉅撰　清道光二十五年(1845)刻本　二冊　十行二十二字上下黑口左右雙邊

610000 – 1001 – 0013397　普 0016789

**產孕集二卷**　（清）張曜孫撰　清同治七年(1868)蘊璞齋刻本　一冊　十一行二十三字白口四周雙邊

610000 – 1001 – 0013398　普 0016791

610000 – 1001 – 0013398　普 0016791

**華延年室題跋三卷**　（清）傅以禮撰　清宣統元年(1909)鉛印本　三冊　十一行二十五字小字雙行同白口四周雙邊

610000 – 1001 – 0013399　普 0016792

**小學弦歌八卷**　（□）□□撰　清刻本　四冊　九行二十一字小字雙行同白口左右雙邊

610000 – 1001 – 0013400　普 0016793

**莊子集解八卷**　（戰國）莊周撰　王先謙集解　清宣統元年(1909)上海涵芬樓影印本　三冊　十一行二十四字小字雙行同下黑口左右雙邊

610000 – 1001 – 0013401　普 0016794

**見聞隨筆二十六卷**　（清）齊學裘撰　清同治十年(1871)天空海閣居刻本　六冊　九行二十一字白口四周雙邊

610000 – 1001 – 0013402　普 0016795

**千字文釋義不分卷**　（清）汪嘯尹纂輯　清光緒南京李光明莊刻本　一冊　七行八字小字雙行十七字白口左右雙邊

610000 – 1001 – 0013403　普 0016796

**串雅內編四卷**　（清）趙學敏纂輯　清光緒十四年(1888)榆園刻本　二冊　十行二十二字白口左右雙邊

610000 – 1001 – 0013404　普 0016797

**十三經札記**　（清）朱亦棟撰　清光緒四年(1878)武林竹簡齋刻本　六冊　九行二十一字白口四周雙邊

610000 – 1001 – 0013405　普 0016798

**楹聯叢話十二卷**　（清）梁章鉅輯　清道光二十年(1840)環碧軒刻本　二冊　九行二十二字下黑口左右雙邊

610000 – 1001 – 0013406　普 0016799

**十國宮詞一百首**　（清）吳省蘭撰　清刻本　一冊　十行二十一字小字雙行同白口左右雙邊

610000 – 1001 – 0013407　普 0016800

**韻府鉤沉五卷**　（清）雷浚撰　清光緒十三年

(1887)雷氏刻本 一冊 十行大小字不等上下黑口四周雙邊

610000－1001－0013408 普0016801
紅梨社詩鈔不分卷 （清）陳希恕輯 清道光十年(1830)刻本 一冊 十行二十三字白口左右雙邊

610000－1001－0013409 普0016802
育兒淺講一卷 （清）顧保圻編 清木活字印本 一冊 十行二十一字上黑口四周雙邊

610000－1001－0013410 普0016803
育嬰彙講一卷 （清）陳宗彝編輯 清光緒三十一年(1905)松郡育嬰堂刻本 一冊 十一行二十一字白口左右雙邊

610000－1001－0013411 普0016804
端溪硯史三卷 （清）吳蘭修編 清光緒十五年(1889)刻本 一冊 十一行二十字小字雙行同上下黑口左右雙邊

610000－1001－0013412 普0016808
茸城九老會詩存一卷 （清）周萼芳等撰 清道光二十四年(1844)刻本 一冊 十行二十一字白口左右雙邊

610000－1001－0013413 普0016811
蠶桑實濟六卷 （清）□□撰 清光緒八年(1882)津河廣仁堂刻本 二冊 十行二十三字小字雙行同上黑口四周雙邊

610000－1001－0013414 普0016812
顏氏家訓二卷 （北齊）顏之推撰 （清）朱軾評點 清刻本 二冊 九行二十一字白口四周單邊

610000－1001－0013415 普0016813
李衛公集三十五卷補遺一卷 （唐）李德裕撰 清光緒十六年(1890)常慊慊齋刻本 八冊 十一行十九字上下黑口左右雙邊

610000－1001－0013416 普0016814
羅昭諫集八卷 （唐）羅隱撰 清道光四年(1824)刻本 二冊 十一行二十字白口四周雙邊

610000－1001－0013417 普0016815
簡莊綴文六卷 （清）陳鱣撰 清末民初杭州朱氏抱經堂刻本 四冊 十一行二十一字上下黑口左右雙邊

610000－1001－0013418 普0016816
袁文箋正十六卷補注一卷 （清）袁枚撰 （清）石韞玉箋 清嘉慶十七年(1812)鶴壽山堂刻本 四冊 十行二十字小字雙行三十字白口左右雙邊

610000－1001－0013419 普0016819
詠菊小品初編不分卷備編不分卷續編不分卷補遺不分卷 （清）顧文煥著 清道光四年(1824)亭湖顧氏刻本 二冊 八行十六字白口四周單邊

610000－1001－0013420 普0016820
冷廬雜識八卷 （清）陸以湉撰 清咸豐六年(1856)刻本 八冊 九行二十一字上下黑口左右雙邊

610000－1001－0013421 普0016821
簷曝雜記六卷 （清）趙翼撰 清刻本 二冊 十行二十四字白口左右雙邊

610000－1001－0013422 普0016822
屏錦集四卷 （清）葉珪輯 清咸豐六年(1856)刻本 二冊 九行十八字上下黑口左右雙邊

610000－1001－0013423 普0016824
楹聯集帖不分卷 （清）顧翰集 清同治九年(1870)刻本 一冊 八行字數不等白口左右雙邊

610000－1001－0013424 普0016826
重樓玉鑰二卷 （清）鄭梅澗撰 清光緒四年(1878)盛京南彩盛刻本 二冊 八行十八字白口四周雙邊

610000－1001－0013425 普0016827
大梅山館集四十七卷 （清）姚燮撰 清道光二十六年(1846)刻本 十二冊 十行二十一字白口左右雙邊

610000－1001－0013426　普0016828

悔翁筆記六卷　（清）汪士鐸撰　清光緒合肥
張氏味古齋刻本　一冊　十一行二十一字上
黑口左右雙邊

610000－1001－0013427　普0016829

宗聖志二十卷　（清）王定安輯　清光緒十六
年(1890)金陵刻本　六冊　九行二十字白口
左右雙邊　缺二卷(十四至十五)

610000－1001－0013428　普0016832

西堂全集四種附一種　（清）尤侗撰　清刻本
　十冊　十行二十一字下黑口四周單邊　存
四種

610000－1001－0013429　普0016833

浪語集三十五卷　（宋）薛季宣撰　清同治十
年(1871)金陵書局刻本　六冊　十三行二十
二字上下黑口左右雙邊

610000－1001－0013430　普0016834

李文忠公全集六種　（清）李鴻章撰　（清）吳
汝綸編錄　清光緒三十一年至三十四年
(1905－1908)金陵刻本　一百冊　十二行二
十五字白口左右雙邊

610000－1001－0013431　普0016838

文選六十卷　（南朝梁）蕭統撰　（唐）李善注
　清嘉慶十四年(1809)鄱陽胡氏刻本　十冊
　十行二十一字小字雙行同白口左右雙邊

610000－1001－0013432　普0016845

庚子山全集十卷　（北周）庚信撰　（清）吳兆
宜箋注　清刻本　六冊　十行二十字小字雙
行同白口左右雙邊

610000－1001－0013433　普0016848

健修堂詩集二十二卷空青館詞彙三卷　（清）
邊浴禮撰　清咸豐七年(1857)刻本　八冊
十行二十三字白口四周單邊

610000－1001－0013434　普0016849

拙修集十卷　（清）吳廷棟撰　清同治十年
(1871)六安求我齋刻本　四冊　十一行二十
一字上下黑口左右雙邊

610000－1001－0013435　普0016850

巢經巢集經說一卷　（清）鄭珍撰　清刻本
一冊　十行二十二字上下黑口左右雙邊

610000－1001－0013436　普0016851

許文正公遺書十二卷首一卷末一卷　（元）許
衡撰　清光緒六年(1880)六安求我齋刻本
六冊　十行二十二字小字雙行同白口左右雙
邊

610000－1001－0013437　普0016852

紅豆樹館詞三卷　（清）陶樑撰　清嘉慶七年
(1802)刻本　一冊　十行二十字白口左右
雙邊

610000－1001－0013438　普0016853

闡道集十卷末一卷　（明）查鐸撰　清光緒十
六年(1890)涇川查氏濟陽家塾刻本　四冊
九行二十字白口四周雙邊

610000－1001－0013439　普0016857

韞山堂全集二十四卷　（清）管世銘撰　清嘉
慶六年(1801)刻本　六冊　十一行二十三字
上下黑口左右雙邊

610000－1001－0013440　普0016859

陽明先生集要四種　（明）王守仁撰　（明）施
邦曜輯　清光緒五年(1879)黔南刻本　十六
冊　十行二十字白口左右雙邊

610000－1001－0013441　普0016860

古逸叢書二十六種　（清）黎庶昌輯　清光緒
遵義黎氏日本東京使署影刻本　四十九冊
八行十六字小字雙行不等白口左右雙邊

610000－1001－0013442　普0016861

遜志齋全集二十四卷首一卷　（明）方孝孺撰
　清同治十二年(1873)武林刻本　十六冊
十行二十字白口左右雙邊

610000－1001－0013443　普0016862

培遠堂偶存稿十卷　（清）陳宏謀撰　清刻本
　八冊　九行二十字白口四周雙邊

610000－1001－0013444　普0016863

官幕同舟錄三卷　（清）費山壽纂輯　清同治

六年(1867)笠澤費氏三省書屋刻本　二冊
十一行二十四字白口左右雙邊

610000－1001－0013445　普0016864

素問集注九卷　（清）張志聰集注　清光緒十
六年(1890)浙江書局刻本　六冊　九行二十
字小字雙行同白口四周雙邊

610000－1001－0013446　普0016866

諸子平議三十五卷　（清）俞樾撰　清光緒二
十一年(1895)上海鴻文書局石印本　二冊
二十行五十七字小字雙行同白口四周雙邊

610000－1001－0013447　普0016866

群經平議三十五卷　（清）俞樾撰　清光緒十
九年(1893)味腴書屋石印本　三冊　二十行
五十七字小字雙行同白口四周雙邊

610000－1001－0013448　普0016867

陶淵明詩一卷　（晉）陶潛撰　清光緒元年
(1875)影宋刻本　一冊　十行十六字白口左
右雙邊

610000－1001－0013449　普0016868

三魚堂文集十二卷外集六卷附錄一卷　（清）
陸隴其撰　清掃葉山房刻本　六冊　九行二
十字白口左右雙邊

610000－1001－0013450　普0016868

三魚堂日記十卷(清康熙五年至三十一年)
(清)陸隴其撰　清同治九年(1870)浙江書局
刻本　四冊　十行二十二字白口四周雙邊

610000－1001－0013451　普0016869

六朝事迹編類十四卷附識一卷　（宋）張敦頤
撰　清道光二十年(1840)金陵張容園氏刻本
　四冊　十行二十一字上下黑口左右雙邊

610000－1001－0013452　普0016870

居士傳五十六卷　（清）彭際清撰　清刻本
四冊　十行二十字上下黑口左右雙邊

610000－1001－0013453　普0016872

寶綸堂文鈔八卷　（清）齊召南撰　（清）秦瀛
校　清嘉慶二年(1797)無錫秦氏刻本　二冊
十行二十一字上下黑口左右雙邊

610000－1001－0013454　普0016873

吳郡名賢圖傳贊二十卷　（清）顧沅輯　清道
光長洲顧氏刻本　八冊　十二行二十六字白
口左右雙邊

610000－1001－0013455　普0016874

胡文忠公遺集八十六卷　（清）胡林翼撰
(清)鄭敦等編輯　清同治六年(1867)刻本
三十四冊　十行二十字上下黑口四周雙邊

610000－1001－0013456　普0016875

槐廳載筆二十卷　（清）法式善編　清嘉慶刻
本　二冊　十二行二十四字上下黑口四周
單邊

610000－1001－0013457　普0016877

歷代名人小簡二卷　吳曾祺輯　清宣統元年
(1909)商務印書館鉛印本　二冊　十四行三
十四字白口四周雙邊

610000－1001－0013458　普0016878

酉陽雜俎二十卷續集十卷　（唐）段成式撰
清道光二十九年(1849)小琅嬛僊館刻本　六
冊　十行二十一字白口四周雙邊

610000－1001－0013459　普0016879

藝槩六卷　（清）劉熙載撰　清同治十二年
(1873)刻本　四冊　十一行二十一字白口左
右雙邊

610000－1001－0013460　普0016880

蘇文忠公詩集五十卷　（宋）蘇軾撰　（清）紀
昀評點　清同治八年(1869)韞玉山房刻本
十二冊　十行二十一字白口左右雙邊

610000－1001－0013461　普0016884

春秋集傳十六卷首一卷末一卷　（清）汪紱撰
　清光緒二十一年(1895)刻本　四冊　十行
二十二字小字雙行同白口四周雙邊

610000－1001－0013462　普0016885

一切經音義二十五卷　（清）莊炘等校正　清
同治八年(1869)刻本　四冊　十二行二十四
字小字雙行同上下黑口四周單邊

610000－1001－0013463　普0016887

閱微草堂筆記二十四卷　（清）紀昀撰　清道光二十七年(1847)刻本　十冊　十行二十字白口四周雙邊

610000－1001－0013464　普0016889

韞山堂文集八卷詩集十六卷　（清）管世銘撰　清光緒二十年(1894)讀雪山房刻本　五冊　十一行二十三字上下黑口左右雙邊

610000－1001－0013465　普0016890

藥言隨筆三卷　（清）李曰謙撰　清光緒二十八年(1902)刻本　一冊　九行二十四字白口四周雙邊

610000－1001－0013466　普0016894

虛白山房駢體文二卷　（清）朱鳳毛撰　清光緒十五年(1889)廣州刻本　一冊　十三行二十五字上下黑口四周單邊

610000－1001－0013467　普0016896

陶淵明文集十卷　（晉）陶潛撰　清嘉慶十二年(1807)丹徒魯銓刻本　四冊　九行十五字白口左右雙邊

610000－1001－0013468　普0016897

咫進齋叢書三十七種　（清）姚覲元輯　清光緒九年(1883)歸安姚氏刻本　二十四冊　十三行二十二字上黑口左右雙邊

610000－1001－0013469　普0016899

玉溪生詩詳註三卷　（唐）李商隱撰　（清）馮浩註　清嘉慶元年(1796)德聚堂刻本　四冊　十一行二十五字小字雙行三十三字白口左右雙邊

610000－1001－0013470　普0016900

平津館叢書三十八種　（清）孫星衍輯　清光緒十一年(1885)吳縣朱氏槐廬家塾刻本　四十七冊　十一行二十字小字雙行同白口左右雙邊　缺三種

610000－1001－0013471　普0016901

嘯園叢書六函五十七種　（清）葛元煦輯　清光緒九年(1883)仁和葛氏刻本　七十二冊　九行二十字下黑口四周雙邊

610000－1001－0013472　普0016903

離憂集二卷　（清）陳瑚輯　清宣統三年(1911)峭帆樓刻本　一冊　十行二十一字上下黑口左右雙邊

610000－1001－0013473　普0016907

鄒叔子遺書七種　（清）鄒漢勳撰　清光緒新化鄒氏刻本　十二冊　九行二十一字上下黑口四周雙邊

610000－1001－0013474　普0016910

平湖顧氏遺書五種　（清）顧廣譽撰　清光緒三年(1877)顧鴻昇刻本　二冊　十一行二十四字上下黑口左右雙邊　存二種

610000－1001－0013475　普0016911

後山集二十四卷首一卷　（宋）陳師道撰　清光緒十一年(1885)番禺陶福祥愛廬刻本　六冊　十行二十一字上下黑口左右雙邊

610000－1001－0013476　普0016912

褒忠錄四卷　（清）黃仁編　清道光二十三年(1843)雲間刻本　一冊　九行二十一字小字雙行同白口左右雙邊

610000－1001－0013477　普0016913

焦氏叢書十種　（清）焦循撰　清道光八年(1828)刻本　二十八冊　十行二十一字小字雙行同上下黑口左右雙邊　存三種

610000－1001－0013478　普0016914

洪北江全集二十三種　（清）洪亮吉撰　清光緒洪用懃授經堂刻本　八十四冊　十一行二十二字上下黑口左右雙邊

610000－1001－0013479　普0016915

嶺南遺書六集　（清）伍元薇等輯　清道光、同治南海伍氏刻本　六十八冊　十一行二十二字上下黑口四周單邊　缺八種

610000－1001－0013480　普0016916

國朝文錄八十二卷　（清）姚椿編　清咸豐元年(1851)刻本　二十四冊　十二行二十三字白口四周雙邊

610000－1001－0013481　普0016918

鷗陂漁話六卷　（清）葉廷琯撰　清同治八年(1869)刻本　九冊　十行二十四字白口左右雙邊

610000－1001－0013482　普0016920

需時眇言十卷　（清）沈善登述　清光緒二十八年(1902)豫恕堂刻本　八冊　十行二十一字上下黑口左右雙邊

610000－1001－0013483　普0016921

廣雅書局叢書一百五十九種　（清）廣雅書局輯　清光緒廣雅書局刻本　二百十六冊　十一行二十四字上下黑口四周單邊

610000－1001－0013484　普0016924

道古堂全集七十六卷　（清）杭世駿撰　清光緒十四年(1888)汪氏振綺堂刻本　十六冊　十行二十一字白口左右雙邊

610000－1001－0013485　普0016925

碑傳集一百六十卷首二卷末二卷　（清）錢儀吉纂輯　清光緒十九年(1893)江蘇書局刻本　六十冊　十六行二十七字上下黑口四周單邊

610000－1001－0013486　普0016926

左恪靖伯奏稿二十五卷　（清）左宗棠撰　清同治七年(1868)黔中羅大春刻本　二十五冊　十行二十字上下黑口四周雙邊

610000－1001－0013487　普0016930

文選旁證四十六卷　（清）梁章鉅撰　清道光十八年(1838)刻本　十二冊　十二行二十四字下黑口左右雙邊

610000－1001－0013488　普0016931

古玉圖考不分卷　（清）吳大澂輯　清光緒十五年(1889)上海同文書局石印本　四冊　行數不等字數不等白口四周單邊

610000－1001－0013489　普0016932

經傳釋詞十卷　（清）王引之撰　清嘉慶三年(1798)刻本　四冊　十行二十一字小字雙行同白口四周雙邊

610000－1001－0013490　普0016933

誠意伯集二十卷　（明）劉基撰　清光緒二十年(1894)浙江書局刻本　十冊　十行二十三字白口左右雙邊

610000－1001－0013491　普0016934

賦鈔箋畧十五卷　（清）雷琳　（清）張杏濱箋　清嘉慶二十二年(1817)刻本　六冊　九行十九字小字雙行二十八至三十字不等白口左右雙邊

610000－1001－0013492　普0016935

史外八卷　（清）汪有典撰　清同治三年(1864)廬陵尋樂山房刻本　八冊　九行二十四字白口左右雙邊

610000－1001－0013493　普0016936

高陶堂遺集八卷　（清）高心夔編　清光緒八年(1882)經注經齋刻本　四冊　十行二十五字上下黑口左右雙邊

610000－1001－0013494　普0016937

更生齋詩續集十卷文續集二卷　（清）洪亮吉撰　清光緒四年(1878)授經堂刻本　六冊　十一行二十一字上下黑口左右雙邊

610000－1001－0013495　普0016939

淮南雜識四卷　（清）聞益編　清同治七年(1868)刻本　四冊　十一行二十二字上下黑口左右雙邊

610000－1001－0013496　普0016940

元祐黨人傳十卷　（清）陸心源撰　清光緒十五年(1889)刻本　五冊　十行二十字白口四周雙邊

610000－1001－0013497　普0016942

十三經集字摹本不分卷　（清）彭玉雯纂　清道光二十九年(1849)刻本　八冊　行數不等大小字不等上下黑口四周雙邊

610000－1001－0013498　普0016943

雕菰集二十四卷　（清）焦循撰　**密梅花館詩錄一卷文錄一卷**　（清）焦廷琥撰　清道光四年(1824)嶺南節署刻本　八冊　十行二十一字上下黑口左右雙邊

610000－1001－0013499　普0016945

**兩浙輶軒續錄五十四卷補遺六卷**　（清）潘衍桐訂　清光緒十七年（1891）浙江書局刻本　三十九冊　十二行二十三字小字雙行同白口左右雙邊　缺一卷（補遺六）

610000－1001－0013500　普0016946

**宋詩紀事補遺一百卷小傳補正四卷**　（清）陸心源輯　清光緒十九年（1893）刻本　二十四冊　十行二十字上下黑口四周雙邊

610000－1001－0013501　普0016947

**愧訥集十二卷**　（清）朱用純撰　清光緒八年（1882）津河廣仁堂刻本　六冊　十行二十三字白口四周雙邊

610000－1001－0013502　普0016948

**元遺山詩集箋注十四卷**　（元）張德輝類次（清）施國祁箋　清道光七年（1827）苕溪吳氏六堂刻本　六冊　十行二十三字小字雙行三十四字上下黑口左右雙邊

610000－1001－0013503　普0016949

**宋元學案一百卷**　（清）黃宗羲撰　清道光二十五年至二十六年（1845－1846）道州何氏刻本　二十四冊　十一行二十四字上下黑口左右雙邊　缺一卷（五十）

610000－1001－0013504　普0016952

**粵雅堂叢書三編三十集**　（清）伍崇曜輯　清道光、光緒南海伍氏刻本　二百四十三冊　九行二十一字上下黑口左右雙邊

610000－1001－0013505　普0016955

**二銘艸堂金石聚十六卷**　（清）張德容撰　清同治十一年（1872）二銘草堂刻本　一冊　十行二十八字白口左右雙邊

610000－1001－0013506　普0016956

**金石索十二卷首一卷**　（清）馮雲鵬（清）馮雲鵷輯　清道光元年（1821）雙桐書屋刻本　十二冊　行數不等字數不等白口四周單邊

610000－1001－0013507　普0016959

**鐵橋漫稿八卷**　（清）嚴可均撰　清光緒十一年（1885）長洲蔣氏刻本　四冊　十一行二十

一字小字雙行同上下黑口左右雙邊

610000－1001－0013508　普0016960

**倚晴樓集三種**　（清）黃燮清撰　清咸豐、同治海鹽黃氏拙宜園刻本　六冊　十一行二十一字小字雙行同白口左右雙邊　存二種

610000－1001－0013509　普0016961

**瑞芝山房文鈔八卷**　（清）戴燮光輯　清光緒三年（1877）廣陵刻本　六冊　十行二十一字下黑口四周雙邊

610000－1001－0013510　普0016961

**瑞芝山房詩鈔八卷**　（清）戴燮光輯　清光緒元年（1875）廣陵刻本　四冊　十行二十一字下黑口四周雙邊

610000－1001－0013511　普0016962

**東洲艸堂詩鈔三十卷首一卷**　（清）何紹基撰　清同治六年（1867）長沙無園刻本　八冊　十二行二十四字上下黑口四周單邊

610000－1001－0013512　普0016963

**蓼懷堂琴譜不分卷**　（清）雲志高訂　清刻本　四冊　六行十二字白口四周雙邊

610000－1001－0013513　普0016964

**悔過齋續集八卷**　（清）顧廣譽撰　清光緒四年（1878）刻本　二冊　十一行二十四字上下黑口左右雙邊

610000－1001－0013514　普0016965

**貴池二妙集五十一卷**　劉世珩輯　清光緒二十七年（1901）劉氏唐石簃刻本　十冊　十三行二十三字上下黑口左右雙邊

610000－1001－0013515　普0016967

**張說之文集二十五卷補遺五卷**　（唐）張說撰　清光緒三十一年（1905）仁和朱氏刻本　四冊　十一行二十一字上下黑口左右雙邊

610000－1001－0013516　普0016971

**硤川詩鈔二十卷詞鈔一卷**　（清）曹宗載撰　清光緒十八年（1892）雙山講舍刻本　六冊　十一行二十三字小字雙行同上下黑口左右雙邊

610000－1001－0013517　普0016972

**兩浙輶軒錄四十卷補遺十卷**　(清)阮元訂
清光緒十六年(1890)浙江書局刻本　三十二
冊　十二行二十三字小字雙行同白口左右
雙邊

610000－1001－0013518　普0016975

**太鶴山人集十三卷**　(清)端木國瑚撰　清道
光二十年(1840)刻本　六冊　九行二十二字
小字雙行同白口左右雙邊

610000－1001－0013519　普0016976

**湖海文傳七十五卷**　(清)王昶輯　清道光十
七年(1837)經訓堂刻本　二十冊　十二行二
十三字上下黑口左右雙邊

610000－1001－0013520　普0016977

**湖海文傳七十五卷**　(清)王昶輯　清道光十
七年(1837)經訓堂刻本　十六冊　十二行二
十三字上下黑口左右雙邊

610000－1001－0013521　普0016979

**宜堂類編二十五卷**　(清)丁立中編　清光緒
二十六年(1900)嘉惠堂丁氏刻本　八冊　十
行二十字白口四周雙邊

610000－1001－0013522　普0016980

**二思堂叢書六種**　(清)梁章鉅撰　清光緒元
年(1875)福州梁氏刻本　十五冊　九行二十
二字小字雙行同白口左右雙邊

610000－1001－0013523　普0016981

**仙心閣文鈔二卷詩鈔八卷紀時略一卷省身雜
錄一卷**　(清)彭慰高撰　清光緒十四年
(1888)刻本　四冊　十行二十一字白口四周
雙邊

610000－1001－0013524　普0016982

**書畫鑑影二十四卷**　(清)李佐賢編　清同治
十年(1871)利津李氏刻本　八冊　九行二十
四字小字雙行同白口四周雙邊

610000－1001－0013525　普0016984

**曉庵先生文集三卷詩集二卷**　(清)王錫闡撰
(清)張海珊輯　清道光元年(1821)刻本
三冊　十行二十一字白口左右雙邊

610000－1001－0013526　普0016985

**清儀閣雜詠一卷竹田樂府一卷竹里畫者詩一
卷竹里耆舊詩一卷感逝詩一卷**　(清)張廷濟
撰　清道光十九年(1839)刻本　三冊　十行
十九字小字雙行同白口左右雙邊

610000－1001－0013527　普0016986

**湖海樓叢書十二種**　(清)陳春輯　清嘉慶蕭
山陳氏湖海樓刻本　三十冊　十行二十字小
字雙行同上下黑口左右雙邊

610000－1001－0013528　普0016988

**悔廬文鈔十卷首一卷**　(清)張崇蘭撰　清光
緒二十三年(1897)刻本　六冊　九行二十一
字上下黑口四周雙邊

610000－1001－0013529　普0016989

**兼濟堂文集選二十卷**　(清)魏裔介撰　清光
緒十年(1884)刻本　十二冊　九行二十字白
口左右雙邊

610000－1001－0013530　普0016993

**蘇盦文錄二卷駢文錄五卷詩錄八卷詞錄一卷**
　(清)楊葆光撰　清光緒九年(1883)杭州
刻本　五冊　十行二十一字上下黑口左右
雙邊

610000－1001－0013531　普0016994

**簡易醫訣四卷**　(清)周雲章撰　清宣統元年
(1909)刻本　四冊　九行二十五字白口左右
雙邊

610000－1001－0013532　普0016995

**崇百藥齋文集二十卷續集四卷三集十二卷**
(清)陸繼輅撰　清光緒四年(1878)興國州署
刻本　十二冊　十一行二十一字上下黑口四
周單邊

610000－1001－0013533　普0016996

**敬業堂詩集五十卷續集六卷**　(清)查慎行撰
　清刻本　九冊　十一行二十一字白口左右
雙邊　缺一卷(五十)

610000－1001－0013534　普0017002

**研六室文鈔十卷補遺一卷**　(清)胡培翬撰
清光緒四年(1878)世澤樓刻本　四冊　九行

二十字小字雙行同白口左右雙邊

610000－1001－0013535　普0017003

**警書三卷**　（清）秦篤輝撰　清光緒十三年(1887)刻本　一冊　十行二十一字白口左右雙邊

610000－1001－0013536　普0017004

**農政全書六十卷**　（明）徐光啟撰　清道光二十三年(1843)刻本　二十四冊　九行二十字白口左右雙邊

610000－1001－0013537　普0017005

**楊魚堂先生遺稿不分卷**　（清）楊若金撰　清道光二十二年(1842)刻本　一冊　十行二十一字白口左右雙邊

610000－1001－0013538　普0017007

**嚴太僕文集十二卷**　（清）嚴虞惇撰　清光緒九年(1883)常熟西涇草堂嚴氏刻本　一冊　十一行二十一字白口左右雙邊

610000－1001－0013539　普0017008

**鳴鶴堂文集二十一卷**　（清）任源祥撰　清光緒十五年(1889)刻本　七冊　九行二十一字白口四周單邊

610000－1001－0013540　普0017010

**鴻雪因緣圖記三集**　（清）麟慶撰　清道光二十七年(1847)揚州刻本　六冊　十行二十一字白口四周雙邊

610000－1001－0013541　普0017013

**澹靜齋詩鈔六卷**　（清）龔景瀚撰　清同治八年(1869)玄孫易圖恩錫堂刻本　二冊　十行二十一字小字雙行同上下黑口四周雙邊

610000－1001－0013542　普0017016

**董方立遺書八種**　（清）董祐誠撰　清道光十六年(1836)刻本　一冊　十行二十二字上下黑口左右雙邊

610000－1001－0013543　普0017017

**九數通考十三卷**　（清）顧觀光撰　清同治十一年(1872)刻本　六冊　十二行二十四字小字雙行同白口左右雙邊

610000－1001－0013544　普0017018

**九數存古九卷**　（清）顧觀光撰　清光緒十八年(1892)江蘇書局刻本　四冊　十一行二十五字下黑口左右雙邊

610000－1001－0013545　普0017019

**樊南文集詳註八卷**　（唐）李商隱撰　（清）馮浩註　清同治七年(1868)德聚堂刻本　四冊　十一行二十五字小字雙行三十三字白口左右雙邊

610000－1001－0013546　普0017021

**清尊集十六卷**　（清）汪遠孫編　清道光十九年(1839)錢塘汪氏振綺堂刻本　四冊　十一行二十四字上下黑口左右雙邊

610000－1001－0013547　普0017022

**坡門酬唱二十三卷**　（宋）邵浩輯　清宣統二年至三年(1910－1911)貴池劉氏玉海堂刻本　八冊　九行十六字小字雙行同白口左右雙邊

610000－1001－0013548　普0017024

**芙蓉池館詩鈔二卷**　（清）羅辰撰　清道光十一年(1831)刻本　二冊　十三行二十七字白口四周雙邊

610000－1001－0013549　普0017025

**大小雅堂詩鈔十卷文鈔二卷**　（清）邵堂撰　清道光十年(1830)鄒鳴鶴浚儀官署刻本　四冊　十一行二十一字小字雙行同白口四周雙邊

610000－1001－0013550　普0017026

**存悔齋集二十八卷外集四卷**　（清）劉鳳誥撰　清道光十年(1830)刻本　七冊　十一行二十四字小字雙行同白口左右雙邊　缺四卷(外集一至四)

610000－1001－0013551　普0017029

**湖南文徵元明文五十四卷國朝文一百三十五卷**　（清）湖湘後學集編　清刻本　八十八冊　十行二十四字白口左右雙邊　缺二十三卷(元明文七至八、十九至二十二、四十三至四十七,清文四十至四十一、五十至五十一、七

十二至七十三、七十六至七十七、九十八至九十九,姓氏傳一至二)

610000－1001－0013552　普0017030
**徐氏醫書八種** （清）徐大椿撰　清光緒四年(1878)掃葉山房刻本　十二冊　九行二十五字小字雙行同白口左右雙邊

610000－1001－0013553　普0017031
**竹書紀年統箋十二卷** （南朝梁）沈約注（清）徐文靖統箋　（清）馬陽　（清）崔萬烜校訂　清光緒三年(1877)浙江書局刻本　四冊　九行二十一字小字雙行同白口左右雙邊

610000－1001－0013554　普0017032
**經畬堂詩集一卷** （清）姚鎮撰　清光緒八年(1882)刻本　一冊　九行二十一字白口四周雙邊

610000－1001－0013555　普0017033
**藕香零拾三十九種**　繆荃孫輯　清光緒、宣統刻本　三十二冊　十四行二十一字上下黑口左右雙邊

610000－1001－0013556　普0017034
**荊駝逸史五十二種附一種** （清）陳湖逸士輯　清道光古槐山房木活字印本　三十冊　八行十七字白口四周雙邊　存四十三種

610000－1001－0013557　普0017035
**文獻徵存錄十卷** （清）錢林輯　（清）王藻編　清咸豐八年(1858)刻本　十冊　十一行二十一字白口左右雙邊

610000－1001－0013558　普0017036
**𩜀飣亭集三十二卷後集十二卷** （清）祁寯藻撰　清咸豐六年至七年(1856－1857)壽陽祁氏刻本　六冊　十一行二十二字白口四周雙邊

610000－1001－0013559　普0017037
**秋水庵花影集五卷** （明）施紹莘撰　清刻本　四冊　八行二十字白口四周單邊

610000－1001－0013560　普0017038
**樹經堂詠史詩八卷** （清）謝啟昆撰　清嘉慶

刻本　四冊　九行二十一字白口四周雙邊

610000－1001－0013561　普0017039
**帶經堂詩話三十卷首一卷** （清）王士禎撰（清）張宗柟編　清刻本　八冊　十二行二十三字小字雙行同上下黑口左右雙邊

610000－1001－0013562　普0017040
**鄂國金佗粹編二十八卷續編三十卷** （宋）岳珂撰　清光緒九年(1883)浙江書局刻本　十二冊　九行二十一字白口左右雙邊

610000－1001－0013563　普0017042
**欽定四庫全書總目二百卷首四卷** （清）紀昀等撰　清刻本　一百三十七冊　九行二十一字小字雙行同白口四周雙邊　缺三十二卷(總目一百七十至一百七十九,考證二十至三十七、八十至八十三)

610000－1001－0013564　普0017043
**山谷詩集注三十九卷** （宋）黃庭堅撰　清光緒二十一年(1895)宜都楊氏刻本　二十冊　九行十六字小字雙行同上下黑口四周雙邊

610000－1001－0013565　普0017044
**梅村家藏稿五十八卷補遺一卷** （清）吳偉業撰　清宣統三年(1911)武進董康誦芬室刻本　八冊　十五行二十八字上下黑口左右雙邊

610000－1001－0013566　普0017046
**金石圖說二卷** （清）牛運震集說　（清）褚峻摹圖　（清）劉世珩編補　清光緒二十二年(1896)貴池聚學軒劉氏刻本　六冊　十一行二十字白口左右雙邊

610000－1001－0013567　普0017047
**國朝文錄八十二卷** （清）姚椿撰　清刻本三十一冊　十二行二十三字白口四周雙邊缺五卷(七十八至八十二)

610000－1001－0013568　普0017048
**黔詩紀要三十三卷** （清）黎兆勳等輯　清同治十二年(1873)遵義唐氏夢研齋刻本　八冊十一行二十三字上下黑口左右雙邊

610000－1001－0013569　普0017049

釋名疏證補八卷續一卷補遺一卷坿一卷
（漢）劉熙撰　王先謙撰集　清光緒二十二年
(1896)刻本　三冊　十一行二十四字小字雙
行同上下黑口左右雙邊

610000－1001－0013570　普0017051
說文解字注三十二卷六書音韵表二卷　（清）
段玉裁注　清嘉慶十三年(1808)經韵樓刻本
十六冊　九行二十二字小字雙行同白口左
右雙邊

610000－1001－0013571　普0017054
曝書亭集二十三卷　（清）朱彝尊撰　（清）孫
銀槎注　清嘉慶五年(1800)三有堂刻本　十
冊　十二行二十三字白口左右雙邊

610000－1001－0013572　普0017059
史通削繁四卷　（清）紀昀撰　清道光十三年
(1833)兩廣節署刻本　四冊　十行二十一字
小字雙行同上下黑口左右雙邊

610000－1001－0013573　普0017060
惜抱軒遺書三種　（清）姚鼐撰　清光緒五年
(1879)桐城徐宗亮刻本　四冊　十行二十一
字白口左右雙邊

610000－1001－0013574　普0017061
培遠堂手札節存三卷　（清）陳宏謀撰　清同
治十三年(1874)桂林唐濟刻本　三冊　八行
二十字白口四周雙邊

610000－1001－0013575　普0017063
靈芬館詩話十八卷　（清）郭麐撰　清嘉慶二
十一年(1816)刻本　三冊　十二行二十三字
白口左右雙邊

610000－1001－0013576　普0017064
鶴徵後録十二卷首一卷　（清）李富孫撰　清
嘉慶十六年(1811)漾葭老屋刻同治十一年
(1872)修補本　三冊　十一行二十四字上下
黑口左右雙邊

610000－1001－0013577　普0017066
陸陳二先生詩文鈔　（清）葉裕仁輯　清光緒
六年(1880)鎮洋繆氏刻本　八冊　十二行二
十三字白口四周雙邊

610000－1001－0013578　普0017068
文史通義八卷校讎通義三卷　（清）章學誠撰
清道光十三年(1833)大梁章華紱刻本　五
冊　十二行二十五字白口四周單邊

610000－1001－0013579　普0017069
學案小識十四卷首一卷末一卷　（清）唐鑑撰
清光緒十年(1884)四砭齋刻本　十二冊
十行二十一字上下黑口左右雙邊

610000－1001－0013580　普0017070
群書疑辨十二卷　（清）萬斯同撰　清嘉慶二
十一年(1816)刻本　六冊　十行二十字白口
四周單邊

610000－1001－0013581　普0017073
欽定國朝詩別裁集三十二卷　（清）沈德潛纂
評　清刻本　十二冊　十行十九字小字雙行
二十八字白口左右雙邊

610000－1001－0013582　普0017075
問經堂叢書二十四種　（清）孫馮翼輯　清嘉
慶承德孫氏刻本　十冊　十二行二十四字小
字雙行同上下黑口左右雙邊　存八種

610000－1001－0013583　普0017076
徐騎省集三十卷補遺一卷　（宋）徐鉉撰　校
勘記一卷　（清）李英元撰　清光緒十九年
(1893)黔南李氏刻本　十冊　十行二十一字
小字雙行同白口四周雙邊

610000－1001－0013584　普0017078
籀高述林十卷　（清）孫詒讓撰　清咸豐六年
(1856)刻本　四冊　十二行二十字白口左右
雙邊

610000－1001－0013585　普0017079
文章軌範七卷　（宋）謝枋得撰　清刻本　二
冊　十行二十二字上下黑口左右雙邊

610000－1001－0013586　普0017080
松聲池館詩存四卷　（清）汪璐撰　清光緒十
年至十五年(1884－1889)錢塘汪氏振綺堂刻
本　一冊　十一行二十一字上下黑口左右
雙邊

610000 – 1001 – 0013587　普 0017081

**華野郭公年譜一卷**　（清）郭廷翼編　清道光二十一年(1841)勝溪草堂刻本　一冊　十行二十一字白口左右雙邊

610000 – 1001 – 0013588　普 0017082

**食舊德齋雜著不分卷**　（清）劉岳雲撰　清光緒八年(1882)刻本　二冊　十一行二十三字小字雙行同黑口左右雙邊

610000 – 1001 – 0013589　普 0017084

**寶綸堂文鈔八卷詩鈔六卷**　（清）齊召南撰　清光緒十四年(1888)金峨山館刻本　四冊　十行二十一字上下黑口左右雙邊

610000 – 1001 – 0013590　普 0017085

**徐孝穆集箋注六卷**　（南朝陳）徐陵撰　（清）吳兆宜箋　清刻本　二冊　十行二十字小字雙行同白口左右雙邊

610000 – 1001 – 0013591　普 0017086

**缶廬詩五卷**　吳昌碩撰　清光緒十九年(1893)刻本　一冊　十行二十一字白口左右雙邊

610000 – 1001 – 0013592　普 0017087

**培遠堂手札節存三卷**　（清）陳宏謀撰　清光緒十七年(1891)福建藩署刻本　一冊　八行十八字白口四周雙邊

610000 – 1001 – 0013593　普 0017088

**通鑑宋本校勘記五卷元本校勘記二卷**　（清）張瑛撰　清光緒八年(1882)江蘇書局刻本　二冊　十行大小字不等上下黑口四周雙邊

610000 – 1001 – 0013594　普 0017090

**苗防備覽二十二卷**　（清）嚴如熤撰　清道光二十三年(1843)紹義堂刻本　六冊　十行二十六字白口四周單邊

610000 – 1001 – 0013595　普 0017091

**髯仙詩舫逸稿一卷**　（清）李鴻裔撰　清光緒十四年(1888)刻本　一冊　十行二十一字白口左右雙邊

610000 – 1001 – 0013596　普 0017092

**玉臺畫史五卷別錄一卷**　（清）湯漱玉輯　清道光十七年(1837)錢塘汪氏振綺堂刻本　一冊　十一行十九字白口左右雙邊

610000 – 1001 – 0013597　普 0017093

**金石摘十卷**　（清）陳善墀輯　清同治十二年(1873)瀏陽縣學不求甚解齋刻本　十冊　行數不等字數不等白口四周單邊

610000 – 1001 – 0013598　普 0017094

**日知錄之餘四卷**　（清）顧炎武撰　清宣統二年(1910)吳中元和鄒福保刻本　二冊　十一行二十二字白口左右雙邊

610000 – 1001 – 0013599　普 0017095

**定盦文集三卷續集四卷文集補編四卷拾遺一卷文集補二卷別集一卷**　（清）龔自珍撰　**定盦先生年譜一卷**　（清）吳昌綬撰　清宣統元年(1909)上海國學扶輪社鉛印本　五冊　十三行三十字小字雙行同上下黑口四周雙邊

610000 – 1001 – 0013600　普 0017096

**西廬文集四卷**　（清）張雋撰　清宣統二年(1910)上海國學扶輪社鉛印本　二冊　十三行三十字上下黑口四周雙邊

610000 – 1001 – 0013601　普 0017097

**也居山房詩文集十九卷**　（清）魏承枞撰　清同治九年(1870)刻本　四冊　九行二十一字白口四周單邊

610000 – 1001 – 0013602　普 0017098

**岳忠武王文集八卷首一卷末一卷**　（宋）岳飛撰　清光緒二年(1876)刻本　四冊　九行二十字白口左右雙邊

610000 – 1001 – 0013603　普 0017099

**居易錄三十四卷**　（清）王士禎撰　清刻本　八冊　十行二十字上下黑口左右雙邊

610000 – 1001 – 0013604　普 0017100

**淮北票鹽志略十五卷**　（清）童濂編　清同治七年(1868)刻本　五冊　十行二十字白口四周雙邊

610000 – 1001 – 0013605　普 0017101

讀史鏡古編三十二卷　（清）潘世恩輯　清道光五年(1825)鳳池園刻本　八冊　九行二十一字白口四周雙邊

610000－1001－0013606　普0017103

韵辨一隅八卷　（清）諸玉衡撰　清道光二十四年(1844)刻本　四冊　十行二十一字白口四周雙邊

610000－1001－0013607　普0017104

此木軒雜著八卷　（清）焦袁熹撰　清嘉慶九年(1804)刻本　二冊　十行二十字白口左右雙邊

610000－1001－0013608　普0017105

毛詩故訓傳定本三十卷　（清）段玉裁撰　清嘉慶二十一年(1816)刻本　四冊　十行二十一字小字雙行同白口左右雙邊

610000－1001－0013609　普0017107

覆瓿集十三種　（清）張文虎撰　清同治、光緒刻本　十二冊　十一行二十一字小字雙行同上下黑口四周雙邊

610000－1001－0013610　普0017108

續古文辭類纂三編二十八卷　王先謙輯　清光緒二十一年(1895)金陵狀元閣刻本　十二冊　十二行二十五字白口四周單邊

610000－1001－0013611　普0017109

養餘齋集八卷　（清）柳樹芳撰　清道光二年(1822)刻本　三冊　十行二十一字白口左右雙邊

610000－1001－0013612　普0017110

介石山房遺集三卷　（清）朱培源撰　清宣統二年(1910)新陽朱氏刻本　二冊　九行二十一字上下黑口左右雙邊

610000－1001－0013613　普0017111

泰云堂集二十五卷　（清）孫爾準撰　清同治九年(1870)刻本　四冊　十二行二十四字下黑口左右雙邊

610000－1001－0013614　普0017113

新編四元玉鑑細艸三卷　（元）朱世傑撰　清

道光十六年(1836)刻本　八冊　八行二十四字上下黑口四周雙邊

610000－1001－0013615　普0017114

則古昔齋算學十三種　（清）李善蘭撰　清同治六年(1867)金陵刻本　六冊　十行二十二字上下黑口左右雙邊

610000－1001－0013616　普0017115

漢書西域傳補注二卷　（清）徐松撰　清光緒二十年(1894)廣雅書局刻本　一冊　十一行二十四字上下黑口四周單邊

610000－1001－0013617　普0017116

駢雅訓纂十六卷首一卷序目一卷駢雅七卷　（明）朱謀㙔撰　（清）魏茂林訓纂　清光緒七年(1881)成都渝雅齋刻本　八冊　十二行二十五字四周雙邊

610000－1001－0013618　普0017117

戰國策去毒二卷　（清）陸隴其評選　清同治九年(1870)六安塗氏求我齋刻本　二冊　九行二十字白口左右雙邊

610000－1001－0013619　普0017118

說文解字五百四十部目一卷　（清）洪汝奎輯　清光緒涇縣洪汝奎刻本　一冊　三行三字白口四周單邊

610000－1001－0013620　普0017119

說文聲系十四卷　（清）姚文田撰　清嘉慶九年(1804)粵東督學使者署刻本　二冊　十行大小字不等白口左右雙邊

610000－1001－0013621　普0017120

畾爪集十六種　（清）吳江選校　清刻本　十三冊　九行二十一字中黑口左右雙邊

610000－1001－0013622　普0017121

惺諟齋初稿十卷　（清）喻長霖撰　清宣統元年(1909)鉛印本　六冊　十三行三十一字小字雙行同下黑口四周雙邊

610000－1001－0013623　普0017122

徧行堂集十六卷　（明）釋澹歸撰　清宣統三年(1911)上海國學扶輪社鉛印本　八冊　十

三行三十字上下黑口四周雙邊

610000－1001－0013624　普0017123

**江蘇金壇縣守城日記一卷**　（清）李淮撰　清光緒七年(1881)刻本　一冊　十行二十一字上黑口左右雙邊

610000－1001－0013625　普0017125

**龍川文集三十卷首一卷**　（宋）陳亮撰　清同治七年(1868)退補齋刻本　十冊　九行二十字白口四周雙邊

610000－1001－0013626　普0017126

**重刊補註洗冤錄集證六卷**　（宋）宋慈撰　（清）王又槐增輯　（清）李觀瀾補輯　（清）阮其新補註　清道光二十四年(1844)刻四色套印本　五冊　十行十八字白口左右雙邊

610000－1001－0013627　普0017128

**劉海峯文集八卷詩集十一卷**　（清）劉大櫆撰　清同治十三年(1874)邢邱劉繼刻本　八冊　十二行二十四字白口四周單邊

610000－1001－0013628　普0017129

**宋詩紀事一百卷**　（清）厲鶚　（清）馬曰琯輯　清刻本　三十三冊　十一行二十二字小字雙行不等黑口左右雙邊　缺三卷（四十至四十二）

610000－1001－0013629　普0017135

**小學類編六種附編三種**　（清）李祖望輯　清咸豐、同治江都李祖望半畝園刻本　十冊　十行二十一字上下黑口左右雙邊

610000－1001－0013630　普0017136

**李氏五種**　（清）李兆洛輯　清同治九年(1870)合肥李鴻章刻本　十冊　八行大小字不等白口四周雙邊

610000－1001－0013631　普0017137

**羣經字詁七十二卷**　（清）段諤廷撰　（清）黃本驥編　清道光二十九年(1849)刻本　十六冊　十六行二十四字白口上下雙邊

610000－1001－0013632　普0017138

**七國地理考七卷**　（清）顧觀光撰　清光緒二十八年(1902)刻本　三冊　十行二十二字白口左右雙邊

610000－1001－0013633　普0017140

**平定粵寇紀署十八卷附記四卷**　（清）杜文瀾撰　清光緒元年(1875)詒穀堂刻本　八冊　九行二十一字白口左右雙邊

610000－1001－0013634　普0017142

**禹貢正解一卷**　（清）朱鎮撰　清光緒三十年(1904)刻本　一冊　九行十七字白口左右雙邊

610000－1001－0013635　普0017143

**許尚書文御史奏摺不分卷**　（清）許應騤撰　清刻本　一冊　十行二十三字白口四周雙邊

610000－1001－0013636　普0017145

**書說二卷**　（清）郝懿行撰　清光緒八年(1882)東路廳署刻本　二冊　九行二十一字上下黑口左右雙邊

610000－1001－0013637　普0017146

**韵山堂詩集七卷**　（清）王文誥撰　清光緒十四年(1888)浙江書局刻本　二冊　十一行三十字白口左右雙邊

610000－1001－0013638　普0017148

**東漢會要四十卷**　（宋）徐天麟撰　清光緒十年(1884)江蘇書局刻本　八冊　九行二十一字白口四周雙邊

610000－1001－0013639　普0017154

**小石山房叢書三十八種**　（清）顧湘輯　清同治十三年(1874)虞山顧氏刻本　十八冊　十一行二十二字上下黑口左右雙邊

610000－1001－0013640　普0017155

**小石山房叢書三十八種**　（清）顧湘輯　清同治十三年(1874)虞山顧氏刻本　十四冊　十一行二十二字上下黑口左右雙邊

610000－1001－0013641　普0017156

**莊子集釋十卷**　（清）郭慶藩撰　清光緒二十年(1894)湖南思賢書局刻本　八冊　十一行二十四字黑口左右雙邊

610000 – 1001 –0013642　普 0017157

儀禮鄭註句讀十七卷監本正誤一卷石經誤字
一卷 （清）張爾岐句讀 （清）顧炎武訂正
清同治七年(1868)金陵書局刻本 四冊 九
行二十四字小字雙行同白口左右雙邊

610000 – 1001 –0013643　普 0017160

段氏說文注訂八卷 （清）鈕樹玉撰 清道光
四年(1824)刻本 二冊 九行二十三字白口
左右雙邊

610000 – 1001 –0013644　普 0017161

板橋集六卷 （清）鄭燮撰 清刻本 四冊
十行十九字白口左右雙邊

610000 – 1001 –0013645　普 0017162

歸樸龕叢稿十二卷續編四卷 （清）彭蘊章撰
　清光緒三十四年(1908)刻本 四冊 十行
二十一字白口左右雙邊

610000 – 1001 –0013646　普 0017163

庸言四卷 （清）余元遴撰 清咸豐二年
(1852)露蕭草堂刻本 二冊 十行二十二字
上下黑口四周雙邊

610000 – 1001 –0013647　普 0017165

寶存四卷 （清）胡式鈺撰 清道光二十一年
(1841)刻本 二冊 十行二十一字白口四周
雙邊

610000 – 1001 –0013648　普 0017166

禮說十四卷大學說一卷 （清）惠士奇撰 清
嘉慶三年(1798)上海彭霖蘭陔書屋刻本 五
冊 十行二十二字小字雙行同上黑口左右
雙邊

610000 – 1001 –0013649　普 0017168

老子翼八卷首一卷 （明）焦竑輯 清光緒二
十三年(1897)刻本 四冊 十行二十字上下
黑口左右雙邊

610000 – 1001 –0013650　普 0017169

習苦齋詩集八卷古文四卷 （清）戴熙撰 清
同治六年(1867)刻本 四冊 十一行二十字
小字雙行二十二字白口左右雙邊

610000 – 1001 –0013651　普 0017171

兵垣奏議一卷 （清）陳子龍撰 清光緒二十
三年(1897)刻本 二冊 十一行二十八字上
下黑口左右雙邊

610000 – 1001 –0013652　普 0017172

邵位西遺文一卷 （清）邵懿辰撰 清同治四
年(1865)吳棠望三益齋刻本 一冊 九行二
十一字上黑口左右雙邊

610000 – 1001 –0013653　普 0017174

小鷗波館詩鈔十卷 （清）潘曾瑩撰 清道光
二十五年(1845)刻本 二冊 十一行二十四
字上下黑口左右雙邊

610000 – 1001 –0013654　普 0017175

湖海樓全集五十卷補遺一卷 （清）陳維崧撰
　清光緒十七年(1891)弇山鐸署刻本 十六
冊 十行二十一字白口左右雙邊

610000 – 1001 –0013655　普 0017176

易說六卷 （清）惠士奇撰 清嘉慶十五年
(1810)真意堂刻本 二冊 九行二十一字白
口左右雙邊

610000 – 1001 –0013656　普 0017177

思辨錄輯要前集二十二卷後集十三卷 （清）
陸世儀撰 （清）張伯行輯 清光緒三年
(1877)江蘇書局刻本 八冊 十二行二十三
字白口四周雙邊

610000 – 1001 –0013657　普 0017180

禹貢便讀二卷 （清）吳垌撰 清道光七年
(1827)師善堂刻本 一冊 九行二十一字白
口左右雙邊

610000 – 1001 –0013658　普 0017181

菜根譚一卷 （明）洪應明撰 娑羅館清語一
卷 （明）屠隆撰 清光緒十三年(1887)揚州
藏經禪院刻本 一冊 十行二十字上下黑口
左右雙邊

610000 – 1001 –0013659　普 0017182

來齋金石刻考畧三卷 （清）林侗纂輯 清道
光二十一年(1841)刻本 一冊 九行二十二
字上下黑口四周雙邊

610000 – 1001 – 0013660　普 0017185

**海紅華館詩詞鈔十二卷** （清）鄭璜撰　清道光十五年(1835)刻本　二冊　十一行二十三字白口四周單邊

610000 – 1001 – 0013661　普 0017187

**輶軒使者絕代語釋別國方言十三卷首一卷** (漢)揚雄撰　(晉)郭璞注　**續方言二卷** (清)杭世駿續　**續方言補一卷** （清）程際盛續補　清光緒十七年(1891)思賢講舍刻本　三冊　十一行二十四字小字雙行同上下黑口左右雙邊

610000 – 1001 – 0013662　普 0017189

**陸清獻公年譜一卷** （清）陸宸徵編　（清）吳光酉續編　清同治七年(1868)武林微署刻本　一冊　十行二十二字白口四周雙邊

610000 – 1001 – 0013663　普 0017190

**說文繫傳校刊記三卷** （清）陶福祥等校　清道光十九年(1839)刻本　一冊　十行大小字不等白口左右雙邊

610000 – 1001 – 0013664　普 0017196

**金陵賦一卷** （清）程先甲撰　清光緒二十三年(1897)刻本　一冊　十行二十一字小字雙行同上下黑口左右雙邊

610000 – 1001 – 0013665　普 0017197

**說文校議十五卷** （清）姚文田等撰　清嘉慶二十三年(1818)刻本　二冊　十一行二十四字上下黑口左右雙邊

610000 – 1001 – 0013666　普 0017200

**韻學蠡言舉要(丁酉圃叢書)三種** （清）丁顯輯　清光緒刻本　八冊　十一行二十五字小字雙行同白口左右雙邊　缺二種

610000 – 1001 – 0013667　普 0017202

**嘉應平寇紀略一卷** （清）謝國珍撰　清光緒五年(1879)刻本　一冊　九行二十字下黑口四周雙邊

610000 – 1001 – 0013668　普 0017203

**外科正宗十二卷** （明）陳實功撰　（清）徐大椿評述　清光緒十九年(1893)上海圖書集成印書局鉛印本　三冊　十三行四十字小字雙行同白口四周單邊

610000 – 1001 – 0013669　普 0017204

**海濱酬唱詞一卷** （清）昆池釣徒輯　清光緒二十四年(1898)香海閣刻本　一冊　七行十四字白口左右雙邊

610000 – 1001 – 0013670　普 0017205

**冰泉唱和集一卷續和一卷再續和一卷附錄一卷潤集一卷** 金武祥輯　清光緒二十七年(1901)刻本　一冊　八行二十一字白口左右雙邊　存一卷(冰泉唱和集一)

610000 – 1001 – 0013671　普 0017206

**歷代女才子手簡二卷** （清）明明學社編　清宣統元年(1909)明明學社石印本　二冊　八行二十字白口四周雙邊

610000 – 1001 – 0013672　普 0017209

**靈寶畢法三卷** （唐）鍾離權撰　清光緒刻本　一冊　九行二十一字白口四周雙邊

610000 – 1001 – 0013673　普 0017212

**出使公牘十卷** （清）薛福成撰　清光緒二十四年(1898)傳經樓刻本　四冊　十行二十一字小字雙行同下黑口左右雙邊

610000 – 1001 – 0013674　普 0017212

**浙東籌防錄四卷** （清）薛福成撰　清光緒十三年(1887)刻本　四冊　十行二十一字白口左右雙邊

610000 – 1001 – 0013675　普 0017213

**國語校注本三種** （清）汪遠孫輯　清道光二十六年(1846)刻本　五冊　十行二十一字小字雙行同白口左右雙邊

610000 – 1001 – 0013676　普 0017214

**夷堅志甲志二十卷乙志二十卷丙志二十卷丁志二十卷** （宋）洪邁撰　清光緒五年(1879)刻本　十二冊　九行十八字上下黑口四周雙邊

610000 – 1001 – 0013677　普 0017215

**括地志八卷補遺一卷** （唐）李泰等撰　清光

緒十二年(1886)刻本　二冊　十一行二十四
字小字雙行同上下黑口左右雙邊

610000－1001－0013678　普0017216
**重刊崇祀鄉賢錄一卷**　(清)葉仁蒸輯　清光
緒十二年(1886)刻本　一冊　八行二十一字
白口左右雙邊

610000－1001－0013679　普0017217
**萬葉堂詩鈔二卷**　(清)李會恩撰　清嘉慶二
十四年(1819)刻本　一冊　十行二十一字小
字雙行同白口左右雙邊

610000－1001－0013680　普0017218
**國語正義二十一卷**　(清)董增齡撰　清光緒
六年(1880)會稽章氏式訓堂刻本　八冊　十
行二十一字小字雙行同上下黑口左右雙邊

610000－1001－0013681　普0017219
**國朝耆獻類徵初編七百二十卷**　(清)李桓撰
　清光緒十年至十六年(1884－1890)湘陰李
氏刻本　二百九十四冊　十行二十五字白口
四周雙邊

610000－1001－0013682　普0017227
**時事曝獻一卷**　(清)楊光坰撰　清光緒三十
年(1904)刻本　一冊　十行二十五字上下黑
口四周雙邊

610000－1001－0013683　普0017228
**醫原二卷**　(清)石壽棠撰　清咸豐十一年
(1861)留耕書屋刻本　四冊　九行二十一字
白口左右雙邊

610000－1001－0013684　普0017230
**醫方集解三卷**　(清)汪昂撰　清道光二十八
年(1848)刻本　六冊　十行二十四字小字雙
行同白口左右雙邊

610000－1001－0013685　普0017236
**臺灣戰紀二卷**　(清)洪棄父纂　清光緒三十
二年(1906)鉛印本　二冊　十行二十五字小
字雙行不等下黑口四周雙邊

610000－1001－0013686　普0017238
**端溪硯史三卷**　(清)吳蘭修撰　清道光十七

年(1837)淳一堂鄭氏刻本　一冊　十一行二
十字小字雙行同上下黑口左右雙邊

610000－1001－0013687　普0017239
**褒谷古蹟輯畧一卷**　(清)萬方田等輯注　清
同治十三年(1874)刻本　一冊　八行十七字
小字雙行同白口四周單邊

610000－1001－0013688　普0017240
**調查日本郵電學堂報告書二卷**　(清)李景銘
等編　清宣統元年(1909)郵傳部圖書通譯局
鉛印本　一冊　十二行三十三字白口四周
雙邊

610000－1001－0013689　普0017242
**受其堂文集八卷**　(清)李因篤撰　清道光七
年(1827)刻本　八冊　十行二十四字白口左
右雙邊

610000－1001－0013690　普0017245
**青草堂三集十六卷**　(清)趙國華撰　清光緒
十八年(1892)濟南刻本　四冊　九行二十一
字白口四周雙邊

610000－1001－0013691　普0017252
**于役迤南記二卷**　(清)江濬源撰　清嘉慶四
年(1799)刻本　一冊　九行二十二字小字雙
行同白口四周雙邊

610000－1001－0013692　普0017254
**使黔草二卷**　(清)何紹基撰　清道光二十五
年(1845)刻本　一冊　十行二十一字白口左
右雙邊

610000－1001－0013693　普0017256
**見山草堂詩鈔二卷**　(清)洪翃撰　清道光二
十七年(1847)刻本　一冊　九行二十一字白
口四周雙邊

610000－1001－0013694　普0017257
**秦蜀驛程後記二卷**　(清)王士禎撰　清刻本
　一冊　十行十九字上下黑口左右雙邊

610000－1001－0013695　普0017258
**原獻文錄四卷詩錄三卷原故文錄一卷詩錄一
卷**　(清)賀瑞麟輯　清光緒六年(1880)三原

學古書院刻本　八冊　十二行二十四字上下黑口四周單邊

610000－1001－0013696　普0017259

**饑民圖說一卷**　（清）楊東明編撰　清同治七年(1868)刻本　一冊　七行十四字白口四周雙邊

610000－1001－0013697　普0017262

**觀古閣泉說一卷**　（清）鮑康撰　清同治十二年(1873)刻本　一冊　十行二十一字白口四周單邊

610000－1001－0013698　普0017268

**朝邑縣清丈地糧定數條規總冊不分卷**　（清）朝邑縣署編　清光緒十九年(1893)刻本　一冊　十行二十四字白口四周雙邊

610000－1001－0013699　普0017269

**欽定重修兩浙鹽法志三十卷首二卷**　（清）延豐等纂修　清嘉慶七年(1802)刻本　二十四冊　九行二十一字白口四周雙邊

610000－1001－0013700　普0017271

**圜天圖說三卷續編二卷首一卷**　（清）李明徹撰　清嘉慶二十四年至道光元年(1819－1821)松梅軒刻本　二冊　九行二十字小字雙行同白口四周雙邊

610000－1001－0013701　普0017272

**西園瓣香集三卷**　（清）王元常撰　清嘉慶十四年(1809)刻本　三冊　八行十八字白口四周雙邊

610000－1001－0013702　普0017273

**富平縣民賦役全書不分卷**　（清）富平縣署編　清刻本　一冊　九行二十二字白口四周雙邊

610000－1001－0013703　普0017274

**四川勸工局章程一卷**　（清）□□編　清光緒三十一年(1905)成都官報書局鉛印本　一冊　十行二十三字白口四周雙邊

610000－1001－0013704　普0017277

**故唐律疏議三十卷**　（唐）長孫無忌等輯　清

光緒十六年(1890)京師刻本　十二冊　十行二十一字上下黑口四周雙邊

610000－1001－0013705　普0017281

**彝軍紀略一卷**　（清）彭洵撰　清光緒十二年(1886)刻本　一冊　十行二十字白口四周單邊

610000－1001－0013706　普0017282

**費氏遺書三種**　（清）費密撰　清光緒三十四年(1908)刻本　三冊　十一行二十五字上下黑口左右雙邊

610000－1001－0013707　普0017283

**述古叢鈔四集二十六種**　（清）劉晚榮輯　清同治十三年(1874)刻本　九冊　九行二十字小字雙行同上下黑口左右雙邊　存三種

610000－1001－0013708　普0017288

**韓五泉詩四卷**　（明）韓邦靖撰　**韓安人遺詩一卷**　（明）屈氏撰　**韓五泉附錄二卷**　（明）王九思等撰　**[正德]朝邑縣志二卷**　（明）韓邦靖等纂修　清刻本　三冊　九行二十二字白口左右雙邊

610000－1001－0013709　普0017289

**重刻韓恭簡公志樂二十卷**　（明）韓邦奇撰　清道光六年(1826)雷裕德堂刻本　十二冊　十行二十字白口四周雙邊

610000－1001－0013710　普0017292

**瘞鶴銘考一卷**　（清）汪士鋐編　清咸豐二年(1852)刻本　一冊　十一行十八字白口左右雙邊

610000－1001－0013711　普0017293

**古學記問錄十五卷**　（清）吳蔚文編輯　清同治四年(1865)式義堂刻本　六冊　十一行二十四字小字雙行同白口四周雙邊

610000－1001－0013712　普0017294

**三史拾遺五卷**　（清）錢大昕撰　清嘉慶十二年(1807)嘉興稻香吟館刻本　四冊　十行二十一字白口左右雙邊

610000－1001－0013713　普0017296

大清通禮五十四卷 （清）來保等修 （清）李玉鳴等纂 清道光四年（1824）刻本 十二冊 九行二十字白口四周雙邊

610000－1001－0013714 普0017297

叢笙齋文集六卷 （明）來臨撰 （清）李錫齡校刊 清光緒二十八年（1902）宏道書院刻本 六冊 十行二十二字白口左右雙邊

610000－1001－0013715 普0017298

華嶽圖經二卷 （清）蔣湘南著 清咸豐元年（1851）刻本 一冊 九行二十二字白口四周雙邊

610000－1001－0013716 普0017301

浩然堂詩集六卷雙忠研齋詩餘一卷 （清）江開撰 清咸豐十一年（1861）刻本 四冊 九行二十一字白口四周雙邊

610000－1001－0013717 普0017302

縈青閣試帖註釋四卷 （清）梁塤撰 清嘉慶二十四年（1819）善慶堂刻本 四冊 八行二十字小字雙行同白口四周雙邊

610000－1001－0013718 普0017309

捕蝗彙編四卷 （清）陳僅編 清道光二十五年（1845）刻本 一冊 九行二十二字白口四周雙邊

610000－1001－0013719 普0017310

瑟廬遺詩三卷 （清）章永康撰 清光緒十四年（1888）遵義黎氏刻本 一冊 十行二十一字白口左右雙邊

610000－1001－0013720 普0017311

鄭司農年譜一卷 （清）孫星衍撰 清嘉慶十四年（1809）阮氏琅嬛僊館刻本 一冊 十行二十字小字雙行同白口四周雙邊

610000－1001－0013721 普0017312

武盛耆舊傳四卷 （清）潘挹奎撰 清刻本 一冊 九行二十二字白口四周雙邊

610000－1001－0013722 普0017314

詩疑二卷 （宋）王柏撰 清同治八年（1869）永康胡氏退補齋刻本 一冊 九行二十字白口四周雙邊

口四周雙邊

610000－1001－0013723 普0017315

欽定七政四餘萬年書不分卷 （清）□□撰 清光緒刻本 四冊 行數不等字數不等白口四周雙邊

610000－1001－0013724 普0017316

大清律纂修條例不分卷 （清）律例館纂修 （清）楊曰鯤校刊 清嘉慶七年（1802）刻本 十二冊 十二行二十四字白口左右雙邊

610000－1001－0013725 普0017319

養正書屋全集定本四十卷目錄四卷 （清）宣宗旻寧撰 清道光二年（1822）刻本 二十四冊 九行十七字白口四周雙邊

610000－1001－0013726 普0017320

永年申氏遺書十三種 （清）申居鄖輯 清光緒五年（1879）定州王氏謙德堂刻本 八冊 十行二十二字上下黑口四周單邊

610000－1001－0013727 普0017321

明臣奏議十二卷 （清）孫桐生輯 清光緒十七年（1891）四影閣刻本 六冊 十二行二十五字下黑口四周雙邊

610000－1001－0013728 普0017323

重訂欣賞編七十一種 （明）沈津 （明）茅一相續輯 清刻本 一冊 九行二十字白口左右雙邊 存十種

610000－1001－0013729 普0017326

廿一史彈詞十一卷附類聚數考一卷 （明）楊慎撰 （清）張仲璜注 清道光十二年（1832）致盛堂刻本 八冊 十一行二十一字白口四周雙邊

610000－1001－0013730 普0017328

增訂古今秘苑四卷二集四卷 （清）許之鳳輯 清二酉堂刻本 二冊 七行十四字白口四周單邊

610000－1001－0013731 普0017329

衛濟餘編十八卷 （清）王纏堂編 清嘉慶二十一年（1816）刻本 四冊 九行二十二字上

下黑口四周單邊

610000－1001－0013732　普0017331
**文選六十卷**　（南朝梁）蕭統撰　（唐）李善注
　**文選考異十卷**　（清）胡克家撰　清光緒六
年(1880)四明林氏刻本　二十四冊　九行二
十二字小字雙行同黑口四周雙邊

610000－1001－0013733　普0017332
**增廣尚友錄統編二十二卷**　（清）應祖錫等編
　清光緒二十八年(1902)鴻寶齋石印本　十
二冊　十六行小字雙行五十字白口四周雙邊

610000－1001－0013734　普0017333
**歷代史論十二卷宋史論三卷元史論一卷**
（明）張溥撰　**明史論四卷**　（清）谷應泰撰
**左傳史論二卷**　（清）高士奇撰　清光緒五年
(1879)西江蕢氏刻本　八冊　十一行二十一
字上下黑口左右雙邊

610000－1001－0013735　普0017339
**國策編年一卷**　（清）顧觀光撰　清光緒二十
八年(1902)刻本　一冊　十行二十二字白口
左右雙邊

610000－1001－0013736　普0017342
**景刊宋金元明本詞四十種**　吳昌綬輯　陶湘
續輯　清宣統三年至民國六年(1911－1917)
仁和吳氏雙照樓刻民國六年至十二年(1917
－1923)武進陶氏涉園續刻本　二十四冊
十一行二十字白口左右雙邊

610000－1001－0013737　普0017343
**正誼堂全書六十八種**　（清）張伯行輯　（清）
楊凌重輯　清同治五年(1866)福州正誼書院
刻八年至九年(1869－1870)續刻本　一百四
十七冊　十行二十二字白口左右雙邊　缺
四種

610000－1001－0013738　普0017344
**九通**　（清）□□撰　清光緒浙江書局刻本
九百九十九冊　九行二十一字小字雙行同白
口左右雙邊

610000－1001－0013739　普0017345
**對山書屋墨餘錄十六卷**　（清）毛祥麟編　清

同治九年(1870)毛氏亦可居刻本　八冊　九
行二十字白口左右雙邊

610000－1001－0013740　普0017346
**庸閒齋筆記十二卷**　（清）陳其元撰　清同治
十三年(1874)刻本　六冊　九行二十字白口
左右雙邊

610000－1001－0013741　普0017347
**兩般秋雨盦隨筆八卷**　（清）梁紹壬撰　清道
光十七年(1837)錢塘汪氏振綺堂刻本　八冊
　九行二十一字上下黑口左右雙邊

610000－1001－0013742　普0017349
**繪圖綴白裘十二集四十八卷**　（清）玩花主人
輯　清光緒二十一年(1895)上海書局石印本
　十二冊　十八行四十六字白口四周雙邊

610000－1001－0013743　普0017350
**南菁書院叢書八集四十一種**　王先謙　繆荃
孫輯　清光緒十四年(1888)江陰南菁書院刻
本　三十一冊　九行二十五字白口左右雙邊
　缺一種

610000－1001－0013744　普0017353
**翠薇山房數學十二種**　（清）張作楠撰輯　清
嘉慶、道光金華張氏翠薇山房刻本　十三冊
　九行二十二字小字雙行同白口左右雙邊

610000－1001－0013745　普0017358
**宋文憲公全集八十三卷**　（明）宋濂撰　**潛溪
錄六卷首一卷**　（清）丁中立輯　清宣統三年
至民國五年(1911－1916)成都四明孫氏刻本
　二十五冊　十二行二十三字白口四周雙邊
　缺四卷(全集八十至八十三)

610000－1001－0013746　普0017359
**說文解字義證五十卷**　（清）桂馥撰　清同治
九年(1870)刻本　三十二冊　十行二十三字
小字雙行同白口四周雙邊

610000－1001－0013747　普0017360
**歷代名賢列女氏姓譜一百五十七卷**　（清）蕭
智漢纂輯　清嘉慶二十年(1815)刻本　一百
○六冊　十三行二十二字白口四周雙邊　缺
十九卷(九至十二、六十九至七十三、八十、八

十二、八十七、一百十七、一百三十七至一百三十九、一百五十、一百五十三至一百五十四）

610000－1001－0013748　普0017363
**南菁講舍文集六卷**　（清）黃以周編　清光緒十五年(1889)刻本　四冊　十一行二十一字上下黑口左右雙邊

610000－1001－0013749　普0017365
**古詩源十四卷**　（清）沈德潛選　清光緒十四年(1888)步月山房刻本　四冊　十行十九字上下黑口左右雙邊

610000－1001－0013750　普0017367
**說文通訓定聲十八卷柬韻一卷說雅十九篇古今韻準一卷**　（清）朱駿聲撰　**行述一卷**（清）朱孔彰撰　清咸豐元年(1851)刻本　二十八冊　十行大小字不等白口四周雙邊

610000－1001－0013751　普0017368
**說文通訓定聲十八卷柬韻一卷說雅十九篇古今韻準一卷**　（清）朱駿聲撰　**行述一卷**（清）朱孔彰撰　清咸豐元年(1851)刻本　十六冊　八行二十字小字雙行同白口四周雙邊

610000－1001－0013752　普0017369
**南菁文鈔三集十六卷**　（清）丁立鈞輯　清光緒二十七年(1901)刻本　八冊　十一行二十一字上下黑口左右雙邊

610000－1001－0013753　普0017370
**平津館叢書三十八種**　（清）孫星衍輯　清嘉慶蘭陵孫氏刻本　三十八冊　十一行二十字白口左右雙邊　缺十五種

610000－1001－0013754　普0017373
**齊民要術十卷**　（北魏）賈思勰撰　清光緒二十二年(1896)桐廬袁氏漸西村舍刻本　四冊　九行二十一字白口四周雙邊

610000－1001－0013755　普0017374
**二如亭群芳譜二十八卷首一卷**　（明）王象晉輯　清刻本　二十八冊　八行十八字小字雙行同白口左右雙邊

610000－1001－0013756　普0017377
**樂府詩集一百卷**　（宋）郭茂倩輯　清刻本　十七冊　十一行二十一字上下黑口左右雙邊

610000－1001－0013757　普0017378
**文選樓叢書三十二種**　（清）阮亨輯　清嘉慶、道光阮氏刻本　三十三冊　十行二十一字小字雙行同白口四周雙邊　存十二種

610000－1001－0013758　普0017380
**四千字文不分卷**　（清）□□撰　清光緒二十八年(1902)刻本　一冊　七行大小字不等白口四周雙邊

610000－1001－0013759　普0017381
**夏節愍全集十卷首一卷末一卷補遺二卷**（明）夏完淳撰　清同治八年(1869)婁縣陳履泰刻本　二冊　十行二十一字白口左右雙邊

610000－1001－0013760　普0017383
**山右金石錄一卷**　（清）夏寶晉撰　清光緒八年(1882)歸安石氏古歡閣刻本　一冊　十一行二十一字白口左右雙邊

610000－1001－0013761　普0017385
**歷代都江堰功小傳二卷**　（清）錢茂撰　清宣統三年(1911)成都刻本　一冊　九行二十字白口左右雙邊

610000－1001－0013762　普0017386
**鶴梅詩存二卷**　（清）周煜輯　清道光二十二年(1842)刻本　二冊　十行二十二字上下黑口左右雙邊

610000－1001－0013763　普0017388
**集韻十卷**　（宋）丁度撰　清光緒二年(1876)歸安姚覲元川東官舍刻本　十冊　八行大小字不等上黑口左右雙邊

610000－1001－0013764　普0017389
**倉頡篇校證三卷補遺一卷**　（清）梁章鉅撰　清光緒五年(1879)刻本　二冊　六行大小字不等白口四周雙邊

610000－1001－0013765　普0017390
**周易詮義十四卷首一卷**　（清）汪烜撰　清同

治十二年(1873)安徽敷文書局刻本　十四冊
十二行二十四字上黑口四周雙邊

610000－1001－0013766　普0017391
海山仙館叢書五十六種　(清)潘仕成輯　清
道光、咸豐番禺潘氏刻本　一百二十冊　九
行二十一字上下黑口左右雙邊

610000－1001－0013767　普0017392
畿輔叢書一百二十六種　(清)王灝輯　清光
緒五年(1879)定州王氏謙德堂刻本　四百四
十二冊　十行二十二字上下黑口四周單邊

610000－1001－0013768　普0017393
浙西邨人初集十三卷　(清)袁昶撰　清光緒
二十年(1894)桐廬袁氏刻本　三冊　十行二
十二字上黑口左右雙邊

610000－1001－0013769　普0017394
安般簃詩續鈔十卷春闈雜詠一卷　(清)袁昶
撰　清光緒袁氏小漚巢刻本　五冊　十行二
十二字上黑口左右雙邊

610000－1001－0013770　普0017395
于湖小集六卷　(清)袁昶撰　清光緒二十年
(1894)水明樓刻本　三冊　十行二十二字上
黑口左右雙邊

610000－1001－0013771　普0017396
隨園三十種　(清)袁枚輯　清刻本　五十五
冊　十一行二十一字白口左右雙邊　缺五種

610000－1001－0013772　普0017399
常州先哲遺書第一集四十四種　盛宣懷輯
清光緒武進盛氏刻本　六十四冊　十四行二
十五字上下黑口左右雙邊

610000－1001－0013773　普0017400
常州先哲遺書第一集四十四種　盛宣懷輯
清光緒武進盛氏刻本　六十二冊　十四行二
十五字上下黑口左右雙邊

610000－1001－0013774　普0017415
南雅堂醫書全集二十一種　(清)陳念祖撰
清光緒十八年(1892)上海圖書集成印書局鉛
印本　十四冊　十三行四十字白口四周單邊

610000－1001－0013775　普0017418
古玉圖考不分卷　(清)吳大澂輯　清光緒十
五年(1889)上海同文書局石印本　四冊　八
行字數不等白口四周單邊

610000－1001－0013776　普0017419
古玉圖考不分卷　(清)吳大澂輯　清光緒十
五年(1889)上海同文書局石印本　四冊　八
行字數不等白口四周單邊

610000－1001－0013777　普0017424
明季稗史彙編十六種　(清)留雲居士輯　清
光緒二十二年(1896)上海圖書集成印書局石
印本　六冊　十三行四十字白口四周單邊
存十五種

610000－1001－0013778　普0017425
娑詩補三卷　(清)盧標輯　清道光十九年
(1839)刻本　二冊　十行二十字白口左右
雙邊

610000－1001－0013779　普0017426
陸清獻公莅嘉遺跡三卷　(清)黃維玉輯　清
同治六年(1867)上海道署刻本　一冊　九行
十九字白口左右雙邊

610000－1001－0013780　普0017427
讀史大署六十卷首一卷　(清)沙張白撰　清
咸豐七年(1857)刻本　十二冊　十二行二十
二字白口四周雙邊

610000－1001－0013781　普0017428
廣雅碎金三卷　(清)張之洞撰　(清)沈善
登等校刊　清光緒二十三年(1897)袁氏水
明樓刻本　一冊　十行二十一字白口左右
雙邊

610000－1001－0013782　普0017429
經籍舉要一卷附錄一卷　(清)龍啟瑞撰
(清)袁昶增訂　清光緒十九年(1893)桐廬袁
氏中江講院刻本　一冊　十一行二十八字上
下黑口左右雙邊

610000－1001－0013783　普0017430
漸西村舍彙刊四十四種　(清)袁昶輯　清光
緒桐廬袁氏刻本　一冊　十一行二十八字上

下黑口左右雙邊　存三種

610000－1001－0013784　普0017431

**汪氏兵學三書**　(清)汪宗沂輯　清光緒二十年(1894)刻本　一冊　十行二十一字小字雙行同上黑口左右雙邊　存二種

610000－1001－0013785　普0017432

**合肥相國壽言一卷**　(清)袁昶撰　清光緒桐廬袁氏刻本　一冊　十行二十一字上黑口左右雙邊

610000－1001－0013786　普0017436

**漸西村舍彙刊四十四種**　(清)袁昶輯　清光緒桐廬袁氏刻本(冊二配清刻本)　二冊　九行二十一字白口四周雙邊　存二種

610000－1001－0013787　普0017437

**越中百詠一卷**　(清)周晉鑅撰　清道光二十九年(1849)小寄廬刻本　一冊　九行二十字白口左右雙邊

610000－1001－0013788　普0017438

**顧華陽集三卷**　(唐)顧況撰　**補遺一卷**(清)顧球纂輯　清咸豐五年(1855)顧炳章雙峰堂刻本　四冊　八行二十字白口四周雙邊

610000－1001－0013789　普0017439

**篆訣不分卷**　(明)□□撰　清刻本　二冊　四行大小字不等白口四周雙邊

610000－1001－0013790　普0017440

**古史像解不分卷**　(清)慈母堂編繪　清光緒十八年(1892)石印本　一冊　十一行二十四字白口四周雙邊

610000－1001－0013791　普0017441

**古史像解不分卷**　(清)慈母堂編繪　清光緒十八年(1892)石印本　一冊　十一行二十四字白口四周雙邊

610000－1001－0013792　普0017442

**古史像解不分卷**　(清)慈母堂編繪　清光緒十八年(1892)石印本　一冊　十一行二十四字白口四周雙邊

610000－1001－0013793　普0017447

**韓非子二十卷**　(戰國)韓非撰　清光緒元年(1875)浙江書局刻本　五冊　九行二十一字小字雙行同白口左右雙邊

610000－1001－0013794　普0017448

**風木盦圖題詠一卷**　(清)丁丙輯　清光緒二十六年(1900)錢塘丁氏嘉惠堂刻本　一冊　十行二十字白口四周雙邊

610000－1001－0013795　普0017449

**杏廬文鈔八卷**　(清)諸福坤撰　清光緒二十七年(1901)刻本　二冊　十一行二十一字白口四周雙邊

610000－1001－0013796　普0017450

**雪牀遺詩二卷**　(清)釋德亮撰　清嘉慶二十三年(1818)刻道光元年(1821)續刻本　一冊　十行二十一字白口左右雙邊

610000－1001－0013797　普0017451

**懺摩錄一卷**　(清)彭兆蓀撰　清道光十六年(1836)吳江柳氏勝溪草堂刻本　一冊　十行二十一字白口左右雙邊

610000－1001－0013798　普0017452

**教諭語一卷**　(清)謝金鑾編　清光緒二十二年(1896)刻本　一冊　十一行二十一字上下黑口左右雙邊

610000－1001－0013799　普0017453

**論語古注集箋十卷考一卷附一卷**　(清)潘維城撰　清光緒七年(1881)江蘇書局刻本　六冊　九行二十一字小字雙行同下黑口左右雙邊

610000－1001－0013800　普0017455

**毗陵左氏識字書一卷**　(清)左鎮輯　清光緒十年(1884)刻本　一冊　八行十二字小字雙行不等白口四周單邊

610000－1001－0013801　普0017458

**恆產瑣言一卷聰訓齋語一卷**　(清)張英撰　清光緒八年(1882)津河廣仁堂刻本　一冊　十行二十三字上黑口四周雙邊

610000－1001－0013802　普0017459

聰訓齋語一卷恆產瑣言一卷 （清）張英撰
清光緒二十五年(1899)桂垣書局刻本 一冊
九行二十字下黑口左右雙邊

610000－1001－0013803 普0017460

儒門語要六卷 （清）倪元坦輯 清嘉慶華亭
倪氏畬香書屋刻本 一冊 九行二十字白口
左右雙邊

610000－1001－0013804 普0017461

季漢書辨異一卷 （清）張廉通撰 清道光八
年(1828)刻本 一冊 十一行二十二字小字
雙行同白口左右雙邊

610000－1001－0013805 普0017462

欽定四庫全書提要二百卷目錄二十卷首一卷
（清）紀昀等纂修 清同治七年(1868)廣東
書局刻本 一百三十六冊 九行二十一字白
口左右雙邊

610000－1001－0013806 普0017463

士那補釋一卷 （清）張義澍撰 清光緒二十
三年(1897)楊氏香海閣刻本 一冊 七行十
四字小字雙行同白口左右雙邊

610000－1001－0013807 普0017464

恩福堂筆記二卷 （清）英和撰 清道光十七
年(1837)刻本 一冊 九行十九字白口左右
雙邊

610000－1001－0013808 普0017466

廣近思錄十四卷 （清）張伯行輯 清光緒二
十年(1894)刻本 二冊 十行二十二字白口
左右雙邊

610000－1001－0013809 普0017467

家塾準繩一卷 （清）莊毓輯 清同治十三年
(1874)刻本 一冊 九行二十二字白口四周單邊

610000－1001－0013810 普0017468

揚子法言十三卷音義一卷 （漢）揚雄撰
（晉）李軌注 清光緒二年(1876)浙江書局刻
本 一冊 九行二十一字白口左右雙邊

610000－1001－0013811 普0017471

文莫書屋詹詹言二卷 （清）陳僅撰 清道光

二十五年(1845)四明繼雅堂刻本 一冊 九
行二十二字白口四周雙邊

610000－1001－0013812 普0017472

丁戊筆記二卷 （清）陳宗起撰 清光緒十一
年(1885)丹徒陳氏刻本 一冊 九行二十一
字上下黑口四周雙邊

610000－1001－0013813 普0017474

範身錄四卷 （清）周城纂輯 清咸豐三年
(1853)周氏晚香艸堂刻本 二冊 十行二十
一字白口左右雙邊

610000－1001－0013814 普0017476

延平答問二卷 （宋）朱熹編 清光緒五年
(1879)延平府署刻本 二冊 九行十七字上
下黑口四周雙邊

610000－1001－0013815 普0017477

兩當軒詩鈔十四卷悔存詞鈔二卷 （清）黃景
仁撰 清嘉慶二十二年(1817)刻本 四冊
十一行二十三字白口左右雙邊

610000－1001－0013816 普0017478

有正味齋駢文十六卷 （清）吳錫麒撰 清同
治七年(1868)慈北葉氏刻本 八冊 九行二
十字小字雙行同上下黑口左右雙邊

610000－1001－0013817 普0017479

麟洲雜著四卷 （清）錢贊黃撰 清光緒二十
四年(1898)刻本 二冊 十行二十二字下黑
口四周單邊

610000－1001－0013818 普0017481

困學紀聞二十卷 （宋）王應麟撰 （清）何焯
校 清桐華書塾刻本 六冊 十一行二十五
字小字雙行三十三字白口左右雙邊

610000－1001－0013819 普0017482

皇清經解一百七十三種 （清）阮元輯 清道
光九年(1829)廣東學海堂刻咸豐十一年
(1861)補刻本 三百六十一冊 十一行二十
四字白口左右雙邊

610000－1001－0013820 普0017483

皇清經解一百七十三種 （清）阮元輯 清道

光九年（1829）廣東學海堂刻咸豐十一年（1861）補刻本　三百二十冊　十一行二十四字白口左右雙邊

610000－1001－0013821　普0017485

橘中秘四卷　（明）朱晉楨輯　清刻本　一冊
九行大小字不等白口左右雙邊

610000－1001－0013822　普0017486

牛氏家言二卷　（清）牛樹梅輯　清道光三十年（1850）刻本　一冊　十行二十五字小字雙行同白口四周雙邊

610000－1001－0013823　普0017487

小學集解六卷輯說一卷　（清）張伯行撰　清刻本　四冊　九行十九字白口四周雙邊

610000－1001－0013824　普0017489

胎產集要三卷附幼科撮要一卷　（清）黃愓齋輯　清道光十九年（1839）刻本　一冊　十行二十一字白口四周單邊

610000－1001－0013825　普0017490

呂子節錄四卷補遺二卷　（明）呂坤著　（清）陳宏謀評輯　清道光十年（1830）舊有江村刻本　二冊　九行二十字白口四周雙邊

610000－1001－0013826　普0017492

日省錄三卷補遺一卷　（清）梁文科輯　清光緒九年（1883）運道堂刻本　一冊　九行二十字上下黑口左右雙邊

610000－1001－0013827　普0017493

聖門名字纂詁二卷補遺一卷　（清）洪恩波撰　清光緒二十三年（1897）金陵官書局刻本　二冊　九行二十一字小字雙行同上下黑口左右雙邊

610000－1001－0013828　普0017494

毋欺錄一卷補一卷　（清）朱用純撰　清同治八年（1869）刻本　一冊　九行二十字白口四周單邊

610000－1001－0013829　普0017495

庭聞憶畧二卷附竹坡先生遺文一卷　（清）寶廷撰　（清）夏鼎武輯　清光緒刻本　一冊　九行二十字白口左右雙邊

610000－1001－0013830　普0017496

韞山堂文集八卷　（清）管世銘撰　清光緒十七年（1891）存厚堂刻本　四冊　十行二十一字下黑口左右雙邊

610000－1001－0013831　普0017497

韞山堂詩集十六卷　（清）管世銘撰　清光緒二十年（1894）讀雪山房刻本　三冊　十一行二十三字上下黑口左右雙邊

610000－1001－0013832　普0017498

司馬溫公稽古錄二十卷　（宋）司馬光撰　清同治十一年（1872）崇文書局刻本　四冊　九行十九字白口四周雙邊

610000－1001－0013833　普0017499

林文忠公遺集四種　（清）林則徐撰　清光緒三山林氏刻本　十五冊　九行二十字下黑口四周雙邊　存三種

610000－1001－0013834　普0017500

林文忠公政書甲集九卷乙集十七卷丙集十一卷　（清）林則徐撰　清光緒刻本　二十冊　九行二十字下黑口四周雙邊

610000－1001－0013835　普0017501

兩浙防護陵寢祠墓錄不分卷　（清）阮元輯　清嘉慶七年（1802）刻本（冊一配清刻本）　三冊　十行二十三字白口左右雙邊

610000－1001－0013836　普0017503

皇朝藩部要略十八卷附世系表四卷　（清）祁韻士撰　清光緒十年（1884）浙江書局刻本　八冊　十行二十一字白口左右雙邊

610000－1001－0013837　普0017505

十六國春秋一百卷　（北魏）崔鴻撰　清光緒十二年（1886）湖北官書處刻本　十二冊　十一行二十三字小字雙行同白口左右雙邊

610000－1001－0013838　普0017506

水經注四十卷補遺一卷附錄二卷　（漢）桑欽撰　（北魏）酈道元注　（清）全祖望校　清光緒十四年（1888）寧波蔣氏刻本　十六冊　十行二十一字小字雙行同下黑口左右雙邊

610000－1001－0013839　普0017507

左文襄公全集六種　（清）左宗棠撰　清光緒
十四年(1888)刻本　一百十八冊　十行二十
五字上下黑口左右雙邊

610000－1001－0013840　普0017508

資治通鑑外紀十卷目錄五卷　（宋）劉恕撰
清同治十年(1871)江蘇書局刻本　八冊　十
行二十二字小字雙行同上下黑口左右雙邊

610000－1001－0013841　普0017511

紉齋畫賸一卷　（清）陳允升繪　清光緒二年
(1876)四明陳氏得古歡室刻本　一冊　白口
四周單邊

610000－1001－0013842　普0017512

李長吉集四卷外集一卷　（唐）李賀撰　（明）
黃淳耀評　清光緒十八年(1892)刻朱墨印本
　二冊　九行二十四字四周單邊

610000－1001－0013843　普0017513

揚州水道記四卷　（清）劉文淇撰　清同治十
一年(1872)淮南書局刻本　二冊　十行二十
一字小字雙行同白口左右雙邊

610000－1001－0013844　普0017516

遊道堂集四卷　（清）朱彬撰　清光緒二年
(1876)寶應朱氏刻本　二冊　九行二十二字
白口左右雙邊

610000－1001－0013845　普0017517

李義山詩集三卷詩譜一卷諸家詩評一卷
(唐)李商隱撰　（清）朱鶴齡箋注　清刻本
六冊　十行二十一字白口左右雙邊

610000－1001－0013846　普0017519

大覺普濟玉林禪師語錄十二卷首一卷　（清）
通琇撰　（清）音緯編　（清）孫超琦彙　清同
治十三年(1874)杭州昭慶寺刻本(冊一配清
刻本）　五冊　十行二十字上下黑口四周
雙邊

610000－1001－0013847　普0017520

端園詩草不分卷　（清）錢照撰　清道光八年
(1828)刻本　一冊　十行二十二字白口四周
雙邊

610000－1001－0013848　普0017522

實事求是之齋經義二卷　（清）朱大韶撰　清
光緒九年(1883)刻本　二冊　十一行二十一
字上下黑口四周雙邊

610000－1001－0013849　普0017523

明史紀事本末八十卷　（清）谷應泰撰　清同
治十三年(1874)江西書局刻本　二十冊　十
行二十字下黑口左右雙邊

610000－1001－0013850　普0017524

小學紺珠十卷　（宋）王應麟輯　清刻本　五
冊　十行二十一字小字雙行同白口四周雙邊

610000－1001－0013851　普0017526

秘傳花鏡六卷　（清）陳淏子輯　清刻本　六
冊　九行二十字白口四周單邊

610000－1001－0013852　普0017527

呻吟語六卷　（明）呂坤撰　清同治七年
(1868)邵陽曾氏思補山房刻本　六冊　十一
行二十一字白口左右雙邊

610000－1001－0013853　普0017528

水經四十卷　（漢）桑欽撰　（北魏）酈道元注
　清同治三年(1864)長沙余氏刻本　十冊
十一行二十一字小字雙行同上下黑口四周
單邊

610000－1001－0013854　普0017529

揚子法言十三卷音義一卷　（漢）揚雄撰
(晉)李軌注　清光緒二年(1876)浙江書局刻
本　一冊　九行二十一字小字雙行同白口左
右雙邊

610000－1001－0013855　普0017530

詞林正韻三卷發凡一卷　（清）戈載輯　清道
光元年(1821)翠薇花館刻本　二冊　九行二
十字白口四周雙邊

610000－1001－0013856　普0017532

汲綆書屋詩鈔一卷附淮黃策略兼濟運五議一
卷　（清）潘慶齡撰　清道光十八年(1838)刻
本　二冊　八行十九字白口左右雙邊

610000－1001－0013857　普0017533

白雨齋詞話八卷附詩鈔一卷詞存一卷 （清）
陳廷焯撰 清光緒二十年(1894)刻本 四冊
十行十九字白口四周雙邊

610000－1001－0013858 普0017535

皇清經解續編二百〇七種 王先謙輯 清光
緒十四年(1888)南菁書院刻本 三百二十冊
十一行二十四字白口左右雙邊

610000－1001－0013859 普0017536

東都事畧一百三十卷 （宋）王偁撰 清嘉慶
三年(1798)掃葉山房刻本 八冊 十二行二
十五字白口左右雙邊

610000－1001－0013860 普0017537

東都事畧一百三十卷 （宋）王偁撰 清嘉慶
三年(1798)掃葉山房刻本 十五冊 十二行
二十五字白口左右雙邊 缺十卷(一百二十
一至一百三十)

610000－1001－0013861 普0017538

文選旁證四十六卷 （清）梁章鉅撰 清光緒
八年(1882)刻本 十二冊 十二行二十四字
下黑口左右雙邊

610000－1001－0013862 普0017539

經籍籑詁一百〇六卷首一卷 （清）阮元譔集
清嘉慶揚州阮元琅嬛僊館刻本 四十六冊
十六行二十字白口左右雙邊

610000－1001－0013863 普0017541

硯緣集錄不分卷 （清）王壽邁輯 清咸豐六
年(1856)大興王氏硯緣庵刻本 一冊 九行
二十一字上下黑口左右雙邊

610000－1001－0013864 普0017551

地理啖蔗錄八卷 （清）袁守定撰 清刻本
三冊 九行二十字白口四周雙邊

610000－1001－0013865 普0017552

勾股割圜記三卷 （清）戴震撰 清光緒十六
年(1890)刻本 一冊 十行二十一字上下黑
口左右雙邊

610000－1001－0013866 普0017553

筠州黃蘗山斷際禪師傳心法要二卷 （唐）希

運撰 （唐）裴休集 清光緒十年(1884)金陵
刻書處刻本 一冊 十行二十字上下黑口左
右雙邊

610000－1001－0013867 普0017554

存齋教言一卷 （明）徐階撰 清嘉慶十年至
道光五年(1805－1825)張氏書三味樓刻本
一冊 十行二十一字白口左右雙邊

610000－1001－0013868 普0017557

西學書目表三卷附一卷 梁啟超撰 清光緒
二十二年(1896)時務報館石印本 一冊 十
三行三十字上下黑口四周單邊

610000－1001－0013869 普0017559

監中錄一卷 （清）黃國珍撰 清光緒十三年
(1887)劉宏文堂刻本 一冊 八行二十一字
白口四周單邊

610000－1001－0013870 普0017561

張憶娘簪華圖卷題詠一卷 （清）江標輯 清
光緒二十三年(1897)靈鶼閣刻本 一冊 十
一行二十三字小字雙行同上下黑口左右雙邊

610000－1001－0013871 普0017562

四明酬唱集二卷 （清）黃大華撰 清光緒二
十九年(1903)勾東譯社鉛印本 二冊 十行
二十一字白口四周雙邊

610000－1001－0013872 普0017563

正教奉褒不分卷 （清）黃伯祿編 清光緒二
十年(1894)上海慈母堂鉛印本 二冊 十行
三十二字白口四周雙邊

610000－1001－0013873 普0017564

蠶桑合編一卷 （清）何石安等輯 清道光二
十五年(1845)刻本 一冊 十一行二十二字
白口四周雙邊

610000－1001－0013874 普0017566

法界聖凡水陸普度大齋勝會儀軌會本六卷
(南朝梁)釋寶誌等撰 （宋）釋志磐重訂
(明)釋袾宏補儀 清刻本 三冊 十行二十
字白口四周雙邊

610000－1001－0013875 普0017569

**中庸湖南講一卷中庸詁一卷** （明）葛寅亮撰
清刻本 一冊 十行二十五字白口四周
單邊

610000－1001－0013876 普0017571

**仰止編三卷** （清）高驤雲撰 清道光二十五
年(1845)刻本 一冊 十行二十二字白口四
周雙邊

610000－1001－0013877 普0017574

**東塾讀書記二十五卷** （清）陳澧撰 清光緒
刻本 五冊 十二行二十四字上下黑口左右
雙邊 存十五卷(一至十二、十五至十六、二
十一)

610000－1001－0013878 普0017575

**楊椒山家訓十九條** （明）楊繼盛輯 清刻本
一冊 八行二十字白口左右雙邊

610000－1001－0013879 普0017576

**楊椒山家訓一卷** （明）楊繼盛輯 清光緒二
十年(1894)刻本 一冊 九行二十字白口左
右雙邊

610000－1001－0013880 普0017577

**金匱要略心典三卷** （漢）張仲景撰 （清）尤
怡集注 清同治八年(1869)刻本 三冊 十
行二十一字白口左右雙邊

610000－1001－0013881 普0017579

**李刻徐騎省集校勘記二卷補遺一卷** （宋）徐
鉉撰 （清）王錫元等校 清光緒十七年
(1891)刻本 二冊 十行二十一字白口四周
雙邊

610000－1001－0013882 普0017581

**宋名臣言行錄前集十卷後集十四卷續集八卷
別集二十六卷外集十七卷** （宋）朱熹撰 清
同治七年(1868)臨川桂氏刻本 十二冊 十
二行二十三字上下黑口左右雙邊

610000－1001－0013883 普0017583

**古文觀止十二卷** （清）吳乘權等編 清光緒
二十五年(1899)刻本 六冊 十一行二十二
字小字雙行同白口左右雙邊

610000－1001－0013884 普0017584

**補注黃帝內經素問二十四卷靈樞十二卷素問
遺篇一卷** （唐）王冰注 （宋）林億校正
（宋）孫兆重改誤 清光緒三年(1877)浙江
書局刻本 十冊 九行二十一字白口左右
雙邊

610000－1001－0013885 普0017585

**漢書注校補五十六卷** （清）周壽昌撰 清光
緒十年(1884)對竹軒刻本 十二冊 十二行
二十三字白口左右雙邊 缺六卷(二十五至
三十)

610000－1001－0013886 普0017586

**杜詩鏡銓二十卷** （唐）杜甫撰 （清）楊倫輯
清刻本 十冊 九行二十字小字雙行三十
一字白口左右雙邊

610000－1001－0013887 普0017590

**楊忠愍公遺書一卷** （明）楊繼盛撰 清同治
五年(1866)木樨山房刻本 一冊 十行二十
字上黑口左右雙邊

610000－1001－0013888 普0017591

**定盦文集三卷續集四卷集補二卷** （清）龔自
珍撰 清同治七年(1868)刻本 四冊 十二
行二十四字白口左右雙邊

610000－1001－0013889 普0017594

**孟晉齋文集五卷周列士傳一卷** （清）顧壽禎
撰 清同治五年(1866)見素抱樸齋刻本 一
冊 十一行二十三字白口四周雙邊

610000－1001－0013890 普0017595

**同人集十二卷** （清）冒襄輯 清光緒八年
(1882)水繪園刻本 十一冊 十一行二十三
字白口左右雙邊

610000－1001－0013891 普0017597

**子書百家** （清）崇文書局輯 清光緒元年
(1875)湖北崇文書局刻本 一百十冊 十二
行二十四字上下黑口四周雙邊

610000－1001－0013892 普0017598

**菜根譚一卷** （明）洪應明撰 **娑羅館清語一
卷** （明）屠隆撰 清光緒十三年(1887)揚州

藏經禪院刻本　一冊　十行二十字上下黑口左右雙邊

610000－1001－0013893　普0017599

**悟道錄二卷**　(清)劉一明撰　清光緒三年(1877)刻本　一冊　九行二十二字白口四周雙邊

610000－1001－0013894　普0017603

**詞選二卷**　(清)張惠言錄　附茗柯詞一卷(清)張惠言填　附立山詞一卷　(清)張琦撰　清光緒四年(1878)刻本　一冊　十一行二十三字白口左右雙邊

610000－1001－0013895　普0017612

**陸清獻公日記十卷**(清順治十四年至康熙三十一年)　(清)陸隴其撰　清道光二十一年(1841)吳江柳樹芳刻本　四冊　十行二十一字白口左右雙邊

610000－1001－0013896　普0017613

**壯悔堂文集十卷遺稿一卷**　(清)侯方域撰清光緒四年(1878)刻本　九冊　九行二十字白口四周單邊

610000－1001－0013897　普0017617

**通甫詩存四卷詩存之餘二卷**　(清)魯一同撰清咸豐九年(1859)刻本　三冊　十一行二十三字白口四周雙邊

610000－1001－0013898　普0017618

**臥雲山房詩草一卷**　(清)戴頃波撰　清光緒十四年(1888)刻本　一冊　九行二十字白口四周單邊

610000－1001－0013899　普0017619

**童蒙訓三卷**　(宋)呂本中撰　清同治二年(1863)錢塘丁氏當歸草堂刻本　一冊　九行二十一字上黑口左右雙邊

610000－1001－0013900　普0017622

**寶奎堂集十二卷**　(清)陸錫熊撰　清刻本四冊　九行二十一字白口左右雙邊

610000－1001－0013901　普0017624

**禮書通故五十卷**　(清)黃以周撰　清光緒十

九年(1893)黃氏試館刻本　三十二冊　十行二十一字上黑口四周雙邊

610000－1001－0013902　普0017625

**湛園詩稿三卷**　(清)姜宸英撰　清嘉慶二十三年(1818)刻本　一冊　八行十九字下黑口左右雙邊

610000－1001－0013903　普0017626

**儆居集内編十四卷**　(清)黃式三撰　清光緒十四年(1888)刻本　四冊　九行二十二字小字雙行同白口左右雙邊

610000－1001－0013904　普0017627

**集梅花詩十八種**　(清)張吳曼等輯　清光緒張汝翼刻本　一冊　九行十八字白口四周單邊　存五種

610000－1001－0013905　普0017632

**二娛小廬詩鈔五卷詞鈔二卷**　(清)尤維熊撰清嘉慶十七年(1812)刻本　二冊　十二行二十三字白口左右雙邊

610000－1001－0013906　普0017634

**松泉文集二十二卷**　(清)汪由敦撰　清刻本四冊　十一行二十一字白口左右雙邊

610000－1001－0013907　普0017635

**桐城吳先生文集四卷**　(清)吳汝綸撰　清光緒三十年(1904)刻本　四冊　九行二十一字上下黑口左右雙邊

610000－1001－0013908　普0017637

**宋司農公遺集二卷**　(宋)詹體仁撰　清道光二十五年(1845)刻本　一冊　八行二十一字下黑口四周雙邊

610000－1001－0013909　普0017638

**紀元編三卷末一卷**　(清)李兆洛撰　(清)六承如集錄　清道光十一年(1831)武進李兆洛董學齋刻本　三冊　十行大小字不等白口左右雙邊

610000－1001－0013910　普0017640

**小雲廬詩橐刪存五卷**　(清)朱壬林撰　清咸豐五年(1855)刻本　一冊　十行二十一字白

口四周雙邊

610000－1001－0013911　普0017646
**呂語集粹四卷**　(明)呂坤撰　(清)尹會一輯　清光緒十三年(1887)刻本　二冊　九行二十一字上下黑口左右雙邊

610000－1001－0013912　普0017647
**得天居士集六卷**　(清)張照撰　清道光二十八年(1848)張祥河刻本　一冊　九行十八字上下黑口左右雙邊

610000－1001－0013913　普0017649
**通藝閣詩錄八卷**　(清)姚椿撰　清刻本　一冊　十行二十二字上下黑口四周雙邊　存四卷(一至四)

610000－1001－0013914　普0017650
**四史發伏十卷**　(清)洪亮吉撰　清光緒八年(1882)小石山房刻本　二冊　十一行二十二字上下黑口左右雙邊

610000－1001－0013915　普0017652
**皇朝謚法考五卷續編一卷補編一卷**　(清)鮑康輯　清同治三年(1864)刻本　一冊　十行二十四字小字雙行同白口左右雙邊

610000－1001－0013916　普0017656
**惠硯溪先生詩說三卷**　(清)惠周惕撰　清嘉慶十七年(1812)刻本　一冊　九行二十一字白口四周雙邊

610000－1001－0013917　普0017657
**通鑑紀事本末二百三十九卷**　(宋)袁樞編輯　(明)張溥論正　清光緒十三年(1887)廣雅書局刻本　四十八冊　十行二十字下黑口四周單邊

610000－1001－0013918　普0017658
**榕村全書三十二種附十種**　(清)李光地撰　清道光九年(1829)李維迪刻本　一百十七冊　九行二十字白口四周單邊

610000－1001－0013919　普0017659
**佩觽三卷**　(宋)郭忠恕撰　清刻本　四冊　六行十五字小字雙行同白口左右雙邊

610000－1001－0013920　普0017660
**學宋齋詞韻一卷**　(清)吳烺輯　清光緒十一年(1885)石印本　一冊　七行十六字白口左右雙邊

610000－1001－0013921　普0017661
**紅樓夢一百二十回**　(清)曹霑撰　(清)王希廉評　清道光十二年(1832)刻本　十六冊　十行二十二字白口四周雙邊　存八十回(一至十三、三十二至四十七、五十三至一百〇三)

610000－1001－0013922　普0017662
**精訂綱鑑廿四史通俗衍義二十六卷四十四回**　(清)呂撫撰　清光緒十三年(1887)上海廣百宋齋刻本(冊七配清刻本)　八冊　十二行三十三字白口四周雙邊　缺一卷(二十二)

610000－1001－0013923　普0017664
**重訂西青散記八卷**　(清)史震林撰　清同治十三年(1874)鉛印本　四冊　十五行二十八字白口四周雙邊

610000－1001－0013924　普0017665
**春在堂尺牘五卷**　(清)俞樾撰　清光緒刻本　二冊　十行二十一字白口左右雙邊

610000－1001－0013925　普0017666
**春在堂全書三十四種**　(清)俞樾撰　清光緒二十五年(1899)刻本　十八冊　十行二十一字白口左右雙邊　存二種

610000－1001－0013926　普0017667
**茶香室經說十六卷**　(清)俞樾撰　清光緒十四年(1888)刻本　六冊　十行二十一字白口左右雙邊

610000－1001－0013927　普0017668
**古經解鈎沉三十卷**　(清)余蕭客撰　清刻本　七冊　十一行大小字不等上下黑口四周雙邊　缺五卷(十五至十九)

610000－1001－0013928　普0017669
**南軒文集四十四卷**　(宋)張栻撰　清咸豐四年(1854)縣邑南軒祠刻本　六冊　十一行二十字白口左右雙邊

610000－1001－0013929　普0017670

**船山遺書五十六種附一種**　（清）王夫之撰
清同治四年(1865)湘鄉曾國荃金陵刻本　九
十八冊　十行二十二字上下黑口左右雙邊
缺五種

610000－1001－0013930　普0017671

**乾坤正氣集五百七十四卷首一卷**　（清）潘錫
恩等輯　清道光二十八年(1848)潘氏袁江節
署求是齋刻本(卷九十七至五百七十四配清
刻本)　一百三十三冊　十二行二十五字白
口左右雙邊　缺七十五卷(五百至五百七十
四)

610000－1001－0013931　普0017672

**南河成案五十四卷**　（□）□□撰　清刻本
二十七冊　九行二十二字白口左右雙邊　缺
二卷(一至二)

610000－1001－0013932　普0017674

**唐會要一百卷**　（宋）王溥撰　清光緒十年
(1884)江蘇書局刻本　二十四冊　九行二十
一字白口四周雙邊

610000－1001－0013933　普0017676

**板橋集六卷**　（清）鄭燮撰　清同治七年
(1868)大文堂刻本　四冊　十行十九字白口
左右雙邊

610000－1001－0013934　普0017677

**明道先生文集五卷**　（宋）程顥撰　清光緒十
八年(1892)劉氏傳經堂刻本　一冊　十二行
二十二字上下黑口左右雙邊

610000－1001－0013935　普0017680

**陸宣公奏議四卷**　（唐）陸贄撰　清刻本　六
冊　八行二十四字白口四周單邊

610000－1001－0013936　普0017681

**聖室錄感一卷**　（清）李顒撰　清同治八年
(1869)蘇垣毋自欺齋刻本　一冊　十行二十
一字上下黑口左右雙邊

610000－1001－0013937　普0017682

**千金翼方三十卷**　（唐）孫思邈撰　（宋）林億
等校正　清同治七年(1868)蘇州掃葉山房刻

本　二十冊　十行二十字白口四周單邊

610000－1001－0013938　普0017683

**千金翼方三十卷**　（唐）孫思邈撰　（宋）林億
等校正　清同治七年(1868)蘇州掃葉山房刻
本　六冊　十行二十字白口四周單邊

610000－1001－0013939　普0017684

**古香齋新刻袖珍淵鑑類函四百五十卷目錄四
卷**　（清）張英等纂　清光緒南海孔氏刻本
一百四十冊　十行二十一字小字雙行同白口
四周雙邊

610000－1001－0013940　普0017685

**陸子全書十八種**　（清）陸隴其撰　清光緒十
六年(1890)宗培等刻本　二十六冊　十行二
十三字上下黑口四周雙邊

610000－1001－0013941　普0017688

**曝書亭集八十卷**　（清）朱彝尊撰　清刻本
二十冊　十二行二十三字白口左右雙邊

610000－1001－0013942　普0017689

**活人方十四卷**　（清）林開燧輯　清同治八年
(1869)刻本(卷四、七配清刻本)　七冊　十
行二十字白口左右雙邊　存七卷(一至七)

610000－1001－0013943　普0017695

**治平大略四卷**　（清）張秉直撰　清光緒元年
(1875)傳經堂刻本　二冊　九行二十字上下
黑口四周雙邊

610000－1001－0013944　普0017697

**關中書院志學齋書目一卷**　（清）關中書院編
清光緒十七年(1891)關中書院刻本　一冊
九行字數不等白口四周雙邊

610000－1001－0013945　普0017699

**湯文正公全集四種**　（清）湯斌撰　清同治九
年(1870)刻本　三十二冊　十行十九字下黑
口左右雙邊

610000－1001－0013946　普0017700

**張氏醫書七種**　（清）張璐撰　清光緒二十年
(1894)上海圖書集成印書局鉛印本　二十四
冊　十三行四十字白口四周單邊

610000－1001－0013947　普0017701

**國朝金陵詞鈔八卷附一卷**　（清）陳作霖輯
清光緒二十八年（1902）刻本　四冊　十二行
二十三字小字雙行同白口左右雙邊

610000－1001－0013948　普0017702

**揚州畫舫錄十八卷**　（清）李斗撰　清道光十
九年（1839）刻本　十二冊　十行二十四字白
口左右雙邊

610000－1001－0013949　普0017712

**傅氏眼科審視瑤函六卷首一卷**　（明）傅仁宇
纂輯　（清）林長生校補　（清）傅維藩編　清
刻本　六冊　九行二十七字白口左右雙邊

610000－1001－0013950　普0017721

**雜病證治類方八卷**　（清）王肯堂輯　清光緒
十八年（1892）上海圖書集成局石印本　八冊
十三行四十字小字雙行同白口四周單邊

610000－1001－0013951　普0017722

**丁亥燼遺錄四卷**　（清）桂馥編輯　清光緒二
十二年（1896）黔垣刻本　三冊　九行二十二
字白口四周雙邊　存三卷（一至三）

610000－1001－0013952　普0017723

**徐氏醫書六種**　（清）徐大椿撰輯並釋　清同
治十二年（1873）湖北崇文書局刻本　十冊
九行二十五字小字雙行同白口左右雙邊

610000－1001－0013953　普0017731

**平定猺匪紀略二卷**　（清）周宜亭撰　抄本
二冊　九行十九字

610000－1001－0013954　普0017732

**周易晰奧十卷**　（清）翟可聖輯　清嘉慶八年
（1803）刻本　六冊　十行二十一字白口四周
單邊

610000－1001－0013955　普0017733

**獨漉堂全集三十二卷**　（清）陳恭尹撰　清刻
本　十四冊　十行二十一字上下黑口左右雙
邊

610000－1001－0013956　普0017734

**薛氏醫按二十四種**　（明）吳琯輯　清嘉慶十

四年（1809）書業堂刻本　四十冊　十二行二
十四字白口左右雙邊

610000－1001－0013957　普0017738

**增補醫方一盤珠十卷**　（清）洪金鼎撰　清同
治三年（1864）恆盛堂刻本　三冊　十二行二
十二字小字雙行同白口四周雙邊

610000－1001－0013958　普0017739

**日下舊聞四十二卷**　（清）朱彝尊撰　清刻本
二十冊　十二行二十一字白口四周單邊

610000－1001－0013959　普0017742

**海峰先生文十卷詩六卷**　（清）劉大櫆撰
（清）徐宗亮校編　清同治十三年（1874）刻本
六冊　十一行二十三字上下黑口左右雙邊

610000－1001－0013960　普0017752

**鄭谷詩存八卷**　（清）劉世奇撰　清光緒三年
（1877）三原傳經堂刻本　一冊　九行二十字
上下黑口四周雙邊

610000－1001－0013961　普0017754

**榕村全書三十二種附十種**　（清）李光地撰
清道光九年（1829）李維迪刻本　六冊　十行
二十四字白口四周雙邊　存二種

610000－1001－0013962　普0017756

**裁雲閣詞鈔四卷**　（清）秦雲撰　清同治七年
（1868）刻本　二冊　九行二十一字下黑口左
右雙邊

610000－1001－0013963　普0017758

**寶存四卷**　（清）胡式鈺撰　清道光二十一年
（1841）刻本　四冊　十行二十一字白口四周
雙邊

610000－1001－0013964　普0017759

**沈氏尊生書五種**　（清）沈金鰲撰　清同治十
三年（1874）湖北崇文書局刻本　二十六冊
十二行二十五字小字雙行同白口四周雙邊

610000－1001－0013965　普0017761

**明季續聞一卷**　（清）汪光復撰　清宣統三年
（1911）上海商務印書館鉛印本　一冊　十行
二十七字白口四周雙邊

610000 – 1001 – 0013966　普 0017780

關中同官錄不分卷　（清）□□撰　清光緒二
十三年(1897)刻本　四冊　九行大小字不等
白口四周雙邊

610000 – 1001 – 0013967　普 0017786

千金翼方三十卷備急千金要方三十卷考異一
卷　（唐）孫思邈撰　（宋）林億等校　清光緒
四年(1878)上海刻本　二十冊　十三行二十
三字上下黑口四周雙邊

610000 – 1001 – 0013968　普 0017787

女科仙方四卷　（清）傅山撰　清道光十五年
(1835)刻本　四冊　九行二十字白口左右
雙邊

610000 – 1001 – 0013969　普 0017788

洞天奧旨十六卷　（清）陳士鐸撰　清刻本
四冊　十行二十四字白口四周單邊

610000 – 1001 – 0013970　普 0017790

評注繡像水滸傳七十五卷　（元）施耐庵撰
清光緒十二年(1886)上海同文書局石印本
八冊　十五行四十字白口四周單邊

610000 – 1001 – 0013971　普 0017794

揚州方言韻語長短句一卷　夢雨老人撰　抄
本　一冊　十行十八字下黑口左右雙邊

610000 – 1001 – 0013972　普 0017795

鎮江剿平粵匪記二卷　（清）橫山鄉人撰　抄
本　二冊　十行二十字下黑口左右雙邊

610000 – 1001 – 0013973　普 0017800

巢氏諸病源候總論五十卷　（隋）巢元方等撰
清嘉慶十四年(1809)吳門經義齋刻本　十
二冊　十行十九字白口左右雙邊

610000 – 1001 – 0013974　普 0017801

敬業堂詩集五十卷續集六卷　（清）查慎行撰
清刻本　十二冊　十一行二十一字白口左
右雙邊

610000 – 1001 – 0013975　普 0017802

字典考證十二集　（清）王引之撰　清光緒二
年(1876)崇文書局刻本　六冊　十行二十一

字白口四周雙邊

610000 – 1001 – 0013976　普 0017805

翰林記二十卷　（明）黃佐撰　清道光十一年
(1831)南海伍氏刻本　四冊　十一行二十二
字上下黑口四周單邊

610000 – 1001 – 0013977　普 0017806

欽定天祿琳琅書目十卷　（清）于敏中等撰
抄本　七冊　九行字數不等　缺三卷(六、九
至十)

610000 – 1001 – 0013978　普 0017810

筠清館金石文字五卷　（清）吳榮光編　清道
光二十二年(1842)南海吳氏筠清館刻本　一
冊　九行二十一字白口四周雙邊

610000 – 1001 – 0013979　普 0017815

宜振書室印存不分卷　（清）席孝謙篆　清宣
統三年(1911)刻鈐印本　四冊

610000 – 1001 – 0013980　普 0017816

琴鶴堂印譜不分卷　（清）繼良輯　清光緒二
十七年(1901)刻鈐印本　八冊　行數不等字
數不等白口四周單邊

610000 – 1001 – 0013981　普 0017820

耐庵類稿五種　（清）陳偉撰　清光緒二十二
年(1896)諸父瀚等刻本　六冊　十一行二十
二字白口左右雙邊

610000 – 1001 – 0013982　普 0017821

士禮居藏書題跋記六卷　（清）黃丕烈撰
（清）潘祖蔭輯　續二卷　（清）黃丕烈撰　繆
荃孫輯　清光緒十年(1884)滂喜齋刻本　十
二冊　十一行二十三字上下黑口左右雙邊

610000 – 1001 – 0013983　普 0017823

自遠堂琴譜十二卷　（清）吳灯輯　清嘉慶六
年(1801)廣陵吳氏自遠堂刻本　八冊　八行
十八字小字雙行同白口左右雙邊

610000 – 1001 – 0013984　普 0017825

紅雪詞鈔四卷　（清）黃湘南撰　附錄二卷
（清）黃本驥撰　清道光二十七年(1847)刻本
二冊　十行二十一字白口四周雙邊

610000－1001－0013985　普0017831

**南野堂筆記十二卷** （清）吳文溥撰　清宣統三年(1911)中華國粹書社石印本　四冊　十五行三十二字白口四周雙邊

610000－1001－0013986　普0017839

**春草堂琴譜六卷** （清）曹尚絅撰　清同治五年(1866)雙清館刻本　二冊　八行不等四周單邊

610000－1001－0013987　普0017840

**立雪齋琴譜二卷** （清）汪紱輯　清光緒二十二年(1896)刻本　二冊　八行二十字白口四周雙邊

610000－1001－0013988　普0017845

**士那補釋一卷** （清）張義澍撰　清光緒十四年(1888)陝西學務公所鉛印本　一冊　十行二十三字白口四周雙邊

610000－1001－0013989　普0017846

**蜀龜鑑七卷首一卷** （清）劉景伯輯　清宣統三年(1911)刻本　四冊　九行二十五字白口四周雙邊

610000－1001－0013990　普0017847

**正音切韻指掌一卷** （清）莎彝尊撰　清咸豐十年(1860)塵談軒刻本　一冊　行數不等字數不等白口四周雙邊

610000－1001－0013991　普0017854

**寧鄉周氏祠田記一卷** （清）周氏祠堂編　清光緒十四年(1888)陳聚德堂刻本　一冊　九行二十字白口四周雙邊

610000－1001－0013992　普0017857

**思無邪齋文存一卷** （清）宮爾鐸撰　清光緒十三年(1887)刻本　一冊　九行二十三字下黑口左右雙邊

610000－1001－0013993　普0017863

**雙白燕堂文集二卷外集八卷** （清）陸耀遹撰　清光緒四年(1878)興國州署刻本　二冊　十一行二十一字上下黑口四周雙邊

610000－1001－0013994　普0017864

**仰蕭樓文集一卷** （清）張星鑑撰　清光緒六年(1880)刻本　一冊　十行二十四字白口左右雙邊

610000－1001－0013995　普0017865

**聖安皇帝本紀二卷** （清）顧炎武撰　清刻本　一冊　九行十九字白口左右雙邊

610000－1001－0013996　普0017869

**孟志編略六卷** （清）孫葆田輯　清光緒十六年(1890)刻本　一冊　十行二十四字上下黑口左右雙邊

610000－1001－0013997　普0017878

**空同詩集三十四卷** （明）李夢陽撰　清光緒二十六年(1900)渭南嚴氏刻本　八冊　十行二十二字白口左右雙邊

610000－1001－0013998　普0017880

**清真釋疑補輯二卷** （清）金天柱撰　清光緒十一年(1885)成都清真寺刻本　一冊　九行二十五字白口四周雙邊

610000－1001－0013999　普0017881

**哲匠金桴五卷** （明）楊慎撰　（清）李調元校　清刻本　三冊　十行二十字白口四周雙邊

610000－1001－0014000　普0017882

**甲行日注八卷** （明）葉紹袁撰　清道光古槐山房木活字印本　二冊　九行十九字白口四周單邊

610000－1001－0014001　普0017883

**澤雅堂文集十卷** （清）施補華撰　清光緒十九年(1893)刻本　二冊　十行二十一字白口左右雙邊

610000－1001－0014002　普0017885

**李義山詩集三卷詩譜一卷諸家詩評一卷** （唐）李商隱撰　（清）朱鶴齡箋注　（清）沈厚塽輯評　清同治九年(1870)廣州倅署刻三色套印本　四冊　十行二十一字白口左右雙邊

610000－1001－0014003　普0017889

**高厚蒙求五集** （清）徐朝俊撰　清同治五年(1866)刻本　四冊　十行二十一字白口四周

單邊　存四集

610000－1001－0014004　普0017890

**清麓文集二十三卷**　（清）賀瑞麟撰　清光緒二十五年(1899)三原劉嗣曾傳經堂刻本　五冊　十行二十字白口四周雙邊　存六卷(三至八)

610000－1001－0014005　普0017891

**兩浙輶軒錄四十卷**　（清）阮元訂　清嘉慶六年(1801)仁和朱氏碧溪草堂刻本　三十二冊　十二行二十三字白口左右雙邊

610000－1001－0014006　普0017892

**兩浙輶軒錄四十卷補遺十卷**　（清）阮元訂　**兩浙輶軒續錄五十四卷補遺六卷**　（清）潘衍桐訂　清光緒十六年(1890)浙江書局刻本　六十四冊　十二行二十三字小字雙行同白口左右雙邊　缺五卷(補遺四至五、八至十)

610000－1001－0014007　普0017893

**叩缽齋應酬全書十六卷**　（清）李之澎　（清）汪建封輯　清刻本　十六冊　九行二十字小字雙行同白口左右雙邊

610000－1001－0014008　普0017894

**大清律例增修統纂集成四十卷**　（清）陶駿等增修　清光緒六年(1880)刻本　二十四冊　九行二十字白口四周單邊

610000－1001－0014009　普0017898

**人生必讀書五卷**　（清）唐彪撰錄　清刻本　四冊　十一行二十五字白口四周單邊

610000－1001－0014010　普0017903

**易簡齋詩鈔二卷**　（清）王體仁撰　清光緒十九年(1893)刻本　一冊　九行二十字白口四周雙邊

610000－1001－0014011　普0017904

**大方等大集賢護經五卷**　（隋）釋闍那崛多等譯　清同治十二年(1873)江北刻經處刻本　一冊　十行二十字白口左右雙邊

610000－1001－0014012　普0017906

**真道自證四卷首一卷**　（西洋）沙守信述　清

同治七年(1868)慈母堂刻本　二冊　九行二十二字白口四周雙邊

610000－1001－0014013　普0017908

**十九世紀外交史十七章**　（日本）平田久撰　（清）張相譯　清光緒二十八年(1902)杭州史學齋刻本　四冊　十二行二十四字上下黑口左右雙邊

610000－1001－0014014　普0017910

**勸學篇二卷**　（清）張之洞撰　清光緒二十四年(1898)浙江刻本　一冊　十行二十三字上下黑口左右雙邊

610000－1001－0014015　普0017915

**憨山大師夢遊摘要二卷**　（清）釋福善錄　清光緒二十五年(1899)昭慶寺慧空經房刻本　一冊　十行二十字下黑口四周雙邊

610000－1001－0014016　普0017917

**相臺書塾刊正九經三傳沿革例一卷**　（宋）岳珂撰　清光緒三年(1877)崇文書局刻本　一冊　十二行二十四字上下黑口四周雙邊

610000－1001－0014017　普0017921

**濬性淵源一卷**　（明）涵谷子撰　（明）張則黃輯　清道光四年(1824)三一堂洪道春刻本　一冊　八行十九字白口左右雙邊

610000－1001－0014018　普0017922

**茶香室續鈔二十五卷**　（清）俞樾撰　清光緒九年(1883)吳下春在堂刻本　四冊　十行二十一字白口左右雙邊

610000－1001－0014019　普0017923

**大毘盧遮那成佛神變加持經四卷**　（唐）釋一行譯　清刻本　一冊　十行二十字上下黑口左右雙邊

610000－1001－0014020　普0017924

**法苑珠林一百卷**　（唐）釋道世撰　清道光七年(1827)燕園蔣氏刻本　二十四冊　十行二十字小字雙行同上下黑口左右雙邊

610000－1001－0014021　普0017926

**身世金丹不分卷**　（清）讀我書居士輯　清同

治九年(1870)上海錦章書局石印本 一冊
十一行二十四字小字雙行同白口四周雙邊

610000－1001－0014022 普0017927
械鬭危言一卷 (清)易光道人撰 清光緒二
十八年(1902)鏞業齋刻本 一冊 八行二十
字白口左右雙邊

610000－1001－0014023 普0017928
手中桂新鈔一卷 (清)何鳳笙輯 清光緒二
年(1876)刻本 一冊 八行二十字白口四周
雙邊

610000－1001－0014024 普0017930
思補齋筆記八卷 (清)潘世恩撰 清刻本
一冊 八行二十一字小字雙行同白口四周
雙邊

610000－1001－0014025 普0017931
焦尾閣遺稿不分卷 (清)盧德儀撰 清光緒
九年(1883)蘇州刻本 一冊 十行二十二字
上下黑口左右雙邊

610000－1001－0014026 普0017933
菩提資糧論六卷 (隋)釋達磨笈多譯 清宣
統三年(1911)常州天寧寺刻經處刻本 一冊
十行二十字上下黑口左右雙邊

610000－1001－0014027 普0017934
持志塾言二卷 (清)劉熙載撰 清光緒二十
二年(1896)刻本 一冊 十一行二十一字白
口左右雙邊

610000－1001－0014028 普0017935
宗忠簡公全集九卷 (宋)宗澤撰 清光緒二
十四年(1898)黃氏刻本 四冊 十行二十一
字下黑口四周雙邊

610000－1001－0014029 普0017936
欽定康濟錄四卷 (清)陸曾禹撰 清同治三
年(1864)浙江撫署刻本 三冊 十一行二十
四字白口四周單邊

610000－1001－0014030 普0017937
哲學要領一卷 (德國)科培爾撰 (清)蔡元
培譯 清光緒二十九年(1903)上海商務印書

館鉛印本 一冊 十五行三十二字白口四周
單邊

610000－1001－0014031 普0017938
大乘起信論一卷 (南朝梁)釋真諦譯 清光
緒三十年(1904)武昌廣陵黃氏刻本 一冊
九行二十四字下黑口左右雙邊

610000－1001－0014032 普0017942
六祖法寶壇經二卷 (唐)釋惠能撰 (唐)法
海輯 清同治二年(1863)寧波天童寺古松堂
刻本 一冊 八行二十字白口左右雙邊

610000－1001－0014033 普0017943
俗言一卷 (清)劉沅撰 清咸豐四年(1854)
豫誠堂刻本 一冊 九行二十一字白口左右
雙邊

610000－1001－0014034 普0017947
關邪錄三卷首一卷 (清)王錫祺輯 清光緒
二十六年(1900)南清河王氏鉛印本 二冊
十二行二十四字小字雙行同白口四周雙邊

610000－1001－0014035 普0017949
無線電報八章補編一章 (英國)克爾撰
(美國)衛理口譯 (清)范熙庸筆述 清光緒
二十九年(1903)製造局刻本 一冊 十行二
十二字上下黑口左右雙邊

610000－1001－0014036 普0017950
月泉吟社二卷 (宋)吳渭輯 清道光十四年
(1834)慎德堂刻本 一冊 九行二十字小字
雙行同上下黑口左右雙邊

610000－1001－0014037 普0017951
關中金石記八卷 (清)畢沅撰 清光緒三十
四年(1908)渭南嚴氏成都刻本 四冊 十一
行二十一字上下黑口左右雙邊

610000－1001－0014038 普0017952
明通鑑九十卷目錄二十卷前編四卷附編六卷
(清)夏燮撰 清刻本 四十四冊 行數不等
字數不等白口四周雙邊 缺八卷(六十四至六
十六、七十二至七十四、七十八至七十九)

610000－1001－0014039 普0017953

真西山全集七種 （宋）真德秀撰 清同治刻本 九十四冊 十行二十字白口四周雙邊 存四種

610000－1001－0014040 普0017954

小謨觴館詩集注八卷文集注四卷文續集注二卷詩續集注二卷詩餘附錄注一卷 （清）孫元培 （清）孫長熙纂輯 清光緒二十年（1894）吳門寓齋刻本 四冊 十行二十三字小字雙行同白口左右雙邊

610000－1001－0014041 普0017957

天演論二卷 （英國）赫胥黎撰 （清）嚴復譯 清光緒二十七年（1901年）富文書局石印本 一冊 十行二十一字白口四周雙邊

610000－1001－0014042 普0017959

退思齋詩存二卷 （清）卞士雲撰 清咸豐九年（1859）刻本 一冊 十一行二十二字白口四周雙邊

610000－1001－0014043 普0017960

小謨觴館詩集八卷詩餘附錄注一卷文集四卷 （清）彭兆蓀撰 （清）孫長熙纂輯 清嘉慶十一年（1806）韓江寓舍刻本 三冊 十二行二十三字白口左右雙邊

610000－1001－0014044 普0017961

萍香樹吟草一卷 （清）吳志恭撰 清道光十四年（1834）刻本 一冊 九行二十字白口左右雙邊

610000－1001－0014045 普0017962

句儉堂集四卷 （清）史炳撰 清道光二十九年（1849）刻本 二冊 九行二十一字白口左右雙邊

610000－1001－0014046 普0017963

澹如山房詩藁十卷 （清）馬紹光撰 清咸豐十一年（1861）刻本 一冊 八行十九字白口四周雙邊

610000－1001－0014047 普0017964

自鏡齋文鈔一卷 （清）潘曾瑋撰 清光緒十三年（1887）刻本 一冊 十行二十一字白口四周雙邊

610000－1001－0014048 普0017966

拙盦叢稿五種 （清）朱一新撰 清光緒二十二年（1896）順德龍氏葆真堂刻本 十六冊 十一行二十四字上下黑口四周單邊

610000－1001－0014049 普0017967

拙盦叢稿五種 （清）朱一新撰 清光緒二十二年（1896）順德龍氏葆真堂刻本 十六冊 十一行二十四字上下黑口四周單邊

610000－1001－0014050 普0017968

新鐫校正詳注分類百子金丹全書十卷 （清）郭偉選注 清光緒二十年（1894）上海袖海山房石印本 六冊 十三行三十二字白口四周雙邊

610000－1001－0014051 普0017969

勸懲交勉錄六卷 （清）凌衡輯 清刻本 一冊 九行二十字上下黑口四周單邊 存三卷（一至三）

610000－1001－0014052 普0017970

賀文忠公遺集五卷末一卷 （明）賀逢聖撰 清道光八年（1828）刻本 四冊 九行二十字白口四周雙邊

610000－1001－0014053 普0017972

粟香室叢書五十八種 金武祥輯 清光緒至民國江陰金氏刻本 一冊 十行二十四字上下黑口左右雙邊 存五種

610000－1001－0014054 普0017973

穀詒堂詩存二卷 （清）錢溥撰 清光緒八年（1882）刻本 二冊 七行十六字白口四周雙邊

610000－1001－0014055 普0017974

孟子編年四卷 （清）狄子奇編 清光緒十三年（1887）浙江書局刻本 一冊 十行二十二字白口左右雙邊

610000－1001－0014056 普0017975

寄龕全集六種 （清）孫德祖撰 清光緒刻本 一冊 九行二十一字小字雙行同白口左右雙邊 存二種

610000 - 1001 - 0014057　普 0017976

**學齋庸訓一卷** （清）孫德祖撰　清光緒刻本
一冊　九行二十一字白口左右雙邊

610000 - 1001 - 0014058　普 0017979

**知止軒文草二卷** （清）朱鎮撰　清宣統二年
(1910)存古學社刻本　一冊　九行二十一字
白口左右雙邊

610000 - 1001 - 0014059　普 0017980

**幾希錄良方合璧二卷首一卷** （清）張惟善輯
清刻本　一冊　十行二十二字白口四周雙
邊　存一卷(二)

610000 - 1001 - 0014060　普 0017980

**幾希錄一卷附集古方一卷** （清）瑞五堂主人
輯　清道光元年(1821)刻本　一冊　十一行
二十六字白口四周單邊

610000 - 1001 - 0014061　普 0017981

**黃石齋手寫書卷不分卷** （清）黃漳浦撰　清
光緒三十三年(1907)上海國粹學報石印本
一冊　行數不等字數不等

610000 - 1001 - 0014062　普 0017982

**史忠正公集四卷末一卷** （明）史可法撰　清
道光二十九年(1849)刻本　二冊　九行二十
四字白口四周雙邊

610000 - 1001 - 0014063　普 0017985

**八線備旨四卷** （美國）羅密士撰　（美國）潘
慎文選譯　清光緒二十九年(1903)上海美華
書館鉛印本　一冊　十一行二十五字白口四
周雙邊

610000 - 1001 - 0014064　普 0017986

**董方立遺書八種** （清）董祐誠撰　清同治八
年(1869)董貽清成都刻本　三冊　十一行二
十一字小字雙行同上下黑口左右雙邊

610000 - 1001 - 0014065　普 0017997

**困學語一卷** （清）范臺撰　清道光二十五年
(1845)刻本　一冊　九行二十字白口左右
雙邊

610000 - 1001 - 0014066　普 0017998

**偶存集一卷援守井研記略一卷** （清）董貽清
撰　清同治十一年(1872)刻本　一冊　十一
行二十一字白口左右雙邊

610000 - 1001 - 0014067　普 0018000

**秣陵集六卷** （清）陳文述撰　清光緒十年
(1884)淮南書局刻本(卷五至六配清刻本)
三冊　十一行二十二字上下黑口左右雙邊

610000 - 1001 - 0014068　普 0018001

**仰蕭樓文集一卷國朝經學名儒記一卷** （清）
張星鑑撰輯　清光緒九年(1883)刻本　一冊
十行二十四字白口左右雙邊

610000 - 1001 - 0014069　普 0018004

**蓉湖吟藳三卷** （清）伍魯興撰　清嘉慶二十
三年(1818)刻本　一冊　十行十九字白口左
右雙邊

610000 - 1001 - 0014070　普 0018005

**歷代循吏傳八卷** （清）朱軾　（清）蔡世遠輯
（清）張福昶纂　清光緒二十三年(1897)刻
本(卷七至八配清刻本)　四冊　九行二十一
字白口四周單邊

610000 - 1001 - 0014071　普 0018007

**樽酒銷寒詞一卷附錄一卷** （清）趙植庭輯
**續錄一卷** （清）方賓穆輯　清光緒十一年
(1885)粵東蔣仲嘉刻本　一冊　九行二十二
字白口四周雙邊

610000 - 1001 - 0014072　普 0018009

**陳氏易說五卷** （清）陳壽熊撰　清光緒二十
一年(1895)刻本　二冊　十行二十五字上下
黑口左右雙邊

610000 - 1001 - 0014073　普 0018010

**湖東第一山詩鈔五卷** （清）宋棠撰　清同治
八年(1869)刻本　一冊　九行二十一字白口
四周雙邊

610000 - 1001 - 0014074　普 0018011

**來齋金石刻考畧三卷** （清）林侗輯　清道光
二十一年(1841)刻本　三冊　九行二十二字
上下黑口四周雙邊

610000－1001－0014075　普0018014

世界教育統計年鑒不分卷　（日本）伊東佑穀撰　（清）謝蔭昌譯　清宣統二年(1910)奉天圖書館印刷所鉛印本　一冊　十四行二十七字下黑口四周雙邊

610000－1001－0014076　普0018015

倭文瑞公遺書八卷首二卷末一卷　（清）倭仁撰　清光緒元年(1875)六安求我齋刻本　四冊　十行二十一字白口四周雙邊

610000－1001－0014077　普0018017

江左三大家詩鈔九卷　（清）顧有孝等輯　清刻本　三冊　十一行二十一字上下黑口左右雙邊

610000－1001－0014078　普0018018

侯鯖詞五種　（清）吳唐林輯　清光緒十一年(1885)杭州刻本　二冊　九行二十一字白口左右雙邊

610000－1001－0014079　普0018019

漢諸葛忠武侯年譜一卷　（清）楊希閔編　清光緒四年(1878)福州刻本　一冊　十一行二十三字白口四周雙邊

610000－1001－0014080　普0018021

合肥三家詩錄二卷　（清）譚獻選　清光緒十二年(1886)安慶刻本　一冊　十行二十四字上下黑口四周雙邊

610000－1001－0014081　普0018022

新刻啟蒙同聲字音註釋捷徑不分卷　（清）施十洲編集　清刻本　一冊　九行字數不等白口四周單邊

610000－1001－0014082　普0018024

開有益齋金石文字記一卷　（清）朱緒曾述　清道光二十八年(1848)刻本　一冊　十行二十一字白口左右雙邊

610000－1001－0014083　普0018027

冬生艸堂詞四卷　（清）夏寶晉撰　清道光元年(1821)刻本　一冊　十行二十一字上下黑口左右雙邊

610000－1001－0014084　普0018028

安事齋詞錄二卷　（清）貴徵撰　清道光二十六年(1846)刻本　一冊　十行十九字白口左右雙邊

610000－1001－0014085　普0018030

爾雅直音二卷　（清）孫侶輯　清光緒六年(1880)常熟抱芳閣刻本　一冊　五行十五字白口左右雙邊

610000－1001－0014086　普0018032

越諺三卷　（清）范寅輯　清光緒八年(1882)谷應山房刻本　三冊　十行大小字不等白口四周雙邊

610000－1001－0014087　普0018038

越中百詠一卷　（清）周晉鑅輯　清道光二十九年(1849)小寄廬刻本　一冊　九行二十字白口左右雙邊

610000－1001－0014088　普0018039

版權考三卷　（英國）斯克羅頓撰　（清）周儀君譯　清光緒二十九年(1903)上海商務印書館鉛印本　一冊　十五行三十二字白口四周單邊

610000－1001－0014089　普0018040

頒發條例不分卷　（清）□□撰　清咸豐七年(1857)刻本　二冊　十二行二十四字白口四周雙邊

610000－1001－0014090　普0018041

雙桐山房詩鈔二卷　（清）陳鳳圖撰　清道光二十三年(1843)刻本　一冊　九行二十字白口四周單邊

610000－1001－0014091　普0018042

琴軒鼠璞四卷　（清）張可宇撰　清道光二十九年(1849)刻本　一冊　九行二十一字下黑口左右雙邊

610000－1001－0014092　普0018043

琴軒鼠璞四卷　（清）張可宇撰　清道光二十九年(1849)刻本　一冊　九行二十一字下黑口左右雙邊

610000－1001－0014093　普0018044

懶雲樓詩草四卷　（清）釋與宏撰　清道光七年(1827)小雲樓刻本　一冊　十行二十一字白口左右雙邊

610000－1001－0014094　普0018045

蜀碑記十卷首一卷　（宋）王象之撰　附辨僞考異二卷　（清）胡鳳丹撰　清同治八年(1869)刻本　一冊　九行大小字不等白口四周雙邊

610000－1001－0014095　普0018046

喤引集二卷附錄一卷　（清）古睿閑官手定　清道光二十七年(1847)刻本　一冊　九行二十一字上下黑口四周雙邊

610000－1001－0014096　普0018048

陳克齋先生集五卷　（宋）陳文蔚撰　（清）張伯行輯　清刻本　一冊　十行二十二字白口四周單邊

610000－1001－0014097　普0018050

超然抒情集二卷　（清）于先之撰　清光緒二十七年(1901)木活字印本　一冊　九行十八字下黑口四周單邊

610000－1001－0014098　普0018051

小安樂窩文集四卷詩存一卷　（清）張海珊撰　清道光十一年(1831)刻本　二冊　十行二十一字白口四周雙邊

610000－1001－0014099　普0018053

誰園詩鈔六卷　（清）阮焱撰　清光緒三年(1877)刻本　二冊　九行二十一字白口左右雙邊

610000－1001－0014100　普0018054

何文貞公千字文一卷　（清）何桂珍撰　清光緒二十三年(1897)刻本　一冊　行數不等字數不等

610000－1001－0014101　普0018055

勺零薈蕞四種　（清）宋枏撰　清光緒十四年(1888)塗山宋氏刻本　一冊　九行二十五字白口四周單邊

610000－1001－0014102　普0018056

雪曉詩稿不分卷　（清）斯山撰　清道光六年(1826)碧梧精舍刻本　一冊　九行二十一字白口四周雙邊

610000－1001－0014103　普0018057

師鄭堂駢體文存二卷　孫雄撰　清光緒二十一年(1895)刻本　一冊　十二行二十五字上下黑口四周單邊

610000－1001－0014104　普0018058

師鄭堂駢體文存二卷　孫雄撰　清光緒二十一年(1895)刻本　一冊　十二行二十五字上下黑口左右雙邊

610000－1001－0014105　普0018060

簣山堂詩鈔十二卷　（清）王賡言撰　清嘉慶十四年(1809)刻本　一冊　十行十九字白口左右雙邊　存二卷(一至二)

610000－1001－0014106　普0018063

孚齋詩集二卷　（明）王升撰　清木活字印本　一冊　十行二十字白口四周雙邊

610000－1001－0014107　普0018064

秋士先生遺集六卷　（清）彭績撰　清光緒七年(1881)刻本　二冊　十一行二十三字下黑口左右雙邊

610000－1001－0014108　普0018065

唐柳先生外集一卷　（唐）柳宗元撰　清光緒十三年(1887)寶閣影刻本　一冊　九行十八字白口左右雙邊

610000－1001－0014109　普0018066

止軒餘集八卷　（清）陳捷撰　清道光九年(1829)陳氏五馬山樓刻本　一冊　十一行二十一字上下黑口左右雙邊

610000－1001－0014110　普0018068

求古精舍金石圖一卷　（清）陳經輯　清嘉慶二十三年(1818)刻本　一冊　九行二十字上下黑口左右雙邊

610000－1001－0014111　普0018069

檴石齋文集二十六卷　（清）錢載撰　清刻本

四冊　十二行二十三字白口四周單邊

610000－1001－0014112　普0018072

緜雅堂駢體文八卷　（清）王詒壽撰　清光緒
六年(1880)刻本　二冊　十一行二十二字上
下黑口左右雙邊

610000－1001－0014113　普0018073

悔言辨正六卷首一卷　（清）夏震武撰　清光
緒十六年(1890)刻本　二冊　九行二十字白
口左右雙邊

610000－1001－0014114　普0018074

題江南曾文正公祠百詠一卷　（清）朱孔彰撰
　清光緒十三年(1887)金陵刻本　二冊　八
行十七字上下黑口四周雙邊

610000－1001－0014115　普0018076

花宜館詩鈔五卷　（清）吳振棫撰　清道光二
十七年(1847)刻本　一冊　九行二十一字上
下黑口左右雙邊

610000－1001－0014116　普0018077

眠綠山房詩鈔四卷末一卷　（清）朱寯撰　清
道光二十六年(1846)刻本　一冊　九行二十
一字小字雙行同下黑口左右雙邊

610000－1001－0014117　普0018079

綠筠堂菊花詩集四卷首一卷　（清）朱秉銘撰
　清光緒六年(1880)刻本　二冊　九行十九
字下黑口四周雙邊

610000－1001－0014118　普0018080

日本國志序一卷　（清）黃遵憲撰　清光緒二
十三年(1897)紹郡中西學堂刻本　一冊　十
三行二十二字上下黑口左右雙邊

610000－1001－0014119　普0018082

劉襄勤史傳稿一卷　（清）何維樸輯　清宣統
二年(1910)石印本　一冊　九行十八字四周
單邊

610000－1001－0014120　普0018086

慎子二卷　（戰國）慎到撰　清光緒二十五年
(1899)影印本　一冊　十行二十一字白口四
周雙邊

610000－1001－0014121　普0018091

亦有生齋集樂府二卷　（清）趙懷玉撰　清光
緒十三年(1887)刻本　一冊　十一行二十三
字上下黑口左右雙邊

610000－1001－0014122　普0018093

上蔡先生語錄三卷　（宋）謝良佐撰　（清）張
伯行重訂　清道光二年(1822)刻本　一冊
十行二十二字白口四周單邊

610000－1001－0014123　普0018094

東都事畧一百三十卷　（宋）王偁撰　清嘉慶
三年(1798)掃葉山房刻本　六冊　十二行二
十五字白口左右雙邊

610000－1001－0014124　普0018097

精選名儒草堂詩餘三卷　（元）鳳林書院輯
清嘉慶十六年(1811)江都秦氏刻本　一冊
十行二十字白口左右雙邊

610000－1001－0014125　普0018098

素書一卷　（漢）黃石公撰　清光緒四年
(1878)刻藍印本　一冊　九行十八字小字雙
行同藍口左右雙邊

610000－1001－0014126　普0018100

袁文箋正十六卷　（清）袁枚撰　（清）石韞玉
箋　清嘉慶十七年(1812)鶴壽山堂刻本　六
冊　十行二十字小字雙行三十字白口左右
雙邊

610000－1001－0014127　普0018102

石臼前集九卷後集七卷　（明）邢昉撰　清光
緒十八年(1892)刻本　六冊　十行十九字白
口四周單邊

610000－1001－0014128　普0018103

楚辭十七卷　（戰國）屈原撰　清刻本　一冊
　九行二十字白口四周雙邊　存六卷(三至
八)

610000－1001－0014129　普0018104

潘世恩年譜一卷　（清）思補老人訂　清咸豐
四年(1854)刻本　一冊　八行二十一字白口
四周雙邊

610000 - 1001 - 0014130　普 0018105

**昭代叢書十一集**　（清）張潮輯　清道光吳江沈氏世楷堂刻本　一百三十八冊　九行二十字白口左右雙邊　缺十五種

610000 - 1001 - 0014131　普 0018107

**經史問答十卷**　（清）全祖望撰　清刻本　二冊　十一行二十一字上下黑口左右雙邊

610000 - 1001 - 0014132　普 0018108

**浙士解經錄四卷附浙江考一卷**　（清）阮元訂　清嘉慶三年(1798)再到亭刻本　一冊　十行二十字白口四周雙邊

610000 - 1001 - 0014133　普 0018109

**經籍舉要一卷附家塾課程一卷**　（清）龍啓瑞撰　清光緒十九年(1893)中江講院刻本　一冊　十一行二十八字上下黑口左右雙邊

610000 - 1001 - 0014134　普 0018110

**環翠軒古文二卷詩存三卷**　（清）張得僑撰　清光緒二十七年(1901)刻本　二冊　八行十八字白口四周雙邊

610000 - 1001 - 0014135　普 0018111

**望炊樓叢書五種附二種**　（清）謝家福輯　清光緒吳縣謝氏刻本　一冊　十行二十四字白口左右雙邊　存三種

610000 - 1001 - 0014136　普 0018115

**昌黎先生集四十卷**　（唐）韓愈撰　清同治八年(1869)江蘇書局刻本　三十冊　九行十七字小字雙行同上下黑口四周雙邊

610000 - 1001 - 0014137　普 0018116

**經傳攷證八卷**　（清）朱彬撰　清同治五年(1866)寶應朱宜祿堂刻本　二冊　九行十九字白口左右雙邊

610000 - 1001 - 0014138　普 0018118

**綠雪堂遺集二十卷**　（清）王衍梅撰　清道光二十九年(1849)刻本　六冊　十二行二十三字白口左右雙邊

610000 - 1001 - 0014139　普 0018119

**伊川經說八卷**　（宋）程頤撰　清刻本（卷四

至八配清刻本）　二冊　十二行二十二字上下黑口左右雙邊

610000 - 1001 - 0014140　普 0018120

**秋江集註六卷**　（清）黃任撰　（清）王元麟註　清道光二十三年(1843)東山家塾刻本　五冊　十行二十四字白口四周雙邊

610000 - 1001 - 0014141　普 0018121

**增訂詳註廣日記故事二卷**　（清）王相增註　（清）李翼校　清光緒九年(1883)揚州聚經堂刻本（卷二配清刻本）　二冊　十行二十二字白口左右雙邊

610000 - 1001 - 0014142　普 0018122

**玉蘭山房詩鈔四卷**　（清）朱臨撰　清道光二十四年(1844)刻本　一冊　九行二十一字上下黑口左右雙邊

610000 - 1001 - 0014143　普 0018123

**無止境初存藳六卷**　（清）王相撰　清道光八年(1828)刻本　一冊　十行二十一字白口左右雙邊

610000 - 1001 - 0014144　普 0018124

**白香亭詩存一卷**　（清）鄧輔綸撰　清咸豐十年(1860)滿洲東湖行館刻本　一冊　十行二十一字上下黑口左右雙邊

610000 - 1001 - 0014145　普 0018125

**蟄廬遺集一卷**　（清）俞文詔撰　清光緒二十一年(1895)婺原俞氏清蔭堂刻本　一冊　八行十八字下黑口左右雙邊

610000 - 1001 - 0014146　普 0018126

**陳比部遺集三卷**　（清）陳壽祺撰　清同治八年(1869)刻本　一冊　十行二十一字上下黑口左右雙邊

610000 - 1001 - 0014147　普 0018129

**周季編略九卷**　（清）黃式三撰　清同治十二年(1873)刻本　四冊　九行二十二字白口左右雙邊

610000 - 1001 - 0014148　普 0018131

**二十四史**　（□）□□撰　清光緒四年(1878)

金陵書局刻本　五百四十八冊　十二行二十五字小字雙行三十七字白口左右雙邊　缺二十一卷(北史目錄一至四、宋史三百六十二至三百七十八)

610000－1001－0014149　普0018133
**月令粹編二十四卷圖說一卷**　(清)秦嘉謨輯　清嘉慶十七年(1812)江都秦嘉謨琳琅仙館刻本　八冊　九行大小字不等上下黑口四周雙邊

610000－1001－0014150　普0018134
**金石文字記六卷**　(清)顧炎武撰　清刻本　二冊　十一行二十字白口左右雙邊

610000－1001－0014151　普0018135
**里堂學算記十六卷**　(清)焦循撰　清刻本　六冊　十行二十一字上下黑口左右雙邊

610000－1001－0014152　普0018136
**天真閣集三十六卷**　(清)孫原湘撰　清嘉慶刻本　六冊　十二行二十四字上下黑口左右雙邊

610000－1001－0014153　普0018139
**隸篇十五卷續十五卷再續十五卷**　(清)翟云升撰　清道光十七年(1837)刻本　十冊　十四行二十五字小字雙行同白口左右雙邊

610000－1001－0014154　普0018140
**隸篇十五卷續十五卷再續十五卷**　(清)翟云升撰　清道光十七年(1837)刻本　七冊　行數不等字數不等白口左右雙邊

610000－1001－0014155　普0018141
**湖海樓叢書十二種**　(清)陳春輯　清嘉慶蕭山陳氏刻本　二十四冊　十行二十字上下黑口左右雙邊

610000－1001－0014156　普0018142
**徐騎省集三十卷補遺一卷　校徐集札記一卷**　(宋)徐鉉撰　(清)朱孔彰撰　清光緒十七年(1891)刻本　六冊　十行二十一字白口四周雙邊

610000－1001－0014157　普0018143

**白雨齋詞話八卷詞存一卷詩鈔一卷**　(清)陳廷焯撰　清光緒二十年(1894)刻本　四冊　十行十九字小字雙行同白口四周雙邊

610000－1001－0014158　普0018145
**陶園文集八卷詩集二十二卷詩餘二卷附六如亭傳奇二卷**　(清)張九鉞撰　清道光七年(1827)刻本　十冊　十二行二十三字上下黑口四周單邊

610000－1001－0014159　普0018146
**孟塗初集十卷**　(清)劉開撰　清嘉慶刻本　四冊　九行十九字白口四周雙邊

610000－1001－0014160　普0018148
**後漢書補注二十四卷**　(清)惠棟撰　清嘉慶九年(1804)德裕堂刻本　四冊　十一行二十三字小字雙行三十五字白口左右雙邊

610000－1001－0014161　普0018150
**重刊補註洗冤錄集證五卷**　(宋)宋慈撰　(清)王又槐增輯　(清)李觀瀾補輯　(清)阮其新補註　清道光刻三色套印本　四冊　十行十八字小字雙行同白口左右雙邊

610000－1001－0014162　普0018153
**資治通鑑考異三十卷**　(宋)司馬光撰　清光緒十四年(1888)胡元常影鈔明萬曆刻本　六冊　十行二十字小字雙行同

610000－1001－0014163　普0018156
**漢書一百二十卷**　(漢)班固撰　(唐)顏師古注　清同治八年(1869)金陵書局刻本　十六冊　十二行二十五字小字雙行三十七字白口左右雙邊

610000－1001－0014164　普0018157
**漢魏六朝百三名家集**　(明)張溥輯　清光緒十八年(1892)長沙謝氏翰墨山房刻本　一百二十冊　九行十八字白口左右雙邊

610000－1001－0014165　普0018159
**澂潭山房詩集十七卷**　(清)程襄龍撰　清刻本　三冊　九行二十五字白口左右雙邊

610000－1001－0014166　普0018160

寶綸堂集十卷　（清）陳洪綬撰　清光緒十四年(1888)會稽董氏取斯堂刻本　八冊　十行二十字白口四周單邊

610000－1001－0014167　普0018161

金文雅十六卷　（清）莊仲方編　清光緒十七年(1891)江蘇書局刻本　四冊　十四行二十五字白口左右雙邊

610000－1001－0014168　普0018162

遼文存六卷附錄二卷　繆荃孫輯　清光緒二十二年(1896)江陰繆荃孫雲自在龕刻本　二冊　十四行二十五字白口左右雙邊　存六卷（遼文一至六）

610000－1001－0014169　普0018163

昌黎先生詩集注十一卷　（唐）韓愈撰　（清）朱彝尊　（清）何焯評　（清）顧嗣立刪補　清光緒九年(1883)廣東翰墨園刻三色套印本　四冊　十一行二十字小字雙行三十字白口左右雙邊

610000－1001－0014170　普0018164

隸韻十卷　（宋）劉球撰　附隸韻考證二卷碑目考證一卷　（清）翁方綱撰　清嘉慶十五年(1810)刻本　六冊　五行字數不等白口四周單邊

610000－1001－0014171　普0018166

字典考證十二集　（清）王引之撰　清道光十一年(1831)刻本　六冊　十行二十一字白口四周雙邊

610000－1001－0014172　普0018168

禮記釋文四卷　（唐）陸德明音義　清嘉慶二十五年(1820)影宋刻本　二冊　十行大小字不等白口左右雙邊

610000－1001－0014173　普0018168

禮記二十卷　（漢）鄭玄注　撫本禮記鄭注考異二卷　（清）張敦仁撰　清嘉慶十一年(1806)陽城張氏影宋刻本　十冊　十行十六字小字雙行二十四字白口四周雙邊

610000－1001－0014174　普0018170

五代會要三十卷　（宋）王溥撰　清道光十一年(1831)秀州王氏百華萬卷草堂木活字印本　六冊　九行二十字小字雙行同白口四周單邊

610000－1001－0014175　普0018171

西漢會要七十卷　（宋）徐天麟撰　清道光八年(1828)刻本　六冊　九行二十一字白口左右雙邊

610000－1001－0014176　普0018172

瀛寰瑣紀二十八卷　（清）蠡杓居士編　清同治十一年至十三年(1872－1874)上海申報館鉛印本　八冊　十六行三十五字白口四周雙邊

610000－1001－0014177　普0018173

靜娛室存藁二卷首一卷　（清）李宗瀚撰　清道光十六年(1836)刻本　二冊　九行十九字白口四周雙邊

610000－1001－0014178　普0018174

三宋人集　（清）方功惠輯　清光緒七年(1881)巴陵方氏碧琳琅館刻本　六冊　十行二十一字白口左右雙邊

610000－1001－0014179　普0018175

聽訟廬詩鈔十六卷　（清）張維屏撰　清嘉慶十八年(1813)刻本　四冊　十一行二十四字上下黑口四周單邊

610000－1001－0014180　普0018176

北堂書鈔一百六十卷首一卷　（唐）虞世南撰　（清）孔廣陶校注　清光緒十四年(1888)南海孔氏三十有三萬卷堂影宋刻本　二十冊　十二行二十二字小字雙行同上下黑口四周單邊

610000－1001－0014181　普0018179

韓詩外傳十卷　（漢）韓嬰撰　（清）楊宗震閱　清刻本　二冊　九行二十字白口左右雙邊

610000－1001－0014182　普0018180

韓詩外傳十卷補逸一卷拾遺一卷　（漢）韓嬰撰　（清）周廷寀校注　清光緒元年(1875)望三益齋刻本　四冊　十行二十一字小字雙行同白口左右雙邊

610000－1001－0014183　普0018181

**韓詩外傳十卷補逸一卷拾遺一卷**　（漢）韓嬰撰　（清）周廷寀校注　清光緒元年（1875）望三益齋刻本　四冊　十行二十一字小字雙行同白口左右雙邊

610000－1001－0014184　普0018183

**[同治]上江兩縣志二十九卷首一卷**　（清）莫祥芝等修　（清）汪士鐸等纂　清同治十三年（1874）刻本　十二冊　十行二十五字上下黑口四周雙邊

610000－1001－0014185　普0018185

**三家宮詞三卷**　（明）毛晉輯　清同治十二年（1873）淮南書局刻本　一冊　十一行二十一字上下黑口左右雙邊

610000－1001－0014186　普0018186

**邃雅堂集十卷文集續編一卷**　（清）姚文田撰　清道光刻本　六冊　八行二十一字白口左右雙邊

610000－1001－0014187　普0018187

**徐雨峰中丞勘語四卷**　（清）徐士林撰　清光緒三十二年（1906）李氏聖譯樓刻本　四冊　十行二十二字白口左右雙邊

610000－1001－0014188　普0018190

**六藝綱目二卷附錄一卷札記一卷**　（元）舒天民撰　（元）舒恭注　（明）趙宜中附注　清道光嘉蔭簃刻本　四冊　九行十九字下黑口左右雙邊

610000－1001－0014189　普0018193

**浙西水利備考不分卷**　（清）王鳳生撰　清光緒四年（1878）浙江書局刻朱墨印本　四冊　九行二十三字白口四周單邊

610000－1001－0014190　普0018195

**顯志堂稿十二卷**　（清）馮桂芬撰　清光緒二年（1876）校邠廬刻本　四冊　十一行二十三字下黑口左右雙邊

610000－1001－0014191　普0018197

**三蘇全集**　（清）弓翊清校　清道光十二年（1832）眉州三蘇祠刻本　二十四冊　九行二十五字上下黑口左右雙邊

610000－1001－0014192　普0018201

**韓詩外傳十卷**　（漢）韓嬰撰　清嘉慶十年（1805）張氏照曠閣刻本　四冊　九行二十一字上下黑口左右雙邊

610000－1001－0014193　普0018202

**貳臣傳十二卷逆臣傳四卷**　（清）國史館編　清都城琉璃廠半松居士木活字印本　四冊　九行二十字白口左右雙邊

610000－1001－0014194　普0018203

**退菴隨筆二十二卷**　（清）梁章鉅編　清道光十六年（1836）刻本　八冊　九行二十二字白口左右雙邊

610000－1001－0014195　普0018205

**謝宣城集五卷**　（南朝齊）謝朓撰　清嘉慶元年（1796）拜經樓刻本　二冊　十行二十字上下黑口左右雙邊

610000－1001－0014196　普0018209

**古文辭類纂七十四卷**　（清）姚鼐輯　清刻本　十二冊　十三行二十二字上下黑口左右雙邊

610000－1001－0014197　普0018210

**永嘉先生八面鋒十三卷**　（宋）陳傅良撰　清嘉慶二十四年（1819）蕭山陳氏湖海樓刻本　一冊　十行二十字上下黑口左右雙邊

610000－1001－0014198　普0018211

**息柯居士全集十一種**　（清）楊翰撰　清同治、光緒刻本　四冊　九行十九字小字雙行同白口四周雙邊　存二種

610000－1001－0014199　普0018213

**淮海秋笳集一卷**　（清）李肇增編　清咸豐十年（1860）遲雲山館刻本　一冊　十行二十一字白口左右雙邊

610000－1001－0014200　普0018216

**淮南子二十一卷敘目一卷**　（漢）高誘注（清）莊逵吉校刊　清嘉慶九年（1804）武進莊逵吉刻本　四冊　十一行二十一字小字雙行

同黑口四周單邊

610000－1001－0014201　普 0018218

**大戴禮記補注十三卷**　(清)孔廣森撰　清嘉慶五年(1800)刻本　二冊　十行二十字小字雙行同上黑口左右雙邊

610000－1001－0014202　普 0018219

**清白士集六種附一種**　(清)梁玉繩撰　清嘉慶、道光刻本　七冊　十二行二十四字小字雙行同白口左右雙邊　存六種

610000－1001－0014203　普 0018221

**五經異義疏證三卷**　(漢)許慎撰　(清)陳壽祺疏證　清嘉慶十八年(1813)刻本　三冊　十行二十一字小字雙行同白口左右雙邊

610000－1001－0014204　普 0018225

**重刊拜經樓叢書七種**　(清)吳騫輯　清光緒十一年(1885)會稽章氏鄂渚刻本　八冊　十行二十二字小字雙行同上下黑口左右雙邊

610000－1001－0014205　普 0018226

**羣經識小八卷**　(清)李惇撰　清道光六年(1826)安愚堂刻本　四冊　十行二十一字白口左右雙邊

610000－1001－0014206　普 0018227

**曾文正公雜著四卷**　(清)曾國藩撰　(清)李瀚章編次　清同治十三年(1874)傳忠書局刻本　四冊　十行二十四字上下黑口左右雙邊

610000－1001－0014207　普 0018229

**徐州二遺民集**　(清)馮煦輯　清光緒十九年(1893)臨川桂中行刻本　六冊　十行二十二字小字雙行同白口四周雙邊

610000－1001－0014208　普 0018230

**歐陽文公圭齋集十五卷首一卷附錄一卷**　(元)歐陽元撰　(清)孫杰等校　清道光十四年(1834)棣餘山房刻本　六冊　十行二十二字白口左右雙邊

610000－1001－0014209　普 0018233

**問秋館菊錄一卷霜圃識餘二卷**　(清)菊隱翁著　清光緒十四年(1888)刻本　一冊　十一行二十一字黑口四周雙邊　存二卷(菊錄一、識餘上)

610000－1001－0014210　普 0018235

**孟塗文集十卷駢體文二卷**　(清)劉開撰　清光緒十二年(1886)慈谿大鄴山館刻本　四冊　十二行二十四字上下黑口四周單邊

610000－1001－0014211　普 0018236

**說文解字三十二卷**　(清)段玉裁注　清嘉慶十三年(1808)刻本　十六冊　九行字數不等小字雙行二十二字白口左右雙邊

610000－1001－0014212　普 0018237

**校刊史記集解索隱正義札記五卷**　(清)張文虎撰　清同治十一年(1872)金陵書局刻本　二冊　十一行二十二字小字雙行同上下黑口四周雙邊

610000－1001－0014213　普 0018238

**淮南天文訓補注二卷**　(清)錢塘撰　清道光八年(1828)嘉定縣署刻本　二冊　十行二十一字小字雙行同白口左右雙邊

610000－1001－0014214　普 0018243

**說文古籀補十四卷補遺一卷附錄一卷**　(清)吳大澂撰　清光緒九年(1883)刻本　二冊　八行大小字不等白口四周單邊

610000－1001－0014215　普 0018244

**清尊集十六卷**　(清)汪遠孫輯　清道光十九年(1839)錢塘汪氏振綺堂刻本　四冊　十一行二十四字上下黑口左右雙邊

610000－1001－0014216　普 0018247

**家禮五卷附錄一卷**　(宋)朱熹撰　清光緒六年(1880)公善堂刻本　三冊　七行十六字白口左右雙邊

610000－1001－0014217　普 0018248

**三國志攷證八卷**　(清)潘眉撰　清光緒十五年(1889)廣雅書局刻本　二冊　十一行二十四字上下黑口四周單邊

610000－1001－0014218　普 0018249

**北湖小志六卷首一卷**　(清)焦循撰　清嘉慶

十三年(1808)刻本　二冊　十一行二十四字
白口四周雙邊

610000－1001－0014219　普0018250
**說文解字十五卷**　(漢)許慎撰　(宋)徐鉉等
校　清嘉慶十二年(1807)刻本　四冊　十行
字數不等白口左右雙邊

610000－1001－0014220　普0018251
**國語校注本三種**　(清)汪遠孫撰　清道光二
十六年(1846)刻本　六冊　十行二十一字小
字雙行不等白口左右雙邊

610000－1001－0014221　普0018252
**十三經**　(□)□□撰　清道光刻本　八冊
十行二十字白口左右雙邊　存三種

610000－1001－0014222　普0018253
**廿一史約編八卷首一卷**　(清)鄭元慶撰
(清)徐秋尊等編次　清刻本　四冊　九行二
十一字小字雙行同白口四周單邊

610000－1001－0014223　普0018258
**四錄堂類集四種**　(清)嚴可均撰　清嘉慶刻
本　八冊　十一行二十四字上下黑口左右雙
邊　存二種

610000－1001－0014224　普0018259
**字詁一卷義府二卷**　(清)黃生撰　**字說一卷**
　(清)黃承吉撰　清光緒三年(1877)刻本
四冊　十行二十一字小字雙行同白口左右
雙邊

610000－1001－0014225　普0018260
**文選旁證四十六卷**　(清)梁章鉅撰　清道光
十八年(1838)刻本　十二冊　十二行二十四
字下黑口左右雙邊

610000－1001－0014226　普0018261
**古今錢略三十二卷首一卷末一卷**　(清)倪模
輯　清光緒五年(1879)望江倪氏兩疆勉齋刻
本　十六冊　十行字數不等上下黑口左右
雙邊

610000－1001－0014227　普0018262
**茅聲館集三十三卷首一卷**　(清)朱為弼撰

清咸豐六年至九年(1856－1859)陶子麟刻本
　十冊　十行二十字上下黑口左右雙邊

610000－1001－0014228　普0018267
**漢西域圖考七卷首一卷**　(清)李光廷撰　清
同治十年(1871)陽湖趙氏刻本　四冊　九行
二十一字白口四周單邊

610000－1001－0014229　普0018268
**說文引經異字三卷**　(清)吳雲蒸撰　清道光
五年(1825)歙縣吳氏刻本　一冊　六行大小
字不等上下黑口左右雙邊

610000－1001－0014230　普0018271
**泰雲堂集二十五卷**　(清)孫爾準撰　清道光
十三年(1833)孫氏刻本　六冊　十二行二十
四字下黑口左右雙邊

610000－1001－0014231　普0018272
**忠雅堂詩集二十七卷補遺二卷**　(清)蔣士銓
撰　清道光刻本　八冊　十行二十一字白口
四周雙邊

610000－1001－0014232　普0018274
**吳郡名賢圖傳贊二十卷**　(清)顧沅輯　清道
光刻本　八冊　十二行二十六字白口左右
雙邊

610000－1001－0014233　普0018276
**柳河東集四十三卷別集二卷外集二卷附錄一
卷**　(唐)柳宗元撰　(宋)穆脩校　清甯遠楊
季鸞刻本　六冊　十一行二十二字白口四周
雙邊

610000－1001－0014234　普0018279
**說文引經考異十六卷**　(清)柳榮宗撰　清咸
豐五年(1855)刻本　四冊　十一行二十一字
上下黑口四周雙邊

610000－1001－0014235　普0018283
**履園叢話二十四卷**　(清)錢泳輯　清同治九
年(1870)述德堂刻本　十二冊　九行二十二
字上下黑口四周單邊

610000－1001－0014236　普0018285
**淮海英靈集二十二卷**　(清)阮元輯　清嘉慶

三年(1798)儀徵阮氏琅嬛僊館刻本　六冊
十二行二十三字白口左右雙邊

610000－1001－0014237　普0018286

**癸巳存稿十五卷**　（清）俞正燮撰　清光緒十
年(1884)刻本　六冊　十二行二十四字白口
四周雙邊

610000－1001－0014238　普0018287

**人譜一卷人譜類記二卷**　（明）劉宗周撰　清
同治七年(1868)戢山書院刻本　二冊　十行
二十字上下黑口左右雙邊

610000－1001－0014239　普0018289

**六藝綱目二卷附錄二卷**　（元）舒天民撰
(元)舒恭注　（明）趙宜中附注　清道光二十
八年(1848)東武劉氏刻本　二冊　九行十九
字下黑口左右雙邊

610000－1001－0014240　普0018290

**四書章句集注二十六卷**　（宋）朱熹集注　清
嘉慶十六年(1811)璜川吳氏真意堂刻本　五
冊　九行十七字小字雙行同白口左右雙邊

610000－1001－0014241　普0018290

**璜川吳氏四書學**　（清）吳志忠輯　清嘉慶十
六年(1811)刻本　一冊　十一行二十六字小
字雙行同白口四周單邊

610000－1001－0014242　普0018291

**有正味齋詩集十六卷駢體文二十四卷外集五
卷詞集八卷**　（清）吳錫麒撰　清嘉慶十三年
(1808)錢塘吳氏刻本　十冊　十二行二十四
字小字雙行三十六字上下黑口四周單邊

610000－1001－0014243　普0018292

**鐵琴銅劍樓藏宋元本書目四卷**　（清）瞿鏞編
　清光緒二十三年(1897)元和江氏刻本　三
冊　十行二十字小字雙行同白口左右雙邊

610000－1001－0014244　普0018293

**大興徐氏三種**　（清）徐松撰　清道光刻本
八冊　十一行二十八字上下黑口左右雙邊

610000－1001－0014245　普0018298

**紅豆樹館書畫記八卷**　（清）陶樑輯　清光緒

八年(1882)吳越潘氏靜園刻本　十二冊　十
行二十字白口左右雙邊

610000－1001－0014246　普0018299

**海門詩鈔八卷外集四卷補錄一卷**　（清）鮑皋
撰　清宣統三年(1911)刻本　四冊　十行二
十一字小字雙行同白口左右雙邊

610000－1001－0014247　普0018300

**陶文毅公全集六十四卷首一卷末一卷**　（清）
陶澍撰　清道光二十年(1840)淮北士民公刻
本　二十四冊　十行二十一字白口四周雙邊

610000－1001－0014248　普0018301

**小萬卷齋經進藁四卷詩藁三十二卷續藁四卷**
　（清）朱珔撰　清道光刻本　十冊　十行二
十一字小字雙行同白口四周雙邊

610000－1001－0014249　普0018302

**九經古義十六卷**　（清）惠棟撰　清刻本　二
冊　十一行二十二字上下黑口左右雙邊

610000－1001－0014250　普0018304

**嘉定錢氏潛研堂全書二十一種**　（清）錢大昕
撰　清光緒十年(1884)長沙龍氏家塾刻本
二十冊　十行二十一字白口四周單邊　存
七種

610000－1001－0014251　普0018305

**省吾齋詩賦集十二卷古文集十二卷**　（清）竇
光鼐撰　清嘉慶六年(1801)慎德堂刻本　四
冊　十一行二十一字白口左右雙邊

610000－1001－0014252　普0018306

**鶴山文鈔三十二卷**　（宋）魏了翁撰　清同治
十三年(1874)望三益齋刻本　十三冊　十三
行二十四字白口左右雙邊

610000－1001－0014253　普0018314

**娛園叢刻十一種**　（清）許增輯　清光緒十五
年(1889)刻本　四冊　十二行二十三字白口
左右雙邊

610000－1001－0014254　普0018315

**小倉山房文集三十五卷詩集三十七卷補遺二
卷外集七卷**　（清）袁枚撰　清刻本　二十冊

十一行二十一字白口左右雙邊

610000－1001－0014255　普0018317

**通齋全集十種**　（清）蔣超伯撰　清同治三年
(1864)高涼郡齋刻本　四冊　十行二十一字
小字雙行三十一字白口四周雙邊　存四種

610000－1001－0014256　普0018318

**新學偽經考十四卷**　康有為撰　清光緒十七
年(1891)廣州康氏萬木草堂刻本　八冊　十
行二十字上下黑口左右雙邊

610000－1001－0014257　普0018319

**越事備考十二卷**　（清）劉名譽輯　清光緒二
十一年(1895)桂林刻本　四冊　十行二十二
字下黑口四周雙邊

610000－1001－0014258　普0018320

**陸桴亭先生遺書二十種附一種**　（清）陸世儀
撰　清光緒二十五年(1899)京師刻本　二十
九冊　十行二十字白口左右雙邊

610000－1001－0014259　普0018321

**晉畧六十六卷**　（清）周濟撰　清光緒二年
(1876)味雋齋刻本　十冊　十二行二十五字
小字雙行三十八字白口左右雙邊

610000－1001－0014260　普0018324

**漢碑引經攷六卷附漢碑引緯攷一卷**　（清）皮
錫瑞撰　清光緒三十年(1904)刻本　五冊
十三行二十二字上下黑口左右雙邊

610000－1001－0014261　普0018325

**天下才子必讀書十五卷**　（清）金聖嘆批　清
宣統二年(1910)國學進化社石印本　六冊
十四行三十字小字雙行同白口四周雙邊

610000－1001－0014262　普0018326

**論語後案二十卷**　（清）黃式三撰　清光緒九
年(1883)浙江書局刻本　十冊　九行二十二
字白口左右雙邊

610000－1001－0014263　普0018328

**續古文苑二十卷**　（清）孫星衍撰　清嘉慶十
七年(1812)冶城山館刻本　八冊　十一行二
十字小字雙行同上下黑口左右雙邊

610000－1001－0014264　普0018329

**辛丑銷夏記五卷**　（清）吳榮光撰　清光緒三
十一年(1905)郋園刻本　五冊　九行二十一
字小字雙行同下黑口左右雙邊

610000－1001－0014265　普0018331

**簡莊文鈔六卷續編二卷詩鈔一卷**　（清）陳鱣
撰　清光緒十四年(1888)粵東海昌羊氏刻本
二冊　十行二十一字上黑口左右雙邊

610000－1001－0014266　普0018332

**管子校正二十四卷**　（清）戴望撰　清同治十
二年(1873)刻本　四冊　十二行二十四字上
下黑口左右雙邊

610000－1001－0014267　普0018333

**縵雅堂駢體文八卷**　（清）王詒壽撰　清光緒
六年(1880)刻本　二冊　十一行二十二字上
下黑口左右雙邊

610000－1001－0014268　普0018334

**補疑年錄四卷**　（清）錢椒編　清道光刻本
二冊　九行字數不等白口四周雙邊

610000－1001－0014269　普0018334

**三續疑年錄十卷**　（清）陸心源編　清光緒五
年(1879)刻本　四冊　十行字數不等白口四
周雙邊

610000－1001－0014270　普0018334

**疑年錄四卷**　（清）錢大昕編　**補疑年錄四卷**
　（清）錢椒編　**三續疑年錄十卷**　（清）陸心
源編　清嘉慶十八年(1813)刻本　二冊　行
數不等字數不等白口左右雙邊

610000－1001－0014271　普0018335

**鐙味齋詩存五卷**　（清）曹宗瀚撰　清咸豐七
年(1857)刻本　二冊　十行二十一字小字雙
行同下黑口左右雙邊

610000－1001－0014272　普0018337

**重刊芝龕記樂府六卷首一卷**　（清）董榕撰
清光緒十五年(1889)湖南道州官廨刻本　四
冊　十行十九字上下黑口左右雙邊

610000－1001－0014273　普0018339

定盦文集三卷續集四卷文集補二卷雜詩一卷詞選一卷 （清）龔自珍撰 清同治七年(1868)刻本 六冊 十二行二十四字白口左右雙邊

610000－1001－0014274 普0018340
曝書亭集八十卷附錄一卷 （清）朱彝尊撰 笛漁小稾十卷 （清）朱昆田撰 清刻本 二十冊 十二行二十三字白口左右雙邊

610000－1001－0014275 普0018341
曝書亭集八十卷附錄一卷 （清）朱彝尊撰 清刻本 十冊 十二行二十三字白口左右雙邊

610000－1001－0014276 普0018342
國語正義二十一卷 （清）董增齡撰集 清光緒六年(1880)會稽章氏式訓堂刻本 八冊 十行二十一字上下黑口左右雙邊

610000－1001－0014277 普0018343
董方立遺書八種 （清）董祐誠撰 清同治八年(1869)四川成都刻本 四冊 十一行二十一字上下黑口左右雙邊

610000－1001－0014278 普0018344
劉禮部集十二卷 （清）劉逢祿撰 清道光十年(1830)刻本 四冊 十一行二十一字小字雙行同下黑口左右雙邊

610000－1001－0014279 普0018345
更生齋文甲集四卷乙集二卷詩集八卷詩餘二卷 （清）洪亮吉撰 清嘉慶七年(1802)洋川書院刻本 四冊 十一行二十二字上下黑口四周單邊

610000－1001－0014280 普0018347
資治通鑑二百九十四卷 （宋）司馬光撰 資治通鑑釋文辯誤十二卷 （元）胡三省撰 清嘉慶二十一年(1816)鄱陽胡氏刻本 一百冊 十行二十一字小字雙行二十字上下黑口四周雙邊

610000－1001－0014281 普0018348
散原精舍詩二卷 陳三立撰 清宣統元年(1909)鉛印本 二冊 十行二十二字小字雙行同白口四周雙邊

610000－1001－0014282 普0018351
七十家賦鈔六卷 （清）康紹鏞輯 清道光元年(1821)合河康氏刻本 四冊 十三行二十二字上下黑口左右雙邊

610000－1001－0014283 普0018353
宋元以來畫人姓氏錄三十六卷首一卷 （清）魯駿編 清道光十年(1830)會稽魯氏刻本 十六冊 十行二十一字白口左右雙邊

610000－1001－0014284 普0018354
鑑止水齋集二十卷 （清）許宗彥撰 清咸豐八年(1858)刻本 六冊 十行二十字小字雙行同上下黑口左右雙邊

610000－1001－0014285 普0018354
古春軒詩鈔二卷 （清）梁德繩撰 清咸豐二年(1852)鳳城刻本 一冊 十行二十一字白口左右雙邊

610000－1001－0014286 普0018358
四書講義二十二卷 （清）史廷輝輯 清刻本 八冊 八行二十五字白口左右雙邊

610000－1001－0014287 普0018359
四書類考三十卷 （清）陳愚谷撰 清嘉慶六年(1801)蘄州陳氏刻本 十四冊 九行二十二字白口四周雙邊

610000－1001－0014288 普0018367
禮記訓纂四十九卷 （清）朱彬輯 清刻本 八冊 九行二十二字小字雙行同白口左右雙邊

610000－1001－0014289 普0018370
漢魏六朝名家集初刻十八種附二十二種 丁福保輯 清宣統三年(1911)上海文明書局鉛印本 三十冊 十四行三十一字下黑口四周雙邊

610000－1001－0014290 普0018372
知不足齋叢書三十集 （清）鮑廷博輯 （清）鮑志祖續輯 清乾隆、道光長塘鮑氏刻本 二百二十四冊 九行二十一字上下黑口左右雙邊

610000－1001－0014291 普0018374

225

論語集解義疏十卷 （三國魏）何晏集解
（南朝梁）皇侃義疏 清刻本 五冊 九行二
十字小字雙行同上下黑口左右雙邊

610000－1001－0014292 普0018375

燕子箋記二卷 （清）阮大鋮撰 清同治十三
年(1874)寄傲山房刻本 四冊 九行二十字
小字雙行同白口四周雙邊

610000－1001－0014293 普0018377

國朝駢體正宗評本十二卷補編一卷 （清）曾
燠選 （清）姚燮評 （清）張壽榮參 清光緒
十年(1884)花雨樓刻朱墨印本 六冊 九行
二十字上下黑口四周雙邊

610000－1001－0014294 普0018383

藝風堂文集七卷外篇一卷 繆荃孫撰 清光
緒二十七年(1901)江陰繆氏刻本 四冊 十
一行二十三字上下黑口四周雙邊

610000－1001－0014295 普0018384

漢官儀三卷 （宋）劉攽撰 清道光四年
(1824)揚州穆西堂刻本 一冊 九行十七字
小字雙行二十六字上下黑口左右雙邊

610000－1001－0014296 普0018385

恩誦堂集十卷 （朝鮮）李尚迪撰 清道光二
十七年(1847)刻本 二冊 九行二十一字小
字雙行同上下黑口四周雙邊

610000－1001－0014297 普0018386

火攻挈要三卷圖一卷 （德國）湯若生授
（清）焦勗訂 清道光、咸豐番禺潘氏刻本
二冊 九行二十四字四周單邊

610000－1001－0014298 普0018387

重編五經文字三卷附新加九經字樣一卷
(唐)張參撰 （清）孫佽編勘 清嘉慶八年
(1803)天心閣刻本 四冊 六行大小字不等
白口四周單邊

610000－1001－0014299 普0018389

有竹石齋句說四卷 （清）吳英撰 清嘉慶十
五年(1810)真意堂刻本 二冊 九行二十字
白口左右雙邊

610000－1001－0014300 普0018395

昌黎先生詩增注證訛十一卷 （清）顧嗣立刪
補 （清）黃鉞證訛 清道光二十八年(1848)
黃中民二客軒刻本 四冊 十一行二十字小
字雙行三十字白口左右雙邊

610000－1001－0014301 普0018396

虞文靖公道園全集六十卷 （元）虞集撰 清
道光十七年(1837)刻本 十六冊 十一行二
十一字白口四周雙邊

610000－1001－0014302 普0018399

古文苑九卷 （宋）韓元吉編 清嘉慶十四年
(1809)蘭陵孫氏影宋刻本 六冊 十行十八
字上下黑口左右雙邊

610000－1001－0014303 普0018400

仿宋刻阮本十三經注疏附校勘記 （清）阮元
撰校勘記 清袖海山房石印本 三十二冊
十七行三十六字小字雙行四十八字白口四周
單邊

610000－1001－0014304 普0018404

遊道堂集四卷 （清）朱彬撰 清光緒二年
(1876)刻本 四冊 九行二十二字小字雙行
同白口左右雙邊

610000－1001－0014305 普0018405

曾文正公文集四卷 （清）曾國藩撰 清光緒
二年(1876)傳忠書局刻本 四冊 十行二十
四字下黑口左右雙邊

610000－1001－0014306 普0018406

嵇庵詩集六卷 （清）梅植之撰 清道光十六
年(1836)刻本 二冊 十行二十一字白口左
右雙邊

610000－1001－0014307 普0018409

南唐書注十八卷 （宋）陸游撰 （清）湯運泰
注 南唐書音釋一卷 （元）戚光撰 州軍總
音釋一卷 （清）湯顯本校錄 清道光二年
(1822)青浦湯氏綠籤山房刻本 八冊 十行
二十一字小字雙行同上下黑口左右雙邊

610000－1001－0014308 普0018412

沈文忠公集十卷 （清）沈兆霖撰 清同治八

年(1869)吳縣潘祖蔭刻本 四冊 十二行二
十三字白口四周雙邊

610000－1001－0014309 普0018413
元遺山詩集箋注十四卷首一卷附錄一卷補載
一卷 （元）張德輝類次 （清）施國祁箋 清
道光二年(1822)南潯蔣氏瑞松堂刻本 四冊
十二行二十三字小字雙行三十四字上下黑
口左右雙邊

610000－1001－0014310 普0018414
河東先生集十五卷 （宋）柳開撰 （宋）張景
編 行狀一卷 （宋）張景撰 清嘉慶元年
(1796)刻本 六冊 十行二十一字黑口左右
雙邊

610000－1001－0014311 普0018417
五朝名臣言行錄七十五卷 （宋）朱熹撰 清
同治七年(1868)臨川桂氏刻本 十二冊 十
二行二十三字上下黑口左右雙邊

610000－1001－0014312 普0018432
清夢盦二白詞五卷附刻一卷 （清）沈傳桂撰
清道光二十五年(1845)刻同治十一年
(1872)補刻本 四冊 十行二十二字白口四
周雙邊

610000－1001－0014313 普0018435
欽定熙朝雅頌集一百〇六卷首集二十六卷餘
集二卷 （清）鐵保等輯 清嘉慶九年(1804)
刻本 三十二冊 九行二十二字白口左右
雙邊

610000－1001－0014314 普0018439
儀禮私箋八卷 （清）鄭珍撰 清同治五年
(1866)成山唐氏刻本 四冊 十行二十一字
下黑口左右雙邊

610000－1001－0014315 普0018440
葦間詩集五卷 （清）姜宸英撰 （清）唐執玉
編輯 清道光四年(1824)刻本 二冊 十行
十九字上下黑口左右雙邊

610000－1001－0014316 普0018442
淵雅堂全集九種 （清）王芑孫編 清嘉慶刻
本 十八冊 十行二十一字小字雙行同白口

左右雙邊 存六種

610000－1001－0014317 普0018444
方南堂先生輟耕錄一卷 （清）方南堂撰 清
道光十四年(1834)廣陵聚好齋刻本 一冊
九行十六字上下黑口左右雙邊

610000－1001－0014318 普0018448
宋王黃州小畜集三十卷 （宋）王禹偁撰 清
刻本 四冊 十一行二十二字上下黑口左右
雙邊 存十三卷(一至十三)

610000－1001－0014319 普0018449
蘿藦亭札記八卷 （清）喬松年撰 清同治十
二年(1873)刻本 二冊 十行二十三字白口
四周單邊

610000－1001－0014320 普0018451
舊唐書二百卷 （後晉）劉昫等撰 清木活字
印本 三十二冊 十行二十三字白口四周
單邊

610000－1001－0014321 普0018452
東洲艸堂詩鈔三十卷 （清）何紹基撰 清同
治六年(1867)長沙無園刻本 八冊 十二行
二十四字上下黑口四周單邊

610000－1001－0014322 普0018453
浮邱子十二卷 （清）湯鵬撰 清同治四年
(1865)刻本 四冊 十二行二十九字白口四
周雙邊

610000－1001－0014323 普0018454
漢孳室文鈔四卷補遺一卷 （清）陶方琦撰
清光緒二十年(1894)刻本 二冊 十行二十
三字白口左右雙邊

610000－1001－0014324 普0018455
常德文徵四十八卷首一卷 （清）應先烈等撰
清嘉慶二十年(1815)鼎雅堂刻本 二十冊
十行二十三字白口四周雙邊

610000－1001－0014325 普0018456
問字堂集六卷 （清）孫星衍撰 清光緒十年
(1884)四明是亦軒刻本 二冊 十二行二十
四字上下黑口四周單邊

610000－1001－0014326　普0018458

**俞寧世文集四卷**　（清）俞長城撰　清刻本
二冊　九行二十字白口四周雙邊

610000－1001－0014327　普0018461

**篆學瑣著二十八種**　（清）顧湘輯　清道光二
十年(1840)海虞顧氏刻本　六冊　九行二十
一字上下黑口四周雙邊

610000－1001－0014328　普0018468

**東萊先生古文關鍵二卷**　（宋）呂祖謙編　清
同治九年(1870)古閩晏湖張勵志書屋刻本
二冊　九行二十一字白口左右雙邊

610000－1001－0014329　普0018469

**徐孝穆全集六卷**　（南朝陳）徐陵撰　（清）吳
兆宜箋注　清揚州藝古堂刻本　二冊　十行
二十字小字雙行同白口左右雙邊

610000－1001－0014330　普0018470

**復初齋文集三十五卷**　（清）翁方綱撰　（清）
李彥章校　清光緒三年(1877)李以烜刻本
十八冊　十一行二十一字白口左右雙邊

610000－1001－0014331　普0018472

**繹志十九卷附劄記一卷**　（明）胡承諾撰　清
光緒十七年(1891)三餘草堂刻本　八冊　十
一行二十字上下黑口四周單邊

610000－1001－0014332　普0018474

**舍是集十卷**　（清）王翼鳳撰　清道光二十一
年(1841)刻本　二冊　十行二十一字白口左
右雙邊

610000－1001－0014333　普0018475

**東塾集六卷**　（清）陳澧撰　清光緒十八年
(1892)菊坡精舍刻本　三冊　十二行二十四
字白口四周單邊

610000－1001－0014334　普0018478

**列子八卷**　（戰國）列禦寇撰　（唐）盧重元注
清嘉慶八年(1803)江都秦氏石研齋刻本
四冊　十行二十一字小字雙行同白口左右
雙邊

610000－1001－0014335　普0018479

**古文辭類纂七十五卷**　（清）姚鼐輯　清光緒
二十七年(1901)滁州李氏求要堂刻本　十二
冊　十二行二十五字小字雙行三十八字白口
左右雙邊

610000－1001－0014336　普0018480

**清尊集十六卷**　（清）汪遠孫輯　清道光十九
年(1839)錢塘汪氏振綺堂刻本　四冊　十一
行二十四字上下黑口左右雙邊

610000－1001－0014337　普0018481

**清尊集十六卷**　（清）汪遠孫輯　清道光十九
年(1839)錢塘汪氏振綺堂刻本　四冊　十一
行二十四字上下黑口左右雙邊

610000－1001－0014338　普0018487

**持靜齋書目四卷續增一卷**　（清）丁日昌輯
清同治、光緒刻本　五冊　十行大小字不等
白口四周雙邊

610000－1001－0014339　普0018488

**文心雕龍十卷**　（南朝梁）劉勰撰　清道光十
三年(1833)兩廣節署刻朱墨印本　四冊　十
行二十一字小字雙行同白口左右雙邊

610000－1001－0014340　普0018489

**癸巳類稿十五卷**　（清）俞正燮撰　清道光十
六年(1836)王藻求日益齋刻本　六冊　十二
行二十四字白口四周雙邊

610000－1001－0014341　普0018494

**書經大全十卷圖一卷**　（明）胡廣等纂　**書經
考異一卷**　（宋）王應麟撰　清刻本　四冊
八行二十一字小字雙行同白口左右雙邊

610000－1001－0014342　普0018497

**易說六卷**　（清）惠士奇撰　清嘉慶十五年
(1810)真意堂刻本　二冊　九行二十一字白
口左右雙邊

610000－1001－0014343　普0018498

**喪服會通說四卷**　（清）吳嘉賓撰　清咸豐元
年(1851)刻本　二冊　九行二十一字上下黑
口四周雙邊

610000－1001－0014344　普0018499

春秋集讀十五卷 （清）周照集讀 抄本 八冊 十行二十一字小字雙行不等白口左右雙邊

610000－1001－0014345 普0018500

唐人五十家小集 （清）江標輯 清光緒二十一年(1895)元和江氏影宋刻本 十冊 十行十八字白口左右雙邊 缺六種

610000－1001－0014346 普0018501

蓮子居詞話四卷 （清）吳衡照輯 清道光十二年(1832)錢塘汪氏振綺堂刻同治六年(1867)重修本 二冊 十行二十字上下黑口左右雙邊

610000－1001－0014347 普0018502

心矩齋叢書八種 （清）蔣鳳藻輯 清光緒長洲蔣氏刻本 八冊 十一行二十一字上下黑口左右雙邊 存三種

610000－1001－0014348 普0018505

淵鑒齋御纂朱子全書六十六卷 （清）熊賜履（清）李光地等編脩 清刻本 二十五冊 九行二十字白口四周單邊 缺二卷(六十一至六十二)

610000－1001－0014349 普0018506

揚州畫舫錄十八卷 （清）李斗撰 清嘉慶二年(1797)刻本 八冊 十行二十四字小字雙行同白口左右雙邊

610000－1001－0014350 普0018507

缶廬詩八卷別存一卷 吳俊卿撰 清光緒十九年(1893)刻本 三冊 十行二十一字白口四周單邊

610000－1001－0014351 普0018509

籀書內篇二卷外篇二卷 （清）曹金籀撰 清同治九年(1870)啟蕭刻本 二冊 十行二十一字白口左右雙邊

610000－1001－0014352 普0018510

述學內篇三卷補遺一卷外篇一卷別錄一卷附錄一卷校勘記一卷 （清）汪中撰 清同治八年(1869)刻本 二冊 十三行三十字白口左右雙邊

610000－1001－0014353 普0018511

古文苑九卷 （宋）韓元吉編 清嘉慶十四年(1809)蘭陵孫氏影宋刻本 二冊 十行十八字上下黑口左右雙邊

610000－1001－0014354 普0018512

毛詩異義四卷詩譜一卷 （清）汪龍撰 （清）鮑方榘校 清道光五年(1825)絜齋鮑氏刻本 二冊 十行二十一字小字雙行同白口四周雙邊

610000－1001－0014355 普0018513

天真閣集三十二卷 （清）孫原湘撰 清刻本 四冊 十二行二十四字上下黑口左右雙邊 存十六卷(一至十六)

610000－1001－0014356 普0018514

扁善齋詩存二卷文存三卷 （清）鄧嘉緝撰 清光緒二十七年(1901)刻本 四冊 十行二十字上下黑口四周雙邊

610000－1001－0014357 普0018515

拙尊園叢稿六卷 （清）黎庶昌撰 清光緒十九年(1893)上海醉六堂石印本 二冊 十行二十五字上下黑口左右雙邊

610000－1001－0014358 普0018516

唐陸宣公集二十二卷 （唐）陸贄撰 清光緒十二年(1886)公善堂刻本 六冊 十行十七字白口左右雙邊

610000－1001－0014359 普0018520

詩說攷畧十二卷 （清）成僎撰 清道光十年(1830)王氏信芳閣刻本 六冊 八行二十字白口四周單邊

610000－1001－0014360 普0018523

丹徒張氏家集三種 （清）張深輯 清道光刻本 四冊 十行二十一字上下黑口左右雙邊 存二種

610000－1001－0014361 普0018529

靈芬館集十種 （清）郭麐撰 清嘉慶、道光刻本 十二冊 十二行二十三字白口左右雙邊 存三種

610000－1001－0014362　普0018531

靜廉齋詩集二十四卷　（清）金姓撰　清嘉慶二十五年(1820)今雨堂刻本　六冊　十行二十一字白口左右雙邊

610000－1001－0014363　普0018532

槐軒雜著四卷　（清）劉沅撰　清咸豐十一年(1861)虛受齋刻本　四冊　十行二十一字白口四周雙邊

610000－1001－0014364　普0018534

八家四六文鈔　（清）吳鼒輯　清嘉慶三年(1798)刻本　八冊　十一行二十四字上下黑口四周單邊

610000－1001－0014365　普0018535

張皋文箋易詮全集十六種　（清）張惠言撰　清嘉慶、道光刻本　一冊　十行二十一字白口左右雙邊　存六種

610000－1001－0014366　普0018536

張皋文箋易詮全集十六種　（清）張惠言撰　清嘉慶、道光刻本　二冊　十一行二十三字小字雙行同白口左右雙邊　存三種

610000－1001－0014367　普0018537

張皋文箋易詮全集十六種　（清）張惠言撰　清嘉慶、道光刻本　二冊　十一行二十三字小字雙行同白口左右雙邊　存四種

610000－1001－0014368　普0018538－普0018539

張皋文箋易詮全集十六種　（清）張惠言撰　清嘉慶、道光刻本　三冊　十二行二十三字小字雙行同白口左右雙邊　存五種

610000－1001－0014369　普0018540

經學通論五卷　（清）皮錫瑞撰　清光緒二十三年(1897)思賢書局刻本　十四冊　十二行二十五字白口左右雙邊

610000－1001－0014370　普0018543

呂衡州文集十卷　（唐）呂溫撰　清道光七年(1827)石研齋秦氏刻本　二冊　十一行二十字白口左右雙邊

610000－1001－0014371　普0018544

許氏說文解字雙聲疊韻譜一卷　（清）鄧廷楨撰　清道光十九年(1839)刻本　二冊　九行二十字白口左右雙邊

610000－1001－0014372　普0018545

賜墨齋詩二卷詞一卷　（清）姚念曾撰　清光緒八年(1882)金山程氏補讀書齋刻光緒十九年(1893)重印本　一冊　十二行二十四字白口四周單邊

610000－1001－0014373　普0018546

絃詩塾詩六卷　（清）姚清華撰　清光緒七年(1881)金山程氏補讀書齋刻本　二冊　十二行二十四字白口四周單邊

610000－1001－0014374　普0018547

蒙廬詩存五卷　（清）沈景脩撰　清光緒二十年(1894)杭州刻本　一冊　十二行二十三字小字雙行同白口左右雙邊

610000－1001－0014375　普0018550

石經閣文初集八卷　（清）馮登府撰　清道光十一年(1831)刻本　二冊　十一行二十三字小字雙行同上下黑口左右雙邊

610000－1001－0014376　普0018553

六書通十卷　（明）閔齊伋輯　（清）畢弘述篆訂　清刻本　四冊　八行大小字不等白口四周雙邊　缺二卷(五至六)

610000－1001－0014377　普0018555

宛鄰書屋叢書十種　（清）張琦撰　清道光陽湖張氏宛鄰書屋刻本　六冊　十一行二十三字白口左右雙邊　存五種

610000－1001－0014378　普0018559

新編算學啟蒙三卷總括一卷後記一卷識誤一卷　（元）朱世傑編撰　清道光十九年(1839)刻本　二冊　十行十九字白口左右雙邊

610000－1001－0014379　普0018560

崇文總目五卷補遺一卷附錄一卷　（宋）王堯臣等撰　（清）錢東垣等輯釋　（清）錢侗輯補遺附錄　清嘉慶三年至四年(1798－1799)嘉定錢氏刻本　五冊　十行二十字小字雙行同

白口左右雙邊

610000－1001－0014380　普0018561

**汗簡七卷目錄一卷**　（宋）郭忠恕撰　（清）鄭珍箋正　清光緒十五年(1889)廣雅書局刻本　二冊　七行大小字不等上下黑口四周單邊

610000－1001－0014381　普0018562

**儀禮十七卷**　（漢）鄭玄注　清道光十四年(1834)立本齋刻本　四冊　九行十七字小字雙行同白口左右雙邊

610000－1001－0014382　普0018564

**段氏說文注訂八卷說文新附攷六卷續攷一卷**　（清）鈕樹玉撰　清道光四年(1824)蘇州青霞齋刻本　四冊　九行二十三字白口左右雙邊

610000－1001－0014383　普0018572

**史記一百三十卷**　（漢）司馬遷撰　（南朝宋）裴駰集解　（唐）司馬貞索隱　（唐）張守節正義　清同治五年至九年(1866－1870)金陵書局刻本　二十冊　十一行二十二字小字雙行同上下黑口四周雙邊

610000－1001－0014384　普0018574

**梅庵詩鈔五卷**　（清）鐵保撰　清嘉慶十年(1805)刻本　四冊　十行二十一字白口左右雙邊

610000－1001－0014385　普0018576

**人壽金鑑二十二卷**　（清）程得齡輯　清嘉慶二十五年(1820)柳衣園刻本　四冊　十二行二十四字小字雙行同上下黑口左右雙邊

610000－1001－0014386　普0018578

**觀我生室彙稿十種**　（清）羅士琳撰　清道光刻本　五冊　八行二十四字上下黑口四周雙邊　存六種

610000－1001－0014387　普0018579

**東塾讀書記二十五卷**　（清）陳澧撰　清光緒八年(1882)廣州刻本　五冊　十二行二十四字小字雙行同上下黑口四周單邊　存十五卷（一至十二、十五至十六、二十一）

610000－1001－0014388　普0018581

**蘇文忠公詩集五十卷目錄二卷**　（宋）蘇軾撰　（清）紀昀評點　清道光十四年(1834)兩廣節署刻朱墨印本　十二冊　十行二十一字白口左右雙邊

610000－1001－0014389　普0018587

**欽定天祿琳琅書目十卷後編二十卷**　（清）于敏中等編　（清）彭元瑞等續編　清光緒十年(1884)長沙王氏刻本　十冊　九行二十一字上下黑口左右雙邊

610000－1001－0014390　普0018588

**定香亭筆談四卷**　（清）阮元撰　清嘉慶五年(1800)揚州阮氏琅嬛僊館刻本　四冊　十行二十字白口四周雙邊

610000－1001－0014391　普0018589

**兩罍軒尺牘十二卷**　（清）吳雲撰　清光緒十年(1884)刻本　四冊　十行二十二字白口左右雙邊

610000－1001－0014392　普0018591

**金石三例**　（清）盧見曾輯　清光緒四年(1878)讀有用書齋刻朱墨印本　四冊　十行二十二字小字雙行三十二字白口左右雙邊

610000－1001－0014393　普0018592

**四書章句集注二十六卷　四書章句集注定本辨一卷**　（清）吳英撰　**四書章句附攷四卷**　（清）吳志忠輯　清嘉慶十六年(1811)璜川吳氏真意堂刻本　六冊　九行十七字小字雙行同白口左右雙邊

610000－1001－0014394　普0018593

**廣經室文鈔一卷**　（清）劉恭冕撰　清光緒十五年(1889)廣雅書局刻本　一冊　十一行二十四字上下黑口四周單邊

610000－1001－0014395　普0018594

**禹貢錐指節要一卷**　（清）胡渭撰　（清）汪獻玗節要　清咸豐三年(1853)恩暉堂刻本　一冊　十一行二十一字白口左右雙邊

610000－1001－0014396　普0018597

**丹邱生集五卷**　（元）柯九思撰　**附錄一卷**　繆荃孫等輯　清光緒三十四年(1908)息園刻

本 一冊 十一行二十字白口左右雙邊

610000－1001－0014397 普0018598

**學詁齋文集二卷** （清）薛壽撰 清光緒十五年(1889)廣雅書局刻本 一冊 十一行二十四字上下黑口四周單邊

610000－1001－0014398 普0018599

**後漢書一百三十卷** （南朝宋）范曄撰 （唐）李賢注 （晉）司馬彪續纂 （南朝梁）劉昭注補 清同治八年(1869)金陵書局刻本 十六冊 十二行二十五字小字雙行三十七字白口左右雙邊

610000－1001－0014399 普0018600

**蘀石齋文集二十六卷** （清）錢載撰 清刻本 二冊 十一行二十三字白口四周單邊 存二十二卷(一至二十二)

610000－1001－0014400 普0018602

**玉井山館集二十三卷** （清）許宗衡撰 清同治四年至九年(1865－1870)上元許氏刻本 五冊 十一行二十四字白口左右雙邊

610000－1001－0014401 普0018605

**瀛環志畧十卷** （清）徐繼畬輯著 清道光二十八年至二十九年(1848－1849)刻本 三冊 十行二十五字小字雙行同下黑口左右雙邊

610000－1001－0014402 普0018606

**韓詩外傳十卷補逸一卷** （漢）韓嬰撰 （清）周廷寀校注 清光緒元年(1875)望三益齋刻本 四冊 十行二十一字小字雙行同白口左右雙邊

610000－1001－0014403 普0018612

**說文解字十五卷** （漢）許慎撰 （宋）徐鉉校 清嘉慶十二年(1807)刻本 三冊 十行大小字不等白口左右雙邊

610000－1001－0014404 普0018613

**隨庵徐氏叢書十種續編十種** 徐乃昌輯 清光緒至民國南陵徐氏刻本 六冊 八行大小字不等白口左右雙邊 存十種

610000－1001－0014405 普0018614

**錢南園先生遺集五卷** （清）錢灃撰 清同治十一年(1872)星沙刻本 二冊 十行二十一字白口左右雙邊

610000－1001－0014406 普0018615

**揅經室一集十四卷二集八卷三集五卷四集十三卷續集十一卷再續集六卷外集五卷** （清）阮元撰 清道光揚州阮氏文選樓刻本(續集卷十一、外集卷五配清刻本) 二十二冊 十行二十二字小字雙行同白口四周雙邊 缺八卷(四集文一至二、再續集一至六)

610000－1001－0014407 普0018616

**靈芬館集十種** （清）郭麐撰 清嘉慶、道光刻本 十四冊 十二行二十三字白口左右雙邊 存七種

610000－1001－0014408 普0018618

**詩說十二卷** （宋）劉克撰 清抄本 六冊 九行字數不等 缺三卷(二、九至十)

610000－1001－0014409 普0018619

**明史三百三十二卷** （清）張廷玉等撰 清刻本 五十四冊 十行二十一字白口左右雙邊

610000－1001－0014410 普0018621

**四書五經** （清）鮑氏輯 清嘉慶十年(1805)揚州鮑氏刻本 二十八冊 九行十七字小字雙行同白口四周單邊

610000－1001－0014411 普0018623

**甌北全集七種** （清）趙翼撰 清乾隆、嘉慶湛貽堂刻本 二十冊 十一行二十一字白口左右雙邊 存三種

610000－1001－0014412 普0018627

**乘查筆記一卷** （清）斌椿撰 清同治八年(1869)刻本 二冊 九行二十一字小字雙行同白口四周雙邊

610000－1001－0014413 普0018636

**日鋤齋律呂新書初解二卷** （宋）蔡季通撰 （清）張琛注 清嘉慶十七年(1812)松林堂刻本 二冊 九行十九字小字雙行同白口四周雙邊

610000 – 1001 – 0014414　普 0018637

滄江稿十四卷　（朝鮮）金澤榮撰　清宣統三年(1911)江蘇通州翰墨林書局鉛印本　六冊　十二行三十二字小字雙行同上下黑口四周雙邊

610000 – 1001 – 0014415　普 0018638

羅豫章先生集十二卷首一卷末一卷　（宋）羅從彥撰　清光緒八年(1882)盱江謝甘棠刻本　四冊　九行二十字白口左右雙邊

610000 – 1001 – 0014416　普 0018647

虛齋名畫錄十六卷續錄四卷　龐元濟輯　清宣統元年(1909)烏程龐氏刻本　二十冊　九行二十一字小字雙行同下黑口四周雙邊

610000 – 1001 – 0014417　普 0018650

江寧金石記八卷待訪目二卷　（清）嚴觀輯　清宣統二年(1910)江楚編譯書局刻本　二冊　十二行二十四字上下黑口左右雙邊

610000 – 1001 – 0014418　普 0018651

[陝西武功]續補康氏族譜五卷　（清）康玉樹續并補　清咸豐十年(1860)刻本　一冊　八行字數不等

610000 – 1001 – 0014419　普 0018652

樹桑養蠶要略一卷樹藝良規一卷　（□）□□撰　清光緒十四年(1888)蓮池書局刻本　一冊　六行二十字白口四周雙邊

610000 – 1001 – 0014420　普 0018659

淮揚水利全圖不分卷　（清）祝補齋編繪　淮揚治水論一卷　（清）馮道立撰　清道光二十年(1840)刻本　一冊　十一行二十六字白口四周單邊

610000 – 1001 – 0014421　普 0018661

六書轉注錄十卷　（清）洪亮吉撰　清光緒四年(1878)授經堂刻本　四冊　十一行二十二字上下黑口左右雙邊

610000 – 1001 – 0014422　普 0018663

小五義一百二十四回　（清）石玉崑撰　清光緒十六年(1890)文光樓鉛印本　二十冊　十五行二十七字白口四周雙邊

610000 – 1001 – 0014423　普 0018664

陝西省禮泉縣光緒拾伍年摧徵拾肆年欠銀糧徵信冊不分卷　（清）□□編　清光緒刻本　二冊　十行字數不等白口左右雙邊

610000 – 1001 – 0014424　普 0018668

重刊校正唐荊川先生文集十二卷　（明）唐順之撰　清光緒三十年(1904)江南書局刻本　十冊　十行二十字上下黑口左右雙邊

610000 – 1001 – 0014425　普 0018673

未了緣初集二卷續集二卷　（清）王澹泉撰（清）杜宗岳選注　清咸豐元年(1851)寶孺堂刻本　四冊　十行二十五字白口左右雙邊

610000 – 1001 – 0014426　普 0018674

分隸偶存二卷　（清）萬經撰　清嘉慶元年(1796)辨志堂刻本　一冊　十一行二十一字上下黑口左右雙邊

610000 – 1001 – 0014427　普 0018674

廟制圖考四卷　（清）萬斯大撰　清嘉慶元年(1796)辨志堂刻本　一冊　十一行二十一字上下黑口左右雙邊

610000 – 1001 – 0014428　普 0018674

萬充宗先生經學五書　（清）萬斯大撰　清嘉慶元年(1796)辨志堂刻本　四冊　十一行二十一字上下黑口左右雙邊

610000 – 1001 – 0014429　普 0018675

出圍城記一卷　（清）楊榮撰　鎮城竹枝詞一卷　（清）□□撰　清光緒刻朱印本　一冊　七行十五字白口左右雙邊

610000 – 1001 – 0014430　普 0018676

新鐫繡像五虎平南狄青後傳六卷四十二回　（清）□□撰　清刻本　六冊　十行二十一字白口左右雙邊

610000 – 1001 – 0014431　普 0018677

燕子箋記二卷　（清）阮大鋮撰　清同治十三年(1874)寄傲山房刻本　四冊　九行二十字白口四周雙邊

610000 – 1001 – 0014432　普 0018679

西泠八家印選三十卷 （清）丁輔之輯 清光緒三十一年（1905）影印本 三十冊 行數不等字數不等白口四周單邊

610000－1001－0014433 普0018682

本草綱目五十二卷首一卷圖三卷 （明）李時珍撰 （清）張紹棠校 清光緒十一年（1885）合肥張氏味古齋刻本 四十冊 九行二十字小字雙行同白口左右雙邊

610000－1001－0014434 普0018683

大清如庠題名錄六卷首一卷 （清）劉琛編 清光緒二十四年（1898）皋東曉塘書院刻本 四冊 十二行字數不等白口四周單邊

610000－1001－0014435 普0018684

晉泰始笛律匡謬一卷 （清）凌廷堪撰 清光緒貴池劉氏刻本 一冊 十一行二十一字上下黑口左右雙邊

610000－1001－0014436 普0018685

重刻觀世音菩薩本行經簡集二卷 （宋）釋普明撰 清杭州西湖昭慶慧空經房刻本 一冊 九行十八字下黑口左右雙邊

610000－1001－0014437 普0018686

史微四卷 （清）張采田撰 清宣統三年（1911）木活字印本 二冊 十行二十四字小字雙行同上下黑口四周單邊

610000－1001－0014438 普0018687

太白山人槲葉集五卷南遊草一卷附補遺一卷附刊一卷 （清）李柏撰 清光緒十九年（1893）刻本 五冊 十行二十二字白口左右雙邊

610000－1001－0014439 普0018689

江蘇水利圖說不分卷 （清）李慶雲等撰 （清）陸鍾琦編 清宣統二年（1910）刻本 二冊 四周單邊

610000－1001－0014440 普0018690

金石三例 （清）盧見曾輯 清光緒四年（1878）南海馮氏讀有用書齋刻朱墨印本 二冊 十行二十二字小字雙行三十二字白口左右雙邊

610000－1001－0014441 普0018691

觀古閣叢刻四種附二種 （清）鮑康撰 清同治十二年（1873）歙縣鮑氏刻本 一冊 十行二十一字白口四周單邊 存二種

610000－1001－0014442 普0018694

江蘇全省輿圖不分卷 （□）□□繪 清刻本 一冊 上下黑口四周單邊

610000－1001－0014443 普0018697

十藥神書一卷 （元）葛乾孫編 清光緒五年（1879）吳縣潘氏敏德堂刻本 一冊 十行二十一字白口四周雙邊

610000－1001－0014444 普0018700

王志二卷 王闓運撰 （清）陳兆奎輯 清光緒三十三年（1907）承陽刻本 一冊 十行二十一字上下黑口左右雙邊

610000－1001－0014445 普0018701

霞客遊記十三卷 （明）徐宏祖撰 清光緒七年（1881）瘦影山房刻本 十冊 十行二十三字上下黑口四周單邊

610000－1001－0014446 普0018703

印人傳三卷 （清）周亮工撰 清道光二十年（1840）海虞顧氏刻本 一冊 九行二十一字上下黑口四周雙邊

610000－1001－0014447 普0018707

增補真脩寶卷一卷 （□）□□撰 清光緒十九年（1893）刻本 一冊 十四行二十五字白口四周雙邊

610000－1001－0014448 普0018708

衛生鴻寶六卷 （清）祝補齋編 清刻本 五冊 九行二十一字小字雙行同上黑口四周雙邊

610000－1001－0014449 普0018710

病榻夢痕錄二卷 （清）汪輝祖撰 清同治十一年（1872）刻本 二冊 十行二十一字小字雙行同上下黑口左右雙邊

610000－1001－0014450 普0018711

皇朝經籍志六卷 （清）黃本驥輯 清道光二

十五年(1845)刻本　二冊　十行二十一字小字雙行同白口四周雙邊

610000－1001－0014451　普0018712
潘公免災救難寶卷三卷　（清）潘沂撰　清光緒元年(1875)刻本　一冊　十行二十二字白口左右雙邊

610000－1001－0014452　普0018716
雪廬百印續冊不分卷　（清）王琛篆　清光緒二十九年(1903)刻鈐印本　二冊　行數不等字數不等四周雙邊

610000－1001－0014453　普0018717
張文貞公年譜一卷　（清）丁傳靖編　清光緒三十一年(1905)松蔭堂刻本　一冊　十行二十字小字雙行同白口左右雙邊

610000－1001－0014454　普0018726
楚漢諸侯疆域志三卷　（清）劉文淇撰　清光緒二年(1876)金陵刻本　一冊　十一行二十三字上下黑口左右雙邊

610000－1001－0014455　普0018728
新刻韓祖成仙寶傳二十四回　（□）□□撰　清刻本　一冊　八行二十三字白口四周雙邊

610000－1001－0014456　普0018730
醫效秘傳三卷　（清）葉桂撰　清刻本　一冊　八行二十一字白口四周雙邊

610000－1001－0014457　普0018731
宣南夢憶二卷　（清）甘溪瘦腰生撰　清光緒刻本　一冊　十行二十字上下黑口左右雙邊

610000－1001－0014458　普0018733
本草思辨錄四卷首一卷　（清）周巖撰　清光緒三十年(1904)山陰周氏微尚室刻本　四冊　十一行二十一字上下黑口左右雙邊

610000－1001－0014459　普0018734
成案彙錄不分卷　（□）□□撰　抄本　一冊　十二行字數不等

610000－1001－0014460　普0018736
百美印存不分卷　（清）查子圭篆　清光緒二十一年(1895)刻鈐印本　二冊　四周單邊

610000－1001－0014461　普0018737
性存堂印紀四卷　（清）成桂馨篆　清同治三年(1864)刻鈐印本　四冊　白口四周雙邊

610000－1001－0014462　普0018739
東甌金石志十二卷　（清）戴咸弼輯　清光緒九年(1883)刻本　四冊　九行二十一字下黑口四周雙邊　存四卷(一至四)

610000－1001－0014463　普0018742
殷商貞卜文字考一卷　羅振玉撰　清宣統二年(1910)石印本　一冊　十三行二十三字上下黑口四周單邊

610000－1001－0014464　普0018743
光緒通商列表不分卷　（清）楊楷撰　清光緒十二年(1886)刻本　一冊　十行二十五字上下黑口四周雙邊

610000－1001－0014465　普0018744
行素齋雜記二卷　（清）李佳撰　清光緒二十七年(1901)湖南臬署刻本　二冊　十行二十一字下黑口左右雙邊

610000－1001－0014466　普0018745
龍輔女紅餘志二卷　（元）隨輔撰　清宣統二年(1910)鉛印本　一冊　八行二十一字白口四周雙邊

610000－1001－0014467　普0018748
全史宮詞二十卷　（清）史夢蘭撰　清咸豐六年(1856)樂亭史氏刻本　四冊　九行二十三字小字雙行同白口四周雙邊

610000－1001－0014468　普0018751
醫書八種　（清）徐大椿撰輯並釋　清光緒四年(1878)掃葉山房刻本　十二冊　九行二十五字小字雙行同白口左右雙邊

610000－1001－0014469　普0018752
金匱翼八卷　（清）尤怡撰　清嘉慶十八年(1813)心太平軒刻本　八冊　九行二十字白口左右雙邊

610000－1001－0014470　普0018757
鶴徵錄八卷首一卷　（清）李集輯　鶴徵後錄

十二卷首一卷 （清）李富孫輯 清同治十一年(1872)嘉興李氏漾葭老屋刻本 六冊 十一行二十四字上下黑口左右雙邊

610000－1001－0014471 普0018762

三國志攷證二卷 （清）潘眉撰 清光緒二十八年(1902)鉛印本 四冊 十行二十六字白口四周雙邊

610000－1001－0014472 普0018767

唐王燾先生外臺秘要方四十卷 （唐）王燾撰 清同治十三年(1874)廣東翰墨園刻本 四十冊 十行二十二字小字雙行同白口上下雙邊

610000－1001－0014473 普0018769

粤東金石略十一卷 （清）翁方綱撰 清光緒十七年(1891)廣州石經堂書局影印本 四冊 十行二十二字白口左右雙邊

610000－1001－0014474 普0018775

金石屑四卷 （清）鮑昌熙摹 清光緒二年至七年(1876－1881)刻本 四冊 行數不等字數不等白口左右雙邊

610000－1001－0014475 普0018777

醫門棒喝二種 （清）章楠編撰 清同治六年(1867)聚文堂刻本 十二冊 八行二十字白口左右雙邊

610000－1001－0014476 普0018778

明張文忠公全集四十六卷附錄二卷 （明）張居正撰 清光緒二十七年(1901)紅藤碧樹山館刻本 十六冊 十行二十三字下黑口左右雙邊

610000－1001－0014477 普0018784

日本外史二十二卷 （日本）賴襄子成撰 清光緒十五年(1889)上海讀史堂刻本 八冊 十行二十二字白口四周單邊

610000－1001－0014478 普0018786

香南精舍金石契不分卷 （清）覺羅崇恩撰 清光緒二十六年(1900)石印本 二冊 行數不等字數不等白口四周雙邊

610000－1001－0014479 普0018790

千甓亭磚錄六卷續錄四卷 （清）陸心源撰 清光緒七年(1881)吳興陸氏十萬卷樓刻本 四冊 十行二十字白口左右雙邊

610000－1001－0014480 普0018793

[光緒十五年]恩科十八省鄉試同年錄不分卷 （清）□□輯 清光緒十五年(1889)刻本 二冊 十行字數不等白口四周雙邊

610000－1001－0014481 普0018794

繡像十美圖傳四十卷四十回 （清）松筠氏撰 清光緒四年(1878)刻本 六冊 十一行二十四字白口四周單邊

610000－1001－0014482 普0018801

鑄史駢言十二卷 （清）孫玉田撰 清光緒十三年(1887)石印本 二冊 十四行三十二字小字雙行同白口四周雙邊

610000－1001－0014483 普0018804

六合內外瑣言十四卷 （清）屠紳輯 清宣統三年(1911)上海扶輪社石印本 四冊 十三行三十字白口四周雙邊

610000－1001－0014484 普0018806

怪疾奇方一卷 （清）汪汲撰 清嘉慶六年(1801)古愚山房刻本 一冊 八行十八字白口四周單邊

610000－1001－0014485 普0018808

變法奏議叢鈔不分卷 （清）各省督撫等撰 清光緒二十七年(1901)上海書局石印本 四冊 十二行二十六字白口四周雙邊

610000－1001－0014486 普0018809

疫痧草辯論章一卷痧喉闡解一卷 （清）陳耕道撰 清光緒七年(1881)刻本 一冊 九行十八字白口左右雙邊

610000－1001－0014487 普0018810

袁太常疏稿不分卷 （清）袁昶撰 清光緒二十六年(1900)鉛印本 一冊 十行二十二字白口四周雙邊

610000－1001－0014488 普0018812

光緒通商列表不分卷 （清）楊楷撰 清光緒
十二年(1886)刻本 一冊 十行二十五字上
下黑口四周雙邊

610000－1001－0014489 普0018814

記王幼農先生守寧遠府城事一卷 （清）陳澹
然撰 清思過齋刻本 一冊 十行二十一字
上下黑口四周單邊

610000－1001－0014490 普0018817

夢園子十二篇 （清）方濬頤撰 清光緒十年
(1884)維揚刻本 一冊 九行二十三字下黑
口左右雙邊

610000－1001－0014491 普0018819

琴學入門二卷 （清）張鶴輯 清同治六年
(1867)心響往齋刻本 四冊 十行二十一字
四周單邊

610000－1001－0014492 普0018820

靳文襄公奏疏八卷 （清）靳輔撰 （清）靳治
豫編 清刻本 八冊 九行二十二字白口左
右雙邊

610000－1001－0014493 普0018821

吳吳山三婦合評牡丹亭還魂記二卷附錄一卷
（明）湯顯祖撰 （清）陳同評點 （清）錢
宜參評 或問一卷 （清）吳儀一撰 清刻本
四冊 十行二十字上下黑口四周單邊

610000－1001－0014494 普0018822

增修河東鹽法備覽八卷首一卷 （清）江人鏡
等修 （清）張元鼎等纂 清光緒八年(1882)
河東鹽運使署刻本 十冊 九行二十二字白
口左右雙邊

610000－1001－0014495 普0018823

續增河東鹽法備覽三卷首一卷 （清）寶棻等
修 （清）姚楷等纂 清宣統刻本 三冊 九
行二十二字白口左右雙邊

610000－1001－0014496 普0018824

補紅樓夢四十八回 （清）嬅嬛山樵撰 清嘉
慶二十五年(1820)刻本 十六冊 九行二十
字白口左右雙邊

610000－1001－0014497 普0018826

臣鑒錄二十卷 （清）蔣伊編輯 清光緒七年
(1881)刻本 十冊 九行二十三字白口四周
雙邊

610000－1001－0014498 普0018830

無弦琴譜二卷 （元）仇遠撰 清光緒十一年
(1885)錢塘丁氏刻本 一冊 十二行二十三
字白口左右雙邊

610000－1001－0014499 普0018836

蕩平髮逆圖記二十二卷首一卷 （清）杜文瀾
撰 清光緒上海漱六山莊石印本 四冊 十
六行三十六字白口四周雙邊

610000－1001－0014500 普0018839

皇清開國方略三十二卷首一卷 （清）阿桂等
纂 清光緒十三年(1887)廣百宋齋鉛印本
六冊 十三行三十一字白口四周雙邊

610000－1001－0014501 普0018841

長生殿傳奇二卷 （清）洪昇撰 清光緒十三
年(1887)上海蜚英館石印本 二冊 十五行
三十四字白口花欄

610000－1001－0014502 普0018846

樂府外集琴譜四卷首一卷 （清）汪烜輯 清
光緒九年(1883)婺源紫陽書院刻本 一冊
八行二十字白口左右雙邊

610000－1001－0014503 普0018847

變雅堂詩文集四卷詩集十卷遺集附錄一卷
(清)杜濬撰 清同治九年(1870)鄂垣黃岡劉
維楨刻本 八冊 九行二十一字上黑口四周
雙邊

610000－1001－0014504 普0018850

攷史拾遺十卷 （清）錢大昕撰 清嘉慶十三
年(1808)嘉定李氏稻香吟館刻本 四冊 十
行二十一字白口左右雙邊

610000－1001－0014505 普0018851

溉堂前集九卷續集六卷 （清）孫枝蔚撰 清
刻本 五冊 十一行二十一字白口四周單邊

610000－1001－0014506 普0018852

金源紀事詩八卷　（清）湯運泰撰　清同治十二年(1873)淮南書局刻本　四冊　十行二十一字下黑口左右雙邊

610000－1001－0014507　普0018854

欽定工部則例九十八卷　（清）多隆阿等纂　清嘉慶三年(1798)刻本　二十四冊　九行二十字白口四周雙邊

610000－1001－0014508　普0018855

婦科秘傳神方不分卷　（清）王德峻校　清光緒十三年(1887)時忍堂刻本　一冊　九行二十四字白口四周雙邊

610000－1001－0014509　普0018856

力餘螯屋土風草一卷旅路樽譚草前編一卷說書答友草四編時藝試帖草前冊一卷後冊一卷始帖一卷　（清）王禹堂撰　清道光二十八年(1848)刻本　八冊　九行二十二字白口四周雙邊

610000－1001－0014510　普0018858

雨屋深燈詞一卷續稿一卷三編一卷　汪兆鏞撰　清宣統三年(1911)至民國鉛印本　一冊　十二行二十一字小字雙行同上下黑口左右雙邊

610000－1001－0014511　普0018859

悔翁集二十二卷　（清）屈復撰　清刻本　六冊　十行二十一字小字雙行同白口四周雙邊

610000－1001－0014512　普0018863

明大司馬盧公奏議十卷　（明）盧象昇撰　清道光九年(1829)盧氏祠堂刻本　八冊　十行二十一字下黑口左右雙邊

610000－1001－0014513　普0018864

羅豫章先生集十二卷首一卷末一卷　（宋）羅從彥撰　清光緒八年(1882)盱江謝甘棠刻本　四冊　九行二十字白口左右雙邊

610000－1001－0014514　普0018865

林文忠公遺集四種　（清）林則徐撰　清光緒三山林氏刻本　三冊　十行二十四字白口左右雙邊　存三種

610000－1001－0014515　普0018866

嶼浮閣賦集一卷詩集十三卷　（明）溫日知撰　清咸豐七年(1857)宏道書院刻本　二冊　十行二十二字白口左右雙邊

610000－1001－0014516　普0018871

聖武記十四卷　（清）魏源撰　清光緒二十四年(1898)湖南書局刻本　十二冊　九行二十二字上下黑口左右雙邊

610000－1001－0014517　普0018872

癸巳存稿十五卷　（清）俞正燮撰　清光緒十年(1884)刻本　八冊　十二行二十四字白口四周雙邊

610000－1001－0014518　普0018874

寄蠡詩鈔一卷附還珠堂和陶百詩一卷　（清）屬同勳撰　清道光刻本　一冊　九行二十一字白口左右雙邊

610000－1001－0014519　普0018875

校訂困學紀聞三箋二十卷　（宋）王應麟撰（清）閻若璩等箋　清嘉慶九年(1804)刻本　六冊　十一行二十五字小字雙行三十三字下黑口左右雙邊

610000－1001－0014520　普0018880

洴澼百金方十四卷首一卷　（清）袁宮桂編　清道光二十年(1840)陳階平刻本　五冊　九行二十四字白口四周單邊

610000－1001－0014521　普0018881

學古堂日記四十種　（清）雷淩等輯　清光緒十六年(1890)刻二十二卷(1896)續刻本　二冊　十一行二十一字下黑口左右雙邊　存十三種

610000－1001－0014522　普0018882

切問齋集十六卷　（清）陸燿撰　清嘉慶元年(1796)刻本　四冊　九行二十字白口左右雙邊

610000－1001－0014523　普0018883

鐵華館叢書六種　（清）蔣鳳藻輯　清光緒長洲蔣氏影刻本　十六冊　十二行二十二字小字雙行二十五字白口左右雙邊

610000－1001－0014524　普0018886

**夢痕錄餘一卷**　(清)汪輝祖撰　清咸豐刻本
一冊　十行二十一字上下黑口左右雙邊

610000－1001－0014525　普0018887

**橘中人語一卷**　(清)賴蘊山輯　清咸豐十年
(1860)賴家園刻本　一冊　七行二十一字白
口四周單邊

610000－1001－0014526　普0018888

**經畧洪承疇奏對筆記二卷**　(清)洪承疇撰
清光緒刻本　一冊　十三行二十五字白口左
右雙邊

610000－1001－0014527　普0018889

**棉陽書院學規節鈔一卷**　(清)藍鼎元撰　清
同治元年(1862)拙修齋刻本　一冊　八行二
十二字上黑口左右雙邊

610000－1001－0014528　普0018891

**鮚埼亭集三十八卷首一卷全謝山先生經史問
答十卷**　(清)全祖望撰　(清)史夢蛟校　清
嘉慶九年(1804)史夢蛟刻本　五冊　十行二
十一字白口左右雙邊

610000－1001－0014529　普0018893

**小兒推拿法方脉活嬰秘旨三卷**　(清)龔雲林
撰　抄本　一冊　十二行字數不等

610000－1001－0014530　普0018899

**杭州節孝全錄一卷續錄一卷**　(清)浙江採訪
節孝局編　清光緒刻本　一冊　十一行二十
四字白口左右雙邊

610000－1001－0014531　普0018900

**金源紀事詩八卷**　(清)湯運泰撰　(清)湯顯
業等注　清嘉慶十八年(1813)刻本　二冊
十行二十一字下黑口左右雙邊

610000－1001－0014532　普0018901

**初月樓文鈔十卷附詩鈔四卷程子香文鈔二卷**
(清)吳德旋撰　清道光三年(1823)康兆晉
刻本　二冊　十行二十二字白口左右雙邊

610000－1001－0014533　普0018902

**話雨齋詩存五卷**　(清)楊汝諧撰　清嘉慶九

年(1804)刻本　一冊　九行二十一字白口左
右雙邊

610000－1001－0014534　普0018903

**姜氏痘科不分卷**　(□)□□撰　抄本　一冊
十二行二十四字白口四周單邊

610000－1001－0014535　普0018904

**古唐詩選七卷**　(明)李攀龍選　清刻本　二
冊　十行二十字上下黑口四周單邊

610000－1001－0014536　普0018905

**珠萊閣遺稿一卷**　(清)朱尊增撰　**哀弦集一
卷**　(清)徐錫第撰　清道光六年(1826)刻本
一冊　七行十七字白口左右雙邊

610000－1001－0014537　普0018906

**楊仲宏集八卷**　(元)楊載撰　清嘉慶十五年
(1810)浦城祝氏留香室刻本　二冊　十行二
十三字白口四周雙邊

610000－1001－0014538　普0018907

**明州繫年錄七卷**　(清)董沛撰　清光緒四年
(1878)刻本　三冊　十行二十一字小字雙行
同白口左右雙邊

610000－1001－0014539　普0018908

**雙樹軒詩初稿十二卷**　(清)儲麟趾撰　清刻
本　三冊　九行二十二字小字雙行同白口四
周雙邊

610000－1001－0014540　普0018911

**五代史記纂誤補四卷附錄一卷**　(清)吳蘭庭
撰　清嘉慶八年(1803)刻本　一冊　十一行
二十一字白口左右雙邊

610000－1001－0014541　普0018912

**注解傷寒論十卷**　(漢)張仲景撰　抄本　一
冊　十行十九字　存五卷(六至十)

610000－1001－0014542　普0018913

**秘傳妙用不分卷**　(清)懷樸子輯　抄本　一
冊　行數不等字數不等

610000－1001－0014543　普0018914

**佛崖驗方抄一卷歷代帝王謚號年譜一卷**
(清)羅叔蠔撰　清道光八年(1828)刻本　一

冊　九行二十五字白口左右雙邊

610000－1001－0014544　普0018915

**丸散膏丹不分卷**　（□）傑夫氏錄　抄本　一
冊　行數不等字數不等

610000－1001－0014545　普0018916

**幼科不分卷**　（清）陳復正撰　清宣統三年
（1911）抄本　一冊　十行字數不等

610000－1001－0014546　普0018919

**脉訣要覽不分卷**　（□）□□撰　抄本　一冊
八行字數不等

610000－1001－0014547　普0018920

**外科醫方不分卷**　（□）□□撰　抄本　一冊
九行字數不等

610000－1001－0014548　普0018921

**傷寒舌鑑一卷**　（清）張登彙　（清）張誕先編
抄本　一冊　行數不等字數不等

610000－1001－0014549　普0018922

**群方便讀不分卷**　（□）□□撰　抄本　一冊
九行字數不等

610000－1001－0014550　普0018929

**熙朝人鑑上集四卷首一卷下集四卷首一卷**
（清）丁承祜編　清光緒二十三年（1897）蘇城
瑪瑙經房善書局刻本　四冊　十一行二十三
字白口四周雙邊

610000－1001－0014551　普0018930

**勵志錄二卷**　（清）沈近思撰　清同治十二年
（1873）浙江書局刻本　一冊　十行二十二字
白口左右雙邊

610000－1001－0014552　普0018932

**[嘉定]剡錄十卷**　（宋）史安之修　（宋）高
似孫纂　清同治九年（1870）刻本　二冊　九
行二十二字小字雙行同白口左右雙邊

610000－1001－0014553　普0018935

**仰齋醫鏡二卷**　（□）方仲縉編　抄本　一冊
九行字數不等

610000－1001－0014554　普0018937

**家庭講話三卷**　（清）陸一亭撰　清嘉慶二十

三年（1818）太倉修息堂刻本　一冊　九行二
十字白口左右雙邊

610000－1001－0014555　普0018938

**浪跡叢談十一卷**　（清）梁章鉅撰　清道光二
十七年（1847）亦東園刻本　四冊　十行二十
二字小字雙行同下黑口左右雙邊

610000－1001－0014556　普0018939

**上虞五鄉水利紀實一卷**　（清）金鼎撰　清光
緒三十四年（1908）柯莊謙守齋刻本　一冊
九行二十二字上下黑口四周雙邊

610000－1001－0014557　普0018941

**齊詩翼氏學四卷**　（清）迮鶴壽撰　清嘉慶十
七年（1812）蓬萊山房刻本　一冊　十行二十
字白口左右雙邊

610000－1001－0014558　普0018942

**太原王氏義莊全案不分卷**　（清）王壽康輯
清道光二十九年（1849）上海王氏刻本　一冊
九行二十三字白口四周雙邊

610000－1001－0014559　普0018943

**吳地記一卷後集一卷**　（唐）陸廣微撰　清同
治十二年（1873）江蘇書局刻本　一冊　十二
行二十三字上下黑口四周雙邊

610000－1001－0014560　普0018946

**龍游東南鄉公禁冬笋案稿一卷**　（□）□□撰
清光緒刻本　一冊　九行二十五字上黑口
四周雙邊

610000－1001－0014561　普0018948

**楊忠愍公遺書一卷自著年譜一卷**　（明）楊繼
盛撰　清同治六年（1867）刻本　一冊　十行
二十二字白口左右雙邊

610000－1001－0014562　普0018949

**弟子職集解一卷**　（清）莊述祖輯　**考證一卷**
（清）黃彭年輯　清光緒十四年（1888）江蘇
書局刻本　一冊　十三行二十二字上下黑口
四周雙邊

610000－1001－0014563　普0018950

**演孔芻說一卷**　（清）吳壽璜撰　清光緒二十

七年(1901)刻本　一冊　九行二十五字白口
左右雙邊

610000－1001－0014564　普0018951

卷園書牘一卷　(清)錢康榮撰　清光緒二
十二年(1896)刻本　一冊　十一行二十四字白
口左右雙邊

610000－1001－0014565　普0018952

賦法一卷　(清)姚文田批註　清嘉慶六年
(1801)刻本　一冊　九行二十字白口四周
雙邊

610000－1001－0014566　普0018953

通行條例不分卷(清光緒元年起至十四年止)
　(清)□□輯　清光緒十四年(1888)江蘇書
局刻本　四冊　十二行二十四字白口四周
雙邊

610000－1001－0014567　普0018954

藥性蒙求二卷　(清)張仁錫輯　抄本　一冊
　行數不等字數不等　存一卷(下)

610000－1001－0014568　普0018959

温氏母訓一卷　(明)温璜撰　清嘉慶二十三
年(1818)友恭堂刻本　一冊　八行十六字白
口四周單邊

610000－1001－0014569　普0018963

曹月川先生語錄一卷　(明)趙邦清輯　清咸
豐、同治刻本　一冊　九行二十一字下黑口
四周單邊

610000－1001－0014570　普0018964

誡子書一卷　(清)聶繼模撰　清光緒二十三
年(1897)刻本　一冊　九行二十字上下黑口
左右雙邊

610000－1001－0014571　普0018965

讀讀書錄二卷　(清)汪紱撰　清光緒二十一
年(1895)刻本　二冊　十行二十二字白口四
周雙邊

610000－1001－0014572　普0018966

明賢蒙正錄二卷　(清)彭定求輯　清同治九
年(1870)彭慰高刻本　一冊　八行十八字小

字雙行同上下黑口四周單邊

610000－1001－0014573　普0018967

道德經解一卷　(□)純陽帝君釋義　(□)雲
門魯史纂述　清刻本　一冊　九行二十二字
小字雙行不等上下黑口四周雙邊

610000－1001－0014574　普0018968

上虞塘工紀要二卷　(清)連蘅著　清光緒三
十年(1904)刻本　一冊　九行二十字上下黑
口左右雙邊

610000－1001－0014575　普0018969

伽藍記五卷　(北魏)楊衒之撰　清刻本　一
冊　九行二十字白口四周單邊

610000－1001－0014576　普0018970

推求師意二卷　(明)戴思恭撰　清嘉慶十二
年(1807)刻本　一冊　九行二十一字上下黑
口左右雙邊

610000－1001－0014577　普0018972

安溪先生解義三種　(清)李光地撰　清刻本
　一冊　十一行二十字白口四周單邊

610000－1001－0014578　普0018983

一山經說二卷雜文一卷　章梫撰　清宣統元
年(1909)京華印書局鉛印本　一冊　十一行
三十字上下黑口四周雙邊

610000－1001－0014579　普0018984

東埭文鈔四卷　(清)郭肇撰　清光緒二十一
年(1895)刻本　一冊　九行二十一字白口左
右雙邊

610000－1001－0014580　普0018985

朱子論語集注訓詁攷二卷　(清)潘衍桐輯
清光緒十六年(1890)刻本　一冊　十行二十
字上下黑口四周雙邊

610000－1001－0014581　普0018986

俞樓詩記一卷　(清)俞樾撰　清光緒七年
(1881)仁和徐氏竹瓶齋刻本　一冊　十行二
十一字白口左右雙邊

610000－1001－0014582　普0018989

楊椒山公垂範集四卷　(清)章淵輯　清同治

十年(1871)翰文齋刻本　一冊　八行二十字
白口左右雙邊

610000－1001－0014583　普0018990
三千字文音釋不分卷　(清)潘純甫注　(清)
劉志中校正　清光緒二十七年(1901)善化堂
刻本　一冊　四行四字小字雙行不等上黑口
四周雙邊

610000－1001－0014584　普0018991
表孝錄不分卷　(清)沈翼清輯　清光緒十三
年(1887)刻本　一冊　八行二十一字下黑口
四周雙邊

610000－1001－0014585　普0018992
唐韻四聲正一卷　(清)江有誥撰　清道光七
年(1827)刻本　一冊　十行二十一字白口左
右雙邊

610000－1001－0014586　普0018995
庚子山集十六卷　(北周)庾信撰　(清)倪璠
注　總釋一卷　(清)倪璠撰　清道光十九年
(1839)大文堂刻本(卷十一至十三、十六配清
刻本)　十冊　十行二十字小字雙行同白口
左右雙邊

610000－1001－0014587　普0018997
鶴微錄八卷首一卷　(清)李集輯　(清)李富
孫等續輯　清嘉慶二年(1797)刻本　二冊
十一行二十四字上下黑口左右雙邊

610000－1001－0014588　普0018999
庚開府集二卷　(北周)庾信撰　(清)胡鳳丹
校　清同治刻本　二冊　十一行二十一字白
口四周雙邊

610000－1001－0014589　普0019001
皇朝紀略一卷　(清)何琪輯　清光緒二十七
年(1901)北鄉學堂刻本　一冊　九行二十一
字白口左右雙邊

610000－1001－0014590　普0019002
退思軒詩集六卷補遺一卷　(清)張百熙撰
清宣統三年(1911)京師鉛印本　一冊　十二
行二十九字下黑口四周雙邊

610000－1001－0014591　普0019003
退思軒詩集六卷補遺一卷　(清)張百熙撰
清宣統三年(1911)京師鉛印本　一冊　十二
行二十九字下黑口四周雙邊

610000－1001－0014592　普0019004
胡文忠公遺集十卷首一卷　(清)胡林翼撰
清同治五年(1866)刻本　八冊　九行二十字
下黑口四周雙邊

610000－1001－0014593　普0019006
皇朝謚法考五卷　(清)鮑康輯　清同治、光
緒刻本　一冊　十行二十四字白口左右雙邊

610000－1001－0014594　普0019012
錢氏三世五王集不分卷　(清)錢玫輯　清嘉
慶十四年(1809)刻本　一冊　十行二十一字
上下黑口左右雙邊

610000－1001－0014595　普0019013
幾希錄一卷附集古方一卷　(清)瑞五堂主人
輯　清道光元年(1821)刻本　一冊　十一行
二十六字白口四周單邊

610000－1001－0014596　普0019014
繡鐙問字圖題詞一卷皇清敕封孺人誥贈淑人
旌表節孝顯祖妣倪太淑人行狀一卷　(清)陳
方瀛輯並撰行狀　清同治十三年(1874)刻本
　一冊　八行十八字小字雙行同上下黑口左
右雙邊

610000－1001－0014597　普0019015
俟後編六卷補錄一卷　(明)王敬臣撰　仁孝
先生事略附錄一卷　(清)彭定求輯　清同治
八年(1869)刻本　一冊　九行二十字白口四
周單邊

610000－1001－0014598　普0019016
勸俗篇一卷　(清)陶濬宣撰　清光緒二十六
年(1900)漳州環玉樓刻本　一冊　九行二十
一字上下黑口四周雙邊

610000－1001－0014599　普0019020
傳忠錄不分卷　(清)□□輯　清同治七年
(1868)刻本　一冊　九行二十一字上黑口四
周雙邊

610000－1001－0014600 普0019021

堵文忠公年譜一卷 （清）張夏編 清同治十三年(1874)蜀山書院木活字印本 一冊 九行二十二字白口四周雙邊

610000－1001－0014601 普0019022

列女傳八卷 （漢）劉向撰 （清）梁端校注 清道光十一年(1831)錢塘汪氏振綺堂刻本 二冊 十一行十九字白口左右雙邊

610000－1001－0014602 普0019023

貿易須知輯要二卷 （清）王秉元纂輯 清刻本 一冊 八行十八字白口四周雙邊

610000－1001－0014603 普0019026

明東陽孫石臺先生定志編二卷 （清）吳大焯重校 清光緒五年(1879)刻本 一冊 十行二十一字上黑口左右雙邊

610000－1001－0014604 普0019027

吳興節孝題辭二卷 （清）鈕祖勳校錄 清道光十一年(1831)刻本 一冊 十行二十一字白口左右雙邊

610000－1001－0014605 普0019029

文廟從祀位次考一卷鄒縣孟廟叢禮位次考一卷 （清）陳錦輯 清光緒十二年(1886)橘蔭軒刻本 一冊 十一行二十一字上黑口四周雙邊

610000－1001－0014606 普0019032

四書逸箋六卷 （清）程大中撰 清光緒十七年(1891)三餘草堂刻本 一冊 十一行二十字上下黑口四周單邊

610000－1001－0014607 普0019033

明夷待訪錄一卷 （清）黃宗羲撰 清光緒五年(1879)五桂樓刻本 一冊 十行二十字白口左右雙邊

610000－1001－0014608 普0019034

國朝駢體正宗十二卷 （清）曾燠輯 清嘉慶十一年(1806)賞雨茆屋刻本(卷五至十二配清刻本) 五冊 十一行二十二字白口左右雙邊

610000－1001－0014609 普0019036

曹江孝女廟誌八卷首一卷末一卷補遺一卷 （清）金廷棟編 清光緒八年(1882)五社公所刻本 二冊 九行十九字小字雙行同白口四周單邊

610000－1001－0014610 普0019038

聖賢像贊不分卷 （明）冠洋子撰 清光緒四年(1878)曲阜會文堂刻本 三冊 十行字數不等白口左右雙邊

610000－1001－0014611 普0019040

重訂唐詩三百首續選六卷 （清）于慶元等編 （清）黃鶴三重訂 清道光二十三年(1843)刻本 二冊 十行二十一字白口四周雙邊

610000－1001－0014612 普0019041

止園尺牘六卷 （清）鍾昌言撰 清同治刻本 二冊 九行二十字上下黑口四周雙邊

610000－1001－0014613 普0019042

家庭講話三卷 （清）陸一亭撰 清嘉慶十年(1805)刻本 一冊 九行二十字白口左右雙邊

610000－1001－0014614 普0019043

詩舲詩續二卷 （清）張祥河撰 清刻本 一冊 九行十八字上下黑口左右雙邊

610000－1001－0014615 普0019044

鑑略四字書一卷 （清）王仕雲撰 清光緒三十一年(1905)刻本 一冊 六行九字白口左右雙邊

610000－1001－0014616 普0019046

魏書校勘記一卷 王先謙撰 清光緒九年(1883)長沙王氏刻本 一冊 八行二十四字白口四周雙邊

610000－1001－0014617 普0019047

悔言六卷 （清）夏震武撰 清光緒七年(1881)刻本 一冊 九行二十字白口左右雙邊

610000－1001－0014618 普0019055

續古文辭類纂三十四卷 王先謙輯 （清）朱

記榮校勘　清光緒十年(1884)吳縣朱氏行素草堂刻本　八冊　十三行二十二字黑口左右雙邊

610000－1001－0014619　普0019056

**靜志居詩話二十四卷**　(清)朱彝尊撰　(清)扶荔山房編輯　清嘉慶二十四年(1819)扶荔山房刻本　十一冊　九行二十一字白口四周雙邊

610000－1001－0014620　普0019059

**唐人萬首絕句選七卷**　(宋)洪邁輯　(清)王士禎選　清同治九年(1870)刻本　二冊　十行十九字上下黑口左右雙邊

610000－1001－0014621　普0019061

**明孫石臺先生質疑稿三卷**　(明)孫揚撰　清刻本　一冊　十行二十一字白口左右雙邊

610000－1001－0014622　普0019062

**農曹案彙不分卷**　(清)劉岳雲撰　清光緒刻本　一冊　十一行二十三字上下黑口左右雙邊

610000－1001－0014623　普0019063

**續文章正宗復刻十二卷**　(宋)真德秀輯　清同治三年(1864)刻本　十冊　十行二十一字白口四周雙邊

610000－1001－0014624　普0019064

**明堂陰陽夏小正經傳考釋十卷夏時等列說一卷**　(清)莊述祖撰　清光緒九年(1883)刻本　四冊　十行二十一字白口左右雙邊

610000－1001－0014625　普0019065

**四憶堂詩集六卷**　(清)侯方域撰　(清)賈開宗等選注　清光緒刻本　四冊　九行十八字白口左右雙邊

610000－1001－0014626　普0019066

**西堂全集四種附一種**　(清)尤侗撰　清刻本　十六冊　十行二十一字白口四周單邊　存四種

610000－1001－0014627　普0019067

**儒酸福傳奇二卷**　(清)魏熙元填詞　清光緒十年(1884)玉玲瓏館刻本　一冊　九行二十字白口左右雙邊

610000－1001－0014628　普0019068

**儒酸福傳奇二卷**　(清)魏熙元填詞　清光緒十年(1884)玉玲瓏館刻本　一冊　九行二十字白口左右雙邊

610000－1001－0014629　普0019069

**焦山四上人詩存四卷懶餘吟草二卷**　(清)陳任暘輯　清光緒三十二年(1906)刻本　二冊　九行二十一字白口左右雙邊

610000－1001－0014630　普0019070

**小學千家詩人生必讀二卷**　(□)□□撰　清光緒十六年(1890)曉星樵人刻本　一冊　十行二十一字白口四周雙邊

610000－1001－0014631　普0019071

**金陵詩徵四十四卷**　(清)朱緒曾編　清光緒十八年(1892)刻本　十二冊　十二行二十三字小字雙行同上下黑口左右雙邊　缺七卷(十二至十四、四十一至四十四)

610000－1001－0014632　普0019072

**唐詩三百首六卷目錄二卷**　(清)蘅塘退士編　清光緒二十三年(1897)鴻德堂刻本　二冊　九行二十字小字雙行同白口四周單邊

610000－1001－0014633　普0019076

**咏物詩選八卷**　(清)俞琰輯　清刻本　三冊　十行二十一字上下黑口左右雙邊

610000－1001－0014634　普0019078

**三家宮詞三卷**　(明)毛晉輯　清同治十二年(1873)淮南書局刻本　一冊　十一行二十一字上下黑口左右雙邊

610000－1001－0014635　普0019082

**唐詩選七卷**　(明)李攀龍撰　(清)吳吳山附注　清刻本　二冊　十行二十字小字雙行同上下黑口四周單邊

610000－1001－0014636　普0019083

**季漢書九十卷**　(清)章陶撰　(清)張廉等校　清道光八年(1828)刻本　十五冊　十一行二十二字白口左右雙邊

610000 - 1001 - 0014637　普 0019087

**十國宮詞一卷** （清）吳省蘭撰　清末刻本
一冊　十行二十一字白口四周雙邊

610000 - 1001 - 0014638　普 0019088

**鈞天樂二本** （清）尤侗撰　清刻本　二冊
九行二十一字白口四周單邊

610000 - 1001 - 0014639　普 0019089

**確山駢體文四卷** （清）宋世犖撰　清嘉慶二
十五年(1820)宋氏刻本　一冊　十行二十二
字白口左右雙邊

610000 - 1001 - 0014640　普 0019093

**思兄樓文稿一卷附曩餘稿一卷** （清）羅長裿
撰　清光緒刻本　一冊　九行二十二字小字
雙行同白口左右雙邊

610000 - 1001 - 0014641　普 0019096

**紀事續編四卷末一卷** （清）尹景叔輯　清光
緒二十六年(1900)六有堂木活字印本　一冊
八行十八字白口四周雙邊

610000 - 1001 - 0014642　普 0019099

**沈文肅公政書七卷** （清）沈葆楨撰　清光緒
刻本　七冊　十行二十五字白口四周雙邊

610000 - 1001 - 0014643　普 0019101

**聲調譜一卷** （清）趙執信撰　清嘉慶六年
(1801)刻本　一冊　九行二十字小字雙行同
白口左右雙邊

610000 - 1001 - 0014644　普 0019102

**芙蓉湖櫂歌一卷** （清）楊掄撰　**惠山竹枝詞
一卷** （清）劉繼增撰　清光緒十年(1884)萱
蔭堂刻本　一冊　十行二十二字小字雙行同
上下黑口左右雙邊

610000 - 1001 - 0014645　普 0019103

**退庵賸稿一卷** （清）沈映鈐撰　清光緒八年
(1882)刻本　一冊　九行二十一字小字雙行
同白口左右雙邊

610000 - 1001 - 0014646　普 0019106

**上虞塘工要覽二卷** （清）連薌著　清光緒三
十年(1904)刻本　一冊　九行二十字小字雙

行同上下黑口左右雙邊

610000 - 1001 - 0014647　普 0019107

**三禮從今三卷** （清）黃本驥撰　清道光二十
四年(1844)刻本　一冊　十一行二十四字小
字雙行同白口四周雙邊

610000 - 1001 - 0014648　普 0019110

**出埃及記不分卷** （英國）楊格非譯　清宣統
二年(1910)上海英漢書館鉛印本　一冊　十
四行三十四字白口四周雙邊

610000 - 1001 - 0014649　普 0019111

**碑版文廣例十卷** （清）王芑孫撰　清道光二
十一年(1841)刻本　四冊　十行二十字白口
左右雙邊

610000 - 1001 - 0014650　普 0019114

**褒忠錄四卷** （清）李繼彪重輯　清道光四年
(1824)暎台樓刻本　二冊　十行二十一字小
字雙行同白口左右雙邊

610000 - 1001 - 0014651　普 0019116

**宋王忠文公集五十卷** （宋）王十朋撰　（清）
唐傳鉎編　清光緒二年(1876)梅溪書院刻本
（卷十八至二十七配清刻本）　十六冊　十一
行二十一字白口四周單邊

610000 - 1001 - 0014652　普 0019118

**楞伽阿跋多羅寶經會譯四卷** （南朝宋）釋永
那跋陀羅初譯　（明）釋員珂會譯　清光緒三
十四年(1908)金陵刻經處刻本　四冊　十行
二十字上下黑口左右雙邊

610000 - 1001 - 0014653　普 0019119

**大乘起信論直解二卷** （明）釋德清解　清光
緒十六年(1890)金陵刻經處刻本　一冊　十
行二十字上下黑口左右雙邊

610000 - 1001 - 0014654　普 0019122

**袁易齋先生圖民錄四卷** （清）袁守定撰　清
同治十二年(1873)湘鄉楊昌濬刻本　二冊
九行二十一字上下黑口四周雙邊

610000 - 1001 - 0014655　普 0019124

**新刻黃鶴樓銘楹聯一卷** （清）畢沅等編　清

光緒二年(1876)星沙未了居士刻本　一冊
九行十八字白口四周雙邊

610000－1001－0014656　普0019125

日本國志序一卷　（清）黃遵憲撰　清光緒刻
本　一冊　十三行二十二字上下黑口左右
雙邊

610000－1001－0014657　普0019126

日本國志序一卷　（清）黃遵憲撰　清光緒刻
本　一冊　十三行二十二字白口左右雙邊

610000－1001－0014658　普0019127

日本國志四十卷首一卷　（清）黃遵憲撰　清
光緒二十八年(1902)蔚花書局刻本　十三冊
十二行二十四字小字雙行同上下黑口四周
單邊

610000－1001－0014659　普0019128

西山先生真文忠公文集五十五卷目錄二卷
(宋)真德秀撰　（明）楊鸑重脩　（明）丁辛
重校　清同治四年(1865)刻本　二十五冊
十行二十字小字雙行同白口四周單邊間四周
雙邊　存五十一卷(一至十二、十六至四十
九、五十三至五十五,目錄一至二)

610000－1001－0014660　普0019129

泰西民族文明史十四章　（法國）賽奴巴撰
(清)沈是中譯　清光緒二十九年(1903)上海
商務印書館鉛印本　一冊　十五行三十二字
上下黑口四周單邊

610000－1001－0014661　普0019130

欽定磨勘條例四卷續增磨勘則例一卷續增磨
勘條例一卷　（清）禮部纂修　清嘉慶刻本
一冊　九行二十字白口四周雙邊

610000－1001－0014662　普0019131

看雲草堂集八卷　（清）尤侗撰　清刻本　二
冊　十行二十一字小字雙行同白口四周單邊

610000－1001－0014663　普0019132

豫章先賢九家年譜十六卷　（清）楊希閔輯
清光緒四年(1878)刻本　一冊　十一行二十
三字小字雙行同白口四周雙邊　存二卷(一
至二)

610000－1001－0014664　普0019133

扶桑驪唱集一卷附錄一卷續和一卷　（清）葉
煒輯　清光緒十七年(1891)白下刻本　一冊
九行二十字小字雙行同白口左右雙邊

610000－1001－0014665　普0019134

會稽三賦四卷　（宋）王十朋撰　（明）南逢吉
注　（明）尹壇補注　清同治十二年(1873)會
稽章氏刻本　二冊　八行十八字小字雙行同
白口左右雙邊

610000－1001－0014666　普0019135

宛雅三編四卷末一卷足字韻詩一卷　（清）施念
曾等編輯　（清）張汝霖輯　清刻本　一冊　十
行二十一字小字雙行同白口左右雙邊

610000－1001－0014667　普0019136

忠正德文集十卷附錄一卷　（宋）趙鼎撰　清
道光十一年(1831)吳傑刻本　四冊　九行二
十一字小字雙行同白口左右雙邊

610000－1001－0014668　普0019137

輿地紀勝二百卷　（宋）王象之編　清咸豐五
年(1855)南海伍氏粵雅堂刻本　二十一冊
十二行二十五字小字雙行同白口左右雙邊
存一百七十九卷(一至五十三、五十五至一百
二十七、一百四十五至一百七十一、一百七十
三至一百九十三、一百九十五至一百九十九)

610000－1001－0014669　普0019143

粟香室叢書五十八種　金武祥輯　清光緒至
民國江陰金氏刻本　一冊　八行二十一字白
口左右雙邊　存二種

610000－1001－0014670　普0019144

欽定學政全書八十六卷首一卷　（清）童璜等
纂修　清嘉慶十七年(1812)刻本　二十冊
九行二十字白口四周雙邊

610000－1001－0014671　普0019146

道統大成十卷　（清）汪啟濩輯　清刻本　五
冊　九行二十二字白口四周雙邊　存五卷
(一至五)

610000－1001－0014672　普0019148

楞伽阿跋多羅寶經四卷　（南朝宋）釋求那跋

陀羅譯　清末鉛印本　一冊　十三行二十六字白口四周單邊

610000－1001－0014673　普0019150

李鴻章十二章　梁啟超撰　清光緒二十七年(1901)鉛印本　一冊　十六行三十五字白口四周雙邊

610000－1001－0014674　普0019151

莫愁湖楹聯便覽一卷　(清)釋壽安撰　清光緒五年(1879)刻本　一冊　八行二十字小字雙行同上下黑口四周雙邊

610000－1001－0014675　普0019152

秋水軒尺牘二卷　(清)許思湄撰　清刻本　二冊　九行二十字白口四周雙邊

610000－1001－0014676　普0019153

對類便讀六卷首一卷　(清)程錫類編輯　清末綠慎堂刻本　四冊　八行二十二字小字雙行同白口左右雙邊

610000－1001－0014677　普0019154

楹聯新話十卷　(清)朱應鎬輯　清光緒十八年(1892)刻本　四冊　九行二十一字白口左右雙邊

610000－1001－0014678　普0019155

楹聯雜存一卷　(清)桂芝孫輯　清刻本　一冊　十行二十三字白口四周單邊

610000－1001－0014679　普0019156

楹聯集帖不分卷　(清)何紹基集　清同治二年(1863)二百蘭亭齋刻本　一冊　八行十九字白口左右雙邊

610000－1001－0014680　普0019157

集說詮真不分卷續編不分卷提要不分卷　(清)黃伯祿輯　清光緒三十二年(1906)上海慈母堂鉛印本　六冊　九行二十字小字雙行同白口四周雙邊

610000－1001－0014681　普0019158

明賢尺牘四卷　(清)王元勳　(清)程化騄輯　(清)許增校勘　清光緒二十六年(1900)仁和許增榆園刻本　二冊　十二行二十三字上

下黑口左右雙邊

610000－1001－0014682　普0019161

陳檢討集二十卷　(清)陳維崧撰　清刻本　四冊　十行二十二字小字雙行同上下黑口左右雙邊

610000－1001－0014683　普0019164

瀋性淵源一卷　(明)涵谷子撰　(明)張則黃校勘　清道光四年(1824)三一堂刻本　一冊　八行十九字白口左右雙邊

610000－1001－0014684　普0019167

佛說阿彌陀經要解一卷　(後秦)釋鳩摩羅什譯　清光緒十一年(1885)金陵刻經處刻本　一冊　九行二十字小字雙行同上下黑口左右雙邊

610000－1001－0014685　普0019168

法律學研究術不分卷　(日本)安西與四郎述　(清)薛瑩中校勘　清光緒傳經樓刻本　一冊　十三行二十六字上下黑口左右雙邊

610000－1001－0014686　普0019169

莊子解十二卷　(清)吳世尚注評　清刻本　三冊　十行二十一字小字雙行同上下黑口左右雙邊

610000－1001－0014687　普0019170

增注莊子因六卷　(清)林雲銘撰　清嘉慶二年(1797)貴文堂刻本　四冊　十行二十二字小字雙行同白口四周雙邊

610000－1001－0014688　普0019171

莊子因六卷　(清)林雲銘撰　清光緒六年(1880)白雲精舍刻本　四冊　九行二十二字小字雙行同白口左右雙邊

610000－1001－0014689　普0019175

西湖紀遊一卷　(清)張仁美撰　清光緒九年(1883)刻本　一冊　九行二十字白口左右雙邊

610000－1001－0014690　普0019178

滕王閣集十卷　(清)董遵輯　清刻本　二冊　九行二十字白口四周單邊　存二卷(記一、七言律一)

610000－1001－0014691　普0019181

從政筆記一卷　（清）何彤文撰　清刻本　一
冊　九行二十一字白口左右雙邊

610000－1001－0014692　普0019185

常州賦一卷　（清）褚邦慶編注　清光緒四年
(1878)刻本　一冊　十四行二十四字小字雙
行同白口左右雙邊

610000－1001－0014693　普0019186

昭代名人尺牘小傳二十四卷　（清）吳修輯
清道光六年(1826)刻本　一冊　九行二十八
字四周單邊

610000－1001－0014694　普0019188

書法正宗不分卷　（明）蔣和撰　清刻本　一
冊　行數不等字數不等白口四周單邊

610000－1001－0014695　普0019191

訂譌雜錄十卷　（清）胡鳴玉撰　清嘉慶十八
年(1813)湖海樓刻本　一冊　十行二十字上
黑口左右雙邊

610000－1001－0014696　普0019193

端溪硯史三卷　（清）吳蘭修撰　清道光三十
年(1850)南海伍氏粵雅堂刻本　一冊　十四
行二十二字小字雙行同白口四周單邊

610000－1001－0014697　普0019194

金華府正堂通飭八邑碑示不分卷　（清）□□
撰　清光緒八年(1882)木活字印本　一冊
八行十八字白口四周雙邊

610000－1001－0014698　普0019195

崇祀錄一卷　（清）朱之榛輯　清光緒刻本
一冊　十行二十五字上下黑口左右雙邊

610000－1001－0014699　普0019197

懷芳記一卷　（清）蘿摩庵老人撰　（清）麇月
樓主注　清光緒五年(1879)刻本　一冊　九
行二十字小字雙行同下黑口四周雙邊

610000－1001－0014700　普0019198

本草便讀二集　（清）包潤蒼撰　清同治七年
(1868)抄本　一冊　八行大小字不等白口四
周單邊

610000－1001－0014701　普0019200

書法摘要善本三卷　（□）□□輯　清嘉慶刻
本　一冊　行數不等大小字不等白口四周
單邊

610000－1001－0014702　普0019201

我法集二卷　（清）紀昀撰　（清）紀樹馨編
清嘉慶三年(1798)刻本　二冊　十行二十一
字白口左右雙邊

610000－1001－0014703　普0019202

習苦齋畫絮十卷　（清）戴熙撰　（清）惠年編
清光緒十九年(1893)刻本　四冊　十行二
十二字小字雙行同上下黑口左右雙邊

610000－1001－0014704　普0019203

彭剛直公奏稿八卷　（清）彭玉麟撰　清刻本
二冊　十行二十四字小字雙行同白口左右
雙邊　存二卷(四至五)

610000－1001－0014705　普0019204

彭剛直公詩稿八卷　（清）彭玉麟撰　清光緒
十七年(1891)吳下刻本　二冊　十行二十四
字小字雙行同白口左右雙邊

610000－1001－0014706　普0019205

段氏說文注訂八卷　（清）鈕樹玉撰　清同治
十三年(1874)湖北崇文書局刻本　二冊　九
行二十二字小字雙行同白口四周雙邊

610000－1001－0014707　普0019206

麻疹癥候不分卷　（□）□□撰　抄本　一冊
八行二十四字

610000－1001－0014708　普0019209

國朝畫徵錄三卷　（清）張庚著　清同治八年
(1869)刻本　一冊　十行二十一字小字雙行
同白口左右雙邊

610000－1001－0014709　普0019216

莊子因六卷　（清）林雲銘撰　清刻本　三冊
九行二十二字小字雙行同白口四周雙邊

610000－1001－0014710　普0019217

漁洋山人精華錄箋注十二卷　（清）金榮箋注
（清）徐准纂輯　清金氏鳳翻堂刻本　九冊

十一行二十字小字雙行三十字白口左右
雙邊

610000－1001－0014711　普0019218
漁洋山人精華錄箋注十二卷附補注一卷附錄
一卷年譜一卷　（清）金榮箋注　（清）徐淮纂
輯　清金氏鳳翮堂刻本　六冊　十一行二十
字小字雙行三十字白口左右雙邊

610000－1001－0014712　普0019219
小腆紀年附考二十卷　（清）徐鼒撰　（清）宋
左夫等參校　清光緒十二年(1886)日本鉛印
本　十二冊　十一行二十三字小字雙行同白
口四周雙邊

610000－1001－0014713　普0019222
刺灸心法撮要不分卷　（□）□□輯　清光緒
二十二年(1896)抄本　一冊　十五行十六字
白口

610000－1001－0014714　普0019224
丸藥配製不分卷　（□）□□輯　抄本　一冊
行數不等大小字不等

610000－1001－0014715　普0019226
女科雜瘀不分卷　（□）□□輯　抄本　一冊
十一行大小字不等

610000－1001－0014716　普0019227
各省藥材出處不分卷　（清）張炳釗抄　清同
治十年(1871)抄本　一冊　九行大小字不等

610000－1001－0014717　普0019229
寒村舉業偶存不分卷　（□）□□編　清刻本
二冊　九行二十字上下黑口左右雙邊

610000－1001－0014718　普0019231
賞奇軒合編五種　（清）□□輯　清刻本　一
冊　行數不等大小字不等白口四周雙邊　存
二種

610000－1001－0014719　普0019232
東坡遺意二卷　（明）顧杲等書　清光緒十二
年(1886)上海同文書局石印本　一冊　行數
不等字數不等四周雙邊

610000－1001－0014720　普0019233

冰菴詩鈔八卷　（清）王吉武撰　清刻本　二
冊　十一行二十一字上下黑口四周單邊

610000－1001－0014721　普0019235
兒童諸病□□卷　（□）□□編　抄本　一冊
十二行字數不等　存三卷(五至七)

610000－1001－0014722　普0019236
大方廣佛華嚴經八十卷　（唐）釋實義難陀譯
清刻本　三冊　十行二十字小字雙行同白
口四周雙邊　存六卷(一至六)

610000－1001－0014723　普0019237
迴瀾紀要二卷　（清）徐端撰　清嘉慶十二年
(1807)刻本　一冊　十行二十一字白口四周
雙邊

610000－1001－0014724　普0019238
申質堂先生詩集一卷　（清）申廷鑾著　（清）
王佩鍾編次　清道光二十年(1840)刻本　一
冊　十行二十字小字雙行同上下黑口左右
雙邊

610000－1001－0014725　普0019240
經野規略三卷劉公政略一卷　（明）劉光復撰
清同治五年(1866)華學烈刻本　五冊　十
行十八字白口四周單邊

610000－1001－0014726　普0019241
欽定清漢對音字式一卷　（清）福隆安撰　清
刻本　一冊　九行二十字白口四周雙邊

610000－1001－0014727　普0019242
枝山文集四卷　（明）祝枝山撰　清同治十三
年(1874)元和祝氏刻本　二冊　十二行二十
二字白口左右雙邊

610000－1001－0014728　普0019244
海寧念訊大口門二限三限石塘圖說一卷
(清)李輔燿撰　清光緒七年(1881)刻本　一
冊　十六行三十一字上下黑口左右雙邊

610000－1001－0014729　普0019245
浙江全省輿圖並水陸道里記不分卷　（清）輿
圖總局編　（清）宗源瀚纂修　清光緒二十年
(1894)石印本　一冊　十四行字數不等白口

左右雙邊

610000－1001－0014730　普0019250

知愧軒尺牘十六卷　（清）管士駿撰　清光緒
十六年(1890)刻本　一冊　九行二十字白口
四周雙邊　存四卷(一至四)

610000－1001－0014731　普0019252

詩韻集成十卷　（清）余照輯　清光緒十八年
(1892)刻本　二冊　九行十二字小字雙行二
十五字白口四周單邊

610000－1001－0014732　普0019253

孤忠錄二卷　（清）袁祖志編　清光緒十二年
(1886)萬選樓刻本　一冊　九行二十一字白
口四周雙邊

610000－1001－0014733　普0019255

方輿全圖總說五卷　（清）顧祖禹輯　（清）浦
錫齡校訂　清光緒二十七年(1901)圖書集成
局石印本　四冊　十四行三十六字白口四周
單邊

610000－1001－0014734　普0019260

欽頒州縣事宜一卷　（清）田文鏡等輯　清光
緒七年(1881)江蘇書局刻本　一冊　十一行
二十一字白口左右雙邊

610000－1001－0014735　普0019261

農務實業新編二卷　（清）王上達撰　清宣統
二年(1910)浙杭萬春農務局刻本　一冊　九
行二十六字上下黑口左右雙邊　存一卷(一)

610000－1001－0014736　普0019270

政藝通報丙午全書六十三卷　（清）上海政藝
通報社輯　（清）鄧實編　清光緒三十二年
(1906)上海政藝通報社鉛印本　十四冊　十
二行三十五字小字雙行同下黑口四周雙邊
缺二十四卷(政學文編一至五、政書通輯一至
八、藝書通輯一至七、藝事通紀一至二、風雨
雞聲集一至二)

610000－1001－0014737　普0019270

政藝叢書甲辰全書六十三卷　（清）上海政藝
通報社編　清光緒三十年(1904)上海政藝通
報社鉛印本　二十冊　十二行三十五字小字

雙行同下黑口四周雙邊

610000－1001－0014738　普0019271

朱丹溪女科經驗良方一卷　（□）□□輯　抄
本　一冊　行數不等二十六字小字雙行不等

610000－1001－0014739　普0019272

徐東皋祖抄秘本良方不分卷　（□）□□編
抄本　一冊　十行大小字不等

610000－1001－0014740　普0019273

大方辨證二卷　（□）□□撰　抄本　一冊
八行大小字不等　存一卷(下)

610000－1001－0014741　普0019274

藥性不分卷　（□）□□編　抄本　一冊　七
行大小字不等

610000－1001－0014742　普0019275

小兒科不分卷　（□）□□撰　抄本　一冊
十行大小字不等

610000－1001－0014743　普0019276

風俗通義十卷　（漢）應劭撰　（明）鍾惺評述
　清刻本　二冊　九行二十五字白口四周
單邊

610000－1001－0014744　普0019278

諸臣名聯不分卷　（□）□□撰　清刻本　一
冊　十行二十三字白口左右雙邊

610000－1001－0014745　普0019279

自知錄二卷　（明）釋袾宏撰　清光緒二十五
年(1899)金陵刻經處刻本　一冊　十行二十
字下黑口左右雙邊

610000－1001－0014746　普0019280

二十二史感應錄二卷　（清）彭希涑輯　清咸
豐九年(1859)上海蕭繪刻本　一冊　十行二
十二字小字雙行同白口左右雙邊

610000－1001－0014747　普0019281

二十二史感應錄二卷　（清）彭希涑輯　清光
緒二十三年(1897)刻本　一冊　九行二十一
字小字雙行同上下黑口四周單邊

610000－1001－0014748　普0019282

性理真詮四卷首一卷　（清）孫璋述　（清）倪

重考訂　清光緒十五年(1889)上海慈母堂鉛印本　四冊　十行三十二字白口四周雙邊

610000－1001－0014749　普0019283

仁書二卷　(清)易佩紳撰　清光緒十年(1884)刻本　一冊　十行二十二字下黑口左右雙邊

610000－1001－0014750　普0019284

循吏傳(秦煥傳)一卷　(清)國史館撰　清刻本　一冊　六行二十字白口四周雙邊

610000－1001－0014751　普0019285

柳堂師友詩錄二卷　(清)李長榮輯　清咸豐十一年(1861)刻本　一冊　十二行二十三字小字雙行同上下黑口左右雙邊

610000－1001－0014752　普0019287

文廟通考六卷　(清)牛樹梅輯　清同治十一年(1872)浙江書局刻本　二冊　十行二十一字小字雙行同白口左右雙邊

610000－1001－0014753　普0019290

筆花醫鏡四卷　(清)江涵暾撰　(清)何鏡源校訂　清光緒刻本　一冊　十行二十字小字雙行不等白口左右雙邊

610000－1001－0014754　普0019291

隨息居重訂霍亂論二卷　(清)王士雄撰　(清)華啟陽校　清光緒三十四年(1908)四明林延春堂鉛印本　一冊　十一行二十八字下黑口四周雙邊

610000－1001－0014755　普0019295

素行錄二編　(清)顧溁編　清同治十一年(1872)刻本　一冊　八行二十字小字雙行同白口左右雙邊　存一編(二)

610000－1001－0014756　普0019296

良方集腋二卷　(清)謝元慶編　(清)王慶霄參校　清道光二十五年(1845)刻本　二冊　九行二十字小字雙行同白口四周雙邊

610000－1001－0014757　普0019298

往生集二卷略論安樂淨土義一卷讚阿彌陀佛偈一卷　(明)釋袾宏輯　清光緒二十四年

(1898)金陵刻經處刻本　二冊　十行二十字上下黑口左右雙邊

610000－1001－0014758　普0019299

南塘張氏詩略二卷　(清)張家鼎輯　清光緒四年(1878)鐵花館刻本　一冊　九行十九字白口左右雙邊

610000－1001－0014759　普0019300

香海盦叢書九種　(清)徐琪輯　清光緒七年(1881)仁和徐氏刻本　一冊　十行二十一字小字雙行同白口左右雙邊　存三種

610000－1001－0014760　普0019302

欽取朝考卷(清同治十年、十三年科光緒二至三年、六年科)不分卷　(清)□□編　清光緒刻本　一冊　六行十八字小字雙行不等白口左右雙邊

610000－1001－0014761　普0019303

國朝嚴州詩錄八卷　(清)宗源瀚輯　清光緒二年(1876)刻本　二冊　十行二十四字小字雙行同白口左右雙邊

610000－1001－0014762　普0019304

國朝嚴州詩錄八卷　(清)宗源瀚輯　清光緒二年(1876)刻本　二冊　十行二十四字小字雙行同白口左右雙邊

610000－1001－0014763　普0019306

趙氏三集三卷　(清)趙宗建輯　清咸豐五年(1855)刻本　一冊　十一行二十二字上下黑口左右雙邊

610000－1001－0014764　普0019307

父師善誘法二卷讀書作文譜十二卷　(清)唐彪撰　清刻本　一冊　十一行二十五字白口四周單邊　存二卷(父師善誘法上下)

610000－1001－0014765　普0019312

秦御醫景明大方折衷三卷　(明)秦昌遇撰　抄本　三冊　八行十六字

610000－1001－0014766　普0019315

外症秘方集錄一卷　(清)□□撰　清宣統二年(1910)抄本　一冊　八行字數不等

610000－1001－0014767　普0019316

蛩吟合稿一卷　（清）費翊廷撰　清光緒二十二年(1896)川南刻本　一冊　六行二十字白口四周雙邊

610000－1001－0014768　普0019317

傳書樓詩稿題詞不分卷　（清）汪尚仁編　清嘉慶四年(1799)刻本　一冊　八行十九字小字雙行同白口左右雙邊

610000－1001－0014769　普0019322

弔腳痧方論一卷　（清）徐子默撰　仙傳白喉忌表抉微一卷　（清）耐修子撰　清光緒二十七年(1901)上海圖書集成局鉛印本　一冊　十三行四十一字白口四周單邊

610000－1001－0014770　普0019323

三劫三千佛緣起三卷　（南朝宋）釋畺良耶舍譯　清刻本　一冊　八行二十字白口四周雙邊

610000－1001－0014771　普0019324

大方廣圓覺修多羅了義經二卷　（唐）釋佛陀多羅譯　清同治十二年(1873)刻本　一冊　八行十八字白口四周雙邊

610000－1001－0014772　普0019325

徹悟禪師遺稿二卷　（清）釋際醒編　（清）釋了亮等輯　清同治七年(1868)刻本　一冊　十行二十一字小字雙行同白口四周雙邊

610000－1001－0014773　普0019326

三國志旁證三十卷　（清）梁章鉅撰　清道光三十年(1850)刻本　六冊　十二行二十四字小字雙行同下黑口四周單邊　缺七卷（十三至十六、二十六至二十八）

610000－1001－0014774　普0019328

觀世音菩薩本行經二卷　（宋）釋普明編　清刻本　二冊　十行二十字小字雙行同下黑口四周雙邊

610000－1001－0014775　普0019329

漢魏六朝志墓金石例一卷　（清）吳鎬撰　清嘉慶十七年(1812)刻本　一冊　十行二十一字小字雙行同白口左右雙邊

610000－1001－0014776　普0019330

大方廣圓覺修多羅了義經四卷附一卷　（唐）釋佛陀多羅譯　清光緒四年(1878)刻本　一冊　十行二十字小字雙行同上下黑口四周雙邊

610000－1001－0014777　普0019331

兼山堂弈譜一卷　（清）徐星友輯　清光緒六年(1880)陶文魁刻字刷印處刻本　一冊　十九行三十六字上黑口四周單邊

610000－1001－0014778　普0019335

表忠錄一卷　金武祥輯　清光緒二十八年(1902)江陰金氏粟香室刻本　一冊　八行二十一字小字雙行同白口左右雙邊

610000－1001－0014779　普0019338

抱月園初集一卷二集一卷山奚囊一卷浮丘山房存稿一卷　（清）劉德新撰　清刻本　一冊　八行二十字白口四周單邊

610000－1001－0014780　普0019339

瘟疫論二卷　（明）吳有性撰　清順德龍氏葆真堂刻本　二冊　九行二十字小字雙行同上下黑口左右雙邊

610000－1001－0014781　普0019340

皇朝掌故二卷　（清）張一鵬撰　清光緒二十八年(1902)廣文書舍刻本　一冊　八行十九字小字雙行不等白口四周雙邊

610000－1001－0014782　普0019341

顯志堂稿十二卷　（清）馮桂芬撰　清光緒二年(1876)校邠廬刻本　四冊　十一行二十三字下黑口左右雙邊

610000－1001－0014783　普0019342

幼科醫學指南四卷　（清）周振撰　（清）吳恆等校　清刻本　四冊　八行二十字白口四周單邊

610000－1001－0014784　普0019344

素問靈樞類纂約注三卷　（清）汪昂輯　清刻本　一冊　八行二十二字小字雙行同白口四周單邊

610000－1001－0014785　普0019345

詩集一卷　（清）翁照撰　清光緒二十六年
(1900)龍砂王氏重思齋刻朱印本　一冊　十
行二十一字上下紅口四周雙邊

610000－1001－0014786　普0019346

二林居集二十四卷　（清）彭紹升撰　清光緒
七年(1881)刻本　六冊　十一行二十三字白
口左右雙邊

610000－1001－0014787　普0019347

危言四卷　（清）湯震撰　清光緒二十二年
(1896)上海圖書集成局石印本　二冊　十五
行三十六字白口四周單邊

610000－1001－0014788　普0019353

榕園詩鈔一卷　（清）李彥章撰　（清）阮其新
編　清道光刻本　一冊　八行二十四字白口
四周雙邊

610000－1001－0014789　普0019356

醫效秘傳三卷　（清）葉桂撰　（清）吳金壽校
　清道光十一年(1831)刻本　一冊　八行二
十一字白口左右雙邊

610000－1001－0014790　普0019357

漢書蒙拾三卷後漢書蒙拾二卷　（清）杭世駿
撰　（清）湯萼棠　（清）周嘉猷覆審　清刻本
　一冊　九行二十字小字雙行同白口四周
單邊

610000－1001－0014791　普0019358

温病指南二卷　（清）婁杰輯　（清）蕭惠清參
訂　清光緒二十九年(1903)聽虛館刻本　一
冊　九行十九字白口左右雙邊

610000－1001－0014792　普0019360

逸周書十卷校正補遺一卷附錄一卷　（晉）孔
晁注　清末刻本　二冊　十行二十字小字雙
行同白口左右雙邊

610000－1001－0014793　普0019361

切音捷訣一卷幼學切音便讀一卷　（清）酈珩
輯　清光緒六年(1880)諸暨摭古堂刻本　一
冊　行數不等字數不等白口四周雙邊

610000－1001－0014794　普0019364

女科二卷　（清）傅山撰　清同治八年(1869)
崇文書局刻本　一冊　十二行二十一字小字
雙行同白口四周雙邊

610000－1001－0014795　普0019365

經學文鈔六卷　（清）梁鼎芬　（清）曹元弼集
　清光緒三十四年(1908)江蘇存古學堂木活
字印本　十三冊　九行二十字白口四周雙邊

610000－1001－0014796　普0019367

病榻夢痕錄二卷　（清）汪輝祖撰　清嘉慶元
年(1796)刻本　二冊　十行三十一字白口左
右雙邊

610000－1001－0014797　普0019372

說文解字韻譜十卷　（南唐）徐鍇撰　（清）馮
桂芬校訂　清同治三年(1864)馮桂芬刻本
四冊　七行字數不等白口左右雙邊

610000－1001－0014798　普0019373

草字彙十二卷　（清）石梁集　清道光五年
(1825)刻本　六冊　三行字數不等白口四周
雙邊

610000－1001－0014799　普0019374

說文提要一卷　（清）陳建侯撰　清同治十二
年(1873)湖北崇文書局刻本　二冊　六行大
小字不等白口四周雙邊

610000－1001－0014800　普0019375

國語明道本攷異四卷　（清）汪遠孫撰　清刻
本　一冊　十行二十二字小字雙行二十六字
白口左右雙邊

610000－1001－0014801　普0019378

詩品一卷　（唐）司空圖撰　清刻本　一冊
七行二十字白口左右雙邊

610000－1001－0014802　普0019379

小蓬萊山館方鈔二卷　（清）竹林寺僧撰　清
咸豐二年(1852)刻本　一冊　九行十八字小
字雙行同白口四周雙邊　存一卷(下)

610000－1001－0014803　普0019382

嚴陵張九儀增釋地理琢玉斧巒頭歌括不分卷

（清）張鳳藻撰　清刻本　四冊　九行十九字小字雙行同白口四周雙邊

610000－1001－0014804　普0019383

**詩序辨一卷讀禮私記一卷**　（清）夏鼎武撰　清光緒十五年（1889）刻本　一冊　九行二十字白口左右雙邊

610000－1001－0014805　普0019384

**平定粵匪紀略十八卷附記四卷**　（清）杜文瀾編　清同治八年（1869）群玉齋活字印本　八冊　九行二十二字小字雙行同白口四周單邊

610000－1001－0014806　普0019385

**本草從新十八卷**　（清）吳儀洛編　清光緒七年（1881）恆德堂刻本　六冊　十行二十四字小字雙行同白口左右雙邊

610000－1001－0014807　普0019386

**聖武記十四卷**　（清）魏源撰　清末刻本　十二冊　十行二十一字小字雙行同白口四周雙邊

610000－1001－0014808　普0019387

**景岳全書發揮四卷**　（清）葉桂撰　清光緒五年（1879）吳氏醉六堂刻本（卷四配清道光二十四年刻本）　四冊　九行二十四字小字雙行同白口左右雙邊

610000－1001－0014809　普0019388

**國策編年一卷**　（清）顧觀光撰　（清）桂近齋（清）崧申甫校　清光緒二十八年（1902）金山高氏刻本　一冊　十行二十二字小字雙行同白口左右雙邊

610000－1001－0014810　普0019391

**薛文清公讀書錄十一卷續錄十二卷**　（明）薛瑄撰　清刻本　四冊　十二行二十二字上下黑口左右雙邊

610000－1001－0014811　普0019392

**聖室錄感一卷**　（清）李顒撰　**讀書做人譜一卷**　（清）龍炳垣輯　清同治八年（1869）蘇氏毋自欺齋刻本　一冊　八行二十字白口左右雙邊

610000－1001－0014812　普0019394

**求可堂自記一卷**　（清）廖冀亨撰　清光緒永定廖氏刻本　一冊　十行十八字白口四周雙邊

610000－1001－0014813　普0019395

**詩序廣義二十四卷**　（清）姜炳璋輯　清嘉慶二十年（1815）尊行堂刻本　十冊　十一行二十二字小字雙行同白口左右雙邊

610000－1001－0014814　普0019396

**漢學商兌三卷**　（清）方東樹撰　清同治十年（1871）望三齋刻本　四冊　十行二十三字小字雙行同白口左右雙邊

610000－1001－0014815　普0019397

**新纂門目五臣音註揚子法言十卷**　（漢）揚雄撰　（晉）李軌　（唐）柳宗元註　（宋）司馬光添註　清嘉慶九年（1804）刻本　四冊　十一行二十一字小字雙行同上下黑口四周單邊

610000－1001－0014816　普0019398

**中說十卷**　（隋）王通撰　（宋）阮逸注　清光緒十六年（1890）影宋刻本　一冊　十四行二十六字小字雙行不等白口四周單邊

610000－1001－0014817　普0019399

**中庸衍義十七卷**　（明）夏良勝撰　清同治十年（1871）刻本　八冊　十行二十字小字雙行同白口四周單邊

610000－1001－0014818　普0019405

**南華真經十卷**　（戰國）莊周撰　（晉）郭象注　（唐）陸德明音義　清嘉慶九年（1804）姑蘇王氏聚文堂刻本　四冊　十一行二十一字小字雙行同上下黑口四周單邊

610000－1001－0014819　普0019406

**黃氏文鈔四卷**　（清）黃良輝撰　清刻本　一冊　十一行二十字白口四周雙邊

610000－1001－0014820　普0019408

**歷代帝王年表一卷**　（清）黃大華撰　清光緒二十六年（1900）夢紅豆村刻本　一冊　十二行二十四字白口左右雙邊

610000－1001－0014821　普0019410

餘師錄前集十四卷後集十卷續集八卷　（清）
楊希閔撰　清光緒四年(1878)刻本　十三冊
十一行二十三字小字雙行同白口四周雙邊
缺六卷(續集三至八)

610000－1001－0014822　普0019414

宛鄰書屋古詩錄十二卷　（清）張琦輯　清道
光陽湖張氏宛鄰書屋刻本　四冊　十一行二
十三字白口左右雙邊

610000－1001－0014823　普0019415

補讀書齋遺稿十卷　（清）沈維鐈撰　清光緒
元年(1875)廣州刻本　四冊　十行二十二字
小字雙行同白口四周雙邊

610000－1001－0014824　普0019416

舊唐書二百卷校勘記六十六卷　（後晉）劉昫
等撰　（清）岑建功輯　清道光二十二年
(1842)甘泉岑建功懼盈齋刻本　三十九冊
十二行二十五字白口左右雙邊　缺五十五卷
(舊唐書一至三、校勘記十五至六十六)

610000－1001－0014825　普0019417

東瀛觀學記一卷　（清）劉紹寬撰　清光緒三
十一年(1905)鉛印本　一冊　十二行三十二
字白口四周雙邊

610000－1001－0014826　普0019423

計樹園詩存一卷　（清）萬廷蘭撰　清末鉛印
本　一冊　十行二十二字上下黑口四周雙邊

610000－1001－0014827　普0019425

入幕須知五種附一種　（清）張廷驤撰　清光
緒十年(1884)刻本　五冊　十行二十字白口
四周雙邊

610000－1001－0014828　普0019428

鶴閑草堂主人自述苦狀一卷　（清）王清瑞編
　清道光華亭王氏刻本　一冊　十行二十五
字上黑口左右雙邊

610000－1001－0014829　普0019433

四書成語對聯彙編一卷　（清）王廷學輯　清
光緒八年(1882)上海王氏刻本　一冊　十行
二十一字上下黑口四周雙邊

610000－1001－0014830　普0019434

家庭講話三卷　（清）陸一亭撰　清道光十八
年(1838)刻本　一冊　九行二十字下黑口左
右雙邊

610000－1001－0014831　普0019435

龍圖公案十卷　（□）□□撰　清道光十二年
(1832)刻本　三冊　十一行二十六字白口四
周單邊

610000－1001－0014832　普0019436

篤慎堂燼余詩稿二卷　（清）金諤撰　清光緒
十一年(1885)廣州刻本　一冊　八行二十字
白口左右雙邊

610000－1001－0014833　普0019437

活世生機三卷　（清）蔭南居士輯　清光緒九
年(1883)善書老坊刻本　一冊　八行二十字
白口四周雙邊

610000－1001－0014834　普0019438

精選讀本不分卷　（清）周讓淇藏　清抄本
一冊　八行大小字不等

610000－1001－0014835　普0019439

中庸注一卷　康有為撰　清光緒二十七年
(1901)鉛印本　一冊　十行二十八字上下黑
口四周單邊

610000－1001－0014836　普0019440

香案集不分卷　（清）蔣立鏞撰　清道光十三
年(1833)刻本　一冊　八行二十字小字雙行
同白口四周雙邊

610000－1001－0014837　普0019442

春秋紀傳五十一卷　（清）李鳳雛撰　清光緒
二十一年(1895)大化里刻本　十二冊　九行
二十一字小字雙行同白口四周雙邊

610000－1001－0014838　普0019443

春秋左傳杜注三十卷　（清）姚培謙學　清嘉
慶元年(1796)刻本　九冊　九行十九字小字
雙行不等白口左右雙邊

610000－1001－0014839　普0019448

金剛決疑一卷　（後秦）釋鳩摩羅什譯　（明）

釋德清撰　般若波羅蜜多心經直說一卷
(明)釋德清撰　清陳寶晉刻本　一冊　九行
十九字白口左右雙邊

610000 – 1001 – 0014840　普0019449
金剛般若經疏一卷　(隋)釋智者大師說
(唐)釋顯宗會　般若波羅蜜多心經疏一卷
(唐)釋玄奘譯　(唐)釋靖邁撰疏　清光緒三
十三年(1907)金陵刻經處刻本　一冊　十行
二十字上下黑口左右雙邊

610000 – 1001 – 0014841　普0019450
古文苑二十一卷　(宋)章樵撰　清光緒十二
年(1886)江蘇書局刻本　四冊　十行二十二
字小字雙行同上下黑口左右雙邊

610000 – 1001 – 0014842　普0019451
八代詩選二十卷　王闓運撰　清光緒十九年
(1893)善化章氏經濟堂刻本(卷十一配清刻
本)　十二冊　十行二十二字下黑口左右
雙邊

610000 – 1001 – 0014843　普0019453
勝天王般若波羅密經七卷　(南朝陳)月婆首
那譯　清光緒二年(1876)江北刻經處刻本
二冊　十行二十字白口左右雙邊

610000 – 1001 – 0014844　普0019456
益智圖二卷　(清)童葉庚撰　清光緒四年
(1878)刻本　二冊　上下黑口四周雙邊

610000 – 1001 – 0014845　普0019457
橘中心語一卷　(清)賴蘊山輯　清光緒十五
年(1889)刻本　一冊　行數不等字數不等上
下黑口四周單邊

610000 – 1001 – 0014846　普0019458
九畹堂文集一卷　(清)潘蘭皋撰　清嘉慶元
年(1796)九畹堂刻本　一冊　八行二十字白
口左右雙邊

610000 – 1001 – 0014847　普0019467
秦中書局彙報十九冊　(清)秦中書局編　清
光緒鉛印本　三冊　十五行三十三字白口四
周雙邊　存三冊(三、四、八)

610000 – 1001 – 0014848　普0019469
冬生艸堂詩錄八卷文錄四卷　(清)夏寶晉撰
清咸豐四年(1854)刻本　三冊　十行二十
一字小字雙行同上下黑口左右雙邊

610000 – 1001 – 0014849　普0019470
遼史紀事本末四十卷　(清)李有棠撰　清光
緒十九年(1893)李杉鄂樓刻本(卷七至四十
配清刻本)　四冊　十行二十二字小字雙行
同下黑口四周雙邊

610000 – 1001 – 0014850　普0019475
鍼灸大成十卷　(明)楊繼洲撰　清嘉慶十七
年(1812)書業堂刻本(卷四至五、八配清刻
本,卷三、六、十配清光緒六年刻本)　十冊
十行二十二字白口四周雙邊

610000 – 1001 – 0014851　普0019476
韓詩外傳十卷　(漢)韓嬰撰　清嘉慶四年
(1799)未經堂刻本　一冊　九行二十字白口
左右雙邊

610000 – 1001 – 0014852　普0019478
陰隲文解一卷　(清)楊磐石等錄　清同治三
年(1864)刻本　一冊　八行二十四字白口四
周單邊

610000 – 1001 – 0014853　普0019480
金剛般若經注解全集十六卷　(後秦)釋鳩摩
羅什譯　(清)松庵道人輯　清同治八年
(1869)刻本　四冊　九行二十一字白口四周
雙邊　存四卷(一至四)

610000 – 1001 – 0014854　普0019481
游志續編一卷　(明)陶宗儀撰　清光緒十二
年(1886)新陽趙氏刻本　一冊　十一行二十
四字白口左右雙邊

610000 – 1001 – 0014855　普0019482
沈文節公事實一卷　(清)沈守廉輯　清光緒
八年(1882)京師刻本　一冊　十行二十字白
口四周雙邊

610000 – 1001 – 0014856　普0019484
經籍舉要一卷　(清)龍啟瑞撰　清光緒十九
年(1893)中江講院刻本　一冊　十一行二十

八字小字雙行同上下黑口左右雙邊

610000－1001－0014857　普0019486

胎產護生篇一卷附婦科秘方一卷　（清）李長
科輯　清刻本　二冊　九行二十一字小字雙
行同白口左右雙邊

610000－1001－0014858　普0019487

翁仲仁先生痘科金鏡賦六卷　（清）俞茂鯤集
解　（清）于人龍評述　清光緒十一年(1885)
活字印本　四冊　九行二十四字小字雙行同
白口左右雙邊

610000－1001－0014859　普0019489

脈經十卷　（晉）王叔和撰　清光緒十七年
(1891)池陽周氏刻本　六冊　十一行二十一
字小字雙行同白口四周雙邊

610000－1001－0014860　普0019490

天方性理五卷　（清）劉智撰　清同治十年
(1871)刻本　六冊　九行十八字小字雙行同
上下黑口四周雙邊

610000－1001－0014861　普0019493

[光緒十五年]己丑恩科鄉試十八省同年全錄
不分卷　（清）□□輯　清光緒十五年(1889)
刻本　二冊　十行大小字不等白口四周雙邊

610000－1001－0014862　普0019497

諭摺彙存不分卷　（清）□□編　清光緒活字
印本　十二冊　十一行二十二字白口四周
雙邊

610000－1001－0014863　普0019498

萍鄉文氏所刻醫書六種　（清）文晟輯　清同
治十一年(1872)文延慶堂刻本　六冊　十行
二十五字小字雙行同白口四周雙邊

610000－1001－0014864　普0019501

大小雅堂詩集四卷附冰蠶詞一卷　（清）承齡
撰　清光緒十八年(1892)刻本　二冊　十行
二十一字小字雙行同上下黑口左右雙邊

610000－1001－0014865　普0019509

元史藝文志四卷　（清）錢大昕撰　清同治、
光緒江蘇書局刻本　一冊　十二行二十五字

小字雙行同白口左右雙邊

610000－1001－0014866　普0019509

遼金元三史語解　（清）吳省蘭輯　清光緒四
年(1878)江蘇書局刻本　七冊　十二行二十
五字小字雙行同白口左右雙邊

610000－1001－0014867　普0019513

楚辭新註八卷　（清）屈復撰　清道光十七年
(1837)刻本　四冊　十行二十字小字雙行十
九字白口四周雙邊

610000－1001－0014868　普0019514

白鄉詩鈔十卷文鈔四卷　（清）董元憲撰　清
道光刻本　三冊　九行二十一字白口四周
單邊

610000－1001－0014869　普0019518

國朝詩萃初集十卷二集十四卷　（清）潘瑛
（清）高岑輯　清嘉慶九年(1804)刻本　十
冊　十行十九字白口四周單邊

610000－1001－0014870　普0019519

四聲切韻表一卷音學辨微一卷　（清）江永撰
清宣統二年(1910)清籟精舍刻本　三冊
九行二十二字小字雙行同白口四周雙邊

610000－1001－0014871　普0019520

變雅堂遺集十八卷附錄二卷詩集十卷文集八
卷　（清）杜濬撰　清光緒二十年(1894)刻民
國十年(1921)重印本　六冊　十行二十一字
小字雙行同上下黑口左右雙邊

610000－1001－0014872　普0019521

春穀詩鈔一卷春穀小草二卷且種樹齋詩鈔一
卷問梅軒詩鈔一卷　（清）盛復初撰　清嘉慶
元年(1796)刻本　四冊　八行十八字白口四
周單邊

610000－1001－0014873　普0019524

損齋文鈔十五卷首一卷外集鈔一卷語錄三卷
附錄一卷西埜楊氏壬申年譜一卷附錄一卷
（清）楊樹椿撰　（清）柏森校刊　清光緒十六
年至十九年(1890－1893)柏經正堂刻本　七
冊　九行二十二字上下黑口四周雙邊

610000－1001－0014874　普0019526

**黃帝內經素問二十四卷**　(明)吳崐注　清光緒二十五年(1899)續溪程氏刻本　八冊　九行二十五字小字雙行同下黑口四周雙邊

610000－1001－0014875　普0019527

**雲菴雜誌四卷**　(清)雲菴道人撰　**贅言存稿一卷**　(清)洗心道人撰　清嘉慶刻本　五冊　九行二十四字小字雙行同白口四周雙邊

610000－1001－0014876　普0019528

**佩蘅詩鈔八卷**　(清)寶鋆撰　(清)寶福等校　清咸豐九年(1859)刻本　四冊　十行二十一字小字雙行同白口四周雙邊

610000－1001－0014877　普0019529

**陳忠裕全集三十卷首四卷末一卷**　(明)陳子龍撰　(清)王昶輯　清嘉慶八年(1803)簳山草堂刻本　十冊　十行二十一字小字雙行三十字白口四周單邊

610000－1001－0014878　普0019530

**御製曆象考成上編十六卷**　(清)何國宗(清)梅毅成彙編　**後編十卷**　(清)顧琮等編　清光緒二十四年(1898)杭州德記書莊石印本　二十六冊　九行二十字小字雙行十九字白口四周雙邊

610000－1001－0014879　普0019532

**繡像風箏誤八卷三十二回**　(清)竹齋主人輯　清嘉慶十五年(1810)漱芳閣刻本　六冊　十行二十字白口四周單邊

610000－1001－0014880　普0019533

**清嘉錄十二卷**　(清)顧祿撰　清光緒三年(1877)葛氏嘯園刻本　六冊　九行二十字下黑口四周雙邊

610000－1001－0014881　普0019534

**回生集二卷**　(清)陳杰編　清道光十五年(1835)雲南明錦齋刻本　一冊　十行二十字小字雙行同白口左右雙邊

610000－1001－0014882　普0019535

**古方彙精五卷**　(清)趙氏編　清光緒十三年(1887)文德堂刻本　二冊　九行二十二字小字雙行同白口四周單邊

610000－1001－0014883　普0019537

**任兆麟述記三卷**　(清)任兆麟撰　清光緒二十年(1894)石印本　二冊　十九行四十七字小字雙行同白口四周雙邊

610000－1001－0014884　普0019539

**針灸甲乙經十二卷**　(晉)皇甫謐撰　清末上海江左書林石印本　四冊　十五行三十四字小字雙行同白口四周雙邊

610000－1001－0014885　普0019543

**峴嶕山房詩集初編八卷續編二卷**　(清)董文渙撰　清同治十年(1871)刻本　五冊　十行二十二字小字雙行同上下黑口左右雙邊

610000－1001－0014886　普0019545

**小四書**　(明)朱升輯　清刻本　二冊　六行九字小字雙行不等白口左右雙邊

610000－1001－0014887　普0019547

**隨軒金石文字九種**　(清)徐渭仁編　清同治七年(1868)刻本　四冊　行數不等字數不等白口四周單邊

610000－1001－0014888　普0019548

**仙合曲譜一卷**　(清)何兆瀛撰　清同治七年(1868)刻本　一冊　九行二十二字小字雙行同白口左右雙邊

610000－1001－0014889　普0019566

**元和蔡氏所著書三種**　(清)蔡雲撰　清道光七年(1827)刻本　四冊　十行二十一字小字雙行同白口左右雙邊　存二種

610000－1001－0014890　普0019567

**河套圖考一卷**　(清)楊江撰　清咸豐七年(1857)刻本　一冊　八行二十二字小字雙行同白口四周雙邊

610000－1001－0014891　普0019576

**陳文恭公手札節要三卷**　(清)陳宏謀撰　清同治七年(1868)崇文書局刻本　一冊　十一行二十一字白口四周雙邊

610000－1001－0014892　普0019577

幸存錄二卷 （明）夏允彝撰 清刻本 一冊
九行十九字白口左右雙邊

610000－1001－0014893 普0019578

文莫書屋詹詹言二卷 （清）陳僅撰 清道光
二十五年(1845)四明繼雅堂刻本 一冊 十
行二十二字白口四周雙邊

610000－1001－0014894 普0019579

經畧洪承疇奏對筆記二卷 （清）洪承疇撰

饒崧生先生摺譜一卷 （清）饒旬宣纂 清光
緒十九年(1893)京都榮錄堂刻本 二冊 十
三行二十五字白口左右雙邊

610000－1001－0014895 普0019580

陸清獻公年譜一卷 （清）吳光西編 清光緒
涇陽柏經正堂刻本 一冊 九行二十字下黑
口四周單邊

610000－1001－0014896 普0019581

歷代地理沿革圖一卷 （清）李兆洛撰 清同
治十一年(1872)金陵刻本 一冊 十二行二
十四字白口左右雙邊

610000－1001－0014897 普0019583

輿地經緯度里表一卷 （清）丁取忠撰 清末
刻本 一冊 行數不等字數不等白口四周
單邊

610000－1001－0014898 普0019584

漢西域圖考七卷首一卷 （清）李光廷撰 清
同治九年(1870)刻本 二冊 九行二十一字
小字雙行同白口四周雙邊

610000－1001－0014899 普0019587

南阜山人詩集類稿七卷 （清）高鳳翰撰
(清)宋弼選 清同治六年(1867)刻本 二冊
十行十九字小字雙行同白口左右雙邊

610000－1001－0014900 普0019589

朝邑縣幅員地糧總說不分卷 （清）霍勤勳等
編 清光緒十九年(1893)刻本 一冊 十行
二十四字白口四周雙邊

610000－1001－0014901 普0019596

全滇紀要不分卷 （清）雲南課吏館纂修 清

光緒三十一年(1905)雲南課吏館鉛印本 十
冊 十行二十五字白口四周雙邊

610000－1001－0014902 普0019606

甌江小記一卷 （清）郭鍾岳著 清光緒四年
(1878)刻本 一冊 九行二十一字小字雙行
同白口左右雙邊

610000－1001－0014903 普0019607

三省山內風土雜識一卷 （清）嚴如熤撰 清
光緒三十四年(1908)鉛印本 一冊 十二行
三十字上下黑口四周雙邊

610000－1001－0014904 普0019610

[光緒]西藏圖考八卷首一卷 （清）黃沛翹輯
清光緒二十年(1894)刻本 四冊 十行二
十二字小字雙行同下黑口左右雙邊

610000－1001－0014905 普0019612

[光緒]富平縣志稿十卷首一卷 （清）樊增祥
（清）劉錕修 （清）譚麐纂 清光緒十七年
(1891)刻本 十冊 十行二十三字小字雙行
二十三至二十五字不等粗黑口四周雙邊

610000－1001－0014906 普0019614

[同治]黃縣志十四卷首一卷末一卷 （清）尹
繼美纂修 清同治十年(1871)刻本 四冊
十行二十四字小字雙行同白口四周雙邊

610000－1001－0014907 普0019618

[光緒]無錫金匱縣志四十卷首一卷 （清）裴
大中 （清）倪咸生修 （清）秦緗業等纂 清
光緒七年(1881)刻本 十八冊 十行二十二
字小字雙行同白口左右雙邊

610000－1001－0014908 普0019619

[光緒]武進陽湖縣志三十卷首一卷 （清）王
其淦 （清）吳康壽修 （清）湯成烈等纂 清
光緒五年(1879)刻本 二十冊 十行二十五
字小字雙行同白口左右雙邊

610000－1001－0014909 普0019621

[道光]蘭州府志十二卷首一卷 （清）陳士楨
修 （清）涂鴻儀纂 清道光十三年(1833)刻
本 八冊 九行二十字小字雙行同白口四周
雙邊

610000－1001－0014910　普0019627

**吉林紀事詩四卷首一卷末一卷**　（清）沈兆禔
著並注　清宣統三年(1911)金陵湯明林聚珍
書局鉛印本　二冊　十行二十四字小字雙行
三十五字白口四周雙邊

610000－1001－0014911　普0019630

[道光]**郿州志五卷首一卷**　（清）吳鳴捷修
（清）譚瑀等纂　清道光十三年(1833)刻本
五冊　十一行二十五字白口四周雙邊

610000－1001－0014912　普0019632

**東林書院志二十二卷**　（清）高廷珍等編　清
光緒七年(1881)刻本　八冊　十二行二十五
字小字雙行同白口左右雙邊

610000－1001－0014913　普0019635

**汧陽述古編二卷**　（清）李嘉績纂　清光緒十
五年(1889)李氏代耕堂刻本　一冊　十行二
十一字小字雙行同粗黑口四周單邊

610000－1001－0014914　普0019637

**平山堂圖志十卷首一卷**　（清）趙之璧編纂
清光緒九年(1883)楚南歐陽利見刻本　四冊
十行二十一字小字雙行同白口左右雙邊

610000－1001－0014915　普0019638

**括地志八卷**　（唐）李泰等撰　清嘉慶三年
(1798)蘭陵孫氏刻本　一冊　十二行二十四
字小字雙行同上下黑口左右雙邊

610000－1001－0014916　普0019639

**元和郡縣補志九卷**　（清）嚴觀輯　清光緒八
年(1882)金陵書局刻本　二冊　九行二十一
字小字雙行同上下黑口四周雙邊

610000－1001－0014917　普0019643

[嘉慶]**峨眉縣志十卷首一卷**　（清）王燮修
（清）張希緝　（清）張希珏纂　清宣統三年
(1911)李錦成補刻本　四冊　九行二十一字
小字雙行同白口四周雙邊

610000－1001－0014918　普0019644

[宣統]**峨眉縣續志十卷圖一卷**　（清）李錦
成修　（清）朱榮邦等纂　清宣統三年
(1911)刻本　五冊　九行二十一字小字雙

行同白口四周雙邊

610000－1001－0014919　普0019646

[光緒]**江陰縣志三十卷首一卷**　（清）盧思誠
（清）馮壽鏡修　（清）季念詒　（清）夏燠
如纂　清光緒四年(1878)刻本　二十冊　十
行二十二字小字雙行同白口左右雙邊

610000－1001－0014920　普0019647

[道光]**大姚縣志十六卷圖一卷**　（清）黎恂修
（清）劉榮黼纂　清道光二十五年(1845)刻
本　四冊　九行二十二字小字雙行同白口四
周雙邊

610000－1001－0014921　普0019648

**忠武祠墓志七卷首一卷末一卷**　（清）李復心
匯輯　清同治五年(1866)刻本　四冊　九行
二十字白口四周雙邊

610000－1001－0014922　普0019651

[道光]**印江縣志二卷**　（清）鄭士範纂修　清
道光十七年(1837)刻本　一冊　八行二十字
小字雙行同白口四周雙邊

610000－1001－0014923　普0019654

[光緒]**文縣志八卷首一卷末一卷**　（清）長贇
修　（清）劉健纂　清光緒二年(1876)刻本
六冊　九行二十五字小字雙行同下黑口四周
雙邊

610000－1001－0014924　普0019656

[光緒]**黃巖縣志四十卷首一卷附黃巖集三十
二卷**　（清）陳寶善等修　（清）王棻纂
（清）陳鍾英等續修　（清）王詠霓續纂　清同
治七年至九年（1868－1870）修光緒元年
(1875)續修三年(1877)刻本　十六冊　十一
行二十二字小字雙行同白口左右雙邊　缺三
十二卷(黃巖集一至三十二)

610000－1001－0014925　普0019658

[光緒]**重纂秦州直隸州新志二十四卷首一卷**
（清）余澤春修　（清）王權等纂　清光緒十
五年(1889)隴南書院刻本　十六冊　九行二
十一字小字雙行同白口四周雙邊

610000－1001－0014926　普0019659

[道光]保寧府志六十二卷 （清）黎學錦等修
圖考一卷補遺一卷 （清）張嗣鴻纂 清道
光二十三年(1843)補刻本 二十冊 九行二
十一字小字雙行同白口四周雙邊

610000－1001－0014927 普0019660

江寧府七縣地形考略一卷 （清）黃起鳳等編
清同治江楚書局刻本 一冊 十行二十二
字小字雙行同上下黑口左右雙邊

610000－1001－0014928 普0019666

[光緒]慈谿縣志五十六卷附編一卷 （清）楊
泰亨纂 （清）馮可鏞纂 慈谿縣志列傳附編
一卷 （清）劉一桂纂 清光緒二十五年
(1899)劉一桂校補德潤書院刻本 二十四冊
十二行二十五字小字雙行同白口左右雙邊

610000－1001－0014929 普0019669

[道光]大竹縣志四十卷 （清）翟琭修
(清)王懷孟等纂 （清）蔡以修續修 （清）
劉漢昭等續纂 清道光二年(1822)刻本 六
冊 九行二十二字小字雙行同白口四周雙邊

610000－1001－0014930 普0019670

[同治]鄖縣志十卷首一卷 （清）周瑞
(清)定熙修 （清）余瀍廷 （清）崔誥纂
清同治五年(1866)刻本 八冊 九行二十一
字白口四周雙邊

610000－1001－0014931 普0019677

湖墅小志四卷 （清）高鵬年纂輯 清光緒二
十二年(1896)石印本 二冊 十行二十四字
上下黑口左右雙邊

610000－1001－0014932 普0019686

揚州足徵錄二十七卷 （清）焦循輯 清光緒
刻本 十冊 十行二十一字小字雙行同上下
黑口左右雙邊

610000－1001－0014933 普0019693

京口山水志十八卷首一卷末一卷 （清）楊棨
撰 清宣統三年(1911)鉛印本 四冊 十二
行三十二字小字雙行同白口四周雙邊

610000－1001－0014934 普0019703

申江勝景圖二卷 （清）吳猷繪圖 清光緒十
年(1884)上海點石齋石印本 二冊 行數不
等字數不等白口四周單邊

610000－1001－0014935 普0019705

[嘉慶]涇縣志三十二卷首一卷 （清）李得淦
（清）周鶴立修 （清）洪亮吉等纂 清嘉慶
十一年(1806)刻本 十六冊 十一行二十五
字小字雙行同白口左右雙邊

610000－1001－0014936 普0019729

海國勝游草一卷 （清）斌椿撰 清同治七年
(1868)刻本 一冊 九行二十一字小字雙行
同白口四周雙邊

610000－1001－0014937 普0019730

太華太白紀游略一卷 （清）趙嘉肇撰 清光
緒十年(1884)刻本 一冊 九行二十三字粗
黑口四周單邊

610000－1001－0014938 普0019731

金山志十卷續二卷 （清）盧見曾纂 （清）釋
秋崖續纂 清光緒二十七年(1901)刻本 六
冊 十行二十一字小字雙行同白口左右雙邊

610000－1001－0014939 普0019732

江蘇海塘新志八卷首一卷 （清）李慶雲
(清)蔣師轍纂 清光緒十六年(1890)刻本
四冊 十行二十二字小字雙行同白口左右
雙邊

610000－1001－0014940 普0019733

貴州郡邑道里圖一卷 （□）□□編繪 清刻
本 一冊 行數不等字數不等白口四周單邊

610000－1001－0014941 普0019735

泰州鄉土志二卷 （清）馬錫純編 清光緒三
十四年(1908)錦章書局石印本 一冊 行數
不等字數不等小字雙行不等白口四周單邊
存一卷(泰州鄉土地理一)

610000－1001－0014942 普0019738

[光緒]蒙古志三卷 （清）姚明輝纂 清光緒
三十三年(1907)上海中國圖書公司鉛印本
一冊 十一行三十三字小字雙行同白口四周
雙邊

610000 – 1001 – 0014943　普 0019745

**西湖志四十八卷**　（清）李衛修　（清）傅王露
等纂　清光緒四年(1878)浙江書局刻本　二
十冊　九行二十一字小字雙行同白口左右
雙邊

610000 – 1001 – 0014944　普 0019748

**續修楓涇小志十卷首一卷**　（清）程兼善纂
清宣統三年(1911)鉛印本　三冊　十一行二
十四字小字雙行同下黑口四周單邊　存八卷
(三至十)

610000 – 1001 – 0014945　普 0019749

**常昭合志稿四十八卷首一卷末一卷**　（清）鄭
鐘祥　（清）張瀛修　（清）龐鴻文等纂　清光
緒三十年(1904)木活字印本　十六冊　十行
二十四字小字雙行同白口四周單邊

610000 – 1001 – 0014946　普 0019750

**江震人物續志十卷**　（清）趙蘭佩輯錄　（清）
計光炘校刊　清道光二十一年(1841)刻本
三冊　十行二十一字白口左右雙邊

610000 – 1001 – 0014947　普 0019751

**[光緒]無錫金匱縣志四十卷首一卷**　（清）裴
大中　（清）倪咸生修　（清）秦緗業等纂　清
光緒七年(1881)刻本　十八冊　十行二十二
字小字雙行同白口左右雙邊

610000 – 1001 – 0014948　普 0019752

**[光緒]無錫金匱縣志四十卷首一卷**　（清）裴
大中　（清）倪咸生修　（清）秦緗業等纂　清
光緒七年(1881)刻二十九年(1903)重印本
十八冊　十行二十二字小字雙行同白口左右
雙邊　缺四卷(五至七、首一)

610000 – 1001 – 0014949　普 0019755

**京口山水志十八卷首一卷末一卷**　（清）楊棨
撰　清道光二十四年(1844)刻本　六冊　十
行二十一字小字雙行同白口左右雙邊

610000 – 1001 – 0014950　普 0019758

**華嶽志八卷首一卷**　（清）李榕纂修　清道光十
一年(1831)刻光緒九年(1883)補刻本　四冊
十一行二十四字小字雙行同白口左右雙邊

610000 – 1001 – 0014951　普 0019770

**[光緒]西藏圖考八卷首一卷**　（清）黃沛翹輯
清光緒二十年(1894)京都申榮堂刻本　四
冊　十行二十二字小字雙行同下黑口左右
雙邊

610000 – 1001 – 0014952　普 0019772

**[光緒]夏縣志十卷首一卷**　（清）黃緒榮
（清）萬啟鈞修　（清）張承熊纂　清光緒六年
(1880)刻本　三冊　十行二十一字小字雙行
同下粗黑口四周雙邊　存八卷(一至八)

610000 – 1001 – 0014953　普 0019774

**[光緒]續雲南通志稿一百九十四卷首六卷**
（清）王文韶等修　（清）唐炯等纂　清光緒二
十六年(1900)四川岳池刻本　九十七冊　十
三行二十五字上下黑口四周單邊　缺六卷
(三十八至三十九、八十七至八十八、一百九
十三至一百九十四)

610000 – 1001 – 0014954　普 0019775

**焦山志二十六卷首一卷**　（清）吳雲輯　**焦山
續志八卷**　（清）陳任暘輯　清同治十三年
(1874)刻光緒三十一年(1905)增刻本　十冊
九行二十一字小字雙行同白口左右雙邊

610000 – 1001 – 0014955　普 0019776

**焦山志二十六卷首一卷**　（清）吳雲輯　**焦山
續志八卷**　（清）陳任暘輯　清同治十三年
(1874)刻光緒三十一年(1905)增刻本　十冊
九行二十一字小字雙行同白口左右雙邊

610000 – 1001 – 0014956　普 0019777

**焦山續志八卷**　（清）陳任暘輯　清光緒三十
一年(1905)刻本　二冊　九行二十一字小字
雙行同白口左右雙邊

610000 – 1001 – 0014957　普 0019778

**重修南海普陀山志二十卷首一卷**　（清）秦耀
曾編輯　清刻本　四冊　十行二十一字小字
雙行同白口四周雙邊

610000 – 1001 – 0014958　普 0019779

**重修南海普陀山志二十卷首一卷**　（清）秦耀
曾編輯　清刻本　四冊　十行二十一字小字

雙行同白口四周雙邊

610000－1001－0014959　普0019780

清涼山志十卷　（明）釋鎮澄修　（清）釋阿王
老藏重修　清光緒十三年(1887)刻本　四冊
　九行二十字小字雙行同白口四周雙邊

610000－1001－0014960　普0019781

[光緒]黃州府志四十卷首一卷　（清）英啟修
　（清）鄧琛纂　清光緒十年(1884)刻本　三
十四冊　十一行二十五至三十六字不等小字
雙行同粗黑口四周雙邊

610000－1001－0014961　普0019782

[同治]續輯漢陽縣志二十八卷　（清）黃式度
修　（清）王柏心纂　清同治七年(1868)刻本
　九冊　九行二十一字白口四周雙邊　存十
七卷(一、五至二十)

610000－1001－0014962　普0019785

[嘉定]剡錄十卷　（宋）史安之修　（宋）高
似孫纂　清道光八年(1828)刻本　二冊　九
行二十二字小字雙行同白口左右雙邊

610000－1001－0014963　普0019787

[同治]即墨縣志十二卷　（清）林溥修
（清）周翕鑵纂　清同治十二年(1873)刻本
六冊　十行二十五字小字雙行同白口左右雙
邊　缺二卷(十一至十二)

610000－1001－0014964　普0019789

[光緒]山西通志一百八十四卷首一卷　（清）
曾國荃　（清）張煦等修　（清）王軒　（清）
楊篤等纂　清光緒十八年(1892)刻本　五十
五冊　十二行二十三字小字雙行同粗黑口左
右雙邊　存一百〇九卷(二至五十一、八十六
至一百四十四)

610000－1001－0014965　普0019790

[嘉慶]四川通志二百〇四卷首二十二卷
（清）常明等修　（清）楊芳燦等纂　清嘉慶二
十一年(1816)刻本　九十五冊　九行二十一
字小字雙行同白口四周雙邊　缺四十三卷
(十四至十五、九十四、一百六十七至二百〇
四,首十至十一)

610000－1001－0014966　普0019793

[光緒]盱眙縣志稿十七卷　（清）王錫元修
（清）高延第等纂　清光緒十七年(1891)刻本
　八冊　十行二十一字小字雙行同白口左右
雙邊

610000－1001－0014967　普0019794

華嶽志八卷首一卷　（清）李榕纂修　清道光
十一年(1831)刻光緒三十年(1904)補刻本
四冊　十一行二十四字小字雙行同白口左右
雙邊

610000－1001－0014968　普0019795

[光緒]吳江縣續志四十卷首一卷　（清）金福
曾等修　（清）熊其英等纂　清光緒五年
(1879)刻本　八冊　十二行二十三字小字雙
行同白口四周雙邊

610000－1001－0014969　普0019796

[嘉慶]重刊宜興縣志四卷首一卷　（清）阮升
基修　（清）甯楷纂　清光緒八年(1882)刻宜
興荊溪舊志五種本　二冊　十行二十二字小
字雙行同白口左右雙邊

610000－1001－0014970　普0019797

[光緒]南匯縣志二十二卷首一卷末一卷
（清）金福曾　（清）顧思賢修　（清）張文虎
等纂　清光緒五年(1879)刻本　十一冊　十
一行二十二字小字雙行同白口左右雙邊　存
二十一卷(一至二十一)

610000－1001－0014971　普0019798

彙刻太倉舊志五種　（清）繆朝荃等輯　清宣
統元年(1909)太倉繆氏刻本　八冊　十行二
十一字小字雙行同上下黑口四周單邊

610000－1001－0014972　普0019801

常昭合志稿四十八卷首一卷末一卷　（清）鄭
鍾祥　（清）張瀛修　（清）龐鴻文等纂　清光
緒三十年(1904)木活字印本　二十冊　十行
二十四字小字雙行同白口四周單邊

610000－1001－0014973　普0019804

吳山伍公廟志六卷首一卷　（清）金文淳纂修
　（清）沈永青增輯　清光緒二年(1876)刻本

二冊　十行二十一字小字雙行同白口左右雙邊

610000－1001－0014974　普0019811

**曹江孝女廟誌八卷首一卷末一卷補遺一卷**
(清)阮元鑒定　(清)金廷棟編輯　清光緒八年(1882)刻本　二冊　九行十九字小字雙行同白口四周單邊

610000－1001－0014975　普0019813

**吳地記一卷**　(唐)陸廣微纂　**後集一卷**
(宋)□□輯　清同治十二年(1873)江蘇書局刻本　一冊　十二行二十三字小字雙行同上下黑口四周雙邊

610000－1001－0014976　普0019814

[光緒]**武進陽湖縣志三十卷首一卷**　(清)王其淦　(清)吳康壽修　(清)湯成烈等纂　清光緒五年(1879)刻本　十九冊　十行二十五字小字雙行同白口左右雙邊　缺二卷(七至八)

610000－1001－0014977　普0019817

[光緒]**雲南通志二百四十二卷首四卷附錄四十一卷**　(清)岑毓英修　(清)陳燦纂　清光緒二十年(1894)刻本　二百十九冊　十行二十二字小字雙行同白口四周雙邊　缺一卷(一百五十四)

610000－1001－0014978　普0019818

[同治]**蘇州府志一百五十卷首三卷**　(清)李銘皖　(清)譚鈞培修　(清)馮桂芬纂　清光緒九年(1883)江蘇書局刻本　七十七冊　十行二十四字小字雙行同白口左右雙邊　缺五卷(七至八、三十、七十九至八十)

610000－1001－0014979　普0019819

[同治]**長沙縣志三十六卷首一卷**　(清)劉采邦等修　(清)張延珂　(清)袁繼翰纂　清同治十年(1871)刻本　十三冊　十一行二十五字小字雙行同白口四周雙邊

610000－1001－0014980　普0019820

[光緒]**丹徒縣志摭餘二十一卷**　(清)李恩綬原纂　(清)李丙榮續纂　清光緒修民國七年

(1918)刻二十年(1931)增補本　十一冊　十一行二十一字小字雙行同白口左右雙邊　缺一卷(十九)

610000－1001－0014981　普0019821

[光緒]**崑新兩縣續修合志五十二卷首一卷末一卷**　(清)金吳瀾　(清)李福沂修　(清)汪堃　(清)朱成熙纂　清光緒六年(1880)刻本　二十四冊　十一行二十二字小字雙行同白口左右雙邊

610000－1001－0014982　普0019823

**石鐘山志十六卷首一卷**　(清)李成謀　(清)丁義方蒐輯　(清)方宗誠　(清)胡傳釗校訂　清光緒九年(1883)刻本　八冊　九行二十一字小字雙行同白口四周雙邊

610000－1001－0014983　普0019827

**兩浙防護陵寢祠墓錄一卷**　(清)阮元輯　清光緒十五年(1889)浙江書局刻本　二冊　十行二十三字上下黑口左右雙邊

610000－1001－0014984　普0019832

[淳熙]**嚴州圖經八卷**　(宋)董棻修　(宋)喻彥先檢訂　(宋)陳公亮重修　(宋)劉文富訂正　清光緒二十二年(1896)刻本　二冊　十行二十一字小字雙行同白口左右雙邊　存三卷(一至三)

610000－1001－0014985　普0019833

[光緒]**平湖縣志二十五卷首一卷末一卷**
(清)彭潤章等修　(清)葉廉鍔等纂　清光緒十二年(1886)刻本　十二冊　十一行二十五字小字雙行同白口四周雙邊　缺二卷(二至三)

610000－1001－0014986　普0019836

**黔語二卷**　(清)吳振棫纂　清咸豐四年(1854)刻本　一冊　十二行二十四字小字雙行同白口四周單邊

610000－1001－0014987　普0019837

[同治]**上海縣志三十二卷首一卷末一卷**
(清)應寶時等修　(清)俞樾　(清)方宗誠纂　清同治十一年(1872)刻光緒八年(1882)

補刻本　十六冊　十二行二十三字小字雙行同白口四周雙邊

610000－1001－0014988　普0019838

[光緒]增修登州府志六十九卷　(清)方汝翼等修　(清)周悅讓等纂　清光緒七年(1881)刻本　二十一冊　九行二十字小字雙行同白口四周雙邊　缺二卷(六十八至六十九)

610000－1001－0014989　普0019840

[光緒]重修嘉善縣志三十六卷首一卷　(清)江峯青修　(清)顧福仁纂　清光緒二十年(1894)刻本　十一冊　十一行二十四字小字雙行同白口左右雙邊　缺十一卷(十四至二十二、三十二至三十三)

610000－1001－0014990　普0019841

[光緒]桐鄉縣志二十四卷首四卷　(清)嚴辰纂　楊園淵源錄四卷　(清)沈曰富輯　清光緒十三年(1887)刻本　二十四冊　十行二十三字小字雙行同白口左右雙邊

610000－1001－0014991　普0019844

金山志十卷續二卷　(清)盧見曾纂　(清)釋秋崖續纂　清光緒二十七年(1901)刻本　六冊　十行二十一字小字雙行同白口左右雙邊

610000－1001－0014992　普0019845

茅山志十四卷　(清)笪蟾光審編　清光緒二十四年(1898)刻本　六冊　九行二十一字白口四周雙邊

610000－1001－0014993　普0019850

鶴林寺志不分卷　(明)釋明賢纂　(明)賀烺訂正　(清)釋楚泉　(清)釋福登續纂　清宣統元年(1909)刻本　一冊　九行二十字上下黑口左右雙邊

610000－1001－0014994　普0019851

鶴林寺志不分卷　(明)釋明賢纂　(明)賀烺訂正　(清)釋楚泉　(清)釋福登續纂　清宣統元年(1909)刻本　一冊　九行二十字上下黑口左右雙邊

610000－1001－0014995　普0019853

[光緒]重修華亭縣志二十四卷首一卷末一卷

(清)楊開第修　(清)姚光發等纂　清光緒四年至五年(1878－1879)刻本　九冊　十一行二十二字小字雙行同白口左右雙邊　缺二卷(十四至十五)

610000－1001－0014996　普0019855

[光緒]贛榆縣志十八卷　(清)王豫熙修　(清)張謇纂　清光緒十四年(1888)刻本　四冊　十行二十五字小字雙行同白口四周單邊

610000－1001－0014997　普0019859

[咸豐]壬癸志稿二十八卷　(清)錢寶琛輯　清光緒六年(1880)刻本　四冊　十行二十一字小字雙行同白口左右雙邊

610000－1001－0014998　普0019860

[光緒]荊州府志八十卷首一卷　(清)倪文蔚　(清)蔣銘勛修　(清)顧家蘅　(清)李廷鈺纂　清光緒六年(1880)刻本　三十一冊　十行二十五字小字雙行同粗黑口四周雙邊　存七十九卷(一至六十四、六十七至八十一)

610000－1001－0014999　普0019861

西石城風俗志不分卷　(清)陳慶年撰　清光緒三十四年(1908)鉛印本　一冊　十行二十三字小字雙行同下黑口左右雙邊

610000－1001－0015000　普0019863

西湖志四十八卷　(清)李衛修　(清)傅王露等纂　清光緒四年(1878)浙江書局刻本　二十冊　九行二十一字小字雙行同白口左右雙邊

610000－1001－0015001　普0019864

平湖陸氏景賢祠志四卷　(明)陸基忠纂　清光緒六年(1880)刻本　二冊　八至九行十六至十八字白口左右雙邊

610000－1001－0015002　普0019865

汪王廟志略不分卷　(清)汪文炳輯　(清)孫峻參訂　清光緒三十一年(1905)刻本　一冊　十一行二十字小字雙行同白口四周雙邊

610000－1001－0015003　普0019867

廬山小志二十四卷首一卷　(清)蔡瀛纂　清道光四年(1824)刻本　五冊　八行二十二字

小字雙行同白口四周雙邊

610000－1001－0015004　普0019868
[道光]武進陽湖縣合志三十六卷首一卷
(清)孫琬　(清)王德茂修　(清)李兆洛
(清)周儀暐纂　清光緒十二年(1886)木活字
印本　二十七冊　十行二十三字小字雙行同
白口左右雙邊　缺二卷(二十五至二十六)

610000－1001－0015005　普0019869
[光緒]嘉定縣志三十二卷首一卷補遺一卷
(清)程其珏修　(清)楊震福等纂　清光緒八
年(1882)刻本　十三冊　十一行二十二字小
字雙行同白口左右雙邊　存二十五卷(一至
二十三、二十九至三十)

610000－1001－0015006　普0019870
金陵瑣志五種　陳作霖撰　清光緒江寧陳氏
可園刻本　一冊　九行二十一字小字雙行同
白口左右雙邊　存四種

610000－1001－0015007　普0019872
艮山雜志二卷附一卷　(清)翟灝輯　清光緒
二十二年(1896)錢塘丁氏刻本　二冊　十行
二十字小字雙行白口四周雙邊

610000－1001－0015008　普0019874
長興志拾遺二卷首一卷　(清)朱鎮撰　清光
緒二十三年(1897)刻本　一冊　十行二十一
字小字雙行同白口左右雙邊

610000－1001－0015009　普0019875
[道光]婺志粹十四卷婺詩補三卷　(清)盧標
纂　清道光十九年(1839)映臺樓刻本　十冊
　十行二十字小字雙行同白口左右雙邊　存
十七卷(婺志粹一至十四、婺詩補一至三)

610000－1001－0015010　普0019876
甌江小記一卷　(清)郭鍾岳著　清光緒四年
(1878)刻本　一冊　九行二十一字小字雙行
同白口左右雙邊

610000－1001－0015011　普0019877
乾道臨安志十五卷　(宋)周淙纂　清光緒二
十年(1894)孫氏壽松堂刻本　一冊　十一行
二十字小字雙行同白口左右雙邊　存三卷

(一至三)

610000－1001－0015012　普0019879
[同治]祁門縣志三十六卷首一卷　(清)周溶
修　(清)汪韻珊纂　清同治十二年(1873)刻
本　十二冊　十行二十二字小字雙行同白口
左右雙邊

610000－1001－0015013　普0019880
[正德]武功縣志三卷首一卷　(明)康海纂
(清)孫景烈評注　(清)瑪星阿參訂　清同治
十二年(1873)崇文書局刻本　一冊　九行二
十一字白口四周雙邊

610000－1001－0015014　普0019882
[光緒]黃岡縣志二十四卷首一卷　(清)戴昌
言修　(清)劉恭冕纂　清光緒八年(1882)刻
本　十三冊　十二行二十五字小字雙行同白
口四周雙邊　缺十一卷(十三至二十、二十二
至二十四)

610000－1001－0015015　普0019884
[同治]贛州府志七十八卷首一卷　(清)魏瀛
修　(清)魯琪光纂　(清)鍾音鴻纂　清同治
十二年(1873)刻本　三十九冊　十行二十二
字小字雙行同白口四周雙邊　存六十七卷
(一至二、四至十六、十九至三十二、三十四至
六十九、七十三,首一)

610000－1001－0015016　普0019889
泰山道里記一卷　(清)聶鈫撰　清光緒四年
(1878)刻本　一冊　十一行二十一字上下黑
口左右雙邊

610000－1001－0015017　普0019890
泰山道里記一卷　(清)聶鈫撰　清光緒四年
(1878)刻本　一冊　十一行二十一字上下黑
口左右雙邊

610000－1001－0015018　普0019891
澉水志二卷　(宋)羅叔韶修　(宋)常棠纂
清末嘉禾舊志合刻本　一冊　十行二十字小
字雙行同上下黑口左右雙邊

610000－1001－0015019　普0019892
天童寺志十卷首一卷　(清)釋德介纂　清刻

本　四冊　九行二十字小字雙行同白口四周雙邊

610000－1001－0015020　普0019893
洞庭湖志十四卷　（清）綦世基原本　（清）夏大觀補輯　（清）萬年淳再訂　清道光五年（1825）刻本　十冊　十行二十三字小字雙行同白口四周雙邊

610000－1001－0015021　普0019894
黎里志十六卷首一卷　（清）徐達源纂輯　清嘉慶十年（1805）刻光緒二十五年（1899）重印本　四冊　九行二十字小字雙行同白口左右雙邊

610000－1001－0015022　普0019895
松陵見聞錄十卷首一卷　（清）王鯤輯　清道光九年（1829）刻本　四冊　九行二十一字小字雙行同白口左右雙邊

610000－1001－0015023　普0019899
[光緒]丹徒縣志六十卷首四卷　（清）何紹章　（清）馮壽鏡修　（清）呂耀斗等纂　清光緒五年（1879）刻本　三十二冊　十一行二十一字小字雙行同白口左右雙邊

610000－1001－0015024　普0019902
[光緒]廣平府志六十三卷首一卷　（清）吳中彥修　（清）胡景桂纂　清光緒二十年（1894）刻本　十八冊　十行二十三字小字雙行同白口四周雙邊　存四十三卷（一至十三、三十四至六十三）

610000－1001－0015025　普0019903
[嘉慶]滇繋四十卷　（清）師範纂輯　清光緒十三年（1887）雲南通志局刻本　三十六冊　九行二十四字小字雙行同白口四周雙邊　存三十六卷（二、六至十八、十九至四十）

610000－1001－0015026　普0019904
[光緒]順天府志一百三十卷附錄一卷　（清）萬青藜　（清）周家楣修　（清）張之洞　繆荃孫纂　清光緒十二年（1886）刻本　四十四冊　十二行二十五字小字雙行同粗黑口四周單邊　存九十一卷（一至五十一、八十九至一百二十二、一百二十五至一百三十）

610000－1001－0015027　普0019909
[嘉慶]黑龍江外記八卷　（清）西清纂　清光緒刻漸西村舍彙刻本　一冊　十行二十一字小字雙行同白口左右雙邊　存四卷（一至四）

610000－1001－0015028　普0019910
[同治]臨川縣志五十四卷首一卷末一卷　（清）童範儼修　（清）陳慶齡等纂　清同治九年（1870）刻本　六冊　十一行二十三字白口四周雙邊　存十三卷（八至九、十八至二十五、四十至四十一，首一）

610000－1001－0015029　普0019911
[光緒]湘潭縣志十二卷　（清）陳嘉榆等修　王闓運等纂　清光緒十五年（1889）刻本　五冊　十行二十一字白口四周雙邊　存九卷（一、三至五、八至十二）

610000－1001－0015030　普0019912
荆州記三卷　（南朝宋）盛弘之撰　（南朝宋）曹元忠輯　清光緒十九年（1893）刻本　一冊　十行二十一字白口左右雙邊

610000－1001－0015031　普0019937
北湖小志六卷首一卷　（清）焦循著　清嘉慶十三年（1808）刻本　一冊　十一行二十四字白口左右雙邊

610000－1001－0015032　普0019946
峨山圖說二卷　（清）譚鍾岳繪圖　（清）廖笙堂輯說　（清）黃綬芙編　清光緒十三年（1887）成都會文堂刻十七年（1891）後印本　二冊　十行二十七字下黑口四周單邊

610000－1001－0015033　普0019968
[正德]武功縣志三卷首一卷　（明）康海纂　（清）孫景烈評注　（清）瑪星阿參訂　清同治十二年（1873）崇文書局刻本　一冊　九行二十一字白口四周雙邊

610000－1001－0015034　普0019973
[嘉慶]介休縣志十四卷　（清）徐品山（清）陸元鏸修　（清）熊兆占等纂　清嘉慶二十四年（1819）刻本　八冊　十行二十一字小

字雙行同白口四周雙邊

610000－1001－0015035　普0019981
臺灣雜記不分卷　（清）黃逢昶輯　抄本　一冊　十行二十字小字雙行同白口左右雙邊

610000－1001－0015036　普0019993
歷代仙史八卷　（清）王建章輯　清光緒七年(1881)常熟抱芳閣刻本　六冊　九行二十字小字雙行同白口左右雙邊

610000－1001－0015037　普0019994
列女傳補注八卷校正本二卷列仙傳贊一卷（漢）劉向編　（清）王照圓注　清嘉慶十七年(1812)栖霞郝氏曬書堂刻本　五冊　十行二十一字小字雙行同白口四周雙邊

610000－1001－0015038　普0019995
三農紀二十四卷　（清）張宗法撰　清刻本十冊　十行二十字小字雙行同白口四周雙邊

610000－1001－0015039　普0019996
怡志堂詩初編八卷文初編六卷　（清）朱琦撰清咸豐七年(1857)刻同治四年(1865)重印本　四冊　十行二十一字小字雙行同白口四周雙邊

610000－1001－0015040　普0019999
欽定磨勘條例四卷續增磨勘則例一卷　（清）禮部編　清刻本　一冊　九行二十字白口四周雙邊

610000－1001－0015041　普0020000
消夏百一詩二卷　葉德輝撰　清光緒三十四年(1908)葉氏觀古堂刻本　二冊　十一行二十二字小字雙行同上下黑口左右雙邊

610000－1001－0015042　普0020001
棠陰比事一卷　（宋）桂萬榮撰　清光緒三十年(1904)刻本　一冊　九行二十一字小字雙行同白口左右雙邊

610000－1001－0015043　普0020005
汝東判語六卷　（清）董沛撰　清光緒十三年(1887)刻本　二冊　十行二十一字白口左右雙邊

610000－1001－0015044　普0020006
汝東判語六卷　（清）董沛撰　清光緒十三年(1887)刻本　二冊　十行二十一字白口左右雙邊

610000－1001－0015045　普0020009
葛仙翁肘後備急方八卷　（晉）葛洪撰　清光緒三十二年(1906)成都二仙庵刻本(序配清末鉛印本)　二冊　十行二十四字白口左右雙邊

610000－1001－0015046　普0020011
刑部新定現行則例二卷督捕則例一卷　（清）刑部編　清刻本　二冊　九行二十字白口左右雙邊

610000－1001－0015047　普0020013
重刻恭簡公志樂二十卷　（明）韓邦奇撰　清道光六年(1826)刻本　十二冊　十行二十字小字雙行同白口四周雙邊

610000－1001－0015048　普0020019
綠筠書屋詩稿八卷詩餘一卷　（清）張籛撰清道光二十五年(1845)刻本　四冊　九行二十一字小字雙行同上下黑口四周雙邊

610000－1001－0015049　普0020020
桐牕餘藁四卷桐閣拾遺二卷　（清）李元春撰清刻本　六冊　九行二十字小字雙行同白口左右雙邊

610000－1001－0015050　普0020022
中國歷代文派沿革錄一卷　（清）池虯撰　清光緒三十四年(1908)溫州石印本　一冊　八行二十字小字雙行同白口四周雙邊

610000－1001－0015051　普0020023
一經盧琴學二卷　（清）姚配中撰　清道光二十五年(1845)刻本　二冊　九行二十一字小字雙行同上下黑口四周雙邊

610000－1001－0015052　普0020024
復齋錄六卷　（清）王建常撰　清刻本　四冊十行二十二字小字雙行同上下黑口左右雙邊

610000－1001－0015053　　普0020026

**史學叢書四十三種**　（清）□□輯　清光緒二十八年(1902)上海文瀾書局石印本　三十二冊　二十二行二十四字小字雙行同下黑口四周單邊

610000－1001－0015054　　普0020027

**夢園叢說內篇八卷外篇八卷**　（清）方濬頤撰　清光緒元年(1875)刻本　六冊　十行二十一字下黑口四周雙邊

610000－1001－0015055　　普0020030

**隨輶筆記四卷**　（清）吳宗濂撰　清光緒二十八年(1902)著易堂鉛印本　四冊　十七行四十二字小字雙行同白口四周單邊

610000－1001－0015056　　普0020033

**焦奉政公循蹟詳奏牘鈔不分卷附節錄州縣各志不分卷**　（清）焦雲龍撰　清末陝西圖書館鉛印本　一冊　十二行三十字白口四周雙邊

610000－1001－0015057　　普0020035

**滋樹堂文集四卷**　（清）孫景烈撰　（清）張孝友等編　（清）孫奕塏校勘　清道光十一年(1831)刻本　十五冊　九行二十字小字雙行同白口四周雙邊

610000－1001－0015058　　普0020037

**儒林宗派十六卷**　（清）萬斯同撰　清宣統三年(1911)上海國學扶輪社鉛印本　二冊　十一行二十九字小字雙行不等上下黑口四周雙邊

610000－1001－0015059　　普0020039

**勿待軒文集存稿十卷**　（清）馬先登撰　清光緒二年(1876)刻本　十冊　十行二十三字白口左右雙邊

610000－1001－0015060　　普0020040

**復淮故道圖說一卷**　（清）丁顯輯　清同治八年(1869)集韻書屋刻本　一冊　十二行二十五字白口四周雙邊

610000－1001－0015061　　普0020041

**史目表二卷**　（清）洪飴孫撰　清光緒四年(1878)啓秀山房刻本　一冊　十二行二十四字白口左右雙邊

字白口左右雙邊

610000－1001－0015062　　普0020046

**西被考略六卷**　（清）金永森撰　清光緒二十九年(1903)武昌刻本　四冊　九行二十字小字雙行同白口左右雙邊

610000－1001－0015063　　普0020047

**十種古逸書**　（清）茆泮林輯　清道光十四年(1834)梅瑞軒刻本　六冊　十行二十一字小字雙行同白口左右雙邊

610000－1001－0015064　　普0020049

**帝王經世圖譜十六卷附錄一卷**　（宋）唐仲友撰　（清）胡鳳丹校刊　清同治十二年(1873)永康胡鳳丹退補齋刻本　六冊　九行二十字小字雙行同白口四周雙邊

610000－1001－0015065　　普0020050

**虹橋老屋遺稿九卷**　（清）秦緗業撰　清光緒十五年(1889)刻本　四冊　十行二十二字上下黑口左右雙邊

610000－1001－0015066　　普0020051

**張文襄公手札不分卷**　（清）張之洞撰　（清）沈秉模輯　清宣統二年(1910)敉藝廬影印本　一冊　行數不等大小字不等

610000－1001－0015067　　普0020054

**古聖賢像傳略十六卷**　（清）顧湘輯　清道光十年(1830)刻本　六冊　十行二十一字小字雙行同白口左右雙邊

610000－1001－0015068　　普0020055

**荊州萬城堤志十卷首一卷末一卷**　（清）倪文蔚纂修　清光緒二年(1876)刻本　六冊　九行二十四字白口左右雙邊

610000－1001－0015069　　普0020057

**淮安藝文志十卷**　（清）□□輯　清同治十二年(1873)刻本　八冊　十行二十二字小字雙行同白口左右雙邊

610000－1001－0015070　　普0020059

**宋州郡志校勘記一卷**　（清）成儒撰　**尚書申孔篇一卷**　（清）焦廷琥撰　清光緒十四年

（1888）廣雅書局刻本　一冊　十一行二十四字小字雙行同上下黑口四周單邊

610000 – 1001 – 0015071　普 0020061

浙江全省輿圖並水陸道里記不分卷　（清）宗源翰編　清光緒二十年（1894）石印本　二十冊　十四行三十六字小字雙行同白口左右雙邊

610000 – 1001 – 0015072　普 0020063

江西全省輿圖十四卷　（清）朱兆麟編　清末刻本　九冊　十二行二十四字小字雙行同白口四周雙邊　缺五卷（四、六、七、十三、十四）

610000 – 1001 – 0015073　普 0020064

新刻濟顛大師醉菩提全傳四卷二十回　（清）天花藏舉人編　清光緒二十年（1894）刻本四冊　十一行二十六字白口四周單邊

610000 – 1001 – 0015074　普 0020066

汴城宣防志略一卷　（清）張祥河撰　清末刻本　一冊　九行十八字上下黑口左右雙邊

610000 – 1001 – 0015075　普 0020067

浙西六家詞　（清）龔翔麟編　清刻本　三冊　十行二十字小字雙行同白口左右雙邊　存五種

610000 – 1001 – 0015076　普 0020068

因樹屋書影十卷　（清）周亮工撰　清嘉慶十九年（1814）裔孫恆福刻本　六冊　九行十八字小字雙行同白口左右雙邊

610000 – 1001 – 0015077　普 0020070

行素齋雜記二卷　（清）李佳撰　清光緒二十七年（1901）湖南臬署刻本　二冊　十行二十一字小字雙行同下黑口左右雙邊

610000 – 1001 – 0015078　普 0020072

歷代帝王年表十四卷帝王廟諡年諱譜一卷（清）齊召南編　清道光四年（1824）儀徵阮氏琅嬛僊館刻本　三冊　八行二十四字小字雙行三十五字上下黑口四周雙邊

610000 – 1001 – 0015079　普 0020073

湖州府水道全圖不分卷　（清）□□撰　清刻

本　三冊　九行二十三字白口左右雙邊

610000 – 1001 – 0015080　普 0020075

文廟禮樂考二卷　（清）金之植　（清）宋鈜編　清刻本　二冊　九行二十字小字雙行同白口四周雙邊

610000 – 1001 – 0015081　普 0020076

鄉守輯要合鈔十卷　（清）許乃釗編　清道光二十九年（1849）令貽堂刻本　二冊　十行二十四字小字雙行同白口四周雙邊

610000 – 1001 – 0015082　普 0020077

拙尊園叢稿六卷　（清）黎庶昌撰　清光緒十九年（1893）上海醉六堂石印本　四冊　十一行二十五字上下黑口左右雙邊

610000 – 1001 – 0015083　普 0020078

恆軒所見所藏吉金錄不分卷　（清）吳大澂編　清光緒十一年（1885）吳縣吳氏刻本　二冊　白口四周單邊

610000 – 1001 – 0015084　普 0020081

王氏醫案五卷隨息居重訂霍亂論四卷隨息居飲食譜七卷　（清）王士雄撰　清光緒二十二年（1896）上海圖書集成局鉛印本　八冊　十三行三十字白口四周單邊

610000 – 1001 – 0015085　普 0020084

胎產秘書二卷　（清）翁元鈞增刊　清宣統三年（1911）上海書局石印本　一冊　十五行三十三字白口四周雙邊

610000 – 1001 – 0015086　普 0020085

保赤聯珠一卷　（清）莊一夔撰　清光緒七年（1881）金陵刻本　一冊　八行二十字小字雙行同白口左右雙邊

610000 – 1001 – 0015087　普 0020089

解毒編一卷　（清）汪汲輯　清刻本　一冊九行二十四字白口四周單邊

610000 – 1001 – 0015088　普 0020092

經驗選秘六卷　（清）胡增彬編　清同治十年（1871）杭州翰文齋刻本　一冊　十一行二十五字小字雙行同白口左右雙邊

610000－1001－0015089　普0020093

集驗良方拔萃二卷癸卯年續補集驗拔萃良方
一卷　(清)恬素氏輯　清咸豐九年(1859)寄
漚氏刻本　一冊　九行二十一字小字雙行不
等白口左右雙邊

610000－1001－0015090　普0020096

金匱心典三卷　(漢)張仲景撰　(清)尤怡注
　清同治八年(1869)常州陸氏雙白燕堂刻本
　三冊　十行二十字小字雙行同白口左右
雙邊

610000－1001－0015091　普0020097

本草分經一卷　(清)姚瀾輯　清光緒十五年
(1889)江西戊子牌天祿閣刻本　一冊　七行
十七字小字雙行同白口四周雙邊

610000－1001－0015092　普0020098

產孕集二卷　(清)張曜孫撰　清同治七年
(1868)蘊璞齋刻本　一冊　十一行二十三字
白口四周雙邊

610000－1001－0015093　普0020099

西醫舉隅一卷　(英國)德貞編　清光緒元年
(1875)刻本　一冊　十行二十四字小字雙行
同白口左右雙邊

610000－1001－0015094　普0020100

瘟疫明辨四卷末一卷　(清)戴天章撰　清末
李光明莊狀元閣刻本　一冊　十一行二十二
字白口左右雙邊

610000－1001－0015095　普0020104

醫學切要七種　(清)王錫鑫撰　清光緒八年
(1882)刻本　六冊　九行二十五字小字雙行
同白口四周雙邊

610000－1001－0015096　普0020105

荊州萬城堤志十卷首一卷末一卷　(清)倪文
蔚纂　清光緒二年(1876)荊州府署刻本　六
冊　九行二十四字小字雙行同白口四周單邊

610000－1001－0015097　普0020106

新刻古本劉成美忠節全傳二十五卷　(□)
□□撰　清道光二十二年(1842)友于堂刻本
　十二冊　十行二十三字白口四周單邊

610000－1001－0015098　普0020107

飛跎全傳四卷三十二回　(清)鄒必顯撰　清
咸豐七年(1857)如皋義林堂刻本　四冊　九
行二十二字白口四周單邊

610000－1001－0015099　普0020108

西湖拾遺四十四卷附一卷　(清)陳樹基撰
清光緒上海申報館鉛印本　十二冊　十二行
二十七字白口四周雙邊

610000－1001－0015100　普0020109

南苑一知十卷　(清)馬魯著　清山對齋刻本
　十冊　九行二十字白口四周雙邊

610000－1001－0015101　普0020110

使琉球記六卷　(清)李鼎元撰　清光緒上海
申報館鉛印本　一冊　十二行二十四字白口
四周雙邊

610000－1001－0015102　普0020111

許氏幼科七種　(清)許豫和撰　清同治刻本
　七冊　九行二十二字白口左右雙邊　存
五種

610000－1001－0015103　普0020113

痘訣餘義一卷　(清)許豫和撰　清同治刻本
　一冊　九行二十二字白口左右雙邊

610000－1001－0015104　普0020114

問齋醫案五卷　(清)蔣寶素撰　清刻本　六
冊　十行二十二字白口左右雙邊

610000－1001－0015105　普0020115

悔翁詩鈔十五卷補遺一卷詩餘五卷筆記六卷
　(清)汪士鐸撰　清光緒九年(1883)合肥張
氏味古齋刻本　四冊　十一行二十一字上黑
口左右雙邊

610000－1001－0015106　普0020116

幼科不分卷　(清)陳復正纂　清抄本　二冊
　八行字數不等

610000－1001－0015107　普0020119

成方切用二十六卷　(清)吳儀洛輯　抄本
二冊　十行大小字不等　存七卷(二至八)

610000－1001－0015108　普0020121

急救應驗良方一卷　（清）費山壽輯　清光緒
十四年（1888）三原縣署刻本　一冊　十一行
二十四字小字雙行同白口左右雙邊

610000－1001－0015109　普0020124

時務叢鈔三種　（清）何啟等撰　清光緒二十
一年（1895）上海賜書堂書莊石印本　八冊
十五行三十一字白口四周單邊

610000－1001－0015110　普0020125

新刻玉釧緣全傳三十二卷　（清）西湖居士撰
　清道光二十二年（1842）文會堂刻本　六十
四冊　十行二十二字白口四周單邊

610000－1001－0015111　普0020127

惜抱軒文集十六卷詩後集一卷外集一卷法帖
題跋三卷筆記八卷　（清）姚鼐撰　清江寧劉
文奎刻本　五冊　十行二十一字上下黑口左
右雙邊

610000－1001－0015112　普0020131

頤志齋叢書二十一種　（清）丁晏撰　清同治
元年（1862）刻本　二十冊　十行二十二字白
口左右雙邊

610000－1001－0015113　普0020133

恆春吟館詩集二卷　（清）趙佩湘撰　清道光
十四年（1834）丹徒趙氏刻本　二冊　八行十
八字上下黑口四周單邊

610000－1001－0015114　普0020136

酒令叢鈔四卷　（清）俞敦培輯　清光緒刻本
　二冊　九行十九字白口四周雙邊

610000－1001－0015115　普0020137

湘軍水陸戰紀十六卷　（清）曾國藩撰　（清）
鮑叔衡輯　清光緒十二年（1886）京都同文堂
石印本　二冊　十行三十一字白口四周雙邊

610000－1001－0015116　普0020139

邊事彙鈔十二卷續鈔八卷　（清）劉韞齋鑒定
　（清）朱克敬輯　清光緒六年（1880）刻本
十冊　九行二十二字白口左右雙邊

610000－1001－0015117　普0020140

藕香零拾三十九種　繆荃孫輯　清光緒二十

二年至宣統二年（1896－1910）刻本　三十二
冊　十四行二十一字上下黑口左右雙邊

610000－1001－0015118　普0020144

歸顧朱三先生年譜合刻三種附一種　（清）金
吳瀾輯　清光緒六年（1880）嘉興金氏刻本
五冊　九行二十一字上黑口四周單邊

610000－1001－0015119　普0020148

都天滾盤珠一卷附錄一卷　（清）瞿天賓校
清同治元年（1862）刻本　一冊　十行二十二
字白口四周雙邊

610000－1001－0015120　普0020149

嚴陵張九儀增釋地理琢玉斧巒頭歌括不分卷
　（清）張鳳藻撰　清刻本　四冊　九行十九
字小字雙行同白口左邊雙邊右邊單邊

610000－1001－0015121　普0020150

傷寒論六卷　（漢）張仲景撰　（清）張志聰註
釋　清刻本　六冊　九行二十二字白口四周
單邊

610000－1001－0015122　普0020152

天台四教儀一卷　（高麗）釋諦觀錄　始終心
要一卷　（隋）釋從義注　天台八教大意一卷
　（隋）釋灌頂撰　清宣統元年（1909）揚州藏
經院刻本　一冊　十行二十字下黑口左右
雙邊

610000－1001－0015123　普0020153

法化老和尚貪嗔癡註一卷　（清）釋法化撰
清光緒元年（1875）杭州昭慶寺慧空經房刻本
　一冊　十行二十字白口左右雙邊

610000－1001－0015124　普0020155

古律經傳附考五卷　（清）紀大奎撰　清同治
十一年（1872）刻本　二冊　九行十九字上下
黑口四周雙邊

610000－1001－0015125　普0020157

陸象山先生全集三十六卷　（宋）陸九淵撰
附錄少湖徐先生學則辯一卷　（明）徐階撰
清道光三年（1823）刻本　十二冊　九行二十
字白口四周雙邊

610000－1001－0015126　普0020158

**釋氏稽古略四卷**　(元)釋覺岸撰　**釋鑑稽古略續集三卷**　(明)釋大聞撰　清光緒十二年(1886)釋清道刻本　五冊　九行二十八字小字雙行同白口四周單邊

610000－1001－0015127　普0020160

**大清光緒新法令十三類附錄一類**　(清)商務印書館輯　清宣統元年(1909)商務印書館鉛印本　二十冊　十六行三十三字小字雙行不等下黑口四周雙邊

610000－1001－0015128　普0020161

**天水冰山錄不分卷附錄一卷附鈐山堂書畫記一卷**　(明)□□撰　清乾隆至道光長塘鮑氏刻本　五冊　九行二十一字小字雙行同上下黑口左右雙邊

610000－1001－0015129　普0020162

**傷寒準繩八卷**　(明)王肯堂輯　(清)程永培校　清光緒十八年(1892)上海圖書集成印書局鉛印本　八冊　十三行四十字小字雙行同白口四周單邊

610000－1001－0015130　普0020163

**大方廣圓覺經大疏十六卷首一卷**　(唐)釋宗密述　清宣統元年(1909)金陵刻經處刻本　四冊　十行二十字小字雙行同上下黑口左右雙邊

610000－1001－0015131　普0020164

**本草求真九卷脈理求真三卷本草求真主治二卷**　(清)黃宮繡撰　清綠圃齋刻本　十一冊　九行二十字小字雙行同白口四周雙邊

610000－1001－0015132　普0020166

**常言道四卷**　(清)落魄道人輯　清光緒元年(1875)得成堂刻本　四冊　八行二十字白口四周單邊　存二卷(一至二)

610000－1001－0015133　普0020167

**後續大宋楊家將文武曲星包公狄青初傳十四卷六十八回**　(清)李雨堂撰　清刻本　十冊　十一行二十四字白口左右雙邊

610000－1001－0015134　普0020174

**儀顧堂題跋十六卷續跋十六卷**　(清)陸心源撰　清光緒十六年至十八年(1890－1892)歸安陸心源刻本　九冊　十行二十字白口四周雙邊

610000－1001－0015135　普0020176

**佛說觀無量壽佛經一卷**　(南朝宋)釋畺良耶舍譯　**佛說阿彌陀經**　(後秦)釋鳩摩羅什譯　**稱讚淨土佛攝受經一卷**　(唐)釋玄奘譯　**拔一切業障根本得生淨土神咒一卷**　(南朝宋)釋求那跋陀羅譯　**後出阿彌陀佛偈經一卷**　(漢)□□譯　**阿彌陀鼓音聲王陀羅尼經一卷**　(□)□□譯　**觀世音菩薩得大勢菩薩受記經一卷**　(南朝宋)釋黃龍沙門釋　(南朝宋)釋曇無竭譯　**無量壽經優波提舍一卷**　(北魏)釋菩提留支譯　**佛說阿彌陀經疏一卷**　(唐)釋元曉述　清光緒八年(1882)金陵刻經處刻本　一冊　十行二十字小字雙行同上下黑口左右雙邊

610000－1001－0015136　普0020177

**覺世經圖說四卷**　(清)札克丹補輯　清同治十三年(1874)刻本　四冊　九行字數不等白口四周雙邊

610000－1001－0015137　普0020178

**雜華文表三卷**　(清)智生原稿　(清)法壽堂增校　清杭州西湖慧空經房刻本　一冊　十行二十一字白口四周雙邊

610000－1001－0015138　普0020179

**回文類聚原編四卷首一卷織錦回文圖一卷續編十卷首一卷**　(宋)桑世昌輯　(清)朱象賢續輯　清裕文堂刻本　三冊　十行十九字小字雙行同上下黑口左右雙邊　缺九卷(回文圖一、續編一至八)

610000－1001－0015139　普0020180

**七克七卷**　(西班牙)龐迪我撰　清嘉慶三年(1798)京都始胎大堂刻本　四冊　九行二十一字白口左右雙邊

610000－1001－0015140　普0020181

**小學弦歌八卷**　(清)李元度輯　清光緒五年(1879)刻本　三冊　九行二十一字小字雙行

同白口左右雙邊　存五卷(一至五)

610000－1001－0015141　普0020184

**二李唱和集一卷**　(宋)李昉　(宋)李至撰
清光緒十五年(1889)貴陽陳榘影宋刻本　一
冊　十二行大小字不等白口左右雙邊

610000－1001－0015142　普0020186

**高上玉皇本行集經三卷**　(□)□□輯　抄本
二冊　五行十五字白口

610000－1001－0015143　普0020191

**修習止觀坐禪法要二卷**　(隋)釋智顗述　清
光緒十八年(1892)金陵刻經處刻本　一冊
十行二十字小字雙行同上下黑口左右雙邊

610000－1001－0015144　普0020193

**平津館鑒藏記書籍三卷補遺一卷續編一卷**
(清)孫星衍撰　(清)陳宗彝校勘　清道光十
九年(1839)刻本　二冊　十一行二十一字小
字雙行同上下黑口四周單邊

610000－1001－0015145　普0020194

**廉石居藏書記內編二卷**　(清)孫星衍撰
(清)陳宗彝編　清道光十六年(1836)刻本
一冊　十一行二十一字小字雙行同上下黑口
四周單邊

610000－1001－0015146　普0020196

**妙法蓮華經七卷**　(後秦)釋鳩摩羅什譯　清
同治十年(1871)金陵刻經處刻本　三冊　十
行二十字上下黑口左右雙邊

610000－1001－0015147　普0020199

**仙佛合宗九章**　(明)伍守陽撰　清同治五年
(1866)童源發刻本　一冊　八行二十一字白
口左右雙邊

610000－1001－0015148　普0020200

**仁王護國般若波羅密經二卷**　(後秦)釋鳩摩
羅什譯　清刻本　一冊　十行二十字上下黑
口左右雙邊

610000－1001－0015149　普0020201

**金剛般若波羅蜜經宗通九卷**　(後秦)釋鳩摩
羅什譯　清光緒十一年(1885)金陵刻經處刻

本　二冊　十行二十字上下黑口左右雙邊

610000－1001－0015150　普0020202

**妙法蓮華經臺宗會義十六卷**　(清)釋智旭述
清光緒十九年(1893)江北刻經處刻本　八
冊　十行二十字小字雙行同上下黑口左右雙
邊

610000－1001－0015151　普0020205

**汪本隸釋刊誤一卷**　(宋)洪适撰　(清)黃丕
烈校勘　清同治十一年(1872)皖南洪氏晦本
齋刻本　一冊　九行十六字白口左右雙邊

610000－1001－0015152　普0020212

**觀音濟度本願真經二卷**　(□)□□撰　清刻
本　一冊　九行二十三字上下黑口四周單邊

610000－1001－0015153　普0020214

**天神會課不分卷**　(意大利)潘國光述　(清)
劉迪我等校勘　清咸豐十一年(1861)刻本
一冊　九行二十一字白口四周單邊

610000－1001－0015154　普0020215

**勸善舉隅不分卷**　(清)世祖福臨編　清光緒
十九年(1893)刻本　一冊　六行十八字白口
四周單邊

610000－1001－0015155　普0020217

**安樂集二卷**　(清)釋道綽撰　清道光二十三
年(1843)金陵刻經處刻本　一冊　十行二十
字上下黑口左右雙邊

610000－1001－0015156　普0020219

**淨土四經**　(清)魏源輯　清同治五年(1866)
金陵書局刻本　一冊　十行二十字白口左右
雙邊

610000－1001－0015157　普0020220

**佛母大孔雀明王經三卷**　(唐)釋不空譯　清
光緒十四年(1888)常熟刻經處刻本　一冊
十行二十字上下黑口左右雙邊

610000－1001－0015158　普0020221

**佛教初學課本一卷**　(清)楊文會撰　清光緒
三十二年(1906)金陵刻經處刻本　一冊　七
行二十字小字雙行同上下黑口左右雙邊

610000－1001－0015159　普0020225

湯液本草三卷　（元）王好古輯　（清）吳中珩校勘　清刻本　一冊　十行二十字白口左右雙邊

610000－1001－0015160　普0020226

千佛名經三卷　（南朝宋）釋畺良耶舍譯　清光緒元年(1875)金陵刻經處刻本　一冊　十行二十字小字雙行同上下黑口左右雙邊

610000－1001－0015161　普0020227

念佛十鏡不分卷　（清）鄭學川撰　清咸豐十年(1860)刻本　一冊　十三行二十八字白口四周單邊

610000－1001－0015162　普0020228

妙法蓮華經玄意節要二卷　（□）天台智者大師述　（隋）章安尊者灌頂記　（清）釋智旭節要　清光緒六年(1880)福德因緣堂刻本　二冊　十行二十字上下黑口左右雙邊

610000－1001－0015163　普0020229

法海觀瀾五卷　（清）釋智旭輯　清光緒二十三年(1897)揚州藏經禪院刻本　二冊　十行二十字小字雙行同上下黑口左右雙邊

610000－1001－0015164　普0020230

摩訶般若波羅蜜多心經一卷　（唐）釋玄奘譯　清聚珍書樓鉛印本　一冊　十行字數不等白口左右雙邊

610000－1001－0015165　普0020232

天道講臺三卷　（美國）杜步西撰　清宣統元年(1909)上海美華書館鉛印本　一冊　十五行二十九字小字雙行不等白口四周雙邊

610000－1001－0015166　普0020233

蠶桑問答二卷續編一卷　（清）朱祖榮編（清）蔣斧重編　清光緒二十四年(1898)常昭蠶桑局刻本　一冊　十五行二十八字上下黑口四周單邊

610000－1001－0015167　普0020234

覺世真經注證一卷　（清）曾傳薪編　清道光二十六年(1846)刻本　一冊　九行二十六字白口四周單邊

610000－1001－0015168　普0020236

九皇真經注解三卷　（□）呂祖注　清光緒二十九年(1903)蘇州圓妙觀西瑪瑙經房刻本　二冊　七行二十一字小字雙行同下黑口四周雙邊

610000－1001－0015169　普0020239

般若波羅蜜多心經一卷　（唐）釋玄奘譯　清光緒元年(1875)江北刻經處刻本　一冊　十行二十字上下黑口左右雙邊

610000－1001－0015170　普0020240

觀音十二圓覺不分卷　（□）□□輯　清同治八年(1869)刻本　一冊　九行二十三字白口左右雙邊

610000－1001－0015171　普0020241

淨土極信錄一卷　（清）釋戒香述　清同治十年(1871)刻本　一冊　十行二十字小字雙行同白口四周雙邊

610000－1001－0015172　普0020242

五大部直音三卷　（□）□□撰　清光緒元年(1875)杭州瑪瑙經房刻本　一冊　十行二十字小字雙行同白口左右雙邊　存一卷(上)

610000－1001－0015173　普0020249

金剛般若波羅蜜經破空論一卷　（後秦）釋鳩摩羅什譯　（明）釋智旭論　清同治十年(1871)如皋刻經處刻本　一冊　十行二十字上下黑口左右雙邊

610000－1001－0015174　普0020251

修西定課一卷　（清）鄭澄德　（清）鄭澄源撰　清光緒二十四年(1898)金陵刻經處刻本　一冊　十行二十字上下黑口左右雙邊

610000－1001－0015175　普0020252

答客芻言不分卷　（清）沈榮齋撰　清光緒七年(1881)刻本　一冊　十行二十字白口四周雙邊

610000－1001－0015176　普0020253

大方廣圓覺修多羅了義經二卷　（唐）釋佛陀多羅譯　清同治八年(1869)金陵刻經處刻本　一冊　十行二十字上下黑口左右雙邊

610000 – 1001 – 0015177　普 0020256

**萬法歸心錄三卷**　（清）釋祖源　（清）釋超溟撰　（清）釋乘戒　（清）釋定慧校勘　清同治九年(1870)刻本　一冊　十二行二十二字白口左右雙邊

610000 – 1001 – 0015178　普 0020269

**太乙神鍼一卷**　（清）范培蘭傳授　（清）杜文瀾訂定　清光緒九年(1883)刻本　一冊　九行二十八字小字雙行不等白口四周雙邊

610000 – 1001 – 0015179　普 0020270

**佛說轉天圖經不分卷**　（□）□□編　清咸豐七年(1857)刻本　一冊　十行二十五字白口四周單邊

610000 – 1001 – 0015180　普 0020271

**天主實義二卷**　（明）利瑪竇撰　清同治七年(1868)刻本　二冊　十行二十字白口四周雙邊

610000 – 1001 – 0015181　普 0020277

**東三省交涉輯要十二卷首一卷**　（清）孫鳳翔　（清）趙崇萌輯　清宣統二年(1910)鉛印本　四冊　十二行二十六字白口四周雙邊　存九卷(二至七、十至十二)

610000 – 1001 – 0015182　普 0020278

**佛說無量壽經義疏六卷**　（三國魏）釋康僧鎧譯　（隋）釋慧遠疏　清光緒二十七年(1901)金陵刻經處刻本　二冊　十行二十字上下黑口左右雙邊

610000 – 1001 – 0015183　普 0020279

**八宗綱要二卷**　（明）釋凝然撰　清宣統三年(1911)揚州藏經院刻本　一冊　十行二十字白口左右雙邊

610000 – 1001 – 0015184　普 0020280

**醫效秘傳三卷**　（清）葉桂撰　清道光十二年(1832)貯春僊館吳氏刻本　一冊　八行二十一字白口左右雙邊

610000 – 1001 – 0015185　普 0020281

**自遠堂琴譜十二卷**　（清）吳灴輯　清嘉慶七年(1802)有耀齋王鳳儀刻本　六冊　八行十

八字小字雙行同白口左右雙邊　存五卷(三、六、九、十一至十二)

610000 – 1001 – 0015186　普 0020283

**理氣三訣四卷**　（清）葉泰撰　清刻本　一冊　九行二十一字白口左右雙邊

610000 – 1001 – 0015187　普 0020284

**琴譜新聲六卷首一卷**　（清）曹尚絅　（清）蘇璟　（清）戴源考訂　清同治五年(1866)刻本（卷三至四配清刻本）　三冊　八行大小字不等白口四周單邊　缺一卷(首一)

610000 – 1001 – 0015188　普 0020285

**桑蠶說一卷**　（清）江毓昌撰　清光緒二十四年(1898)東陽縣署刻本　一冊　十行二十一字小字雙行同白口四周雙邊

610000 – 1001 – 0015189　普 0020286

**桑蠶說一卷**　（清）江毓昌撰　清光緒二十四年(1898)東陽縣署刻本　一冊　十行二十一字小字雙行同白口四周雙邊

610000 – 1001 – 0015190　普 0020287

**三十家詩鈔六卷首一卷末一卷**　（清）曾國藩輯　（清）王定安增輯　清同治十三年(1874)傳忠書局刻本（卷六、卷末配清刻本）　五冊　十行二十四字小字雙行同下黑口左右雙邊　缺二卷(一、首一)

610000 – 1001 – 0015191　普 0020289

**交翠軒筆記四卷**　（清）沈濤撰　（清）劉世珩校　清光緒貴池劉氏刻本　二冊　十一行二十一字上下黑口左右雙邊

610000 – 1001 – 0015192　普 0020290

**松崖筆記三卷**　（清）惠棟撰　（清）劉世珩校刊　清光緒貴池劉氏刻本　一冊　十一行二十一字上下黑口左右雙邊

610000 – 1001 – 0015193　普 0020291

**吳友如畫寶十二集**　（清）吳友如繪　清宣統元年(1909)石印本　十二冊　四周單邊　存七集(一、七、八至十二)

610000 – 1001 – 0015194　普 0020292

圖繪寶鑑八卷 （元)夏文彥撰 清怡堂刻本
　二冊 九行二十字上下黑口左右雙邊 存
　五卷(一至五)

610000－1001－0015195 普0020299
邃懷堂詩集前編六卷後編六卷小清容山館詞
鈔二卷 （清)袁翼撰 清光緒十三年(1887)
刻本 一冊 九行二十字白口左右雙邊 缺
十卷(邃懷堂詩集前編一至六、後編一至四)

610000－1001－0015196 普0020302
邵亭遺詩八卷 （清)莫友芝撰 清光緒元年
(1875)莫繩孫刻本 二冊 十行二十一字小
字雙行同白口左右雙邊 存四卷(五至八)

610000－1001－0015197 普0020303
尚書古文證疑四卷 （清)孫喬年撰 清嘉慶
十五年(1810)刻本 一冊 十行十九字小字
雙行同白口左右雙邊 存二卷(一至二)

610000－1001－0015198 普0020305
朱子年譜四卷年譜考異四卷論學切要語二卷
　（清)王懋竑纂 清同治九年(1870)永康應
氏白田草堂刻本(朱子年譜卷二至三配白田
草堂大開本) 三冊 二十行二十字小字雙
行同白口左右雙邊 缺二卷(論學切要語一
至二)

610000－1001－0015199 普0020307
小謨觴館詩集八卷 （清)彭兆蓀撰 清嘉慶
十一年(1806)韓江寓舍刻本 四冊 十二行
二十三字白口左右雙邊 存六卷(一至六)

610000－1001－0015200 普0020310
筠江集一卷 （清)張炳撰 清刻本 一冊
八行十八字四周雙邊

610000－1001－0015201 普0020311
石龕詩卷二十三卷詩餘偶存一卷 （清)劉楚
英撰 清同治九年(1870)粵西韶署刻本 三
冊 十二行二十四字小字雙行同上下黑口四
周雙邊

610000－1001－0015202 普0020313
陝西全省複選當選議員一覽表不分卷 （清)
□□編 清末鉛印本 一冊 七行字數不等

白口四周單邊

610000－1001－0015203 普0020314
程子年譜十二卷首一卷末一卷 （清)池生春
（清)諸星杓輯 清咸豐五年(1855)味經室
刻本 三冊 十行二十四字小字雙行同白口
左右雙邊 存九卷(明道一至二、六,伊川一
至五,末一)

610000－1001－0015204 普0020318
佩文齋書畫譜一百卷 （清)孫岳頒輯 清刻
本 五十六冊 十一行二十一字白口左右雙
邊 存八十七卷(五至七、十四至七十三、七
十七至一百)

610000－1001－0015205 普0020319
庚子京津拳匪紀略八卷 （清)僑析生等輯
清光緒二十七年(1901)香港書局石印本 一
冊 十五行三十六字白口四周雙邊 存三卷
(一至三)

610000－1001－0015206 普0020320
拳匪紀略前編二卷 （清)僑析生等編 清光
緒石印本 一冊 十五行三十六字上黑口四
周雙邊

610000－1001－0015207 普0020322
笑笑錄六卷 （清)獨逸窩退士編 清光緒五
年(1879)申報館鉛印本 一冊 十二行二十
四字白口四周雙邊 存二卷(一至二)

610000－1001－0015208 普0020323
戊戌政變記九卷 梁啟超撰 清光緒鉛印本
　二冊 十一行三十字白口四周雙邊 存五
卷(一、六至九)

610000－1001－0015209 普0020324
治河方略十卷首一卷 （清)靳輔撰 清嘉慶
四年(1799)靳文鈞安瀾堂刻本 六冊 八行
十八字白口四周雙邊 存六卷(一至三、六至
七,首一)

610000－1001－0015210 普0020325
雙節堂庸訓四卷 （清)汪輝祖纂 清嘉慶十
二年(1807)杭城珠樹堂刻本 一冊 十行二
十一字白口左右雙邊

610000－1001－0015211　普0020326

**養蒙針度五卷**　（清）潘子聲撰　清刻本　二冊　九行十二字小字雙行二十四字白口左右雙邊

610000－1001－0015212　普0020327

**古唐詩合解十二卷**　（清）王堯衢注　清南京李光明莊刻本　二冊　十行二十一字小字雙行同白口四周雙邊　存五卷（一至二、十至十二）

610000－1001－0015213　普0020328

**姓史人物考十五卷首一卷**　（清）章履仁輯　清刻本　二冊　八行大字不等小字雙行二十字白口四周雙邊　存七卷（四至六、十至十三）

610000－1001－0015214　普0020329

**菜根譚一卷**　（明）洪應明撰　**娑羅館清語一卷**　（明）屠隆撰　清光緒十三年（1887）揚州藏經禪院刻本　一冊　十行二十字上下黑口左右雙邊

610000－1001－0015215　普0020330

**杏壇聖蹟四卷**　（清）孔衍晦編　清刻本　一冊　九行二十字小字雙行同白口四周雙邊　存二卷（二至三）

610000－1001－0015216　普0020331

**書目答問不分卷**　（清）張之洞撰　清光緒元年（1875）刻本　一冊　十三行二十四字小字雙行同白口四周雙邊

610000－1001－0015217　普0020333

**劬雲年譜二卷**　（清）黃如瑾編　清光緒二十六年（1900）溧陽黃氏木活字印本　一冊　八行十八字小字雙行同白口四周雙邊　存一卷（二）

610000－1001－0015218　普0020334

**史記菁華錄六卷**　（清）姚苧田撰　清同治十一年（1872）繡谷趙氏刻朱墨印本　六冊　九行二十字小字雙行同上下黑口四周單邊

610000－1001－0015219　普0020339

**通志堂經解一百三十九種**　（清）納蘭性德輯

清刻本　二百八十三冊　十一行二十字小字雙行三十字白口左右雙邊　存八十五種

610000－1001－0015220　普0020340

**儀禮十七卷**　（漢）鄭玄注　（明）金蟠訂　清末刻本　五冊　九行二十五字小字雙行同白口左右雙邊

610000－1001－0015221　普0020342

**三國志六十五卷**　（晉）陳壽撰　（南朝宋）裴松之注　清同治九年（1870）金陵書局刻本　八冊　十二行二十五字小字雙行三十七字白口左右雙邊

610000－1001－0015222　普0020343

**使西紀程二卷**　（清）郭嵩燾撰　清光緒刻本　一冊　九行二十字下黑口四周雙邊

610000－1001－0015223　普0020345

**光緒府廳州縣歌一卷**　（清）金粟庵主人編輯　清光緒刻本　一冊　九行十七字白口四周雙邊

610000－1001－0015224　普0020349

**楚寶四十卷外篇五卷**　（明）周聖楷輯纂　清道光九年（1829）刻本　三冊　十行二十二字小字雙行同白口左右雙邊　存五卷（楚寶一至五）

610000－1001－0015225　普0020350

**同官縣續志摘要一卷**　（□）□□撰　抄本　一冊　八行字數不等

610000－1001－0015226　普0020351

**北行日記一卷征途隨筆一卷**　（清）方浚頤撰　清同治十二年（1873）刻本　一冊　九行二十字小字雙行同上下黑口四周雙邊

610000－1001－0015227　普0020364

**左文襄公奏疏續編七十六卷三編六卷**　（清）左宗棠撰　清光緒十六年（1890）上海圖書集成局鉛印本　十四冊　十四行四十字白口四周單邊

610000－1001－0015228　普0020365

**巧對錄五卷**　（清）梁章鉅輯　清道光二十九

年(1849)刻本　一册　九行二十二字小字雙行同下黑口左右雙邊

610000－1001－0015229　普0020369

**古文經訓一卷**　（清）江皋居士選　清道光二十七年(1847)刻本　一册　九行二十字白口左右雙邊

610000－1001－0015230　普0020370

**爾雅直音二卷**　（清）孫偏輯　（清）王祖源校　清光緒六年(1880)福山王氏刻本　二册　四行十字小字雙行不等上黑口左右雙邊

610000－1001－0015231　普0020373

**爛柯山志十三卷**　（清）鄭永禧補輯　清光緒三十二年(1906)刻本　一册　九行二十一字小字雙行同白口四周雙邊　存四卷(一至四)

610000－1001－0015232　普0020375

**桐溪記略一卷**　（清）戴槃著　清同治七年(1868)刻本　一册　九行二十三字小字雙行同白口四周雙邊

610000－1001－0015233　普0020376

**[道光]婺志粹十四卷**　（清）盧標纂　清道光十九年(1839)映臺樓刻本　十册　十行二十字小字雙行同白口左右雙邊

610000－1001－0015234　普0020377

**婺書八卷**　（明）吳之器撰　清光緒二十年(1894)凝德祠活字印本(卷六至八配清刻本)　四册　九行十八字白口四周單邊

610000－1001－0015235　普0020381

**雁門集十四卷附一卷倡和錄一卷別錄一卷**　（元）薩都剌撰　（清）薩龍光編注　清嘉慶十二年(1807)刻本　八册　九行二十二字小字雙行同白口四周雙邊

610000－1001－0015236　普0020382

**王漁洋遺書三十八種**　（清）王士禎撰　清刻本　八册　八行十九字白口左右雙邊　存九種

610000－1001－0015237　普0020383

**王端毅公文集八卷續文集二卷**　（明）王恕撰

清嘉慶十六年(1811)刻本　二册　十行二十字白口左右雙邊　原缺二卷(文集七至八)

610000－1001－0015238　普0020386

**陶淵明文集十卷**　（晉）陶潛撰　清嘉慶十二年(1807)刻本　二册　九行十五字小字雙行同白口左右雙邊

610000－1001－0015239　普0020387

**影宋台州本荀子二十卷**　（戰國）荀況撰　（唐）楊倞注　清光緒間遵義黎氏日本東京使署影刻本　六册　八行十二字小字雙行同白口左右雙邊

610000－1001－0015240　普0020388

**山谷詩集注内集二十卷外集十七卷別集二卷**　（宋）黃庭堅撰　（宋）任淵　（宋）史容　（宋）史季溫注　清光緒二十六年(1900)義甯陳氏刻本　二十册　九行十六字小字雙行同上下黑口左右雙邊

610000－1001－0015241　普0020389

**歷代輿地沿革險要圖說不分卷**　王尚德重繪　清光緒二十四年(1898)石印本　一册

610000－1001－0015242　普0020393

**苑洛集二十二卷**　（明）韓邦奇撰　清道光八年(1828)刻本　十册　十行二十字白口四周雙邊

610000－1001－0015243　普0020410

**書目答問不分卷附國朝著述諸家知略一卷**　（清）張之洞撰　清光緒二年(1876)刻本　一册　十三行二十六字小字雙行四十字白口左右雙邊

610000－1001－0015244　普0020421

**瘟疫論補注二卷**　（明）吳有性撰　（清）鄭重光補注　（清）岑虎抄　清光緒二十七年(1901)抄本　二册　九行二十五字

610000－1001－0015245　普0020422

**秋江集註六卷**　（清）黃任撰　（清）王元麟註　清道光二十三年(1843)刻本　二册　十行二十四字小字雙行同白口四周雙邊

610000－1001－0015246　普0020427

**二妙集八卷逸文一卷**　（金）段克己　（金）段成己等撰　清光緒三十二年(1906)刻本　二冊　十行二十字上下黑口左右雙邊

610000－1001－0015247　普0020429

**苕溪集五十五卷**　（宋）劉一止撰　清宣統三年(1911)刻本　四冊　十二行二十二字上下黑口左右雙邊

610000－1001－0015248　普0020430

**桃花扇傳奇四卷首一卷**　（清）孔尚任撰　清光緒二十一年(1895)蘭雪堂刻本　五冊　九行二十字白口左右雙邊

610000－1001－0015249　普0020431

**測海集六卷**　（清）彭紹升撰　清同治四年(1865)長洲彭氏刻本　二冊　十一行二十三字白口左右雙邊

610000－1001－0015250　普0020432

**六經全圖六卷**　（清）牟欽元編輯　清道光十一年(1831)張弘範刻本　一冊　四周單邊

610000－1001－0015251　普0020433

**六半樓詩鈔四卷**　（清）蔡鵬飛撰　清光緒十年(1884)刻本　一冊　十一行二十三字白口左右雙邊

610000－1001－0015252　普0020434

**雁門集六卷補遺一卷唱和錄一卷集別錄一卷**　（元）薩都剌撰　清宣統二年(1910)刻本　四冊　十行二十二字下黑口四周雙邊

610000－1001－0015253　普0020436

**輶軒語一卷書目答問四卷四川尊經書院記一卷**　（清）張之洞撰　清光緒五年(1879)貴陽刻本　一冊　十三行二十四字小字雙行同白口左右雙邊

610000－1001－0015254　普0020441

**劉武慎公遺書二十五卷**　（清）劉長佑撰　**劉武慎公年譜三卷**　（清）鄧輔綸編次　清光緒二十六年(1900)鉛印本　二十八冊　十行二十四字白口四周雙邊

610000－1001－0015255　普0020446

**晨風閣叢書二十二種**　沈宗畸輯　清宣統元年(1909)沈氏刻本　十六冊　十一行二十一字上下黑口四周單邊

610000－1001－0015256　普0020448

**赤城集十八卷**　（宋）林達吉輯　清嘉慶二十三年(1818)臨海宋氏刻本　四冊　十行二十一字白口左右雙邊

610000－1001－0015257　普0020449

**艮齋先生薛常州浪語集三十五卷**　（宋）薛季宣撰　清同治十二年(1873)瑞安孫氏詒善祠塾刻本　十冊　十三行二十二字上下黑口左右雙邊

610000－1001－0015258　普0020451

**如皋冒氏叢書三十五種**　（清）冒廣生輯　清光緒至民國如皋冒氏刻本　四冊　十行二十四字上下黑口左右雙邊　存二種

610000－1001－0015259　普0020454

**初月樓四種**　（清）吳德旋撰　清道光三年(1823)刻本　六冊　十行二十二字白口左右雙邊

610000－1001－0015260　普0020461

**莆陽黃御史集二卷**　（唐）黃滔撰　清光緒十年(1884)福山王氏天壤閣刻本　二冊　十行二十字白口四周單邊

610000－1001－0015261　普0020462

**寒松堂全集十二卷**　（清）魏象樞撰　清嘉慶十六年(1811)刻本　十冊　十行二十字小字雙行不等下黑口左右雙邊

610000－1001－0015262　普0020464

**汪龍莊先生遺書四種**　（清）汪輝祖撰　清同治刻本　六冊　九行二十一字白口左右雙邊

610000－1001－0015263　普0020466

**靜修先生文集十二卷**　（元）劉因著　清光緒五年(1879)刻本　四冊　十行二十二字上下黑口四周單邊

610000－1001－0015264　普0020467

**孟塗文集十卷駢體文二卷**　（清）劉開撰　清

光緒十二年(1886)刻本　四冊　十二行二十四字上下黑口四周單邊

610000－1001－0015265　普0020478

**余忠宣公文集六卷**　（清）郭奎纂集　清同治六年(1867)皖江臬署刻本　二冊　十二行二十四字上黑口四周雙邊

610000－1001－0015266　普0020516

**辛亥撫新記程一卷**　（清）袁大化撰　清宣統三年(1911)新疆官報書局鉛印本　一冊　十行二十六字下黑口四周雙邊

610000－1001－0015267　普0020527

**湯文正公全集四種**　（清）湯斌撰　清同治九年(1870)刻本　三十二冊　十行十九字下黑口左右雙邊

610000－1001－0015268　普0020528

**陰晉異函三卷**　（清）李汝榛編輯　清咸豐二年(1852)刻本　三冊　九行二十四字白口四周雙邊

610000－1001－0015269　普0020529

**介石堂文鈔八卷附編一卷**　（清）林芳春著（清）林元英編輯　**漱石齋吟草十四卷**　（清）林元英撰　清道光五年(1825)刻本　六冊　八行二十一字白口左右雙邊　存十二卷(文鈔一至四、漱石齋吟草一至八)

610000－1001－0015270　普0020530

**勉益齋續存稿十六卷**　（清）裕謙撰　清道光刻本　二冊　九行二十字白口四周雙邊　存二卷(一至二)

610000－1001－0015271　普0020531

**劉子全書四十卷首一卷**　（明）劉宗周撰（清）董瑒編次　清道光四年至十五年(1824－1835)刻本　三十冊　十二行二十二字下黑口左右雙邊

610000－1001－0015272　普0020532

**劉禮部集十二卷**　（清）劉逢祿撰　清道光十年(1830)思誤齋刻本　六冊　十一行二十一字小字雙行同下黑口四周雙邊

610000－1001－0015273　普0020540

**寒支初集十卷二集六卷**　（清）李世熊著　清道光七年(1827)刻本　十六冊　九行二十字白口四周雙邊

610000－1001－0015274　普0020548

**山南詩選四卷**　（清）嚴如熤輯　清光緒十三年(1887)刻本　四冊　九行二十二字上下黑口四周雙邊

610000－1001－0015275　普0020549

**兩漢刊誤補遺十卷**　（宋）吳仁傑撰　清刻本　三冊　九行二十一字白口四周雙邊

610000－1001－0015276　普0020550

**敬思堂詩集六卷**　（清）梁國治撰　清刻本　二冊　十行二十一字白口左右雙邊

610000－1001－0015277　普0020552

**萬善花室文藁六卷**　（清）方履籛撰　清道光十年(1830)刻本　三冊　十一行二十二字白口左右雙邊

610000－1001－0015278　普0020553

**萬善花室詩藁四卷文藁七卷詞藁一卷**　（清）方履籛撰　清道光十二年(1832)刻本　二冊　十一行二十二字白口左右雙邊　缺六卷(文藁一至六)

610000－1001－0015279　普0020554

**太華山人詩存五卷**　（清）王益謙撰　清同治元年(1862)廣州刻本　二冊　八行二十二字白口四周雙邊

610000－1001－0015280　普0020555

**太華山人詩存五卷**　（清）王益謙撰　清同治元年(1862)廣州刻本　二冊　八行二十二字白口四周雙邊

610000－1001－0015281　普0020556

**太華山人詩存五卷**　（清）王益謙撰　清同治元年(1862)廣州刻本　二冊　八行二十二字白口四周雙邊

610000－1001－0015282　普0020557

**太華山人詩存五卷**　（清）王益謙撰　清同治

元年(1862)廣州刻本　二冊　八行二十二字
白口四周雙邊

610000－1001－0015283　普0020558
太華山人詩存五卷　（清）王益謙撰　清同治
元年(1862)廣州刻本　二冊　八行二十二字
白口四周雙邊

610000－1001－0015284　普0020559
太華山人詩存五卷　（清）王益謙撰　清同治
元年(1862)廣州刻本　二冊　八行二十二字
白口四周雙邊

610000－1001－0015285　普0020564
雲水前集一卷後集一卷　（清）劉元機著　清
光緒十一年(1885)刻本　二冊　九行二十字
小字雙行同下黑口四周雙邊

610000－1001－0015286　普0020565
桐城馬太僕奏略二卷　（明）馬孟貞著　清嘉
慶十七年(1812)刻本　二冊　十行二十一字
白口四周雙邊

610000－1001－0015287　普0020566
月川未是槀文十四卷詩四卷公牘四卷　（清）
程含章撰　清刻本　十冊　九行二十一字白
口左右雙邊

610000－1001－0015288　普0020567
喜聞過齋文集十二卷　（清）李文耕著　清道
光十九年(1839)刻本　四冊　十行二十二字
白口左右雙邊

610000－1001－0015289　普0020568
小峴山人詩集二十八卷文集六卷續文集二卷
補編一卷　（清）秦瀛撰　清嘉慶二十二年
(1817)刻本　十二冊　十行二十一字小字雙
行同白口左右雙邊

610000－1001－0015290　普0020569
稻香吟館詩藁六卷文藁一卷　（清）李廣芸撰
　清道光四年(1824)刻本　四冊　十行二十
字小字雙行同白口左右雙邊

610000－1001－0015291　普0020570
藍山先生詩集二卷　（明）藍仁撰　清道光六

年(1826)刻本　二冊　九行二十一字白口四
周雙邊

610000－1001－0015292　普0020571
藍澗詩集二卷　（明）藍智撰　清道光六年
(1826)刻本　二冊　九行二十字白口四周
雙邊

610000－1001－0015293　普0020572
芙蓉山館文鈔一卷詩鈔八卷詩補鈔一卷詞鈔
二卷　（清）楊芳燦撰　清嘉慶十二年(1807)
刻本　四冊　十二行十五字白口左右雙邊

610000－1001－0015294　普0020575
珠玉垂光二卷　（清）徐法續纂　清道光十九
年(1839)據梧齋刻本　二冊　七行十八字白
口四周雙邊

610000－1001－0015295　普0020576
潘少白先生文集十五卷　（清）潘諮著　（清）
陳繼昌訂　清道光二十四年(1844)瞻園刻本
　六冊　九行二十一字白口左右雙邊

610000－1001－0015296　普0020577
盬白齋詩鈔四卷　（清）劉永標撰　清道光八
年(1828)刻本　四冊　九行二十二字白口四
周雙邊

610000－1001－0015297　普0020578
松寥山人詩初集十卷　（清）張際亮撰　清道
光四年(1824)刻本　二冊　十行二十一字白
口左右雙邊

610000－1001－0015298　普0020581
雪青閣詩集四卷　（清）謝維藩撰　清光緒九
年(1883)開封官廨刻本　四冊　十行二十一
字白口四周雙邊

610000－1001－0015299　普0020582
榕村語錄續集二十卷　（清）李光地撰　清光
緒二十年(1894)石印本　十一冊　八行二十
字白口

610000－1001－0015300　普0020583
文貞公年譜二卷　（清）李清植纂輯　清道
光五年(1825)刻本　二冊　八行二十字白

口四周單邊

610000－1001－0015301　普0020584

**桐閣拾遺二卷**　（清）李元春著　清刻本　二冊　九行二十字白口四周雙邊

610000－1001－0015302　普0020586

**棲雲山房古體詩鈔二卷**　（清）李樹瀛撰　清咸豐六年(1856)刻本　二冊　十行二十一字白口左右雙邊

610000－1001－0015303　普0020589

**詩舲詩錄六卷**　（清）張祥河撰　清道光十八年(1838)松風草堂刻本　二冊　十行二十一字小字雙行同白口左右雙邊

610000－1001－0015304　普0020590

**詩舲詩錄六卷**　（清）張祥河撰　清道光十八年(1838)松風草堂刻本　二冊　十行二十一字小字雙行同白口左右雙邊

610000－1001－0015305　普0020591

**棲雲山館詞存一卷**　（清）黃錫禧撰　清同治六年(1867)刻本　一冊　九行十六至十七字白口左右雙邊

610000－1001－0015306　普0020592

**暖春書屋時文略一卷**　（清）方俊撰　清同治五年(1866)宏運書院刻本　二冊　九行二十五字白口左右雙邊

610000－1001－0015307　普0020596

**淮北票鹽志略十五卷**　（清）童濂輯　清道光二十五年(1845)刻本　四冊　十行二十字白口四周雙邊

610000－1001－0015308　普0020597

**弇州山人詩集五十二卷**　（明）王世貞著　清光緒三十三年(1907)渭南嚴氏續刻本　十四冊　十行二十二字白口四周雙邊

610000－1001－0015309　普0020600

**懷幽雜俎十二種**　徐乃昌輯　清光緒、宣統南陵徐氏刻本　十冊　十行二十字上下黑口左右雙邊

610000－1001－0015310　普0020601

**香葉草堂詩存一卷**　（清）羅聘著　清嘉慶元年(1796)刻本　一冊　九行十六字白口四周單邊

610000－1001－0015311　普0020602

**筱榭詩鈔十卷訓子筆記一卷**　（清）謝濙恩撰　清道光十九年(1839)刻本　五冊　八行二十字白口左右雙邊

610000－1001－0015312　普0020608

**松嵐詩鈔一卷**　（清）秦懋效撰　**雲亭詩鈔一卷**　（清）楊顥撰　清道光十二年(1832)刻本　一冊　十行二十一字上下黑口左右雙邊

610000－1001－0015313　普0020609

**布衣陳先生遺集四卷**　（明）陳真晟撰　（清）游光繹重訂　清道光六年(1826)刻本　一冊　九行二十二字白口四周雙邊

610000－1001－0015314　普0020611

**榕園詩鈔一卷文鈔一卷楹帖一卷**　（清）李彥章譔　清道光十年(1830)刻本　四冊　八行二十四字小字雙行同白口四周雙邊

610000－1001－0015315　普0020615

**吉羊鐙室詩鈔五卷**　（清）瞿樹鎬撰　清同治五年(1866)刻本　一冊　九行二十字小字雙行同白口四周雙邊

610000－1001－0015316　普0020618

**香草齋詩註六卷**　（清）黃任著　（清）陳應魁註　清嘉慶十九年(1814)刻本　六冊　十行二十二字小字雙行同白口四周雙邊

610000－1001－0015317　普0020619

**居業錄粹語二卷**　（明）胡居仁撰　清道光十六年(1836)刻本　二冊　九行二十五字白口四周雙邊

610000－1001－0015318　普0020622

**紫丁香齋詩課偶存一卷**　（清）王治稿　清道光二十三年(1843)刻本　一冊　八行二十一字下黑口四周雙邊

610000－1001－0015319　普0020624

**笛倚樓詩草二卷**　（清）吳元鏡撰　清咸豐四

年(1854)刻本　一冊　十行二十一字白口左右雙邊

610000－1001－0015320　普0020625
**隨庵徐氏叢書十種**　徐乃昌輯　清光緒至民國南陵徐氏刻本　十二冊　八行大小字不等白口左右雙邊

610000－1001－0015321　普0020627
**臺灣戰紀二卷**　（清）洪棄父纂　清光緒三十二年(1906)鉛印本　二冊　十行二十五字下黑口四周雙邊

610000－1001－0015322　普0020628
**咸同以來中俄交涉記三卷**　（清）江標譯　清光緒二十一年(1895)陝西味經售書處刻本　一冊　十行二十二字小字雙行同白口左右雙邊

610000－1001－0015323　普0020629
**石雲山人詩稿一卷**　（清）吳榮光撰　清道光六年(1826)刻本　一冊　八行十九字白口四周雙邊

610000－1001－0015324　普0020630
**㜑娑洋集一卷**　（清）孫爾準撰　清道光四年(1824)刻本　一冊　九行十九字小字雙行同白口左右雙邊

610000－1001－0015325　普0020631
**求實齋叢書十五種**　（清）蔣德鈞輯　清光緒十七年(1891)湘鄉蔣氏刻本　八冊　十行二十四字上下黑口左右雙邊

610000－1001－0015326　普0020636
**二銘艸堂金石聚十六卷**　（清）張德容輯　清同治十一年(1872)二銘草堂刻本　十六冊　行數不等字數不等白口四周雙邊

610000－1001－0015327　普0020639
**陽明先生集要四種**　（明）王守仁撰　（清）施邦曜輯　清宣統三年(1911)明明學社鉛印本　四冊　十三行二十九字白口四周雙邊

610000－1001－0015328　普0020640
**兩罍軒印攷漫存九卷**　（清）吳雲輯　清光緒

七年(1881)刻鈐印本　四冊　十行二十二字白口左右雙邊

610000－1001－0015329　普0020642
**小方壺齋輿地叢鈔十二秩**　（清）王錫祺編　清光緒十七年(1891)上海著易堂鉛印本　六十四冊　十八行四十字白口四周雙邊

610000－1001－0015330　普0020644
**鳳凰山七十二卷**　（□）□□撰　清海陵軒刻本　二十冊　十行二十四字上下黑口四周單邊

610000－1001－0015331　普0020645
**品花寶鑑六十回**　（清）石函氏撰　清刻本　二十四冊　八行二十二字白口四周單邊

610000－1001－0015332　普0020646
**資治通鑑補二百九十四卷**　（宋）司馬光編集　（明）嚴衍補　（元）胡三省音註　清光緒二年(1876)武進盛氏思補樓活字印本　八十冊　十一行二十五字小字雙行同下黑口四周單邊

610000－1001－0015333　普0020648
**良方集腋合璧一卷**　（清）謝元慶編集　清咸豐五年(1855)刻本　二冊　九行二十字小字雙行同白口四周雙邊

610000－1001－0015334　普0020649
**新刻批評史記選要文錦一卷新刻批評戰國策選要文錦一卷**　（清）況上進選　清刻本　二冊　十行二十字白口四周單邊

610000－1001－0015335　普0020650
**東槎紀略五卷**　（清）姚瑩撰　清光緒四年(1878)申報館鉛印本　一冊　十二行二十四字白口四周雙邊

610000－1001－0015336　普0020651
**藝苑捃華四十八種**　（清）顧之逵輯　清同治七年(1868)刻本　二十四冊　九行二十字白口左右雙邊

610000－1001－0015337　普0020654
**熙朝宰輔錄一卷**　（清）潘世恩輯　清道光十

八年(1838)刻本 一册 九行二十字白口左右雙邊

610000 – 1001 – 0015338 普0020655

花甲閒談十六卷 (清)張維屏撰 (清)葉夢草繪圖 清光緒十年(1884)上海同文書局石印本 四册 十行二十一字白口四周雙邊

610000 – 1001 – 0015339 普0020664

采風記五卷坿紀程感事詩一卷時務論一卷 (清)宋育仁編 清末刻本 四册 十行二十三字白口左右雙邊

610000 – 1001 – 0015340 普0020670

周禮註釋十二卷 (漢)鄭玄撰 (唐)陸德明釋文 清刻本 四册 九行二十二字小字雙行同白口左右雙邊間四周單邊

610000 – 1001 – 0015341 普0020673

泉漳治法論一卷 (清)謝金鑾撰 清道光三年(1823)刻本 一册 十行二十四字白口左右雙邊

610000 – 1001 – 0015342 普0020674

思菴野錄三卷 (明)薛敬之著 思菴薛先生行實一卷賓興彩旗聯一卷 (明)薛楹撰 清光緒九年(1883)渭南武鴻模刻本 四册 十行二十一字白口四周雙邊

610000 – 1001 – 0015343 普0020678

娛萱草彈詞三十二篇 (清)橘道人撰 清光緒二十年(1894)活字印本 六册 十一行二十一字左右雙邊

610000 – 1001 – 0015344 普0020682

釋命一卷 (□)□□撰 清同治十一年(1872)刻本 一册 十行二十三字白口左右雙邊

610000 – 1001 – 0015345 普0020687

景宋殘本五代平話八卷 董康輯 清宣統三年(1911)毘陵董氏誦芬室刻本 二册 十五行二十五字上下黑口四周單邊

610000 – 1001 – 0015346 普0020688

五經 (□)□□撰 清刻本 二十五册 十一行二十三字白口四周單邊

610000 – 1001 – 0015347 普0020689

星平要訣不分卷百年經不分卷 (□)□□撰 清蘭谿慎言堂刻本 一册 十二行字數不等白口左右雙邊間四周雙邊

610000 – 1001 – 0015348 普0020690

感發集二卷 (清)白香亭輯 清光緒二十五年(1899)刻本 一册 九行二十一字白口左右雙邊

610000 – 1001 – 0015349 普0020697

西遊真詮一百回 (清)陳士斌詮解 清致和堂刻本 二十册 十一行二十四字白口四周單邊

610000 – 1001 – 0015350 普0020698

闕里誌二十四卷 (明)陳鎬撰 (明)孔胤植補 清刻本 十册 十一行十九字小字雙行同白口四周單邊

610000 – 1001 – 0015351 普0020714

[嘉慶]咸寧縣志二十六卷首一卷 (清)高廷法 (清)沈琮修 (清)陸耀遹 (清)董祐誠纂 清嘉慶二十四年(1819)刻本 八册 十二行二十五字小字雙行同白口四周雙邊

610000 – 1001 – 0015352 普0020719

辰州府義田總記二卷 (□)□□撰 清道光二十九年(1849)刻本 二册 十行二十六字白口四周雙邊

610000 – 1001 – 0015353 普0020728

李鴻章十二章 梁啟超撰 清光緒二十七年(1901)鉛印本 一册 十六行三十五字白口四周雙邊

610000 – 1001 – 0015354 普0020737

百華詩箋譜一卷 (清)張兆祥繪 清宣統三年(1911)刻彩色套印本 二册 花欄

610000 – 1001 – 0015355 普0020738

說文拈字七卷補遺一卷 (清)王玉樹著 清嘉慶八年(1803)刻本 四册 七行十六字小字雙行二十字白口四周雙邊

610000 – 1001 – 0015356　普 0020739

選時易簡一卷開盒圖一卷　（清）舒焜傑纂輯
　清嘉慶十七年(1812)刻本　二冊　十六行
三十二字小字雙行同白口左右雙邊

610000 – 1001 – 0015357　普 0020741

郝文忠公陵川文集三十九卷附錄一卷　（元）
郝經撰　（清）王鐸編訂　清嘉慶三年(1798)
刻本　十冊　十行二十二字白口左右雙邊

610000 – 1001 – 0015358　普 0020742

秘書廿一種　（清）汪士漢輯　清嘉慶九年
(1804)刻本　十二冊　十行二十字小字雙行
同白口四周單邊

610000 – 1001 – 0015359　普 0020747

左海乙集駢體文四卷　（清）陳壽祺撰　清嘉
慶六年(1801)刻本　二冊　十行二十字白口
左右雙邊

610000 – 1001 – 0015360　普 0020749

學治臆說四卷續說一卷說贅一卷　（清）汪輝
祖纂　清嘉慶二十二年(1817)嶺南刻本　一
冊　十行二十一字白口左右雙邊

610000 – 1001 – 0015361　普 0020779

紫丁香齋詩課偶存一卷　（清）王治稿　清道
光二十三年(1843)刻本　一冊　八行二十一
字下黑口四周雙邊

610000 – 1001 – 0015362　普 0020780

飲月軒詩文存彙合鈔八卷　（清）唐廷詔著
清道光二十一年(1841)刻本　一冊　八行二
十字小字雙行同白口四周雙邊

610000 – 1001 – 0015363　普 0020781

飲月軒詩文存彙合鈔八卷　（清）唐廷詔著
清道光二十一年(1841)刻本　一冊　八行二
十字小字雙行同白口四周雙邊　存二卷(五
至六)

610000 – 1001 – 0015364　普 0020782

雙柏齋女史吟三卷　（清）劉世奇著　清光緒
三年(1877)三原傳經堂刻本　一冊　九行二
十字小字雙行同上下黑口四周雙邊

610000 – 1001 – 0015365　普 0020783

雙柏齋女史吟三卷　（清）劉世奇著　清光緒
三年(1877)三原傳經堂刻本　一冊　九行二
十字小字雙行同上下黑口四周雙邊

610000 – 1001 – 0015366　普 0020784

木蘭書齋詩鈔一卷　（清）王治刪稿　清咸豐
八年(1858)刻本　一冊　十行二十二字小字
雙行同白口左右雙邊

610000 – 1001 – 0015367　普 0020785

木蘭書齋詩鈔一卷　（清）王治刪稿　清咸豐
八年(1858)刻本　一冊　十行二十二字小字
雙行同白口左右雙邊

610000 – 1001 – 0015368　普 0020787

嶼浮閣賦集一卷詩集十三卷　（明）溫日知著
　清咸豐七年(1857)宏道書院刻本　二冊
十行二十二字白口左右雙邊

610000 – 1001 – 0015369　普 0020808

仰斗堂遺草一卷附一卷　（清）韓綬著　（清）
王禹堂編梓　清道光二十八年(1848)刻本
一冊　八行二十字白口四周雙邊

610000 – 1001 – 0015370　普 0020810

碧梧書屋詩鈔四卷　（清）程一敬著　清咸豐
五年(1855)刻本　四冊　九行二十字小字雙
行同上下黑口左右雙邊

610000 – 1001 – 0015371　普 0020811

碧梧書屋詩鈔四卷　（清）程一敬著　清咸豐
五年(1855)刻本　二冊　九行二十字小字雙
行同上下黑口左右雙邊　存二卷(二至三)

610000 – 1001 – 0015372　普 0020812

陝西校士錄一卷　（清）趙惟熙輯　清光緒二
十三年(1897)三原學署刻本　一冊　九行二
十五字小字雙行同白口四周雙邊

610000 – 1001 – 0015373　普 0020813

楊忠愍公家訓一卷　（明）楊繼盛撰　（清）藍
煦註　清同治九年(1870)刻本　一冊　八行
十六字小字雙行同白口四周雙邊

610000 – 1001 – 0015374　普 0020814

昭明選詩初學讀本四卷 （清）孫人龍輯評
清刻本 二冊 九行二十一字白口左右雙邊
缺一卷(一)

610000－1001－0015375 普 0020815

戴氏家傳幼科方□□卷 （清）吳廷楨學 清
刻本 一冊 九行二十二字白口四周雙邊
存一卷(二)

610000－1001－0015376 普 0020817

古學記問錄十五卷 （清）吳蔚文編輯 清同
治四年(1865)式義堂刻本 一冊 十一行二
十四字白口四周雙邊 存二卷(七至八)

610000－1001－0015377 普 0020818

三甕老人詩一卷 （清）曹偉皆著 清道光元
年(1821)刻本 一冊 十行二十一字小字雙
行同白口左右雙邊

610000－1001－0015378 普 0020819

孝惠先生遺稿一卷 （清）張楠著 清咸豐五
年(1855)刻本 一冊 九行二十字白口四周
雙邊

610000－1001－0015379 普 0020821

次園詩草三卷 （清）劉騰蛟撰 清嘉慶二十
三年(1818)江西刻本 一冊 八行二十二字
白口左右雙邊

610000－1001－0015380 普 0020822

道光丁酉科陝西鄉試題名錄（道光十七年）不
分卷 （清）彭舒彗等編 清道光十七年
(1837)刻本 一冊 九行二十字上下黑口左
右雙邊

610000－1001－0015381 普 0020823

四字鑑略一卷 （□）□□撰 清光緒十四年
(1888)鎬京崇雲閣刻本 一冊 行數不等字
數不等白口四周雙邊

610000－1001－0015382 普 0020824

來陽伯文集二十卷 （明）來復著 （清）李錫
齡校刊 清道光二十三年(1843)刻本 九冊
十行二十二字白口左右雙邊

610000－1001－0015383 普 0020825

浩然堂詩集七卷詞稿一卷 （清）江開撰 清
道光二十九年(1849)刻本 一冊 八行二十
一字小字雙行同白口四周雙邊

610000－1001－0015384 普 0020826

都是春齋韻語一卷 （清）張佑著 清吾學園
刻本 一冊 九行二十二字小字雙行同白口
左右雙邊

610000－1001－0015385 普 0020829

紫榴吟舫試帖一卷 （清）李錫齡稿 清道光
二十九年(1849)刻本 一冊 九行二十二字
下黑口四周雙邊

610000－1001－0015386 普 0020830

紫榴吟舫試帖一卷 （清）李錫齡稿 清道光
二十九年(1849)刻本 一冊 九行二十二字
下黑口四周雙邊

610000－1001－0015387 普 0020831

棣華書屋詩鈔三卷 （清）周瀛著 清光緒十
七年(1891)周光霽堂刻本 一冊 九行二十
四字白口四周雙邊

610000－1001－0015388 普 0020832

古香詩草二卷 （清）王舘撰 清嘉慶二十四
年(1819)刻本 一冊 十行二十字小字雙行
同上下黑口四周單邊 存一卷(下)

610000－1001－0015389 普 0020833

原獻文錄四卷 （清）賀瑞麟輯 清光緒六年
(1880)刻本 四冊 十二行二十四字上下黑
口四周單邊

610000－1001－0015390 普 0020834

書目答問不分卷 （清）張之洞輯 清光緒五
年(1879)池陽蘊經閣刻本 四冊 九行二十
一字小字雙行三十一字白口四周雙邊

610000－1001－0015391 普 0020835

疹略一卷 （清）任中彪著 清道光十三年
(1833)藜照軒刻本 一冊 七行十五字白口
四周雙邊

610000－1001－0015392 普 0020836

疹略一卷 （清）任中彪著 清道光十三年

(1833)藜照軒刻本　一冊　七行十五字白口四周雙邊

610000－1001－0015393　普0020838
日省錄二卷　(清)王承烈著　(清)孫能寬校　清光緒二十四年(1898)刻本　二冊　九行二十二字白口四周雙邊

610000－1001－0015394　普0020839
復齋錄六卷　(清)王建常著　清光緒二年(1876)刻本　二冊　九行二十字小字雙行同上下黑口四周雙邊

610000－1001－0015395　普0020840
聖室錄感一卷　(清)李顒錄　清光緒元年(1875)刻本　一冊　九行二十字上下黑口四周雙邊

610000－1001－0015396　普0020842
唐詩成法十二卷　(清)屈復撰　清嘉慶七年(1802)桐蔭草堂刻本　三冊　九行十九字小字雙行同白口左右雙邊　存九卷(一至五、九至十二)

610000－1001－0015397　普0020844
淑艾錄一卷　(清)張履祥撰　(清)祝洤輯　清光緒三十一年(1905)刻本　一冊　十行二十字下黑口四周雙邊

610000－1001－0015398　普0020845
松陽鈔存二卷　(清)陸隴其著　清同治九年(1870)刻本　一冊　十行二十字小字雙行同白口左右雙邊

610000－1001－0015399　普0020847
申質堂先生詩集一卷　(清)申廷鑾著　(清)王佩鍾編次　清道光二十年(1840)刻本　一冊　十行二十字上下黑口左右雙邊

610000－1001－0015400　普0020848
都是春齋制義存槀二卷　(清)張佑著　清吾學園刻本　二冊　九行二十五字白口左右雙邊

610000－1001－0015401　普0020849
都是春齋制義存槀二卷　(清)張佑著　清吾學園刻本　一冊　九行二十五字白口左右雙邊

610000－1001－0015402　普0020850
[陝西朝邑]西埜楊氏壬申譜一卷附續一卷　(清)楊樹椿纂修　清光緒十六年(1890)刻本　一冊　十行二十二字黑口四周雙邊

610000－1001－0015403　普0020851
清芬錄一卷　(清)張濬輯　清光緒七年(1881)刻本　一冊　六行十四字白口四周雙邊

610000－1001－0015404　普0020853
許魯齋先生年譜一卷心法約編一卷　(清)鄭士範編集　清光緒六年(1880)刻本　一冊　十行二十二字下黑口四周雙邊

610000－1001－0015405　普0020854
入聲便記一卷　(清)王家督撰　清道光二十九年(1849)刻本　一冊　四行八字白口左右雙邊

610000－1001－0015406　普0020856
千家詩四卷　(□)義興堂輯　清義興堂刻本　一冊　十行二十字小字雙行同白口四周單邊

610000－1001－0015407　普0020857
自愉堂詩集四卷　(明)來儼然著　(清)李錫齡校刊　清道光刻本　一冊　十行二十二字白口四周雙邊

610000－1001－0015408　普0020858
論語緒言一卷　(清)張秉直著　清道光十五年(1835)刻本　一冊　十一行二十字白口左右雙邊

610000－1001－0015409　普0020859
聖人家門喻補編一卷　(清)寇守信撰　清光緒十二年(1886)刻本　一冊　九行二十字小字雙行同上下黑口四周雙邊

610000－1001－0015410　普0020860
孝經朱子刊誤一卷　(宋)朱熹撰　清同治十二年(1873)刻本　一冊　九行二十字白

口四周雙邊

610000－1001－0015411　普0020861

**捐藏正誼書院書目錄一卷捐藏朱文公祠書目錄一卷**　（□）□□□撰　清光緒二十三年(1897)刻本　一冊　十行字數不等上下黑口四周單邊

610000－1001－0015412　普0020862

**織錦回文詩一卷**　（前秦）蘇蕙撰　清刻本　一冊　十行二十字白口四周雙邊

610000－1001－0015413　普0020863

**織錦回文詩一卷**　（前秦）蘇蕙撰　清刻本　一冊　十行二十字白口四周雙邊

610000－1001－0015414　普0020865

**家蔭堂感深知己錄一卷續刊一卷**　（清）周際華著　清道光十九年(1839)家蔭堂刻本　一冊　九行二十五字白口左右雙邊

610000－1001－0015415　普0020866

**家蔭堂省心錄一卷**　（清）周際華述　清道光十九年(1839)家蔭堂刻本　一冊　九行二十五字白口左右雙邊

610000－1001－0015416　普0020870

**禮表一卷**　（清）鄭士範著　清光緒十九年(1893)正誼堂刻本　一冊　行數不等字數不等上下黑口四周單邊

610000－1001－0015417　普0020878

**新三字經一卷**　（清）袁楨書　清末民初西安崇順堂刻本　一冊　五行六字白口上下雙邊

610000－1001－0015418　普0020879

**三出辨誤一卷**　（清）周式度　（清）李福善撰　清光緒三十一年(1905)刻本　一冊　八行二十字白口四周雙邊

610000－1001－0015419　普0020880

**廣三字經一卷**　（清）蕉軒氏撰　清刻本　一冊　六行十二字白口左右雙邊

610000－1001－0015420　普0020882

**臨文便覽不分卷**　（清）張啟泰輯　清光緒九年(1883)和溪書院刻本　二冊　八行二十一

字小字雙行同白口四周雙邊

610000－1001－0015421　普0020883

**安樂銘一卷**　（宋）蘇洵著　清光緒二十一年(1895)三原田三友堂刻本　一冊　九行二十字白口四周雙邊

610000－1001－0015422　普0020884

**帝王甲子記一卷**　（清）王在鎬編輯　清咸豐八年(1858)務敏齋刻本　一冊　九行十七字小字雙行同下黑口四周雙邊

610000－1001－0015423　普0020885

**清麓答問四卷**　（清）賀瑞麟撰　（清）謝化南編輯　清光緒三十一年(1905)刻本　四冊　十行二十字下黑口四周雙邊

610000－1001－0015424　普0020886

**叢書輯要七卷**　（清）王晫等輯　清道光四年(1824)涇陽張楠陰齋刻本　一冊　九行二十字白口四周雙邊

610000－1001－0015425　普0020887

**叢書輯要七卷**　（清）王晫等輯　清道光四年(1824)涇陽張楠陰齋刻本　一冊　九行二十字白口四周雙邊

610000－1001－0015426　普0020888

**蒲編堂訓蒙草一卷**　（清）路德撰　清道光十七年(1837)三味齋刻本　一冊　九行二十二字白口左右雙邊間四周單邊

610000－1001－0015427　普0020890

**畿南疏草二卷**　（明）馬逢皋撰　（清）李錫齡校刊　清光緒二十二年(1896)惜陰軒刻本　一冊　十行二十二字白口四周雙邊

610000－1001－0015428　普0020891

**畿南疏草二卷西臺奏議一卷**　（明）馬逢皋撰　明中憲大夫南京吏部主事前巡按直隸廣西道監察御史雲麓馬公行狀一卷　（清）馬尊德撰　清光緒二十二年(1896)惜陰軒刻本　三冊　十行二十二字白口四周雙邊

610000－1001－0015429　普0020893

**西學書目表三卷附一卷讀西學書法一卷**　梁

啟超撰　清光緒二十八年(1902)秦中官書局
鉛印本　一册　十一行二十二字白口四周
雙邊

610000－1001－0015430　普0020894
二曲富平答問一卷　（清）李顒述　（清）惠靇
嗣錄　清道光十三年(1833)刻本　一册　十
行二十五字白口左右雙邊

610000－1001－0015431　普0020896
介菴先生年譜十七卷　（清）李錫齡等校訂
清刻本　一册　十行二十字白口左右雙邊
存四卷(一至四)

610000－1001－0015432　普0020897
[光緒二十三年]陝西鄉試同年錄一卷　（清）
柏錦林等編　清光緒二十三年(1897)刻本
一册　行數不等大小字不等白口四周雙邊

610000－1001－0015433　普0020898
陝西鄉試硃卷一卷　（清）魯爾斌撰　清光緒
二十三年(1897)刻本　一册　九行二十五字
白口四周雙邊

610000－1001－0015434　普0020899
陝西鄉試硃卷一卷　（清）劉書森撰　清光緒
二十三年(1897)刻本　一册　九行二十五字
白口四周雙邊

610000－1001－0015435　普0020900
陝西鄉試硃卷一卷　（清）劉書森撰　清光緒
二十三年(1897)刻本　一册　九行二十五字
白口四周雙邊

610000－1001－0015436　普0020901
重校分部書法正傳一卷　（清）蔣和撰　清光
緒六年(1880)西安義興堂書坊刻本　一册
行數不等字數不等小字雙行不等白口四周
單邊

610000－1001－0015437　普0020902
陝西鄉試硃卷一卷　（清）韓愔撰　清同治八
年(1869)刻本　一册　九行二十五字白口四
周雙邊

610000－1001－0015438　普0020903

陝西鄉試硃卷一卷　（清）張桂森撰　清光緒
元年(1875)刻本　一册　九行二十五字白口
四周雙邊

610000－1001－0015439　普0020904
陝西鄉試硃卷一卷　（清）蔣世彥撰　清光緒
八年(1882)刻本　一册　九行二十五字白口
四周雙邊

610000－1001－0015440　普0020905
[光緒二十六至二十八年]光緒壬寅補行庚子
辛丑恩正併科陝西鄉試卷不分卷　（清）蔣世
彥撰　清光緒二十八年(1902)刻本　一册
九行二十五字白口四周雙邊

610000－1001－0015441　普0020906
陝西鄉試硃卷一卷　（清）張星耀撰　清光緒
十五年(1889)刻本　一册　九行二十五字白
口四周雙邊

610000－1001－0015442　普0020909
辨志堂家訓節鈔一卷　（清）劉澍輯　清光緒
二十年(1894)青門刻本　一册　九行二十三
字上下黑口四周雙邊

610000－1001－0015443　普0020910
辨字通考四卷首一卷　（清）王在鎬撰　清道
光二十二年(1842)刻本　三册　行數不等字
數不等白口四周雙邊　缺二卷(一至二)

610000－1001－0015444　普0020911
井利圖說一卷　（□）□□撰　清刻本　一册
十行二十四字上黑口左右雙邊

610000－1001－0015445　普0020912
井利圖說一卷　（□）□□撰　清刻本　一册
十行二十四字上黑口左右雙邊

610000－1001－0015446　普0020915
柏子俊先生言行錄一卷　（清）柏景偉撰　清
光緒二十六年(1900)刻本　一册　六行二十
字四周單邊

610000－1001－0015447　普0020918
鶴汀詩草一卷　（清）王佩鍾撰　清道光五年
(1825)刻本　一册　八行二十一字上下黑口

四周雙邊

610000－1001－0015448　普 0020919

**忠介公集十三卷附錄五卷**　（明）楊爵撰　清
張利用刻本　五冊　九行二十字下黑口四周
單邊　缺三卷（忠介公集一至三）

610000－1001－0015449　普 0020920

**重刻天傭子全集十卷首一卷末一卷**　（明）艾
南英撰　（清）蔡元鳳等評點　清光緒五年
（1879）刻本　十冊　十行二十一字白口四周
雙邊

610000－1001－0015450　普 0020924

**曠遊偶筆□□卷**　（清）李雲麟撰　清光緒十
年（1884）刻本　一冊　九行二十二字上下黑
口左右雙邊　存一卷（上）

610000－1001－0015451　普 0020926

**綠萼梅齋遺稿二卷題詞一卷**　（清）馮朝彬撰
　清咸豐五年（1855）刻本　二冊　十行二十
一字白口四周雙邊

610000－1001－0015452　普 0020927

**魯齋書院學規彙編一卷**　（清）黃嗣東著　清
光緒十七年（1891）刻本　一冊　十行二十二
字白口四周雙邊

610000－1001－0015453　普 0020930

**渡江吟一卷**　（清）徐琪撰　清光緒三十年
（1904）刻本　一冊　十行二十一字下黑口左
右雙邊

610000－1001－0015454　普 0020931

**西遊原旨二十四卷一百回**　（清）劉一明解
清嘉慶二十四年（1819）刻本　十六冊　十行
二十四字白口左右雙邊

610000－1001－0015455　普 0020932

**辨志堂家訓節鈔一卷**　（清）劉澔輯　清光緒
二十年（1894）青門刻本　一冊　九行二十三
字上下黑口四周雙邊

610000－1001－0015456　普 0020933

**紫丁香齋詩課偶存一卷**　（清）王治稿　清道
光十八年（1838）刻本　一冊　八行二十一字

白口四周雙邊

610000－1001－0015457　普 0020934

**翠柏山房詩草初編一卷續編一卷醉夫詩餘一
卷**　（清）王汝純撰　清光緒十八年（1892）京
師刻本　二冊　十一行二十一字上下黑口四
周單邊

610000－1001－0015458　普 0020935

**怡怡樓遺槀一卷**　（清）高以莊撰　清光緒元
年（1875）西充官廨刻本　一冊　九行二十一
字上下黑口四周雙邊

610000－1001－0015459　普 0020936

**楚遊小草二卷**　（清）張香海撰　清刻本　一
冊　十行二十一字白口四周雙邊

610000－1001－0015460　普 0020937

**江忠烈公遺集二卷附錄一卷**　（清）江忠源撰
　清同治三年（1864）四川藩署刻本　一冊
十行二十二字白口四周雙邊

610000－1001－0015461　普 0020940

**淡集齋詩鈔四卷**　（清）梁承光撰　清光緒三
十年（1904）鉛印本　一冊　九行二十二字下
黑口四周雙邊

610000－1001－0015462　普 0020941

**珠玉詞一卷**　（宋）晏殊撰　**六一詞一卷**
（宋）歐陽修撰　清光緒十四年（1888）錢塘汪
氏刻本　三十冊　十一行二十字上下黑口左
右雙邊

610000－1001－0015463　普 0020943

**宋宗忠簡公文集四卷首一卷補遺一卷遺事二
卷**　（宋）宗澤撰　清三原劉質慧刻本　三冊
　九行二十字上下黑口四周雙邊　缺一卷
（首一）

610000－1001－0015464　普 0020946

**題蕉館集八卷**　（清）周廣盛撰　清道光二十
九年（1849）刻本　二冊　十行二十一字白口
四周雙邊

610000－1001－0015465　普 0020951

**守約堂詩草四卷**　（清）魏瑾著　清道光二十

三年(1843)刻本　四冊　八行二十二字白口四周雙邊

610000－1001－0015466　普0020955
**琴玡山房詩稿八卷補遺一卷**　（清）王志湉撰
清道光七年(1827)刻本　四冊　九行二十
一字白口四周雙邊

610000－1001－0015467　普0020958
**京華慷慨竹枝詞不分卷**　吾廬孺撰　清宣統
二年(1910)北京琉璃廠開智書局石印本　一
冊　十二行二十八字

610000－1001－0015468　普0020960
**妙香齋詩集四卷**　（清）趙德懋撰　（清）趙嘉
肇輯　清光緒十一年(1885)三原縣署刻本
二冊　九行二十二字上下黑口左右雙邊

610000－1001－0015469　普0020961
**妙香齋詩集四卷**　（清）趙德懋撰　（清）趙嘉
肇輯　清光緒十一年(1885)三原縣署刻本
二冊　九行二十二字上下黑口左右雙邊

610000－1001－0015470　普0020962
**妙香齋詩集四卷**　（清）趙德懋撰　（清）趙嘉
肇輯　清光緒十一年(1885)三原縣署刻本
二冊　九行二十二字上下黑口左右雙邊

610000－1001－0015471　普0020963
**秋圍雜詠一卷**　（清）傅壽彤著　清刻本　一
冊　七行十六字上下黑口四周單邊

610000－1001－0015472　普0020964
**編錄堂詩鈔三卷**　（清）黃之紀撰　清刻本
一冊　九行十九字白口四周單邊

610000－1001－0015473　普0020965
**海風蕭詞一卷**　（清）顧復初撰　清同治四年
(1865)錦城刻本　一冊　九行二十一字上下
黑口左右雙邊

610000－1001－0015474　普0020966
**丁文誠公奏稿二十六卷首一卷**　（清）丁寶楨
撰　（清）陳夔龍編輯　清光緒十九年(1893)
京師刻本　二十七冊　十一行二十二字上下
黑口四周單邊

610000－1001－0015475　普0020967
**揣唐摩宋集一卷**　（清）囂囂老人輯　清道光
四年(1824)刻本　一冊　八行十八字白口四
周雙邊

610000－1001－0015476　普0020968
**揣唐摩宋集一卷**　（清）囂囂老人輯　清道光
四年(1824)刻本　二冊　八行十八字白口四
周雙邊

610000－1001－0015477　普0020971
**樹經堂遺文一卷**　（清）謝啓昆撰　清咸豐十
年(1860)刻本　一冊　十一行十四字上下黑
口左右雙邊

610000－1001－0015478　普0020973
**更豈有此理四卷**　（□）□□撰　清嘉慶五年
(1800)刻本　四冊　八行二十字白口左右
雙邊

610000－1001－0015479　普0020974
**大清中樞備覽六卷**　（清）榮錄堂輯　清光緒
二十三年(1897)榮錄堂刻本　六冊　十四行
字數不等白口四周雙邊

610000－1001－0015480　普0020975
**大清中樞備覽六卷**　（清）榮錄堂輯　清光緒
十四年(1888)榮錄堂刻本　六冊　十四行字
數不等白口四周雙邊

610000－1001－0015481　普0020976
**灤陽消夏錄六卷續錄六卷**　（清）紀昀撰　清
道光二十七年(1847)刻本　四冊　十行二十
字白口四周雙邊

610000－1001－0015482　普0020977
**藝舟雙楫一卷**　（清）包世臣撰　清光緒八年
(1882)蒲圻但氏刻本　二冊　九行二十一字
上下黑口左右雙邊

610000－1001－0015483　普0020978
**霧隱山房詩草□□卷**　（清）彭光輔撰　清刻
本　一冊　八行十九字白口四周雙邊　存二
卷(三至四)

610000－1001－0015484　普0020979

黃鶴岳陽樓楹聯詩賦全部一卷 （□）□□編
清光緒四年(1878)青雲路刻本 一冊 九
行二十三字白口四周雙邊

610000－1001－0015485 普0020980

新刻黃鶴樓銘楹聯一卷 （清）畢沅等編 清
光緒二年(1876)星沙未了居士刻本 一冊
九行十八字白口四周雙邊

610000－1001－0015486 普0020983

擊磬錄一卷 （□）□□輯 清同治十三年
(1874)西江刻本 一冊 九行二十字上黑口
四周雙邊

610000－1001－0015487 普0020984

擊磬錄一卷 （□）□□輯 清刻本 一冊
八行二十字上下黑口四周單邊

610000－1001－0015488 普0020985

京華百二竹枝詞不分卷 （清）蘭陵憂患生撰
清宣統二年(1910)北京益森公司鉛印本
一冊 十二行二十九字白口四周雙邊

610000－1001－0015489 普0020986

退省錄二卷 （清）黃志章輯 清道光十三年
(1833)刻本 二冊 十行二十一字白口左右
雙邊

610000－1001－0015490 普0020989

長自閒齋詩鈔三卷 （清）顧宗烓撰 清光緒
十七年(1891)四還居刻本 六冊 九行二十
一字下黑口四周雙邊

610000－1001－0015491 普0020990

棘闈奪命錄一卷 （□）□□撰 清咸豐八年
(1858)刻本 一冊 十行二十二字白口四周
雙邊

610000－1001－0015492 普0020992

蜀碧四卷 （清）彭遵泗編 清善成堂刻本
一冊 九行二十三字白口左右雙邊

610000－1001－0015493 普0020993

逆臣傳四卷貳臣傳十二卷 （清）國史館編
清末都城琉璃廠半松居士木活字印本 三冊
九行二十字白口左右雙邊 缺十卷(貳臣
傳一至十)

610000－1001－0015494 普0020994

笠翁傳奇十種 （清）李漁編次 清刻本 十
五冊 十行二十四字白口左右雙邊 存九種

610000－1001－0015495 普0020995

關中同官錄不分卷 （□）□□編 清刻本
六冊 九行字數不等白口四周雙邊

610000－1001－0015496 普0020996

滄香齋咏史詩一卷 （清）王廷紹撰 清道光
六年(1826)刻本 一冊 十行二十一字白口
四周雙邊

610000－1001－0015497 普0020998

集字雜著二卷 （清）唐李杜著 清咸豐四年
(1854)續刻本 一冊 九行二十二字白口四
周雙邊

610000－1001－0015498 普0020999

鉄梅花館北風集一卷 （清）慶珍撰 清光緒
三十年(1904)刻本 一冊 十行二十五字白
口四周雙邊

610000－1001－0015499 普0021002

[四川射洪]射洪古繩楊氏族譜一卷 （清）楊
昌邠纂修 清光緒二十六年(1900)刻本 三
冊 七行十八字粗黑口四周雙邊

610000－1001－0015500 普0021003

蜀秀集九卷 （清）譚宗浚編 清光緒五年
(1879)成都試院刻本 八冊 十行二十字下
黑口四周單邊

610000－1001－0015501 普0021004

樓外樓訂正妥註第六才子書六卷首一卷
(元)王實甫撰 （清）金聖嘆批評 （清）鄒
聖脉註 清維新堂刻本 五冊 十三行二十
四字小字雙行同白口四周單邊間左右雙邊
缺一卷(二)

610000－1001－0015502 普0021005

二瓦硯齋詩鈔十卷附一卷 （清）金玉麟撰
清咸豐元年(1851)刻本 二冊 十二行二十
三字白口四周雙邊

610000 – 1001 – 0015503　普 0021009

刺疔捷法一卷　（清）張鏡蓉撰　怪疾奇方一
卷　（清）費伯雄編　清光緒十一年(1885)敬
心齋刻本　一冊　九行二十字白口四周雙邊

610000 – 1001 – 0015504　普 0021010

老僧戒煙歌解一卷　（清）李步瀛解　清光緒
元年(1875)楊文興堂刻本　一冊　九行二十
一字白口四周雙邊

610000 – 1001 – 0015505　普 0021013

制賊淺說一卷　（清）邊祖恭撰　清光緒二十
一年(1895)三原保甲局刻本　一冊　九行二
十字白口四周雙邊

610000 – 1001 – 0015506　普 0021014

蠶桑輯要一卷　（清）譚鐘麟編　清刻本　一
冊　十一行二十一字白口左右雙邊

610000 – 1001 – 0015507　普 0021015

雜疫證治一卷　（清）謝維藩校　清刻本　一
冊　十行二十五字白口四周單邊

610000 – 1001 – 0015508　普 0021018

論射一卷　（□）□□撰　清刻本　一冊　七
行二十二字白口四周單邊

610000 – 1001 – 0015509　普 0021019

重刻四庫全書辨正通俗文字一卷　（清）陸費
墀輯　（清）王朝梧增補　清刻本　一冊　八
行大小字不等白口四周雙邊

610000 – 1001 – 0015510　普 0021020

重刻四庫全書辨正通俗文字一卷　（清）陸費
墀輯　（清）王朝梧增補　清刻本　一冊　八
行大小字不等白口四周雙邊

610000 – 1001 – 0015511　普 0021021

孔氏三世出妻辨一卷　（清）沈樹德撰　清道
光十二年(1832)刻本　一冊　九行二十字白
口四周雙邊

610000 – 1001 – 0015512　普 0021023

家居自述一卷　（清）查廷華編　清道光三年
(1823)刻本　一冊　九行二十字白口四周
雙邊

610000 – 1001 – 0015513　普 0021025

學統五十三卷　（清）熊賜履編　清刻本　八
冊　九行二十字白口左右雙邊　存三十八卷
（七至十九、二十六至五十）

610000 – 1001 – 0015514　普 0021031

日損益齋古今體詩十八卷　（清）馬疏撰　清
刻本　二冊　九行二十一字下黑口左右雙邊
存十卷(九至十八)

610000 – 1001 – 0015515　普 0021032

寰宇訪碑錄十二卷　（清）孫星衍　（清）邢澍
撰　清嘉慶七年(1802)刻本　四冊　十一行
二十字小字雙行同白口左右雙邊

610000 – 1001 – 0015516　普 0021035

學庸聖經解一卷　（□）□□撰　清光緒二十
一年(1895)刻本　一冊　九行二十字白口四
周單邊

610000 – 1001 – 0015517　普 0021036

張九蒼增補李芝嚴先生瘟疫三方一卷　（□）
□□撰　清光緒十二年(1886)刻本　一冊
八行十八字白口四周單邊

610000 – 1001 – 0015518　普 0021037

新鍥考數問奇諸家字法五侯鯖四卷　（清）陳
三策注筆　清致和堂刻本　一冊　行數不等
字數不等白口左右雙邊　存一卷(一)

610000 – 1001 – 0015519　普 0021038

如此才是人一卷　（□）□□撰　清刻本　一
冊　八行二十字白口四周單邊

610000 – 1001 – 0015520　普 0021039

古今創物志一卷　（清）羅荆璧纂輯　清嘉慶
十八年(1813)桂園草堂刻本　一冊　八行大
小字不等白口左右雙邊

610000 – 1001 – 0015521　普 0021040

疹科類編一卷　（明）武之望編輯　清嘉慶十
四年(1809)三原敦厚堂張鯤臣刻本　一冊
八行二十字白口四周單邊

610000 – 1001 – 0015522　普 0021042

疹脹源流一卷　（清）沈金鰲撰　清道光二十

一年(1841)三省堂刻本　一冊　十一行二十五字白口四周單邊

610000－1001－0015523　普0021043
[河南鄧州]春風唐氏家譜一卷　(清)唐點選纂輯　清光緒八年(1882)刻本　一冊　六行十七字白口四周單邊

610000－1001－0015524　普0021046
韻字同異辨二卷　(清)胡文炳輯　清光緒二年(1876)蘭石齋刻本　一冊　八行大小字不等白口上下雙邊

610000－1001－0015525　普0021047
急救應驗良方一卷　(清)徐幹選　(清)費山壽纂輯　清光緒八年(1882)重慶巴縣刻本　一冊　九行二十二字下黑口四周雙邊

610000－1001－0015526　普0021048
痘疹捷要二卷　(清)劉溫堂編輯　(清)張楠校梓　清道光四年(1824)刻本　一冊　九行二十二字白口四周雙邊

610000－1001－0015527　普0021049
牛氏家言二卷　(清)牛樹梅纂　清道光三十年(1850)刻本　一冊　十行二十五字白口四周雙邊

610000－1001－0015528　普0021050
急救應驗良方一卷　(清)徐幹選　(清)費山壽纂輯　清光緒八年(1882)重慶巴縣刻本　一冊　九行二十二字下黑口四周雙邊

610000－1001－0015529　普0021051
欽頒州縣事宜一卷　(清)田文鏡等輯　清道光十六年(1836)刻本　一冊　十一行二十一字白口四周單邊

610000－1001－0015530　普0021052
學治一得編一卷　(清)何耿繩輯　清同治十三年(1874)湖北崇文書局刻本　一冊　十行二十一字白口四周雙邊

610000－1001－0015531　普0021053
引痘略一卷　(清)邱熺輯　清道光二十八年(1848)客花草堂刻本　一冊　十行二十一字

白口四周單邊

610000－1001－0015532　普0021054
聖廟從祀位次私議一卷　(清)張秉直撰　清光緒十八年(1892)魯齋書院刻本　一冊　九行二十二字白口四周雙邊

610000－1001－0015533　普0021055
聖廟從祀位次私議一卷　(清)張秉直撰　清光緒十八年(1892)魯齋書院刻本　一冊　九行二十二字白口四周雙邊

610000－1001－0015534　普0021056
印度劄記二卷　(清)黃楙材撰　清得一齋刻本　一冊　八行二十五字白口左右雙邊

610000－1001－0015535　普0021057
蠶桑備要四篇　(清)憲桌等鑒定　清刻本　一冊　十行二十四字小字雙行同白口左右雙邊

610000－1001－0015536　普0021057
楊宓峰中丞桑蠶簡編一卷　(清)楊宓峰撰　清光緒十五年(1889)刻本　一冊　八行二十二字白口左右雙邊

610000－1001－0015537　普0021058
皇清分巡河南開歸陳許等處兵備河務道誥授中憲大夫庚申科副榜顯考簾舫府君行述一卷　(清)劉良驥等撰　清道光刻本　一冊　九行二十一字白口四周雙邊

610000－1001－0015538　普0021060
雲棲淨土彙語一卷　(明)釋袾宏撰　(清)虞執西等輯　清刻本　一冊　九行二十字白口四周雙邊

610000－1001－0015539　普0021061
切音捷訣一卷幼學切音便讀一卷　(清)酈玶輯　清光緒六年(1880)諸暨摭古堂刻本　一冊　十行十九字白口四周雙邊

610000－1001－0015540　普0021062
共城從政錄一卷　(清)周際華撰　清道光十九年(1839)刻本　一冊　九行二十五字白口左右雙邊

610000－1001－0015541　普0021063

春雨于喁集二卷　（清）李芳谷撰　清道光二十四年(1844)壽柏山房刻本　一冊　十一行二十二字白口四周單邊

610000－1001－0015542　普0021065

忠孝節義見聞紀略一卷　（清）趙嘉肇撰　清光緒十六年(1890)渭南縣署四槐堂刻本　一冊　八行二十一字上下黑口四周雙邊

610000－1001－0015543　普0021066

萬象一原圖一卷　（清）張紹元繪編　清末衛文公四十字室刻本　一冊　九行二十二字小字雙行同四周單邊

610000－1001－0015544　普0021069

經史次第標目一卷　（清）徐昌緒輯　清同治十二年(1873)刻本　一冊　七行二十字白口四周雙邊

610000－1001－0015545　普0021070

瞻闕集虛一卷　（清）胡元儀撰　清光緒十八年(1892)刻本　一冊　十一行二十八字上下黑口左右雙邊

610000－1001－0015546　普0021072

孟忠毅公奏疏二卷　（清）孟喬芳撰　清道光二十一年(1841)刻本　三冊　九行二十字白口四周雙邊

610000－1001－0015547　普0021074

駱文忠公奏議十六卷奏稿十一卷　（清）駱秉章撰　清光緒刻本　二十六冊　十行二十字上下黑口左右雙邊

610000－1001－0015548　普0021078

不二歌集四卷　（明）張春撰　清道光二十八年(1848)刻本　二冊　八行二十字白口左右雙邊

610000－1001－0015549　普0021079

違碍書籍目錄一卷　（□）□□撰　清刻本　一冊　八行二十字白口四周單邊

610000－1001－0015550　普0021080

重校分部書法正傳一卷　（清）蔣和輯　清光緒六年(1880)西安義興堂書坊刻本　一冊　行數不等大小字不等白口四周單邊

610000－1001－0015551　普0021081

鄉兵管見三卷　（清）李棟撰　清咸豐九年(1859)刻本　一冊　九行二十二字下黑口左右雙邊

610000－1001－0015552　普0021083

託素齋詩集四卷文集六卷　（清）黎士弘撰　行述一卷　（清）劉元慧撰　清刻本　十冊　九行二十一字白口左右雙邊

610000－1001－0015553　普0021084

織錦回文詩一卷　（前秦）蘇蕙撰　清刻本　一冊　十行二十字白口四周雙邊

610000－1001－0015554　普0021087

皇朝蓄艾文編八十卷　（清）于寶軒輯　清光緒二十九年(1903)上海官書局鉛印本　三十六冊　十四行三十二字白口四周雙邊

610000－1001－0015555　普0021095

檇李遺書二十六種　（清）孫福清輯　清光緒四年(1878)秀水孫氏望雲仙館刻本　二十四冊　九行二十一字上黑口左右雙邊

610000－1001－0015556　普0021098

懷齒雜俎十二種　徐乃昌輯　清光緒、宣統南陵徐氏刻本　十冊　十行二十字小字雙行同上下黑口左右雙邊

610000－1001－0015557　普0021102

應試唐詩類釋十九卷　（清）臧岳編　清刻本　六冊　八行二十字小字雙行同白口左右雙邊

610000－1001－0015558　普0021112

東南文集一卷淚枯草一卷詩餘一卷　（□）□□輯　清刻本　一冊　八行二十一字白口四周雙邊

610000－1001－0015559　普0021113

新刊漢諸葛武侯秘演禽書十二卷　（明）何動輯　清刻本　一冊　十二行二十四字白口四周雙邊　存一卷(八)

610000－1001－0015560　普0021117

樊山集二十八卷二家詠古詩一卷二家試帖一卷二家詞鈔五卷樊山續集二十八卷公牘三卷時文一卷　（清）樊增祥撰　清光緒十九年至二十八年(1893－1902)渭南縣署西安縣署刻本　十九冊　十二行二十三字小字雙行同上下黑口左右雙邊

610000－1001－0015561　普0021120

六朝文絜四卷　（清）許槤評選　清道光五年(1825)刻朱墨印本　二冊　九行十八字上下黑口左右雙邊

610000－1001－0015562　普0021123

杜詩詳註二十五卷諸家詠杜附錄二卷首一卷　（唐）杜甫撰　（清）仇兆鰲輯註　清刻本　二十八冊　十行二十二字小字雙行同下黑口左右雙邊

610000－1001－0015563　普0021126

秘書廿一種　（清）汪士漢輯　清嘉慶九年(1804)新安汪氏刻本　二十冊　十行二十字小字雙行同白口四周單邊

610000－1001－0015564　普0021132

淩谿先生集十八卷　（明）朱應登撰　清道光十五年(1835)宜祿堂刻本　二冊　十一行二十一字上下黑口左右雙邊

610000－1001－0015565　普0021137

四史　（漢）司馬遷等撰　清同治十一年(1872)成都書局刻本　一百冊　十行二十一字小字雙行同白口左右雙邊

610000－1001－0015566　普0021144

玉函山房輯佚書五百九十四種　（清）馬國翰輯　清刻本　三冊　九行二十字小字雙行同白口四周雙邊　缺十種

610000－1001－0015567　普0021148

王船山先生年譜二卷　（清）劉毓崧編　清光緒十二年(1886)江南書局刻本　二冊　十行二十二字小字雙行同上下黑口左右雙邊

610000－1001－0015568　普0021150

高士傳三卷附蓮社高賢傳一卷　（晉）皇甫謐撰　清末刻本　一冊　九行二十字白口左右雙邊

610000－1001－0015569　普0021151

函海四十函一百五十二種　（清）李調元輯　清刻本　八冊　十行二十字小字雙行同白口四周雙邊　存七種

610000－1001－0015570　普0021152

帶經堂集九十二卷　（清）王士禎撰　清刻本　五冊　十行十九字白口左右雙邊　存二十四卷(二十三至二十七、三十四至四十三、六十一至六十四、七十七至八十一)

610000－1001－0015571　普0021153

書目答問不分卷　（清）張之洞撰　清光緒五年(1879)貴陽刻本　三冊　十三行二十四字小字雙行同白口左右雙邊

610000－1001－0015572　普0021155

藏書目一卷　（□）□□撰　清刻本　一冊　十六行二十八字白口四周單邊

610000－1001－0015573　普0021157

商音百感集一卷　（□）□□輯　清刻本　一冊　行數不等字數不等

610000－1001－0015574　普0021158

大清光緒三十三年歲次丁未時憲書一卷　（清）欽天監編　清光緒刻朱墨印本　一冊　行數不等字數不等上下黑口四周雙邊

610000－1001－0015575　普0021160

綠野仙蹤八十回　（清）李百川編　清刻本　七冊　九行二十一字白口四周單邊　存三十四回(四十二至五十八、六十四至八十)

610000－1001－0015576　普0021173

勸戒纏足叢說一卷　（英國）立德夫人撰　清光緒三十一年(1905)陝西救世堂鉛印本　一冊　十一行二十四字白口四周雙邊

610000－1001－0015577　普0021174

蔗香吟館試體詩八卷　（清）王祖培撰　清道光二十八年(1848)秦中刻本　一冊　八行二十三字小字雙行同白口左右雙邊　存四卷

（一至四）

610000－1001－0015578　普0021185

**榆林府志辨訛一卷** （清）楊江著　清咸豐七
年(1857)刻本　一冊　八行二十二字白口四
周雙邊

610000－1001－0015579　普0021187

**[嘉慶]安康縣志二十卷** （清）鄭謙修
（清）王森文纂　清咸豐三年(1853)劉應祥刻
本　三冊　十一行二十二字白口左右雙邊
存十六卷(一至十六)

610000－1001－0015580　普0021191

**華原風土詞一卷(一百首)** （清）顧曾烜撰
清光緒十九年(1893)刻本　一冊　十行二十
一字小字雙行同白口四周雙邊

610000－1001－0015581　普0021192

**崆峒山志二卷** （清）張伯魁纂修　清嘉慶二
十四年(1819)刻本　一冊　八行二十字小字
雙行同白口四周雙邊　存一卷(下)

610000－1001－0015582　普0021193

**吉林紀事詩四卷首一卷末一卷** （清）沈兆褆
著并注　清宣統三年(1911)金陵湯明林聚珍
書局鉛印本　二冊　十行二十四字小字雙行
三十六字白口四周雙邊

610000－1001－0015583　普0021195

**[光緒]西藏圖考八卷首一卷** （清）黃沛翹輯
清光緒二十三年(1897)刻本　四冊　十行
二十二字小字雙行同下黑口左右雙邊

610000－1001－0015584　普0021196

**西藏賦一卷** （清）和寧著　清嘉慶二年
(1797)刻本　一冊　八行二十字小字雙行同
白口四周雙邊

610000－1001－0015585　普0021199

**馬嵬志十六卷首一卷** （清）胡鳳丹編輯　清
光緒三年(1877)刻本　六冊　九行二十一字
白口四周雙邊

610000－1001－0015586　普0021210

**清嘉集初編五卷二編四卷三編三卷** 王先謙

編　清光緒十四年(1888)南菁書院刻本　一
冊　九行二十五字白口左右雙邊　存一卷
(二編一)

610000－1001－0015587　普0021211

**太華山人詩存五卷** （清）王益謙撰　清同治
元年(1862)廣州刻本　二冊　八行二十二字
白口四周雙邊

610000－1001－0015588　普0021214

**楷法溯源十四卷目錄一卷** （清）潘存孺輯
楊守敬編　清光緒三年(1877)刻本　十五冊
四行大小字不等白口四周雙邊

610000－1001－0015589　普0021221

**思齋山房集不分卷** （清）蒙浚撰　（清）劉立
等編　清嘉慶六年(1801)榮荆堂刻本　一冊
九行二十二字白口四周雙邊

610000－1001－0015590　普0021222

**松窗餘事草八卷** （清）李洵撰　清光緒九年
(1883)春陵學署刻本　二冊　九行二十一字
上下黑口左右雙邊

610000－1001－0015591　普0021223

**來紫堂合集三卷** （清）李天秀撰　（清）李祖
望輯　清咸豐二年(1852)止足園刻本　二冊
九行二十四字白口四周雙邊

610000－1001－0015592　普0021224

**罪言存略一卷** （清）郭嵩燾撰　清光緒二十
三年(1897)天津時報館鉛印本　一冊　十一
行二十三字下黑口四周雙邊

610000－1001－0015593　普0021227

**聽鼓餘暇錄六卷** （清）龍起濤撰　清光緒十
六年(1890)刻本　二冊　七行二十四字白口
四周雙邊　存四卷(一、四至六)

610000－1001－0015594　普0021228

**南宋雜事詩七卷** （清）沈嘉轍撰　清同治十
一年(1872)淮南書局刻本　一冊　十一行二
十一字小字雙行同白口左右雙邊　存二卷
(一至二)

610000－1001－0015595　普0021235

心靈學一卷 （美國）海文撰 （清）顏永京譯 清光緒十五年(1889)益智書會刻本 一冊 十行二十二字上下黑口四周雙邊

610000－1001－0015596 普 0021236

重刊正誼堂全書總目二卷 （清）左宗棠校 清同治五年(1866)福州正誼堂書院刻本 一冊 十行二十二字白口左右雙邊

610000－1001－0015597 普 0021237

鶴梅詩存二卷 （清）周煜撰 清道光二十二年(1842)刻本 一冊 十行二十二字小字雙行同上下黑口左右雙邊 存一卷(上)

610000－1001－0015598 普 0021240

書林揚觶二卷 （清）方東樹撰 清同治十年(1871)望三益齋刻本 二冊 十行二十三字小字雙行同白口左右雙邊

610000－1001－0015599 普 0021242

亭林文集六卷 （清）顧炎武撰 清刻本 二冊 十一行二十字白口左右雙邊 存四卷(三至六)

610000－1001－0015600 普 0021243

蓁斐軒詞韻一卷 （宋）紹興內府審定 清光緒二十六年(1900)盛山官舍刻本 一冊 十二行二十三字白口左右雙邊

610000－1001－0015601 普 0021247

四忠集四種 （清）賀瑞麟輯 清同治十二年(1873)述荊堂刻本 十四冊 九行二十字上下黑口四周雙邊

610000－1001－0015602 普 0021274

東瀛詩記二卷 （清）俞樾撰 清光緒九年(1883)刻本 一冊 十行二十一字小字雙行同白口左右雙邊

610000－1001－0015603 普 0021276

皕宋樓藏書志一百二十卷 （清）陸心源撰 清光緒八年(1882)刻本 四十冊 十行二十字白口四周雙邊

610000－1001－0015604 普 0021291

野叟曝言二十卷一百五十四回 （清）夏敬渠撰 清光緒八年(1882)石印本 十冊 二十八行六十五字上黑口四周單邊

610000－1001－0015605 普 0021295

善本書室藏書志四十卷附錄一卷 （清）丁丙輯 清光緒二十七年(1901)錢塘丁氏刻本 十六冊 十三行二十六字白口四周雙邊

610000－1001－0015606 普 0021296

湘軍記二十卷 （清）王定安撰 清光緒十五年(1889)江南書局刻本 十二冊 九行二十二字白口四周雙邊

610000－1001－0015607 普 0021297

回文類聚四卷織錦回文圖一卷續編十卷 （宋）桑世昌纂次 （清）朱象賢續輯 清裕文堂刻本 八冊 十行十九字白口左右雙邊

610000－1001－0015608 普 0021298

清儀閣題跋不分卷 （清）張廷濟撰 清光緒十九年(1893)錢塘丁氏刻本 四冊 十一行二十一字白口左右雙邊

610000－1001－0015609 普 0021300

復初齋文集三十五卷 （清）翁方綱撰 清光緒三年(1877)刻本 八冊 十一行二十一字白口左右雙邊

610000－1001－0015610 普 0021302

句餘土音四卷 （清）全祖望撰 清宣統三年(1911)國學扶輪社鉛印本 一冊 十一行二十九字小字雙行同上下黑口四周雙邊

610000－1001－0015611 普 0021326

[光緒]寧羌州志五卷 （清）馬毓華修 （清）鄭書香 （清）曹良模纂 清光緒十四年(1888)刻本 五冊 九行二十一字白口四周雙邊

610000－1001－0015612 普 0021328

繡像飛龍全傳十二卷六十回 （清）吳璿撰 清同治九年(1870)翠隱山房刻本 十二冊 十二行二十四字白口四周單邊

610000－1001－0015613 普 0021329

安危注四卷 （明）吳甡輯 清刻本 六冊

九行二十字白口四周雙邊

610000－1001－0015614　普0021332
**鴻雪因緣圖記三集**　(清)麟慶撰　清道光二十七年(1847)揚州刻本　六冊　十行二十一字白口四周雙邊

610000－1001－0015615　普0021339
**蘇文忠公詩集五十卷**　(宋)蘇軾撰　(清)紀昀評點　清同治八年(1869)韞玉山房刻朱墨印本　六冊　十行二十一字小字雙行同白口左右雙邊

610000－1001－0015616　普0021341
**艮齋先生薛常州浪語集三十五卷**　(宋)薛季宣撰　清同治十年(1871)金陵書局刻本　六冊　十三行二十二字上下黑口左右雙邊

610000－1001－0015617　普0021342
**沈文肅公政書七卷**　(清)沈葆楨撰　清光緒十八年(1892)刻本　八冊　十行二十四字白口四周雙邊

610000－1001－0015618　普0021346
**振綺堂詩存一卷**　(清)汪憲撰　清光緒十五年(1889)刻本　一冊　十一行二十一字上下黑口左右雙邊

610000－1001－0015619　普0021347
**松聲池館詩存四卷**　(清)汪璐撰　清光緒十五年(1889)泉唐汪氏振綺堂刻本　一冊　十一行二十一字上下黑口左右雙邊

610000－1001－0015620　普0021348
**二如居贈答詩詞二卷**　(清)汪鉽撰　清光緒十七年(1891)振綺堂刻本　一冊　九行十九字上下黑口左右雙邊

610000－1001－0015621　普0021353
**菰中隨筆一卷**　(清)顧炎武撰　清道光十二年(1832)鄂氏刻本　一冊　十一行二十二字白口左右雙邊

610000－1001－0015622　普0021355
**周易義海撮要十二卷**　(宋)李衡撰　清刻本　十二冊　十三行二十三字小字雙行同白口左右雙邊

610000－1001－0015623　普0021356
**孝惠先生遺稿一卷**　(清)張楠撰　(清)賀瑞麟校　清咸豐五年(1855)刻本　一冊　八行二十字白口四周雙邊

610000－1001－0015624　普0021357
**稽瑞一卷**　(唐)劉賡輯　清光緒十年(1884)虞山鮑氏刻本　二冊　十一行二十字白口左右雙邊

610000－1001－0015625　普0021374
**馬朗山草書墨跡不分卷**　(清)馬慧裕書　清嘉慶十六年(1811)稿本　一冊　六行十至十一字不等白口

610000－1001－0015626　普0021379
**太平御覽一千卷目錄十五卷**　(宋)李昉等纂　清嘉慶十七年(1812)刻本　一百二十冊　十三行二十二字小字雙行同白口左右雙邊

610000－1001－0015627　普0021384
**蘿谷文集四卷**　(清)張秉直撰　清道光二十三年(1843)貧勞堂刻本　一冊　九行二十五字小字雙行同白口左右雙邊

610000－1001－0015628　普0021392
**武城記事二卷**　(清)沈錫榮撰　清宣統二年(1910)陝西學務公所鉛印本　一冊　十二行三十字白口四周雙邊

610000－1001－0015629　普0021395
**陝西境内漢江流域貿易稽核比較冊一卷**　(清)仇繼恆撰　清光緒三十二年(1906)鉛印本　一冊　十三行三十二字上下黑口四周雙邊

610000－1001－0015630　普0021400
**曾惠敏公遺集四種**　(清)曾紀澤撰　清光緒十九年(1893)江南機器製造總局鉛印本　六冊　十行二十四字小字雙行同上黑口四周雙邊　存三種

610000－1001－0015631　普0021404
**權載之文集五十卷附補刻一卷**　(唐)權德輿

撰　清嘉慶十一年(1806)刻本　八冊　十行二十一字小字雙行同白口左右雙邊

610000 – 1001 – 0015632　普 0021408

**慈谿姜先生全集三十三卷首一卷**　(清)姜宸英撰　清光緒十五年(1889)慈谿馮氏毋自欺齋刻本　十冊　十行二十字白口左右雙邊

610000 – 1001 – 0015633　普 0021418

**本草述鈎元三十二卷**　(清)楊時泰輯　清道光二十二年(1842)涵雅堂刻本　十冊　十行二十四字小字雙行同白口左右雙邊

610000 – 1001 – 0015634　普 0021425

**瘞鶴銘考補一卷**　(清)翁方綱撰　**校勘記一卷**　(清)陳慶年撰　**山樵書外紀一卷**　(清)張開福撰　清光緒三十四年(1908)刻本　一冊　十一行二十八字白口四周雙邊

610000 – 1001 – 0015635　普 0021431

**本草綱目五十二卷首一卷藥品總目一卷圖三卷附奇經八脈考一卷脈訣考證一卷瀕湖脈學一卷**　(明)李時珍撰　**本草萬方鍼線八卷**　(清)蔡烈先輯　**本草綱目拾遺十卷**　(清)趙學敏撰　清光緒十一年(1885)合肥張氏味古齋刻本　四十冊　九行二十字小字雙行同白口左右雙邊

610000 – 1001 – 0015636　普 0021432

**丹溪心法附餘二十四卷首一卷**　(明)方廣輯　(明)吳國倫校　清刻本　十二冊　十一行二十六字白口四周單邊

610000 – 1001 – 0015637　普 0021433

**世補齋醫書前集六種後集四種附五種**　(清)陸懋修纂修　清光緒十年至宣統二年(1884–1910)刻本　十八冊　十行二十三字白口四周雙邊

610000 – 1001 – 0015638　普 0021434

**陝甘鄉試硃卷同治庚午科帶補丁卯科不分卷**　(清)梁鑑撰　清同治刻本　一冊　九行二十五字白口四周雙邊

610000 – 1001 – 0015639　普 0021435

**同治甲戌科會試硃卷不分卷**　(清)白遇道撰

清同治刻本　一冊　九行二十五字白口四周雙邊

610000 – 1001 – 0015640　普 0021447

**沈氏尊生書五種**　(清)沈金鰲撰　清同治十三年(1874)湖北崇文書局刻本　二十六冊　十二行二十五字小字雙行同白口左右雙邊

610000 – 1001 – 0015641　普 0021489

**當歸草堂醫學叢書初編十種附二種**　(清)丁丙輯　清光緒四年(1878)錢塘丁氏當歸草堂刻本　十二冊　十行二十字上下黑口四周雙邊

610000 – 1001 – 0015642　普 0021495

**備急千金要方六十卷**　(唐)孫思邈撰　(宋)林億校勘　清光緒四年(1878)上海麟瑞堂影宋刻本　十六冊　十三行二十三字小字雙行同白口左右雙邊

610000 – 1001 – 0015643　普 0021497

**紀文達公遺集十六卷**　(清)紀昀撰　(清)紀樹馨校勘　清嘉慶十七年(1812)刻本　十六冊　十行二十一字白口四周雙邊

610000 – 1001 – 0015644　普 0021501

**皇朝蓄艾文編八十卷**　(清)于寶軒輯　(清)王尚清編次　(清)吳寶澄校勘　清光緒二十九年(1903)上海官書局鉛印本　四十冊　十四行三十二字小字雙行四十二字白口四周雙邊

610000 – 1001 – 0015645　普 0021503

**臺規四十卷首一卷**　(清)松筠等輯　清道光七年(1827)刻本　十六冊　九行二十字白口四周雙邊

610000 – 1001 – 0015646　普 0021506

**明大政纂要六十三卷**　(明)譚希思編　清光緒二十一年(1895)湖南思賢書局刻本　二十八冊　十二行二十四字白口左右雙邊

610000 – 1001 – 0015647　普 0021509

**巾經纂四帙二十卷**　(清)宋宗元撰　清光緒十六年(1890)刻本　四冊　九行二十字白口左右雙邊

610000－1001－0015648　普0021511

**醫方辨難大成三集二百〇六卷首一卷**　（□）
文昌帝君撰　清同治六年(1867)刻本　四十
冊　十行二十五字小字雙行同白口左右雙邊

610000－1001－0015649　普0021515

**萃錦唫十四卷**　（清）奕訢撰　清光緒刻本
十四冊　九行十八字小字雙行同白口四周
雙邊

610000－1001－0015650　普0021516

**越南輯略二卷**　（清）徐延旭撰　清光緒三年
(1877)梧州郡署刻本　二冊　十二行二十四
字上下黑口四周雙邊

610000－1001－0015651　普0021522

**楚寶四十卷外篇五卷**　（明）周聖楷撰　清道
光九年(1829)刻本　二十冊　十行二十二字
白口左右雙邊

610000－1001－0015652　普0021533

**述古齋幼科新書三種**　（清）張振鋆輯　清光
緒十五年(1889)刻本　四冊　十行二十四字
白口四周雙邊

610000－1001－0015653　普0021535

**選學膠言二十卷補遺一卷**　（清）張雲璈撰
清道光十一年(1831)刻本　八冊　十行二十
字白口左右雙邊

610000－1001－0015654　普0021537

**農侯雜占四卷**　（清）梁章鉅撰　（清）梁恭辰
校刊　清同治十二年(1873)浙江書局刻本
二冊　九行二十二字白口左右雙邊

610000－1001－0015655　普0021542

**校正地理四彈子**　（□）□□輯　清刻本　一
冊　九行二十三字小字雙行同白口左右雙邊
存三種

610000－1001－0015656　普0021576

**創建豫南書院存略不分卷**　（清）朱壽鏞撰
清光緒刻本　一冊　九行二十五字白口四周
雙邊

610000－1001－0015657　普0021580

**百年經不分卷**　（□）□□編　清刻本　一冊
十二行三十一字小字雙行不等白口左右
雙邊

610000－1001－0015658　普0021590

**隨息居重訂霍亂論四卷**　（清）王士雄撰
（清）陳亨校勘　清同治二年(1863)上海崇本
堂刻本　二冊　十行二十四字上下黑口四周
單邊

610000－1001－0015659　普0021594

**新刊補注銅人腧穴針灸圖經五卷**　（宋）王惟
一編　清光緒三十三年至宣統元年(1907－
1909)劉世珩玉海堂影金刻本　二冊　十行
二十字小字雙行同上下黑口左右雙邊

610000－1001－0015660　普0021622

**時務叢鈔不分卷**　（清）□□撰　清光緒二十
八年(1902)刻本　一冊　十二行二十六字上
下黑口四周單邊

610000－1001－0015661　普0021627

**聖功編不分卷**　（清）賀瑞麟撰　（清）張紹元
校讀　清宣統三年(1911)刻本　一冊　九行
二十二字小字雙行同白口左右雙邊

610000－1001－0015662　普0021629

**姚江學辨二卷**　（清）羅澤南撰　清光緒二十
年(1894)傳經堂刻本　一冊　十行二十二字
下黑口四周單邊

610000－1001－0015663　普0021630

**明辨錄一卷**　（清）陳法撰　清光緒十八年
(1892)刻本　一冊　十行二十二字下黑口四
周單邊

610000－1001－0015664　普0021632

**陝西南山谷口考一卷**　（清）毛鳳枝撰　清同
治七年(1868)鉛印本　一冊　九行二十三字
小字雙行不等上下黑口四周雙邊

610000－1001－0015665　普0021634

**豳風廣義三卷**　（清）楊屾撰　清光緒十六年
(1890)陝西求友齋刻本　三冊　十行二十四
字小字雙行同白口四周雙邊

610000－1001－0015666　普0021637

**御刻三希堂石渠寶笈法帖釋文十六卷**　（清）
孫功烈等釋文同校　清光緒二十三年(1897)
上海鴻寶齋石印本　四冊　十行二十一字小
字雙行同白口左右雙邊

610000－1001－0015667　普0021645

**王文成公集要七卷**　（明）王守仁撰　**觀感錄
一卷**　（清）李中孚編次　清嘉慶三年(1798)
刻本　六冊　九行十九字白口四周雙邊

610000－1001－0015668　普0021648

**衡門芹一卷**　（明）辛全撰　（清）柏森校刊
清光緒二十五年(1899)柏經正堂刻本　一冊
　十行二十二字小字雙行同上下黑口左右
雙邊

610000－1001－0015669　普0021649

**館課詩賦偶存不分卷**　（清）白遇道撰　清光
緒八年(1882)刻本　一冊　九行二十五字小
字雙行同白口四周雙邊

610000－1001－0015670　普0021650

**宰家訓俗一卷**　（清）陸隴其撰　清光緒二年
(1876)閻敬銘刻本　一冊　九行二十二字下
黑口四周雙邊

610000－1001－0015671　普0021651

**上諭恭錄不分卷**　（清）德宗載湉撰　清光緒
十六年(1890)上海學林滬報館鉛印本　一冊
　二十五行四十四字白口四周雙邊

610000－1001－0015672　普0021681

**緬甸圖志不分卷英領緬甸志不分卷緬甸新志不
分卷暹羅國志不分卷布哈爾志不分卷**　（清）
學部圖書局輯　清光緒三十三年(1907)鉛印
本　一冊　十二行三十一字白口四周雙邊

610000－1001－0015673　普0021692

**春秋穀梁傳十二卷考異一卷**　（晉）范甯集解
　（唐）陸德明音義　楊守敬考異　清光緒九
年(1883)影宋刻本　二冊　十一行十八字小
字雙行不等白口左右雙邊

610000－1001－0015674　普0021693

**蘇文忠公詩集五十卷目錄二卷**　（宋）蘇軾撰

（清）紀昀評　清道光十四年(1834)兩廣節
署刻朱墨印本　十二冊　十行二十一字小字
雙行不等白口左右雙邊

610000－1001－0015675　普0021699

**溫庭筠詩集七卷**　（唐）溫庭筠撰　清刻本
二冊　十行十八字白口左右雙邊

610000－1001－0015676　普0021700

**曝書亭集八十卷附錄一卷**　（清）朱彝尊撰
**曝書亭集外詩八卷**　（清）馮登府輯　**笛漁小
稾十卷**　（清）朱昆田編　清刻本(集外詩配
清嘉慶二十二年潛采堂刻本)　十四冊　十
二行二十三字白口左右雙邊

610000－1001－0015677　普0021706

**蔡氏月令二卷**　（漢）蔡邕撰　清道光四年
(1824)王氏刻本　二冊　十行二十一字小字
雙行同白口左右雙邊

610000－1001－0015678　普0021708

**國語校注本三種**　（清）汪遠孫撰　清道光二
十六年(1846)振綺堂刻本　六冊　十行二十
一字小字雙行二十五字白口左右雙邊

610000－1001－0015679　普0021709

**金石三例**　（清）盧見曾輯　清光緒四年
(1878)讀有用書齋刻朱墨印本　四冊　十行
二十二字小字雙行三十二字白口左右雙邊

610000－1001－0015680　普0021712

**隨軒金石文字九種**　（清）徐渭仁編　清道光
七年(1827)刻同治七年(1868)補刻本　四冊
　行數不等大小字不等白口四周雙邊

610000－1001－0015681　普0021713

**雁門集十四卷附一卷倡和錄一卷**　（元）薩都
剌撰　（清）薩龍光輯　清嘉慶十二年(1807)
刻本　四冊　九行二十二字小字雙行同白口
四周雙邊

610000－1001－0015682　普0021714

**後漢書一百二十卷**　（南朝宋）范曄撰　清光
緒十年(1884)石印本　二十八冊　十行二十
一字小字雙行同白口四周單邊

610000 - 1001 - 0015683　普 0021715

**惜抱軒全集十種**　（清）姚鼐撰　清嘉慶刻本
　八冊　十行二十一字白口左右雙邊　存
　九種

610000 - 1001 - 0015684　普 0021716

**前漢書一百二十卷**　（漢）班固撰　（唐）顏師
古注　清光緒十年（1884）石印本　三十二冊
　十行二十一字小字雙行同白口左右雙邊

610000 - 1001 - 0015685　普 0021717

**笥河文集十六卷首一卷**　（清）朱筠撰　清嘉
慶二十年（1815）刻本　六冊　十行二十一字
白口四周單邊

610000 - 1001 - 0015686　普 0021720

**三唐人集**　（清）馮焌光輯　清道光二十八年
（1848）刻本　八冊　九行十九字白口左右
雙邊

610000 - 1001 - 0015687　普 0021721

**續資治通鑑長編五百二十卷目錄二卷**　（宋）
李燾撰　清嘉慶二十四年（1819）木活字印本
　一百冊　十二行二十一字小字雙行同白口
四周單邊

610000 - 1001 - 0015688　普 0021722

**受經堂匯稿五種**　（清）楊紹文輯　清道光三
年（1823）刻本　四冊　十一行二十三字上下
黑口左右雙邊

610000 - 1001 - 0015689　普 0021723

**六朝文絜四卷**　（清）許槤輯　清光緒三年
（1877）讀有用書齋刻朱墨印本　一冊　九行
十八字上下黑口左右雙邊

610000 - 1001 - 0015690　普 0021724

**觀我生室彙稿十種**　（清）羅士琳撰　清道光
刻本　六冊　八行二十四字上下黑口四周雙
邊　存七種

610000 - 1001 - 0015691　普 0021725

**金石存十五卷**　（清）吳玉搢撰　清嘉慶二十
四年（1819）山陽李氏聞妙香室刻本　四冊
十一行二十一字小字雙行同上下黑口左右
雙邊

610000 - 1001 - 0015692　普 0021730

**鑑止水齋集二十卷**　（清）許宗彥撰　清咸豐
六年（1856）潮州刻本　六冊　十行二十字上
下黑口左右雙邊

610000 - 1001 - 0015693　普 0021733

**蔡中郎集十卷外紀一卷外集四卷列傳一卷年
表一卷**　（漢）蔡邕撰　（清）楊以增輯　清咸
豐二年（1852）刻本　六冊　九行十八字小字
雙行同白口左右雙邊

610000 - 1001 - 0015694　普 0021737

**諸子平議三十五卷**　（清）俞樾纂修　清同治
八年（1869）吳郡刻本　十二冊　十行二十一
字白口左右雙邊

610000 - 1001 - 0015695　普 0021740

**韓非子二十卷**　（戰國）韓非撰　**韓非子識誤
三卷**　（清）顧廣圻編　清嘉慶二十三年
（1818）吳鼒刻本　三冊　十三行二十四字小
字雙行同白口四周單邊

610000 - 1001 - 0015696　普 0021741

**桐陰論畫二編二卷三編二卷**　（清）秦祖永撰
　清光緒八年（1882）刻朱墨印本　二冊　八
行十八字小字雙行同上下黑口左右雙邊

610000 - 1001 - 0015697　普 0021743

**藤陰雜記十二卷**　（清）戴璐撰　清光緒三年
（1877）刻本　二冊　十行二十二字小字雙行
同白口左右雙邊

610000 - 1001 - 0015698　普 0021744

**仁恕堂筆記一卷**　（清）黎士宏撰　清道光十
六年（1836）刻本　二冊　十一行二十字白口
左右雙邊

610000 - 1001 - 0015699　普 0021745

**蘇鄰遺詩二卷**　（清）李鴻裔撰　清光緒十四
年（1888）遵義黎氏刻本　一冊　十行二十一
字白口左右雙邊

610000 - 1001 - 0015700　普 0021747

**水經注四十卷**　（漢）桑欽撰　（北魏）酈道元
注　（清）黃晟校　（清）張維新重校　清末古
閩晏湖張氏勵志書屋刻本　一冊　十一行二

十一字小字雙行同白口四周單邊　存四卷
(一至四)

610000－1001－0015701　普0021748
**再送越南貢使日記一卷**　(清)馬先登撰　清
同治十一年(1872)刻本　一冊　十行二十三
字白口左右雙邊

610000－1001－0015702　普0021749
**雪青閣詩集四卷**　(清)謝維藩撰　清光緒九
年(1883)開封官廨本　四冊　十行二十一字
白口四周雙邊

610000－1001－0015703　普0021752
**東塾讀書記二十五卷**　(清)陳澧撰　清光緒
二十四年(1898)紉蘭書館刻本　六冊　十二
行二十四字小字雙行同上下黑口四周單邊
存十五卷(一至十二、十五至十六、二十一)

610000－1001－0015704　普0021753
**鴻濛室詩鈔二十卷首一卷末一卷**　(清)方玉
潤撰　清同治十三年(1874)刻本　八冊　十
行二十四字小字雙行不等上黑口左右雙邊

610000－1001－0015705　普0021754
**秦刻三子**　清嘉慶二十三年(1818)刻本　四
冊　十行大小字不等白口四周單邊

610000－1001－0015706　普0021755
**國朝常州駢體文三十一卷結一宮駢體文一卷**
　(清)屠寄輯　清光緒十六年(1890)刻本
七冊　十三行二十二字上黑口左右雙邊

610000－1001－0015707　普0021756
**新學偽經考十四卷**　康有為撰　清光緒十七
年(1891)武林望雲樓石印本　六冊　十行二
十字小字雙行同上下黑口左右雙邊

610000－1001－0015708　普0021758
**鶡冠子三卷**　(宋)陸佃注　清嘉慶九年
(1804)姑蘇聚文堂刻本　一冊　九行二十字
小字雙行同白口四周單邊

610000－1001－0015709　普0021759
**管子二十四卷**　(春秋)管仲撰　(唐)房玄齡
注　清嘉慶九年(1804)姑蘇聚文堂刻本　八

冊　九行二十字小字雙行同白口四周單邊

610000－1001－0015710　普0021760
**日本環海險要圖志二十卷**　(清)王肇鋐撰
清末抄本　二冊　十行二十五字上下黑口四
周雙邊　存二卷(十三、十七)

610000－1001－0015711　普0021761
**宋名臣言行錄七十五卷**　(宋)朱熹　(元)李
幼武撰　(清)李衡校正　清道光刻本　十二
冊　十二行二十三字上下黑口左右雙邊

610000－1001－0015712　普0021762
**新刊權載之文集五十卷**　(唐)權德興撰　清
嘉慶十一年(1806)刻本　八冊　十行二十一
字小字雙行同白口四周雙邊

610000－1001－0015713　普0021763
**戰國策校註三十三卷**　(宋)鮑彪校註　(元)
吳師道校　清末刻本　八冊　十行二十一字
小字雙行同上下黑口四周單邊　存十卷(一
至十)

610000－1001－0015714　普0021766
**佩文韻府一百〇六卷**　(清)張玉書等纂　清
刻本　六冊　十二行二十五字小字雙行同白
口四周雙邊　存七卷(三十一至三十七)

610000－1001－0015715　普0021767
**國朝畿輔詩傳六十卷**　(清)陶樑輯　(清)崔
旭校　清道光十九年(1839)紅豆樹館刻本
十六冊　十行二十一字小字雙行同白口左右
雙邊

610000－1001－0015716　普0021768
**復初齋文集三十五卷**　(清)翁方綱撰　清光
緒三年(1877)刻本　八冊　十一行二十一字
白口左右雙邊

610000－1001－0015717　普0021771
**樂府詩集一百卷**　(宋)郭茂倩編　清同治十
三年(1874)湖北崇文書局刻本　十六冊　十
一行二十一字小字雙行同上下黑口四周雙邊

610000－1001－0015718　普0021772
**楹書隅錄初編五卷續編四卷**　(清)楊紹和撰

清光緒二十年(1894)海源閣刻本　八冊
九行二十一字小字雙行同白口左右雙邊

610000－1001－0015719　普0021773
**通藝錄□□種**　(清)□□撰　清刻本　二冊
　十行二十一字小字雙行三十一字白口左右
雙邊　存四十七種

610000－1001－0015720　普0021774
**古今說海四部一百三十五種**　(明)陸楫編
清道光元年(1821)苕溪邵氏酉山堂刻本　六
冊　八行十六字白口左右雙邊　存二十五種

610000－1001－0015721　普0021775
**甘泉鄉人稿二十四卷餘稿二卷年譜一卷**
(清)錢泰吉撰　清光緒十一年(1885)刻本
六冊　十行二十一字小字雙行同上下黑口左
右雙邊

610000－1001－0015722　普0021776
**西藏碑文一卷**　(清)孟保編　**西藏賦一卷**
(清)和寧撰　清咸豐元年(1851)孟保刻本
二冊　十行二十一字小字雙行同白口四周
雙邊

610000－1001－0015723　普0021777
**李二曲先生全集二十六卷**　(清)李顒撰　清
道光八年(1828)雲蔭堂刻本　八冊　九行二
十字下黑口四周雙邊

610000－1001－0015724　普0021778
**平定關隴紀略十三卷**　(清)易孔昭等撰　清
光緒十三年(1887)刻本　十冊　九行二十三
字白口左右雙邊

610000－1001－0015725　普0021779
**養素堂詩集二十六卷**　(清)張澍撰　清道光
二十二年(1842)棗華書屋刻本　十四冊　十
行二十四字小字雙行同白口四周雙邊

610000－1001－0015726　普0021780
**宋元舊本書經眼錄三卷附錄二卷**　(清)莫友
芝撰　清同治十二年(1873)刻本　一冊　十
行二十一字小字雙行同上黑口左右雙邊

610000－1001－0015727　普0021781

**崧湖時文一卷**　(清)馮譽驥撰　清光緒八年
(1882)刻本　一冊　九行二十五字小字雙行
同白口四周雙邊

610000－1001－0015728　普0021782
**四書考異總考三十六卷條考三十六卷**　(清)
翟灝撰　清刻本　六冊　十一行二十一字白
口左右雙邊　存二十八卷(四十五至七十二)

610000－1001－0015729　普0021786
**周禮六卷**　(漢)鄭玄注　(唐)陸德明音義
清嘉慶十一年(1806)清芬閣刻本　六冊　十
二行二十五字小字雙行三十七字白口左右
雙邊

610000－1001－0015730　普0021787
**經德堂集六種**　(清)龍啓瑞撰　清光緒刻本
　十冊　十一行二十八字小字雙行同上下黑
口左右雙邊

610000－1001－0015731　普0021788
**南菁書院叢書八集四十一種**　王先謙　繆荃
孫輯　清光緒十四年(1888)江陰南菁書院刻
本　三十二冊　九行二十五字小字雙行同白
口左右雙邊

610000－1001－0015732　普0021790
**授堂金石文字續跋十四卷**　(清)武億撰　清
嘉慶元年(1796)師武氏刻本　六冊　十一行
二十三字小字雙行同上下黑口左右雙邊

610000－1001－0015733　普0021791
**授堂文鈔八卷**　(清)武億撰　清嘉慶刻本
三冊　十行二十一字小字雙行同白口左右
雙邊

610000－1001－0015734　普0021792
**元遺山先生全集九種**　(金)元好問撰　清光
緒八年(1882)京都翰文齋書坊刻本　十六冊
　十二行二十三字小字雙行同白口左右雙邊
　存六種

610000－1001－0015735　普0021793
**槐廳載筆二十卷**　(清)法式善編　清嘉慶四
年(1799)刻本　六冊　十二行二十四字小字
雙行同上下黑口四周單邊

610000－1001－0015736　普0021797

**勉行堂詩集二十四卷首一卷文集六卷** （清）
程晉芳撰　清嘉慶二十三年至二十五年
（1818－1820）刻本　十二冊　十二行二十四
字小字雙行同上下黑口四周單邊

610000－1001－0015737　普0021798

**遼史拾遺二十四卷拾遺補五卷** （清）厲鶚撰
（清）楊復吉輯　清光緒元年至三年（1875
－1877）江蘇書局刻本　十冊　十行二十一
字白口左右雙邊

610000－1001－0015738　普0021799

**西漢會要七十卷** （宋）徐天麟撰　清光緒五
年（1879）嶺南學海堂刻本　八冊　十行二十
字小字雙行同白口左右雙邊

610000－1001－0015739　普0021801

**禮記析疑四十八卷** （清）方苞撰　清康熙至
嘉慶桐城方氏抗希堂刻本　六冊　九行十九
字小字雙行同白口左右雙邊

610000－1001－0015740　普0021804

**湖海樓叢書十二種** （清）陳春輯　清嘉慶蕭
山陳氏刻本　二十四冊　十行二十字小字雙
行同上下黑口左右雙邊

610000－1001－0015741　普0021807

**明通鑑九十卷首一卷前編四卷附編六卷**
（清）夏燮編　清同治十二年（1873）宜黃官廨
刻本　二冊　十行二十一字小字雙行同白口
四周雙邊　存四卷（明通鑑前編一至四）

610000－1001－0015742　普0021808

**群書校補四十一種** （清）陸心源輯　清光緒
刻本　二十冊　十行二十字小字雙行同上下
黑口四周雙邊　原缺二種

610000－1001－0015743　普0021809

**番禺陳氏東塾叢書五種** （清）陳澧撰　清咸
豐、光緒刻本　十冊　十一行二十八字小字
雙行同上下黑口左右雙邊　存四種

610000－1001－0015744　普0021810

**爾雅疏十卷** （晉）郭璞注　（宋）邢昺疏
（清）阮元校刊　清道光六年（1826）南昌府學

刻本　一冊　十行十七字小字雙行二十三字
上下黑口左右雙邊

610000－1001－0015745　普0021811

**淮南子二十一卷** （漢）高誘注　（清）莊逵吉
校刊　清嘉慶九年（1804）姑蘇聚文堂刻本
六冊　十一行二十一字小字雙行同黑口四周
單邊

610000－1001－0015746　普0021813

**禹貢會箋十二卷** （清）徐文靖箋　清同治十
三年（1874）慈溪何氏刻本　四冊　九行二十
字小字雙行同上下黑口左右雙邊

610000－1001－0015747　普0021814

**輿地紀勝二百卷補闕十卷校勘記五十二卷**
（宋）王象之編　（清）岑鎔　（清）岑淦
（清）岑長生校刊　清道光二十九年（1849）懼
盈齋刻本　五十冊　十行二十字小字雙行同
白口左右雙邊

610000－1001－0015748　普0021815

**通典二百卷** （唐）杜佑撰　清咸豐九年
（1859）崇仁謝氏坊刻朱墨印本　四十冊　十
行二十一字小字雙行同白口左右雙邊

610000－1001－0015749　普0021816

**提牢備考四卷** （清）趙舒翹撰　清光緒十一
年（1885）律例館刻本　二冊　十行二十一字
白口左右雙邊

610000－1001－0015750　普0021817

**誠子書一卷** （清）聶繼模撰　清光緒二十三
年（1897）刻本　一冊　九行二十字上下黑口
左右雙邊

610000－1001－0015751　普0021819

**資治通鑑外紀十卷目錄五卷** （宋）劉恕編
清嘉慶十六年（1811）吳郡山淵堂刻本　八冊
十行二十字小字雙行同白口四周單邊

610000－1001－0015752　普0021821

**癸巳類稿十五卷** （清）俞正燮撰　清光緒五
年（1879）會稽章氏刻本　八冊　十二行二十
四字白口左右雙邊

610000－1001－0015753　普0021822

道鄉先生文集四十卷補遺一卷附錄一卷
(宋)鄒浩撰　清道光十一年(1831)鄒氏留余堂刻本　八冊　十行二十一字白口左右雙邊

610000－1001－0015754　普0021823

李氏五種　(清)李兆洛撰　清同治九年(1870)合肥李鴻章刻本　十二冊　八行二十二字小字雙行同白口四周雙邊

610000－1001－0015755　普0021824

八線對數類編不分卷　(清)張作楠編　(清)丁取忠校刊　清同治十三年(1874)長沙荷池精舍刻本　一冊　二十三行三十五字白口左右雙邊

610000－1001－0015756　普0021824

對數表不分卷切弦對數表不分卷八線間表不分卷八線對數簡表不分卷　(清)賈步緯撰　清光緒二十八年(1902)上海江南機器製造總局鉛印本　五冊　四十七行五十字上下黑口四周單邊

610000－1001－0015757　普0021825

皇清陝西歷科進士錄(清順治三年至光緒二十四年)不分卷　(清)□□編　清光緒刻本　一冊　八行大小字不等白口四周雙邊

610000－1001－0015758　普0021826

[順治三年至光緒二十四年]皇清陝西歷科進士錄不分卷　(清)□□編　清光緒刻本　一冊　八行大小字不等白口四周雙邊

610000－1001－0015759　普0021827

譯印西文地圖招股章程不分卷　(清)吳德瀟等撰　清光緒刻本　一冊　十行二十字小字雙行同白口四周單邊

610000－1001－0015760　普0021828

譯印西文地圖招股章程不分卷　(清)吳德瀟等撰　清光緒刻本　一冊　十行二十字小字雙行同白口四周單邊

610000－1001－0015761　普0021829

譯印西文地圖招股章程不分卷　(清)吳德瀟等撰　清光緒刻本　一冊　十行二十字小字

雙行同白口四周單邊

610000－1001－0015762　普0021832

史姓韻編六十四卷　(清)汪輝祖編　清光緒十年(1884)慈溪耕餘樓鉛印本　十六冊　十二行三十二字白口四周單邊

610000－1001－0015763　普0021834

緝古算經考注二卷　(唐)王孝通注　(清)李潢評述　清刻本　二冊　十行二十字小字雙行同上下黑口左右雙邊

610000－1001－0015764　普0021836

閱微草堂筆記二十四卷　(清)紀昀撰　清嘉慶二十一年(1816)北平盛氏刻本　十冊　十行二十一字小字雙行同上下黑口四周雙邊

610000－1001－0015765　普0021837

御批通鑑輯覽一百二十卷　(清)傅恆　(清)劉統勳纂修　清同治十年(1871)浙江書局刻本　四十八冊　十一行二十二字小字雙行同白口四周雙邊

610000－1001－0015766　普0021838

新刻諸葛宗岳史四公文集　(清)劉質慧輯　清同治十二年(1873)三原劉氏述荊堂刻本　十四冊　九行二十字小字雙行同上下黑口四周雙邊

610000－1001－0015767　普0021839

歷代名臣言行錄二十四卷　(清)朱桓輯　清光緒十五年(1889)上海廣百宋齋鉛印本　十二冊　十二行二十九字小字雙行同白口四周雙邊

610000－1001－0015768　普0021840

佩文齋書畫譜一百卷　(清)孫岳頒輯　清光緒九年(1883)上海同文書局石印本　八冊　二十二行四十二字小字雙行同白口左右雙邊

610000－1001－0015769　普0021841

半塘定稿二卷賸稿一卷　(清)王鵬運撰　清光緒三十二年(1906)刻本　一冊　十行十七字小字雙行同上下黑口左右雙邊

610000 – 1001 – 0015770　普 0021843

**存悔齋集二十八卷外集四卷**　（清）劉鳳誥撰
清道光十年(1830)刻本　六冊　十一行二
十四字白口左右雙邊

610000 – 1001 – 0015771　普 0021845

**詩經世本古義二十八卷首一卷末一卷**　（明）
何楷撰　清刻本　三冊　九行二十字小字雙
行同白口四周雙邊　存三卷（五、十一、二十
七）

610000 – 1001 – 0015772　普 0021846

**周官精義十二卷**　（清）連斗山註釋　清嘉慶
二年(1797)致和堂刻本　六冊　九行二十三
字小字雙行同白口左右雙邊

610000 – 1001 – 0015773　普 0021848

**史忠正公集四卷首一卷末一卷**　（明）史可法
撰　清同治七年(1868)楚醴景萊書室刻本
二冊　九行二十四字小字雙行同白口四周
雙邊

610000 – 1001 – 0015774　普 0021849

**欽定本朝四書文不分卷**　（清）方苞纂修　清
末刻本　一冊　九行二十五字白口四周雙邊

610000 – 1001 – 0015775　普 0021850

**憲法精理二卷**　（清）周逵編譯　清光緒二十
八年(1902)上海廣智書局鉛印本　一冊　十
二行三十一字白口四周雙邊

610000 – 1001 – 0015776　普 0021852

**勸諭牧令文一卷**　（清）黃輔辰撰　清光緒十
三年(1887)刻本　一冊　九行二十字小字雙
行同白口左右雙邊

610000 – 1001 – 0015777　普 0021853

**尚書因文六卷首一卷**　（清）武士選撰　清光
緒十八年(1892)關中書院刻本　四冊　九行
十九字小字雙行同白口四周雙邊

610000 – 1001 – 0015778　普 0021854

**彼得大帝九章**　（日本）佐藤信安撰　（清）愈
愚齋主譯　清光緒二十八年(1902)上海文明
書局鉛印本　一冊　十行二十七字白口四周
單邊

610000 – 1001 – 0015779　普 0021855

**字學舉隅不分卷**　（清）龍啟瑞撰　清光緒二
年(1876)懿文齋刻本　一冊　八行十三字小
字雙行二十七字白口左右雙邊

610000 – 1001 – 0015780　普 0021856

**佩文詩韻釋要五卷**　（清）林重輯　清光緒十
二年(1886)刻本　一冊　九行十八字小字雙
行同白口左右雙邊

610000 – 1001 – 0015781　普 0021857

**冬青館古宮詞三卷**　（清）張鑑撰　清刻本
一冊　九行二十二字小字雙行同上下黑口左
右雙邊

610000 – 1001 – 0015782　普 0021858

**飲冰室文集十六卷補遺二卷**　梁啟超撰　清
光緒二十八年(1902)上海廣益書局鉛印本
十八冊　十二行三十一字小字雙行同上下黑
口四周雙邊

610000 – 1001 – 0015783　普 0021861

**說帖辨例新編四十八卷**　（清）汪進之編　清
道光二十四年(1844)刻本　十八冊　九行二
十一字小字雙行同白口四周雙邊　存十六卷
（一至十六）

610000 – 1001 – 0015784　普 0021862

**士禮居黃氏叢書十八種附二種**　（清）黃丕烈
輯　清光緒十三年(1887)上海蜚英館影印本
二十九冊　八行十七字小字雙行同白口左
右雙邊　存十九種

610000 – 1001 – 0015785　普 0021863

**大清一統輿圖三十卷首一卷中卷一卷**　（清）
胡林翼撰　（清）嚴樹森等補　清同治二年
(1863)湖北刻本　三十二冊　下黑口四周
雙邊

610000 – 1001 – 0015786　普 0021865

**包孝肅公奏議十卷**　（宋）包拯撰　清嘉慶八
年(1803)刻本　二冊　十一行二十三字白口
左右雙邊

610000 – 1001 – 0015787　普 0021868

**續資治通鑑二百二十卷**　（清）畢沅撰　清同

治八年(1869)江蘇書局刻本　六十四冊　十行二十一字小字雙行同白口四周雙邊

610000－1001－0015788　普 0021870

**吳越所見書畫錄六卷附書畫說鈴一卷書畫作偽日奇論一卷**　（清）陸時化編　清光緒五年(1879)懷烟閣木活字印本　四冊　十行二十一字小字雙行同白口四周單邊　缺三卷(吳越所見書畫錄五至六、書畫作偽日奇論一)

610000－1001－0015789　普 0021872

**胡少師總集六卷首一卷附錄一卷**　（宋）胡舜陟撰　（清）胡培翬編　清同治二年(1863)刻本　二冊　九行二十字小字雙行同上下黑口左右雙邊

610000－1001－0015790　普 0021874

**通志二百卷**　（宋）鄭樵撰　清咸豐九年(1859)崇仁謝氏仿武英殿刻本　一百二十六冊　十行二十一字小字雙行同白口左右雙邊　缺一卷(一百九十)

610000－1001－0015791　普 0021878

**唐陸宣公集二十二卷附年譜輯畧一卷**　（唐）陸贄撰　清嘉慶二十三年(1818)春暉堂刻本　二冊　九行二十字小字雙行同白口四周雙邊

610000－1001－0015792　普 0021879

**古微書三十六卷**　（明）孫瑴著錄　清嘉慶十七年(1812)對山問月樓刻本　六冊　十一行二十四字小字雙行同黑口左右雙邊

610000－1001－0015793　普 0021880

**胡氏書畫考三種**　（清）胡敬撰　清嘉慶二十一年(1816)刻本　四冊　十二行二十四字小字雙行同上下黑口四周單邊

610000－1001－0015794　普 0021881

**建炎以來繫年要錄二百卷**　（宋）李心傳撰　清光緒十一年(1885)仁壽蕭氏刻本　五十九冊　十行二十二字小字雙行同白口左右雙邊　缺三卷(三十二至三十四)

610000－1001－0015795　普 0021883

**銅熨斗齋隨筆八卷**　（清）沈濤撰　清光緒三

十年(1904)孫詒朱氏槐廬家塾刻本　二冊　十一行二十一字小字雙行同上下黑口四周單邊

610000－1001－0015796　普 0021884

**史記集解索隱正義合刻本一百三十卷**　（漢）司馬遷撰　（南朝宋）裴駰集解　（唐）司馬貞索隱　（唐）張守節正義　**校刊史記集解索隱正義札記五卷**　（清）張文虎撰　清同治九年至十一年(1870－1872)刻本　二十冊　十一行二十二字小字雙行同上下黑口四周雙邊

610000－1001－0015797　普 0021885

**汪梅村先生集十二卷文外集一卷**　（清）汪士鐸撰　清光緒七年(1881)刻本　三冊　十二行二十四字小字雙行同上下黑口左右雙邊　缺三卷(汪梅村先生集八至十)

610000－1001－0015798　普 0021889

**關中同官錄不分卷**　（清）□□輯　清光緒二十年(1894)刻本　八冊　九行二十字小字雙行同白口四周雙邊

610000－1001－0015799　普 0021890

**觀古閣叢稿二卷**　（清）鮑康撰　清同治十二年(1873)刻本　一冊　十行二十一字小字雙行同白口四周單邊

610000－1001－0015800　普 0021891

**蓮子居詞話四卷**　（清）吳衡照撰　清同治九年(1870)刻本　一冊　十行二十字白口左右雙邊

610000－1001－0015801　普 0021892

**味梨集一卷**　（清）王鵬運撰　清光緒二十一年(1895)刻本　一冊　八行十六字小字雙行同上下黑口四周單邊

610000－1001－0015802　普 0021893

**禮堂經說二卷**　（清）陳喬樅撰　清道光十年(1830)小琅嬛僊館刻本　一冊　十行二十一字小字雙行同上黑口左右雙邊

610000－1001－0015803　普 0021894

**勵志錄二卷**　（清）沈近思撰　清光緒刻本　一冊　十行二十二字上下黑口左右雙邊

610000－1001－0015804　普0021895

薇省同聲集四種　（清）彭鑾輯　清光緒十六年(1890)刻本　一冊　十行二十字白口左右雙邊

610000－1001－0015805　普0021897

援守井研記略一卷　（清）董貽清撰　清同治十一年(1872)刻本　一冊　十一行二十一字白口左右雙邊

610000－1001－0015806　普0021898

偶存集一卷　（清）董貽清撰　清同治十一年(1872)刻本　一冊　十一行二十一字白口左右雙邊

610000－1001－0015807　普0021899

小山畫譜二卷　（清）鄒一桂撰　清末刻本　一冊　九行十八字上下黑口左右雙邊

610000－1001－0015808　普0021900

二酉堂叢書三十六種　（清）張澍輯　清道光元年(1821)武威張氏二酉堂刻本　十冊　十行二十四字小字雙行同白口左右雙邊　存二十一種

610000－1001－0015809　普0021901

女誡淺釋一卷附校勘記一卷　（漢）班昭撰（清）勞紡集釋　清光緒二十五年(1899)守拙之居刻本　一冊　十行二十二字小字雙行同上下黑口左右雙邊

610000－1001－0015810　普0021902

大清一統志表不分卷　（清）徐午輯校　清末刻本　十二冊　下黑口四周單邊

610000－1001－0015811　普0021903

本經疏證十二卷續證六卷　（清）鄒澍撰　清同治十二年(1873)三原反經堂刻本　十冊　十一行二十一字小字雙行同白口左右雙邊

610000－1001－0015812　普0021905

九經三傳沿革例一卷　（宋）岳珂撰　清光緒三年(1877)湖北崇文書局刻本　一冊　十二行二十四字小字雙行同上下黑口四周雙邊

610000－1001－0015813　普0021906

朱子原訂近思錄集注十四卷　（宋）朱熹考訂（清）江永集注　（清）王鼎校勘　清同治七年(1868)崇文書局刻本　四冊　七行十八字小字雙行同白口四周雙邊

610000－1001－0015814　普0021907

俄國新志八卷　（英國）陝勒低撰　（英國）傅蘭雅　（清）潘松譯　清光緒二十四年(1898)上海製造總局刻本　三冊　十行二十二字小字雙行同上下黑口左右雙邊

610000－1001－0015815　普0021908

一鐙精舍甲部藁五卷　（清）何秋濤撰　清光緒五年(1879)淮南書局刻本　一冊　行數不等大小字不等白口左右雙邊

610000－1001－0015816　普0021909

對數表不分卷　（美國）路密斯撰　（美國）赫士譯　（清）朱葆琛筆述　清光緒十九年(1893)上海美華館鉛印本　一冊　十三行四十一字小字雙行同白口四周雙邊

610000－1001－0015817　普0021910

蘭閨清翫一卷　（清）□□編　清光緒十五年(1889)上海蜚英局石印本　一冊　十二行二十二字白口花欄

610000－1001－0015818　普0021911

戰國策釋地二卷　（清）張琦撰　清嘉慶二十年(1815)刻本　一冊　十一行二十三字小字雙行同白口左右雙邊

610000－1001－0015819　普0021912

明季稗史彙編十六種　（清）留雲居士輯　清都城琉璃廠活字印本　十二冊　九行十九字小字雙行同白口左右雙邊

610000－1001－0015820　普0021915

三場程式不分卷　（清）監臨院撰　清光緒二十八年(1902)刻本　一冊　九行二十字小字雙行同白口四周雙邊

610000－1001－0015821　普0021918

衍石齋記事稿十卷　（清）錢儀吉撰　清道光十年(1830)刻本　六冊　九行二十一字小字雙行同上下黑口四周雙邊

610000－1001－0015822　普0021919

遼史紀事本末四十卷首一卷金史紀事本末五十二卷首一卷　（清）李有棠編　清光緒十九年（1893）同文書局石印本　十冊　十行二十二字小字雙行同白口四周單邊

610000－1001－0015823　普0021920

國朝嶺南文鈔十八卷　（清）陳在謙輯　清道光十二年（1832）刻本　六冊　十行二十一字小字雙行同白口四周雙邊

610000－1001－0015824　普0021922

繙譯米利堅志四卷　（日本）岡千仞　（日本）河野通之撰　（清）梁昌駿校刊　清光緒二十二年（1896）三味書局仿日本版刻本　一冊　九行二十一字下黑口左右雙邊

610000－1001－0015825　普0021924

續古文辭類纂三十四卷　王先謙輯　（清）朱記榮校勘　清光緒十年（1884）吳縣朱氏行素草堂刻本　八冊　十三行二十二字黑口左右雙邊

610000－1001－0015826　普0021925

三朝北盟會編二百五十卷校勘記二卷　（宋）徐夢莘撰　清光緒四年（1878）越東如皋遠氏鉛印本　四十冊　十行二十二字小字雙行同下黑口四周雙邊

610000－1001－0015827　普0021926

淮海集四十卷　（宋）秦觀撰　（明）徐渭評述　（清）秦元校刊　清同治十二年（1873）秦氏家塾刻本　八冊　十行二十四字小字雙行同白口四周雙邊

610000－1001－0015828　普0021927

壯悔堂文集十卷　（清）侯方域撰　（清）賈開宗等評述　清嘉慶十九年（1814）侯資燦刻本　四冊　九行二十字白口左右雙邊

610000－1001－0015829　普0021928

少谷詩集八卷　（明）鄭善夫撰　清咸豐三年（1853）鄭尊仁刻本　四冊　九行十八字小字雙行同白口四周雙邊

610000－1001－0015830　普0021929

經韻樓集十二卷　（清）段玉裁撰　清光緒十年（1884）樹根齋刻本　六冊　十行二十一字小字雙行同白口左右雙邊

610000－1001－0015831　普0021930

水經注圖一卷附錄一卷　（清）汪士鐸撰　清咸豐十一年（1861）胡林翼刻本　一冊　十二行二十四字下黑口四周雙邊

610000－1001－0015832　普0021931

大雲山房文稿初集四卷二集四卷　（清）惲敬著　清光緒十四年（1888）刻本　八冊　十行二十二字上下黑口四周雙邊

610000－1001－0015833　普0021932

四元玉鑑細艸三卷　（元）朱世傑撰　（清）鍾煜校勘　（清）羅士琳補　（清）易之翰校算　清道光十一年（1831）刻本　六冊　八行二十四字小字雙行同上下黑口四周雙邊

610000－1001－0015834　普0021933

援鶉堂筆記五十卷　（清）姚範撰　清嘉慶二十四年（1819）刻本　四冊　十行二十一字小字雙行同白口四周雙邊

610000－1001－0015835　普0021934

授堂文鈔八卷　（清）武億撰　清嘉慶六年（1801）刻本　三冊　十行二十一字小字雙行同白口左右雙邊

610000－1001－0015836　普0021935

海山仙館叢書五十六種　（清）潘仕成輯　清道光二十九年（1849）刻本　一百二十冊　九行二十一字上下黑口左右雙邊　缺二種

610000－1001－0015837　普0021937

大清通禮品官士庶人喪禮傳二卷　（清）劉人熙撰　（清）王芝祥校　清光緒十一年（1885）刻本　二冊　十行二十五字小字雙行同白口四周單邊

610000－1001－0015838　普0021938

姓氏辯誤三十卷　（清）張澍撰　清道光武威張氏棗華書屋刻本　六冊　十行二十四字白口四周雙邊

610000 – 1001 – 0015839　普 0021939

燕川集十四卷　（清）范泰恆撰　清嘉慶十四年(1809)願起廬刻本　六冊　九行二十三字白口左右雙邊

610000 – 1001 – 0015840　普 0021940

重刊補註洗冤錄集證四卷附刊檢骨圖格一卷洗冤錄補遺一卷檢骨補遺考證一卷洗冤錄全纂一卷　（宋）宋慈撰　（清）王又槐增纂　（清）李觀瀾補輯　（清）阮其新補註　（清）張錫蕃批點　清光緒七年(1881)刻本　四冊　十行十八字小字雙行同白口四周雙邊

610000 – 1001 – 0015841　普 0021941

度隴記四卷　（清）董醇撰　清咸豐元年(1851)刻本　四冊　九行二十四字白口四周雙邊

610000 – 1001 – 0015842　普 0021943

慎盫文鈔二卷詩鈔二卷　（清）左宗植撰　清光緒元年(1875)刻本　四冊　十行二十二字上下黑口四周雙邊

610000 – 1001 – 0015843　普 0021944

欽定吏部處分則例五十二卷　（□）□□編　清道光刻本　十冊　九行二十字白口四周雙邊　存二十八卷(一至二十八)

610000 – 1001 – 0015844　普 0021945

寶素堂時文一卷　（清）鄒鳴鶴撰　清道光十八年(1838)刻本　一冊　九行二十五字白口四周雙邊

610000 – 1001 – 0015845　普 0021946

金峨山館叢書十一種　（清）郭傳璞輯　清光緒鄞郭氏刻本　一冊　十行二十一字上下黑口左右雙邊　存二種

610000 – 1001 – 0015846　普 0021947

煙霞萬古樓詩選二卷　（清）王曇撰　清道光二十年(1840)刻本　一冊　十行二十字小字雙行同上下黑口左右雙邊

610000 – 1001 – 0015847　普 0021948

傳耕納稼一卷　（□）□□撰　清末刻本　一冊　八行二十四字小字雙行不等白口左右雙邊

610000 – 1001 – 0015848　普 0021949

國朝詞綜續編二十四卷　（清）黃燮清輯　清同治十二年(1873)刻本　八冊　十一行二十一字白口左右雙邊　存二十一卷(一至二十一)

610000 – 1001 – 0015849　普 0021955

庚子山集十六卷總釋一卷　（北周）庾信撰　（清）倪璠注　清道光十九年(1839)刻本　十二冊　十行二十字小字雙行同白口左右雙邊

610000 – 1001 – 0015850　普 0021956

割圓八線綴術四卷　（清）徐有壬撰　清同治十二年(1873)荷池精舍刻本　二冊　十行二十二字小字雙行二十一字白口左右雙邊

610000 – 1001 – 0015851　普 0021957

圓率攷真圖解一卷　（清）左潛　（清）曾紀鴻　（清）黃宗憲撰　說文繫傳校錄一卷　（日本）加悅傳一郎撰　清同治十三年(1874)刻本　一冊　十行二十二字白口左右雙邊

610000 – 1001 – 0015852　普 0021958

毛詩鄭箋改字說四卷　（清）陳喬樅撰　清道光十年(1830)小琅嬛僊館刻本　一冊　十行二十一字小字雙行不等上黑口左右雙邊

610000 – 1001 – 0015853　普 0021963

海棠仙館詩鈔四卷　（清）宋伯魯撰　清光緒二十二年(1896)刻本　二冊　十行二十字小字雙行不等上下黑口左右雙邊

610000 – 1001 – 0015854　普 0021964

高弧細草一卷　（清）張作楠　（清）江臨泰撰　清道光元年(1821)刻本　一冊　九行二十二字小字雙行不等白口左右雙邊

610000 – 1001 – 0015855　普 0021965

惲遜庵先生遺集一卷　（清）惲日初撰　清道光八年(1828)刻本　一冊　九行二十字白口四周雙邊

610000 – 1001 – 0015856　普 0021966

光緒勘定西北邊界俄文譯漢圖例言一卷
(清)□□撰　清光緒刻本　一冊　十行二十
二字小字雙行同白口左右雙邊

610000－1001－0015857　普0021967
光緒勘定西北邊界俄文譯漢圖例言一卷
(清)□□撰　清光緒刻本　一冊　十行二十
二字小字雙行同白口左右雙邊

610000－1001－0015858　普0021968
光緒勘定西北邊界俄文譯漢圖例言一卷
(清)□□撰　清光緒刻本　一冊　十行二十
二字小字雙行同白口左右雙邊

610000－1001－0015859　普0021969
光緒勘定西北邊界俄文譯漢圖例言一卷
(清)□□撰　清光緒刻本　一冊　十行二十
二字小字雙行同白口左右雙邊

610000－1001－0015860　普0021970
雙桐書屋詩賸七卷　(清)李應莘撰　清光緒
刻本　三冊　八行十七字上下黑口四周雙邊
　缺二卷(六至七)

610000－1001－0015861　普0021971
周禮政要二卷　(清)孫詒讓撰　清光緒二十
八年(1902)瑞安普通學堂刻本　二冊　九行
二十五字白口四周單邊

610000－1001－0015862　普0021972
大清律例按語一百〇四卷　(清)□□撰　清
道光十四年(1834)刻本　二十五冊　九行二
十字小字雙行不等白口四周雙邊

610000－1001－0015863　普0021973
鄒徵君遺書八種　(清)鄒伯奇撰　清同治十
三年(1874)鄒達泉拾芥園刻本　五冊　十二
行二十四字小字雙行二十三字白口四周單邊

610000－1001－0015864　普0021974
說文繫傳校錄三十卷　(清)王筠撰　清咸豐
七年(1857)刻本　四冊　二十行二十四字白
口四周雙邊

610000－1001－0015865　普0021977
隨園詩話二十六卷補遺十卷　(清)袁枚撰

清刻本　十二冊　十一行二十三字上下黑口
四周單邊

610000－1001－0015866　普0021978
昭明文選集評十五卷首一卷末一卷　(清)于
光華編　清同治七年(1868)刻本　十二冊
九行二十字小字雙行三十字白口左右雙邊
存十五卷(一至十四、首一)

610000－1001－0015867　普0021979
義門讀書記五十八卷　(清)何焯撰　清光緒
六年(1880)刻本　十六冊　十四行二十二字
上下黑口左右雙邊

610000－1001－0015868　普0021983
增訂金壺字攷四卷末一卷　(清)郝在田編
清同治十三年(1874)刻本　一冊　八行十五
字小字雙行不等白口左右雙邊

610000－1001－0015869　普0021984
唐陸宣公集二十二卷　(唐)陸贄撰　清光緒
十三年(1887)上海積山書局石印本　四冊
十行二十字白口四周單邊

610000－1001－0015870　普0021987
粵雅堂叢書三編三十集一百八十五種　(清)
伍崇曜編　清道光、光緒南海伍氏刻本　三
百十七冊　九行二十一字白口左右雙邊

610000－1001－0015871　普0021990
宜稼堂叢書七種　(清)郁松年輯　清道光二
十一年(1841)刻本　六十四冊　十一行二十
二字白口左右雙邊

610000－1001－0015872　普0021992
連筠簃叢書十五種　(清)楊尚文輯　清道光
二十八年(1848)靈石楊氏刻本　二十四冊
十行二十三字白口四周單邊　存八種

610000－1001－0015873　普0021993
物理推原一卷　(法國)羅第愛著　(清)李林
譯　清光緒十八年(1892)石印本　一冊　九
行二十一字白口四周雙邊

610000－1001－0015874　普0021994
養一齋詩集二十五卷首一卷　(清)潘德輿撰

清道光二十九年(1849)刻本　六冊　十行
二十二字白口四周雙邊

610000－1001－0015875　普0021996
尚史七十卷　（清)李鍇撰　清嘉慶十九年
(1814)晚香草堂刻本　三十冊　十行二十四
字小字雙行同白口左右雙邊

610000－1001－0015876　普0021998
刊謬正俗八卷　（唐)顏師古撰　清光緒三年
(1877)湖北崇文書局刻本　一冊　十二行二
十四字上下黑口四周雙邊

610000－1001－0015877　普0021999
照像署法一卷干片法一卷　（英國)傅蘭雅譯
清光緒十三年(1887)上海格致書屋石印本
一冊　二十一行四十二字白口四周雙邊

610000－1001－0015878　普0022001
清秘述聞十六卷　（清)法式善編　清嘉慶四
年(1799)刻本　六冊　十二行二十四字上下
黑口四周單邊

610000－1001－0015879　普0022004
三長物齋叢書二十六種　（清)黃本驥輯　清
道光湘陰蔣瓊刻本　六十一冊　十行二十一
字白口四周雙邊

610000－1001－0015880　普0022005
天岳山館文鈔四十卷　（清)李元度撰　清光
緒六年(1880)爽谿精舍刻本　六冊　十行二
十五字下黑口左右雙邊

610000－1001－0015881　普0022006
大般涅槃經四十卷　（北涼)釋曇無讖譯　清
道光十三年(1833)宜園刻本　十冊　十行二
十字上下黑口左右雙邊

610000－1001－0015882　普0022008
飲月軒詩文存稾合鈔八卷　（清)唐廷詔撰
清道光二十一年(1841)刻本　五冊　八行二
十字白口四周雙邊

610000－1001－0015883　普0022009
戴東原集十二卷　（清)戴震撰　清光緒十年
(1884)刻本　四冊　十行二十一字小字雙行

同白口左右雙邊

610000－1001－0015884　普0022012
樵說十二卷　（清)蜀西樵也撰　清光緒十八
年(1892)刻本　四冊　十行二十一字上下黑
口左右雙邊　存十卷(一至十)

610000－1001－0015885　普0022013
青霞館論畫絕句一百首一卷　（清)吳修撰
清光緒二年(1876)刻本　一冊　九行十九字
上下黑口左右雙邊

610000－1001－0015886　普0022014
松陵文錄二十四卷　（清)王錫闡等撰　清同
治十三年(1874)刻本　十二冊　十二行二十
三字小字雙行同白口四周雙邊

610000－1001－0015887　普0022015
音學五書　（清)顧炎武撰　清刻本　十四冊
八行十二字白口左右雙邊

610000－1001－0015888　普0022016
頤道堂詩選十四卷詩外集十卷詩集補遺四卷
文鈔四卷秣陵集六卷　（清)陳文述撰　清刻
本　十六冊　十一行二十二字上下黑口左右
雙邊　缺四卷(詩外集九至十、詩集補遺三至
四)

610000－1001－0015889　普0022017
成唯識論十卷　（唐)釋玄奘譯　（清)御生氏
註　清道光二十五年(1845)刻本　五冊　十
行二十字小字雙行同上下黑口左右雙邊

610000－1001－0015890　普0022018
佛經十六種　（清)陳熙願等輯錄　清刻本
六冊　十行二十字小字雙行同上下黑口左右
雙邊

610000－1001－0015891　普0022020
詩傳一卷詩說一卷　（春秋)端木賜述　清刻
本　一冊　九行二十字白口左右雙邊

610000－1001－0015892　普0022021
搜神記八卷　（晉)干寶撰　搜神後記二卷
(晉)陶潛撰　清刻本　一冊　九行二十字白
口左右雙邊　存五卷(搜神記一至五)

610000－1001－0015893　普0022022

**長興學記一卷**　康有為撰　清光緒十七年
(1891)廣州萬木草堂刻本　一冊　十一行二
十四字小字雙行同下黑口四周單邊

610000－1001－0015894　普0022026

**癖談六卷**　(清)蔡雲撰　清光緒刻本　一冊
十一行二十一字上下黑口四周單邊

610000－1001－0015895　普0022027

**晚學集八卷附元魏滎陽鄭文公摩崖碑跋一卷**
(清)桂馥撰　清光緒刻本　一冊　十一行
二十一字小字雙行同上下黑口四周單邊

610000－1001－0015896　普0022030

**儀顧堂題跋十六卷**　(清)陸心源撰　清光緒
十六年(1890)刻本　四冊　十行二十字下黑
口左右雙邊

610000－1001－0015897　普0022031

**儀顧堂續跋十六卷**　(清)陸心源撰　清光緒
十八年(1892)刻本　四冊　十行二十字白口
四周雙邊

610000－1001－0015898　普0022032

**蛾術編八十二卷**　(清)王鳴盛撰　清道光二
十一年(1841)吳江沈氏世楷堂刻本　二十冊
十行二十一字小字雙行同白口左右雙邊

610000－1001－0015899　普0022033

**校刊史記集解索隱正義札記五卷**　(清)張文
虎編　清同治十一年(1872)金陵書局刻本
二冊　十一行二十二字小字雙行同上下黑口
四周雙邊

610000－1001－0015900　普0022034

**衍元筆算今式二卷**　(清)汪香祖撰　清光緒
二十三年(1897)江蘇書局刻本　二冊　十一
行二十五字小字雙行同下黑口左右雙邊

610000－1001－0015901　普0022035

**絕妙好詞箋七卷續鈔一卷**　(宋)周密原輯
(清)查為仁　(清)厲鶚箋　(清)余集鈔撮
清道光七年(1827)刻本　四冊　九行二十
一字小字雙行同白口四周單邊

610000－1001－0015902　普0022036

**積學齋叢書二十種**　徐乃昌輯　清光緒南陵
徐氏刻本　二十冊　十一行二十一字小字雙
行同上下黑口左右雙邊　存十七種

610000－1001－0015903　普0022037

**家語疏證六卷**　(清)孫志祖撰　清光緒會稽
章氏刻本　一冊　十一行二十一字上下黑口
四周單邊

610000－1001－0015904　普0022039

**永嘉叢書十三種**　(清)孫衣言輯　清同治、
光緒瑞安孫氏詒善祠塾刻本　十冊　十三行
二十二字上下黑口四周雙邊　存五種

610000－1001－0015905　普0022040

**六一居士全集錄五卷外集錄二卷**　(宋)歐陽
修撰　清光緒八年(1882)江蘇書局刻本　三
冊　九行二十五字上下黑口左右雙邊　缺二
卷(全集錄一至二)

610000－1001－0015906　普0022041

**知服齋叢書五集二十五種**　(清)龍鳳鑣輯
清光緒順德龍氏知服齋刻本　二十冊　十三
行二十二字小字雙行同上下黑口左右雙邊
存十九種

610000－1001－0015907　普0022042

**兩浙金石志十八卷補遺一卷**　(清)阮元撰
清道光四年(1824)臨海洪氏刻本　十冊　十
一行二十二字上下黑口四周雙邊

610000－1001－0015908　普0022044

**杜詩鏡銓二十卷附杜文注解二卷**　(唐)杜甫
撰　(清)楊倫輯　(清)張潛評注　清同治十
一年(1872)望三益齋刻本　十冊　九行二十
字小字雙行二十九字白口左右雙邊

610000－1001－0015909　普0022045

**明堂考三卷**　(清)孫星衍撰　清嘉慶七年
(1802)金陵刻本　一冊　十二行二十四字小
字雙行同上下黑口左右雙邊

610000－1001－0015910　普0022046

**鄭氏遺書五種**　(漢)鄭玄撰　(清)王復輯
清嘉慶二年(1797)刻本　一冊　十二行二十

四字小字雙行同上下黑口左右雙邊

610000 – 1001 – 0015911　普 0022047

**鐵華館叢書六種**　（清）蔣鳳藻輯　清光緒長洲蔣氏影刻本　六冊　十二行二十二字小字雙行二十五字上下黑口左右雙邊

610000 – 1001 – 0015912　普 0022050

**宛湄書屋文鈔十一卷**　（清）李光廷撰　清光緒四年(1878)端溪書院刻本　四冊　九行二十一字白口四周雙邊

610000 – 1001 – 0015913　普 0022051

**[正德]武功縣志三卷首一卷**　（明）康海纂（清）孫景烈評注　（清）瑪星阿參訂　清嘉慶十九年(1814)刻光緒十三年(1887)張世英重修本　一冊　十二行二十五字小字雙行同白口四周雙邊

610000 – 1001 – 0015914　普 0022052

**補寰宇訪碑錄五卷失編一卷**　（清）趙之謙撰　清光緒十二年(1886)吳縣朱氏刻本　二冊　十一行二十一字小字雙行同上下黑口左右雙邊

610000 – 1001 – 0015915　普 0022054

**後漢紀三十卷**　（晉）袁宏撰　清光緒二年(1876)嶺南述古堂刻本　八冊　十行二十字白口左右雙邊

610000 – 1001 – 0015916　普 0022059

**芙蓉山館全集二十卷**　（清）楊芳燦撰　清光緒五年(1879)刻本　八冊　十行二十四字小字雙行同下黑口四周單邊

610000 – 1001 – 0015917　普 0022060

**彙刻書目二十卷**　（清）顧修編　清光緒十二年至十五年(1886–1889)上海福瀛書局刻本　二十冊　十一行二十五字小字雙行同上下黑口左右雙邊

610000 – 1001 – 0015918　普 0022061

**孫谿朱氏經學叢書初編十三種**　（清）朱記榮輯　清光緒吳縣朱氏槐廬刻本　十冊　十一行二十一字小字雙行同上下黑口左右雙邊存九種

610000 – 1001 – 0015919　普 0022063

**水經注四十卷**　（北魏）酈道元注　（清）全祖望校勘　**水經注補遺一卷附錄二卷**　（清）王梓材校勘　清光緒十四年(1888)無錫薛氏刻本　十六冊　十行二十一字下黑口左右雙邊

610000 – 1001 – 0015920　普 0022066

**善本書室藏書志四十卷附錄一卷**　（清）丁丙輯　清光緒二十七年(1901)錢塘丁氏刻本　十六冊　十三行二十六字白口四周雙邊

610000 – 1001 – 0015921　普 0022067

**儀顧堂集十六卷**　（清）陸心源撰　清同治十三年(1874)福州刻本　四冊　十行二十字白口四周雙邊

610000 – 1001 – 0015922　普 0022069

**古文觀止十二卷**　（清）吳乘權編　清光緒三十一年(1905)上海著易堂書局石印本　六冊　十四行三十六字小字雙行同白口四周雙邊

610000 – 1001 – 0015923　普 0022070

**文獻通考三百四十八卷**　（元）馬端臨撰　清咸豐九年(1859)崇仁謝氏仿武英殿刻本　一百〇四冊　十行二十一字小字雙行同白口左右雙邊

610000 – 1001 – 0015924　普 0022071

**太平寰宇記二百卷目錄二卷**　（宋）樂史撰　**太平寰宇記補闕八卷**　（清）陳蘭森輯　清南昌萬廷蘭刻本　三十二冊　十行二十二字小字雙行同上下黑口四周雙邊

610000 – 1001 – 0015925　普 0022072

**明刑管見錄一卷**　（清）穆翰撰　清光緒十三年(1887)陝西臬署刻本　一冊　九行二十字小字雙行同白口左右雙邊

610000 – 1001 – 0015926　普 0022073

**齊詩翼氏學疏證二卷敍錄一卷**　（清）陳喬樅撰　清刻本　一冊　十行二十字上黑口左右雙邊

610000 – 1001 – 0015927　普 0022074

**滂喜齋叢書五十種**　（清）潘祖蔭輯　清同治、光緒吳縣潘氏京師刻本　三十二冊　十

一行二十三字小字雙行同上下黑口左右雙邊

610000－1001－0015928　普0022075

**南北史捃華八卷**　(清)周嘉猷輯　清同治四年(1865)刻本　四冊　九行二十字小字雙行同白口左右雙邊

610000－1001－0015929　普0022076

**杜塾九訂方言插注雜字不分卷**　(清)杜明仁重注　(清)杜寬永點次　清同治六年(1867)誠意堂刻本　一冊　五行八字小字雙行二十四字白口四周單邊

610000－1001－0015930　普0022077

**定香亭筆談四卷**　(清)阮元撰　(清)吳文溥錄　清光緒十年(1884)蛟川花雨樓刻本　四冊　九行二十字小字雙行同上下黑口左右雙邊

610000－1001－0015931　普0022082

**逸子書七種**　(清)孫馮翼輯　清嘉慶七年(1802)問經堂刻本　一冊　十二行二十四字小字雙行同上下黑口左右雙邊

610000－1001－0015932　普0022084

**梅氏曆學五種**　(清)梅文鼎撰　清刻本　四冊　八行二十二字小字雙行同白口四周雙邊

610000－1001－0015933　普0022085

**校刊資治通鑑全書八種**　(清)胡元常輯　清光緒十四年(1888)長沙楊氏刻本　八冊　十二行二十五字小字雙行同上下黑口左右雙邊　存二種

610000－1001－0015934　普0022087

**彙刻書目十卷補編一卷**　(清)顧修輯　清光緒元年(1875)京都琉璃廠刻本　一冊　九行二十一字小字雙行同上下黑口左右雙邊

610000－1001－0015935　普0022088

**四庫未收書目提要五卷**　(清)阮元撰　清光緒四年(1878)上海松隱閣鉛印本　一冊　九行二十一字小字雙行三十字上下黑口四周雙邊

610000－1001－0015936　普0022092

**味經傳經書目合刻一卷**　(清)味經官書局編　清光緒二十九年(1903)刻本　一冊　十行字數不等白口左右雙邊

610000－1001－0015937　普0022093

**句讀敘述二卷**　(清)武億著　清刻本　一冊　十行二十一字小字雙行同白口左右雙邊

610000－1001－0015938　普0022094

**剪燈新話二卷**　(明)瞿佑著　清刻本　一冊　九行十七字上下黑口四周單邊

610000－1001－0015939　普0022095

**剪燈餘話三卷**　(明)李禎著　清同治十年(1871)文盛堂刻本　二冊　九行十七字上下黑口四周單邊

610000－1001－0015940　普0022097

**皇朝經世文編一百二十卷姓名總目二卷**　(清)賀長齡輯　清咸豐元年(1851)刻本　九十冊　十一行二十四字白口左右雙邊　存十二卷(一百〇九至一百二十)

610000－1001－0015941　普0022098

**皇朝經世文編補一百二十卷**　(清)賀長齡編　清刻本　五十八冊　十一行二十三字白口左右雙邊　存三十四卷(一至七、二十二至三十、五十一至五十八、八十八至九十二、九十五至九十六、一百十八至一百二十)

610000－1001－0015942　普0022099

**讀畫齋叢書四十六種**　(清)顧修輯　清嘉慶四年(1799)桐川顧氏刻本　四十二冊　九行二十一字上下黑口左右雙邊

610000－1001－0015943　普0022100

**唐四家集二十八卷**　(唐)孟浩然等撰　清光緒十年(1884)上海同文書局石印　八冊　十行十八字白口左右雙邊

610000－1001－0015944　普0022101

**兩當軒集二十二卷**　(清)黃景仁著　清光緒二年(1876)刻本　六冊　十一行二十二字上下黑口四周單邊

610000－1001－0015945　普0022102

後山先生集二十四卷首一卷　（宋）陳師道撰
清光緒十一年(1885)刻本　六冊　十行二十一字上下黑口左右雙邊

610000－1001－0015946　普 0022103

小謨觴館詩集八卷詩續集二卷詩餘附錄一卷文集四卷文續集二卷　（清）彭兆蓀撰　清同治十三年(1874)刻本　六冊　十二行二十三字小字雙行同白口左右雙邊

610000－1001－0015947　普 0022106

圖開勝蹟六卷　（□）□□輯　清光緒二年(1876)刻本　八冊　八行十七字白口四周雙邊

610000－1001－0015948　普 0022110

段氏說文注訂八卷　（清）鈕樹玉撰　清同治十三年(1874)湖北崇文書局刻本　二冊　九行二十二字白口四周雙邊

610000－1001－0015949　普 0022111

豸華堂文鈔八卷　（清）金應麟著　清道光二十六年(1846)刻本　二冊　十二行二十四字小字雙行同上下黑口四周單邊

610000－1001－0015950　普 0022112

道西齋日記二卷　（清）王詠霓撰　清光緒十八年(1892)鴻寶齋石印本　一冊　十行三十字小字雙行同上下黑口左右雙邊

610000－1001－0015951　普 0022113

國朝畫徵錄三卷明人附錄一卷續錄二卷（清）張庚著　清刻本　二冊　十行二十一字白口左右雙邊

610000－1001－0015952　普 0022114

輿地經緯度里表一卷　（清）丁取忠撰　清咸豐十一年(1861)刻本　一冊　十一行二十字白口四周單邊

610000－1001－0015953　普 0022115

初學宜讀諸書要略一卷初學稍進讀書要略一卷讀評書須知一卷論格致理法綱要一卷（清）葉瀚著　清刻本　二冊　十行二十四字白口左右雙邊

610000－1001－0015954　普 0022116

先正讀書訣一卷　（清）周永年輯　清同治五年(1866)刻本　一冊　十一行二十四字小字雙行同白口左右雙邊

610000－1001－0015955　普 0022117

景岳新方砭四卷　（清）陳念祖著　清光緒九年(1883)刻本　一冊　十行二十六字小字雙行同白口四周單邊

610000－1001－0015956　普 0022118

時方妙用四卷　（清）陳念祖撰　清刻本　一冊　十行二十六字小字雙行同白口四周單邊

610000－1001－0015957　普 0022119

資治通鑑考異三十卷　（宋）司馬光撰　清光緒十四年(1888)刻本　十冊　十二行二十五字小字雙行同上下黑口左右雙邊

610000－1001－0015958　普 0022121

野獲編三十卷首一卷補遺四卷　（明）沈德符撰　清道光七年(1827)刻本　十六冊　十行二十一字小字雙行同白口四周雙邊　存二十五卷(一至九、二十至三十,首一,補遺一至四)

610000－1001－0015959　普 0022122

太平寰宇記二百卷目錄二卷　（宋）樂史撰太平寰宇記補闕七卷　（清）陳蘭森補　清嘉慶八年(1803)金溪趙承恩紅杏山房刻本　三十八冊　十行二十字小字雙行同白口左右雙邊　存一百五十三卷(一至一百十二、一百二十至一百三十二、一百五十七至一百八十四)

610000－1001－0015960　普 0022123

日本全史二十二卷　（日本）中村正直撰　清末世界教育社石印本　十四冊　十行二十字小字雙行同白口四周單邊　缺二卷(十九至二十)

610000－1001－0015961　普 0022124

光緒丁酉科順天鄉試硃卷一卷江南安徽選拔貢卷一卷　（清）方履中撰　清刻本　一冊　九行二十五字白口四周雙邊

610000－1001－0015962　普 0022125

天文歌略一卷地學歌略一卷　（清）葉瀾著

清刻本 一冊 十行二十二字小字雙行同白口左右雙邊

610000－1001－0015963 普0022127
**易說十二卷便錄一卷** （清）郝懿行學 清光緒八年(1882)東路廳署刻本 四冊 九行二十一字小字雙行同上下黑口左右雙邊

610000－1001－0015964 普0022128
**周易傳義音訓八卷首一卷末一卷** （宋）程頤傳 （宋）朱熹本義 （宋）呂祖謙音訓 清光緒十五年(1889)江南書局刻本 七冊 九行十八字小字雙行同白口左右雙邊

610000－1001－0015965 普0022130
**有正味齋賦稿四卷** （清）吳錫麒撰 清咸豐三年(1853)刻本 四冊 十行二十三字白口四周雙邊

610000－1001－0015966 普0022131
**筍河詩集二十卷** （清）朱筠撰 清嘉慶九年(1804)刻本 八冊 十行二十一字小字雙行同白口左右雙邊

610000－1001－0015967 普0022132
**鮚埼亭集三十八卷首一卷全謝山先生經史問答十卷** （清）全祖望撰 清嘉慶九年(1804)餘姚史夢蛟刻本 十冊 十行二十一字白口左右雙邊

610000－1001－0015968 普0022133
**孟子七卷** （清）朱熹集注 清刻本 二冊 九行十七字小字雙行同白口四周單邊 存五卷(一至三、六至七)

610000－1001－0015969 普0022134
**顧亭林先生遺書十種** （清）顧炎武輯 清蓬瀛閣刻吳縣朱記榮增刻本 七冊 十一行二十字白口左右雙邊 存六種

610000－1001－0015970 普0022135
**帶經堂詩話三十卷首一卷** （清）王士禎撰 清刻本 八冊 十二行二十三字白口左右雙邊

610000－1001－0015971 普0022136

唐四家詩集二十卷 （清）胡鳳丹校 清同治九年(1870)退補齋刻本 六冊 十一行二十一字白口四周雙邊

610000－1001－0015972 普0022138
**仰止編三卷** （清）高驤雲撰 清道光二十七年(1847)時木堂刻本 一冊 十行二十二字白口四周雙邊

610000－1001－0015973 普0022139
**咸淳臨安志一百卷** （宋）潛說友纂 **校栞咸淳臨安志札記三卷** （清）黃士珣撰 清道光十年(1830)刻同治六年(1867)補刻本 二十四冊 十行二十字小字雙行同黑口左右雙邊

610000－1001－0015974 普0022141
**杜詩詳註三十卷首一卷** （清）仇兆鰲輯註 清芸生堂刻本 二十八冊 十行二十一字小字雙行同下黑口左右雙邊

610000－1001－0015975 普0022142
**唐中興閑氣集二卷** （唐）高仲武輯 清光緒吳門徐元圃刻本 二冊 十行十八字小字雙行同白口左右雙邊

610000－1001－0015976 普0022143
**湘軍志十六卷** 王闓運撰 清刻本 四冊 十行二十一字白口左右雙邊

610000－1001－0015977 普0022144
**宋元舊本書經眼錄三卷附錄二卷** （清）莫友芝撰 清刻本 一冊 十行二十一字上下黑口左右雙邊

610000－1001－0015978 普0022145
**氈底零箋一卷** （清）董恂撰 清光緒十二年(1886)刻本 一冊 九行二十五字小字雙行同白口四周雙邊

610000－1001－0015979 普0022146
**通鑑宋本校勘記五卷元本校勘記二卷** （清）張瑛撰 清光緒八年(1882)江蘇書局刻本 一冊 十行二十一字小字雙行同上下黑口四周雙邊

610000－1001－0015980 普0022147

圖註八十一難經辨眞四卷　（戰國）扁鵲述
（清）張世賢註　清刻本　二冊　九行二十字
小字雙行同白口左右單邊間四周雙邊

610000－1001－0015981　普0022148

重刊補註洗冤錄集證四卷附刊檢骨圖格一卷
洗冤錄補遺一卷檢骨補遺考證一卷洗冤錄全
纂一卷　（宋）宋慈撰　（清）王又槐增纂
（清）李觀瀾補輯　（清）阮其新補註　（清）
張錫蕃批點　清光緒七年（1881）刻本　四冊
十行十八字小字雙行同白口四周雙邊

610000－1001－0015982　普0022149

春秋繁露十七卷　（漢）董仲舒撰　清嘉慶二
十年（1815）刻本　四冊　十一行二十二字小
字雙行同白口左右雙邊

610000－1001－0015983　普0022151

禮記或問八卷　（清）汪紱著　清刻本　三冊
十行二十二字白口四周雙邊　存五卷（三
至八）

610000－1001－0015984　普0022152

曾文正公詩集三卷文集三卷　（清）曾國藩撰
清光緒二年（1876）傳忠書局刻本　三冊
十行二十四字上下黑口左右雙邊

610000－1001－0015985　普0022154

鐵甲叢譚五卷圖一卷　（英國）黎特等撰
（清）舒高第　（清）鄭昌棪譯　清末江南機器
製造總局鉛印本　二冊　十行二十二字小字
雙行同白口四周雙邊

610000－1001－0015986　普0022156

節母錄一卷　（清）楊鼎昌輯　清光緒二十年
（1894）刻本　一冊　六行十八字小字雙行同
白口四周雙邊

610000－1001－0015987　普0022157

容齋隨筆十六卷續筆十六卷三筆十六卷四筆
十六卷五筆十卷　（宋）洪邁撰　清光緒元年
（1875）會通館刻本　十二冊　十行十八字上
下黑口左右雙邊　缺十卷（五筆一至十）

610000－1001－0015988　普0022158

古韻發明不分卷　（清）張畎撰　清道光六年

（1826）刻本　四冊　十行二十四字小字雙行
同白口四周雙邊

610000－1001－0015989　普0022161

秋蟪吟館詩鈔七卷　（清）金和撰　清光緒二
十一年（1895）刻本　五冊　十行十八字小字
雙行同白口左右雙邊

610000－1001－0015990　普0022162

劉文烈公全集十二卷　（明）劉理順著　清刻
本　六冊　九行二十字白口四周單邊

610000－1001－0015991　普0022163

夢園書畫錄二十五卷　（清）方濬頤撰　清光
緒三年（1877）刻本　十二冊　九行二十一字
下黑口左右雙邊　缺二卷（五至六）

610000－1001－0015992　普0022164

書畫鑑影二十四卷　（清）李佐賢輯　清同治
十年（1871）利津李氏刻本　八冊　九行二十
四字小字雙行同白口四周雙邊

610000－1001－0015993　普0022165

格物入門七卷　（美國）丁韙良著　清同治七
年（1868）京都同文館刻本　七冊　十行二十
一字白口四周雙邊

610000－1001－0015994　普0022166

劉子全書三十九卷首一卷　（明）劉宗周撰
（明）董瑒編次　清道光十五年（1835）刻本
三十冊　十二行二十二字下黑口左右雙邊
缺一卷（三十九）

610000－1001－0015995　普0022167

金石萃編一百六十卷　（清）王昶撰　清光緒
十九年（1893）鴻寶齋石印本　三冊　二十行
二十一字小字雙行同下黑口四周單邊

610000－1001－0015996　普0022168

金石萃編補證四卷　（清）方履籛撰　清光緒
二十年（1894）上海醉六堂石印本　四冊　十
一行二十一字小字雙行同下黑口四周單邊

610000－1001－0015997　普0022169

求闕齋弟子記三十二卷　（清）王定安撰　清
光緒二年（1876）都門刻本　八冊　十行二十

四字白口左右雙邊　缺十六卷(十七至三十二)

610000－1001－0015998　普0022170

**星學發軔十六卷**　(美國)羅密士原本　(英國)駱三畏口譯　(清)熙璋筆述　清光緒二十年(1894)鉛印本　十六冊　九行二十四字小字雙行同白口四周雙邊

610000－1001－0015999　普0022171

**臨陣管見九卷**　(德國)斯拉弗司撰　(美國)金楷里口譯　(清)王鎮賢筆述　清末江南機器製造總局刻本　四冊　十行二十二字上下黑口左右雙邊

610000－1001－0016000　普0022172

**王子安集注二十卷首一卷末一卷**　(唐)王勃撰　(清)蔣清翊注　清光緒九年(1883)蔣氏雙唐碑館刻本　六冊　十一行二十五字小字雙行三十三字白口左右雙邊

610000－1001－0016001　普0022173

**清綺軒詞選十三卷**　(清)夏秉衡選　清刻本　六冊　六行十二字上下黑口左右雙邊

610000－1001－0016002　普0022175

**海峰文集八卷**　(清)劉大櫆著　清刻本　六冊　九行十九字白口左右雙邊　缺二卷(一、六)

610000－1001－0016003　普0022176

**恩福堂筆記二卷**　(清)英和撰　清道光十七年(1837)刻本　一冊　九行十九字白口左右雙邊

610000－1001－0016004　普0022177

**地球韻言四卷**　(清)張士瀛撰　清同治刻本　二冊　九行十九字小字雙行下黑口左右雙邊

610000－1001－0016005　普0022179

**論語十卷**　(宋)朱熹集注　清裏如堂刻本　二冊　九行十七字小字雙行同白口左右雙邊

610000－1001－0016006　普0022180

**南宋群賢小集七十五種**　(宋)陳起輯　(清)

顧修重輯　清嘉慶六年(1801)石門顧氏讀書齋刻本　二十三冊　九行十八字上下黑口右雙邊　存四十種

610000－1001－0016007　普0022181

**熊襄愍公集十卷首一卷末一卷**　(明)熊廷弼撰　清同治三年(1864)刻本　十冊　九行二十四字白口四周單邊

610000－1001－0016008　普0022182

**盛世危言五卷**　(清)鄭觀應撰　清光緒十九年(1893)鉛印本　五冊　九行二十四字小字雙行同白口四周雙邊

610000－1001－0016009　普0022183

**藤陰雜記十二卷**　(清)戴璐撰　清光緒三年(1877)吳興會館刻本　二冊　十行二十二字小字雙行同白口左右雙邊

610000－1001－0016010　普0022184

**春秋公羊經傳解詁十二卷**　(漢)何休撰　清光緒二十五年(1899)味經刻書處刻本　四冊　九行二十二字小字雙行同白口左右雙邊

610000－1001－0016011　普0022185

**續詞選二卷**　(清)董毅輯　清光緒四年(1878)刻本　一冊　十一行二十三字小字雙行同白口左右雙邊

610000－1001－0016012　普0022186

**陸象山先生文集三十六卷**　(宋)陸九淵撰　(清)李紱編　清道光三年(1823)刻本　十二冊　九行二十字白口四周雙邊

610000－1001－0016013　普0022187

**文選六十卷**　(南朝梁)蕭統撰　(唐)李善注　清同治八年(1869)湖北崇文書局刻本　十七冊　十行二十一字小字雙行同白口四周雙邊　缺九卷(三十九至四十七)

610000－1001－0016014　普0022188

**曹月川先生遺書十種**　(明)曹端撰　清咸豐十一年(1861)刻本　十冊　九行二十一字小字雙行同下黑口四周單邊

610000－1001－0016015　普0022189

靈芬館集十種　（清）郭麐撰　清嘉慶、道光
刻本　十五冊　十二行二十三字白口左右
雙邊

610000－1001－0016016　普0022190

吳詩集覽二十卷　（清）靳榮藩輯　清乾隆刻
本　二十冊　九行二十一字小字雙行同黑口
四周雙邊

610000－1001－0016017　普0022191

禪林寶訓筆說二卷　（清）釋智祥注　清嘉慶
四年(1799)刻本　二冊　十行二十字小字雙
行同下黑口左右雙邊

610000－1001－0016018　普0022192

枌華館駢體文四卷　（清）董基誠撰　清咸豐
九年(1859)刻本　二冊　十一行二十一字小
字雙行同上下黑口左右雙邊

610000－1001－0016019　普0022193

詞選二卷附二卷　（清）張惠言錄　清光緒四
年(1878)刻本　一冊　十一行二十三字小字
雙行同白口四周單邊

610000－1001－0016020　普0022194

聖武記十四卷　（清）魏源撰　清道光二十六
年(1846)刻本　十二冊　十行二十一字白口
四周雙邊

610000－1001－0016021　普0022195

儀禮章句十七卷　（清）吳廷華撰　清嘉慶四
年(1799)刻本　四冊　十行二十一字小字雙
行同白口左右雙邊

610000－1001－0016022　普0022196

鼎鍥趙田了凡袁先生編纂古本歷史大方綱鑑
補三十九卷首一卷　（明）袁黃編纂　清刻本
　二十三冊　十二行二十八字小字雙行同白
口四周雙邊　缺十卷(一至九、二十八)

610000－1001－0016023　普0022197

格致須知十九種　（英國）傅蘭雅撰　清光緒
刻本　八冊　十行二十二字上下黑口四周雙
邊　缺十二種

610000－1001－0016024　普0022198

大清律例新修統纂集成四十卷附二卷　（清）
姚雨薌纂　清道光十三年(1833)刻本　二十
四冊　九行二十一字小字雙行同白口四周
單邊

610000－1001－0016025　普0022199

寄傲山房塾課纂輯禮記全文備旨十一卷
（清）鄒聖脉纂輯　清刻本　九冊　十行二十
字小字雙行同白口四周單邊　缺二卷(一至
二)

610000－1001－0016026　普0022201

殷齋文集八卷詩集四卷　（清）張穆撰　清咸
豐八年(1858)刻本　四冊　十行二十二字小
字雙行同白口左右雙邊

610000－1001－0016027　普0022202

硯雲甲乙編十六種　（清）金忠淳輯　清金氏
硯雲書屋刻本　十二冊　九行二十字上下黑
口左右雙邊

610000－1001－0016028　普0022203

四銅鼓齋論畫集刻十二種　（清）張祥河輯
清道光二十六年(1846)刻本　一冊　九行十
八字上下黑口左右雙邊　存四種

610000－1001－0016029　普0022204

比目魚傳奇二卷　（清）李漁編　清刻本　四
冊　十一行二十三字白口左右雙邊

610000－1001－0016030　普0022206

昌黎先生詩增注證訛十一卷　（唐）韓愈撰
（清）顧嗣立刪補　（清）黃鉞增注　清咸豐七
年(1857)四明鮑氏刻本　四冊　十一行二十
字小字雙行三十字白口左右雙邊

610000－1001－0016031　普0022207

盛世危言五卷　（清）鄭觀應撰　清光緒二十
年(1894)鉛印本　五冊　九行二十四字小字
雙行同白口四周雙邊

610000－1001－0016032　普0022209

梅村詩集箋注十八卷　（清）吳偉業撰　（清）
吳翌鳳箋注　清嘉慶十九年(1814)嚴榮滄浪
吟榭刻本　十二冊　十行二十一字小字雙行
同白口左右雙邊

610000－1001－0016033　普0022212

對數述二卷算學雜草二卷　（清）陳其晉撰
清光緒五年(1879)刻本　一冊　九行二十五
字白口左右雙邊　存二卷(對數述一至二)

610000－1001－0016034　普0022214

訓蒙捷徑二卷　（清）黃慶澄撰　清刻本　一
冊　十行二十一字白口四周雙邊

610000－1001－0016035　普0022215

詩說二卷詩問七卷　（清）王照圓著　清光緒
八年(1882)東路廳署刻本　九冊　九行二十
一字小字雙行同上下黑口左右雙邊

610000－1001－0016036　普0022216

左海全集十種　（清）陳壽祺撰　清嘉慶、道
光刻本　二十四冊　十行二十字上黑口左右
雙邊

610000－1001－0016037　普0022217

朱珪年譜三卷　（清）朱錫經撰　清刻本　二
冊　十行二十一字白口左右雙邊

610000－1001－0016038　普0022218

東壁先生書鈔五種　（清）崔述著　清嘉慶二
年(1797)刻本　六冊　八行二十三字小字雙
行同白口左右雙邊　存四種

610000－1001－0016039　普0022219

左恪靖伯奏稿三十八卷　（清）左宗棠撰　清
刻本　三十六冊　十行十九字上下黑口四周
雙邊　缺一卷(一)

610000－1001－0016040　普0022220

學海堂集十六卷　（清）阮元輯　學海堂集二
集二十二卷　（清）吳蘭修輯　學海堂集三集
二十四卷　（清）張維屏輯　清道光刻本　二
十六冊　十行二十字小字雙行同白口四周
雙邊

610000－1001－0016041　普0022221

玉海二百卷辭學指南四卷附刻十四種　（宋）
王應麟撰　清嘉慶十一年(1806)刻道光二十
三年(1843)補修本　七十三冊　十行二十字
小字雙行同白口四周單邊　缺十四種

610000－1001－0016042　普0022222

片玉山房花箋錄二十卷　（清）孫兆溎輯　清
咸豐二年(1852)刻本　十五冊　十行二十一
字下黑口四周雙邊

610000－1001－0016043　普0022223

經典釋文三十卷　（唐）陸德明撰　清同治八
年(1869)湖北崇文書局刻本　十二冊　十一
行二十二字小字雙行同上下黑口四周雙邊

610000－1001－0016044　普0022224

書傳音釋六卷首一卷末一卷　（元）鄒季友音
釋　清同治八年(1869)刻本　四冊　九行十
八字小字雙行同白口左右雙邊

610000－1001－0016045　普0022225

關中金石記八卷附記一卷　（清）畢沅撰　清
道光二十七年(1847)刻本　五冊　十二行二
十四字上下黑口四周雙邊

610000－1001－0016046　普0022226

靈素提要淺注十二卷　（清）陳念祖集注　清
同治四年(1865)刻本　六冊　八行十八字小
字雙行同白口四周單邊

610000－1001－0016047　普0022227

玉臺新詠十卷　（南朝陳）徐陵編　清光緒五
年(1879)宏達堂刻本　六冊　十行二十一字
小字雙行同白口四周雙邊

610000－1001－0016048　普0022228

續涇川叢書七種　（清）趙紹祖　（清）趙繩祖
輯　清道光十二年(1832)涇縣趙氏古墨齋刻
本　十四冊　九行二十字下黑口左右雙邊

610000－1001－0016049　普0022229

涇川叢書五十一種　（清）趙紹祖　（清）趙繩
祖輯　清道光十二年(1832)涇縣趙氏古墨齋
刻本　二十一冊　九行二十字下黑口左右
雙邊

610000－1001－0016050　普0022230

說文釋例二十卷　（清）王筠撰　清道光十七
年(1837)刻本　十冊　九行二十二字小字雙
行同白口四周雙邊

610000 – 1001 – 0016051　普 0022231

**韻補五卷**　（宋）吳棫撰　清光緒九年(1883)
邵武徐氏刻本　二冊　九行二十二字小字雙
行同白口左右雙邊

610000 – 1001 – 0016052　普 0022232

**粵東名儒言行錄二十四卷**　（清）鄧淳編　清
道光十一年(1831)刻本　六冊　十行二十一
字下黑口左右雙邊

610000 – 1001 – 0016053　普 0022233

**漢西域圖考七卷首一卷**　（清）李光廷撰　清
同治九年(1870)刻本　四冊　九行二十一字
小字雙行同白口左右雙邊

610000 – 1001 – 0016054　普 0022234

**小學纂註六卷**　（清）高愈輯　清咸豐七年
(1857)刻本　三冊　九行十九字小字雙行同
下黑口左右雙邊

610000 – 1001 – 0016055　普 0022235

**顧亭林先生年譜一卷閻潛北年譜一卷**　（清）
張穆編　清道光二十四年(1844)壽陽祁氏刻
本　二冊　九行二十一字小字雙行同上下黑
口四周單邊

610000 – 1001 – 0016056　普 0022236

**書目答問略例不分卷**　（清）張之洞撰　清光
緒二年(1876)刻本　一冊　十三行二十五字
小字雙行同白口左右雙邊

610000 – 1001 – 0016057　普 0022238

**詞林正韻三卷發凡一卷**　（清）戈載輯　清光
緒七年(1881)四印齋刻本　一冊　十行二十
字小字雙行同白口左右雙邊

610000 – 1001 – 0016058　普 0022238

**雙白詞八卷詞旨一卷漱玉詞一卷**　（清）王鵬
運輯　清光緒七年(1881)刻本　一冊　十行
二十字小字雙行同白口左右雙邊

610000 – 1001 – 0016059　普 0022239

**說文通訊定聲十八卷首一卷附分部檢韻一卷
說雅一卷古今韻準一卷**　（清）朱駿聲撰
（清）朱鏡蓉參訂　清光緒十二年(1886)上海
犢山書局石印本　八冊　十七行二十六字小

字雙行五十二字白口四周雙邊

610000 – 1001 – 0016060　普 0022240

**韓詩外傳十卷**　（漢）韓嬰撰　清光緒三年
(1877)湖北崇文書局刻本　二冊　十二行二
十四字上下黑口四周雙邊

610000 – 1001 – 0016061　普 0022241

**陳書三十六卷**　（唐）姚思廉撰　清古吳書業
趙氏刻本　四冊　十二行二十五字白口左右
雙邊

610000 – 1001 – 0016062　普 0022242

**世本一卷**　（漢）宋衷注　（清）孫馮翼集　清
嘉慶七年(1802)問經堂刻本　一冊　十二行
二十四字小字雙行同上下黑口左右雙邊

610000 – 1001 – 0016063　普 0022243

**讀春秋界說一卷讀孟子界說一卷**　梁啟超撰
　清刻本　一冊　十行二十四字白口左右
雙邊

610000 – 1001 – 0016064　普 0022244

**春秋繁露十七卷**　（漢）董仲舒撰　清光緒三
年(1877)湖北崇文書局刻本　二冊　十二行
二十四字上下黑口四周雙邊

610000 – 1001 – 0016065　普 0022245

**春秋或問六卷**　（清）郜坦著　清光緒二年
(1876)淮南書局刻本　一冊　十二行二十四
字白口左右雙邊

610000 – 1001 – 0016066　普 0022246

**詞科餘話七卷**　（清）杭世駿編　清刻本　三
冊　十一行二十一字上下黑口左右雙邊

610000 – 1001 – 0016067　普 0022247

**明大司馬盧公奏議十卷**　（明）盧象昇撰　清
道光九年(1829)盧氏祠堂刻本　八冊　十行
二十一字下黑口左右雙邊

610000 – 1001 – 0016068　普 0022250

**學海堂叢刻十三種**　（清）□□輯　清光緒刻
本　十二冊　十行二十一字小字雙行同白口
四周雙邊　缺四種

610000 – 1001 – 0016069　普 0022253

谿田文集十一卷首一卷補遺一卷續補遺一卷搜遺一卷 （明）馬理撰 清嘉慶八年(1803)刻本 五冊 十行二十二字白口四周單邊 存九卷(三至十一)

610000－1001－0016070 普0022254

讀史紀畧四卷 （清）蕭澐纂輯 清道光二十年(1840)靈石楊氏澹靜齋刻本 一冊 九行二十字小字雙行同白口四周雙邊

610000－1001－0016071 普0022255

思辨錄疑義一卷 （清）劉蓉撰 清道光二十六年(1846)刻本 一冊 十行二十四字上下黑口左右雙邊

610000－1001－0016072 普0022256

新纂門目五臣音註揚子法言十卷 （漢）揚雄撰 （唐）柳宗元註 （宋）司馬光添註 清嘉慶九年(1804)刻本 二冊 十一行二十一字小字雙行同上下黑口四周單邊

610000－1001－0016073 普0022257

魯詩遺說攷六卷敘錄一卷 （清）陳壽祺學 清道光十八年(1838)刻本 六冊 十行二十二字小字雙行同白口四周雙邊

610000－1001－0016074 普0022258

西魏書二十四卷 （清）謝啟昆撰 清光緒九年(1883)刻本 六冊 十一行二十三字小字雙行同白口左右雙邊

610000－1001－0016075 普0022259

續博物志十卷 （宋）李石撰 清刻本 一冊 十行二十字小字雙行同白口左右雙邊 存十卷

610000－1001－0016076 普0022260

紫雲仙館二集八卷 （宋）高敏輯 清道光七年(1827)太乙山房刻本 二冊 九行二十字白口四周單邊

610000－1001－0016077 普0022263

精選耕石賦稿一卷 （清）顧元熙撰 清刻本 一冊 九行二十三字白口左右雙邊

610000－1001－0016078 普0022266

東瀛詩選四十卷補遺四卷詩紀二卷 （清）俞樾編 清光緒九年(1883)刻本 十二冊 十行二十一字小字雙行同白口左右雙邊

610000－1001－0016079 普0022267

紛欣閣叢書十三種 （清）周心如輯 清道光浦江周氏刻本 四冊 十行二十二字白口左右雙邊 存五種

610000－1001－0016080 普0022268

日鋤日記四卷 （清）張琛著 清同治十一年(1872)刻本 三冊 九行十九字白口四周雙邊 缺一卷(四)

610000－1001－0016081 普0022269

讀書記疑十六卷 （清）王懋竑著 清同治十一年(1872)刻本 三冊 十二行二十二字白口左右雙邊 缺四卷(十三至十六)

610000－1001－0016082 普0022270

路史前紀九卷後紀十三卷餘論十卷發揮六卷國名記七卷 （宋）羅泌纂 清嘉慶十三年(1808)刻本 十二冊 十行二十字小字雙行同白口四周單邊 缺十四卷(餘論一至十、發揮三至六)

610000－1001－0016083 普0022271

文信國公集二十卷首一卷 （宋）文天祥撰 清楚醴景萊書室刻本 五冊 九行二十四字小字雙行同白口四周雙邊 存十卷(十一至二十)

610000－1001－0016084 普0022272

中簡公集七卷 （宋）宗澤撰 清同治八年(1869)退補齋刻本 二冊 九行二十字小字雙行同白口四周雙邊

610000－1001－0016085 普0022273

逸書十種 （清）茆泮林輯 清道光十四年(1834)梅瑞軒刻本 五冊 十行二十一字小字雙行同白口左右雙邊 缺三種

610000－1001－0016086 普0022274

十子全書 （清）王子興輯 清嘉慶九年(1804)姑蘇王氏聚文堂刻本 十一冊 十一行二十一字小字雙行同上下黑口左右雙

邊　存四種

610000－1001－0016087　普0022277

**靈棋經二卷**　（晉）嚴幼明　（南朝宋）何承天
解　清刻本　二冊　九行二十字上下黑口左
右雙邊

610000－1001－0016088　普0022279

**歷代畫史彙傳七十二卷首一卷附錄二卷**
（清）彭蘊璨撰　清同治十三年(1874)刻本
二十一冊　八行二十字白口四周雙邊　缺十
卷(四十一至四十七、五十五至五十七)

610000－1001－0016089　普0022281

**資治通鑑目錄三十卷**　（宋）司馬光編集　清
光緒十七年(1891)長沙楊氏刻本　八冊　十
二行二十三字上下黑口左右雙邊

610000－1001－0016090　普0022282

**資治通鑑綱目三編二十卷**　（清）張廷玉等編
　清刻本　六冊　十一行二十二字小字雙行
同白口四周單邊

610000－1001－0016091　普0022284

**心史二卷**　（宋）鄭思肖撰　清刻本　一冊
十行二十字白口四周雙邊　存一卷(上)

610000－1001－0016092　普0022287

**重訂方百川全稿一卷**　（清）韓慕廬評選　清
光緒十二年(1886)刻本　一冊　九行二十五
字白口左右雙邊

610000－1001－0016093　普0022288

**周人經說八卷**　（清）王紹蘭撰　清刻本　一
冊　九行二十二字小字雙行同上下黑口左右
雙邊　存四卷(一至四)

610000－1001－0016094　普0022289

**王氏經說六卷**　（清）王紹蘭撰　清刻本　一
冊　九行二十二字小字雙行同上下黑口左右
雙邊

610000－1001－0016095　普0022290

**國史考異六卷**　（清）潘檉章撰　清刻本　二
冊　九行二十二字小字雙行同上下黑口左右
雙邊

610000－1001－0016096　普0022291

**涇林續記一卷**　（明）周元暐撰　清光緒十年
(1884)刻本　一冊　九行二十二字上下黑口
左右雙邊

610000－1001－0016097　普0022292

**廣陽雜記五卷**　（清）劉獻廷撰　清刻本　四
冊　九行二十二字上下黑口左右雙邊

610000－1001－0016098　普0022293

**賦學正鵠集釋十一卷**　（清）李元度輯　清光
緒十一年(1885)石渠山房刻本　六冊　九行
二十一字小字雙行同白口左右雙邊　缺一卷
(二)

610000－1001－0016099　普0022294

**武陵山人遺書十種續刊二種**　（清）顧觀光撰
　清光緒九年(1883)刻本　二冊　十行二十
二字小字雙行同白口左右雙邊　存四種

610000－1001－0016100　普0022295

**西漢會要七十卷**　（宋）徐天麟撰　清刻本
八冊　九行二十一字白口左右雙邊　缺十卷
(三十四至四十三)

610000－1001－0016101　普0022297

**宸垣識畧十六卷**　（清）吳長元輯　清刻本
一冊　九行二十一字白口左右雙邊　缺十四
卷(一至十四)

610000－1001－0016102　普0022298

**申報館書目一卷**　（清）錢昕伯編　清光緒三
年(1877)上海申報館鉛印本　一冊　十二行
二十四字白口四周雙邊

610000－1001－0016103　普0022299

**國朝名人著述叢編十三種**　（清）□□輯　清
光緒五年(1879)上海淞隱閣鉛印本　一冊
九行二十一字上下黑口四周雙邊　存四種

610000－1001－0016104　普0022300

**唐人試律說一卷**　（清）紀昀撰　**讀賦卮言一**
**卷**　（清）王芑孫撰　清光緒五年(1879)上海
淞隱閣鉛印本　一冊　九行二十一字小字雙
行三十字白口四周雙邊

610000 – 1001 – 0016105　　普0022301

**海山詩屋詩話十卷**　（清）李文泰輯　清光緒
四年(1878)森寶閣鉛印本　一冊　十一行二
十七字白口四周雙邊　存二卷(五至六)

610000 – 1001 – 0016106　　普0022304

**館律分韻六卷**　（清）春暈閣主人輯　清光緒
石印本　二冊　九行二十二字上黑口四周單
邊　存三卷(四至六)

610000 – 1001 – 0016107　　普0022305

**味經官書局擬印書目一卷**　毛昌傑編　清光
緒二十八年(1902)味經官書局鉛印本　一冊
十行二十七字下黑口四周雙邊

610000 – 1001 – 0016108　　普0022306

**文昌孝經六章**　（清）唐萬煌注　清道光二十
年(1840)朱文茂齋刻本　一冊　九行十八字
小字雙行同白口四周雙邊

610000 – 1001 – 0016109　　普0022308

**大富貴編一卷**　（清）普願居士輯著　清同治
十三年(1874)西安桂榮堂刻本　一冊　十行
二十二字上下黑口左右雙邊

610000 – 1001 – 0016110　　普0022310

**訓蒙捷徑二卷**　（清）黃慶澄撰　清刻本　一
冊　十行二十一字白口四周雙邊

610000 – 1001 – 0016111　　普0022311

**篆書字法一卷**　（清）陳紀較書　（清）鄭漢音
釋　清刻本　一冊　三行字數不等白口四周
單邊

610000 – 1001 – 0016112　　普0022312

**吏部等部議奏獲咎人員投效列保章程一卷**
（清）吏部撰　清光緒二十五年(1899)鉛印本
　一冊　九行二十二字白口四周雙邊

610000 – 1001 – 0016113　　普0022313

**中西度量權衡表一卷**　（清）□□撰　清末鉛
印本　一冊　九行二十二字小字雙行不等白
口四周雙邊

610000 – 1001 – 0016114　　普0022315

**女誡淺釋一卷附校勘記一卷**　（漢）班昭撰

清光緒二十五年(1899)守拙之居刻本　一冊
十行二十二字上下黑口左右雙邊

610000 – 1001 – 0016115　　普0022317

**春暉堂叢書十二種**　（清）徐渭仁輯　清道
光、咸豐上海徐氏刻本　一冊　九行十九字
小字雙行同上下黑口左右雙邊　存二種

610000 – 1001 – 0016116　　普0022318

**胡敬齋先生文集三卷居業錄四卷**　（明）胡居
仁撰　清同治八年(1869)傳經堂刻本　五冊
　九行二十字上下黑口四周雙邊　缺一卷
(居業錄一)

610000 – 1001 – 0016117　　普0022319

**馬玉山行狀一卷**　（清）馬吉森撰　清光緒二
十一年(1895)石印本　一冊　六行十五字白
口四周單邊

610000 – 1001 – 0016118　　普0022321

**讀書分年法程一卷**　（清）□□撰　清末鉛印
本　一冊　行數不等大小字不等白口四周
雙邊

610000 – 1001 – 0016119　　普0022322

**羣經義證八卷**　（清）武億著　清嘉慶二年
(1797)刻本　二冊　十一行二十三字小字雙
行同上下黑口左右雙邊　缺一卷(左氏上)

610000 – 1001 – 0016120　　普0022323

**張敬堂太史遺書四種附一種**　（清）張錫嶸撰
　（清）吳棠輯　清同治九年(1870)刻本　二
冊　九行二十一字白口四周雙邊　存二種

610000 – 1001 – 0016121　　普0022324

**長江圖說十二卷首一卷**　（清）馬徵麔撰繪
清刻本　一冊　十六行二十四字白口四周雙
邊　存一卷(首一)

610000 – 1001 – 0016122　　普0022325

**隋經籍志考證十三卷**　（清）章宗源撰　清刻
本　一冊　十二行二十四字小字雙行同上下
黑口四周雙邊　存五卷(七至十一)

610000 – 1001 – 0016123　　普0022327

**各國交涉公法論初集四卷二集四卷三集八卷**

（英國）費利摩羅巴德撰　（英國）傅蘭雅口譯　（清）俞世爵筆述　（清）汪振聲校正　（清）錢國祥覆校　清光緒二十年(1894)江南機器製造總局翻譯館鉛印本　六冊　十行二十二字白口四周雙邊　缺一卷(三集八)

610000－1001－0016124　普 0022328
**隨園駢體文注十六卷** （清）袁枚著　（清）李光地注　清刻本　五冊　九行二十二字小字雙行同白口四周雙邊　存十卷(七至十六)

610000－1001－0016125　普 0022329
**賭棋山莊集文七卷詞話十二卷續五卷** （清）謝章鋌撰　清刻本　一冊　十一行二十二字小字雙行同下黑口左右雙邊　存三卷(詞話七至九)

610000－1001－0016126　普 0022331
**白茅堂集四十六卷** （清）顧景星著　清刻本　二十冊　十一行二十一字小字雙行同白口四周雙邊

610000－1001－0016127　普 0022334
**錢塘遺事十卷** （元）劉一清撰　清刻本　二冊　十行二十字白口左右雙邊

610000－1001－0016128　普 0022336
**算學課藝四卷** （清）貴榮　（清）席淦編次　清光緒六年(1880)同文館鉛印本　四冊　十一行二十六字小字雙行同白口四周雙邊

610000－1001－0016129　普 0022338
**光緒癸巳恩科陝西鄉試硃卷一卷** （清）陳潆藻撰　清光緒刻本　一冊　九行二十五字白口四周雙邊

610000－1001－0016130　普 0022339
**光緒癸巳恩科河南鄉試硃卷一卷** （清）許召宣撰　清光緒刻本　一冊　九行二十五字白口四周雙邊

610000－1001－0016131　普 0022340
**光緒乙未科會試硃卷一卷** （清）步翔藻撰　清光緒刻本　一冊　九行二十五字白口四周雙邊

610000－1001－0016132　普 0022341
**光緒丁酉科順天鄉試硃卷一卷** （清）方裕詩撰　清光緒刻本　一冊　九行二十五字白口四周雙邊

610000－1001－0016133　普 0022342
**光緒壬寅補行庚子辛丑恩科併科陝西鄉試硃卷一卷** （清）聶文順撰　清光緒刻本　一冊　九行二十五字白口四周雙邊

610000－1001－0016134　普 0022343
**鴻濛室文抄四卷** （清）方玉潤著　清光緒元年(1875)刻本　一冊　十一行二十五字小字雙行同上下黑口左右雙邊

610000－1001－0016135　普 0022345
**二如亭群芳譜三十卷** （明）王象晉纂輯　清刻本　二十四冊　八行十八字小字雙行同白口左右雙邊

610000－1001－0016136　普 0022346
**游藝錄二卷別錄一卷** （清）蔣湘南撰　清刻本　一冊　十行二十四字白口四周雙邊　存二卷(游藝錄二、別錄一)

610000－1001－0016137　普 0022347
**儀禮初學讀本十七卷** （清）萬廷蘭校　清刻本　二冊　十行二十字上下黑口四周雙邊

610000－1001－0016138　普 0022350
**黃漳浦集五十卷首一卷目錄二卷** （明）黃道周撰　（清）陳壽祺編　**漳浦黃先生年譜二卷** （清）莊起儔編　清道光十年(1830)刻本　十三冊　十二行二十四字小字雙行同上下黑口左右雙邊　缺十四卷(十三至二十六)

610000－1001－0016139　普 0022351
**崇百藥齋文集二十卷續集四卷三集十二卷** （清）陸繼輅撰　**五真閣吟藁一卷** （清）錢惠尊撰　清光緒四年(1878)興國州署刻本　十二冊　十一行二十一字上下黑口四周單邊

610000－1001－0016140　普 0022352
**朝邑縣志注二卷朝邑縣志二卷** （明）韓邦靖撰　（清）張我華校注　清嘉慶元年(1796)刻本　二冊　十行二十一字白口四周雙邊

610000－1001－0016141　普0022353

[道光]郿州志五卷首一卷　（清）吳鳴捷修
（清）譚瑀等纂　清道光十三年(1833)刻本
五冊　十一行二十五字白口四周雙邊

610000－1001－0016142　普0022356

韓五泉詩四卷朝邑縣志二卷　（明）韓邦靖撰
　韓安人遺詩一卷　（明）屈氏撰　韓五泉附
錄二卷　（明）王九思等撰　清刻本　三冊
九行二十二字白口左右雙邊

610000－1001－0016143　普0022358

[嘉靖]高陵縣志七卷　（明）呂柟纂修　[光
緒]高陵縣續志八卷　（清）程維雍修　（清）
白遇道纂　清光緒十年(1884)刻本　四冊
十二行二十六字小字雙行同黑口四周單邊

610000－1001－0016144　普0022365

[正德]重刊武功縣志四卷首一卷　（明）康海
纂　（清）孫景烈評注　（清）瑪星阿參訂　清
光緒二十年(1894)許頌鼎刻本　一冊　九行
二十一字小字雙行同粗黑口四周單邊

610000－1001－0016145　普0022367

[正德]武功縣志三卷　（明）康海纂　清刻本
　二冊　十行二十二字小字雙行同白口四周
雙邊

610000－1001－0016146　普0022368

[嘉靖]高陵縣志七卷　（明）呂柟纂修　清嘉
慶三年(1798)刻本　六冊　九行二十二字小
字雙行同白口左右雙邊

610000－1001－0016147　普0022406

邁庵筆載一卷　（□）□□撰　抄本　一冊
九行二十字白口四周單邊

610000－1001－0016148　普0022407

賜葛堂文集六卷　（清）岳震川撰　清光緒五
年(1879)洋縣東韓村岳勉紹堂刻本　四冊
十行二十一字白口左右雙邊

610000－1001－0016149　普0022408

碧梧書屋詩鈔四卷　（清）程一敬著　清咸豐
五年(1855)刻本　四冊　九行二十字小字雙
行同上下黑口左右雙邊

610000－1001－0016150　普0022410

西園瓣香集三卷　（清）王元常撰　清刻本
三冊　八行十八字白口四周雙邊

610000－1001－0016151　普0022413

學達觀齋制藝不分卷詩存不分卷　（清）楊彥
修撰　清光緒十二年(1886)楊氏家塾刻本
四冊　九行二十五字白口四周雙邊

610000－1001－0016152　普0022415

匯菊軒文集四卷　（清）周元鼎撰　清咸豐十
年(1860)守澤草堂刻本　四冊　九行二十二
字白口四周雙邊

610000－1001－0016153　普0022419

離騷一卷　（宋）錢杲之集傳　清光緒三年
(1877)湖北崇文書局刻本　一冊　十二行二
十四字上下黑口四周雙邊

610000－1001－0016154　普0022423

二十二子　（清）浙江書局輯　清光緒二十二
年(1896)上海積山書局石印本　八冊　二十
七行二十一字小字雙行同白口四周雙邊

610000－1001－0016155　普0022424

秘傳花鏡六卷　（清）陳淏子輯　清刻本　四
冊　九行二十四字小字雙行同白口四周單邊

610000－1001－0016156　普0022435

張三豐先生全集八卷　（明）張君實撰　（清）
李西月錄　清道光二十四年(1844)刻本　六
冊　十行二十一字上下黑口左右雙邊

610000－1001－0016157　普0022437

四書集注正蒙十九卷　（宋）朱熹集注　清光
緒十四年(1888)八旗官學刻本　六冊　九行
十七字小字雙行同白口四周單邊

610000－1001－0016158　普0022466

述舊三卷　（清）李福祚輯　清咸豐七年
(1857)刻本　六冊　九行二十字小字雙行同
白口左右雙邊

610000－1001－0016159　普0022471

欽定工部則例一百十六卷首一卷　（清）翁同
龢等修　清光緒十年(1884)刻本　四十冊

九行二十字白口四周雙邊

610000 – 1001 – 0016160　普 0022502

[道光]清澗縣志八卷首五卷　（清）鍾章元修（清）陳頌第等纂　清道光八年(1828)刻本　五冊　十行二十四字白口四周雙邊

610000 – 1001 – 0016161　普 0022504

仰斗堂遺草五卷　（清）韓綬著　清道光二十八年(1848)刻本　二冊　八行二十字白口四周雙邊

610000 – 1001 – 0016162　普 0022505

靐吉堂餘稿一卷　（清）武澄撰　清咸豐七年(1857)刻本　一冊　九行二十一字下黑口四周雙邊

610000 – 1001 – 0016163　普 0022506

力餘西曹日課草一卷　（清）王禹堂著　清道光二十八年(1848)刻本　一冊　九行二十二字白口四周雙邊

610000 – 1001 – 0016164　普 0022507

荔園擷葉草一卷　（清）王禹堂撰　清道光二十六年(1846)刻本　一冊　九行二十二字白口四周雙邊

610000 – 1001 – 0016165　普 0022513

南宋書六十卷　（明）錢士升增　清嘉慶二年(1797)刻本　八冊　十二行二十五字白口左右雙邊

610000 – 1001 – 0016166　普 0022515

楷法溯源十四卷目錄一卷　（清）潘存孺輯楊守敬編　清光緒三年(1877)刻本　十五冊　四行大小字不等白口四周雙邊

610000 – 1001 – 0016167　普 0022521

來生福彈詞三十六回　（清）秦松齡撰　清刻本　十六冊　八行二十字上下黑口左右雙邊　存十九回(一至十、十八、二十八、三十至三十六)

610000 – 1001 – 0016168　普 0022522

大清搢紳全書四卷　（清）榮錄堂輯　清光緒十八年(1892)榮錄堂刻本　四冊　十四行三十二字小字雙行同白口四周雙邊

610000 – 1001 – 0016169　普 0022525

陝西鄉試墨卷光緒癸卯恩科一卷　（清）王士彬撰　清光緒二十九年(1903)刻本　一冊　九行二十五字白口四周雙邊

610000 – 1001 – 0016170　普 0022527

讀例存疑五十四卷　（清）薛允升著　清光緒三十一年(1905)北京琉璃廠翰茂齋刻本　二十冊　十行二十二字小字雙行同白口四周雙邊

610000 – 1001 – 0016171　普 0022528

陝西省更名賦役全書不分卷　（清）陝西布政司造　清道光二十四年(1844)刻本　二十九冊　九行二十二字白口四周雙邊

610000 – 1001 – 0016172　普 0022536

四音釋義十二集　（清）鄭長庚輯　清嘉慶二十五年(1820)刻本　十二冊　六行大小字不等白口四周雙邊

610000 – 1001 – 0016173　普 0022537

都是春齋文集八卷　（清）張佑著　清吾學園刻本　四冊　九行二十二字小字雙行同白口左右雙邊

610000 – 1001 – 0016174　普 0022538

春秋大事表五十卷輿圖一卷附錄一卷　（清）顧棟高輯　清光緒十四年(1888)陝西求友齋刻本　二十四冊　行數不等大小字不等白口左右雙邊

610000 – 1001 – 0016175　普 0022552

歷代帝王法帖釋文十卷　（清）徐朝弼集釋　清嘉慶十七年(1812)刻本　一冊　九行二十四字小字雙行同白口四周雙邊

610000 – 1001 – 0016176　普 0022554

二十四史　（清）五省官書局輯　清光緒五年(1879)湖北官書局彙印本　五百三十二冊　十一行二十二字小字雙行同上下黑口四周雙邊

610000 – 1001 – 0016177　普 0022558

史通削繁四卷　（清）紀昀撰　清光緒元年（1875）湖北崇文書局刻本　四冊　十行二十一字小字雙行同白口左右雙邊

610000－1001－0016178　普0022560

史鑑總論二卷　（明）顧逈著　清光緒二十九年（1903）味江別墅刻本　一冊　九行二十一字小字雙行同上黑口四周單邊

610000－1001－0016179　普0022562

增補春秋左傳易讀六卷　（清）司徒修輯注　清光緒十五年（1889）刻本　六冊　七行二十四字小字雙行同白口四周單邊

610000－1001－0016180　普0022565

校訂困學紀聞三箋二十卷　（宋）王應麟撰　（清）閻若璩輯注　（清）何焯　（清）全祖望箋　清嘉慶七年（1802）刻本　五冊　十一行二十五字小字雙行三十三字白口左右雙邊

610000－1001－0016181　普0022569

六朝唐賦讀本一卷　（清）馬傳庚選注　清光緒二年（1876）京都松林齋刻本　二冊　八行二十字白口左右雙邊

610000－1001－0016182　普0022574

韓非子集解二十卷首一卷　（清）王先慎撰　清光緒二十二年（1896）王氏刻本　六冊　十一行二十四字小字雙行同上下黑口左右雙邊

610000－1001－0016183　普0022578

李太白文集三十六卷　（唐）李白撰　（清）王琦輯注　清刻本　八冊　十行二十字白口左右雙邊　存十七卷（二十至三十六）

610000－1001－0016184　普0022583

語石十卷　葉昌熾撰　清宣統元年（1909）刻本　四冊　十一行二十三字上下黑口左右雙邊

610000－1001－0016185　普0022587

晨風閣叢書二十二種　沈宗畸輯　清宣統元年（1909）沈氏刻本　十六冊　十一行二十一字上下黑口四周單邊

610000－1001－0016186　普0022588

老子翼八卷首一卷　（明）焦竑輯　清光緒二十一年（1895）刻本　四冊　十行二十字白口左右雙邊

610000－1001－0016187　普0022591

春秋左傳音訓不分卷　（清）楊國楨撰　清道光十年（1830）刻本　八冊　九行二十四字小字雙行同白口四周單邊

610000－1001－0016188　普0022594

樊川文集二十卷別集一卷外集一卷　（唐）杜牧撰　清光緒二十二年（1896）蘇園影宋刻本　四冊　十行十八字白口左右雙邊

610000－1001－0016189　普0022596

蘇文忠公詩集五十卷目錄二卷　（宋）蘇軾撰　（清）紀昀評點　清同治八年（1869）韞玉山房刻朱墨印本　十二冊　十行二十一字白口左右雙邊

610000－1001－0016190　普0022597

五朝名臣言行錄前集十卷後集十四卷　（宋）朱熹撰　續集八卷別集二十六卷外集十七卷　（宋）李幼武撰　清同治七年（1868）臨川桂氏刻本　十二冊　十二行二十三字上下黑口左右雙邊

610000－1001－0016191　普0022598

金元明八大家文選五十三卷　（清）李祖陶編注　清道光二十五年（1845）刻本　十七冊　九行二十五字白口四周雙邊

610000－1001－0016192　普0022599

元遺山先生集四十卷首一卷附錄一卷補載一卷年譜三種四卷新樂府四卷續夷堅志四卷　（金）元好問撰　（元）張德輝類次　清光緒七年（1881）讀書山房刻本　十七冊　十行二十二字小字雙行同上下黑口四周單邊

610000－1001－0016193　普0022603

曝書亭集八十卷附錄一卷　（清）朱彝尊撰　笛漁小稾十卷　（清）朱昆田撰　清光緒十五年（1889）刻本　二十冊　十二行二十三字白口左右雙邊

610000－1001－0016194　普0022605

帝鑑圖說不分卷 (明)張居正著 清刻本
四冊 九行十九字白口四周雙邊

610000－1001－0016195 普0022608

癸巳類稿十五卷 (清)俞正燮撰 清道光十
三年(1833)王藻求日益齋刻本 十冊 十二
行二十四字小字雙行同白口四周雙邊

610000－1001－0016196 普0022609

墨緣彙觀四卷 (清)安岐編 清光緒二十六
年(1900)鉛印本 六冊 九行二十二字白口
四周雙邊

610000－1001－0016197 普0022625

新刊纂圖元亨療馬集六卷圖像水黃牛經合併
大全二卷駝經一卷 (明)喻本元 (明)喻本
亨撰 清掃葉山房刻本 八冊 十二行二十
四字白口四周單邊

610000－1001－0016198 普0022629

唱經堂才子書彙稿十種 (清)金聖嘆撰 清
傳萬堂刻本 八冊 十行二十二字白口左右
雙邊

610000－1001－0016199 普0022633

纂圖互註揚子法言十卷 (漢)揚雄撰 (晉)
李軌註 (唐)柳宗元註 (宋)司馬光重註
清刻本 二冊 十二行六字小字雙行二十六
字粗黑口四周雙邊

610000－1001－0016200 普0022637

書經六卷 (宋)蔡沈集傳 清光緒十三年
(1887)刻本 四冊 九行十七字小字雙行同
下黑口四周單邊

610000－1001－0016201 普0022638

呻吟語六卷 (明)呂坤著 清長白鄂山敬亭
氏刻本 六冊 十一行二十一字白口左右
雙邊

610000－1001－0016202 普0022639

原獻詩錄三卷 (清)賀瑞麟輯 清光緒五年
(1879)刻本 三冊 十二行二十四字小字雙
行同上下黑口四周單邊

610000－1001－0016203 普0022640

原獻文錄四卷 (清)賀瑞麟輯 清光緒五年
(1879)刻本 四冊 十二行二十四字小字雙
行同上下黑口四周單邊

610000－1001－0016204 普0022641

原故文錄一卷詩錄一卷 (清)賀瑞麟編輯
清光緒五年(1879)刻本 一冊 十二行二十
四字上下黑口四周單邊

610000－1001－0016205 普0022642

原獻詩錄三卷 (清)賀瑞麟輯 抄本 三冊
十行二十四字小字雙行同

610000－1001－0016206 普0022643

原故文錄一卷詩錄一卷 (清)賀瑞麟編輯
抄本 三冊 十行大小字不等

610000－1001－0016207 普0022644

原獻文錄四卷 (清)賀瑞麟編輯 抄本 一
冊 十行大小字不等 存一卷(四)

610000－1001－0016208 普0022645

松陽講義十二卷 (清)陸隴其撰 清光緒十
四年(1888)涇陽柏經正堂刻本 四冊 九行
二十三字下黑口左右雙邊

610000－1001－0016209 普0022648

張太僕不二歌集四卷 (明)張春撰 抄本
一冊 八行大小字不等

610000－1001－0016210 普0022649

堂邑鄉約保甲規一卷 (明)張春撰 抄本
一冊 九行字數不等小字雙行不等

610000－1001－0016211 普0022650

張太僕一門忠節孝錄一卷 (明)張春撰 抄
本 一冊 九行大小字不等

610000－1001－0016212 普0022651

辟疆園杜詩注解五言律十二卷七言律五卷年
譜一卷 (清)顧宸撰 抄本 四冊 十行大
小字不等

610000－1001－0016213 普0022652

醫閭先生集九卷附錄一卷 (明)賀欽撰 抄
本 四冊 十二行二十八字白口四周單邊

610000－1001－0016214 普0022653

大學章句或問二卷　(宋)朱熹章句　清光緒
二十八年(1902)泰州張世英刻本　一冊　九
行十八字小字雙行同白口左右雙邊

610000－1001－0016215　普0022654

詩集傳八卷首一卷　(宋)朱熹集傳　清光緒
十三年(1887)刻本　四冊　九行十七字小字
雙行同下黑口四周單邊

610000－1001－0016216　普0022673

彼得大帝九章　(日本)佐藤信安撰　(清)愈
愚齋主譯　清光緒二十八年(1902)上海文明
書局鉛印本　一冊　十行二十七字白口四周
單邊

610000－1001－0016217　普0022675

關中古蹟錄不分卷　(清)喬履信編　清刻本
一冊　十二行二十六字白口四周雙邊

610000－1001－0016218　普0022682

詩餘不分卷　(□)□□撰　抄本　一冊　八
行大小字不等

610000－1001－0016219　普0022685

欽定四庫全書簡明目錄二十卷首一卷　(清)
紀昀等撰　清刻本　十二冊　九行二十一字
小字雙行同白口左右雙邊

610000－1001－0016220　普0022730

二曲集四十六卷　(清)李顒著　清光緒三年
(1877)刻本　十一冊　九行二十字白口四周
雙邊　缺五卷(三十一至三十五)

610000－1001－0016221　普0022731

莊子南華真經十卷　(晉)郭象注　清刻本
八冊　九行十九字小字雙行同白口四周單邊

610000－1001－0016222　普0022736

神農本草經指歸四卷　(清)陳修園撰　清抄
本　二冊　六行二十字

610000－1001－0016223　普0022744

楚辭集注八卷　(宋)朱熹集注　清聽雨齋刻
朱墨印本　二冊　八行二十二字白口左右
雙邊

610000－1001－0016224　普0022748

庚子銷夏記八卷　(清)孫承澤撰　清京都龍
威閣刻本　四冊　十行二十字小字雙行二十
六字上下黑口左右雙邊

610000－1001－0016225　普0022750

東亞各港口岸志八篇　(日本)參謀本部編輯
清光緒二十八年(1902)上海廣智書局鉛印
本　一冊　十二行三十一字白口四周雙邊

610000－1001－0016226　普0022751

臨池啟蒙二卷　(清)景士端錄存　清道光三
十一年(1851)印月堂刻本　一冊　八行二十
字白口四周雙邊

610000－1001－0016227　普0022753

支那通史四卷　(日本)那珂通世編　清光緒
二十五年(1899)石印本　五冊　十三行二十
五字小字雙行三十六字白口左右雙邊

610000－1001－0016228　普0022767

思適齋書跋四卷補遺一卷　(清)顧廣圻撰
清光緒元年(1875)王氏學禮齋刻藍印本　一
冊　十行二十一字上下藍口左右雙邊　存三
卷(一至三)

610000－1001－0016229　普0022768

積古齋鐘鼎彝器款識十卷　(清)阮元編錄
清光緒五年(1879)刻本　六冊　行數不等大
小字不等白口四周單邊

610000－1001－0016230　普0022769

文史通義八卷校讎通義三卷　(清)章學誠撰
清光緒三年(1877)刻本　五冊　十二行二
十五字小字雙行同白口四周單邊

610000－1001－0016231　普0022792

忠武祠墓志七卷首一卷末一卷　(清)李復心
匯輯　清同治五年(1866)刻本　四冊　九行
二十字白口四周雙邊

610000－1001－0016232　普0022798

聊齋志異新評十六卷　(清)蒲松齡著　清光
緒三年(1877)廣順但氏刻本　十六冊　九行
二十一字上下黑口左右雙邊

610000－1001－0016233　普0022809

二百卅孝圖四卷 （清）胡文炳輯 清光緒五年(1879)刻本 三冊 十行二十四字白口四周雙邊

610000－1001－0016234 普0022810

人範六卷 （清）蔣元輯 清咸豐九年(1859)刻本 一冊 十一行二十三字小字雙行同白口四周雙邊

610000－1001－0016235 普0022813

拿破崙本紀四卷 （英國）洛家德撰 （清）林舒 （清）魏易譯 清光緒三十一年(1905)京師學務處官書局鉛印本 四冊 十三行三十一字下黑口四周單邊

610000－1001－0016236 普0022844

三垣筆記三卷 （明）李清撰 清抄本 六冊 九行字數不等

610000－1001－0016237 普0022846

寶應貞列女錄不分卷 （清）朱毓賢輯 清道光四年(1824)抄本 一冊 九行十八字

610000－1001－0016238 普0022848

芥軒雜著不分卷 （清）李崧撰 清嘉慶二十三年(1818)抄本 一冊 八行二十一字

610000－1001－0016239 普0022849

貢甫讀書考解日記不分卷 （宋）劉貢甫撰 清抄本 一冊 九行二十五字小字雙行同

610000－1001－0016240 普0022850

全史一覽不分卷 （清）張通典錄 清光緒、宣統抄本 三冊 十二行二十六字小字雙行同

610000－1001－0016241 普0022851

各省進呈書目不分卷 （清）□□編 清抄本 一冊 行數不等字數不等

610000－1001－0016242 普0022862

戊笈談兵九卷首一卷 （清）汪紱錄 清光緒二十一年(1895)刻本 七冊 十行二十二字小字雙行同白口四周雙邊

610000－1001－0016243 普0022863

怡園筆記不分卷 （清）陳蒂甫撰 （清）陳啟

彤輯 清光緒二十二年(1896)抄本 一冊 九行二十一字白口左右雙邊

610000－1001－0016244 普0022865

平津館鑒藏記書籍三卷補遺一卷續編一卷 （清）孫星衍撰 清光緒十年(1884)會稽陶濬宣抄本 二冊 八行二十四字小字雙行同

610000－1001－0016245 普0022871

讀離騷四折 （清）尤侗撰 清抄本 一冊 八行二十一字

610000－1001－0016246 普0022872

四書筆記十七卷 （清）孫事倫撰 清稿本 四冊 九行二十字

610000－1001－0016247 普0022904

清麓答問四卷 （清）賀瑞麟撰 清光緒三十一年(1905)刻本 四冊 十行二十字小字雙行同下黑口四周雙邊

610000－1001－0016248 普0022907

本草綱目五十二卷 （明）李時珍編 清光緒三十四年(1908)上海商務印書館石印本 二十冊 三行大小字不等白口四周雙邊

610000－1001－0016249 普0022913

鴻雪因緣圖記三集 （清）麟慶撰 清光緒十年(1884)上海點石齋石印本 五冊 二十三行四十字下黑口四周雙邊

610000－1001－0016250 普0022920

殷商貞卜文字考一卷 羅振玉撰 清宣統二年(1910)石印本 一冊 十三行二十三字小字雙行同上下黑口四周單邊

610000－1001－0016251 普0022924

宸垣識畧十六卷 （清）吳長元輯 清光緒二年(1876)刻本 八冊 九行二十一字白口左右雙邊

610000－1001－0016252 普0022925

東萊博議四卷 （宋）呂祖謙撰 （清）張文炳評點 清刻本 二冊 九行二十二字小字雙行同白口四周單邊

610000－1001－0016253 普0022926

御案易經備旨七卷 （清）鄒聖脉纂 清芸生堂刻本 四冊 十一行二十字小字雙行同白口四周單邊

610000－1001－0016254 普0022929

益公題跋十二卷 （宋）周必大撰 清刻本 四冊 八行十九字小字雙行同白口左右雙邊

610000－1001－0016255 普0022930

鶴山題跋七卷 （宋）魏了翁撰 姑溪題跋二卷 （宋）李之儀撰 清刻本 一冊 八行十九字白口左右雙邊

610000－1001－0016256 普0022931

西山題跋三卷 （宋）真德秀撰 石門題跋二卷 （宋）釋德洪撰 清刻本 一冊 八行十九字白口左右雙邊

610000－1001－0016257 普0022932

廣川題跋十卷 （宋）董逌撰 清刻本 二冊 十一行二十三字上下黑口左右雙邊

610000－1001－0016258 普0022943

力餘葵向吟草六卷西曹日課草一卷客子光陰草另編二編螯屋土風草一卷 （清）王禹堂著 清道光二十八年（1848）刻本 六冊 九行二十四字白口四周雙邊

610000－1001－0016259 普0023007

古泉叢話三卷 （清）戴熙撰 清道光十七年（1837）刻本 一冊 十行二十字白口四周單邊

610000－1001－0016260 普0023013

金石圖說二卷 （清）牛運震集說 清光緒十九年（1893）刻本 四冊 十一行二十字白口左右雙邊

610000－1001－0016261 普0023042

古香齋新刻袖珍淵鑑類函四百五十卷目錄四卷 （清）張英等纂 清光緒南海孔氏刻本 一百四十冊 十行二十一字小字雙行同白口四周雙邊

610000－1001－0016262 普0023043

字學七種二卷 （清）李祕園撰 清光緒十二年（1886）松竹齋刻本 二冊 六行二十一字白口左右雙邊

610000－1001－0016263 普0023044

東洋史要二卷 （日本）桑原騭藏撰 （清）樊炳清譯 清光緒二十五年（1899）東文學社石印本 四冊 十五行三十二字上下黑口四周雙邊

610000－1001－0016264 普0023045

古文筆法百篇二十卷 （清）李扶九 （清）黃仁黼輯 清光緒二十四年（1898）上海余記書莊石印本 五冊 十二行二十五字小字雙行同白口四周雙邊

610000－1001－0016265 普0023046

增補詩韻合璧五卷 （清）湯文潞輯 虛字韻藪一卷 （清）潘維城輯 清光緒十四年（1888）上海石倉書局石印本 五冊 行數不等大小字不等白口四周雙邊

610000－1001－0016266 普0023048

六朝文絜四卷 （清）許槤選 清道光五年（1825）刻朱墨印本 一冊 九行十八字上下黑口左右雙邊

610000－1001－0016267 普0023049

六朝文絜四卷 （清）許槤選 清光緒十五年（1889）刻本 一冊 十行二十二字上下黑口左右雙邊 存二卷（三至四）

610000－1001－0016268 普0023050

國朝畫徵錄三卷明人附錄一卷續錄二卷 （清）張庚著 清友蘭山房刻本 一冊 十行二十一字上下黑口左右雙邊

610000－1001－0016269 普0023052

古泉匯首集四卷元集十四卷亨集十四卷利集十八卷貞集十四卷 （清）李佐賢輯 清同治三年（1864）利津李氏石泉書屋刻本 十六冊 行數不等字數不等白口四周雙邊

610000－1001－0016270 普0023053

續泉匯十四卷首集一卷補遺二卷 （清）鮑康編 清光緒元年（1875）刻本 四冊 行數不等字數不等白口左右雙邊

610000－1001－0016271　普 0023055

二銘艸堂金石聚十六卷　(清)張德容輯　清同治十一年(1872)二銘草堂刻本　十六冊　行數不等大小字不等白口四周雙邊

610000－1001－0016272　普 0023057

歷代鐘鼎彝器款識法帖二十卷　(宋)薛尚功輯　清嘉慶二年(1797)儀徵小琅嬛僊館刻本　六冊　行數不等字數不等上下黑口四周單邊

610000－1001－0016273　普 0023066

二百蘭亭齋金石記一卷　(清)吳雲撰　清咸豐六年(1856)歸安吳氏刻本　四冊　十行二十二字白口左右雙邊

610000－1001－0016274　普 0023067

吉金志存四卷　李光庭輯　清咸豐九年(1859)刻本　四冊　行數不等大小字不等白口左右雙邊

610000－1001－0016275　普 0023078

金石圖說二卷　(清)牛運震集說　清秋浦劉世衍刻本　四冊　行數不等大小字不等白口左右雙邊

610000－1001－0016276　普 0023084

楹聯彙編八卷　(清)王榮商輯　清光緒三十年(1904)上海書局石印本　六冊　十四行三十三字白口四周雙邊

610000－1001－0016277　普 0023085

秋水軒詳注四卷　(清)許思湄著　清咸豐九年(1859)刻本　四冊　八行十七字上下黑口四周雙邊

610000－1001－0016278　普 0023086

船山詩草二十卷　(清)張問陶撰　清嘉慶二十年(1815)刻本　三冊　十行二十字白口左右雙邊　缺五卷(三至四、十四至十六)

610000－1001－0016279　普 0023087

臨文便覽不分卷　(清)張啟泰輯　清同治十三年(1874)刻本　二冊　八行字數不等白口四周雙邊

610000－1001－0016280　普 0023088

古經解彙函十六種小學彙函十四種　(清)鍾謙鈞等輯　清同治十二年(1873)粵東書局刻本　六十六冊　十行二十一字小字雙行同白口左右雙邊

610000－1001－0016281　普 0023089

經籍纂詁一百〇六卷首一卷　(清)阮元譔集　清嘉慶揚州阮元琅嬛僊館刻本　六十四冊　八行二十字小字雙行同白口左右雙邊

610000－1001－0016282　普 0023090

文料觸機二卷續刻二卷　(□)□□撰　清光緒八年(1882)刻本　四冊　行數不等字數不等白口四周雙邊

610000－1001－0016283　普 0023092

史脈二卷　(清)周金壇纂輯　清刻本　一冊　十行二十字小字雙行同白口四周雙邊

610000－1001－0016284　普 0023093

小倉山房尺牘八卷　(清)袁枚撰　清光緒五年(1879)刻本　六冊　八行十六字上下黑口左右雙邊

610000－1001－0016285　普 0023108

綱鑑會纂三十九卷首一卷　(明)王世貞纂　清刻本　三十五冊　十行二十七字小字雙行同白口四周單邊

610000－1001－0016286　普 0023109

格致鏡原一百卷　(清)陳元龍輯　清光緒二十二年(1896)積山書局石印本　十六冊　十五行三十字白口四周雙邊

610000－1001－0016287　普 0023112

世說新語補二十卷　(南朝宋)劉義慶撰　(南朝梁)劉孝標注　(明)何良俊增　(明)王世貞刪　清刻本　十冊　九行二十字小字雙行同下黑口四周雙邊

610000－1001－0016288　普 0023113

分類尺牘備覽三十卷　(清)王虎榜輯　清光緒十四年(1888)上海鴻寶齋石印本　八冊　十八行二十五字白口四周雙邊

610000－1001－0016289　普0023114

**適軒尺牘八卷**　（清）徐菊生撰　清光緒五年(1879)刻本　二冊　十行二十三字白口左右雙邊

610000－1001－0016290　普0023116

**戰國策三十三卷附劄記三卷**　（漢）高誘注　清光緒二十二年(1896)上海鴻寶齋石印本　五冊　十四行二十九字小字雙行同白口四周雙邊

610000－1001－0016291　普0023117

**歸震川錢牧齋尺牘合刊五卷**　（明）歸有光(清)錢謙益撰　清宣統二年(1910)保定官書局石印本　六冊　十一行二十一字白口四周雙邊

610000－1001－0016292　普0023118

**桐陰論畫初編二卷首一卷二編二卷三編二卷續桐陰論畫一卷畫訣一卷**　（清）秦祖永撰清同治三年(1864)刻朱墨印本　四冊　八行十八字小字雙行同上下黑口左右雙邊

610000－1001－0016293　普0023119

**史記一百三十卷**　（漢）司馬遷撰　清光緒十四年(1888)上海蜚英館石印本　十二冊　十五行三十二字小字雙行同白口左右雙邊

610000－1001－0016294　普0023120

**袁了凡王鳳洲綱鑑合編三十九卷**　（明）袁黃纂集　（明）王世貞彙編　清光緒三十年(1904)上海圖書集成印書局鉛印本　十八冊　十四行四十二字小字雙行同白口四周單邊

610000－1001－0016295　普0023121

**鄭板橋全集六編**　（清）鄭燮撰　清宣統元年(1909)掃葉山房石印本　四冊　十行十九字白口左右雙邊

610000－1001－0016296　普0023122

**論語十卷孟子七卷大學一卷中庸一卷**　（宋）朱熹集註　清刻本　六冊　九行十七字小字雙行同白口四周雙邊

610000－1001－0016297　普0023123

**新刻批點四書讀本十九卷**　（宋）朱熹集注

清道光七年(1827)墨緣齋刻本　六冊　九行十七字小字雙行同白口左右雙邊

610000－1001－0016298　普0023126

**唐陸宣公翰苑集二十四卷首一卷末一卷**　（唐）陸贄撰　（清）張佩芳註釋　清光緒十八年(1892)柏經正堂刻本　七冊　九行二十一字小字雙行同下黑口左右雙邊　存二十三卷(一至十七、二十一至二十四,首一,末一)

610000－1001－0016299　普0023129

**左繡三十卷首一卷**　（晉）杜預原本　（唐）馮李驊增訂　清刻本　四冊　八行二十字小字雙行同白口四周單邊

610000－1001－0016300　普0023130

**六書通十卷**　（明）閔齊伋輯　（清）畢弘述篆訂　清刻本　十冊　八行大小字不等白口四周雙邊

610000－1001－0016301　普0023131

**文選六十卷**　（南朝梁）蕭統撰　（唐）李善注清光緒十九年(1893)上海寶善石印本　十冊　十六行三十二字小字雙行同白口四周雙邊

610000－1001－0016302　普0023132

**重訂文選集評十五卷首一卷末一卷**　（清）于光華編　清刻本　十四冊　九行二十字小字雙行三十字白口左右雙邊　存十五卷(三至十五、首一、末一)

610000－1001－0016303　普0023135

**見龍樓新較算法全書四卷算法指掌二卷**（清）蔣先正輯　清嘉慶二十五年(1820)刻本　六冊　九行二十字小字雙行同白口四周單邊

610000－1001－0016304　普0023136

**有正味齋駢文十六卷補注一卷**　（清）吳錫麒著　清道光十九年(1839)刻本　八冊　九行二十字小字雙行同上下黑口左右雙邊

610000－1001－0016305　普0023137

**新刊名世文宗三十卷**　（明）胡時化選輯　清刻本　六冊　十行二十二字小字雙行同白口

四周雙邊　存十五卷(五至十九)

610000－1001－0016306　普0023139

**袁文箋正十六卷補注一卷**　(清)袁枚撰
(清)石韞玉箋　**增訂袁文箋正四卷**　(清)袁
枚撰　(清)魏大緗注　清光緒十四年(1888)
上海蜚英館石印本　三冊　十五行三十六字
小字雙行同白口左右雙邊　缺九卷(袁文箋
正一至五、十四至十六,補注一)

610000－1001－0016307　普0023140

**咏物詩選註釋八卷**　(清)易雲紀撰　清嘉慶
十九年(1814)刻本　四冊　十一行二十字小
字雙行同上下黑口四周單邊

610000－1001－0016308　普0023141

**兩般秋雨盦隨筆八卷**　(清)梁紹壬撰　清道
光十七年(1837)錢塘汪氏振綺堂刻本　七冊
　九行二十一字上下黑口左右雙邊　缺二卷
(三至四)

610000－1001－0016309　普0023142

**孔氏家語十卷**　(北魏)王肅注　清刻本　五
冊　九行十七字小字雙行二十六字白口左右
雙邊　存六卷(一至六)

610000－1001－0016310　普0023144

**廣廣事類賦三十二卷**　(清)吳世旃撰　清嘉
慶元年(1796)刻本　八冊　十一行二十字小
字雙行同上下黑口左右雙邊

610000－1001－0016311　普0023146

**有正味齋駢體文箋注二十四卷首一卷**　(清)
吳錫麒撰　(清)王廣業箋　(清)葉聯芬注
清光緒十五年(1889)上海蜚英館石印本　三
冊　十五行三十六字小字雙行同白口四周雙
邊　缺五卷(五至九)

610000－1001－0016312　普0023148

**六朝唐賦讀本一卷**　(清)馬傳庚編　清光緒
十三年(1887)上海蜚英館石印本　二冊　八
行二十字小字雙行同白口左右雙邊

610000－1001－0016313　普0023149

**南田畫跋一卷**　(清)惲格撰　清光緒四年
(1878)仁和葛氏刻本　一冊　九行二十字下

黑口四周雙邊

610000－1001－0016314　普0023150

**歷代地理志韻編今釋二十卷皇朝輿地韻編二
卷**　(清)李兆洛輯　清光緒上海蜚英館石印
本　三冊　十三行三十七字小字雙行同白口
四周雙邊　缺四卷(十九至二十、皇朝輿地韻
編一至二)

610000－1001－0016315　普0023151

**澄衷蒙學堂字課圖說四卷**　(清)劉樹屏編
清光緒石印本　三冊　下黑口四周雙邊　存
三卷(二至四)

610000－1001－0016316　普0023152

**賜硯齋題畫偶錄一卷**　(清)戴熙撰　清光緒
三年(1877)刻本　一冊　九行二十字下黑口
四周雙邊

610000－1001－0016317　普0023153

**前漢書菁華錄四卷**　(清)高塘撰　清光緒二
十五年(1899)上海慎記書莊石印本　四冊
十七行三十五字小字雙行同白口四周雙邊

610000－1001－0016318　普0023154

**後漢書菁華錄二卷**　(清)高塘撰　清光緒二
十五年(1899)上海慎記書莊石印本　二冊
十七行三十五字小字雙行同白口四周雙邊

610000－1001－0016319　普0023155

**宋史菁華錄三卷遼史菁華錄三卷**　(清)納蘭
常安選　清光緒二十六年(1900)上海書局石
印本　二冊　十六行三十六字白口四周單邊

610000－1001－0016320　普0023156

**金史菁華錄三卷**　(清)納蘭常安選　清光緒
二十六年(1900)上海書局石印本　一冊　十
六行三十六字白口四周單邊

610000－1001－0016321　普0023157

**元史菁華錄三卷**　(清)納蘭常安選　清光緒
二十六年(1900)上海書局石印本　一冊　十
六行三十六字白口四周單邊

610000－1001－0016322　普0023158

**文獻通考詳節二十四卷**　(元)馬端臨撰

（清）嚴虞惇輯　清光緒十五年(1889)上海珍藝書局鉛印本　四冊　十六行三十三字白口四周雙邊

610000－1001－0016323　普0023159

**文料大成四卷**　（清）冷香子撰　清光緒十四年(1888)上海同文書局石印本　二冊　二十行四十六字白口四周雙邊

610000－1001－0016324　普0023160

**繪像第六才子書八卷**　（元）王實甫撰　清刻本　二冊　八行十六字白口四周雙邊

610000－1001－0016325　普0023161

**增補事類統編九十三卷首一卷**　（清）黃葆眞輯　清光緒十四年(1888)上海點石齋石印本　十冊　十五行四十二字小字雙行同白口四周雙邊

610000－1001－0016326　普0023162

**中國文明小史十五章**　（日本）田口卯吉撰（清）劉陶譯　清光緒二十八年(1902)廣智書局鉛印本　一冊　十二行三十一字小字雙行四十一字白口四周雙邊

610000－1001－0016327　普0023163

**清朝史略十一卷**　（日本）佐藤楚材編　清光緒二十八年(1902)上海書局石印本　六冊　十四行三十五字小字雙行同白口四周雙邊

610000－1001－0016328　普0023164

**宋四六選二十四卷**　（清）彭元瑞輯　（清）曹振鏞編　清刻本　六冊　九行十九字白口四周雙邊　存十二卷(十三至二十四)

610000－1001－0016329　普0023165

**大司馬劉凝齋先生虛籟集十六卷**　（明）劉堯誨著　清刻本　四冊　十行十九字白口四周雙邊

610000－1001－0016330　普0023167

**國朝先正事略六十卷**　（清）李元度輯　（清）許時耕校勘　清光緒十二年(1886)鉛印本　十冊　十四行四十二字小字雙行同白口四周雙邊

610000－1001－0016331　普0023168

**唐四家集二十八卷**　（唐）孟浩然等撰　清光緒十年(1884)上海同文書局石印本　八冊　十行十八字白口左右雙邊

610000－1001－0016332　普0023169

**註釋白眉故事十卷**　（明）許以忠集　清致和堂刻本　四冊　十行二十五字小字雙行同白口四周單邊

610000－1001－0016333　普0023170

**韓子二十卷附錄一卷**　（戰國）韓非撰　（清）趙如源校　清刻本　二冊　九行十八字小字雙行同白口四周單邊

610000－1001－0016334　普0023171

**兩漢策要十二卷**　（宋）陶叔獻編　清光緒十三年(1887)上海同文書局石印本　八冊　六行十六字上下黑口四周雙邊

610000－1001－0016335　普0023295

**金壺精粹五卷**　（清）郝在田撰　清光緒二年(1876)京師松竹齋刻本　二冊　八行大小字不等白口左右雙邊

610000－1001－0016336　普0023314

**步光閣遺草不分卷**　（清）蓮香居士輯　抄本　一冊　九行字數不等

610000－1001－0016337　普0023334

**[光緒]續修臨晉縣志二卷**　（清）艾紹濂（清）吳曾榮修　（清）姚東濟纂　清光緒六年(1880)刻本　二冊　九行二十二字小字雙行同白口四周雙邊

610000－1001－0016338　普0023337

**文章游戲初編八卷二編八卷三編八卷四編八卷**　（清）繆艮輯　清嘉慶、道光藕花館刻本　四冊　八行十八字上下黑口四周單邊　存八卷(二編一至八)

610000－1001－0016339　普0023338

**文章游戲初編八卷二編八卷三編八卷四編八卷**　（清）繆艮輯　清嘉慶、道光藕花館刻本　四冊　八行十八字上下黑口四周單邊　存八卷(二編一至八)

610000－1001－0016340　普0023339
甀閣十二卷　（清）李楷撰　清刻本　五冊
九行十九字白口左右雙邊

610000－1001－0016341　普0023350
欽定四庫全書總目二百卷首一卷　（清）紀昀
等撰　清同治七年(1868)廣東書局刻本　一
百二十冊　九行二十一字白口左右雙邊

610000－1001－0016342　普0023395
第一才子書六十卷一百二十回　（明）羅貫中
撰　（清）毛宗崗評　清刻本　十二冊　十行
二十五字小字雙行同白口左右雙邊

610000－1001－0016343　普0023397
[道光]太平縣志十六卷首一卷　（清）李炳彥
修　（清）梁棲鸞纂　清道光五年(1825)刻本
八冊　九行二十五字小字雙行同白口四周
雙邊

610000－1001－0016344　普0023398
韻蘭集賦鈔六卷　（清）金鎮輯　清咸豐十年
(1860)刻本　六冊　九行十九字小字雙行同
白口四周單邊

610000－1001－0016345　普0023399
類腋五十五卷　（清）姚培謙輯　清刻本　五
冊　九行大字不等小字雙行二十四字白口左
右雙邊　存十六卷(地部一至十六)

610000－1001－0016346　普0023400
詩韻合璧五卷　（清）湯文潞編　虛字韻藪一
卷補遺一卷　（清）潘維城輯　清光緒四年
(1878)上海淞隱閣鉛印本　五冊　十一行二
十四字白口四周雙邊

610000－1001－0016347　普0023401
癸巳科直省鄉墨精萃不分卷　（清）汪蓉洲評
選　清光緒十九年(1893)刻本　十冊　八行
二十五字白口四周雙邊

610000－1001－0016348　普0023402
咸豐己未科會試闈墨不分卷　（清）□□編
清咸豐九年(1859)聚奎堂刻本　一冊　九行
二十五字白口四周雙邊

610000－1001－0016349　普0023403
光緒己卯科甘肅闈墨不分卷　（清）陳周鑒定
清光緒五年(1879)衡鑑堂刻本　一冊　九
行二十五字白口四周雙邊

610000－1001－0016350　普0023404
大清光緒二十年歲次甲午時憲書一卷　（清）
欽天監編　清光緒二十年(1894)刻朱墨印本
一冊　行數不等字數不等上下黑口四周
雙邊

610000－1001－0016351　普0023406
老子集解二卷考異一卷　（明）薛蕙撰　清光
緒二十二年(1896)長沙刻本　二冊　十行二
十二字小字雙行同上下黑口四周單邊

610000－1001－0016352　普0023441
重修輞川志六卷　（清）胡元煐編　（清）孫思
沛等參校　清道光十七年(1837)刻本　一冊
九行二十二字小字雙行同白口左右雙邊

610000－1001－0016353　普0023443
蒲城縣徵錄二卷　（清）周爰諆編輯　清刻本
一冊　十一行二十二字小字雙行同粗黑口
四周雙邊

610000－1001－0016354　普0023482
皇朝一統輿地全圖一卷　（清）董佑誠繪　清
道光十二年(1832)李兆洛辯志書塾刻本
八冊

610000－1001－0016355　普0023483
皇朝藩部要略十八卷世系表四卷　（清）祁韻
士撰　清光緒十年(1884)浙江書局刻本　八
冊　十行二十一字小字雙行同白口左右雙邊

610000－1001－0016356　普0023510
度隴記四卷　（清）董醇撰　清咸豐元年
(1851)甘泉董氏刻本　四冊　九行二十四字
白口四周雙邊

610000－1001－0016357　普0023512
辛卯侍行記六卷　（清）陶保廉撰　清光緒二
十三年(1897)養樹山房刻本　六冊　十行二
十二字小字雙行同上下黑口左右雙邊

610000－1001－0016358　　普0023513

**唐陸宣公奏議讀本四卷首一卷**　　（唐）陸贄撰　（清）汪銘謙編輯　（清）馬傳庚評點　清光緒二十六年(1900)會稽馬氏刻本　二冊　十二行二十四字白口四周雙邊

610000－1001－0016359　　普0023514

**史餘二十卷**　（清）陳堯松撰　**史餘補錄一卷**　（清）陳慶鼺攷　清同治三年(1864)竹平安齋刻本　四冊　九行二十四字小字雙行同白口四周雙邊

610000－1001－0016360　　普0023515

**武林舊事十卷**　　（宋）周密撰　清光緒三年(1877)正修堂丁氏刻本　三冊　十行二十字小字雙行同白口四周雙邊

610000－1001－0016361　　普0023611

**苑洛集二十二卷**　　（明）韓邦奇撰　清道光八年(1828)朝邑西河書院刻本　五冊　十行二十字白口四周雙邊　存十卷(一至十)

610000－1001－0016362　　普0023666

**四聖心源十卷**　　（清）黃元御撰　清道光十二年(1832)陽湖張琦宛邻書屋刻本　二冊　十行二十四字白口左右雙邊

610000－1001－0016363　　普0023668

**三經音義四卷**　　（清）黃丕烈輯　清嘉慶十八年(1813)黃氏士禮居影刻本　一冊　十行十八字小字雙行二十五字白口左右雙邊

610000－1001－0016364　　普0023669

**南唐書合刻二種**　　（清）蔣祥墀　（清）蔣國祚輯　清同治十三年(1874)盱南三餘書屋補刻本　八冊　十行十九字小字雙行同上下黑口四周單邊

610000－1001－0016365　　普0023670

**重刊校正笠澤叢書四卷補遺一卷**　　（唐）陸龜蒙撰　清末大疊山房刻本　一冊　九行十八字白口左右雙邊

610000－1001－0016366　　普0023671

**鍼灸大成十卷**　　（明）楊繼洲撰　清光緒元年(1875)刻本　十冊　十行二十二字白口左右雙邊

610000－1001－0016367　　普0023672

**粥譜一卷廣粥譜一卷**　　（清）黃雲鵠輯　清光緒七年(1881)刻本　一冊　十行二十一字白口四周雙邊

610000－1001－0016368　　普0023673

**秋審實緩比較成案二十四卷**　　（清）林恩綬輯　清光緒七年(1881)刻本　二十四冊　八行二十字白口四周雙邊

610000－1001－0016369　　普0023687

**雲庵雜錄二十八卷**　　（清）顧森輯　清稿本　八冊　九行字數不等　存八卷(十五至二十一、二十五)

610000－1001－0016370　　普0023803

**遂翁自訂年譜一卷**　　（清）趙昀撰　（清）趙繼元等補　清光緒刻本　一冊　九行二十四字白口四周雙邊

610000－1001－0016371　　普0023820

**韻學叢書三十四種題跋一卷**　　（清）丁顯撰　清末抄本　一冊　十二行二十五字紅口四周雙邊

610000－1001－0016372　　普0023828

**食古齋文錄一卷詩錄四卷詩餘一卷**　　（清）柳以蕃撰　清光緒刻本　二冊　十行二十四字白口左右雙邊

610000－1001－0016373　　普0023830

**傳經表一卷通經表一卷**　　（清）畢沅撰　清光緒五年(1879)華陽宏達堂刻本　二冊　行數不等字數不等上下黑口四周單邊

610000－1001－0016374　　普0023831

**木皮散人鼓詞一卷**　　（明）賈鳧西撰　**萬古愁曲一卷**　（清）歸莊撰　清光緒三十三年(1907)長沙葉氏郎園刻本　一冊　十一行二十二字上下黑口左右雙邊

610000－1001－0016375　　普0023836

**春暉草堂詩存四卷**　　（清）費履堅撰　清同治三年(1864)刻本　二冊　九行十九字白口左右雙邊

610000－1001－0016376　普 0023837

**曝書亭集詞注七卷**　（清）朱彝尊撰　（清）李富孫注　清嘉慶十九年(1814)校經廎刻本　四冊　十一行二十三字小字雙行三十一字白口左右雙邊

610000－1001－0016377　普 0023838

**曝書亭集二十三卷**　（清）朱彝尊撰　（清）孫銀槎輯注　清嘉慶五年(1800)三有堂刻本　十冊　十二行二十三字小字雙行二十八字白口左右雙邊

610000－1001－0016378　普 0023905

**五代史記七十四卷**　（宋）歐陽修撰　（宋）徐無黨原注　（清）彭元瑞注　清道光八年(1828)刻本　三十九冊　十行二十一字小字雙行同白口左右雙邊　存七十一卷(一至三十二、三十六至七十四)

610000－1001－0016379　普 0023986

**祠部集三十五卷**　（宋）強至撰　清刻本　八冊　九行二十一字小字雙行同白口四周雙邊

610000－1001－0016380　普 0023991

**淮南票鹽錄要一卷綱鹽錄要一卷**　（□）□□撰　清抄本　五冊　十行二十五至二十七字不等

610000－1001－0016381　普 0024012

**[陝西三原]王氏族譜一卷**　（□）□□撰　清抄本　一冊　十行二十字白口四周雙邊

610000－1001－0016382　普 0024017

**生香館詩二卷**　（清）李佩金撰　清嘉慶二十四年(1819)許翰屏刻本　一冊　九行二十字白口四周單邊

610000－1001－0016383　普 0024018

**龍文鞭影二卷**　（明）蕭良有撰　（清）李暉吉（清）徐瓚增訂　清刻本　一冊　行數不等二十五字白口四周單邊　存一卷(上)

610000－1001－0016384　普 0024021

**護理陝西巡撫布政使徐炘奏摺三道**　（清）徐炘撰　（清）仁宗顒琰硃批　清道光六年(1826)徐炘抄本　一件　行數不等字數不等

白口無版框

610000－1001－0016385　普 0024022

**護理陝西巡撫布政使徐炘奏摺五道**　（清）徐炘撰　（清）仁宗顒琰硃批　清道光六年至八年(1826－1828)抄本　一件　行數不等字數不等白口無版框

610000－1001－0016386　普 0024025

**信札一帙**　（清）王梓撰　清光緒稿本　二冊　行數不等字數不等白口無版框

610000－1001－0016387　普 0024148

**古文辭類纂七十五卷**　（清）姚鼐輯　清光緒二十五年(1899)秦中官書局鉛印本　八冊　十五行三十三字白口四周雙邊

610000－1001－0016388　普 0024149

**古文詞畧讀本二十四卷**　（清）梅曾亮選輯　清光緒三十三年(1907)陝西學務公所圖書局鉛印本　六冊　十四行三十五字白口四周雙邊

610000－1001－0016389　普 0024150

**小學集解六卷輯說一卷**　（清）張伯行輯注　清光緒十三年(1887)陝西布政司刻本　四冊　九行十七字小字雙行同白口四周雙邊

610000－1001－0016390　普 0024151

**大學衍義四十三卷**　（宋）真德秀撰　清光緒十三年(1887)柏經正堂刻本　十二冊　十行二十字小字雙行同黑口四周單邊

610000－1001－0016391　普 0024153

**周禮政要四卷**　（清）孫詒讓撰　清光緒三十年(1904)西安官書局鉛印本　二冊　十一行二十二字白口四周雙邊

610000－1001－0016392　普 0024154

**周禮六卷**　（漢）鄭玄注　（唐）陸德明音義　清嘉慶十一年(1806)李光明莊刻本　六冊　十一行二十二字小字雙行同白口左右雙邊

610000－1001－0016393　普 0024155

**國語二十一卷**　（三國吳）韋昭注　**校刊明道本韋氏解國語札記一卷**　（清）黃丕烈撰　清

嘉慶五年(1800)吳門黃氏讀未見書齋刻本
二冊　十一行二十一字小字雙行不等白口左
右雙邊

610000－1001－0016394　普0024156

**禮記約編十卷**　(清)汪基鈔撰　清光緒三十
二年(1906)鉛印本　一冊　九行二十二字白
口四周雙邊　存一卷(四)

610000－1001－0016395　普0024157

**經義考三百卷**　(清)朱彝尊撰　清刻本　一
冊　十二行二十三字白口四周單邊　存七卷
(二百三十至二百三十六)

610000－1001－0016396　普0024158

**讀禮通考一百二十卷**　(清)徐乾學撰　清刻
本　一冊　十三行二十一字白口左右雙邊
存四卷(八十八至九十一)

610000－1001－0016397　普0024159

**儀禮約編二卷**　(清)汪基鈔撰　清光緒三十
二年(1906)陝西學務公所鉛印本　一冊　九
行二十二字小字雙行同白口四周雙邊

610000－1001－0016398　普0024160

**周禮約編六卷**　(清)汪基鈔撰　清光緒三十
二年(1906)陝西學務公所鉛印本　一冊　九
行二十二字小字雙行同白口四周雙邊　存二
卷(一至二)

610000－1001－0016399　普0024161

**禮器圖說五卷**　(清)汪基鈔撰　清光緒三十
三年(1907)陝西學務公所鉛印本　一冊　行
數不等字數不等白口四周單邊

610000－1001－0016400　普0024162

**欽定周官義疏四十八卷首一卷**　(清)鄂爾泰
等撰　清末刻本　八冊　八行十八字小字雙
行二十二字白口四周雙邊　存十二卷(三十
六至四十七)

610000－1001－0016401　普0024164

**史記菁華錄六卷**　(清)姚苧田撰　清光緒二
十七年(1901)上海廣益書局石印本　二冊
十八行三十六字白口四周雙邊

610000－1001－0016402　普0024165

**史鑑節要便讀六卷**　(清)鮑東里撰　清光緒
二十九年(1903)陝西官運書局鉛印本　二冊
十行十九字小字雙行不等白口左右雙邊

610000－1001－0016403　普0024167

**歷代史論十二卷續編一卷**　(明)張溥撰　**左
傳史論二卷**　(清)高士奇撰　**明史論四卷**
(清)谷應泰論正　清光緒鉛印本　六冊　十
五行三十九字白口四周雙邊

610000－1001－0016404　普0024168

**御批資治通鑑綱目五十九卷首一卷**　(宋)朱
熹撰　清刻本　一冊　十一行二十二字小字
雙行同下黑口四周雙邊　存二卷(十一至十
二)

610000－1001－0016405　普0024169

**欽定全唐文一千卷總目三卷**　(清)董誥等編
清刻本　一冊　十三行二十五字下黑口四
周單邊　存五卷(九百〇三至九百〇七)

610000－1001－0016406　普0024170

**御製曆象考成後編十卷**　(清)顧琮等編　清
刻本　一冊　九行字數不等白口四周雙邊
存一卷(一)

610000－1001－0016407　普0024172

**樊川文集二十卷別集一卷外集一卷**　(唐)杜
牧撰　清光緒二十二年(1896)蘇園影宋刻本
六冊　十行十八字白口左右雙邊

610000－1001－0016408　普0024173

**關中金石文字存逸考十二卷首一卷**　(清)毛
鳳枝撰　清光緒二十七年(1901)會稽顧氏江
西萍鄉署刻本　八冊　十行二十字小字雙行
同上下黑口左右雙邊

610000－1001－0016409　普0024174

**度隴記四卷**　(清)董醇撰　清咸豐元年
(1851)甘泉董氏刻本　四冊　九行二十四字
白口四周雙邊

610000－1001－0016410　普0024175

**嶼浮閣賦集一卷詩集十三卷**　(明)溫日知撰
清咸豐七年(1857)宏道書院刻本　二冊

十行二十二字白口左右雙邊

610000－1001－0016411　普0024176
**張子全書九種** （宋）張載撰　清光緒十七年(1891)三原傳經堂刻本　七冊　十行二十字小字雙行同上下黑口四周雙邊

610000－1001－0016412　普0024177
**思菴野錄二卷** （明）薛敬之撰　**思菴薛先生行實一卷賓興彩旗聯一卷** （明）薛楹編撰　清光緒九年(1883)渭南武鴻模刻本　三冊　十行二十一字白口四周雙邊

610000－1001－0016413　普0024179
**徐孝穆全集六卷** （南朝陳）徐陵撰　（清）吳兆宜箋注　清善化經濟書堂刻本　六冊　十行二十字小字雙行同上下黑口左右雙邊

610000－1001－0016414　普0024181
**松陽講義十二卷** （清）陸隴其撰　清光緒十四年(1888)涇陽柏經正堂刻本　六冊　九行二十三字下黑口左右雙邊

610000－1001－0016415　普0024187
**國朝宋學淵源記二卷** （清）江藩撰　清光緒二十二年(1896)修竹山房刻本　一冊　九行二十一字上下黑口左右雙邊

610000－1001－0016416　普0024188
**國朝漢學師承記八卷** （清）江藩撰　清光緒二十二年(1896)修竹山房刻本　五冊　九行二十一字上下黑口左右雙邊

610000－1001－0016417　普0024189
**增補東萊博議二十五卷** （宋）呂祖謙撰　**增補東萊博議虛字註釋六卷** （清）張文炳點定　清光緒二十九年(1903)秦中官書局石印本　四冊　十七行四十字白口四周單邊

610000－1001－0016418　普0024190
**梅氏叢書輯要二十一種附二種** （清）梅文鼎撰　清光緒十四年(1888)龍文書局石印本　六冊　二十二行二十四字白口四周雙邊

610000－1001－0016419　普0024191
**敏求機要十六卷** （元）劉實撰　清光緒二十

六年(1900)秦中官書局鉛印本　四冊　九行二十二字白口四周雙邊

610000－1001－0016420　普0024192
**曾文正公水陸行軍練兵志四卷** （清）王定安撰　清光緒二十六年(1900)柏經正堂刻本　二冊　十行二十二字上下黑口四周單邊

610000－1001－0016421　普0024194
**佩文韻府一百〇六卷** （清）張玉書等編　清光緒十三年(1887)上海點石齋石印本　六十冊　行數不等大小字不等白口四周雙邊

610000－1001－0016422　普0024195
**吾學錄初編二十四卷** （清）吳榮光撰　清光緒七年(1881)三原李氏桐蔭軒刻本　十二冊　九行二十一字小字雙行同白口左右雙邊

610000－1001－0016423　普0024196
**吾學錄初編二十四卷** （清）吳榮光撰　清光緒七年(1881)三原李氏桐蔭軒刻本　十二冊　九行二十一字小字雙行同白口左右雙邊

610000－1001－0016424　普0024198
**西政叢書三十二種** 梁啓超輯　清光緒二十三年(1897)慎記書莊石印本　三十二冊　十八行四十字小字雙行同白口四周雙邊

610000－1001－0016425　普0024200
**續增大生要旨六卷** （清）唐千頃纂　（清）何大生續增　（清）馬振蕃增補　清道光五年(1825)刻本　一冊　九行二十三字白口四周雙邊

610000－1001－0016426　普0024201
**聖諭像解二十卷** （清）梁延年輯　清光緒二十九年(1903)石印本　十冊　十行二十一字白口四周單邊

610000－1001－0016427　普0024213
**歐洲十九世紀史七編** （美國）軒利普格質撰　（清）麥鼎華譯　清光緒二十八年(1902)刻本　一冊　十三行三十六字白口四周雙邊

610000－1001－0016428　普0024214
**五大洲圖說五卷** （意大利）艾儒略撰　（清）

錢熙祚校　清光緒二十四年(1898)石印本　二冊　十一行二十三字上下黑口左右雙邊

610000 – 1001 – 0016429　普 0024215

戡定新疆記八卷　(清)魏光燾撰　清光緒二十五年(1899)鉛印本　二冊　十一行二十六字白口四周雙邊

610000 – 1001 – 0016430　普 0024216

戡定新疆記八卷　(清)魏光燾撰　清光緒二十五年(1899)鉛印本　二冊　十一行二十六字白口四周雙邊

610000 – 1001 – 0016431　普 0024217

西國近事彙編四卷　(清)蔡祚來撰　清光緒十九年(1893)刻本　四冊　十行二十四字上黑口四周雙邊

610000 – 1001 – 0016432　普 0024218

華盛頓全傳八卷　(清)黎汝謙議　清光緒十二年(1886)刻本　八冊　十行二十五字白口四周雙邊

610000 – 1001 – 0016433　普 0024219

咸同以來中俄交涉記三卷　(清)江標譯　清光緒二十一年(1895)刻本　一冊　十行二十二字白口左右雙邊

610000 – 1001 – 0016434　普 0024225

道光乙未陝西鄉試硃卷不分卷　(清)李濡勳撰　清道光十五年(1835)刻本　一冊　行數不等字數不等白口四周雙邊

610000 – 1001 – 0016435　普 0024226

光緒乙丑恩科陝西闈墨不分卷　(清)劉承鑒定　清光緒十五年(1889)刻本　一冊　行數不等二十五字白口四周單邊

610000 – 1001 – 0016436　普 0024227

咸豐辛亥恩科陝甘闈墨不分卷　(清)貢顏鑒定　清咸豐元年(1851)刻本　一冊　九行二十五字白口四周單邊

610000 – 1001 – 0016437　普 0024228

山西鄉試硃卷道光辛卯恩科不分卷　(清)楊棩撰　清道光刻本　一冊　九行二十五字白口四周雙邊

610000 – 1001 – 0016438　普 0024228

會試硃批光緒丙子恩科不分卷　(清)陳樹勳撰　清光緒刻本　一冊　九行二十五字白口四周雙邊

610000 – 1001 – 0016439　普 0024228

選拔貢卷光緒乙酉科不分卷　(清)郎炳勳撰　清光緒刻本　一冊　九行二十五字白口四周雙邊

610000 – 1001 – 0016440　普 0024228

會試硃卷光緒庚辰科不分卷　(清)李佩銘撰　清光緒刻本　一冊　九行二十五字白口四周雙邊

610000 – 1001 – 0016441　普 0024228

陝西鄉試硃卷光緒壬午科不分卷　李岳瑞撰　清光緒刻本　一冊　九行二十五字白口四周雙邊

610000 – 1001 – 0016442　普 0024228

陝西鄉試硃卷光緒乙亥恩科不分卷　(清)梅焱林撰　清光緒刻本　一冊　九行二十五字白口四周雙邊

610000 – 1001 – 0016443　普 0024228

陝西鄉試硃卷光緒乙卯科不分卷　(清)王履豫撰　清光緒刻本　一冊　九行二十五字白口四周雙邊

610000 – 1001 – 0016444　普 0024228

陝西鄉試硃卷光緒丙子科不分卷　(清)楊濱撰　清光緒刻本　一冊　九行二十五字白口四周雙邊

610000 – 1001 – 0016445　普 0024228

陝甘鄉試硃卷同治庚午科帶補丁卯科不分卷　(清)梁鑑撰　清同治、光緒刻本　一冊　九行二十五字白口四周雙邊

610000 – 1001 – 0016446　普 0024228

會試硃卷同治辛未科不分卷　(清)張恩榮撰　清同治、光緒刻本　一冊　九行二十五字白口四周雙邊

610000－1001－0016447　普 0024228

**陝西鄉試硃卷光緒乙酉科拔貢附後不分卷**
(清)雷登門　(清)梅承祈編　清光緒刻本
二冊　九行二十五字白口四周雙邊

610000－1001－0016448　普 0024228

**陝西西安府選拔貢卷咸豐辛酉科不分卷**
(清)李昌蔭撰　清咸豐刻本　一冊　九行二
十五字白口四周雙邊

610000－1001－0016449　普 0024236

**明刑管見錄一卷**　(清)穆翰撰　清同治十二
年(1873)刻本　一冊　十行二十四字小字雙
行同白口四周單邊

610000－1001－0016450　普 0024237

**刪除律例不分卷**　沈家本等編　清光緒三十
一年(1905)鉛印本　一冊　十一行二十二字
白口四周雙邊

610000－1001－0016451　普 0024238

**欽定工部則例一百十六卷首一卷**　(清)翁同
龢等修　清光緒十年(1884)刻本　三十九冊
九行二十字小字雙行同白口四周雙邊

610000－1001－0016452　普 0024243

**芥子園畫傳初集六卷二集九卷**　(清)王槩繪
清光緒十四年(1888)上海章福記書局石印
本　二冊　行數不等字數不等白口四周單邊

610000－1001－0016453　普 0024245

**法書二卷法書墨搨一卷名畫二卷**　(清)安岐
撰　清光緒二十六年(1900)鉛印本　一冊
九行二十二字白口四周雙邊　存一卷(名畫
上)

610000－1001－0016454　普 0024245

**法書二卷法書墨搨一卷名畫二卷**　(清)安岐
撰　清光緒二十六年(1900)鉛印本　五冊
九行二十二字白口四周雙邊

610000－1001－0016455　普 0024250

**學達觀齋制藝不分卷詩存不分卷**　(清)楊彥
修撰　清同治、光緒刻本　三冊　九行二十
五字白口四周雙邊

610000－1001－0016456　普 0024251

**唐詩別裁集引典備註二十卷**　(清)沈德潛選
(清)俞汝昌註　清道光十七年(1837)刻本
一冊　九行十九字小字雙行同白口四周雙
邊　存二卷(九至十)

610000－1001－0016457　普 0024252

**禮記易讀二卷**　(清)志遠堂主人選編　清光
緒二十六年(1900)書業德刻本　二冊　七行
二十字白口四周雙邊

610000－1001－0016458　普 0024254

**陝甘味經書院志一卷**　(清)劉光蕡編　清光
緒二十年(1894)陝西涇陽味經書院售書處刻
本　一冊　十行二十四字小字雙行同白口左
右雙邊

610000－1001－0016459　普 0024256

**待菴日札一卷**　(清)王弘撰著　(清)李龥龍
評　清光緒二十六年(1900)敬義堂刻本　一
冊　九行十九字小字雙行同白口四周單邊

610000－1001－0016460　普 0024258

**中倭戰守始末記四卷中法交涉一卷中俄交涉
一卷**　(清)□□編　清末石印本　二冊　十
九行四十字白口四周單邊　存四卷(一至四)

610000－1001－0016461　普 0024259

**大清搢紳全書不分卷**　(清)□□輯　清光緒
二十年(1894)北京琉璃廠榮錄堂刻本　二冊
十四行三十二字小字雙行同白口四周雙邊

610000－1001－0016462　普 0024260

**四聲便覽□□卷**　(清)余六師編　(清)余璽
鎮校勘　清同治十三年(1874)刻本　一冊
十行二十字小字雙行四十一字白口四周雙邊
存二卷(元集一、亨集二)

610000－1001－0016463　普 0024261

**詳註分韻試帖青雲集四卷**　(清)楊逢春等輯
(清)沈品華等注　(清)沈景福等考訂　清
道光十六年(1836)刻本　三冊　十行二十一
字小字雙行同白口四周單邊間四周雙邊

610000－1001－0016464　普 0024262

**字彙十二集首一卷末一卷**　(明)梅膺祚撰

清道光五年(1825)裕德堂刻本　十三冊　十行二十字小字雙行同白口左右雙邊　缺一卷(末一)

610000－1001－0016465　普0024263
**增像全圖三國演義六十卷一百二十回**　(清)毛宗崗評述　清末錦章書局石印本　九冊　十六行三十二字小字雙行不等白口四周雙邊　存二十七卷(五至六、十三至十八、三十三至三十五、三十九至四十一、四十五至五十、五十四至六十)

610000－1001－0016466　普0024264
**增像全圖三國志演義第一才子書十六卷一百二十回**　(清)毛宗崗評述　清末上海廣益書局石印本　一冊　十九行四十二字小字雙行同白口四周雙邊　存四卷(五至八)

610000－1001－0016467　普0024265
**四音釋義十二集**　(清)鄭長庚輯　(清)鄭謙校勘　(清)鄭廼莊編　清嘉慶二十五年(1820)刻本　十三冊　六行十二字小字雙行二十四字白口四周雙邊

610000－1001－0016468　普0024266
**周禮精華六卷**　(清)陳龍標編　清嘉慶十一年(1806)刻本　六冊　七行二十字白口四周雙邊

610000－1001－0016469　普0024267
**滄香齋試帖輯註二卷**　(清)王廷紹撰　(清)張熙宇輯評　(清)王植桂輯註　清光緒十六年(1890)茹古山房刻本　一冊　九行二十四字小字雙行同上下黑口四周單邊

610000－1001－0016470　普0024268
**四書題鏡不分卷**　(清)汪鯉翔撰　(清)汪皓崧等校勘　清刻本　一冊　十六行三十字白口四周單邊

610000－1001－0016471　普0024269
**新增繪圖幼學故事瓊林四卷首一卷**　(清)程允升撰　(清)鄒聖脉補　(清)謝梅林考訂　(清)石韞玉校勘　清宣統三年(1911)上海錦章圖書局石印本　五冊　十四行十八字小字

雙行五十二字白口四周雙邊

610000－1001－0016472　普0024270
**小學句讀記六卷首一卷**　(清)陳選　(清)王建常撰　(清)上官汝恢校勘　清同治十二年(1873)刻本　四冊　十行二十五字小字雙行同上下黑口四周雙邊

610000－1001－0016473　普0024271
**蘇州名勝圖詠四卷**　(清)郭衷恆輯　清刻本　一冊　七行十五字白口左右雙邊　存一卷(一)

610000－1001－0016474　普0024272
**三打天門陣四卷三十二回**　(□)□□撰　清末石印本　一冊　十七行三十六字白口四周雙邊　存一卷(四)

610000－1001－0016475　普0024273
**御選唐宋詩醇四十七卷目錄二卷**　(清)高宗弘曆選　(清)梁詩正等編　清刻本　一冊　九行十九字小字雙行同白口四周單邊　存二卷(四十四至四十五)

610000－1001－0016476　普0024275
**弟子規一卷**　(清)李毓秀撰　清刻本　一冊　五行三字白口四周雙邊

610000－1001－0016477　普0024276
**寄傲山房塾課新增幼學故事瓊林四卷首一卷**　(清)程允升撰　(清)鄒聖脉補　清光緒刻本　二冊　十行二十六字小字雙行同白口四周單邊　存二卷(二、四)

610000－1001－0016478　普0024277
**尺木堂綱鑑易知錄九十二卷**　(清)吳乘權等輯　清刻本　六冊　九行二十字小字雙行同白口四周單邊　存十三卷(四十八至四十九、五十五至五十七、六十至六十五、七十一至七十二)

610000－1001－0016479　普0024278
**關中書院課藝一卷附志學齋日記一卷**　(清)柏景偉編　清光緒十四年(1888)關中書院刻本　四冊　九行二十五字小字雙行同白口四周雙邊

610000 – 1001 – 0016480　普 0024280

**四音釋義十二集**　(清)鄭長庚輯　清道光刻本　一冊　六行十二字小字雙行二十四字白口四周雙邊　存二集(戌集、亥集)

610000 – 1001 – 0016481　普 0024281

**紫陽詩經八卷**　(宋)朱熹集傳　清末刻本　四冊　九行十七字小字雙行同白口四周單邊

610000 – 1001 – 0016482　普 0024284

**四書人物類典串珠四十卷**　(清)臧志仁編　清嘉慶至光緒刻本　十一冊　十行二十五字小字雙行同白口四周單邊　缺二卷(一、三十)

610000 – 1001 – 0016483　普 0024383

**唐陸宣公翰苑集二十四卷首一卷末一卷**　(唐)陸贄撰　(清)張佩芳注　清光緒十八年(1892)柏經正堂刻本　十二冊　九行二十一字小字雙行同下黑口左右雙邊

610000 – 1001 – 0016484　普 0024391

**金石三例再續編二種附二種**　(清)朱記榮輯　清光緒十三年(1887)吳縣朱記榮行素草堂刻本　四冊　十一行二十一字小字雙行同上下黑口左右雙邊

610000 – 1001 – 0016485　普 0024392

**寰宇訪碑錄十二卷**　(清)孫星衍　(清)邢澍撰　清嘉慶七年(1802)刻本　八冊　十一行二十二字小字雙行同白口左右雙邊

610000 – 1001 – 0016486　普 0024394

**古均閣寶刻錄一卷**　(清)許槤輯　清咸豐八年(1858)刻本　一冊　十行二十一字小字雙行同上下黑口左右雙邊

610000 – 1001 – 0016487　普 0024397

**詩經衍義合參大全八卷**　(清)黃維章　(清)江晉雲撰　清道光二十六年(1846)天德堂刻本　四冊　九行十七字小字雙行同白口左右雙邊

610000 – 1001 – 0016488　普 0024410

**新增四書備旨靈捷解八卷**　(清)張素存撰　(清)鄒蒼崖增補　清刻本　六冊　行數不等字數不等白口四周單邊

610000 – 1001 – 0016489　普 0024411

**重修南嶽志二十六卷**　(清)李元度重修　清光緒六年(1880)刻本　八冊　十行二十五字小字雙行同下黑口左右雙邊　存十三卷(一至十一、二十至二十一)

610000 – 1001 – 0016490　普 0024413

**儀禮經集注十七卷**　(明)張鳳翔撰　清刻本　八冊　九行十八字小字雙行同白口四周單邊　存十五卷(三至十七)

610000 – 1001 – 0016491　普 0024415

**新刊纂圖元亨療馬集六卷**　(明)喻本元(明)喻本亨撰　清刻本　一冊　十二行二十四字小字雙行同白口四周單邊

610000 – 1001 – 0016492　普 0024416

**文昌帝君陰隲文不分卷**　(清)劉世瑞注　清道光十六年(1836)扶風慎存堂刻本　一冊　八行二十五字小字雙行同白口四周雙邊

610000 – 1001 – 0016493　普 0024417

**桂舟遊草二卷**　(清)王站柱撰　清光緒刻本　一冊　八行十八字小字雙行同白口四周雙邊　存一卷(下)

610000 – 1001 – 0016494　普 0024419

**廣通報不分卷**　(清)廣通報館編　清光緒刻本　一冊　十一行三十二字白口四周單邊

610000 – 1001 – 0016495　普 0024421

**龍文鞭影二卷**　(明)蕭良有撰　(清)楊臣諍增訂　清刻本　二冊　十二行二十五字白口四周單邊

610000 – 1001 – 0016496　普 0024422

**刪註脈訣規正二卷**　(清)沈鏡刪註　清道光二十七年(1847)刻本　一冊　十行二十四字小字雙行同白口四周單邊　存一卷(下)

610000 – 1001 – 0016497　普 0024423

**新刻鍾伯敬先生批評封神演義三十卷**　(明)許仲琳撰　(明)鍾伯敬評述　清刻本　一冊　十二行三十字白口四周單邊　存二卷(一至二)

610000－1001－0016498　普0024426

[光緒]開化縣志十四卷首一卷　（清）徐名立
（清）潘紹詮修　（清）潘樹棠纂　清光緒二
十四年(1898)刻本　七冊　十行二十三字小
字雙行同下黑口左右雙邊　存八卷(七至十
四)

610000－1001－0016499　普0024427

息存室吟稿二卷　（清）杭溫如撰　清光緒三
十四年(1908)安康縣馬邑矦刻本　二冊　八
行二十一字小字雙行同白口四周雙邊

610000－1001－0016500　普0024428

眼科明目論一卷　（清）□□撰　清抄本　一
冊　行數不等字數不等

610000－1001－0016501　普0024432

欽定二十四史　清光緒三十四年(1908)上海
集成圖書公司鉛印本(宋書、魏書、遼史配五
洲同文局石印本,隋書配上海同文書局石印
本)　五十四冊　十三行四十字小字雙行同
白口四周單邊　存十四種

610000－1001－0016502　普0024439

六書通十卷　（明）閔齊伋輯　（清）畢弘述訂
清末刻本　八冊　行數不等字數不等白口
四周雙邊　缺二卷(三、十)

610000－1001－0016503　普0024440

四裔編年表四卷　（美國）林樂知　（清）嚴良
勳譯　（清）李鳳苞彙編　清光緒刻本　二冊
白口左右雙邊　存二卷(三至四)

610000－1001－0016504　普0024446

天下郡國利病書一百二十卷　（清）顧炎武撰
清末刻本　二十六冊　十行二十一字小字
雙行同白口左右雙邊　存四十四卷(五至六、
十一至十三、十六至二十二、二十六至二十
七、三十至三十二、三十九至四十一、四十九
至五十三、六十四至七十三、七十五至七十
六、九十七至一百、一百○八至一百十)

610000－1001－0016505　普0024454

浙江圖考一卷　（清）阮元撰　清嘉慶八年
(1803)刻本　一冊　十行二十字小字雙行同

白口四周雙邊

610000－1001－0016506　普0024456

琴譜新聲六卷首一卷　（清）曹尚絅輯　清同
治五年(1866)刻本　二冊　十行二十字白口
四周雙邊

610000－1001－0016507　普0024457

左文襄公全集目錄卷首一卷　（清）左宗棠撰
清光緒十六年(1890)刻本　一冊　九行二
十一字白口四周單邊

610000－1001－0016508　普0024467

裴文達公文集六卷補遺一卷奏議一卷詩集十
二卷和御製詩六卷　（清）裴曰修撰　清嘉慶
刻本　八冊　十行二十一字小字雙行同白口
四周雙邊

610000－1001－0016509　普0024470

得月樓賦鈔四編　（清）張元灝選評　（清）耿
覲等箋注　清光緒十三年(1887)鉛印本　四
冊　十四行二十九字小字雙行同白口四周
雙邊

610000－1001－0016510　普0024471

增廣賦海統編大全三十卷　（清）二雲樓主人
輯　清光緒石印本　八冊　三十行五十二字
小字雙行同白口四周單邊　存十三卷(一至
十三)

610000－1001－0016511　普0024472

尺木堂綱鑑易知錄九十二卷　（清）吳乘權等
輯　清光緒石印本　一冊　二十四行五十三
字小字雙行同白口四周雙邊　存二卷(十一
至十二)

610000－1001－0016512　普0024475

小學集註六卷　（宋）朱熹撰　清同治刻本
二冊　十二行二十五字小字雙行同白口四周
雙邊　存三卷(四至六)

610000－1001－0016513　普0024476

蕉庵琴譜四卷　（清）秦維瀚撰　清光緒三年
(1877)刻本　二冊　九行二十二字白口左右
雙邊　存二卷(二、四)

610000－1001－0016514　普0024477

**琴瑟合譜不分卷** （清）慶瑞撰　清同治九年
(1870)刻本　一冊　行數不等字數不等下黑
口四周單邊

610000－1001－0016515　普0024478

**漢中志一卷蜀志一卷南中志一卷** （晉）常璩
撰　清刻本　一冊　九行二十字白口左右
雙邊

610000－1001－0016516　普0024480

**寶雞縣脩城記一卷** （清）王金鱗撰　清光緒
十五年(1889)刻本　一冊　八行二十七至二
十九字不等白口四周雙邊

610000－1001－0016517　普0024482

**鳳翔縣採訪一卷** （□）□□撰　抄本　一冊
八行字數不等

610000－1001－0016518　普0024483

**[嘉慶]扶風縣志十八卷首一卷** （清）宋世犖
修　（清）吳鵬翔　（清）王澍棠纂　清嘉慶二
十三年(1818)刻本　三冊　十一行二十三字
小字雙行同白口左右雙邊　存十三卷(一至
五、十一至十八)

610000－1001－0016519　普0024484

**[嘉慶]扶風縣志十八卷首一卷** （清）宋世犖
修　（清）吳鵬翔　（清）王澍棠纂　清嘉慶二
十三年(1818)刻本　四冊　十一行二十三字
小字雙行同白口左右雙邊

610000－1001－0016520　普0024494

**[光緒]蒲城縣新志十三卷首一卷** （清）李體
仁修　（清）王學禮纂　清光緒三十一年
(1905)刻本　三冊　十二行二十四字小字雙
行同粗黑口四周單邊　存十卷(四至十三)

610000－1001－0016521　普0024496

**[道光]榆林府志五十卷首一卷** （清）李熙齡
纂修　清道光二十一年(1841)刻本　六冊
九行二十五字小字雙行同白口四周雙邊　存
二十二卷(二十九至五十)

610000－1001－0016522　普0024497

**[光緒]洋縣志八卷** （清）張鵬翼纂修　清光

緒二十四年(1898)青門寓廬刻本　一冊　十
行二十二字粗黑口四周雙邊　存二卷(一至
二)

610000－1001－0016523　普0024500

**[光緒]金山縣志三十卷首一卷** （清）龔寶琦
（清）崔廷鏞修　（清）黃厚本等纂　清光緒
四年(1878)刻本　二冊　十行二十二字小字
雙行同粗黑口左右雙邊　存七卷(七至十、十
四至十六)

610000－1001－0016524　普0024503

**[同治]畿輔通志三百卷首一卷** （清）李鴻章
等修　（清）黃彭年等纂　清同治十年(1871)
修光緒十年(1884)刻本　四十冊　十二行二
十五字小字雙行同白口四周雙邊　存五十三
卷(七至二十一、二十三至二十九、四十五、六
十九、一百四十三至一百六十二、一百七十七
至一百八十二、二百至二百○二)

610000－1001－0016525　普0024505

**[光緒]蠡縣志十卷** （清）韓志超　（清）何
雲誥修　（清）張瓚　（清）王其衡等纂　清光
緒二年(1876)刻本　一冊　十行二十字小字
雙行同白口四周雙邊　存一卷(七)

610000－1001－0016526　普0024510

**[嘉慶]長安縣志三十六卷** （清）張聰賢修
（清）董曾臣纂　清嘉慶二十年(1815)刻本
五冊　九行二十四字小字雙行同白口四周
單邊

610000－1001－0016527　普0024522

**[同治]續輯漢陽縣志二十八卷** （清）黃式度
修　（清）王柏心纂　清同治七年(1868)刻本
二十冊　九行二十一字白口四周雙邊

610000－1001－0016528　普0024523

**[同治]襄陽縣誌七卷首一卷** （清）楊宗時修
（清）崔淦纂　（清）吳耀斗續修　（清）李
士彬續纂　清刻本　一冊　十行二十四字小
字雙行同白口四周雙邊　存一卷(一下)

610000－1001－0016529　普0024526

**[同治]瀏陽縣志二十四卷** （清）王汝惺等修

（清）鄒焌杰等纂　清同治十二年(1873)刻本　五冊　十行二十三至二十四字不等小字雙行二十三字白口四周雙邊　存十一卷(五至十一、二十一至二十四)

610000－1001－0016530　普0024530

[同治]直隸澧州志二十六卷首三卷　（清）何玉棻修　（清）魏式曾纂　清同治十三年(1874)增刻本　四冊　十行二十二字白口四周雙邊　存四卷(一、五、九、二十一)

610000－1001－0016531　普0024539

[陝西旬邑]李氏家譜不分卷　（清）李永升撰　清道光抄本　一冊　五行字數不等四周雙邊

610000－1001－0016532　普0024541

[道光]永康縣志十二卷首一卷　（清）廖重機等修　（清）應曙霞等纂　清道光十七年(1837)刻本(卷六配抄本)　七冊　九行二十一字小字雙行同白口左右雙邊

610000－1001－0016533　普0024544

[光緒]溧陽縣續志十六卷末一卷　（清）朱畯等修　（清）馮煦等纂　清光緒二十五年(1899)木活字印本　二冊　十一行二十三字小字雙行同白口左右雙邊　存二卷(十三至十四)

610000－1001－0016534　普0024551

四書講義大全□□卷　（□）□□撰　清刻本　一冊　九行二十七字白口左右雙邊　存三卷(孟子講義四至六)

610000－1001－0016535　普0024554

評改先入言一卷　（清）慕甲榮著　（清）路德評改　清咸豐八年(1858)刻本　一冊　八行二十字白口四周雙邊

610000－1001－0016536　普0024555

四憶堂詩集六卷　（清）侯方域撰　（清）賈開宗等選注　清刻本　一冊　九行十八字小字雙行同白口左右雙邊

610000－1001－0016537　普0024556

痘科一得歌訣一卷　（清）劉企向撰　清刻本

一冊　九行二十字小字雙行同白口左右雙邊

610000－1001－0016538　普0024557

欽定儀禮義疏四十八卷首二卷　（清）允祿等撰　清刻本　四十冊　八行十八字小字雙行二十三字白口四周雙邊

610000－1001－0016539　普0024558

周禮十二卷　（漢）鄭玄注　（唐）陸德明音義　清光緒十二年(1886)刻本　六冊　九行十七字小字雙行同白口四周雙邊

610000－1001－0016540　普0024559

周禮六卷　（漢）鄭玄注　（唐）陸德明音義　清嘉慶十一年(1806)清芬閣刻本　六冊　十二行二十五字小字雙行三十八字白口左右雙邊

610000－1001－0016541　普0024560

周禮六卷　（漢）鄭玄注　（唐）陸德明音義　清嘉慶刻本　三冊　十二行二十五字小字雙行三十八字白口左右雙邊

610000－1001－0016542　普0024562

百家姓考略一卷　（清）王相撰　清同治九年(1870)刻本　一冊　行數不等字數不等白口四周雙邊

610000－1001－0016543　普0024565

陝西古蹟志二卷　（清）喬履信編　清刻本　二冊　十二行二十六字小字雙行同白口四周雙邊　存二卷(一至二)

610000－1001－0016544　普00009

西山先生真文忠公文集五十五卷目錄二卷　（宋）真德秀撰　清蒲城真氏拱極堂刻本　二十五冊　十行二十字白口四周雙邊　缺三卷(三至五)

610000－1001－0016545　普00013

西山先生真文忠公讀書記四十卷　（宋）真德秀撰　清刻本　二冊　十行二十一字白口四周雙邊　存二卷(三十八、四十)

610000－1001－0016546　普00014

古唐詩合解十二卷古詩四卷　（清）王堯衢注
（清）李模　（清）李桓校　清刻本　一冊
十行二十一字小字雙行同下黑口左右雙邊
存二卷（十一至十二）

610000－1001－0016547　普00015
胡文忠公遺集八十六卷首一卷　（清）胡林翼
撰　（清）鄭敦謹　（清）曾國荃纂輯　（清）
胡鳳丹重編　（清）徐家樑校正　清光緒十四
年(1888)上海著易堂鉛印本　五冊　十七行
四十字白口四周雙邊　缺四十一卷（十七至
四十六、五十八至六十八）

610000－1001－0016548　普00016
華嶽志八卷首一卷　（清）李榕纂修　清光緒
九年(1883)刻本　四冊　十行二十四字小字
雙行同白口四周單邊

610000－1001－0016549　普00017
華嶽志八卷首一卷　（清）李榕纂修　清光緒
九年(1883)刻本　三冊　十行二十四字小字
雙行同白口四周單邊　缺三卷（一、五，首一）

610000－1001－0016550　普00018
華嶽志八卷首一卷　（清）李榕纂修　清光緒
九年(1883)刻本　三冊　十行二十四字小字
雙行同白口四周單邊　缺四卷（一、四至五，
首一）

610000－1001－0016551　普00019
華嶽志八卷首一卷　（清）李榕輯　清光緒九
年(1883)刻本　一冊　十行二十四字小字雙
行同白口四周單邊　存三卷（六至八）

610000－1001－0016552　普00022
胡文忠公遺集八十六卷　（清）胡林翼撰
(清)鄭敦謹　（清）曾國荃編輯　清刻本　三
冊　十行二十字上下黑口四周雙邊　存十二
卷（三十八至四十五、七十至七十三）

610000－1001－0016553　普00023
胡文忠公遺集十卷首一卷　（清）胡林翼撰
(清)閻敬銘　（清）厲雲官輯　清刻本　五冊
九行二十字下黑口四周雙邊　缺四卷（二
至三、六，首一）

610000－1001－0016554　普00024
[光緒]乾州志稿十四卷首一卷附別錄四卷乾
陽殉難士女錄一卷　（清）周銘旂纂修　清光
緒十年(1884)乾陽書院刻本　七冊　十二行
二十四字小字雙行同上下黑口左右雙邊

610000－1001－0016555　普00025
[光緒]乾州志稿十四卷首一卷附別錄四卷乾
州殉難士女錄一卷　（清）周銘旂纂修　清光
緒十年(1884)乾陽書院刻本　三冊　十二行
二十四字小字雙行同上下黑口左右雙邊　存
十四卷（一至十四）

610000－1001－0016556　普00026
養一齋文集二十卷　（清）李兆洛撰　清刻本
四冊　十二行二十二字上黑口左右雙邊
存九卷（三至四、十至十六）

610000－1001－0016557　普00027
御選唐詩三十二卷目錄三卷　（清）聖祖玄燁
選　（清）陳廷敬等編　清刻本　十七冊　七
行十六字小字雙行二十一字白口四周雙邊
存十七卷（十二、十七至三十二）

610000－1001－0016558　普00028
律賦必以集二卷餘論一卷　（清）顧蓴輯　清
刻本　一冊　十行二十二字小字雙行同白口
四周雙邊　存一卷（二）

610000－1001－0016559　普00029
新鐫玉茗堂批點按鑑參補南宋志傳十卷五十
回　（清）李邦熾訂正　（明）湯顯祖批點　清
刻本　一冊　十二行二十四字白口四周單邊
存三卷（一至三）

610000－1001－0016560　普00032
增補事類統編九十三卷首一卷　（清）黃葆真
增輯　清刻本　一冊　九行二十一字小字雙
行同白口四周雙邊　存四卷（六十至六十三）

610000－1001－0016561　普00033
花箋錄二十卷　（清）孫兆溎輯　清咸豐二年
(1852)刻本　八冊　十行二十一字小字雙行
同下黑口四周雙邊　缺三卷（六至七、九）

610000－1001－0016562　普00034

兩般秋雨盦隨筆八卷　（清）梁紹壬撰　清光緒四年(1878)大文堂刻本　八冊　九行二十一字上下黑口左右雙邊

610000－1001－0016563　普00035

欽定四庫全書簡明目錄二十卷首一卷　（清）紀昀等撰　清刻本　四冊　九行二十一字小字雙行同白口左右雙邊　存七卷(一至六、十五)

610000－1001－0016564　普00036

欽定四庫全書簡明目錄二十卷首一卷　（清）紀昀等撰　清光緒二十年(1894)石印本　三冊　二十一行五十六字白口左右雙邊　缺四卷(一至四)

610000－1001－0016565　普00037

雨村詩話十六卷　（清）李調元著　清刻本三冊　十行二十一字白口四周單邊　缺四卷(十三至十六)

610000－1001－0016566　普00038

呻吟語六卷　（明）呂坤撰　清道光十七年(1837)刻本　五冊　九行二十二字白口四周雙邊

610000－1001－0016567　普00039

呻吟語六卷　（明）呂坤撰　清同治十三年(1874)木犀山房刻本　三冊　九行二十一字白口左右雙邊　存三卷(一、三、六)

610000－1001－0016568　普00040

增補事類統編九十三卷首一卷　（清）黃葆真增輯　清刻本　六冊　九行二十一字小字雙行同白口四周單邊　存十六卷(五至十、二十六至二十七、四十一至四十二、四十六至四十八、五十七至五十九)

610000－1001－0016569　普00042

玉海二百卷附刻十四種　（宋）王應麟撰　清光緒刻本　四十四冊　十行二十字小字雙行同白口四周雙邊　存五種

610000－1001－0016570　普00043

芥子園畫傳三集六卷　（清）王蓍摹繪　清光緒十四年(1888)石印本　一冊　行數不等大

小字不等白口四周單邊　存二卷(一至二)

610000－1001－0016571　普00045

古詩源十二卷　（清）沈德潛選　清光緒十八年(1892)文章書局刻本　四冊　十行二十二字小字雙行同白口四周雙邊　存四卷(一至四)

610000－1001－0016572　普00046

治心齋琴學練要五卷　（清）王善編輯　清刻本　四冊　九行大小字不等白口四周單邊缺一卷(一)

610000－1001－0016573　普00049

前漢書一百二十卷　（漢）班固撰　（唐）顏師古注　清光緒二十三年(1897)味經刊書處刻本　四十八冊　十一行二十一字小字雙行同白口四周雙邊

610000－1001－0016574　普00050

史記一百三十卷　（漢）司馬遷撰　（南朝宋）裴駰集解　（唐）司馬貞索隱　（唐）張守節正義　（清）張照謹考證　補史記一卷　（唐）司馬貞撰并注　史記正義論例列國分野一卷（唐）張守節撰　清刻本　十三冊　十行二十一字小字雙行同白口左右雙邊　缺四十三卷(一至四十三)

610000－1001－0016575　普00051

古文觀止十二卷　（清）吳乘權　（清）吳大職編　清刻本　一冊　十行二十四字小字雙行同白口四周單邊　存二卷(十一至十二)

610000－1001－0016576　普00053

詩韻集成題考合刻九卷首一卷　（清）余照輯　（清）一適主人編次　（清）王文淵合編（清）魏朝俊校刊　清光緒十四年(1888)墨耕堂刻本　五冊　九行十五字小字雙行三十字白口左右雙邊

610000－1001－0016577　普00055

結水滸全傳七十卷末一卷　（清）俞萬春撰　清咸豐七年(1857)刻本　六冊　八行二十二字白口左右雙邊　存二十一卷(三十二至五十二)

610000－1001－0016578　普00057

漢魏六朝百三名家集　（明）張溥輯　清光緒
十八年(1892)刻本　八冊　九行十八字小字
雙行同白口左右雙邊　存十一種

610000－1001－0016579　普00059

玉溪生詩意八卷　（唐）李商隱撰　（清）屈復
箋注　清道光十年(1830)刻本　一冊　十行
二十二字小字雙行同白口四周單邊　存二卷
（四至五）

610000－1001－0016580　普00061

古文淵鑒六十四卷　（清）徐乾學等編注　清
刻本　三十冊　九行二十字小字雙行同上下
黑口四周單邊　存四十九卷（十六至六十四）

610000－1001－0016581　普00062

夢溪筆談二十六卷　（宋）沈括撰　清刻本
一冊　九行二十字小字雙行同白口四周單邊
存九卷（一至九）

610000－1001－0016582　普00063

古文雅正十四卷　（清）蔡世遠撰　清同治七
年(1868)曾氏刻本　二冊　十行二十二字白
口左右雙邊間四周單邊　存五卷（三至七）

610000－1001－0016583　普00064

經星匯考一卷附步天歌一卷上元甲子恆星表
一卷　（清）賈步緯撰　清江南機器製造總局
刻本暨鉛印本　一冊　行數不等字數不等上
下黑口左右雙邊

610000－1001－0016584　普00065

經濟尋源九卷　（□）□□輯　清刻本　一冊
八行二十二字白口四周雙邊　存一卷（五）

610000－1001－0016585　普00066

歷代帝王法帖釋文十卷　（清）徐朝弼集釋
清嘉慶十七年(1812)刻本　一冊　九行二十
字小字雙行二十四字白口四周雙邊

610000－1001－0016586　普00067

蒙齋集二十卷　（宋）袁甫撰　清刻本　一冊
九行二十一字白口四周雙邊　存四卷（一
至四）

610000－1001－0016587　普00068

三通考輯要　（清）湯壽潛輯要　清光緒二十
五年(1899)圖書集成局鉛印本　二十九冊
十四行四十二字小字雙行同白口四周單邊
存一種

610000－1001－0016588　普00069

皇朝經世文續編一百二十卷　（清）葛士濬輯
清光緒二十三年(1897)武進盛氏思補樓刻
本　一冊　十一行二十四字下黑口四周雙邊
存一卷（一）

610000－1001－0016589　普00070

御撰資治通鑑綱目三編二十卷　（清）張廷玉
等編　清石印本　一冊　二十六行五十二字
小字雙行同白口四周雙邊

610000－1001－0016590　普00071

八線簡表一卷　（清）賈步緯校述　清江南機
器製造總局刻本暨鉛印本　一冊　行數不等
大小字不等上下黑口四周單邊

610000－1001－0016591　普00072

八線簡表一卷　（清）賈步緯校述　清江南機
器製造總局刻本暨鉛印本　一冊　行數不等
大小字不等上下黑口四周單邊

610000－1001－0016592　普00074

五禮通考二百六十二卷總目二卷首四卷
（清）秦蕙田撰　清刻本　六十四冊　十三行
二十一字小字雙行三十一字白口左右雙邊
存一百七十一卷（十三至一百八十三）

610000－1001－0016593　普00075

香豔叢書三百二十八種　（清）蟲天子輯　清
宣統國學扶輪社鉛印本　三十八冊　十三行
三十字小字雙行同上下黑口四周雙邊　存一
百五十五種

610000－1001－0016594　普00076

奇門遁甲統宗十二卷　（三國蜀）諸葛亮撰
清刻本　一冊　九行二十字白口四周單邊
存三卷（四至六）

610000－1001－0016595　普00077

三蘇策論十二卷　（宋）蘇洵等撰　清光緒二
十七年(1901)鍊石書局石印本　六冊　十八

行四十二字白口四周雙邊

610000－1001－0016596　普00078

**三蘇策論十二卷**　（宋）蘇洵等撰　清光緒二十七年(1901)鍊石書局石印本　六冊　十八行四十二字白口四周雙邊

610000－1001－0016597　普00079

**三蘇策論十二卷**　（宋）蘇洵等撰　清光緒二十七年(1901)鍊石書局石印本　六冊　十八行四十二字白口四周雙邊

610000－1001－0016598　普00080

**三蘇策論十二卷**　（宋）蘇洵等撰　清光緒二十七年(1901)鍊石書局石印本　六冊　十八行四十二字白口四周雙邊

610000－1001－0016599　普00081

**三蘇策論十二卷**　（宋）蘇洵等撰　清光緒二十七年(1901)鍊石書局石印本　六冊　十八行四十二字白口四周雙邊

610000－1001－0016600　普00082

**三蘇策論十二卷**　（宋）蘇洵等撰　清光緒二十七年(1901)鍊石書局石印本　六冊　十八行四十二字白口四周雙邊

610000－1001－0016601　普00083

**三蘇策論十二卷**　（宋）蘇洵等撰　清光緒二十七年(1901)鍊石書局石印本　六冊　十八行四十二字白口四周雙邊

610000－1001－0016602　普00084

**三蘇策論十二卷**　（宋）蘇洵等撰　清光緒二十七年(1901)鍊石書局石印本　六冊　十八行四十二字白口四周雙邊

610000－1001－0016603　普00085

**三蘇策論十二卷**　（宋）蘇洵等撰　清光緒二十七年(1901)鍊石書局石印本　六冊　十八行四十二字白口四周雙邊

610000－1001－0016604　普00086

**三蘇策論十二卷**　（宋）蘇洵等撰　清光緒二十七年(1901)鍊石書局石印本　六冊　十八行四十二字白口四周雙邊

610000－1001－0016605　普00087

**三蘇策論十二卷**　（宋）蘇洵等撰　清光緒二十七年(1901)鍊石書局石印本　六冊　十八行四十二字白口四周雙邊

610000－1001－0016606　普00088

**三蘇策論十二卷**　（宋）蘇洵等撰　清光緒二十七年(1901)鍊石書局石印本　六冊　十八行四十二字白口四周雙邊

610000－1001－0016607　普00089

**三蘇策論十二卷**　（宋）蘇洵等撰　清光緒二十七年(1901)鍊石書局石印本　二冊　十八行四十二字白口四周雙邊　存四卷(一至二、十一至十二)

610000－1001－0016608　普00090

**寶藏興焉十二卷**　（英國）費而奔著　（英國）傅蘭雅口譯　（清）徐壽筆述　清石印本　四冊　十六行四十三字小字雙行同白口四周雙邊　存八卷(三至四、六、八至十二)

610000－1001－0016609　普00091

**策學備纂三十二卷目錄三十二卷首一卷**　（清）蔡啟盛輯　（清）吳潁炎纂　清光緒二十六年(1900)上海點石齋石印本　三冊　二十四行五十五字小字雙行同白口四周單邊　存三卷(七、十四、二十五)

610000－1001－0016610　普00092

**增廣試帖詩海三十二卷**　（清）經訓堂主人選輯　清光緒十九年(1893)積山書局石印本　一冊　三十六行三十字白口四周單邊　存三卷(五至七)

610000－1001－0016611　普00093

**十六國春秋一百卷**　（北魏）崔鴻撰　清光緒十二年(1886)刻本　十冊　十一行二十三字小字雙行同白口四周雙邊　存八十七卷(十四至一百)

610000－1001－0016612　普00094

**十六國春秋一百卷**　（北魏）崔鴻撰　清光緒十二年(1886)刻本　五冊　十一行二十三字小字雙行同白口四周雙邊　存四十七卷(四

十六至七十三、八十二至一百）

610000 - 1001 - 0016613　普00095

二十五子彙函　（清)鴻文書局輯　清光緒十
九年(1893)上海鴻文書局石印本　一冊　二
十四行五十八字小字雙行同上下黑口左右雙
邊　存二種

610000 - 1001 - 0016614　普00096

二百十一科鄉會文統不分卷　（清)舒家塿輯
　國朝貢舉年表三卷首一卷　（清)陳國霖等
編　清光緒十九年(1893)上海書局石印本
十二冊　行數不等大小字不等白口四周單邊

610000 - 1001 - 0016615　普00097

洋務時事彙編八卷　（清)葛子源輯　清光緒
二十四年(1898)上海書局石印本　十二冊
十六行四十字小字雙行同白口四周雙邊

610000 - 1001 - 0016616　普00098

卜筮正宗十四卷　（清)王維德輯　清刻本
二冊　十行二十字小字雙行同白口左右雙邊
　存七卷(一至七)

610000 - 1001 - 0016617　普00099

子史精華一百六十卷　（清)允禄　（清)吳襄
等纂　清刻本　十六冊　八行二十四字小字
雙行同白口四周雙邊　存八十四卷(一至四
十一、四十九至五十二、六十二至八十、一百
十八至一百三十七)

610000 - 1001 - 0016618　普00100

小題四萬選不分卷　（□)□□撰　清石印本
　九冊　三十行字數不等白口四周單邊

610000 - 1001 - 0016619　普00101

增補事類統編九十三卷首一卷　（清)黃葆真
增輯　清光緒十四年(1888)上海積山書局石
印本　十冊　十五行四十二字小字雙行同白
口四周單邊　存七十五卷(一至七十五)

610000 - 1001 - 0016620　普00102

賦海大觀三十二卷　（清)鴻寶齋主人編　清
光緒十六年(1890)石印本　七冊　二十五行
六十字小字雙行同白口四周雙邊　存七卷
(五至十一)

610000 - 1001 - 0016621　普00103

御撰資治通鑑綱目三編二十卷　（清)張廷玉
等編　清石印本　一冊　二十六行五十二字
小字雙行同白口四周雙邊

610000 - 1001 - 0016622　普00109

子史精華一百六十卷　（清)允禄　（清)吳襄
等纂　清刻本　十一冊　八行二十四字小字
雙行同白口四周雙邊　存三十七卷(八十一
至一百十七)

610000 - 1001 - 0016623　普00111

六朝文絜四卷　（清)許槤評選　（清)朱鈞參
校　清光緒三年(1877)讀有用書齋刻朱墨印
本　二冊　九行十八字上下黑口左右雙邊
存四卷

610000 - 1001 - 0016624　普00112

山東鹽法志二十二卷附編十卷　（清)宋湘纂
　清刻本　一冊　九行二十四字白口四周雙
邊　存一卷(二)

610000 - 1001 - 0016625　普00113

硃批諭旨不分卷　（清)世宗胤禛批　清石印
本　三十五冊　行數不等字數不等白口四周
雙邊

610000 - 1001 - 0016626　普00114

曾文正公全集十五種　（清)曾國藩撰　清同
治、光緒傳忠書局刻本　三十一冊　十行二
十四字小字雙行同上下黑口左右雙邊　存
十種

610000 - 1001 - 0016627　普00115

山東鹽法續增備考六卷　（清)□□輯　清刻
本　五冊　九行二十二字小字雙行同白口四
周雙邊　存四卷(三至五上、六)

610000 - 1001 - 0016628　普00116

六書分類十二卷首一卷　（清)傅世垚撰　清
康熙三十八年(1699)聽松閣刻本　十三冊
八行十六字小字雙行不等白口四周單邊　缺
一卷(十一)

610000 - 1001 - 0016629　普00118

禮記約編五卷　（清)汪基鈔譔　（清)江永校

纂　清光緒三十二年(1906)陝西學務公所鉛
印本　五冊　九行二十二字小字雙行同白口
四周雙邊

610000－1001－0016630　普00119
**禮記約編五卷**　(清)汪基鈔撰　(清)江永校
纂　清光緒三十二年(1906)陝西學務公所鉛
印本　五冊　九行二十二字小字雙行同白口
四周雙邊

610000－1001－0016631　普00120
**禮記約編五卷**　(清)汪基鈔撰　(清)江永校
纂　清光緒三十二年(1906)陝西學務公所鉛
印本　五冊　九行二十二字小字雙行同白口
四周雙邊

610000－1001－0016632　普00121
**禮記約編五卷**　(清)汪基鈔撰　(清)江永校
纂　清光緒三十二年(1906)陝西學務公所鉛
印本　五冊　九行二十二字小字雙行同白口
四周雙邊

610000－1001－0016633　普00122
**禮記約編五卷**　(清)汪基鈔撰　(清)江永校
纂　清光緒三十二年(1906)陝西學務公所鉛
印本　五冊　九行二十二字小字雙行同白口
四周雙邊

610000－1001－0016634　普00123
**禮記約編五卷**　(清)汪基鈔撰　(清)江永校
纂　清光緒三十二年(1906)陝西學務公所鉛
印本　五冊　九行二十二字小字雙行同白口
四周雙邊

610000－1001－0016635　普00124
**禮記約編五卷**　(清)汪基鈔撰　(清)江永校
纂　清光緒三十二年(1906)陝西學務公所鉛
印本　五冊　九行二十二字小字雙行同白口
四周雙邊

610000－1001－0016636　普00125
**禮記約編五卷**　(清)汪基鈔撰　(清)江永校
纂　清光緒三十二年(1906)陝西學務公所鉛
印本　五冊　九行二十二字小字雙行同白口
四周雙邊

610000－1001－0016637　普00126
**禮記約編五卷**　(清)汪基鈔撰　(清)江永校
纂　清光緒三十二年(1906)陝西學務公所鉛
印本　五冊　九行二十二字小字雙行同白口
四周雙邊

610000－1001－0016638　普00127
**禮記約編五卷**　(清)汪基鈔撰　(清)江永校
纂　清光緒三十二年(1906)陝西學務公所鉛
印本　五冊　九行二十二字小字雙行同白口
四周雙邊

610000－1001－0016639　普00128
**禮記約編五卷**　(清)汪基鈔撰　(清)江永校
纂　清光緒三十二年(1906)陝西學務公所鉛
印本　五冊　九行二十二字小字雙行同白口
四周雙邊

610000－1001－0016640　普00129
**禮記約編五卷**　(清)汪基鈔撰　(清)江永校
纂　清光緒三十二年(1906)陝西學務公所鉛
印本　五冊　九行二十二字小字雙行同白口
四周雙邊

610000－1001－0016641　普00130
**禮記約編五卷**　(清)汪基鈔撰　(清)江永校
纂　清光緒三十二年(1906)陝西學務公所鉛
印本　五冊　九行二十二字小字雙行同白口
四周雙邊

610000－1001－0016642　普00131
**禮記約編五卷**　(清)汪基鈔撰　(清)江永校
纂　清光緒三十二年(1906)陝西學務公所鉛
印本　五冊　九行二十二字小字雙行同白口
四周雙邊

610000－1001－0016643　普00132
**禮記約編五卷**　(清)汪基鈔撰　(清)江永校
纂　清光緒三十二年(1906)陝西學務公所鉛
印本　五冊　九行二十二字小字雙行同白口
四周雙邊

610000－1001－0016644　普00133
**禮記約編五卷**　(清)汪基鈔撰　(清)江永校
纂　清光緒三十二年(1906)陝西學務公所鉛

印本　五冊　九行二十二字小字雙行同白口
四周雙邊

610000－1001－0016645　普00134
**禮記約編五卷**　(清)汪基鈔譔　(清)江永校
纂　清光緒三十二年(1906)陝西學務公所鉛
印本　五冊　九行二十二字小字雙行同白口
四周雙邊

610000－1001－0016646　普00135
**禮記約編五卷**　(清)汪基鈔譔　(清)江永校
纂　清光緒三十二年(1906)陝西學務公所鉛
印本　五冊　九行二十二字小字雙行同白口
四周雙邊

610000－1001－0016647　普00136
**禮記約編五卷**　(清)汪基鈔譔　(清)江永校
纂　清光緒三十二年(1906)陝西學務公所鉛
印本　五冊　九行二十二字小字雙行同白口
四周雙邊

610000－1001－0016648　普00137
**禮記約編五卷**　(清)汪基鈔譔　(清)江永校
纂　清光緒三十二年(1906)陝西學務公所鉛
印本　五冊　九行二十二字小字雙行同白口
四周雙邊

610000－1001－0016649　普00138
**墨緣彙觀四卷**　(清)安岐撰　清光緒二十六
年(1900)鉛印本　六冊　九行二十一字白口
四周雙邊

610000－1001－0016650　普00139
**墨緣彙觀四卷**　(清)安岐撰　清光緒二十六
年(1900)鉛印本　六冊　九行二十一字白口
四周雙邊

610000－1001－0016651　普00140
**墨緣彙觀四卷**　(清)安岐撰　清光緒二十六
年(1900)鉛印本　六冊　九行二十一字白口
四周雙邊

610000－1001－0016652　普00141
**墨緣彙觀四卷**　(清)安岐撰　清光緒二十六
年(1900)鉛印本　六冊　九行二十一字白口
四周雙邊

610000－1001－0016653　普00142
**墨緣彙觀四卷**　(清)安岐撰　清光緒二十六
年(1900)鉛印本　六冊　九行二十一字白口
四周雙邊

610000－1001－0016654　普00143
**墨緣彙觀四卷**　(清)安岐撰　清光緒二十六
年(1900)鉛印本　六冊　九行二十一字白口
四周雙邊

610000－1001－0016655　普00144
**墨緣彙觀四卷**　(清)安岐撰　清光緒二十六
年(1900)鉛印本　六冊　九行二十一字白口
四周雙邊

610000－1001－0016656　普00145
**墨緣彙觀四卷**　(清)安岐撰　清光緒二十六
年(1900)鉛印本　六冊　九行二十一字白口
四周雙邊

610000－1001－0016657　普00146
**墨緣彙觀四卷**　(清)安岐撰　清光緒二十六
年(1900)鉛印本　六冊　九行二十一字白口
四周雙邊

610000－1001－0016658　普00147
**墨緣彙觀四卷**　(清)安岐撰　清光緒二十六
年(1900)鉛印本　六冊　九行二十一字白口
四周雙邊

610000－1001－0016659　普00148
**芥子園畫傳二集九卷**　(清)王蓍摹繪　清光
緒十四年(1888)石印本　三冊　行數不等大
小字不等白口四周單邊　缺二卷(三至四)

610000－1001－0016660　普00149
**欽定四庫全書簡明目錄二十卷首一卷**　(清)
紀昀等撰　清刻本　七冊　九行二十一字小
字雙行同白口左右雙邊　缺十卷(三至十一、
首一)

610000－1001－0016661　普00150
**皇朝經世文續編一百二十卷**　(清)葛士濬輯
　清光緒十四年(1888)上海圖書集成局鉛印
本　二十四冊　十三行四十字白口四周單邊
　存八十三卷(一至八十三)

610000－1001－0016662　普00151

**皇朝經世文編一百二十卷姓名總目二卷**
(清)賀長齡輯　清道光七年(1827)刻本　五
十五冊　十一行二十四字小字雙行同白口左
右雙邊　存八十七卷(一至二十一、三十四至
五十六、六十九至一百〇九,姓名總目一至
二)

610000－1001－0016663　普00152

禮記約編五卷　(清)汪基鈔譔　(清)江永校
纂　清光緒三十二年(1906)陝西學務公所鉛
印本　五冊　九行二十二字小字雙行同白口
四周雙邊

610000－1001－0016664　普00153

禮記約編五卷　(清)汪基鈔譔　(清)江永校
纂　清光緒三十二年(1906)陝西學務公所鉛
印本　五冊　九行二十二字小字雙行同白口
四周雙邊

610000－1001－0016665　普00154

禮記約編五卷　(清)汪基鈔譔　(清)江永校
纂　清光緒三十二年(1906)陝西學務公所鉛
印本　五冊　九行二十二字小字雙行同白口
四周雙邊

610000－1001－0016666　普00155

禮記約編五卷　(清)汪基鈔譔　(清)江永校
纂　清光緒三十二年(1906)陝西學務公所鉛
印本　五冊　九行二十二字小字雙行同白口
四周雙邊

610000－1001－0016667　普00156

禮記約編五卷　(清)汪基鈔譔　(清)江永校
纂　清光緒三十二年(1906)陝西學務公所鉛
印本　五冊　九行二十二字小字雙行同白口
四周雙邊

610000－1001－0016668　普00157

禮記約編五卷　(清)汪基鈔譔　(清)江永校
纂　清光緒三十二年(1906)陝西學務公所鉛
印本　五冊　九行二十二字小字雙行同白口
四周雙邊

610000－1001－0016669　普00158

禮記約編五卷　(清)汪基鈔譔　(清)江永校
纂　清光緒三十二年(1906)陝西學務公所鉛
印本　五冊　九行二十二字小字雙行同白口
四周雙邊

610000－1001－0016670　普00159

禮記約編五卷　(清)汪基鈔譔　(清)江永校
纂　清光緒三十二年(1906)陝西學務公所鉛
印本　五冊　九行二十二字小字雙行同白口
四周雙邊

610000－1001－0016671　普00160

禮記約編五卷　(清)汪基鈔譔　(清)江永校
纂　清光緒三十二年(1906)陝西學務公所鉛
印本　五冊　九行二十二字小字雙行同白口
四周雙邊

610000－1001－0016672　普00161

禮記約編五卷　(清)汪基鈔譔　(清)江永校
纂　清光緒三十二年(1906)陝西學務公所鉛
印本　五冊　九行二十二字小字雙行同白口
四周雙邊

610000－1001－0016673　普00162

禮記約編五卷　(清)汪基鈔譔　(清)江永校
纂　清光緒三十二年(1906)陝西學務公所鉛
印本　五冊　九行二十二字小字雙行同白口
四周雙邊

610000－1001－0016674　普00163

禮記約編五卷　(清)汪基鈔譔　(清)江永校
纂　清光緒三十二年(1906)陝西學務公所鉛
印本　五冊　九行二十二字小字雙行同白口
四周雙邊

610000－1001－0016675　普00164

禮記約編五卷　(清)汪基鈔譔　(清)江永校
纂　清光緒三十二年(1906)陝西學務公所鉛
印本　五冊　九行二十二字小字雙行同白口
四周雙邊

610000－1001－0016676　普00165

禮記約編五卷　(清)汪基鈔譔　(清)江永校
纂　清光緒三十二年(1906)陝西學務公所鉛
印本　五冊　九行二十二字小字雙行同白口

四周雙邊

610000－1001－0016677　普00166
**禮記約編五卷** （清）汪基鈔譔 （清）江永校
纂　清光緒三十二年(1906)陝西學務公所鉛
印本　五冊　九行二十二字小字雙行同白口
四周雙邊

610000－1001－0016678　普00167
**禮記約編五卷** （清）汪基鈔譔 （清）江永校
纂　清光緒三十二年(1906)陝西學務公所鉛
印本　五冊　九行二十二字小字雙行同白口
四周雙邊

610000－1001－0016679　普00168
**禮記約編五卷** （清）汪基鈔譔 （清）江永校
纂　清光緒三十二年(1906)陝西學務公所鉛
印本　五冊　九行二十二字小字雙行同白口
四周雙邊

610000－1001－0016680　普00169
**禮記約編五卷** （清）汪基鈔譔 （清）江永校
纂　清光緒三十二年(1906)陝西學務公所鉛
印本　五冊　九行二十二字小字雙行同白口
四周雙邊

610000－1001－0016681　普00170
**禮記約編五卷** （清）汪基鈔譔 （清）江永校
纂　清光緒三十二年(1906)陝西學務公所鉛
印本　五冊　九行二十二字小字雙行同白口
四周雙邊

610000－1001－0016682　普00171
**禮記約編五卷** （清）汪基鈔譔 （清）江永校
纂　清光緒三十二年(1906)陝西學務公所鉛
印本　五冊　九行二十二字小字雙行同白口
四周雙邊

610000－1001－0016683　普00172
**中阿含經六十卷** （晉）釋瞿曇僧伽提婆譯
**菩薩瓔珞經二十卷** （後秦）釋竺佛念譯　清
刻本　五冊　十行二十字小字雙行同白口四
周雙邊　存二十五卷(中阿含經一至十,菩薩
瓔珞經一至五、十一至二十)

610000－1001－0016684　普00173

**儀禮約編二卷** （清）汪基鈔譔　清光緒三十
二年(1906)陝西學務公所鉛印本　一冊　九
行二十二字小字雙行同白口四周雙邊

610000－1001－0016685　普00174
**儀禮約編二卷** （清）汪基鈔譔　清光緒三十
二年(1906)陝西學務公所鉛印本　一冊　九
行二十二字小字雙行同白口四周雙邊

610000－1001－0016686　普00175
**儀禮約編二卷** （清）汪基鈔譔　清光緒三十
二年(1906)陝西學務公所鉛印本　一冊　九
行二十二字小字雙行同白口四周雙邊

610000－1001－0016687　普00176
**儀禮約編二卷** （清）汪基鈔譔　清光緒三十
二年(1906)陝西學務公所鉛印本　一冊　九
行二十二字小字雙行同白口四周雙邊

610000－1001－0016688　普00177
**儀禮約編二卷** （清）汪基鈔譔　清光緒三十
二年(1906)陝西學務公所鉛印本　一冊　九
行二十二字小字雙行同白口四周雙邊

610000－1001－0016689　普00178
**儀禮約編二卷** （清）汪基鈔譔　清光緒三十
二年(1906)陝西學務公所鉛印本　一冊　九
行二十二字小字雙行同白口四周雙邊

610000－1001－0016690　普00179
**儀禮約編二卷** （清）汪基鈔譔　清光緒三十
二年(1906)陝西學務公所鉛印本　一冊　九
行二十二字小字雙行同白口四周雙邊

610000－1001－0016691　普00180
**儀禮約編二卷** （清）汪基鈔譔　清光緒三十
二年(1906)陝西學務公所鉛印本　一冊　九
行二十二字小字雙行同白口四周雙邊

610000－1001－0016692　普00181
**儀禮約編二卷** （清）汪基鈔譔　清光緒三十
二年(1906)陝西學務公所鉛印本　一冊　九
行二十二字小字雙行同白口四周雙邊

610000－1001－0016693　普00182
**儀禮約編二卷** （清）汪基鈔譔　清光緒三十

二年(1906)陝西學務公所鉛印本　一冊　九
行二十二字小字雙行同白口四周雙邊

610000－1001－0016694　普00183
**儀禮約編二卷**　(清)汪基鈔譔　清光緒三十
二年(1906)陝西學務公所鉛印本　一冊　九
行二十二字小字雙行同白口四周雙邊

610000－1001－0016695　普00184
**儀禮約編二卷**　(清)汪基鈔譔　清光緒三十
二年(1906)陝西學務公所鉛印本　一冊　九
行二十二字小字雙行同白口四周雙邊

610000－1001－0016696　普00185
**儀禮約編二卷**　(清)汪基鈔譔　清光緒三十
二年(1906)陝西學務公所鉛印本　一冊　九
行二十二字小字雙行同白口四周雙邊

610000－1001－0016697　普00186
**儀禮約編二卷**　(清)汪基鈔譔　清光緒三十
二年(1906)陝西學務公所鉛印本　一冊　九
行二十二字小字雙行同白口四周雙邊

610000－1001－0016698　普00187
**儀禮約編二卷**　(清)汪基鈔譔　清光緒三十
二年(1906)陝西學務公所鉛印本　一冊　九
行二十二字小字雙行同白口四周雙邊

610000－1001－0016699　普00188
**儀禮約編二卷**　(清)汪基鈔譔　清光緒三十
二年(1906)陝西學務公所鉛印本　一冊　九
行二十二字小字雙行同白口四周雙邊

610000－1001－0016700　普00189
**儀禮約編二卷**　(清)汪基鈔譔　清光緒三十
二年(1906)陝西學務公所鉛印本　一冊　九
行二十二字小字雙行同白口四周雙邊

610000－1001－0016701　普00190
**儀禮約編二卷**　(清)汪基鈔譔　清光緒三十
二年(1906)陝西學務公所鉛印本　一冊　九
行二十二字小字雙行同白口四周雙邊

610000－1001－0016702　普00191
**儀禮約編二卷**　(清)汪基鈔譔　清光緒三十
二年(1906)陝西學務公所鉛印本　一冊　九

行二十二字小字雙行同白口四周雙邊

610000－1001－0016703　普00192
**儀禮約編二卷**　(清)汪基鈔譔　清光緒三十
二年(1906)陝西學務公所鉛印本　一冊　九
行二十二字小字雙行同白口四周雙邊

610000－1001－0016704　普00193
**儀禮約編二卷**　(清)汪基鈔譔　清光緒三十
二年(1906)陝西學務公所鉛印本　一冊　九
行二十二字小字雙行同白口四周雙邊

610000－1001－0016705　普00194
**儀禮約編二卷**　(清)汪基鈔譔　清光緒三十
二年(1906)陝西學務公所鉛印本　一冊　九
行二十二字小字雙行同白口四周雙邊

610000－1001－0016706　普00195
**儀禮約編二卷**　(清)汪基鈔譔　清光緒三十
二年(1906)陝西學務公所鉛印本　一冊　九
行二十二字小字雙行同白口四周雙邊

610000－1001－0016707　普00196
**儀禮約編二卷**　(清)汪基鈔譔　清光緒三十
二年(1906)陝西學務公所鉛印本　一冊　九
行二十二字小字雙行同白口四周雙邊

610000－1001－0016708　普00197
**儀禮約編二卷**　(清)汪基鈔譔　清光緒三十
二年(1906)陝西學務公所鉛印本　一冊　九
行二十二字小字雙行同白口四周雙邊

610000－1001－0016709　普00198
**儀禮約編二卷**　(清)汪基鈔譔　清光緒三十
二年(1906)陝西學務公所鉛印本　一冊　九
行二十二字小字雙行同白口四周雙邊

610000－1001－0016710　普00199
**儀禮約編二卷**　(清)汪基鈔譔　清光緒三十
二年(1906)陝西學務公所鉛印本　一冊　九
行二十二字小字雙行同白口四周雙邊

610000－1001－0016711　普00200
**儀禮約編二卷**　(清)汪基鈔譔　清光緒三十
二年(1906)陝西學務公所鉛印本　一冊　九
行二十二字小字雙行同白口四周雙邊

610000－1001－0016712　普00201
**儀禮約編二卷**　（清）汪基鈔譔　清光緒三十二年(1906)陝西學務公所鉛印本　一冊　九行二十二字小字雙行同白口四周雙邊

610000－1001－0016713　普00202
**儀禮約編二卷**　（清）汪基鈔譔　清光緒三十二年(1906)陝西學務公所鉛印本　一冊　九行二十二字小字雙行同白口四周雙邊

610000－1001－0016714　普00203
**儀禮約編二卷**　（清）汪基鈔譔　清光緒三十二年(1906)陝西學務公所鉛印本　一冊　九行二十二字小字雙行同白口四周雙邊

610000－1001－0016715　普00204
**儀禮約編二卷**　（清）汪基鈔譔　清光緒三十二年(1906)陝西學務公所鉛印本　一冊　九行二十二字小字雙行同白口四周雙邊

610000－1001－0016716　普00205
**儀禮約編二卷**　（清）汪基鈔譔　清光緒三十二年(1906)陝西學務公所鉛印本　一冊　九行二十二字小字雙行同白口四周雙邊

610000－1001－0016717　普00206
**儀禮約編二卷**　（清）汪基鈔譔　清光緒三十二年(1906)陝西學務公所鉛印本　一冊　九行二十二字小字雙行同白口四周雙邊

610000－1001－0016718　普00207
**儀禮約編二卷**　（清）汪基鈔譔　清光緒三十二年(1906)陝西學務公所鉛印本　一冊　九行二十二字小字雙行同白口四周雙邊

610000－1001－0016719　普00208
**儀禮約編二卷**　（清）汪基鈔譔　清光緒三十二年(1906)陝西學務公所鉛印本　一冊　九行二十二字小字雙行同白口四周雙邊

610000－1001－0016720　普00209
**儀禮約編二卷**　（清）汪基鈔譔　清光緒三十二年(1906)陝西學務公所鉛印本　一冊　九行二十二字小字雙行同白口四周雙邊

610000－1001－0016721　普00210
**儀禮約編二卷**　（清）汪基鈔譔　清光緒三十二年(1906)陝西學務公所鉛印本　一冊　九行二十二字小字雙行同白口四周雙邊

610000－1001－0016722　普00211
**儀禮約編二卷**　（清）汪基鈔譔　清光緒三十二年(1906)陝西學務公所鉛印本　一冊　九行二十二字小字雙行同白口四周雙邊

610000－1001－0016723　普00212
**儀禮約編二卷**　（清）汪基鈔譔　清光緒三十二年(1906)陝西學務公所鉛印本　一冊　九行二十二字小字雙行同白口四周雙邊

610000－1001－0016724　普00213
**儀禮約編二卷**　（清）汪基鈔譔　清光緒三十二年(1906)陝西學務公所鉛印本　一冊　九行二十二字小字雙行同白口四周雙邊

610000－1001－0016725　普00214
**儀禮約編二卷**　（清）汪基鈔譔　清光緒三十二年(1906)陝西學務公所鉛印本　一冊　九行二十二字小字雙行同白口四周雙邊

610000－1001－0016726　普00215
**儀禮約編二卷**　（清）汪基鈔譔　清光緒三十二年(1906)陝西學務公所鉛印本　一冊　九行二十二字小字雙行同白口四周雙邊

610000－1001－0016727　普00216
**儀禮約編二卷**　（清）汪基鈔譔　清光緒三十二年(1906)陝西學務公所鉛印本　一冊　九行二十二字小字雙行同白口四周雙邊

610000－1001－0016728　普00217
**儀禮約編二卷**　（清）汪基鈔譔　清光緒三十二年(1906)陝西學務公所鉛印本　一冊　九行二十二字小字雙行同白口四周雙邊

610000－1001－0016729　普00218
**儀禮約編二卷**　（清）汪基鈔譔　清光緒三十二年(1906)陝西學務公所鉛印本　一冊　九行二十二字小字雙行同白口四周雙邊

610000－1001－0016730　普00219
**儀禮約編二卷**　（清）汪基鈔譔　清光緒三十

二年(1906)陝西學務公所鉛印本　一冊　九
行二十二字小字雙行同白口四周雙邊

610000－1001－0016731　普00220

**儀禮約編二卷**　（清）汪基鈔撰　清光緒三十
二年(1906)陝西學務公所鉛印本　一冊　九
行二十二字小字雙行同白口四周雙邊

610000－1001－0016732　普00221

**儀禮約編二卷**　（清）汪基鈔撰　清光緒三十
二年(1906)陝西學務公所鉛印本　一冊　九
行二十二字小字雙行同白口四周雙邊

610000－1001－0016733　普00222

**儀禮約編二卷**　（清）汪基鈔撰　清光緒三十
二年(1906)陝西學務公所鉛印本　一冊　九
行二十二字小字雙行同白口四周雙邊

610000－1001－0016734　普00223

**儀禮約編二卷**　（清）汪基鈔撰　清光緒三十
二年(1906)陝西學務公所鉛印本　一冊　九
行二十二字小字雙行同白口四周雙邊

610000－1001－0016735　普00224

**儀禮約編二卷**　（清）汪基鈔撰　清光緒三十
二年(1906)陝西學務公所鉛印本　一冊　九
行二十二字小字雙行同白口四周雙邊

610000－1001－0016736　普00225

**儀禮約編二卷**　（清）汪基鈔撰　清光緒三十
二年(1906)陝西學務公所鉛印本　一冊　九
行二十二字小字雙行同白口四周雙邊

610000－1001－0016737　普00226

**儀禮約編二卷**　（清）汪基鈔撰　清光緒三十
二年(1906)陝西學務公所鉛印本　一冊　九
行二十二字小字雙行同白口四周雙邊

610000－1001－0016738　普00227

**儀禮約編二卷**　（清）汪基鈔撰　清光緒三十
二年(1906)陝西學務公所鉛印本　一冊　九
行二十二字小字雙行同白口四周雙邊

610000－1001－0016739　普00228

**儀禮約編二卷**　（清）汪基鈔撰　清光緒三十
二年(1906)陝西學務公所鉛印本　一冊　九

行二十二字小字雙行同白口四周雙邊

610000－1001－0016740　普00229

**儀禮約編二卷**　（清）汪基鈔撰　清光緒三十
二年(1906)陝西學務公所鉛印本　一冊　九
行二十二字小字雙行同白口四周雙邊

610000－1001－0016741　普00230

**儀禮約編二卷**　（清）汪基鈔撰　清光緒三十
二年(1906)陝西學務公所鉛印本　一冊　九
行二十二字小字雙行同白口四周雙邊

610000－1001－0016742　普00231

**儀禮約編二卷**　（清）汪基鈔撰　清光緒三十
二年(1906)陝西學務公所鉛印本　一冊　九
行二十二字小字雙行同白口四周雙邊

610000－1001－0016743　普00232

**儀禮約編二卷**　（清）汪基鈔撰　清光緒三十
二年(1906)陝西學務公所鉛印本　一冊　九
行二十二字小字雙行同白口四周雙邊

610000－1001－0016744　普00233

**儀禮約編二卷**　（清）汪基鈔撰　清光緒三十
二年(1906)陝西學務公所鉛印本　一冊　九
行二十二字小字雙行同白口四周雙邊

610000－1001－0016745　普00234

**儀禮約編二卷**　（清）汪基鈔撰　清光緒三十
二年(1906)陝西學務公所鉛印本　一冊　九
行二十二字小字雙行同白口四周雙邊

610000－1001－0016746　普00235

**儀禮約編二卷**　（清）汪基鈔撰　清光緒三十
二年(1906)陝西學務公所鉛印本　一冊　九
行二十二字小字雙行同白口四周雙邊

610000－1001－0016747　普00236

**儀禮約編二卷**　（清）汪基鈔撰　清光緒三十
二年(1906)陝西學務公所鉛印本　一冊　九
行二十二字小字雙行同白口四周雙邊

610000－1001－0016748　普00237

**周禮約編六卷**　（清）汪基鈔撰　清光緒三十
三年(1907)陝西學務公所鉛印本　一冊　九
行二十二字小字雙行同白口四周雙邊　存二

卷(一至二)

610000－1001－0016749　普00239
[雍正]陝西通志一百卷首一卷　（清）劉於義
修　（清）沈青崖纂　清刻本　三十冊　十二
行二十六字小字雙行同白口四周雙邊　存三
十二卷(一至二、四至六、十二至十四、十六至
二十九、七十、七十二至七十三、八十一至八
十四、九十四、九十七,首一)

610000－1001－0016750　普00240
[雍正]陝西通志一百卷首一卷　（清）劉於義
修　（清）沈青崖纂　清刻本　八冊　十二行
二十六字小字雙行同白口四周雙邊　存八卷
(五十三至五十四、五十八至六十、九十六、九
十九至一百)

610000－1001－0016751　普00241
古文雅正十四卷　（清）蔡世遠選評　清光緒
二十一年(1895)周正誼堂刻本　二冊　九行
二十二字下黑口左右雙邊　存四卷(四至五、
九至十)

610000－1001－0016752　普00242
古文雅正十四卷　（清）蔡世遠選評　清光緒
二十一年(1895)周正誼堂刻本　一冊　九行
二十二字下黑口左右雙邊　存二卷(九、十)

610000－1001－0016753　普00243
三蘇策論十二卷　（宋）蘇洵　（宋）蘇軾
(宋)蘇轍撰　清光緒二十七年(1901)錬石書
局石印本　二冊　十八行四十二字白口四周
雙邊　存四卷(一至二、十一至十二)

610000－1001－0016754　普00244
三蘇策論十二卷　（宋）蘇洵　（宋）蘇軾
(宋)蘇轍撰　清光緒二十七年(1901)錬石書
局石印本　一冊　十八行四十二字白口四周
雙邊　存四卷(一至二、十一至十二)

610000－1001－0016755　普00245
治心齋琴學練要五卷　（清）王善編輯　清刻
本　一冊　七行大小字不等白口四周單邊
存一卷(四)

610000－1001－0016756　普00246

寶藏興焉十二卷　（英國）費而奔著　（英國）
傅蘭雅口譯　（清）徐壽筆述　清石印本　三
冊　十六行四十三字小字雙行同白口四周雙
邊　存二卷(四、六)

610000－1001－0016757　普00247
御撰資治通鑑綱目三編四十卷　（清）朱珪等
撰　清石印本　一冊　二十六行六十五字小
字雙行同白口四周雙邊　存十三卷(十至二
十二)

610000－1001－0016758　普00248
御批歷代通鑑輯覽一百二十卷　（清）傅恆等
纂　清同治浙江書局刻朱墨印本　二十六冊
十一行二十二字小字雙行同白口四周雙邊
存六十卷(六十一至一百二十)

610000－1001－0016759　普00249
禮記二十卷　（漢）鄭玄注　清光緒十七年
(1891)關中味經官書局刻本　十冊　九行十
七字小字雙行同白口四周雙邊

610000－1001－0016760　普00250
禮記二十卷　（漢）鄭玄注　清光緒十七年
(1891)關中味經官書局刻本　十冊　九行十
七字小字雙行同白口四周雙邊

610000－1001－0016761　普00251
禮記二十卷　（漢）鄭玄注　清光緒十七年
(1891)關中味經官書局刻本　十冊　九行十
七字小字雙行同白口四周雙邊

610000－1001－0016762　普00252
禮記二十卷　（漢）鄭玄注　清光緒十七年
(1891)關中味經官書局刻本　十冊　九行十
七字小字雙行同白口四周雙邊

610000－1001－0016763　普00253
朱子儀禮經傳通解六十九卷目錄一卷　（宋）
朱熹　（宋）黃幹續撰　（清）梁萬方考訂
(清)梁開宗參訂　清刻本　二十冊　十行二
十五字小字雙行同白口四周單邊　存三十一
卷(二十三至三十七、五十四至六十九)

610000－1001－0016764　普00254
御批歷代通鑑輯覽一百二十卷　（清）傅恆等

纂　清同治十一年(1872)湖北崇文書局刻本
　二十八冊　十一行二十二字小字雙行同白
口四周雙邊　存五十七卷(一至五十七)

610000－1001－0016765　普00256

[光緒]湘潭縣志十二卷　(清)陳嘉榆等修
王闓運等纂　清光緒十五年(1899)刻民國十
一年(1922)湘潭縣勸學所重印本　六冊　十
行二十一字小字雙行同白口四周雙邊　存四
卷(三、五至六、八之三至五葉)

610000－1001－0016766　普00257

唐書二百二十五卷　(宋)歐陽修　(宋)宋祁
撰　清刻本　五冊　十二行二十五字小字雙
行同白口左右雙邊　存十七卷(五十五至六
十八、六十九、七十一至七十二)

610000－1001－0016767　普00258

御批歷代通鑑輯覽一百二十卷　(清)傅恆等
纂　清刻本　二十冊　十一行二十二字小字
雙行同白口四周雙邊　存三十九卷(五十八
至九十六)

610000－1001－0016768　普00259

御批歷代通鑑輯覽一百二十卷　(清)傅恆等
纂　清刻本　十冊　十一行二十二字小字雙
行同白口四周雙邊　存十卷(六十二至七十
一)

610000－1001－0016769　普00260

欽定春秋左傳讀本三十卷　(清)英和等撰
清同治十一年(1872)山東書局刻本　十六冊
九行十七字小字雙行同白口四周單邊

610000－1001－0016770　普00262

新唐書二百二十五卷　(宋)歐陽修撰　清刻
本　二十一冊　十二行二十五字小字雙行不
等白口左右雙邊　存八十一卷(一至八十一)

610000－1001－0016771　普00263

春秋經傳集解三十卷首一卷　(晉)杜預原本
(唐)陸德明音釋　(宋)林堯叟附註　清光
緒李光明莊刻本　十六冊　八行二十字小字
雙行同白口四周單邊

610000－1001－0016772　普00264

[光緒]無錫金匱縣志四十卷首一卷　(清)裴
大中　(清)倪咸生修　(清)秦緗業等纂　清
光緒七年(1881)刻本　八冊　十行二十二字
小字雙行同白口四周單邊　存十九卷(二十
一至二十六、三十四至四十、列女姓氏錄一至
四、殉難紳民表上下)

610000－1001－0016773　普00265

[光緒]無錫金匱縣志四十卷首一卷　(清)裴
大中　(清)倪咸生修　(清)秦緗業等纂　清
光緒七年(1881)刻本　六冊　十行二十二字
白口四周單邊　存十五卷(十二至十七、二十
一至二十三、列女姓氏錄一至四、殉難紳民表
上下)

610000－1001－0016774　普00266

[光緒]烏程縣志三十六卷　(清)潘玉璿等修
(清)周學濬等纂　清光緒七年(1881)刻本
五冊　十一行二十六字小字雙行同白口四
周單邊　存十卷(二十七至三十六)

610000－1001－0016775　普00267

四川名勝志三十五卷　(明)曹學佺撰　清刻
本　三冊　十行十九字小字雙行同白口左右
雙邊　存十二卷(五至十二、二十六至二十
九)

610000－1001－0016776　普00269

光緒太平續志十八卷首一卷　(清)陳汝霖修
(清)王菜等纂　清光緒二十年(1894)刻本
六冊　九行二十一字小字雙行同白口左右
雙邊　缺四卷(十三至十四、十七至十八)

610000－1001－0016777　普00270

後漢書一百二十卷　(南朝宋)范曄撰　清同
治八年(1869)金陵書局刻本　十三冊　十二
行二十五字小字雙行三十七字白口左右雙邊
存五十四卷(六十七至九十、續漢志一至三十)

610000－1001－0016778　普00271

續後漢書九十卷附札記四卷　(元)郝經撰
(清)郁松年撰札記　清道光二十一年(1841)
宜稼堂刻本　二十二冊　十一行二十二字小
字雙行同上下黑口左右雙邊　缺一卷(札記
四)

610000 – 1001 – 0016779　普00272

遼史一百十五卷　（元）脫脫等修　清同治十二年(1873)江蘇書局刻本　九冊　十二行二十五字小字雙行同白口左右雙邊　存八十三卷(一至五、十八至四十四、四十九至七十、八十六至一百、一百〇二至一百十五)

610000 – 1001 – 0016780　普00273

皇朝經世文編一百二十卷姓名總目二卷　（清）賀長齡輯　清刻本　三十九冊　十一行二十四字白口左右雙邊　存七十一卷(五十至一百二十)

610000 – 1001 – 0016781　普00274

[嘉慶]直隸太倉州志六十五卷　（清）王昶纂修　清刻本　二冊　十一行二十一字小字雙行同白口左右雙邊　存五卷(十至十二、三十至三十一)

610000 – 1001 – 0016782　普00275

四書朱子本義匯參四十三卷首四卷　（清）王步青輯　（清）王士龍編　清富春堂刻本　二冊　九行二十三字小字雙行同白口四周單邊　存八卷(大學一至三、首一,中庸一至三、首一)

610000 – 1001 – 0016783　普00276

前漢書一百二十卷　（漢）班固撰　（唐）顏師古注　清光緒二十三年(1897)味經刊書處刻本　四十七冊　十一行二十一字小字雙行同白口四周雙邊　存九十七卷(一至七十二、七十六至一百)

610000 – 1001 – 0016784　普00277

禮記十卷　（漢）鄭玄注　清片善堂惜字公局揚州刻本　五冊　九行十七字小字雙行同白口四周單邊　存五卷(六至十)

610000 – 1001 – 0016785　普00278

[同治]長興縣志三十二卷　（清）趙定邦修　（清）周學濬　（清）丁寶書纂　清光緒刻本　一冊　十行二十一字小字雙行同白口左右雙邊　存一卷(二十七)

610000 – 1001 – 0016786　普00279

[光緒]廣德州志六十卷首一卷末一卷　（清）胡有誠修　（清）丁寶書纂　清刻本　一冊　九行二十二字小字雙行同白口四周雙邊　存三卷(四十九至五十一)

610000 – 1001 – 0016787　普00280

[道光]泰州志三十六卷首一卷　（清）王有慶等修　（清）陳世鎔等纂　清光緒三十四年(1908)補刻本　一冊　十行二十一字小字雙行同白口左右雙邊　存四卷(八至十一)

610000 – 1001 – 0016788　普00282

宋州郡志校勘記一卷　（清）成儒撰　清光緒十四年(1888)廣雅書局刻本　一冊　十一行二十四字小字雙行同上下黑口四周單邊

610000 – 1001 – 0016789　普00283

牧令書輯要十卷　（清）徐棟輯　清同治八年(1869)湖北崇文書局刻本　四冊　十一行二十一字白口四周雙邊　存四卷(一至三、十)

610000 – 1001 – 0016790　普00284

牧令書輯要十卷　（清）徐棟輯　清同治七年(1868)江蘇書局刻本　七冊　十一行二十一字上下黑口左右雙邊　缺三卷(一、五、八)

610000 – 1001 – 0016791　普00285

牧民忠告二卷　（元）張養浩著　清同治七年(1868)姑蘇書局刻本　一冊　十一行二十一字小字雙行同上下黑口左右雙邊

610000 – 1001 – 0016792　普00286

船山遺書五十六種附一種　（清）王夫之撰　清同治四年(1865)湘鄉曾國荃金陵刻本　七冊　八行二十二字小字雙行同上下黑口左右雙邊　存二種

610000 – 1001 – 0016793　普00287

庸吏庸言二卷　（清）劉衡輯　清同治七年(1868)江蘇書局刻本　一冊　十一行二十一字小字雙行同上下黑口左右雙邊

610000 – 1001 – 0016794　普00288

保甲書輯要四卷　（清）徐棟輯　清同治七年(1868)江蘇書局刻本　一冊　十一行二十一字小字雙行同上下黑口左右雙邊

610000 – 1001 – 0016795　普00289

**［道光］廣東通志三百三十四卷首一卷**　（清）
阮元修　（清）陳昌齊等纂　清同治三年
(1864)刻本　六冊　十一行二十一字小字雙
行同上下黑口四周雙邊　存十二卷（二百九
十六至二百九十八、三百二十三至三百二十
四、三百二十八至三百三十四）

610000 – 1001 – 0016796　普00290

**［光緒］淮安府志四十卷首一卷**　（清）孫雲錦
修　（清）吳昆田　（清）高延第纂　清光緒十
年(1884)刻本　六冊　十行二十二字小字雙
行同白口左右雙邊　存十二卷（十三至十六、
二十至二十五、二十九、三十九）

610000 – 1001 – 0016797　普00291

**牧令書二十三卷保甲書四卷**　（清）徐棟輯
清道光二十八年(1848)刻本　四冊　十行二
十五字小字雙行同白口左右雙邊　存五卷
（牧令書十二至十六）

610000 – 1001 – 0016798　普00292

**性理大全書七十卷**　（明）胡廣等撰　清刻本
十四冊　十行二十字小字雙行同白口四周
單邊　存二十六卷（二十六至三十九、五十六
至六十七）

610000 – 1001 – 0016799　普00293

**佩文韻府一百〇六卷韻府拾遺一百〇六卷**
(清)張玉書等編　清刻本　八冊　十二行二
十五字小字雙行同白口四周雙邊　存四十二
卷（佩文韻府八十三至八十四、一百〇二上、
韻府拾遺四十三至七十五、九十至九十三、一
百至一百〇一）

610000 – 1001 – 0016800　普00294

**御批歷代通鑑輯覽一百二十卷**　（清）傅恆等
纂　清刻本　三冊　十一行二十二字小字雙
行同白口四周單邊　存七卷（八至十、十五至
十八）

610000 – 1001 – 0016801　普00295

**虞初新志二十卷**　（清）張潮輯　清刻本　七
冊　九行二十字白口四周單邊　缺三卷（十
一至十三）

610000 – 1001 – 0016802　普00296

**史記一百三十卷**　（漢）司馬遷撰　（宋）裴駰
集解　（唐）司馬貞索隱　（唐）張守節正義
清同治十一年(1872)成都書局刻本　十三冊
十行二十一字小字雙行同白口左右雙邊
存四十三卷（一至四十三）

610000 – 1001 – 0016803　普00297

**皇朝經世文編一百二十卷**　（清）賀長齡輯
清光緒二十五年(1899)上海中西書局石印本
一冊　二十行四十二字小字雙行同白口四
周雙邊　存十卷（一至十）

610000 – 1001 – 0016804　普00298

**皇朝經世文續編一百二十卷**　（清）葛士濬輯
清光緒二十三年(1897)武進盛氏思補樓刻
本　一冊　十一行二十四字下黑口四周雙邊
存一卷（七十八）

610000 – 1001 – 0016805　普00299

**皇朝經世文新增續編一百二十卷**　（清）葛士
濬輯　清鉛印本　一冊　十八行四十四字白
口四周單邊　存六卷（九十五至一百）

610000 – 1001 – 0016806　普00300

**皇朝經世文續編一百二十卷**　（清）葛士濬輯
清光緒十四年(1888)上海圖書集成局鉛印
本　二冊　十三行四十字白口四周單邊　存
六卷（一百十至一百十五）

610000 – 1001 – 0016807　普00301

**皇朝經世文編一百二十卷姓名總目二卷**
(清)賀長齡輯　清刻本　七冊　十一行二十
四字白口左右雙邊　存十卷（四十八至五十
二、六十九至七十一、七十五至七十六）

610000 – 1001 – 0016808　普00302

**皇朝經世文新編二十一卷**　（清）麥仲華輯
清光緒二十七年(1901)石印本　九冊　二十
二行四十八字小字雙行同白口四周雙邊　存
十三卷（一至二、十下至十四上、十五至十六、
十八至二十一）

610000 – 1001 – 0016809　普00303

**皇朝經世文新編二十一卷**　（清）麥仲華輯

清光緒二十七年(1901)石印本　二冊　二十二行四十八字小字雙行同白口四周雙邊　存六卷(十下至十三上、十五下至十六)

610000－1001－0016810　普00304
**皇朝經世文三編八十卷**　(清)陳忠倚輯　清光緒二十八年(1902)龍文書局石印本　八冊　二十三行四十八字小字雙行同白口四周雙邊　存五十卷(一至五十)

610000－1001－0016811　普00305
**皇朝經世文三編八十卷**　(清)陳忠倚輯　清光緒二十八年(1902)龍文書局石印本　三冊　二十三行四十八字小字雙行同白口四周雙邊　存二十五卷(六至十、二十六至三十五、四十一至五十)

610000－1001－0016812　普00306
**皇朝經世文三編八十卷**　(清)陳忠倚輯　清光緒二十八年(1902)龍文書局石印本　十一冊　二十三行四十八字小字雙行同白口四周雙邊　缺五卷(六十六至七十)

610000－1001－0016813　普00307
**皇朝經世文續編一百二十卷**　(清)葛士濬輯　清光緒二十八年(1902)天章書局石印本　四冊　二十二行四十八字白口四周雙邊　存二十三卷(一至八、九至十四、四十七至五十五)

610000－1001－0016814　普00308
**皇朝經世文編一百二十卷姓名總目二卷**　(清)賀長齡輯　清光緒二十五年(1899)上海中西書局石印本　九冊　二十行四十二字小字雙行同白口四周雙邊　存九十卷(一至三十、五十一至九十、一百〇一至一百二十)

610000－1001－0016815　普00309
**佩文韻府一百〇六卷韻府拾遺一百〇六卷**　(清)張玉書等編　清光緒石印本　二十冊　二十四行五十字小字雙行同白口四周雙邊　存一百〇八卷(佩文韻府四至五、十四至十五、二十二至二十六、七十四至七十五、九十一至九十二、九十五至九十八,韻府拾遺十六至一百〇六)

610000－1001－0016816　普00310
**[同治]安化縣志三十四卷首五卷末一卷**　(清)邱育泉修　(清)何才煥纂　清同治十年(1871)刻本　六冊　十一行二十二字小字雙行同白口四周雙邊　存十一卷(四至六、十至十四、十八至二十)

610000－1001－0016817　普00312
**春秋左傳杜注三十卷首一卷**　(清)姚培謙學　清光緒十九年(1893)浙江書局刻本　一冊　十一行二十二字小字雙行同白口左右雙邊　存一卷(首一)

610000－1001－0016818　普00313
**[光緒]無錫金匱縣志四十卷首一卷殉難紳民表二卷列女姓氏錄四卷**　(清)裴大中　(清)倪咸生修　(清)秦緗業等纂　清光緒七年(1881)刻本　一冊　十行二十二字小字雙行同白口左右雙邊　存二卷(列女姓氏錄三至四)

610000－1001－0016819　普00315
**明史紀事本末八十卷**　(清)谷應泰撰　(清)朱記榮校正　清光緒十四年(1888)鉛印本　一冊　十五行四十字白口四周雙邊　存十一卷(五十六至六十六)

610000－1001－0016820　普00316
**求闕齋日記類鈔二卷**　(清)曾國藩隨筆　(清)王啟原校編　清刻本　一冊　十行二十四字小字雙行同上下黑口左右雙邊　存一卷(下)

610000－1001－0016821　普00317
**胡文忠公遺集十卷首一卷**　(清)胡林翼撰　清同治五年(1866)刻本　三冊　八行十六字下黑口四周雙邊　存三卷(三、六,首一)

610000－1001－0016822　普00318
**胡文忠公遺集八十六卷首一卷**　(清)胡林翼撰　(清)曾國荃等纂輯　清刻本　一冊　十行二十字上下黑口四周雙邊　存三卷(七十八至八十)

610000－1001－0016823　普00319

**胡文忠公遺集八十六卷首一卷** （清）曾國荃
（清）鄭敦謹纂輯　清同治六年（1867）刻
本　十八冊　十行二十字上下黑口四周雙
邊　存四十三卷（一至十五、三十四至六十，
首一）

610000－1001－0016824　普00320

**原富五卷** （英國）斯密亞丹著　薛己譯　清
光緒刻本　七冊　十二行三十二字上下黑口
四周單邊

610000－1001－0016825　普00321

**唐書二百二十五卷** （宋）歐陽修　（宋）宋祁
撰　清刻本　一冊　十行二十一字白口左右
雙邊　存四卷（一百九十二至一百九十五）

610000－1001－0016826　普00323

**性理大全書七十卷** （明）胡廣等撰　清刻本
二冊　十行二十字小字雙行同白口左右雙
邊　存四卷（一、十六至十八）

610000－1001－0016827　普00324

**聖諭十六條附律易解一卷** （清）聖祖玄燁撰
（清）夏炘繹　清同治刻本　一冊　九行二
十二字白口四周雙邊

610000－1001－0016828　普00325

**儀禮約編二卷** （清）汪基鈔譔　清光緒三十
二年（1906）陝西學務公所鉛印本　一冊　九
行二十二字小字雙行同白口四周雙邊

610000－1001－0016829　普00326

**新刊性理大全八卷** （宋）周敦頤撰　（宋）朱
熹注　**性理體注補訓解不分卷** （清）張道升
（清）仇廷桂纂輯　清映秀堂刻本　一冊
九行十六字小字雙行同白口左右雙邊　存五
卷（一至五）

610000－1001－0016830　普00327

**歷代職官表六卷** （清）黃本驥編　清光緒二
十四年（1898）柏經正堂刻本　三冊　十行大
小字不等上下黑口四周單邊　缺一卷（四）

610000－1001－0016831　普00328

**歷代職官表六卷** （清）黃本驥編　清光緒二
十四年（1898）柏經正堂刻本　二冊　十行大

小字不等上下黑口四周單邊　存三卷（一至
三）

610000－1001－0016832　普00329

**歷代職官表六卷** （清）黃本驥編　清光緒二
十四年（1898）柏經正堂刻本　三冊　十行大
小字不等上下黑口四周單邊　缺一卷（四）

610000－1001－0016833　普00330

**歷代職官表六卷** （清）黃本驥編　清光緒二
十四年（1898）柏經正堂刻本　四冊　十行大
小字不等上下黑口四周單邊

610000－1001－0016834　普00331

**歷代職官表六卷** （清）黃本驥編　清光緒二
十四年（1898）柏經正堂刻本　四冊　十行大
小字不等上下黑口四周單邊

610000－1001－0016835　普00332

**西政叢書三十二種** 梁啓超輯　清光緒二十
三年（1897）慎記書莊石印本　三十二冊　十
八行四十字小字雙行同白口四周雙邊　存三
十一種

610000－1001－0016836　普00333

**資治通鑑綱目三編合刻四種** （清）丁寶楨輯
清嘉慶十三年（1808）刻本　二十八冊　七
行十八字小字雙行同白口四周雙邊　存二種

610000－1001－0016837　普00334

**資治通鑑綱目五十九卷** （宋）朱熹撰　清刻
本　四冊　七行十八字小字雙行同白口四周
雙邊　存四卷（三十、五十四、五十六、五十
八）

610000－1001－0016838　普00335

**為政忠告四卷** （元）張養浩撰　清道光十一
年（1831）碧鮮齋影元刻本　二冊　八行十七
字上下黑口四周雙邊

610000－1001－0016839　普00336

**爾雅疏十卷** （宋）邢昺疏　清光緒二十年
（1894）陝甘味經刊書處刻本　十冊　十行二
十一字小字雙行同白口四周雙邊

610000－1001－0016840　普00337

御批歷代通鑑輯覽一百二十卷 （清）傅恆等纂 清刻本 九冊 十一行二十二字小字雙行同白口四周雙邊 存十七卷（六十至六十一、七十八至八十三、八十六至八十七、一百〇四至一百十一）

610000－1001－0016841 普00338

御批歷代通鑑輯覽一百二十卷 （清）傅恆等纂 清同治十一年(1872)崇文書局刻本 二十冊 十一行二十二字小字雙行同白口四周雙邊 存三十九卷（一、十至十一、三十至三十一、三十八至五十一、五十八至五十九、六十二至六十三、六十八至七十九、八十四至八十七）

610000－1001－0016842 普00339

爾雅蒙求二卷 （清）李拔式撰 清光緒刻本 二冊 五行八字白口左右雙邊

610000－1001－0016843 普00341

禮記約編五卷 （清）汪基鈔譔 （清）江永校纂 清光緒三十二年(1906)陝西學務公所鉛印本 五冊 九行二十二字小字雙行同白口四周雙邊

610000－1001－0016844 普00342

禮記二十卷 （□）□□撰 清光緒十七年(1891)關中味經官書局刻本 十冊 九行十七字小字雙行同白口四周雙邊

610000－1001－0016845 普00343

禮記約編五卷 （清）汪基鈔譔 （清）江永校纂 清光緒三十二年(1906)陝西學務公所鉛印本 四冊 九行二十二字小字雙行同白口四周雙邊 缺一卷（一）

610000－1001－0016846 普00344

禮記約編五卷 （清）汪基鈔譔 （清）江永校纂 清光緒三十二年(1906)陝西學務公所鉛印本 三冊 九行二十二字小字雙行同白口四周雙邊 存三卷（二至四）

610000－1001－0016847 普00345

禮記約編五卷 （清）汪基鈔譔 （清）江永校纂 清光緒三十二年(1906)陝西學務公所鉛

印本 二冊 九行二十二字小字雙行同白口四周雙邊 存二卷（二、四）

610000－1001－0016848 普00346

禮記十卷 （元）陳澔集說 清同治七年(1868)刻本 十冊 九行十七字小字雙行同白口四周雙邊

610000－1001－0016849 普00347

禮記十卷 （元）陳澔集說 清同治十年(1871)刻本 十冊 九行十七字小字雙行同白口四周雙邊

610000－1001－0016850 普00348

爾雅注疏十一卷 （晉）郭璞注 （宋）邢昺疏 清刻本 四冊 九行二十一字小字雙行同白口左右雙邊

610000－1001－0016851 普00349

禮記集解六十一卷 （清）孫希旦撰 清咸豐十年(1860)刻本 二十冊 十三行二十二字小字雙行同上下黑口左右雙邊

610000－1001－0016852 普00350

梅氏叢書輯要二十一種附二種 （清）梅文鼎撰 清光緒十四年(1888)上海龍文書局石印本 六冊 二十二行二十四字小字雙行同白口四周雙邊

610000－1001－0016853 普00351

胡文忠公遺集八十六卷首一卷 （清）胡林翼撰 （清）鄭敦謹 （清）曾國荃編輯 清同治六年(1867)刻本 十三冊 十行二十字上下黑口四周雙邊 存十四卷（一至四、八至九、十二至十六、十八至二十）

610000－1001－0016854 普00352

資治通鑑綱目正編五十九卷 （宋）朱熹撰 （明）陳仁錫評 清嘉慶九年(1804)刻本 七十二冊 七行大小字數不等白口四周單邊 存四十五卷（一至四十五）

610000－1001－0016855 普00353

續資治通鑑綱目二十七卷 （明）陳仁錫評 清刻本 二十冊 七行十八字小字雙行同白口四周單邊 存十八卷（十至二十七）

610000 – 1001 – 0016856　普 00354
**胡文忠公政書十四卷**　（清）胡林翼編　清光緒二十五年(1899)刻本　十六冊　十二行二十五字小字雙行同白口左右雙邊　存十四卷

610000 – 1001 – 0016857　普 00355
**御批歷代通鑑輯覽一百二十卷**　（清）傅恆等纂　清刻本　二十八冊　十一行二十二字小字雙行同白口四周單邊　存五十六卷（十三至十四、六十三至八十六、八十九至九十二、九十五至一百二十）

610000 – 1001 – 0016858　普 00356
**御批歷代通鑑輯覽一百二十卷**　（清）傅恆等纂　清刻本　九冊　十一行二十二字小字雙行同白口四周單邊　存十八卷（五十二至六十九）

610000 – 1001 – 0016859　普 00357
**御批歷代通鑑輯覽一百二十卷**　（清）傅恆等纂　清刻本　三冊　十一行二十二字小字雙行同白口四周單邊　存六卷（五十八至六十三）

610000 – 1001 – 0016860　普 00358
**胡文忠公遺集八十六卷首一卷**　（清）曾國荃　（清）鄭敦謹纂輯　清同治六年(1867)刻本　十一冊　十行二十字小字雙行同上下黑口四周雙邊　存三十四卷（一至六、十至二十七、三十一至三十九,首一）

610000 – 1001 – 0016861　普 00359
**原富五卷**　（英國）斯密亞丹著　薛己譯　清光緒鉛印本　八冊　十二行三十二字上下黑口四周雙邊

610000 – 1001 – 0016862　普 00360
**禮記傳十六卷**　（宋）呂大臨著　清宣統三年(1911)藍天芸閣學舍刻本　四冊　十三行二十二字白口左右雙邊

610000 – 1001 – 0016863　普 00361
**原富五卷**　（英國）斯密亞丹著　薛己譯　清光緒鉛印本　四冊　十二行三十二字上下黑口四周雙邊　存三卷（部乙、部丙、部丁）

610000 – 1001 – 0016864　普 00362
**禮記十卷**　（元）陳澔集注　清同治十年(1871)刻本　十冊　九行十七字小字雙行同白口左右雙邊

610000 – 1001 – 0016865　普 00363
**四元玉鑑細艸三卷首一卷**　（清）朱世傑編述　（清）鍾煜校正　清光緒二十五年(1899)刻本　三冊　十行二十二字白口左右雙邊

610000 – 1001 – 0016866　普 00364
**禮記十卷**　（元）陳澔集注　清同治十年(1871)刻本　十冊　九行十七字小字雙行同白口四周雙邊

610000 – 1001 – 0016867　普 00365
**五禮通考二百六十二卷總目二卷首四卷**　（清）秦蕙田撰　清光緒六年(1880)江蘇書局刻本　五冊　十二行二十一字小字雙行三十二字白口左右雙邊　存十六卷（一至十二、首一至四）

610000 – 1001 – 0016868　普 00366
**測圓海鏡細草十二卷**　（元）李冶撰　清同治十二年(1873)古荷池精舍刻本　四冊　十行二十二字小字雙行同白口左右雙邊

610000 – 1001 – 0016869　普 00367
**張子全書九種**　（宋）張載撰　清同治九年(1870)張連科刻本　五冊　十行二十四字小字雙行同白口四周雙邊　存五種

610000 – 1001 – 0016870　普 00368
**百雞術衍二卷**　（清）丁取忠校刊　（清）時日醇編述　清同治十二年(1873)刻本　二冊　十行二十二字小字雙行同白口左右雙邊

610000 – 1001 – 0016871　普 00369
**益古演段三卷**　（元）李冶撰　清同治十二年(1873)古荷池精舍刻本　一冊　十行二十二字小字雙行同白口左右雙邊

610000 – 1001 – 0016872　普 00370
**張子全書九種**　（宋）張載撰　清同治九年(1870)張連科刻本　一冊　十行二十四字小字雙行同白口四周雙邊　存三種

610000－1001－0016873　普00371

**綴術釋戴二卷**　（清）戴鄂士撰　（清）左潛釋
　　清光緒元年(1875)古荷池精舍刻本　一冊
　　十行二十一字小字雙行同白口左右雙邊
　　存一卷(一)

610000－1001－0016874　普00372

**求一術通解二卷**　（清）黃宗憲編述　清同治
　　十三年(1874)古荷池精舍刻本　一冊　十行
　　二十二字小字雙行同白口左右雙邊

610000－1001－0016875　普00373

**張子全書九種**　（宋）張載撰　清同治九年
　　(1870)張連科刻本　二冊　十行二十四字小
　　字雙行同白口四周雙邊　存四種

610000－1001－0016876　普00374

**算書廿一種**　（清）吳嘉善撰　清同治十一年
　　(1872)刻本　一冊　十行二十二字小字雙行
　　同白口四周雙邊　存三種

610000－1001－0016877　普00376

**算書廿一種**　（清）吳嘉善撰　清同治十一年
　　(1872)刻本　一冊　十行二十二字小字雙行
　　同白口四周單邊　存五種

610000－1001－0016878　普00377

**大清通禮五十四卷**　（清）來保等修　清刻本
　　六冊　九行二十二字小字雙行同白口四周雙邊
　　存四十二卷(三至三十八、四十五至五十)

610000－1001－0016879　普00378

**數學拾遺一卷**　（清）丁取忠述　清咸豐刻本
　　　一冊　十行二十一字小字雙行同白口左右
　　雙邊

610000－1001－0016880　普00379

**大清通禮五十四卷**　（清）來保等修　清刻本
　　　二冊　九行二十字小字雙行同白口四周雙
　　邊　存十二卷(三十五至四十六)

610000－1001－0016881　普00380

**欽定禮記義疏八十二卷**　（清）鄂爾泰等撰
　　清刻本　三十四冊　八行二十二字小字雙行
　　同白口四周雙邊　存六十四卷(十九至八十
　　二)

610000－1001－0016882　普00381

**御批歷代通鑑輯覽一百二十卷**　（清）傅恆等
　　纂　清光緒三十一年(1905)商務印書館鉛印
　　本　四十冊　十五行二十八字小字雙行四十
　　三字白口四周單邊

610000－1001－0016883　普00382

**萬國輿圖不分卷**　（清）陳兆桐繪　清光緒十
　　二年(1886)上海六先書局刻本　一冊　行數
　　不等字數不等白口四周雙邊

610000－1001－0016884　普00383

**續廣事類賦三十三卷**　（清）王鳳喈撰注　清
　　刻本　四冊　十行二十字小字雙行同白口左
　　右雙邊　存八卷(一至三、十三、十五、二十二
　　至二十四)

610000－1001－0016885　普00384

**史通削繁四卷**　（唐）劉知几撰　（清）紀昀削
　　繁　（清）浦起龍注　清道光十三年(1833)刻
　　朱墨印本　一冊　十行二十一字小字雙行同
　　白口左右雙邊　存一卷(二)

610000－1001－0016886　普00385

**廣廣事類賦三十二卷**　（清）吳世旂撰　清刻
　　本　二冊　十行二十一字小字雙行同白口四
　　周單邊　存七卷(二十一至二十三、二十九至
　　三十二)

610000－1001－0016887　普00386

**分類韻錦十二卷附錄一卷**　（清）郭化霖編
　　（清）陳銘章參訂　清道光二十三年(1843)喜
　　雨山房刻本　一冊　行數大小字不等白口左
　　右雙邊　存三卷(十一至十二、附錄一)

610000－1001－0016888　普00387

**大清世祖體天隆定統建極英睿欽定文顯武大
德弘功至仁純孝章皇帝聖訓六卷**　（清）聖祖
　　玄燁編　清刻本　一冊　九行十八字白口四
　　周雙邊

610000－1001－0016889　普00388

**宋史四百九十六卷**　（元）脫脫等修　清刻本
　　　二十二冊　十二行二十五字白口左右雙邊
　　存一百二十四卷(二百四十二至三百六十五)

610000－1001－0016890　普00389

廿一史四譜五十四卷　（清）沈炳震撰　清刻本　十一冊　十行二十二字小字雙行三十三字白口左右雙邊　存三十七卷（九至十五、十九至三十四、三十七至三十八、四十三至五十四）

610000－1001－0016891　普00390

增廣試帖玉芙蓉五卷　（清）鴻寶齋主人編　清光緒十七年(1891)上海點石齋石印本　六冊　十八行二十九字上黑口四周單邊

610000－1001－0016892　普00391

策學備纂三十二卷目錄三十二卷首一卷　（清）蔡啟盛輯　清光緒二十六年(1900)上海點石齋石印本　三冊　二十四行五十五字小字雙行同白口四周單邊　存一卷（四）

610000－1001－0016893　普00392

廿一史四譜五十四卷　（清）沈炳震撰　清刻本　一冊　十行二十二字小字雙行不等白口左右雙邊　存三卷（三十三至三十五）

610000－1001－0016894　普00393

[乾隆]蕭山縣志四十卷　（清）黃鈺纂修　清刻本　二冊　十行二十二字小字雙行同白口四周雙邊　存十卷（十二至十三、二十六至三十三）

610000－1001－0016895　普00394

[乾隆]蕭山縣志四十卷　（清）黃鈺纂修　清刻本　四冊　十行二十二字小字雙行同白口四周雙邊　存八卷（二十三至二十四、二十八至二十九、三十七至四十）

610000－1001－0016896　普00395

[同治]番禺縣志五十四卷首一卷附錄一卷　（清）李福泰修　（清）史澄　（清）何若瑤纂　清同治十年(1871)刻本　二冊　白口四周單邊　存四卷（五十一至五十四）

610000－1001－0016897　普00396

重訂事類賦三十卷　（宋）吳淑撰　清刻本　一冊　九行二十一字小字雙行同上下黑口左右雙邊間四周雙邊　存三卷（五至七）

610000－1001－0016898　普00397

光緒應城志十四卷首一卷　（清）羅縉　（清）陳豪修　（清）王承禧纂　清光緒八年(1882)蒲陽書院刻本　五冊　九行二十三字小字雙行同白口四周雙邊　存九卷（一至五、八至九、十一,首一）

610000－1001－0016899　普00398

胡文忠公遺集八十六卷首一卷　（清）胡林翼撰　（清）曾國荃　（清）鄭敦謹纂輯　清刻本　十五冊　十行二十字上下黑口四周雙邊　存四十四卷（一至三十八、七十三至七十四、八十一至八十四）

610000－1001－0016900　普00399

胡文忠公遺集八十六卷首一卷　（清）曾國荃　（清）鄭敦謹纂輯　清同治六年(1867)刻本　三冊　十行二十字上下黑口四周雙邊　存十四卷（二十至三十三）

610000－1001－0016901　普00400

船山遺書五十六種附一種　（清）王夫之撰　清同治四年(1865)湘鄉曾國荃金陵刻本　八冊　十行二十二字小字雙行同上下黑口左右雙邊　存六種

610000－1001－0016902　普00401

御批歷代通鑑輯覽一百二十卷　（清）傅恆等纂　清光緒二十九年(1903)美華書局石印本　二十冊　二十四行五十六字小字雙行同白口四周單邊

610000－1001－0016903　普00402

御批歷代通鑑輯覽一百二十卷　（清）傅恆等纂　清末鉛印本　二冊　十五行二十八字小字雙行四十三字白口四周單邊　存十卷（一百十一至一百二十）

610000－1001－0016904　普00404

納書楹曲譜正集四卷續集四卷外集二卷　（清）葉堂撰　清刻本　四冊　十二行十八字小字雙行同白口四周雙邊　存四卷（正集一至四）

610000－1001－0016905　普00405

納書楹曲譜正集四卷續集四卷外集二卷
（清）葉堂撰　清刻本　一冊　十二行十八字
小字雙行同白口四周雙邊　存一卷（正集二）

610000－1001－0016906　普00407
綱鑑擇語十卷　（清）司徒修輯　清咸豐七年
（1857）刻本　二冊　九行二十二字白口四周
雙邊　存四卷（一至四）

610000－1001－0016907　普00410
欽定科場條例六十卷首一卷　（清）李鴻藻等
撰　清刻本　六冊　九行二十字小字雙行同
白口四周雙邊　存十二卷（六、三十五、四十
四至四十六、五十二至五十八）

610000－1001－0016908　普00412
十駕齋養新錄二十卷餘錄三卷　（清）錢大昕
著　清光緒二年（1876）浙江書局刻本　七冊
十行二十三字小字雙行同白口左右雙邊
存二十卷（一至六、十至二十,餘錄上中下）

610000－1001－0016909　普00414
金史一百三十五卷附金國語解不分卷　（元）
脫脫等修　清同治十三年（1874）江蘇書局刻
本　十九冊　十二行二十五字小字雙行同白
口左右雙邊　存一百二十八卷（一至三十二、
四十至一百三十五）

610000－1001－0016910　普00415
御批歷代通鑑輯覽一百二十卷　（清）傅恆等
纂　清光緒十五年（1889）商務印書館石印本
二十四冊　十五行二十八字小字雙行四十
三字白口四周單邊

610000－1001－0016911　普00416
子史精華一百六十卷　（清）允祿　（清）吳襄
等纂　清刻本　六十冊　八行二十四字小字
雙行同白口四周雙邊　存一百五十五卷（一
至一百○一、一百○五至一百十三、一百十六
至一百六十）

610000－1001－0016912　普00417
七家試帖輯註彙鈔不分卷　（清）張熙宇輯評
（清）王植桂輯註　清光緒十六年（1890）石
渠山房刻本　三冊　九行二十四字小字雙行

同上下黑口四周單邊

610000－1001－0016913　普00418
後漢書一百二十卷　（南朝宋）范曄撰　清光
緒二十七年（1901）刻本　三十六冊　十一行
二十一字小字雙行同白口四周雙邊

610000－1001－0016914　普00420
佩文韻府一百〇六卷　（清）張玉書等纂修
清嶺南潘氏海山仙館刻本　十冊　十二行二
十五字小字雙行同白口四周雙邊　存十二卷
（四十至五十一）

610000－1001－0016915　普00421
胡文忠公遺集八十六卷首一卷　（清）胡林翼
撰　（清）鄭敦謹　（清）曾國荃編輯　清刻本
十六冊　十行二十字上下黑口左右雙邊
存三十九卷（四十至五十一、五十五至五十
九、六十三至六十六、六十九至八十六）

610000－1001－0016916　普00422
欽定詩經傳說彙纂二十一卷首二卷詩序二卷
（清）王鴻緒等纂　清刻本　二十四冊　十
一行二十二字小字雙行同白口四周雙邊

610000－1001－0016917　普00423
周易兼義九卷附音義一卷注疏校勘記九卷釋
文校勘記一卷　（三國魏）王弼注　（晉）韓康
伯注　（唐）孔穎達正義　（唐）陸德明音譯
清道光六年（1826）刻本　一冊　十行二十字
小字雙行同上下黑口左右雙邊　存三卷（周
易兼義一至二、校勘記一）

610000－1001－0016918　普00424
續資治通鑑二百二十卷　（清）畢沅編　清末
石印本　一冊　二十行四十二字小字雙行同
白口四周雙邊　存十卷（十一至二十）

610000－1001－0016919　普00425
通典二百卷　（唐）杜佑纂修　清光緒石印本
一冊　十六行四十三字小字雙行同白口四
周單邊　存十三卷（一百十一至一百二十三）

610000－1001－0016920　普00426
春秋左傳五十卷附異名考　（晉）杜預　（宋）
林堯叟註釋　（明）韓范評閱　清光緒十一年

(1885)刻本　八册　九行二十字小字雙行同白口左右雙邊　存二十八卷(一至二、九至十四、二十八至四十、四十四至五十)

610000－1001－0016921　普00427
通鑑地理通釋十四卷　(宋)王應麟撰　清刻本　一册　十行二十字小字雙行同白口四周雙邊間四周單邊　存五卷(一至五)

610000－1001－0016922　普00428
[道光]廣豐縣志三十二卷首一卷　(清)文炳修　(清)徐奕簿纂　清道光三年(1823)刻本　四册　九行二十四字小字雙行同黑口四周雙邊　存八卷(二十至二十二、二十八至三十二)

610000－1001－0016923　普00429
春秋左傳五十卷　(晉)杜預　(宋)林堯叟註釋　(明)韓范評閱　清李光明莊刻本　一册　十行二十字小字雙行同白口左右雙邊　存三卷(四十一至四十三)

610000－1001－0016924　普00430
[道光]河内縣志三十六卷　(清)袁通修　(清)方履籛　(清)吳育纂　清道光五年(1825)刻本　五册　十一行二十三字小字雙行同白口左右雙邊　存十六卷(二十一至三十六)

610000－1001－0016925　普00431
爾雅注疏十一卷　(晉)郭璞注　(宋)邢昺疏　清光緒八年(1882)刻本　四册　九行二十字小字雙行同白口左右雙邊

610000－1001－0016926　普00432
禮記注疏六十三卷　(漢)鄭玄注　(唐)孔穎達疏　清刻本　七册　九行二十一字小字雙行同白口左右雙邊　存二十一卷(十四至二十五、三十至三十二、三十七至四十二)

610000－1001－0016927　普00433
欽定書經傳說彙纂二十一卷首二卷書序一卷　(清)王頊齡等撰　清刻本　二十四册　九行二十二字小字雙行同白口四周雙邊

610000－1001－0016928　普00434

周禮注疏四十二卷　(漢)鄭玄注　(唐)賈公彥疏　清刻本　一册　九行二十一字小字雙行同白口左右雙邊　存三卷(一至三)

610000－1001－0016929　普00438
欽定春秋左傳讀本三十卷　(清)英和輯　清刻本　五册　九行十七字小字雙行同白口左右雙邊　存十五卷(十六至三十)

610000－1001－0016930　普00439
宋史四百九十六卷　(元)脫脫等修　清刻本　二十二册　十二行二十五字白口左右雙邊　存一百三十一卷(三百六十六至四百九十六)

610000－1001－0016931　普00440
[光緒]崇明縣志十八卷　(清)林達泉等修　(清)李聯琇等纂　清光緒七年(1881)刻本　一册　十二行二十三字小字雙行同黑口四周雙邊　存一卷(十二)

610000－1001－0016932　普00441
[光緒]崇明縣志十八卷　(清)林達泉等修　(清)李聯琇等纂　清光緒七年(1881)刻本　一册　十二行二十三字小字雙行同黑口四周雙邊　存一卷(十一)

610000－1001－0016933　普00443
[光緒]崇明縣志十八卷　(清)林達泉等修　(清)李聯琇等纂　清光緒七年(1881)刻本　三册　十二行二十三字小字雙行同黑口四周雙邊　存五卷(九至十、十二、十四至十五)

610000－1001－0016934　普00444
[乾隆]渾源州志十卷　(清)桂敬順纂修　清同治九年(1870)孔廣培增刻本　一册　九行二十字小字雙行同白口左右雙邊　存二卷(一至二)

610000－1001－0016935　普00445
[光緒]崇明縣志十八卷　(清)林達泉等修　(清)李聯琇等纂　清光緒七年(1881)刻本　一册　十二行二十三字小字雙行同黑口四周雙邊　存二卷(一至二)

610000－1001－0016936　普00446

[乾隆]重修臺灣府志二十五卷首一卷　（清）
六十七　（清）范咸纂修　清刻本　一冊　十
一行二十二字小字雙行同白口四周雙邊　存
四卷(十至十三)

610000－1001－0016937　普00447

[光緒]崇明縣志十八卷　（清）林達泉等修
（清）李聯琇等纂　清光緒七年(1881)刻本
一冊　十二行二十三字小字雙行同黑口四周
雙邊　存二卷(一至二)

610000－1001－0016938　普00448

[光緒]川沙廳志十四卷首一卷末一卷　（清）
陳芳瀛修　（清）俞樾等纂　清光緒五年
(1879)刻本　四冊　十二行二十三字小字雙
行同白口左右雙邊　存十一卷(五至十四、末
一)

610000－1001－0016939　普00449

[光緒]縉雲縣志十六卷首一卷末一卷　（清）
何乃容　（清）葛華修　（清）潘樹棠纂　清光
緒二年(1876)修七年(1881)刻本　九冊　十
行二十二字小字雙行同白口四周雙邊　存十
四卷(一、五至六、八至十六,首一,末一)

610000－1001－0016940　普00450

重刊宋本十三經注疏附校勘記　（清）阮元撰
校勘記　（清）盧宣旬摘錄校勘記　清光緒十
八年(1892)湖南寶慶務本書局刻本　二十三
冊　十行十八字小字雙行同上下黑口左右雙
邊　存二種

610000－1001－0016941　普00451

[嘉靖]仁和縣志十四卷　（明）沈朝宣纂修
清光緒十九年(1893)武林丁氏刻本　一冊
十行二十字小字雙行同白口四周雙邊　存一
卷(九)

610000－1001－0016942　普00453

[光緒]金山縣志三十卷首一卷　（清）龔寶琦
（清）崔廷鏞修　（清）黃厚本等纂　清光緒
四年(1878)刻本　一冊　十行二十二字小字雙
行同下黑口左右雙邊　存三卷(十七至十九)

610000－1001－0016943　普00454

[光緒]金山縣志三十卷首一卷　（清）龔寶琦
（清）崔廷鏞修　（清）黃厚本等纂　清光緒
四年(1878)刻本　一冊　十行二十二字小字
雙行同下黑口左右雙邊　存五卷(二十六至
三十)

610000－1001－0016944　普00456

賦海大觀三十二卷　（清）鴻寶齋主人編　清
光緒十六年(1890)石印本　十四冊　二十五
行六十字小字雙行同白口四周雙邊　存二十
一卷(十二至三十二)

610000－1001－0016945　普00457

北史一百卷　（唐）李延壽撰　清同治十一年
(1872)鉛印本　二十冊　十二行二十五字白
口左右雙邊

610000－1001－0016946　普00458

[咸豐]重修興化縣志十卷　（清）梁園棣修
（清）鄭之僑　（清）趙彥俞纂　清咸豐二年
(1852)刻本　一冊　十行二十一字小字雙行
同白口左右雙邊　存一卷(一)

610000－1001－0016947　普00459

南史八十卷　（唐）李延壽撰　清光緒十年
(1884)影印本　十九冊　十行二十一字白口
左右雙邊　存七十六卷(一至七十六)

610000－1001－0016948　普00460

[光緒]滬安縣志十六卷首一卷　（清）劉世甯
修　（清）李詩等續修　清光緒十年(1884)刻
本　二冊　十行二十二字小字雙行同白口四
周雙邊　存三卷(一、十一、十二)

610000－1001－0016949　普00462

竹垞文類二十六卷　（清）朱彝尊撰　清刻本
(卷二十五、二十六配抄本）　八冊　十行二
十字白口左右雙邊

610000－1001－0016950　普00463

[光緒]滬安縣志十六卷首一卷　（清）劉世甯
修　（清）李詩等續修　清光緒十年(1884)刻
本　三冊　十行二十二字小字雙行同白口四
周雙邊　存六卷(二至五、九至十)

610000－1001－0016951　普00464

北齊書五十卷　（唐）李百藥撰　清刻本　六冊　二十五行字白口左右雙邊

610000－1001－0016952　普00467

西湖志纂十五卷首一卷　（清）沈德潛　（清）傅王露輯　（清）梁詩正等纂　清刻本　三冊　九行二十一字小字雙行同白口四周雙邊　存九卷（二至十）

610000－1001－0016953　普00469

西湖志纂十五卷首一卷　（清）沈德潛　（清）傅王露輯　（清）梁詩正等纂　清刻本　三冊　九行二十一字小字雙行同白口四周雙邊　存六卷（一至二、十至十三）

610000－1001－0016954　普00470

胡文忠公遺集八十六卷首一卷　（清）曾國荃　（清）鄭敦謹纂輯　清光緒十四年(1888)石印本　八冊　十七行四十字小字雙行同白口四周雙邊

610000－1001－0016955　普00471

[康熙]衢州府志四十卷首一卷　（清）楊廷望纂修　清光緒八年(1882)劉國光刻本　六冊　九行二十二字小字雙行同上下黑口四周雙邊　存二十卷（四至六、十四至十八、二十七至三十八）

610000－1001－0016956　普00472

[康熙]衢州府志四十卷首一卷　（清）楊廷望纂修　清刻本　一冊　九行二十二字小字雙行同上下黑口四周單邊　存三卷（三十一至三十三）

610000－1001－0016957　普00473

胡文忠公遺集八十六卷首一卷　（清）曾國荃纂輯　清石印本　一冊　十七行四十字小字雙行同白口四周雙邊　存十六卷（三十一至四十六）

610000－1001－0016958　普00474

[康熙]衢州府志四十卷首一卷　（清）楊廷望纂修　清刻本　二冊　九行二十二字小字雙行同上下黑口四周單邊　存十卷（十四至十七、二十一至二十六）

610000－1001－0016959　普00475

胡文忠公遺集八十六卷首一卷　（清）曾國荃　（清）鄭敦謹纂輯　清光緒十四年(1888)石印本　八冊　十七行四十字小字雙行同白口四周雙邊

610000－1001－0016960　普00476

[康熙]衢州府志四十卷首一卷　（清）楊廷望纂修　清刻本　二冊　九行二十二字小字雙行同上下黑口四周單邊　存三卷（一、二、六）

610000－1001－0016961　普00477

增補事類統編九十三卷首一卷　（清）黃葆真增輯　清光緒十四年(1888)上海積山書局石印本　一冊　十五行四十二字小字雙行同白口四周單邊　存九卷（七十六至八十四）

610000－1001－0016962　普00478

增廣試帖詩海三十二卷　（清）經訓堂主人選輯　清光緒十九年(1893)上海積山書局石印本　一冊　三十六行三十字白口四周單邊　存四卷（二十四至二十七）

610000－1001－0016963　普00479

新選無情巧搭續集不分卷　（□）□□編　清光緒石印本　四冊　二十行四十字白口四周雙邊

610000－1001－0016964　普00480

四書經註集證十九卷　（宋）朱熹集註　（清）吳昌宗輯　清光緒二十六年(1900)刻本　十六冊　十一行二十五字小字雙行同白口左右雙邊

610000－1001－0016965　普00481

新選無情巧搭初集不分卷　（□）□□編　清光緒石印本　一冊　白口四周雙邊

610000－1001－0016966　普00482

魏書一百十四卷　（北齊）魏收撰　清同治十一年(1872)金陵書局刻本　十九冊　十二行二十五字白口左右雙邊　缺七卷（五十三至五十九）

610000－1001－0016967　普00483

洋務備考十六卷　（清）沈維堉撰　清光緒二

十二年(1896)石印本　六冊　九行三十七字
白口四周雙邊

610000－1001－0016968　普00484
**魏書一百十四卷**　(北齊)魏收撰　清刻本
三冊　十二行二十五字小字雙行同白口左右
雙邊　存十四卷(五十至六十三)

610000－1001－0016969　普00485
**小題四萬選不分卷**　(□)□□□撰　清石印本
十冊　三十二行二十四字白口四周單邊

610000－1001－0016970　普00486
**欽定科場條例六十卷首一卷**　(清)李鴻藻等
編　清刻本　八冊　九行二十字小字雙行同
白口四周雙邊　存二十二卷(七至十二、二十
至二十八、三十五至三十九、四十八至四十
九)

610000－1001－0016971　普00487
**附釋音禮記注疏六十三卷附校勘記六十三卷**
　(漢)鄭玄注　(唐)陸德明釋文　(唐)孔
穎達等撰　清影宋刻本　十二冊　十行二十
三字小字雙行同上下黑口左右雙邊　缺六十
三卷(校勘記一至六十三)

610000－1001－0016972　普00489
**通鑑紀事本末二百三十九卷**　(宋)袁樞編輯
　(明)張溥論正　清刻本　三十二冊　九行
二十字白口左右雙邊　存二百〇六卷(十四
至二百十九)

610000－1001－0016973　普00490
**通鑑紀事本末二百三十九卷**　(宋)袁樞編輯
　(明)張溥論正　清刻本　二冊　八行二十
字白口左右雙邊　存十一卷(一百九十三至
二百〇三)

610000－1001－0016974　普00491
**後漢書一百二十卷**　(南朝宋)范曄撰　清刻
本　四冊　十行二十一字小字雙行同白口左
右雙邊　存十九卷(三十四至四十九、七十一
至七十三)

610000－1001－0016975　普00492
**通鑑紀事本末二百三十九卷**　(宋)袁樞編輯

（明)張溥論正　清刻本　四冊　八行二十
字白口左右雙邊　存十一卷(一百九十三至
二百〇三)

610000－1001－0016976　普00493
**資治通鑑綱目前編十八卷首一卷**　(明)南軒
撰　(明)陳仁錫評　清刻本　一冊　七行十
八字小字雙行同白口四周單邊　存四卷(四
至七)

610000－1001－0016977　普00494
**後漢書一百二十卷**　(南朝宋)范曄撰　清刻
本　一冊　十行二十一字小字雙行同白口左
右雙邊　存五卷(九十一至九十五)

610000－1001－0016978　普00495
**後漢書一百二十卷**　(南朝宋)范曄撰　清鉛
印本　一冊　十行二十一字小字雙行同白口
左右雙邊　存六卷(十六至二十一)

610000－1001－0016979　普00496
**明史紀事本末八十卷**　(清)谷應泰編著　清
刻本　二冊　九行二十字小字雙行同白口四
周單邊　存七卷(四十四至五十)

610000－1001－0016980　普00497
**後漢書一百二十卷**　(南朝宋)范曄撰　(唐)
李賢注　清石印本　十五冊　十行二十一字
小字雙行同上下黑口左右雙邊　存六十九卷
(二至六、十一至三十二、四十九至五十三、八
十一至一百十七)

610000－1001－0016981　普00498
**通鑑紀事本末二百三十九卷**　(宋)袁樞編輯
　(明)張溥論正　清刻本　一冊　九行二十
字小字雙行同白口左右雙邊　存三卷(四十
八至五十)

610000－1001－0016982　普00499
**皇朝文獻通考三百卷**　(清)嵇璜等纂　清光
緒八年(1882)浙江書局刻本　七十冊　九行
二十一字小字雙行同白口左右雙邊　存一百
二十九卷(一至一百二十九)

610000－1001－0016983　普00501
**楚辭燈四卷**　(清)林雲銘論述　清刻本　二

冊　八行二十字小字雙行同白口左右雙邊
存二卷(三至四)

610000－1001－0016984　普00502

通鑑紀事本末二百三十九卷　(宋)袁樞編輯
(明)張溥論正　清刻本　一冊　九行二十
字小字雙行同白口左右雙邊　存二卷(一至
二)

610000－1001－0016985　普00503

後漢書一百二十卷　(南朝宋)范曄撰　光緒
二十九年(1903)五洲同文局石印本　二十五
冊　十行二十一字小字雙行同上下黑口左右
雙邊　存九十五卷(一、七至十五、三十三至
一百、一百〇四至一百二十)

610000－1001－0016986　普00504

資治通鑑二百九十四卷　(宋)司馬光撰
(元)胡三省音注　清刻本　十二冊　十行二
十字小字雙行同上下黑口四周雙邊　存三十
三卷(二百三十三至二百六十五)

610000－1001－0016987　普00505

說文解字句讀三十卷補正三十卷　(清)王筠
撰集　清刻本　一冊　行數不等字數不等白
口四周雙邊　存六卷(三至六、十五至十六)

610000－1001－0016988　普00506

榕村全書三十二種附十種　(清)李光地撰
清道光九年(1829)李維迪刻本　二冊　九行
二十字小字雙行同白口左右雙邊　存二種

610000－1001－0016989　普00509

[光緒]岐山縣志八卷　(清)胡昇猷修
(清)張殿元纂　清光緒十年(1884)刻本　四
冊　十行二十四字小字雙行同白口四周雙邊

610000－1001－0016990　普00510

御批通鑑輯覽一百二十卷　(清)傅恆等纂
清光緒刻本　六十五冊　十一行二十二字小
字雙行同白口左右雙邊　缺四十九卷(一至
二、二十五、三十至三十三、三十九至四十二、
五十至五十一、六十至六十五、七十至七十
一、七十八至八十一、八十四至一百〇三、一
百〇四至一百〇五、一百十至一百十一)

610000－1001－0016991　普00511

榕村全書三十二種附十種　(清)李光地撰
清道光九年(1829)李維迪刻本　二冊　八行
二十字小字雙行同白口四周單邊

610000－1001－0016992　普00513

[乾隆]咸陽縣志二十二卷首一卷　(清)臧應
桐纂修　[道光]續修咸陽縣志一卷　(清)陳
堯書纂修　清道光十六年(1836)刻本　四冊
十行二十二字白口四周雙邊

610000－1001－0016993　普00516

[乾隆]咸陽縣志二十二卷首一卷　(清)臧應
桐纂修　[道光]續修咸陽縣志一卷　(清)陳
堯書纂修　清道光十六年(1836)刻本　一冊
十行二十二字白口四周雙邊　存七卷(十
七至二十二、續修一)

610000－1001－0016994　普00517

[光緒]岐山縣志八卷　(清)胡昇猷修
(清)張殿元纂　清光緒十年(1884)刻本　三
冊　十行二十四字小字雙行同白口四周雙邊

610000－1001－0016995　普00518

[光緒]岐山縣志八卷　(清)胡昇猷修
(清)張殿元纂　清光緒十年(1884)刻本　四
冊　十行二十四字小字雙行同白口四周雙邊

610000－1001－0016996　普00522

通鑑綱目分類策論檢題不分卷　(清)夢蝶生
編輯　清光緒二十九年(1903)上海官書局石
印本　二冊　十三行二十字小字雙行同下黑
口四周單邊

610000－1001－0016997　普00523

通鑑綱目分類策論檢題不分卷　(清)夢蝶生
編輯　清光緒二十九年(1903)上海官書局石
印本　四冊　十三行二十字小字雙行同下黑
口四周單邊

610000－1001－0016998　普00529

性理大全書七十卷　(明)胡廣等撰　清刻本
一冊　十行二十字小字雙行同白口四周單
邊　存一卷(七十)

610000－1001－0016999　普00530

小倉山房尺牘十卷　（清）袁枚撰　清乾隆、嘉慶刻本　一冊　十一行二十一字白口四周單邊　存四卷(一至四)

610000－1001－0017000　普00531

說文繫傳四十卷　（宋）徐鍇傳釋　清刻本　二冊　九行二十二字小字雙行同白口左右雙邊　存二十卷(二十一至四十)

610000－1001－0017001　普00532

說文解字十五卷　（漢）許慎撰　（宋）徐鍇等校定　說文通檢十四卷首一卷末一卷　（清）黎永椿編　清陳昌治刻本　二冊　十行二十二字小字雙行同白口左右雙邊　存十卷(說文解字十四至十五,說文通檢一至七、首一)

610000－1001－0017002　普00533

[光緒]廣德州志六十卷首一卷末一卷　（清）胡有誠修　（清）丁寶書等纂　清光緒七年(1881)刻本　一冊　九行二十二字小字雙行同白口四周雙邊　存三卷(四十至四十二)

610000－1001－0017003　普00534

漢學商兌贅言四卷附識八則　（清）豫師撰　清光緒十四年(1888)刻本　三冊　十行二十三字小字雙行同白口左右雙邊　存三卷(二至四)

610000－1001－0017004　普00535

廣輿記二十四卷　（明）陸應陽原纂　（清）蔡方炳增輯　清刻本　三冊　十行十八字小字雙行同白口四周單邊間四周雙邊　存九卷(六至九、十五至十九)

610000－1001－0017005　普00536

蠶桑萃編十五卷首一卷　（清）衛杰纂　清光緒二十四年(1898)刻本　八冊　十行二十字下黑口四周雙邊

610000－1001－0017006　普00537

說文解字句讀三十卷　（清）王筠撰集　清刻本　二冊　十行二十四字小字雙行同白口四周雙邊　存四卷(二十三至二十六)

610000－1001－0017007　普00538

御批歷代通鑑輯覽一百二十卷　（清）傅恆等纂　清刻本　二冊　十一行二十二字小字雙行同白口四周雙邊　存四卷(七十至七十一、一百十二至一百十三)

610000－1001－0017008　普00539

御批歷代通鑑輯覽一百二十卷　（清）傅恆等纂　清刻本　五冊　十一行二十二字小字雙行同白口四周雙邊　存十卷(八十四至八十七、九十至九十二、九十四至九十六)

610000－1001－0017009　普00540

御批歷代通鑑輯覽一百二十卷　（清）傅恆等纂　清刻本　二十八冊　十一行二十二字小字雙行同白口四周雙邊　存七十卷(四十六至九十八、一百〇四至一百二十)

610000－1001－0017010　普00541

廣輿記二十四卷　（明）陸應陽原纂　（清）蔡方炳增輯　清刻本　四冊　十行十九字小字雙行同白口四周單邊　存十四卷(五至十四、二十一至二十四)

610000－1001－0017011　普00542

廣廣事類賦三十二卷　（清）吳世旃撰注　清嘉慶元年(1796)刻本　三冊　十行二十字小字雙行同白口左右雙邊　存十三卷(一至九、十四至十七)

610000－1001－0017012　普00544

重訂事類賦三十卷　（宋）吳淑撰　清道光刻本　一冊　九行二十一字小字雙行同白口四周雙邊　存四卷(一至四)

610000－1001－0017013　普00545

彭剛直公奏稿四卷　（清）彭玉麟撰　清光緒二十八年(1902)上海西法石印本　四冊　十九行四十三字白口四周雙邊

610000－1001－0017014　普00546

古文詞畧讀本二十四卷　（清）梅曾亮編　清光緒三十三年(1907)陝西學務公所圖書局鉛印本　四冊　十四行三十五字小字雙行同白口四周雙邊

610000－1001－0017015　普00547

古文詞畧讀本二十四卷　（清）梅曾亮編　清

光緒三十三年(1907)陝西學務公所圖書局鉛印本　三冊　十四行三十五字小字雙行同白口四周雙邊　存十八卷(一至四、十一至二十四)

610000－1001－0017016　普00548
**古文詞畧讀本二十四卷**　(清)梅曾亮編　清光緒三十三年(1907)陝西學務公所圖書局鉛印本　一冊　十四行三十五字小字雙行同白口四周雙邊　存四卷(一至四)

610000－1001－0017017　普00550
**皇朝文獻通考三百卷**　(清)嵇璜等纂　清光緒八年(1882)浙江書局刻本　五十四冊　九行二十一字小字雙行同白口左右雙邊　存一百〇一卷(一至九十六、九十九至一百〇三)

610000－1001－0017018　普00551
**後漢書一百二十卷**　(南朝宋)范曄撰　清刻本　一冊　十行二十一字小字雙行同白口左右雙邊　存一卷(一)

610000－1001－0017019　普00553
**御批歷代通鑑輯覽一百二十卷**　(清)傅恆等纂　清刻本　七冊　十一行二十二字小字雙行同白口左右雙邊　存十二卷(九十至一百〇一)

610000－1001－0017020　普00554
**續廣事類賦三十三卷**　(清)王鳳喈撰　清刻本　四冊　十行二十字小字雙行同白口左右雙邊　存十卷(十四、十六、二十至二十一、二十五至三十)

610000－1001－0017021　普00555
**宋史四百九十六卷**　(元)脫脫等修　清刻本　十四冊　十行二十一字白口左右雙邊　存六十二卷(二百十八至二百二十一、二百二十三、二百二十五至二百二十七、二百三十一至二百三十二、三百六十至三百七十四、三百八十至四百〇二、四百〇八至四百十六、四百五十六至四百六十)

610000－1001－0017022　普00556
**御撰資治通鑑綱目三編二十卷**　(清)張廷玉

等編　清刻本　一冊　十一行二十二字小字雙行同白口四周單邊　存五卷(六至十)

610000－1001－0017023　普00557
**御撰資治通鑑綱目三編二十卷**　(清)張廷玉等編　清刻本　二冊　十一行二十二字小字雙行同白口四周單邊

610000－1001－0017024　普00559
**御撰資治通鑑綱目三編二十卷**　(清)張廷玉等編　清刻本　一冊　十行二十二字小字雙行同白口四周單邊　存四卷(一至四)

610000－1001－0017025　普00560
**續資治通鑑綱目二十七卷**　(明)陳仁錫評　清刻本　二冊　七行十八字小字雙行同白口四周單邊　存二卷(十、十三)

610000－1001－0017026　普00561
**船山遺書五十六種附一種**　(清)王夫之撰　清同治四年(1865)湘鄉曾國荃金陵刻本　一冊　十行二十二字上下黑口左右雙邊　存一種

610000－1001－0017027　普00562
**御批續資治通鑑綱目二十七卷**　(明)商輅等撰　清刻本　十二冊　十一行二十二字小字雙行同下黑口四周雙邊　存二十卷(三至九、十三至二十五)

610000－1001－0017028　普00563
**周禮政要四卷**　(清)孫詒讓著　清光緒三十年(1904)西安官書局鉛印本　二冊　十一行二十一字小字雙行同白口四周雙邊

610000－1001－0017029　普00564
**唐書二百二十五卷**　(宋)歐陽修　(宋)宋祁撰　清刻本　一冊　十行二十二字白口左右雙邊　存一卷(七)

610000－1001－0017030　普00565
**鼎鍥趙田了凡袁先生編纂古本歷史大方綱鑑補三十九卷首一卷**　(明)袁黄撰　清刻本　六冊　十二行二十八字小字雙行同白口四周單邊　存六卷(二十九至三十、三十四、三十六至三十七、三十九)

610000－1001－0017031　普00566

**資治通鑑二百九十四卷**　（宋）司馬光撰
（元）胡三省音注　清刻本　一冊　十行二十
字小字雙行同白口四周單邊　存十八卷（二
百三十八至二百五十五）

610000－1001－0017032　普00567

**鼎鍥趙田了凡袁先生編纂古本歷史大方綱鑑
補三十九卷首一卷**　（明）袁黃撰　清刻本
一冊　十二行二十八字小字雙行同白口四周
單邊　存一卷（三十一）

610000－1001－0017033　普00568

**御批歷代通鑑輯覽一百二十卷**　（清）傅恆等
纂　清石印本　九冊　二十七行五十六字小
字雙行同白口四周雙邊　存六十四卷（二十
八至六十三、七十八至一百〇五）

610000－1001－0017034　普00569

**皇朝通志一百二十六卷**　（清）嵇璜等纂修
清刻本　五冊　九行二十一字小字雙行同白
口左右雙邊　存十二卷（五十三至六十四）

610000－1001－0017035　普00570

**三蘇策論十二卷**　（宋）蘇洵　（宋）蘇軾
（宋）蘇轍撰　清光緒二十七年（1901）鍊石書
局石印本　六冊　十八行四十二字白口四周
雙邊

610000－1001－0017036　普00571

**御纂周易折中二十二卷首一卷**　（清）李光地
等撰　清刻本　七冊　八行十八字小字雙行
二十二字白口四周雙邊　存十三卷（一至七、
十二、十七至二十，首一）

610000－1001－0017037　普00572

**御撰資治通鑑綱目三編二十卷**　（清）張廷玉
等編　清刻本　二冊　十一行二十二字小字
雙行同白口四周單邊　存十卷（六至十五）

610000－1001－0017038　普00573

**附釋音周禮注疏四十二卷附校刊記四十二卷**
　（漢）鄭玄注　（唐）賈公彥疏　（清）阮元
撰校勘記　（清）盧宣旬摘錄校勘記　清刻本
　一冊　十行十七字小字雙行二十三字上下

黑口左右雙邊　存二卷（二十六至二十七）

610000－1001－0017039　普00574

**附釋音周禮注疏四十二卷附校刊記四十二卷**
　（漢）鄭玄注　（唐）賈公彥疏　（清）阮元
撰校勘記　清刻本　一冊　十行十七字小字
雙行二十三字上下黑口左右雙邊　存二卷
（二十五至二十六）

610000－1001－0017040　普00575

**附釋音周禮注疏四十二卷附校刊記四十二卷**
　（漢）鄭玄注　（唐）賈公彥疏　（唐）陸德
明釋文　清道光六年（1826）南昌府學刻本
一冊　十行十七字小字雙行二十三字上下黑
口左右雙邊　存二卷（一至二）

610000－1001－0017041　普00576

**御撰資治通鑑綱目三編二十卷**　（清）張廷玉
等編　清刻本　一冊　十一行二十二字小字
雙行同白口四周單邊　存四卷（十七至二十）

610000－1001－0017042　普00577

**新刊趙田了凡袁先生編纂古本歷史大方綱鑑
補三十九卷首一卷**　（明）袁黃撰　清刻本
四冊　行數不等字數不等白口左右雙邊　存
八卷（三、六至十）

610000－1001－0017043　普00578

**儀禮注疏校勘記五十卷**　（清）阮元撰　（清）
盧宣旬摘錄　清刻本　八冊　十行二十三字
小字雙行同上下黑口左右雙邊　存十四卷
（十九至二十、二十五至二十六、二十九至三
十、三十三至四十）

610000－1001－0017044　普00579

**監本四書**　（宋）朱熹章句　清光緒六年
（1880）蘇州小西山房刻本　六冊　九行十七
字小字雙行同白口左右雙邊

610000－1001－0017045　普00580

**儀禮經傳通解續二十九卷**　（宋）黃榦撰
（宋）楊復撰　清刻本　一冊　十二行二十三
字小字雙行同白口左右雙邊　存五卷（十至
十四）

610000－1001－0017046　普00581

元史二百十卷 （明）宋濂等撰 清刻本 六
册 十行二十一字小字雙行同白口左右雙邊
存二十卷（三十二至三十五、四十二至四十
七、五十二至六十一）

610000－1001－0017047 普00582

四書朱子本義匯參四十三卷首四卷 （清）王
步青輯 清刻本 二十五册 九行二十三字
小字雙行同白口四周單邊

610000－1001－0017048 普00583

周禮注疏刪翼三十卷 （明）葉培恕撰 （明）
王志長輯 清刻本 一册 八行十九字小字
雙行同白口左右雙邊 存二卷（二十至二十
一）

610000－1001－0017049 普00584

附釋音尚書注疏二十卷 （唐）孔穎達疏
（清）阮元校勘 （清）盧宣旬摘錄 清刻本
一册 十行十七字小字雙行二十三字上下黑
口左右雙邊 存三卷（十八至二十）

610000－1001－0017050 普00585

御纂詩義折中二十卷 （清）傅恆等纂 清文
光堂刻本 二册 九行二十字白口四周雙邊
存四卷（十四至十五、十九至二十）

610000－1001－0017051 普00586

北齊書五十卷 （唐）李百藥撰 清光緒二十
九年（1903）五洲同文局石印本 五册 十行
二十一字小字雙行同白口左右雙邊 存三十
三卷（一至十八、二十三至三十一、四十五至
五十）

610000－1001－0017052 普00587

四書朱子本義匯參四十三卷首四卷 （清）王
步青輯 （清）王士鼇編 清刻本 二十二册
九行二十三字小字雙行同白口四周單邊

610000－1001－0017053 普00588

四書典制類聯音註三十三卷 （清）閻其淵輯
清刻本 五册 九行二十五字白口左右雙
邊 存十四卷（一至六、十一至十八）

610000－1001－0017054 普00589

附釋音周禮注疏四十二卷 （漢）鄭玄注

（唐）賈公彥疏 （清）阮元校勘 （清）盧宣
旬摘錄 清刻本 二册 十行十七字小字雙
行二十三字上下黑口左右雙邊 存五卷（二
十六至三十）

610000－1001－0017055 普00590

史記一百三十卷 （漢）司馬遷撰 （宋）裴駰
集解 （唐）司馬貞索隱 （唐）張守節正義
清刻本 十四册 十行二十一字小字雙行同
白口左右雙邊 存七十一卷（六至七、十三至
十四、十五至十七、二十至二十二、二十七至
三十、三十一至三十三、四十至四十三、四十
四至四十八、四十九至五十七、五十八至六十
七、六十八至七十四、七十五至八十一、九十
六至一百〇三、一百二十七至一百三十）

610000－1001－0017056 普00591

松陽講義十二卷 （清）陸隴其著 （清）侯銓
等編 清刻本 四册 十一行二十字上下黑
口左右雙邊

610000－1001－0017057 普00592

御批歷代通鑑輯覽一百二十卷 （清）傅恆等
纂 （清）周子璋校 清光緒二十七年（1901）
上海經春閣石印本 十六册 二十七行五十
六字小字雙行同白口四周雙邊

610000－1001－0017058 普00593

御批歷代通鑑輯覽一百二十卷 （清）傅恆等
纂 清光緒三十年（1904）上海商務印書館鉛
印本 二十四册 十六行二十五字小字雙行
四十三字白口四周單邊

610000－1001－0017059 普00594

松陽講義十二卷 （清）陸隴其著 （清）侯銓
等編 清光緒十四年（1888）涇陽柏經正堂刻
本 六册 九行二十三字下黑口左右雙邊

610000－1001－0017060 普00595

硃批諭旨不分卷 （清）世宗胤禛撰 清光緒
刻朱墨印本 十八册 十五行三十三字小字
雙行同白口四周雙邊

610000－1001－0017061 普00596

皇朝五經彙解二百七十卷 （清）抉經心室主

人编 清光緒石印本 一册 十九行八十字 小字雙行同下黑口四周雙邊 存十二卷(五十七至六十八)

610000－1001－0017062 普00597

**曾文正公全集十五種** (清)曾國藩撰 清同治、光緒傳忠書局刻本 二十三册 十行二十四字小字雙行同上下黑口左右雙邊 存二種

610000－1001－0017063 普00598

**御批歷代通鑑輯覽一百二十卷** (清)傅恆等纂 清同治十一年(1872)湖北崇文書局刻本 六十册 十一行二十二字小字雙行同白口四周雙邊

610000－1001－0017064 普00599

**欽定續通志六百四十卷** (清)嵇璜等修 (清)曹仁虎等纂 清光緒二十七年(1901)上海圖書集成局鉛印本 三十九册 十六行四十三字小字雙行同白口四周單邊 存四百三十八卷(一至八十、九十三至一百九十、三百八十一至六百四十)

610000－1001－0017065 普00600

**廣輿記二十四卷** (明)陸應陽原纂 (清)蔡方炳增輯 清刻本 三册 十行十九字小字雙行同白口四周單邊 存六卷(六至七、十一至十二、十四至十五)

610000－1001－0017066 普00601

**曾文正公大事記四卷** (清)王定安著 清光緒刻本 二册 十行二十四字小字雙行同上黑口左右雙邊

610000－1001－0017067 普00602

**廣輿記二十四卷** (明)陸應陽原纂 (清)蔡方炳增輯 清刻本 五册 十行十九字小字雙行同白口左右雙邊 存十二卷(十至十一、十二至十三、十四至十五、十九至二十一、二十二至二十四)

610000－1001－0017068 普00603

**皇朝文獻通考三百卷** (清)嵇璜等纂 清光緒八年(1882)浙江書局刻本 四十册 九行

二十一字小字雙行同白口左右雙邊 存八十一卷(二百二十至三百)

610000－1001－0017069 普00604

**欽定春秋傳說彙纂三十八卷首二卷** (清)王揆等撰 清刻本 十六册 八行二十二字小字雙行同白口四周雙邊 存三十五卷(一至二十九、三十四至三十八,首下)

610000－1001－0017070 普00606

**欽定四庫全書總目二百卷** (清)紀昀等撰 清刻本 四十七册 九行二十一字小字雙行同白口左右雙邊 存一百六十五卷(十一至二十五、四十至六十二、七十四至七十八、九十五至一百八十八、一百二十九至一百三十四、一百四十、一百四十五至一百五十五、一百八十五至一百九十四)

610000－1001－0017071 普00608

**馬嵬志十六卷首一卷** (清)胡鳳丹編輯 清光緒三年(1877)退補齋刻本 四册 九行二十一字小字雙行同白口四周雙邊 存八卷(三、七至十三)

610000－1001－0017072 普00609

**事類賦補遺十四卷** (清)張均編撰 清文光堂刻本 六册 八行十八字小字雙行同白口左右雙邊

610000－1001－0017073 普00610

**蘇文忠公詩集五十卷** (宋)蘇軾撰 清刻朱墨印本 一册 十行二十一字小字雙行同白口左右雙邊 存四卷(三十六至三十九)

610000－1001－0017074 普00611

**陝西志輯要六卷首一卷關中漢唐存碑跋一卷漢南游草一卷** (清)王志沂纂 清刻本 一册 十行二十字小字雙行同白口左右雙邊 存一卷(二)

610000－1001－0017075 普00612

**續廣事類賦三十三卷** (清)王鳳喈撰 清刻本 七册 十行二十字小字雙行同白口四周單邊 存九卷(四至十二)

610000－1001－0017076 普00615

[嘉慶]洛川縣志二十卷首一卷　（清）劉毓秀修　清嘉慶十一年(1806)刻本　一冊　九行二十二字白口四周雙邊　存三卷(十五至十七)

610000－1001－0017077　普00616
時齋詩集初刻四卷　（清）李元春撰　清刻本　一冊　九行二十字小字雙行同白口左右雙邊　存二卷(一至二)

610000－1001－0017078　普00620
重修輞川志六卷　（清）胡元煥編　清末刻本　一冊　九行二十二字白口左右雙邊

610000－1001－0017079　普00621
明史三百三十二卷　（清）張廷玉等撰　清刻本　二冊　十二行二十一字白口四周雙邊　存六卷(九至十三、五十四)

610000－1001－0017080　普00622
折獄龜鑑八卷　（宋）鄭克撰　清光緒元年(1875)陝西湖廣會館刻本　一冊　九行二十四字小字雙行同白口左右雙邊　存四卷(一至四)

610000－1001－0017081　普00623
安康縣興賢學倉志二卷　（清）趙祥等修　清道光二十五年(1845)刻本　一冊　十行二十字白口左右雙邊　存一卷(上)

610000－1001－0017082　普00624
[嘉慶]扶風縣志十八卷首一卷　（清）宋世犖修　（清）吳鵬翔　（清）王澍棠纂　清嘉慶二十四年(1819)刻本　一冊　十一行二十三字小字雙行同白口左右雙邊　存五卷(六至十)

610000－1001－0017083　普00625
明史三百三十二卷　（清）張廷玉等撰　清刻本　十冊　十行二十一字白口左右雙邊　存三十八卷(一至三十一、五十七至六十三)

610000－1001－0017084　普00626
[嘉慶]扶風縣志十八卷首一卷　（清）宋世犖修　（清）吳鵬翔　（清）王澍棠纂　清嘉慶二十四年(1819)刻本　一冊　十一行二十三字小字雙行同白口左右雙邊　存五卷(六至十)

610000－1001－0017085　普00627
折獄龜鑑補六卷　（清）胡文炳輯　清光緒四年(1878)刻本　一冊　十行二十二字小字雙行同白口四周雙邊　存一卷(六)

610000－1001－0017086　普00628
明史三百三十二卷　（清）張廷玉等撰　清刻本　二十五冊　十行二十一字白口左右雙邊　存七十五卷(一至三、六至六十、一百七十八至一百八十、二百四十八至二百五十一、二百五十五至二百五十九、三百二十五至三百二十九)

610000－1001－0017087　普00630
[光緒]藍田縣志十六卷　（清）呂懋勳修　（清）袁廷俊纂　重修輞川志六卷文徵錄四卷　（清）胡元煥纂　清光緒元年(1875)刻本　一冊　九行二十二字小字雙行同白口左右雙邊　存一卷(一)

610000－1001－0017088　普00631
折獄龜鑑八卷　（宋）鄭克撰　清刻本　一冊　九行二十四字小字雙行同白口左右雙邊　存四卷(五至八)

610000－1001－0017089　普00632
周禮政要四卷　（清）孫詒讓著　清光緒三十年(1904)鉛印本　二冊　十一行二十二字白口四周雙邊

610000－1001－0017090　普00639
資治通鑑二百九十四卷　（宋）司馬光撰　清刻本　六十四冊　十行二十字小字雙行同白口四周雙邊　存二百〇六卷(八十九至二百九十四)

610000－1001－0017091　普00640
[乾隆]續耀州志十一卷　（清）汪灝修　（清）鍾麟書纂　清刻本　一冊　十行二十字小字雙行同白口四周雙邊　存五卷(一至五)

610000－1001－0017092　普00641
周易易讀六卷　（清）司徒修輯　清道光十五年(1835)刻本　四冊　行數不等大小字不等白口左右雙邊

610000 – 1001 – 0017093　普 00644

**書經六卷**　（宋）蔡沈集傳　清光緒二十一年(1895)湖北官書處刻本　四冊　九行十七字小字雙行同白口四周雙邊

610000 – 1001 – 0017094　普 00646

**歷代史論十二卷續編一卷元史論一卷**　（明）張溥撰　**左傳史論二卷**　（清）高士奇撰　**明史論四卷**　（清）谷應泰撰　清刻本　三冊　十一行二十一字小字雙行同上下黑口四周單邊　存四卷(元史論一、明史論一至二、左傳史論一)

610000 – 1001 – 0017095　普 00647

**雙楳景闇叢書十六種**　葉德輝輯　清光緒、宣統長沙葉氏郎園刻本　四冊　十一行二十二字小字雙行同上下黑口左右雙邊

610000 – 1001 – 0017096　普 00649

**伸蒙子三卷**　（唐）林慎思撰　**素履子三卷**　（唐）張弧撰　清光緒元年(1875)湖北崇文書局刻本　一冊　十二行二十四字小字雙行同上下黑口四周雙邊

610000 – 1001 – 0017097　普 00650

**明史三百三十二卷**　（清）張廷玉等撰　清刻本　五冊　十行二十一字白口左右雙邊　存十七卷(一百五十至一百五十四、一百七十五至一百七十七、一百九十六至二百〇四)

610000 – 1001 – 0017098　普 00651

**蘇文忠詩合註五十卷首一卷**　（宋）蘇軾撰　（清）馮應榴輯訂　清光緒九年(1883)刻本　十六冊　十一行二十六字小字雙行同白口左右雙邊　存三十八卷(編年詩八至九、十三至三十一、三十五至三十七、三十八至五十,首一)

610000 – 1001 – 0017099　普 00652

**明史三百三十二卷**　（清）張廷玉等撰　清刻本　十四冊　十二行二十五字白口四周雙邊　存二十四卷(一百八十至一百八十二、二百十五至二百一十九、二百五十二至二百五十五、二百五十九至二百九十四、三百〇七至三百〇九、三百十九至三百二十一)

610000 – 1001 – 0017100　普 00653

**新序十卷**　（漢）劉向撰　清光緒元年(1875)湖北崇文書局刻本　一冊　十二行二十四字小字雙行同上下黑口四周雙邊　存五卷(一至五)

610000 – 1001 – 0017101　普 00654

**蘇文忠詩合註五十卷首一卷目錄一卷**　（清）馮應榴輯訂　清同治刻本　三冊　十一行三十三字小字雙行同白口左右雙邊　存四卷(三十一至三十三、首一)

610000 – 1001 – 0017102　普 00655

**子書百家**　（清）崇文書局輯　清光緒元年(1875)湖北崇文書局刻本　十三冊　十二行二十四字小字雙行同上下黑口四周雙邊　存十種

610000 – 1001 – 0017103　普 00656

**重刊宋文憲公集五十三卷**　（明）宋濂撰　（清）黃宗羲鑒　清刻本　十冊　十一行二十四字小字雙行同白口左右雙邊　存三十卷(一至三十)

610000 – 1001 – 0017104　普 00657

**大學衍義補一百六十卷**　（明）丘濬撰　（明）陳仁錫評閱　清刻本　十五冊　十一行二十二字小字雙行同白口四周單邊　存一百二十卷(四十一至一百六十)

610000 – 1001 – 0017105　普 00658

**金石屑四卷**　（清）鮑昌熙摹　清光緒刻本　一冊　行數不等大小字不等白口左右雙邊　存一卷(一)

610000 – 1001 – 0017106　普 00659

**東坡集八十四卷目錄二卷**　（宋）蘇軾著　清道光十二年(1832)刻本　二十九冊　九行二十五字上下黑口左右雙邊　存五十一卷(一至二、五至十三、三十一至六十八,目錄一至二)

610000 – 1001 – 0017107　普 00660

**皇朝續文獻通考四百卷**　（清）劉錦藻撰　清光緒鉛印本　三十九冊　十三行三十字小字

雙行同上下黑口四周單邊　存三百七十一卷
（二十二至三百九十二）

610000－1001－0017108　普00661

[光緒]永嘉縣志三十八卷首一卷　（清）張寶
琳修　（清）王棻等纂　清光緒八年(1882)溫
州維新書局刻本　二冊　十行二十二字小字
雙行同白口四周雙邊　存二卷(一、六)

610000－1001－0017109　普00662

子書百家　（清）崇文書局輯　清光緒元年
(1875)湖北崇文書局刻本　二十三冊　十二
行二十四字小字雙行同上下黑口四周雙邊
存十六種

610000－1001－0017110　普00663

重刊宋本十三經注疏附校勘記　（清）阮元撰
校勘記　（清）盧宣旬摘錄　清同治十二年
(1873)江西書局刻本　二十八冊　十行十九
字小字雙行同上下黑口左右雙邊　存四種

610000－1001－0017111　普00664

[道光]泰州志三十六卷首一卷　（清）王有慶
等修　（清）陳世鎔等纂　清光緒三十四年
(1908)補刻本　一冊　十行二十一字小字雙
行同白口左右雙邊　存八卷(一至七、首一)

610000－1001－0017112　普00665

春秋左傳杜注三十卷首一卷春秋名號歸一圖
二卷　（清）姚培謙學　清光緒十九年(1893)
浙江書局刻本　十冊　十一行二十二字小字
雙行同白口左右雙邊

610000－1001－0017113　普00667

崇文書局彙刻書(三十三種叢書)　（清）崇文
書局輯　清光緒三年(1877)湖北崇文書局刻
本　二冊　十二行二十四字小字雙行同上下
黑口四周雙邊　存三種

610000－1001－0017114　普00668

春秋左傳杜注三十卷首一卷春秋名號歸一圖
二卷　（清）姚培謙學　清光緒十九年(1893)
浙江書局刻本　九冊　十一行二十二字小字
雙行同白口左右雙邊　存三十卷(一至三十)

610000－1001－0017115　普00669

淵鑒齋御纂朱子全書六十六卷　（清）熊賜履
（清）李光地等編脩　清刻本　六冊　九行
二十字小字雙行同上下黑口四周單邊　存十
二卷(五十一至五十八、六十三至六十六)

610000－1001－0017116　普00670

朱子語類一百四十卷　（宋）朱熹撰　（宋）黎
靖德編　清刻本　三冊　十二行二十五字小
字雙行同白口左右雙邊　存十一卷(二十七
至三十七)

610000－1001－0017117　普00671

淵鑒齋御纂朱子全書六十六卷　（清）熊賜履
（清）李光地等編脩　清刻本　八冊　九行
二十字小字雙行同上下黑口四周單邊　存十
九卷(一至十九)

610000－1001－0017118　普00672

玉函山房輯佚書五百九十四種　（清）馬國翰
輯　清光緒九年(1883)長沙嫏嬛館刻本　十
冊　九行二十字小字雙行同白口四周雙邊
存三十六種

610000－1001－0017119　普00673

佩文韻府拾遺一百〇六卷　（清）張廷玉等編
清刻本　六冊　十二行二十五字小字雙行
同白口四周雙邊　存十四卷(九十三至一百
〇六)

610000－1001－0017120　普00674

淵鑒齋御纂朱子全書六十六卷　（清）熊賜履
（清）李光地等編脩　清刻本　一冊　九行
二十字小字雙行同上下黑口四周單邊　存一
卷(六)

610000－1001－0017121　普00675

宋史四百九十六卷目錄三卷　（元）脫脫等修
清光緒元年(1875)浙江書局刻本　五十一
冊　十二行二十五字白口左右雙邊　存二百
二十五卷(一至六十七、八十五至二百十三、
二百十六至二百四十一,目錄一至三)

610000－1001－0017122　普00676

佩文齋書畫譜一百卷　（清）孫岳頒輯　清刻
本　十四冊　十一行二十一字小字雙行不等

白口左右雙邊　存二十三卷(二十一至三十三、四十五至五十一、五十六至五十八)

610000－1001－0017123　普00677
更生齋文乙集四卷　(清)洪亮吉著　清光緒九年(1883)紫藤花館刻本　一冊　九行二十一字上下黑口左右雙邊　存二卷(一至二)

610000－1001－0017124　普00678
佩文詩韻釋要五卷　(清)林重輯　清光緒十二年(1886)刻本　二冊　九行十八字小字雙行三十六字白口左右雙邊

610000－1001－0017125　普00679
重校刊官板玉髓真經二十八卷附錄一卷　(宋)張洞玄撰　(宋)劉允中註　清龍虎山刻本　五冊　十行二十八字小字雙行同白口四周雙邊　存十五卷(一至二、九至十、十九至二十八、後一)

610000－1001－0017126　普00681
朱子大全文集一百卷目錄二卷續集五卷別集七卷正譌一卷　(宋)朱熹撰　清光緒刻本　八冊　十二行二十四字小字雙行同上下黑口四周雙邊　存十五卷(四十至五十四)

610000－1001－0017127　普00682
角山樓增補類腋六十七卷　(清)姚培謙撰　(清)趙克宜增輯　清咸豐七年(1857)角山樓刻本　二十四冊　九行二十四字小字雙行同白口左右雙邊

610000－1001－0017128　普00683
左傳舊疏考證八卷　(清)劉文淇撰　清光緒三年(1877)湖北崇文書局刻本　四冊　十二行二十四字小字雙行同上下黑口四周雙邊

610000－1001－0017129　普00688
忠孝節義錄四卷　(清)胡文炳搜輯　(清)王鼎新校字　清光緒十三年(1887)刻本　三冊　十四行二十八字白口左右雙邊　存三卷(一至三)

610000－1001－0017130　普00690
輶軒語一卷　(清)張之洞撰　清刻本　一冊　十三行二十四字小字雙行同白口四周雙邊

610000－1001－0017131　普00692
五禮通考二百六十二卷首四卷　(清)秦蕙田撰　(清)錢大昕參校　清光緒六年(1880)江蘇書局刻本　三十一冊　十三行二十一字小字雙行三十二字白口左右雙邊　存七十九卷(一百八十四至二百六十二)

610000－1001－0017132　普00693
欽定春秋傳說彙纂三十八卷首二卷　(清)王掞等撰　清同治九年(1870)刻本　二十冊　十一行二十四字小字雙行同白口左右雙邊　存三十九卷(一至三十八、首下)

610000－1001－0017133　普00694
[同治]廣信府志十二卷首一卷　(清)蔣繼洙纂修　清同治十二年(1873)刻本　十冊　九行二十四字小字雙行同白口四周雙邊　存五卷(六至七、九至十、十二)

610000－1001－0017134　普00695
吳詩集覽二十卷　(清)靳榮藩輯　清乾隆刻本　十冊　九行二十一字小字雙行同黑口四周雙邊　存九卷(一至九)

610000－1001－0017135　普00696
吳門補乘十卷首一卷　(清)錢思元輯　清刻本　一冊　十行二十六字小字雙行同白口左右雙邊　存三卷(七至九)

610000－1001－0017136　普00697
杜詩詳註三十一卷首一卷　(唐)杜甫撰　(清)仇兆鰲輯註　清芸生堂刻本　五冊　十行二十二字小字雙行同下黑口左右雙邊　存七卷(一至六、首一)

610000－1001－0017137　普00698
[同治]江山縣志十二卷首一卷末一卷　(清)王彬等修　(清)朱寶慈等纂　清同治十二年(1873)文溪書院刻本　六冊　十行二十二字小字雙行同白口左右雙邊　存八卷(六至十二、末一)

610000－1001－0017138　普00699
欽定春秋傳說彙纂三十八卷　(清)王掞撰　清刻本　十四冊　八行十八字小字雙行二十

二字白口左右雙邊　存二十五卷(十四至三十八)

610000－1001－0017139　普00700

**[乾隆]江都縣志三十二卷**　(清)五格
(清)黃湘纂修　清光緒七年(1881)劉汝賢刻本　五冊　十行二十一字白口左右雙邊　存十三卷(二十至三十二)

610000－1001－0017140　普00701

**欽定春秋傳說彙纂三十八卷首二卷**　(清)王掞撰　清刻本　二十冊　十一行二十二字小字雙行同白口四周雙邊

610000－1001－0017141　普00703

**[乾隆]常昭合志十二卷首一卷**　(清)王錦修　(清)言如泗等纂　**校勘記一卷**　(清)丁祖蔭撰　清光緒二十四年(1898)丁祖蔭木活字印本　七冊　十行二十四字白口四周單邊　存八卷(二、四、六至十、十二)

610000－1001－0017142　普00704

**兩淮鹽法志五十六卷首四卷**　(清)方濬頤等補纂　清同治九年(1870)揚州書局刻本　二十九冊　九行二十二字小字雙行同白口左右雙邊

610000－1001－0017143　普00705

**御批歷代通鑑輯覽一百二十卷**　(清)傅恆等纂　清刻本　四十七冊　十一行二十二字小字雙行同白口四周雙邊　存九十五卷(二至十一、十六至三十七、五十二至五十七、六十二至八十五、八十八至一百二十)

610000－1001－0017144　普00706

**御批歷代通鑑輯覽一百二十卷**　(清)傅恆等纂　清刻本　十八冊　十一行二十二字小字雙行同白口四周雙邊　存三十五卷(二至四、七至九、二十四至二十九、三十二至三十三、五十六至五十七、六十八至六十九、七十四至七十九、八十至八十三、八十八至九十、一百十七至一百二十)

610000－1001－0017145　普00707

**蘇東坡全集一百十五卷**　(宋)蘇軾撰　清光

緒三十四年(1908)刻本　二十四冊　十行二十字上下黑口四周雙邊　存五十一卷(東坡續集一至十二、外制集一至三、内制集一至十、樂語一、應詔集一至十、奏議一至十五)

610000－1001－0017146　普00708

**佩文韻府一百〇六卷**　(清)張玉書等編　清光緒十二年(1886)上海同文書局石印本　十五冊　二十四行五十字小字雙行同白口四周雙邊　存四十二卷(一至三、七至十二、十六至二十二、二十七至三十、三十七至三十八、四十三至五十九、九十至九十二)

610000－1001－0017147　普00709

**史學聯珠十卷**　(清)胡文炳輯　清光緒十三年(1887)著易堂鉛印本　二冊　十四行三十二字小字雙行同白口四周雙邊　存二卷(一至二)

610000－1001－0017148　普00710

**新選古文筆法二十卷首一卷**　(清)李扶九輯　清上海新馬路尚古山房石印本　五冊　十二行二十四字小字雙行三十六字白口四周單邊　存八卷(一至八)

610000－1001－0017149　普00711

**仰視千七百二十九鶴齋叢書六集四十種**　(清)趙之謙輯　清光緒會稽趙氏刻本　六冊　上下黑口左右雙邊　存六種

610000－1001－0017150　普00714

**東華錄天命四卷天聰十一卷崇德八卷順治三十六卷康熙一百卷雍正二十六卷東華續錄乾隆一百二十卷嘉慶五十卷道光六十卷**　王先謙編　清光緒十三年(1887)擷華書局鉛印本　一百〇八冊　十二行二十五字白口四周雙邊　缺四卷(康熙三十八至四十一)

610000－1001－0017151　普00715

**牧令書二十三卷保甲書四卷**　(清)徐棟輯　清刻本　七冊　十行二十五字白口左右雙邊　存八卷(十二至十九)

610000－1001－0017152　普00717

**校訂困學紀聞集證二十卷**　(宋)王應麟撰

（清）閻若璩輯注　（清）屠繼序校補　（清）萬希槐集證　清嘉慶十二年(1807)刻本　八冊　十一行二十五字小字雙行三十三字下黑口左右雙邊　存九卷(一至四、九至十三)

610000－1001－0017153　普00718

蘇詩全集□□卷　（清）李調元校定　清刻本　一冊　十行二十六字小字雙行同白口左右雙邊　存四卷(四十一至四十四)

610000－1001－0017154　普00719

玉經箋注合參四十四卷首一卷　（□）□□撰　清咸豐元年(1851)鄭繼周刻本　五冊　五行十一字小字雙行二十二字白口左右雙邊　存七卷(一至六、首一)

610000－1001－0017155　普00720

呂帝外函□□卷　（□）龔葆中彙輯　清上海普始堂刻本　二冊　九行二十三字小字雙行同白口四周雙邊　存二卷(三至四)

610000－1001－0017156　普00721

東周列國志二十七卷一百〇八回　（清）蔡元放評點　清光緒上海點石齋石印本　四冊　二十行四十六字小字雙行同上下黑口四周雙邊　存十一卷(一至二、七至十二、十八至二十)

610000－1001－0017157　普00723

元史紀事本末二十七卷　（明）陳邦瞻編輯　（明）張溥論正　清同治十三年(1874)江西書局刻本　四冊　十行二十字小字雙行同下黑口左右雙邊

610000－1001－0017158　普00724

杜工部集二十卷　（唐）杜甫撰　清刻本　一冊　十行十九字小字雙行同白口四周單邊　存十六卷(一至十六)

610000－1001－0017159　普00726

御批通鑑輯覽一百二十卷　（清）傅恆等纂　清同治十一年(1872)湖北崇文書局刻本　四十六冊　十一行二十二字小字雙行同白口四周雙邊　存九十二卷(一至九十二)

610000－1001－0017160　普00727

牧令書二十三卷末一卷　（清）徐棟輯　清刻本　七冊　十行二十五字白口左右雙邊　存七卷(十七至二十三)

610000－1001－0017161　普00729

陳書三十六卷　（唐）姚思廉撰　清同治十一年(1872)金陵書局刻本　四冊　十二行二十五字白口左右雙邊

610000－1001－0017162　普00730

御批通鑑輯覽一百二十卷　（清）傅恆等纂　清刻本　三冊　十一行二十二字小字雙行同白口四周單邊　存七卷(三十二至三十八)

610000－1001－0017163　普00731

金精廖公秘授地學心法正傳畫筴扒砂經四卷廖金精畫筴撥砂經心法地理學直訓補遺一卷附集一卷外集二卷二難別五卷　（宋）廖禹撰　（明）江之棟輯　清刻本　六冊　九行二十二字白口四周單邊　存七卷(二至四、附集一、外集一、二難別四至五)

610000－1001－0017164　普00732

御批通鑑輯覽一百二十卷　（清）傅恆等纂　清刻本　九冊　十一行二十二字小字雙行同白口四周單邊　存十八卷(三十一至三十二、三十五至三十八、五十至五十一、八十七至九十六)

610000－1001－0017165　普00733

皇朝經世文編一百二十卷姓名總目二卷　（清）賀長齡輯　清光緒二十五年(1899)上海中西書局石印本　四冊　二十行四十二字小字雙行同白口四周雙邊　存四十卷(一至二十、六十一至七十、一百〇一至一百十)

610000－1001－0017166　普00734

皇朝文獻通考三百卷　（清）嵇璜等纂　清光緒二十七年(1901)上海圖書集成局鉛印本　四十八冊　十六行四十三字小字雙行同白口四周單邊　存二百五十卷(一至二百五十)

610000－1001－0017167　普00735

皇朝經世文三編八十卷　（清）陳忠倚輯　清石印本　二冊　二十三行四十八字白口四周

雙邊　存十五卷(六十六至八十)

610000－1001－0017168　普00736
**古唐詩合解十二卷古詩四卷** （清)王堯衢註
（清)李模　(清)李桓校　清三多齋刻本
六冊　十行二十一字小字雙行同下黑口左右
雙邊

610000－1001－0017169　普00737
**通鑑類纂二十卷** （清)松椿纂　清光緒濰縣
實雅書局鉛印本　一冊　十三行三十二字小
字雙行同白口四周雙邊　存一卷(十三)

610000－1001－0017170　普00738
**皇朝經世文新編二十一卷** （清)麥仲華輯
清光緒二十七年(1901)石印本　十一冊　二
十二行四十八字小字雙行同白口四周雙邊

610000－1001－0017171　普00739
**古唐詩合解十二卷** （清)王堯衢註　(清)李
模　(清)李桓校　清寶寧堂刻本　一冊　十
行二十一字小字雙行同白口左右雙邊　存二
卷(一至二)

610000－1001－0017172　普00740
**通鑑論三卷** （宋)司馬光撰　(清)伍耀光輯
錄　清末鉛印本　一冊　七行二十二字小字
雙行同白口四周單邊　存一卷(二)

610000－1001－0017173　普00741
**皇朝經世文續編一百二十卷** （清)葛士濬輯
清光緒二十三年(1897)掃葉山房鉛印本
二十三冊　十七行四十四字白口四周單邊

610000－1001－0017174　普00742
**古唐詩合解十二卷** （清)王堯衢註　(清)李
模　(清)李桓校　清刻本　一冊　十一行二
十一字小字雙行同白口左右雙邊　存二卷
(三至四)

610000－1001－0017175　普00743
**[道光]泰州志三十六卷首一卷** （清)王有慶
等修　(清)陳世鎔等纂　清光緒三十四年
(1908)補刻本　一冊　十行二十一字小字雙
行同白口左右雙邊　存一卷(首一)

610000－1001－0017176　普00744
**古唐詩合解十二卷** （清)王堯衢註　(清)李
模　(清)李桓校　清刻本　一冊　九行二十
一字小字雙行同下黑口左右雙邊　存二卷
(三至四)

610000－1001－0017177　普00745
**杜詩詳註二十五卷首一卷諸家詠杜附錄一卷**
**杜詩補註一卷** （唐)杜甫撰　(清)仇兆鰲輯
註　清刻本　六冊　十行二十二字小字雙行
同下黑口左右雙邊　存七卷(二十一至二十
五、諸家詠杜附錄一、杜詩補註一)

610000－1001－0017178　普00746
**唐詩合解十二卷** （清)王堯衢註　(清)李模
（清)李桓校　清刻本　一冊　十行二十一
字小字雙行同白口四周單邊　存二卷(六至
七)

610000－1001－0017179　普00747
**皇朝文獻通考輯要二十六卷** （清)嵇璜等纂
（清)湯壽潛輯要　清光緒通雅堂鉛印本
一冊　十四行四十二字小字雙行同白口四周
單邊　存一卷(一)

610000－1001－0017180　普00748
**古唐詩合解十二卷古詩四卷** （清)王堯衢註
（清)李模　(清)李桓校　清文星堂刻本
一冊　九行二十四字小字雙行同白口四周單
邊　存二卷(一至二)

610000－1001－0017181　普00749
**古唐詩合解十二卷** （清)王堯衢註　(清)李
模　(清)李桓校　清刻本　一冊　十行二十
四字小字雙行同白口四周單邊間左右雙邊
存二卷(八至九)

610000－1001－0017182　普00751
**資治通鑑外紀十卷** （宋)劉恕編集　清光緒
十六年(1890)上海積山書局石印本　一冊
二十行四十四字小字雙行同白口四周雙邊

610000－1001－0017183　普00752
**明史紀事本末八十卷** （清)谷應泰編輯　清
同治十三年(1874)江西書局刻本　二十冊

十行二十字下黑口左右雙邊

610000 – 1001 – 0017184　普 00754
**欽定續通志六百四十卷**　（清）嵇璜等修　清
末鉛印本　二冊　十六行四十三字小字雙行
同白口四周單邊　存二十卷（二百二十一至
二百三十、二百四十一至二百五十）

610000 – 1001 – 0017185　普 00755
**御批歷代通鑑輯覽一百二十卷**　（清）傅恆等
纂　清同治十三年(1874)輔德書局刻朱墨印
本　六十一冊　十一行二十二字小字雙行同
白口四周雙邊

610000 – 1001 – 0017186　普 00756
**黃鵠山志十二卷首一卷**　（清）胡鳳丹撰　清
同治十三年(1874)退補齋刻本　四冊　九行
二十一字白口四周雙邊　存九卷（一至八、首
一）

610000 – 1001 – 0017187　普 00757
**皇朝文獻通考輯要二十六卷**　（清）嵇璜等纂
（清）湯壽潛輯要　清光緒通雅堂鉛印本
三冊　十四行四十二字小字雙行同白口四周
單邊　存八卷（二至九）

610000 – 1001 – 0017188　普 00759
**宋四六選二十四卷**　（清）彭元瑞　（清）曹振
鏞輯　清刻本　十一冊　九行十九字白口四
周雙邊　缺二卷（二十三至二十四）

610000 – 1001 – 0017189　普 00760
**光緒蘭谿縣志八卷首一卷附補遺一卷**　（清）
秦簧　（清）邵秉經修　（清）唐壬森纂　清光
緒七年(1881)修十五年(1889)刻本　六冊
十行二十二字小字雙行同下黑口四周雙邊
存六卷（一至五、首一）

610000 – 1001 – 0017190　普 00761
**續近思錄十四卷**　（清）張伯行集解　清正誼
堂刻本　一冊　九行十七字小字雙行同白口
左右雙邊　存四卷（三至六）

610000 – 1001 – 0017191　普 00762
**[乾隆]溫州府志三十卷首一卷**　（清）李琬修
（清）汪沆等纂　清刻本　八冊　十行二十

二字小字雙行同白口四周雙邊　存十二卷
（四至十、十七至二十、二十八）

610000 – 1001 – 0017192　普 00763
**杜詩鏡銓二十卷附錄一卷**　（唐）杜甫撰
（清）楊倫輯　清刻本　八冊　九行二十字小
字雙行三十字白口左右雙邊　缺一卷(一)

610000 – 1001 – 0017193　普 00764
**近思錄十四卷**　（宋）朱熹　（宋）呂祖謙編
清傳經堂刻本　一冊　九行十八字小字雙行
同上下黑口四周雙邊　存十卷（五至十四）

610000 – 1001 – 0017194　普 00765
**[乾隆]溫州府志三十卷首一卷**　（清）李琬修
（清）汪沆等纂　清刻本　一冊　十行二十
二字小字雙行同白口四周雙邊　存五卷（二
十三至二十七）

610000 – 1001 – 0017195　普 00766
**[光緒]續纂句容縣志二十卷首一卷末一卷**
（清）張紹棠修　（清）蕭穆等纂　清光緒三十
年(1904)刻本　七冊　十二行二十四字小字
雙行同白口左右雙邊　存七卷（一、四至六、
九至十,首一）

610000 – 1001 – 0017196　普 00767
**近思錄十四卷**　（宋）朱熹　（宋）呂祖謙編
清光緒傳經堂刻本　一冊　九行十八字小字
雙行同上下黑口四周雙邊　存九卷（六至十
四）

610000 – 1001 – 0017197　普 00769
**朱子原訂近思錄十四卷**　（宋）朱熹撰　（清）
江永集注　（清）王鼎校次　清同治七年
(1868)崇文書局刻本　一冊　七行十八字小
字雙行同白口四周雙邊　存一卷(一)

610000 – 1001 – 0017198　普 00771
**[光緒]玉環廳志十四卷首一卷**　（清）杜冠英
修　（清）呂鴻燾纂　清光緒六年(1880)刻本
六冊　十行二十一字白口四周雙邊　存十
一卷（一至九、十三,首一）

610000 – 1001 – 0017199　普 00772
**[咸豐]重修興化縣志十卷**　（清）梁園棣修

(清)鄭之僑　(清)趙彥俞纂　清咸豐二年(1852)刻本　五冊　十行二十一字小字雙行同白口左右雙邊　存九卷(二至十)

610000－1001－0017200　普00773

**學部具奏酌改中學堂文實兩科課程摺不分卷**　(清)學部撰　清宣統鉛印本　一冊　十二行三十字小字雙行同下黑口四周雙邊

610000－1001－0017201　普00775

**[光緒]廣德州志六十卷首一卷末一卷**　(清)胡有誠修　(清)丁寶書等纂　清光緒七年(1881)刻本　七冊　九行二十二字小字雙行同白口四周雙邊　存二十卷(四至六、十七至二十九、三十七至三十九,首一)

610000－1001－0017202　普00776

**西湖遊覽志餘二十六卷**　(明)田汝成撰　清刻本　九冊　十行二十字小字雙行同白口四周雙邊

610000－1001－0017203　普00777

**屬志學會章程不分卷**　(清)屬志學會著　清光緒二十四年(1898)刻本　一冊　十二行二十一字上下黑口左右雙邊

610000－1001－0017204　普00779

**[光緒]江西通志一百八十卷首五卷**　(清)劉坤一等修　(清)劉鐸　(清)趙之謙等纂　清光緒七年(1881)刻本　一冊　十二行二十三字小字雙行同上下黑口四周雙邊　存七十二卷(七十四至一百四十五)

610000－1001－0017205　普00780

**江西詳定大中小蒙學堂章程不分卷附試辦章程不分卷**　(清)江西省教育部編　清光緒刻本　一冊　十行二十四字小字雙行同下黑口左右雙邊

610000－1001－0017206　普00781

**聖諭像解二十卷**　(清)梁延年撰　(清)恩壽校　清光緒二十九年(1903)北洋官報局石印本　十冊　十行二十一字小字雙行同白口四周單邊

610000－1001－0017207　普00782

**十三經集字摹本不分卷**　(清)彭玉雯撰　(清)張小浦鑒定　清咸豐二年(1852)刻本　四冊　三行大小字不等上下黑口四周雙邊

610000－1001－0017208　普00783

**關中書院學規不分卷附關中書院志學齋學規不分卷**　(清)柏景偉撰　清光緒十三年(1887)刻本　一冊　十行二十字小字雙行同白口四周雙邊

610000－1001－0017209　普00784

**履園叢話二十四卷**　(清)錢泳輯　清道光三年(1823)刻本　一冊　九行二十二字小字雙行同上下黑口四周單邊　存三卷(三至四、附救荒四)

610000－1001－0017210　普00785

**皇朝續文獻通考勘誤表一卷**　(清)劉錦藻撰　清鉛印本　一冊　十三行三十字小字雙行同上下黑口四周單邊

610000－1001－0017211　普00786

**鼎鍥趙田了凡袁先生編纂古本歷史大方綱鑑補三十九卷首一卷**　(明)袁黃撰　清刻本　十六冊　十二行二十八字小字雙行同白口四周單邊　存二十二卷(六、十七至二十、二十三至三十九)

610000－1001－0017212　普00787

**前漢書一百卷**　(漢)班固撰　(唐)顏師古注　清刻本　三十一冊　十行二十三字小字雙行同白口左右雙邊　存九十七卷(四至一百)

610000－1001－0017213　普00789

**欽定國朝詩別裁集三十二卷**　(清)沈德潛纂評　清刻本　一冊　十行十九字小字雙行二十八字白口左右雙邊　存三卷(二十二至二十四)

610000－1001－0017214　普00791

**玉函山房輯佚書五百九十四種**　(清)馬國翰輯　清光緒九年(1883)長沙娜嬛館刻本　十二冊　九行二十字小字雙行同白口左右雙邊　存八十八種

610000－1001－0017215　普00792

[雍正]浙江通志二百八十卷首三卷　（清）李衛　（清）嵇曾筠等修　（清）沈翼機等纂　清光緒二十五年(1899)浙江書局刻本　二十一冊　十行二十二字小字雙行同白口四周雙邊　存一百五十二卷(七十四至二百二十五)

610000－1001－0017216　普00793
[雍正]浙江通志二百八十卷首三卷　（清）李衛　（清）嵇曾筠等修　（清）沈翼機等纂　清光緒二十五年(1899)浙江書局刻本　十六冊　十行二十二字小字雙行同白口四周雙邊　存四十八卷(六十四至六十六、九十至九十二、一百○二至一百○四、一百○八至一百○九、一百十四至一百十六、一百三十五至一百三十七、一百四十五至一百四十七、一百五十一至一百五十九、一百六十三至一百六十五、二百十七至二百二十、二百二十八至二百三十、二百三十三至二百三十七、二百三十九至二百四十二)

610000－1001－0017217　普00794
[雍正]浙江通志二百八十卷首三卷　（清）李衛　（清）嵇曾筠等修　（清）沈翼機等纂　清光緒二十五年(1899)浙江書局刻本　十七冊　十行二十二字小字雙行同白口四周雙邊　存四十三卷(六十五至六十六、七十六至七十九、八十八至九十一、九十六至九十七、一百十一至一百十二、一百十四至一百十五、一百十七至一百十九、一百三十五至一百四十二、一百四十六至一百四十八、一百七十三至一百七十四、一百九十三至一百九十五、二百○九至二百十、二百十三至二百十五、二百三十八至二百四十)

610000－1001－0017218　普00796
[光緒]江西通志一百八十卷首五卷　（清）劉坤一等修　（清）劉鐸　（清）趙之謙等纂　清光緒七年(1881)刻本　六冊　十二行二十三字小字雙行同上下黑口四周雙邊　存十一卷(一百四十六至一百五十六)

610000－1001－0017219　普00797
刪除律例不分卷　沈家本等編　清光緒三十一年(1905)鉛印本　一冊　十一行二十二字

白口四周雙邊

610000－1001－0017220　普00798
廣三字經一卷　（清）蕉軒氏撰　清光緒十四年(1888)傳經堂刻本　一冊　九行二十字小字雙行同上下黑口四周單邊

610000－1001－0017221　普00799
[光緒]奉化縣志四十卷首一卷　（清）李前泮修　（清）張美翊等纂　清光緒二十七年(1901)修三十四年(1908)刻本　七冊　十二行二十五字小字雙行同白口左右雙邊　存二十三卷(三至八、十三至二十九)

610000－1001－0017222　普00800
[同治]畿輔通志三百卷首一卷　（清）李鴻章等修　（清）黃彭年等纂　清同治十年(1871)修光緒十年(1884)刻本　十三冊　十二行二十五字小字雙行同白口四周雙邊　存十四卷(一百七十一至一百七十六、二百四十五至二百五十、二百五十七至二百五十八)

610000－1001－0017223　普00801
周禮約編六卷　（清）汪基鈔撰　清光緒三十三年(1907)陝西學務公所鉛印本　一冊　九行二十二字小字雙行同白口四周雙邊　存二卷(五至六)

610000－1001－0017224　普00802
史記一百三十卷　（漢）司馬遷撰　（南朝宋）裴駰集解　（唐）司馬貞索隱　（唐）張守節正義　清同治十一年(1872)刻本　一冊　十行二十一字小字雙行同白口左右雙邊　存一卷(一)

610000－1001－0017225　普00803
皇朝文獻通考三百卷　（清）嵇璜等纂　清刻本　五十冊　九行二十一字小字雙行同白口左右雙邊　存九十卷(一百三十至二百十九)

610000－1001－0017226　普00804
增訂漢魏叢書八十六種　（清）王謨輯　清光緒二年(1876)紅杏山房刻民國四年(1915)蜀南馬湖盧樹柟修補印本　五冊　九行二十字小字雙行同白口左右雙邊　存四種

610000 - 1001 - 0017227　普00806

**儀禮約編二卷** （清）汪基鈔撰　清光緒三十二年(1906)陝西學務公所鉛印本　五冊　九行二十二字小字雙行同白口左右雙邊

610000 - 1001 - 0017228　普00807

**禮記二十卷** （漢）鄭玄注　清刻本　二冊　八行十七字小字雙行同白口四周雙邊　存四卷(一至二、五至六)

610000 - 1001 - 0017229　普00808

**無邪堂答問五卷** （清）朱一新輯　清光緒二十一年(1895)廣雅書局刻本　四冊　十一行二十四字小字雙行同上下黑口四周單邊　存四卷(二至五)

610000 - 1001 - 0017230　普00809

**春秋經傳集解三十卷首一卷** （晉）杜預原本　（唐）陸德明音釋　（宋）林堯叟附註　清刻本　七冊　八行二十字小字雙行同白口四周單邊　存十六卷(五至十二、十五至二十、二十七至二十八)

610000 - 1001 - 0017231　普00810

**晉史乘一卷** （清）汪士漢考校　**竹書紀年二卷** （南朝梁）沈約注　（明）吳琯校　清刻本　一冊　十行二十字白口四周單邊

610000 - 1001 - 0017232　普00811

**中華古今注三卷** （五代）馬縞撰　清刻本　一冊　十行二十字小字雙行同白口四周單邊

610000 - 1001 - 0017233　普00812

**小學節本二卷** （清）陝西學務公所編　清光緒三十二年(1906)陝西學務公所鉛印本　一冊　十行二十四字小字雙行同白口四周雙邊

610000 - 1001 - 0017234　普00813

**人範六卷** （清）蔣元輯　清光緒十六年(1890)守拙軒刻本　二冊　九行二十三字小字雙行同下黑口四周雙邊

610000 - 1001 - 0017235　普00815

**四書合講十九卷** （清）□□輯　清刻本　五冊　九行大小字不等白口四周雙邊　存十八卷(圖說一、大學一、中庸一、論語一至十、孟子一至五)

610000 - 1001 - 0017236　普00816

**松楊講義十二卷** （清）陸隴其撰　清光緒十四年(1888)涇陽柏經正堂刻本　六冊　九行二十三字小字雙行同下黑口左右雙邊

610000 - 1001 - 0017237　普00817

**大清聖祖合天弘運文武睿哲恭儉寬裕孝敬誠信中和功德大成仁皇帝聖訓六十卷** （清）聖祖玄燁撰　清刻本　一冊　九行十八字白口四周雙邊　存三卷(四十五至四十七)

610000 - 1001 - 0017238　普00818

**人譜一卷** （明）劉宗周撰　清光緒三十二年(1906)陝西學務公所鉛印本　一冊　十二行三十字小字雙行同白口四周雙邊

610000 - 1001 - 0017239　普00818

**人譜一卷** （明）劉宗周撰　清光緒三十二年(1906)陝西學務公所鉛印本　一冊　十二行三十字小字雙行同白口四周雙邊

610000 - 1001 - 0017240　普00819

**戡定新疆記八卷** （清）魏光燾撰　清光緒二十五年(1899)鉛印本　二冊　十一行二十六字白口四周雙邊

610000 - 1001 - 0017241　普00820

**御批歷代通鑑輯覽一百二十卷** （清）傅恆等纂　清刻本　四十五冊　十一行二十二字小字雙行同白口四周雙邊　存八十八卷(二至三、二十至三十八、四十一至七十一、七十四至八十四、八十七至一百〇二、一百〇五至一百〇八、一百十五至一百十九)

610000 - 1001 - 0017242　普00821

**十子全書** （清）王子興輯　清嘉慶九年(1804)姑蘇王氏聚文堂刻本　一冊　十一行二十一字小字雙行同上下黑口四周單邊　存二種

610000 - 1001 - 0017243　普00822

**皇朝文獻通考輯要二十六卷** （清）嵇璜等纂　（清）湯壽潛輯要　清光緒通雅堂鉛印本

十冊　十四行四十二字小字雙行同白口四周
單邊

610000－1001－0017244　普00823
**三國志六十五卷**　（晉）陳壽撰　清刻本　十
一冊　十行二十一字小字雙行同白口左右雙
邊　缺三卷（魏志一至三）

610000－1001－0017245　普00824
**小學集解六卷輯說一卷**　（清）張伯行輯注
清刻本　一冊　九行十七字小字雙行同白口
四周雙邊　存一卷（六）

610000－1001－0017246　普00826
**經史百家簡編二卷**　（清）曾國藩纂　（清）曾
國荃審訂　清同治十三年（1874）傳忠書局刻
本　一冊　十行二十四字下黑口左右雙邊
存一卷（上）

610000－1001－0017247　普00827
**尺木堂綱鑑易知錄二十卷**　（清）吳乘權等輯
　清光緒二十五年（1899）上海鴻寶齋石印本
八冊　十六行二十八字小字雙行同白口四
周雙邊　存十七卷（一至四、八至二十）

610000－1001－0017248　普00828
**南華真經解內篇七卷外篇十五卷雜篇十一卷**
　（清）宣穎著　清刻本　一冊　九行二十四
字小字雙行同白口四周單邊　存一卷（外篇
二）

610000－1001－0017249　普00829
**御撰資治通鑑綱目三編五卷**　（清）張廷玉等
編　清光緒二十五年（1899）上海鴻寶齋石印
本　二冊　十二行二十八字小字雙行同白口
四周雙邊

610000－1001－0017250　普00830
**御批歷代通鑑輯覽一百二十卷**　（清）傅恆等
纂　（清）劉統勳纂修　清刻本　七冊　十一
行二十二字小字雙行同白口四周雙邊　存十
四卷（七十六至八十九）

610000－1001－0017251　普00831
**新雕校證大字白氏諷諫一卷**　（唐）白居易撰
　清光緒十九年（1893）影宋刻本　一冊　十

三行二十九字小字雙行同上下黑口左右雙邊

610000－1001－0017252　普00833
**皇朝經世文編一百二十卷姓名總目二卷**
（清）賀長齡輯　清刻本　二十四冊　十一行
二十四字白口左右雙邊　存四十七卷（七十
四至一百二十）

610000－1001－0017253　普00834
**三藩紀事本末二十二卷**　（清）楊陸榮編輯
（清）朱記榮校定　清光緒十四年（1888）崇德
堂鉛印本　一冊　十五行四十字小字雙行同
白口四周雙邊

610000－1001－0017254　普00835
**皇朝經世文編一百二十卷姓名總目二卷**
（清）賀長齡輯　清道光七年（1827）刻本　五
十二冊　十一行二十四字白口左右雙邊　存
八十三卷（一至三十六、五十六至九十八、一
百十九至一百二十,姓名總目一至二）

610000－1001－0017255　普00836
**御批歷代通鑑輯覽一百二十卷**　（清）傅恆等
纂　清光緒二十八年（1902）萃文齋石印本
十七冊　二十三行五十字小字雙行同白口四
周單邊　存一百○六卷（一至一百○六）

610000－1001－0017256　普00837
**佩文韻府一百○六卷**　（清）張玉書等編　清
刻本　九冊　十二行二十五字小字雙行同白
口四周雙邊　存十一卷（二十八至三十八）

610000－1001－0017257　普00838
**張子全書九種**　（宋）張載撰　清同治九年
（1870）刻本　八冊　十行二十四字小字雙行
同白口四周雙邊

610000－1001－0017258　普00839
**增像全圖東周列國志二十七卷一百○八回**
（清）蔡元放評點　清上海中新書局鉛印本
八冊　十五行三十一字小字雙行不等白口四
周單邊　存十二卷（十六至二十七）

610000－1001－0017259　普00840
**桐閣關中三先生語要四卷**　（清）李元春輯
清道光十年（1830）朝邑蒙天麻蔭堂刻本　一

册　九行二十字小字雙行同白口左右雙邊
存一卷(一)

610000－1001－0017260　普00841
通鑑綱目全書四種　清刻本　八十冊　七行
十八字小字雙行同白口四周單邊　存二種

610000－1001－0017261　普00842
關中兩朝文鈔二十二卷文鈔補六卷詩鈔十二
卷詩鈔補四卷詩鈔又補一卷賦鈔二卷　(清)
李元春選　清道光刻本　九冊　九行二十字
白口左右雙邊　存十一卷(文鈔五至九、詩鈔
七至十二)

610000－1001－0017262　普00843
史記校勘札記一百三十卷補一卷　(清)劉光
蕡等撰　清光緒二十年(1894)陝甘味經刊書
處刻本　六冊　十二行二十一字小字雙行同
白口四周雙邊

610000－1001－0017263　普00844
皇朝通典一百卷　(清)嵇璜等纂修　清光緒
八年(1882)浙江書局刻本　四十冊　九行二
十一字小字雙行同白口左右雙邊

610000－1001－0017264　普00845
天下郡國利病書一百二十卷　(清)顧炎武撰
　清道光十一年(1831)敷文堂刻本　二十三
冊　十行二十一字小字雙行同白口左右雙邊
　存四十九卷(一至十九、四十五至六十二、
九十四至一百〇二、一百〇四至一百〇六)

610000－1001－0017265　普00846
欽定禮記義疏八十二卷首一卷　(清)鄂爾泰
等撰　清刻本　十七冊　十一行二十四字小
字雙行同白口左右雙邊　存四十五卷(一至
四十四、首一)

610000－1001－0017266　普00847
皇朝通典一百卷　(清)嵇璜等纂修　清光緒
八年(1882)浙江書局刻本　十六冊　九行二
十一字小字雙行同白口左右雙邊　存四十九
卷(一至四十九)

610000－1001－0017267　普00848
明通鑑九十卷首一卷前編四卷附編六卷

（清)夏燮輯　清同治十二年(1873)宜黃官廨
刻本　三十七冊　十行二十一字小字雙行同
上下黑口四周雙邊　存七十五卷(前編一至
四、四至六、十至十八、二十二至七十九,首
一)

610000－1001－0017268　普00849
增訂漢魏叢書八十六種　（清)王謨輯　清刻
本　三十六冊　白口左右雙邊　存二十七種

610000－1001－0017269　普00851
皇朝通典一百卷　(清)嵇璜等纂修　清刻本
　八冊　九行二十一字小字雙行同白口四周
雙邊　存二十二卷(三十四至五十五)

610000－1001－0017270　普00852
欽定續通典一百五十卷　(清)曹仁虎等纂
清刻本　八冊　九行二十一字小字雙行同白
口四周雙邊　存二十八卷(八十七至一百十
四)

610000－1001－0017271　普00853
淵鑑齋御纂朱子全書六十六卷　(清)熊賜履
　(清)李光地等編脩　清刻本　一冊　九行
二十字小字雙行同上下黑口四周單邊　存四
卷(四十五至四十八)

610000－1001－0017272　普00854
前漢書一百卷　(漢)班固撰　(唐)顏師古注
　清刻本　一冊　十一行二十一字小字雙行
同白口四周雙邊　存二卷(二十四)

610000－1001－0017273　普00855
淵鑑齋御纂朱子全書六十六卷　(清)熊賜履
　(清)李光地等編脩　清刻本　二冊　九行
二十字小字雙行同上下黑口四周單邊　存四
卷(二十八至二十九、三十八至三十九)

610000－1001－0017274　普00856
魏志三十卷　(晉)陳壽撰　(南朝宋)裴松之
注　清刻本　一冊　十行二十一字小字雙行
同白口左右雙邊　存四卷(二十八至三十、考
證一)

610000－1001－0017275　普00857
淵鑑齋御纂朱子全書六十六卷　(清)熊賜履

（清)李光地等編脩　清刻本　一冊　九行
二十字小字雙行同上下黑口四周單邊　存一
卷(三十)

610000－1001－0017276　普00858

**淵鑒齋御纂朱子全書六十六卷**　（清)熊賜履
　　（清)李光地等編脩　清刻本　一冊　九行
二十字小字雙行同上下黑口四周單邊　存二
卷(五十九至六十)

610000－1001－0017277　普00861

**晦庵先生朱文公文集一百卷目錄二卷續集十
一卷別集十卷**　（宋)朱熹撰　清刻本　十冊
　　十二行二十四字小字雙行同下黑口四周單
邊　存二十卷(五十九至七十八)

610000－1001－0017278　普00863

**淵鑒齋御纂朱子全書六十六卷**　（清)熊賜履
　　（清)李光地等編脩　清刻本　十二冊　九
行二十字小字雙行同上下黑口四周單邊　存
二十四卷(二十至二十七、三十一至三十七、
四十至四十四、四十九至五十、六十一至六十
二)

610000－1001－0017279　普00865

**皇朝文獻通考三百卷**　（清)嵇璜纂　清刻本
　　八冊　九行二十一字小字雙行同白口左右
雙邊　存十四卷(一百五十三至一百六十六)

610000－1001－0017280　普00866

**華盛頓傳八卷**　（清)黎汝謙譯　清光緒十二
年(1886)鉛印本　八冊　十行二十五字白口
四周雙邊

610000－1001－0017281　普00867

**華盛頓傳八卷**　（清)黎汝謙譯　清光緒十二
年(1886)鉛印本　二冊　十行二十五字白口
四周雙邊　存二卷(七至八)

610000－1001－0017282　普00868

**北史一百卷**　（唐)李延壽撰　清同治十一年
(1872)金陵書局刻本　七冊　十二行二十五
字白口左右雙邊　存三十二卷(一至三十二)

610000－1001－0017283　普00869

**御批歷代通鑑輯覽一百二十卷**　（清)傅恆等

纂　清光緒二十九年(1903)美華書局石印本
　　二十冊　二十四行五十六字小字雙行同白
口四周單邊

610000－1001－0017284　普00870

**五代史校勘札記七十三卷**　（清)劉光蕡撰
清刻本　一冊　十二行二十一字小字雙行同
白口四周雙邊　存十六卷(五十八至七十三)

610000－1001－0017285　普00871

**御批歷代通鑑輯覽一百二十卷**　（清)傅恆等
纂　清光緒二十九年(1903)美華書局石印本
　　十八冊　二十四行五十六字小字雙行同白
口四周單邊　存一百〇七卷(一至六、十五至
四十六、五十三至一百二十)

610000－1001－0017286　普00872

**御批歷代通鑑輯覽一百二十卷**　（清)傅恆等
纂　清光緒二十九年(1903)美華書局石印本
　　十六冊　二十四行五十六字小字雙行同白
口四周單邊　存七十五卷(二十二至四十、五
十三至一百、一百十三至一百二十)

610000－1001－0017287　普00873

**舊五代史一百五十卷**　（宋)薛居正等撰　清
刻本　八冊　十二行二十五字小字雙行三十
七字白口四周雙邊　存七十七卷(七十四至
一百五十)

610000－1001－0017288　普00874

**御批歷代通鑑輯覽一百二十卷**　（清)傅恆等
纂　清光緒二十九年(1903)美華書局石印本
　　七冊　二十四行五十六字小字雙行同白口
四周單邊　存三十八卷(五十三至六十二、七
十三至一百)

610000－1001－0017289　普00875

**御批歷代通鑑輯覽一百二十卷**　（清)傅恆等
纂　清光緒二十九年(1903)美華書局石印本
　　一冊　二十四行五十六字小字雙行同白口
四周單邊　存六卷(八十四至八十九)

610000－1001－0017290　普00877

**重訂事類賦三十卷**　（宋)吳淑撰　清道光七
年(1827)無錫華麟祥刻本　二冊　九行二十

一字小字雙行同白口四周雙邊　存十三卷
（十八至三十）

610000－1001－0017291　普00878

**御批歷代通鑑輯覽一百二十卷**　（清）傅恆等
纂　清鉛印本　一冊　十五行二十八字小字
雙行四十三字白口四周單邊　存三卷（一百
十至一百十二）

610000－1001－0017292　普00880

**欽定禮記義疏八十二卷首一卷**　（清）鄂爾泰
等撰　清同治十年（1871）湖北崇文書局刻本
五十九冊　八行二十二字白口四周雙邊

610000－1001－0017293　普00881

**二十四孝圖說不分卷**　（□）□□撰　清刻本
一冊　六行十六字小字雙行同白口四周
雙邊

610000－1001－0017294　普00882

**御批歷代通鑑輯覽一百二十卷**　（清）傅恆等
纂　清刻本　二冊　十一行二十二字小字雙
行同白口四周單邊　存四卷（三十五至三十
八）

610000－1001－0017295　普00883

**史通削繁四卷**　（唐）劉知几撰　（清）紀昀削
繁　清光緒二十二年（1896）新化三味堂刻本
三冊　十行二十一字小字雙行同白口左右
雙邊　缺一卷（三）

610000－1001－0017296　普00884

**欽定禮記義疏八十二卷首一卷**　（清）鄂爾泰
等撰　清刻本　十冊　八行二十二字小字雙
行同白口四周雙邊　存十九卷（一至十八、首
一）

610000－1001－0017297　普00885

**御批歷代通鑑輯覽一百二十卷**　（清）傅恆等
纂　清刻本　十七冊　十一行二十二字小字
雙行同白口四周雙邊　存三十二卷（十九至
三十六、四十七至四十八、六十一至六十四、
七十三至七十八、八十五至八十六）

610000－1001－0017298　普00887

**文廟祀位考略六卷**　（清）劉矩編　清刻本

三冊　十行二十二字下黑口四周雙邊　存五
卷（二至六）

610000－1001－0017299　普00888

**安吳四種**　（清）包世臣著　清刻本　四冊
十行二十二字小字雙行同白口左右雙邊　存
一種

610000－1001－0017300　普00890

**古文眉詮七十九卷**　（清）浦起龍論次　（清）
程鍾　（清）方懋福彙參　清乾隆九年（1744）
三吳書院刻本　十冊　九行二十二字小字雙
行同白口左右雙邊　存三十五卷（十八至二
十七、三十二至三十八、六十二至七十九）

610000－1001－0017301　普00891

**洪北江全集九種**　（清）洪亮吉撰　清乾隆、
嘉慶刻本　十四冊　十一至十二行二十二至
二十四字不等上下黑口四周單邊間左右雙邊
存六種

610000－1001－0017302　普00892

**呂帝函彙集錄遺三卷首一卷**　（□）龔葆中輯
清光緒二十三年（1897）刻本　三冊　九行
二十三字小字雙行同白口四周雙邊

610000－1001－0017303　普00893

**史通削繁四卷**　（唐）劉知几撰　（清）紀昀削
繁　（清）浦起龍注　清道光十三年（1833）刻
朱墨印本　二冊　十行二十一字小字雙行同
白口左右雙邊　存二卷（三至四）

610000－1001－0017304　普00895

**御批歷代通鑑輯覽一百二十卷**　（清）傅恆等
纂　清光緒二十五年（1899）新化三味堂刻本
五冊　十一行二十二字小字雙行同白口左
右雙邊　存十卷（九十九至一百、一百○五至
一百○六、一百○九至一百十、一百十一至一
百十二、一百十九至一百二十）

610000－1001－0017305　普00896

**呂帝函彙集錄遺三卷首一卷**　（□）龔葆中輯
清光緒二十三年（1897）刻本　一冊　九行
二十三字小字雙行同白口四周雙邊　存二卷
（上、首一）

610000－1001－0017306　普00897

**朱子五書二卷**　（宋）朱熹撰　（清）賀瑞麟編
清光緒十年(1884)刻本　一冊　九行二十
二字上下黑口四周單邊

610000－1001－0017307　普00898

**杜詩詳註二十五卷首一卷諸家詠杜附錄一卷**
**杜詩補註一卷**　（唐）杜甫撰　（清）仇兆鰲輯
註　清刻本　五冊　十行二十二字小字雙行
同下黑口左右雙邊　存六卷(十五至二十)

610000－1001－0017308　普00900

**天下郡國利病書一百二十卷**　（清）顧炎武撰
清道光十一年(1831)敷文堂刻本　二冊
十行二十一字小字雙行同白口左右雙邊　存
三卷(八至九、二十六)

610000－1001－0017309　普00901

**臣鑒錄二十卷**　（清）蔣伊編　清同治九年
(1870)刻本　五冊　九行二十三字小字雙行
同白口四周雙邊　存十卷(一至四、十三至十
六、十九至二十)

610000－1001－0017310　普00903

**史記志疑三十六卷**　（清）梁玉繩撰　清刻本
四冊　十二行二十四字小字雙行同白口四
周單邊　存八卷(九至十一、三十二至三十
六)

610000－1001－0017311　普00904

**御批歷代通鑑輯覽一百二十卷**　（清）傅恆等
纂　清刻本　十五冊　十一行二十二字小字
雙行同白口四周雙邊　存二十八卷(十九至
二十、四十七至五十二、五十五至七十二、七
十五至七十六)

610000－1001－0017312　普00905

**格致鏡原一百卷**　（清）陳元龍輯　清刻本
一冊　十一行二十一字黑口左右雙邊　存四
卷(四十九至五十二)

610000－1001－0017313　普00906

**杜詩詳註二十五卷首一卷**　（唐）杜甫撰
（清）仇兆鰲註　清刻本　九冊　十行二十
二字小字雙行同下黑口左右雙邊　存十卷
(二至五、十四至十五、二十二至二十五)

610000－1001－0017314　普00907

**桐陰論畫三編二卷**　（清）秦祖永撰　清宣統
二年(1910)上海中國書畫會石印本　二冊
十一行二十三字小字雙行同白口四周雙邊

610000－1001－0017315　普00908

**春在堂全書三十四種**　（清）俞樾撰　清光緒
二十五年(1899)刻本　十三冊　十行二十一
字白口左右雙邊　存九種

610000－1001－0017316　普00909

**朱子大全文集一百卷目錄二卷續集五卷別集
七卷正譌一卷**　（宋）朱熹撰　清光緒刻本
九冊　十二行二十四字上下黑口四周雙邊
存二十四卷(七十一至九十四)

610000－1001－0017317　普00910

**指月錄三十二卷**　（明）瞿汝稷撰　清刻本
一冊　十一行二十五字小字雙行同白口四周
單邊　存二卷(一至二)

610000－1001－0017318　普00911

**海國圖志一百卷**　（清）魏源撰　清光緒二年
(1876)涇固道署刻本　六冊　九行二十一字
小字雙行同白口四周雙邊　存二十三卷(一
至二十三)

610000－1001－0017319　普00912

**遺史儒臣傳□□卷遺史親臣傳□□卷**　（□）
□□撰　明刻本　二冊　九行二十字白口四
周單邊　存八卷(遺史儒臣傳二十八至三十、
遺史親臣傳五十二至五十六)

610000－1001－0017320　普00913

**南巡盛典一百二十卷**　（清）高晉等纂　清刻
本　六冊　九行十九字白口四周雙邊　存十
五卷(十六至二十、二十七至三十三、七十八
至八十)

610000－1001－0017321　普00915

**明史紀事本末八十卷**　（清）谷應泰輯　（清）
朱記榮校正　清光緒十四年(1888)上海書業
公所崇德堂鉛印本　八冊　十五行四十字白
口四周雙邊

610000－1001－0017322　普00916

**南北史補志十四卷**　（清）汪士鐸撰　清光緒
四年(1878)淮南書局刻本　三冊　十二行二
十五字小字雙行同白口左右雙邊　存七卷
(一至七)

610000－1001－0017323　普00917

**則例便覽四十九卷**　（清）沈書城輯　清刻本
六冊　八行二十字小字雙行同白口左右雙
邊　存三十卷(五至三十四)

610000－1001－0017324　普00918

**信好錄四卷**　（清）賀瑞麟編　清光緒十六年
(1890)柏經正堂刻本　三冊　十行二十二字
下黑口四周單邊

610000－1001－0017325　普00919

**格致啟蒙四種**　（英國）司都霍撰　（美國）林
樂知譯　清刻本　一冊　十行二十二字小字
雙行同上下黑口左右雙邊　存一卷(二)

610000－1001－0017326　普00921

**桐陰論畫初編二卷首一卷**　（清）秦祖永撰
清宣統二年(1910)石印本　二冊　十一行二
十三字小字雙行同白口四周雙邊

610000－1001－0017327　普00922

**秋審實緩比較成案二十四卷**　（清）林恩綬輯
清刻本　二十冊　八行二十字小字雙行同
白口四周雙邊　存二十二卷(三至二十四)

610000－1001－0017328　普00924

**御批歷代通鑑輯覽一百二十卷**　（清）傅恆
(清)劉統勳纂修　清刻本　十四冊　十一行
二十二字小字雙行同白口四周雙邊　存二十
八卷(九十三至一百二十)

610000－1001－0017329　普00925

**史記校勘札記一百三十卷補一卷**　（清）劉光
蕡等撰　清光緒二十年(1894)陝甘味經刊書
處刻本　六冊　十二行二十一字小字雙行同
白口四周雙邊

610000－1001－0017330　普00926

**秋審實緩比較條欵五卷**　（清）謝誠鈞纂　清
光緒二十八年(1902)秦中官書局鉛印本　一

冊　十一行二十二字小字雙行同白口四周
雙邊

610000－1001－0017331　普00927

**三國志六十五卷**　（晉）陳壽撰　（南朝宋）裴
松之注　清同治十年(1871)成都書局刻本
十三冊　十行二十一字小字雙行同白口左右
雙邊　缺二卷(二十九至三十)

610000－1001－0017332　普00928

**朱子語類五十二卷**　（宋）朱熹撰　（宋）黎靖
德編　清刻本　十冊　十二行二十五字小字
雙行同白口左右雙邊　存四十卷(一至二十
六、三十九至五十二)

610000－1001－0017333　普00929

**前漢書一百卷**　（漢）班固撰　（唐）顏師古注
清同治十年(1871)成都書局刻本　二十二
冊　十行二十一字小字雙行同白口左右雙邊

610000－1001－0017334　普00930

**六朝唐賦讀本不分卷**　（清）馬傳庚編　清光
緒十三年(1887)上海蜚英館石印本　二冊
八行二十字小字雙行同白口左右雙邊

610000－1001－0017335　普00931

**飲冰室自由書二卷**　梁啟超撰　清光緒二十
七年(1901)清議報館鉛印本　一冊　十二行
三十一字白口四周雙邊

610000－1001－0017336　普00932

**後漢書一百二十卷**　（南朝宋）范曄撰　清刻
本　十三冊　十行二十一字小字雙行同白口
左右雙邊　存四十九卷(七十二至一百二十)

610000－1001－0017337　普00937

**銀海精微四卷**　（唐）孫思邈原輯　（清）周亮
節較正　清道光八年(1828)文淵堂刻本　一
冊　十行二十五字小字雙行同白口四周單邊

610000－1001－0017338　普00938

**心靈學一卷**　（美國）海文撰　（清）顏永京譯
清光緒十五年(1889)益智書會刻本　一冊
十行二十二字上下黑口四周雙邊

610000－1001－0017339　普00939

續後漢書九十卷 （元）郝經撰 清刻本 二十四冊 十一行二十二字小字雙行同上下黑口左右雙邊

610000－1001－0017340 普00941

隸篇十五卷續十五卷再續十五卷 （清）翟云升撰 清道光十八年(1838)刻本 十冊 十四行二十五字小字雙行同白口左右雙邊

610000－1001－0017341 普00943

呂子節錄四卷補遺二卷 （明）呂坤著 （清）陳宏謀評輯 清蔣兆奎刻本 一冊 九行二十字白口左右雙邊 存二卷(補遺上下)

610000－1001－0017342 普00944

呂帝外函四卷 （□）龔葆中彙輯 清光緒二十二年(1896)普始堂刻本 三冊 九行二十三字小字雙行同白口四周雙邊

610000－1001－0017343 普00945

格術補一卷 （清）鄒伯奇撰 （清）儁竹伍箋 清光緒三年(1877)古荷池精舍刻本 一冊 十行二十二字白口左右雙邊

610000－1001－0017344 普00946

功順堂叢書十八種 （清）潘祖蔭輯 清光緒吳縣潘氏刻本 一冊 九行二十二字小字雙行同上下黑口左右雙邊 存二種

610000－1001－0017345 普00947

貞觀政要十卷 （唐）吳兢撰 （元）戈直論 （清）席世臣校訂 清嘉慶三年(1798)刻本 六冊 十行二十字小字雙行同下黑口左右雙邊

610000－1001－0017346 普00948

達生編二卷 （清）唐千頃纂 清刻本 一冊 十三行二十八字小字雙行同白口四周單邊

610000－1001－0017347 普00950

韻字略十二集 （清）毛謨撰 清光緒元年(1875)湖北崇文書局刻本 二冊 八行十六字小字雙行三十二字白口四周雙邊

610000－1001－0017348 普00951

徐氏三種 （清）徐士業校 清道光元年

(1821)刻本 三冊 八行七字小字雙行十七字白口左右雙邊

610000－1001－0017349 普00956

丹桂根緣一卷 （清）李一德等輯 清同治十三年(1874)刻本 一冊 八行二十字白口四周雙邊

610000－1001－0017350 普00960

地理三字經二卷 （清）程思樂撰 清道光十三年(1833)刻本 一冊 八行七字小字雙行十四字白口四周單邊

610000－1001－0017351 普00961

[光緒]烏程縣志三十六卷 （清）潘玉璿等修 （清）周學濬等纂 清光緒七年(1881)刻本 九冊 十一行二十六字小字雙行同白口左右雙邊 存二十四卷(三至二十六)

610000－1001－0017352 普00962

四言閨鑑二卷 （清）馮樹森輯 （清）段象離校 清光緒三十四年(1908)刻本 一冊 十行二十字小字雙行同白口四周雙邊

610000－1001－0017353 普00963

南華真經解六卷 （清）宣穎解 清海清樓刻本 一冊 九行二十四字小字雙行同白口四周單邊 存一卷(四)

610000－1001－0017354 普00964

皇朝經世文續編一百二十卷 （清）葛士濬輯 清光緒二十八年(1902)石印本 十六冊 二十四行五十字白口四周雙邊

610000－1001－0017355 普00965

關中兩朝文鈔二十二卷首一卷 （清）李元春輯 清道光十二年(1832)守樸堂刻本 十四冊 十行二十字白口左右雙邊 存十七卷(一至十六、首一)

610000－1001－0017356 普00966

御批歷代通鑑輯覽一百二十卷 （清）傅恆等纂 清刻本 二十冊 十一行二十二字小字雙行同白口四周雙邊 存三十九卷(八十二至一百二十)

610000 – 1001 – 0017357　普 00967
**汗簡七卷**　（宋）郭忠恕撰　清刻本　一冊
八行大小字不等白口左右雙邊

610000 – 1001 – 0017358　普 00969
**康熙字典十二集總目一卷檢字一卷辨似一卷
等韻一卷備考一卷補遺一卷**　（清）張玉書撰
清末刻本　三十八冊　八行大小字不等白
口四周雙邊

610000 – 1001 – 0017359　普 00970
**[嘉靖]仁和縣志十四卷**　（明）沈朝宣纂　清
光緒十九年(1893)武林丁氏刻本　一冊　十
行二十字白口四周雙邊　存一卷(十四)

610000 – 1001 – 0017360　普 00972
**隨園三十種**　（清）袁枚撰　清刻本　十二冊
十一行二十一字白口左右雙邊　存二種

610000 – 1001 – 0017361　普 00973
**小倉山房文集三十五卷**　（清）袁枚撰　清光
緒三十四年(1908)上海圖書集成印書局鉛印
本　二冊　十三行四十字白口四周單邊　存
九卷(一至四、三十一至三十五)

610000 – 1001 – 0017362　普 00974
**朱子語類一百四十卷**　（宋）朱熹撰　清光緒
二年(1876)傳經堂刻本　三十八冊　十二行
二十四字小字雙行同上下黑口四周雙邊　存
一百二十二卷(一至一百二十二)

610000 – 1001 – 0017363　普 00975
**禪宗頌古聯珠通集四十卷**　（宋）釋法應集
（元）釋普會續集　清末鉛印本　七冊　十五
行三十字小字雙行同白口四周雙邊

610000 – 1001 – 0017364　普 00976
**經學輯要二十四卷**　（清）吳穎炎撰　清光緒
二十年(1894)上海點石齋石印本　三十一冊
二十四行五十五字白口四周單邊

610000 – 1001 – 0017365　普 00978
**策學備纂三十二卷目錄三十二卷首一卷**
（清）吳穎炎等輯　清光緒十九年(1893)上海
點石齋石印本　二十四冊　二十四行五十五
字白口四周單邊　存十五卷(二至十六)

610000 – 1001 – 0017366　普 00979
**四書撫餘說七卷**　（清）曹之升撰　清嘉慶三
年(1798)曹氏家塾刻本　六冊　十行二十四
字白口四周雙邊

610000 – 1001 – 0017367　普 00980
**時務通攷三十一卷首一卷**　（清）王奇英等編
清光緒二十三年(1897)點石齋石印本　十
冊　二十行四十四字小字雙行同下黑口四周
雙邊　存十四卷(一至十三、首一)

610000 – 1001 – 0017368　普 00981
**四書五經義不分卷**　（清）居易軒主人輯　清
光緒二十七年(1901)西安書局鉛印本　一冊
十六行三十字白口四周雙邊

610000 – 1001 – 0017369　普 00982
**康熙字典四書集注真本不分卷**　（宋）朱熹章
句　清慎詒堂刻本　六冊　九行十七字小字
雙行同白口四周單邊

610000 – 1001 – 0017370　普 00983
**詩經小序備覽八卷**　（宋）朱熹集傳　清咸豐
六年(1856)稻香齋刻本　二冊　九行十七字
小字雙行同白口四周雙邊　存三卷(一至三)

610000 – 1001 – 0017371　普 00984
**監本四書**　（宋）朱熹集注　清光緒三十二年
(1906)掃葉山房刻本　六冊　九行十七字小
字雙行同白口四周單邊

610000 – 1001 – 0017372　普 00988
**新訂四書補註備旨十卷**　（明）鄧林撰　（清）
杜定基增訂　清光緒二十一年(1895)經文堂
刻本　六冊　十一行三十二字小字雙行同白
口四周雙邊

610000 – 1001 – 0017373　普 00990
**曾文正公奏議十卷首一卷末一卷補編四卷**
（清）曾國藩撰　（清）薛福成輯　清同治十二
年至十三年(1873 – 1874)蘇郡刻本　一冊
九行二十一字小字雙行同白口四周單邊　存
二卷(補編三至四)

610000 – 1001 – 0017374　普 00992
**四書不分卷**　（宋）朱熹撰　清宣統元年

(1909)陝西學務公所圖書館鉛印本　二冊
九行十七字小字雙行同白口四周雙邊

610000－1001－0017375　普00994
**孝經本義一卷**　（清）劉光蕡撰　清光緒三十
一年(1905)柏經正堂刻本　一冊　九行十九
字小字雙行同上下黑口左右雙邊

610000－1001－0017376　普00995
**四書章句集注十九卷**　（宋）朱熹撰　清光緒
二十一年(1895)湖北官書處刻本　六冊　九
行十七字小字雙行同白口四周雙邊

610000－1001－0017377　普00996
**欽定禮記義疏八十二卷首一卷**　（清）鄂爾泰
等撰　清刻本　十五冊　十一行二十四字小
字雙行同白口左右雙邊　存三十八卷(四十
五至八十二)

610000－1001－0017378　普00998
**御製曆象考成上編十六卷**　（清）何國宗
（清）梅穀成彙編　**下編十卷**　（清）顧琮等編
清光緒二十一年(1895)湖北官書處刻本
十一冊　九行二十字小字雙行同白口四周雙
邊　存二十卷(上編一至十、十五至十六,下
編一至二、五至十)

610000－1001－0017379　普01000
**三通考詳節**　（清）嚴虞惇輯　清光緒二十七
年(1901)上海鴻寶齋石印本　十八冊　二十
行四十五字白口四周雙邊

610000－1001－0017380　普01001
**御製曆象考成後編十卷**　（清）顧琮等編　清
刻本　七冊　九行二十字小字雙行同白口四
周雙邊　存七卷(二至七、九)

610000－1001－0017381　普01002
**皇朝文獻通考詳節二十六卷**　（清）嵇璜等纂
（清）平陽主人錄　清光緒二十七年(1901)
上海鴻寶齋石印本　一冊　二十行四十五字
白口四周雙邊　存三卷(四至六)

610000－1001－0017382　普01004
**欽定四庫全書總目二百卷**　（清）紀昀等撰
清刻本　七冊　九行二十一字小字雙行同白

口左右雙邊　存七卷(一百六十九至一百七
十五)

610000－1001－0017383　普01005
**通鑑紀事本末二百三十九卷**　（宋）袁樞編輯
（明）張溥論正　清光緒十四年(1888)鉛印
本　二十三冊　十五行四十字小字雙行同白
口四周雙邊　存二百二十八卷(一至一百四
十三、一百五十五至二百三十九)

610000－1001－0017384　普01006
**子書二十二種**　（清）浙江書局輯　清光緒二
十三年(1897)上海圖書集成局鉛印本　十冊
十三行四十字小字雙行同白口四周單邊
存六種

610000－1001－0017385　普01007
**訂正仲景全書金匱要略注八卷**　（清）吳謙等
纂　清刻本　一冊　十一行二十六字白口四
周雙邊　存二卷(一至二)

610000－1001－0017386　普01008
**通志二百卷**　（宋）鄭樵撰　清末石印本　七
冊　十六行四十三字白口四周單邊　存二十
二卷(一百十七至一百三十八)

610000－1001－0017387　普01009
**通鑑紀事本末二百三十九卷**　（宋）袁樞編輯
（明）張溥論正　清光緒十四年(1888)鉛印
本　二冊　十五行四十字小字雙行同白口四
周雙邊　存二十五卷(七至二十、一百二十三
至一百三十三)

610000－1001－0017388　普01010
**漁洋山人精華錄箋注十二卷附補注一卷附錄
一卷年譜一卷**　（清）金榮箋注　（清）徐准纂
輯　清金氏鳳翩堂刻本　五冊　十一行二十
字小字雙行三十字白口左右雙邊　存六卷
(六至八、十一至十二,補注一)

610000－1001－0017389　普01011
**三通考輯要**　（清）湯壽潛編輯　清光緒二十
五年(1899)鉛印本　二十冊　十四行四十二
字小字雙行同白口四周單邊　存二種

610000－1001－0017390　普01012

文獻通考輯要二十四卷 （清）湯壽潛編輯
清光緒二十五年(1899)鉛印本 九冊 十四
行四十二字小字雙行同白口四周單邊 存二
十卷(五至二十四)

610000－1001－0017391 普01013

嘯園叢書六函五十七種 （清）葛元煦輯 清
光緒九年(1883)仁和葛氏刻本 五冊 九行
二十字下黑口四周雙邊 存二種

610000－1001－0017392 普01014

綴白裘十二集四十八卷 （清）玩花主人輯
清刻本 七冊 九行二十字白口左右雙邊
存五集(四集上、六集、七集上、八集、九集上)

610000－1001－0017393 普01015

管窺輯要八十卷 （清）黃鼎撰 清刻本 三
冊 九行十九字白口四周單邊 存十二卷
(十一至十八、二十至二十三)

610000－1001－0017394 普01017

子書二十二種 （清）浙江書局輯 清光緒二
十三年(1897)文瑞樓鉛印本 八冊 十三行
四十字小字雙行同白口四周單邊 存七種

610000－1001－0017395 普01018

說文通訓定聲十八卷分部柬韻一卷 （清）朱
駿聲撰 （清）朱鏡蓉參訂 清刻本 七冊
十行十八字小字雙行三十字白口四周雙邊
存六卷(九、十四至十八)

610000－1001－0017396 普01019

香研居詞塵五卷 （清）方成培撰 清光緒二
年(1876)刻本 一冊 九行二十字小字雙行
同下黑口四周雙邊 存三卷(三至五)

610000－1001－0017397 普01021

康熙字典十二集備考一卷補遺一卷 （清）張
玉書等編 清末石印本 一冊 二十一行三
十一字小字雙行六十二字白口四周雙邊 存
一集(亥集)

610000－1001－0017398 普01023

光緒僊居志二十四卷首一卷附僊居集二十四
卷 （清）王壽頤等修 （清）王菜等纂 清光
緒二十年(1894)活字印本 九冊 十行二十

四字小字雙行同白口四周雙邊 存二十七卷
(僊居志十三至十五、僊居集一至二十四)

610000－1001－0017399 普01025

通典二百卷 （唐）杜佑纂修 清光緒石印本
二冊 十六行四十三字小字雙行同白口四
周單邊 存三十卷(八十一至一百十)

610000－1001－0017400 普01026

皇朝經世文新編二十一卷 （清）麥仲華輯
清光緒二十七年(1901)石印本 一冊 二十
二行四十八字白口四周雙邊 存四卷(十下
至十三上)

610000－1001－0017401 普01027

古文嘰鳳新編八卷 （清）汪基編 （清）程兆
俊校 清光緒刻本 二冊 十行二十二字小
字雙行同白口四周雙邊 存四卷(三至六)

610000－1001－0017402 普01028

滿洲名臣傳四十八卷 （清）國史館編 清末
京都琉璃廠榮錦書屋刻本 三十二冊 九行
十七字小字雙行四周單邊 存四十卷
(一至四十)

610000－1001－0017403 普01029

古文嘰鳳新編八卷 （清）汪基編 （清）鮑澄
校 清光緒刻本 六冊 十行二十二字小字
雙行同白口四周單邊 存六卷(二至六、八)

610000－1001－0017404 普01030

漁洋山人精華錄箋注十二卷年譜一卷補一卷
附錄一卷 （清）金榮箋注 （清）徐淮纂輯
清金氏鳳翩堂刻本 六冊 十一行十五字小
字雙行三十字白口左右雙邊 存七卷(一至
五、年譜一、附錄一)

610000－1001－0017405 普01033

宋史四百九十六卷 （元）脫脫等修 清刻本
一冊 十行二十一字上下黑口左右雙邊
存五卷(三百七十五至三百七十九)

610000－1001－0017406 普01034

御撰資治通鑑綱目三編二十卷 （清）張廷玉
等編 清末石印本 一冊 二十六行五十二字
小字雙行同白口四周雙邊 存三卷(三至五)

610000－1001－0017407　普01037

**重訂王鳳洲先生綱鑑會纂四十六卷**　（明）王
世貞撰　（清）陳仁錫訂　清光緒二十九年
（1903）上海洪寶齋書局石印本　三冊　二十
四行五十二字小字雙行同白口四周雙邊　存
三十四卷（一至十四、十六至二十三、三十五
至四十六）

610000－1001－0017408　普01038

**大學衍義補一百六十卷首一卷**　（明）丘濬撰
　（明）陳仁錫評閱　清刻本　十二冊　十一
行二十二字小字雙行同白口四周單邊　存七
十七卷（八十四至一百六十）

610000－1001－0017409　普01040

**重訂王鳳洲先生綱鑑會纂四十六卷**　（明）王
世貞撰　（清）陳仁錫訂　清光緒二十九年
（1903）上海洪寶齋書局石印本　二冊　二十
四行五十二字小字雙行同白口四周雙邊　存
二十卷（十六至二十三、三十五至四十六）

610000－1001－0017410　普01041

**四書經註集證十九卷**　（清）吳昌宗撰　清光
緒二十六年（1900）刻本　十六冊　十一行二
十五字小字雙行同白口左右雙邊　存十九卷
（一至十九）

610000－1001－0017411　普01043

**東華錄一百二十卷**　王先謙編　（清）周潤蕃
　（清）周淪蕃校　清光緒石印本　一冊　十
七行三十八字白口四周單邊　存二卷（十六
至十七）

610000－1001－0017412　普01044

**御批資治通鑑綱目三編二十卷**　（清）張廷玉
等編　清末石印本　一冊　二十六行五十二
字小字雙行白口四周雙邊

610000－1001－0017413　普01045

**聖諭十六條附律易解一卷**　（清）聖祖玄燁撰
　（清）夏炘注　清同治刻本　一冊　九行二
十二字白口四周雙邊

610000－1001－0017414　普01046

**雨亭尺牘八卷**　（清）林欽潤撰　清道光十八

年（1838）刻本　六冊　九行二十字小字雙行
同白口左右雙邊　存四卷（五至八）

610000－1001－0017415　普01047

**聖諭十六條附律易解一卷**　（清）聖祖玄燁撰
　（清）夏炘注　清刻本　一冊　九行二十二
字白口四周雙邊

610000－1001－0017416　普01048

**玉函山房輯佚書五百九十四種**　（清）馬國翰
輯　清光緒九年（1883）長沙琅嬛館刻本　二
十冊　九行二十字小字雙行同白口四周雙邊
　存五十九種

610000－1001－0017417　普01049

**欽定續文獻通考二百五十卷**　（清）嵇璜等撰
　清光緒二十八年（1902）上海鴻寶書局石印
本　二冊　二十二行四十八字小字雙行同白
口四周單邊　存二十一卷（二百〇九至二百
十九、二百三十至二百三十九）

610000－1001－0017418　普01050

**[道光]萍鄉縣志十六卷**　（清）黃濬纂修　清
道光三年（1823）刻本　一冊　九行二十五字
小字雙行同白口左右雙邊　存二卷（十五至
十六）

610000－1001－0017419　普01051

**三通考輯要**　（清）湯壽潛輯要　清光緒二十
五年（1899）上海圖書集成局鉛印本　九冊
十四行四十二字小字雙行同白口四周單邊
存二種

610000－1001－0017420　普01053

**欽定續文獻通考二百五十卷**　（清）嵇璜等撰
　清光緒二十七年（1901）上海圖書集成局鉛
印本　一冊　十六行四十三字小字雙行同白
口四周單邊　存五卷（五十六至六十）

610000－1001－0017421　普01055

**皇朝文獻通考輯要二十六卷**　（清）湯壽潛輯
要　清光緒二十五年（1899）上海圖書集成局
鉛印本　三冊　十四行四十二字小字雙行同
白口四周單邊　存八卷（一、十二至十六、二
十五至二十六）

610000－1001－0017422　普01056

**周禮政要四卷**　(清)孫詒讓著　清光緒三十年(1904)鉛印本　二冊　十一行二十二字白口四周雙邊

610000－1001－0017423　普01057

**皇朝文獻通考輯要二十六卷**　(清)湯壽潛輯要　清光緒二十五年(1899)上海圖書集成局鉛印本　一冊　十四行四十二字小字雙行同白口四周單邊　存二卷(二十五至二十六)

610000－1001－0017424　普01058

**[光緒]處州府志三十卷首一卷末一卷**　(清)潘紹詒修　(清)周榮椿等纂　清光緒三年(1877)刻本　二十三冊　十行二十一字小字雙行同白口四周雙邊　存二十七卷(一至六、十、十二至二十六、二十八至三十,首一,末一)

610000－1001－0017425　普01059

**禮記十卷**　(漢)鄭玄注　清同治十一年(1872)山東書局刻本　十冊　九行十七字小字雙行同白口四周單邊

610000－1001－0017426　普01060

**御批增補了凡綱鑑四十卷首一卷**　(明)袁黃編　**御撰資治通鑑綱目三編六卷**　(清)張廷玉等編　清光緒二十七年(1901)上海經藝齋石印本　四冊　二十四行五十六字小字雙行同白口四周雙邊　存十四卷(了凡綱鑑二十九至三十六、綱目三編一至六)

610000－1001－0017427　普01061

**御撰資治通鑑綱目三編六卷**　(清)張廷玉等編　清光緒二十七年(1901)上海經藝齋石印本　一冊　二十四行五十六字小字雙行同白口四周雙邊　存三卷(四至六)

610000－1001－0017428　普01062

**曾文正公全集十五種**　(清)曾國藩撰　清同治、光緒傳忠書局刻本　二十冊　十行二十四字小字雙行同上下黑口左右雙邊　存二種

610000－1001－0017429　普01063

**御撰資治通鑑綱目三編二十卷**　(清)張廷玉

等編　清末石印本　一冊　二十四行四十八字小字雙行同白口四周雙邊　存二卷(一至二)

610000－1001－0017430　普01069

**明夷待訪錄一卷**　(清)黃宗羲撰　清光緒二十六年(1900)復邠學舍刻本　一冊　十行二十四字小字雙行同白口左右雙邊

610000－1001－0017431　普01072

**北史一百卷**　(唐)李延壽撰　清同治十一年(1872)金陵書局刻本　二十冊　十二行二十五字白口左右雙邊

610000－1001－0017432　普01073

**朱子原訂近思錄十四卷**　(宋)朱熹撰　(清)江永集注　(清)王鼎校次　清光緒十五年(1889)刻本　四冊　九行十七字小字雙行同白口四周雙邊

610000－1001－0017433　普01074

**御批歷代通鑑輯覽一百二十卷**　(清)傅恆等撰　清同治十年(1871)潯陽萬氏刻本　四十七冊　八行二十二字小字雙行同白口四周雙邊　存五十六卷(一至五十六)

610000－1001－0017434　普01075

**欽定四庫全書總目二百卷首一卷**　(清)紀昀等編　清刻本　七冊　九行二十一字小字雙行同白口左右雙邊　存九卷(一百九十二至二百)

610000－1001－0017435　普01076

**鼎鍥趙田了凡袁先生編纂古本歷史大方綱鑑補三十九卷首一卷**　(明)袁黃撰　清刻本　一冊　十二行二十八字小字雙行同白口四周單邊　存三卷(十七至十九)

610000－1001－0017436　普01078

**欽定禮記義疏八十二卷首一卷**　(清)鄂爾泰等撰　清刻本　三十二冊　十一行二十四字小字雙行同白口左右雙邊

610000－1001－0017437　普01079

**文獻通考三百四十八卷**　(元)馬端臨撰　清刻本　四冊　十行二十一字小字雙行同白口

四周單邊　存十八卷(一百二十一至一百二十四、一百二十九至一百四十二)

610000－1001－0017438　普01080

洞庭湖志十四卷　(清)楚世基撰　(清)夏天觀輯　(清)萬年淳訂　清刻本　三冊　十行二十三字小字雙行同白口四周雙邊　存六卷(一至五、八)

610000－1001－0017439　普01081

皇朝文獻通考三百卷　(清)嵇璜等纂修　清刻本　四十冊　九行二十一字小字雙行同白口四周單邊　存七十八卷(一百二十一、二百○二、二百○五、二百十一至二百十三、二百二十至二百二十一、二百二十三至二百三十二、二百四十一至三百)

610000－1001－0017440　普01082

熙朝紀政八卷　(清)王慶雲撰　清光緒二十四年(1898)石印本　四冊　十行二十二字小字雙行同白口左右雙邊　存四卷(一至三、五)

610000－1001－0017441　普01087

增補事類統編九十三卷首一卷　(清)黃葆真輯　(清)何立中校　清咸豐十年(1860)丹陽黃氏刻本　十二冊　九行二十一字小字雙行同白口四周雙邊　存三十四卷(一至十七、二十九至四十四,首一)

610000－1001－0017442　普01088

[道光]東陽縣志二十八卷首一卷　(清)黨金衡等纂修　清道光八年(1828)刻本　一冊　十行二十二字小字雙行同白口左右雙邊　存二卷(二十五至二十六)

610000－1001－0017443　普01091

[光緒]武昌縣志二十六卷首一卷末一卷　(清)鍾桐山修　(清)柯逢時纂　清光緒十一年(1885)刻本　三冊　十二行二十五字小字雙行同上下黑口四周雙邊　存六卷(十一至十二、二十四至二十六,末一)

610000－1001－0017444　普01093

槐廳載筆二十卷　(清)法式善編　清嘉慶四年(1799)刻本　五冊　十二行二十四字小字雙行同上下黑口四周單邊　存十七卷(一至十七)

610000－1001－0017445　普01095

盛世危言六卷續編四卷　(清)鄭觀應輯　清光緒二十四年(1898)上海書局石印本　十冊　十三行三十二字白口四周雙邊

610000－1001－0017446　普01096

[嘉慶]直隸太倉州志六十五卷　(清)王昶纂修　清嘉慶七年(1802)刻本　三冊　十一行二十一字白口左右雙邊　存十二卷(三十三至四十、四十四至四十六、六十五)

610000－1001－0017447　普01099

盛世危言六卷續編四卷　(清)鄭觀應輯　清光緒二十四年(1898)上海書局石印本　七冊　十三行三十二字白口四周雙邊

610000－1001－0017448　普01100

盛世危言六卷續編四卷　(清)鄭觀應輯　清光緒二十四年(1898)上海書局石印本　七冊　十三行三十二字白口四周雙邊

610000－1001－0017449　普01101

[同治]鍾祥縣志二十卷附補編二卷　(清)孫福海等纂修　清同治六年(1867)刻本　九冊　九行二十二字小字雙行同白口四周雙邊　存十四卷(五至六、八、十一至二十,補編一)

610000－1001－0017450　普01104

盛世危言六卷續編四卷　(清)鄭觀應輯　清光緒二十四年(1898)上海書局石印本　八冊　十三行三十二字白口四周雙邊

610000－1001－0017451　普01105

盛世危言六卷續編四卷　(清)鄭觀應輯　清光緒二十四年(1898)上海書局石印本　三冊　十三行三十二字白口四周雙邊　存三卷(三、五至六)

610000－1001－0017452　普01106

盛世危言六卷續編四卷　(清)鄭觀應輯　清光緒二十四年(1898)上海書局石印本　四冊　十三行三十二字白口四周雙邊　存四卷

（二至三、五至六）

610000－1001－0017453　普01107

**盛世危言六卷** （清）鄭觀應輯　清光緒二十四年(1898)上海書局石印本　六冊　十三行三十二字白口四周雙邊

610000－1001－0017454　普01110

**盛世危言六卷** （清）鄭觀應輯　清光緒二十四年(1898)上海書局石印本　五冊　十三行三十二字白口四周雙邊

610000－1001－0017455　普01111

**盛世危言六卷** （清）鄭觀應輯　清光緒二十四年(1898)上海書局石印本　五冊　十三行三十二字白口四周雙邊

610000－1001－0017456　普01112

**盛世危言六卷** （清）鄭觀應輯　清光緒二十四年(1898)上海書局石印本　五冊　十三行三十二字白口四周雙邊

610000－1001－0017457　普01114

**[同治]山陽縣志二十一卷圖一卷** （清）張兆棟等修　（清）何紹基等纂　清同治十二年(1873)刻本（卷一至二配清刻本）　四冊　十行二十二字小字雙行同白口左右雙邊　存十二卷(一至五、十一至十二、十五至十九)

610000－1001－0017458　普01118

**子書二十八種** （清）育文書局輯　清宣統三年(1911)育文書局石印本　十一冊　十八行四十二字小字雙行同白口四周雙邊　存七種

610000－1001－0017459　普01119

**御批通鑑輯覽一百二十卷** （清）傅恆撰　清同治十一年(1872)湖北崇文書局刻本　四十五冊　十一行二十二字小字雙行同白口四周單邊　存九十一卷(一至六十一、九十一至一百二十)

610000－1001－0017460　普01122

**管子二十四卷首一卷** （春秋）管仲撰　清光緒三十年(1904)上海育文書局石印本　一冊　十八行四十二字小字雙行同白口四周雙邊　存十卷(一至九、首一)

610000－1001－0017461　普01124

**白芙堂算書二十三種** （清）丁取忠輯　清同治十一年(1872)關中味經官書局刻本　四冊　十行二十四字小字雙行同白口左右雙邊　存十五種

610000－1001－0017462　普01128

**御批歷代通鑑輯覽一百二十卷** （清）傅恆等纂　清末鉛印本　一冊　十五行二十八字小字雙行四十三字白口四周單邊　存五卷(五十六至六十)

610000－1001－0017463　普01129

**御批歷代通鑑輯覽一百二十卷** （清）傅恆等纂　清光緒二十九年(1903)美華書局石印本　二十冊　二十四行五十六字小字雙行同白口四周單邊

610000－1001－0017464　普01130

**御批歷代通鑑輯覽一百二十卷** （清）傅恆等纂　清光緒二十九年(1903)美華書局石印本　十六冊　二十四行五十六字小字雙行同白口四周單邊　存九十三卷(二十八至一百二十)

610000－1001－0017465　普01131

**歷代名賢列女氏姓譜一百五十七卷** （清）蕭智漢纂輯　清刻本　十二冊　十三行二十二字小字雙行同白口四周雙邊　存十一卷(八十五、八十七、八十九、一百十五至一百十六、一百十九至一百二十、一百二十二、一百四十三、一百四十五至一百四十六)

610000－1001－0017466　普01134

**史學聯珠十卷** （清）胡文炳輯　清光緒十三年(1887)著易堂鉛印本　四冊　十四行三十二字白口四周雙邊　存四卷(五、七、九至十)

610000－1001－0017467　普01135

**尚友錄二十二卷** （明）廖用賢撰　（清）張伯宗補輯　清刻本　十冊　六行二十字小字雙行同白口四周單邊　存十卷(十二至二十、二十二)

610000－1001－0017468　普01137

六九軒算書六種 （清）劉衡撰 清咸豐五年
(1855)陝西長安縣署刻本 三冊 八行二十
字小字雙行同白口四周雙邊 存五種

610000－1001－0017469 普01138
五百家註音辨昌黎先生文集四十卷 （唐）韓
愈撰 清刻本 十冊 十行十八字小字雙行
同白口左右雙邊 存二十五卷(十六至四十)

610000－1001－0017470 普01139
後漢書一百二十卷 （南朝宋）范曄撰 清同
治十年(1871)成都書局刻本 十四冊 十行
二十一字小字雙行同白口左右雙邊 存六十
八卷(一至四十二、四十六至七十一)

610000－1001－0017471 普01140
資治通鑑地理今釋十六卷 （清）吳熙載撰
清光緒八年(1882)江蘇書局刻本 二冊 十
行大字不等小字雙行二十字上下黑口四周雙
邊 存十卷(一至三、十至十六)

610000－1001－0017472 普01141
續資治通鑑長編拾補六十卷 （清）黃以周等
輯 清刻本 三冊 十二行二十一字小字雙
行同白口左右雙邊 存十二卷(八至十九)

610000－1001－0017473 普01142
後漢書一百二十卷 （南朝宋）范曄撰 清同
治十年(1871)成都書局刻本 二十八冊 十
行二十一字小字雙行同白口左右雙邊

610000－1001－0017474 普01143
前漢書一百卷 （漢）班固撰 （唐）顏師古注
清同治十年(1871)成都書局刻本 九冊
十行二十一字小字雙行同白口左右雙邊 存
三十卷(七十一至一百)

610000－1001－0017475 普01144
錢氏政學叢書五種 （清）錢恂撰 清光緒二
十九年(1903)上海醉六堂石印本 五冊 行
數不等大小字不等白口四周雙邊 存四種

610000－1001－0017476 普01145
重刊宋本十三經注疏附校勘記 （清）阮元撰
校勘記 （清）盧宣旬摘錄 清光緒十三年
(1887)上海脈望仙館石印本 三十六冊 二

十行三十四字小字雙行四十六字白口四周
單邊

610000－1001－0017477 普01146
御批歷代通鑑輯覽一百二十卷 （清）傅恆等
纂 清光緒三十年(1904)上海錦章書局石印
本 一冊 十九行四十字小字雙行同白口四
周雙邊 存五卷(一至五)

610000－1001－0017478 普01147
續資治通鑑長編五百二十卷目錄二卷 （宋）
李燾撰 清光緒七年(1881)浙江書局刻本
一冊 十二行二十一字小字雙行同白口左右
雙邊 存四卷(二百六十至二百六十三)

610000－1001－0017479 普01149
御批歷代通鑑輯覽一百二十卷 （清）傅恆等
纂 清末鉛印本 二十三冊 十五行二十八
字小字雙行四十三字白口四周單邊

610000－1001－0017480 普01150
御批歷代通鑑輯覽一百二十卷 （清）傅恆等
纂 清末鉛印本 十六冊 十五行二十八字
小字雙行四十三字白口四周單邊 存五十六
卷(二十一至二十五、六十六至九十六、一百
○一至一百二十)

610000－1001－0017481 普01151
御批歷代通鑑輯覽一百二十卷 （清）傅恆等
纂 清末鉛印本 三冊 十五行二十八字小
字雙行四十三字白口四周單邊 存十五卷
(六十六至八十)

610000－1001－0017482 普01152
玉函山房輯佚書五百九十四種 （清）馬國翰
輯 清光緒九年(1883)長沙嬛嬛館刻本 十
二冊 九行十九字小字雙行不等白口四周雙
邊 存七十四種

610000－1001－0017483 普01153
御批歷代通鑑輯覽一百二十卷 （清）傅恆等
纂 清光緒二十九年(1903)美華書局石印本
四冊 二十四行五十六字小字雙行同白口
四周單邊 存二十七卷(一至二十七)

610000－1001－0017484 普01154

王壯武公遺集二十四卷首一卷　（清）王鑫撰
　清光緒十八年（1892）湘鄉王氏刻本　八冊
十行二十二字小字雙行同白口四周雙邊
存九卷（三、五、七、十二至十四、二十至二十
一，首一）

610000－1001－0017485　普01155

王壯武公遺集二十四卷首一卷　（清）王鑫撰
　清刻本　四冊　十行二十二字小字雙行同
白口四周雙邊　存九卷（十四至十八、二十一
至二十四）

610000－1001－0017486　普01156

天演論二卷　（英國）赫胥黎撰　薛己譯　清
光緒二十七年（1901）富文書局石印本　一冊
　十行二十一字小字雙行同白口四周雙邊
存一卷（下）

610000－1001－0017487　普01159

格致鏡原一百卷　（清）陳元龍輯　清刻本
十六冊　十一行二十一字黑口左右雙邊　存
四十六卷（一至四、七至十二、十九至二十一、
三十二至三十三、三十七至四十二、四十六至
六十五、九十六至一百）

610000－1001－0017488　普01160

歷代名賢列女氏姓譜一百五十七卷　（清）蕭
智漢纂輯　清刻本　三冊　十三行二十二字
白口四周雙邊　存二卷（一百十四、一百十
七）

610000－1001－0017489　普01162

知不足齋叢書三十集　（清）鮑廷博輯　（清）
鮑志祖續輯　清刻本　二十五冊　九行二十
一字小字雙行同上下黑口左右雙邊　存二十
一種

610000－1001－0017490　普01163

內科理法後編十卷　（英國）虎伯撰　（英國）
茄合　（英國）哈來參訂　（清）舒高第口譯
（清）趙元益筆述　清光緒刻本　三冊　十行
二十二字上下黑口左右雙邊　存六卷（一至
六）

610000－1001－0017491　普01164

文廟大成祀譜八卷　（清）歐陽平撰　清刻本
　一冊　行數不等大小字不等白口四周雙邊
存一卷（五）

610000－1001－0017492　普01165

內科理法後編十卷　（英國）虎伯撰　（英國）
茄合　（英國）哈來參訂　（清）舒高第口譯
（清）趙元益筆述　清光緒刻本　二冊　十行
二十二字上下黑口左右雙邊　存三卷（一至
三）

610000－1001－0017493　普01166

文廟丁祭譜四卷　（清）藍鍾瑞等編　清道光
二十五年（1845）醴陵縣尊經閣刻本　五冊
九行二十二字小字雙行同白口四周雙邊　存
三卷（二至四）

610000－1001－0017494　普01167

幼學操身不分卷　（英國）慶丕　（清）翟汝舟
編　清光緒二十四年（1898）刻本　四冊　十
行二十四字白口四周單邊

610000－1001－0017495　普01170

御撰資治通鑑綱目三編二十卷　（清）張廷玉
等編　清怡蓮堂刻本　三冊　十一行二十八
字小字雙行同白口四周單邊

610000－1001－0017496　普01171

增補歷史綱鑑三十九卷首一卷　（明）袁黃撰
　清刻本　一冊　十一行二十八字小字雙行
同白口左右雙邊　存一卷（三十四）

610000－1001－0017497　普01173

文廟丁祭譜十卷首一卷附錄三卷首一卷
（清）□□編　清同治七年至八年（1868－
1869）尊經閣刻本　八冊　九行二十二字小
字雙行同白口四周雙邊　存十一卷（一、四至
五、七、九至十，首一；附錄一至三、首一）

610000－1001－0017498　普01174

幼學操身不分卷　（英國）慶丕　（清）翟汝舟
編　清光緒二十三年（1897）刻本　二冊　十
行二十四字白口四周單邊

610000－1001－0017499　普01175

了凡綱鑑補三十九卷首一卷　（明）袁黃撰

清刻本　一冊　十一行二十八字小字雙行同白口四周單邊　存二卷(三十八至三十九)

610000－1001－0017500　普01176
天下郡國利病書一百二十卷　（清）顧炎武輯（清）龍萬育訂　清光緒五年(1879)蜀南桐華書屋薛氏家塾刻本　八冊　十行二十一字小字雙行同白口左右雙邊　存二十卷(一至二十)

610000－1001－0017501　普01177
鼎鍥趙田了凡袁先生編纂古本歷史大方綱鑑補三十九卷首一卷　（明）袁黃撰　清刻本二十冊　十一行二十八字小字雙行同白口四周單邊　存二十五卷(二至十七、二十一、二十五至二十九、三十三、三十七、三十九)

610000－1001－0017502　普01178
佩文詩韻釋要五卷　（清）周蓮塘撰　（清）林重輯　清光緒元年(1875)刻本　一冊　九行十五字小字雙行不等白口左右雙邊

610000－1001－0017503　普01179
真蹟日錄初集一卷二集一卷三集一卷　（明）張丑撰　清刻本　一冊　九行二十字上下黑口左右雙邊　存二卷(二集一、三集一)

610000－1001－0017504　普01180
續知不足齋叢書二集十七種　（清）高承勳輯　清渤海高氏刻本　八冊　九行二十一字小字雙行同上下黑口左右雙邊　存七種

610000－1001－0017505　普01181
續資治通鑑二百二十卷　（清）畢沅撰　清刻本　十七冊　十行二十一字小字雙行同白口四周雙邊　存六十四卷(六至八、十三至十七、二十三至三十一、一百三十八至一百五十、一百九十九至二百〇九、二百十至二百二十、二百五十一至二百六十二)

610000－1001－0017506　普01182
鼎鍥趙田了凡袁先生編纂古本歷史大方綱鑑補三十九卷首一卷　（明）袁黃撰　清刻本四冊　十一行二十八字小字雙行同白口四周單邊　存六卷(二至三、二十六、三十二至三

十三、三十五)

610000－1001－0017507　普01183
廿二史劄記三十六卷補遺一卷　（清）趙翼撰　清嘉慶五年(1800)湛貽堂刻本　七冊　十一行二十一字小字雙行同白口左右雙邊　存二十五卷(一至七、十二至二十九)

610000－1001－0017508　普01184
鼎鍥趙田了凡袁先生編纂古本歷史大方綱鑑補四十卷首一卷　（明）袁黃撰　清刻本　九冊　十一行二十八字小字雙行同白口四周單邊　存十二卷(一、九至十、二十至二十一、二十三至二十五、二十七、三十七、三十九至四十)

610000－1001－0017509　普01185
唐宋八大家讀本三十卷　（清）沈德潛評述　清刻本　九冊　十行二十字白口左右雙邊　存十八卷(八至九、十五至三十)

610000－1001－0017510　普01186
周季編略九卷　（清）黃式三撰　清同治十二年(1873)浙江書局刻本　三冊　九行二十二字小字雙行同白口左右雙邊　存八卷(一至八)

610000－1001－0017511　普01189
新刻王掖宸先生評訂神仙鑑二十二卷　（清）徐道編　清刻本　一冊　十行二十二字小字雙行同白口左右雙邊　存一卷(十五)

610000－1001－0017512　普01190
重修南海普陀山志二十卷首一卷　（清）秦耀曾編　清道光十二年(1832)刻本　三冊　十行二十一字白口四周雙邊

610000－1001－0017513　普01191
唐詩三百首註釋六卷　（清）章燮註　清刻本　一冊　十行二十字小字雙行同白口四周雙邊　存二卷(三下至四)

610000－1001－0017514　普01192
唐代叢書一百六十四種　（清）王文誥輯　清宣統三年(1911)上海天寶書局石印本　六冊　二十行四十二字小字雙行同上下黑口四周

單邊　存六十五種

610000－1001－0017515　普01193

御選唐宋詩醇四十七卷目錄二卷　(清)高宗
弘曆選　(清)梁詩正等編　清刻本　五冊
九行十九字小字雙行同白口四周單邊　存十
二卷(六至七、二十五至二十六、二十八至三
十一、三十七至三十八、四十二至四十三)

610000－1001－0017516　普01194

唐詩三百首註疏六卷　(清)蘅塘退士編
(清)章燮註　(清)孫孝根校正　清道光十四
年(1834)刻本　一冊　九行二十字小字雙行
同白口左右雙邊　存二卷(五至六)

610000－1001－0017517　普01196

浮邱子十二卷首一卷　(清)湯鵬撰　清宣統
二年(1910)掃葉山房石印本　六冊　十四行
三十字白口四周雙邊

610000－1001－0017518　普01197

重訂王鳳洲先生綱鑑會纂四十六卷　(明)王
世貞纂　清維新堂刻本　七冊　十行二十字
小字雙行同白口四周單邊　存十卷(二十四
至三十、三十二至三十四)

610000－1001－0017519　普01198

唐代叢書一百六十四種　(清)王文誥輯　清
嘉慶十一年(1806)刻本　三冊　九行二十一
字小字雙行同白口四周雙邊　存十二種

610000－1001－0017520　普01199

明史紀事本末八十卷　(清)谷應泰編　清刻
本　四冊　九行二十字白口四周單邊　存十
六卷(四十六至六十一)

610000－1001－0017521　普01200

佩文韻府一百〇六卷　(清)張玉書等編　清
光緒十二年(1886)上海同文書局石印本　七
冊　二十四行五十字小字雙行同白口四周雙
邊　存二十三卷(十三、三十一至三十四、四
十九至六十三、一百〇一至一百〇三)

610000－1001－0017522　普01201

唐詩三百首註疏六卷　(清)蘅塘退士編
(清)章燮註　清道光十年(1830)二友堂刻本

三冊　八行二十字小字雙行同白口四周雙
邊　存四卷(一至四)

610000－1001－0017523　普01202

[光緒]宣平縣志二十卷首一卷　(清)皮樹棠
纂修　清光緒四年(1878)刻本　七冊　十行
二十一字小字雙行同白口左右雙邊　存十九
卷(一至十一、十四至二十,首一)

610000－1001－0017524　普01203

唐詩三百首註疏六卷　(清)蘅塘退士編
(清)章燮註　清道光二十七年(1847)刻本
一冊　九行二十字小字雙行同白口左右雙邊
存二卷(一至二)

610000－1001－0017525　普01204

[光緒]平湖縣志二十五卷首一卷末一卷
(清)彭潤章等修　(清)葉廉鍔等纂　清光緒
十二年(1886)刻本　四冊　十一行二十五字
小字雙行同白口四周雙邊　存十卷(一至三、
七至十二,首一)

610000－1001－0017526　普01205

資治通鑑二百九十四卷　(宋)司馬光撰　通
鑑釋文辯誤十二卷　(元)胡三省撰　清同治
十三年(1874)江蘇書局刻本　五冊　十行二
十字小字雙行同上下黑口四周雙邊　存二十
一卷(通鑑二百八十六至二百九十四、辨誤一
至十二)

610000－1001－0017527　普01206

[光緒]慈谿縣志五十六卷附編一卷　(清)楊
泰亨等纂　清光緒二十五年(1899)劉一柱校
補德潤書院刻本　十四冊　十二行二十五字
小字雙行同白口左右雙邊　存三十八卷(二
至二十二、二十九至四十、四十九至五十二、
五十五)

610000－1001－0017528　普01207

五百家註音辨昌黎先生文集四十卷　(唐)韓
愈撰　清刻本　四冊　十行十八字小字雙行
二十三字白口四周單邊　存八卷(八至十五)

610000－1001－0017529　普01208

續資治通鑑二百二十卷　(清)畢沅撰　清同

414

治六年(1867)江蘇書局刻本　十冊　十行二十一字小字雙行同白口四周雙邊　存三十九卷(一至六、七至三十九)

610000－1001－0017530　普01209

前漢書一百卷　（漢）班固撰　（唐）顏師古注　清同治十二年(1873)嶺東使署刻本　十六冊　十二行二十五字小字雙行三十七字白口左右雙邊

610000－1001－0017531　普01210

御選唐宋詩醇四十七卷目錄二卷　（清）高宗弘曆選　（清）梁詩正等編　清刻本　五冊　九行十九字小字雙行同白口四周單邊　存九卷(一至三、六至九,目錄一至二)

610000－1001－0017532　普01211

[嘉慶]西安縣志四十八卷首一卷　（清）姚寶煃修　（清）范崇楷等纂　清嘉慶十六年(1811)刻本　二冊　九行二十二字小字雙行同白口左右雙邊　存六卷(四十三至四十八)

610000－1001－0017533　普01212

[道光]浙江新城縣志二十四卷首一卷　（清）吳墉修　（清）張吉安纂　清道光三年(1823)深清堂刻本　二冊　十行二十三字小字雙行同白口四周雙邊　存七卷(一至三、二十二至二十四,首一)

610000－1001－0017534　普01213

續資治通鑑二百二十卷　（清）畢沅撰　清同治六年(1867)江蘇書局刻本　二冊　十行二十一字小字雙行同白口四周雙邊　存六卷(一至六)

610000－1001－0017535　普01214

佩文韻府一百〇六卷　（清）張玉書等編　清光緒十二年(1886)上海同文書局石印本　十八冊　二十四行五十字小字雙行同白口四周雙邊　存三十三卷(三十五至三十七、六十二至八十三、九十三至九十四、九十九、一百〇二至一百〇六)

610000－1001－0017536　普01215

[嘉慶]龍川縣志四十卷　（清）胡璿修

（清）勒殷山纂　清嘉慶二十三年(1818)刻本　六冊　九行二十四字小字雙行同白口四周雙邊　存三十九卷(一至三十九)

610000－1001－0017537　普01216

御批歷代通鑑輯覽一百二十卷　（清）傅恆（清）劉統勳纂修　清末刻本　四十六冊　十一行二十二字小字雙行同白口四周雙邊　存九十一卷(二十八至六十九、七十二至一百二十)

610000－1001－0017538　普01217

[光緒]廣州府志一百六十三卷　（清）戴肇辰（清）蘇佩訓修　（清）史澄　（清）李光廷纂　清光緒五年(1879)刻本　五冊　十二行二十三字小字雙行同白口四周單邊　存十卷(七十九至八十、一百〇五至一百〇六、一百二十三至一百二十六、一百五十八至一百五十九)

610000－1001－0017539　普01218

格致鏡原一百卷　（清）陳元龍輯　清刻本　十六冊　十一行二十一字黑口左右雙邊　存四十七卷(十六至二十九、三十四至三十六、六十六至九十五)

610000－1001－0017540　普01223

[光緒]鎮海縣志四十卷　（清）于萬川修（清）俞樾纂　清光緒五年(1879)刻本　十二冊　十一行二十二字白口左右雙邊　存二十七卷(一至三、七至十六、二十三至二十七、三十二至四十)

610000－1001－0017541　普01225

左國腴詞八卷　（明）凌迪知輯　（明）閔一崔校　清光緒七年(1881)八衫齋刻本　二冊　八行十七字小字雙行同白口左右雙邊

610000－1001－0017542　普01227

重刊宋本十三經注疏附校勘記　（清）阮元撰校勘記　（清）盧宣旬摘錄　清刻本　四十六冊　二十行三十六字小字雙行四十八字白口四周單邊　存八種

610000－1001－0017543　普01228

[光緒]大荔縣續志十二卷首一卷足徵錄四卷
（清）周銘旂修　（清）李志復纂　清光緒十
一年(1885)馮翊書院刻本　一冊　十行二十
二字小字雙行同上下黑口四周單邊　存二卷
(一、首一)

610000－1001－0017544　普01228
附釋音周禮注疏四十二卷附校勘記四十二卷
（漢）鄭玄注　（唐）陸德明音義　（唐）賈
公彥疏　清嘉慶二十年(1815)南昌府學刻本
十四冊　十行二十三字小字雙行同上下黑
口左右雙邊

610000－1001－0017545　普01229
楚騷綺語六卷　（明）張之象輯　（清）凌迪知
訂　清光緒六年(1880)八杉齋刻本　三冊
八行大小字不等白口左右雙邊　存五卷(一
至五)

610000－1001－0017546　普01231
御批歷代通鑑輯覽一百二十卷　（清）傅恆等
纂　清同治刻朱墨印本　十四冊　十一行二
十二字小字雙行同白口四周雙邊　存三十七
卷(二十四至六十)

610000－1001－0017547　普01232
兩漢雋言十六卷　（明）凌迪知輯　清光緒六
年(1880)八杉齋刻本　一冊　八行十七字小
字雙行同白口左右雙邊　存三卷(十一至十
三)

610000－1001－0017548　普01236
禮記十卷　（元）陳澔集說　清刻本　五冊
九行十七字小字雙行同白口四周單邊

610000－1001－0017549　普01238
光緒蘭谿縣志八卷首一卷附補遺一卷　（清）
秦簧　（清）邵秉經修　（清）唐壬森纂　清光
緒七年(1881)修十五年(1889)刻本　二冊
十行二十二字小字雙行同下黑口四周雙邊
存二卷(七至八)

610000－1001－0017550　普01240
[同治]當陽縣志十八卷　（清）阮恩光修
（清）王柏心等纂　清光緒十五年(1889)刻本

五冊　十五行三十六字白口四周雙邊

610000－1001－0017551　普01242
高王多心藥師聖經合璧三卷　（唐）釋玄奘譯
清光緒八年(1882)刻本　一冊　八行十八
字白口四周雙邊

610000－1001－0017552　普01243
經義考三百卷目錄二卷　（清）朱彝尊錄
（清）李濤校　清曝書亭刻本　三十八冊　十
二行二十三字小字雙行同白口四周單邊　存
一百六十七卷(一至一百十八、一百七十七至
二百二十九、二百三十七至二百四十二)

610000－1001－0017553　普01244
[同治]雲和縣志十六卷首一卷　（清）伍承吉
（清）涂冠續修　（清）王士鈖纂　清咸豐三
年(1853)修同治三年(1864)增修本　四冊
十行二十一字小字雙行同白口四周雙邊　存
十二卷(三至十二、十五至十六)

610000－1001－0017554　普01245
曾文正公水陸行軍練兵志四卷　（清）王定安
纂　（清）柏森校　清光緒二十六年(1900)柏
經正堂刻本　二冊　十行二十二字上下黑口
四周單邊

610000－1001－0017555　普01246
弘戒法儀二卷　（明）釋法藏編　清刻本　一
冊　九行十八字白口四周雙邊　存一卷(下)

610000－1001－0017556　普01247
曾文正公水陸行軍練兵志四卷　（清）王定安
纂　（清）柏森校　清光緒二十六年(1900)柏
經正堂刻本　一冊　十行二十二字上下黑口
四周單邊　存二卷(一至二)

610000－1001－0017557　普01248
[道光]東陽縣志二十七卷首一卷　（清）黨金
衡等纂修　清道光十二年(1832)刻本　四冊
九行二十四字小字雙行同白口左右雙邊
存十卷(十至十二、十五至二十一)

610000－1001－0017558　普01250
[光緒]重修嘉善縣志三十六卷首一卷　（清）
江峯青修　（清）顧福仁纂　清光緒二十年

(1894)刻本　　四冊　　十一行二十四字小字雙行同白口左右雙邊　存九卷(九至十、十四至十五、二十五至二十七、三十二至三十三)

610000－1001－0017559　普01252
**古文辭類纂七十五卷**　（清）姚鼐輯　清光緒二十五(1899)秦中官書局鉛印本　八冊　十四行三十三字白口四周雙邊

610000－1001－0017560　普01257
**佛說大聖末劫真經一卷**　（□）□□撰　清同治元年(1862)刻本　一冊　八行十八字白口四周雙邊

610000－1001－0017561　普01259
**讀史方輿紀要一百三十卷方輿全圖總說五卷**　（清）顧祖禹撰　清光緒二十五年(1899)鉛印本　三十二冊　十四行四十二字小字雙行同白口四周單邊

610000－1001－0017562　普01261
**左傳翼三十八卷**　（清）周大章輯評　清遂初堂刻本　十二冊　九行二十二字小字雙行不等白口左右雙邊　存十七卷(二十二至三十八)

610000－1001－0017563　普01262
**御纂周易折中二十二卷首一卷**　（清）李光地等撰　清刻本　十一冊　八行十八字小字雙行二十二字白口四周雙邊

610000－1001－0017564　普01265
**道德經解一卷**　（□）純陽帝君釋義　（□）雲門魯史纂述　清刻本　一冊　九行二十二字小字雙行同上下黑口四周雙邊

610000－1001－0017565　普01266
**關聖帝君救劫篇一卷**　（□）□□撰　清咸豐八年(1858)刻本　一冊　九行十四字白口四周雙邊

610000－1001－0017566　普01268
**佛說七俱胝佛母準提大明陀羅尼經一卷**（唐）釋金剛智譯　**佛頂尊勝陀羅尼經一卷**（唐）釋佛陀波利譯　**穢跡金剛說神通大滿陀羅尼法術靈要門經一卷**　（唐）釋無能勝譯

清刻本　一冊　十行二十字小字雙行同細黑口左右雙邊

610000－1001－0017567　普01270
**妙法蓮華經七卷**　（後秦）釋鳩摩羅什譯　清刻本　二冊　九行十八字白口四周單邊　存二卷(五至六)

610000－1001－0017568　普01272
**陰隲文圖解四卷**　（□）□□撰　清道光十五年(1835)刻本　四冊　十行二十字白口四周雙邊

610000－1001－0017569　普01276
**御纂醫宗金鑑十五種**　（清）吳謙纂修　清刻本　六冊　十行二十一字白口左右雙邊　存二種

610000－1001－0017570　普01277
**金剛經石註一卷**　（清）石成金撰　清光緒六年(1880)刻三十二年(1906)補刻本　一冊　八行二十字白口四周雙邊

610000－1001－0017571　普01278
**道德經二卷**　（春秋）李耳撰　（□）匡廬山人注　清道光十年(1830)刻本　一冊　九行十九字白口四周雙邊

610000－1001－0017572　普01283
**新刊官板地理玉髓真經二十八卷**　（宋）張洞玄撰　清刻本　一冊　十行二十八字白口四周單邊　存一卷(八)

610000－1001－0017573　普01285
**大般涅槃經疏三德指歸□□卷**　（隋）章安頂撰疏　（唐）湛然再治　清刻本　一冊　十行二十字小字雙行不等上下黑口左右雙邊　存三卷(八十七至八十九)

610000－1001－0017574　普01287
**釋摩訶衍論十卷**　（南朝梁）釋波羅末陀譯(後秦)釋筏提摩多譯　清光緒刻本　一冊　十行二十字上下黑口左右雙邊　存三卷(五至七)

610000－1001－0017575　普01288

重鐫清靜經圖註一卷　（清）水精子註解
（清）混沌子圖註　清同治十一年(1872)刻本
　　一冊　九行二十二字小字雙行不等白口四
周雙邊

610000－1001－0017576　普01291

女科證治準繩五卷　（明）王肯堂輯　（明）閔
承詔校　清刻本　一冊　十行二十字白口四
周單邊　存一卷(二)

610000－1001－0017577　普01295

大佛頂首楞嚴經疏解蒙鈔六十卷首一卷
（清）錢謙益撰　清光緒刻本　二冊　八行二
十字小字雙行同上下黑口左右雙邊　存七卷
(三至五、九至十二)

610000－1001－0017578　普01296

羅經指南撥霧集三卷　（清）葉泰撰　清刻本
　　一冊　九行二十一字白口四周單邊　存一
卷(下)

610000－1001－0017579　普01297

文選六十卷　（南朝梁）蕭統撰　（唐）李善注
　　清光緒二十五年(1899)刻本　二冊　二十
三行四十二字小字雙行不等白口四周雙邊
存七卷(一、三十一至三十六)

610000－1001－0017580　普01298

國朝文匯二百卷首一卷　（清）國學扶輪社輯
　　清宣統元年(1909)上海國學扶輪社石印本
　　五冊　十五行三十一字下黑口四周雙邊
存十卷(丙集三至四、七至八、十五至十六,丁
集九至十、十九至二十)

610000－1001－0017581　普01299

慎疾芻言一卷　（清）徐大椿撰　隨山宇方抄
一卷　（清）荔墻蹇士撰　清光緒元年(1875)
刻本　一冊　十行二十二字上下黑口左右
雙邊

610000－1001－0017582　普01300

道統正宗不分卷　（清）涵谷子撰　清光緒十
五年(1889)刻本　一冊　八行十九字小字雙
行同白口四周雙邊

610000－1001－0017583　普01301

奉聖叵劫顯化錄二卷首一卷末一卷　（□）
□□撰　清光緒二十五年(1899)刻本　一冊
　　九行二十二字白口四周雙邊　存二卷(上、
首一)

610000－1001－0017584　普01302

太上感應篇讀法十條一卷　（清）惠棟箋注
清嘉慶扶經堂刻本　一冊　十行二十二字白
口四周雙邊

610000－1001－0017585　普01305

呂語集粹四卷首一卷　（明）呂坤著　清光緒
十三年(1887)刻本　一冊　九行二十一字小
字雙行同上下黑口左右雙邊　存二卷(三至
四)

610000－1001－0017586　普01312

新刻黃掌綸先生評訂神仙鑑二十二卷　（清）
徐衢編　清刻本　一冊　十行二十二字小字
雙行同白口左右雙邊　存二卷(五至六)

610000－1001－0017587　普01313

六書通十卷　（明）閔齊伋輯　（清）畢弘述篆
訂　（清）閔章校　清刻本　一冊　八行十二
字小字雙行二十四字白口四周雙邊　存二卷
(五至六)

610000－1001－0017588　普01314

述記四卷　（清）任兆麟輯　清刻本　一冊
九行十七字小字雙行同白口左右雙邊

610000－1001－0017589　普01315

鈍吟老人遺藁九種　（清）馮班撰　清刻本
一冊　十行二十二字白口左右雙邊　存三種

610000－1001－0017590　普01316

地理六經註六卷　（清）葉泰著　清刻本　一
冊　九行二十一字小字雙行同白口左右雙邊
存三卷(四至六)

610000－1001－0017591　普01317

太上感應篇增訂圖說十二卷　（清）朱日豐輯
　　（清）鐵珊增訂　清同治十三年(1874)蘭州
官署刻本　八冊　十行二十字小字雙行同上
下黑口四周單邊　存八卷(子、丑、寅、辰、巳、
午、酉、戌)

610000－1001－0017592　普01319

**御纂醫宗金鑑十五種**　（清）吳謙等纂修　清刻本　七冊　九行十九字白口四周雙邊　存三種

610000－1001－0017593　普01320

**太上感應篇圖說不分卷**　（清）黃正元撰　清光緒二十九年(1903)鴻文書局石印本　八冊　十四行三十二字白口四周雙邊

610000－1001－0017594　普01323

**賞奇軒合編五種**　（□）□□撰　清光緒十二年(1886)上海同文書局石印本　一冊　行數不等字數不等四周單邊　存二種

610000－1001－0017595　普01324

**成聖銘箴不分卷**　（□）玉山老人撰　清末刻本　一冊　九行二十一字白口四周單邊間左右雙邊

610000－1001－0017596　普01325

**萬國史記二十卷**　（日本）岡本監輔撰　清光緒二十三年(1897)上海六先書局鉛印本　一冊　十六行三十四字白口四周雙邊　存二卷（八至九）

610000－1001－0017597　普01326

**大道略說不分卷**　（□）□□撰　清末湖南汝城縣同善社刻本　一冊　十行二十五字下黑口四周單邊

610000－1001－0017598　普01333

**訂正仲景全書傷寒論註十七卷**　（清）吳謙等輯　清刻本　一冊　九行十九字白口四周雙邊　存一卷（十六）

610000－1001－0017599　普01334

**附釋音毛詩注疏七十卷校勘記七十卷毛詩注疏札記一卷**　（漢）毛亨箋　（唐）孔穎達疏　清刻本　九冊　十行二十一字小字雙行同白口四周雙邊　存十七卷（附釋音毛詩注疏八至十五、校勘記八至十五、毛詩注疏札記一）

610000－1001－0017600　普01335

**陰騭果報圖注不分卷**　（清）彭啟豐編　清光緒十七年(1891)石印本　一冊　行數不等大

小字不等白口四周雙邊

610000－1001－0017601　普01337

**釋摩訶衍論十卷**　（印度）馬鳴菩薩本輪　（後秦）釋波羅末陀　（後秦）釋筏提摩多譯　清光緒刻本　一冊　十行二十字上下黑口左右雙邊　存二卷（三至四）

610000－1001－0017602　普01338

**玄妙鏡入道真詮三卷**　（清）李昌仁撰　清光緒三十一年(1905)蘇城瑪瑙經房刻本　一冊　十行二十字白口四周雙邊

610000－1001－0017603　普01340

**普通學歌訣一卷**　（清）張一鵬撰　清光緒秦中官書局鉛印本　一冊　十行二十二字白口左右雙邊

610000－1001－0017604　普01342

**居家必備八編一百〇一種**　（明）□□輯　清刻本　一冊　九行二十字小字雙行不等白口左右雙邊　存一卷（九）

610000－1001－0017605　普01344

**金剛般若波羅蜜經直解二卷**　（後秦）釋鳩摩羅什譯　清刻本　一冊　九行十九字白口四周雙邊　存一卷（一）

610000－1001－0017606　普01346

**在官法戒錄摘鈔四卷**　（清）陳宏謀編輯　(清)劉肇紳摘抄　清同治七年(1868)刻本　一冊　十行二十二字小字雙行同白口四周雙邊　存二卷（三至四）

610000－1001－0017607　普01347

**太上感應篇增訂圖說十二卷**　（清）朱日豐輯　（清）鐵珊增訂　清同治十三年(1874)蘭州官署刻本　四冊　十行二十字小字雙行同上下黑口四周單邊　存四卷（丑、辰、酉、戌）

610000－1001－0017608　普01349

**觀音大士救劫勸世真言一卷**　（□）□□撰　清光緒三十二年(1906)刻本　一冊　六行十五字白口四周雙邊

610000－1001－0017609　普01350

周禮約編六卷　（清）汪基鈔撰　清光緒三十三年(1907)陝西學務公所鉛印本　三冊　九行二十二字小字雙行同白口四周雙邊

610000－1001－0017610　普01351

周禮約編六卷　（清）汪基鈔撰　清光緒三十三年(1907)陝西學務公所鉛印本　二冊　九行二十二字小字雙行同白口四周雙邊　存四卷(三至六)

610000－1001－0017611　普01352

周禮約編六卷　（清）汪基鈔撰　清光緒三十三年(1907)陝西學務公所鉛印本　一冊　九行二十二字小字雙行同白口四周雙邊　存二卷(三至四)

610000－1001－0017612　普01353

程氏所見詩鈔二十四卷　（清）程鴻緒輯　清嘉慶十二年(1807)浣月齋刻本　三冊　九行十九字小字雙行同白口左右雙邊　存九卷(十六至二十四)

610000－1001－0017613　普01354

金剛經註解二卷　（後秦）釋鳩摩羅什譯　清刻本　一冊　十二行二十字小字雙行同白口四周單邊　存一卷(二)

610000－1001－0017614　普01355

佛說阿彌陀經要解一卷　（後秦）釋鳩摩羅什譯　（明）釋智旭解　清光緒昭慶經房刻本　一冊　九行二十一字小字雙行同白口左右雙邊

610000－1001－0017615　普01357

二家詞鈔五卷　樊增祥輯　清光緒二十八年(1902)刻本　一冊　十二行二十三字上下黑口左右雙邊　存二卷(花隱詞一至二)

610000－1001－0017616　普01358

周濱集四卷附柳湖詞續鈔一卷　（清）朱寯瀛撰　清末鉛印本　一冊　十行二十五字小字雙行同白口四周雙邊　存四卷(二至四、續鈔一)

610000－1001－0017617　普01359

附釋音禮記注疏六十三卷　（漢）鄭玄注

（唐）孔穎達疏　清嘉慶二十年(1815)江西南昌府學刻本　七冊　十行十七字小字雙行二十三字上下黑口左右雙邊　存十一卷(二至十二)

610000－1001－0017618　普01360

中觀道人集十二種　（清）黎端甫撰　清末刻本　一冊　十行二十三字小字雙行三十一字白口四周雙邊

610000－1001－0017619　普01362

新纂簡捷易明算法四卷　（清）沈士桂纂輯　（清）嚴瑛校正　清道光九年(1829)刻本　一冊　十行二十二字小字雙行同白口四周單邊　存一卷(一)

610000－1001－0017620　普01364

養一齋文集二十卷　（清）李兆洛撰　清光緒四年(1878)刻本　一冊　十二行二十二字下黑口左右雙邊　存二卷(一至二)

610000－1001－0017621　普01365

忠經一卷　（漢）鄭玄集注　孝經一卷　（明）陳選集注　清末掃葉山房刻本　一冊　十行二十二字小字雙行同白口四周單邊

610000－1001－0017622　普01366

徐莊愍公算書七種　（清）徐有壬著　清同治十一年(1872)長沙刻本　一冊　十行二十二字白口左右雙邊　存三種

610000－1001－0017623　普01367

皇朝通典一百卷　（清）嵇璜等纂修　清光緒二十七年(1901)上海圖書集成局鉛印本　八冊　十六行四十三字小字雙行同白口四周單邊　存七十七卷(十八至四十九、五十六至一百)

610000－1001－0017624　普01369

仲景存真集二卷　（清）吳蓬萊編　清同治刻本　一冊　十行二十四字小字雙行同白口四周雙邊　存一卷(下)

610000－1001－0017625　普01370

諸經業性念佛集一卷　（□）釋寂寵撰　清刻本　一冊　九行二十字白口四周單邊

610000－1001－0017626　　普01371

**九章算術細草圖說九卷附海島算經細草圖說一卷**　（晉）劉徽注　（唐）李淳風注釋（清）李潢譔　清刻本　一冊　十行二十字小字雙行同白口四周雙邊　存一卷(六)

610000－1001－0017627　　普01371

**太上玉笈救劫金燈感應篇新註一卷**　（□）彙真子註　清成都二仙庵刻本　一冊　十行二十五字白口四周雙邊

610000－1001－0017628　　普01375

**敏果齋叢書七種**　（清）許乃釗輯　清咸豐刻本　一冊　十行二十一字白口四周雙邊　存三種

610000－1001－0017629　　普01377

**代耕堂吟存一卷**　（清）李嘉績　清光緒十五年(1889)青門寓廬刻本　一冊　十行二十一字小字雙行同上下黑口左右雙邊

610000－1001－0017630　　普01378

**通志二百卷**　（宋）鄭樵撰　清光緒二十七年(1901)上海圖書集成局鉛印本　十九冊　十六行四十三字小字雙行同白口四周單邊　存七十三卷(一至二十四、三十一至七十九)

610000－1001－0017631　　普01380

**金剛般若波羅蜜經一卷**　（後秦）釋鳩摩羅什譯　**般若波羅蜜多心經一卷**　（唐）釋玄奘譯　清刻本　一冊　九行十八字白口左右雙邊

610000－1001－0017632　　普01381

**國朝先正事略六十卷**　（清）李元度撰　清刻本　一冊　十行二十四字白口左右雙邊　存二卷(十至十一)

610000－1001－0017633　　普01382

**儀禮經傳通解三十七卷**　（宋）朱熹撰　**通解續二十九卷首一卷**　（宋）黃榦撰　清刻本　十九冊　十二行二十五字小字雙行同白口左右雙邊　存六十一卷(一至三十七,續一至九、十五至二十九)

610000－1001－0017634　　普01383

**錢牧齋文鈔一卷**　（清）錢謙益撰　清宣統元年(1909)國學扶輪社鉛印本　一冊　十三行三十字上下黑口四周雙邊

610000－1001－0017635　　普01384

**學治要言一卷**　（清）左宗棠編　清光緒十五年(1889)陝西藩署刻本　一冊　九行二十二字小字雙行同白口四周雙邊

610000－1001－0017636　　普01385

**春秋經傳集解三十卷首一卷**　（晉）杜預原本（唐）陸德明音釋　（宋）林堯叟附註　清刻本　四冊　八行二十字小字雙行同白口四周單邊　存七卷(一至二、十三至十四、二十三至二十四,首一)

610000－1001－0017637　　普01387

**大戴禮記十三卷**　（漢）戴德撰　（明）沈泰閱　清刻本　一冊　九行二十字小字雙行同白口左右雙邊　存六卷(一至六)

610000－1001－0017638　　普01389

**三禮約編十九卷**　（清）汪基鈔譔　清文聚堂刻本　八冊　九行十八字小字雙行同白口四周單邊

610000－1001－0017639　　普01390

**通典二百卷**　（唐）杜佑纂修　清光緒二十七年(1901)上海圖書集成局鉛印本　一冊　十六行四十三字小字雙行同白口四周單邊　存十二卷(一至十二)

610000－1001－0017640　　普01392

**全唐詩三十二卷**　（清）聖祖玄燁編　清光緒十三年(1887)上海同文書局石印本　三冊　二十二行四十二字小字雙行不等白口左右雙邊　存三卷(二十六至二十八)

610000－1001－0017641　　普01393

**續資治通鑑二百二十卷**　（清）畢沅撰　清刻本　三冊　二十行四十二字白口四周雙邊　存三十卷(六十一至七十、九十一至一百、二百〇一至二百十)

610000－1001－0017642　　普01394

**大佛頂如來密因修證了義諸菩薩萬行首楞嚴經十卷**　（唐）釋般剌密帝譯　清宣統元年

(1909)刻本　一冊　十行二十字上下黑口左右雙邊　存五卷(一至五)

610000－1001－0017643　普01395

簡齋集十六卷　(宋)陳與義撰　清刻本　一冊　九行二十一字小字雙行同白口四周雙邊　存四卷(九至十二)

610000－1001－0017644　普01396

玉歷鈔傳警世不分卷　(□)□□撰　清咸豐六年(1856)刻本　一冊　九行二十四字白口四周雙邊

610000－1001－0017645　普01399

蘇詩全集□□卷　(清)李調元校訂　清刻本　一冊　十行二十六字小字雙行同白口左右雙邊　存四卷(三十至三十三)

610000－1001－0017646　普01401

通典二百卷　(唐)杜佑纂修　清光緒二十七年(1901)上海圖書集成局鉛印本　四冊　十六行四十三字小字雙行同白口四周單邊　存五十五卷(一至四十、六十六至八十)

610000－1001－0017647　普01404

古文辭類纂七十五卷　(清)姚鼐輯　清同治八年(1869)吳啟昌刻本　十六冊　十行二十五字小字雙行三十八字白口左右雙邊

610000－1001－0017648　普01405

通鑑綱目分類策論檢題不分卷　(清)夢蜨生編輯　(清)江上枕流客校訂　清光緒二十九年(1903)上海官書局石印本　二冊　十三行大小字不等下黑口四周單邊

610000－1001－0017649　普01406

重訂教乘法數十二卷　(清)釋超海等訂　清光緒四年(1878)刻本　一冊　行數不等大小字不等白口四周單邊　存二卷(九至十)

610000－1001－0017650　普01407

六祖法寶壇經二卷　(唐)釋慧能撰　清同治二年(1863)寧波天童寺古松堂刻本　一冊　八行二十字白口左右雙邊

610000－1001－0017651　普01408

淮南鴻烈解二十一卷　(漢)劉安撰　(漢)高誘注　(明)何允中編　清刻本　一冊　九行二十字小字雙行同白口左右雙邊　存二卷(十一至十二)

610000－1001－0017652　普01409

唐詩別裁集引典備註二十卷　(清)沈德潛輯　(清)俞汝昌增註　清末刻本　二冊　十行十九字小字雙行同白口四周單邊　存四卷(二至五)

610000－1001－0017653　普01410

張仲景傷寒論原文淺註六卷　(清)陳念祖集註　清刻本　一冊　八行十七字小字雙行不等白口四周單邊　存二卷(三至四)

610000－1001－0017654　普01412

補注黃帝內經素問二十四卷　(唐)王冰注　(宋)孫兆重改誤　(宋)林億　(宋)高保衡　(宋)孫奇校正　清光緒三年(1877)浙江書局刻本　三冊　九行二十一字小字雙行同白口左右雙邊　存九卷(一至三、十五至二十)

610000－1001－0017655　普01413

重刊道藏輯要二十八集二百九十種　(清)彭定求輯　(清)閻永和增　清光緒三十二年(1906)成都二仙庵刻本　一冊　十行二十四字白口左右雙邊　存三種

610000－1001－0017656　普01417

薛氏醫按二十四種　(明)薛己撰　(明)吳玄有校　(明)吳琯輯　清刻本　六冊　十行二十字白口左右雙邊　存五種

610000－1001－0017657　普01418

醫方集解三卷　(清)汪昂撰　清刻本　一冊　十行二十字小字雙行同白口四周單邊　存一卷(下)

610000－1001－0017658　普01420

文選六十卷　(南朝梁)蕭統撰　(唐)李善注　清末雙桂堂刻朱墨印本　二冊　十二行二十五字小字雙行三十七字白口左右雙邊　存十二卷(三十至三十六、五十六至六十)

610000－1001－0017659　普01421

**欽定周官義疏四十八卷首一卷** (清)鄂爾泰等撰 清刻本 二十八冊 八行十八至二十二字不等小字雙行同白口四周雙邊

610000－1001－0017660 普01423

**詩經八卷** (宋)朱熹集傳 清同治十年(1871)刻本 四冊 九行十七字小字雙行同白口四周雙邊

610000－1001－0017661 普01424

**詩經八卷** (宋)朱熹集傳 清光緒六年(1880)刻本 五冊 九行十七字小字雙行同白口左右雙邊

610000－1001－0017662 普01425

**西方合論十卷** (明)袁宏道撰 (明)釋智旭評點 清道光十六年(1836)刻本 二冊 十行二十字上下黑口四周雙邊

610000－1001－0017663 普01426

**詩經八卷** (宋)朱熹集傳 清光緒十九年(1893)浙江書局刻本 四冊 九行十七字小字雙行同白口四周單邊

610000－1001－0017664 普01427

**文選六十卷** (南朝梁)蕭統撰 (唐)李善注 清刻本 三冊 十二行二十五字小字雙行三十七字白口左右雙邊 存二十三卷(七至二十九)

610000－1001－0017665 普01428

**文選六十卷** (南朝梁)蕭統編 (唐)李善注 清光緒元年(1875)刻本 三冊 十二行二十五字小字雙行三十七字白口左右雙邊 存十七卷(一至五、二十三至二十八、三十五至四十)

610000－1001－0017666 普01429

**大清律例彙輯便覽四十卷附督捕則例二卷五軍道里表一卷三流道里表一卷** (清)刑部制訂 (清)湖北讞局輯 清同治十一年(1872)湖北讞局刻本 二十六冊 行數不等大小字不等白口四周雙邊 存四十卷(一至四十)

610000－1001－0017667 普01431

**詩經八卷** (宋)朱熹集傳 清同治七年

(1868)湖北崇文書局刻本 四冊 九行十七字小字雙行同白口四周雙邊

610000－1001－0017668 普01432

**大清律例彙輯便覽四十卷附督捕則例二卷五軍道里表一卷三流道里表一卷** (清)刑部制訂 (清)湖北讞局輯 清同治十一年(1872)湖北讞局刻本 二十一冊 行數不等大小字不等白口四周雙邊 存三十卷(一至八、十二至十七、二十四、二十六至四十)

610000－1001－0017669 普01434

**詩經八卷** (宋)朱熹集傳 清光緒十三年(1887)信述堂刻本 四冊 九行十七字小字雙行同下黑口四周單邊

610000－1001－0017670 普01435

**三千有門頌略解一卷** (明)釋真覺略解 (明)釋智旭校 清光緒十一年(1885)昭慶慧空經房刻本 一冊 十行二十字上下黑口四周雙邊

610000－1001－0017671 普01436

**大清律例彙輯便覽四十卷附督捕則例二卷五軍道里表一卷三流道里表一卷** (清)刑部制訂 (清)湖北讞局輯 清同治十一年(1872)湖北讞局刻本 八冊 行數不等大小字不等白口四周雙邊 存十二卷(二至三、二十四、二十七至三十四、三十六)

610000－1001－0017672 普01437

**岳忠武王文集八卷首一卷末一卷** (宋)岳飛撰 清光緒河南文耀齋刻本 一冊 十行二十一字白口左右雙邊 存一卷(首一)

610000－1001－0017673 普01438

**編輯四診心法要訣二卷** (清)吳謙等纂修 清刻本 一冊 十行二十四字白口左右雙邊 存一卷(上)

610000－1001－0017674 普01439

**高上玉皇本行集經三卷** (□)□□撰 清同治三年(1864)刻本 一冊 八行十七字白口四周雙邊

610000－1001－0017675 普01440

池北偶談二十六卷 （清）王士禛撰 清刻本
一冊 十一行二十三字上下黑口四周單邊
存三卷（十七至十九）

610000－1001－0017676 普01441

詩經八卷 （宋）朱熹集傳 清嘉慶十年
（1805）博斯堂刻本 三冊 九行十七字小字
雙行同白口左右雙邊

610000－1001－0017677 普01442

古文辭類纂七十五卷 （清）姚鼐輯 清光緒
二十五年（1899）秦中官書局鉛印本 八冊
十五行三十三字白口四周雙邊

610000－1001－0017678 普01447

詞科掌錄十七卷詞科餘話七卷 （清）杭世駿
編 清刻本 一冊 十一行二十一字上下黑
口左右雙邊 存三卷（詞科掌錄十二至十四）

610000－1001－0017679 普01449

天下才子必讀書十五卷 （清）金聖嘆批 清
宣統二年（1910）國學進化社石印本 一冊
十四行三十字小字雙行同白口四周雙邊 存
二卷（五至六）

610000－1001－0017680 普01450

欽定續文獻通考二百五十卷 （清）嵇璜等纂
修 清光緒二十七年（1901）鉛印本 二十七
冊 十六行四十三字小字雙行同白口四周單
邊 存二百卷（五十一至二百五十）

610000－1001－0017681 普01451

御纂詩義折中二十卷 （清）傅恆等纂 清光
緒十二年（1886）刻本 十二冊 九行二十字
小字雙行同白口四周單邊

610000－1001－0017682 普01452

太上洞玄靈寶文昌梓潼本願眞經□□卷
（清）鄭械亭輯 清嘉慶十九年（1814）刻本
一冊 九行十九字小字雙行同白口左右雙邊
存一卷（一）

610000－1001－0017683 普01455

張子全書九種 （宋）張載撰 清同治九年
（1870）張連科刻本 八冊 十行二十四字小
字雙行同白口四周雙邊

610000－1001－0017684 普01456

重校刊官板玉髓真經二十八卷附錄一卷
（宋）張洞玄撰 清刻本 一冊 十行二十八
字小字雙行同白口四周單邊 存一卷（四）

610000－1001－0017685 普01458

御定駢字類編二百四十卷 （清）張廷玉等編
清光緒十三年（1887）上海同文書局石印本
四十八冊 二十行四十二字小字雙行同白
口四周雙邊

610000－1001－0017686 普01459

張子全書九種 （宋）張載撰 清道光二十二
年（1842）張連科刻本 八冊 十行二十四字
小字雙行同白口四周雙邊

610000－1001－0017687 普01460

金剛經讀本一卷 （後秦）釋鳩摩羅什譯 清
光緒七年（1881）刻本 一冊 九行二十二字
白口四周雙邊

610000－1001－0017688 普01461

張子全書九種 （宋）張載撰 清同治九年
（1870）張連科刻本 八冊 十行二十四字小
字雙行同白口四周雙邊

610000－1001－0017689 普01462

官板地理玉髓真經二十八卷後卷一卷 （宋）
張洞玄撰 清刻本 一冊 十行二十八字小
字雙行同白口四周單邊 存五卷（十三至十
七）

610000－1001－0017690 普01463

張子全書九種 （宋）張載撰 清同治九年
（1870）張連科刻本 一冊 十行二十四字小
字雙行同白口四周雙邊 存一種

610000－1001－0017691 普01465

王文成公集要七卷 （明）王守仁撰 觀感錄
一卷 （清）李中孚編次 清嘉慶三年（1798）
刻本 一冊 九行十九字白口四周雙邊 存
二卷（集要七、觀感錄一）

610000－1001－0017692 普01467

小學紺珠十卷 （宋）王應麟撰 清刻本 一
冊 十行二十字小字雙行同白口四周雙邊

存三卷(一至三)

610000－1001－0017693　普01469

**欽定續通志六百四十卷**　（清）嵇璜等纂修
清光緒二十七年(1901)上海圖書集成局鉛印
本　十五冊　十六行四十三字小字雙行同白
口四周單邊　存二百〇五卷(四十一至七十、
四百三十一至六百〇五)

610000－1001－0017694　普01470

**小學紺珠十卷**　（宋）王應麟撰　清刻本　一
冊　十行二十字小字雙行同白口四周單邊
存二卷(一至二)

610000－1001－0017695　普01471

**八宅明鏡二卷**　（清）箬冠道人撰　清刻本
一冊　十行二十二字小字雙行同白口左右雙
邊　存一卷(下)

610000－1001－0017696　普01472

**太上感應篇□□卷**　（□）□□撰　清同治十
二年(1873)刻本　二冊　十行二十二字白口
四周雙邊間左右雙邊間四周單邊　存二卷
(一至二)

610000－1001－0017697　普01473

**董方立遺書八種**　（清）董祐誠撰　清同治八
年(1869)董貽清成都刻本　一冊　十一行二
十一字小字雙行同上下黑口左右雙邊　存
五種

610000－1001－0017698　普01474

**三通考詳節**　（清）嚴虞惇輯　清光緒二十七
年(1901)鴻寶齋書局石印本　二十冊　二十
行四十五字小字雙行同白口四周雙邊

610000－1001－0017699　普01478

**文選六十卷考異十卷**　（南朝梁）蕭統撰
（唐）李善注　清光緒六年(1880)四明林氏刻
本　十九冊　九行二十二字小字雙行同黑口
四周雙邊　存五十六卷(文選一至二十二、二
十六至三十一、三十五至六十,考異一至二)

610000－1001－0017700　普01480

**新譯日本法規大全二十五卷首一卷**　（清）劉
崇傑譯　清光緒三十三年(1907)商務印書館

鉛印本　十九冊　十五行三十七字下黑口四
周雙邊　存六卷(二十至二十五)

610000－1001－0017701　普01481

**太上玉笈救劫金燈感應篇新註一卷**　（□）彙
真子註　清成都二仙庵刻本　一冊　十行二
十五字白口四周雙邊

610000－1001－0017702　普01483

**洞玄靈寶真靈位業圖一卷**　（南朝梁）陶弘景
撰　清刻本　一冊　十行二十四字小字雙行
同白口四周雙邊

610000－1001－0017703　普01485

**重訂文選集評十五卷首一卷末一卷**　（清）于
光華編次　（清）涔峻如等校　清同治刻本
一冊　九行二十字小字雙行三十字白口左右
雙邊　存一卷(一)

610000－1001－0017704　普01489

**道統正宗不分卷**　（清）涵谷子撰　清光緒十
五年(1889)刻本　一冊　八行十九字小字雙
行同白口四周雙邊

610000－1001－0017705　普01490

**呂祖編年詩集十卷附呂氏詩鈔一卷**　（清）火
西月重編　清光緒三十二年(1906)刻本　一
冊　十行二十四字小字雙行同白口左右雙邊
存一卷(詩集一)

610000－1001－0017706　普01491

**文選六十卷**　（南朝梁）蕭統撰　（唐）李善注
清嘉慶十四年(1809)胡氏刻本　十三冊
十行二十一字小字雙行同白口左右雙邊

610000－1001－0017707　普01492

**道德經解二卷**　（□）純陽帝君釋義　（□）雲
門魯史纂述　清刻本　一冊　九行二十二字
小字雙行同上下黑口四周雙邊　存一卷(二)

610000－1001－0017708　普01494

**太上洞淵說請雨龍王經一卷太上元始天尊說
大雨龍王經一卷太上天功護國祈雨消魔經一
卷**　（□）□□輯　清末鉛印本　一冊　九行
二十字小字雙行同下黑口四周雙邊

610000－1001－0017709　普01496

**清和眞人北游語録一卷**　（元）段志堅編　清光緒三十二年(1906)成都二仙庵刻本　一冊　十行二十四字白口左右雙邊

610000－1001－0017710　普01498

**三乘集要三卷**　（清）任永貞輯　清同治十一年(1872)紫柏山留侯廟刻本　一冊　八行二十字白口四周雙邊　存一卷(上)

610000－1001－0017711　普01499

**撰集百緣經十卷**　（三國吳）釋支謙譯　清刻本　一冊　十行二十字上下黑口左右雙邊　存五卷(六至十)

610000－1001－0017712　普01501

**本草綱目五十二卷**　（明）李時珍撰　清刻本　五冊　九行二十字小字雙行同白口四周單邊　存十二卷(二十一至二十三、四十二至五十)

610000－1001－0017713　普01502

**金剛經詳釋二卷**　（清）歐陽泰撰　（清）鄭晉唐等編輯　清光緒二十四年(1898)鄂垣宏道堂刻本　一冊　九行二十字小字雙行同上下黑口左右雙邊　存一卷(一)

610000－1001－0017714　普01503

**釋迦如來成道記注一卷**　（唐）王勃記　（宋）釋道誠注　（清）釋行微校　清刻本　一冊　八行二十字小字雙行同白口四周雙邊

610000－1001－0017715　普01504

**資治通鑑綱目五十九卷**　（宋）朱熹撰　清刻本　一冊　七行十八字小字雙行同白口左右雙邊　存一卷(二)

610000－1001－0017716　普01505

**施食通覽一卷**　（宋）釋宗曉編　清刻本　一冊　十行二十四字上下黑口四周雙邊

610000－1001－0017717　普01507

**重訂教乘法數十二卷**　（清）釋超海等訂　清光緒四年(1878)刻本　三冊　行數不等大小字不等白口四周單邊　存七卷(六至十二)

610000－1001－0017718　普01508

**佛頂光明摩訶薩怛多般怛囉無上神咒不分卷**　（□）釋續法集　清刻本　一冊　十行二十字小字雙行同上下黑口左右雙邊

610000－1001－0017719　普01509

**易經十二卷首一卷末一卷**　（宋）朱熹本義　清刻本　一冊　九行十七字小字雙行同白口左右雙邊

610000－1001－0017720　普01511

**太上混元聖紀九卷**　（宋）謝守灝撰　清光緒三十二年(1906)成都二仙庵刻本　一冊　十行二十四字小字雙行同白口左右雙邊　存五卷(一至五)

610000－1001－0017721　普01516

**三字經註解備旨二卷**　（宋）王應麟撰　（清）賀興思註解　清刻本　一冊　九行二十一字白口四周雙邊　存一卷(下)

610000－1001－0017722　普01519

**入藥鏡一卷**　（漢）崔希範撰　（清）汪啟濩輯　清光緒二十六年(1900)刻本　一冊　九行二十二字白口四周雙邊

610000－1001－0017723　普01524

**御批資治通鑑綱目五十九卷前編十八卷前編舉要三卷前編外記一卷續編二十七卷**　（宋）朱熹撰　清光緒十三年(1887)上海同文書局石印本　十七冊　十八行三十六字小字雙行同白口四周單邊　存五十五卷(正編一至五、十至十三、十九至二十八、三十四至四十二、五十一至五十五,續編一至二十二)

610000－1001－0017724　普01525

**鍾呂二祖師合習和情煉性功過格一卷附孚右帝君心經一卷**　（□）□□輯　清同治十二年(1873)甘露凝珠堂刻本　一冊　九行二十二字白口四周單邊

610000－1001－0017725　普01529

**皇極經世六十卷觀物外篇二卷皇極經世圖一卷**　（宋）邵雍撰　清光緒刻本　一冊　十行二十字白口左右雙邊　存三卷(觀物外篇一

至二、皇極經世圖一)

610000 – 1001 – 0017726　普01531

御批資治通鑑綱目五十九卷前編十八卷舉要
三卷外記一卷續編二十七卷　（宋）朱熹撰
清光緒十三年(1887)上海同文書局石印本
三冊　十八行三十六字小字雙行同白口四周
單邊　存十六卷(前編三至十八)

610000 – 1001 – 0017727　普01532

御批資治通鑑綱目五十九卷前編十八卷舉要
三卷外記一卷續編二十七卷　（宋）朱熹撰
清光緒十三年(1887)上海同文書局石印本
一冊　十八行三十六字小字雙行同白口四周
單邊　存五卷(前編十四至十八)

610000 – 1001 – 0017728　普01533

文選六十卷　（南朝梁）蕭統撰　（唐）李善注
　　清刻本　七冊　十二行二十五字小字雙行
三十七字白口左右雙邊　存三十七卷(十一
至十六、二十五至二十九、三十五至六十)

610000 – 1001 – 0017729　普01534

蘭臺軌範八卷　（清）徐大椿撰　清同治十二
年(1873)湖北崇文書局刻本　一冊　九行二
十五字小字雙行同白口左右雙邊　存二卷
(七至八)

610000 – 1001 – 0017730　普01537

報恩論二卷首一卷附一卷　（清）沈善登述
清光緒二十八年(1902)豫恕堂刻本　二冊
十行二十一字小字雙行同白口左右雙邊　存
二卷(首一、附一)

610000 – 1001 – 0017731　普01540

曾文正公奏稿三十六卷　（清）曾國藩撰　清
同治、光緒傳忠書局刻本　二十冊　十行二
十二字上下黑口左右雙邊　存二十卷(一至
二十)

610000 – 1001 – 0017732　普01541

[光緒]三續華州志十二卷　（清）吳炳南修
（清）劉域纂　清光緒八年(1882)刻本　一冊
　十行二十字白口四周單邊　存四卷(十至
十三)

610000 – 1001 – 0017733　普01542

大方廣佛華嚴經八十卷附復菴和尚華嚴綸貫
一卷　（唐）釋實義難陀譯　清昭慶慧空經房
刻本　二冊　十行二十字小字雙行同白口四
周雙邊　存四卷(一至三、華嚴綸貫一)

610000 – 1001 – 0017734　普01543

通鑑類纂二十卷　（清）松椿撰　清光緒濰縣
實雅書局鉛印本　一冊　十三行三十二字白
口四周雙邊　存一卷(十六)

610000 – 1001 – 0017735　普01544

温病條辨六卷首一卷　（清）吳瑭撰　清同治
八年(1869)刻本　三冊　九行十九字白口左
右雙邊　存二卷(二至三)

610000 – 1001 – 0017736　普01546

儀禮十七卷校錄二卷　（漢）鄭玄注　（清）黃
丕烈校　清同治九年(1870)崇文書局刻本
二冊　十四行二十四字小字雙行不等白口左
右雙邊

610000 – 1001 – 0017737　普01548

太上救苦青玄濟鍊玉陽鐵罐法食一卷　（□）
薩真君撰　（清）李永萌等校　清咸豐刻本
一冊　六行十五字小字雙行二十四字白口四
周雙邊

610000 – 1001 – 0017738　普01549

文選六十卷　（南朝梁）蕭統撰　（唐）李善注
　　清三多齋刻本　六冊　十二行二十五字小
字雙行三十七字白口左右雙邊　存三十卷
(一至三十)

610000 – 1001 – 0017739　普01550

經驗良方四卷　（□）□□編　清刻本　一冊
　十行二十三字小字雙行不等白口左右雙邊
存二卷(三至四)

610000 – 1001 – 0017740　普01553

書經六卷　（宋）蔡沈集傳　清同治五年
(1866)刻本　四冊　九行十七字小字雙行同
白口左右雙邊

610000 – 1001 – 0017741　普01554

欽定詩經傳說彙纂二十一卷首二卷詩序二卷

（清）王鴻緒等纂　清刻本　二十四冊　八行十八字小字雙行二十二字白口四周雙邊

610000－1001－0017742　普01555

書六卷　（宋）蔡沈集傳　清咸豐七年(1857)刻本　四冊　九行十七字小字雙行同白口四周雙邊

610000－1001－0017743　普01557

皇朝經世文編一百二十卷　（清）賀長齡輯　清末石印本　三冊　二十二行四十八字白口四周雙邊　存三十卷(三十一至五十、一百〇一至一百十)

610000－1001－0017744　普01558

訂正仲景全書傷寒論註十七卷　（清）吳謙輯　清末刻本　二冊　九行十九字白口四周雙邊　存二篇(中下)

610000－1001－0017745　普01559

高上玉皇本行集經法戒三卷　（□）□□撰　清光緒二十六年(1900)樂善山房刻本　三冊　五行十二字小字雙行同白口四周雙邊

610000－1001－0017746　普01561

欽定儀禮義疏四十八卷首二卷　（清）允祿等撰　清刻本　十六冊　十一行二十四字白口左右雙邊　存三十卷(一至二十八、首一至二)

610000－1001－0017747　普01562

皇朝經世文續編一百二十卷　（清）葛士濬輯　清光緒二十二年(1896)寶善書局石印本　十九冊　二十二行四十八字白口四周雙邊

610000－1001－0017748　普01563

御纂醫宗金鑑十五種　（清）吳謙等輯　清末刻本　八冊　九行十九字白口四周雙邊　存五種

610000－1001－0017749　普01564

藥性賦一卷附醫方捷徑一卷　（清）羅必煒校正　清刻本　一冊　十行十九字白口四周單邊

610000－1001－0017750　普01565

武夷新集二十卷附楊文公逸詩文一卷　（宋）楊億撰　清嘉慶十六年(1811)留香室刻本　八冊　十行二十三字下黑口四周雙邊

610000－1001－0017751　普01566

皇朝經世文編一百二十卷姓名總目二卷　（清）賀長齡輯　清光緒石印本　五冊　二十二行四十八字小字雙行同白口四周雙邊　存五十卷(三十一至五十、九十一至一百二十)

610000－1001－0017752　普01567

婦人良方二十四卷　（宋）陳自明編　（明）薛己注　清刻本　一冊　十行二十字白口左右雙邊　存三卷(十四至十六)

610000－1001－0017753　普01568

陳修園醫書四十八種　（清）陳念祖撰　清咸豐六年(1856)文奎堂刻本　六冊　九行二十字白口四周單邊　存五種

610000－1001－0017754　普01569

皇朝文獻通考輯要二十六卷　（清）嵇璜等撰　（清）湯壽潛輯　清通雅堂鉛印本　一冊　十四行四十二字白口四周單邊　存四卷(二至四、五上)

610000－1001－0017755　普01570

增訂本草備要四卷　（清）汪昂撰　（清）汪桓參訂　醫方集解三卷　（清）汪昂輯　清刻本　二冊　十行二十二字小字雙行同白口四周單邊　存四卷(備要三至四、集解中下)

610000－1001－0017756　普01571

皇朝經世文三編八十卷　（清）陳忠倚輯　清光緒二十八年(1902)龍文書局石印本　七冊　二十三行四十八字小字雙行同白口四周雙邊　存五十卷(十六至二十五、四十一至八十)

610000－1001－0017757　普01572

皇朝經世文三編八十卷　（清）陳忠倚輯　清光緒二十八年(1902)龍文書局石印本　一冊　二十三行四十八字小字雙行同白口四周雙邊　存十卷(七十一至八十)

610000－1001－0017758　普01574

**皇朝經世文四編五十二卷** （清）何良棟輯
清光緒二十八年(1902)上海書局石印本　一
冊　二十三行五十字小字雙行同白口四周單
邊　存五卷(五至九)

610000－1001－0017759　普01576
**皇朝經世文續編一百二十卷** （清）葛士濬編
清光緒十四年(1888)上海圖書集成局鉛印
本　二冊　十三行四十字白口四周單邊　存
九卷(五十二至五十六、六十五至六十八)

610000－1001－0017760　普01577
**通典二百卷** （唐）杜佑纂　清光緒鉛印本
二冊　十六行四十三字小字雙行同白口四周
單邊　存二十五卷(四十一至六十五)

610000－1001－0017761　普01578
**王氏醫案續編八卷** （清）盛鈞　（清）周鑅續
輯　清光緒鉛印本　一冊　十三行四十字白
口四周單邊

610000－1001－0017762　普01580
**訓俗遺規補編二卷** （清）陳宏謀輯　清刻本
　一冊　十一行二十四字小字雙行同白口左
右雙邊

610000－1001－0017763　普01581
**編輯雜病心法要訣五卷** （清）吳謙等輯　清
末刻本　一冊　九行十九字白口四周雙邊
存一卷(四)

610000－1001－0017764　普01582
**寒疫合編歌括四卷** （清）王光甸編輯　清刻
本　一冊　九行二十字白口四周雙邊　存一
卷(二)

610000－1001－0017765　普01583
**皇朝經世文新增續編一百二十卷附時務續編
四十卷洋務續編八卷** （清）葛士濬輯　清末
鉛印本　七冊　十八行四十四字白口四周單
邊　存四十卷(新增續編七十一至八十五、一
百〇七至一百十、一百十六至一百二十,時務
續編二十至三十五)

610000－1001－0017766　普01584
**刪補名醫方論八卷** （清）吳謙等輯　清末刻

本　一冊　十行二十四字小字雙行同白口左
右雙邊　存三卷(三至五)

610000－1001－0017767　普01585
**皇朝經世文續編一百二十卷** （清）葛士濬輯
清光緒二十八年(1902)天章書局石印本
六冊　二十二行四十八字白口四周雙邊　存
三十八卷(六十五至一百〇二)

610000－1001－0017768　普01586
**御纂醫宗金鑑十五種** （清）吳謙等輯　清末
刻本　二冊　十行二十四字小字雙行同白口
左右雙邊　存二種

610000－1001－0017769　普01587
**醫學集成四卷** （清）劉仕廉撰　（清）李培郁
校正　清刻本　一冊　九行二十五字白口四
周雙邊　存一卷(二)

610000－1001－0017770　普01588
**景岳全書十六種** （明）張介賓撰　清抄本
二冊　行數不等字數不等　存二種

610000－1001－0017771　普01589
**御纂醫宗金鑑十五種** （清）吳謙等輯　清末
刻本　三冊　九行十九字白口四周雙邊　存
三種

610000－1001－0017772　普01590
**郁謝麻科合璧一卷** （清）楊開泰輯　清刻本
　一冊　九行二十字白口左右雙邊

610000－1001－0017773　普01591
**尚書離句六卷** （清）錢在培輯解　清刻本
四冊　十行二十四字小字雙行同白口四周
單邊

610000－1001－0017774　普01593
**皇朝經世文續編一百二十卷** （清）盛康輯
清光緒二十三年(1897)武進盛氏思補樓刻本
　三十九冊　十一行二十四字下黑口四周雙
邊　存五十七卷(二至十二、十四至十七、二
十至二十九、三十九、四十二至四十三、六十
九至七十、七十五至七十六、七十九至八十
五、九十二至九十三、九十八至一百〇一、一
百〇四至一百〇七、一百〇九至一百十六)

610000 – 1001 – 0017775　普 01594

訂正仲景全書傷寒論註十七卷　（清）吳謙等輯　清末刻本　一冊　十行二十四字白口左右雙邊　存一卷（八）

610000 – 1001 – 0017776　普 01595

欽定四庫全書總目提要二百卷　（清）紀昀等撰　清刻本　一冊　十九行字數不等白口左右雙邊　存八卷（七十至七十七）

610000 – 1001 – 0017777　普 01596

編輯婦科心法要訣六卷　（清）吳謙等輯　清末刻本　一冊　九行十九字白口四周雙邊　存一卷（一）

610000 – 1001 – 0017778　普 01598

書經體註大全合參六卷　（清）錢希祥纂輯　（清）范翔鑒定　清光緒十年（1884）善成堂刻本　四冊　行數不等二十五字白口左右雙邊

610000 – 1001 – 0017779　普 01600

醫貫砭二卷　（清）徐大椿撰　清光緒刻本　一冊　九行二十五字小字雙行同白口左右雙邊

610000 – 1001 – 0017780　普 01602

醫門法律六卷　（清）喻昌撰　清末刻本　二冊　十行二十字小字雙行同白口左右雙邊　存三卷（一至三）

610000 – 1001 – 0017781　普 01604

賽金丹提綱二卷　（清）徐半峰編　清光緒二年（1876）錦邑刻本　一冊　十行二十四字小字雙行同上下黑口四周雙邊

610000 – 1001 – 0017782　普 01606

傅氏眼科審視瑤函六卷首一卷　（明）傅仁宇纂輯　（清）林長生校補　清刻本　一冊　十行二十四字白口四周單邊　存二卷（一、首一）

610000 – 1001 – 0017783　普 01607

曾文正公全集十五種　（清）曾國藩撰　清同治、光緒傳忠書局刻本　二十八冊　十行二十四字小字雙行同上下黑口左右雙邊　存六種

610000 – 1001 – 0017784　普 01608

陳修園醫書三十二種　（清）陳念祖撰　清宣統元年（1909）四川善成堂刻本　一冊　十一行二十七字小字雙行同白口四周單邊間四周雙邊　存二種

610000 – 1001 – 0017785　普 01609

皇朝文獻通考詳節二十六卷　（清）嵇璜等纂修　清光緒二十七年（1901）鴻寶齋書局石印本　二冊　二十行四十五字白口四周雙邊　存八卷（一至三、十二至十六）

610000 – 1001 – 0017786　普 01610

詩材類對纂要四卷　（清）申贊皇等箋　清刻本　一冊　八行二十字小字雙行同白口左右雙邊間四周雙邊　存一卷（四）

610000 – 1001 – 0017787　普 01612

訓俗遺規摘抄四卷　（清）陳宏謀編　清光緒十六年（1890）刻本　一冊　十行二十四字小字雙行同白口左右雙邊　存二卷（一至二）

610000 – 1001 – 0017788　普 01613

醫林改錯二卷　（清）王清任撰　清末上海鴻文書局石印本　一冊　二十行四十二字小字雙行同白口四周單邊

610000 – 1001 – 0017789　普 01614

論語注疏解經二十卷　（三國魏）何晏集解（宋）邢昺疏　清同治十二年（1873）江西書局刻本　六冊　十行十八字小字雙行二十三字上下黑口左右雙邊

610000 – 1001 – 0017790　普 01616

訓俗遺規摘抄二卷　（清）陳宏謀編　清刻本　一冊　十行二十二字白口四周雙邊

610000 – 1001 – 0017791　普 01618

蘭臺軌範八卷　（清）徐大椿撰　清刻本　一冊　九行二十五字小字雙行同白口左右雙邊　存二卷（三至四）

610000 – 1001 – 0017792　普 01619

附釋音尚書注疏二十卷　（唐）孔穎達撰　清同治十二年（1873）江西書局刻本　八冊　十行十七字小字雙行二十三字上下黑口左右雙邊

610000－1001－0017793　普01620

皇朝經世文編一百二十卷　（清）賀長齡輯
清光緒雙峰書屋刻本　一冊　十一行二十四
字白口左右雙邊　存二卷(十至十一)

610000－1001－0017794　普01622

孟子注疏解經十四卷　（宋）孫奭疏　清同治
十二年(1873)江西書局刻本　八冊　十行十
八字小字雙行二十三字上下黑口左右雙邊

610000－1001－0017795　普01623

三通考輯要　（清）湯壽潛輯要　清光緒二十
五年(1899)上海圖書集成局鉛印本　八冊
十四行四十二字小字雙行同白口四周單邊

610000－1001－0017796　普01624

皇朝文獻通考詳節二十六卷　（清）嵇璜等撰
　（清）平陽主人錄　清光緒二十七年(1901)
上海鴻寶齋石印本　一冊　二十行四十五字
白口四周雙邊　存四卷(二十至二十三)

610000－1001－0017797　普01625

達生編二卷　（清）亟齋居士撰　清光緒十四
年(1888)湖南傳忠書局刻本　一冊　八行二
十四字白口四周雙邊

610000－1001－0017798　普01626

九章算術細草圖說九卷附海島算經細草圖說
一卷　（晉）劉徽注　（唐）李淳風注釋
(清)李潢譔　清刻本　一冊　十行二十字小
字雙行同白口四周雙邊　存一卷(一)

610000－1001－0017799　普01627

監本附音春秋公羊注疏二十八卷　（漢）何休
解詁　（唐）徐彥疏　清同治十二年(1873)江
西書局刻本　八冊　十行十七字小字雙行二
十三字上下黑口左右雙邊

610000－1001－0017800　普01628

理瀹駢文一卷　（清）吳師機撰　清刻本　一
冊　十行二十一字小字雙行同白口左右雙邊

610000－1001－0017801　普01630

瀕湖脉學一卷　（明）李時珍撰　清刻本　一
冊　九行二十字小字雙行同白口四周單邊

610000－1001－0017802　普01631

監本附音春秋穀梁注疏二十卷　（晉）范甯集
解　（唐）楊士勛疏　清光緒十八年(1892)湖
南寶慶務本書局刻本　一冊　十行十七字小
字雙行二十三字上下黑口左右雙邊　存四卷
(一至四)

610000－1001－0017803　普01632

欽定續文獻通考輯要二十六卷　（清）嵇璜等
纂　（清）湯壽潛輯要　清光緒二十五年
(1899)上海圖書集成局鉛印本　一冊　十四
行四十二字小字雙行同白口四周單邊　存二
卷(十六至十七)

610000－1001－0017804　普01633

本草萬方鍼線八卷　（清）蔡烈先輯　清刻本
　一冊　十行三十字小字雙行同白口左右雙
邊　存二卷(七至八)

610000－1001－0017805　普01634

新刻校正大字李東垣先生珍珠囊二卷　（金）
李杲撰　清末刻本　一冊　十行二十三字白
口四周單邊　存一卷(下)

610000－1001－0017806　普01635

薛氏醫按二十四種　（明）吳琯輯　清刻本
四冊　十行二十字小字雙行同白口左右雙邊
　存三種

610000－1001－0017807　普01636

周禮注疏四十二卷　（漢）鄭玄注　（唐）賈公
彥疏　清刻本　十冊　九行二十一字小字雙
行同白口左右雙邊　存二十一卷(二十二至
四十二)

610000－1001－0017808　普01637

西政叢書三十二種　梁啟超輯　清光緒二十
三年(1897)慎記書莊石印本　三十二冊　十
八行四十字小字雙行同白口四周雙邊　存三
十一種

610000－1001－0017809　普01638

附釋音周禮注疏四十二卷附校勘記四十二卷
(漢)鄭玄注　（唐）賈公彥疏　清刻本　二十
二冊　十行二十一字小字雙行同白口四周雙邊

610000－1001－0017810　普01639

**附釋音周禮注疏四十二卷** （漢）鄭玄注
（唐）賈公彥疏　清刻本　一冊　十行二十一
字小字雙行同白口四周雙邊　存二卷(二至
三)

610000－1001－0017811　普01640

**寒疫合編歌括四卷** （清）王光甸編輯　清刻
本　一冊　九行二十字白口四周雙邊　存一
卷(三)

610000－1001－0017812　普01641

**黃帝內經靈樞十二卷** （□）□□撰　清刻本
　一冊　九行二十一字上下黑口左右雙邊
存六卷(七至十二)

610000－1001－0017813　普01645

**寓意草一卷** （清）喻昌撰　清刻本　一冊
十行二十字白口左右雙邊

610000－1001－0017814　普01646

**通鑑紀事本末二百三十九卷** （宋）袁樞編輯
　（明）張溥論正　清刻本　三十一冊　十行
二十字下黑口左右雙邊　存八十六卷(一百
二十至一百七十一、二百〇六至二百三十九)

610000－1001－0017815　普01648

**雷公炮製藥性解六卷** （明）李中梓編　（明）
錢允治補　**珍珠囊指掌補遺藥性賦四卷**
(元)李杲編　清文盛堂刻本　一冊　十一行
二十四字小字雙行同白口四周單邊　存五卷
(藥性解一、藥性賦一至四)

610000－1001－0017816　普01649

**訪樂堂儀禮雅言二卷** （清）胡薇元撰　清末
抄本　一冊　九行二十二字白口四周單邊
存一卷(一)

610000－1001－0017817　普01651

**禮記注疏六十三卷** （漢）鄭玄注　（唐）孔穎
達疏　清刻本　十六冊　九行二十一字小字
雙行同白口左右雙邊

610000－1001－0017818　普01652

**宋史四百九十六卷** （元）脫脫等修　清刻本
　三冊　十行二十一字上下黑口左右雙邊

存十六卷(六十一至七十六)

610000－1001－0017819　普01653

**訓俗遺規四卷** （清）陳宏謀撰　清刻本　二
冊　十一行二十四字小字雙行同白口左右
雙邊

610000－1001－0017820　普01654

**神農本草經百種錄一卷** （清）徐大椿著　清
刻本　一冊　九行二十五字小字雙行同白口
左右雙邊

610000－1001－0017821　普01656

**陳修園醫書十六種** （清）陳念祖撰　清光緒
刻本　八冊　十行二十六字白口四周單邊間
四周雙邊　存四種

610000－1001－0017822　普01658

**洞天奧旨十六卷** （清）陳士鐸撰　清刻本
一冊　九行二十二字小字雙行同白口左右雙
邊　存三卷(十二至十四)

610000－1001－0017823　普01659

**儀禮注疏十七卷** （漢）鄭玄注　（唐）賈公彥
疏　清刻本　二冊　九行二十一字小字雙行
同白口左右雙邊　存二卷(十一至十二)

610000－1001－0017824　普01660

**知不足齋叢書三十集** （清）鮑廷博輯　（清）
鮑普祖續輯　清刻本　九冊　九行二十一字
上下黑口左右雙邊　存六種

610000－1001－0017825　普01661

**訓俗遺規四卷** （清）陳宏謀撰　清同治七年
(1868)崇文書局刻本　二冊　十行二十二字
小字雙行同白口四周雙邊

610000－1001－0017826　普01662

**瘍醫準繩六卷** （明）王肯堂輯　清刻本　一
冊　十行二十字小字雙行同白口四周單邊
存一卷(二)

610000－1001－0017827　普01663

**孟子注疏解經十四卷** （漢）趙岐注　（宋）孫
奭疏　清刻本　一冊　九行二十一字小字雙
行同白口左右雙邊　存二卷(一至二)

610000－1001－0017828　普01664

編注醫學入門七卷首一卷　（明）李梴撰　清刻本　一冊　九行二十二字小字雙行同白口四周單邊間四周雙邊　存一卷（五）

610000－1001－0017829　普01665

五種遺規　（清）陳宏謀撰　清光緒二十年（1894）湖南益元書局刻本　五冊　十行二十二字小字雙行同白口左右雙邊　存三種

610000－1001－0017830　普01666

小學集解六卷　（清）張伯行輯注　清光緒十三年（1887）陝西布政司刻本　四冊　九行十七字小字雙行同白口四周雙邊

610000－1001－0017831　普01668

讀史碎金註八十卷　（清）胡文炳撰　清光緒元年（1875）刻本　七十六冊　十行大字不等小字雙行二十一字白口四周雙邊

610000－1001－0017832　普01669

壽世彙編五種　（清）祝韻梅編　清光緒二十七年（1901）蘭州官書局鉛印本　一冊　十三行二十八字白口四周雙邊　存四種

610000－1001－0017833　普01670

五種遺規　（清）陳宏謀撰　清光緒三十二年（1906）刻本　五冊　十行二十二字小字雙行同白口四周雙邊　存四種

610000－1001－0017834　普01671

遼史紀事本末四十卷首一卷　（清）李有棠編纂　清刻本　一冊　十五行四十字小字雙行同白口四周雙邊　存十一卷（三十至四十）

610000－1001－0017835　普01672

北史一百卷　（唐）李延壽撰　清刻本　三冊　十三行四十字白口四周單邊　存二十二卷（七十二至七十九、八十七至一百）

610000－1001－0017836　普01675

重刊宋本十三經注疏附校勘記　（清）阮元撰　校勘記　（清）盧宣旬摘錄　清刻本　十冊　十行十七字小字雙行二十三字上下黑口左右雙邊　存三種

610000－1001－0017837　普01676

訓俗遺規摘抄四卷　（清）陳宏謀撰　清光緒十六年（1890）陝西求友齋刻本　一冊　十行二十四字小字雙行同白口左右雙邊　存二卷（一至二）

610000－1001－0017838　普01678

理論瀹文不分卷　（清）吳師機撰　清同治三年（1864）刻本　二冊　十行二十一字小字雙行同白口左右雙邊

610000－1001－0017839　普01680

孫真人備急千金要方三十卷　（唐）孫思邈撰　（宋）林億等校正　抄本　一冊　八行字數不等　存一卷（二十七）

610000－1001－0017840　普01681

養正遺規補編一卷　（清）陳宏謀輯　清道光二十四年（1844）刻本　一冊　九行二十二字下黑口左右雙邊

610000－1001－0017841　普01682

春秋左傳五十卷　（晉）杜預　（宋）林堯叟註釋　（明）韓范評閱　清末刻本　二冊　九行大小字不等白口左右雙邊　存九卷（三至八、十五至十七）

610000－1001－0017842　普01683

活幼心法九卷　（明）聶尚恆撰　清抄本　一冊　十行二十二字小字雙行同　存五卷（五至九）

610000－1001－0017843　普01684

元史二百十卷　（明）宋濂等修　清刻本　二十冊　十三行四十字白口四周單邊　存一百七十一卷（一至一百七十一）

610000－1001－0017844　普01685

南齊書五十九卷　（南朝梁）蕭子顯撰　清末刻本　二冊　十行二十一字小字雙行同上下黑口左右雙邊　存十一卷（九至十九）

610000－1001－0017845　普01686

婦人良方二十四卷　（宋）陳自明編　（明）薛己註　清刻本　一冊　十行二十字白口左右雙邊　存一卷（二十四）

610000 - 1001 - 0017846　普01687

**養正遺規摘鈔一卷補鈔一卷**　（清）陳宏謀編
清末關中味經官書局刻本　一冊　十行二
十四字白口左右雙邊

610000 - 1001 - 0017847　普01688

**醫方集解六卷**　（清）汪昂輯　清刻本　一冊
十行二十二字小字雙行同白口四周單邊
存一卷(六)

610000 - 1001 - 0017848　普01689

**欽定續文獻通考二百五十卷**　（清）嵇璜等撰
清光緒二十八年(1902)上海鴻寶書局石印
本　三冊　二十二行四十八字小字雙行同白
口四周單邊　存三十一卷(五十三至六十、八
十二至九十、二百十六至二百二十九)

610000 - 1001 - 0017849　普01690

**毛詩注疏二十卷**　（漢）毛亨傳　（漢）鄭玄箋
（唐）孔穎達疏　（唐）陸德明音義　清刻本
四冊　九行二十一字小字雙行同白口左右
雙邊　存九卷(四至十二)

610000 - 1001 - 0017850　普01691

**御批歷代通鑑輯覽一百二十卷**　（清）傅恆等
撰　清同治浙江書局刻朱墨印本　八冊　十
一行二十二字小字雙行同白口四周雙邊　存
二十三卷(一至二十三)

610000 - 1001 - 0017851　普01692

**訓俗遺規摘抄四卷**　（清）陳宏謀撰　清光緒
十六年(1890)陝西求友齋刻本　一冊　十行
二十四字小字雙行同白口左右雙邊　存二卷
(一至二)

610000 - 1001 - 0017852　普01693

**保產心法一卷**　（清）石金成編　清刻本　一
冊　八行二十字白口左右雙邊

610000 - 1001 - 0017853　普01694

**女科證治準繩五卷**　（明）王肯堂編　清刻本
一冊　十行二十字白口四周單邊　存一卷
(三)

610000 - 1001 - 0017854　普01695

**舊唐書二百卷**　（後晉）劉昫等撰　清刻本

一冊　十行二十一字小字雙行同白口左右雙
邊　存八卷(一百二十四至一百三十一)

610000 - 1001 - 0017855　普01696

**養正遺規二卷**　（清）陳宏謀編　清道光三十
年(1850)刻本　一冊　九行二十字白口四周
雙邊

610000 - 1001 - 0017856　普01699

**英話註解一卷**　（清）馮澤夫撰　清光緒十二
年(1886)上海著易堂書局石印本　一冊　行
數不等大小字不等白口四周雙邊

610000 - 1001 - 0017857　普01700

**醫宗說約六卷**　（清）蔣示吉撰　清刻本　一
冊　十行二十四字白口四周單邊　存一卷
(三)

610000 - 1001 - 0017858　普01701

**刪註脈訣規正二卷**　（清）沈鏡刪註　清刻本
一冊　十行二十四字小字雙行同白口四周
單邊　存一卷(下)

610000 - 1001 - 0017859　普01702

**二十四史**　清光緒三十四年(1908)上海集成
圖書公司鉛印本　三冊　十三行四十字小字
雙行同白口四周單邊　存二種

610000 - 1001 - 0017860　普01703

**皇朝經世文四編五十二卷**　（清）何良棟編
清光緒二十八年(1902)上海書局石印本　一
冊　二十三行五十字小字雙行同白口四周單
邊　存五卷(十五至十九)

610000 - 1001 - 0017861　普01704

**幼學操身不分卷**　（英國）慶丕　（清）翟汝舟
編　清光緒二十四年(1898)刻本　八冊　十
行二十四字白口左右雙邊

610000 - 1001 - 0017862　普01705

**蘭室秘藏三卷**　（金）李杲撰　（明）吳勉學校
清刻本　一冊　十行二十字白口四周雙邊
存一卷(二)

610000 - 1001 - 0017863　普01706

**欽定續文獻通考二百五十卷**　（清）嵇璜等纂

修　清光緒二十八年(1902)上海鴻寶書局石印本　二冊　二十二行四十八字小字雙行同白口四周單邊　存二十六卷(六十一至七十、一百三十八至一百五十三)

610000－1001－0017864　普01707
幼學操身不分卷　(英國)慶丕　(清)翟汝舟編著　清光緒二十三年(1897)刻本　二冊　十行二十四字白口左右雙邊

610000－1001－0017865　普01708
幼學操身不分卷　(英國)慶丕　(清)翟汝舟編著　清光緒二十四年(1898)刻本　三十三冊　十行二十四字白口左右雙邊

610000－1001－0017866　普01709
新刻校正大字李東桓先生珍珠囊二卷　(金)李杲撰　清刻本　一冊　十行二十三字白口四周單邊　存一卷(上)

610000－1001－0017867　普01710
新刊趙田了凡袁先生編纂古本歷史大方綱鑑補三十九卷首一卷　(明)袁黃纂　清光緒二十五年(1899)上海著易堂石印本　十冊　二十六行六十四字小字雙行同白口四周雙邊

610000－1001－0017868　普01711
訓俗遺規四卷　(清)陳宏謀撰　清刻本　四冊　十一行二十一字小字雙行同白口左右雙邊

610000－1001－0017869　普01712
東垣十書　(明)□□輯　清刻本　一冊　十行二十字白口左右雙邊　存二種

610000－1001－0017870　普01713
欽定續通志六百四十卷　(清)嵇璜等纂修　清刻本　二十冊　十六行四十三字小字雙行同白口四周單邊　存一百九十九卷(七十一至九十六、一百六十四至一百七十三、二百五十一至二百六十二、三百〇七至三百四十八、三百五十七至四百三十、六百〇六至六百四十)

610000－1001－0017871　普01714
呂純陽祖師太極生生伸數一卷　(□)□□撰

清抄本　一冊　十四行十一字白口四周雙邊

610000－1001－0017872　普01715
曾惠敏公全集四種　(清)曾紀澤撰　清光緒上海書局石印本　三冊　十九行四十三字小字雙行同白口四周雙邊　存三種

610000－1001－0017873　普01716
太醫院增補醫方捷徑二卷附四言舉要一卷　(明)太醫院編　(明)羅必煒參訂　清刻本　一冊　十二行十八字白口左右雙邊

610000－1001－0017874　普01717
三家醫案合刻三卷　(清)葉桂等撰　清道光十一年(1831)刻本　二冊　八行二十一字白口左右雙邊

610000－1001－0017875　普01718
禮記圖說五卷　(清)江永校　清光緒三十三年(1907)陝西學務公所鉛印本　一冊　行數不等大小字不等白口四周單邊

610000－1001－0017876　普01719
曾惠敏公文集五卷　(清)曾紀澤撰　清光緒上海書局石印本　一冊　十九行四十三字小字雙行同白口四周雙邊　存一卷(三)

610000－1001－0017877　普01722
瀛環新志十卷　(清)李慎儒著　清光緒二十八年(1902)退思軒石印本　六冊　十六行三十七字小字雙行不等白口四周雙邊

610000－1001－0017878　普01723
皇朝通典一百卷　(清)嵇璜　(清)劉墉等纂修　清光緒二十七年(1901)上海圖書集成局鉛印本　一冊　十六行四十三字小字雙行不等白口四周單邊　存六卷(五十至五十五)

610000－1001－0017879　普01724
欽定續文獻通考輯要二十六卷　(清)湯壽潛輯要　清光緒二十五年(1899)上海圖書集成局鉛印本　一冊　十四行四十二字小字雙行同白口四周單邊　存一卷(一)

610000－1001－0017880　普01725

皇朝政典類纂五百卷目錄六卷　（清）席裕福編　清光緒二十九年（1903）上海圖書集成局鉛印本　十九冊　十六行四十二字小字雙行同白口四周單邊　存八十卷（二百四十四至二百九十二、三百七十九至四百〇九）

610000－1001－0017881　普01726
文獻通考輯要二十四卷　（清）湯壽潛輯　清光緒二十五年（1899）上海圖書集成局鉛印本　十冊　十四行四十二字小字雙行同白口四周單邊

610000－1001－0017882　普01727
羣玉山房重校醫宗必讀十卷　（明）李中梓撰　清刻本　二冊　十二行二十四字小字雙行同白口左右雙邊　存四卷（七至十）

610000－1001－0017883　普01729
周易纂一卷禮記纂一卷詩經纂一卷　（□）□□撰　抄本　一冊　十行二十八字小字雙行同

610000－1001－0017884　普01730
全唐詩三十二卷　（清）聖祖玄燁編　清光緒十三年（1887）上海同文書局石印本　十三冊　二十二行四十二字小字雙行不等白口左右雙邊　存十三卷（二至四、八、十三、十五、二十五至三十、三十二）

610000－1001－0017885　普01732
皇朝文獻通考輯要二十六卷　（清）嵇璜等纂修　（清）湯壽潛輯　清光緒二十五年（1899）上海圖書集成局鉛印本　八冊　十四行四十二字小字雙行同白口四周單邊　存二十三卷（一至八、十至二十四）

610000－1001－0017886　普01734
前漢書一百二十卷　（漢）班固撰　（唐）顏師古注　清光緒二十三年（1897）味經刊書處刻本　一冊　十一行二十一字小字雙行同白口四周雙邊　存三卷（八十八至九十）

610000－1001－0017887　普01735
歷代文宗十卷　（明）虞懷忠輯　清抄本　一冊　十行二十二字白口四周單邊

610000－1001－0017888　普01736
佩文韻府一百〇六卷　（清）張玉書等纂修　清末嶺南潘氏海山仙館刻本　十冊　十二行二十五字小字雙行同白口四周雙邊　存五卷（二十三下至二十七）

610000－1001－0017889　普01737
皇朝文獻通考輯要二十六卷　（清）嵇璜等纂修　（清）湯壽潛輯　清光緒二十五年（1899）上海圖書集成局鉛印本　一冊　十四行四十二字小字雙行同白口四周單邊　存四卷（二至五）

610000－1001－0017890　普01738
文選六十卷　（南朝梁）蕭統撰　（唐）李善注　清光緒二十五年（1899）刻本　五冊　二十三行四十二字小字雙行不等白口四周雙邊　存五卷（一至五）

610000－1001－0017891　普01741
詩經八卷　（宋）朱熹集傳　清刻本　一冊　十二行四十字小字雙行同白口四周單邊

610000－1001－0017892　普01742
佩文韻府一百〇六卷　（清）張玉書編　清刻本　二冊　十二行二十五字小字雙行同白口四周雙邊　存三卷（四十七至四十九）

610000－1001－0017893　普01743
欽定續文獻通考輯要二十六卷　（清）嵇璜等纂修　（清）湯壽潛輯　清光緒二十五年（1899）上海圖書集成局鉛印本　十冊　十四行四十二字小字雙行同白口四周單邊

610000－1001－0017894　普01744
醫宗說約六卷　（清）蔣示吉撰　清刻本　一冊　十行二十四字白口四周單邊　存三卷（三至五）

610000－1001－0017895　普01745
醫宗說約六卷　（清）蔣示吉撰　清刻本　一冊　九行二十四字白口四周單邊　存二卷（五至六）

610000－1001－0017896　普01746
牧令書二十三卷保甲書四卷　（清）徐棟輯

清道光二十八年(1848)刻本　十二冊　十行二十五字小字雙行同白口左右雙邊　存十七卷(牧令書一至十一、二十至二十三,保甲書一至二)

610000－1001－0017897　普01747
四書章句集注二十六卷　(宋)朱熹撰　清刻本　四冊　八行十五字白口左右雙邊　存十一卷(大學章句一,中庸章句一,論語集注一至二、八至十,孟子集注三至六)

610000－1001－0017898　普01748
周禮約編六卷　(清)汪基鈔譔　清光緒三十二年(1906)陝西學務公所鉛印本　三冊　九行二十二字小字雙行同白口四周雙邊

610000－1001－0017899　普01749
欽定續文獻通考輯要二十六卷　(清)嵇璜等纂修　(清)湯壽潛輯　清光緒二十五年(1899)上海圖書集成局鉛印本　三冊　十四行四十二字小字雙行同白口四周單邊　存五卷(一至五)

610000－1001－0017900　普01752
欽定續文獻通考二百五十卷　(清)嵇璜等纂修　清光緒二十八年(1902)上海鴻寶齋書局石印本　三冊　二十二行四十八字小字雙行同白口四周單邊　存三十七卷(一百〇一至一百〇九,一百七十四至二百〇一)

610000－1001－0017901　普01753
文選六十卷　(南朝梁)蕭統撰　(唐)李善注　清宣統三年(1911)上海會文堂書局刻本　一冊　十三行大小字不等黑口左右雙邊　存五卷(五十六至六十)

610000－1001－0017902　普01754
中國江海險要圖志二十二卷首一卷補編五卷圖五卷　(清)陳壽彭譯　清光緒二十七年(1901)經世文社石印本　十五冊　十四行三十五字小字雙行同白口四周雙邊

610000－1001－0017903　普01755
周禮約編六卷　(清)汪基鈔譔　清光緒三十二年(1906)陝西學務公所鉛印本　二冊　九行二十二字小字雙行同白口四周雙邊　存四卷(三至六)

610000－1001－0017904　普01756
御批歷代通鑑輯覽一百二十卷　(清)傅恆等編纂　清同治十一年(1872)湖北崇文書局刻本　四十五冊　十一行二十二字小字雙行同白口四周雙邊　存九十卷(一至九十)

610000－1001－0017905　普01757
欽定續通志六百四十卷　(清)嵇璜等纂修　清光緒二十七年(1901)上海圖書集成局鉛印本　一冊　十六行四十三字小字雙行同白口四周單邊　存八卷(三百四十九至三百五十六)

610000－1001－0017906　普01758
御批歷代通鑑輯覽一百二十卷　(清)傅恆等編纂　清同治十一年(1872)湖北崇文書局刻本　一冊　十一行二十二字小字雙行同白口四周雙邊　存二卷(十二至十三)

610000－1001－0017907　普01759
戰國策十卷　(宋)鮑彪校注　(元)吳師道重校　清光緒二十二年(1896)刻本　八冊　十行二十一字小字雙行同上下黑口四周單邊

610000－1001－0017908　普01760
欽定春秋左傳讀本三十卷　(清)英和等撰　清光緒八年(1882)山西濬文書局刻本　十六冊　十行十七字小字雙行不等白口左右雙邊

610000－1001－0017909　普01761
御纂詩義折中二十卷　(清)傅恆等纂　清光緒十二年(1886)刻本　十冊　九行二十字白口四周單邊

610000－1001－0017910　普01762
尚論張仲景傷寒論重編三百九十七法四卷首一卷　(清)喻昌著　清刻本　一冊　十行二十字白口左右雙邊

610000－1001－0017911　普01763
鶴泉文鈔續選九卷　(清)戚學標著　(清)張灼訂　清嘉慶十八年(1813)刻本　四冊　十行二十二字小字雙行同白口左右雙邊

610000 – 1001 – 0017912　普 01766

瀛環新志十卷　（清）李慎儒撰　（清）夏霖校
清光緒二十八年(1902)石印本　六冊　十
六行三十六字小字雙行不等白口四周雙邊

610000 – 1001 – 0017913　普 01768

醫方捷徑指南全書二卷　（明）王宗顯撰
（明）錢允治校　新刻校正大字李東垣先生珍
珠囊二卷　（金）李杲撰　清刻本　一冊　十
行二十三字小字雙行同白口四周單邊

610000 – 1001 – 0017914　普 01770

歷代名臣言行錄二十四卷　（清）朱桓輯　清
光緒二十八年(1902)官書局石印本　八冊
二十行四十八字白口四周雙邊

610000 – 1001 – 0017915　普 01771

子史精華一百六十卷　（清）允祿　（清）吳襄
等纂　清光緒十二年(1886)上海同文書局石
印本　八冊　行數不等字數不等白口四周
雙邊

610000 – 1001 – 0017916　普 01774

歷代名臣言行錄二十四卷　（清）朱桓輯　清
光緒二十九年(1903)上海鴻寶書局鉛印本
一冊　二十二行四十四字白口四周單邊　存
二卷(一至二)

610000 – 1001 – 0017917　普 01775

增補秘傳痘疹玉髓金鏡錄真本四卷　（明）翁
仲仁撰　清刻本　二冊　十行二十四字白口
左右雙邊　存三卷(一至三)

610000 – 1001 – 0017918　普 01776

東華續錄六十九卷(咸豐朝)　（清）潘頤福編
清末刻本　十二冊　十三行二十五字小字
雙行同白口左右雙邊　存三十二卷(十七至
二十七、四十九至六十九)

610000 – 1001 – 0017919　普 01777

醫宗說約五卷首一卷　（清）蔣示吉撰　（清）
嚴煜訂　清刻本　一冊　十行二十四字小字
雙行同白口左右雙邊　存三卷(一至二、首
一)

610000 – 1001 – 0017920　普 01779

福惠全書三十二卷　（清）黃六鴻撰　清刻本
一冊　九行二十二字白口左右雙邊　存四
卷(十三至十六)

610000 – 1001 – 0017921　普 01780

試式一卷　（唐）釋皎然撰　清咸豐元年
(1851)刻本　一冊　七行二十字白口四周
雙邊

610000 – 1001 – 0017922　普 01782

庸盦全集七種　（清）薛福成撰　清光緒二十
八年(1902)秦中官書局石印本　六冊　十四
行三十字上下黑口四周單邊　存三種

610000 – 1001 – 0017923　普 01783

普通學歌訣一卷　（清）張一鵬撰　清光緒秦
中官書局鉛印本　一冊　十行二十二字白口
左右雙邊

610000 – 1001 – 0017924　普 01784

御纂七經五種　（清）聖祖玄燁撰　清刻本
五十五冊　八行十八至二十二字不等小字雙
行同白口四周雙邊　存一種

610000 – 1001 – 0017925　普 01785

圖註八十一難經辨真四卷　（戰國）扁鵲撰
（明）張世賢註　清刻本　一冊　九行二十字
小字雙行同白口四周單邊　存三卷(一至三)

610000 – 1001 – 0017926　普 01786

御批歷代通鑑輯覽一百二十卷　（清）傅恆等
編纂　清光緒二十五年(1899)石印本　二十
冊　十八行三十六字小字雙行同白口四周雙
邊　存八十三卷(一至四、三十三至三十六、
四十二至九十四、九十九至一百二十)

610000 – 1001 – 0017927　普 01787

戡定新疆記八卷　（清）魏光燾撰　清光緒二
十五年(1899)鉛印本　二冊　十一行二十六
字白口四周雙邊

610000 – 1001 – 0017928　普 01789

集成篇□□卷　（清）孫文選輯　清道光十九
年(1839)刻本　二冊　十行二十二字小字雙
行同白口四周單邊　存二卷(卷首、次卷)

610000－1001－0017929　普01792

**六事箴言一卷**　（清）葉玉屏輯　清刻本　一冊　十行二十二字白口四周單邊

610000－1001－0017930　普01796

**皇朝中外壹統輿圖三十卷中一卷首一卷**
（清）胡林翼　（清）嚴樹森主持　（清）鄒世詒　（清）晏啟鎮編繪　（清）李廷簫　（清）汪士鐸核校　清同治二年(1863)湖北撫署刻本　十二冊　行數不等字數不等下黑口四周雙邊

610000－1001－0017931　普01797

**改正星平要訣百年經不分卷**　（清）欽天監編　清道光二十八年(1848)刻本　一冊　行數不等大小字不等白口四周單邊

610000－1001－0017932　普01800

**字學舉隅不分卷**　（清）龍啟瑞撰　清同治十年(1871)西安義興堂刻本　一冊　行數不等大小字不等白口左右雙邊

610000－1001－0017933　普01801

**海門詩鈔外集四卷補錄一卷**　（清）鮑皋撰　清光緒三十三年(1907)刻本　二冊　十行二十一字白口左右雙邊

610000－1001－0017934　普01803

**公門感應錄一卷**　（□）□□撰　清同治八年(1869)刻本　一冊　九行十七字白口四周雙邊

610000－1001－0017935　普01806

**前漢書一百二十卷**　（漢）班固撰　（唐）顏師古注　清光緒十三年(1887)金陵書局刻本　十一冊　十二行二十五字小字雙行三十七字白口左右雙邊　存十六卷(一至九、十三至十九)

610000－1001－0017936　普01807

**代數術二十五卷首一卷**　（英國）華里司輯（英國）傅蘭雅口譯　（清）華蘅芳筆述　清光緒二十四年(1898)味經刊書處刻本　六冊　十行二十二字小字雙行同白口左右雙邊

610000－1001－0017937　普01808

**代數術二十五卷**　（英國）華里司輯　（英國）傅蘭雅口譯　（清）華蘅芳筆述　清同治十二年(1873)江南機器製造總局刻本　六冊　十行二十二字小字雙行同上下黑口左右雙邊

610000－1001－0017938　普01809

**代數術二十五卷首一卷**　（英國）華里司輯（英國）傅蘭雅口譯　（清）華蘅芳筆述　清刻本　五冊　十行二十二字小字雙行同上下黑口左右雙邊　存二十五卷(一至二十四、首一)

610000－1001－0017939　普01810

**皇朝中外壹統輿圖三十卷中一卷首一卷**
（清）胡林翼　（清）嚴樹森主持　（清）鄒世詒　（清）晏啟鎮編繪　（清）李廷簫　（清）汪士鐸核校　清同治二年(1863)湖北撫署刻本　三冊　行數不等大小字不等下黑口四周雙邊　存六卷(一至四、首一、中一)

610000－1001－0017940　普01814

**高士傳三卷**　（晉）皇甫謐撰　清光緒三年(1877)湖北崇文書局刻本　一冊　十二行二十四字上下黑口四周雙邊

610000－1001－0017941　普01815

**佩文韻府一百〇六卷韻府拾遺一百〇六卷**
（清）張玉書等編　清刻本　一冊　行數不等大小字不等白口四周雙邊　存二卷(佩文韻府四十五至四十六)

610000－1001－0017942　普01817

**禮記十卷**　（元）陳澔集傳　清嘉慶十年(1805)刻本　十冊　九行十八字小字雙行同白口四周單邊

610000－1001－0017943　普01818

**古文辭類纂七十五卷**　（清）姚鼐輯　清光緒二十五年(1899)秦中官書局鉛印本　八冊　十五行三十三字小字雙行同白口四周雙邊

610000－1001－0017944　普01819

**星平要訣不分卷百年經不分卷**　（□）□□撰　清刻本　一冊　行數不等大小字不等白口四周單邊

610000－1001－0017945　普 01820

**皇朝文獻通考三百卷**　（清）嵇璜等纂　清刻本　四十四冊　九行二十一字白口左右雙邊　存八十四卷（七十一至一百十三、一百三十至一百四十九、一百六十九至一百七十八、一百八十三至一百九十三）

610000－1001－0017946　普 01821

**御批歷代通鑑輯覽一百二十卷**　（清）傅恆等撰　清同治十一年(1872)湖北崇文書局刻本　十三冊　十一行二十二字小字雙行同白口四周雙邊　存二十六卷（一至十一、十四至二十六、七十至七十一）

610000－1001－0017947　普 01822

**晉書一百三十卷**　（唐）房玄齡等撰　清光緒二十九年(1903)五洲同文局石印本　二十七冊　十行二十一字上下黑口左右雙邊　存一百二十三卷（一至一百十一、一百十九至一百三十）

610000－1001－0017948　普 01823

**禮記約編五卷**　（清）汪基鈔撰　（清）江永校纂　（清）叔熙閱訂　清光緒三十二年(1906)陝西學務公所鉛印本　五冊　九行二十二字小字雙行同白口四周雙邊

610000－1001－0017949　普 01824

**晉書一百三十卷**　（唐）房玄齡等撰　清光緒二十九年(1903)五洲同文局石印本　一冊　十行二十一字白口左右雙邊　存三卷（十至十二）

610000－1001－0017950　普 01825

**祝由科太醫十三科二卷**　（□）□□撰　清刻本　一冊　八行大小字不等白口四周單邊

610000－1001－0017951　普 01826

**皇朝通志一百二十六卷**　（清）嵇璜等纂修　清刻本　一冊　九行二十一字白口左右雙邊　存三卷（七十一至七十三）

610000－1001－0017952　普 01827

**漢魏六朝百三名家集**　（明）張溥輯　清光緒十八年(1892)刻本　二十二冊　九行十八字

小字雙行同白口左右雙邊　存十九種

610000－1001－0017953　普 01828

**宋史四百九十六卷**　（元）脱脱等修　清刻本　六冊　十行二十一字上下黑口左右雙邊　存四十一卷（二十四至二十九、九十八至一百二十五、一百六十至一百六十六）

610000－1001－0017954　普 01829

**訓勇歌不分卷**　（清）□□撰　清刻本　一冊　七行十五字白口四周雙邊

610000－1001－0017955　普 01830

**禪林寶訓筆說二卷**　（清）釋智祥注　清嘉慶四年(1799)刻本　二冊　十行二十字小字雙行同下黑口左右雙邊

610000－1001－0017956　普 01831

**戰國策十卷**　（宋）鮑彪校注　（元）吳師道重校　清刻本　八冊　十行二十一字小字雙行同上下黑口四周單邊

610000－1001－0017957　普 01834

**秋審實緩比較條欵五卷**　（清）謝誠鈞纂　清光緒二十八年(1902)秦中官書局鉛印本　一冊　十一行二十二字小字雙行不等白口四周雙邊

610000－1001－0017958　普 01835

**宋李忠定公文集選四十四卷首四卷目錄二卷**　（宋）李綱撰　（明）左光先選　（明）周之夔訂　（明）李春熙輯　清刻本　四冊　十行二十字白口四周單邊　存十三卷（一至十三）

610000－1001－0017959　普 01836

**節本泰西新史攬要八卷**　（英國）李提摩太譯　（清）周慶雲節錄　清光緒二十七年(1901)夢坡室刻本　二冊　十二行二十四字上下黑口左右雙邊

610000－1001－0017960　普 01837

**戰國策十卷**　（宋）鮑彪校注　（元）吳師道重校　清刻本　八冊　十行二十一字小字雙行同上下黑口四周單邊

610000－1001－0017961　普 01839

漢魏六朝百三名家集 （明）張溥輯 清光緒
十八年(1892)善化章經濟堂刻本 三冊 九
行十八字小字雙行同白口左右雙邊 存三種

610000－1001－0017962 普01841

增訂漢魏叢書八十六種 （清）王謨輯 清刻
本 九冊 九行二十字白口左右雙邊 存
七種

610000－1001－0017963 普01842

四字鑑略一卷 （□）□□撰 清明哲堂刻本
一冊 行數不等大小字不等白口四周單邊

610000－1001－0017964 普01843

漢魏六朝百三名家集 （明）張溥輯 清刻本
五冊 九行十八字小字雙行同白口左右雙
邊 存三種

610000－1001－0017965 普01844

明紀六十卷 （清）陳鶴纂 清光緒十六年
(1890)上海積山書局石印本 六冊 二十行
四十二字小字雙行同白口四周雙邊

610000－1001－0017966 普01845

戰國策十卷 （宋）鮑彪校注 （元）吳師道重
校 清刻本 七冊 十行二十一字小字雙行
同上下黑口四周單邊 存八卷(三至十)

610000－1001－0017967 普01846

中祀合編不分卷 （清）徐暢達輯 清同治刻
本 一冊 九行二十二字白口四周雙邊

610000－1001－0017968 普01849

尺木堂綱鑑易知錄二十卷 （清）吳乘權等輯
清光緒二十五年(1899)上海鴻寶齋石印本
八冊 十六行二十八字小字雙行同白口四
周雙邊

610000－1001－0017969 普01850

同治中興京外奏議約編八卷 （清）陳弢編
清刻本 二冊 十行二十二字小字雙行同白
口左右雙邊 存二卷(二、七)

610000－1001－0017970 普01852

唐陸宣公集二十二卷 （唐）陸贄撰 （清）耆
英重訂 清刻本 一冊 十行二十字白口四

周單邊 存二卷(十六至十七)

610000－1001－0017971 普01859

程氏性理字訓一卷 （宋）程蒙端撰 （宋）程
若庸輯 清同治八年(1869)刻本 一冊 八
行十六字白口左右雙邊

610000－1001－0017972 普01861

交食引蒙一卷 （清）賈步緯撰 （清）賈文浩
等校勘 清光緒二十年(1894)江南機器製造
總局鉛印本 一冊 十行二十二字小字雙行
同上下黑口左右雙邊

610000－1001－0017973 普01862

五言今體詩鈔九卷七言今體詩鈔九卷 （清）
姚鼐輯 清刻本 一冊 十行二十一字上下
黑口左右雙邊 存五卷(五言一至五)

610000－1001－0017974 普01863

子史精華一百六十卷 （清）允祿 （清）吳襄
等纂 清光緒十二年(1886)上海同文書局石
印本 八冊 行數不等字數不等白口四周
雙邊

610000－1001－0017975 普01864

砥齋集十二卷 （清）王弘撰著 清光緒二十
年(1894)刻本 六冊 八行二十字白口左右
雙邊

610000－1001－0017976 普01870

譯印西文地圖招股章程不分卷 （清）吳德瀟
等撰 清光緒刻本 五冊 十行二十字小字
雙行同白口四周單邊

610000－1001－0017977 普01871

禮記注疏六十三卷 （漢）鄭玄注 （唐）孔穎
達疏 清刻本 八冊 九行二十一字小字雙
行同白口左右雙邊 存十七卷(一至十七)

610000－1001－0017978 普01872

御批歷代通鑑輯覽一百二十卷 （清）傅恆等
編纂 清同治十一年(1872)湖北崇文書局刻
本 三十冊 十一行二十二字小字雙行同白
口四周雙邊 存五十九卷(六十二至一百二
十)

610000 – 1001 – 0017979　普01873
**重校臨文便覽不分卷**　（清）張端卿撰　清光
緒十二年(1886)石印本　一冊　十行二十一
字小字雙行同白口左右雙邊

610000 – 1001 – 0017980　普01876
**歷代名臣言行錄二十四卷**　（清）朱桓輯　清
光緒二十九年(1903)上海吳雲記鉛印本　十
一冊　二十二行四十四字白口四周單邊　存
二十二卷(三至二十四)

610000 – 1001 – 0017981　普01878
**光緒勘定西北邊界俄文譯漢圖例言一卷**
（清）□□撰　清光緒刻本　一冊　十行二十
二字小字雙行同白口左右雙邊

610000 – 1001 – 0017982　普01879
**籌濟編三十二卷首一卷**　（清）楊景仁輯　清
刻本　一冊　九行二十五字小字雙行同白口
左右雙邊　存六卷(二十三至二十八)

610000 – 1001 – 0017983　普01880
**波弄子一卷**　（周）淳于髡撰　清刻本　一冊
九行十八字小字雙行同白口四周單邊

610000 – 1001 – 0017984　普01881
**錢牧齋文鈔一卷**　（清）錢謙益撰　清宣統元
年(1909)國學扶輪社鉛印本　一冊　十三行
三十字上下黑口四周雙邊

610000 – 1001 – 0017985　普01882
**字彙十二集首一卷末一卷韻法直圖一卷韻法
橫圖一卷**　（明）梅膺祚撰　清刻本　一冊
九行十六字小字雙行三十二字白口四周單邊
存二卷(末一、韻法直圖橫圖一)

610000 – 1001 – 0017986　普01883
**雪心賦正解四卷**　（唐）卜應天著　（清）孟浩
注　清掃葉山房刻本　一冊　九行二十字小
字雙行同白口四周單邊　存一卷(二)

610000 – 1001 – 0017987　普01885
**竹葉亭雜記八卷**　（清）姚元之撰　清光緒十
九年(1893)刻本　一冊　十二行二十四字小
字雙行同上下黑口四周雙邊　存四卷(五至
八)

610000 – 1001 – 0017988　普01886
**重校十三經集字不分卷**　（清）彭玉雯撰　清
光緒十二年(1886)刻本　一冊　五行十四字
白口左右雙邊

610000 – 1001 – 0017989　普01887
**納書楹紫釵記全譜二卷**　（清）葉堂訂譜
（清）王文治參訂　清刻本　一冊　十二行十
八字小字雙行不等白口四周雙邊　存一卷
(下)

610000 – 1001 – 0017990　普01890
**漢書引經異文錄證六卷**　（清）繆祐孫學　清
光緒十一年(1885)刻本　二冊　十行二十字
黑口左右雙邊

610000 – 1001 – 0017991　普01891
**大般涅槃經四十卷**　（北涼）釋曇無讖譯　清
光緒五年(1879)刻本　十冊　十行二十字上
下黑口左右雙邊

610000 – 1001 – 0017992　普01893
**鄉會要訣一卷**　（清）張端卿撰　清光緒十二
年(1886)石印本　一冊　九行二十字小字雙
行同白口左右雙邊

610000 – 1001 – 0017993　普01895
**字學舉隅不分卷**　（清）龍啟瑞撰　清光緒十
二年(1886)榆蔭書屋石印本　一冊　八行大
小字不等白口四周雙邊

610000 – 1001 – 0017994　普01896
**禮記約編五卷**　（清）汪基鈔譔　（清）江永校
纂　（清）叔熙閱訂　清光緒三十二年(1906)
陝西學務公所鉛印本　四冊　九行二十二字
小字雙行同白口四周雙邊　存四卷(一至三、
五)

610000 – 1001 – 0017995　普01897
**中國地理學教科書三卷**　（清）屠寄撰　清光
緒三十二年(1906)鉛印本　四冊　十二行三
十字白口四周雙邊

610000 – 1001 – 0017996　普01898
**探杏譜一卷附磨勘條例摘要一卷**　（清）馮文
蔚等撰　清光緒十一年(1885)刻本　一冊

八行二十字小字雙行同白口左右雙邊

610000－1001－0017997　普01899

**重栞宋本十三經注疏附校勘記**　（清）阮元撰　校勘記　（清）盧宣旬摘錄校勘記　清光緒十三年(1887)上海脈望仙館石印本　五冊　二十行三十四字小字雙行四十六字白口四周單邊　存二種

610000－1001－0017998　普01900

**御批歷代通鑑輯覽一百二十卷**　（清）傅恆等纂　清末刻本　一冊　十一行二十二字小字雙行同白口左右雙邊間四周雙邊　存二卷（四十三、四十四）

610000－1001－0017999　普01901

**蠶桑萃編十五卷首一卷**　（清）衞杰撰　清光緒二十四年(1898)刻本　八冊　十行二十字小字雙行同下黑口四周雙邊

610000－1001－0018000　普01902

**國朝經義錄四卷**　（清）蕉雨樓主編　清光緒二十七年(1901)刻本　一冊　十行二十字白口四周單邊　存二卷（一至二）

610000－1001－0018001　普01903

**幼學操身不分卷**　（英國）慶丕　（清）翟汝舟編　清光緒二十三年(1897)味經刊書處刻本　一冊　十行二十四字白口左右雙邊

610000－1001－0018002　普01906

**檉華館文集六卷詩集四卷駢體文一卷雜錄一卷**　（清）路德著　清光緒七年(1881)解梁刻本　十冊　九行二十二字下黑口左右雙邊

610000－1001－0018003　普01907

**真文忠公心經一卷**　（宋）真德秀撰　清刻本　一冊　九行十八字白口四周雙邊

610000－1001－0018004　普01908

**蠶桑萃編十五卷首一卷**　（清）衞傑撰　清光緒二十四年(1898)刻本　一冊　十行二十字小字雙行同下黑口四周雙邊　存二卷（一至二）

610000－1001－0018005　普01909

**史記一百三十卷附司馬貞補史記一卷**　（漢）司馬遷撰　（南朝宋）裴駰集解　（唐）司馬貞索隱　（唐）張守節正義　清光緒十四年(1888)上海蜚英館石印本　五冊　十五行三十二字小字雙行同白口左右雙邊　存四十四卷（一至十二、十八至二十二、三十一至四十、一百十四至一百三十）

610000－1001－0018006　普01910

**小學六卷**　（清）陳鏦集注　清刻本　四冊　九行二十字小字雙行同白口四周雙邊

610000－1001－0018007　普01911

**資治通鑑綱目發明五十九卷**　（宋）尹起莘撰　清刻本　一冊　八行十八字小字雙行二十一字白口四周單邊　存九卷（四十一至四十九）

610000－1001－0018008　普01912

**小學韻語一卷**　（清）羅澤南著　清光緒五年(1879)刻本　一冊　六行大字不等小字雙行二十一字白口四周雙邊

610000－1001－0018009　普01913

**代數術二十五卷首一卷**　（英國）華里司輯　(英國)傅蘭雅口譯　（清）華蘅芳筆述　清刻本　一冊　十行二十二字小字雙行同上下黑口左右雙邊　存一卷（二十五）

610000－1001－0018010　普01915

**御批歷代通鑑輯覽一百二十卷**　（清）傅恆等纂　清末刻本　一冊　十一行二十二字小字雙行同白口四周單邊　存二卷（二十九、三十）

610000－1001－0018011　普01916

**史記一百三十卷附司馬貞補史記一卷**　（漢）司馬遷撰　（南朝宋）裴駰集解　（唐）司馬貞索隱　（唐）張守節正義　清光緒十四年(1888)上海圖書集成印書局鉛印本　六冊　十三行四十字小字雙行同白口四周單邊　存二十二卷（一至十、十五至二十六）

610000－1001－0018012　普01917

**重刻補遺秘傳痘疹玉髓金鏡錄四卷**　（明）翁

仲仁輯著　清刻本　一冊　十行二十四字白口左右雙邊　存一卷(四)

610000－1001－0018013　普01918
**皇清經解一百七十三種**　(清)阮元輯　清道光九年(1829)廣東學海堂刻咸豐十一年(1861)補刻本　七十八冊　十一行二十四字小字雙行同白口左右雙邊　存四十三種

610000－1001－0018014　普01919
**史記一百三十卷附司馬貞補史記一卷**　(漢)司馬遷撰　(南朝宋)裴駰集解　(唐)司馬貞索隱　(唐)張守節正義　清光緒十四年(1888)上海圖書集成印書局鉛印本　二冊　十三行四十字小字雙行同白口四周單邊　存七卷(十七至十八、二十二至二十六)

610000－1001－0018015　普01920
**彭剛直公奏稿八卷詩集八卷**　(清)彭玉麟撰　清光緒十七年(1891)吳氏刻本　八冊　十行二十四字白口左右雙邊

610000－1001－0018016　普01921
**史記一百三十卷附司馬貞補史記一卷**　(漢)司馬遷撰　(南朝宋)裴駰集解　(唐)司馬貞索隱　(唐)張守節正義　清末石印本　二冊　二十行四十二字小字雙行同白口左右雙邊　存二十四卷(一至十二、十九至三十)

610000－1001－0018017　普01922
**醫宗必讀十卷**　(明)李中梓撰　清刻本　二冊　十二行二十四字小字雙行同白口左右雙邊　存三卷(四至六)

610000－1001－0018018　普01923
**史記一百三十卷**　(漢)司馬遷撰　(宋)裴駰集解　(唐)司馬貞索隱　(唐)張守節正義　清刻本　一冊　十行二十一字小字雙行同白口左右雙邊　存五卷(一百十六至一百二十)

610000－1001－0018019　普01924
**重栞宋本十三經注疏附校勘記**　(清)阮元撰校勘記　(清)盧宣旬摘錄校勘記　清道光六年(1826)刻本　八十六冊　十行十七字小字雙行二十三字上下黑口左右雙邊　存七種

610000－1001－0018020　普01927
**御批歷代通鑑輯覽一百二十卷**　(清)傅恆等纂　清光緒三十年(1904)美華書館鉛印本　七冊　十六行三十三字小字雙行不等白口四周雙邊　存三十五卷(十三至二十三、五十八至六十二、七十六至八十五、九十五至九十八、一百十六至一百二十)

610000－1001－0018021　普01928
**金華詩錄六十卷**　(清)盧衍仁輯　清刻本　一冊　十行二十一字白口左右雙邊　存三卷(二至四)

610000－1001－0018022　普01929
**南皮張宮保政書奏議初編十二卷**　(清)張之洞撰　清光緒二十七年(1901)上海圖書集成印書局鉛印本　六冊　十四行四十二字白口四周單邊

610000－1001－0018023　普01931
**出使英法義比四國日記六卷**　(清)薛福成撰　清光緒十七年(1891)鉛印本　一冊　十五行三十三字白口四周雙邊　存二卷(一至二)

610000－1001－0018024　普01934
**雲水前集二卷**　(清)劉元機撰　(清)王廉選　清光緒刻本　一冊　九行二十字下黑口四周雙邊　存一卷(一)

610000－1001－0018025　普01936
**小學集解六卷**　(清)張伯行輯注　清光緒十三年(1887)陝西布政司刻本　一冊　九行十七字小字雙行同白口四周雙邊　存一卷(一)

610000－1001－0018026　普01937
**御批歷代通鑑輯覽一百二十卷**　(清)傅恆撰　清光緒三十一年(1905)上海商務印書館鉛印本　八冊　十五行二十八字小字雙行不等白口四周單邊　存四十卷(六至三十、八十一至九十、一百十六至一百二十)

610000－1001－0018027　普01938
**唐人試律說一卷**　(清)紀昀編　清太和堂刻本　一冊　十行二十四字白口左右雙邊

610000－1001－0018028　普01940

人事通一卷　（清）石成金編　清刻本　一冊
八行二十字白口左右雙邊　存一卷(二)

610000－1001－0018029　普01941

尚書因文六卷　（清）武士選學　清刻本　二
冊　十行十九字小字雙行同白口左右雙邊

610000－1001－0018030　普01943

曾文正公水陸行軍練兵志四卷　（清）王定安
纂　（清）柏森校　清光緒二十六年(1900)柏
經正堂刻本　二冊　十行二十二字上下黑口
四周單邊

610000－1001－0018031　普01946

曾文正公水陸行軍練兵志四卷　（清）王定安
纂　（清）柏森校　清光緒二十六年(1900)柏
經正堂刻本　一冊　十行二十二字上下黑口
四周單邊　存二卷(三至四)

610000－1001－0018032　普01947

醫學心悟五卷附外科十法一卷　（清）程國彭
撰　清刻本　四冊　八行二十四字小字雙行
同白口左右雙邊

610000－1001－0018033　普01949

御批續資治通鑑綱目二十七卷　（明）商輅撰
（清）聖祖玄燁批　清刻本　三冊　十一行
二十二字小字雙行同下黑口四周雙邊　存六
卷(一至三、十至十二)

610000－1001－0018034　普01951

小學節本二卷　（清）陝西學務公所編　清光
緒三十二年(1906)陝西學務公所鉛印本　三
冊　十行二十四字小字雙行同白口四周雙邊

610000－1001－0018035　普01952

黃石公素書三卷　（漢）黃石公撰　清道光二
十六年(1846)刻本　一冊　八行十九字小字
雙行同白口四周雙邊

610000－1001－0018036　普01953

南唐書十八卷　（宋）陸游撰　清刻本　一冊
十行十九字上下黑口四周單邊　存十卷
(九至十八)

610000－1001－0018037　普01954

古唐詩合解十二卷　（清）王堯衢註　清刻本
一冊　十行二十四字小字雙行同白口四周
單邊　存三卷(十至十二)

610000－1001－0018038　普01955

書經六卷　（宋）蔡沈集傳　清光緒十九年
(1893)刻本　四冊　九行十七字小字雙行同
白口四周單邊

610000－1001－0018039　普01957

御批歷代通鑑輯覽一百二十卷　（清）傅恆等
纂　清同治十三年(1874)湖南書局刻本　十
二冊　十一行二十二字小字雙行同白口四周
雙邊　存二十三卷(一至十一、九十七至一百
〇八)

610000－1001－0018040　普01958

讀史碎金註八十卷　（清）胡文炳撰　清光緒
元年(1875)刻本　一冊　十行二十二字小字
雙行同白口四周雙邊　存二卷(二十四至二
十五)

610000－1001－0018041　普01959

書經六卷　（宋）蔡沈集傳　清光緒七年
(1881)江蘇書局刻本　四冊　九行十七字小
字雙行同白口左右雙邊

610000－1001－0018042　普01960

周官精義十二卷　（清）連斗山註釋　清同治
十年(1871)粵東臬署刻本　一冊　九行二十
三字小字雙行同白口左右雙邊　存二卷(一
至二)

610000－1001－0018043　普01961

宋史四百九十六卷目錄三卷　（元）脫脫等修
清光緒十四年(1888)上海圖書集成印書局
鉛印本　二冊　行數不等大小字不等白口四
周單邊　存六卷(二百二十一至二百二十六)

610000－1001－0018044　普01962

中興論略八卷　（清）興元撰　清宣統三年
(1911)西安福盛堂刻本　四冊　九行二十一
字小字雙行同下黑口四周單邊

610000－1001－0018045　普01964

來瞿唐先生易註十五卷首一卷末一卷　（明）

來知德註 清奎光堂刻本 四冊 九行二十二字小字雙行同白口四周雙邊 存九卷(五至十二、首一)

610000－1001－0018046 普01965

說文蟲籤十四卷 (清)潘奕雋述 清刻本 二冊 十行二十字白口四周雙邊

610000－1001－0018047 普01966

詁經精舍四集十六卷續選一卷 (清)俞樾編 清光緒五年(1879)刻本 三冊 九行二十五字白口四周雙邊 存六卷(一至六)

610000－1001－0018048 普01967

毛詩音韻考四卷 (清)程以恬撰 清道光四年(1824)研經堂刻本 四冊 八行二十八字小字雙行白口四周單邊

610000－1001－0018049 普01969

十三經注疏 清刻本 六冊 九行二十一字小字雙行同白口左右雙邊 存三種

610000－1001－0018050 普01970

史略提綱六卷 (清)羅錦堂編輯 清咸豐二年(1852)崇邑洗心莊刻本 六冊 六行十五至二十字不等小字雙行二十字白口四周雙邊

610000－1001－0018051 普01971

雷公炮製藥性解六卷 (明)李中梓編 (清)王子接訂 清光緒三十二年(1906)刻本 二冊 十二行二十四字小字雙行同白口四周單邊

610000－1001－0018052 普01972

尚書攷辨四卷 (清)宋鑒撰 清嘉慶四年(1799)刻本 一冊 十二行二十四字小字雙行同白口四周單邊 存二卷(一至二)

610000－1001－0018053 普01973

談天十八卷 (英國)侯失勒撰 (英國)偉烈亞力口譯 (清)李善蘭刪述 (清)徐建寅續述 清光緒二十二年(1896)上海著易堂石印本 四冊 二十行二十二字白口四周雙邊

610000－1001－0018054 普01974

日知錄三十二卷 (清)顧炎武撰 清刻本

十三冊 九行二十二字小字雙行同白口左右雙邊

610000－1001－0018055 普01975

續資治通鑑綱目二十七卷 (明)陳仁錫評閱 清刻本 一冊 七行十八字小字雙行同白口四周單邊 存一卷(四)

610000－1001－0018056 普01976

出使英法義比四國日記六卷 (清)薛福成撰 清光緒十七年(1891)鉛印本 四冊 十五行三十三字白口四周雙邊

610000－1001－0018057 普01977

詩經八卷 (宋)朱熹集傳 禮記十卷 (元)陳澔集說 清光緒二十一年(1895)湖北官書處刻本 三冊 九行十六字小字雙行同白口四周雙邊 存二卷(詩經一、禮記五)

610000－1001－0018058 普01979

圖註八十一難經辨眞四卷 (戰國)扁鵲著 (明)張世賢圖註 (清)沈鏡重校 清刻本 一冊 十行二十四字小字雙行同白口四周單邊 存二卷(一至二)

610000－1001－0018059 普01980

時務齋隨錄不分卷 (清)劉光蕡編 清光緒刻本 一冊 十行二十四字白口左右雙邊

610000－1001－0018060 普01981

來瞿唐先生易註十五卷首一卷末一卷 (明)來知德註 清嘉慶十四年(1809)符永培刻本 一冊 九行二十二字小字雙行同白口四周雙邊 存二卷(六至七)

610000－1001－0018061 普01983

經典釋文三十卷攷證三十卷 (唐)陸德明撰 (清)盧文弨輯 清刻本 一冊 十一行二十二字小字雙行同上下黑口四周單邊 存二十一卷(禮記音義攷證四、春秋左氏音義攷證六、春秋公羊音義攷證一、春秋穀梁音義攷證一、孝經音義攷證一、論語音義攷證一、老子音義攷證一、莊子音義攷證三、爾雅音義攷證三)

610000－1001－0018062 普01984

談天十八卷首一卷表一卷　（英國）侯失勒撰　（英國）偉烈亞力口譯　（清）李善蘭刪述　（清）徐建寅續述　清光緒二十七年（1901）上海日新社石印本　四冊　二十行二十二字白口四周雙邊

610000－1001－0018063　普01985

經典釋文三十卷　（唐）陸德明撰　清刻本　九冊　十一行二十二字小字雙行同上下黑口四周單邊　存二十六卷（五至三十）

610000－1001－0018064　普01986

孫批胡刻文選六十卷　（南朝梁）蕭統撰　（唐）李善注　（清）胡克家校　攷異一卷　（清）胡克家撰　清光緒二十五年（1899）石印本　六冊　二十三行大小字不等白口四周雙邊　存六卷（文選一至五、攷異一）

610000－1001－0018065　普01988

說文解字十五卷　（漢）許慎記　清嘉慶九年（1804）刻本　四冊　十行大小字不等白口左右雙邊

610000－1001－0018066　普01989

天罡掌訣詩不分卷　（□）□□撰　清刻本　一冊　八行字數不等

610000－1001－0018067　普01990

刪註脈訣規正二卷　（清）沈鏡刪註　清刻本　一冊　十行二十四字小字雙行同白口四周單邊　存一卷（上）

610000－1001－0018068　普01991

讀禮通考一百二十卷　（清）徐乾學編　清刻本　四冊　十三行二十一字小字雙行三十一字白口左右雙邊　存二十卷（一百〇一至一百二十）

610000－1001－0018069　普01992

治天行瘟疫方不分卷　（□）□□撰　清刻本　一冊　行數不等字數不等

610000－1001－0018070　普01993

呂氏春秋二十六卷　（秦）呂不韋撰　清刻本　一冊　十一行二十二字小字雙行同黑口四周單邊　存八卷（十九至二十六）

610000－1001－0018071　普01994

玉海二百卷附刻十四種　（宋）王應麟撰　清刻本　二冊　十行二十字小字雙行同白口四周單邊　存五卷（一百八十三至一百八十七）

610000－1001－0018072　普01995

五禮通考二百六十二卷總目二卷首四卷　（清）秦蕙田輯　（清）方觀承校　清刻本　五冊　十三行二十一字小字雙行三十一字白口左右雙邊　存十七卷（一百三十至一百三十六、一百四十一至一百四十三、一百四十八至一百五十、一百九十三至一百九十六）

610000－1001－0018073　普01996

老子道德經二卷　（春秋）李耳撰　（晉）王弼注　清光緒元年（1875）浙江書局刻本　二冊　九行二十一字小字雙行同白口左右雙邊

610000－1001－0018074　普01997

十一經音訓　（清）楊國楨撰　清道光刻本　五冊　七行二十二字白口四周單邊　存三種

610000－1001－0018075　普01998

增訂字學舉隅不分卷　（清）龍啟瑞撰　清同治十三年（1874）刻本　一冊　八行十五字小字雙行三十一字白口左右雙邊

610000－1001－0018076　普01999

幽夢續影一卷　（清）朱錫綬著　清光緒七年（1881）略園刻本　二冊　十行十八字白口四周雙邊

610000－1001－0018077　普02000

欽定儀禮義疏四十八卷首二卷　（清）允祿等撰　清刻本　十冊　八行二十二字小字雙行同白口四周雙邊　存十二卷（二十五至三十一、三十五至三十六、四十至四十二）

610000－1001－0018078　普02002

欽定春秋傳說彙纂三十八卷首二卷　（清）王掞等撰　清刻本　九冊　八行十八字小字雙行二十二字白口四周雙邊　存二十二卷（十四至三十五）

610000－1001－0018079　普02003

勸學篇二卷　（清）張之洞撰　清光緒二十四

年(1898)秦中書局刻本　一冊　十行二十三
字白口四周單邊

610000－1001－0018080　普02004

**康熙字典十二集**　（清）張玉書撰　清刻本
二冊　十六行大小字不等白口四周雙邊　存
二卷（寅集下、丑集中）

610000－1001－0018081　普02005

**聽訟挈要一卷**　（清）阮祖棠撰　清光緒十八
年(1892)金陵刻本　一冊　八行二十一字白
口左右雙邊

610000－1001－0018082　普02007

**小學集解六卷輯說一卷**　（清）張伯行輯注
清光緒刻本　六冊　九行十七字小字雙行同
白口四周雙邊

610000－1001－0018083　普02008

**漢魏音四卷**　（清）洪亮吉撰　清光緒三年
(1877)授經堂刻本　一冊　十二行二十四字
小字雙行同上下黑口左右雙邊

610000－1001－0018084　普02009

**庚辰集五卷附唐人試律說一卷**　（清）紀昀編
　清太和堂刻本　五冊　十行二十四字小字
雙行同白口左右雙邊　存五卷（庚辰集一至
五）

610000－1001－0018085　普02010

**御批歷代通鑑輯覽一百二十卷**　（清）傅恆等
編纂　清光緒二十八年(1902)上海文林書局
石印本　七冊　二十四行五十字小字雙行不
等白口四周雙邊　存四十三卷（一至五、十五
至五十二）

610000－1001－0018086　普02012

**御批歷代通鑑輯覽一百二十卷**　（清）傅恆等
纂　清光緒二十九年(1903)美華書局石印本
　五冊　二十四行五十六字小字雙行同白口
四周單邊　存三十卷（一至三、十五至二十
一、四十一至四十六、一百〇七至一百二十）

610000－1001－0018087　普02013

**御批歷代通鑑輯覽一百二十卷**　（清）傅恆等
纂　清末鉛印本　三十冊　十五行二十八字

小字雙行四十三字白口四周單邊　存九十四
卷（一至二十、二十四至二十九、三十三至四
十四、四十八至五十、五十六至七十二、七十
九至一百〇六、一百十三至一百二十）

610000－1001－0018088　普02014

**聽訟挈要一卷**　（清）阮祖棠撰　清光緒十八
年(1892)金陵刻本　一冊　八行二十一字白
口左右雙邊

610000－1001－0018089　普02016

**新選古文筆法二十卷首一卷**　（清）李扶九輯
　清上海新馬路尚古山房石印本　六冊　十
二行二十四字白口四周單邊　存九卷（一至
八、首一）

610000－1001－0018090　普02018

**補註洗冤錄集證四卷**　（宋）宋慈撰　（清）鍾
淮校　清道光刻三色套印本　四冊　十行十
八字小字雙行同白口左右雙邊

610000－1001－0018091　普02019

**[道光]泰州志三十六卷首一卷**　（清）王有慶
等修　（清）陳世鎔等纂　清道光七年至光緒
三十四年(1827－1908)刻本　五冊　十行二
十一字小字雙行同白口左右雙邊　存十二卷
（十二至二十三）

610000－1001－0018092　普02020

**十朝聖訓**　（清）□□輯　清光緒石印本　四
十冊　二十一行四十五字白口四周單邊　存
三種

610000－1001－0018093　普02022

**西學大成十二編五十六種**　（清）盧梯青
（清）王西清輯　清光緒十四年(1888)上海大
同書局石印本　十二冊　二十四行五十五字
小字雙行同白口四周雙邊

610000－1001－0018094　普02023

**格致鏡原一百卷**　（清）陳元龍輯　清刻本
四冊　十一行二十一字黑口左右雙邊　存九
卷（五至六、十三至十五、十九至二十、三十至
三十一）

610000－1001－0018095　普02024

五禮通考二百六十二卷總目二卷首四卷
（清）秦蕙田輯　（清）方觀承校　清刻本　二
冊　十三行二十一字小字雙行三十一字白口
左右雙邊　存四卷（五十七至六十）

610000－1001－0018096　普02026

格致鏡原一百卷　（清）陳元龍輯　清刻本
三冊　十一行二十一字黑口左右雙邊　存十
四卷（五至十八）

610000－1001－0018097　普02028

讀禮通考一百二十卷　（清）徐乾學編　清刻
本　二冊　十三行二十一字小字雙行三十一
字白口左右雙邊　存八卷（五十九至六十六）

610000－1001－0018098　普02031

我法集註釋四卷　（清）紀昀撰　（清）魏景文
註釋　清刻本　一冊　九行二十五字小字雙
行不等白口四周單邊　存二卷（三至四）

610000－1001－0018099　普02032

集說詮真提要不分卷　（清）黃伯祿輯　清光
緒十一年（1885）刻本　一冊　九行二十字小
字雙行同白口四周雙邊

610000－1001－0018100　普02033

重栞宋本儀禮注疏附校勘記五十卷　（唐）賈
公彥撰　清同治十二年（1873）江西書局刻本
八冊　十行十七字小字雙行二十三字上下
黑口左右雙邊　存二十四卷（一至二十四）

610000－1001－0018101　普02034

大清高宗法天隆運至誠先覺體元立極敷文奮
武孝慈神聖純皇帝聖訓三百卷首一卷　（清）
高宗弘曆撰　清光緒石印本　三冊　二十一
行四十五字白口四周單邊　存三十一卷（十
三至四十三）

610000－1001－0018102　普02038

儀禮要義五十卷　（宋）魏了翁撰　清光緒十
年（1884）江蘇書局刻本　四冊　九行十八字
上下黑口四周雙邊　存十七卷（四至二十）

610000－1001－0018103　普02039

皇朝中外壹統輿圖三十卷中一卷首一卷
（清）胡林翼　（清）嚴樹森主持　（清）鄒世

詒　（清）晏啟鎮編繪　（清）李廷簫　（清）
汪士鐸核校　清同治二年（1863）湖北撫署刻
本　三十二冊　行數不等字數不等下黑口四
周雙邊

610000－1001－0018104　普02040

幼學平仄易記略不分卷　（清）□□輯　清光
緒二年（1876）刻本　一冊　六行九字白口四
周單邊

610000－1001－0018105　普02042

附釋音周禮注疏四十二卷　（漢）鄭玄注
（唐）賈公彥疏　清刻本　二冊　十行十七字
小字雙行二十三字上下黑口左右雙邊　存四
卷（二十五至二十八）

610000－1001－0018106　普02043

同治中興京外奏議約編八卷　（清）陳弢編
清光緒刻本　一冊　十行二十二字小字雙行
同白口左右雙邊　存一卷（六）

610000－1001－0018107　普02044

左傳紀事本末五十三卷　（清）高士奇撰　清
同治十二年（1873）江西書局刻本　十二冊
十行二十字下黑口左右雙邊

610000－1001－0018108　普02045

小學集解六卷　（清）張伯行輯注　清光緒十
三年（1887）陝西布政司刻本　四冊　九行十
七字小字雙行同白口四周雙邊

610000－1001－0018109　普02046

增補字學舉隅不分卷　（清）龍啟瑞撰　清道
光二十九年（1849）刻本　一冊　八行大小字
不等白口四周單邊間左右雙邊

610000－1001－0018110　普02049

附釋音尚書注疏二十卷　（唐）孔穎達疏
（清）阮元校勘　（清）盧宣旬摘錄　清刻本
二冊　十行十八字小字雙行二十三字上下黑
口左右雙邊　存四卷（十一至十四）

610000－1001－0018111　普02050

外交報　（清）張元濟等輯譯　清末鉛印本
一冊　十二行三十二字小字雙行同上下黑口
四周雙邊　存十七期（第一至十七期）

610000 - 1001 - 0018112　普02051

**庚子山全集十卷**　（清）吳兆宜箋注　清刻本
六冊　十行二十字小字雙行同白口四周
雙邊

610000 - 1001 - 0018113　普02052

**附釋音毛詩注疏二十卷**　（唐）孔穎達撰　清
同治十二年(1873)江西書局刻本　二十四冊
十行十八字小字雙行二十三字上下黑口左
右雙邊

610000 - 1001 - 0018114　普02053

**小學集解六卷**　（清）張伯行輯注　清光緒十
三年(1887)陝西布政司刻本　三冊　九行十
七字小字雙行同白口四周雙邊　存四卷(一
至二、五至六)

610000 - 1001 - 0018115　普02054

**化學鑑原續編六卷**　（英國）傅蘭雅口譯
（清）徐壽筆述　清刻本　六冊　十行二十二
字上下黑口左右雙邊

610000 - 1001 - 0018116　普02055

**西漢年紀三十卷**　（宋）王益之撰　清嘉慶四
年(1799)掃葉山房刻本　一冊　十二行二十
五字小字雙行三十七字白口左右雙邊　存四
卷(十七至二十)

610000 - 1001 - 0018117　普02057

**大清搢紳全書四卷**　（□）□□撰　清同治十
年(1871)榮錄堂刻本　四冊　十四行三十二
字白口四周雙邊

610000 - 1001 - 0018118　普02062

**幾何原本十五卷**　（意大利）利瑪竇口譯
（明）徐光啟筆受　（英國）偉烈亞力口譯
（清）李善蘭筆受　清同治四年(1865)金陵曾
國藩衙署刻本　八冊　十行二十二字上下黑
口左右雙邊

610000 - 1001 - 0018119　普02063

**八宅明鏡二卷**　（清）箬冠道人撰　清蘇州綠
蔭堂刻本　一冊　十行二十二字小字雙行同
白口左右雙邊　存一卷(上)

610000 - 1001 - 0018120　普02064

610000 - 1001 - 0018120　普02064

**三國郡縣表八卷**　（清）吳增僅撰　清光緒二
十一年(1895)刻本　四冊　行數不等大小字
不等下黑口左右雙邊

610000 - 1001 - 0018121　普02065

**船山詩草選六卷**　（清）張問陶撰　清嘉慶二
十二年(1817)刻本　一冊　十行二十字白口
左右雙邊

610000 - 1001 - 0018122　普02066

**養正遺規二卷**　（清）陳宏謀編　清道光二十
四年(1844)刻本　一冊　九行二十二字下黑
口左右雙邊

610000 - 1001 - 0018123　普02069

**三國郡縣表八卷**　（清）吳增僅撰　清光緒二
十一年(1895)刻本　一冊　行數不等大小字
不等下黑口左右雙邊　存二卷(一至二)

610000 - 1001 - 0018124　普02070

**履園叢話二十四卷**　（清）錢泳輯　清刻本
二冊　九行二十二字上下黑口四周單邊　存
四卷(五至八)

610000 - 1001 - 0018125　普02071

**大清太宗應天興國弘德彰武寬温仁聖睿孝敬
敏昭定隆道顯功文皇帝聖訓六卷**　（清）太宗
皇太極撰　清刻本　一冊　九行十八字白口
四周雙邊

610000 - 1001 - 0018126　普02073

**漢魏六朝百三名家集**　（明）張溥輯　清光緒
十八年(1892)刻本　十一冊　九行十八字白
口左右雙邊　存八種

610000 - 1001 - 0018127　普02074

**南華眞經解六卷**　（清）宣穎解　清宏道堂刻
本　二冊　九行二十四字小字雙行同白口四
周單邊　存二卷(一、六)

610000 - 1001 - 0018128　普02076

**教諭語一卷**　（清）謝金鑾編　清光緒二十二
年(1896)刻本　一冊　十一行二十一字上下
黑口左右雙邊

610000 - 1001 - 0018129　普02077

金史一百三十五卷 （元）脫脫等修 金國語解一卷 （清）張廷玉等撰 清同治十三年(1874)江蘇書局刻本 一冊 十二行二十五字白口左右雙邊 存七卷(三十三至三十九)

610000－1001－0018130 普02078

教女遺規三卷 （清）陳宏謀編 清道光二十四年(1844)刻本 一冊 九行二十二字小字雙行同下黑口左右雙邊

610000－1001－0018131 普02079

大清聖祖合天弘運文武睿哲恭儉寬裕孝敬誠信中和功德大成仁皇帝聖訓六十卷 （清）聖祖玄燁撰 清刻本 二冊 九行十八字白口四周雙邊 存八卷(三至六、三十至三十三)

610000－1001－0018132 普02081

古唐詩合解十二卷 （清）王堯衢注 清刻本 三冊 十行二十一字小字雙行同白口四周單邊

610000－1001－0018133 普02082

附釋音禮記注疏六十三卷附校勘記六十三卷 （漢）鄭玄注 （唐）孔穎達等撰 清嘉慶二十年(1815)江西南昌府學刻本 二十二冊 十行十七字小字雙行二十三字上下黑口左右雙邊 存九十二卷(十八至六十三、校勘記十八至六十三)

610000－1001－0018134 普02083

通鑑紀事本末二百三十九卷 （宋）袁樞編輯 （明）張溥論正 清刻本 九冊 十行二十字小字雙行同下黑口左右雙邊 存二十三卷(四十二至五十八、八十六至八十九、二百十二至二百十三)

610000－1001－0018135 普02084

五省溝洫圖說不分卷 （清）沈夢蘭編 清光緒六年(1880)江蘇書局刻本 一冊 九行二十二字白口四周雙邊

610000－1001－0018136 普02085

松漠紀聞一卷續一卷補遺一卷考異一卷 （宋）洪皓撰 清同治十二年(1873)涇縣洪氏三瑞堂刻本 一冊 九行二十一字上下黑口四周雙邊

610000－1001－0018137 普02086

西漢年紀三十卷 （宋）王益之撰 清嘉慶四年(1799)掃葉山房刻本 三冊 十二行二十五字小字雙行三十七字白口左右雙邊 存十六卷(一至十六)

610000－1001－0018138 普02087

新增願體集四卷 （清）李仲麟輯 清末刻本 一冊 十行二十四字白口四周單邊

610000－1001－0018139 普02088

呻吟語六卷 （明）呂坤撰 清道光十七年(1837)雅雨堂刻本 一冊 九行二十二字下黑口四周雙邊 存一卷(五)

610000－1001－0018140 普02089

金史一百三十五卷 （元）脫脫等修 金國語解一卷 （清）張廷玉等撰 清刻本 五冊 十二行二十五字白口左右雙邊 存三十七卷(九十九至一百三十五)

610000－1001－0018141 普02090

後漢書一百二十卷 （南朝宋）范曄撰 清光緒十三年(1887)金陵書局刻本 一冊 十二行二十五字小字雙行三十七字白口左右雙邊 存四卷(二十五至二十八)

610000－1001－0018142 普02091

通鑑策論經世編二十七卷 （清）魏裔介纂 清光緒二十七年(1901)上海書局石印本 六冊 十五行三十六字小字雙行同白口四周雙邊

610000－1001－0018143 普02092

從政遺規二卷 （清）陳宏謀原編 清同治七年(1868)崇文書局刻本 二冊 十行二十二字小字雙行同白口四周雙邊

610000－1001－0018144 普02093

曾文正公家書十卷 （清）曾國藩撰 清光緒五年(1879)傳忠書局刻本 七冊 十行二十四字小字雙行同上下黑口左右雙邊 存七卷(一至七)

610000 – 1001 – 0018145　普02095

玉溪生詩意八卷　（清）屈復箋注　清道光十年(1830)刻本　一冊　十行二十一字白口左右雙邊　存二卷(一至二)

610000 – 1001 – 0018146　普02096

荀子二十卷校勘補遺一卷　（唐）楊倞注　清刻本　二冊　九行二十一字小字雙行同白口左右雙邊　存七卷(荀子十四至二十)

610000 – 1001 – 0018147　普02097

補註洗冤錄集證四卷　（宋）宋慈撰　清道光刻三色套印本　三冊　十行十八字小字雙行同白口左右雙邊　存三卷(二至四)

610000 – 1001 – 0018148　普02099

西國近事彙編□□卷　（美國）金楷理口譯（清）蔡錫齡筆述　清上海機器製造局鉛印本　四冊　十二行二十一字上下黑口左右雙邊　存四卷(光緒二年至二十五年)

610000 – 1001 – 0018149　普02100

前漢書一百二十卷附考證一百二十卷　（漢）班固撰　（唐）顏師古注　清光緒二十九年(1903)五洲同文局石印本　九冊　十行二十一字小字雙行同上下黑口左右雙邊　存八十卷(三十一至七十、考證三十一至七十)

610000 – 1001 – 0018150　普02101

史記一百三十卷　（漢）司馬遷撰　（南朝宋）裴駰集解　（唐）司馬貞索隱　（唐）張守節正義　清刻本　二冊　十行十八字小字雙行二十三字白口左右雙邊　存十二卷(三十一至四十二)

610000 – 1001 – 0018151　普02102

其恕堂詩鈔二卷　（清）劉時英撰　清嘉慶四年(1799)刻本　二冊　九行二十二字白口左右雙邊

610000 – 1001 – 0018152　普02103

前漢書一百二十卷附考證一百二十卷　（漢）班固撰　（唐）顏師古注　清光緒二十九年(1903)五洲同文局石印本　二冊　十行二十一字小字雙行同上下黑口左右雙邊　存十四卷(六十四至七十、考證六十四至七十)

610000 – 1001 – 0018153　普02104

洗冤錄詳義四卷首一卷　（清）許槤編校　清光緒三年(1877)湖北藩署刻本　一冊　九行十四字小字雙行同白口左右雙邊　存二卷(一、首一)

610000 – 1001 – 0018154　普02105

西國近事彙編□□卷　（美國）林樂知口譯（清）蔡錫齡筆述　清光緒六年(1880)上海機器製造局鉛印本　四冊　十行二十四字小字雙行不等上黑口四周雙邊　存四卷(光緒二年至二十五年)

610000 – 1001 – 0018155　普02106

醫經溯洄集一卷　（元）王履著　清刻本　一冊　十行二十字小字雙行同白口左右雙邊

610000 – 1001 – 0018156　普02107

來瞿唐先生易註十五卷首一卷末一卷　（明）來知德註　清善成堂刻本　一冊　九行二十二字小字雙行同白口四周單邊間左右雙邊　存一卷(首一)

610000 – 1001 – 0018157　普02109

蘭室秘藏三卷　（金）李杲撰　清刻本　一冊　十行二十字小字雙行同白口四周雙邊　存一卷(下)

610000 – 1001 – 0018158　普02110

來瞿唐先生易註十五卷首一卷末一卷　（明）來知德註　清嘉慶十四年(1809)符永培刻本　五冊　九行二十二字小字雙行同白口四周雙邊　存九卷(二至三、五至八、十四至十五、首一)

610000 – 1001 – 0018159　普02111

西國近事彙編□□卷　（美國）金楷理口譯（清）蔡錫齡筆述　清同治十三年(1874)上海機器製造局鉛印本　四冊　十二行二十一字小字雙行不等上下黑口左右雙邊　存四卷(光緒二年至二十五年)

610000 – 1001 – 0018160　普02112

西國近事彙編□□卷　（清）李嶽薇　（清）蔡

祚來編輯　（清）楊召芬譯　清光緒十三年
(1887)上海機器製造局鉛印本　四冊　十行
二十四字小字雙行不等上黑口四周雙邊　存
四卷(光緒二年至二十五年)

610000－1001－0018161　普02113
**新刊校正增釋合并麻衣先生人相編五卷**
(明)陸位崇校編　清刻本　一冊　十二行二
十四字小字雙行同白口四周單邊　存三卷
(一至三)

610000－1001－0018162　普02114
**御纂醫宗金鑑十五種**　（清）吳謙等輯　清刻
本　三冊　九行十九字白口四周雙邊　存
四種

610000－1001－0018163　普02115
**皇朝文獻通考三百卷**　（清）嵇璜　（清）劉墉
等纂修　清光緒八年(1882)刻本　四十冊
九行二十一字小字雙行同白口左右雙邊　存
六十八卷(三十六至七十、一百八十七至二百
十九)

610000－1001－0018164　普02116
**來瞿唐先生易註十五卷首一卷末一卷**　（明）
來知德註　清嘉慶十四年(1809)符永培刻本
一冊　九行二十二字小字雙行同白口四周
雙邊　存二卷(六至七)

610000－1001－0018165　普02117
**醫貫六卷**　（明）趙獻可撰　清刻本　一冊
九行十八字小字雙行同白口左右雙邊　存二
卷(三至四)

610000－1001－0018166　普02118
**西國近事彙編□□卷**　（清）鄭昌棪編輯　清
光緒十一年(1885)上海機器製造局鉛印本
四冊　十行二十四字小字雙行不等上黑口四
周雙邊　存四卷(光緒二年至二十五年)

610000－1001－0018167　普02119
**編輯外科心法要訣十六卷**　（清）吳謙輯　清
刻本　二冊　九行十九字白口四周雙邊

610000－1001－0018168　普02120
**春秋集傳辨異十二卷**　（清）趙培桂集辨　清

同治五年(1866)明德堂刻本　五冊　九行二
十三字小字雙行同白口左右雙邊　存九卷
(一、三至十)

610000－1001－0018169　普02121
**編輯外科心法要訣十六卷**　（清）吳謙輯　清
末刻本　一冊　十行二十四字小字雙行同白
口左右雙邊

610000－1001－0018170　普02123
**御纂醫宗金鑑十五種**　（清）吳謙等輯　清刻
本　三冊　九行十九字白口四周雙邊　存
三種

610000－1001－0018171　普02124
**讀禮通考一百二十卷**　（清）徐乾學編　清刻
本　五冊　十三行二十一字小字雙行三十一
字白口左右雙邊　存十九卷(一百〇二至一
百二十)

610000－1001－0018172　普02125
**宋四六選二十四卷**　（清）彭元瑞定本　（清）
曹振鏞編　清刻本　八冊　九行二十五字白
口左右雙邊

610000－1001－0018173　普02126
**[同治]畿輔通志三百卷首一卷**　（清）李鴻章
等修　（清）黃彭年等纂　清同治十年(1871)
修光緒十年(1884)刻本　十四冊　十二行二
十五字小字雙行同白口四周雙邊　存十五卷
(三十至四十四)

610000－1001－0018174　普02127
**後漢書一百二十卷**　（南朝宋）范曄撰　清刻
本　十五冊　十行二十一字小字雙行同白口
左右雙邊　存八十三卷(二至六、二十至八十
七、九十六至一百〇五)

610000－1001－0018175　普02128
**春秋權衡十七卷**　（宋）劉敞撰　清同治鍾謙
鈞刻本　一冊　十一行二十字白口左右雙邊
存八卷(七至十四)

610000－1001－0018176　普02130
**訂正仲景全書傷寒論註十七卷**　（清）吳謙輯
清末刻本　一冊　九行十九字白口左右雙

邊　存一卷(一)

610000 – 1001 – 0018177　普 02132
張仲景傷寒論原文淺註六卷　(漢)張仲景撰
　(清)陳念祖集註　清刻本　一冊　二十行
四十五字小字雙行同白口四周雙邊

610000 – 1001 – 0018178　普 02133
增補東萊博議二十五卷　(宋)呂祖謙撰　增
補東萊博議虛字註釋六卷　(清)張文炳點定
　清光緒二十九年(1903)秦中官書局石印本
四冊　十七行四十字白口四周單邊

610000 – 1001 – 0018179　普 02134
醫學集成四卷　(清)劉仕廉撰　(清)李培郁
校正　清刻本　二冊　九行二十五字白口四
周雙邊　存二卷(三至四)

610000 – 1001 – 0018180　普 02135
輯宋四書五經義式不分卷　(清)蘇兆奎輯
清光緒二十七年(1901)華陽蘇氏刻本　三冊
　九行二十二字上下黑口左右雙邊

610000 – 1001 – 0018181　普 02136
古詩源十四卷　(清)沈德潛選　清刻本　一
冊　十行十九字小字雙行不等上下黑口左右
雙邊　存四卷(四至七)

610000 – 1001 – 0018182　普 02137
天演論二卷　(英國)赫胥黎撰　薛己譯　清
光緒二十七年(1901)富文書局石印本　一冊
　十行二十一字白口四周雙邊　存一卷(上)

610000 – 1001 – 0018183　普 02139
外科發揮八卷　(明)吳琯輯　清刻本　一冊
　十行二十字小字雙行同白口左右雙邊　存
二卷(四至五)

610000 – 1001 – 0018184　普 02140
資治通鑑二百九十四卷　(宋)司馬光編
(元)胡三省音注　(明)陳仁錫評閱　清刻本
　四十五冊　十行二十字小字雙行同白口四
周單邊　存一百三十卷(七十九至一百○六、
一百三十五至一百六十二、一百九十二至二
百六十五)

610000 – 1001 – 0018185　普 02141
欽定周官義疏四十八卷首一卷　(清)鄂爾泰
等撰　清同治七年(1868)刻本　二十二冊
十一行二十四字小字雙行同白口左右雙邊
存四十四卷(一至二十一、二十七至四十八,
首一)

610000 – 1001 – 0018186　普 02143
通鑑三卷稽古錄一卷　(宋)司馬光撰　(清)
伍耀光輯錄　清光緒二十九年(1903)陝西官
運書局鉛印本　四冊　八行二十二字小字雙
行同白口四周單邊

610000 – 1001 – 0018187　普 02144
欽定詩經傳說彙纂二十一卷首二卷詩序二卷
　(清)王鴻緒等纂　清刻本　七冊　十一行
二十四字小字雙行同白口左右雙邊　存十一
卷(一至十一)

610000 – 1001 – 0018188　普 02145
團練說一卷附補遺一卷　(清)□□編　清同
治吳金生等刻本　一冊　八行二十二字白口
四周雙邊

610000 – 1001 – 0018189　普 02148
悟真篇三註三卷外集一卷　(宋)張伯端譔
(宋)薛道光等註　清刻本　二冊　八行二十
字小字雙行同白口左右雙邊

610000 – 1001 – 0018190　普 02150
重刊補註洗冤錄集證五卷　(宋)宋慈撰
(清)王又槐增輯　(清)李觀瀾補輯　(清)
阮其新補註　清道光二十四年(1844)刻三色
套印本　一冊　十行十八字小字雙行同白口
左右雙邊　存一卷(一)

610000 – 1001 – 0018191　普 02151
難經經釋二卷　(清)徐大椿撰　清光緒十五
年(1889)上海江左書林刻本　一冊　九行二
十五字小字雙行同白口左右雙邊

610000 – 1001 – 0018192　普 02152
欽定儀禮義疏四十八卷首二卷　(清)允祿等
撰　清刻本　二十一冊　八行二十二字小字
雙行同白口四周雙邊　存三十三卷(一至二

十四、三十二至三十四、四十三至四十八）

610000－1001－0018193　普02153
**四書朱註原解**　(清)華玉文輯　清刻本　二十冊　八行二十四字小字雙行同白口四周單邊

610000－1001－0018194　普02155
**慎疾芻言一卷**　(清)徐大椿撰　清刻本　一冊　十行二十二字白口左右雙邊

610000－1001－0018195　普02156
**東萊先生音註唐鑑二十四卷**　(宋)范祖禹撰　(宋)呂祖謙註　清光緒十六年(1890)柏經正堂刻本　二冊　九行十八字小字雙行同上下黑口四周單邊　存十二卷(一至十二)

610000－1001－0018196　普02157
**鄉守輯要十二卷**　(清)許乃釗輯　清咸豐元年(1851)刻本　三冊　十行二十一字白口四周雙邊　存七卷(一至三、七至十)

610000－1001－0018197　普02158
**儀禮十七卷校錄一卷**　(漢)鄭玄注　**續校一卷**　(清)黃丕烈續校　清同治九年(1870)崇文書局刻本　二冊　十四行二十五字小字雙行三十二字白口左右雙邊

610000－1001－0018198　普02161
**醫貫砭二卷**　(清)徐大椿撰　清刻本　一冊　九行二十二字小字雙行同白口左右雙邊

610000－1001－0018199　普02162
**聖蹟編年一卷**　(清)費崇朱撰　清刻本　一冊　十行十五字小字雙行同上下黑口左右雙邊

610000－1001－0018200　普02163
**欽定儀禮義疏四十八卷首二卷**　(清)允祿等撰　清刻本　十二冊　十一行二十四字小字雙行同白口左右雙邊　存二十卷(二十九至四十八)

610000－1001－0018201　普02164
**洄溪醫案一卷附許辛木農部札一卷**　(清)徐大椿撰　(清)王士雄編　清咸豐七年(1857)

海昌蔣氏衍芬草堂刻本　一冊　九行二十一字上下黑口左右雙邊　存一卷(洄溪醫案一)

610000－1001－0018202　普02165
**禁止溺女初次示稿不分卷**　(□)□□撰　**鄒鑒亭司馬戒溺女文序不分卷**　(□)鄒鑒亭撰　(清)司馬戒撰　**何龍圖先生戒溺女歌不分卷**　(清)何龍圖撰　**施愚山先生戒溺女歌不分卷**　(清)施閏章撰　**章無黨先生戒溺女文不分卷**　(清)章無黨撰　**戒溺女論不分卷**　(清)盛松亭撰　清嘉慶十二年(1807)石印本　一冊　八行二十字白口左右雙邊

610000－1001－0018203　普02166
**泰西新史攬要二十四卷**　(英國)馬懇西著　(英國)李提摩太譯　(清)蔡爾康述稿　清光緒二十八年(1902)秦中官書局石印本　八冊　十一行二十七字白口四周雙邊

610000－1001－0018204　普02167
**皇清經解一百七十三種**　(清)阮元輯　清道光九年(1829)廣東學海堂刻咸豐十一年(1861)補刻本　四十冊　十一行二十四字小字雙行同白口左右雙邊　存二十五種

610000－1001－0018205　普02168
**西國近事彙編□□卷**　(美國)金楷理口譯　(清)姚棻筆述　清同治十二年(1873)上海機器製造局鉛印本　四冊　十二行二十一字小字雙行不等上下黑口左右雙邊　存四卷(光緒二年至二十五年)

610000－1001－0018206　普02169
**徐氏醫書八種**　(清)徐大椿撰　清刻本　一冊　九行二十一字白口左右雙邊　存二種

610000－1001－0018207　普02171
**西國近事彙編□□卷**　(清)李嶽薌　(清)蔡祚來編輯　(清)楊召芬譯　清光緒二十四年(1898)上海機器製造局鉛印本　十二冊　十行二十四字小字雙行不等上黑口四周雙邊　存四卷(光緒二年至二十五年)

610000－1001－0018208　普02172
**西國近事彙編□□卷**　(清)楊召芬譯　(清)

汪振聲編　清光緒二十四年(1898)上海機器製造局鉛印本　三冊　十行二十四字小字雙行不等上黑口四周雙邊　存三卷(二至四)

610000－1001－0018209　普02173

**四書經註集證十九卷**　(清)吳昌宗撰　清末刻本　二冊　十一行二十五字小字雙行同白口左右雙邊　存三卷(一至二、五)

610000－1001－0018210　普02174

**日知錄集釋三十二卷刊誤二卷續刊誤二卷**　(清)顧炎武撰　(清)黃汝成集釋　清同治八年(1869)述古堂刻本　十六冊　十一行二十二字小字雙行同上下黑口左右雙邊

610000－1001－0018211　普02175

**鍼灸大成十卷**　(明)楊繼洲撰　清抄本　一冊　九行二十五字　存一卷(勝玉歌、玉龍歌)

610000－1001－0018212　普02176

**東塾集六卷附申范一卷**　(清)陳澧撰　清光緒十八年(1892)刻本　二冊　十二行二十四字小字雙行同白口四周單邊　存六卷(東塾集一至六)

610000－1001－0018213　普02177

**玉函山房輯佚書五百九十四種**　(清)馬國翰輯　清光緒九年(1883)長沙嫏嬛館刻本　四十二冊　九行二十字小字雙行同白口四周雙邊　存三百二十六種

610000－1001－0018214　普02178

**西國近事彙編四卷**　(清)蔡祚來編輯　清光緒十九年(1893)上海機器製造局鉛印本　一冊　十行二十四字小字雙行不等上黑口四周雙邊　存一卷(一)

610000－1001－0018215　普02179

**西國近事彙編四卷**　(清)蔡祚來編輯　清光緒十八年(1892)上海機器製造局鉛印本　三冊　十行二十四字小字雙行不等上黑口四周雙邊　存三卷(二至四)

610000－1001－0018216　普02180

**傷寒論類方一卷**　(清)徐大椿編釋　清刻本

一冊　九行二十二字小字雙行同白口左右雙邊

610000－1001－0018217　普02181

**經餘閒墨三卷**　(清)秦嘉澤撰　清光緒二十五年(1899)刻本　一冊　八行二十二字下黑口左右雙邊

610000－1001－0018218　普02182

**倚晴樓七種曲**　(清)黃燮清填詞　清末刻本　三冊　九行二十二字小字雙行同白口左右雙邊　存三種

610000－1001－0018219　普02183

**聖教切要一卷**　(西洋)白多瑪撰　清道光二十二年(1842)刻本　一冊　十行二十四字小字雙行同白口四周三邊

610000－1001－0018220　普02185

**歐洲東方交涉記十二卷**　(英國)麥高爾撰　(美國)林樂知　瞿昂來譯　清光緒六年(1880)刻本　二冊　十行二十二字小字雙行同上下黑口左右雙邊

610000－1001－0018221　普02186

**三史拾遺五卷**　(清)錢大昕撰　清刻本　一冊　十行二十一字白口左右雙邊　存三卷(三至五)

610000－1001－0018222　普02187

**数學理九卷附錄一卷**　(英國)棣麼甘撰　(英國)傅蘭雅口譯　(清)趙元益筆述　清末江南機器製造總局刻本　四冊　十行二十二字小字雙行同上下黑口左右雙邊

610000－1001－0018223　普02188

**劉左史文集四卷**　(宋)劉安節撰　清刻本　一冊　九行二十二字上下黑口左右雙邊

610000－1001－0018224　普02189

**樂府詩集一百卷**　(宋)郭茂倩撰　清同治十三年(1874)崇文書局刻本　十六冊　十一行二十一字小字雙行同上下黑口四周雙邊

610000－1001－0018225　普02190

**慎疾芻言一卷**　(清)徐大椿撰　清同治十三

年(1874)刻本 一冊 九行二十一字白口四周雙邊

610000－1001－0018226 普02193

泂溪醫案一卷 (清)徐大椿撰 (清)王士雄編 清光緒十六年(1890)江左書林刻本 一冊 九行二十一字上下黑口左右雙邊

610000－1001－0018227 普02195

瀛環志畧十卷 (清)徐繼畬輯著 清光緒二十八年(1902)秦中書局石印本 四冊 十四行三十六字小字雙行同白口四周單邊

610000－1001－0018228 普02196

儀禮要義五十卷 (宋)魏了翁撰 清光緒十年(1884)江蘇書局刻本 八冊 九行十八字上下黑口四周雙邊 存三十三卷(一至三、二十一至五十)

610000－1001－0018229 普02197

放翁逸槀二卷家世舊聞一卷齋居紀事一卷 (宋)陸游撰 清刻本 一冊 九行二十一字白口四周單邊

610000－1001－0018230 普02198

庸吏庸言二卷 (清)劉衡輯 清刻本 一冊 十行二十二字白口左右雙邊 存一卷(二)

610000－1001－0018231 普02200

易經讀本不分卷 (□)□□撰 清光緒十四年(1888)陝西求友齋刻本 二冊 十一行二十二字小字雙行同白口左右雙邊

610000－1001－0018232 普02201

資治通鑑綱目五十九卷 (宋)朱熹撰 (明)陳仁錫評閱 清刻本 十冊 九行二十字小字雙行同白口四周雙邊 存十一卷(十一至十二、十六、二十五、三十八至至四十、四十三至四十五、五十九)

610000－1001－0018233 普02203

讀史論略一卷 (清)杜詔撰 清末刻本 一冊 七行二十字小字雙行同白口左右雙邊

610000－1001－0018234 普02204

唐詩直解七卷 (明)李攀龍選 (明)葉羲昂直解 清刻本 一冊 八行十七字小字雙行同白口左右雙邊 存一卷(四)

610000－1001－0018235 普02206

西國近事彙編□□卷 (美國)金楷理譯 (清)姚棻等編 清光緒上海機器製造局鉛印本 八冊 十行二十四字小字雙行不等下黑口四周雙邊 存八卷(光緒十二年一至四、光緒十七年一至四)

610000－1001－0018236 普02207

漢藝文志攷證十卷 (宋)王應麟撰 清刻本 二冊 十行二十字小字雙行同白口四周單邊

610000－1001－0018237 普02208

南華真經解六卷 (清)宣穎撰 清刻本 一冊 九行二十四字白口四周單邊 存一卷(三)

610000－1001－0018238 普02209

御纂周易述義十卷 (清)傅恆等撰 清同治十二年(1873)刻本 八冊 八行二十字白口四周雙邊

610000－1001－0018239 普02210

勸習西文議不分卷 (清)顧家相編 清光緒二十八年(1902)鉛印本 一冊 十一行二十五字小字雙行同上下黑口左右雙邊

610000－1001－0018240 普02211

來瞿唐先生易註十五卷首一卷末一卷 (明)來知德註 清嘉慶十四年(1809)符永培刻本 四冊 九行二十二字小字雙行同白口四周雙邊 存七卷(七至九、十一至十三,末一)

610000－1001－0018241 普02212

百花詩二卷 (清)姚文蔚撰 清末鉛印本 一冊 十一行三十字白口四周單邊

610000－1001－0018242 普02213

水師操練十八卷首一卷附一卷 (英國)傅蘭雅口譯 (清)徐建寅筆述 清末刻本 三冊 十行二十二字上下黑口左右雙邊

610000－1001－0018243 普02215

**欽定周官義疏四十八卷首一卷** （清）鄂爾泰
等纂 清刻本 三十四冊 八行十八字小字
雙行二十二字白口四周雙邊 缺一卷(二十)

610000－1001－0018244 普02216

**來瞿唐先生易註十五卷首一卷末一卷** （明）
來知德註 清嘉慶十四年(1809)符永培刻本
二冊 九行二十二字小字雙行同白口四周
雙邊 存四卷(十三至十五、末一)

610000－1001－0018245 普02217

**水師操練十八卷首一卷附一卷** （英國）傅蘭
雅口譯 （清）徐建寅筆述 清末刻本 二冊
十行二十二字上下黑口左右雙邊 存十九
卷(一至十八、首一)

610000－1001－0018246 普02218

**大清聖祖合天弘運文武睿哲恭儉寬裕孝敬誠
信中和功德大成仁皇帝聖訓六十卷** （清）聖
祖玄燁撰 清刻本 一冊 九行十八字白口
四周雙邊 存三卷(十八至二十)

610000－1001－0018247 普02219

**朱子原訂近思錄十四卷** （宋）朱熹撰 （清）
江永集注 （清）王鼎校次 清同治四年
(1865)刻本 三冊 七行十八字小字雙行同
白口四周雙邊 存十三卷(二至十四)

610000－1001－0018248 普02221

**文選六十卷** （南朝梁）蕭統撰 （唐）李善注
清刻本 十六冊 十二行二十五字小字雙
行三十七字白口左右雙邊

610000－1001－0018249 普02222

**太平寰宇記二百卷目錄二卷** （宋）樂史撰
清刻本 一冊 十行二十字小字雙行同白口
左右雙邊 存五卷(一百八十九至一百九十
三)

610000－1001－0018250 普02223

**新編算學啟蒙三卷總括一卷後記一卷識誤一
卷** （元）朱世傑撰 清道光十九年(1839)刻
本 二冊 十行十九字白口左右雙邊

610000－1001－0018251 普02225

**南華經解六卷** （清）宣穎撰 清刻本 二冊

九行二十四字白口四周單邊 存二卷(二
至三)

610000－1001－0018252 普02226

**莊子南華真經十卷** （晉）郭象注 清刻本
一冊 八行十八字小字雙行同白口左右雙邊
存一卷(八)

610000－1001－0018253 普02227

**書經體註大全合參六卷** （清）錢希祥纂輯
清一經樓刻本 二冊 九行十七字小字雙行
同白口左右雙邊

610000－1001－0018254 普02230

**小學六卷** （宋）朱熹撰 清同治三年(1864)
刻本 一冊 十行二十二字上下黑口四周雙
邊 存四卷(一至四)

610000－1001－0018255 普02232

**呂氏家塾讀詩記三十二卷** （宋）呂祖謙撰
清刻本 四冊 十行二十字小字雙行同白口
四周雙邊 存二十六卷(七至三十二)

610000－1001－0018256 普02233

**繆篆分韻五卷補一卷** （清）桂馥撰 清嘉慶
元年(1796)刻本 二冊 八行大小字不等白
口左右雙邊

610000－1001－0018257 普02235

**邠雲詞一卷** 李岳瑞撰 清光緒二十七年
(1901)刻本 一冊 十行十七字上下黑口左
右雙邊

610000－1001－0018258 普02236

**古文苑二十一卷** （宋）章樵註 （清）李錫齡
校 清刻本 四冊 十行二十二字小字雙行
同上下黑口四周單邊

610000－1001－0018259 普02238

**韻辨附文五卷** （清）沈兆霖撰 清同治十二
年(1873)刻本 五冊 七行大小字不等白口
四周雙邊

610000－1001－0018260 普02239

**續文章正宗復刻十二卷** （宋）真德秀輯 清
同治三年(1864)刻本 十冊 十行二十一字

小字雙行同白口四周雙邊

610000－1001－0018261　普02241

**史鑑節要便讀六卷**　(清)鮑東里撰　清同治六年(1867)刻本　二冊　十行二十字小字雙行五十三字下黑口四周雙邊

610000－1001－0018262　普02242

**文章正宗復刻三十卷**　(宋)真德秀輯　清同治三年(1864)刻本　六冊　十行二十一字小字雙行同白口四周雙邊　存八卷(二十三至三十)

610000－1001－0018263　普02243

**近思錄十四卷**　(宋)朱熹　(宋)呂祖謙撰　清同治三年(1864)刻本　二冊　十行二十二字白口四周雙邊

610000－1001－0018264　普02244

**普通學歌訣一卷**　(清)張一鵬撰　清光緒秦中官書局鉛印本　一冊　十行二十二字白口左右雙邊

610000－1001－0018265　普02245

**文章正宗復刻三十卷**　(宋)真德秀選　清同治三年(1864)刻本　十四冊　十行二十一字小字雙行同白口四周雙邊　存二十二卷(一至二十二)

610000－1001－0018266　普02246

**棊盤路圖不分卷**　(□)□□撰　清刻本　五冊　行數不等字數不等白口四周雙邊

610000－1001－0018267　普02247

**禮記約編五卷**　(清)汪基鈔譔　(清)江永校　清光緒三十二年(1906)鉛印本　五冊　九行二十二字小字雙行同白口四周雙邊

610000－1001－0018268　普02248

**數學理九卷附錄一卷**　(英國)棣麼甘撰　(英國)傅蘭雅口譯　(清)趙元益筆述　清末江南機器製造總局刻本　三冊　十行二十二字小字雙行同上下黑口左右雙邊　存六卷(一至六)

610000－1001－0018269　普02249

**數學理九卷附錄一卷**　(英國)棣麼甘撰　(英國)傅蘭雅口譯　(清)趙元益筆述　清末江南機器製造總局刻本　四冊　十行二十二字小字雙行同上下黑口左右雙邊

610000－1001－0018270　普02251

**惕吉錄不分卷**　(清)沈秉仁撰　清同治十三年(1874)刻本　一冊　八行二十字白口左右雙邊

610000－1001－0018271　普02252

**附鮚軒詩八卷**　(清)洪亮吉撰　清光緒三年(1877)刻本　二冊　十一行二十一字粗黑口左右雙邊

610000－1001－0018272　普02253

**尺木堂綱鑑易知錄九十二卷**　(清)吳乘權　(清)周之炯　(清)周之燦輯　清刻本　一冊　九行二十字白口四周單邊　存二卷(三十六至三十七)

610000－1001－0018273　普02254

**水師操練十八卷首一卷附一卷**　(英國)傅蘭雅口譯　(清)徐建寅筆述　清末刻本　一冊　十行二十二字上下黑口左右雙邊　存一卷(附一)

610000－1001－0018274　普02257

**繹史一百六十卷世系圖一卷年表一卷**　(清)馬驌譔　清光緒二十三年(1897)武林尚友齋石印本　二十一冊　十六行三十六字小字雙行五十四字白口左右雙邊　存一百五十七卷(一至九十四、一百至一百六十,世系圖一,年表一)

610000－1001－0018275　普02258

**說文解字十五卷**　(漢)許慎撰　(宋)徐鉉等校定　清光緒七年(1881)淮南書局刻本　五冊　七行大小字不等上下黑口左右雙邊

610000－1001－0018276　普02259

**十子全書**　(清)王子興輯　清嘉慶九年(1804)刻本　二十二冊　十一行二十一字小字雙行同上下黑口四周單邊　存七種

610000－1001－0018277　普02261

459

測候叢談四卷　（美國）金楷理口譯　（清）華蘅芳筆述　清光緒江南機器製造總局刻本　二冊　十行二十二字上下黑口左右雙邊

610000－1001－0018278　普02264

行素軒算稿六種　（清）華蘅芳撰　清光緒八年(1882)梁谿華氏刻本　六冊　十行二十二字上下黑口左右雙邊　存五種

610000－1001－0018279　普02265

中晚唐詩叩彈續集三卷　（清）杜詔　（清）杜庭珠輯　清刻本　一冊　十一行二十字小字雙行不等白口左右雙邊

610000－1001－0018280　普02266

東漢會要四十卷　（宋）徐天麟撰　清光緒二十一年(1895)刻本　五冊　九行二十一字白口四周雙邊

610000－1001－0018281　普02267

詩經八卷詩經圖考一卷　（宋）朱熹集傳　清咸豐六年(1856)稻香齋刻本　四冊　九行十七字小字雙行同白口四周雙邊

610000－1001－0018282　普02268

遼史紀事本末四十卷首一卷　（清）李有棠編　清光緒二十五年(1899)上海書局石印本　四冊　十八行四十四字小字雙行同白口四周單邊

610000－1001－0018283　普02269

中晚唐詩叩彈集十二卷　（清）杜詔　（清）杜庭珠輯　清刻本　四冊　十一行二十字小字雙行不等白口左右雙邊

610000－1001－0018284　普02270

來瞿唐先生日錄十三卷　（明）來知德撰　清道光十一年(1831)刻本　七冊　九行二十字白口四周雙邊

610000－1001－0018285　普02271

重刊宋本十三經注疏附校勘記　（清）阮元撰校勘記　（清）盧宣旬摘錄　清光緒十三年(1887)上海脈望仙館石印本　二十四冊　二十行三十三字小字雙行四十六字白口四周單邊　存十種

610000－1001－0018286　普02276

丹桂根緣一卷　（清）李一德等輯　清同治十三年(1874)刻本　一冊　八行二十字白口四周雙邊

610000－1001－0018287　普02277

來瞿唐先生易註十五卷首一卷末一卷　（明）來知德註　清嘉慶十四年(1809)符永培刻本（卷一至二配清刻本）　十一冊　九行二十二字小字雙行同白口四周雙邊

610000－1001－0018288　普02278

孟塗文集十卷前集十卷後集二十二卷駢體文二卷　（清）劉開撰　清道光六年(1826)桐城姚氏檗山草堂刻本　八冊　十二行二十四字上下黑口四周單邊

610000－1001－0018289　普02280

勸習西文議不分卷　（清）顧家相編　清光緒二十八年(1902)鉛印本　一冊　十一行二十五字小字雙行同上下黑口左右雙邊

610000－1001－0018290　普02281

黃石公素書三卷　（漢）黃石公撰　清道光二十六年(1846)刻本　一冊　八行十九字小字雙行同白口四周雙邊

610000－1001－0018291　普02283

水師操練十八卷首一卷附一卷　（英國）傅蘭雅口譯　（清）徐建寅筆述　清末刻本　三冊　十行二十二字上下黑口左右雙邊　存十九卷(一至十八、首一)

610000－1001－0018292　普02284

水師操練十八卷首一卷附一卷　（英國）傅蘭雅口譯　（清）徐建寅筆述　清末刻本　三冊　十行二十二字上下黑口左右雙邊

610000－1001－0018293　普02287

御批歷代通鑑輯覽一百二十卷　（清）傅恆纂修　清末刻本　七冊　十一行二十二字小字雙行同白口四周雙邊　存十三卷(十九至二十二、二十九至三十一、三十四至三十七、八十五至八十六)

610000－1001－0018294　普02288

**呂氏家塾讀詩記三十二卷** (宋)呂祖謙撰
清刻本　一冊　十行二十字小字雙行同白口
四周雙邊　存六卷(一至六)

610000－1001－0018295　普02289

**司馬温公通鑑論二卷** (宋)司馬光撰　(清)
季亮時輯　(清)孫同潞校補　清刻本　一冊
十行二十字小字雙行同上下黑口左右雙邊
存一卷(下)

610000－1001－0018296　普02290

**數學理九卷附錄一卷** (英國)棣麼甘撰
(英國)傅蘭雅口譯　(清)趙元益筆述　清末
江南機器製造總局刻本　二冊　十行二十二
字小字雙行同上下黑口左右雙邊　存四卷
(七至九、附錄一)

610000－1001－0018297　普02291

**文字蒙求四卷** (清)王筠撰　清刻本　一冊
六行十一字小字雙行二十二字白口四周單
邊　存二卷(三至四)

610000－1001－0018298　普02292

**御批歷代通鑑輯覽一百二十卷** (清)傅恆纂
修　清末刻本　二十六冊　十一行二十二字
小字雙行同白口四周雙邊　存五十四卷(二
十五至三十八、四十一至四十六、八十七至一
百二十)

610000－1001－0018299　普02293

**日知錄三十二卷** (清)顧炎武撰　清刻本
十六冊　十一行二十二字小字雙行同白口左
右雙邊

610000－1001－0018300　普02296

**南宋雜事詩七卷目錄一卷** (清)沈嘉轍撰
清同治十一年(1872)淮南書局刻本　一冊
十一行二十一字小字雙行二十九字白口左右
雙邊　存二卷(一、目錄一)

610000－1001－0018301　普02298

**悟真篇集註三卷首一卷末一卷** (宋)張伯端
撰　(清)仇兆鰲集註　(清)知幾子集補　清
同治十二年(1873)學院前合成齋刻本　三冊
十行二十一字小字雙行同白口四周雙邊

610000－1001－0018302　普02300

**樊山政書六卷** (清)樊增祥撰　清宣統二年
(1910)刻本　一冊　十二行二十三字小字雙
行同上下黑口左右雙邊　存一卷(一)

610000－1001－0018303　普02301

**禮記約編五卷附禮記圖說五卷** (清)汪基鈔
譔　(清)江永校　清光緒三十三年(1907)陝
西學務公所鉛印本　二冊　九行二十二字小
字雙行同白口四周雙邊　存六卷(約編一、圖
說一至五)

610000－1001－0018304　普02302

**臨文便覽不分卷** (清)張啟泰輯　(清)龍光
甸　(清)龍啟瑞增輯　清同治十三年(1874)
刻本　一冊　八行大小字不等白口四周雙邊

610000－1001－0018305　普02303

**寄傲山房塾課新增幼學故事瓊林四卷首一卷**
(清)程允升撰　(清)鄒聖脉增補　清末刻
本　四冊　十行二十六字小字雙行同白口四
周雙邊

610000－1001－0018306　普02304

**濟一子道書十二種** (清)傅金銓撰　清善成
堂刻本　一冊　九行二十一字白口四周雙邊
存二種

610000－1001－0018307　普02305

**保甲書四卷** (清)徐棟輯　清道光二十八年
(1848)刻本　一冊　十行二十五字白口左右
雙邊　存二卷(三至四)

610000－1001－0018308　普02306

**南唐書十八卷** (宋)陸游撰　清光緒五年
(1879)木活字印本　二冊　九行二十一字白
口四周單邊　存十二卷(一至十二)

610000－1001－0018309　普02307

**鄉守輯要十二卷** (清)許乃釗輯　清咸豐元
年(1851)刻本　一冊　十行二十一字白口四
周雙邊　存三卷(四至六)

610000－1001－0018310　普02308

**禮記約編五卷附禮記圖說五卷** (清)汪基鈔
譔　(清)江永校　清光緒三十三年(1907)陝

西學務公所鉛印本　一冊　二十二行二十四字白口四周單邊　存五卷(圖說一至五)

610000－1001－0018311　普02309
詁經精舍八集　(清)俞樾輯　清光緒九年(1883)刻本　二十三冊　十三行二十二字小字雙行同白口左右雙邊　存五集(三至七)

610000－1001－0018312　普02310
皇朝通典一百卷　(清)嵇璜　(清)劉墉等纂修　清光緒元年(1875)學海堂刻本　一冊　九行二十一字小字雙行同白口四周雙邊　存四卷(一至四)

610000－1001－0018313　普02311
讀書續錄十二卷　(明)薛瑄撰　清刻本　一冊　十二行字數不等上下黑口左右雙邊　存四卷(一至四)

610000－1001－0018314　普02312
六書音均表五卷　(清)段玉裁著　清同治十一年(1872)湖北崇文書局刻本　一冊　十行二十字小字雙行二十九字白口四周雙邊　存四卷(一至四)

610000－1001－0018315　普02313
健松齋續集十卷　(清)方象瑛撰　清刻本　一冊　十行二十字白口四周單邊　存五卷(六至十)

610000－1001－0018316　普02314
夢奈詩稿一卷　(清)馮桂芬撰　清光緒二年(1876)刻本　一冊　十一行二十三字小字雙行同下黑口左右雙邊

610000－1001－0018317　普02315
五言今體詩鈔九卷七言今體詩鈔九卷　(清)姚鼐輯　清同治五年(1866)金陵書局刻本　一冊　十行二十二字小字雙行同上下黑口左右雙邊　存五卷(五言一至五)

610000－1001－0018318　普02316
太平寰宇記二百卷目錄二卷　(宋)樂史撰　清刻本　一冊　十行二十字小字雙行同白口左右雙邊　存四卷(一百九十七至二百)

610000－1001－0018319　普02317
御批資治通鑑綱目五十九卷　(宋)朱熹撰　(明)陳仁錫評閱　清刻本　十二冊　七行十八字小字雙行同白口四周單邊　存九卷(十八至二十一、二十六至三十)

610000－1001－0018320　普02319
韻對典考二卷　(清)車萬育著　(清)聶銑敏重訂　清光緒三年(1877)刻本　一冊　九行二十字小字雙行同白口左右雙邊　存一卷(上)

610000－1001－0018321　普02320
歷代名臣傳三十五卷首一卷續編五卷　(清)朱軾　(清)蔡世遠輯　清刻本　一冊　九行二十二字白口左右雙邊　存三卷(三十至三十二)

610000－1001－0018322　普02321
國史文苑傳二卷　(清)國史館編　清刻本　一冊　十二行二十四字白口四周單邊　存一卷(二)

610000－1001－0018323　普02322
水經注圖說殘稾四卷　(清)董祐誠撰　清同治八年(1869)刻本　一冊　十一行二十一字上下黑口左右雙邊　存三卷(一至三)

610000－1001－0018324　普02324
小學紺珠十卷　(宋)王應麟撰　清刻本　一冊　十行二十字小字雙行同白口四周單邊　存二卷(五至六)

610000－1001－0018325　普02325
簡齋集十六卷　(宋)陳與義撰　清刻本　一冊　九行二十一字小字雙行同白口四周雙邊　存四卷(五至八)

610000－1001－0018326　普02327
晚晴集一卷　(清)姚文蔚撰　清刻本　一冊　十一行三十字白口四周單邊

610000－1001－0018327　普02329
南宋雜事詩七卷首一卷　(清)沈嘉轍撰　清刻本　一冊　十一行二十一字小字雙行二十八字白口四周雙邊　存二卷(四至五)

610000 - 1001 - 0018328　普 02331

**經餘必讀續編八卷**　（清）錢樹棠　（清）雷琳　（清）錢樹立輯　清刻本　一冊　十行二十字小字雙行同白口四周單邊

610000 - 1001 - 0018329　普 02332

**附釋音春秋左傳注疏六十卷**　（晉）杜預注　（唐）孔穎達疏　**校勘記六十卷**　（清）阮元撰　（清）盧宣旬摘錄　清嘉慶二十年(1815)江西南昌府學刻本　三十七冊　十行十七字小字雙行二十三字上下黑口左右雙邊

610000 - 1001 - 0018330　普 02333

**皇朝文獻通考三百卷**　（清）嵇璜等纂修　清刻本　一冊　九行二十一字小字雙行同白口左右雙邊　存二卷(二百十八至二百十九)

610000 - 1001 - 0018331　普 02334

**教諭語一卷**　（清）謝金鑾編　清光緒十八年(1892)刻本　一冊　九行二十字上下黑口左右雙邊

610000 - 1001 - 0018332　普 02335

**大日本中興先覺志二卷**　（日本）岡本監輔撰　清光緒二十七年(1901)開導社刻本　一冊　十行二十字白口四周雙邊　存一卷(上)

610000 - 1001 - 0018333　普 02336

**平陽全書十五卷**　（清）葉泰輯　清刻本　一冊　九行二十一字白口四周單邊　存二卷(六至七)

610000 - 1001 - 0018334　普 02337

**國朝閨閣詩鈔一百種**　（清）張綸英等編　清同治十三年(1874)媚嫒別館刻本　二冊　八行十八字小字雙行同上下黑口四周雙邊　存二十種

610000 - 1001 - 0018335　普 02338

**培遠堂手札節存三卷**　（清）陳宏謀撰　清同治射雕山館刻本　一冊　八行二十字白口四周雙邊　存三卷(一下)

610000 - 1001 - 0018336　普 02340

**貳臣傳十二卷**　（清）國史館編　清刻本　一

冊　九行二十字白口左右雙邊　存四卷(五至八)

610000 - 1001 - 0018337　普 02342

**東塾讀書記二十五卷**　（清）陳澧撰　清光緒二十七年(1901)邵州勸學書舍刻本　一冊　十一行二十四字上下黑口左右雙邊　存四卷(五至八)

610000 - 1001 - 0018338　普 02343

**通典二百卷**　（唐）杜佑纂修　清咸豐九年(1859)崇仁謝氏刻本　三十三冊　十行二十一字小字雙行同白口左右雙邊　存一百卷(一至一百)

610000 - 1001 - 0018339　普 02344

**前漢書一百卷**　（漢）班固撰　（唐）顏師古注　清刻本　三冊　十一行二十一字小字雙行同白口四周雙邊　存七卷(十七至十八、二十七、三十一至三十四)

610000 - 1001 - 0018340　普 02345

**集說詮真續編一卷附歷代永統紀年表圖一卷**　（清）黃柏錄輯　（清）蔣超凡校　清光緒六年(1880)上海慈母堂刻十一年(1885)重校本　一冊　九行二十字小字雙行同白口四周雙邊

610000 - 1001 - 0018341　普 02346

**學部奏定增訂各學堂管理通則不分卷**　（清）□□撰　清宣統元年(1909)鉛印本　一冊　十三行三十二字白口四周雙邊

610000 - 1001 - 0018342　普 02348

**國朝先正事略六十卷**　（清）李元度纂　清刻本　一冊　十行二十四字白口左右雙邊　存二卷(九至十)

610000 - 1001 - 0018343　普 02349

**二如亭群芳譜三十卷**　（明）王象晉輯　（明）毛鳳苞校　清刻本　六冊　八行十八字白口左右雙邊　存七卷(天譜一至三、歲譜一至四)

610000 - 1001 - 0018344　普 02352

**增補千家詩七言絕句□□卷**　（清）成文信重

訂　清刻本　一冊　十二行二十三字小字雙行同白口四周雙邊　存二卷(三至四)

610000－1001－0018345　普02354

**真文忠公政經一卷**　(宋)真德秀撰　清刻本　一冊　九行十八字白口四周雙邊

610000－1001－0018346　普02355

**孫子十家註十三卷**　(春秋)孫武撰　(清)孫星衍　(清)吳人驥校　清刻本　一冊　十二行二十四字小字雙行同上下黑口四周單邊　存二卷(三至四)

610000－1001－0018347　普02356

**鄉黨文菹□□卷**　(□)□□撰　清刻本　一冊　八行二十一字白口左右雙邊　存一卷(第四十四葉至第八十七葉)

610000－1001－0018348　普02357

**詞科掌錄十七卷詞科餘話七卷**　(清)杭世駿編　清刻本　一冊　十一行二十一字上下黑口左右雙邊　存三卷(掌錄十五至十七)

610000－1001－0018349　普02358

**國朝文才調集一卷**　(清)許振褘集評　清刻本　一冊　十行二十二字白口左右雙邊

610000－1001－0018350　普02359

**官板地理玉髓真經二十八卷後卷一卷**　(宋)張洞玄撰　清刻本　一冊　十行二十八字小字雙行同白口四周單邊　存一卷(三)

610000－1001－0018351　普02360

**宋史四百九十六卷**　(元)脫脫等修　清刻本　一冊　十行大小字不等白口左右雙邊　存二卷(二百十四至二百十五)

610000－1001－0018352　普02361

**時齋四書簡題六卷附時齋四書簡題補一卷**　(清)趙亦道　(清)程四箴校錄　清刻本　二冊　九行二十字白口左右雙邊　存三卷(五至六、題補一)

610000－1001－0018353　普02364

**遼史一百十五卷**　(元)脫脫等修　清同治十二年(1873)刻本　二冊　十二行二十五字小

字雙行同白口左右雙邊　存十九卷(四十五至四十八、七十一至八十五)

610000－1001－0018354　普02365

**十科策署箋釋十卷**　(明)劉文安撰　(清)劉作檿註釋　清刻本　一冊　十行二十字白口四周單邊　存三卷(八至十)

610000－1001－0018355　普02366

**奇門遁甲統宗十二卷**　(三國蜀)諸葛亮著　清刻本　一冊　九行二十字白口左右雙邊　存三卷(一至三)

610000－1001－0018356　普02367

**保嬰撮要二十卷**　(明)薛己撰　清刻本　一冊　十行二十字白口左右雙邊　存二卷(十二至十三)

610000－1001－0018357　普02370

**張氏叢書二十一種**　(清)張澍輯　清道光元年(1821)二酉堂刻本　六冊　十行二十四字小字雙行同白口左右雙邊　存十六種

610000－1001－0018358　普02374

**萬國近政考略十六卷**　(清)鄒弢編　清光緒二十七年(1901)三借廬鉛印本　三冊　十四行四十字白口四周單邊　存十二卷(一至四、九至十六)

610000－1001－0018359　普02379

**切問齋文鈔三十卷**　(清)陸燿輯　清刻本　三冊　十二行二十五字白口左右雙邊　存十二卷(十三至十九、二十六至三十)

610000－1001－0018360　普02381

**歷代名人尺牘精華錄十二卷**　(明)陳繼儒鑒定　(明)沈佳允輯　清宣統元年(1909)上海國學昌明社石印本　四冊　十四行三十字白口四周雙邊

610000－1001－0018361　普02385

**通商約章類纂三十五卷**　(清)徐宗亮輯　清光緒二十四年(1898)石印本　七冊　十行二十四字下黑口四周單邊

610000－1001－0018362　普02387

日本國志四十卷首一卷　(清)黃遵憲撰　清光緒十六年(1890)羊城富文齋刻本　三冊　十二行二十四字小字雙行同上下黑口四周雙邊　存七卷(一至六、首一)

610000－1001－0018363　普02389
史記一百三十卷　(漢)司馬遷撰　(南朝宋)裴駰集解　(唐)司馬貞索隱　(唐)張守節正義　(明)徐孚遠等測議　清嘉慶十一年(1806)刻本　二冊　九行二十字白口左右雙邊　存十一卷(七十六至八十六)

610000－1001－0018364　普02396
欽定續通典一百五十卷　(清)嵇璜等纂　清光緒二十七年(1901)上海圖書集成局石印本　十二冊　十六行四十三字小字雙行同白口四周單邊

610000－1001－0018365　普02399
漢魏六朝百三名家集　(明)張溥輯　清刻本　十七冊　九行十八字小字雙行同白口左右雙邊　存十六種

610000－1001－0018366　普02400
家塾蒙求五卷　(清)康基淵撰　清刻本　一冊　十行大小字不等白口左右雙邊　存三卷(三至五)

610000－1001－0018367　普02407
史記菁華錄六卷　(清)姚苧田輯　清光緒二十七年(1901)上海廣益書局石印本　二冊　十八行三十六字白口四周雙邊

610000－1001－0018368　普02408
皇朝經世文新編二十一卷　(清)麥仲華輯　清光緒二十七年(1901)石印本　二冊　二十二行四十八字小字雙行同白口四周雙邊　存三卷(一下至二、十五上中)

610000－1001－0018369　普02412
四書章句集注十九卷　(宋)朱熹撰　清同治十一年(1872)刻本　六冊　九行十七字小字雙行同白口左右雙邊

610000－1001－0018370　普02415
明詩別裁集十二卷　(清)沈德潛　(清)周準

輯　清刻本　一冊　十行十九字小字雙行同白口左右雙邊　存二卷(七至八)

610000－1001－0018371　普02417
欽定國朝詩別裁集三十二卷　(清)沈德潛纂評　清刻本　一冊　十行十九字小字雙行二十八字白口左右雙邊　存二卷(十七至十八)

610000－1001－0018372　普02418
史記菁華錄六卷　(清)姚苧田輯　清光緒二十七年(1901)上海廣益書局石印本　一冊　十八行三十六字白口四周雙邊　存三卷(一至三)

610000－1001－0018373　普02419
孔教真理二卷　(□)□□撰　清刻本　一冊　八行二十字白口四周雙邊　存一卷(後編)

610000－1001－0018374　普02421
虛字闡義三卷　(清)謝鼎卿撰　清光緒元年(1875)京都玻璃廠善成堂刻本　一冊　九行二十字小字雙行同白口四周雙邊

610000－1001－0018375　普02422
韻香閣詩草一卷　(清)孔祥淑撰　清光緒十二年(1886)刻本　一冊　八行二十一字白口四周雙邊

610000－1001－0018376　普02424
京畿金石考二卷　(清)孫星衍撰　清道光二十六年(1846)刻本　二冊　十行二十二字上下黑口四周單邊

610000－1001－0018377　普02425
詩材類對纂要四卷　(清)申贊皇等箋　清刻本　一冊　八行二十字小字雙行同白口四周雙邊　存一卷(一)

610000－1001－0018378　普02426
御批歷代通鑑輯覽一百二十卷　(清)傅恆等纂　清刻本　十六冊　十一行二十二字小字雙行同白口四周雙邊　存三十卷(十二至十七、三十至三十一、三十四至三十五、九十一至一百〇三、一百十至一百十六)

610000－1001－0018379　普02430

書林揚觶二卷 （清）方東樹撰 清同治十年
（1871）望三益齋刻本 一冊 十行二十三字
小字雙行同白口左右雙邊 存一卷（上）

610000－1001－0018380 普02431
漢魏六朝百三名家集 （明）張溥輯 清光緒
十八年（1892）刻本 九冊 九行十八字小字
雙行同白口左右雙邊 存七種

610000－1001－0018381 普02432
附釋音禮記注疏六十三卷 （漢）鄭玄注
（唐）陸德明音義 （唐）孔穎達疏 附校勘記
六十三卷 （清）阮元撰 （清）盧宣旬摘錄
清嘉慶二十年（1815）江西南昌府學刻本 四
冊 十行十七字小字雙行二十三字上下黑口
左右雙邊 存十六卷（十四至二十一、校勘記
十四至二十一）

610000－1001－0018382 普02433
史記菁華錄六卷 （清）姚苧田輯 清光緒二
十七年（1901）上海廣益書局石印本 二冊
十八行三十六字小字雙行同白口四周雙邊

610000－1001－0018383 普02434
欽定儀禮義疏四十八卷首二卷 （清）允祿等
撰 清刻本 一冊 八行二十二字小字雙行
同白口四周雙邊 存一卷（四十七）

610000－1001－0018384 普02436
雨亭尺牘八卷 （清）林欽潤撰 清同治元年
（1862）刻本 一冊 九行十七字上下黑口四
周單邊 存一卷（一）

610000－1001－0018385 普02437
說文通檢十四卷首一卷末一卷 （清）黎永椿
編 清光緒刻本 一冊 十行二十二字小字
雙行同白口左右雙邊 存八卷（八至十四、末
一）

610000－1001－0018386 普02439
五經分類文鈔二十六卷 （清）朱鏡清輯 清
光緒十四年（1888）石印本 十冊 三十行五
十三字白口四周雙邊

610000－1001－0018387 普02440
在官法戒錄摘鈔四卷 （清）陳宏謀輯 清光

緒三十二年（1906）刻本 一冊 十行二十二
字小字雙行同白口四周雙邊 存二卷（一至
二）

610000－1001－0018388 普02445
函海四十函一百五十二種 （清）李調元輯
清嘉慶十四年（1809）李鼎元重校印本 一冊
十行二十字白口四周雙邊 存五種

610000－1001－0018389 普02446
程氏所見詩鈔二十四卷 （清）程鴻緒輯 清
嘉慶十二年（1807）浣月齋刻本 一冊 九行
十九字小字雙行同白口左右雙邊 存三卷
（四至六）

610000－1001－0018390 普02453
賦海大觀三十二卷目錄一卷 （清）鴻寶齋主
人編 清光緒十六年（1890）鴻寶齋石印本
一冊 二十五行六十字白口四周雙邊 存一
卷（目錄一）

610000－1001－0018391 普02454
理虛元鑑二卷 （清）綺石先生撰 清光緒二
年（1876）刻本 一冊 九行二十字小字雙行
不等下黑口四周雙邊

610000－1001－0018392 普02455
遼史一百十六卷 （元）脫脫等撰 清刻本
一冊 十行二十一字白口左右雙邊 存十二
卷（二十一至三十二）

610000－1001－0018393 普02456
文昌帝君孝經一卷附廿二史孝感錄一卷述夢
記一卷 （清）黃正元註 文昌帝君勸友文註
釋一卷 （清）徐桐撰 清光緒十一年（1885）
姑蘇瑪瑙經房刻本 一冊 九行二十五字小
字雙行同白口左右雙邊

610000－1001－0018394 普02460
唐陸宣公翰苑集二十四卷首一卷末一卷
（唐）陸贄撰 （清）張佩芳注 清光緒十八年
（1892）柏經正堂刻本 十二冊 九行二十一
字小字雙行同下黑口左右雙邊

610000－1001－0018395 普02463
唐陸宣公翰苑集二十四卷首一卷末一卷

（唐）陸贄撰　（清）張佩芳注　清光緒十八年
(1892)柏經正堂刻本　八冊　九行二十一字
小字雙行同下黑口左右雙邊

610000－1001－0018396　普02464

**漢魏六朝百三名家集**　（明）張溥輯　清光緒
五年(1879)刻本　三十冊　九行十八字小字
雙行同白口左右雙邊　存二十九種

610000－1001－0018397　普02465

**重刊宋本十三經注疏附校勘記**　（清）阮元撰
校勘記　（清）盧宣旬摘錄校勘記　清嘉慶二
十年至二十一年(1815－1816)江西南昌府學
刻本　九十冊　十行十七字小字雙行二十三
字上下黑口左右雙邊　存六種

610000－1001－0018398　普02468

**鄉守輯要合鈔十卷**　（清）許乃釗編　清刻本
　一冊　十行二十四字小字雙行同白口四周
雙邊　存五卷(六至十)

610000－1001－0018399　普02469

**奏定陸軍畢業學生考試收官暫行章程一卷**
(清)憲政編查館奏定　清光緒三十一年
(1905)鉛印本　一冊　十行二十五字下黑口
四周雙邊

610000－1001－0018400　普02471

**欽定儀禮義疏四十八卷首二卷**　（清）允祿等
撰　清刻本　三十六冊　八行二十二字小字
雙行同白口四周雙邊　存四十四卷(一至四
十二、首一至二)

610000－1001－0018401　普02472

**五大洲圖說五卷首一卷**　（意大利）艾儒略撰
　（清）錢熙祚校　清光緒二十四年(1898)上
海書局石印本　二冊　十一行二十三字上下
黑口左右雙邊

610000－1001－0018402　普02473

**聲律啟蒙撮要二卷**　（清）車萬育撰　（清）夏
大觀箋　（清）聶銑敏重訂　（清）歐陽棻
(清)王紹蓉校　清刻本　一冊　九行二十五
字小字雙行同白口四周單邊　存一卷(一)

610000－1001－0018403　普02476

**欽定儀禮義疏四十八卷首二卷**　（清）允祿等
撰　清刻本　二十冊　八行二十二字小字雙
行同白口四周雙邊

610000－1001－0018404　普02477

**朱子原訂近思錄十四卷**　（宋）朱熹撰　（清）
江永集注　（清）王鼎校次　清光緒十五年
(1889)刻本　四冊　九行十七字小字雙行同
白口四周雙邊

610000－1001－0018405　普02478

**續古文辭類纂三十四卷**　王先謙輯　清光緒
八年(1882)刻本　十冊　十三行二十二字上
下黑口左右雙邊

610000－1001－0018406　普02479

**續藏書二十七卷**　（明）李贄撰　清刻本　一
冊　九行二十字小字雙行同白口四周單邊
存一卷(十七)

610000－1001－0018407　普02483

**說文通訓定聲十八卷分部檢韻一卷**　（清）朱
駿聲撰　（清）朱鏡蓉參訂　清刻本　一冊
十行大字不等小字雙行三十字白口四周雙邊
　存一卷(七)

610000－1001－0018408　普02484

**家塾蒙求五卷**　（清）康基淵輯　清同治七年
(1868)刻本　二冊　十行二十二字小字雙行
同白口左右雙邊

610000－1001－0018409　普02488

**各國交涉公法論初集四卷二集四卷三集八卷**
　（英國）費利摩羅巴德撰　（英國）傅蘭雅口
譯　（清）俞世爵筆述　清光緒二十二年
(1896)慎記書莊石印本　四冊　二十行四十
四字白口四周雙邊

610000－1001－0018410　普02489

**牧令書輯要十卷**　（清）徐棟編　（清）丁日昌
選評　清刻本　一冊　十一行二十一字小字
雙行同上下黑口左右雙邊　存一卷(五)

610000－1001－0018411　普02491

**黃石公素書一卷**　（漢）黃石公撰　（宋）張商
英注　清抄本　一冊　七行十七字小字雙行同

610000－1001－0018412　普02492

**左傳紀事本末五十三卷**　（清）高士奇撰
（清）閔萃祥點勘　清光緒十四年(1888)上海
書業公所鉛印本　五冊　十五行四十字白口
四周雙邊

610000－1001－0018413　普02493

**道言內外祕訣全書三十六種**　（明）彭好古輯
　清刻本　十三冊　九行十八字白口左右雙
邊　存二十五種

610000－1001－0018414　普02495

**牧令書輯要十卷**　（清）徐棟原編　清同治七
年(1868)江蘇書局刻本　一冊　十一行二十
一字上下黑口左右雙邊　存一卷(一)

610000－1001－0018415　普02496

**五種遺規**　（清）陳宏謀編輯　清刻本　十冊
　十一行二十四字白口四周單邊　存四種

610000－1001－0018416　普02497

**曾文正公水陸行軍練兵志四卷**　（清）王定安
纂　（清）柏森校　清光緒二十六年(1900)柏
經正堂刻本　二冊　十行二十二字上下黑口
四周單邊

610000－1001－0018417　普02498

**日本國志四十卷首一卷**　（清）黃遵憲撰　清
光緒十六年(1890)羊城富文齋刻本　十一冊
　十二行二十四字小字雙行同上下黑口四周
雙邊　存三十四卷(七至四十)

610000－1001－0018418　普02499

**明十三家詩選初集八卷**　（清）汪端輯　清同
治十二年(1873)蘊蘭吟館刻本　四冊　十一
行二十二字上下黑口左右雙邊

610000－1001－0018419　普02500

**近思錄十四卷**　（宋）呂祖謙輯　清刻本　一
冊　九行二十一字小字雙行同白口四周雙邊
　存一卷(二)

610000－1001－0018420　普02501

**古文筆法百篇二十卷**　（清）李扶九編　清末
刻本　一冊　九行二十五字小字雙行同白口
四周單邊間左右雙邊　存六卷(十五至二十)

610000－1001－0018421　普02502

**實政錄七卷**　（明）呂坤撰　清同治十一年
(1872)浙江書局刻本　三冊　九行二十二字
白口左右雙邊　存三卷(一至三)

610000－1001－0018422　普02503

**船山遺書五十六種附一種**　（清）王夫之撰
清同治四年(1865)湘鄉曾國荃金陵刻本　四
冊　十行二十二字小字雙行同上下黑口左右
雙邊　存四種

610000－1001－0018423　普02505

**文獻通考二十四卷首一卷**　（元）馬端臨撰
清光緒二十五年(1899)上海點石齋石印本
二十二冊　二十二行四十二字小字雙行同白
口四周單邊　存二十三卷(一至十八中、十九
至二十、二十二至二十四)

610000－1001－0018424　普02506

**古文辭類纂七十五卷**　（清）姚鼐輯　清光緒
二十五年(1899)秦中官書局鉛印本　八冊
十五行三十三字小字雙行同白口四周雙邊

610000－1001－0018425　普02507

**聖武記十四卷**　（清）魏源撰　清刻本　十冊
　十行二十一字上下黑口四周雙邊　存十二
卷(一至十二)

610000－1001－0018426　普02508

**學案初模二十卷續編二十卷**　（清）伊里布編
　清光緒二十五年(1899)陝西秦中書局鉛印
本　十冊　十行二十四字白口四周雙邊

610000－1001－0018427　普02509

**程氏所見詩鈔二十四卷**　（清）程鴻緒輯　清
嘉慶十二年(1807)浣月齋刻本　一冊　九行
十九字小字雙行同白口左右雙邊　存三卷
(一至三)

610000－1001－0018428　普02513

**呂叔簡先生四禮翼不分卷**　（明）呂坤撰　清
同治十二年(1873)刻本　一冊　九行二十字
上下黑口四周雙邊

610000－1001－0018429　普02514

**行素草堂金石叢書十六種**　（清）朱記榮輯

清光緒十四年(1888)吳縣朱氏刻彙印本　十冊　十一行二十一字上下黑口左右雙邊　存五種

610000－1001－0018430　普02515
**傳家寶四集三十二卷** （清)石成金編　清刻本　一冊　八行二十字白口左右雙邊　存一卷(四)

610000－1001－0018431　普02516
**九九銷夏錄十四卷** （清)俞樾撰　清光緒刻本　一冊　十行二十一字白口左右雙邊　存七卷(八至十四)

610000－1001－0018432　普02517
**文獻通考二十四卷首一卷** （元)馬端臨撰　清光緒二十五年(1899)上海點石齋石印本　二十二冊　二十二行四十二字小字雙行同白口四周單邊　存二十二卷(一至二十、二十二至二十三)

610000－1001－0018433　普02518
**曾子二卷** （清)雷柱點注　（清)張普校　清光緒三十一年(1905)三原張氏刻本　一冊　九行二十二字小字雙行同下黑口上下雙邊

610000－1001－0018434　普02519
**重刊補註洗冤錄集證四卷附檢骨圖格一卷作吏要言一卷** （宋)宋慈撰　（清)王又槐增輯　（清)李觀瀾補輯　（清)阮其新補註　清道光二十三年(1843)刻三色套印本　八冊　十行十八字小字雙行同白口左右雙邊

610000－1001－0018435　普02520
**庸吏庸言二卷** （清)劉衡撰　清同治七年(1868)崇文書局刻本　一冊　十行二十二字白口左右雙邊　存一卷(上)

610000－1001－0018436　普02521
**莆陽知稼翁文集十一卷詞一卷** （宋)黃公度撰　清刻本　一冊　十行二十字上下黑口左右雙邊

610000－1001－0018437　普02522
**欽定續文獻通考輯要二十六卷** （清)湯壽潛編輯　清光緒二十五年(1899)鉛印本　一冊　十四行四十二字小字雙行同白口四周單邊　存三卷(六至八)

610000－1001－0018438　普02523
**文獻通考二十四卷首一卷** （元)馬端臨撰　清光緒二十五年(1899)上海點石齋石印本　十五冊　二十二行四十二字小字雙行同白口四周單邊　存十七卷(一至十一、十四至十八中、二十)

610000－1001－0018439　普02525
**通商約章類纂三十五卷** （清)徐宗亮輯　清光緒二十四年(1898)石印本　十三冊　十行二十四字下黑口四周單邊　存二十六卷(十至三十五)

610000－1001－0018440　普02526
**家塾蒙求五卷** （清)康基淵纂輯　清同治七年(1868)刻本　一冊　十行二十二字小字雙行同白口左右雙邊　存三卷(一至三)

610000－1001－0018441　普02527
**文獻通考二十四卷首一卷** （元)馬端臨撰　清光緒二十五年(1899)上海點石齋石印本　七冊　二十二行四十二字小字雙行同白口四周單邊　存六卷(十一上、十五至十八上、二十)

610000－1001－0018442　普02528
**聞式堂古文選釋八卷** （清)臧岳編輯　清刻本　二冊　十行二十二字小字雙行同白口四周單邊　存二卷(三、五)

610000－1001－0018443　普02531
**文獻通考二十四卷首一卷** （元)馬端臨撰　清光緒二十五年(1899)上海點石齋石印本　三冊　二十二行四十二字小字雙行同白口四周單邊　存二卷(十六、二十)

610000－1001－0018444　普02532
**澄衷蒙學堂字課圖說四卷** （清)劉樹屏編　清光緒二十七年(1901)澄衷蒙學堂石印本　五冊　十二行大小字不等下黑口四周雙邊

610000－1001－0018445　普02533
**高厚蒙求五集** （清)徐朝俊纂　清嘉慶十二

年(1807)雲間徐氏刻本　二冊　十行二十一字小字雙行同白口左右雙邊　存五種

610000－1001－0018446　普02535
郘雲詞一卷　李岳瑞撰　清光緒二十七年(1901)刻本　一冊　十行十七字上下黑口左右雙邊

610000－1001－0018447　普02536
皇朝經世文續編一百二十卷　（清）葛士濬編　清光緒鉛印本　三冊　十三行四十字小字雙行同白口四周單邊　存十三卷（二十四至二十七、五十七至六十、一百十六至一百二十）

610000－1001－0018448　普02537
歷代地理志韻編今釋二十卷皇朝輿地韻編二卷歷代地理沿革圖一卷　（清）李兆洛輯　清光緒二十四年(1898)鉛印本　七冊　十四行大小字不等白口四周雙邊

610000－1001－0018449　普02538
萍鄉課士新藝四卷續編四卷　（清）顧家相編　清光緒二十七年(1901)刻本　七冊　十一行二十五字上黑口左右雙邊

610000－1001－0018450　普02539
學算筆談十二卷　（清）華蘅芳撰　清光緒十一年(1885)金匱華氏刻本　四冊　十行二十二字上下黑口左右雙邊

610000－1001－0018451　普02540
欽定周官義疏四十八卷首一卷　（清）鄂爾泰等撰　清刻本　二十七冊　八行二十二字小字雙行同白口四周雙邊　存四十三卷（一至六、十一至十二、十五至四十八,首一）

610000－1001－0018452　普02541
新書十卷　（漢）賈誼撰　清刻本　一冊　九行二十一字小字雙行同白口左右雙邊　存六卷（五至十）

610000－1001－0018453　普02543
皇朝經世文新增續編一百二十卷　（清）葛世濬輯　清末鉛印本　一冊　十八行四十四字白口四周單邊　存七卷（五十八至六十四）

610000－1001－0018454　普02545
文獻通考二十四卷首一卷　（元）馬端臨撰　清光緒二十五年(1899)上海點石齋石印本　十冊　二十二行四十二字小字雙行同白口四周單邊　存十六卷（一至十一、十八下至十九、二十二至二十四）

610000－1001－0018455　普02546
錢志新編二十卷　（清）張崇懿輯　清道光十年(1830)刻本　四冊　九行二十一字白口左右雙邊

610000－1001－0018456　普02547
地理全志四卷　（英國）慕維廉撰　清光緒二十八年(1902)上海書局石印本　一冊　十八行四十二字上黑口四周雙邊　存四卷（一至四）

610000－1001－0018457　普02548
文獻通考二十四卷首一卷　（元）馬端臨撰　清光緒二十五年(1899)上海點石齋石印本　一冊　二十二行四十二字小字雙行同白口四周單邊　存一卷（二十二）

610000－1001－0018458　普02549
魏書一百十四卷　（北齊）魏收撰　清刻本　一冊　十行二十一字白口左右雙邊　存二卷（十九至二十）

610000－1001－0018459　普02551
子史精華一百六十卷　（清）允祿　（清）吳襄等纂　清刻本　十六冊　八行二十四字小字雙行同白口四周雙邊　存七十五卷（四十五至一百十九）

610000－1001－0018460　普02552
海域大觀一卷　（清）徐朝俊輯　清嘉慶十二年(1807)雲間徐氏刻本　一冊　十行二十一字小字雙行同白口左右雙邊

610000－1001－0018461　普02554
奏定度量權衡畫一制度圖說總表推行章程一卷　（清）溥頲等撰　清光緒三十四年(1908)鉛印本　一冊　九行二十三字小字雙行不等白口四周雙邊

610000－1001－0018462　普02555

**毛詩注疏二十卷**　(漢)毛亨傳　(漢)鄭玄箋
(唐)孔穎達疏　(唐)陸德明音義　清刻本
六冊　九行二十一字小字雙行同白口左右
雙邊　存九卷(十二至二十)

610000－1001－0018463　普02556

**荀子二十卷首一卷**　(唐)楊倞注　王先謙集
解　清光緒十七年(1891)刻本　六冊　十一
行二十四字小字雙行同黑口左右雙邊

610000－1001－0018464　普02557

**曾惠敏公全集四種**　(清)曾紀澤撰　清光緒
上海書局石印本　四冊　十九行四十三字白
口四周雙邊　存三種

610000－1001－0018465　普02559

**圖註八十一難經四卷附校正瀕湖脉學一卷**
(戰國)扁鵲述　(明)張世賢註　**校正圖註脈
訣四卷**　(晉)王叔和撰　(明)張世賢註　清
刻本　一冊　二十行四十字小字雙行同白口
四周雙邊

610000－1001－0018466　普02560

**太史華句八卷**　(明)凌迪知輯　清光緒十一
年(1885)五融經館刻本　一冊　八行十七字
小字雙行同白口左右雙邊　存三卷(一至三)

610000－1001－0018467　普02562

**小倉山房尺牘六卷**　(清)袁枚撰　(清)陳名
金輯注　清同治二年(1863)經元堂刻本　二
冊　九行十九字小字雙行同白口四周單邊
存二卷(一、三)

610000－1001－0018468　普02563

**韻辨附文五卷**　(清)沈兆霖撰　清道光二十
四年(1844)刻本　四冊　七行大小字不等白
口四周雙邊

610000－1001－0018469　普02564

**補註洗冤錄集證四卷**　(宋)宋慈撰　清道光
二十三年(1843)刻三色套印本　四冊　十行
十八字小字雙行同白口左右雙邊

610000－1001－0018470　普02566

**韻辨附文五卷**　(清)沈兆霖撰　清道光二十

四年(1844)刻本　二冊　七行大小字不等白
口四周雙邊

610000－1001－0018471　普02568

**大清律例按語不分卷**　(清)□□編　清道光
十九年(1839)木活字印本　四冊　九行二十
字小字雙行不等白口左右雙邊

610000－1001－0018472　普02569

**苑洛集二十二卷**　(明)韓邦奇撰　清刻本
五冊　十行二十字白口四周雙邊　存十卷
(十三至二十二)

610000－1001－0018473　普02570

**諭摺彙存二十二卷**　(清)□□輯　清末石印
本　六冊　十一行二十二字小字雙行不等白
口四周雙邊　存□□卷(光緒二十六年六月)

610000－1001－0018474　普02571

**東塾讀書記二十五卷**　(清)陳澧撰　清末刻
本　一冊　十一行二十四字小字雙行同上下
黑口左右雙邊　存七卷(十五至二十一)

610000－1001－0018475　普02572

**東越儒林後傳一卷**　(清)陳壽祺撰　清刻本
一冊　十行二十字白口四周單邊

610000－1001－0018476　普02576

**梅氏叢書輯要二十一種附二種**　(清)梅文鼎
撰　清光緒石印本　六冊　二十二行二十四
字小字雙行不等白口四周雙邊

610000－1001－0018477　普02580

**萬國史記二十卷**　(日本)岡本監輔撰　清光
緒二十三年(1897)上海六先書局鉛印本　一
冊　十六行三十四字白口四周雙邊　存三卷
(十三至十五)

610000－1001－0018478　普02582

**克虜伯礮彈造法二卷圖一卷餅藥造法一卷**
(德國)軍政局撰　(美國)金楷理口譯
(清)李鳳苞筆述　清光緒江南機器製造總局
刻本　三冊　十行二十二字小字雙行同上下
黑口左右雙邊

610000－1001－0018479　普02583

洗冤錄詳義四卷首一卷 （清）許槤編校 **洗冤錄摭遺二卷補一卷** （清）葛元煦撰 清光緒十六年(1890)湖北官書處刻本 六冊 九行十四字小字雙行同白口左右雙邊

610000 – 1001 – 0018480 普 02584

西學書目表三卷附一卷 梁啟超撰 清光緒二十二年(1896)時務報館石印本 一冊 十三行三十字小字雙行四十六字上下黑口四周單邊

610000 – 1001 – 0018481 普 02585

論語注疏解經二十卷附論語音義一卷 （三國魏）何晏集解 （宋）邢昺疏 （唐）陸德明音義 清同治十三年(1874)湖南書局刻本 二冊 九行二十一字小字雙行同白口左右雙邊

610000 – 1001 – 0018482 普 02586

孟子注疏解經十四卷 （漢）趙岐注 （宋）孫奭疏 清同治十三年(1874)湖南書局刻本 四冊 九行二十一字小字雙行同白口左右雙邊

610000 – 1001 – 0018483 普 02587

述記四卷 （清）任兆麟撰 清刻本 一冊 九行十七字小字雙行同白口左右雙邊 存二卷(上)

610000 – 1001 – 0018484 普 02590

天演論二卷 （英國）赫胥黎撰 薛己譯 清末鉛印本 一冊 十二行二十八字小字雙行三十四字白口四周雙邊 存一卷(下)

610000 – 1001 – 0018485 普 02591

史記一百三十卷 （漢）司馬遷撰 （南朝宋）裴駰集解 （唐）司馬貞索隱 （唐）張守節正義 清刻本 八冊 九行二十字小字雙行同白口左右雙邊 存五十九卷(七十二至一百三十)

610000 – 1001 – 0018486 普 02592

金石識別十二卷 （美國）代那撰 （美國）瑪高溫口譯 （清）華蘅芳筆述 清同治十一年(1872)江南機器製造總局刻本 一冊 十行二十二字上下黑口左右雙邊 存二卷(一至二)

610000 – 1001 – 0018487 普 02593

見聞續筆二十四卷 （清）齊學裘撰 清末刻本 一冊 九行二十一字白口左右雙邊間四周單邊 存三卷(十九至二十一)

610000 – 1001 – 0018488 普 02594

聞式堂古文選釋八卷 （清）臧岳編輯 清刻本 一冊 十行二十二字小字雙行同白口四周單邊 存一卷(一)

610000 – 1001 – 0018489 普 02595

四元玉鑑細艸三卷首一卷坿增一卷四坿一卷 （元）朱世傑編 （清）鍾煜校正 清道光刻本 五冊 八行二十四字上下黑口四周雙邊 存三卷(細艸中下、附一)

610000 – 1001 – 0018490 普 02596

曾文正公全集首一卷奏稿三十六卷 （清）曾國藩撰 清同治、光緒傳忠書局刻本 三十冊 十行二十二字上下黑口左右雙邊 存三十卷(奏稿一至二十九、首一)

610000 – 1001 – 0018491 普 02598

石室秘錄四卷 （清）陳士鐸撰 清末石印本 一冊 二十一行四十二字小字雙行同下黑口左右雙邊 存一卷(一)

610000 – 1001 – 0018492 普 02600

赫胥黎天演論二卷 （英國）赫胥黎撰 薛己譯 清光緒二十一年(1895)陝西味經售書處刻本 二冊 十行二十二字白口左右雙邊

610000 – 1001 – 0018493 普 02601

時務分類文編三十二卷 （清）蛟川求是齋主人輯 清光緒二十八年(1902)上海宜今室石印本 十二冊 十五行三十二字白口四周單邊

610000 – 1001 – 0018494 普 02603

初等小學國文教科書不分卷 （清）□□編 清宣統二年(1910)陝西學務公所圖書館石印本 一冊 七行字數不等白口四周雙邊

610000－1001－0018495　普02605

**明史紀事本末八十卷**　（清）谷應泰編輯　清同治十三年(1874)江西書局刻本　二十冊　十行二十字下黑口左右雙邊

610000－1001－0018496　普02606

**南雷詩歷四卷**　（清）黃宗羲撰　清光緒三十一年(1905)杭州群學社石印本　一冊　十五行三十三字白口左右雙邊

610000－1001－0018497　普02607

**南史八十卷**　（唐）李延壽撰　清光緒十年(1884)上海同文書局影印本　一冊　十行二十一字白口左右雙邊　存四卷(七十七至八十)

610000－1001－0018498　普02608

**國語二十一卷**　（三國吳）韋昭解　清刻本二冊　十一行十九字小字雙行不等白口左右雙邊　存十三卷(四至十六)

610000－1001－0018499　普02612

**增定課兒鑑畧妥註善本五卷**　（明）李廷機著　（清）鄒聖脉訂　清刻本　一冊　十行二十八字小字雙行同白口四周單邊　存一卷(三)

610000－1001－0018500　普02614

**宋史四百九十六卷**　（元）脫脫等修　清光緒石印本　一冊　十行二十一字上下黑口左右雙邊　存五卷(六十八至七十二)

610000－1001－0018501　普02615

**皇朝經世文續編一百二十卷**　（清）賀長齡輯　清光緒二十八年(1902)天章書局石印本二冊　二十二行四十八字白口四周雙邊　存二十卷(十一至二十、九十一至一百)

610000－1001－0018502　普02617

**萬國近政考略十六卷**　（清）鄒弢編　清光緒二十七年(1901)三借廬鉛印本　一冊　十四行四十字白口四周單邊　存四卷(五至八)

610000－1001－0018503　普02618

**國語明道本攷異四卷**　（清）汪遠孫撰　清刻本　一冊　十行大小字不等白口左右雙邊

610000－1001－0018504　普02619

**史學提要二卷**　（宋）黃繼善撰　清刻本　一冊　六行十四字小字雙行不等白口四周雙邊間左右雙邊　存一卷(下)

610000－1001－0018505　普02621

**皇朝經世文續編一百二十卷**　（清）葛士濬編　清光緒十四年(1888)上海圖書集成局鉛印本　二冊　十三行四十字小字雙行同白口四周單邊　存七卷(四十八至五十一、七十二至七十四)

610000－1001－0018506　普02622

**前漢書一百卷**　（漢）班固撰　（唐）顏師古注　清刻本　五冊　二十行四十二字小字雙行同白口左右雙邊　存六十一卷(十二至二十、二十四至二十七、五十三至一百)

610000－1001－0018507　普02623

**書經六卷**　（宋）蔡沈集傳　清刻本　二冊九行十七字小字雙行同白口四周雙邊　存三卷(四至六)

610000－1001－0018508　普02625

**思痛錄一卷**　（清）陳才芳述　清光緒十一年(1885)刻本　一冊　九行二十五字白口四周雙邊

610000－1001－0018509　普02626

**資治通鑑外紀十卷目錄五卷**　（宋）劉恕撰　清光緒二十八年(1902)上海積山書局石印本一冊　行數不等四十四字小字雙行同白口四周雙邊　存十卷(一至十)

610000－1001－0018510　普02627

**大唐西域記十二卷**　（唐）釋玄奘譯　清道光二十四年(1844)金山錢氏刻本　二冊　十一行二十三字上下黑口左右雙邊　存八卷(五至十二)

610000－1001－0018511　普02628

**欽定周官義疏四十八卷首一卷**　（清）鄂爾泰等撰　清刻本　四冊　八行二十二字小字雙行不等白口四周雙邊　存六卷(一至六)

610000－1001－0018512　普02629

欽定春秋傳說彙纂三十八卷首二卷　（清）王
掞等撰　清末刻本　六冊　八行二十二字小
字雙行同白口四周雙邊　存十二卷（八至十
九）

610000－1001－0018513　普02630

朱子原訂近思錄十四卷　（宋）朱熹撰　（清）
江永集注　（清）王鼎校次　清光緒十一年
（1885）江西書局刻本　一冊　九行二十字小
字雙行同白口四周雙邊　存二卷（三至四）

610000－1001－0018514　普02631

四書鞭影二十卷　（明）劉鳳翱撰　清道光二
十四年（1844）三原李氏刻本　十二冊　九行
二十四字小字雙行同上黑口左右雙邊

610000－1001－0018515　普02632

四聲便覽四卷　（清）余六師編　清同治十三
年（1874）刻本　一冊　十行大小字不等白口
四周雙邊

610000－1001－0018516　普02633

唐詩三百首註釋七卷　（清）蘅塘退士編
（清）章爕註　（清）孫孝根校　唐詩三百首續
選一卷　（清）廖元復編　清光緒二十四年
（1898）刻本　四冊　九行二十字小字雙行同
白口四周單邊

610000－1001－0018517　普02634

高士傳三卷　（晉）皇甫謐撰　清光緒三年
（1877）湖北崇文書局刻本　一冊　十二行二
十四字上下黑口四周雙邊

610000－1001－0018518　普02635

平津館叢書三十八種　（清）孫星衍輯　清嘉
慶蘭陵孫氏刻本　一冊　十一行二十字小字
雙行同白口左右雙邊　存二種

610000－1001－0018519　普02636

歷代名賢列女氏姓譜一百五十七卷　（清）蕭
智漢纂輯　清刻本　一冊　十三行二十二字
白口四周雙邊　存一卷（一百二十一）

610000－1001－0018520　普02637

禮記二十卷　（漢）鄭玄注　清末刻本　九冊
九行十七字小字雙行同白口四周雙邊　存

十八卷（三至二十）

610000－1001－0018521　普02639

讀史論略一卷　（清）杜詔撰　清同治十年
（1871）刻本　一冊　八行二十二字白口四周
雙邊

610000－1001－0018522　普02640

儀禮注疏五十卷附校勘記五十卷　（漢）鄭玄
注　（唐）賈公彥等疏　清刻本　八冊　十行
二十三字小字雙行同上下黑口左右雙邊　存五
十二卷（二十五至五十、校勘記二十五至五十）

610000－1001－0018523　普02641

事宜不分卷　（清）□□編　清刻本　一冊
九行二十字白口四周單邊間四周雙邊

610000－1001－0018524　普02644

增訂金壺字攷一卷　（清）郝在田增訂　清光
緒元年（1875）刻本　一冊　八行十五字小字
雙行不等白口左右雙邊

610000－1001－0018525　普02645

書經六卷　（宋）蔡沈集傳　清宣統三年
（1911）上海會文堂粹記書局石印本　四冊
十一行二十四字小字雙行三十六字白口四周
雙邊

610000－1001－0018526　普02646

小倉山房尺牘六卷　（清）袁枚撰　（清）陳名
金輯注　清同治二年（1863）經元堂刻本　一
冊　九行十九字小字雙行同白口四周單邊間
四周雙邊　存一卷（二）

610000－1001－0018527　普02648

歐陽文精選不分卷　（清）呂留良選　清刻本
一冊　十行二十五字白口左右雙邊

610000－1001－0018528　普02649

唐陸宣公翰苑集二十四卷首一卷末一卷
（唐）陸贄撰　（清）張佩芳注　清光緒十八年
（1892）柏經正堂刻本　十冊　九行二十一字
小字雙行同下黑口左右雙邊

610000－1001－0018529　普02652

道德經解二卷　（□）純陽帝君釋義　（□）雲

門魯史纂述　清刻本　一冊　九行二十二字
小字雙行同上下黑口四周雙邊　存一卷(一)

610000－1001－0018530　普02653

**聲調三譜十二卷**　(清)王祖源輯　清光緒十
八年(1892)關中書院刻本　一冊　九行二十
二字小字雙行同上下黑口四周雙邊

610000－1001－0018531　普02654

**章氏遺書二種**　(清)章學誠撰　清道光十二
年至十三年(1832－1833)章華紱刻本　五冊
十二行二十五字白口四周單邊

610000－1001－0018532　普02655

**天下郡國利病書一百二十卷**　(清)顧炎武輯
(清)龍萬育訂　清光緒二十七年(1901)上
海圖書集成局鉛印本　二十八冊　十四行四
十二字小字雙行不等白口四周單邊

610000－1001－0018533　普02659

**明詩別裁集十二卷**　(清)沈德潛　(清)周準
輯　清刻本　六冊　十行十九字小字雙行同
白口左右雙邊

610000－1001－0018534　普02660

**碧桃軒集唐詩四卷**　(清)李應觀撰　清咸豐
六年(1856)醉月山房刻本　二冊　九行二十
一字小字雙行同白口左右雙邊

610000－1001－0018535　普02661

**音韻貫珠六集**　(清)賈椿齡編　清同治十三
年(1874)刻本　八冊　九行十六字小字雙行
不等白口四周雙邊

610000－1001－0018536　普02663

**[嘉慶]溧陽縣志十六卷**　(清)李景嶧等纂修
清光緒二十二年(1896)刻本　九冊　十一
行二十三字小字雙行同白口左右雙邊　缺一
卷(六)

610000－1001－0018537　普02664

**新刻龍圖神斷公案□□卷**　(□)□□編　清
刻本　一冊　九行二十字白口四周單邊　存
二卷(七至八)

610000－1001－0018538　普02665

**龍圖公案□□卷**　(□)□□編　清刻本　二
冊　十二行二十六字白口四周單邊　存二卷
(五至六)

610000－1001－0018539　普02667

**小學集解六卷**　(清)張伯行輯注　清光緒十
三年(1887)陝西布政司刻本　四冊　九行十
七字小字雙行同白口四周雙邊

610000－1001－0018540　普02668

**戰國策三十三卷**　(漢)高誘注　重刻剡川姚
氏本戰國策札記三卷　(清)黃丕烈撰　清嘉
慶八年(1803)刻本　三冊　十一行二十字小
字雙行同白口左右雙邊　存二十八卷(戰國
策一至十二、二十三至三十五,札記一至三)

610000－1001－0018541　普02669

**行素草堂金石叢書十六種**　(清)朱記榮輯
清光緒十四年(1888)吳縣朱氏刻彙印本　三
十冊　十一行二十一字小字雙行同上下黑口
左右雙邊　存十二種

610000－1001－0018542　普02670

**韓集點勘四卷**　(清)陳景雲撰　清同治九年
(1870)江蘇書局刻本　一冊　十行二十字白
口左右雙邊

610000－1001－0018543　普02671

**春秋集傳辨異十二卷**　(清)趙培桂集辨　清
同治五年(1866)明德堂刻本　六冊　九行二
十三字小字雙行同白口左右雙邊

610000－1001－0018544　普02672

**忠介公集十三卷首一卷末一卷附錄五卷**
(明)楊爵撰　清光緒十九年(1893)張履誠堂
刻本　一冊　九行二十字下黑口四周單邊
存三卷(一至三)

610000－1001－0018545　普02673

**儀禮註疏十七卷**　(漢)鄭玄註　(唐)賈公彥
疏　清刻本　一冊　九行二十一字小字雙行
同白口左右雙邊　存三卷(十五至十七)

610000－1001－0018546　普02674

**校邠廬抗議二卷**　(清)馮桂芬撰　清光緒十
年(1884)刻本　一冊　十一行二十三字小字

雙行同白口左右雙邊　存一卷(上)

610000－1001－0018547　普02675

**醫學入門七卷首一卷**　(明)李梴撰　清刻本
一冊　九行二十二字小字雙行同白口四周
雙邊　存一卷(一)

610000－1001－0018548　普02676

**船山遺書五十六種附一種**　(清)王夫之撰
清同治四年(1865)湘鄉曾國荃金陵刻本　二
冊　八行二十二字小字雙行同上下黑口左右
雙邊　存一種

610000－1001－0018549　普02678

**醫方選要十卷**　(明)周文采等輯　清刻本
一冊　十行二十一字小字雙行同上下黑口四
周雙邊　存一卷(十)

610000－1001－0018550　普02679

**前漢書校勘札記一百卷**　(清)味經書院撰
清光緒二十三年(1897)陝甘味經刊書處刻本
六冊　十一行二十一字小字雙行同白口四
周雙邊

610000－1001－0018551　普02680

**曾文正公奏稿三十六卷**　(清)曾國藩撰　清
刻本　十冊　十行二十四字上下黑口左右雙
邊　存十三卷(二十四至三十六)

610000－1001－0018552　普02682

**資治通鑑外紀十卷目錄五卷**　(宋)劉恕編集
清光緒二十八年(1902)積山書局石印本
一冊　行數不等四十四字小字雙行同白口四
周雙邊　存十卷(一至十)

610000－1001－0018553　普02684

**紀韓來安遺政一卷**　(清)王效成撰　清刻本
一冊　十一行二十二字白口四周雙邊

610000－1001－0018554　普02685

**古今合璧事類備要前集六十九卷後集八十一卷
續集五十六卷別集九十四卷外集六十六卷**
(宋)謝維新　(宋)虞載輯　清刻本　三冊
八行字數不等小字雙行二十四字白口左右雙邊
存十卷(前集三十一至三十三、四十五至四
十六、五十七至五十九,後集三十三至三十四)

610000－1001－0018555　普02686

**尚書四卷**　(漢)鄭玄注　清刻本　一冊　九
行二十字小字雙行同白口左右雙邊

610000－1001－0018556　普02687

**古文筆法百篇二十卷**　(清)李扶九編　清末
刻本　一冊　九行二十五字小字雙行同白口
四周單邊間左右雙邊　存四卷(三至六)

610000－1001－0018557　普02688

**附釋音周禮注疏四十二卷**　(漢)鄭玄注
(唐)賈公彥疏　清刻本　一冊　十行二十一
字小字雙行同白口四周雙邊　存二卷(三十
七至三十八)

610000－1001－0018558　普02689

**十家牌法一卷**　(清)胡啟文編　清咸豐七年
(1857)刻本　一冊　八行二十字白口四周
雙邊

610000－1001－0018559　普02690

**經濟類編一百卷**　(明)馮琦撰　清刻本　十
七冊　十行二十字小字雙行同白口四周單邊
存三十六卷(六十五至一百)

610000－1001－0018560　普02692

**經濟類編一百卷**　(明)馮琦撰　清刻本　八
冊　十行二十字小字雙行同白口四周單邊
存十一卷(八、十三至十四、二十一至二十四、
三十八、五十五、六十三至六十四)

610000－1001－0018561　普02695

**廣輿記二十四卷**　(明)陸應陽原纂　(清)蔡
方炳增輯　清刻本　一冊　十行十九字小字
雙行同白口左右雙邊　存二卷(四至五)

610000－1001－0018562　普02696

**新鍥煙波釣叟奇門定局一卷瀛涯勝覽一卷**
(明)劉基撰　亦政堂訂正瀛涯勝覽一卷
(明)馬歡撰　清刻本　一冊　行數不等大小
字不等白口四周雙邊

610000－1001－0018563　普02698

**學海堂叢刻十三種**　(清)□□輯　清光緒刻
本　十四冊　十行二十一字小字雙行同白口
四周雙邊　缺四種

610000－1001－0018564　普 02700

惜抱軒全集十種　(清)姚鼐撰　清同治五年
(1866)省心閣刻本　八冊　十行二十一字白
口左右雙邊　存四種

610000－1001－0018565　普 02703

歐洲列國戰事本末二十二卷　王樹枏撰　清
光緒二十九年(1903)陝西官運書局石印本
二冊　十行二十二字小字雙行不等黑口左右
雙邊　存七卷(一至三、十五至十八)

610000－1001－0018566　普 02704

味經書院藏書目不分卷　(清)劉光蕡等編
清光緒二十一年(1895)刻本　一冊　十行二
十四字小字雙行同白口左右雙邊

610000－1001－0018567　普 02705

教要序論一卷　(比利時)南懷仁述　清末刻
本　一冊　九行十九至二十一字不等白口左
右雙邊

610000－1001－0018568　普 02706

南雷文定前集十一卷　(清)黃宗羲撰　清宣
統二年(1910)上海時中書局鉛印本　一冊
十四行三十一字白口四周單邊

610000－1001－0018569　普 02707

春明詩課彙選八卷　(清)陳研藩原選　(清)
胡俊章等增輯　春明詩課彙選一卷　(清)李
潤均增輯　清光緒九年(1883)關中道署刻本
四冊　九行二十字白口四周雙邊

610000－1001－0018570　普 02708

人譜一卷　(明)劉宗周撰　清光緒三十二年
(1906)陝西學務公所鉛印本　一冊　十二行
三十字小字雙行同白口四周雙邊

610000－1001－0018571　普 02712

龍圖公案□□卷　(□)□□編　清刻本　一
冊　十二行二十六字白口四周單邊　存一卷
(七)

610000－1001－0018572　普 02713

京畿金石考二卷　(清)孫星衍撰　清道光二
十六年(1846)刻本　二冊　十行二十二字上
下黑口四周單邊

610000－1001－0018573　普 02714

金精廖公秘授地學心法正傳畫筴扒砂經四卷
廖金精畫筴撥砂經心法地理學直訓補遺一卷
　(宋)廖禹著　清嘉慶二十五年(1820)刻本
四冊　九行二十二字白口四周單邊　存四
卷(扒砂經一至四)

610000－1001－0018574　普 02716

建文朝野彙編二十卷　(明)屠叔方纂　清刻
本　一冊　九行十八字小字雙行同白口左右
雙邊　存二卷(七至八)

610000－1001－0018575　普 02717

天地寶懺一卷　(□)□□撰　清光緒十四年
(1888)抄本　一冊　七行大小字不等

610000－1001－0018576　普 02718

詩韻集成十卷　(清)余照輯　清李光明莊刻
本　四冊　十行大小字不等白口左右雙邊

610000－1001－0018577　普 02719

漢魏六朝百三名家集　(明)張溥輯　清光緒
刻本　十八冊　九行十八字小字雙行同白口
左右雙邊　存十七種

610000－1001－0018578　普 02720

雪心賦正解四卷　(唐)卜應天撰　(清)孟浩
注　清刻本　一冊　九行二十字小字雙行同
白口四周單邊　存一卷(一)

610000－1001－0018579　普 02721

治平要略十卷　(明)章世純訂　清刻本　一
冊　八行二十字白口四周單邊　存四卷(七
至十)

610000－1001－0018580　普 02722

資治通鑑綱目五十九卷　(宋)朱熹撰　清刻
本　一冊　七行十八字小字雙行同白口四周
雙邊　存一卷(四)

610000－1001－0018581　普 02723

附釋音周禮注疏四十二卷附校勘記四十二卷
　(漢)鄭玄注　(唐)賈公彥疏　清刻本　一
冊　十行二十一字小字雙行同白口四周雙邊
　存二卷(十七至十八)

610000－1001－0018582　普02724

**七言詩歌行鈔十五卷**　（清）王士禛選　清末掃葉山房石印本　一冊　十六行三十四字小字雙行同白口四周雙邊　存五卷（一至五）

610000－1001－0018583　普02725

**全唐詩三十二卷**　（清）聖祖玄燁編　清光緒十三年（1887）上海同文書局石印本　一冊二十二行四十二字小字雙行不等白口左右雙邊　存一卷（十四）

610000－1001－0018584　普02726

**唐宋文選不分卷**　（清）□□輯　清抄本　一冊　十行二十八字

610000－1001－0018585　普02727

**周易十五卷**　（宋）朱熹本義　（元）周一桂纂注　清刻本　一冊　九行十七字小字雙行同白口四周雙邊　存三卷（二至四）

610000－1001－0018586　普02728

**更生齋文乙集四卷**　（清）洪亮吉撰　清光緒九年（1883）紫藤花館刻本　一冊　九行二十一字上下黑口左右雙邊　存二卷（三至四）

610000－1001－0018587　普02729

**字彙巳集一卷**　（明）梅膺祚音釋　清刻本　一冊　八行十二字小字雙行二十四字黑口四周單邊

610000－1001－0018588　普02730

**陸清獻公年譜一卷**　（清）吳光西編　清光緒涇陽柏經正堂刻本　一冊　九行二十字下黑口四周單邊

610000－1001－0018589　普02731

**李太白全集二十五卷**　（明）許玄祐評訂　清六經堂刻本　一冊　八行十七字白口四周雙邊　存卷前

610000－1001－0018590　普02732

**汧陽述古編二卷**　（清）李嘉績纂輯　清光緒十五年（1889）刻本　一冊　十行二十一字小字雙行同上下黑口左右雙邊

610000－1001－0018591　普02734

**新民說二卷**　梁啓超撰　清光緒二十九年（1903）抄本　一冊　十行二十九字上下黑口四周雙邊　存一卷（第十四節）

610000－1001－0018592　普02735

**增補痘疹金鏡錄四卷首一卷**　（明）翁仲仁輯著　清道光二十年（1840）刻本　二冊　十行二十四字白口左右雙邊

610000－1001－0018593　普02738

**上秉藏經節要宗鏡錄一百卷**　（宋）釋延壽撰　清刻本　十二冊　九行二十字白口四周單邊　存三十五卷（五十四至五十七、七十至一百）

610000－1001－0018594　普02739

**欽定周官義疏四十八卷首一卷**　（清）鄂爾泰等撰　清刻本　四冊　八行二十二字小字雙行同白口四周雙邊　存八卷（七至十四）

610000－1001－0018595　普02740

**御批歷代通鑑輯覽一百二十卷**　（清）傅恆等纂　清末鉛印本　二十二冊　十五行二十八字小字雙行四十三字白口四周單邊　存一百十四卷（六至十、十二至一百二十）

610000－1001－0018596　普02741

**勸學篇二卷**　（清）張之洞撰　清光緒二十四年（1898）刻本　二冊　十二行二十字小字雙行同上下黑口左右雙邊

610000－1001－0018597　普02742

**史記一百三十卷**　（漢）司馬遷撰　（南朝宋）裴駰集解　（唐）司馬貞索隱　（唐）張守節正義　清刻本　一冊　十行二十一字小字雙行同白口四周雙邊　存七卷（五十一至五十七）

610000－1001－0018598　普02743

**欽定周官義疏四十八卷首一卷**　（清）鄂爾泰等撰　清刻本　二十冊　八行二十二字小字雙行同白口四周雙邊　存三十四卷（十三至十四、十七至四十八）

610000－1001－0018599　普02744

**御批歷代通鑑輯覽一百二十卷**　（清）傅恆等纂　清末鉛印本　十冊　十五行二十八字小

字雙行四十三字白口四周單邊　存五十卷（十六至四十五、五十六至六十、六十六至七十、八十一至九十）

610000－1001－0018600　普02745

**唐陸宣公翰苑集二十四卷首一卷末一卷**
（唐）陸贄撰　（清）張佩芳注　清光緒十八年（1892）柏經正堂刻本　十二冊　九行二十一字小字雙行同下黑口左右雙邊

610000－1001－0018601　普02746

**周禮精華六卷**　（清）陳龍標編輯　清嘉慶二十三年（1818）刻本　四冊　七行二十字白口左右雙邊

610000－1001－0018602　普02747

**學治要言一卷**　（清）左宗棠編　清光緒十五年（1889）陝西藩署刻本　一冊　九行二十二字小字雙行同白口四周雙邊

610000－1001－0018603　普02748

**御批歷代通鑑輯覽一百二十卷**　（清）傅恆等纂　清末鉛印本　四冊　十五行二十八字小字雙行四十三字白口四周單邊　存二十卷（三十一至四十五、八十六至九十）

610000－1001－0018604　普02749

**御批歷代通鑑輯覽一百二十卷**　（清）傅恆等纂　清末鉛印本　一冊　十五行二十八字小字雙行四十三字白口四周單邊　存五卷（三十六至四十）

610000－1001－0018605　普02750

**欽定書經傳說彙纂二十一卷首二卷書序一卷**　（清）王頊齡等輯　清刻本　二十冊　八行二十二字小字雙行同白口四周雙邊　存二十三卷（一至二十一、首上、書序一）

610000－1001－0018606　普02751

**治平要略十卷**　（明）章世純訂　（明）諸馮生輯著　（明）池俊較　清刻本　一冊　八行二十字小字雙行同白口四周單邊　存二卷（一至二）

610000－1001－0018607　普02752

**御批歷代通鑑輯覽一百二十卷**　（清）傅恆撰　清光緒二十九年（1903）上海商務印書館鉛印本　二十二冊　十五行二十八字小字雙行不等白口四周單邊　存一百十卷（六至二十五、三十一至一百二十）

610000－1001－0018608　普02753

**校邠廬抗議二卷**　（清）馮桂芬撰　清光緒十年（1884）刻本　一冊　十一行二十三字下黑口左右雙邊　存一卷（下）

610000－1001－0018609　普02755

**御批歷代通鑑輯覽一百二十卷**　（清）傅恆等纂　清光緒三十年（1904）美華書館鉛印本　十冊　十六行三十三字小字雙行三十九字白口四周雙邊　存四十八卷（二十九至三十八、四十四至五十三、六十七至七十五、九十一至九十四、九十九至一百十三）

610000－1001－0018610　普02758

**本草綱目五十二卷**　（明）李時珍撰　清刻本　一冊　九行二十字小字雙行同白口四周單邊　存二卷（五十一下、五十二）

610000－1001－0018611　普02760

**御定駢字類編二百四十卷**　（清）張廷玉等編　清光緒十三年（1887）上海同文書局石印本　四十五冊　二十行四十二字小字雙行同白口四周雙邊

610000－1001－0018612　普02761

**御批歷代通鑑輯覽一百二十卷**　（清）傅恆撰　清光緒二十九年（1903）上海商務印書館鉛印本　四冊　十五行二十八字小字雙行不等白口四周單邊　存二十卷（九十一至一百十）

610000－1001－0018613　普02763

**御纂醫宗金鑑十五種**　（清）吳謙等輯　清末刻本　二冊　十行二十四字小字雙行同白口左右雙邊　存二種

610000－1001－0018614　普02767

**御批歷代通鑑輯覽一百二十卷**　（清）傅恆撰　清光緒二十九年（1903）上海商務印書館鉛印本　九冊　十五行二十八字小字雙行不等白口四周單邊　存四十五卷（二十一至二十

五、七十六至一百十五）

610000－1001－0018615　普02768
**御批歷代通鑑輯覽一百二十卷**　（清）傅恆撰
　　清光緒三十年（1904）美華書館鉛印本　七冊　十六行二十八字小字雙行不等白口四周單邊　存三十七卷（六至十二、二十四至二十八、五十四至五十七、六十三至六十六、七十六至八十五、一百十四至一百二十）

610000－1001－0018616　普02771
**御批歷代通鑑輯覽一百二十卷**　（清）傅恆撰
　　清末石印本　五冊　十八行四十三字小字雙行同白口左右雙邊　存二十六卷（十四至三十四、四十六至五十）

610000－1001－0018617　普02774
**代數術二十五卷首一卷**　（英國）華里司輯（英國）傅蘭雅口譯　（清）華蘅芳筆述　清刻本　五冊　十行二十二字小字雙行同上下黑口左右雙邊

610000－1001－0018618　普02775
**御批歷代通鑑輯覽一百二十卷**　（清）傅恆撰
　　清末石印本　一冊　十九行四十字小字雙行不等白口四周雙邊　存六卷（六至十一）

610000－1001－0018619　普02776
**變雅堂詩集十卷**　（清）杜濬著　清同治九年（1870）黃岡劉維楨刻本　一冊　九行二十一字小字雙行同上黑口四周雙邊　存二卷（三至四）

610000－1001－0018620　普02777
**新編沿海險要圖說十六卷**　（清）余宏淦撰
（清）陳篔校　清光緒二十九年（1903）鴻文書局石印本　一冊　十二行二十六字小字同白口四周雙邊

610000－1001－0018621　普02779
**欽定儀禮義疏四十八卷首二卷**　（清）允祿等撰　清刻本　四冊　八行二十二字小字雙行同白口四周雙邊　存四卷（四十三至四十六）

610000－1001－0018622　普02780
**[光緒]增修甘泉縣志二十四卷首一卷圖一卷**

（清）吳鄂峙等纂　（清）陳觀國等續輯（清）徐成敫等增訂　清光緒十一年（1885）刻本　十四冊　十行字數不等白口左右雙邊　存十三卷（三至五、九、十三至十七、十九、二十四,首一,圖一）

610000－1001－0018623　普02781
**說文古籀疏證六卷原目一卷**　（清）莊述祖撰
　　清刻本　一冊　九行字數不等上下黑口左右雙邊　存二卷（三至四）

610000－1001－0018624　普02782
**紀效新書十八卷首一卷**　（明）戚繼光撰　清刻本　一冊　九行二十一字上下黑口四周單邊　存三卷（八至十）

610000－1001－0018625　普02783
**續富國策四卷**　（清）陳熾撰　清光緒二十五年（1899）萍鄉縣署木活字印本　一冊　十一行二十五字上下黑口四周單邊　存一卷（一）

610000－1001－0018626　普02784
**鍾呂二祖師合習和情煉性功過格一卷附乎右帝君心經一卷**　（□）□□輯　清同治十二年（1873）甘露凝珠堂刻本　一冊　九行二十二字白口四周單邊

610000－1001－0018627　普02785
**時務齋隨錄不分卷**　（清）劉光蕡編　清光緒刻本　二冊　十行二十四字白口左右雙邊

610000－1001－0018628　普02786
**鄱陽集四卷首一卷末一卷**　（宋）洪皓撰　清同治九年（1870）三瑞堂刻本　一冊　九行二十一字小字雙行同上下黑口四周雙邊

610000－1001－0018629　普02787
**船山遺書五十六種附一種**　（清）王夫之撰
　　清同治四年（1865）湘鄉曾國荃金陵刻本　八冊　八行二十二字小字雙行同上下黑口左右雙邊　存二種

610000－1001－0018630　普02788
**合璧美善四書**　（宋）蘇洵批評　（清）鄧悔齋論解　（清）王蒼山圈點　清刻本　六冊　九行十七字小字雙行同白口四周單邊

610000－1001－0018631　　普02789

**史記題評一百三十卷**　　（明）楊慎　　（明）李元陽輯　　清刻本　　十七冊　　九行二十字小字雙行同白口左右雙邊　　存五十三卷（四十四至四十五、四十八至九十八）

610000－1001－0018632　　普02791

**船山遺書五十六種附一種**　　（清）王夫之撰清同治四年(1865)湘鄉曾國荃金陵刻本　　一冊　　十行二十二字小字雙行同上下黑口左右雙邊　　存三種

610000－1001－0018633　　普02793

**湖北商務報□□期**　　（清）湖北商務館編輯部編輯　　清光緒二十五年(1899)刻本　　一冊十三行二十八字上下黑口四周單邊　　存一期（第四十八期）

610000－1001－0018634　　普02795

**欽定儀禮義疏四十八卷首二卷**　　（清）允祿等撰　　清刻本　　五十冊　　八行二十二字小字雙行同白口四周雙邊

610000－1001－0018635　　普02796

**澄衷蒙學堂字課圖說四卷**　　（清）劉樹屏編清光緒二十七年(1901)澄衷蒙學堂石印本八冊　　十二行大小字不等下黑口四周雙邊

610000－1001－0018636　　普02797

**胭脂牡丹六卷**　　（清）韓鄂不撰　　清道光二十七年(1847)刻本　　六冊　　九行二十一字白口四周雙邊

610000－1001－0018637　　普02798

**澄衷蒙學堂字課圖說四卷**　　（清）劉樹屏編清光緒二十七年(1901)澄衷蒙學堂石印本七冊　　十二行大小字不等下黑口四周雙邊

610000－1001－0018638　　普02799

**澄衷蒙學堂字課圖說四卷**　　（清）劉樹屏編清光緒二十七年(1901)澄衷蒙學堂石印本三冊　　十二行大小字不等下黑口四周雙邊存二卷（二至三）

610000－1001－0018639　　普02800

**聖諭像解二十卷**　　（清）梁延年撰　　（清）恩壽

校　　清咸豐六年(1856)廣州味經堂書坊刻本八冊　　八至十行不等二十一字白口四周單邊

610000－1001－0018640　　普02802

**史記一百三十卷**　　（漢）司馬遷撰　　（南朝宋）裴駰集解　　（唐）司馬貞索隱　　（唐）張守節正義　　（明）徐孚遠等測議　　清刻本　　九冊　　九行二十字小字雙行同白口左右雙邊　　存五十一卷（二十至七十）

610000－1001－0018641　　普02803

**皇朝經世文續編一百二十卷**　　（清）盛康輯清光緒二十二年(1896)刻本　　二十一冊　　十一行二十四字小字雙行同下黑口四周雙邊存二十一卷（三十至三十一、三十三至三十四、三十六至三十七、四十、四十四至四十六、四十八至四十九、五十一至五十三、六十至六十一、六十四、六十六、七十一、七十三）

610000－1001－0018642　　普02804

**赫胥黎天演論二卷**　　（英國）赫胥黎撰　　薛己譯　　清光緒二十一年(1895)陝西味經售書處刻本　　二冊　　十行二十二字白口左右雙邊

610000－1001－0018643　　普02807

**輶軒語一卷**　　（清）張之洞撰　　（清）趙惟熙增訂　　清光緒二十一年(1895)陝西學署刻本一冊　　九行二十一字小字雙行同白口左右雙邊

610000－1001－0018644　　普02808

**大慧普覺禪師語錄三十卷**　　（宋）釋蘊聞編

**大慧普覺禪師宗門武庫一卷**　　（宋）釋道謙編　　清刻本　　六冊　　十一行二十字上黑口左右雙邊

610000－1001－0018645　　普02809

**皇朝經世文編五集三十二卷**　　（清）求是齋校輯　　清光緒二十八年(1902)宜今室石印本十二冊　　十五行三十二字白口四周單邊

610000－1001－0018646　　普02810

**澄衷蒙學堂字課圖說四卷**　　（清）劉樹屏撰清光緒石印本　　三冊　　行數不等字數不等下

黑口四周雙邊　存二卷(三至四)

610000－1001－0018647　普02811

**水道提綱二十八卷**　(清)齊召南編錄　清刻本　二冊　九行二十二字小字雙行同白口左右雙邊　存八卷(四至十一)

610000－1001－0018648　普02812

**急救應驗良方一卷**　(清)費山壽輯　清光緒元年(1875)刻本　一冊　十一行二十四字白口左右雙邊

610000－1001－0018649　普02813

**賦學正鵠集釋十一卷**　(清)李元度輯　清光緒二十年(1894)澹雅書局刻本　八冊　九行二十一字小字雙行同白口左右雙邊

610000－1001－0018650　普02814

**史記輯評二十四卷**　(漢)司馬遷撰　(明)鄧以讚輯評　(明)陳祖苞參補　(明)朱日燦校閱　清刻本　四冊　九行十八字白口四周雙邊　存八卷(七至十四)

610000－1001－0018651　普02817

**輶軒語一卷書目答問四卷**　(清)張之洞撰　清光緒六年(1880)刻本　一冊　十行二十五字小字雙行同白口四周雙邊　存一卷(輶軒語一)

610000－1001－0018652　普02818

**都門彙纂會館不分卷**　(清)楊靜亭編輯　(清)李靜山增補　清同治刻本　一冊　十行大小字不等白口四周雙邊

610000－1001－0018653　普02819

**號寒集一卷**　(清)姚文蔚撰　清鉛印本　一冊　十一行三十字小字雙行不等白口四周單邊

610000－1001－0018654　普02824

**書經六卷**　(宋)蔡沈集傳　清光緒二十一年(1895)湖北官書處刻本　一冊　九行十七字小字雙行同白口四周雙邊　存一卷(四)

610000－1001－0018655　普02827

**妙法蓮華經文句二十卷**　(隋)釋智者大師說

清刻本　四冊　十行二十字小字雙行同白口四周單邊　存十六卷(一至十六)

610000－1001－0018656　普02828

**地球韻言四卷**　(清)張士瀛編　清光緒二十四年(1898)鄂垣務急書館刻本　二冊　九行十九字小字雙行同下黑口左右雙邊

610000－1001－0018657　普02829

**澄衷蒙學堂字課圖說四卷**　(清)劉樹屏編　(清)吳子城繪圖　清光緒二十七年(1901)澄衷蒙學堂石印本　三冊　行數不等字數不等下黑口四周雙邊

610000－1001－0018658　普02830

**禮記初學讀本□□卷**　(□)□□撰　清刻本　一冊　十行二十字小字雙行同上下黑口四周雙邊　存九卷(十九至二十七)

610000－1001－0018659　普02831

**求闕齋弟子記三十二卷**　(清)王定安撰　清光緒二年(1876)刻本　十八冊　十行二十四字白口左右雙邊

610000－1001－0018660　普02833

**禪門法事要集□□卷**　(□)□□撰　**佛事讚集□□卷**　(□)□□撰　**佛事二卷**　(□)□□撰　清抄本　八冊　八行二十二字白口四周單邊　存八卷(要集一至五、讚集中、佛事一至二)

610000－1001－0018661　普02835

**重修宣和博古圖錄三十卷**　(宋)王黼等撰　清刻本　一冊　八行十七字白口四周單邊　存二卷(二十七至二十八)

610000－1001－0018662　普02839

**禮記十卷**　(元)陳澔集說　清刻本　十冊　九行十八字小字雙行同白口四周單邊

610000－1001－0018663　普02840

**萬國史記二十卷**　(日本)岡本監輔撰　清光緒二十三年(1897)上海六先書局鉛印本　八冊　十六行三十四字白口四周雙邊

610000－1001－0018664　普02841

醫宗必讀十卷 (明)李中梓撰 清刻本 一冊 九行十八字小字雙行同白口四周單邊 存二卷(三至四)

610000－1001－0018665 普02842

大般涅槃經玄義二卷 (隋)釋灌頂撰 清刻本 一冊 十行二十字上下黑口左右雙邊

610000－1001－0018666 普02843

治心齋琴學練要五卷 (清)王善編輯 (清)泰文安較錄 (清)帥蘭皋 (清)王介山 (清)王受南 (清)左念臣鑒閱 清刻本 一冊 九行二十字小字雙行不等白口四周單邊 存一卷(一)

610000－1001－0018667 普02845

萬國史記二十卷 (日本)岡本監輔撰 清光緒二十三年(1897)上海六先書局鉛印本 六冊 十六行三十四字白口四周雙邊 存十五卷(一至七、十至十二、十六至二十)

610000－1001－0018668 普02847

孔子家語十卷 (三國魏)王肅注 清刻本 一冊 十一行二十四字小字雙行同白口左右雙邊 存二卷(九至十)

610000－1001－0018669 普02848

彙刻書目十卷補編一卷 (清)顧修輯 清光緒元年(1875)刻本 五冊 九行二十一字小字雙行同上下黑口左右雙邊 存五卷(六至十)

610000－1001－0018670 普02849

附釋文互註禮部韻略五卷淳熙重修文書式一卷 (宋)丁度撰 清光緒二年(1876)川東官舍刻本 五冊 九行二十四字黑口左右雙邊

610000－1001－0018671 普02850

二酉堂叢書二十一種 (清)張澍輯 清道光元年(1821)武威張氏二酉堂刻本 四冊 十行二十四字小字雙行同白口左右雙邊 存五種

610000－1001－0018672 普02851

昌黎先生集遺文一卷 (唐)韓愈撰 韓集點勘四卷 (清)陳景雲撰 清末石印本 一冊

十二行二十八字白口四周雙邊

610000－1001－0018673 普02852

船山遺書五十六種附一種 (清)王夫之撰 清同治四年(1865)湘鄉曾國荃金陵刻本 三冊 十行二十二字上下黑口左右雙邊 存二種

610000－1001－0018674 普02853

古唐詩合解十二卷 (清)王堯衢註 清刻本 六冊 十行二十一字小字雙行同白口四周單邊

610000－1001－0018675 普02855

萬氏家傳傷寒摘錦二卷 (明)萬全撰 清刻本 一冊 十行字數不等白口四周單邊

610000－1001－0018676 普02856

景岳新方砭四卷 (清)陳念祖撰 (清)葛元煦校訂 清光緒三年(1877)仁和葛氏嘯園刻本 二冊 九行二十字小字雙行同下黑口四周雙邊

610000－1001－0018677 普02858

東文易解前編一卷後編一卷 (日本)大矢透撰 (清)金國璞 (清)張廷彥校 清光緒二十八年(1902)鉛印本 一冊 行數不等大小字不等白口四周雙邊

610000－1001－0018678 普02859

赫胥黎天演論二卷 (英國)赫胥黎撰 嚴復譯 清光緒二十一年(1895)陝西味經售書處刻本 二冊 十行二十二字白口左右雙邊

610000－1001－0018679 普02862

歷代史論十二卷宋史論三卷元史論一卷 (明)張溥撰 左傳史論二卷 (清)高士奇論正 明史論四卷 (清)谷應泰論正 清光緒九年(1883)刻朱墨本 八冊 十一行二十一字上下黑口左右雙邊

610000－1001－0018680 普02865

西園外集二卷 (清)李卿穀撰 清道光二十二年(1842)刻本 一冊 十二行二十四字小字雙行同上下黑口四周單邊

610000 – 1001 – 0018681　普 02866
**叔苴子内篇六卷外篇二卷**　（明）狀元陳撰
清光緒元年（1875）湖北崇文書局刻本　一冊
十二行二十四字上下黑口四周雙邊

610000 – 1001 – 0018682　普 02869
**史記一百三十卷**　（漢）司馬遷撰　（南朝宋）
裴駰集解　（唐）司馬貞索隱　（唐）張守節正
義　（明）徐孚遠　（明）陳子龍測議　清刻本
三冊　九行二十字小字雙行同白口左右雙
邊　存十一卷（七至十七）

610000 – 1001 – 0018683　普 02870
**咸同以來中俄交涉記三卷**　（清）江標譯　清
光緒二十一年（1895）味經售書處刻本　一冊
十行二十二字小字雙行同白口左右雙邊

610000 – 1001 – 0018684　普 02872
**文獻通考二十四卷首一卷**　（元）馬端臨撰
清光緒二十五年（1899）上海點石齋石印本
十六冊　二十二行四十二字小字雙行同白口
四周單邊　存二十卷（一至十六、十八下至十
九、二十四，首一）

610000 – 1001 – 0018685　普 02874
**欽定周官義疏四十八卷首一卷**　（清）鄂爾泰
等纂修　清刻本　二冊　八行二十二字小字
雙行同白口四周雙邊　存四卷（七至十）

610000 – 1001 – 0018686　普 02875
**文獻通考二十四卷首一卷**　（元）馬端臨撰
清光緒二十五年（1899）上海點石齋石印本
十九冊　二十二行四十二字小字雙行同白口
四周單邊　存二十卷（一至四、九至十、十二
至十八中、十九至二十上、二十一至二十四，
首一）

610000 – 1001 – 0018687　普 02876
**欽定儀禮義疏四十八卷首二卷**　（清）允祿等
撰　清刻本　十冊　八行十八字小字雙行二
十二字白口四周雙邊　　存七卷（十七至二十
三）

610000 – 1001 – 0018688　普 02877
**梅氏叢書輯要二十一種附二種**　（清）梅文鼎

撰　清光緒石印本　六冊　二十二行二十四
字白口四周雙邊

610000 – 1001 – 0018689　普 02878
**新譯日本法規大全二十五卷首一卷**　（清）劉
崇傑譯　清光緒三十三年（1907）商務印書館
鉛印本　二冊　十五行三十七字下黑口四周
雙邊　存一卷（二十五）

610000 – 1001 – 0018690　普 02880
**文獻通考二十四卷首一卷**　（元）馬端臨撰
清光緒二十五年（1899）上海點石齋石印本
十冊　二十二行四十二字小字雙行同白口四
周單邊　存九卷（十三至十八上、十九、二十
一、二十四）

610000 – 1001 – 0018691　普 02882
**洞天奧旨十六卷**　（清）陳士鐸撰　清刻本
三冊　十行二十四字白口左右雙邊

610000 – 1001 – 0018692　普 02884
**文獻通考二十四卷首一卷**　（元）馬端臨撰
清光緒二十五年（1899）上海點石齋石印本
十八冊　二十二行四十二字小字雙行同白口
四周單邊　存十三卷（十一下至十八下、二十
上至二十四）

610000 – 1001 – 0018693　普 02885
**錢南園先生遺集五卷**　（清）錢灃撰　清同治
十一年（1872）刻本　一冊　十行二十一字白
口左右雙邊　存二卷（一至二）

610000 – 1001 – 0018694　普 02886
**文獻通考二十四卷首一卷**　（元）馬端臨撰
清光緒二十五年（1899）上海點石齋石印本
五冊　二十二行四十二字小字雙行同白口四
周單邊　存四卷（十三至十五、十九）

610000 – 1001 – 0018695　普 02887
**本草綱目五十二卷**　（明）李時珍撰　清同治
十一年（1872）芥子園刻本　九冊　九行二十
字小字雙行同白口四周單邊　存十四卷（二
十七至二十八、四十一至五十二）

610000 – 1001 – 0018696　普 02889
**治禪病秘要經二卷**　（北涼）釋京聲譯　清宣

統元年(1909)刻本　一冊　十行二十字上下黑口左右雙邊

610000－1001－0018697　普02890
千金翼方三十卷　(唐)孫思邈撰　(宋)林億校正　清光緒四年(1878)影元刻本　二冊　十三行二十三字上下黑口四周雙邊　存二卷(二十一至二十二)

610000－1001－0018698　普02891
皇朝經世文續編一百二十卷　(清)葛士濬等輯　清光緒二十八年(1902)天章書局石印本　二十冊　二十二行四十八字白口四周雙邊

610000－1001－0018699　普02892
資治通鑑綱目五十九卷　(宋)朱熹撰　清刻本　一冊　七行十八字小字雙行同白口左右雙邊　存一卷(五十四)

610000－1001－0018700　普02893
[嘉慶]衛藏通志十六卷首一卷　(清)和琳撰　清光緒二十一年(1895)刻本　一冊　十行二十二字白口左右雙邊　存一卷(十四)

610000－1001－0018701　普02894
萃林詩賦不分卷　(清)張端卿等撰　清光緒十二年(1886)刻本　一冊　七行十七字白口四周雙邊

610000－1001－0018702　普02896
船山遺書五十六種附一種　(清)王夫之撰　清同治四年(1865)湘鄉曾國荃金陵刻本　二冊　十行二十二字上下黑口左右雙邊　存二種

610000－1001－0018703　普02897
船山遺書五十六種附一種　(清)王夫之撰　清同治四年(1865)湘鄉曾國荃金陵刻本　六冊　十行二十二字上下黑口左右雙邊　存二種

610000－1001－0018704　普02898
御批資治通鑑綱目五十九卷首一卷　(宋)朱熹撰　清刻本　一冊　十一行二十二字小字雙行同下黑口四周雙邊　存二卷(十三至十四)

610000－1001－0018705　普02900
聖祖仁皇帝庭訓格言不分卷　(清)世宗胤禛撰　清末石印本　二冊　七行二十一字白口四周雙邊

610000－1001－0018706　普02904
重樓玉鑰二卷　(清)鄭梅澗撰　清光緒刻本　一冊　十行二十一字白口四周雙邊　存一卷(下)

610000－1001－0018707　普02905
關中書院課藝一卷附志學齋日記一卷　(清)柏景偉編　清光緒十四年(1888)關中書院刻本　十冊　九行二十五字小字雙行同白口四周雙邊　存一卷(關中書院課藝一)

610000－1001－0018708　普02906
定盦文集三卷續集四卷文集補編四卷餘集一卷文集補一卷　(清)龔自珍撰　清光緒二十八年(1902)浙江文匯書局鉛印本　四冊　十五行三十二字小字雙行同白口四周雙邊

610000－1001－0018709　普02907
三壇圓滿天仙大戒略說一卷　(□)柳守元撰　清光緒刻本　一冊　七行十五字白口四周雙邊

610000－1001－0018710　普02910
太上玄靈北斗本命延生經三卷　(□)傅洞真注　清抄本　一冊　六行十九字　存一卷(一)

610000－1001－0018711　普02913
重訂幼學須知句解四卷　(明)程允升撰　(清)錢元龍編　清光緒六年(1880)務本堂刻本　四冊　九行十七字小字雙行同白口左右雙邊

610000－1001－0018712　普02914
皇朝經世文四編五十二卷　(清)何良棟輯　清光緒二十八年(1902)上海書局石印本　一冊　二十三行五十字白口四周單邊　存五卷(十至十四)

610000－1001－0018713　普02915
中興論略八卷　(清)興元撰　清宣統三年

(1911)西安福盛堂刻本　二冊　九行二十一字小字雙行同下黑口四周單邊

610000－1001－0018714　普02916

**四書會同□□卷**　(清)薛學兼纂輯　清抄本　十冊　十行二十五字　存十卷(六至十、二十一至二十五)

610000－1001－0018715　普02917

**幼科錤鏡六卷**　(清)夏鼎著　(清)王芝田　(清)湯益豐　(清)粟雲和重校　清刻本　一冊　九行二十四字白口四周雙邊　存三卷(一至三)

610000－1001－0018716　普02925

**續古文辭類纂十卷**　王先謙輯　清光緒二十年(1894)上海圖書集成印書局鉛印本　一冊　十九行四十四字白口四周單邊　存三卷(三至五)

610000－1001－0018717　普02926

**說文解字句讀三十卷**　(清)王筠撰集　清刻本　一冊　十行大字不等小字雙行二十四字白口四周雙邊　存二卷(七至八)

610000－1001－0018718　普02927

**形學備旨十卷**　(美國)狄考文譯　(清)鄒立文筆述　(清)劉永錫參閱　清光緒二十三年(1897)上海美華書館刻本　二冊　十二行二十五字白口四周雙邊

610000－1001－0018719　普02928

**彙刻書目不分卷**　(清)顧修編　清刻本　一冊　九行二十一字小字雙行同上下黑口左右雙邊

610000－1001－0018720　普02929

**神農本草經讀四卷**　(清)陳念祖撰　清光緒三十一年(1905)商務印書館鉛印本　一冊　十六行三十三字白口四周雙邊

610000－1001－0018721　普02930

**救荒徵驗錄一卷**　(清)燕會原撰　清道光二十九年(1849)刻本　一冊　十行二十四字白口左右雙邊

610000－1001－0018722　普02932

**寓意草一卷**　(清)喻昌撰　清刻本　一冊　十行二十四字白口四周單邊

610000－1001－0018723　普02933

**玉笙樓詩錄十二卷**　(清)沈壽榕撰　清光緒九年(1883)刻本　一冊　九行十九字小字雙行同下黑口左右雙邊　存二卷(七至八)

610000－1001－0018724　普02934

**日知錄三十二卷**　(清)顧炎武撰　清刻本　一冊　九行二十二字小字雙行同白口左右雙邊　存二卷(二十五至二十六)

610000－1001－0018725　普02937

**校邠廬抗議二卷**　(清)馮桂芬撰　清光緒二十四年(1898)武昌經心精舍刻本　二冊　十行二十一字小字雙行同白口左右雙邊

610000－1001－0018726　普02939

**日知錄三十二卷之餘四卷**　(清)顧炎武撰　清刻本　四冊　九行二十二字白口左右雙邊　存九卷(十六至十七、二十八至三十二,之餘一至二)

610000－1001－0018727　普02941

**教觀綱宗一卷釋義一卷**　(明)釋智旭撰　清光緒刻本　一冊　十行二十字小字雙行同上下黑口左右雙邊

610000－1001－0018728　普02942

**佩文詩韻五卷**　(□)□□撰　清刻本　一冊　九行十五字小字雙行三十字白口左右雙邊

610000－1001－0018729　普02943

**時病論八卷**　(清)雷豐撰　(清)劉賓臣鑒定　清石印本　一冊　十五行三十字白口四周雙邊　存二卷(三至四)

610000－1001－0018730　普02944

**福惠全書三十二卷**　(清)黃六鴻撰　清末刻本　一冊　九行二十二字小字雙行同白口四周單邊間左右雙邊　存五卷(四至八)

610000－1001－0018731　普02945

**孫真人備急千金要方九十三卷**　(唐)孫思邈

撰　清刻本　十冊　八行十八字　存十卷（一、十七、二十五至二十六、二十八至二十九、三十三至三十四、三十七、五十六）

610000－1001－0018732　普02946

**唐人萬首絕句選七卷**　（宋）洪邁編　（清）王士禎選　清刻本　一冊　十行十九字上下黑口左右雙邊　存三卷（一至三）

610000－1001－0018733　普02947

**廣廣仁籙八卷首一卷**　（□）□□撰　清刻本　二冊　八行二十字小字雙行不等白口左右雙邊

610000－1001－0018734　普02948

**內科理法後編十卷**　（英國）虎伯撰　（英國）茄合　（英國）哈來參訂　（清）舒高第□譯（清）趙元益筆述　清光緒刻本　一冊　十行二十二字上下黑口左右雙邊　存三卷（四至六）

610000－1001－0018735　普02949

**鐫京板賈公圖像水黃牛經合併大全二卷**（清）喻本元　（清）喻本亨撰　清文奎堂刻本　一冊　十二行二十四字白口四周單邊

610000－1001－0018736　普02951

**天雨花三十回**　（清）陶貞懷撰　清三餘堂刻本　一冊　十行二十八字上下黑口四周單邊間左右雙邊　存二回（一至二）

610000－1001－0018737　普02952

**增訂敬信錄二卷**　（清）李天錫撰　清道光二年（1822）刻本　一冊　十行二十四字小字雙行同白口四周雙邊間左右雙邊

610000－1001－0018738　普02953

**儒門醫學三卷**　（英國）海德蘭撰　（英國）傅蘭雅譯　（清）趙元益錄　清光緒江南機器製造總局刻本　一冊　十行二十二字上下黑口左右雙邊　存一卷（三）

610000－1001－0018739　普02954

**驗方新編八卷**　（清）丁雨生增刪　清刻本　一冊　十二行二十二字白口左右雙邊　存一卷（四）

610000－1001－0018740　普02955

**傷寒論類方一卷**　（清）徐大椿編釋　清刻本　二冊　九行二十二字小字雙行同白口左右雙邊

610000－1001－0018741　普02957

**錢牧齋先生尺牘□□卷**　（清）錢謙益撰　清刻本　一冊　十行二十字小字雙行同上下黑口左右雙邊　存一卷（二）

610000－1001－0018742　普02958

**探梅酬唱集不分卷**　（清）徐倓等撰　清道光十五年（1835）刻本　一冊　十行二十二字小字雙行同白口左右雙邊

610000－1001－0018743　普02960

**太上感應篇圖說八卷首一卷**　（清）黃正元輯　清末刻本　三冊　十行二十字上下黑口四周單邊　存三卷（卯、申、亥）

610000－1001－0018744　普02961

**鍼灸大成十卷**　（明）楊繼洲撰　清刻本　一冊　十行二十二字白口四周雙邊　存一卷（四）

610000－1001－0018745　普02962

**醫學入門七卷首一卷**　（明）李梴撰　清刻本　一冊　九行二十二字小字雙行同白口四周單邊　存一卷（一）

610000－1001－0018746　普02963

**董方立遺書八種**　（清）董祐誠撰　清同治八年（1869）董貽清成都刻本　一冊　十一行二十一字小字雙行同上下黑口左右雙邊　存三種

610000－1001－0018747　普02964

**小學紺珠十卷**　（宋）王應麟撰　清刻本　一冊　十行二十字小字雙行同白口四周單邊　存二卷（三至四）

610000－1001－0018748　普02965

**張子全書九種**　（宋）張載撰　清同治九年（1870）刻本　八冊　十行二十四字白口四周雙邊

610000－1001－0018749　普02966

**游擊俊堂張公家傳不分卷**　(清)賀瑞麟撰
清末刻本　一冊　六行十二字白口四周雙邊

610000－1001－0018750　普02968

**探道本原二卷**　(清)秀耀春撰　清刻本　一
冊　十行二十四字白口左右雙邊　存一卷
(下)

610000－1001－0018751　普02969

**勝朝遺事五十種**　(清)吳彌光輯　(清)宋澤
元重訂　清道光二十二年(1842)南海吳氏芬
陀羅館刻本　一冊　九行十九字小字雙行同
白口左右雙邊　存二種

610000－1001－0018752　普02971

**醫學源流論二卷**　(清)徐大椿撰　清同治三
年(1864)半松齋刻本　一冊　九行二十二字
白口左右雙邊　存一卷(一)

610000－1001－0018753　普02972

**白芙堂算書二十三種**　(清)吳嘉善述　(清)
丁取忠補　清光緒二十二年(1896)關中味經
官書局刻本　四冊　十行二十四字白口左右
雙邊　存二種

610000－1001－0018754　普02973

**河洛理數七卷**　(宋)陳摶撰　(宋)邵雍述
清刻本　一冊　十行二十字小字雙行同白口
四周單邊　存一卷(一)

610000－1001－0018755　普02974

**編輯痘疹心法要訣六卷**　(清)吳謙等輯　清
刻本　一冊　九行十九字白口四周雙邊

610000－1001－0018756　普02975

**訂正仲景全書傷寒論註十七卷**　(清)吳謙輯
清刻本　一冊　九行十九字白口四周雙邊
存一卷(五)

610000－1001－0018757　普02977

**白芙堂算書二十三種**　(清)吳嘉善述　(清)
丁取忠補　清光緒二十二年(1896)關中味經
官書局刻本　二冊　十行二十四字白口左右
雙邊　存一種

610000－1001－0018758　普02978

**易象意言一卷**　(宋)蔡淵撰　清刻本　一冊
九行二十一字白口四周雙邊

610000－1001－0018759　普02979

**道海津梁一卷**　(清)傅金銓撰　清刻本　一
冊　九行二十字白口四周雙邊間左右雙邊

610000－1001－0018760　普02980

**大佛頂首楞嚴經十卷**　(唐)釋般剌密帝譯
清光緒三十一年(1905)刻本　三冊　七行十
七字白口左右雙邊

610000－1001－0018761　普02982

**妙法蓮華經八卷**　(後秦)釋鳩摩羅什譯　清
刻本　一冊　九行十八字白口四周單邊　存
一卷(四)

610000－1001－0018762　普02983

**摩訶般若波羅蜜多心經一卷**　(後秦)釋鳩摩
羅什譯　(清)無垢道人注　清道光二十六年
(1846)刻本　一冊　四行十字小字雙行二十
字白口四周雙邊

610000－1001－0018763　普02985

**佛說阿彌陀經要解便蒙鈔三卷**　(清)釋達默
造鈔　(清)釋達林參訂　清光緒二十三年
(1897)刻本　一冊　十行二十字小字雙行同
下黑口左右雙邊　存一卷(中)

610000－1001－0018764　普02986

**家寶四集三十二卷**　(清)石成金撰　清刻本
一冊　八行二十字白口左右雙邊　存一卷
(六)

610000－1001－0018765　普02987

**歷代循吏傳八卷**　(清)朱軾　(清)蔡世遠訂
(清)張福昶纂　清刻本　一冊　九行二十
二字白口四周單邊　存二卷(三至四)

610000－1001－0018766　普02988

**金剛般若波羅蜜經一卷附心經一卷**　(後秦)
釋鳩摩羅什譯　清刻本　一冊　九行十八字
上黑口左右雙邊

610000－1001－0018767　普02989

董真人歸真記二卷 （清）黃永亮編 清宣統
抄本 一冊 十行二十四字白口四周單邊
存一卷（下）

610000－1001－0018768 普02990

馬祖丹陽十二神針法一卷張吳祖傳女科三十
六症問答一卷 （清）□□撰 清抄本 一冊
七行字數不等白口上邊雙邊

610000－1001－0018769 普02991

目耕帖三十卷 （清）馬國翰撰 清光緒九年
（1883）嬛嬛館刻本 一冊 九行二十字白口
四周雙邊 存一卷（二十六）

610000－1001－0018770 普02993

待菴日札一卷 （清）王弘撰撰 清光緒二十
六年（1900）刻本 一冊 九行十九字白口四
周單邊

610000－1001－0018771 普02999

千金裘二十七卷 （清）蔣義彬纂 清嘉慶二
十一年（1816）刻本 四冊 八行十七字小字
雙行同白口四周雙邊

610000－1001－0018772 普03000

孔子家語十卷 （三國魏）王肅注 清刻本
二冊 十一行二十四字小字雙行同白口左右
雙邊 存五卷（四至八）

610000－1001－0018773 普03005

南皮張宮保政書奏議初編十二卷 （清）張之
洞撰 清光緒二十七年（1901）上海圖書集成
印書局鉛印本 六冊 十四行四十二字白口
四周單邊

610000－1001－0018774 普03007

紀文達公遺集三十二卷 （清）紀昀撰 （清）
紀樹馨編校 清嘉慶十七年（1812）刻本 九
冊 十行二十一字白口四周雙邊 存十八卷
（上集一至十六、下集十五至十六）

610000－1001－0018775 普03008

褒谷古蹟輯畧一卷附錄一卷 （清）萬方田等
輯註 清同治十三年（1874）刻本 一冊 八
行十七字白口四周單邊

610000－1001－0018776 普03009

算學啟蒙三卷 （元）朱世傑撰 清光緒二十
二年（1896）上海璣衡堂石印本 一冊 二十
行十九字白口四周雙邊

610000－1001－0018777 普03010

皇清誥封宜人張繼室馬宜人紀事詩文彙刊不
分卷 （清）□□編 清光緒八年（1882）刻本
一冊 九行二十一字小字雙行同白口四周
雙邊

610000－1001－0018778 普03011

文獻通考二十四卷首一卷 （元）馬端臨撰
清光緒二十五年（1899）上海點石齋石印本
十六冊 二十二行四十二字小字雙行同白口
四周單邊 存二十卷（一至八、十、十一下、十
二下、十四下、十八上至二十四,首一）

610000－1001－0018779 普03012

文獻通考二十四卷首一卷 （元）馬端臨撰
清光緒二十五年（1899）上海點石齋石印本
十冊 二十二行四十二字小字雙行同白口四
周單邊 存十一卷（五至八、十二下、十八上
至二十一、二十三至二十四）

610000－1001－0018780 普03013

文獻通考二十四卷首一卷 （元）馬端臨撰
清光緒二十五年（1899）上海點石齋石印本
三冊 二十二行四十二字小字雙行同白口四
周單邊 存二卷（十八上下、二十一）

610000－1001－0018781 普03014

詮解合刻一卷 （□）中和山人渾渾子解 清
道光五年（1825）同善堂刻本 一冊 八行十
八字白口四周單邊

610000－1001－0018782 普03015

片玉山房花箋錄二十卷 （清）孫兆湘輯 清
咸豐二年（1852）刻本 一冊 十行二十一字
小字雙行同下黑口四周雙邊 存一卷（九）

610000－1001－0018783 普03016

梨洲遺著彙栞二十四種 （清）黃宗羲撰 清
宣統二年（1910）上海時中書局鉛印本 十
冊 十四行三十一字白口四周單邊 存二十二種

610000－1001－0018784　普03017

**心遠堂新編小學纂註六卷** （清）高愈編訂
清刻本　一冊　九行十九字小字雙行同白口
左右雙邊　存二卷（五至六）

610000－1001－0018785　普03019

**明紀六十卷** （清）陳鶴纂　清光緒十六年
（1890）上海積山書局石印本　三冊　二十行
四十二字小字雙行同白口四周雙邊　存三十
卷（一至三十）

610000－1001－0018786　普03020

**經餘必讀八卷** （清）雷琳　（清）錢樹棠
（清）錢樹立輯　清刻本　一冊　十行二十字
小字雙行同白口四周單邊　存四卷（五至八）

610000－1001－0018787　普03021

**文獻通考二十四卷首一卷** （元）馬端臨撰
清光緒二十五年（1899）上海點石齋石印本
一冊　二十二行四十二字小字雙行同白口四
周單邊　存一卷（十八下）

610000－1001－0018788　普03022

**資治通鑑二百九十四卷** （宋）司馬光撰
（元）胡三省音注　（明）陳仁錫評閱　清刻本
九冊　十行二十字小字雙行同白口四周單
邊　存十九卷（二十五至四十三）

610000－1001－0018789　普03024

**彙刻書目不分卷** （清）顧修編　清刻本　一
冊　九行二十一字小字雙行同上下黑口左右
雙邊

610000－1001－0018790　普03025

**文廟通考六卷首一卷** （清）牛樹梅輯　清同
治八年（1869）刻本　一冊　十行二十二字白
口四周雙邊

610000－1001－0018791　普03026

**子史精華一百六十卷** （清）允祿　（清）吳襄
等纂　清刻本　八冊　八行二十四字小字雙
行同白口四周雙邊　存四十一卷（一百二十
至一百六十）

610000－1001－0018792　普03027

**羅經頂門針二卷** （明）徐之鏌撰　清刻本

一冊　九行二十二字小字雙行同白口四周單
邊　存一卷（二）

610000－1001－0018793　普03028

**皇朝經世文三編八十卷** （清）陳忠倚輯　清
光緒二十八年（1902）龍文書局石印本　十二
冊　二十三行四十八字白口四周雙邊

610000－1001－0018794　普03029

**則古昔齋算學叢書十三種** （清）李善蘭撰
清同治六年（1867）金陵刻本　七冊　十行二
十二字小字雙行同上下黑口左右雙邊

610000－1001－0018795　普03030

**訓蒙平仄簡易一卷** （清）曾士甄輯　清光緒
四年（1878）新蔡學署刻本　一冊　行數不等
大小字不等白口四周單邊

610000－1001－0018796　普03031

**庸盦全集七種** （清）薛福成撰　清光緒二十
八年（1902）秦中官書局石印本　二冊　十四
行三十字上下黑口四周單邊　存一種

610000－1001－0018797　普03032

**發蒙語正一卷** （清）查體仁撰　清光緒二十
三年（1897）刻本　一冊　六行十五字白口四
周單邊

610000－1001－0018798　普03034

**制義叢話二十四卷** （清）梁章鉅撰　清道光
三十年（1850）福州梁氏刻本　一冊　十二行
二十五字上黑口左右雙邊　存四卷（一至四）

610000－1001－0018799　普03035

**郘亭遺詩八卷** （清）莫友芝撰　清光緒元年
（1875）刻本　二冊　二十一行二十一字小字
雙行同白口左右雙邊　存四卷（一至四）

610000－1001－0018800　普03038

**洛學編六卷附國朝洛學文徵二卷** （清）湯斌
輯　清光緒二年（1876）有不為齋刻本　一冊
十行二十字白口左右雙邊

610000－1001－0018801　普03043

**思貽齋雜著續集□□卷** （清）高曦亭撰　清
宣統二年（1910）長安刻本　一冊　十行二十

二字白口四周雙邊　存一卷(四)

610000－1001－0018802　普03047

惜抱軒今體詩選十八卷　(清)姚鼐編　清刻本　一冊　十行二十二字小字雙行同上下黑口左右雙邊　存四卷(五言今體詩鈔六至九)

610000－1001－0018803　普03048

對數述二卷算學雜草二卷　(清)陳其晉撰　清光緒五年(1879)刻本　二冊　九行二十五字白口左右雙邊

610000－1001－0018804　普03049

百雞術衍二卷　(清)丁取忠校　(清)時日醇編述　清同治十二年(1873)刻本　一冊　十行二十二字小字雙行同白口左右雙邊　存一卷(一)

610000－1001－0018805　普03052

日本興學之經驗不分卷　(日本)野尻精一講述　清光緒三十三年(1907)鉛印本　一冊　十三行三十二字上下黑口四周雙邊

610000－1001－0018806　普03053

南唐書十八卷　(宋)陸游撰　清光緒五年(1879)木活字印本　一冊　九行二十一字白口四周單邊　存六卷(十三至十八)

610000－1001－0018807　普03055

明史紀事本末八十卷　(清)谷應泰編　清刻本　六冊　九行二十字白口左右雙邊　存二十二卷(二十九至四十、五十一至五十四、六十一至六十六)

610000－1001－0018808　普03056

良朋彙集五卷　(清)孫偉輯　清善成堂刻本　一冊　十二行二十四字白口四周雙邊　存二卷(四至五)

610000－1001－0018809　普03057

國朝閨閣詩鈔一百種　(清)蔡殿齊輯　清道光二十四年(1844)娜嬛別館刻本　二冊　八行十八字小字雙行同上下黑口四周雙邊　存二十種

610000－1001－0018810　普03058

草廬吳文正公集四十九卷首一卷　(元)吳澄撰　清刻本　一冊　十行二十一字白口左右雙邊　存五卷(一至五)

610000－1001－0018811　普03059

三事忠告　(元)張養浩撰　清影元刻本　一冊　八行十七字小字雙行不等上下黑口四周雙邊　存二種

610000－1001－0018812　普03060

禹貢圖考不分卷　雷柱述　清宣統元年(1909)陝西學務公所圖書館石印本　一冊　行數不等字數不等四周單邊

610000－1001－0018813　普03079

惜抱軒全集十種　(清)姚鼐撰　清刻本　一冊　十行二十一字上下黑口左右雙邊　存五種

610000－1001－0018814　普03080

皇朝經世文統編一百〇七卷　(清)邵之棠輯　清光緒二十七年(1901)上海寶善齋石印本　五十一冊　二十二行四十六字白口四周雙邊

610000－1001－0018815　普03082

隨園三十種　(清)袁枚撰　清刻本　十一冊　十行二十一字上下黑口左右雙邊　存十一種

610000－1001－0018816　普03084

尺木堂綱鑑易知錄二十卷　(清)吳乘權等輯　清光緒二十五年(1899)上海鴻寶齋石印本　八冊　十六行二十八字小字雙行同白口四周雙邊

610000－1001－0018817　普03086

弘簡錄二百五十四卷續弘簡錄元史類編四十二卷　(明)邵經邦撰　(清)邵遠平校　清刻本　五冊　十二行二十四字白口四周單邊　存十六卷(弘簡錄一百〇七至一百〇九、一百二十五至一百二十七、一百七十一至一百七十四、二百四十六至二百四十八,續二十四至二十六)

610000－1001－0018818　普03089

唐詩別裁集引典備註二十卷　（清）沈德潛輯
（清）俞汝昌增註　清末刻本　一冊　十行
十九字小字雙行同白口四周單邊　存二卷
（十三至十四）

610000－1001－0018819　普03091
大清文宗協天翊運執中垂謨懋德振武聖孝淵
恭端仁寬敏顯皇帝聖訓一百十卷　（清）文宗
奕詝撰　清光緒石印本　九冊　二十一行四
十五字白口四周單邊

610000－1001－0018820　普03092
景岳全書十六種　（明）張介賓撰　清經綸堂
刻本　三冊　十行二十四字白口四周單邊
存七種

610000－1001－0018821　普03094
奇門遁甲統宗十二卷　（三國蜀）諸葛亮撰
清刻本　一冊　九行二十字白口四周單邊
存三卷（十至十二）

610000－1001－0018822　普03099
四禮翼八卷　（明）呂坤撰　清光緒三十三年
（1907）陝西學務公所石印本　一冊　九行二
十二字下黑口四周雙邊

610000－1001－0018823　普03100
人譜一卷　（明）劉宗周撰　清光緒三十二年
（1906）陝西學務公所鉛印本　一冊　十二行
三十字小字雙行同白口四周雙邊

610000－1001－0018824　普03101
痧癥全書三卷　（清）林森傳授　（清）王凱編
輯　清同治十二年（1873）退思山房刻本　一
冊　十二行二十二字小字雙行同白口左右雙
邊　存二卷（上中）

610000－1001－0018825　普03102
芥子園畫傳五卷　（清）王槩輯并摹　清刻彩
色套印本　三冊　九行二十字小字雙行同白
口左右雙邊　存三卷（一至三）

610000－1001－0018826　普03103
御纂詩義折中二十卷　（清）傅恆等纂　清刻
本　六冊　十一行二十四字白口左右雙邊

610000－1001－0018827　普03104
庾子山集十六卷　（北周）庾信撰　（清）倪璠
注　清刻本　二冊　十行二十字小字雙行同
白口左右雙邊　存一卷（十三）

610000－1001－0018828　普03107
蠶桑萃編十五卷首一卷　（清）衛傑撰　清光
緒二十四年（1898）刻本　三冊　十行二十字
下黑口四周雙邊　存五卷（二至六）

610000－1001－0018829　普03108
太極圖集解一卷　（清）王建常撰　（清）趙蒲
校　清同治十二年（1873）刻本　一冊　九行
二十四字小字雙行同白口四周雙邊

610000－1001－0018830　普03109
重栞宋本十三經注疏附校勘記　（清）阮元撰
校勘記　（清）盧宣旬摘錄校勘記　清道光六
年（1826）刻本　二十九冊　十行十七字小字
雙行二十三字上下黑口左右雙邊　存三種

610000－1001－0018831　普03110
健松齋續集十卷　（清）方象瑛撰　清刻本
一冊　十行二十字白口四周單邊　存五卷
（一至五）

610000－1001－0018832　普03111
富國農書一卷　（清）陳熾著　清光緒二十五
年（1899）江西萍鄉縣署木活字印本　一冊
十一行二十五字上下黑口四周單邊

610000－1001－0018833　普03113
新鐫徐氏家藏羅經頂門針二卷鄙言一卷
（明）徐之鏌撰　清刻本　一冊　九行二十二
字白口四周單邊　存二卷（頂門針一、鄙言
一）

610000－1001－0018834　普03114
陽明先生文集十六卷　（明）王守仁撰　（明）
李贄輯　清道光六年（1826）刻本　一冊　九
行二十四字白口左右雙邊　存一卷（一目錄）

610000－1001－0018835　普03115
景岳全書十六種　（明）張介賓撰　清刻本
十三冊　十行二十四字白口四周單邊　存十
一種

610000－1001－0018836　普03117

**齊省堂增訂儒林外史五十六回**　（清）吳敬梓撰　清同治十三年(1874)刻本　十四冊　九行十八字白口四周雙邊

610000－1001－0018837　普03118

**三十家詩鈔六卷首一卷末一卷**　（清）曾國藩纂　（清）王定安增輯　清同治十三年(1874)傳忠書局刻本　一冊　十行二十四字小字雙行同下黑口左右雙邊　存二卷(一、首一)

610000－1001－0018838　普03119

**中外經世緒言三編二十卷**　（清）廬山老人輯　清光緒二十四年(1898)上海文盛書局石印本　八冊　十四行三十六字白口四周雙邊

610000－1001－0018839　普03121

**中外經世緒言三編二十卷**　（清）廬山老人輯　清光緒二十四年(1898)上海文盛書局石印本　七冊　十四行三十六字白口四周雙邊

610000－1001－0018840　普03122

**中外經世緒言三編二十卷**　（清）廬山老人輯　清光緒二十四年(1898)上海文盛書局石印本　六冊　十四行三十六字白口四周雙邊　存十五卷(一至九、十一至十六)

610000－1001－0018841　普03123

**讀史兵略四十六卷**　（清）胡林翼纂　清光緒三十三年(1907)儷峰書屋刻本　六冊　十二行二十四字白口左右雙邊　存二十八卷(一至三、八至十一、十八至二十、二十九至四十六)

610000－1001－0018842　普03125

**欽定詩經傳說彙纂二十一卷首二卷詩序二卷**　（清）王鴻緒等纂　清刻本　八冊　八行二十二字小字雙行同白口四周雙邊　存八卷(一至八)

610000－1001－0018843　普03126

**中外經世緒言三編二十卷**　（清）廬山老人輯　清光緒二十四年(1898)上海文盛書局石印本　三冊　十四行三十六字白口四周雙邊　存八卷(一至八)

610000－1001－0018844　普03127

**中外經世緒言十六卷**　（清）余貽範撰　清光緒二十一年(1895)上海文盛堂石印本　二冊　十三行三十七字白口四周雙邊　存四卷(三至四、十三至十四)

610000－1001－0018845　普03128

**大清宣宗效天符運立中體正至文聖武智勇仁慈儉勤孝敏成皇帝聖訓一百三十卷**　（清）宣宗旻寧撰　清光緒石印本　十八冊　二十一行四十五字白口四周單邊

610000－1001－0018846　普03129

**字彙十二集首一卷末一卷**　（明）梅膺祚音釋　清刻本　一冊　十行十六字小字雙行同白口四周單邊　存一卷(首一)

610000－1001－0018847　普03130

**大清搢紳全書四卷**　（□）□□撰　清光緒二十八年(1902)榮錄堂刻本　四冊　十四行三十二字小字雙行同白口四周雙邊

610000－1001－0018848　普03131

**諭摺彙存不分卷**　（清）□□輯　清光緒木活字印本　十二冊　十一行二十二字白口四周雙邊

610000－1001－0018849　普03132

**說文廣義三卷**　（清）王夫之撰　清刻本　一冊　十行二十二字小字雙行同上下黑口左右雙邊　存一卷(三)

610000－1001－0018850　普03133

**小題四萬選不分卷**　（清）□□輯　清末石印本　一冊　三十行二十五字白口四周單邊

610000－1001－0018851　普03134

**程氏所見詩鈔二十四卷**　（清）程鴻緒輯　清嘉慶十二年(1807)浣月齋刻本　三冊　九行十九字小字雙行同白口左右雙邊　存九卷(七至十五)

610000－1001－0018852　普03135

**柳岸吟一卷**　（清）王夫之撰　清同治四年(1865)金陵節署刻本　一冊　十行二十二字上下黑口左右雙邊

610000－1001－0018853　普03137

**醫宗必讀十卷**　（明）李中梓撰　清刻本　一冊　十一行二十七字小字雙行同白口四周單邊　存一卷(二)

610000－1001－0018854　普03138

**庸盦全集七種**　（清）薛福成撰　清光緒二十八年(1902)秦中官書局石印本　十冊　十四行二十五字上下黑口四周單邊　存三種

610000－1001－0018855　普03139

**積古齋鐘鼎彝器款識十卷**　（清）阮元編錄　清刻本　一冊　十行二十四字白口四周單邊　存二卷(二至三)

610000－1001－0018856　普03140

**映雪堂詳校醫宗必讀十卷**　（明）李中梓撰　清刻本　二冊　十二行二十四字小字雙行同白口四周單邊　存三卷(一至二、七)

610000－1001－0018857　普03141

**聽潮音館詞集三卷**　（清）蔡寶善撰　清宣統元年(1909)石印本　一冊　十三行十八字上下黑口左右雙邊

610000－1001－0018858　普03142

**普通學歌訣一卷**　（清）張一鵬撰　清光緒二十六年(1900)蘇州中西小學堂刻本　一冊　十行二十字白口左右雙邊

610000－1001－0018859　普03144

**尺木堂綱鑑易知錄二十卷**　（清）吳乘權等輯　清光緒二十五年(1899)上海鴻寶齋石印本　八冊　十六行二十八字小字雙行同白口四周雙邊

610000－1001－0018860　普03145

**普通學歌訣一卷**　（清）張一鵬撰　清光緒秦中官書局鉛印本　一冊　十行二十字白口左右雙邊

610000－1001－0018861　普03146

**普通學歌訣一卷**　（清）張一鵬撰　清末江南普通學堂刻本　一冊　十行二十二字白口左右雙邊

610000－1001－0018862　普03149

**敏求機要十六卷**　（元）劉實撰　清光緒二十六年(1900)秦中官書局鉛印本　四冊　二十二行二十二字白口四周雙邊

610000－1001－0018863　普03150

**御撰資治通鑑綱目三編五卷**　（清）張廷玉編　清光緒二十五年(1899)鴻寶齋石印本　二冊　二十四行五十六字白口四周雙邊

610000－1001－0018864　普03151

**醫方集解三卷湯頭歌括一卷**　（清）汪昂輯　**經絡歌訣一卷續增日食菜物一卷**　（清）汪昂撰　清刻本　一冊　十行二十二字小字雙行同白口四周單邊　存四卷(醫方集解下、湯頭歌括一、經絡歌訣一、日食菜物一)

610000－1001－0018865　普03152

**皇朝文獻通考三百卷**　（清）嵇璜等纂　清刻本　二冊　九行二十一字白口左右雙邊　存四卷(一百二十八至一百二十九、一百五十至一百五十一)

610000－1001－0018866　普03153

**涇西書屋詩稿四卷文稿二卷**　（清）汪元爵撰　清刻本　一冊　九行十九字小字雙行同上下黑口四周單邊　存二卷(詩稿一至二)

610000－1001－0018867　普03154

**戰國策校註十卷**　（清）李錫齡校訂　清光緒二十二年(1896)惜陰軒刻本　三冊　十行二十一字上下黑口四周單邊　存三卷(三、五、七)

610000－1001－0018868　普03155

**醫宗必讀十卷**　（明）李中梓撰　清刻本　一冊　九行十八字小字雙行同白口四周單邊　存二卷(五至六)

610000－1001－0018869　普03156

**醫宗必讀十卷**　（明）李中梓撰　清刻本　一冊　十行二十二字小字雙行同白口四周單邊　存三卷(八至十)

610000－1001－0018870　普03157

**墨子十六卷**　（清）畢沅撰　清光緒二年

(1876)浙江書局刻本　一冊　九行二十一字
小字雙行同白口左右雙邊　存三卷(一至三)

610000－1001－0018871　普03158
隨園三十種　(清)袁枚著　清刻本　八冊
十行二十一字上下黑口左右雙邊　存九種

610000－1001－0018872　普03159
新刻黃掌綸先生評訂神仙鑑三集二十二卷
(清)徐衢述　(清)李理贊　清刻本　五冊
十行二十二字白口四周單邊　存六卷(首集
三至六、二集十六、三集十七)

610000－1001－0018873　普03160
御批歷代通鑑輯覽一百二十卷　(清)傅恆等
撰　清刻本　八冊　十一行二十二字小字雙
行同白口四周雙邊　存十七卷(三十六至三
十九、四十二至四十七、一百十四至一百二
十)

610000－1001－0018874　普03161
四大觀樓詩鈔九卷　(清)鄒鍾撰　清光緒十
二年(1886)刻本　一冊　十行十七字白口四
周雙邊　存三卷(一至三)

610000－1001－0018875　普03162
洋務經濟通考十六卷　(清)應祖錫纂定　清
光緒二十七年(1901)鴻寶齋石印本　十二冊
二十行四十四字白口四周雙邊

610000－1001－0018876　普03165
御批歷代通鑑輯覽一百二十卷　(清)傅恆等
編纂　清同治十一年(1872)湖北崇文書局刻
本　五十五冊　十一行二十二字小字雙行同
白口四周雙邊　存一百十二卷(一至十一、十
六至十九、二十二至六十一、六十四至一百二
十)

610000－1001－0018877　普03167
歷代地理沿革圖一卷　(清)李兆洛撰　清同
治十一年(1872)金陵刻本　一冊　十二行二
十四字白口左右雙邊

610000－1001－0018878　普03168
咏物詩選八卷　(清)俞琰撰　清刻本　一
冊　十行二十一字上下黑口左右雙邊　存二卷

(七至八)

610000－1001－0018879　普03169
史記一百三十卷　(漢)司馬遷撰　(南朝宋)
裴駰集解　(唐)司馬貞索隱　(唐)張守節正
義　清末石印本　二冊　二十行四十二字小
字雙行同白口左右雙邊　存三十六卷(十三
至十八、六十一至九十)

610000－1001－0018880　普03170
常州賦一卷　(清)褚邦慶編注　清光緒四年
(1878)刻本　一冊　十一行二十四字小字雙
行同白口左右雙邊

610000－1001－0018881　普03171
皇清經解一百七十三種　(清)阮元輯　清道
光九年(1829)廣東學海堂刻咸豐十一年
(1861)補刻本　一冊　十一行二十四字小字
雙行同白口左右雙邊　存一種

610000－1001－0018882　普03172
皇清經解一百七十三種　(清)阮元輯　清道
光九年(1829)廣東學海堂刻咸豐十一年
(1861)補刻本　九十冊　十一行二十四字小
字雙行同白口左右雙邊　存六十一種

610000－1001－0018883　普03173
皇清經解一百七十三種　(清)阮元輯　清道
光九年(1829)廣東學海堂刻咸豐十一年
(1861)補刻本　六十五冊　十一行二十四字
小字雙行同白口左右雙邊　存二十一種

610000－1001－0018884　普03174
皇清經解一百七十三種　(清)阮元輯　清道
光九年(1829)廣東學海堂刻咸豐十一年
(1861)補刻本　三十九冊　十一行二十四字
小字雙行同白口左右雙邊　存一種

610000－1001－0018885　普03175
皇清經解一百七十四種　(清)阮元輯　清道
光九年(1829)廣東學海堂刻同治九年(1870)
補刻本　二百六十冊　十一行二十四字小字
雙行同白口左右雙邊　存一百三十二種

610000－1001－0018886　普03177
史記一百三十卷　(漢)司馬遷撰　(南朝宋)

裴駰集解　（唐）司馬貞索隱　（唐）張守節正義　清末石印本　一冊　二十行四十二字小字雙行同白口左右雙邊　存三十卷（六十一至九十）

610000－1001－0018887　普03178

秋審實緩比較條欵五卷　（清）謝誠鈞纂　清光緒二十八年（1902）秦中官書局鉛印本　一冊　十一行二十二字白口四周雙邊

610000－1001－0018888　普03179

楹聯續話四卷　（清）梁章鉅輯　清道光二十三年（1843）刻本　二冊　九行二十二字小字雙行同下黑口左右雙邊

610000－1001－0018889　普03180

史記一百三十卷附司馬貞補史記一卷史記正義論例謚法解列國分野一卷　（漢）司馬遷撰　（南朝宋）裴駰集解　（唐）司馬貞索隱　（唐）張守節正義　清光緒十四年（1888）上海蜚英館石印本　二冊　十五行三十二字小字雙行同白口左右雙邊　存三十二卷（史記七十一至八十七、一百十八至一百三十,補史記一,列國分野一）

610000－1001－0018890　普03181

西政叢書三十二種　梁啟超輯　清光緒二十三年（1897）慎記書莊石印本　六十四冊　十八行四十字小字雙行同白口四周雙邊

610000－1001－0018891　普03182

皇朝直省府廳州縣歌括一卷　（清）蔣升撰　清光緒二十九年（1903）慈母堂鉛印本　一冊　九行二十三字小字雙行同白口四周雙邊

610000－1001－0018892　普03185

欽定國朝詩別裁集三十二卷　（清）沈德潛纂評　清刻本　七冊　十行十九字小字雙行二十八字白口左右雙邊　存二十八卷（五至三十二）

610000－1001－0018893　普03186

通鑑紀事本末二百三十九卷　（宋）袁樞編輯　（明）張溥論正　清刻本　二冊　九行二十字白口左右雙邊　存十一卷（一百十三至一百二十三）

610000－1001－0018894　普03187

碧腴齋詩存八卷　（清）胡德琳撰　清刻本　一冊　十行二十一字上下黑口左右雙邊

610000－1001－0018895　普03188

卷施閣文甲集十卷補遺一卷乙集八卷續編一卷　（清）洪亮吉撰　清刻本　一冊　九行二十一字上下黑口左右雙邊　存三卷（乙集六至八）

610000－1001－0018896　普03189

前漢書一百二十卷附考證一百二十卷　（漢）班固撰　（唐）顏師古注　清光緒二十九年（1903）五洲同文局石印本　十六冊　十行二十一字小字雙行同上下黑口左右雙邊　存八十六卷（一至三十、八十一至九十三,考證一至三十、八十一至九十三）

610000－1001－0018897　普03190

明史紀事本末八十卷　（清）谷應泰編　清刻本　六冊　九行二十字白口左右雙邊　存十九卷（六十二至八十）

610000－1001－0018898　普03191

欽定國朝詩別裁集三十二卷　（清）沈德潛纂評　清光緒南海孔氏刻本　一冊　十行十九字小字雙行二十八字白口左右雙邊　存七卷（二十六至三十二）

610000－1001－0018899　普03192

前漢書一百二十卷附考證一百二十卷　（漢）班固撰　（唐）顏師古注　清光緒二十九年（1903）五洲同文局石印本　八冊　十行二十一字小字雙行同上下黑口左右雙邊　存五十二卷（八至十二、二十至二十七、八十一至九十三,考證八至十二、二十至二十七、八十一至九十三）

610000－1001－0018900　普03193

輶軒語一卷　（清）張之洞撰　清光緒二年（1876）退補齋刻本　一冊　九行二十一字小字雙行同白口四周雙邊

610000－1001－0018901　普03194

古香齋新刻袖珍淵鑑類函四百五十卷目錄四卷 （清）張英等纂 清光緒南海孔氏刻本 十四冊 十行二十一字小字雙行同白口四周雙邊 存二十八卷（二十五至二十六、一百六十九至一百七十二、一百七十九至一百八十、二百三十七至二百三十八、二百四十五至二百五十、二百五十九至二百六十、四百〇三至四百〇八、四百〇九至四百十、四百十七至四百十八）

610000－1001－0018902　普03195
隨園三十八種 （清）袁枚輯 清光緒十八年(1892)勤裕堂鉛印本 十八冊 十三行四十字白口四周單邊 存十二種

610000－1001－0018903　普03196
史記一百三十卷 （漢）司馬遷撰 （南朝宋）裴駰集解 （唐）司馬貞索隱 （唐）張守節正義 清光緒四年(1878)金陵書局刻本 一冊 十二行二十五字小字雙行不等白口左右雙邊 存二卷（一至二）

610000－1001－0018904　普03197
歷代史論十二卷續編一卷 （明）張溥撰 左傳史論二卷 （清）高士奇撰 清光緒鉛印本 五冊 十五行三十九字小字雙行同白口四周雙邊

610000－1001－0018905　普03198
左傳史論二卷 （清）高士奇撰 清光緒鉛印本 一冊 十五行三十九字小字雙行同白口四周雙邊

610000－1001－0018906　普03199
瀛環志畧正集十卷續集四卷末一卷 （清）徐繼畬輯著 清光緒二十八年(1902)上海日新書莊石印本 六冊 二十一行四十八字白口四周雙邊

610000－1001－0018907　普03200
隨園三十種 （清）袁枚輯 清刻本 十一冊 十行二十一字上下黑口左右雙邊 存二種

610000－1001－0018908　普03201
皇朝經世文編一百二十卷姓名總目二卷

（清）賀長齡輯 清道光七年(1827)刻本 十冊 十一行二十四字小字雙行同白口左右雙邊 存十五卷（一至六、十三至十八、二十一，姓名總目一至二）

610000－1001－0018909　普03202
皇朝文獻通考三百卷 （清）嵇璜等纂修 清刻本 五十七冊 九行二十一字小字雙行同白口左右雙邊 存一百〇三卷（五十五至六十五、六十八至七十、一百〇四至一百〇九、一百十一至一百十六、一百三十至二百〇二、二百〇七至二百十）

610000－1001－0018910　普03203
月令粹編二十四卷 （清）秦嘉謨輯 清嘉慶十七年(1812)江都秦嘉謨琳琅仙館刻本 十冊 九行二十二字小字雙行同上下黑口四周雙邊

610000－1001－0018911　普03205
皇朝文獻通考三百卷 （清）嵇璜等纂修 清刻本 三冊 九行二十一字小字雙行同白口左右雙邊 存七卷（一百十一至一百十三、一百三十二至一百三十三、一百四十一至一百四十二）

610000－1001－0018912　普03207
皇朝經世文編補一百二十卷 （清）賀長齡輯 （清）張鵬飛評 清刻本 一冊 十一行二十四字小字雙行同白口左右雙邊 存一卷（三十六）

610000－1001－0018913　普03208
東西洋考十二卷 （明）張燮撰 （清）李錫齡校 清刻本 一冊 十行二十二字上下黑口四周單邊 存三卷（四至六）

610000－1001－0018914　普03209
皇朝文獻通考三百卷 （清）嵇璜 （清）劉墉纂修 清光緒八年(1882)浙江書局刻本 六冊 九行二十一字小字雙行同白口左右雙邊 存十一卷（七十一至七十五、一百三十至一百三十一、一百三十六至一百三十九）

610000－1001－0018915　普03210

497

御批歷代通鑑輯覽一百二十卷　（清）傅恆等
纂修　清刻本　七冊　十一行二十二字小字
雙行同白口四周雙邊　存十三卷（五十二至
五十三、六十至六十五、七十至七十一、九十
九、一百〇四至一百〇五）

610000－1001－0018916　普03212
大學衍義四十三卷　（宋）眞德秀撰　清光緒
十三年(1887)柏經正堂刻本　十二冊　十行
二十字小字雙行同黑口四周單邊

610000－1001－0018917　普03213
補註洗冤錄集證四卷作吏要言一卷　（宋）宋
慈撰　清道光二十三年(1843)刻三色套印本
　四冊　十行十八字小字雙行同白口左右
雙邊

610000－1001－0018918　普03214
大學衍義四十三卷　（宋）眞德秀撰　清光緒
十三年(1887)柏經正堂刻本　十一冊　十行
二十字小字雙行同黑口四周單邊

610000－1001－0018919　普03215
御批歷代通鑑輯覽一百二十卷　（清）傅恆等
纂修　清刻本　一冊　十一行二十二字小字
雙行同白口四周雙邊　存二卷（三十九至四
十）

610000－1001－0018920　普03216
大學衍義四十三卷　（宋）眞德秀撰　清光緒
十三年(1887)柏經正堂刻本　一冊　十行二
十字小字雙行同黑口四周單邊　存五卷（三
十二至三十六）

610000－1001－0018921　普03217
御批歷代通鑑輯覽一百二十卷　（清）傅恆等
纂修　清刻本　一冊　十一行二十二字小字
雙行同白口四周單邊　存二卷（八十七至八
十八）

610000－1001－0018922　普03218
御批歷代通鑑輯覽一百二十卷　（清）傅恆等
纂修　清刻本　一冊　十一行二十二字小字
雙行同白口四周單邊　存二卷（二十一至二
十二）

610000－1001－0018923　普03219
洗冤錄摭遺二卷補一卷　（清）葛元煦撰　清
刻本　二冊　九行二十五字小字雙行同白口
左右雙邊

610000－1001－0018924　普03220
朱子原訂近思錄十四卷　（宋）朱熹撰　（清）
江永集注　（清）王鼎校次　清刻本　二冊
九行二十字小字雙行同白口四周雙邊　存十
卷（五至十四）

610000－1001－0018925　普03221
皇朝文獻通考三百卷　（清）嵇璜　（清）劉墉
纂修　清光緒八年(1882)浙江書局刻本　三
十冊　九行二十一字小字雙行同白口左右雙
邊　存五十七卷（一百三十至一百八十六）

610000－1001－0018926　普03222
書叙指南二十卷　（宋）任廣撰　清末惜陰軒
刻本　一冊　十行二十字小字雙行同上下黑
口四周單邊　存五卷（六至十）

610000－1001－0018927　普03223
皇朝文獻通考三百卷　（清）嵇璜　（清）劉墉
纂修　清光緒八年(1882)浙江書局刻本　十
冊　九行二十一字小字雙行同白口左右雙邊
　存二十卷（二百八十一至三百）

610000－1001－0018928　普03225
明史紀事本末八十卷　（清）谷應泰編　清刻
本　一冊　九行二十字白口左右雙邊　存二
卷（七十四至七十五）

610000－1001－0018929　普03226
王菉友九種　（清）王筠撰　清咸豐十年
(1860)刻本　七冊　九行二十二字白口四周
雙邊　存六種

610000－1001－0018930　普03227
臣鑒錄二十卷　（清）蔣伊編　清光緒七年
(1881)刻本　一冊　九行二十三字白口四周
雙邊　存二卷（十七至十八）

610000－1001－0018931　普03228
古文辭類纂七十四卷　（清）姚鼐輯　清光緒
二十五年(1899)秦中官書局鉛印本　八冊

十五行三十三字白口四周雙邊

610000－1001－0018932　普03230
**歷代史論十二卷續編一卷**　（明）張溥撰　**左傳史論二卷**　（清）高士奇撰　**明史論四卷**　（清）谷應泰撰　清光緒鉛印本　六冊　十五行三十九字小字雙行同白口四周雙邊

610000－1001－0018933　普03233
**履園叢話二十四卷**　（清）錢泳撰　清刻本　六冊　九行二十二字上下黑口四周單邊　存十二卷（十三至二十四）

610000－1001－0018934　普03234
**四夷編年表四卷**　（美國）林樂知　（清）嚴良勳譯　（清）李鳳苞彙編　清光緒二十三年（1897）石印本　四冊　行數不等字數不等白口四周雙邊

610000－1001－0018935　普03235
**通商約章類纂三十五卷**　（清）徐宗亮撰　清光緒二十四年（1898）石印本　十冊　十行二十四字下黑口四周單邊　存十七卷（一至十七）

610000－1001－0018936　普03236
**慶典成案五卷**　（清）□□編　清刻本　一冊　十一行字數不等白口四周雙邊　存一卷（一）

610000－1001－0018937　普03237
**新刻趙田了凡袁先生編纂古本歷史大方綱鑑補三十九卷首一卷**　（明）袁黃撰　清石印本　一冊　二十五行四十九字小字雙行同白口四周雙邊　存一卷（九）

610000－1001－0018938　普03238
**御製詩二集九十卷目錄十卷**　（清）高宗弘曆撰　清刻本　四冊　九行十七字白口四周雙邊　存十四卷（一至十三、目錄一）

610000－1001－0018939　普03239
**皇朝政典類纂五百卷目錄六卷**　（清）席裕福編　清光緒二十九年（1903）上海圖書集成局鉛印本　一冊　十六行四十二字小字雙行同白口四周單邊　存四卷（四百八十四至四百八十七）

610000－1001－0018940　普03240
**欽定大清會典八十卷**　（清）托津等撰　清嘉慶二十三年（1818）刻本　八冊　十行二十字白口四周雙邊　存二十六卷（五十三至七十八）

610000－1001－0018941　普03241
**春秋左傳杜注三十卷首一卷**　（清）姚培謙學　清道光七年（1827）刻本　十一冊　九行十九字小字雙行三十字白口左右雙邊

610000－1001－0018942　普03242
**御選唐宋詩醇四十七卷目錄二卷**　（清）高宗弘曆選　（清）梁詩正等編　清刻本　六冊　九行十九字白口四周單邊　存十三卷（十一至二十三）

610000－1001－0018943　普03243
**前漢書一百二十卷**　（漢）班固撰　（唐）顏師古注　清光緒二十三年（1897）味經刊書處刻本　三冊　十一行二十一字小字雙行同白口四周雙邊　存八卷（三十五至三十八、五十七上至五十八、六十三至六十四下）

610000－1001－0018944　普03244
**前漢書一百二十卷**　（漢）班固撰　（唐）顏師古注　清光緒二十三年（1897）味經刊書處刻本　一冊　十一行二十一字小字雙行同白口四周雙邊　存一卷（三十）

610000－1001－0018945　普03245
**皇清經解一百七十三種**　（清）阮元輯　清道光九年（1829）廣東學海堂刻咸豐十一年（1861）補刻本　二冊　十一行二十四字小字雙行同白口左右雙邊　存一種

610000－1001－0018946　普03246
**古文雅正十四卷三通序三卷**　（清）蔡世遠撰　清刻本　六冊　十行二十五字白口四周單邊間四周雙邊

610000－1001－0018947　普03247
**中東戰紀本末續編四卷首一卷末一卷**　（美國）林樂知審定　（清）蔡爾康輯　清光緒二

十三年(1897)上海圖書集成局鉛印本 一冊
十三行四十字白口四周單邊 存二卷(一、
首一)

610000－1001－0018948　普03248
船山遺書五十六種　(清)王夫之撰　清同治
四年(1865)湘鄉曾國荃金陵刻本　二冊　十
行二十二字上下黑口左右雙邊　存二種

610000－1001－0018949　普03249
英話註解一卷　(清)馮澤夫編　清光緒十二
年(1886)刻本　一冊　行數不等字數不等白
口四周雙邊

610000－1001－0018950　普03250
新刊趙田了凡袁先生編纂古本歷史大方綱鑑
補三十九卷首一卷　(宋)司馬光通鑑　(宋)
朱熹綱目　(明)袁黃編纂　清刻本　一冊
十一行二十五字小字雙行同白口左右雙邊間
四周單邊　存二卷(四至五)

610000－1001－0018951　普03251
春秋左傳杜注三十卷首一卷春秋名號歸一圖
二卷　(清)姚培謙學　清光緒十九年(1893)
浙江書局刻本　八冊　十一行二十二字小字
雙行同白口左右雙邊　存二十五卷(一至七、
十二至十三、十五至三十)

610000－1001－0018952　普03252
普通學歌訣一卷　(清)張一鵬撰　清光緒秦
中官書局鉛印本　一冊　十行二十二字白口
左右雙邊

610000－1001－0018953　普03253
敏求機要十六卷　(元)劉實撰　清光緒二十
六年(1900)秦中官書局鉛印本　四冊　二十
二行二十二字白口四周雙邊

610000－1001－0018954　普03254
通鑑綱目分類策論檢題不分卷　(清)夢蜨生
編輯　清光緒二十九年(1903)石印本　四冊
十三行字數不等下黑口四周單邊

610000－1001－0018955　普03255
重訂王鳳洲先生綱鑑會纂四十六卷續宋元二
十三卷　(明)王世貞撰　清光緒二十九年

(1903)石印本　五冊　二十六行五十二字小
字雙行同白口四周雙邊　存四十六卷(二十
四至四十六、續宋元一至二十三)

610000－1001－0018956　普03257
二曲集二十六卷　(清)李顒撰　清光緒三年
(1877)刻本　一冊　九行二十字白口四周雙
邊　存二卷(二十至二十一)

610000－1001－0018957　普03258
濯絳宦存稿一卷　(清)劉毓盤撰　清光緒二
十七年(1901)刻本　一冊　九行二十一字上
黑口四周雙邊

610000－1001－0018958　普03259
御批增補了凡綱鑑四十卷首一卷　(明)袁黃
編　(宋)司馬光通鑑　(宋)朱熹綱目　清上
海著易堂石印本　二冊　二十四行五十六字
小字雙行同下黑口四周雙邊　存八卷(二十
六至二十九、三十三至三十六)

610000－1001－0018959　普03260
新刊趙田了凡袁先生編纂古本歷史大方綱鑑
補三十九卷首一卷　(明)袁黃纂　清光緒二
十五年(1899)上海著易堂石印本　二冊　二
十六行六十四字小字雙行同白口四周雙邊

610000－1001－0018960　普03261
水道提綱二十八卷　(清)齊召南編錄　清光
緒四年(1878)霞城精舍刻本　一冊　九行二
十二字小字雙行同白口左右雙邊　存三卷
(一至三)

610000－1001－0018961　普03262
船山遺書五十六種附一種　(清)王夫之撰
清同治四年(1865)湘鄉曾國荃金陵刻本　十
七冊　十行二十二字上下黑口左右雙邊　存
十五種

610000－1001－0018962　普03263
古香齋新刻袖珍淵鑑類函四百五十卷目錄四
卷　(清)張英等纂　清光緒南海孔氏刻本
八十二冊　十行二十一字小字雙行同白口四
周雙邊　存一百九十五卷(二十七至九十四、
一百十五至一百三十四、一百八十三至二百

四十三、二百七十一至二百九十二、四百二十
七至四百五十)

610000－1001－0018963　普03264
**御製數理精蘊上編五卷下編四十卷表八卷**
(清)聖祖玄燁撰　清刻本　二冊　九行二十
字白口四周雙邊　存四卷(三十三至三十六)

610000－1001－0018964　普03265
**歷代史論十二卷宋史論三卷元史論一卷**
(明)張溥論正　**左傳史論二卷**　(清)高士奇
撰　**明史論四卷**　(清)谷應泰論正　清光緒
九年(1883)都城蒼松山房刻朱墨印本　八冊
十一行二十一字上下黑口左右雙邊

610000－1001－0018965　普03266
**左傳易讀六卷**　(清)司徒修輯注　清刻本
五冊　行數不等字數不等白口四周雙邊　存
五卷(二至六)

610000－1001－0018966　普03267
**真珠船二十卷**　(清)黃焜輯　清刻本　一冊
九行二十字小字雙行同白口四周單邊　存
三卷(十八至二十)

610000－1001－0018967　普03269
**史記一百三十卷**　(漢)司馬遷撰　(南朝宋)
裴駰集解　(唐)司馬貞索隱　清刻本　三冊
九行二十字白口左右雙邊　存二十九卷
(七十一至九十、一百十一至一百十九)

610000－1001－0018968　普03270
**萬國通鑑四卷地圖一卷**　(清)趙如光譯　清
光緒八年(1882)刻本　六冊　十行二十五字
白口四周雙邊

610000－1001－0018969　普03278
**桐閣先生文鈔十二卷**　(清)李元春撰　清光
緒十年(1884)刻本　六冊　九行二十二字上
下黑口四周單邊　存六卷(七至十二)

610000－1001－0018970　普03281
**元經薛氏傳十卷**　(隋)王通撰　(唐)薛收傳
清刻本　一冊　九行二十字小字雙行同白
口左右雙邊　存二卷(一至二)

610000－1001－0018971　普03282
**山谷內集詩注二十卷**　(宋)黃庭堅撰　(宋)
任淵注　清刻本　一冊　九行二十一字小字
雙行同白口四周雙邊　存五卷(七至十一)

610000－1001－0018972　普03283
**天下郡國利病書一百二十卷**　(清)顧炎武輯
(清)龍萬育校訂　清刻本　十六冊　十行
二十一字白口左右雙邊　存三十卷(九十一
至一百二十)

610000－1001－0018973　普03284
**資治通鑑綱目五十九卷**　(宋)朱熹撰　(明)
陳仁錫評閱　清光緒二年(1876)刻本　二十
二冊　九行二十字小字雙行同上下黑口四周
雙邊　存四十三卷(一至四十三)

610000－1001－0018974　普03285
**曹大家女誡四卷**　(清)王相箋註　清刻本
一冊　十行二十字小字雙行同白口四周單邊
存三卷(一至三)

610000－1001－0018975　普03286
**新刻官板地理玉髓真經二十八卷**　(宋)張洞
玄撰　清刻本　一冊　十行二十八字小字雙
行同白口四周單邊　存一卷(十二)

610000－1001－0018976　普03287
**皇朝通典一百卷**　(清)嵇璜　(清)劉墉纂修
清光緒二十七年(1901)上海圖書集成局鉛
印本　一冊　十六行四十三字小字雙行同白
口四周單邊　存五卷(八十五至八十九)

610000－1001－0018977　普03289
**席門集十六卷**　(清)陳海霖撰　清刻本　一
冊　九行二十一字上下黑口左右雙邊　存四
卷(九至十二)

610000－1001－0018978　普03290
**寰宇訪碑錄十二卷**　(清)孫星衍　(清)邢澍
撰　清刻本　一冊　十一行大小字不等白口
左右雙邊　存二卷(十一至十二)

610000－1001－0018979　普03293
**古文詞畧二十四卷**　(清)梅曾亮編　清刻本
一冊　十行二十五字白口四周雙邊　存二

卷(五至六)

610000－1001－0018980　普03295

**近思錄十四卷**　（宋）呂祖謙　（宋）朱熹撰
清光緒十年(1884)刻本　一冊　九行十八字
小字雙行同上下黑口四周雙邊　存五卷(一
至五)

610000－1001－0018981　普03296

**十三經注疏校勘記二百四十八卷**　（清）阮元
撰　清道光九年(1829)廣東學海堂刻咸豐十
一年(1861)補刻本　一冊　十一行二十四字
小字雙行同白口左右雙邊　存三卷(儀禮校
勘記十二至十四)

610000－1001－0018982　普03297

**說文繫傳校錄三十卷**　（清）王筠撰　清咸豐
七年(1857)刻本　一冊　十行八字小字雙行
二十四字白口四周雙邊　存十五卷(十六至
三十)

610000－1001－0018983　普03298

**御批增補了凡綱鑑四十卷首一卷**　（明）袁黃
編　清光緒二十七年(1901)上海經藝齋石印
本(卷十至十三、二十九配清石印本)　七冊
　二十四行五十六字小字雙行同白口四周雙
邊　存二十卷(一至二、四至十三、二十九至
三十六)

610000－1001－0018984　普03299

**續資治通鑑綱目二十七卷**　（明）陳仁錫評
清刻本　十一冊　七行十八字小字雙行同白
口四周單邊　存十一卷(一至十一)

610000－1001－0018985　普03300

**新刊趙田了凡袁先生編纂古本歷史大方綱鑑
補三十九卷首一卷**　（宋）司馬光通鑑　（宋）
朱熹綱目　（明）袁黃編纂　清刻本　十冊
十一行二十五字小字雙行同白口左右雙邊
存十一卷(五至八、十、十三、二十二至二十
四、二十六、三十)

610000－1001－0018986　普03301

**履齋示兒編二十三卷覆校一卷校補一卷**
（宋）孫奕撰　清嘉慶十六年(1811)刻本　六

冊　九行十八字上下黑口左右雙邊

610000－1001－0018987　普03302

**新評龍圖神斷公案十卷**　（□）□□撰　清刻
本　一冊　九行二十字白口四周單邊　存一
卷(一)

610000－1001－0018988　普03303

**新刊趙田了凡袁先生編纂古本歷史大方綱鑑
補三十九卷首一卷**　（宋）司馬光通鑑　（宋）
朱熹綱目　（明）袁黃編纂　清刻本　十七冊
　十一行二十五字小字雙行同白口四周單邊
間左右雙邊　存二十四卷(六至十一、十六至
十七、二十至二十九、三十四至三十九)

610000－1001－0018989　普03304

**仁在堂時藝窾十七卷**　（清）路德撰　清光緒
十四年(1888)刻本　一冊　九行二十五字白
口左右雙邊　存一卷(十七)

610000－1001－0018990　普03305

**御批資治通鑑綱目五十九卷首一卷**　（宋）朱
熹撰　清光緒十三年(1887)上海同文書局石
印本　一冊　十八行三十六字小字雙行同白
口四周單邊　存五卷(二十九至三十三)

610000－1001－0018991　普03306

**誠齋先生易傳二十卷**　（宋）楊萬里撰　清刻
本　四冊　九行二十一字白口四周雙邊　存
九卷(三至五、九至十一、十五至十七)

610000－1001－0018992　普03307

**書考辯二卷**　（清）劉紹攽撰　清刻本　一冊
　十行二十字白口四周雙邊

610000－1001－0018993　普03308

**清秘述聞十六卷**　（清）法式善編　清嘉慶四
年(1799)刻本　五冊　十二行二十四字上下
黑口四周單邊

610000－1001－0018994　普03309

**萬國公法四卷**　（美國）惠頓撰　（美國）丁韙
良譯　清同治三年(1864)刻本　四冊　十行
二十一字白口四周雙邊

610000－1001－0018995　普03310

陝西存古學校現辦節略不分卷 （清）高曦亭
撰 清宣統元年（1909）刻本 一冊 十行二
十二字白口四周雙邊

610000－1001－0018996 普03311
普通學歌訣一卷 （清）張一鵬撰 清光緒秦
中官書局鉛印本 一冊 十行二十二字白口
左右雙邊

610000－1001－0018997 普03312
二十四史 清同治、光緒五省官書局據汲古
閣本合刻光緒五年（1879）湖北書局彙印本
二冊 十二行二十五字小字雙行三十七字白
口左右雙邊 存二種

610000－1001－0018998 普03313
清慶堂印譜二卷 （清）秦小游編 清光緒十
四年（1888）刻鈐印本 二冊 行數不等字數
不等

610000－1001－0018999 普03314
小倉山房尺牘六卷 （清）袁枚撰 （清）陳名
金輯注 清刻本 一冊 九行十九字小字雙
行同白口四周單邊間四周雙邊 存一卷（五）

610000－1001－0019000 普03315
金石識別十二卷 （美國）代那撰 （美國）瑪
高溫口譯 （清）華蘅芳筆述 清同治十一年
（1872）江南機器製造總局刻本 五冊 十行
二十二字上下黑口左右雙邊 存十卷（三至
十二）

610000－1001－0019001 普03316
急救應驗良方一卷 （清）費山壽編 清光緒
十四年（1888）三原縣署刻本 一冊 十一行
二十四字小字雙行同白口左右雙邊

610000－1001－0019002 普03317
重刊宋本十三經注疏附校勘記 （清）阮元撰
校勘記 （清）盧宣旬摘錄 清刻本 十二冊
十行十八字小字雙行二十三字上下黑口左
右雙邊 存二種

610000－1001－0019003 普03318
急救應驗良方一卷 （清）費山壽編 清光緒
元年（1875）刻本 一冊 十一行二十四字白

口左右雙邊

610000－1001－0019004 普03319
後漢書九十卷 （南朝宋）范曄撰 續漢書志
三十卷 （南朝梁）劉昭註補 清同治十二年
（1873）嶺東使署刻本 二冊 十二行二十五
字小字雙行三十七字白口左右雙邊 存九卷
（一至四、八十至八十四）

610000－1001－0019005 普03321
通鑑類纂二十卷 （清）松椿撰 清光緒濰縣
實雅書局鉛印本 八冊 十三行三十二字白
口四周雙邊 存七卷（一至三、八、十二、十五
至十六）

610000－1001－0019006 普03322
唐陸宣公集二十二卷 （唐）陸贄撰 （清）王
汝驤 （清）張泰基校 清刻本 一冊 十行
二十字白口四周單邊 存三卷（十七至十九）

610000－1001－0019007 普03323
鍼灸大成十卷 （明）楊繼洲撰 清振茂書局
石印本 一冊 二十行四十三字白口四周雙
邊 存二卷（九至十）

610000－1001－0019008 普03324
春秋經傳集解三十卷首一卷 （晉）杜預原本
（唐）陸德明音釋 （宋）林堯叟附註 清刻
本 十五冊 八行二十字小字雙行同白口四
周單邊

610000－1001－0019009 普03325
讀四書大全說十卷 （清）王夫之撰 清同治
四年（1865）湘鄉曾國荃金陵刻本 一冊 十
行二十二字上下黑口左右雙邊 存一卷（一）

610000－1001－0019010 普03326
禮記章句四十九卷 （清）王夫之撰 清同治
四年（1865）湘鄉曾國荃金陵刻本 一冊 十
行二十二字上下黑口左右雙邊 存一卷（五）

610000－1001－0019011 普03327
讀禮通考一百二十卷 （清）徐乾學編 清刻
本 八冊 十三行二十一字小字雙行三十一
字白口左右雙邊 存三十四卷（二十七至六
十）

610000－1001－0019012　普 03328

**唐陸宣公集二十二卷**　（唐）陸贄撰　（清）年
羹堯重訂　清刻本　一冊　十行二十字白口
四周單邊　存三卷（十四至十六）

610000－1001－0019013　普 03331

**後漢書一百二十卷**　（南朝宋）范曄撰　清同
治八年（1869）金陵書局刻本　十四冊　十二
行二十五字小字雙行三十七字白口左右雙邊

610000－1001－0019014　普 03333

**皇朝文獻通考輯要二十六卷**　（清）嵇璜等纂
修　（清）湯壽潛輯　清石印本　一冊　二十
行四十五字白口四周雙邊　存二卷（十至十
一）

610000－1001－0019015　普 03334

**金瘡鐵扇散一卷**　（清）明德撰　清道光十二
年（1832）刻本　一冊　九行二十字白口左右
雙邊

610000－1001－0019016　普 03336

**周易内傳六卷**　（清）王夫之撰　清刻本　一
冊　十行二十二字上下黑口左右雙邊　存一
卷（三）

610000－1001－0019017　普 03340

**養素堂文集三十五卷首一卷**　（清）張澍撰
清刻本　十五冊　十行二十二字小字雙行同
白口四周雙邊　存三十三卷（一至三十二、首
一）

610000－1001－0019018　普 03343

**醫方捷徑指南二卷**　（明）王宗顯輯　清刻本
　一冊　十行二十二字白口四周雙邊

610000－1001－0019019　普 03344

**御撰資治通鑑綱目三編五卷**　（清）張廷玉編
　清光緒二十五年（1899）鴻寶齋石印本　二
冊　二十四行五十六字白口四周雙邊

610000－1001－0019020　普 03345

**慶典成案五卷**　（清）□□編　清刻本　一冊
　十一行二十四字白口四周雙邊　存一卷
（內務府三）

610000－1001－0019021　普 03346

**明夷待訪錄一卷**　（清）黃宗羲撰　清石印本
　一冊　十行二十四字白口左右雙邊

610000－1001－0019022　普 03347

**歷代名人書札二卷續編二卷**　吳曾祺撰　清
鉛印本　三冊　十四行三十四字下黑口四周
雙邊　存三卷（書札一，續編一下、二上）

610000－1001－0019023　普 03350

**尺木堂綱鑑易知錄二十卷**　（清）吳乘權等輯
　清光緒二十五年（1899）上海鴻寶齋石印本
　八冊　十六行二十八字小字雙行同白口四
周雙邊

610000－1001－0019024　普 03351

**溫病條辨六卷首一卷**　（清）吳瑭撰　清同治
八年（1869）刻本　一冊　九行十九字白口左
右雙邊　存二卷（一、首一）

610000－1001－0019025　普 03352

**張三豐先生全集八卷**　（明）張君寶撰　（清）
李西月編　清道光二十四年（1844）刻本　一
冊　九行二十一字白口左右雙邊　存一卷
（一）

610000－1001－0019026　普 03354

**皇朝經世文四編五十二卷**　（清）何良棟輯
清光緒二十八年（1902）上海書局石印本　十
二冊　二十三行五十字小字雙行同白口四周
單邊

610000－1001－0019027　普 03355

**東醫寶鑑二十二卷目錄二卷**　（朝鮮）許浚撰
　清刻本　一冊　八行二十一字小字雙行同
白口四周單邊　存二卷（一下、二下）

610000－1001－0019028　普 03358

**廣治平略四十四卷**　（清）蔡方炳撰　清光緒
刻本　二冊　十二行三十字小字雙行同白口
四周雙邊　存七卷（六至十二）

610000－1001－0019029　普 03359

**隨園詩話二十六卷補遺十卷**　（清）袁枚撰
清刻本　一冊　十一行二十三字上下黑口四
周單邊　存三卷（十四至十六）

610000 – 1001 – 0019030　普 03360

韻海大全不分卷　（清）仁壽室主人撰　清光
緒十三年（1887）上海積山書局石印本　二冊
行數不等大小字不等白口四周雙邊

610000 – 1001 – 0019031　普 03361

昭代叢書十一集　（清）張潮輯　清道光吳江
沈氏世楷堂刻本　十四冊　九行二十字白口
四周單邊　缺十二種

610000 – 1001 – 0019032　普 03362

紀文達公遺集三十二卷　（清）紀昀撰　（清）
紀樹馨編校　清嘉慶十七年（1812）刻本　八
冊　十行二十一字白口四周雙邊　存十八卷
（賦二至五、詩一至十四）

610000 – 1001 – 0019033　普 03364

讀史方輿紀要一百三十卷　（清）顧祖禹撰
清嘉慶十六年（1811）敷文閣刻本　九冊　十
行二十一字小字雙行同白口四周雙邊　存二
十一卷（四十三至四十五、五十七至七十四）

610000 – 1001 – 0019034　普 03367

古今合璧事類備要前集六十九卷後集八十一
卷續集五十六卷別集九十四卷外集六十六卷
　（宋）謝維新　（宋）虞載輯　清刻本　二冊
八行大字不等小字雙行二十四字白口左右雙
邊　存八卷（後集三十五至三十七、四十六
至五十）

610000 – 1001 – 0019035　普 03368

皇朝經世文新增續編一百二十卷新增時事四
十卷洋務策論八卷　（清）葛士濬輯　清光緒
二十三年（1897）掃葉山房鉛印本　十二冊
十八行四十四字白口四周單邊　存五十五卷
（一至十六、三十四至五十七、九十一至九十
四、一百〇一至一百〇三,新增時事三十六至
三十八,洋務策論四至八）

610000 – 1001 – 0019036　普 03371

隨園三十八種　（清）袁枚撰　清光緒十九年
（1893）倉山舊主石印本　二冊　二十四行五
十八字白口左右雙邊　存四種

610000 – 1001 – 0019037　普 03372

心身藥四卷　（清）靜緣子尚清虛撰　清刻本
　一冊　九行二十五字白口左右雙邊

610000 – 1001 – 0019038　普 03373

皇朝經世文續編一百二十卷　（清）葛士濬輯
　清光緒二十八年（1902）天章書局石印本
二十冊　二十二行四十八字白口四周雙邊

610000 – 1001 – 0019039　普 03375

小倉山房詩集三十七卷　（清）袁枚撰　清石
印本　一冊　二十四行五十八字白口左右雙
邊　存十二卷（十八至二十九）

610000 – 1001 – 0019040　普 03376

養素堂文集三十五卷首一卷　（清）張澍撰
清道光十七年（1837）刻本　十六冊　十行二
十二字小字雙行同白口四周雙邊

610000 – 1001 – 0019041　普 03377

大清通禮五十卷　（清）來保等纂　清末刻本
　一冊　九行二十二字小字雙行同白口四周
雙邊

610000 – 1001 – 0019042　普 03378

皇朝經世文續編一百二十卷　（清）盛康輯
清光緒二十三年（1897）武進盛氏思補樓刻本
　一冊　十一行二十四字下黑口四周雙邊
存二卷（十八至十九）

610000 – 1001 – 0019043　普 03379

正學隅見述一卷　（清）王宏撰撰　清刻本
　一冊　八行二十字四周雙邊

610000 – 1001 – 0019044　普 03380

諸子彙函九十四種　（明）歸有光撰　（明）文
震孟參訂　清刻本　四冊　九行十八字白口
四周單邊　存十九種

610000 – 1001 – 0019045　普 03381

詞律二十卷　（清）萬樹撰　詞律拾遺二十卷
（清）徐立本撰　補遺一卷　（清）杜文瀾編
　清光緒二年（1876）刻本　六冊　七行二十
一字小字雙行同白口左右雙邊　存十四卷
（一至十四）

610000 – 1001 – 0019046　普 03382

南疆繹史勘本三十卷首二卷　（清）温睿臨撰
　繹史剳諗考八卷摭遺十八卷　（清）李瑤勘
定　清刻本　八冊　九行二十字白口左右雙
邊　存三十卷（勘本二十三至三十、剳諗考一
至八、摭遺五至十八）

610000－1001－0019047　普03383

皇朝經世文續編一百二十卷　（清）葛士濬編
　清光緒十四年（1888）上海圖書集成局鉛印
本　二冊　十三行四十字白口四周單邊　存
八卷（四十四至四十七、六十一至六十四）

610000－1001－0019048　普03384

欽定續文獻通考二百五十卷　（清）嵇璜等纂
修　清刻本　一冊　九行二十一字小字雙行
同白口左右雙邊　存四卷（一百六十三至一
百六十六）

610000－1001－0019049　普03385

隨園三十種　（清）袁枚撰　清刻本　七冊
十行二十一字上下黑口四周單邊　存三種

610000－1001－0019050　普03386

皇朝經世文續編一百二十卷　（清）葛士濬編
　清光緒十四年（1888）上海圖書集成局鉛印
本　六冊　十三行四十字白口四周單邊　存
十八卷（九十八至一百十五）

610000－1001－0019051　普03387

南華經外篇十五卷　（戰國）莊周撰　（清）瞿
宣穎解　清刻本　一冊　九行二十字小字雙
行同白口四周單邊　存一卷（三）

610000－1001－0019052　普03388

皇朝經世文三編八十卷　（清）陳忠倚輯　清
光緒二十八年（1902）龍文書局石印本　四冊
　二十三行四十八字小字雙行同白口四周雙
邊　存三十五卷（二十六至六十）

610000－1001－0019053　普03389

欽定詩經傳說彙纂二十一卷首二卷詩序二卷
　（清）王鴻緒等纂　清刻本　十一冊　八行
二十二字小字雙行同白口四周雙邊　存十四
卷（十至二十一、詩序一至二）

610000－1001－0019054　普03391

大文堂綱鑑易知錄九十二卷　（清）吳乘權等
輯　清大文堂刻本　二十三冊　九行二十一
字小字雙行同白口四周單邊

610000－1001－0019055　普03392

欽定康濟錄四卷　（清）陸曾禹撰　清同治三
年（1864）浙江撫署刻本　三冊　十一行二十
四字白口四周單邊

610000－1001－0019056　普03393

皇朝經世文編一百二十卷姓名總目二卷
（清）賀長齡輯　清光緒石印本　一冊　二十
二行四十八字小字雙行同白口四周雙邊　存
十卷（一百〇一至一百十）

610000－1001－0019057　普03394

禮記章句四十九卷　（清）王夫之撰　清同治
四年（1865）湘鄉曾國荃金陵刻本　八冊　十
行二十二字上下黑口左右雙邊　存十九卷
（一至四、六至十、十三至十四、三十二至三十
九）

610000－1001－0019058　普03396

輶軒語一卷　（清）張之洞撰　清光緒五年
（1879）刻本　一冊　十三行二十四字小字雙
行同白口左右雙邊

610000－1001－0019059　普03397

東塾讀書記二十五卷　（清）陳澧撰　清光緒
二十七年（1901）邵州勸學書舍刻本　一冊
十一行二十四字上下黑口左右雙邊　存四卷
（一至四）

610000－1001－0019060　普03398

皇朝經世文新編二十一卷　（清）麥仲華輯
清光緒二十七年（1901）上海書局石印本　四
冊　二十二行四十八字白口左右雙邊間四周
雙邊　存九卷（三至五上、十五下至十六中、
十八下至二十一）

610000－1001－0019061　普03400

左文襄公奏稿六十四卷　（清）左宗棠撰　清
光緒十六年（1890）刻本　一冊　十行二十五
字上下黑口左右雙邊　存一卷（四十一）

610000－1001－0019062　普03401

萬國近政考略十六卷 （清）鄒弢編 清光緒
二十七年(1901)三借廬鉛印本 二冊 十四
行四十字白口四周單邊 存八卷(九至十六)

610000 – 1001 – 0019063　普 03402

竹書紀年二卷 （南朝梁）沈約注 清刻本
一冊 九行二十字白口左右雙邊 存一卷
(二)

610000 – 1001 – 0019064　普 03403

四書章句集注十九卷 （宋）朱熹撰 清光緒
十二年(1886)傳經堂刻本 六冊 九行十七
字小字雙行同下黑口左右雙邊

610000 – 1001 – 0019065　普 03404

讀史方輿紀要一百三十卷 （清）顧祖禹撰
清敷文閣刻本 四十一冊 十行二十一字白
口四周雙邊 存七十六卷(一至四十、六十六
至七十八、一百〇八至一百三十)

610000 – 1001 – 0019066　普 03405

御批歷代通鑑輯覽一百二十卷 （清）傅恆等
編纂 清光緒二十五年(1899)上海順成書局
石印本 一冊 十八行三十六字小字雙行同
白口四周雙邊 存四卷(二十一至二十四)

610000 – 1001 – 0019067　普 03406

五代史七十四卷 （宋）歐陽修撰 清光緒十
七年(1891)陝甘味經書院刻本 九冊 十二
行二十一字小字雙行同白口四周雙邊 存六
十七卷(一至六十一、六十九至七十四)

610000 – 1001 – 0019068　普 03407

五代史七十四卷 （宋）歐陽修撰 清光緒十
七年(1891)陝甘味經書院刻本 九冊 十二
行二十一字小字雙行同白口四周雙邊 存六
十五卷(一至八、十八至七十四)

610000 – 1001 – 0019069　普 03407

五代史七十四卷 （宋）歐陽修撰 清光緒十
七年(1891)陝甘味經書院刻本 九冊 十二
行二十一字小字雙行同白口四周雙邊 存六
十五卷(一至八、十八至七十四)

610000 – 1001 – 0019070　普 03408

綱鑑擇語十卷 （清）司徒修輯 清咸豐七年

(1857)刻本 十冊 九行二十二字小字雙行
同白口四周雙邊

610000 – 1001 – 0019071　普 03409

表異錄二十卷 （明）王志堅輯 （清）李錫齡
校 清光緒刻本 一冊 十行二十一字上下
黑口四周單邊 存十二卷(九至二十)

610000 – 1001 – 0019072　普 03410

宋史紀事本末一百〇九卷 （明）陳邦瞻編輯
（明）張溥論正 清光緒十四年(1888)上海
書業公所崇德堂鉛印本 一冊 十五行四十
字白口四周雙邊 存十九卷(一至十九)

610000 – 1001 – 0019073　普 03411

列國歲計政要十二卷首一卷 （英國）麥丁富
得力編纂 （美國）林樂知口譯 （清）鄭昌棪
筆述 清光緒二十四年(1898)小倉山房石印
本 二冊 二十行二十二字小字雙行同下黑
口四周雙邊

610000 – 1001 – 0019074　普 03413

康南海傳九章 梁啟超撰 清雄武六郎鉛印
本 一冊 十二行三十五字白口四周雙邊

610000 – 1001 – 0019075　普 03414

船山遺書五十六種附一種 （清）王夫之撰
清同治四年(1865)湘鄉曾國荃金陵刻本 十
八冊 十行二十二字上下黑口左右雙邊 存
三種

610000 – 1001 – 0019076　普 03415

玉歷鈔傳警世不分卷 （清）□□輯 清光緒
二十七年(1901)刻本 一冊 十行二十三字
白口左右雙邊

610000 – 1001 – 0019077　普 03416

御纂詩義折中二十卷 （清）傅恆等纂 清光
緒十二年(1886)敬業堂刻本 十冊 九行二
十字白口左右雙邊

610000 – 1001 – 0019078　普 03417

增補東萊博議二十五卷 （宋）呂祖謙撰 清
光緒二十九年(1903)秦中書局石印本 一冊
十七行四十字小字雙行同白口四周單邊

610000－1001－0019079　普03418

**憑山閣增輯留青新集三十卷**　（清）陳枚選
清刻本　九冊　十一行二十字白口四周單邊
　存十一卷（一、四至五、七至十二、十七至十
　八）

610000－1001－0019080　普03420

**等韻易知不分卷**　（清）□□編　抄本　一冊
　八行二十字

610000－1001－0019081　普03422

**詩經古譜二卷**　（宋）趙彥甫撰　（元）熊興可
　譜　（清）學部注簡譜　清光緒三十四年
（1908）學部圖書局石印本　一冊　行數不等
大小字不等

610000－1001－0019082　普03423

**欽定續文獻通考輯要二十六卷**　（清）嵇璜等
撰　（清）湯壽潛輯要　清光緒石印本　一冊
　二十行二十五字白口四周雙邊　存三卷
（十八至二十）

610000－1001－0019083　普03425

**紀效新書十八卷首一卷**　（明）戚繼光撰　清
嘉慶九年（1804）虞山張氏照曠閣刻本　二冊
　九行二十一字上下黑口左右雙邊　存七卷
（十二至十八）

610000－1001－0019084　普03426

**道學淵源錄一百卷首一卷**　（清）黃嗣東輯
清光緒三十四年（1908）刻本　二冊　十三行
二十二字上下黑口左右雙邊　存三卷（二十
八至二十九、首一）

610000－1001－0019085　普03429

**御製詩二集九十卷**　（清）高宗弘曆撰　清道
光二十四年（1844）刻本　三冊　九行十七字
白口四周雙邊　存十七卷（六十至七十、七十
五至八十）

610000－1001－0019086　普03431

**新鐫趙田歷朝袁先生編纂古本歷史大方綱鑑
補三十九卷首一卷**　（明）袁黃撰　清刻本
十一冊　十二行二十八字小字雙行同白口四
周單邊　存十一卷（十二、十四、二十至二十

一、二十三至二十六、二十八、三十六至三十
七）

610000－1001－0019087　普03432

**漢魏六朝百三家集**　（明）張溥輯　清光緒五
年（1879）信述堂刻本　九冊　九行十八字白
口左右雙邊　存九種

610000－1001－0019088　普03433

**惜抱軒全集十種**　（清）姚鼐撰　清同治五年
（1866）省心閣刻本　一冊　十行二十一字白
口左右雙邊　存五種

610000－1001－0019089　普03434

**船山遺書五十六種附一種**　（清）王夫之撰
清同治四年（1865）湘鄉曾國荃金陵刻本　十
三冊　十行二十二字上下黑口左右雙邊　存
三種

610000－1001－0019090　普03435

**史外八卷**　（清）汪有典著　清同治刻本　二
冊　九行二十四字白口左右雙邊　存二卷
（三至四）

610000－1001－0019091　普03436

**刪補名醫方論八卷**　（清）吳謙輯　清刻本
一冊　十行二十四字白口左右雙邊　存二卷
（六至七）

610000－1001－0019092　普03438

**船山遺書五十六種附一種**　（清）王夫之撰
清同治四年（1865）湘鄉曾國荃金陵刻本　三
十冊　十行二十二字上下黑口左右雙邊　存
十六種

610000－1001－0019093　普03439

**隨園續同人集十七卷**　（清）袁枚輯　清末石
印本　一冊　十三行四十字白口四周單邊
存八卷（和韻類、告存類、生挽類、題圖類、送
行留別類、慶賀類、答謝類、閨秀類）

610000－1001－0019094　普03440

**戰國策校註十卷**　（宋）鮑彪撰　（元）吳師道
重校　清光緒刻本　一冊　十行二十一字小
字雙行同上下黑口四周單邊　存二卷（九至
十）

610000－1001－0019095　普03441

**紀效新書十八卷首一卷**　（明）戚繼光撰　清刻本　一冊　九行二十一字上下黑口四周單邊　存六卷(二至七)

610000－1001－0019096　普03442

**惜陰軒叢書三十四種續編一種**　（清）李錫齡輯　清道光二十六年(1846)宏道書院刻本　十八冊　十行二十二字上下黑口四周單邊　存三種

610000－1001－0019097　普03443

**船山遺書五十六種附一種**　（清）王夫之撰　清同治四年(1865)湘鄉曾國荃金陵刻本　二十冊　十行二十二字上下黑口左右雙邊　存十種

610000－1001－0019098　普03444

**資治通鑑綱目五十九卷**　（宋）朱熹撰　（明）陳仁錫評　清刻本　一冊　七行十八字小字雙行同白口四周雙邊　存一卷(一)

610000－1001－0019099　普03445

**惜陰軒叢書三十四種續編一種**　（清）李錫齡輯　清道光二十六年(1846)宏道書院刻本　二冊　十行二十二字上下黑口四周單邊　存二種

610000－1001－0019100　普03446

**衛生寶鑑二十四卷補遺一卷**　（元）羅天益撰　清刻本　六冊　十行二十二字上下黑口四周單邊

610000－1001－0019101　普03447

**小學六卷近思錄十四卷**　（宋）朱熹撰　清光緒十三年(1887)同義文會刻本　四冊　九行十八字小字雙行同上下黑口左右雙邊

610000－1001－0019102　普03448

**前漢書一百卷**　（漢）班固撰　（唐）顏師古注　清光緒二十三年(1897)味經刊書處刻本　三十九冊　十一行二十一字小字雙行同白口四周雙邊　存七十六卷(一至十六、十九至三十、四十二至四十四、四十九至六十九、七十三至七十七、八十二至一百)

610000－1001－0019103　普03449

**戰國策校註十卷**　（宋）鮑彪撰　（元）吳師道重校　清光緒刻本　一冊　十行二十一字小字雙行同上下黑口四周單邊　存一卷(四)

610000－1001－0019104　普03451

**補註洗冤錄集證四卷作吏要言一卷**　（宋）宋慈撰　清道光二十三年(1843)刻三色套印本　四冊　十行十八字白口左右雙邊　存五卷(集證四、要言一)

610000－1001－0019105　普03454

**皇朝經世文編一百二十卷姓名總目二卷**　（清）賀長齡輯　清道光刻本　六冊　十一行二十四字白口左右雙邊　存十一卷(一百○五至一百○六、一百○九至一百十一、一百十三至一百十八)

610000－1001－0019106　普03455

**三餘閒墨**　（清）秦嘉澤撰　清光緒二十五年(1899)刻本　一冊　八行二十一字白口左右雙邊　存二種

610000－1001－0019107　普03457

**重刊宋本十三經注疏附校勘記**　（清）阮元撰校勘記　清光緒十三年(1887)脈望仙館石印本　三十二冊　二十行四十字小字雙行四十八字白口四周單邊

610000－1001－0019108　普03458

**重刊宋本十三經注疏附校勘記**　（清）阮元撰校勘記　清光緒十三年(1887)脈望仙館石印本　八冊　二十行四十字小字雙行四十八字白口四周單邊　存四種

610000－1001－0019109　普03459

**本草綱目五十二卷**　（明）李時珍撰　清刻本　一冊　九行二十字小字雙行同白口四周單邊　存二卷(三十九至四十)

610000－1001－0019110　普03460

**清儀閣金石題識四卷**　（清）張廷濟撰　清末刻本　一冊　十行二十一字小字雙行同上下黑口左右雙邊　存一卷(四)

610000－1001－0019111　普03461

唐詩別裁集引典備註二十卷　（清）沈德潛輯
（清）俞汝昌增註　清末刻本　一冊　十行
十九字小字雙行同白口四周雙邊　存一卷
（二十）

610000－1001－0019112　普03462
資治通鑑綱目五十九卷　（宋）朱熹撰　（宋）
尹起莘發明　（元）劉友益書法　（元）汪克寬
考異　（元）徐昭文考證　（明）陳濟正誤
（明）馮智舒質實　清刻本　一冊　十行二十
二字小字雙行同上下黑口四周雙邊　存三卷
（二十七至二十九）

610000－1001－0019113　普03463
讀史兵略四十六卷　（清）胡林翼撰　清光緒
三十三年（1907）儷峯書屋刻本　七冊　十二
行二十四字白口左右雙邊　存七卷（二十一
至二十七）

610000－1001－0019114　普03464
新評龍圖神斷公案十卷　（□）□□撰　清刻
本　二冊　九行二十字白口四周單邊　存三
卷（二、四至五）

610000－1001－0019115　普03466
小倉山房外集八卷　（清）袁枚撰　清刻本
一冊　十行二十一字上下黑口四周單邊　存
二卷（五至六）

610000－1001－0019116　普03467
孟子正義三十卷　（清）焦循撰　清道光九年
（1829）廣東學海堂刻咸豐十一年（1861）補刻
本　一冊　十一行二十四字白口左右雙邊

610000－1001－0019117　普03468
最新上海花柳繁華夢四卷三十二回　（清）
□□撰　清末石印本　一冊　十八行三十八
字白口四周雙邊　存一卷（一）

610000－1001－0019118　普03469
世宗憲皇帝聖訓三十六卷　（清）世宗胤禛撰
清末石印本　一冊　二十一行四十五字白
口四周單邊　存十卷（一至十）

610000－1001－0019119　普03470
程氏家塾讀書分年日程三卷綱領一卷　（元）

程端禮編　清同治五年（1866）崇文書局刻本
一冊　九行二十一字小字雙行同上黑口左
右雙邊

610000－1001－0019120　普03471
讀禮志疑一卷　（清）陸隴其輯　清嘉慶二十
年（1815）刻本　一冊　十行二十二字白口四
周雙邊

610000－1001－0019121　普03474
漢魏六朝百三名家集　（明）張溥輯　清光緒
刻本　六冊　九行十八字小字雙行同白口左
右雙邊　存六種

610000－1001－0019122　普03478
雙楳景闇叢書十六種　葉德輝輯　清光緒、
宣統長沙葉氏郎園刻本　一冊　十一行二十
二字小字雙行同上下黑口左右雙邊　存二種

610000－1001－0019123　普03479
皇朝通志一百二十六卷　（清）嵇璜　（清）劉
墉纂修　清光緒八年（1882）浙江書局刻本
二十六冊　九行二十一字小字雙行同白口左
右雙邊　存八十三卷（一至五十二、六十五至
八十二、九十七至一百、一百〇六至一百〇
八、一百二十一至一百二十六）

610000－1001－0019124　普03480
皇朝文獻通考三百卷　（清）嵇璜　（清）劉墉
纂修　清光緒八年（1882）浙江書局刻本　六
冊　九行二十一字小字雙行同白口左右雙邊
存十三卷（二百五十六至二百六十八）

610000－1001－0019125　普03482
十六國春秋一百卷　（北魏）崔鴻撰　清光緒
十二年（1886）刻本　二冊　十一行二十三字
小字雙行同白口四周雙邊　存十七卷（五至
十三、七十四至八十一）

610000－1001－0019126　普03483
三國志六十五卷　（晉）陳壽撰　（南朝宋）裴
松之注　清同治九年（1870）金陵書局刻本
七冊　十二行二十五字小字雙行三十七字白
口左右雙邊　存二十六卷（二十一至四十六）

610000－1001－0019127　普03484

宋書一百卷　（南朝梁）沈約撰　清同治十一年(1872)金陵書局刻本　一冊　十二行二十五字白口左右雙邊　存五卷(十七至二十一)

610000－1001－0019128　普03485

唐書二百二十五卷　（宋）歐陽修　（宋）宋祁纂修　清同治十二年(1873)浙江書局刻本　三冊　十二行二十五字白口左右雙邊　存二十六卷(一百三十八至一百六十三)

610000－1001－0019129　普03490

雪心賦正解四卷　（唐）卜應天撰　（清）孟浩注　清刻本　一冊　九行二十字小字雙行同白口四周單邊　存二卷(三至四)

610000－1001－0019130　普03491

說文通檢十四卷首一卷末一卷　（清）黎永椿編　清光緒十四年(1888)刻本　二冊　十行二十二字小字雙行同白口左右雙邊

610000－1001－0019131　普03492

古香齋新刻袖珍淵鑑類函四百五十卷目錄四卷　（清）張英等纂　清光緒南海孔氏刻本　八十三冊　十行二十一字白口四周雙邊　存一百六十卷(一至二十四、九十五至一百十四、一百三十五至一百五十八、二百〇三至二百二十六、二百五十一至二百七十、三百三十五至三百五十八、三百七十九至四百〇二)

610000－1001－0019132　普03494

詩韻音義薈一卷　（清）□□撰　清抄本　一冊　九行字數不等

610000－1001－0019133　普03495

古文詞畧讀本二十四卷　（清）梅曾亮編　清光緒三十三年(1907)陝西學務公所圖書局鉛印本　二冊　十四行三十五字小字雙行同白口四周雙邊　存十三卷(四至十、十九至二十四)

610000－1001－0019134　普03498

錢陟園考訂資治通鑑綱目全書五十九卷　（宋）朱熹撰　（清）錢選考訂　清光緒八年(1882)惜物軒刻本　五十九冊　七行十八字小字雙行同白口四周單邊

610000－1001－0019135　普03499

褒谷古蹟輯畧一卷　（清）萬方田輯注　清同治十三年(1874)刻本　一冊　八行十七字小字雙行同白口四周單邊

610000－1001－0019136　普03500

手抄琴譜一卷　（清）□□抄　清抄本　一冊　行數不等字數不等

610000－1001－0019137　普03501

李渠志六卷圖一卷　（清）程國觀編纂　清道光六年(1826)刻本　二冊　十行二十二字小字雙行同白口四周雙邊

610000－1001－0019138　普03502

綱鑑會纂三十九卷首一卷　（明）王世貞編　清刻本　十冊　十行二十七字小字雙行同白口四周單邊

610000－1001－0019139　普03503

重栞宋本周禮注疏附校勘記四十二卷　（唐）賈公彥撰　清嘉慶二十年(1815)南昌府學刻本　一冊　十行十七字小字雙行二十三字上下黑口左右雙邊　存三卷(一至三)

610000－1001－0019140　普03504

羅經秘竅十卷　（明）甘霖撰　清刻本　二冊　九行二十二字白口四周單邊　存三卷(七、九至十)

610000－1001－0019141　普03505

聖諭像解二十卷　（清）梁延年輯　清光緒石印本　六冊　十行二十一字白口四周單邊　存十二卷(三至五、八至十六)

610000－1001－0019142　普03506

儀禮注疏五十卷附校勘記五十卷　（唐）陸德明音義　（唐）賈公彥疏　清嘉慶二十年(1815)南昌府學刻本　二冊　十行十七字小字雙行同上下黑口左右雙邊　存十四卷(十七至二十三、校勘記十七至二十三)

610000－1001－0019143　普03507

陸清獻公松陽講義十二卷　（清）陸隴其撰　清光緒十四年(1888)涇陽柏經正堂刻本　六冊　九行二十三字下黑口左右雙邊

610000－1001－0019144　普03508

**陸清獻公松陽講義十二卷**　（清）陸隴其撰
清光緒十四年(1888)涇陽柏經正堂刻本　五
冊　九行二十三字下黑口左右雙邊

610000－1001－0019145　普03509

**陸清獻公松陽講義十二卷**　（清）陸隴其撰
清光緒十四年(1888)涇陽柏經正堂刻本　一
冊　九行二十三字下黑口左右雙邊　存一卷
（一）

610000－1001－0019146　普03510

**增訂古今掌故一卷**　（清）寇金山抄　清抄本
一冊　十行二十八字白口四周單邊

610000－1001－0019147　普03512

**御批歷代通鑑輯覽一百二十卷**　（清）傅恆等
纂　清刻本　二冊　十一行二十二字小字雙
行同白口四周單邊　存三卷（二十五、三十九
至四十）

610000－1001－0019148　普03513

**誠齋先生易傳二十卷**　（宋）楊萬里撰　清刻
本　三冊　九行二十一字白口四周雙邊　存
九卷（六至八、十二至十四、十八至二十）

610000－1001－0019149　普03514

**松陽講義十二卷**　（清）陸隴其撰　清光緒十
四年(1888)涇陽柏經正堂刻本　六冊　九行
二十三字下黑口左右雙邊

610000－1001－0019150　普03515

**墨子十六卷**　（清）畢沅撰　清光緒二年
(1876)浙江書局刻本　一冊　九行二十一字
小字雙行同白口左右雙邊　存五卷（四至八）

610000－1001－0019151　普03516

**宋李忠定公文集選四十四卷首四卷目錄二卷**
（宋）李綱撰　（明）左光先選　（明）周之
夔訂　（明）李春熙輯　清刻本　四冊　十行
二十字白口四周單邊　存十六卷（十四至二
十九）

610000－1001－0019152　普03517

**曾文正公全集十五種**　（清）曾國藩輯　清同
治、光緒刻本　二十六冊　十行二十四字上

下黑口左右雙邊　存三種

610000－1001－0019153　普03518

**通鑑紀事本末二百三十九卷**　（宋）袁樞編輯
（明）張溥論正　清刻本　二十九冊　九行
二十字小字雙行同白口左右雙邊　存八十九
卷（六十四至一百一十九、一百七十二至二百〇
四）

610000－1001－0019154　普03522

**西山先生真文忠公讀書記四十卷**　（宋）真德
秀撰　清同治三年(1864)刻本　二十九冊
十行二十一字白口四周雙邊　存三十七卷
（一至三十七）

610000－1001－0019155　普03523

**總纂升庵合集二百四十卷**　（明）楊慎撰
（清）鄭寶琛纂輯　清光緒八年(1882)王鴻文
堂刻本　一百冊　八行二十字白口四周雙邊

610000－1001－0019156　普03526

**皇朝經世文統編一百二十卷**　（清）邵之棠輯
清光緒二十七年(1901)上海寶善齋石印本
五十二冊　二十二行四十六字白口四周雙
邊　存一百〇七卷（一至一百〇七）

610000－1001－0019157　普03527

**續文獻通考鈔三十卷**　（明）王圻撰　清刻本
四冊　十二行二十七字白口左右雙邊　存
十六卷（十五至三十）

610000－1001－0019158　普03529

**五代史七十四卷**　（宋）歐陽修撰　清同治十
一年(1872)崇文書局刻本　八冊　十二行二
十五字小字雙行三十八字白口四周雙邊

610000－1001－0019159　普03531

**道學淵源錄一百卷首一卷**　（清）黃嗣東輯
清光緒三十四年(1908)鳳山學舍刻本　二十
七冊　十三行二十二字上下黑口左右雙邊
存九十四卷（一至六十二、六十七至九十七、
一百）

610000－1001－0019160　普03532

**史鑑節要便讀六卷**　（清）鮑東里編　清光緒
二十九年(1903)陝西官運書局鉛印本　二冊

十行十九字小字雙行五十三字白口左右
雙邊

610000－1001－0019161　普03535
**史記一百三十卷首一卷**　（漢）司馬遷撰
（明）徐孚遠　（明）陳子龍測議　清聚錦堂刻
本　二十六冊　九行二十字小字雙行同白口
左右雙邊

610000－1001－0019162　普03536
**晉書一百三十卷**　（唐）房玄齡等撰　清刻本
　十七冊　十行二十字白口左右雙邊　存六
十五卷(三十一至六十五、一百〇一至一百三
十)

610000－1001－0019163　普03537
**舊五代史一百五十卷**　（宋）薛居正撰　清同
治十一年(1872)湖北崇文書局刻本　七冊
十二行二十五字小字雙行三十八字白口四周
雙邊　存七十四卷(一至七十四)

610000－1001－0019164　普03542
**朱子原訂近思錄十四卷**　（宋）朱熹撰　（清）
江永集注　清光緒二十五年(1899)刻本　一
冊　七行十八字小字雙行同白口四周雙邊
存一卷(一)

610000－1001－0019165　普03544
**欽定四庫全書總目二百卷首一卷**　（清）紀昀
撰　清同治七年(1868)廣東書局刻本　五十
二冊　九行二十一字白口左右雙邊　存一百
〇六卷(一至四十四、五十七至一百〇五、一
百〇八十九至二百,首一)

610000－1001－0019166　普03545
**李鴻章十二章**　梁啟超撰　清光緒二十七年
(1901)鉛印本　一冊　十六行三十五字白口
四周雙邊

610000－1001－0019167　普03546
**理學宗傳二十六卷**　（清）孫奇逢輯　清刻本
　八冊　九行二十字白口四周單邊　存十五
卷(八至二十二)

610000－1001－0019168　普03549
**監本春秋公羊傳注疏二十八卷**　（漢）何休學

清刻本　二冊　十行十七字小字雙行二十
三字上下黑口左右雙邊　存六卷(二十至二
十五)

610000－1001－0019169　普03553
**附釋音春秋左傳注疏六十卷**　（晉）杜預注
（唐）孔穎達疏　清刻本　一冊　十行十七字
小字雙行二十三字上下黑口左右雙邊　存二
卷(二十九至三十)

610000－1001－0019170　普03554
**隴秦詩鈔三卷**　（清）三壽撰　清光緒四年
(1878)刻本　一冊　九行二十二字白口四周
雙邊

610000－1001－0019171　普03555
**中西兵略指掌二十四卷首一卷**　（清）陳龍昌
輯　清光緒二十八年(1902)秦中官書局石印
本　八冊　十一行三十二字小字雙行同白口
四周雙邊

610000－1001－0019172　普03556
**皇朝藩部要略十八卷世系表四卷**　（清）祁韻
士撰　清道光二十六年(1846)刻本　一冊
十行二十一字小字雙行同白口左右雙邊　存
三卷(十二至十四)

610000－1001－0019173　普03557
**莆陽知稼翁文集十一卷詞一卷**　（宋）黃公度
撰　清宜秋館刻本　一冊　十行二十字上下
黑口左右雙邊　存六卷(一至六)

610000－1001－0019174　普03558
**詩總聞二十卷**　（宋）王質撰　清刻本　一冊
　十行二十字小字雙行同白口四周雙邊　存
八卷(十三至二十)

610000－1001－0019175　普03559
**漢魏六朝百三名家集**　（明）張溥輯　清光緒
五年(1879)刻本　六十一冊　九行十八字白
口左右雙邊　存六十七種

610000－1001－0019176　普03560
**漢魏六朝百三名家集**　（明）張溥輯　清光緒
五年(1879)刻本　六十九冊　九行十八字白
口左右雙邊　存七十八種

610000－1001－0019177　普03561

漢魏六朝百三名家集　（明）張溥輯　清光緒
五年（1879）刻本　二十七冊　九行十八字白
口左右雙邊　存三十五種

610000－1001－0019178　普03563

勸學篇二卷　（清）張之洞撰　清光緒二十四
年（1898）中江書院刻本　一冊　十行二十一
字小字雙行同白口左右雙邊

610000－1001－0019179　普03564

池北偶談二十六卷　（清）王士禎撰　清刻本
一冊　十一行二十三字上下黑口四周單邊
存三卷（十四至十六）

610000－1001－0019180　普03565

第一才子書六十卷一百二十回　（明）羅貫中
撰　（清）毛宗崗評　清刻本　一冊　十二行
二十六字白口四周單邊　存六回（十五至二
十回）

610000－1001－0019181　普03566

唐陸宣公翰苑集二十四卷首一卷末一卷
（唐）陸贄撰　（清）張佩芳注　清光緒十八年
（1892）柏經正堂刻本　十二冊　九行二十一
字小字雙行同下黑口左右雙邊

610000－1001－0019182　普03567

唐宋八家文讀本三十卷　（唐）歐陽修等撰
（清）沈德潛評點　清刻本　一冊　十行二十
字白口左右雙邊間四周單邊　存二卷（十三
至十四）

610000－1001－0019183　普03570

文字蒙求四卷　（清）王筠撰　清道光十八年
（1838）刻本　二冊　六行大字不等小字雙行
二十二字白口四周單邊

610000－1001－0019184　普03574

資治通鑑綱目五十九卷　（宋）朱熹撰　清刻
本　十四冊　七行十八字小字雙行同白口四
周雙邊　存七卷（一至七）

610000－1001－0019185　普03576

儒門醫學三卷　（英國）海德蘭撰　（英國）傅
蘭雅譯　（清）趙元益錄　清光緒江南機器製
造總局刻本　一冊　十行二十二字上下黑口
左右雙邊　存一卷（下）

610000－1001－0019186　普03577

御纂醫宗金鑑十五種　（清）吳謙編　清刻本
三冊　九行十九字白口四周雙邊　存五種

610000－1001－0019187　普03579

九章算術細草圖說九卷附海島算經細草圖說
一卷　（晉）劉徽注　（唐）李淳風注釋
（清）李潢譔　清刻本　六冊　十行二十字白
口四周雙邊

610000－1001－0019188　普03580

讀禮通考一百二十卷　（清）徐乾學編　清刻
本　十三冊　十三行二十一字小字雙行三十
一字白口左右雙邊　存四十九卷（四十五至
五十八、六十七至一百〇一）

610000－1001－0019189　普03581

船山遺書五十六種附一種　（清）王夫之撰
清同治四年（1865）湘鄉曾國荃金陵刻本　十
九冊　十行二十二字上下黑口左右雙邊　存
十一種

610000－1001－0019190　普03582

清儀閣金石題識四卷　（清）張廷濟撰　（清）
陳其榮編輯　清光緒二十年（1894）徐士愷觀
自得齋刻本　一冊　十行二十一字小字雙行
同上下黑口左右雙邊　存一卷（二）

610000－1001－0019191　普03583

船山遺書五十六種附一種　（清）王夫之撰
清同治四年（1865）湘鄉曾國荃金陵刻本　十
九冊　十行二十二字上下黑口左右雙邊　存
二十七種

610000－1001－0019192　普03584

唐詩別裁集引典備註二十卷　（清）沈德潛輯
（清）俞汝昌增註　清末刻本　一冊　十行
十九字小字雙行同白口四周雙邊　存二卷
（十八至十九）

610000－1001－0019193　普03585

御批歷代通鑑輯覽一百二十卷　（清）傅恆撰
（清）周子璋校　清光緒二十七年（1901）上

海經春閣石印本　十一冊　二十七行五十六
字小字雙行同白口四周雙邊　存八十五卷
(一至八十五)

610000－1001－0019194　普03587

[同治]畿輔通志三百卷首一卷　(清)李鴻章
等修　(清)黃彭年等纂　清同治十年(1871)
修光緒十年(1884)刻本　二十一冊　十二行
二十五字小字雙行同白口四周雙邊　存二十
四卷(九十七至一百○一、一百○三、一百○
五至一百○九、一百十二至一百十三、一百十
六至一百十八、一百六十三至一百七十)

610000－1001－0019195　普03588

保嬰撮要二十卷　(明)薛己撰　(明)吳中珩
校　清刻本　二冊　十行二十字小字雙行同
白口左右雙邊　存四卷(十四至十七)

610000－1001－0019196　普03589

訂正仲景全書傷寒論註十七卷　(清)吳謙等
輯　清末刻本　一冊　九行十九字白口四周
雙邊　存一卷(八)

610000－1001－0019197　普03591

千金翼方三十卷　(唐)孫思邈撰　(宋)林億
等校　清光緒四年(1878)影元刻本　一冊
十三行二十三字上下黑口四周雙邊　存三卷
(一至三)

610000－1001－0019198　普03594

淮南子二十一卷敘目一卷　(漢)高誘注
(清)莊逵吉校刊　清嘉慶九年(1804)武進莊
逵吉刻本　七冊　十一行二十一字小字雙行
同黑口四周單邊

610000－1001－0019199　普03595

資治通鑑目錄三十卷　(宋)司馬光編　清同
治八年(1869)江蘇書局刻本　十二冊　八行
十八字小字雙行不等白口左右雙邊

610000－1001－0019200　普03599

康熙字典十二集　(清)張玉書纂　清刻本
十八冊　八行十二字小字雙行二十四字白口
四周雙邊　存六集(寅、卯、辰、巳、申、酉)

610000－1001－0019201　普03603

欽定春秋傳說彙纂三十八卷首二卷　(清)王
掞等撰　清同治刻本　六冊　八行二十二字
小字雙行同白口四周雙邊　存十五卷(一至
十三、首一至二)

610000－1001－0019202　普03605

試策二卷　(清)□□撰　清刻本　一冊　十
四行三十二字白口四周雙邊

610000－1001－0019203　普03606

欽定四庫全書總目二百卷首一卷　(清)紀昀
撰　清同治七年(1868)廣東書局刻本　六冊
　九行二十一字白口左右雙邊　存十三卷
(三十二至三十三、三十六、三十八至四十五、
四十八至四十九)

610000－1001－0019204　普03608

讀史方輿紀要一百三十卷輿圖要覽四卷
(清)顧祖禹撰　清嘉慶敷文閣刻本　三十八
冊　十行二十一字小字雙行同白口四周雙邊
　存八十五卷(一至二十九、三十三至四十
二、八十九至一百三十,輿圖一至四)

610000－1001－0019205　普03609

皇朝經世文新編二十一卷　(清)麥仲華輯　清
光緒二十七年(1901)石印本　一冊　二十二行
四十八字白口四周雙邊　存三卷(八至十)

610000－1001－0019206　普03610

皇朝政典挈要八卷　(日本)增田貢撰　清刻
本　一冊　十三行三十字白口四周單邊　存
四卷(三至六)

610000－1001－0019207　普03611

函海四十函一百五十二種　(清)李調元輯
清末刻本　三十八冊　十行二十字小字雙行
同白口四周雙邊　存四十九種

610000－1001－0019208　普03612

皇朝經世文編一百二十卷　(清)賀長齡輯
清刻本　二十四冊　十一行二十四字白口四
周雙邊　存四十六卷(一至九、十二至十五、
三十七至四十、五十三至五十四、五十九至六
十八、七十九至八十七、一百○八至一百十
二、一百十四至一百十六)

610000 – 1001 – 0019209　普 03613

皇朝經世文續編一百二十卷姓名總目一卷生存姓名總目一卷　(清)饒玉成輯　清光緒八年(1882)撫州饒玉成刻本　十冊　十一行二十四字白口四周雙邊　存七十七卷(四至二十四、五十四至七十八、九十至一百二十)

610000 – 1001 – 0019210　普 03614

鑑略四字書一卷　(清)王仕雲撰　清光緒三十年(1904)刻本　一冊　六行九字白口四周雙邊

610000 – 1001 – 0019211　普 03615

五字鑑一卷　(明)李廷機撰　清光緒二十八年(1902)雲南官書局刻本　一冊　七行十七字白口左右雙邊

610000 – 1001 – 0019212　普 03616

皇朝經世文四編五十二卷　(清)何良棟編　清光緒二十八年(1902)上海書局石印本　十二冊　二十三行五十字小字雙行同白口四周單邊　存四十八卷(一至二十二、二十七至五十二)

610000 – 1001 – 0019213　普 03617

御製詩二集九十卷目錄十卷　(清)高宗弘曆撰　清刻本(卷四十六至四十八、五十至五十二配清抄本)　十九冊　九行十七字白口四周雙邊　存五十七卷(七至九、十四至三十五、六十至六十一、四十二至四十八、五十至五十二、七十二至九十,目錄二)

610000 – 1001 – 0019214　普 03618

御製詩初集四十四卷總目四卷　(清)高宗弘曆撰　(清)蔣溥編　清刻本　十冊　九行十七字小字雙行同白口四周雙邊

610000 – 1001 – 0019215　普 03619

御製詩二集九十卷目錄十卷　(清)高宗弘曆撰　清刻本(卷四十六、四十八配抄本)　二冊　九行十七字白口四周雙邊　存四卷(四十六、四十八、五十、五十一)

610000 – 1001 – 0019216　普 03620

皇清經解一百七十三種　(清)阮元輯　清道

516

光九年(1829)廣東學海堂刻咸豐十一年(1861)補刻本　五冊　十一行二十四字小字雙行同白口左右雙邊　存四種

610000 – 1001 – 0019217　普 03624

學治要言一卷　(清)左宗棠編　清光緒十五年(1889)陝西藩署刻本　一冊　九行二十二字小字雙行同白口四周雙邊

610000 – 1001 – 0019218　普 03625

宋大家曾文定公文抄十卷　(宋)曾鞏撰　(明)茅坤批評　清刻本　一冊　九行二十字白口四周單邊　存五卷(六至十)

610000 – 1001 – 0019219　普 03628

欽定四庫全書簡明目錄二十卷首一卷　(清)紀昀編　清刻本　十冊　九行二十一字白口左右雙邊

610000 – 1001 – 0019220　普 03629

六經定法一卷　(清)舒詔撰　抄本　一冊　行數不等字數不等

610000 – 1001 – 0019221　普 03630

重鐫本草醫方合編六卷　(清)汪昂輯　清刻本　一冊　十行三十二字白口左右雙邊　存一卷(一)

610000 – 1001 – 0019222　普 03631

經史百家雜鈔二十六卷　(清)曾國藩輯　清光緒二年(1876)傳忠書局刻本　十冊　十行二十四字下黑口左右雙邊　存十卷(十七至二十六)

610000 – 1001 – 0019223　普 03632

史記題評一百三十卷　(明)李元陽輯　清刻本　二冊　九行二十字小字雙行同白口左右雙邊　存七卷(四十六至四十七、九十九至一百〇三)

610000 – 1001 – 0019224　普 03633

國語二十一卷考異四卷　(清)汪遠孫撰　清同治八年(1869)湖北崇文書局刻本　五冊　十一行二十二字小字雙行不等白口左右雙邊

610000 – 1001 – 0019225　普 03634

**康熙字典十二集備考一卷補遺一卷** （清）張玉書等纂　清刻本　二十二冊　八行十二字小字雙行二十四字白口四周雙邊　存十二集（子、丑、寅、卯中、巳上、午中、申、酉上中、戌中下、亥，備考一，補遺一）

610000－1001－0019226　普 03635

**增訂漢魏叢書九十六種** （清）王謨輯　清刻本　三十五冊　九行二十字白口左右雙邊　存四十六種

610000－1001－0019227　普 03636

**國語二十一卷** （三國吳）韋昭解 （宋）宋庠補音　清嘉慶十一年(1806)刻本　六冊　十行二十一字小字雙行同白口四周單邊

610000－1001－0019228　普 03637

**林巖文鈔四卷** 林紓等撰　清宣統三年(1911)上海國學扶輪社鉛印本　四冊　十二行三十字上下黑口四周雙邊

610000－1001－0019229　普 03638

**歷代世系紀年編一卷** （清）沈炳震撰　清刻本　一冊　十行二十字下黑口四周單邊

610000－1001－0019230　普 03639

**傅氏眼科審視瑤函六卷首一卷前賢醫案一卷** （明）傅仁宇纂輯 （清）林長生較補　清刻本　六冊　十行二十二字白口四周單邊

610000－1001－0019231　普 03640

**欽定大清會典一百卷** （清）允祹等撰　清光緒十九年(1893)上海圖書集成印書館鉛印本　一冊　十三行字數不等白口四周單邊　存八卷（一至八）

610000－1001－0019232　普 03642

**通鑑論三卷稽古錄論一卷** （宋）司馬光撰 （清）伍耀光輯錄　清光緒二十九年(1903)陝西官運書局鉛印本　一冊　八行二十二字白口四周單邊

610000－1001－0019233　普 03645

**大清律例歌訣三卷洗冤錄歌訣一卷** （清）程夢元編　清光緒二十六年(1900)秦中官書局刻本　二冊　九行二十二字小字雙行同白口

四周雙邊

610000－1001－0019234　普 03646

**海國圖志一百卷** （清）魏源撰　清光緒二十八年(1902)文賢閣石印本　八冊　二十行四十四字白口四周雙邊　存五十卷（一至五十）

610000－1001－0019235　普 03647

**彭剛直公奏稿四卷** （清）彭玉麟撰　清光緒二十八年(1902)上海西法石印本　四冊　十九行四十三字白口四周雙邊

610000－1001－0019236　普 03648

**訓士一卷** （清）王植輯　清光緒十三年(1887)關中書院刻本　一冊　六行二十四字白口四周雙邊

610000－1001－0019237　普 03649

**資治通鑑二百九十四卷** （宋）司馬光撰　清刻本　十八冊　十行二十字小字雙行同上下黑口四周單邊　存五十八卷（三十一至八十八）

610000－1001－0019238　普 03652

**儀禮節要一卷** （□）□□輯　清嘉慶十六年(1811)刻本　一冊　八行十七字白口四周單邊

610000－1001－0019239　普 03654

**歷代史論十二卷附續編一卷左傳一卷明史論一卷** （明）張溥編　清光緒鉛印本　六冊　十五行三十九字小字雙行同白口四周雙邊

610000－1001－0019240　普 03655

**綱鑑擇語十卷** （清）司徒修輯　清刻本　一冊　九行二十二字小字雙行同白口四周雙邊　存四卷（三至六）

610000－1001－0019241　普 03656

**綱鑑擇語十卷** （清）司徒修輯　清刻本　三冊　九行二十二字小字雙行同白口四周雙邊　存三卷（五至七）

610000－1001－0019242　普 03657

**綱鑑擇語十卷** （清）司徒修輯　清刻本　二冊　九行二十二字小字雙行同白口四周雙邊

存四卷(五至八)

610000－1001－0019243　普03659

刪除律例不分卷　沈家本等編　清光緒三十一年(1905)鉛印本　一冊　十一行二十二字白口四周雙邊

610000－1001－0019244　普03660

定盦文集三卷續集四卷補編四卷餘集一卷續錄一卷　(清)龔自珍撰　清光緒二十八年(1902)文彙書局刻本　四冊　十五行三十二字白口四周雙邊

610000－1001－0019245　普03662

大清律例輯要不分卷　(清)□□輯　清末法政學堂鉛印本　六冊　九行二十二字小字雙行同白口四周雙邊

610000－1001－0019246　普03663

五種遺規十六卷　(清)陳宏謀輯　清光緒二十一年(1895)浙江書局刻本　十冊　九行二十字小字雙行同白口左右雙邊

610000－1001－0019247　普03664

[光緒]丹徒縣志六十卷首四卷　(清)何紹章(清)馮壽鏡修　(清)呂耀斗等纂　清光緒五年(1879)刻本　十二冊　十一行二十一字小字雙行同白口左右雙邊　存二十一卷(四至六、十三至十七、二十七至三十一、三十六、五十一、五十三至五十四,首一至四)

610000－1001－0019248　普03666

史鑑節要便讀六卷　(清)鮑東里編　清光緒二十九年(1903)陝西官運書局鉛印本　二冊十行十九字小字雙行不等白口左右雙邊

610000－1001－0019249　普03667

皇朝經世文編一百二十卷　(清)賀長齡輯清末石印本　一冊　二十二行四十八字白口四周雙邊　存十卷(九十一至一百)

610000－1001－0019250　普03668

文史通義八卷校讎通義三卷　(清)章學誠撰清道光十二年(1832)刻本　六冊　十二行二十五字小字雙行同白口四周單邊　存七卷(一至七)

610000－1001－0019251　普03669

重訂王鳳洲先生綱鑑會纂四十六卷續宋元二十三卷三編二十卷　(明)王世貞撰　清光緒二十九年(1903)上海經香閣石印本　八冊二十六行五十二字小字雙行同白口四周雙邊

610000－1001－0019252　普03670

四書朱子本義匯參四十三卷首四卷　(清)王步青輯　(清)王士瓏編　清敦復堂刻本　八冊　九行二十三字小字雙行同白口四周單邊存十六卷(中庸一至五、首一,論語十二至二十、首一)

610000－1001－0019253　普03671

賦則四卷首一卷　(清)鮑桂星撰　清道光二十六年(1846)關中書院刻本　二冊　九行二十四字白口左右雙邊

610000－1001－0019254　普03672

赫胥黎天演論二卷　(英國)赫胥黎撰　薛已譯　清光緒二十一年(1895)陝西味經售書處刻本　二冊　十行二十二字白口左右雙邊

610000－1001－0019255　普03673

隸法彙纂十卷字錄一卷　(清)項懷述編錄清刻本　四冊　六行大小字不等白口四周單邊　存十卷(一至十)

610000－1001－0019256　普03674

二十四史分類輯要十二卷　(清)沈桐生輯清光緒二十八年(1902)鉛印本　十二冊　十行二十四字小字雙行同白口左右雙邊

610000－1001－0019257　普03675

重訂王鳳洲先生綱鑑會纂四十六卷續宋元二十三卷三編二十卷　(明)王世貞撰　清光緒二十九年(1903)上海經香閣石印本　六冊二十六行五十二字小字雙行同白口四周雙邊

610000－1001－0019258　普03676

禮記約編五卷　(清)汪基鈔譔　(清)江永校纂　清光緒三十二年(1906)陝西學務公所鉛印本　五冊　九行二十二字小字雙行同白口四周雙邊

610000－1001－0019259　普03678

春秋三傳十六卷首一卷 （晉）杜預注 清刻本 十二冊 九行十七字小字雙行同白口四周雙邊

610000－1001－0019260 普03679

儀禮正義四十卷 （清）胡培翬撰 清同治七年(1868)刻本 十冊 十行二十二字小字雙行同白口左右雙邊 存二十卷(二十一至四十)

610000－1001－0019261 普03680

欽定春秋傳說彙纂三十八卷首二卷 （清）王掞等撰 清刻本 十八冊 八行十八字小字雙行二十二字白口左右雙邊 存二十四卷（一至十四、二十三至三十，首一至二）

610000－1001－0019262 普03681

欽定書經傳說彙纂二十一卷首二卷 （清）王頊齡撰 清刻本 十一冊 八行十八字小字雙行二十二字白口左右雙邊 存十一卷(十一至二十一)

610000－1001－0019263 普03682

欽定禮記義疏八十二卷首一卷 （清）鄂爾泰等撰 清刻本 二十四冊 八行十八字小字雙行二十二字白口四周雙邊 存三十六卷（四十七至八十二）

610000－1001－0019264 普03683

大清律例彙輯便覽四十卷附督捕則例二卷五軍道里表一卷三流道里表一卷 （清）刑部纂 清光緒二十九年(1903)刻本 二十二冊 九行二十字小字雙行同白口四周雙邊 存三十二卷(一至三十二)

610000－1001－0019265 普03684

大清律例彙輯便覽四十卷附督捕則例二卷五軍道里表一卷三流道里表一卷 （清）刑部纂 清光緒二十九年(1903)刻本 五冊 九行二十字小字雙行同白口四周雙邊 存七卷(二十六至三十二)

610000－1001－0019266 普03685

[光緒]江西通志一百八十卷首五卷 （清）劉坤一等修 （清）劉鐸 （清）趙之謙等纂 清光緒七年(1881)刻本 一冊 十二行二十三字小字雙行同上下黑口四周雙邊 存一卷(八十三)

610000－1001－0019267 普03686

[光緒]廣德州志六十卷首一卷末一卷 （清）胡有誠修 （清）丁寶書等纂 清光緒七年(1881)刻本 三冊 九行二十二字小字雙行同白口四周雙邊 存九卷(四十九至五十四、五十九至六十、末一)

610000－1001－0019268 普03687

[嘉慶]衛藏通志十六卷首一卷 （清）和琳纂 清光緒二十一年(1895)刻本 一冊 十行二十二字白口左右雙邊 存二卷(三至四)

610000－1001－0019269 普03689

三蘇全集 （清）弓翊清校 清道光十二年(1832)眉州三蘇祠刻本 五十七冊 九行二十五字上下黑口左右雙邊

610000－1001－0019270 普03691

泰西人物韻編五卷 （清）汪成教編 清光緒二十九年(1903)上海書局石印本 五冊 十一行二十五字小字雙行同白口四周雙邊

610000－1001－0019271 普03692

重訂王鳳洲先生綱鑑會纂四十六卷續宋元二十三卷三編二十卷 （明）王世貞撰 清光緒二十九年(1903)上海經香閣石印本 五冊 二十六行五十二字小字雙行同白口四周雙邊

610000－1001－0019272 普03693

重訂王鳳洲先生綱鑑會纂四十六卷續宋元二十三卷三編二十卷 （明）王世貞撰 清光緒二十九年(1903)上海經香閣石印本 五冊 二十六行五十二字小字雙行同白口四周雙邊

610000－1001－0019273 普03694

重訂王鳳洲先生綱鑑會纂四十六卷續宋元二十三卷三編二十卷 （明）王世貞撰 清光緒二十九年(1903)上海經香閣石印本 三冊 二十六行五十二字小字雙行同白口四周雙邊 存三十六卷(續八至二十三、三編一至二十)

610000－1001－0019274　普03695

**重訂王鳳洲先生綱鑑會纂四十六卷續宋元二十三卷三編二十卷**　（明）王世貞撰　清光緒二十九年(1903)上海經香閣石印本　一冊　二十六行五十二字小字雙行同白口四周雙邊　存二十卷(三編一至二十)

610000－1001－0019275　普03696

**海國圖志一百卷**　（清）魏源撰　清光緒二十八年(1902)文賢閣石印本　十六冊　二十行四十四字白口四周雙邊

610000－1001－0019276　普03698

**蠶桑萃編十五卷首一卷**　（清）衛傑纂　清光緒二十四年(1898)刻本　八冊　十行二十字下黑口四周雙邊

610000－1001－0019277　普03699

**大清一統志四百二十四卷**　（清）和珅等纂修　清光緒二十七年(1901)上海寶善齋石印本　四十六冊　二十行四十二字小字雙行同白口左右雙邊　存三百四十三卷(十至六十八、七十五至一百七十六、二百四十三至四百二十四)

610000－1001－0019278　普03700

**大清一統志四百二十四卷**　（清）和珅等纂修　清光緒二十七年(1901)上海寶善齋石印本　一冊　二十行四十二字小字雙行同白口左右雙邊　存十一卷(二十四至三十四)

610000－1001－0019279　普03701

**月令粹編二十四卷圖說一卷**　（清）秦嘉謨編　清嘉慶十七年(1812)刻本　六冊　九行二十二字小字雙行同白口四周雙邊　存二十二卷(一至二十一、圖說一)

610000－1001－0019280　普03703

**惜陰軒叢書三十四種續編一種**　（清）李錫齡輯　清道光二十六年(1846)刻本　十冊　十行二十二字上下黑口四周單邊　存六種

610000－1001－0019281　普03704

**西學書目表三卷附一卷讀西學書法一卷**　梁啟超撰　清光緒二十八年(1902)秦中官書局

鉛印本　一冊　十一行二十二字小字雙行不等白口四周雙邊

610000－1001－0019282　普03705

**監本附音春秋公羊注疏二十八卷**　（漢）何休撰　（唐）陸德明音義　**校勘記二十八卷**（清）阮元撰　（清）盧宣旬摘錄　清嘉慶二十年(1815)江西南昌府學刻本　十冊　十行十七字小字雙行二十三字上下黑口左右雙邊

610000－1001－0019283　普03706

**四書疏註撮言大全三十七卷**　（清）胡蓉芝輯　清道光十五年(1835)刻本　十五冊　九行三十六字小字雙行同白口四周單邊

610000－1001－0019284　普03708

**隨園三十種**　（清）袁枚撰　清刻本　十六冊　十行二十一字小字雙行同白口左右雙邊　存三種

610000－1001－0019285　普03709

**蘭山課業經訓約編不分卷**　（清）盛元珍輯　清刻本　一冊　十行二十五字白口四周雙邊

610000－1001－0019286　普03711

**水師章程十四卷**　（美國）林樂知口譯　（清）鄭昌棪筆述　清光緒刻本　十二冊　十行二十二字上下黑口左右雙邊

610000－1001－0019287　普03712

**十三經策案二十二卷**　（清）王謨輯　清光緒十三年(1887)上海大同書局石印本　四冊　十二行四十五字小字雙行同白口四周雙邊

610000－1001－0019288　普03713

**隨園三十八種**　（清）袁枚輯　清光緒十九年(1893)倉山舊主石印本　七冊　二十四行六十字白口左右雙邊　存十五種

610000－1001－0019289　普03714

**春秋公羊傳十一卷**　（漢）何休學　（唐）陸德明音義　清光緒三十二年(1906)星沙文昌書局刻本　四冊　九行十七字小字雙行同白口四周單邊

610000－1001－0019290　普03715

國朝文錄八十二卷 （清）姚椿編 清光緒掃葉山房石印本 八冊 十九行三十七字白口四周雙邊 存四十七卷（三十六至八十二）

610000－1001－0019291 普03717

曾文正公家書十卷 （清）曾國藩撰 清光緒十四年（1888）刻本 五冊 十一行二十七字白口四周單邊

610000－1001－0019292 普03718

春秋公羊傳十一卷 （漢）何休學 （唐）陸德明音義 清同治十一年（1872）山東書局刻本 四冊 九行十七字小字雙行同白口四周單邊

610000－1001－0019293 普03720

吾學錄初編二十四卷 （清）吳榮光撰 清光緒七年（1881）三原李氏桐蔭軒刻本 八冊 九行二十一字白口左右雙邊 存十六卷（一至四、十三至二十四）

610000－1001－0019294 普03721

函海四十函一百五十二種 （清）李調元輯 清刻本 四十八冊 十行二十字白口四周雙邊 存四十四種

610000－1001－0019295 普03724

廣金石韻府五卷 （明）朱時望編纂 （清）林尚葵廣輯 （清）李根較正 （清）周亮工鑒定 （清）張鳳藻增訂 清咸豐七年（1857）巴郡理董軒張氏刻本 五冊 六行字數不等上下黑口左右雙邊

610000－1001－0019296 普03725

欽定禮記義疏八十二卷首一卷 （清）鄂爾泰等撰 清刻本 二冊 八行十八字小字雙行二十二字白口四周雙邊 存四卷（三十六至三十九）

610000－1001－0019297 普03726

佩文詩韻釋要五卷 （清）周蓮塘撰 （清）林重輯 清光緒十二年（1886）刻本 一冊 九行十八字小字雙行三十六字白口左右雙邊

610000－1001－0019298 普03727

隨園三十八種 （清）袁枚輯 清光緒三十四年（1908）上海集成圖書公司鉛印本 四冊 十三行四十字小字雙行不等白口四周單邊 存四種

610000－1001－0019299 普03728

齊民要術十卷 （北魏）賈思勰撰 清光緒元年（1875）湖北崇文書局刻本 四冊 十二行二十四字上下黑口四周雙邊

610000－1001－0019300 普03730

諸葛忠武侯文集六卷 （三國蜀）諸葛亮撰 （清）劉質慧校 清同治十二年（1873）三原劉氏述荊堂刻本 二冊 九行二十字上下黑口四周雙邊

610000－1001－0019301 普03732

月令粹編二十四卷圖說一卷 （清）秦嘉謨編 清嘉慶十七年（1812）江都秦嘉謨琳琅仙館刻本 六冊 九行二十二字小字雙行同上下黑口四周雙邊

610000－1001－0019302 普03733

西學書目表三卷附一卷讀西學書法一卷 梁啟超撰 清光緒二十八年（1902）秦中官書局鉛印本 一冊 十一行二十二字白口四周雙邊

610000－1001－0019303 普03734

續通商條約章程成案彙編八卷 （清）李有棻輯 清光緒二十五年（1899）秦中官書局鉛印本 二冊 十五行三十三字小字雙行不等白口四周雙邊

610000－1001－0019304 普03735

[光緒]丹徒縣志六十卷首四卷 （清）何紹章 （清）馮壽鏡修 （清）呂耀斗等纂 清光緒五年（1879）刻本 一冊 十一行二十一字小字雙行同白口左右雙邊 存三卷（十至十二）

610000－1001－0019305 普03736

篆文六經四書十種 （清）李光地等輯 清刻本 十七冊 八行十二字小字雙行同白口左右雙邊 存七種

610000－1001－0019306 普03738

御製數理精蘊上編五卷下編四十卷表八卷

（清）聖祖玄燁撰　清刻本　五冊　九行二十字小字雙行同白口四周雙邊　存六卷（下編十八至十九、二十一、二十七至二十九）

610000－1001－0019307　普03739
御製數理精蘊上編五卷下編四十卷表八卷（清）聖祖玄燁撰　清刻本　十六冊　九行二十字小字雙行同白口四周雙邊

610000－1001－0019308　普03740
御製數理精蘊上編五卷下編四十卷表八卷（清）聖祖玄燁撰　清光緒十九年（1893）江南機器製造總局鉛印本　三冊　九行二十字小字雙行同白口四周雙邊　存四卷（上編一至四）

610000－1001－0019309　普03741
說文解字通釋四十卷附錄一卷　（南唐）徐鍇傳釋　清刻本　一冊　十行二十二字小字雙行同白口左右雙邊　存五卷（九至十三）

610000－1001－0019310　普03742
汲古閣說文訂一卷　（清）段玉裁撰　清刻本　一冊　十行二十字白口四周雙邊

610000－1001－0019311　普03743
西政叢書三十二種　梁啟超輯　清光緒二十三年（1897）慎記書莊石印本　三十二冊　十八行四十字白口四周雙邊

610000－1001－0019312　普03744
洋務經濟通考十六卷　（清）應祖錫著　清光緒二十七年（1901）鴻寶齋石印本　十二冊　二十行四十四字白口四周雙邊

610000－1001－0019313　普03745
周禮政要四卷　（清）孫詒讓撰　清光緒三十年（1904）西安官書局鉛印本　二冊　十一行二十二字白口四周雙邊

610000－1001－0019314　普03746
十子全書　（清）王子興輯　清嘉慶九年（1804）姑蘇王氏聚文堂刻本　二冊　九行二十字小字雙行同白口四周單邊　存二種

610000－1001－0019315　普03747

海國圖志一百卷　（清）魏源撰　清光緒二十八年（1902）文賢閣石印本　十六冊　二十行四十四字白口四周雙邊

610000－1001－0019316　普03750
欽定大清會典一百卷　（清）允祹等纂　清刻本　六冊　十行二十字小字雙行同白口四周雙邊　存二十三卷（七十八至一百）

610000－1001－0019317　普03753
十朝聖訓　（清）□□輯　清光緒刻本　四冊　九行十八字白口四周雙邊　存二種

610000－1001－0019318　普03754
說文解字句讀三十卷　（清）王筠撰　清刻本　三冊　十行二十四字小字雙行同白口四周雙邊　存六卷（十九至二十二、二十七至二十八）

610000－1001－0019319　普03755
大清律集解附例三十卷首一卷　（清）朱軾等撰　（清）剛林等校訂　清刻本　二冊　九行二十字小字雙行同白口四周雙邊　存二卷（九至十）

610000－1001－0019320　普03756
三台詩錄三十二卷詞錄二卷　（清）戚學標輯　清嘉慶刻本　八冊　十行二十二字白口四周單邊　存二十五卷（詩錄七至二十一、二十五至三十二，詞錄一至二）

610000－1001－0019321　普03757
袁文箋正十六卷補注一卷　（清）袁枚撰　清光緒十四年（1888）上海蜚英館石印本　二冊　十五行三十六字小字雙行同白口左右雙邊

610000－1001－0019322　普03758
求闕齋讀書錄十卷　（清）曾國藩撰　（清）王啟原輯　清光緒二年（1876）傳忠書局刻本　四冊　十行二十四字上下黑口左右雙邊

610000－1001－0019323　普03759
曾文正公奏稿三十六卷　（清）曾國藩撰　清光緒二年（1876）傳忠書局刻本　十八冊　十行二十四字上下黑口左右雙邊　存十八卷（一至十八）

610000－1001－0019324　普03760

**袁文箋正十六卷補注一卷**　（清）袁枚撰　清刻本　一冊　十一行二十二字小字雙行同下黑口四周雙邊　存三卷（十五至十六、補注一）

610000－1001－0019325　普03761

**增訂袁文箋正四卷補注一卷**　（清）袁枚撰（清）魏大緒增訂　清光緒十四年（1888）上海蜚英館石印本　一冊　十五行三十六字小字雙行同白口左右雙邊

610000－1001－0019326　普03762

**謝光祿集一卷**　（宋）謝莊撰　清刻本　一冊　九行十八字白口左右雙邊

610000－1001－0019327　普03763

**增訂袁文箋正四卷**　（清）袁枚撰　（清）魏大緒增訂　清光緒十四年（1888）上海蜚英館石印本　一冊　十五行三十六字小字雙行同白口左右雙邊

610000－1001－0019328　普03765

**欽定大清會典圖一百三十二卷**　（清）慶桂纂　清刻本　二十冊　十行二十字小字雙行同白口四周雙邊　存六十四卷（一至二十、二十六至二十七、三十一至五十六、九十一至一百〇六）

610000－1001－0019329　普03766

**十子全書**　（清）王子興輯　清嘉慶九年（1804）姑蘇王氏聚文堂刻本　十二冊　九行二十字小字雙行同白口四周單邊　存三種

610000－1001－0019330　普03768

**曾文正公奏議十卷首一卷末一卷**　（清）曾國藩撰　（清）薛福成輯　清同治十三年（1874）上海醉六堂刻本　八冊　九行二十一字白口左右雙邊

610000－1001－0019331　普03769

**經史百家簡編二卷**　（清）曾國藩纂　清同治十三年（1874）傳忠書局刻本　二冊　十行二十四字下黑口左右雙邊

610000－1001－0019332　普03770

**歷代史案二十卷首一卷**　（清）洪亮吉撰　清刻本　五冊　十行二十二字白口左右雙邊　存十七卷（一至十二、十七至二十,首一）

610000－1001－0019333　普03771

**大題觀海二集不分卷**　（清）點石齋輯　清光緒十四年（1888）點石齋石印本　十二冊　三十三行二十五字白口四周單邊

610000－1001－0019334　普03772

**增訂漢魏叢書八十六種**　（清）王謨輯　清光緒二年（1876）紅杏山房刻民國四年（1915）蜀南馬湖盧樹枏修補印本　四十五冊　九行二十字小字雙行同白口左右雙邊　存二十六種

610000－1001－0019335　普03773

**御製數理精蘊上編五卷下編四十卷**　（清）聖祖玄燁撰　清刻本　六冊　九行二十字白口四周雙邊　存九卷（上編一至五、下編三至六）

610000－1001－0019336　普03774

**求闕齋日記類鈔二卷**　（清）曾國藩撰　清光緒二年（1876）傳忠書局刻本　二冊　十行二十四字上下黑口左右雙邊

610000－1001－0019337　普03776

**大清律例增修統纂集成四十卷**　（清）沈之奇注　清刻本　十二冊　九行四十二字白口四周單邊　存二十二卷（九至三十）

610000－1001－0019338　普03777

**御製數理精蘊上編五卷下編四十卷表八卷**　(清)聖祖玄燁撰　清刻本　四冊　九行十五字白口四周雙邊　存四卷（上編二至五）

610000－1001－0019339　普03778

**御製數理精蘊上編五卷下編四十卷表八卷**　(清)聖祖玄燁撰　清刻本　十二冊　九行二十字小字雙行同白口四周雙邊　存十二卷（上編一至二,下編十三、十六、十七、二十二至二十四、二十六、三十、三十一,表五）

610000－1001－0019340　普03779

**御製數理精蘊上編五卷下編四十卷表八卷**　(清)聖祖玄燁撰　清刻本　十二冊　九行二

十字小字雙行同白口四周雙邊　　存十七卷
（下編一至六、十七至二十、二十四至三十）

610000－1001－0019341　　普03780

**五燈會元二十卷**　（宋）釋普濟撰　清光緒二
十八年(1902)玉海堂影宋刻本　十二冊　十
三行二十四字白口左右雙邊

610000－1001－0019342　　普03781

**唐詩別裁集引典備註二十卷**　（清）沈德潛選
　清刻本　五冊　十行十九字小字雙行同白
口四周雙邊　存八卷(一至八)

610000－1001－0019343　　普03782

**[雍正]寧波府志三十六卷首一卷**　（清）曹秉
仁等修　（清）萬經等纂　清道光二十六年
(1846)刻本　十一冊　九行二十二字小字雙
行同白口四周雙邊　存二十卷(一、七、十二
至十七、二十、二十七至三十六,首一)

610000－1001－0019344　　普03783

**[雍正]寧波府志三十六卷首一卷**　（清）曹秉
仁等修　（清）萬經等纂　清道光二十六年
(1846)刻本　一冊　九行二十二字小字雙行
同白口四周雙邊　存二卷(十、十六)

610000－1001－0019345　　普03784

**史記一百三十卷首一卷**　（漢）司馬遷撰
（明）徐孚遠　（明）陳子龍測議　清刻本　二
十九冊　九行二十字小字雙行同白口左右
雙邊

610000－1001－0019346　　普03785

**梅氏叢書輯要二十一種附二種**　（清）梅文鼎
撰　清同治十三年(1874)刻本　十八冊　十
一行二十四字小字雙行同白口四周雙邊　存
十九種

610000－1001－0019347　　普03786

**大清律例彙輯便覽四十卷附督捕則例二卷五
軍道里表一卷三流道里表一卷**　（清）刑部纂
　清光緒二十九年(1903)刻本　十一冊　九
行二十字小字雙行同白口四周雙邊　存十卷
(便覽三十三至四十、附督捕則例二卷)

610000－1001－0019348　　普03788

**朱子儀禮經傳通解六十九卷目錄一卷**　（宋）
朱熹撰　（清）梁萬方考訂　（清）翁荃校　清
刻本　十冊　十行二十五字小字雙行同白口
左右雙邊　存十六卷(三十八至五十三)

610000－1001－0019349　　普03790

**綱鑑會纂四十六卷續編二十三卷附御撰資治
通鑑綱目三編二十卷**　（明）王世貞撰　清刻
本　六冊　十一行二十二字白口四周單邊
存三十一卷(二十三至三十三、三編一至二
十)

610000－1001－0019350　　普03791

**涵芬樓古今文鈔一百卷**　吳曾祺輯　清宣統
二年(1910)商務印書館鉛印本　八冊　十
二行三十一字下黑口四周雙邊　存八卷(六
十六、七十二、七十三、七十五、七十七至八
十)

610000－1001－0019351　　普03792

**惡室錄感一卷**　（清）李顒撰　清光緒元年
(1875)刻本　一冊　九行二十字上下黑口四
周雙邊

610000－1001－0019352　　普03793

**十八家詩鈔二十八卷首一卷**　（清）曾國藩纂
　清同治十三年(1874)傳忠書局刻本　十
十行二十四字下黑口左右雙邊　存十二卷
(一至十二)

610000－1001－0019353　　普03795

**史記一百三十卷**　（漢）司馬遷撰　清光緒四
年(1878)金陵書局刻本　六冊　十二行二十
五字小字雙行不等白口左右雙邊　存三十卷
(一至三十)

610000－1001－0019354　　普03796

**宋史四百九十六卷目錄三卷**　（元）脫脫等修
　清光緒元年(1875)浙江書局刻本　二十七
冊　十二行二十五字白口左右雙邊　存一百
十卷(一至五十一、一百六十一至一百六十
四、一百六十九至一百九十八、二百十至二百
三十一,目錄一至三)

610000－1001－0019355　　普03797

華盛頓傳八卷　（清）黎汝謙譯　清光緒十二年(1886)鉛印本　八冊　十行二十五字白口四周雙邊

610000－1001－0019356　普03798

歷代神仙通鑑三集二十二卷首一卷　（清）徐道編　清刻本　一冊　十行二十二字小字雙行同白口四周單邊　存一集(三集聖賢貫脈十八)

610000－1001－0019357　普03799

御纂詩義折中二十卷　（清）傅恆等纂　清光緒十二年(1886)敬業堂刻本　十冊　九行二十字白口左右雙邊

610000－1001－0019358　普03800

聽雲閣集一卷　（清）張衡撰　清光緒十八年(1892)景州李氏刻本　一冊　九行十九字白口左右雙邊

610000－1001－0019359　普03801

開地道轟藥法三卷圖一卷　（英國）英國武備工程學堂輯　（英國）傅蘭雅口譯　（清）汪振聲筆述　清光緒江南機器製造總局刻本　二冊　十行二十二字上下黑口左右雙邊

610000－1001－0019360　普03802

阮本十三經注疏附校勘記　（清）阮元校勘　清光緒二十三年(1897)點石齋石印本　八冊　二十行四十六字小字雙行同白口四周雙邊　存三種

610000－1001－0019361　普03803

鳴原堂論文二卷　（清）曾國藩撰　清同治十二年(1873)刻本　二冊　十行二十四字白口左右雙邊

610000－1001－0019362　普03805

昌黎先生集四十卷集傳一卷　（唐）韓愈撰　清宣統三年(1911)石印本　一冊　十二行二十八字白口四周雙邊　存二卷(一、集傳一)

610000－1001－0019363　普03806

大清一統志四百二十四卷　（清）和珅等纂修　清光緒二十七年(1901)上海寶善齋石印本　二冊　二十行四十二字小字雙行同白口左右雙邊　存十三卷(十七至二十三、二百三十七至二百四十二)

610000－1001－0019364　普03807

廿一史約編八卷首一卷　（清）鄭元慶撰　（清）徐秋萼等編次　清刻本　四冊　九行二十一字小字雙行同白口四周單邊　存九卷(匏、土、革、木)

610000－1001－0019365　普03808

陝西存古學校現辦節略一卷　（清）□□撰　清宣統元年(1909)刻本　一冊　十行二十二字白口四周雙邊

610000－1001－0019366　普03812

靈樵仙館詩草一卷　（清）何乃瑩撰　清光緒三十一年(1905)刻本　一冊　十二行二十四字上下黑口四周單邊

610000－1001－0019367　普03813

開地道轟藥法三卷圖一卷　（英國）英國武備工程學堂輯　（英國）傅蘭雅口譯　（清）汪振聲筆述　清光緒江南機器製造總局刻本　二冊　十行二十二字上下黑口左右雙邊

610000－1001－0019368　普03814

冶金錄三卷　（美國）阿發滿撰　（英國）傅蘭雅口譯　（清）趙元益筆述　清光緒江南機器製造總局刻本　二冊　十行二十二字上下黑口左右雙邊

610000－1001－0019369　普03815

論餘適濟編一卷　（清）沈善登撰　清光緒二十八年(1902)刻本　一冊　十行二十一字上下黑口左右雙邊

610000－1001－0019370　普03816

冶金錄三卷　（美國）阿發滿撰　（英國）傅蘭雅口譯　（清）趙元益筆述　清光緒江南機器製造總局刻本　二冊　十行二十二字上下黑口左右雙邊

610000－1001－0019371　普03817

識字貫通法指針一卷　（清）□□撰　清刻本　一冊　十行二十三字白口左右雙邊

610000－1001－0019372　普03818

**庸書內篇二卷外篇二卷**　（清）陳次亮撰　清光緒鉛印本　二冊　十三行三十字白口四周雙邊

610000－1001－0019373　普03819

**附釋音春秋左傳注疏六十卷**　（唐）孔穎達疏　清嘉慶二十年(1815)南昌府學刻本　七冊　十行十六字小字雙行二十三字上下黑口左右雙邊　存十四卷(三十九至五十二)

610000－1001－0019374　普03820

**新鎸本草醫方合編六卷**　（清）汪昂輯　清刻本　二冊　九行三十九字小字雙行同白口四周單邊

610000－1001－0019375　普03822

**事類賦三十卷**　（宋）吳淑撰註　（明）華麟祥校　清刻本　三冊　十二行二十字小字雙行同上下黑口左右雙邊

610000－1001－0019376　普03823

**增補隨園詩話十六卷補遺十卷**　（清）袁枚撰　清咸豐四年(1854)刻本　七冊　十行二十四字白口四周雙邊

610000－1001－0019377　普03824

**國政貿易相關書二卷**　（英國）法拉著　（英國）傅蘭雅口譯　（清）徐家寶筆述　清光緒九年(1883)江南機器製造總局刻本　二冊　十行二十二字上下黑口左右雙邊

610000－1001－0019378　普03825

**曾文正公書札三十三卷**　（清）曾國藩撰　（清）李瀚章編　清光緒二年(1876)傳忠書局刻本　二十八冊　十行二十四字上下黑口左右雙邊

610000－1001－0019379　普03826

**曾文正公書札三十三卷**　（清）曾國藩撰　（清）李瀚章編　清光緒二年(1876)傳忠書局刻本　十三冊　十行二十四字上下黑口左右雙邊

610000－1001－0019380　普03831

**函海四十函一百五十二種**　（清）李調元輯

清道光五年(1825)李朝夔補刻本　四十七冊　九行二十字小字雙行同白口四周雙邊　存七種

610000－1001－0019381　普03832

**學算筆談十二卷**　（清）華蘅芳撰　清光緒關中味經官書局刻本　五冊　十行二十二字白口左右雙邊

610000－1001－0019382　普03834

**皇朝文獻通考三百卷**　（清）嵇璜等纂　清光緒八年(1882)浙江書局刻本　二十冊　九行二十一字小字雙行同白口左右雙邊　存三十五卷(一至三十五)

610000－1001－0019383　普03835

**皇朝文獻通考三百卷**　（清）嵇璜等纂　清刻本　四十九冊　九行二十一字小字雙行同白口左右雙邊　存九十三卷(三十六、一百十四至一百二十七、一百五十二、一百七十九至一百八十二、一百九十二、一百九十四至二百十、二百二十六至二百八十)

610000－1001－0019384　普03838

**通鑑綱目全書四種**　清刻本　四十八冊　七行十八字小字雙行同白口四周單邊　存三種

610000－1001－0019385　普03839

**編注醫學入門七卷首一卷**　（明）李梴撰　清刻本　一冊　九行二十二字小字雙行同白口四周雙邊　存一卷(二)

610000－1001－0019386　普03842

**曾文正公全集十五種**　（清）曾國藩撰　清同治、光緒刻本(經史百家雜鈔卷十二至十九配清刻本)　二十八冊　十行二十四字下黑口間上下黑口左右雙邊　存五種

610000－1001－0019387　普03843

**皇朝文獻通考三百卷**　（清）嵇璜等纂　清刻本　三十冊　九行二十一字小字雙行同白口左右雙邊　存六十卷(七十一至一百十、二百二十至二百三十九)

610000－1001－0019388　普03844

**[道光]武進陽湖縣合志三十六卷首一卷**

（清）孫琬　（清）王德茂修　（清）李兆洛
（清）周儀暐纂　清光緒十二年(1886)木活字
印本　四冊　十行二十三字小字雙行同白口
左右雙邊　存四卷(十五、二十一、二十六、三
十一)

610000－1001－0019389　普03845
[道光]武進陽湖縣合志三十六卷首一卷
（清）孫琬　（清）王德茂修　（清）李兆洛
（清）周儀暐纂　清道光二十三年(1843)刻本
一冊　十行二十三字小字雙行同白口左右
雙邊　存一卷(二十一)

610000－1001－0019390　普03846
[同治]鄞縣志七十五卷　（清）戴枚修
（清）張恕等纂　清光緒三年(1877)刻本　一
冊　十二行二十五字小字雙行同白口左右雙
邊　存三卷(五至七)

610000－1001－0019391　普03848
[同治]鄞縣志七十五卷　（清）戴枚修
（清）張恕等纂　清光緒三年(1877)刻本　一
冊　十二行二十五字小字雙行同白口左右雙
邊　存二卷(二十八至二十九)

610000－1001－0019392　普03849
[同治]鄞縣志七十五卷　（清）戴枚修
（清）張恕等纂　清光緒三年(1877)刻本　二
冊　十二行二十五字小字雙行同白口左右雙
邊　存四卷(二十六至二十九)

610000－1001－0019393　普03850
[光緒]松江府續志四十卷首一卷圖一卷
（清）博潤修　（清）姚光發等纂　清光緒十年
(1884)刻二十五年(1899)補刻本　五冊　十
行二十二字小字雙行同白口左右雙邊　存八
卷(十六至十七、三十五至四十)

610000－1001－0019394　普03851
[嘉慶]松江府志八十四卷首二卷圖一卷
（清）宋如林修　（清）孫星衍　（清）莫晉纂
清嘉慶二十三年(1818)刻本　十二冊　十
行二十二字小字雙行同白口左右雙邊　存二
十七卷(一至二、十至三十二,首一至二)

610000－1001－0019395　普03852
[光緒]黃巖縣志四十卷首一卷　（清）陳寶善
等修　（清）王棻纂　（清）陳鍾英續修
（清）王詠霓續纂　清光緒三年(1877)刻本
一冊　十一行二十二字小字雙行同白口左右
雙邊　存二卷(一、首一)

610000－1001－0019396　普03853
三國志旁證三十卷　（清）梁章鉅撰　清光緒
十六年(1890)廣雅書局刻本　六冊　十一行
二十四字上下黑口四周單邊　存十四卷(十
七至三十)

610000－1001－0019397　普03854
皇朝文獻通考三百卷　（清）嵇璜等纂　清刻
本　四十二冊　九行二十一字小字雙行同白
口左右雙邊　存八十五卷(二百〇三至二百
五十五、二百六十九至三百)

610000－1001－0019398　普03855
[雍正]勅修浙江通志二百八十卷首三卷
（清）李衛等修　（清）沈翼機等纂　清光緒刻
本　三冊　十行二十二字小字雙行同白口四
周雙邊　存十卷(六十一至六十三、八十五至
九十一)

610000－1001－0019399　普03856
[雍正]勅修浙江通志二百八十卷首三卷
（清）李衛等修　（清）沈翼機等纂　清光緒刻
本　二冊　十行二十二字小字雙行同白口四
周雙邊　存八卷(八十一至八十四、八十七至
九十)

610000－1001－0019400　普03860
[康熙]龍游縣志十二卷首一卷　（清）盧燦修
（清）余恂等纂　清光緒八年(1882)刻本
五冊　九行二十字小字雙行同白口四周雙邊
缺一卷(十二)

610000－1001－0019401　普03861
陸清獻公松陽講義十二卷　（清）陸隴其撰
清光緒十四年(1888)經正堂刻本　六冊　九
行二十三字下黑口左右雙邊

610000－1001－0019402　普03862

子書二十八種　(清)育文書局輯　清宣統三年(1911)育文書局石印本　五冊　十八行四十二字小字雙行同白口四周雙邊　存二種

610000－1001－0019403　普03863

[光緒]江西通志一百八十卷首五卷　(清)劉坤一等修　(清)劉鐸　(清)趙之謙等纂　清光緒七年(1881)刻本　七冊　十二行二十三字小字雙行同上下黑口四周雙邊　存九卷(十二、十六至十九、七十三至七十四、七十八、八十一)

610000－1001－0019404　普03864

龍游脩志采訪啟一卷　(清)張焜撰　清光緒二十三年(1897)刻本　一冊　六行二十字上下黑口四周雙邊

610000－1001－0019405　普03865

焦山志二十六卷首一卷　(清)吳雲輯　清同治十三年(1874)刻本　六冊　九行二十一字小字雙行同白口左右雙邊　存二十一卷(二至二十二)

610000－1001－0019406　普03867

光緒僊居志二十四卷首一卷　(清)王壽頤等修　(清)王棻等纂　清光緒二十年(1894)活字印本　四冊　十行二十四字小字雙行同白口四周雙邊　存九卷(九至十、十六至二十二)

610000－1001－0019407　普03868

重栞宋本十三經注疏附校勘記十三種附一種　(清)阮元撰校勘記　(清)盧宣旬摘錄校勘記　清嘉慶二十年至二十一年(1815－1816)江西南昌府學刻本　四十九冊　十行十七字小字雙行二十三字上下黑口左右雙邊　存九種

610000－1001－0019408　普03870

通志堂經解一百三十九種　(清)成德輯　清光緒刻本　二十七冊　十一行二十字白口左右雙邊　存七種

610000－1001－0019409　普03876

天聖明道本國語二十一卷考異四卷　(清)汪

遠孫考異　清同治八年(1869)崇文書局刻本　一冊　十一行二十一字小字雙行同白口左右雙邊　存三卷(一至三)

610000－1001－0019410　普03878

關學原編四卷首一卷　(明)馮從吾撰　清光緒十七年(1891)灃西草堂刻本　二冊　九行二十字白口四周雙邊

610000－1001－0019411　普03879

可簡方四卷　(清)鄭慶崧輯　清刻本　一冊　八行二十二字白口四周雙邊　存一卷(二)

610000－1001－0019412　普03880

集驗良方六卷　(清)梁文科輯　清刻本　一冊　九行二十字白口四周單邊　存一卷(二)

610000－1001－0019413　普03881

東醫寶鑑二十二卷目錄二卷　(朝鮮)許浚撰　清刻本　四冊　八行二十一字小字雙行同白口左右雙邊　存五卷(內景篇一、雜病篇一至四)

610000－1001－0019414　普03882

人譜正篇一卷續篇一卷　(明)劉宗周撰　清嘉慶刻本　一冊　十二行二十二字白口左右雙邊

610000－1001－0019415　普03883

更生齋詩八卷　(清)洪亮吉著　清光緒刻本　二冊　十一行二十一字小字雙行同上下黑口四周單邊間左右雙邊

610000－1001－0019416　普03889

宋元學案一百卷首一卷　(清)黃宗羲撰　清光緒五年(1879)刻本　三十九冊　十一行二十四字上下黑口左右雙邊

610000－1001－0019417　普03890

明紀六十卷　(清)陳鶴纂　清光緒二十八年(1902)上海積山書局石印本　五冊　二十二行四十八字白口四周雙邊　存五十二卷(一至五十二)

610000－1001－0019418　普03891

三國志六十五卷　(晉)陳壽撰　清同治十年

(1871)成都書局刻本　九冊　十行二十一字白口左右雙邊　存三十四卷(魏志一至三、七至十七、二十三至二十七,蜀志二至七,吳志一至三、九至十四)

610000－1001－0019419　普03892

明九邊考四卷　(明)魏煥撰　清同治八年(1869)刻本　一冊　九行二十一字白口左右雙邊

610000－1001－0019420　普03893

學治要言一卷　(清)左宗棠編　清光緒十五年(1889)陝西藩署刻本　一冊　九行二十二字白口四周雙邊

610000－1001－0019421　普03894

戡定新疆記八卷　(清)魏光燾撰　清光緒二十五年(1899)鉛印本　二冊　十一行二十六字白口四周雙邊

610000－1001－0019422　普03895

女孝經一卷　(唐)鄭氏撰　清光緒二十八年(1902)鉛印本　一冊　十一行二十一字上下黑口左右雙邊

610000－1001－0019423　普03896

金史紀事本末五十二卷首一卷　(清)李有棠編纂　清宣統二年(1910)上海文盛書局石印本　四冊　十八行四十四字小字雙行不等白口四周單邊

610000－1001－0019424　普03897

新刊校正增補圓機詩韻活法全書十四卷　(明)王世貞增校　清刻本　六冊　十一行二十八字白口四周雙邊

610000－1001－0019425　普03898

說文解字十五卷　(漢)許慎撰　(宋)徐鉉校　清刻本　二冊　十行二十二字白口左右雙邊　存四卷(二至三、八至九)

610000－1001－0019426　普03914

校邠廬抗議二卷　(清)馮桂芬撰　清咸豐十一年(1861)刻本　二冊　十行二十三字白口四周雙邊

610000－1001－0019427　普03915

新譯日本法規大全二十五卷首一卷　(清)劉崇傑撰　清光緒三十三年(1907)商務印書館鉛印本　七冊　十五行三十七字下黑口四周雙邊　存二卷(十九至二十)

610000－1001－0019428　普03916

重栞宋本十三經注疏附校勘記　(清)阮元校勘　清嘉慶二十年(1815)南昌府學刻本　三十五冊　十行十七字上下黑口左右雙邊　存四種

610000－1001－0019429　普03917

增補東萊博議二十五卷　(宋)呂祖謙撰　虛字註釋六卷　(清)張文炳點定　清光緒二十九年(1903)秦中書局石印本　四冊　十七行四十字白口四周單邊

610000－1001－0019430　普03919

辰州府義田總記二卷　(□)□□撰　清道光二十九年(1849)刻本　二冊　十行二十六字白口四周雙邊

610000－1001－0019431　普03920

穆宗毅皇帝聖訓一百六十卷　(清)穆宗載淳撰　清光緒五年(1879)石印本　十六冊　二十一行四十五字白口四周單邊

610000－1001－0019432　普03921

聖祖仁皇帝聖訓六十卷　(清)聖祖玄燁撰　清末石印本　六冊　二十一行四十五字白口四周單邊

610000－1001－0019433　普03923

資治通鑑綱目正編五十九卷首一卷續編二十七卷　(明)陳仁錫評閱　清同治十三年(1874)刻本　七十冊　八行十六字白口左右雙邊

610000－1001－0019434　普03924

舊唐書二百卷　(後晉)劉昫等撰　清刻本　一冊　十二行二十五字白口左右雙邊　存三卷(四十六至四十八)

610000－1001－0019435　普03925

明紀六十卷　(清)陳鶴撰　清光緒二十八年

（1902）上海積山書局石印本　六冊　二十二行四十八字白口四周雙邊

610000－1001－0019436　普03926

**明紀六十卷**　（清）陳鶴撰　清光緒二十八年（1902）上海積山書局石印本　二冊　二十二行四十八字白口四周雙邊　存十八卷（四十三至六十）

610000－1001－0019437　普03927

**明紀六十卷**　（清）陳鶴撰　清光緒二十八年（1902）上海積山書局石印本　一冊　二十二行四十八字白口四周雙邊　存八卷（五十三至六十）

610000－1001－0019438　普03928

**明紀六十卷**　（清）陳鶴撰　清光緒二十八年（1902）上海積山書局石印本　四冊　二十二行四十八字白口四周雙邊　存三十九卷（二十二至六十）

610000－1001－0019439　普03929

**岳忠武王文集八卷首一卷末一卷**　（宋）岳飛撰　清同治十二年（1873）刻本　四冊　九行二十字上下黑口四周雙邊

610000－1001－0019440　普03930

**諸葛忠武侯文集六卷首一卷**　（三國蜀）諸葛亮撰　清同治十二年（1873）刻本　一冊　九行二十字上下黑口四周雙邊　存一卷（首一）

610000－1001－0019441　普03931

**韻對典考二卷**　（清）車萬育著　（清）聶銑敏重訂　清光緒十八年（1892）刻本　二冊　九行二十字白口左右雙邊

610000－1001－0019442　普03933

**史忠正公文集四卷首一卷**　（明）史可法撰　清同治十二年（1873）刻本　二冊　九行二十字上下黑口四周雙邊

610000－1001－0019443　普03936

**樊山集二十八卷**　（清）樊增祥撰　清光緒十九年（1893）刻本　一冊　十二行二十三字小字雙行同上下黑口四周單邊　存八卷（一至八）

610000－1001－0019444　普03937

**新唐書二百二十五卷**　（宋）歐陽修撰　清刻本　二十冊　十二行二十五字白口左右雙邊　存一百十七卷（四至五十四、七十二至一百三十七）

610000－1001－0019445　普03938

**碧桃軒集唐詩四卷**　（清）李應觀撰　清刻本　一冊　九行二十一字白口左右雙邊　存二卷（三至四）

610000－1001－0019446　普03940

**晉書斠注一百三十卷**　（清）吳士鑑　劉承幹注　清刻本　二十七冊　十行二十一字白口左右雙邊　存六十八卷（六十三至一百三十）

610000－1001－0019447　普03941

**宋宗忠簡公文集四卷首一卷補遺一卷附錄一卷**　（宋）宗澤撰　清同治十二年（1873）刻本　四冊　九行二十字上下黑口四周雙邊

610000－1001－0019448　普03942

**通鑑論三卷稽古錄論一卷**　（宋）司馬光撰　（清）伍耀光輯錄　清光緒石印本　一冊　八行二十二字小字雙行同白口四周單邊　存一卷（二）

610000－1001－0019449　普03943

**大方廣佛華嚴經八十卷**　（唐）釋實义難陀譯　清同治七年（1868）刻本　二十二冊　十行二十字白口四周雙邊　存六十五卷（四至六十六、七十九至八十）

610000－1001－0019450　普03944

**御批歷代通鑑輯覽一百二十卷**　（清）傅恆等纂　清刻本　四十一冊　十一行二十二字小字雙行同白口四周單邊間左右雙邊　存八十二卷（十九至五十一、七十二至一百二十）

610000－1001－0019451　普03946

**歷代畫史彙傳七十二卷首一卷附錄二卷**　（清）彭蘊璨撰　清同治十三年（1874）刻本　十六冊　八行二十字白口四周雙邊　存三十四卷（一至三十三、首一）

610000－1001－0019452　普03948

六通訂誤六卷　（清）席裕福撰　清光緒上海圖書集成局鉛印本　二冊　十六行四十三字白口四周單邊

610000－1001－0019453　普03949

惜陰軒叢書三十四種續編一種　（清）李錫齡輯　清刻本　八冊　十行二十字上下黑口四周單邊　存三種

610000－1001－0019454　普03950

佩文詩韻釋要五卷　（清）林重輯　清光緒十二年(1886)刻本　一冊　九行十八字小字雙行三十六字白口左右雙邊

610000－1001－0019455　普03951

都是春齋文集八卷　（清）張佑撰　清吾學園刻本　三冊　九行二十二字白口左右雙邊　存六卷(一至四、七至八)

610000－1001－0019456　普03952

史記一百三十卷首一卷　（漢）司馬遷撰　（明）徐孚遠　（明）陳子龍測議　清刻本　一冊　九行二十字小字雙行同白口左右雙邊　存二卷(一百二十九至一百三十)

610000－1001－0019457　普03955

洗冤錄詳義四卷　（清）許梿編校　清咸豐六年(1856)刻本　四冊　九行十四字白口左右雙邊

610000－1001－0019458　普03956

奏定學堂章程不分卷　（清）張之洞等撰　清光緒刻本　六冊　八行二十一字白口四周雙邊

610000－1001－0019459　普03957

春秋左傳杜注三十卷　（清）姚培謙學　清嘉慶元年(1796)刻本　十冊　九行十九字小字雙行二十九字白口左右雙邊

610000－1001－0019460　普03960

廣事類賦四十卷　（清）華希閔撰　清刻本　一冊　十一行二十字小字雙行同上下黑口左右雙邊　存四卷(三十七至四十)

610000－1001－0019461　普03961

寄傲山房塾課新增幼學故事瓊林四卷首一卷　（清）程允升撰　（清）鄒聖脉增補　（清）謝梅林參訂　清光緒十四年(1888)刻本　一冊　十行二十六字小字雙行同白口四周單邊

610000－1001－0019462　普03962

拳教析疑說一卷　勞乃宣輯　清光緒二十六年(1900)刻本　一冊　八行二十二字白口四周雙邊

610000－1001－0019463　普03963

朱子五書二卷　（宋）朱熹撰　清光緒十年(1884)刻本　一冊　九行二十二字小字雙行同上下黑口四周單邊

610000－1001－0019464　普03964

功順堂叢書十八種　（清）潘祖蔭輯　清光緒刻本　一冊　九行二十二字上下黑口左右雙邊　存三種

610000－1001－0019465　普03965

廣經室文鈔一卷　（清）劉恭冕撰　清光緒十五年(1889)刻本　一冊　十行二十三字小字雙行同白口左右雙邊

610000－1001－0019466　普03966

御批歷代通鑑輯覽一百二十卷　（清）傅恆　（清）劉統勳纂修　清同治十一年(1872)刻本　四冊　十一行二十二字小字雙行同白口四周雙邊　存七卷(十三至十六、二十五至二十七)

610000－1001－0019467　普03967

醫學源流論二卷　（清）徐大椿撰　清同治三年(1864)刻本　二冊　九行二十五字白口左右雙邊

610000－1001－0019468　普03968

程氏家塾讀書分年日程三卷綱領一卷　（元）程端禮編　清同治七年(1868)崇文書局刻本　二冊　十行二十二字白口四周雙邊

610000－1001－0019469　普03969

韻辨附文五卷　（清）沈兆霖撰　清道光二十四年(1844)刻本　五冊　七行十五字小字雙行三十字白口四周單邊

610000－1001－0019470　普03970

**新纂門目五臣音註揚子法言十卷** （漢）揚雄撰　（唐）柳宗元註　（宋）司馬光重添註　清嘉慶九年(1804)刻本　一冊　十一行二十一字小字雙行同上下黑口四周單邊

610000－1001－0019471　普03971

**情史類略二十四卷** （清）詹詹外史輯　清刻本　六冊　九行二十一字白口左右雙邊　存十卷(六至八、十一至十三、十六至十八、二十一)

610000－1001－0019472　普03972

**[乾隆]直隸郿州志二十五卷** （清）王朝爵（清）王灼修　（清）孫星衍纂　清道光二十四年(1844)增刻本　一冊　十二行二十四字上下黑口四周單邊　存一卷(序)

610000－1001－0019473　普03972

**[道光]榆林府志五十卷首一卷** （清）李熙齡纂修　清道光二十一年(1841)刻本　一冊　九行二十五字小字雙行同白口四周雙邊　存一卷(首一)

610000－1001－0019474　普03972

**[嘉慶]葭州志二卷** （清）高珣修　（清）龔玉麟纂　清光緒二十年(1894)增刻本　二冊　九行二十字白口四周雙邊　存一卷(序)

610000－1001－0019475　普03973

**經濟類編一百卷** （明）馮琦撰　（明）馮瑗纂（明）周家棟　（明）吳光義校　清刻本　三十四冊　十行二十字小字雙行同白口四周單邊　存四十一卷(二至三、五至七、十、十三至十六、十九至二十、二十五至三十七、三十九至五十、七十七至八十)

610000－1001－0019476　普03976

**經典釋文三十卷** （唐）陸德明撰　**考證三十卷** （清）盧文弨撰　清刻本　七冊　十一行二十五字上下黑口四周單邊

610000－1001－0019477　普03977

**都是春齋制義存橐二卷** （清）張佑撰　清吾學園刻本　一冊　九行二十五字白口左右雙

邊　存一卷(一)

610000－1001－0019478　普03978

**壹齋集四十卷奏御集二卷兩朝恩賚記一卷** （清）黃鉞撰　清咸豐九年(1859)刻本　三冊　十二行二十四字上下黑口四周單邊

610000－1001－0019479　普03981

**海國圖志一百卷續集二十五卷首一卷** （清）魏源撰　（美國）林樂知譯　清光緒二十一年(1895)上海書局石印本　八冊　二十行四十四字白口四周雙邊

610000－1001－0019480　普03982

**欽定春秋左傳讀本三十卷** （清）英和等撰　清刻本　九冊　九行十七字小字雙行同白口四周單邊　存十七卷(十四至三十)

610000－1001－0019481　普03983

**九數通考十一卷首一卷末一卷** （清）屈曾發輯　清光緒二十三年(1897)陝西味經刊書處刻本　八冊　十行二十三字小字雙行同白口左右雙邊

610000－1001－0019482　普03984

**史記一百三十卷** （漢）司馬遷撰　（南朝宋）裴駰集解　（唐）司馬貞索隱　（唐）張守節正義　清末刻本　十五冊　十二行二十五字小字雙行三十七字白口左右雙邊　存一百二十五卷(六至一百三十)

610000－1001－0019483　普03986

**續資治通鑑二百二十卷** （清）畢沅撰　清光緒十六年(1890)上海積山書局石印本　十七冊　二十行四十二字白口四周雙邊

610000－1001－0019484　普03987

**船山遺書五十六種附一種** （清）王夫之撰　清同治四年(1865)湘鄉曾國荃金陵刻本　二冊　十行二十二字上下黑口左右雙邊　存三種

610000－1001－0019485　普03988

**史記一百三十卷** （漢）司馬遷撰　（南朝宋）裴駰集解　（唐）司馬貞索隱　（唐）張守節正義　清末刻本　二十四冊　十二行二十五字

小字雙行三十七字白口左右雙邊　存一百○
六卷(十至二十一、二十六至五十五、六十七
至一百三十)

610000－1001－0019486　普03989
**新增說文韻府羣玉二十卷**　(元)陰時夫輯
清刻本　五冊　十一行二十二字白口四周單
邊　存五卷(十六至二十)

610000－1001－0019487　普03990
**佩文詩韻釋要五卷**　(清)周蓮塘撰　(清)林
重輯　清光緒十二年(1886)刻本　一冊　九
行大小字不等白口左右雙邊

610000－1001－0019488　普03991
**三國志六十五卷**　(晉)陳壽撰　(南朝宋)裴
松之注　清光緒十三年(1887)江南書局刻本
十三冊　十二行二十五字小字雙行三十七
字白口左右雙邊　存三十九卷(一至二十、四
十七至六十五)

610000－1001－0019489　普03992
**勝朝遺事五十種**　(清)吳彌光輯　(清)宋澤
元重訂　清道光二十二年(1842)刻本　二冊
九行十九字白口左右雙邊　存二種

610000－1001－0019490　普03993
**白芙堂算書二十三種**　(清)吳嘉善述　(清)
丁取忠補　清末關中味經官書局刻本　四冊
十行二十四字小字雙行同白口左右雙邊

610000－1001－0019491　普03994
**詩話□□卷**　(清)袁枚著　清刻本　一冊
十行二十四字白口左右雙邊　存三卷(四至
六)

610000－1001－0019492　普03995
**左傳易讀六卷**　(清)司徒修輯注　清咸豐六
年(1856)刻本　四冊　十行二十五字白口四
周雙邊　存四卷(一至四)

610000－1001－0019493　普04000
**船山遺書五十六種附一種**　(清)王夫之撰
清同治四年(1865)湘鄉曾國荃金陵刻本　五
冊　十行二十二字小字雙行同上下黑口左右
雙邊　存四種

610000－1001－0019494　普04001
**四書經註集證十九卷**　(宋)朱熹集註　(清)
吳昌宗撰　清嘉慶三年(1798)江都汪氏刻本
十六冊　十一行二十五字小字雙行同白口
左右雙邊

610000－1001－0019495　普04005
**瀕湖脉學一卷奇經八脈考一卷脈訣考證一卷**
(明)李時珍撰　清刻本　一冊　九行二十
字小字雙行同白口四周單邊

610000－1001－0019496　普04006
**六通訂誤六卷**　(清)席裕福撰　清光緒上海
圖書集成局鉛印本　一冊　十六行四十三字
白口四周單邊　存三卷(一至三)

610000－1001－0019497　普04008
**欽定四庫全書總目二百卷**　(清)紀昀等撰
清刻本　二冊　九行二十一字白口左右雙邊
存二卷(一百六十八、一百七十六)

610000－1001－0019498　普04009
**四書貫珠講義十九卷**　(清)林文竹輯　清同
治十一年(1872)兩廣運署刻本　十冊　九行
二十一字小字雙行同白口四周單邊

610000－1001－0019499　普04012
**欽定大清會典一百三十二卷**　(清)托津等纂
清刻本　十六冊　十行二十字白口四周雙
邊　存四十五卷(三十至五十二、七十九至一
百)

610000－1001－0019500　普04013
**資治通鑑綱目前編二十五卷**　(明)陳仁錫評
閱　清刻本　一冊　七行十八字小字雙行同
白口四周單邊　存二卷(十九至二十)

610000－1001－0019501　普04014
**廬山志十五卷**　(清)毛德琦重訂　清同治至
宣統補刻本　二冊　九行二十一字白口左右
雙邊　存二卷(一、七)

610000－1001－0019502　普04015
**廬山志十五卷**　(清)毛德琦重訂　清同治至
宣統補刻本　三冊　九行二十一字白口左右
雙邊　存三卷(三、六至七)

610000 – 1001 – 0019503　普04016

**述記三十四種** （清）任兆麟輯　清嘉慶十五年(1810)刻本　一冊　九行十六字小字雙行同白口左右雙邊　存十種

610000 – 1001 – 0019504　普04017

**字學舉隅不分卷** （清）龍啟瑞撰　清同治十年(1871)刻本　一冊　八行大小字不等白口左右雙邊

610000 – 1001 – 0019505　普04018

**簡齋集十六卷** （宋）陳與義撰　清刻本　一冊　九行二十一字小字雙行同白口四周雙邊　存四卷(十三至十六)

610000 – 1001 – 0019506　普04019

**經典釋文三十卷** （唐）陸德明撰　**考證三十卷** （清）盧文弨撰　清同治八年(1869)湖北崇文書局刻本　十二冊　十一行二十二字小字雙行同上下黑口四周雙邊

610000 – 1001 – 0019507　普04020

**左傳易讀六卷** （清）司徒修輯注　清刻本　二冊　七行二十一字白口四周雙邊間左右雙邊　存二卷(五至六)

610000 – 1001 – 0019508　普04022

**大清一統輿圖三十卷首一卷中卷一卷** （清）胡林翼撰　清刻本　八冊　行數不等字數不等下黑口四周雙邊　存二十卷(南四至十、北一至十三)

610000 – 1001 – 0019509　普04023

**資治通鑑綱目五十九卷改字備考一卷** （宋）朱熹撰　清光緒二年(1876)述荊堂刻本　八冊　九行二十字小字雙行同上下黑口四周雙邊

610000 – 1001 – 0019510　普04025

**庸庵文編四卷文續編二卷文外編四卷海外文編四卷** （清）薛福成撰　清光緒二十七年(1901)上海書局石印本　六冊　十四行二十五字上下黑口四周單邊

610000 – 1001 – 0019511　普04026

**新譯日本法規大全二十五卷首一卷** （清）劉

崇傑譯　清光緒三十三年(1907)商務印書館鉛印本　十一冊　十五行三十七字下黑口四周雙邊　存六卷(十五至十九、二十二)

610000 – 1001 – 0019512　普04027

**曾文正公全集十五種** （清）曾國藩撰　清同治、光緒刻本　十八冊　十行二十四字上下黑口左右雙邊　存六種

610000 – 1001 – 0019513　普04028

**史記一百三十卷** （漢）司馬遷撰　（南朝宋）裴駰　（唐）司馬貞　（唐）張守節注　（明）張遂辰考訂　清刻本　六冊　九行二十字小字雙行同白口四周單邊　存五十五卷(列傳一至十三、二十七至四十六,世家十三至三十,表七至十)

610000 – 1001 – 0019514　普04029

**御批歷代通鑑輯覽一百二十卷** （清）傅恆等纂　清同治、光緒刻本　十七冊　十一行二十二字小字雙行同白口四周單邊　存三十五卷(二十八至三十六、五十至五十七、六十二至六十五、七十八至八十一、八十四至八十九、一百〇二至一百〇三、一百十至一百十一)

610000 – 1001 – 0019515　普04030

**御批歷代通鑑輯覽一百二十卷** （清）傅恆等纂　清同治、光緒刻本　十三冊　十一行二十二字小字雙行同白口四周單邊　存二十五卷(十七至二十四、三十七至四十九、八十七至八十八、九十三至九十四)

610000 – 1001 – 0019516　普04031

**新唐書二百二十五卷** （宋）歐陽修撰　清刻本　三十冊　十二行二十五字白口左右雙邊

610000 – 1001 – 0019517　普04032

**庸庵文編四卷文續編二卷文外編四卷海外文編四卷** （清）薛福成撰　清光緒二十八年(1902)秦中官書局石印本　二冊　十四行二十五字上下黑口四周單邊　存四卷(庸庵文編一至四)

610000 – 1001 – 0019518　普04033

皇朝續文獻通考四百卷 （清）劉錦藻撰 清光緒鉛印本 十三冊 十三行三十字上下黑口四周單邊 存七十四卷（十九至二十一、二十九至四十五、六十三至六十七、一百三十九至一百八十二、二百十至二百十四）

610000－1001－0019519 普04034

庸庵文編四卷文續編二卷文外編四卷海外文編四卷 （清）薛福成撰 清光緒二十八年（1902）秦中官書局石印本 三冊 十四行二十五字上下黑口四周單邊 存六卷（庸庵文編一至二、文續編上下、文外編三至四）

610000－1001－0019520 普04035

化學鑑原六卷 （英國）韋而司撰 （英國）傅蘭雅口譯 （清）徐壽筆述 清光緒江南機器製造總局刻本 四冊 十行二十二字上下黑口左右雙邊

610000－1001－0019521 普04036

欽定禮記義疏八十二卷首一卷 （清）鄂爾泰等纂修 清末刻本 三十三冊 八行二十二字小字雙行同白口四周雙邊 存六十七卷（一至三十五、四十至七十,首一）

610000－1001－0019522 普04037

皇朝經世文編一百二十卷姓名總目二卷 （清）賀長齡輯 清光緒石印本 十冊 二十二行四十八字小字雙行同白口四周雙邊 存九十五卷（十一至十五、二十一至三十、四十一至一百二十）

610000－1001－0019523 普04038

皇朝經世文編一百二十卷姓名總目二卷 （清）賀長齡輯 清光緒石印本 五冊 二十二行四十八字小字雙行同白口四周雙邊 存五十卷（七十一至一百二十）

610000－1001－0019524 普04039

朱子大全文集一百卷目錄二卷 （宋）朱熹撰 清光緒傳經堂刻本 二十五冊 十二行二十四字上下黑口四周雙邊

610000－1001－0019525 普04040

鳴原堂論文二卷 （清）曾國藩撰 （清）曾國

荃審定 清同治十二年（1873）勵志齋刻本 一冊 十行二十四字小字雙行同白口左右雙邊

610000－1001－0019526 普04042

營城揭要二卷 （英國）儲意比撰 （英國）傅蘭雅口譯 （清）徐壽筆述 清光緒江南機器製造總局刻本 二冊 十行二十二字上下黑口左右雙邊

610000－1001－0019527 普04045

廣輿記二十四卷 （明）陸應陽原輯 （清）蔡方炳增輯 清刻本 六冊 九行二十字小字雙行同白口四周單邊

610000－1001－0019528 普04047

唐宋八家文讀本三十卷 （唐）韓愈著 （清）沈德潛評點 清嘉慶十八年（1813）刻本 一冊 十行二十字白口左右雙邊 存二卷（六至七）

610000－1001－0019529 普04048

息養廬詩集四卷末一卷 （清）徐錦華撰 清光緒二十七年（1901）木活字印本 一冊 十行二十一字白口四周單邊

610000－1001－0019530 普04049

說文解字三十二卷 （漢）許慎撰 （清）段玉裁注 清同治十一年（1872）湖北崇文書局刻本 八冊 九行二十二字小字雙行同白口左右雙邊 存八卷（一至四、八至九、十一至十二）

610000－1001－0019531 普04050

說文解字三十二卷 （漢）許慎撰 （清）段玉裁注 清同治、光緒刻本 一冊 九行二十二字小字雙行同白口四周雙邊 存一卷（十五）

610000－1001－0019532 普04051

說文解字三十二卷 （漢）許慎撰 （清）段玉裁注 清同治、光緒刻本 五冊 九行二十二字小字雙行同白口左右雙邊 存五卷（六至七、十、十三至十四）

610000－1001－0019533 普04052

說文解字三十二卷 （漢）許慎撰 （清）段玉裁注 清同治、光緒刻本 四冊 九行二十二字小字雙行同白口四周雙邊 存六卷(二、五、十二至十五)

610000－1001－0019534 普04053
十子全書 （清）王子興輯 清嘉慶九年(1804)刻本 六冊 十行二十字小字雙行同白口左右雙邊 存三種

610000－1001－0019535 普04054
[同治]畿輔通志三百卷首一卷 （清）李鴻章等修 （清）黃彭年等纂 清同治十年(1871)修光緒十年(1884)刻本 十六冊 十二行二十五字小字雙行同白口四周雙邊 存十七卷(五十至五十五、七十八、八十二至八十九、九十二、九十四)

610000－1001－0019536 普04055
[同治]畿輔通志三百卷首一卷 （清）李鴻章等修 （清）黃彭年等纂 清同治十年(1871)修光緒十年(1884)刻本 十二冊 十二行二十五字小字雙行同白口四周雙邊 存十二卷(四十六至五十五、九十二至九十三)

610000－1001－0019537 普04056
資治通鑑綱目五十九卷首一卷 （宋）朱熹撰 （明）陳仁錫評閱 清嘉慶九年(1804)刻本 三冊 七行十八字小字雙行同白口四周單邊 存三卷(三十八至三十九、首一)

610000－1001－0019538 普04057
資治通鑑綱目前編二十五卷 （明）陳仁錫評閱 清嘉慶九年(1804)刻本 四冊 七行十八字小字雙行同白口四周單邊 存十三卷(一至三、八至十四、二十一至二十三)

610000－1001－0019539 普04058
資治通鑑二百九十四卷 （宋）司馬光撰 （元）胡三省音注 （明）陳仁錫評閱 清刻本 六冊 十行二十字小字雙行同白口四周單邊 存十四卷(三十六至三十七、二百〇八至二百十四、二百二十九至二百三十、二百三十六至二百三十八)

610000－1001－0019540 普04060
續資治通鑑綱目二十七卷 （明）商輅撰 清刻本 一冊 七行十八字小字雙行同白口左右雙邊 存一卷(六)

610000－1001－0019541 普04061
資治通鑑綱目五十九卷首一卷 （宋）朱熹撰 清刻本 一冊 七行十八字小字雙行同白口四周雙邊 存一卷(三)

610000－1001－0019542 普04062
史記一百三十卷 （漢）司馬遷撰 （南朝宋）裴駰集解 （唐）司馬貞索隱 （唐）張守節正義 清同治、光緒刻本 十四冊 十行二十一字小字雙行同白口左右雙邊 存七十二卷(二至五、八至十二、十八至三十、三十四至三十九、五十八至六十七、八十九至九十五、一百〇四至一百三十)

610000－1001－0019543 普04063
澹雅局增定課讀鑑略妥註善本五卷 （明）李廷機撰 清光緒二十年(1894)澹雅局刻本 二冊 十行二十八字小字雙行同白口左右雙邊

610000－1001－0019544 普04064
增補字學舉隅不分卷 （清）龍啟瑞撰 清道光二十九年(1849)刻本 一冊 八行十九字白口左右雙邊

610000－1001－0019545 普04067
五大洲政治通考四十八卷 （清）急先務齋主人輯 清光緒二十七年(1901)石印本 十二冊 十八行四十字上下黑口四周雙邊

610000－1001－0019546 普04069
試帖登瀛詩七卷 （清）□□輯 清道光三十年(1850)刻本 八冊 十二行二十一字白口四周雙邊

610000－1001－0019547 普04070
讀史碎金六卷 （清）胡文炳撰 清光緒元年(1875)刻本 四冊 十行二十二字白口四周雙邊

610000－1001－0019548 普04071

梅氏叢書輯要二十一種附二種　（清）梅文鼎
撰　清刻本　六冊　十一行二十四字小字雙
行同白口四周雙邊　存五種

610000－1001－0019549　普04073
近科館課分韻詩鈔十五卷二集十五卷　王先
謙輯　清光緒十二年(1886)刻本　十冊　十
行二十五字白口左右雙邊

610000－1001－0019550　普04074
聖嘆秘書四種附一種　（清）金聖嘆撰　清光
緒三十一年(1905)證扉社鉛印本　一冊　十
行三十二字小字雙行不等白口四周單邊

610000－1001－0019551　普04075
舌鑑辨正二卷　（清）梁玉瑜撰　清光緒二十
三年(1897)刻本　二冊　十行二十二字白口
四周雙邊

610000－1001－0019552　普04076
小倉山房詩集三十一卷　（清）袁枚撰　清刻
本　一冊　十三行四十字白口四周單邊　存
三卷(二十八至三十)

610000－1001－0019553　普04077
二曲全集二十六卷　（清）李顒撰　清光緒二
十六年(1900)刻本　八冊　十行二十四字白
口四周雙邊

610000－1001－0019554　普04078
子藥準則一卷　（清）丁友雲撰　清光緒十四
年(1888)江南機器製造總局刻本　一冊　十
行二十二字白口四周雙邊

610000－1001－0019555　普04079
格致課藝彙編十三卷　（清）王韜編　清光緒
二十三年(1897)上海書局石印本　十三冊
十七行三十七字白口四周雙邊

610000－1001－0019556　普04080
駱大司馬奏稿十六卷　（清）駱秉章撰　清刻
本　十五冊　十行二十字上下黑口左右雙邊

610000－1001－0019557　普04081
通鑑紀事本末二百三十九卷　（宋）袁樞編輯
（明）張溥論正　清末育文書局石印本　一

冊　十五行四十字白口四周雙邊　存二十五
卷(三十一至四十二、四十九至六十一)

610000－1001－0019558　普04082
嘯亭雜錄十卷續錄三卷　（清）昭槤撰　清刻
本　六冊　九行二十五字白口左右雙邊　存
四卷(雜錄七至八、續錄一至二)

610000－1001－0019559　普04083
本經疏證十二卷續疏六卷本經序疏要八卷
（清）鄒澍撰　清同治十二年(1873)及經堂刻
本　九冊　十一行二十一字白口左右雙邊

610000－1001－0019560　普04084
通志二百卷　（宋）鄭樵撰　清刻本　五冊
十六行四十三字白口四周單邊　存十四卷
(一百十七至一百三十)

610000－1001－0019561　普04085
歷代職官表六卷　（清）黃本驥編　清光緒二
十四年(1898)柏經正堂刻本　四冊　行數不
等大小字不等上下黑口四周單邊

610000－1001－0019562　普04086
顯志堂稿十二卷　（清）馮桂芬撰　清刻本
一冊　十一行二十三字下黑口左右雙邊　存
二卷(十一至十二)

610000－1001－0019563　普04087
分類賦學雞跖集三十卷附錄一卷　（清）張維
城輯　清道光二十五年(1845)刻本　八冊
十五行三十八字白口四周雙邊

610000－1001－0019564　普04089
平三角舉要五卷　（清）梅文鼎撰　清光緒十
四年(1888)陝西求友齋刻本　二冊　十行二
十四字白口左右雙邊

610000－1001－0019565　普04091
孝經十八章一卷附褵記一卷　（□）□□撰
（清）樑敏慎手錄　清光緒二十二年(1896)抄
本　一冊　八行二十字

610000－1001－0019566　普04092
樊山續集二十八卷　（清）樊增祥撰　清光緒
三十一年(1905)刻朱印本　一冊　十二行二

十三字小字雙行同上下朱口左右雙邊　存二卷(十八至十九)

610000－1001－0019567　普04093

樊山續集二十八卷　(清)樊增祥撰　清光緒三十二年(1906)刻朱印本　二冊　十二行二十三字小字雙行同上下朱口左右雙邊　存六卷(二十三至二十八)

610000－1001－0019568　普04095

欽定春秋傳說彙纂三十八卷首二卷　(清)王掞等撰　清道光十八年(1838)刻本　十八冊　十六行二十二字白口四周雙邊

610000－1001－0019569　普04096

國朝先正事略六十卷　(清)李元度纂　清刻本　六冊　十行二十四字下黑口左右雙邊　存十一卷(十一至二十一)

610000－1001－0019570　普04097

近思錄十四卷　(宋)呂祖謙撰　(宋)朱熹撰　清光緒十年(1884)刻本　二冊　九行十八字小字雙行同上下黑口四周雙邊

610000－1001－0019571　普04098

惜陰軒叢書三十四種續編一種　(清)李錫齡輯　清咸豐八年(1858)刻本　四十五冊　十行二十字小字雙行同上下黑口四周單邊　存十二種

610000－1001－0019572　普04099

惜陰軒叢書三十四種續編一種　(清)李錫齡輯　清咸豐八年(1858)刻本　二十五冊　十行二十字小字雙行同上下黑口四周單邊　存八種

610000－1001－0019573　普04100

惜陰軒叢書三十四種續編一種　(清)李錫齡輯　清咸豐八年(1858)刻本　十五冊　十行二十字小字雙行同上下黑口四周單邊　存五種

610000－1001－0019574　普04101

惜陰軒叢書三十四種續編一種　(清)李錫齡輯　清咸豐八年(1858)刻本　四冊　十行二十字小字雙行同上下黑口四周單邊　存三種

610000－1001－0019575　普04102

惜陰軒叢書三十四種續編一種　(清)李錫齡輯　清咸豐八年(1858)刻本　三冊　十行二十字小字雙行同上下黑口四周單邊　存二種

610000－1001－0019576　普04103

北溪字義二卷補遺一卷嚴陵講義一卷　(宋)陳淳撰　(清)李錫齡輯　清道光二十六年(1846)刻本　二冊　十行二十字小字雙行同上下黑口四周單邊

610000－1001－0019577　普04104

文廟通考六卷首一卷　(清)牛樹梅輯　清光緒十五年(1889)刻本　四冊　九行二十二字下黑口四周雙邊

610000－1001－0019578　普04105

文廟通考六卷首一卷　(清)牛樹梅輯　清宣統二年(1910)刻本　四冊　九行二十二字小字雙行同下黑口四周雙邊

610000－1001－0019579　普04106

惜陰軒叢書三十四種　(清)李錫齡輯　清光緒二十二年(1896)刻本　十七冊　十行二十二字小字雙行同上下黑口四周單邊　存七種

610000－1001－0019580　普04107

四書經注集證十九卷　(宋)朱熹集注　(清)吳昌宗撰　清嘉慶三年(1798)刻本　十六冊　十一行二十五字小字雙行同白口左右雙邊

610000－1001－0019581　普04108

綱鑑擇語十卷　(清)司徒修輯　清道光三十年(1850)刻本　一冊　九行二十二字白口四周雙邊　存一卷(一)

610000－1001－0019582　普04109

粵雅堂叢書三編三十集一百八十五種　(清)伍崇曜編　清道光至光緒刻本　一百十六冊　九行二十一字上下黑口左右雙邊　存五十九種

610000－1001－0019583　普04110

綱鑑擇語十卷　(清)司徒修輯　清咸豐七年(1857)刻本　十冊　九行二十二字白口四周雙邊

610000－1001－0019584　普04111

**欽定春秋傳說彙纂三十八卷首二卷**　（清）王
揆等撰　清刻本　十册　八行十八字小字雙
行二十二字白口四周雙邊　存十五卷（一至
十三、首一至二）

610000－1001－0019585　普04112

**幼學歌五卷續編一卷**　（清）王用臣編　清光
緒十一年(1885)刻十二年(1886)斯陶書屋增
刻本　二册　九行二十字小字雙行同白口四
周雙邊

610000－1001－0019586　普04113

**樊山政書六卷**　（清）樊增祥撰　清宣統二年
(1910)刻本　四册　十二行二十三字小字雙
行同上下黑口左右雙邊　存五卷（二至六）

610000－1001－0019587　普04114

**曾文正公全集十六種**　（清）曾國藩撰　（清）
李瀚章輯　清同治、光緒傳忠書局刻本　二
十五册　十行二十四字小字雙行同上下黑口
間下黑口左右雙邊間四周單邊　存三種

610000－1001－0019588　普04118

**碑傳集一百六十卷首二卷末二卷**　（清）錢儀
吉撰　清光緒十九年(1893)刻本　四十七册
十六行二十七字上下黑口四周單邊　存一
百二十九卷（一至十七、二十二至二十三、三
十五至三十九、四十九至六十四、六十九至八
十一、八十五至一百六十）

610000－1001－0019589　普04121

**經餘必讀八卷續編八卷**　（清）雷琳　（清）錢
樹棠輯　清嘉慶八年至十年(1803－1805)刻本
三册　十行二十字小字雙行同白口四周單邊

610000－1001－0019590　普04123

**洋務經濟通考十六卷**　（清）應祖錫著　清光
緒二十七年(1901)鴻寶齋石印本　十二册
二十行四十四字白口四周雙邊

610000－1001－0019591　普04124

**傅氏眼科審視瑤函六卷首一卷**　（明）傅仁宇
撰　清刻本　一册　十行二十四字白口四周
單邊　存二卷（二至三）

610000－1001－0019592　普04125

**左傳易讀六卷**　（清）司徒修輯注　清咸豐六
年(1856)刻本　六册　十四行二十一字小字
雙行同白口四周雙邊

610000－1001－0019593　普04126

**欽定春秋傳說彙纂三十八卷首二卷**　（清）王
揆等撰　清同治刻本　二十四册　八行十八
字小字雙行二十二字白口四周雙邊

610000－1001－0019594　普04127

**九章算術細草圖說九卷附海島算經細草圖說
一卷**　（晉）劉徽注　（唐）李淳風注釋
(清)李潢譔　清刻本　七册　十行二十字小
字雙行同白口四周雙邊

610000－1001－0019595　普04128

**銀海精微四卷**　（唐）孫思邈原輯　（清）周亮
節較正　清道光八年(1828)文淵堂刻本　一
册　十行二十五字小字雙行同白口四周單邊

610000－1001－0019596　普04129

**補註補註洗冤錄四卷附刊檢骨圖格一卷**
(宋)宋慈撰　（清）王又槐集證　（清）阮其
新補註　**作吏要言一卷**　（清）葉玉屏著
(清)朱性齋增　清道光二十三年(1843)刻三
色套印本　四册　十行十八字小字雙行同白
口左右雙邊

610000－1001－0019597　普04130

**海防新論節要一卷**　（清）□□撰　清光緒十
一年(1885)刻本　一册　八行二十字白口四
周雙邊

610000－1001－0019598　普04132

**史記一百三十卷**　（漢）司馬遷撰　（南朝宋）
裴駰集解　（唐）司馬貞索隱　清刻本　五
册　十一行二十二字小字雙行同上下黑口四
周雙邊　存十五卷（五至十九）

610000－1001－0019599　普04134

**御製數理精蘊上編五卷下編四十卷表八卷**
(清)何國宗　（清）梅瑴成編　清光緒八年
(1882)江寧藩署刻本　七册　九行二十字白
口四周雙邊　存七卷（二至八）

610000－1001－0019600　普04136

**讀四書大全說十卷**　（清）王夫之撰　清同治四年（1865）湘鄉曾國荃金陵刻本　一冊　十行二十二字上下黑口左右雙邊　存一卷（一）

610000－1001－0019601　普04138

**臺灣外記三十卷**　（清）江日升撰　清刻本　三冊　十行二十三字白口四周雙邊　存七卷（四至五、八至十、十七至十八）

610000－1001－0019602　普04140

**綱鑑擇語十卷**　（清）司徒修輯　清道光三十年（1850）來鹿堂刻本　九冊　九行二十二字白口左右雙邊　存九卷（二至十）

610000－1001－0019603　普04141

**綱鑑擇語十卷**　（清）司徒修輯　清道光三十年（1850）來鹿堂刻本　一冊　九行二十二字白口左右雙邊　存二卷（一至二）

610000－1001－0019604　普04142

**讀通鑑論三十卷末一卷**　（清）王夫之撰　清同治四年（1865）湘鄉曾氏金陵節署刻本　一冊　十行二十二字上下黑口左右雙邊　存三卷（一至三）

610000－1001－0019605　普04147

**欽定大清會典一百卷**　（清）允祹等撰　清光緒十九年（1893）上海圖書集成印書館鉛印本　八冊　十三行字數不等白口四周單邊

610000－1001－0019606　普04150

**國朝先正事略六十卷**　（清）李元度纂　清刻本　十二冊　十行二十四字下黑口四周雙邊間左右雙邊　存三十五卷（一至十、三十五至六十）

610000－1001－0019607　普04151

**六十自定稿一卷**　（清）王夫之撰　清同治四年（1865）湘鄉曾氏金陵節署刻本　一冊　十行二十二字上下黑口左右雙邊

610000－1001－0019608　普04152

**粵雅堂叢書三編三十集一百八十五種**　（清）伍崇曜編　清道光至光緒刻本　七十一冊

九行二十一字上下黑口左右雙邊　存四十五種

610000－1001－0019609　普04153

**晉書一百三十卷**　（唐）房玄齡等撰　清刻本　九冊　十二行二十五字白口左右雙邊　存六十二卷（十六至三十、三十八至至五十九、一百〇六至一百三十）

610000－1001－0019610　普04155

**重刊史鑑節要便讀六卷**　（清）鮑東里編輯　清咸豐元年（1851）刻本　三冊　九行十三字下黑口四周雙邊

610000－1001－0019611　普04156

**萬國通史前編十卷**　（英國）李思倫白譯　蔡爾康紀述　清光緒二十六年（1900）上海廣學會鉛印本　十冊　十一行二十七字白口四周雙邊

610000－1001－0019612　普04157

**督捕則例二卷五軍道里表一卷三流道里表一卷**　（清）刑部制訂　清同治十一年（1872）刻本　五冊　九行大小字不等白口四周雙邊

610000－1001－0019613　普04158

**宋史四百九十六卷**　（元）脫脫等修　清刻本　六冊　十二行二十五字白口左右雙邊　存三十六卷（一百四十二至一百四十九、一百九十九至二百〇九、三百六十至三百七十六）

610000－1001－0019614　普04160

**中國江海險要圖志二十二卷首一卷補編五卷圖五卷**　（清）陳壽彭譯　清光緒二十七年（1901）經世文社石印本　五冊　行數不等字數不等白口四周雙邊　存五卷（圖一至五）

610000－1001－0019615　普04162

**大清律例彙輯便覽四十卷**　（清）刑部制訂　清同治十一年（1872）刻本　九冊　行數不等字數不等白口四周單邊　存十四卷（二十七至四十）

610000－1001－0019616　普04163

**詩學含英十四卷**　（清）劉文蔚輯　清刻本　四冊　九行十三字小字雙行二十六字下黑口

四周雙邊

610000－1001－0019617 普04164
**學案小識十四卷首一卷末一卷** (清)唐鑑撰
清光緒十年(1884)四砭齋刻本 十二冊
十行二十一字上下黑口左右雙邊

610000－1001－0019618 普04165
**嘯亭雜錄八卷續錄二卷** (清)昭槤著 清光
緒六年(1880)刻本 六冊 九行二十二字白
口左右雙邊 存六卷(一至六)

610000－1001－0019619 普04167
**西域水道記五卷** (清)徐松撰 清光緒二十
九年(1903)上海文瑞樓石印本 五冊 十一
行二十八字上下黑口左右雙邊

610000－1001－0019620 普04168
**漢西域圖考七卷首一卷** (清)李光廷撰 清
光緒二十二年(1896)上海文瑞樓石印本 四
冊 十一行二十六字上下黑口左右雙邊

610000－1001－0019621 普04170
**咸同以來中俄交涉記三卷** (清)江標譯 清
光緒二十一年(1895)味經售書處刻本 一冊
十行二十二字小字雙行同白口左右雙邊

610000－1001－0019622 普04171
**漢書西域傳補注二卷** (清)徐松撰 清光緒
二十九年(1903)上海文瑞樓石印本 二冊
十一行二十八字白口左右雙邊

610000－1001－0019623 普04172
**書目答問不分卷** (清)張之洞輯 清光緒元
年(1875)刻本 二冊 十行二十五字小字雙
行不等白口四周雙邊

610000－1001－0019624 普04174
**後漢書一百二十卷** (南朝宋)范曄撰 清同
治八年(1869)金陵書局刻本 十五冊 十二
行二十五字小字雙行三十七字白口左右雙邊

610000－1001－0019625 普04175
**新疆賦一卷** (清)徐松撰 清光緒石印本
一冊 十一行二十七字小字雙行同白口左右
雙邊

610000－1001－0019626 普04177
**養素堂文集三十五卷首一卷** (清)張澍撰
清刻本 一冊 十行二十二字白口四周雙邊
存三卷(三十三至三十五)

610000－1001－0019627 普04179
**養素堂文集三十五卷首一卷** (清)張澍撰
清道光十七年(1837)刻本 十六冊 十行二
十二字白口四周雙邊

610000－1001－0019628 普04181
**普天忠憤全集十四卷首一卷** (清)孔廣德編
清光緒二十一年(1895)石印本 十二冊
十五行三十四字白口四周雙邊

610000－1001－0019629 普04182
**九國志十二卷** (宋)路振撰 清道光二十七
年(1847)刻本 二冊 九行二十一字上下黑
口左右雙邊

610000－1001－0019630 普04184
**左傳舊疏考正八卷** (清)劉文淇撰 清光緒
三年(1877)湖北崇文書局刻本 四冊 十二
行二十四字小字雙行同上下黑口四周雙邊

610000－1001－0019631 普04185
**陝西存古學校現辦節略一卷** (清)□□撰
清宣統元年(1909)刻本 一冊 十行二十二
字白口四周雙邊

610000－1001－0019632 普04190
**孟子七卷** (宋)朱熹集注 清刻本 七冊
九行十七字小字雙行同白口左右雙邊

610000－1001－0019633 普04191
**大方廣佛華嚴經八十卷** (唐)釋實義難陀譯
清同治七年(1868)刻本 四冊 十行二十
字白口四周雙邊 存十二卷(六十七至七十
八)

610000－1001－0019634 普04192
**[光緒]黃巖縣志四十卷首一卷附黃巖集三十
二卷** (清)陳寶善等修 (清)王棻纂
(清)陳鍾英續修 (清)王詠霓續纂 清光緒
三年(1877)刻本 四冊 十一行二十二字小
字雙行同白口左右雙邊 存十三卷(七至九、

十七至二十四、三十四至三十五）

610000－1001－0019635　普04193

**讀通鑑論三十卷末一卷**　（清）王夫之撰　清同治四年(1865)湘鄉曾氏金陵節署刻本　二冊　十行二十二字上下黑口左右雙邊　存四卷(十五至十八)

610000－1001－0019636　普04194

**附釋音禮記注疏六十三卷**　（漢）鄭玄注　（唐）陸德明音義　（唐）孔穎達疏　清刻本　一冊　十行十七字小字雙行二十三字上下黑口左右雙邊　存三卷(十四至十六)

610000－1001－0019637　普04195

**春秋名號歸一圖二卷**　（五代）馮繼先撰　清光緒十九年(1893)浙江書局刻本　一冊　十一行二十二字小字雙行同白口左右雙邊

610000－1001－0019638　普04196

**黃石公素書一卷**　（漢）黃石公撰　清道光十九年(1839)刻本　一冊　八行十九字小字雙行同白口四周雙邊

610000－1001－0019639　普04197

**明夷待訪錄一卷**　（清）黃宗羲撰　清刻本　一冊　十行二十四字白口左右雙邊

610000－1001－0019640　普04198

**歷代名賢列女氏姓譜一百五十七卷**　（清）蕭智漢纂輯　清刻本　二冊　十三行二十二字白口四周雙邊　存三卷(一百三十七至一百三十九)

610000－1001－0019641　普04199

**恨盦手刻印存不分卷**　恨盦篆　清末民初刻鈐印本　二冊　四周單邊

610000－1001－0019642　普04201

**魏叔子文集外篇二十二卷日錄三卷詩集八卷**　（清）魏禧撰　清刻本　十八冊　九行二十字白口左右雙邊　存二十八卷(外篇一至三、九至二十二,日錄一至三,詩集一至八)

610000－1001－0019643　普04202

**春在堂全書三十四種**　（清）俞樾撰　清光緒

二十五年(1899)刻本　三十三冊　十行二十一字上下黑口左右雙邊　存三種

610000－1001－0019644　普04203

**歷代史論十二卷續編一卷**　（明）張溥撰　**左傳史論二卷**　（清）高士奇撰　**明史論四卷**　（清）谷應泰論正　清光緒二十八年(1902)鉛印本　六冊　十五行三十九字白口四周雙邊

610000－1001－0019645　普04205

**歐洲列國戰事本末二十二卷**　王樹枏撰　清光緒二十九年(1903)陝西官運書局石印本　六冊　十行二十二字小字雙行不等黑口左右雙邊

610000－1001－0019646　普04206

**御批歷代通鑑輯覽一百二十卷**　（清）傅恆等纂　清同治十一年(1872)湖北崇文書局刻本　二十八冊　十一行二十二字小字雙行同白口四周雙邊　存五十六卷(一至九、二十四至二十七、三十至四十五、四十八至六十一、七十二至七十三、九十七至一百〇三、一百〇六至一百〇九)

610000－1001－0019647　普04212

**御批歷代通鑑輯覽一百二十卷**　（清）傅恆等纂　清同治十一年(1872)湖北崇文書局刻本　六冊　十一行二十二字小字雙行同白口四周雙邊　存十一卷(三十至三十五、五十二至五十五、九十九)

610000－1001－0019648　普04216

**新鐫校正指明算法二卷**　（清）王相重訂　清刻本　一冊　九行二十一字小字雙行不等白口四周單邊

610000－1001－0019649　普04217

**定盦文集三卷續集四卷文集補編四卷餘集一卷**　（清）龔自珍撰　清光緒二十八年(1902)浙省文彙書局鉛印本　三冊　十五行三十二字白口四周雙邊

610000－1001－0019650　普04218

**歐洲列國戰事本末二十二卷**　王樹枏撰　清光緒二十九年(1903)陝西官印書局石印本

六冊　十行二十二字小字雙行不等黑口左右
雙邊

610000－1001－0019651　普04219

**辨證奇聞十卷**　（清）錢松撰　清宣統元年
(1909)廣益書局石印本　一冊　二十行四十
字四周單邊

610000－1001－0019652　普04221

**普通百科新大辭典不分卷**　黃摩西編輯　清
宣統三年(1911)上海中國詞典公司鉛印本
十三冊　十四行字數不等上下黑口四周單邊

610000－1001－0019653　普04222

**重訂王鳳洲先生綱鑑會纂四十六卷續編二十
三卷**　（明）王世貞纂　（明）陳仁錫校　**御撰
資治通鑑綱目三編二十卷**　（清）周長發等撰
清光緒二十九年(1903)上海經香閣石印本
八冊　行數不等大小字不等白口四周雙邊

610000－1001－0019654　普04223

**後漢書一百二十卷**　（南朝宋）范曄撰　清末
石印本　五冊　十行二十一字小字雙行同上
下黑口左右雙邊　存二十六卷(二十五至四
十、五十四至六十、七十至七十二)

610000－1001－0019655　普04225

**前漢書一百二十卷附考證一百二十卷**　（漢）
班固撰　（唐）顏師古注　清末石印本　二冊
十行二十一字小字雙行同上下黑口左右雙
邊　存二十卷(七十一至八十、考證七十一至
八十)

610000－1001－0019656　普04226

**樊山批判十四卷**　（清）樊增祥撰　清光緒二
十三年(1897)刻本　五冊　十二行二十三字
上下黑口左右雙邊　存十一卷(一至二、六至
十四)

610000－1001－0019657　普04227

**樊山公牘三卷**　（清）樊增祥撰　清光緒二十
年(1894)刻本　二冊　十二行二十三字上下
黑口左右雙邊

610000－1001－0019658　普04228

**樊山集二十八卷續集二十八卷**　（清）樊增祥

撰　清光緒二十二年(1896)刻本　一冊　十
二行二十三字上下黑口左右雙邊　存四卷
(樊山集二十五至二十八)

610000－1001－0019659　普04229

**鼎鋟趙田了凡袁先生編纂古本歷史大方綱鑑
補三十九卷首一卷**　（明）袁黃編纂　**御撰資
治通鑑綱目三編二十卷**　（清）張廷玉等撰
清刻本　十六冊　十二行二十八字小字雙行
同白口四周單邊

610000－1001－0019660　普04230

**通志二百卷欽定通志考證三卷**　（宋）鄭樵撰
清光緒二十七年(1901)上海圖書集成局石
印本　五十五冊　十六行四十三字小字雙行
同白口四周單邊　存一百八十九卷(一至一
百一十六、一百三十一至二百,考證一至三)

610000－1001－0019661　普04231

**通雅五十二卷首三卷刊誤補遺一卷**　（清）方
以智撰　（清）姚文燮校　清光緒六年(1880)
桐城方氏刻本　四冊　十二行二十五字小字
雙行同上下黑口左右雙邊　存二十四卷(通
雅二十四至三十、三十七至五十二,補遺一)

610000－1001－0019662　普04232

**船山遺書五十六種附一種**　（清）王夫之撰
清同治四年(1865)湘鄉曾國荃金陵刻本　二
冊　十行二十二字上下黑口左右雙邊　存
二種

610000－1001－0019663　普04233

**月令粹編二十四卷圖說一卷**　（清）秦嘉謨輯
清嘉慶十七年(1812)江都秦嘉謨琳琅仙館
刻本　六冊　九行二十二字小字雙行同上下
黑口四周雙邊

610000－1001－0019664　普04234

**蒙學書報□□種**　（清）蒙學會編　清末石印
本　一冊　十三行三十字白口四周單邊　存
二種

610000－1001－0019665　普04235

**資治通鑑綱目五十九卷**　（宋）朱熹撰　（明）
陳仁錫評閱　清刻本　十八冊　七行十八字

小字雙行同白口四周單邊間四周雙邊　存十八卷（六至十七、四十七至五十二）

610000－1001－0019666　普04236

**左傳易讀六卷**　（清）司徒修輯註　清光緒十七年（1891）西安義興堂刻本　六冊　七行二十一字小字雙行同白口四周雙邊

610000－1001－0019667　普04237

**左傳舊疏考正八卷**　（清）劉文淇撰　清光緒三年（1877）湖北崇文書局刻本　四冊　十二行二十四字小字雙行同上下黑口四周雙邊

610000－1001－0019668　普04239

**出使英法義比四國日記六卷**　（清）薛福成撰　清光緒十七年（1891）鉛印本　四冊　十五行三十三字白口四周雙邊

610000－1001－0019669　普04240

**漢書注校補五十六卷**　（清）周壽昌撰　清光緒十年（1884）思益堂刻本　一冊　十二行二十三字白口左右雙邊　存三卷（二十五至二十七）

610000－1001－0019670　普04241

**子書二十八種**　（清）育文書局輯　清宣統三年（1911）育文書局石印本　六冊　十八行四十二字小字雙行同白口四周雙邊　存八種

610000－1001－0019671　普04242

**春秋穀梁傳十二卷**　（晉）范甯集解　（唐）陸德明音義　清同治七年（1868）湖北崇文書局刻本　四冊　九行十七字小字雙行同白口四周雙邊

610000－1001－0019672　普04243

**欽定春秋傳說彙纂三十八卷首二卷**　（清）王掞等撰　清末刻本　六冊　八行二十二字小字雙行同白口四周雙邊　存十卷（十七至二十六）

610000－1001－0019673　普04244

**歷代史論十二卷宋史論三卷元史論一卷**　（明）張溥論正　**明史論四卷**　（清）谷應泰論正　**左傳史論二卷**　（清）高士奇撰　清光緒九年（1883）都城蒼松山房刻朱墨印本　七冊

十一行二十一字上下黑口四周單邊間左右雙邊

610000－1001－0019674　普04245

**光緒勘定西北邊界俄文譯漢圖例言一卷**　（清）□□撰　清光緒刻本　一冊　十行二十二字白口左右雙邊

610000－1001－0019675　普04249

**原富五卷**　（英國）斯密亞丹撰　薛己譯　清末味經官書局鉛印本　三冊　十一行二十五字上下黑口四周雙邊

610000－1001－0019676　普04250

**化學鑑原續編二十四卷**　（英國）蒲陸山撰　（英國）傅蘭雅口譯　（清）徐壽筆述　清光緒江南機器製造總局刻本　六冊　十行二十二字上下黑口左右雙邊

610000－1001－0019677　普04251

**後漢書一百二十卷**　（南朝宋）范曄撰　清末刻本　十七冊　十行二十一字小字雙行同白口左右雙邊　存六十一卷（六十至一百二十）

610000－1001－0019678　普04252

**數學理九卷附錄一卷**　（英國）棣麼甘撰　（英國）傅蘭雅口譯　（清）趙元益筆述　清末江南機器製造總局刻本　四冊　十行二十二字上下黑口左右雙邊

610000－1001－0019679　普04253

**重刻恭簡公志樂二十卷**　（明）韓邦奇撰　清嘉慶十一年（1806）刻本　一冊　十行二十字小字雙行同白口左右雙邊　存二卷（一至二）

610000－1001－0019680　普04254

**人鑑三卷**　（清）湯自銘纂輯　清同治十一年（1872）泰興徐聚文齋刻本　一冊　十行二十一字下黑口左右雙邊

610000－1001－0019681　普04255

**歷代名臣言行錄二十四卷**　（清）朱桓編　清刻本　十一冊　十行二十一字白口四周單邊　存九卷（七至十三、二十至二十一）

610000－1001－0019682　普04256

經驗良方一卷 （□）□□輯 清刻本 一冊
九行二十四字白口四周雙邊

610000 - 1001 - 0019683　普 04258

十八家詩鈔二十八卷首一卷 （清）曾國藩撰
清同治十三年(1874)傳忠書局刻本（卷十
七至二十一配清刻本） 二十八冊 十行二
十四字小字雙行同下黑口左右雙邊

610000 - 1001 - 0019684　普 04259

朱子大全文集一百卷目錄二卷續集五卷別集
七卷正譌一卷 （宋）朱熹撰 清光緒二年
(1876)刻本 十八冊 十二行二十四字上下
黑口四周雙邊 存四十四卷(五十七至一百)

610000 - 1001 - 0019685　普 04260

康熙字典十二集 （清）張玉書等撰 清刻本
五冊 八行十二字小字雙行二十四字白口
四周雙邊 存三集(午集上、未集、戌集上)

610000 - 1001 - 0019686　普 04261

左傳舊疏考正八卷 （清）劉文淇撰 清光緒
三年(1877)湖北崇文書局刻本 四冊 十二
行二十五字上下黑口四周雙邊

610000 - 1001 - 0019687　普 04263

兵鏡備考十三卷孫子集注一卷兵鏡或問二卷
（清）鄧廷羅輯 清桐石山房刻本 八冊
九行二十字白口四周雙邊

610000 - 1001 - 0019688　普 04264

重訂文選集評十五卷首一卷末一卷 （南朝
梁）蕭統選 （清）于光華編次 清同治刻本
十六冊 十行二十四字小字雙行三十六字
白口左右雙邊

610000 - 1001 - 0019689　普 04265

船山遺書五十六種附一種 （清）王夫之撰
清同治四年(1865)湘鄉曾國荃金陵刻本 十
四冊 十行二十二字上下黑口左右雙邊 存
四種

610000 - 1001 - 0019690　普 04266

佩文齋書畫譜一百卷 （清）孫岳頒輯 清刻
本 二冊 十一行二十一字白口左右雙邊
存四卷(五十二至五十五)

610000 - 1001 - 0019691　普 04267

禮記章句四十九卷 （清）王夫之撰 清同治
四年(1865)湘鄉曾國荃金陵刻本 一冊 十
行二十二字上下黑口左右雙邊 存二卷(七
至八)

610000 - 1001 - 0019692　普 04268

重校十三經不貳字不分卷 （清）李鴻藻編
清光緒元年(1875)刻本 一冊 十行十四字
白口左右雙邊

610000 - 1001 - 0019693　普 04271

大清律例彙輯便覽附秋審實緩比較彙案二卷
（清）桑春榮等纂 清光緒三年(1877)刻本
一冊 十行二十一字白口左右雙邊 存一
卷(一)

610000 - 1001 - 0019694　普 04271

大清律例彙輯便覽四十卷督捕則例二卷五軍
道里表一卷三流道里表一卷 （清）刑部制訂
清同治十一年(1872)湖北讞局刻本 十六
冊 行數不等大小字不等白口四周雙邊 存
二十五卷(便覽一至二十五)

610000 - 1001 - 0019695　普 04275

洛學編五卷 （清）湯斌輯 （清）湯定祥重校
清同治九年(1870)刻本 一冊 十行二十
字小字雙行白口左右雙邊

610000 - 1001 - 0019696　普 04277

皇朝藩部世系表四卷 （清）祁韻士撰 （清）
宋景昌增輯 （清）徐松重訂 （清）張穆覆校
清道光二十六年(1846)筠淥山房刻本 一
冊 十行二十一字小字雙行同白口左右雙邊

610000 - 1001 - 0019697　普 04278

沖虛至德真經八卷 （晉）張湛注 清刻本
二冊 十一行二十四字小字雙行同白口四周
雙邊

610000 - 1001 - 0019698　普 04279

洗冤錄詳義四卷首一卷摭遺二卷 （清）許槤
編校 清光緒三年(1877)刻本 五冊 九行
十四字小字雙行同白口左右雙邊

610000 - 1001 - 0019699　普 04280

重刊道藏輯要二十八集二百九十種 （清）彭
定求輯 （清）閻永和增 清光緒三十二年
(1906)成都二仙庵刻本 十四冊 十行二十
四字白口左右雙邊 存八種

610000－1001－0019700 普04281

花間集十卷 （五代）趙崇祚輯 清光緒王氏
四印齋影宋刻本 一冊 十行十七字白口四
周單邊

610000－1001－0019701 普04282

讀禮志疑一卷 （清）陸隴其撰 清嘉慶二十
年(1815)刻本 一冊 十行二十二字白口四
周雙邊

610000－1001－0019702 普04283

資治通鑑綱目五十九卷首一卷 （宋）朱熹撰
（明）陳仁錫評閱 清刻本 七冊 七行十
八字小字雙行同白口四周單邊 存五卷（一
至五）

610000－1001－0019703 普04285

歷代帝王法帖釋文十卷 （清）徐朝弼集釋
清嘉慶十七年(1812)刻本 一冊 九行二十
四字小字雙行同白口四周雙邊

610000－1001－0019704 普04286

惜抱軒九經說十七卷 （清）姚鼐撰 清刻本
一冊 十行二十二字小字雙行同白口左右
雙邊 存十卷（八至十七）

610000－1001－0019705 普04288

附釋音周禮注疏四十二卷 （唐）賈公彥撰
（唐）陸德明釋文 清刻本 二冊 十行二十
一字小字雙行同白口四周雙邊 存六卷（一
至二、五至六、十一至十二）

610000－1001－0019706 普04289

戰國策三十三卷 （漢）高誘注 （宋）姚宏校
正 重刻剡川姚氏本戰國策劄記三卷 （清）
黃丕烈撰 清光緒三年(1877)永康胡氏退補
齋刻本 六冊 十一行二十字小字雙行同白
口左右雙邊

610000－1001－0019707 普04290

戰國策三十三卷 （漢）高誘注 （宋）姚宏校

正 重刻剡川姚氏本戰國策劄記三卷 （清）
黃丕烈撰 清光緒三年(1877)永康胡氏退補
齋刻本 六冊 十一行二十字小字雙行同白
口左右雙邊 存三十四卷（一至二十四、二十
七至三十三,劄記一至三）

610000－1001－0019708 普04291

幼學歌五卷續編一卷 （清）王用臣編 清光
緒十二年(1886)斯陶書屋刻本 一冊 九行
二十字白口四周雙邊

610000－1001－0019709 普04292

尚書引義六卷 （清）王夫之撰 清同治四年
(1865)湘鄉曾氏刻本 一冊 十行二十二字
下黑口左右雙邊 存二卷（五至六）

610000－1001－0019710 普04293

史記一百三十卷 （漢）司馬遷撰 清同治五
年(1866)金陵書局刻本 一冊 十二行二十
五字小字雙行三十八字白口左右雙邊 存二
卷（三至四）

610000－1001－0019711 普04294

周禮政要四卷 （清）孫詒讓撰 清光緒三十
年(1904)西安官書局鉛印本 二冊 十一行
二十二字白口四周雙邊

610000－1001－0019712 普04297

前漢書一百二十卷 （漢）班固撰 （唐）顏師
古注 清光緒二十三年(1897)味經刊書處刻
本 十七冊 十一行二十一字小字雙行同白
口四周雙邊 存三十九卷（一上、二十、二十
二至二十三、二十五上、二十九至三十、三十
五至五十一、五十五至六十二、七十八至八十
一、九十四、九十九至一百）

610000－1001－0019713 普04299

兼濟堂文集選十六卷詩集選三卷 （清）魏裔
介撰 清龍江書院刻本 三冊 九行二十字
白口左右雙邊 存六卷（十一至十四、十七至
十八）

610000－1001－0019714 普04300

砥齋集十二卷 （清）王弘撰著 清光緒刻本
三冊 八行二十字白口左右雙邊 存五卷

（一、四至七）

610000 - 1001 - 0019715　普04301

**古唐詩合解十二卷**　（清）王堯衢注　清光緒
二十年（1894）澹雅書局刻本　六冊　十行二
十一字小字雙行同白口四周雙邊

610000 - 1001 - 0019716　普04302

**普通百科新大辭典不分卷**　（清）黃摩西編
清宣統三年（1911）上海國學扶輪社鉛印本
二冊　行數不等字數不等上下黑口四周單邊

610000 - 1001 - 0019717　普04303

**資治通鑑二百九十四卷**　（宋）司馬光撰
（元）胡三省音註　清末刻本　三十七冊　十
行二十字小字雙行同上下黑口四周雙邊　存
一百十一卷（九十一至九十六、一百〇六至一
百五十、一百八十一至二百十、二百五十六至
二百八十五）

610000 - 1001 - 0019718　普04304

**書古微十二卷首一卷**　（清）魏源撰　清光緒
四年（1878）淮南書局刻本　三冊　十行二十
一字白口左右雙邊

610000 - 1001 - 0019719　普04305

**尺木堂綱鑑易知錄九十二卷**　（清）吳乘權輯
　清刻本　四十冊　九行二十字小字雙行同
白口四周單邊　存八十五卷（一至六十三、七
十一至九十二）

610000 - 1001 - 0019720　普04306

**五朝名臣言行錄前集十卷後集十四卷續集八
卷別集二十六卷外集十七卷**　（宋）朱熹纂
清刻本　五冊　十二行二十二字上下黑口四
周單邊　存四十一卷（後集六至十四，別集上
六至十三、下七至十三，外集一至十七）

610000 - 1001 - 0019721　普04307

**新刊資治通鑑綱目大全五十九卷**　（宋）朱熹
撰　清書林楊氏清江書堂刻本　五冊　十一
行二十三字小字雙行同下黑口四周雙邊　存
九卷（綱目大全一，前編十六至十八，綱目二
十七至二十八、三十一至三十二、三十九）

610000 - 1001 - 0019722　普04308

**周書五十卷**　（唐）令狐德棻撰　清光緒十年
（1884）上海同文書局石印本　二冊　十行二
十一字白口左右雙邊　存十五卷（一至十五）

610000 - 1001 - 0019723　普04309

**養素堂文集三十五卷首一卷**　（清）張澍撰
清道光十七年（1837）武威張氏棗華書屋刻本
　十三冊　十行二十二字白口四周雙邊　存
三十卷（一至十七、二十至二十二、二十七至
三十五，首一）

610000 - 1001 - 0019724　普04310

**魏書一百十四卷**　（北齊）魏收撰　清光緒三
十四年（1908）上海集成圖書公司石印本　三
冊　十三行四十字白口四周單邊　存二十五
卷（一至七、六十七至八十四）

610000 - 1001 - 0019725　普04311

**隋書八十五卷**　（唐）魏徵撰　清末石印本
一冊　十行二十一字上下黑口左右雙邊　存
四卷（七十八至八十一）

610000 - 1001 - 0019726　普04312

**唐三體詩六卷**　（清）高士奇輯　清刻本　一
冊　十一行十九字小字雙行同上下黑口四周
單邊

610000 - 1001 - 0019727　普04316

**鼎鍥趙田了凡袁先生編纂古本歷史大方綱鑑
補三十九卷首一卷**　（明）袁黃編纂　清刻本
　十六冊　十二行二十八字小字雙行同白口
左右雙邊　存二十一卷（十一至二十二、二十
四至三十二）

610000 - 1001 - 0019728　普04317

**經史百家簡編二卷**　（清）曾國藩輯　清光緒
十三年（1887）刻本　二冊　十行二十四字上
下黑口左右雙邊

610000 - 1001 - 0019729　普04318

**真文忠公心經二卷**　（宋）真德秀撰　清光緒
元年（1875）述荊堂刻本　一冊　九行二十字
上下黑口四周雙邊

610000 - 1001 - 0019730　普04319

**曾文正公全集十五種**　（清）曾國藩撰　清同

治、光緒傳忠書局刻本　六十二冊　十行二十四字上下黑口左右雙邊　存十種

610000－1001－0019731　普04320

**歐洲列國戰事本末二十二卷**　王樹枏撰　清光緒二十九年(1903)陝西官運書局石印本　六冊　十行二十二字小字雙行不等黑口左右雙邊

610000－1001－0019732　普04322

**施註蘇詩四十二卷蘇詩續補遺二卷**　(清)宋犖　(清)張榕端閱定　(清)邵長蘅　(清)顧嗣立　(清)宋方刪補　清刻本　四冊　十行二十一字小字雙行三十一字黑口四周單邊　存十卷(三十五至四十二、補遺一至二)

610000－1001－0019733　普04323

**魏叔子文集外篇二十二卷目錄三卷詩集八卷**　(清)魏禧撰　清刻本　四冊　九行二十字小字雙行同白口左右雙邊　存五卷(外篇二至六)

610000－1001－0019734　普04324

**鮚埼亭集三十八卷全謝山先生經史問答十卷外編五十卷首一卷**　(清)全祖望撰　(清)史夢蛟校　清同治十一年(1872)姚江借樹山房刻本　八冊　十行二十一字小字雙行同白口左右雙邊　存二十四卷(集二十五至三十八、問答一至十)

610000－1001－0019735　普04325

**鮚埼亭集三十八卷全謝山先生經史問答十卷外編五十卷首一卷**　(清)全祖望撰　(清)史夢蛟校　清同治十一年(1872)姚江借樹山房刻本　十七冊　十行二十一字小字雙行同白口左右雙邊　存六十五卷(集一至二十、二十四至三十八,問答一至十,外編一至十九,首一)

610000－1001－0019736　普04326

**左傳易讀六卷**　(清)司徒修輯注　清光緒十七年(1891)刻本　六冊　十行二十一字小字雙行同白口四周雙邊

610000－1001－0019737　普04327

**左傳易讀六卷**　(清)司徒修輯注　(清)沈士荃　(清)凌鳳翔檢校　清道光十六年(1836)刻本　六冊　十四行二十三字白口四周雙邊

610000－1001－0019738　普04328

**左傳易讀六卷**　(清)司徒修輯注　清咸豐六年(1856)西安藩署刻本(卷四配清刻本)　六冊　十四行二十一字小字雙行同白口四周雙邊

610000－1001－0019739　普04329

**諸葛忠武侯文集六卷首一卷**　(三國蜀)諸葛亮撰　清同治十二年(1873)刻本　四冊　九行二十字上下黑口四周雙邊

610000－1001－0019740　普04331

**尚書攷辨四卷**　(清)宋鑒撰　清嘉慶四年(1799)刻本　一冊　十二行二十四字小字雙行同上下黑口四周單邊　存二卷(三至四)

610000－1001－0019741　普04333

**康熙字典十二集總目一卷檢字一卷辨似一卷等韻一卷備考一卷補遺一卷**　(清)張玉書等撰　清刻本　七冊　八行十二字小字雙行二十四字白口四周雙邊　存七集(卯上下、辰上、巳中、午下、申下、酉下)

610000－1001－0019742　普04334

**宋史四百九十六卷目錄三卷**　(元)脫脫等修　清光緒元年(1875)浙江書局刻本　三十七冊　十二行二十五字白口左右雙邊　存二百○二卷(五十二至一百四十一、一百五十至一百六十、一百六十五至一百六十八、三百二十至三百五十九、三百七十七至四百三十三)

610000－1001－0019743　普04347

**歷代名臣言行錄二十四卷**　(清)朱桓編　清光緒二十六年(1900)湖南書局刻本　十五冊　十一行二十六字白口四周單邊

610000－1001－0019744　普04348

**康熙字典十二集總目一卷檢字一卷辨似一卷等韻一卷備考一卷補遺一卷**　(清)張玉書等撰　清光緒元年(1875)湖北崇文書局刻本　四十冊　八行十六字白口四周雙邊

610000 – 1001 – 0019745　普 04349

**歐洲列國戰事本末二十二卷**　王樹枬撰　清
光緒二十九年（1903）陝西官運書局石印本
六冊　十行二十二字小字雙行不等黑口左右
雙邊

610000 – 1001 – 0019746　普 04350

**曾文正公全集十五種**　（清）曾國藩撰　清同
治、光緒傳忠書局刻本　四十三冊　十行二
十四字上下黑口左右雙邊　存八種

610000 – 1001 – 0019747　普 04351

**曾文正公文鈔四卷附刻一卷**　（清）曾國藩撰
清同治十二年（1873）上海醉六堂刻本　四
冊　九行二十一字白口左右雙邊　缺一卷
（附刻一）

610000 – 1001 – 0019748　普 04352

**曾文正公詩鈔四卷**　（清）曾國藩撰　清光緒
二年（1876）上海醉六堂刻本　二冊　九行二
十一字白口四周雙邊

610000 – 1001 – 0019749　普 04353

**曾文正公奏疏一卷**　（清）曾國藩撰　清同治
十二年（1873）金陵書局刻本　一冊　九行二
十一字白口四周雙邊

610000 – 1001 – 0019750　普 04354

**曾文正公奏議補編四卷**　（清）曾國藩撰
（清）薛福成編　清同治十三年（1874）上海醉
六堂刻本　一冊　九行二十一字白口左右雙
邊　存二卷（一至二）

610000 – 1001 – 0019751　普 04355

**養素堂文集三十五卷首一卷**　（清）張澍撰
清道光十七年（1837）武威張氏棗華書屋刻本
六冊　十行二十二字白口四周雙邊　存十
一卷（五至十、十四至十七,首一）

610000 – 1001 – 0019752　普 04357

**小學集註六卷首一卷**　（明）陳選集註　清刻
本　一冊　十行二十二字小字雙行同白口左
右雙邊

610000 – 1001 – 0019753　普 04360

**淵鑑類函四百五十卷目錄四卷**　（清）張英等

篆　清光緒十八年（1892）上海同文書局石印
本　四冊　二十一行四十二字白口四周單邊
存三十八卷（一百九十九至二百〇七、二百
四十七至二百五十八、三百〇六至三百十二、
三百十七至三百二十六）

610000 – 1001 – 0019754　普 04363

**書目答問不分卷**　（清）張之洞撰　清末刻本
二冊　十行二十五字小字雙行同白口左右
雙邊

610000 – 1001 – 0019755　普 04364

**歷代名臣言行錄二十四卷**　（清）朱桓編輯
清光緒二十八年（1902）官書局石印本　七冊
二十行四十六字小字雙行同白口四周雙邊
存二十一卷（一至二十一）

610000 – 1001 – 0019756　普 04365

**歷代名臣言行錄二十四卷**　（清）朱桓輯　清
末石印本　一冊　二十行四十六字小字雙行
同白口四周雙邊　存三卷（四至六）

610000 – 1001 – 0019757　普 04366

**歷代名臣言行錄二十四卷**　（清）朱桓輯　清
末石印本　三冊　二十行四十六字小字雙行
同白口四周雙邊　存九卷（十一至十九）

610000 – 1001 – 0019758　普 04367

**歷代名臣言行錄二十四卷**　（清）朱桓輯　清
末石印本　一冊　二十四行五十字白口四周
雙邊　存四卷（四至七）

610000 – 1001 – 0019759　普 04368

**歷代名臣言行錄二十四卷**　（清）朱桓輯　清
末石印本　一冊　二十二行四十八字白口四
周雙邊　存二卷（十五至十六）

610000 – 1001 – 0019760　普 04369

**史記一百三十卷**　（漢）司馬遷撰　（南朝宋）
裴駰集解　（唐）司馬貞索隱　（唐）張守節正
義　清同治十一年（1872）成都書局刻本　二
十六冊　十行二十一字小字雙行同白口左右
雙邊

610000 – 1001 – 0019761　普 04370

**欽定周官義疏四十八卷首一卷**　（清）鄂爾泰

等撰　清同治十年(1871)刻本　七冊　八行二十二字小字雙行同白口四周雙邊　存十三卷(一至十二、首一)

610000－1001－0019762　普04371
欽定周官義疏四十八卷首一卷　(清)鄂爾泰等撰　清同治十年(1871)刻本　十九冊　八行二十二字小字雙行同白口四周雙邊　存三十六卷(一至三十五、首一)

610000－1001－0019763　普04372
欽定禮記義疏八十二卷首一卷　(清)鄂爾泰等撰　清刻本　五冊　八行二十二字小字雙行同白口四周雙邊　存十三卷(七十一至八十三)

610000－1001－0019764　普04373
附釋音周禮注疏四十二卷　(漢)鄭玄注　(唐)陸德明釋文　(唐)賈公彥疏　(清)阮元摘錄　清光緒二十六年(1900)味經刊書處刻本　二十四冊　十行二十一字小字雙行同白口四周雙邊

610000－1001－0019765　普04374
欽定禮記義疏八十二卷首一卷　(清)鄂爾泰等撰　清刻本　二十二冊　八行十八字小字雙行二十二字白口四周雙邊　存三十五卷(四十八至八十二)

610000－1001－0019766　普04375
欽定儀禮義疏四十八卷首二卷　(清)允祿等撰　清刻本　四十冊　八行二十二字小字雙行同白口四周雙邊

610000－1001－0019767　普04377
欽定禮記義疏八十二卷首一卷　(清)鄂爾泰等撰　清刻本　四十四冊　八行二十二字小字雙行同白口四周雙邊

610000－1001－0019768　普04379
讀史方輿紀要一百三十卷輿圖要覽四卷　(清)顧祖禹撰　清嘉慶十六年(1811)四川敷文閣刻本　十七冊　十行二十一字小字雙行同白口四周雙邊　存三十六卷(四十六至四十九、五十二至六十五、六十八至八十五)

610000－1001－0019769　普04380
讀史方輿紀要一百三十卷輿圖要覽四卷　(清)顧祖禹撰　清嘉慶十六年(1811)四川敷文閣刻本　七冊　十行二十一字小字雙行同白口四周雙邊　存四卷(輿圖一至四)

610000－1001－0019770　普04382
十三翎閣試帖二卷附二十四孝試帖一卷　(清)趙廷愷撰　清同治十年(1871)安福趙氏十三翎閣刻本　一冊　九行二十一字小字雙行同白口左右雙邊

610000－1001－0019771　普04383
歷代名臣言行錄二十四卷　(清)朱桓編　清光緒二十八年(1902)石印本　三冊　二十行四十六字白口四周雙邊　存八卷(一至三、二十至二十四)

610000－1001－0019772　普04384
歷代名臣言行錄二十四卷　(清)朱桓編　清光緒二十八年(1902)石印本　一冊　二十行四十六字白口四周雙邊　存三卷(二十二至二十四)

610000－1001－0019773　普04385
欽定明鑑二十四卷首一卷　(清)托津等編　清同治九年(1870)湖北崇文書局刻本　十冊　八行二十字小字雙行同白口四周單邊

610000－1001－0019774　普04386
瀛環志畧十卷　(清)徐繼畬輯著　清道光二十八年(1848)刻本　三冊　十行二十五字下黑口左右雙邊　存五卷(四至八)

610000－1001－0019775　普04387
御纂性理精義十二卷　(清)李光地等編　清刻本　五冊　八行十八字小字雙行二十二字白口四周雙邊

610000－1001－0019776　普04388
說文解字句讀三十卷　(清)王筠撰集　清末刻本　十六冊　十行二十四字小字雙行同白口四周雙邊　存二十卷(一至二十)

610000－1001－0019777　普04389
煉鋼要言一卷　(清)徐家寶譯述　清光緒二

十年(1894)江南機器製造總局刻本　一冊
十行二十二字上下黑口左右雙邊

610000－1001－0019778　普04391

**顯志堂稿十二卷**　(清)馮桂芬撰　清刻本
二冊　十一行二十三字下黑口左右雙邊　存
五卷(六至十)

610000－1001－0019779　普04392

**湘軍記二十卷**　(清)王定安撰　清光緒十五
年(1889)江南書局刻本　八冊　九行二十二
字白口四周雙邊

610000－1001－0019780　普04394

**益智圖二卷續圖一卷**　(清)童葉庚撰　(清)
巢捷山人編次　清光緒六年(1880)抄本　四
冊　行數不等字數不等

610000－1001－0019781　普04395

**昭代叢書十一集**　(清)張潮輯　清道光吳江
沈氏世楷堂刻本　二冊　九行二十字白口四
周單邊　存十二種

610000－1001－0019782　普04396

**昭代叢書十一集**　(清)張潮輯　清道光吳江
沈氏世楷堂刻本　十二冊　九行二十字白口
四周單邊

610000－1001－0019783　普04397

**諸葛武侯心書一卷白猿經風雨占圖說一卷**
(清)林松唐編　清光緒二十年(1894)漢皋鉛
印本　一冊　十三行三十字白口四周雙邊

610000－1001－0019784　普04398

**[嘉慶]衛藏通志十六卷首一卷**　(清)和琳纂
　清光緒二十一年(1895)刻本　一冊　十行
二十二字白口左右雙邊　存二卷(十四下、十
五)

610000－1001－0019785　普04399

**苑洛集二十二卷**　(明)韓邦奇撰　清道光八
年(1828)刻本　五冊　十行二十字白口四周
雙邊　存十卷(十三至二十二)

610000－1001－0019786　普04400

**欽定大清會典一百卷**　(清)允祹等撰　清光

緒十九年(1893)上海集成印書局鉛印本　八
冊　十三行四十字白口四周單邊

610000－1001－0019787　普04402

**曾子二卷**　(清)雷柱點注　清光緒三十一年
(1905)三原張氏刻本　一冊　九行二十二字
下黑口左右雙邊

610000－1001－0019788　普04403

**禮記章句四十九卷**　(清)王夫之撰　清刻本
　一冊　十行二十二字小字雙行同上下黑口
左右雙邊　存六卷(二十五至三十)

610000－1001－0019789　普04404

**船山遺書五十六種附一種**　(清)王夫之撰
清同治四年(1865)湘鄉曾國荃金陵刻本　八
冊　十行二十二字上下黑口左右雙邊　存
八種

610000－1001－0019790　普04405

**三通考詳節**　(清)嚴虞惇輯　清光緒二十七
年(1901)上海鴻寶齋書局石印本　十冊　二
十行四十五字白口四周雙邊　存二種

610000－1001－0019791　普04407

**中興論略八卷**　(清)興元撰　清宣統三年
(1911)刻本　二冊　九行二十一字下黑口四
周單邊

610000－1001－0019792　普04408

**御批資治通鑑綱目五十九卷首一卷**　(宋)朱
熹撰　**御批資治通鑑綱目前編十八卷首一卷
舉要三卷**　(宋)金履祥撰　**御批續資治通鑑
綱目二十七卷**　(明)商輅撰　清光緒十三年
(1887)上海同文書局石印本　二十四冊　十
八行三十六字小字雙行同白口四周單邊

610000－1001－0019793　普04410

**人範須知六卷**　(清)盛隆輯　清同治二年
(1863)石竹山房刻本　六冊　十行二十五字
白口四周雙邊

610000－1001－0019794　普04411

**增訂輶軒語一卷**　(清)張之洞撰　(清)趙惟
熙增訂　清光緒二十一年(1895)刻本　一冊
　九行二十一字白口左右雙邊

610000－1001－0019795　普04413

歷代名臣言行錄二十四卷　（清）朱桓編　清刻本　三冊　十一行二十六字白口四周單邊　存三卷（三、十一、十七）

610000－1001－0019796　普04415

關中書院課藝一卷附志學齋日記一卷　（清）柏景偉編　清光緒十四年（1888）刻本　十冊　九行二十五字白口四周雙邊

610000－1001－0019797　普04416

中國江海險要圖志二十二卷首一卷補編五卷　（清）陳壽彭譯　清光緒二十六年（1900）石印本　十冊　十四行三十五字小字雙行同白口四周雙邊

610000－1001－0019798　普04418

御批資治通鑑綱目五十九卷首一卷　（宋）朱熹撰　御批資治通鑑綱目前編十八卷首一卷舉要三卷　（宋）金履祥撰　御批續資治通鑑綱目二十七卷　（明）商輅撰　清光緒十三年（1887）上海同文書局石印本　二十一冊　十八行三十六字小字雙行同白口四周單邊

610000－1001－0019799　普04419

御批歷代通鑑輯覽一百二十卷　（清）傅恆撰　清光緒三十年（1904）通元書局石印本　一冊　十八行四十字白口四周雙邊　存五卷（八十六至九十）

610000－1001－0019800　普04421

近思錄十四卷校勘記一卷考訂朱子世家一卷　（清）江永撰　清同治八年（1869）刻本　六冊　九行十九字白口左右雙邊

610000－1001－0019801　普04422

御批資治通鑑綱目五十九卷首一卷　（宋）朱熹撰　御批資治通鑑綱目前編十八卷首一卷舉要三卷　（宋）金履祥撰　御批續資治通鑑綱目二十七卷　（明）商輅撰　清光緒十三年（1887）上海同文書局石印本　九冊　十八行三十六字小字雙行同白口四周單邊　存三十九卷（一至三十八、首一）

610000－1001－0019802　普04424

610000－1001－0019803　普04425

增補東萊博議二十五卷增補虛字註釋六卷　（宋）呂祖謙著　清光緒二十九年（1903）秦中官書局石印本　四冊　十七行四十字白口四周單邊　存二十五卷（一至二十五）

610000－1001－0019803　普04425

歷代畫史彙傳七十二卷首一卷目錄三卷附錄二卷引證書目一卷　（清）彭蘊璨編　（清）邱步洲重輯　清光緒刻本　十六冊　八行二十字白口四周雙邊　存四十一卷（三十四至七十二、附錄一至二）

610000－1001－0019804　普04426

蘭臺軌範八卷　（清）徐大椿撰　清刻本　一冊　九行二十五字白口左右雙邊　存二卷（一至二）

610000－1001－0019805　普04429

資治通鑑綱目五十九卷首一卷　（宋）朱熹撰　（明）陳仁錫評　清刻本　一冊　七行十八字小字雙行同白口四周單邊　存一卷（首一）

610000－1001－0019806　普04430

資治通鑑綱目五十九卷首一卷　（宋）朱熹撰　（明）陳仁錫評　清刻本　十七冊　七行十八字小字雙行同白口四周單邊　存十四卷（一至五、八、二十一至二十八）

610000－1001－0019807　普04431

資治通鑑綱目正編五十九卷首一卷續編二十七卷　（宋）朱熹撰　（明）陳仁錫評　清刻本　一冊　七行十八字小字雙行同白口四周單邊　存一卷（續編三）

610000－1001－0019808　普04432

欽定周官義疏四十八卷首一卷　（清）鄂爾泰等撰　清同治十年（1871）湖北崇文書局刻本　二十二冊　八行二十二字小字雙行同白口四周雙邊　存三十六卷（十三至四十八）

610000－1001－0019809　普04433

蘭臺軌範八卷　（清）徐大椿撰　清光緒刻本　一冊　九行二十五字小字雙行同白口左右雙邊　存二卷（五至六）

610000－1001－0019810　普04435

**史記一百三十卷** （漢）司馬遷撰 （晉）裴駰集解 （唐）司馬貞索隱 （唐）張守節正義 清同治九年(1870)湖北崇文書局刻本 十冊 十行十八字小字雙行二十一字白口四周雙邊 存三十一卷(一至二十六、四十三至四十七)

610000－1001－0019811 普04436

**御批歷代通鑑輯覽一百二十卷** （清）傅恆等纂 清末刻本 五十四冊 八行二十二字小字雙行同白口四周單邊 存五十五卷(五十七至一百〇八、一百十五至一百十七)

610000－1001－0019812 普04437

**佩文齋書畫譜一百卷** （清）孫岳頒輯 清光緒九年(1883)上海同文書局石印本 十六冊 二十二行四十二字小字雙行同白口左右雙邊

610000－1001－0019813 普04438

**虞初新志二十卷** （清）張潮輯 清刻本 一冊 九行二十字白口四周單邊 存一卷(七)

610000－1001－0019814 普04439

**史記評林一百三十卷** （明）凌稚隆輯 （明）李光縉增補 清刻本 十四冊 十行十九字小字雙行同白口四周單邊 存八十六卷(一至三、十二至十六、二十二至二十六、三十至六十八、七十六至一百〇九)

610000－1001－0019815 普04441

**明史三百三十二卷** （清）張廷玉等撰 清刻本 六十五冊 十行二十一字白口左右雙邊 存一百八十一卷(六十六至七十三、七十六至八十八、九十一至一百〇六、一百十一至一百四十七、一百五十三至一百五十九、一百六十三至一百七十六、一百八十五至一百九十七、二百〇三至二百四十七、二百九十四至三百十六、三百二十八至三百三十二)

610000－1001－0019816 普04442

**御批歷代通鑑輯覽一百二十卷** （清）傅恆等撰 清末石印本 十八冊 二十行四十八字小字雙行同白口四周雙邊 存八十九卷(三十二至一百二十)

610000－1001－0019817 普04443

**順天鄉試硃卷光緒丁酉科不分卷** （清）任承弼撰 清光緒二十三年(1897)刻本 一冊 九行二十五字白口四周雙邊

610000－1001－0019818 普04444

**皇朝經世文新編二十一卷** （清）麥仲華輯 清光緒二十七年(1901)上海書局石印本 十二冊 二十二行四十八字白口四周雙邊

610000－1001－0019819 普04445

**御撰資治通鑑綱目三編二十卷** （清）張廷玉等編 清光緒八年(1882)掃葉山房刻本 四冊 十一行二十二字下黑口四周單邊

610000－1001－0019820 普04446

**萬國近政考略十六卷** （清）鄒弢編 清光緒二十七年(1901)三借廬鉛印本 二冊 十四行四十字白口四周單邊 存八卷(一至八)

610000－1001－0019821 普04447

**中西兵略指掌二十四卷首一卷** （清）陳龍昌輯 清光緒二十八年(1902)秦中官書局石印本 八冊 十一行三十二字白口四周雙邊

610000－1001－0019822 普04448

**兼濟堂文集選十六卷** （清）魏裔介撰 （清）魏荔彤編輯 清龍江書院刻本 三冊 九行二十字白口左右雙邊 存六卷(五至十)

610000－1001－0019823 普04450

**積古齋鐘鼎彝器款識十卷** （清）阮元編 清光緒刻本 二冊 十二行二十四字白口四周單邊 存六卷(五至十)

610000－1001－0019824 普04451

**皇朝經世文編一百二十卷姓名總目二卷** （清）賀長齡輯 清光緒二十五年(1899)上海中西書局石印本 十二冊 二十二行四十八字白口四周雙邊

610000－1001－0019825 普04452

**古香齋新刻袖珍御選古文淵鑒六十四卷** （清）徐乾學等編注 清光緒十年至十一年(1884－1885)南海孔氏刻五色套印本 五冊 九行二十字小字雙行同白口四周雙邊 存

十卷(十四至二十三)

610000－1001－0019826　普04453

古香齋新刻袖珍淵鑑類函四百五十卷目錄四
卷　(清)張英等纂　清光緒南海孔氏刻本
三十六冊　十行二十一字小字雙行同白口左
右雙邊　存五十二卷(二百九十三至三百二
十四、三百五十九至三百七十八)

610000－1001－0019827　普04454

龍威祕書十集一百六十九種　(清)馬俊良輯
清嘉慶元年(1796)石門馬氏大酉山房刻本
十七冊　九行二十一字上下黑口左右雙邊
存四十種

610000－1001－0019828　普04455

御製數理精蘊上編五卷下編四十卷表八卷
(清)何國宗　(清)梅毅成彙編　清光緒十六
年(1890)上海大同書局石印本　二十四冊
十八行二十字白口四周雙邊

610000－1001－0019829　普04456

輶軒語一卷　(清)張之洞撰　清光緒三年
(1877)濠上書齋刻本　一冊　十行二十五字
白口四周雙邊

610000－1001－0019830　普04457

各國交涉公法論初集四卷二集四卷三集八卷
(英國)費利摩羅巴德撰　(英國)傅蘭雅口
譯　(清)俞世爵筆述　清光緒二十二年
(1896)慎記書莊石印本　四冊　二十行四十
四字白口四周雙邊　存八卷(三集一至八)

610000－1001－0019831　普04458

防海新論十八卷　(德國)希理哈撰　(英國)
傅蘭雅口譯　(清)華蘅芳筆述　清光緒刻本
六冊　十行二十二字上下黑口左右雙邊

610000－1001－0019832　普04459

六書音均表五卷　(清)段玉裁撰　清同治十
一年(1872)湖北崇文書局刻本　二冊　十行
二十字白口四周雙邊

610000－1001－0019833　普04461

輶軒語一卷　(清)張之洞撰　清光緒三年
(1877)濠上書齋刻本　一冊　十行二十五字

白口四周雙邊

610000－1001－0019834　普04462

尺木堂綱鑑易知錄九十二卷　(清)吳乘權
(清)周之炯　(清)周之燦輯　清刻本　八冊
九行二十字小字雙行同白口四周單邊　存
十七卷(五十四至七十)

610000－1001－0019835　普04463

前漢書一百二十卷　(漢)班固撰　清刻本
一冊　十行二十一字小字雙行同白口左右雙
邊　存四卷(八十三至八十六)

610000－1001－0019836　普04465

御撰資治通鑑綱目三編二十卷　(清)張廷玉
編　清刻本　六冊　十一行二十二字白口左
右雙邊

610000－1001－0019837　普04466

新學偽經考十四卷　康有為撰　清光緒十七
年(1891)武林望雲樓石印本　八冊　十行二
十字上下黑口左右雙邊

610000－1001－0019838　普04467

孝經本義一卷　(清)劉光蕡撰　清光緒三十
一年(1905)涇陽柏經正堂刻本　一冊　九行
十九字小字雙行同上下黑口左右雙邊

610000－1001－0019839　普04468

錢牧齋先生尺牘三卷　(清)錢謙益撰　清刻
本　一冊　十行二十字上下黑口左右雙邊
存一卷(一)

610000－1001－0019840　普04469

山谷內集詩注二十卷外集詩注十七卷　(宋)
黃庭堅撰　(宋)史容注　**別集詩注二卷**
(宋)黃庭堅撰　(宋)史季溫注　清刻本　六
冊　九行二十一字小字雙行同白口四周雙邊
存二十卷(內集十二至十四、外集三至十
七、別集上下)

610000－1001－0019841　普04470

詹氏宗譜□□卷　(清)□□撰　清刻本　一
冊　行數不等大小字不等白口四周雙邊　存
二卷(三至四)

610000－1001－0019842　普04471

**龍文鞭影二卷**　（明）蕭良有纂　（明）楊臣諍增訂　清刻本　二冊　十六行二十四字上黑口四周雙邊

610000－1001－0019843　普04472

**韞山堂時文初集一卷二集二卷三集一卷**（清）管世銘撰　清刻本　一冊　九行二十五字白口左右雙邊　存一卷(二集二)

610000－1001－0019844　普04473

**敏求機要十六卷**　（元）劉實撰　（元）劉茂實注　清光緒二十六年(1900)秦中官書局鉛印本　四冊　九行二十二字小字雙行同白口四周雙邊

610000－1001－0019845　普04474

**礦務叢鈔十二種**　（英國）士密德等輯　（英國）傅蘭雅口譯　（清）王德均等筆述　清光緒二十三年(1897)上海六先書局鉛印本　二十冊　十五行三十二字下黑口四周雙邊

610000－1001－0019846　普04475

**隸法彙纂十卷字錄一卷**　（清）項懷述編　清刻本　二冊　六行十字小字雙行二十二字白口四周單邊　存八卷(一至二、六至十,字錄一)

610000－1001－0019847　普04476

**隸法彙纂十卷字錄一卷**　（清）項懷述編　清刻本　一冊　六行十字小字雙行二十二字白口四周單邊　存二卷(九至十)

610000－1001－0019848　普04478

**變雅堂詩集十卷附錄一卷**　（清）杜濬撰　清同治九年(1870)黃岡劉維楨刻本　三冊　九行二十一字上黑口四周雙邊　存九卷(一至二、五至十,附錄一)

610000－1001－0019849　普04479

**周禮約編六卷**　（清）汪基鈔譔　清光緒三十二年(1906)陝西學務公所鉛印本　三冊　九行二十二字小字雙行同白口四周雙邊

610000－1001－0019850　普04480

**華山游草二卷**　（清）林壽圖　（清）謝章鋌撰

清同治八年(1869)黃鵠山人歐齋刻本　一冊　十一行二十二字白口四周雙邊

610000－1001－0019851　普04484

**策學備纂三十二卷首一卷**　（清）蔡啟盛輯　清光緒十三年(1887)上海點石齋石印本　十二冊　二十四行五十五字白口四周單邊　存十六卷(十七至三十二)

610000－1001－0019852　普04485

**御批資治通鑑綱目正編五十九卷首一卷**（宋）朱熹撰　續編二十七卷　（明）商輅撰　清光緒石印本　八冊　十八行三十六字小字雙行同白口四周單邊　存三十四卷(正編三十九至五十九、續編一至十三)

610000－1001－0019853　普04486

**說文解字句讀三十卷**　（清）王筠撰　清刻本　八冊　十行二十四字小字雙行同白口四周單邊　存十卷(二十一至三十)

610000－1001－0019854　普04488

**史鑑節要便讀六卷**　（清）鮑東里編　清光緒二十九年(1903)陝西官運書局鉛印本　二冊　十行十九字小字雙行四十字白口左右雙邊

610000－1001－0019855　普04489

**保赤彙編七種**　（清）朱之榛輯　清光緒五年(1879)刻本　二冊　十一行二十字上黑口左右雙邊　存五種

610000－1001－0019856　普04490

**欽定新疆記八卷**　（清）魏光燾撰　清光緒二十五年(1899)鉛印本　二冊　十一行二十六字白口四周雙邊

610000－1001－0019857　普04492

**大學衍義四十三卷**　（宋）眞德秀撰　清光緒十三年(1887)柏經正堂刻本　十二冊　十行二十字小字雙行同黑口四周單邊

610000－1001－0019858　普04493

**集選奇效簡便良方四卷**　（清）丁堯臣輯　清刻本　三冊　八行二十二字白口四周雙邊　存三卷(一至二、四)

610000－1001－0019859　普04494

**普濟應驗良方八卷補遺一卷**　（清）德軒氏輯
清嘉慶十四年(1809)刻本　一冊　九行二
十四字白口左右雙邊　存四卷(一至四)

610000－1001－0019860　普04495

**吾學錄初編二十四卷**　（清）吳榮光撰　清光
緒七年(1881)三原李氏桐蔭軒刻本　十二冊
九行二十一字小字雙行同白口左右雙邊

610000－1001－0019861　普04496

**秘書廿一種**　（清）汪士漢輯　清嘉慶九年
(1804)新安汪氏刻本　一冊　十行二十字白
口左右雙邊　存三種

610000－1001－0019862　普04497

**三輔黃圖六卷**　（漢）□□撰　（清）王謨輯
清刻本　一冊　九行二十字白口左右雙邊

610000－1001－0019863　普04498

**微尚齋詩集初編四卷**　（清）馮志沂撰　清咸
豐十一年(1861)刻本　一冊　十行二十二字
上下黑口左右雙邊

610000－1001－0019864　普04499

**後漢書一百二十卷**　（南朝宋）范曄撰　清刻
本　二十冊　十行二十一字小字雙行同白口
左右雙邊　存八十四卷(一、十一至三十二、
五十四至一百、一百〇四至一百〇七、一百十
一至一百二十)

610000－1001－0019865　普04501

**四書考二十八卷**　（明）陳仁錫撰　**四書考異
一卷**　（清）王夫之撰　清刻本　四冊　九行
十九字小字雙行同白口四周單邊　存十卷
(二至三、八至十二、十四至十六)

610000－1001－0019866　普04504

**前漢書一百卷**　（漢）班固撰　（明）陳仁錫評
清刻本　十一冊　十行二十字小字雙行同
白口左右雙邊　存九十九卷(一至十六、十八
至一百)

610000－1001－0019867　普04505

**宋元通鑑一百五十七卷**　（明）薛應旂撰
（明）陳仁錫評　清刻本　四冊　十行二十字

白口四周單邊　存二十三卷(五十八至八十)

610000－1001－0019868　普04509

**秋審實緩比較條欵五卷**　（清）謝誠鈞纂　清
光緒二十八年(1902)秦中官書局鉛印本　一
冊　十一行二十二字小字雙行三十五字白口
四周雙邊

610000－1001－0019869　普04510

**通鑑綱目全書四種**　清刻本　三十九冊　七
行十八字小字雙行同白口四周單邊　存三種

610000－1001－0019870　普04513

**歷代史論十二卷續編一卷左傳論一卷明史論
一卷**　（明）張溥撰　清光緒鉛印本　六冊
十五行三十九字小字雙行同白口四周雙邊

610000－1001－0019871　普04514

**中外經世緒言續編八卷**　（清）海上聞鷗輯
清光緒二十四年(1898)石印本　一冊　十四
行三十六字白口四周雙邊　存一卷(一)

610000－1001－0019872　普04515

**中外經世緒言三編二十卷**　（清）廬山老人撰
清光緒二十四年(1898)上海文盛書局石印
本　三冊　十四行三十六字白口四周雙邊
存八卷(九至十六)

610000－1001－0019873　普04516

**大學衍義四十三卷**　（宋）眞德秀撰　清光緒
十三年(1887)柏經正堂刻本　十冊　十行二
十字小字雙行同黑口四周單邊

610000－1001－0019874　普04517

**諭摺彙存不分卷**　（清）□□輯　清光緒活字
印本　六冊　十一行二十二字白口四周雙邊

610000－1001－0019875　普04518

**皇朝政典輯要八卷**　（日本）增田貢撰　清光
緒二十八年(1902)鉛印本　四冊　十三行三
十字白口四周單邊

610000－1001－0019876　普04519

**諭摺彙存不分卷**　（清）□□輯　清光緒活字
印本　四冊　十一行二十二字白口四周雙邊

610000－1001－0019877　普04524

卜筮正宗十四卷　（清）王維德輯　清光緒三十一年(1905)石印本　一冊　二十一行四十二字白口四周雙邊

610000－1001－0019878　普04525

增智囊補二十八卷　（明）馮夢龍輯　清刻本　九冊　十行二十字白口四周單邊　存二十一卷(八至二十八)

610000－1001－0019879　普04526

禪餘詩一卷　（清）釋別峯著　（清）路德選訂　清西安藝林印書社鉛印本　一冊　十行二十三字白口四周雙邊

610000－1001－0019880　普04527

大清律例輯要不分卷　（清）□□輯　清末法政學堂鉛印本　六冊　九行二十二字小字雙行同白口四周雙邊

610000－1001－0019881　普04528

禮記約編五卷　（清）汪基鈔譔　（清）江永校纂　（清）叔熙閱訂　清光緒三十二年(1906)陝西學務公所鉛印本　五冊　九行二十二字小字雙行同白口四周雙邊

610000－1001－0019882　普04529

為政忠告四卷　（元）張養浩撰　清道光十一年(1831)碧鮮齋影元刻本　二冊　八行十七字上下黑口四周雙邊

610000－1001－0019883　普04530

華盛頓傳八卷　（清）黎汝謙等譯　清光緒十二年(1886)鉛印本　八冊　十行二十五字小字雙行同白口四周雙邊

610000－1001－0019884　普04531

墨緣彙觀四卷　（清）安岐撰　清光緒二十六年(1900)鉛印本　六冊　九行二十一字白口四周雙邊

610000－1001－0019885　普04532

聖祖仁皇帝庭訓格言一卷　（清）世宗胤禛撰　清末刻本　二冊　七行二十一字白口四周雙邊

610000－1001－0019886　普04534

四書典制類聯音註四卷　（清）閻其淵輯　清光緒十八年(1892)上海鴻寶齋石印本　一冊　十八行四十六字白口四周雙邊　存一卷(一)

610000－1001－0019887　普04535

文獻通考二十四卷首一卷　（元）馬端臨撰　清光緒二十五年(1899)上海點石齋石印本　二十四冊　二十二行四十二字白口四周單邊

610000－1001－0019888　普04536

文獻通考二十四卷首一卷　（元）馬端臨撰　清光緒二十五年(1899)上海點石齋石印本　十九冊　二十二行四十二字白口四周單邊　存二十三卷(一至九、十一下至十五、十七至二十下、二十一至二十四,首一)

610000－1001－0019889　普04537

文獻通考二十四卷首一卷　（元）馬端臨撰　清光緒二十五年(1899)上海點石齋石印本　四冊　二十二行四十二字白口四周單邊　存四卷(九、十八中、十九、二十一)

610000－1001－0019890　普04539

御批歷代通鑑輯覽一百二十卷　（清）傅恆撰　清光緒三十一年(1905)上海商務印書館鉛印本　四冊　十五行二十八字小字雙行不等白口四周單邊　存十四卷(六至十、十六至十八、二十一至二十三、七十三至七十五)

610000－1001－0019891　普04540

臨陣傷科捷要四卷　（英國）帕脫編　（清）舒高第　（清）鄭昌棪譯　清末江南機器製造總局鉛印本　四冊　十行二十二字白口四周雙邊

610000－1001－0019892　普04541

古史像解不分卷　（清）慈母堂編繪　清光緒十八年(1892)石印本　一冊　十一行二十四字白口四周雙邊

610000－1001－0019893　普04542

唐陸宣公翰苑集二十四卷首一卷　（唐）陸贄撰　（清）張佩芳注　清光緒十八年(1892)柏經正堂刻本　十二冊　九行二十一字下黑口

左右雙邊

610000－1001－0019894　普04543

**新唐書二百二十五卷**　（宋）歐陽修撰　清同治十二年(1873)浙江書局刻本　一冊　十二行二十五字白口左右雙邊　存三卷(一至三)

610000－1001－0019895　普04544

**廬山志十五卷**　（清）毛德琦撰　清宣統二年(1910)刻本　一冊　九行二十一字白口左右雙邊　存二卷(九至十)

610000－1001－0019896　普04545

**砥齋集十二卷**　（清）王弘撰撰　清光緒二十年(1894)刻本　六冊　八行二十字白口四周單邊

610000－1001－0019897　普04547

**讀例存疑五十四卷**　（清）薛允升著　清光緒三十一年(1905)北京琉璃廠翰茂齋刻本　三十冊　十行二十五字白口四周雙邊

610000－1001－0019898　普04548

**洄溪醫案一卷**　（清）徐大椿撰　清刻本　一冊　九行二十字下黑口四周雙邊

610000－1001－0019899　普04550

**和文漢譯讀本八卷**　（日本）坪内雄藏編輯（日本）長尾槙太郎譯校　清光緒三十年(1904)鉛印本　八冊　行數不等字數不等下黑口四周雙邊

610000－1001－0019900　普04551

**四夷編年表四卷**　（美國）林樂知　（清）嚴良勳譯　（清）李鳳苞彙編　清光緒二十三年(1897)石印本　四冊　白口四周雙邊

610000－1001－0019901　普04552

**新鐫曆法總覽合節鰲頭通書大全十卷**　（明）熊宗立撰　清末上海掃葉山房石印本　五冊　十九行三十二字白口四周雙邊　存五卷(一、四至五、七至八)

610000－1001－0019902　普04555

**皇朝政典尋要八卷**　（日本）增田貢撰　（清）毛淦補編　清光緒二十八年(1902)陝西官書局鉛印本　四冊　十三行三十字白口四周單邊

610000－1001－0019903　普04556

**蒙古游牧記十六卷**　（清）張穆撰　**元朝秘史十五卷**　（元）□□撰　**長春真人西遊記二卷**　（元）李普常撰　清光緒二十八年(1902)上海掃葉山房石印本　十冊　十行二十二字白口左右雙邊

610000－1001－0019904　普04557

**皇朝經世文新編二十一卷**　（清）麥仲華輯　清光緒二十七年(1901)上海書局石印本　十三冊　二十二行四十八字白口左右雙邊間四周雙邊

610000－1001－0019905　普04559

**賦海大觀三十二卷目錄一卷**　（清）鴻寶齋主人編　清光緒十六年(1890)鴻寶齋石印本　一冊　二十五行六十字白口四周雙邊　存一卷(二十一)

610000－1001－0019906　普04560

**時藝階一卷**　（清）路德輯　清道光十九年(1839)刻本　八冊　九行二十四字白口四周單邊

610000－1001－0019907　普04561

**補注黃帝內經素問二十四卷靈樞十二卷素問遺篇一卷**　（唐）王冰注　（宋）林億校正（宋）孫兆重改誤　清光緒三年(1877)浙江書局刻本　六冊　九行二十一字小字雙行同白口左右雙邊　存二十二卷(內經四至十四、二十一至二十四,靈樞經一至六,遺篇一)

610000－1001－0019908　普04562

**續資治通鑑綱目二十七卷**　（明）商輅等撰　清光緒八年(1882)刻本　十三冊　七行十八字小字雙行同白口四周單邊　存十六卷(十二至二十七)

610000－1001－0019909　普04563

**類經三十二卷**　（明）張介賓類注　**圖翼十一卷附翼四卷**　（明）張介賓撰　清嘉慶四年(1799)萃英堂刻本　十二冊　八行十八字小

字雙行同白口四周單邊　存二十六卷(一至六、十三至十四、十七至十八、二十一至二十八、三十至三十二,圖翼一至二,附翼二至四)

610000－1001－0019910　普04564

**重刊宋本十三經注疏附校勘記**　(清)阮元撰　校勘記　(清)盧宣旬摘錄　清同治十二年(1873)江西書局刻本　五十一冊　十行二十四字上下黑口左右雙邊　存五種

610000－1001－0019911　普04565

**格致課藝彙編十三卷**　(清)王韜編　清光緒二十三年(1897)石印本　一冊　二十行三十七字白口四周雙邊　存一卷(十一)

610000－1001－0019912　普04566

**重刊五百家註音辯昌黎先生文集四十卷**　(唐)韓愈撰　清末上海文瑞樓石印本　十二冊　十四行三十一字小字雙行同上下黑口四周雙邊

610000－1001－0019913　普04567

**勸學篇二卷**　(清)張之洞撰　清光緒二十四年(1898)菁華報館木活字印本　一冊　十一行二十五字上黑口四周單邊

610000－1001－0019914　普04568

**四書義正鵠不分卷**　(清)朱鈞撰　清光緒二十七年(1901)石印本　一冊　十三行三十二字白口四周雙邊

610000－1001－0019915　普04569

**皇朝文獻通考三百卷**　(清)嵇璜等纂修　清光緒八年(1882)浙江書局刻本　六十九冊　九行二十一字小字雙行同白口左右雙邊　存一百二十七卷(三十六至五十四、一百十、一百十七至一百二十、一百二十二至一百二十九、一百四十三至一百四十四、一百四十九、一百五十三至一百五十四、一百五十八至一百五十九、一百六十九至二百〇一、二百〇三至二百〇四、二百十四至二百十五、二百二十二、二百四十、二百四十五至二百四十六、二百四十八、二百五十至二百六十三、二百六十六至二百八十五、二百八十七至二百九十八)

610000－1001－0019916　普04570

**後漢書一百二十卷**　(南朝宋)范曄撰　清同治八年(1869)金陵書局刻本　四冊　十二行二十五字小字雙行三十七字白口左右雙邊　存二十一卷(四至二十四)

610000－1001－0019917　普04572

**後漢書一百二十卷**　(南朝宋)范曄撰　清光緒二十七年(1901)味經刊書處刻本　十六冊　十一行二十一字小字雙行同白口四周雙邊　存五十卷(四十一至九十)

610000－1001－0019918　普04573

**前漢書一百二十卷**　(漢)班固撰　清光緒二十三年(1897)味經刊書處刻本　二十二冊　十一行二十一字小字雙行同白口四周雙邊　存五十九卷(一至六、十一至二十、二十三至六十五)

610000－1001－0019919　普04576

**艷跡編一卷**　(清)孫兆湉輯　清光緒十一年(1885)滬上刻本　一冊　九行二十一字上下黑口左右雙邊

610000－1001－0019920　普04580

**春暉閣詩選三卷**　(清)蔣湘南撰　清道光十六年(1836)刻本　一冊　九行二十二字白口四周雙邊

610000－1001－0019921　普04584

**續後漢書九十卷**　(元)郝經撰　清道光二十一年(1841)宜稼堂刻本　四冊　十一行二十二字小字雙行同上下黑口左右雙邊　存七卷(八十四至九十)

610000－1001－0019922　普04585

**辨證錄十四卷**　(清)陳士鐸撰　清刻本　六冊　九行二十二字白口左右雙邊　存八卷(二至三、八、十至十四)

610000－1001－0019923　普04586

**聽訟挈要一卷**　(清)阮祖棠撰　清光緒十八年(1892)金陵刻本　一冊　八行二十一字白口左右雙邊

610000－1001－0019924　普04587

聽訟挈要一卷　（清）阮祖棠撰　清光緒十八年(1892)金陵刻本　一冊　八行二十一字白口左右雙邊

610000－1001－0019925　普04588

吾學錄初編二十四卷　（清）吳榮光撰　清光緒七年(1881)三原李氏桐蔭軒刻本　十一冊　九行二十一字白口左右雙邊　存二十三卷（二至二十四）

610000－1001－0019926　普04589

五軍道里表一卷三流道里表一卷　（清）刑部制訂　（清）湖北讞局輯　清同治十一年(1872)湖北讞局刻本　二冊　行數不等大小字不等白口四周雙邊

610000－1001－0019927　普04590

管窺輯要八十卷　（清）黃鼎纂　清寶仁堂刻本　十冊　九行十九字白口四周單邊　存十八卷（一至十八）

610000－1001－0019928　普04592

詩經八卷首一卷　（宋）朱熹集傳　清同治十一年(1872)山東書局刻光緒十七年(1891)補刻本　五冊　九行十七字小字雙行同白口四周單邊

610000－1001－0019929　普04594

四裔編年表四卷　（美國）林樂知　（清）嚴良勳譯　（清）李鳳苞彙編　清光緒二十三年(1897)石印本　四冊　行數不等字數不等白口四周雙邊

610000－1001－0019930　普04595

袁文箋正十六卷　（清）袁枚撰　（清）石韞玉箋　清光緒十四年(1888)上海蜚英館石印本　二冊　十五行三十六字小字雙行同白口左右雙邊

610000－1001－0019931　普04596

華盛頓傳八卷　（清）黎汝謙等譯　清光緒十二年(1886)鉛印本　四冊　十行二十五字小字雙行同白口四周雙邊　存四卷（一、三至四、六）

610000－1001－0019932　普04598

華盛頓傳八卷　（清）黎汝謙等譯　清光緒十二年(1886)鉛印本　六冊　十行二十五字小字雙行同白口四周雙邊　存六卷（一至六）

610000－1001－0019933　普04599

龍文鞭影二卷　（明）蕭良有撰　清刻本　四冊　行數不等大字不等小字雙行二十五字白口四周單邊

610000－1001－0019934　普04600

楊忠介公集十三卷附錄五卷　（明）楊爵撰　清末刻本　一冊　九行二十字白口四周單邊　存五卷（附錄一至五）

610000－1001－0019935　普04601

御批歷代通鑑輯覽一百二十卷　（清）傅恆等撰　清末刻本　二十六冊　十一行二十二字小字雙行同白口四周單邊　存五十二卷（十八至二十三、二十八至二十九、三十四至五十七、六十至七十一、九十三至九十四、一百至一百〇五）

610000－1001－0019936　普04602

御批歷代通鑑輯覽一百二十卷　（清）傅恆等撰　清末刻本　五冊　十一行二十二字小字雙行同白口四周單邊　存十卷（五十二至五十七、六十四至六十七）

610000－1001－0019937　普04603

春秋左傳杜注三十卷　（清）姚培謙學　清光緒九年(1883)江南書局刻本　十冊　十一行二十二字小字雙行同白口左右雙邊

610000－1001－0019938　普04605

日知錄集釋三十二卷刊誤二卷續刊誤二卷　（清）顧炎武撰　（清）黃汝成集釋　清道光十四年(1834)黃氏西谿草廬刻本　十六冊　十一行二十二字小字雙行同上下黑口左右雙邊

610000－1001－0019939　普04609

亭林先生遺書十種補遺十一種　（清）顧炎武撰　（清）朱記榮輯　清蓬瀛閣刻吳縣朱記榮增刻光緒三十二年(1906)彙印本　七冊　十行二十一字白口左右雙邊　存九種

610000－1001－0019940　普04610

歷代名臣言行錄二十四卷　（清）朱桓編　清光緒二十六年(1900)湖南書局刻本　四冊　十一行二十六字白口四周單邊　存四卷（十三、十六、二十、二十三）

610000－1001－0019941　普04611

育正堂重訂幼學須知句解四卷首一卷　（清）程允升撰　（清）黃汪若增補　清嘉慶二十五年(1820)刻本　四冊　九行十七字小字雙行同白口左右雙邊

610000－1001－0019942　普04612

隋書經籍志補二卷　張鵬一編　清光緒三十年(1904)木活字印本　一冊　九行二十二字下黑口四周單邊

610000－1001－0019943　普04613

空同集六十三卷　（明）李夢陽撰　清刻本二冊　十行二十字白口四周雙邊　存八卷（二十六至二十八、四十六至五十）

610000－1001－0019944　普04615

國朝學案小識十四卷首一卷　（清）唐鑑撰清光緒十年(1884)刻本　四冊　十行二十一字上下黑口左右雙邊　存六卷（一至五、首一）

610000－1001－0019945　普04616

潛齋詩集九卷　（清）文龍撰　清光緒三十年(1904)刻本　四冊　十行二十一字上下黑口四周單邊

610000－1001－0019946　普04617

有正味齋試帖詩註八卷　（清）吳錫麒著　清嘉慶二十三年(1818)刻本　四冊　九行十九字小字雙行同白口左右雙邊

610000－1001－0019947　普04618

龍文鞭影二卷　（明）蕭良有纂　（明）楊臣諍增訂　清同治十二年(1873)刻本　四冊　十六行二十四字白口四周單邊

610000－1001－0019948　普04619

宦游紀略二卷附林文忠公告示一卷　（清）高廷瑤錄存　清光緒九年(1883)刻本　二冊九行二十字下黑口四周雙邊

610000－1001－0019949　普04620

履園叢話二十四卷　（清）錢泳撰　清道光三年(1823)刻本　七冊　九行二十二字小字雙行同上下黑口四周單邊　存十八卷（五至十四、十七至二十四）

610000－1001－0019950　普04621

隨園詩話十六卷補遺十卷　（清）袁枚撰　清刻本　一冊　十一行二十一字小字雙行同白口左右雙邊　存三卷（補遺八至十）

610000－1001－0019951　普04622

後漢書一百二十卷　（南朝宋）范曄撰　清光緒二十七年(1901)味經刊書處刻本　一冊十一行二十一字小字雙行同白口四周雙邊存一卷（一）

610000－1001－0019952　普04623

左傳易讀六卷　（清）司徒修輯注　（清）沈士荃　（清）凌鳳翔檢校　清道光十六年(1836)刻本　六冊　十四行二十三字白口四周雙邊

610000－1001－0019953　普04624

史記一百三十卷　（漢）司馬遷撰　（明）徐孚遠　（明）陳子龍測議　清刻本　一冊　九行二十字小字雙行同白口左右雙邊　存三卷（六十七至六十九）

610000－1001－0019954　普04625

宋本十三經注疏附校勘記　（清）阮元撰校勘記　（清）盧宣旬摘錄　清光緒十三年(1887)上海脈望仙館石印本　六冊　二十行四十字小字雙行四十八字白口四周單邊　存三種

610000－1001－0019955　普04627

明史紀事本末八十卷　（清）谷應泰編著　清刻本　五冊　九行二十字白口左右雙邊　存十三卷（四十八至五十四、六十八至七十三）

610000－1001－0019956　普04628

六通訂誤六卷　（清）席裕福撰　清光緒上海圖書集成局鉛印本　一冊　十六行四十三字白口四周雙邊　存三卷（續文獻通考訂誤一、續通典訂誤一、續通志訂誤一）

610000－1001－0019957　普04629

和文漢譯讀本八卷 （日本）坪内雄藏編輯
（日本）長尾楨太郎譯校 清光緒三十年
（1904）鉛印本 八冊 行數不等字數不等下
黑口四周雙邊

610000－1001－0019958 普04631
說苑二十卷 （漢）劉向撰 清光緒元年
（1875）湖北崇文書局刻本 五冊 十二行二
十四字上下黑口四周雙邊

610000－1001－0019959 普04632
左恪靖侯奏稿初編三十八卷續編七十六卷三
編六卷 （清）左宗棠撰 清光緒刻本 五十
冊 九行二十一字白口左右雙邊

610000－1001－0019960 普04633
左恪靖侯奏稿初編三十八卷續編七十六卷三
編六卷 （清）左宗棠撰 清光緒刻本 六冊
九行二十一字白口左右雙邊

610000－1001－0019961 普04634
船山遺書五十六種附一種 （清）王夫之撰
清同治四年（1865）湘鄉曾國荃金陵刻本 十
四冊 十行二十二字小字雙行同上下黑口左
右雙邊 存五種

610000－1001－0019962 普04635
淵鑑類函四百五十卷目錄四卷 （清）張英等
纂 清光緒十三年（1887）上海同文書局石印
本 三十冊 二十一行四十二字白口四周
單邊

610000－1001－0019963 普04638
六事箴言一卷 （清）葉玉屏輯 清嘉慶二十
年（1815）刻本 一冊 八行二十字白口左右
雙邊

610000－1001－0019964 普04639
御定萬年書三卷 （清）欽天監編 清合川會
善堂慈善會刻本 一冊 行數不等字數不等
白口四周雙邊 存二卷（中下）

610000－1001－0019965 普04640
珍珠囊指掌補遺藥性賦四卷 （金）李杲編輯
清刻本 一冊 十一行二十四字白口四周
單邊

610000－1001－0019966 普04641
吾學錄初編二十四卷 （清）吳榮光撰 清光
緒七年（1881）三原李氏桐蔭軒刻本 五冊
九行二十一字白口左右雙邊 存十一卷（二
至十二）

610000－1001－0019967 普04642
新刊校正增補圓機活法詩學全書二十四卷附
韻學活法全書十四卷 （明）王世貞校 清刻
本 十九冊 十二行二十四字小字雙行同白
口四周雙邊

610000－1001－0019968 普04645
宋史四百九十六卷 （元）脫脫等修 清末鉛
印本 二十六冊 十行二十一字上下黑口左
右雙邊

610000－1001－0019969 普04647
通鑑釋文辯誤十二卷 （元）胡三省撰 清光
緒十六年（1890）上海積山書局石印本 一冊
二十行四十字小字雙行同白口四周雙邊

610000－1001－0019970 普04648
策學備纂三十二卷首一卷 （清）蔡啟盛
（清）吳穎炎輯 清光緒十九年（1893）上海點
石齋石印本 十二冊 二十四行五十五字白
口四周單邊

610000－1001－0019971 普04649
重刊宋本十三經注疏附校勘記 （清）阮元撰
校勘記 （清）盧宣旬摘錄 清光緒十三年
（1887）上海脈望仙館石印本 二十六冊 二
十行三十三字小字雙行四十六字白口四周單
邊 存十一種

610000－1001－0019972 普04650
刺疔捷法一卷 （清）張鏡蓉撰 清光緒十年
（1884）刻本 一冊 九行二十四字白口左右
雙邊

610000－1001－0019973 普04653
爆藥記要六卷 （美國）水雷局編 （清）舒高
第口譯 （清）趙元益筆述 清光緒江南機器
製造總局刻本 一冊 十行二十二字上下黑
口左右雙邊

610000－1001－0019974　普04654

**萬國史記二十卷**　（日本）岡本監輔撰　清光緒鉛印本　六冊　十六行三十四字白口四周雙邊　存十六卷（五至二十）

610000－1001－0019975　普04655

**佩文詩韻釋要五卷**　（清）林重輯　清光緒十二年（1886）刻本　一冊　九行十八字白口左右雙邊

610000－1001－0019976　普04657

**泰西新史攬要二十四卷**　（英國）馬懇西撰　（英國）李提摩太譯　（清）蔡爾康述稿　清光緒二十八年（1902）廣雅書局刻本　八冊　十一行二十四字上下黑口四周單邊

610000－1001－0019977　普04658

**四書章句集註十九卷**　（宋）朱熹章句　清光緒二十年（1894）味經書屋刻本　六冊　九行二十二字小字雙行同白口左右雙邊

610000－1001－0019978　普04659

**魏特進集一卷**　（北齊）魏收撰　清光緒刻本　一冊　九行十八字白口左右雙邊

610000－1001－0019979　普04659

**聖諭廣訓集證一卷**　（清）吳旭仲集證　清光緒四年（1878）陽湖史氏清虛堂刻本　一冊　十二行二十三字白口四周雙邊

610000－1001－0019980　普04660

**天雨花三十回**　（清）陶貞懷撰　清刻本　一冊　十行二十八字上下黑口左右雙邊　存三回（五至七回）

610000－1001－0019981　普04661

**戡定新疆記八卷**　（清）魏光燾撰　清光緒二十五年（1899）鉛印本　一冊　九行二十二字小字雙行同白口四周雙邊　存四卷（一至四）

610000－1001－0019982　普04662

**十九周新學史五十五節**　（英國）華麗士撰　（清）梁瀾勛譯　清光緒二十八年（1902）鉛印本　一冊　十二行二十五字上下黑口四周雙邊

610000－1001－0019983　普04663

**小倉山房詩集三十一卷**　（清）袁枚撰　清刻本　十一冊　十行二十一字小字雙行同上下黑口左右雙邊　存二十四卷（七至三十）

610000－1001－0019984　普04664

**文房四譜五卷**　（宋）蘇易簡輯　清光緒三十一年（1905）鉛印本　二冊　十行二十字白口四周雙邊

610000－1001－0019985　普04669

**古文詞畧讀本二十四卷**　（清）梅曾亮編　清光緒三十三年（1907）陝西學務公所圖書局鉛印本　四冊　十四行三十五字小字雙行同白口四周雙邊

610000－1001－0019986　普04672

**校邠廬抗議二卷**　（清）馮桂芬撰　清光緒二十四年（1898）刻本　一冊　九行二十字上下黑口左右雙邊　存一卷（下）

610000－1001－0019987　普04673

**增智囊補二十八卷**　（明）馮夢龍輯　清刻本　一冊　十行二十字白口四周單邊　存二卷（二十三至二十四）

610000－1001－0019988　普04674

**月令粹編二十四卷首一卷**　（清）秦嘉謨編輯　清嘉慶十七年（1812）江都秦嘉謨琳琅仙館刻本　八冊　九行二十二字小字雙行同上下黑口四周雙邊

610000－1001－0019989　普04676

**隱居通議三十一卷**　（元）劉壎撰　清道光二十九年（1849）刻本　一冊　九行二十一字上下黑口左右雙邊　存八卷（十三至二十）

610000－1001－0019990　普04677

**祥人尺牘□□卷**　（清）黃雲鵠撰　清光緒十四年（1888）刻本　一冊　九行二十字下黑口左右雙邊　存一卷（一）

610000－1001－0019991　普04678

**十三翎閣詩鈔六卷文稿一卷**　（清）趙廷愷撰　清同治十年（1871）安福趙氏十三翎閣刻本　三冊　九行二十一字白口左右雙邊

610000－1001－0019992　普04679

**宋史四百九十六卷**　（元）脱脱等修　清末鉛印本　六冊　十行二十一字白口左右雙邊　存三十三卷(九十八至一百〇四、一百三十九至一百五十四、一百九十二至一百九十八、二百三十三至二百三十五)

610000－1001－0019993　普04680

**廣治平畧三十六卷**　（清）蔡方炳撰　清刻本　一冊　十二行三十字白口左右雙邊　存十卷(十三至二十二)

610000－1001－0019994　普04683

**莊子十卷**　（晉）郭象注　清光緒二十三年(1897)圖書集成局鉛印本　一冊　十三行四十字白口四周單邊　存六卷(一至六)

610000－1001－0019995　普04686

**陝省清訟簡明冊章程附冊式不分卷**　（清）陝西布政使司按察使司制定　清光緒刻本　一冊　九行二十二字上下黑口四周雙邊

610000－1001－0019996　普04687

**杜工部詩話一卷**　（清）劉鳳誥撰　清宣統三年(1911)掃葉山房石印本　一冊　十三行三十一字白口四周雙邊

610000－1001－0019997　普04688

**三命通會十二卷**　（明）萬民英撰　清刻本　一冊　十行二十字白口左右雙邊　存一卷(九)

610000－1001－0019998　普04694

**分類韻錦十二卷附錄一卷**　（清）郭化霖編　清道光二十三年(1843)喜雨山房刻本　一冊　九行十九字小字雙行二十一字白口左右雙邊　存二卷(七至八)

610000－1001－0019999　普04695

**福惠全書三十二卷**　（清）黃六鴻撰　清刻本　一冊　九行二十二字白口左右雙邊　存四卷(十七至二十)

610000－1001－0020000　普04697

**惜抱軒全集十種**　（清）姚鼐纂輯　清刻本　四冊　十行二十一字白口左右雙邊　存六種

610000－1001－0020001　普04700

**水鏡集四卷**　（清）范騋撰　清刻本　二冊　十行二十二字白口四周單邊　存二卷(二、四)

610000－1001－0020002　普04701

**簡齋集十六卷**　（宋）陳與義撰　清刻本　一冊　九行二十一字小字雙行同白口四周雙邊　存三卷(二至四)

610000－1001－0020003　普04703

**治平通議八卷**　（清）陳虬撰　清光緒二十四年(1898)成都廣業書局刻本　一冊　十行二十一字小字雙行同上下黑口左右雙邊　存四卷(五至八)

610000－1001－0020004　普04704

**羅經發源起例十卷**　（明）甘霖撰　清刻本　六冊　九行二十二字白口四周單邊

610000－1001－0020005　普04705

**新選小試利器初編四卷附一卷**　（清）朱善祥編　清光緒十八年(1892)上海鴻寶齋石印本　八冊　二十行四十字白口四周雙邊

610000－1001－0020006　普04710

**藥言賸稿四卷**　（清）拙修老人補纂　清刻本　一冊　九行二十四字白口左右雙邊

610000－1001－0020007　普04713

**海道圖說十五卷長江圖說一卷**　（英國）金約翰輯　（清）王德均筆述　（英國）傅蘭雅口譯　清光緒刻本　十冊　十行二十二字上下黑口左右雙邊

610000－1001－0020008　普04714

**國朝麗體金膏八卷**　（清）馬俊良輯　清刻本　二冊　九行二十字上下黑口左右雙邊　存二卷(二至三)

610000－1001－0020009　普04715

**臣鑒錄二十卷**　（清）蔣伊編輯　清刻本　一冊　九行二十三字白口四周雙邊　存二卷(七至八)

610000－1001－0020010　普04716

御選唐宋詩醇四十七卷目錄二卷　（清）高宗
弘曆選　（清）梁詩正等編　清刻本　一冊
九行十九字白口四周單邊　存三卷（三十四
至三十六）

610000－1001－0020011　普04717
小倉山房詩集三十六卷　（清）袁枚撰　清光
緒十九年(1893)小倉山房石印本　一冊　二
十四行五十九字白口左右雙邊　存十七卷
（一至十七）

610000－1001－0020012　普04718
增訂本草備要三卷醫方集解六卷附湯頭歌括
一卷經絡歌訣一卷　（清）汪昂著輯　清刻本
　六冊　十行十六字白口四周單邊

610000－1001－0020013　普04719
小學考五十卷　（清）謝啟昆撰　清咸豐二年
(1852)刻本　八冊　十一行二十一字白口左
右雙邊　存二十六卷（一至二十六）

610000－1001－0020014　普04721
十三經集字摹本不分卷　（清）彭玉雯篆　清
道光二十九年(1849)刻本　四冊　行數不等
字數不等上下黑口四周雙邊

610000－1001－0020015　普04723
三蘇策論十二卷　（宋）蘇洵　（宋）蘇軾
(宋)蘇轍撰　清光緒二十七年(1901)鍊石書
局石印本　六冊　十八行四十二字白口四周
雙邊

610000－1001－0020016　普04724
道德經評註二卷　（漢）河上公章句　清嘉慶
九年(1804)刻本　一冊　十一行二十一字小
字雙行同上下黑口四周單邊

610000－1001－0020017　普04725
梨洲遺著彙刊二十四種　（清）黃宗羲撰　清
宣統二年(1910)上海時中書局鉛印本　五冊
　十四行三十一字白口四周單邊　存三種

610000－1001－0020018　普04726
洋務新論六卷亞東救時論議二卷　（英國）李
提摩太撰　（清）仲英譯　清光緒二十年
(1894)史隱仙館石印本　三冊　十七行三十

五字白口四周雙邊　存三卷(二至三、五)

610000－1001－0020019　普04728
小題四萬選□□卷　（清）□□編　清末石印
本　三冊　行數不等字數不等白口四周單邊

610000－1001－0020020　普04729
通鑑策論經世編二十七卷　（清）魏裔介纂
清光緒二十七年(1901)上海書局石印本　一
冊　十五行三十六字小字雙行同白口四周雙
邊　存一卷(二十四)

610000－1001－0020021　普04730
魏叔子文集外篇二十二卷日錄三卷詩集八卷
　（清）魏禧撰　清石印本　一冊　十二行三
十二字上下黑口四周雙邊　存一卷(七)

610000－1001－0020022　普04731
四書典制匯海四十卷　（清）梓經館主人編輯
　清刻本　三冊　十二行二十二字白口四周
單邊　存十卷(一至二、二十至二十一、二十
六至三十一)

610000－1001－0020023　普04732
鶡冠子三卷　（宋）陸佃解　（明）王宇評　清
嘉慶九年(1804)姑蘇聚文堂刻本　一冊　九
行二十字小字雙行同白口四周單邊

610000－1001－0020024　普04733
二百十一科鄉會文統不分卷　（清）舒家堉輯
　清光緒十九年(1893)上海書局石印本　一
冊　行數不等大小字不等白口四周單邊

610000－1001－0020025　普04734
賦海大觀三十二卷　（清）鴻寶齋主人編　清
光緒十六年(1890)石印本　二冊　二十五行
六十字小字雙行同白口四周雙邊　存二卷
（一、三）

610000－1001－0020026　普04737
聖朝名公奏議八卷　（清）陳弢輯　清光緒二
十七年(1901)石印本　四冊　十二行二十四
字上黑口四周雙邊　存六卷(一至六)

610000－1001－0020027　普04739
元朝秘史十五卷　（元）□□撰　清道光二十

七年(1847)靈石楊氏刻本　一冊　十行二十三字白口四周單邊　存八卷(一至八)

610000－1001－0020028　普04740

**二百十一科鄉會文統不分卷**　(清)舒家埥輯　清光緒十九年(1893)上海書局石印本　六冊　行數不等字數不等白口四周單邊

610000－1001－0020029　普04741

**俄史輯譯四卷**　(英國)闞斐迪譯　(清)徐景羅重譯　清光緒二十三年(1897)湖南新學書局刻本　二冊　九行二十一字小字雙行同上下黑口左右雙邊　存二卷(三下、四)

610000－1001－0020030　普04742

**盛世危言續編四卷**　(清)鄭觀應輯　清光緒二十四年(1898)上海書局石印本　二冊　十三行三十二字白口四周雙邊　存二卷(一、三)

610000－1001－0020031　普04743

**各省西學課藝匯海四十卷**　(清)宜今室主人編　清光緒二十三年(1897)石印本　一冊　二十六行四十八字白口四周單邊　存六卷(七至十二)

610000－1001－0020032　普04744

**泰西新史攬要二十四卷**　(英國)李提摩太譯　(清)蔡爾康述　清光緒二十八年(1902)秦中官書局石印本　一冊　十一行二十七字白口四周雙邊　存二卷(十四、十五)

610000－1001－0020033　普04745

**盛世危言六卷續編四卷**　(清)鄭觀應輯　清光緒二十四年(1898)上海書局石印本　六冊　十三行三十二字白口四周雙邊

610000－1001－0020034　普04746

**盛世危言續編四卷**　(清)鄭觀應輯　清光緒二十四年(1898)上海書局石印本　三冊　十三行三十二字白口四周雙邊　存三卷(一至三)

610000－1001－0020035　普04747

**新補加批綱鑑補註三十九卷首一卷**　(明)袁黃編纂　清末石印本　三冊　十八行四十七

字小字雙行同白口四周單邊　存六卷(三至四、九至十、二十三至二十四)

610000－1001－0020036　普04748

**周易集解十卷**　(清)孫星衍撰　清刻本　一冊　九行十八字小字雙行同白口左右雙邊　存一卷(一)

610000－1001－0020037　普04749

**試律大觀三十二卷**　(清)竹屏居士輯　清末刻本　一冊　十三行二十四字小字雙行同白口四周單邊　存一卷(七)

610000－1001－0020038　普04750

**四書經註集證十九卷**　(清)吳昌宗撰　清末刻本　一冊　十一行二十五字小字雙行同白口左右雙邊　存十九卷(孟子三)

610000－1001－0020039　普04751

**康熙字典十二集**　(清)張玉書等纂　(清)奕繪等重修　清道光七年(1827)刻本　一冊　八行十二字小字雙行二十四字白口四周雙邊　存一集(寅集中)

610000－1001－0020040　普04752

**洞霄詩集十四卷**　(元)孟宗寶編　清刻本　二冊　九行二十字上下黑口左右雙邊

610000－1001－0020041　普04756

**桐陰論畫二編二卷**　(清)秦祖永撰　清宣統二年(1910)石印本　一冊　十一行二十三字白口四周雙邊

610000－1001－0020042　普04757

**詩句題解韻編六卷**　(清)陳維屏纂輯　清道光二十八年(1848)刻本　六冊　九行二十五字小字雙行同白口四周單邊

610000－1001－0020043　普04758

**四書味根錄三十七卷**　(清)金澂纂　清末刻本　一冊　九行三十六字小字雙行同白口四周單邊　存二卷(孟子十一至十二)

610000－1001－0020044　普04759

**卷施閣文甲集十卷補遺一卷乙集八卷續編一卷**　(清)洪亮吉著　清光緒九年(1883)紫藤

花館刻本 一冊 九行二十一字上下黑口左右雙邊 存一卷(續編一)

610000－1001－0020045 普04760

**四書新義不分卷** (清)□□撰 清光緒二十八年(1902)上海書局石印本 四冊 十四行三十二字上下黑口四周雙邊

610000－1001－0020046 普04762

**聖朝名公奏議八卷** (清)陳弢輯 清光緒二十七年(1901)石印本 二冊 十二行二十四字上黑口四周雙邊 存二卷(一、四)

610000－1001－0020047 普04763

**聖朝名公奏議八卷** (清)陳弢輯 清光緒二十七年(1901)石印本 四冊 十二行二十四字上黑口四周雙邊 存四卷(一、四至六)

610000－1001－0020048 普04764

**重學二十卷曲線說三卷** (英國)艾約瑟譯 (清)李善蘭筆述 清光緒十四年(1888)上海大同書局石印本 二冊 十八行三十七字小字雙行同白口四周雙邊

610000－1001－0020049 普04765

**支那通史附錄四卷** (日本)那珂通世編撰 清光緒味經官書局鉛印本 一冊 行數不等字數不等上下黑口四周單邊

610000－1001－0020050 普04766

**三蘇策論十二卷** (宋)蘇洵 (宋)蘇軾 (宋)蘇轍撰 清光緒二十七年(1901)鍊石書局石印本 五冊 十八行四十二字白口四周雙邊 存十卷(一至六、九至十二)

610000－1001－0020051 普04767

**幾何原本十五卷** (意大利)利瑪竇譯 (明)徐光啟筆受 清光緒十四年(1888)上海大同書局石印本 四冊 十八行三十七字白口四周雙邊

610000－1001－0020052 普04768

**隨園三十八種** (清)袁枚撰 清光緒三十四年(1908)上海集成圖書公司鉛印本 九冊 十三行四十字白口四周單邊 存十種

610000－1001－0020053 普04769

**漢書評林一百卷** (明)淩稚隆輯校 清刻本 十一冊 十行二十一字小字雙行同白口四周雙邊 存四十六卷(二十七、三十一至三十四、四十四至六十二、七十至七十四、八十至九十六)

610000－1001－0020054 普04770

**則古昔齋算學十三種** (清)李善蘭撰 清光緒十四年(1888)上海大同書局石印本 二冊 十八行三十七字白口四周雙邊

610000－1001－0020055 普04771

**三蘇策論十二卷** (宋)蘇洵 (宋)蘇軾 (宋)蘇轍撰 清光緒二十七年(1901)鍊石書局石印本 二冊 十八行四十二字白口四周雙邊 存四卷(一至四)

610000－1001－0020056 普04772

**子書二十二種** (清)浙江書局輯 清光緒二十三年(1897)文瑞樓鉛印本 一冊 十三行四十字小字雙行同白口四周單邊 存一種

610000－1001－0020057 普04773

**尺木堂綱鑑易知錄九十二卷** (清)吳乘權等輯 清刻本 二十二冊 九行二十字小字雙行同白口四周單邊 存五十三卷(一至五十三)

610000－1001－0020058 普04775

**諭摺彙存不分卷** (清)□□輯 清光緒活字印本 二十二冊 十一行二十二字白口四周雙邊

610000－1001－0020059 普04776

**大清一統志四百二十四卷** (清)和珅等纂修 清光緒二十七年(1901)上海寶善齋石印本 三十三冊 二十行四十二字小字雙行同白口左右雙邊 存二百二十八卷(一百九十七至四百二十四)

610000－1001－0020060 普04777

**大清一統志四百二十四卷** (清)和珅等纂修 清光緒二十七年(1901)上海寶善齋石印本 二十五冊 二十行四十二字小字雙行同白

口左右雙邊　存一百七十八卷（三十五至一百七十六、一百九十七至二百三十二）

610000－1001－0020061　普04779

子書二十八種　（清）育文書局輯　清宣統三年（1911）育文書局石印本　一冊　十八行四十二字小字雙行同白口四周雙邊　存一種

610000－1001－0020062　普04781

讀史兵略四十六卷　（清）胡林翼纂　清咸豐十一年（1861）武昌節署刻本　十二冊　十二行二十四字白口四周雙邊　存三十四卷（一至八、十二至二十四、三十四至四十六）

610000－1001－0020063　普04783

北溪字義二卷補遺一卷嚴陵講義一卷　（宋）陳淳撰　清道光二十年（1840）刻本　一冊　十行二十一字上下黑口四周單邊　存一卷（上）

610000－1001－0020064　普04784

春秋左傳註疏六十卷　（晉）杜氏註　（唐）孔穎達疏　清刻本　一冊　九行二十一字小字雙行同白口左右雙邊　存二卷（十九至二十）

610000－1001－0020065　普04785

陳修園醫書五十種　（清）陳念祖撰　清光緒三十一年（1905）上海商務印書館鉛印本　一冊　十六行三十三字小字雙行同白口四周雙邊　存二種

610000－1001－0020066　普04786

舊唐書二百卷　（後晉）劉昫等撰　清光緒十年（1884）上海同文書局石印本　二十三冊　十行二十一字白口左右雙邊　存六十八卷（一至十五、十八至二十四、六十四至九十一、一百四十六至一百五十、一百六十六至一百七十、一百八十七至一百九十四）

610000－1001－0020067　普04792

尚書古文證疑四卷　（清）孫喬年撰　清嘉慶十五年（1810）刻本　一冊　十行十九字白口左右雙邊　存二卷（三至四）

610000－1001－0020068　普04795

唐書二百二十五卷　（宋）歐陽修　（宋）宋祁

撰　清光緒石印本　二冊　十行二十一字上下黑口左右雙邊　存十二卷（一百五十九至一百六十四、二百〇二至二百〇七）

610000－1001－0020069　普04796

春秋穀梁傳音訓不分卷　（清）楊國楨撰　清道光十年（1830）刻本　一冊　十四行二十二字小字雙行同白口四周單邊

610000－1001－0020070　普04797

策海□□卷　（□）□□輯　清刻本　一冊　十二行二十六字白口四周雙邊　存一卷（七十五）

610000－1001－0020071　普04799

資治通鑑二百九十四卷　（宋）司馬光編集　（元）胡三省音註　清末刻本　三冊　十行二十字小字雙行同上下黑口四周雙邊　存九卷（九十七至一百〇五）

610000－1001－0020072　普04800

附釋音周禮注疏四十二卷校勘記四十二卷　（漢）鄭玄注　（唐）賈公彥疏　清刻本　一冊　十行十七字小字雙行二十三字上下黑口左右雙邊　存二卷（注疏三十三至三十四）

610000－1001－0020073　普04801

曾文正公書札三十三卷　（清）曾國藩撰　清光緒二年（1876）傳忠書局刻本　十冊　十行二十四字上下黑口左右雙邊　存二十九卷（五至三十三）

610000－1001－0020074　普04802

皇清經解一百七十三種　（清）阮元輯　清道光九年（1829）學海堂刻本　一冊　十一行二十四字小字雙行同白口左右雙邊　存二種

610000－1001－0020075　普04803

說文解字十五卷　（漢）許慎撰　清嘉慶十二年（1807）藤花樹刻本　一冊　十行大小字不等白口左右雙邊　存二卷（十至十一）

610000－1001－0020076　普04804

聚文堂唐詩和解□□卷　（清）王堯衢箋注　清聚文堂刻本　一冊　十行二十四字小字雙行同白口四周雙邊　存四卷（一至四）

610000 – 1001 – 0020077　　普04805

**皇朝經世文續編一百二十卷**　　(清)葛士濬輯　　清光緒二十三年(1897)武進盛氏思補樓刻本　　十六冊　　十一行二十四字下黑口四周雙邊　　存二十六卷(五十四至五十九、六十七至六十八、七十七、八十六至九十一、九十四至九十七、一百〇二至一百〇三、一百〇八、一百十七至一百二十)

610000 – 1001 – 0020078　　普04806

**皇朝經世文續編一百二十卷姓名總目一卷**　　(清)葛士濬輯　　清光緒十四年(1888)上海圖書集成局鉛印本　　四冊　　十三行四十字白口四周單邊　　存十六卷(十至十八、四十至四十三、六十九至七十一)

610000 – 1001 – 0020079　　普04807

**康熙字典點畫較正四書集註真本十九卷**　　(宋)朱熹章句　　清嘉慶八年(1803)刻本　　一冊　　九行十七字小字雙行同白口四周單邊　　存二卷(大學一、中庸一)

610000 – 1001 – 0020080　　普04810

**增廣古今人物論三十六卷**　　(明)鄭元直編　　清光緒石印本　　一冊　　十八行三十七字白口四周雙邊　　存四卷(四至七)

610000 – 1001 – 0020081　　普04811

**皇朝政典類纂五百卷目錄六卷**　　(清)席裕福等纂　　清光緒二十九年(1903)上海圖書集成局鉛印本　　一冊　　十六行四十二字小字雙行同白口四周單邊　　存五卷(一百六十七至一百七十一)

610000 – 1001 – 0020082　　普04812

**皇朝經世文續編一百二十卷**　　(清)葛士濬編　　清末鉛印本　　三冊　　十八行四十四字白口四周單邊　　存十一卷(二十三至三十、一百〇四至一百〇六)

610000 – 1001 – 0020083　　普04813

**松花菴全集十一種**　　(清)吳鎮撰　　清刻本　　一冊　　八行十七字白口四周雙邊　　存一種

610000 – 1001 – 0020084　　普04814

**隨園詩話十六卷補遺十卷**　　(清)袁枚撰　　清光緒十九年(1893)倉山舊主石印本　　二冊　　二十四行五十八字白口左右雙邊　　存九卷(詩話九至十六、補遺十)

610000 – 1001 – 0020085　　普04815

**隨園隨筆二十八卷**　　(清)袁枚撰　　清光緒十九年(1893)倉山舊主石印本　　一冊　　二十四行五十八字白口左右雙邊　　存十四卷(一至十四)

610000 – 1001 – 0020086　　普04816

**隨園續同人集十七卷**　　(清)袁枚輯　　清光緒十九年(1893)倉山舊主石印本　　一冊　　二十四行五十八字白口左右雙邊　　存九卷(一至九)

610000 – 1001 – 0020087　　普04817

**隨園三十六種**　　(清)袁枚輯撰　　清光緒三十四年(1908)上海集成圖書公司鉛印本　　三冊　　十三行四十字白口四周單邊　　存六種

610000 – 1001 – 0020088　　普04818

**本經疏證十二卷續疏六卷本經序疏要八卷**　　(清)鄒澍撰　　清同治十二年(1873)及經堂刻本　　三冊　　十一行二十一字白口左右雙邊　　存六卷(本經序疏要三至八)

610000 – 1001 – 0020089　　普04819

**時務齋隨錄不分卷**　　(清)劉光蕡編　　清光緒刻本　　二冊　　十行二十四字白口左右雙邊

610000 – 1001 – 0020090　　普04820

**韓文起十二卷**　　(唐)韓愈撰　　(清)林雲銘評註　　清刻本　　一冊　　九行二十三字小字雙行同白口左右雙邊　　存一卷(三)

610000 – 1001 – 0020091　　普04821

**宋書一百卷**　　(南朝梁)沈約撰　　清同治十一年(1872)金陵書局刻本　　十三冊　　十二行二十五字白口左右雙邊　　存九十二卷(一至十、十四至十六、二十二至一百)

610000 – 1001 – 0020092　　普04823

**三國志六十五卷**　　(晉)陳壽撰　　清同治九年(1870)金陵書局刻本　　一冊　　十二行二十五

字小字雙行三十八字白口左右雙邊　存三卷
（一至三）

610000－1001－0020093　普04824
**字彙十二集首一卷末一卷韻法直圖一卷韻法**
**橫圖一卷**　（明）梅膺祚撰　清刻本　一冊
十行十六字白口四周單邊　存三卷（韻法直
圖一、韻法橫圖一、末一）

610000－1001－0020094　普04825
**精選巧搭大觀不分卷**　（清）張承臚輯　清光
緒十五年（1889）上海點石齋石印本　十五冊
三十三行二十四字白口四周單邊

610000－1001－0020095　普04826
**舊唐書二百卷**　（後晉）劉昫等撰　清刻本
一冊　十二行二十五字白口左右雙邊　存七
卷（五十三至五十九）

610000－1001－0020096　普04827
**後漢書一百二十卷**　（南朝宋）范曄撰　清光
緒十三年（1887）刻本　十一冊　十二行二十
五字小字雙行三十七字白口左右雙邊　存四
十四卷（一至五、十七至二十四、三十二至三
十七、四十二至六十六）

610000－1001－0020097　普04830
**皇朝經世文編一百二十卷姓名總目二卷**
（清）賀長齡編　清同治十二年（1873）刻光緒
八年（1882）補刻本　一冊　十一行二十四字
白口四周雙邊　存二卷（姓名總目一至二）

610000－1001－0020098　普04831
**皇朝經世文編一百二十卷姓名總目二卷**
（清）賀長齡輯　清光緒二十五年（1899）上海
中西書局石印本　四冊　二十二行四十八字
白口四周雙邊　存四十二卷（一至十、四十一
至五十、六十一至七十、八十一至九十,姓名
總目一至二）

610000－1001－0020099　普04832
**皇朝經世文四編五十二卷**　（清）何良棟輯
清光緒二十八年（1902）上海書局石印本　十
一冊　二十三行五十字白口四周單邊

610000－1001－0020100　普04833

**皇朝經世文四編五十二卷**　（清）何良棟輯
清光緒二十八年（1902）上海書局石印本　十
二冊　二十三行五十字小字雙行同白口四周
單邊

610000－1001－0020101　普04834
**皇朝經世文四編五十二卷**　（清）何良棟輯
清光緒二十八年（1902）上海書局石印本　十
二冊　二十三行五十字小字雙行同白口四周
單邊

610000－1001－0020102　普04836
**彙刻書目十卷補編一卷**　（清）顧修輯　清光
緒元年（1875）刻本　一冊　九行二十一字小
字雙行同上下黑口左右雙邊　存一卷（八）

610000－1001－0020103　普04837
**後漢書一百二十卷**　（南朝宋）范曄撰　清末
刻本　十七冊　十二行二十五字小字雙行三
十七字白口左右雙邊　存八十八卷（三至九
十）

610000－1001－0020104　普04838
**三國志六十五卷**　（晉）陳壽撰　（南朝宋）裴
松之注　清光緒石印本　四冊　十行二十一
字白口左右雙邊　存二十二卷（魏志四至六,
蜀志一至八,吳志四至十四）

610000－1001－0020105　普04839
**牧齋尺牘三卷**　（清）錢謙益撰　清刻本　一
冊　十行二十字上下黑口左右雙邊　存一卷
（一）

610000－1001－0020106　普04842
**校訂定盦全集十卷**　（清）龔自珍撰　清宣統
元年（1909）中華書局鉛印本　七冊　十四行
三十一字白口四周雙邊　存八卷（一至八）

610000－1001－0020107　普04843
**舊唐書二百卷**　（後晉）劉昫等撰　清光緒二
十九年（1903）五洲同文局石印本　十七冊
十行二十一字上下黑口左右雙邊　缺五十一
卷（十三至十五、二十五至二十七、三十八至
六十八、一百八十七至二百）

610000－1001－0020108　普04846

四書便蒙添注十九卷　(清)王珠樵撰　清光
緒十三年(1887)會稽王氏刻本　六冊　九行
十七字小字雙行不等白口左右雙邊

610000－1001－0020109　普04848
後漢書一百二十卷　(南朝宋)范曄撰　清刻
本　一冊　十一行二十一字小字雙行同白口
四周雙邊　存三卷(一百十八至一百二十)

610000－1001－0020110　普04849
國朝先正事略六十卷　(清)李元度纂　清刻
本　七冊　十行二十四字白口左右雙邊　存
十三卷(一至九、二十三至二十六)

610000－1001－0020111　普04850
天聖明道本國語二十一卷考異四卷　(清)汪
遠孫考異　清同治八年(1869)崇文書局刻本
五冊　十一行二十一字小字雙行同白口左
右雙邊

610000－1001－0020112　普04852
科學目錄一卷　(□)仲新輯　抄本　一冊
九行字數不等白口四周單邊

610000－1001－0020113　普04853
白芙堂算書二十三種　(清)丁取忠輯　清光
緒二十三年(1897)上海紹文書局石印本　六
冊　二十行二十二字白口四周雙邊　存十
七種

610000－1001－0020114　普04854
歷代鐘鼎彝器款識法帖二十卷　(宋)薛尚功
輯　清刻本　一冊　行數不等字數不等上下
黑口四周單邊　存一卷(六)

610000－1001－0020115　普04855
前漢書一百卷　(漢)班固撰　(唐)顏師古注
清光緒二十五年(1899)慎記書莊石印本
六冊　二十行四十二字白口左右雙邊　存五
十卷(一至十六、六十七至一百)

610000－1001－0020116　普04856
周禮正義八十六卷　(清)孫詒讓撰　清末鉛
印本　三冊　十二行三十二字小字雙行三十
七字上下黑口四周單邊　存十四卷(二十三
至三十一、八十二至八十六)

610000－1001－0020117　普04857
後漢書一百二十卷　(南朝宋)范曄撰　清光
緒二十五年(1899)慎記書莊石印本　四冊
二十行四十二字白口左右雙邊　存五十一卷
(七十至一百二十)

610000－1001－0020118　普04858
史記菁華錄六卷　(清)姚苧田輯　清光緒二
十七年(1901)上海廣益書局石印本　一冊
十八行三十六字白口四周雙邊　存三卷(四
至六)

610000－1001－0020119　普04859
附釋音禮記注疏六十三卷附校勘記六十三卷
(漢)鄭玄注　(唐)孔穎達疏　清嘉慶二十
年(1815)江西南昌府學刻本　一冊　十行十
七字小字雙行二十三字上下黑口左右雙邊
存六卷(三十九至四十一、校勘記三十九至四
十一)

610000－1001－0020120　普04860
新刻科場利器集要□□卷　(清)□□輯　清
末刻本　一冊　行數不等字數不等白口四周
單邊　存一卷(二)

610000－1001－0020121　普04861
宋史四百九十六卷　(元)脫脫等修　清光緒
石印本　一冊　十行二十一字白口左右雙邊
存五卷(四百〇三至四百〇七)

610000－1001－0020122　普04862
唐書二百二十五卷　(宋)歐陽修　(宋)宋祁
撰　清光緒十年(1884)上海同文書局石印本
二冊　十行二十一字白口四周雙邊　存六
卷(一至六)

610000－1001－0020123　普04863
唐書二百二十五卷　(宋)歐陽修　(宋)宋祁
撰　清光緒石印本　一冊　十行字數不等上
下黑口左右雙邊　存三卷(一百六十五至一
百六十七)

610000－1001－0020124　普04865
甬上宋元詩略十六卷　(清)董沛輯　清光緒
七年(1881)刻本　四冊　十行二十一字小字

雙行同白口左右雙邊

610000－1001－0020125　普04867

李氏五種　(清)李兆洛撰　清末石印本　一冊　二十行二十四字小字雙行同白口四周雙邊　存二種

610000－1001－0020126　普04868

四書反身錄十二卷續錄二卷　(清)李顒口授　(清)王心敬錄　清光緒八年(1882)刻本　四冊　九行二十二字白口四周雙邊

610000－1001－0020127　普04869

舊唐書二百卷　(後晉)劉昫等撰　清光緒石印本　三冊　十行二十一字白口左右雙邊　存十八卷(一百七十五至一百八十六、一百九十五至二百)

610000－1001－0020128　普04870

皇朝文獻通考詳節二十六卷　(清)嵇璜等纂　(清)平陽主人錄　清光緒二十七年(1901)上海鴻寶齋石印本　一冊　二十行四十五字白口四周雙邊　存三卷(十七至十九)

610000－1001－0020129　普04871

南齊書五十九卷　(南朝梁)蕭子顯撰　清光緒石印本　一冊　十行二十一字上下黑口左右雙邊　存八卷(二十至二十七)

610000－1001－0020130　普04872

前漢書一百卷　(漢)班固撰　(唐)顏師古注　清末石印本　五冊　十行二十一字小字雙行同上下黑口左右雙邊　存十三卷(二至七、九十四至一百)

610000－1001－0020131　普04873

前漢書一百卷　(漢)班固撰　(唐)顏師古注　清末石印本　三冊　十行二十一字小字雙行同上下黑口左右雙邊　存六卷(九十五至一百)

610000－1001－0020132　普04874

宋史四百九十六卷　(元)脫脫等修　清光緒石印本　一冊　十行二十一字白口左右雙邊　存二卷(三百七十八至三百七十九)

610000－1001－0020133　普04875

增廣小題多寶船二十七卷　(清)陳立甫輯　清光緒十八年(1892)袖海山房石印本　八冊　三十六行八十六字上黑口四周單邊

610000－1001－0020134　普04876

綴白裘十二集四十八卷　(清)玩花主人輯　清刻本　四冊　九行二十字白口四周單邊　存五卷(十一集三至四、十二集二至四)

610000－1001－0020135　普04877

南華經解六卷　(清)宣穎解　清末石印本　一冊　十八行三十七字小字雙行同白口四周單邊　存一卷(四)

610000－1001－0020136　普04878

輿地廣記三十八卷　(宋)歐陽忞撰　清末石印本　一冊　十三行二十四字白口四周雙邊　存十二卷(二十至三十一)

610000－1001－0020137　普04879

孔聖枕中秘記真本一卷　(清)雲水道人編　清刻本　一冊　七行二十字白口四周雙邊

610000－1001－0020138　普04880

湘軍記二十卷　(清)王定安撰　清光緒十五年(1889)江南書局刻本　十二冊　九行二十二字白口四周雙邊

610000－1001－0020139　普04881

湘軍志十六卷　王闓運撰　清宣統元年(1909)刻本　一冊　十行二十一字上下黑口左右雙邊　存三卷(一至三)

610000－1001－0020140　普04883

朝邑縣清丈地糧定數條規總冊不分卷　(清)霍勤勳等編　清光緒十九年(1893)刻本　一冊　十行二十四字小字雙行同白口四周雙邊

610000－1001－0020141　普04886

湘軍記二十卷　(清)王定安撰　清光緒十五年(1889)江南書局刻本　七冊　九行二十二字白口四周雙邊　存十四卷(三至五、七至十五、十九、二十)

610000－1001－0020142　普04888

聖諭像解二十卷　（清）梁延年編輯　清光緒
二十九年(1903)滿洲恩壽北洋官報局石印本
十冊　十行二十一字白口四周單邊

610000－1001－0020143　普04889

陝西全省學堂一覽表不分卷　（清）□□撰
清宣統元年(1909)石印本　一冊　存漢中府
署學堂洋縣、西鄉縣

610000－1001－0020144　普04890

二十二子全書　（清）浙江書局輯　清光緒浙
江書局刻本　五十二冊　九行二十一字白口
左右雙邊　存十六種

610000－1001－0020145　普04891

增訂輶軒語一卷　（清）張之洞撰　清光緒二
十一年(1895)陝西學署刻本　一冊　九行二
十一字白口左右雙邊

610000－1001－0020146　普04892

前漢書一百二十卷　（漢）班固撰　（唐）顏師
古注　清光緒石印本　一冊　十行二十一字
小字雙行同上下黑口左右雙邊　存一卷（九
十四）

610000－1001－0020147　普04895

國朝閨閣詩鈔一百種　（清）蔡殿齊輯　清道
光二十四年(1844)嫏嬛別館刻本　一冊　八
行十八字上下黑口四周雙邊　存十種

610000－1001－0020148　普04897

十三經集字摹本不分卷　（清）彭玉雯篆　清
咸豐二年(1852)刻本　二冊　三行大小字不
等上下黑口四周雙邊

610000－1001－0020149　普04898

西政叢書三十二種　梁啟超輯　清光緒二十
三年(1897)慎記書莊石印本　三十二冊　十
八行四十字小字雙行同白口四周雙邊

610000－1001－0020150　普04900

大題觀海初集不分卷　（清）點石齋選輯　清
光緒十四年(1888)點石齋石印本　四十二冊
三十三行七十五字白口四周單邊

610000－1001－0020151　普04902

船山遺書五十六種附一種　（清）王夫之撰
清同治四年(1865)湘鄉曾國荃金陵刻本　二
十四冊　十行二十二字上下黑口左右雙邊
存十種

610000－1001－0020152　普04904

欽定周官義疏四十八卷首一卷　（清）鄂爾泰
等撰　清刻本　九冊　八行十八字小字雙行
二十二字白口四周雙邊　存十七卷（一至十
六、首一）

610000－1001－0020153　普04906

達生編二卷　（清）唐千頃撰　清宣統元年
(1909)抄本　一冊　九行二十二字

610000－1001－0020154　普04911

通鑑紀事本末二百三十九卷　（宋）袁樞編輯
（明）張溥論正　清光緒十四年(1888)上海
書業公所崇德堂鉛印本　二十四冊　十五行
四十字白口四周雙邊

610000－1001－0020155　普04912

說鈴二集五十二種　（清）吳震方輯　清道光
五年(1825)聚秀堂刻本　十八冊　九行二十
一字上下黑口左右雙邊　存四十二種

610000－1001－0020156　普04913

道藏輯要二十八集二百九十種　（清）彭定求
輯　（清）閻永和增　清刻本　八冊　十行二
十四字白口四周雙邊　存五種

610000－1001－0020157　普04914

聖諭像解二十卷　（清）梁延年編輯　（清）恩
壽恭校　清光緒二十九年(1903)滿洲恩壽北
洋官報局石印本　十冊　十行二十一字小字
雙行同白口四周單邊

610000－1001－0020158　普04917

廿一史約編八卷　（清）鄭元慶編　清刻本
一冊　十二行三十二字白口四周雙邊　存一
卷（五代史）

610000－1001－0020159　普04918

皇朝蓄艾文編八十卷目錄一卷　（清）于寶軒
輯　清光緒二十九年(1903)上海官書局鉛印
本　十冊　十四行三十二字白口四周單邊

存二十卷（五十三至六十八、七十一至七十四）

610000－1001－0020160　普04919
**曾惠敏公全集四卷**　（清）曾紀澤撰　清光緒上海書局石印本　四冊　十九行四十三字白口四周雙邊

610000－1001－0020161　普04921
**續資治通鑑二百二十卷**　（清）畢沅撰　清末石印本　十五冊　二十行四十二字白口四周雙邊　存一百五十卷（五十一至一百十、一百二十一至二百十）

610000－1001－0020162　普04922
**續資治通鑑二百二十卷**　（清）畢沅撰　清末石印本　五冊　二十行四十二字白口四周雙邊　存五十卷（一百〇一至一百十、一百五十一至一百八十、一百九十一至二百）

610000－1001－0020163　普04923
**續資治通鑑二百二十卷**　（清）畢沅撰　清末石印本　二十冊　二十行四十二字白口四周雙邊　存二百卷（十一至一百九十、二百〇一至二百二十）

610000－1001－0020164　普04924
**欽定四庫全書總目二百卷**　（清）紀昀等撰　清刻本　一冊　九行二十一字小字雙行同白口左右雙邊　存二卷（一百四十三至一百四十四）

610000－1001－0020165　普04926
**續資治通鑑二百二十卷**　（清）畢沅撰　清末石印本　六冊　二十行四十二字白口四周雙邊　存六十卷（二十一至五十、一百十一至一百二十、一百五十一至一百六十、一百七十一至一百八十）

610000－1001－0020166　普04927
**秋笳集八卷**　（清）吳兆騫撰　清咸豐二年（1852）刻本　三冊　九行二十一字上下黑口左右雙邊

610000－1001－0020167　普04928
**皇朝經世文三編八十卷**　（清）陳忠倚輯　清

光緒二十八年（1902）龍文書局石印本　十四冊　二十三行四十八字小字雙行同白口四周雙邊

610000－1001－0020168　普04929
**船山遺書五十六種附一種**　（清）王夫之撰　清同治四年（1865）湘鄉曾國荃金陵刻本　二冊　十行二十二字上下黑口左右雙邊　存二種

610000－1001－0020169　普04930
**隋書八十五卷**　（唐）魏徵等撰　清光緒三十四年（1908）上海集成圖書公司鉛印本　十冊　十三行四十字小字雙行同白口四周單邊　存七十四卷（一至二十四、三十六至八十五）

610000－1001－0020170　普04931
**宋書一百卷**　（南朝梁）沈約撰　清光緒三十四年（1908）上海集成圖書公司鉛印本　三冊　十三行四十字小字雙行同白口四周單邊　存十七卷（二十一至三十七）

610000－1001－0020171　普04932
**後漢書一百三十卷附考證**　（南朝宋）范曄撰　清光緒石印本　一冊　十行二十一字小字雙行同白口左右雙邊　存三卷（五十八至六十上）

610000－1001－0020172　普04934
**增補小題真珠船五卷**　（□）□□輯　清光緒十九年（1893）上海復和局石印本　八冊　三十四行六十九字白口四周單邊

610000－1001－0020173　普04935
**文獻通考二十四卷首一卷**　（元）馬端臨撰　清光緒二十五年（1899）上海點石齋石印本　一冊　二十二行四十二字小字雙行同白口四周單邊　存一卷（二十）

610000－1001－0020174　普04936
**重刊道藏輯要二十八集二百九十種**　（清）彭定求輯　（清）閻永和增　清光緒三十二年（1906）成都二仙庵刻本　四冊　十行二十四字白口左右雙邊　存七種

610000－1001－0020175　普04937

九皇新經註解三卷　（唐）呂嵓撰　清刻本
一冊　十行二十四字白口四周雙邊

610000－1001－0020176　普04938

後漢書一百二十卷　（南朝宋）范曄撰　清末
石印本　十六冊　十行二十一字小字雙行同
白口左右雙邊　存六十六卷（四十五至一百、
一百十一至一百二十）

610000－1001－0020177　普04940

四書義正鵠四卷　（清）朱鈞撰　清光緒二十
七年(1901)石印本　三冊　十三行三十二字
白口四周雙邊

610000－1001－0020178　普04941

重訂王鳳洲先生綱鑑會纂四十六卷　（明）王
世貞纂　清光緒二十九年(1903)上海經香閣
石印本　四冊　二十六行五十二字小字雙行
同白口四周雙邊

610000－1001－0020179　普04943

欽定續文獻通考二百五十卷　（清）嵇璜等纂
修　清光緒二十八年(1902)上海鴻寶齋書局
石印本　三冊　二十二行四十八字小字雙行
同白口四周單邊　存二十八卷（九十一至一
百、一百十至一百十七、二百十一至二百二
十）

610000－1001－0020180　普04944

癸卯新譯列國歲計政要續編不分卷　（清）海
上譯社譯纂　清光緒二十九年(1903)海上譯
社鉛印本　四冊　十二行三十三字下黑口四
周雙邊

610000－1001－0020181　普04945

小題詠新□□卷　（□）□□輯　清末石印本
一冊　二十六行三十一字白口四周單邊
存一卷（上）

610000－1001－0020182　普04946

宋史四百九十六卷　（元）脫脫等修　清光緒
三十四年(1908)上海集成圖書公司鉛印本
一冊　十三行四十字小字雙行同白口四周單
邊　存十二卷（一百〇五至一百十六）

610000－1001－0020183　普04948

御纂醫宗金鑑十五種　（清）吳謙輯　清刻本
十二冊　九行十九字白口四周雙邊　存
七種

610000－1001－0020184　普04949

士禮居黃氏叢書十八種　（清）黃丕烈輯　清
嘉慶刻本　五冊　十一行二十二字白口四周
單間四周邊雙邊　存四種

610000－1001－0020185　普04950

史記評林一百三十卷　（明）凌稚隆輯校　清
刻本　十一冊　十行二十一字小字雙行同白
口四周雙邊　存五十六卷（六至七、十九至二
十一、三十一至四十、四十九至六十五、九十
六至一百、一百十二至一百三十）

610000－1001－0020186　普04951

[光緒]溧陽縣續志十六卷末一卷　（清）朱畯
等修　（清）馮煦等纂　清光緒二十五年
(1899)活字印本　一冊　十一行二十三字白
口左右雙邊　存三卷（九至十一）

610000－1001－0020187　普04952

八家四六文鈔　（清）吳鼒輯　清刻本　二冊
八行二十二字白口四周單邊　存三種

610000－1001－0020188　普04953

宋史四百九十六卷　（元）脫脫等修　清抄本
一冊　十行二十一字白口左右雙邊　存四
卷（六十九至七十二）

610000－1001－0020189　普04954

聖諭像解二十卷　（清）梁延年編輯　（清）恩
壽恭校　清光緒二十九年(1903)滿洲恩壽北
洋官報局石印本　九冊　十行二十一字小字
雙行同白口四周單邊　存十八卷（三至二十）

610000－1001－0020190　普04956

禮記章句四十九卷　（清）王夫之撰　清同治
四年(1865)湘鄉曾國荃金陵刻本　一冊　十
行二十二字上下黑口左右雙邊　存二卷（二
十至二十一）

610000－1001－0020191　普04959

綱鑑會纂三十九卷首一卷　（明）王世貞纂
清光緒二十九年(1903)善成堂刻本　二十四

冊　十行二十七字小字雙行同白口四周單邊
　缺十二卷(一、七、十三至十六、二十一、三
十二至三十三、三十六、三十八至三十九)

610000－1001－0020192　普04960

**韻辨附文五卷**　(清)沈兆霖輯　清刻本　一
冊　七行字數不等白口四周單邊　存一卷
(三)

610000－1001－0020193　普04961

**鼎鍥趙田了凡袁先生編纂古本歷史大方綱鑑
補三十九卷首一卷**　(明)袁黃撰　清刻本
十三冊　十二行二十八字小字雙行同白口四
周單邊　存十四卷(二至三、五至六、八、十至
十六、二十二、三十二)

610000－1001－0020194　普04962

**[光緒]黃巖縣志四十卷首一卷**　(清)陳寶善
等修　(清)王棻纂　(清)陳鍾英續修
(清)王詠霓續纂　清光緒三年(1877)刻本
一冊　十一行二十二字小字雙行同白口左右
雙邊　存二卷(十五至十六)

610000－1001－0020195　普04965

**重栞宋本十三經注疏附校勘記**　(清)阮元撰
校勘記　(清)盧宣旬摘錄校勘記　清道光六
年(1826)刻本　五十冊　十行十七字小字雙
行二十三字上下黑口左右雙邊　存八種

610000－1001－0020196　普04966

**戰國策三十三卷**　(漢)高誘注　清刻本　一
冊　十一行二十字小字雙行同白口四周單邊
　存六卷(二十三至二十八)

610000－1001－0020197　普04967

**六書音均表五卷**　(清)段玉裁撰　清同治十
一年(1872)湖北崇文書局刻本　一冊　十行
二十字小字雙行同白口四周雙邊　存二卷
(四至五)

610000－1001－0020198　普04968

**史記一百三十卷**　(漢)司馬遷撰　清刻本
二冊　九行二十字白口四周單邊　存十卷
(本紀七至十二、書一至四)

610000－1001－0020199　普04969

**黃梨洲遺書八種**　(清)黃宗羲撰　清光緒三
十一年(1905)杭州羣學社石印本　七冊　十
五行三十三字白口左右雙邊　存二種

610000－1001－0020200　普04970

**通鑑綱目五十九卷**　(宋)朱熹撰　清刻本
五冊　七行十八字小字雙行同白口左右雙邊
　存五卷(四十五至四十八、五十七)

610000－1001－0020201　普04971

**資治通鑑綱目五十九卷**　(宋)朱熹撰　(明)
陳仁錫評　清嘉慶刻本　九冊　七行十八字
小字雙行同白口四周雙邊　存七卷(九至十
二、二十二至二十三、二十五)

610000－1001－0020202　普04972

**資治通鑑綱目五十九卷**　(宋)朱熹撰　清刻
本　一冊　九行二十字小字雙行同白口四周
雙邊　存一卷(十三)

610000－1001－0020203　普04973

**惜陰軒叢書三十四種續編一種**　(清)李錫齡
輯　清刻本　八冊　十行二十二字上下黑口
四周單邊　存三種

610000－1001－0020204　普04974

**[道光]東陽縣志二十七卷首一卷**　(清)黨金
衡原本　(清)王恩注重定　清道光十二年
(1832)刻本　一冊　九行二十四字小字雙行
同白口左右雙邊　存五卷(一至四、首一)

610000－1001－0020205　普04975

**呂涇野經說五種**　(明)呂柟撰　清咸豐八年
(1858)刻本　九冊　十行二十二字上下黑口
左右雙邊　存四種

610000－1001－0020206　普04976

**呂涇野經說五種**　(明)呂柟撰　清咸豐八年
(1858)刻本　七冊　十行二十二字上下黑口
左右雙邊　存三種

610000－1001－0020207　普04977

**呂涇野經說五種**　(明)呂柟撰　清咸豐八年
(1858)刻本　五冊　十行二十二字上下黑口
左右雙邊　存二種

610000－1001－0020208　普04978

[同治]江山縣志十二卷首一卷末一卷　（清）
王彬修　（清）朱寶慈纂　清同治十二年
(1873)文溪書院刻本　三冊　十行二十二字
小字雙行同白口左右雙邊　存六卷(一至五、
十)

610000－1001－0020209　普04979

周易說翼三卷　（明）呂柟撰　清咸豐八年
(1858)刻本　三冊　十行二十二字上下黑口
左右雙邊

610000－1001－0020210　普04980

惜陰軒叢書三十四種續編一種　（清）李錫齡
輯　清道光二十六年(1846)宏道書院刻本
六十一冊　十行二十二字上下黑口四周單邊
　存二十一種

610000－1001－0020211　普04981

周易說翼三卷　（明）呂柟撰　清咸豐八年
(1858)刻本　一冊　十行二十二字上下黑口
左右雙邊　存一卷(三)

610000－1001－0020212　普04982

袁王綱鑑合編五十九卷　（明）袁黃纂輯
（明）王世貞編　清光緒三十年(1904)上海商
務印書館鉛印本　十二冊　十九行四十三字
小字雙行五十七字白口四周單邊　存四十九
卷(二至七、十七至三十九,明紀綱目一至二
十)

610000－1001－0020213　普04983

京畿金石考二卷　（清）孫星衍撰　清刻本
二冊　十行二十二字上下黑口四周單邊

610000－1001－0020214　普04984

武夷山志二十四卷首一卷　（清）董天工編
清道光二十七年(1847)刻本　五冊　十行二
十二字小字雙行同白口四周雙邊　存二十卷
(三至十九、二十二至二十四)

610000－1001－0020215　普04985

爛柯山志十三卷　（清）鄭永禧輯　清光緒三
十二年(1906)刻本　二冊　九行二十一字白
口四周雙邊　存三卷(十一至十三)

610000－1001－0020216　普04986

御纂醫宗金鑑十五種　（清）吳謙等纂修　清
刻本　三冊　十一行二十五字白口上下雙邊
　存三種

610000－1001－0020217　普04989

資治通鑑綱目五十九卷　（宋）朱熹撰　清刻
本　二冊　七行十八字小字雙行同白口左右
雙邊　存二卷(一下冊、三)

610000－1001－0020218　普04990

資治通鑑綱目五十九卷　（宋）朱熹撰　清刻
本　六冊　七行十八字小字雙行同白口四周
雙邊　存六卷(二下冊、六、八下冊、十九、四
十三至四十四)

610000－1001－0020219　普04992

資治通鑑綱目五十九卷　（宋）朱熹撰　清刻
本　一冊　七行十八字小字雙行同白口四周
雙邊　存一卷(十八)

610000－1001－0020220　普04993

[嘉慶]重刊宜興縣舊志十卷首一卷末一卷
（清）李先榮原本　（清）阮升基增修　（清）
寧楷等增纂　清光緒八年(1882)刻本　七冊
　十行二十二字白口左右雙邊　存八卷(二
至八、末一)

610000－1001－0020221　普05000

陳修園醫書五十種　（清）陳念祖撰　清光緒
三十一年(1905)上海商務印書館鉛印本　四
冊　十六行三十三字小字雙行同白口四周雙
邊　存五種

610000－1001－0020222　普05001

管子二十四卷　（唐）房玄齡注　清光緒五年
(1879)影宋刻本　四冊　十二行二十三字小
字雙行同白口四周雙邊

610000－1001－0020223　普05011

[道光]廈門志十六卷　（清）周凱等纂修　清
道光十九年(1839)玉屏書院刻本　二冊　十
行二十二字白口四周雙邊　存二卷(二、九)

610000－1001－0020224　普05012

[道光]廈門志十六卷　（清）周凱等纂修　清

道光十九年(1839)玉屏書院刻民國二十年(1931)重印本　二冊　十行二十二字白口四周雙邊　存三卷(七、十至十一)

610000－1001－0020225　普05014
**關帝桃園明聖經註一卷**　(清)□□輯　清同治十一年(1872)刻本　一冊　八行十八字白口四周雙邊

610000－1001－0020226　普05015
**頂批金丹真傳六卷**　(明)孫汝忠撰　清刻本　一冊　九行二十字白口四周雙邊

610000－1001－0020227　普05016
**[光緒]餘姚縣志二十七卷首一卷末一卷**　(清)周炳麟修　(清)邵友濂等纂　清光緒二十五年(1899)刻本　七冊　十一行二十二字小字雙行同白口四周雙邊　存十九卷(三至八、十至十六、二十三、二十五至二十七,首一,末一)

610000－1001－0020228　普05017
**[同治]上江兩縣志二十九卷首一卷**　(清)莫祥芝　(清)甘紹盤修　(清)汪士鐸等纂　清同治十三年(1874)刻本　九冊　十行二十五字上下黑口四周雙邊　存二十卷(二下至六、十二至十五上、十九中至二十九)

610000－1001－0020229　普05018
**陝西志輯要六卷首一卷秦疆志略一卷漢南游草一卷關中漢唐存碑跋一卷**　(清)王志沂輯　清道光七年(1827)謝氏賜書堂刻本　九冊　十行二十字白口左右雙邊

610000－1001－0020230　普05019
**醫林改錯二卷**　(清)王清任撰　清道光二十九年(1849)刻本　一冊　九行二十字白口左右雙邊

610000－1001－0020231　普05020
**北溪字義二卷補遺一卷嚴陵講義一卷**　(宋)陳淳撰　(清)李錫齡校　清刻本　二冊　十行二十一字上下黑口左右雙邊

610000－1001－0020232　普05021
**高王觀世音經一卷**　(清)□□輯　清同治十

二年(1873)刻本　一冊　八行二十字白口四周雙邊

610000－1001－0020233　普05022
**乾隆府廳州縣圖志五十卷**　(清)洪亮吉撰　清光緒二十三年(1897)新化三味書室刻本　二冊　十一行二十四字上下黑口左右雙邊　存四卷(一至四)

610000－1001－0020234　普05023
**古文嘐鳳新編八卷**　(清)汪基編　清道光二年(1822)刻本　四冊　十行二十二字小字雙行同白口四周單邊

610000－1001－0020235　普05024
**寶錄訓世各經文彙編四種**　(清)黨新編　清道光二十八年(1848)刻本　一冊　九行二十四字白口四周雙邊

610000－1001－0020236　普05025
**小兒藥證真訣三卷**　(宋)錢乙撰　(清)李錫齡校　清刻本　二冊　十行二十一字小字雙行同上下黑口左右雙邊

610000－1001－0020237　普05026
**大清咸豐四年歲次甲寅時憲書一卷**　(清)欽天監編　清咸豐刻朱墨印本　一冊　十行字數不等上下黑口四周雙邊

610000－1001－0020238　普05027
**北溪字義二卷補遺一卷嚴陵講義一卷**　(宋)陳淳著　清刻本　一冊　十行二十一字上下黑口四周單邊　存一卷(下)

610000－1001－0020239　普05032
**馮氏錦囊秘錄八種**　(清)馮兆張撰　清嘉慶十八年(1813)會成堂刻本　六冊　十行二十二字小字雙行同白口四周單邊　存五種

610000－1001－0020240　普05035
**彙集金鑑二卷**　(清)釋圓超輯　清道光二十二年(1842)玉元堂書舖刻本　二冊　十行二十五字白口四周單邊

610000－1001－0020241　普05036
**御纂醫宗金鑑十五種**　(清)吳謙等纂修　清

刻本　八冊　九行十九字白口四周雙邊　存四種

610000－1001－0020242　普05039
[道光]廣豐縣志三十二卷首一卷　（清）文炳修　（清）徐奕溥纂　清道光三年（1823）刻本　一冊　九行二十四字小字雙行同黑口四周雙邊　存八卷（一至八）

610000－1001－0020243　普05040
[同治]廣豐縣志十卷首一卷　（清）雙全等修　（清）顧蘭生等纂　清同治十一年至光緒元年（1872－1875）刻本　七冊　九行二十四字上下黑口四周雙邊　存六卷（四至六、八至十）

610000－1001－0020244　普05041
[嘉慶]咸寧縣志二十六卷首一卷　（清）高廷法　（清）沈琮修　（清）陸耀遹　（清）董祐誠纂　清嘉慶二十四年（1819）刻本　二冊　十二行二十五字小字雙行同白口四周雙邊　存九卷（八至十一、十二至十六）

610000－1001－0020245　普05047
英話註解一卷　（清）馮澤夫撰　清光緒十二年（1886）上海著易堂書局石印本　一冊　行數不等字數不等白口四周雙邊

610000－1001－0020246　普05048
[同治]畿輔通志三百卷首一卷　（清）李鴻章等修　（清）黃彭年等纂　清同治十年（1871）修光緒十年（1884）刻本　四十四冊　十二行二十五字小字雙行同白口四周雙邊　存五十四卷（一百十九至一百四十二、二百〇三至二百二十二、二百三十五至二百四十四）

610000－1001－0020247　普05049
香豔叢書三百二十八種　（清）蟲天子輯　清宣統國學扶輪社鉛印本　五冊　十三行三十字上下黑口四周雙邊　存三種

610000－1001－0020248　普05051
醫貫砭二卷神農本草經百種錄一卷　（清）徐大椿撰　清光緒刻本　一冊　九行二十五字小字雙行同白口左右雙邊

610000－1001－0020249　普05054
地方自治財政論一卷　（日本）石塚剛毅撰　清光緒二十九年（1903）商務印書館鉛印本　一冊　十五行三十二字上下黑口四周單邊

610000－1001－0020250　普05057
[康熙]續華州志四卷　（清）馮昌奕修　（清）劉遇奇纂　清光緒八年（1882）合刻華州志本　三冊　十行二十字白口四周單邊　存三卷（一、三至四）

610000－1001－0020251　普05057
[光緒]三續華州志十二卷　（清）吳炳南修　（清）劉域纂　清光緒八年（1882）合刻華州志本　二冊　十行二十字白口四周單邊　存四卷（五至八）

610000－1001－0020252　普05058
[道光]重修膠州志四十卷　（清）張同聲修　（清）李圖等纂　清道光二十五年（1845）刻本　五冊　十行二十五字小字雙行同白口左右雙邊　存二十卷（七至十三、二十八至四十）

610000－1001－0020253　普05060
編輯四診心法要訣二卷　（清）吳謙等纂修　抄本　一冊　九行十九字

610000－1001－0020254　普05061
樊山批判十四卷　（清）樊增祥撰　清光緒二十三年（1897）刻本　一冊　十二行二十三字上下黑口左右雙邊　存三卷（三至五）

610000－1001－0020255　普05063
切總傷寒一卷　（清）廖雲溪撰　清光緒六年（1880）刻本　一冊　十行二十二字白口四周單邊

610000－1001－0020256　普05066
編輯傷寒心法要訣三卷　（清）吳謙輯　清刻本　一冊　十行二十四字白口左右雙邊　存二卷（二至三）

610000－1001－0020257　普05069
[光緒]南匯縣志二十二卷首一卷末一卷　（清）金福曾　（清）顧思賢修　（清）張文虎等纂　清光緒五年（1879）刻本　六冊　十一

行二十二字白口左右雙邊　存九卷(一至三、十一至十六)

610000－1001－0020258　普05070

[光緒]南匯縣志二十二卷首一卷末一卷
(清)金福曾　(清)顧思賢修　(清)張文虎等纂　清光緒五年(1879)刻本　八冊　十一行二十二字白口左右雙邊　存十五卷(四至六、十一至二十二)

610000－1001－0020259　普05072

重論文齋筆錄十二卷　(清)王端履撰　清末刻本　一冊　十行二十三字小字雙行同白口左右雙邊　存二卷(一至二)

610000－1001－0020260　普05073

洞庭湖志十四卷　(清)綦世基撰　(清)夏大觀補輯　(清)萬年淳再訂　清道光刻本　二冊　十行二十三字白口四周雙邊　存二卷(十一、十三)

610000－1001－0020261　普05074

尚書註疏二十卷　(漢)孔安國傳　(唐)陸德明音義　(唐)孔穎達疏　清刻本　一冊　九行二十一字小字雙行同白口左右雙邊　存二卷(十九至二十)

610000－1001－0020262　普05075

傷寒論後條辨十五卷　(清)程應旄注　清刻本　四冊　九行二十字白口左右雙邊　存十卷(二至十一)

610000－1001－0020263　普05076

[嘉靖]仁和縣志十四卷　(明)沈朝宣纂修　清光緒十九年(1893)武林丁氏刻本　七冊　十行二十字白口四周雙邊　存十卷(一至八、十至十一)

610000－1001－0020264　普05077

南雅堂醫書全集二十一種　(清)陳念祖撰　清刻本　九冊　八行十八字小字雙行同白口四周雙邊　存四種

610000－1001－0020265　普05078

禁扁五卷　(元)王士點纂次　清刻本　一冊　十一行二十一字小字雙行不等上下黑口左

右雙邊　存三卷(一至三)

610000－1001－0020266　普05080

[光緒]丹徒縣志六十卷首四卷　(清)何紹章　(清)馮壽鏡修　(清)呂耀斗等纂　清光緒五年(1879)刻本　一冊　十一行二十一字白口左右雙邊　存二卷(五十九至六十)

610000－1001－0020267　普05081

八賢手札不分卷　(清)郭慶藩輯　清末石印本　一冊　行數不等字數不等白口四周單邊

610000－1001－0020268　普05085

三命通會十二卷　(明)萬民英撰　清刻本　二冊　十行二十字白口左右雙邊　存二卷(四至五)

610000－1001－0020269　普05086

唱經堂語錄纂二卷　(清)金聖嘆撰　清刻本　一冊　十行二十二字白口左右雙邊　存一卷(二)

610000－1001－0020270　普05087

較正醫林狀元壽世保元十卷　(明)龔廷賢編　清刻本　八冊　十四行二十八字白口左右雙邊　存八卷(二至四、六至十)

610000－1001－0020271　普05088

吳山城隍廟志八卷首一卷　(清)盧崧修　(清)朱元祺等纂　清光緒四年(1878)錢塘丁氏刻本　三冊　九行二十字白口左右雙邊　存七卷(一至六、首一)

610000－1001－0020272　普05090

續資治通鑑二百二十卷　(清)畢沅撰　清光緒十六年(1890)上海積山書局石印本　十七冊　二十行四十二字小字雙行同白口四周雙邊　存一百七十卷(一至六十、一百十一至二百二十)

610000－1001－0020273　普05093

[嘉慶]長安縣志三十六卷　(清)張聰賢修　(清)董曾臣纂　清嘉慶二十年(1815)刻本　二冊　十一行二十二字小字雙行同白口四周單邊　存十三卷(十七至二十九)

610000－1001－0020274　普05096

**玉山璞稾二卷**　(元)顧瑛撰　清刻本　一冊
九行二十一字上下黑口左右雙邊

610000－1001－0020275　普05098

**[咸豐]重修興化縣志十卷**　(清)梁園棣修
(清)鄭之僑　(清)趙彥俞纂　清咸豐二年
(1852)刻本　二冊　十行二十一字白口左右
雙邊　存四卷(三至五、八)

610000－1001－0020276　普05099

**高王觀世音經一卷**　(清)□□輯　清光緒十
五年(1889)刻本　一冊　九行二十五字白口
四周雙邊

610000－1001－0020277　普05101

**[同治]上江兩縣志二十九卷首一卷**　(清)莫
祥芝　(清)甘紹盤修　(清)汪士鐸等纂　清
同治十三年(1874)刻本　一冊　十行二十五
字小字雙行同上下黑口四周雙邊　存五卷
(十五下至十九上)

610000－1001－0020278　普05102

**名醫方論四卷**　(清)羅美輯并評　(清)柯韻
伯參閱　清刻本　一冊　十行二十二字白口
左右雙邊　存二卷(三至四)

610000－1001－0020279　普05103

**[嘉慶]上海縣志二十卷首一卷**　(清)王大同
修　(清)李林松纂　清嘉慶十九年(1814)刻
本　四冊　九行二十二字小字雙行同白口左
右雙邊　存十卷(二至十一)

610000－1001－0020280　普05105

**乾隆府廳州縣圖志五十卷**　(清)洪亮吉撰
清刻本　一冊　十二行二十四字小字雙行同
上下黑口四周雙邊　存四卷(十七至二十)

610000－1001－0020281　普05106

**金匱要略四卷**　(漢)張機撰　抄本　一冊
九行十八字

610000－1001－0020282　普05107

**[光緒]金壇縣志十六卷首一卷**　(清)丁兆基
等修　(清)汪國鳳等纂　清光緒十一年
(1885)活字印本　九冊　九行二十一字小字

雙行同白口四周單邊　存十二卷(一至二、四
至五、六至九、十三至十六)

610000－1001－0020283　普05110

**筆花醫鏡四卷**　(清)江涵暾撰　(清)何鏡源
校訂　清光緒四年(1878)刻本　一冊　十行
二十字小字雙行同白口左右雙邊

610000－1001－0020284　普05111

**[同治]番禺縣志五十四卷首一卷附錄一卷**
(清)李福泰修　(清)史澄　(清)何若瑤纂
清同治十年(1871)刻本　九冊　十二行二
十三字小字雙行同白口四周單邊　存三十一
卷(六至十三、二十二至三十、三十二至四十
五)

610000－1001－0020285　普05112

**金剛般若波羅蜜經一卷**　(後秦)釋鳩摩羅什
譯　清刻本　一冊　八行十二字白口左右
雙邊

610000－1001－0020286　普05114

**今白華堂詩錄補八卷**　(清)童槐撰　清光緒
三年(1877)刻本　一冊　十行二十二字白口
四周雙邊　存四卷(一至四)

610000－1001－0020287　普05116

**[同治]長樂縣志二十卷首一卷**　(清)彭光藻
(清)王家駒修　(清)楊希閔等纂　清同治
八年(1869)刻本　七冊　十行二十六字小字
雙行同白口四周雙邊　存十三卷(一、五至
八、十一下至十三、十七至二十,首一)

610000－1001－0020288　普05117

**庚子山集十六卷年譜一卷總釋一卷**　(北周)
庾信撰　(清)倪璠注　清光緒十六年(1890)
刻本　十二冊　十行二十字白口左右雙邊

610000－1001－0020289　普05121

**[康熙]龍游縣志十二卷首一卷**　(清)盧燦修
(清)余恂等纂　清光緒八年(1882)刻本
一冊　二十行二十字白口四周雙邊　存二卷
(十一、十二)

610000－1001－0020290　普05123

**[乾隆]渾源州志十卷**　(清)桂敬順纂修　清

同治九年(1870)孔廣培增刻本　二冊　九行二十字白口左右雙邊　存五卷(五至九)

610000－1001－0020291　普05127
[光緒]重修丹陽縣志三十六卷首一卷　(清)劉誥等修　(清)徐錫麟等纂　清光緒十一年(1885)刻本　十八冊　十行二十一字白口左右雙邊　缺六卷(四至七、十八、十九)

610000－1001－0020292　普05129
大生要旨五卷　(清)唐千頃纂　清道光十二年(1832)刻本　一冊　九行二十字小字雙行同白口左右雙邊

610000－1001－0020293　普05131
秋園吟草八卷　(清)黃鼎撰　清宣統三年(1911)鉛印本　一冊　九行二十二字白口四周雙邊　存二卷(五至六)

610000－1001－0020294　普05132
[乾隆]再續華州志十二卷　(清)汪以誠修　(清)史蓂纂　清光緒八年(1882)合刻華州志本　二冊　十行二十字白口四周單邊

610000－1001－0020295　普05133
麻疹約要一卷　(清)任中彪著　清光緒七年(1881)遺經堂好古堂刻本　一冊　七行十五字小字雙行同白口四周雙邊

610000－1001－0020296　普05134
光緒蘭谿縣志八卷首一卷附補遺一卷　(清)秦簧　(清)邵秉經修　(清)唐壬森纂　清光緒七年(1881)修十五年(1889)刻本　二冊　十行二十二字小字雙行同下黑口四周雙邊　存二卷(五至六)

610000－1001－0020297　普05139
名醫方論四卷　(清)羅美輯并評　(清)柯韻伯參閱　清刻本　一冊　九行二十二字白口左右雙邊　存三卷(一至三)

610000－1001－0020298　普05140
[順治]澄城縣志二卷首一卷　(清)姚欽明修　(清)路世美纂　清刻本　一冊　十行二十字小字雙行同白口四周單邊　存一卷(二)

610000－1001－0020299　普05141
幼科鋊鏡六卷　(清)夏鼎撰　(清)王芝田等重校　清刻本　一冊　九行二十四字白口四周雙邊　存三卷(四至六)

610000－1001－0020300　普05142
[光緒]同州府續志十六卷首一卷　(清)饒應祺修　(清)馬先登等纂　清光緒七年(1881)刻本　二冊　九行二十二字上下黑口四周單邊

610000－1001－0020301　普05143
全唐詩三十二卷　(清)聖祖玄燁編　清光緒十三年(1887)上海同文書局石印本　七冊　二十二行四十二字小字雙行不等白口左右雙邊　存八卷(五、九至十、十八至十九、二十七、三十、三十二)

610000－1001－0020302　普05146
[光緒]續纂句容縣志二十卷首一卷末一卷　(清)張紹棠修　(清)蕭穆等纂　清光緒三十年(1904)刻本　十三冊　十二行二十四字白口左右雙邊　缺四卷(八至十、十二)

610000－1001－0020303　普05149
[正德]朝邑縣志二卷　(明)王道修　(明)韓邦靖纂　清同義文會刻本　一冊　九行二十二字白口左右雙邊

610000－1001－0020304　普05150
[道光]廣東通志三百三十四卷首一卷　(清)阮元修　(清)陳昌齊等纂　清同治三年(1864)刻本　七十冊　十一行二十二字上下黑口四周雙邊　存一百九十九卷(二至十、十四至三十二、三十六至三十九、四十六至五十、六十一、六十二、六十七至八十七、九十四至一百、一百○四至一百○六、一百○九至一百十一、一百十四至一百二十三、一百二十九至一百三十二、一百三十八至一百四十一、一百四十七至一百五十四、一百五十八至一百七十三、一百七十六至一百八十六、一百八十七、一百九十一至一百九十三、二百○九至二百十八、二百二十六至二百三十六、二百四十至二百五十四、二百六十七至二百九十、二百

九十九至三百○三、三百十至三百二十二)

610000－1001－0020305　普05153

[同治]鄞縣志七十五卷　(清)戴枚修
(清)張恕等纂　清光緒三年(1877)刻本　十
九冊　十二行二十五字白口左右雙邊　存四
十一卷(三十至四十一、四十四至五十一、五
十五至七十五)

610000－1001－0020306　普05156

[光緒]高陵縣續志八卷　(清)程維雍修
(清)白遇道纂　清光緒十年(1884)刻本　一
冊　十二行二十六字小字雙行同黑口四周單
邊　存五卷(一至五)

610000－1001－0020307　普05158

淥江橋誌四卷　(清)陽順藻等撰　清光緒八
年(1882)刻本　二冊　九行二十五字小字雙
行同下黑口四周雙邊　存二卷(一、三)

610000－1001－0020308　普05159

三指禪三卷　(清)周學霆撰　清光緒刻本
一冊　九行二十二字小字雙行同白口左右
雙邊

610000－1001－0020309　普05160

[道光]直隸澧州志二十八卷首三卷　(清)安
佩蓮修　(清)孫祚泰等纂　清道光元年
(1821)刻本　四冊　十行二十三字白口四周
雙邊　存六卷(二十二至二十五、首二至三)

610000－1001－0020310　普05161

聖諭廣訓一卷　(清)世宗胤禛撰　清光緒十
四年(1888)刻本　一冊　九行二十二字上下
黑口左右雙邊

610000－1001－0020311　普05164

[光緒]綏德直隸州志八卷首一卷　(清)孔繁
樸修　(清)高維岳纂　清光緒三十一年
(1905)刻本　二冊　九行二十二字小字雙行
同白口左右雙邊　存四卷(一至二、七下,首
一)

610000－1001－0020312　普05165

[光緒]綏德直隸州志八卷首一卷　(清)孔繁
樸修　(清)高維岳纂　清光緒三十一年
(1905)刻本　二冊　九行二十二字小字雙行
同白口左右雙邊　存四卷(一至二、七下,首
一)

610000－1001－0020313　普05166

[同治]鄞縣志七十五卷　(清)戴枚修
(清)張恕等纂　清光緒三年(1877)刻本　一
冊　十二行二十五字小字雙行同白口左右雙
邊　存二卷(五十、五十一)

610000－1001－0020314　普05169

康熙字典十二集　(清)張玉書纂　清末石印
本　三十冊　八行十二字小字雙行二十四字
白口四周雙邊　存六集(午下、未、申、酉、戌、
亥)

610000－1001－0020315　普05170

醫效秘傳三卷　(清)葉桂撰　(清)吳金壽音
校　清刻本　三冊　八行二十一字白口左右
雙邊

610000－1001－0020316　普05171

本草綱目五十二卷　(明)李時珍撰　清道光
六年(1826)刻本　二十五冊　九行二十字小
字雙行同白口四周單邊　存二十一卷(一至
十八、二十六至二十八)

610000－1001－0020317　普05172

[光緒]岐山縣志八卷　(清)胡昇猷修
(清)張殿元纂　清光緒十年(1884)刻本　三
冊　十行二十四字小字雙行同白口四周雙邊
存七卷(一至六、八)

610000－1001－0020318　普05175

通鑑注商十八卷　(清)趙紹祖撰　清嘉慶二
十四年(1819)古墨齋刻本　四冊　十行二十
字白口左右雙邊

610000－1001－0020319　普05176

御纂醫宗金鑑十五種　(清)吳謙編　清刻本
八冊　九行十九字白口四周雙邊　存二種

610000－1001－0020320　普05177

玉笙樓詩錄十二卷　(清)沈壽榕撰　清光緒
九年(1883)刻本　一冊　九行十九字小字雙
行同下黑口左右雙邊　存二卷(一至二)

610000 – 1001 – 0020321　普05178
[光緒]平湖縣志二十五卷首一卷末一卷
(清)彭潤章等修　(清)葉廉鍔等纂　清光緒
十二年(1886)刻本　二冊　十一行二十五字
小字雙行同白口四周雙邊　存四卷(十三至
十四、十七至十八)

610000 – 1001 – 0020322　普05179
[光緒]平湖縣志二十五卷首一卷末一卷
(清)彭潤章等修　(清)葉廉鍔等纂　清光緒
十二年(1886)刻本　二冊　十一行二十五字
小字雙行同白口四周雙邊　存四卷(十九至
二十、二十五,末一)

610000 – 1001 – 0020323　普05181
[同治]長興縣志三十二卷　(清)趙定邦修
(清)周學濬　(清)丁寶書纂　清光緒刻本
三冊　十行二十一字小字雙行同白口左右雙
邊　存七卷(二至四、十一至十三、二十七)

610000 – 1001 – 0020324　普05182
[同治]續修寧鄉縣志四十四卷首一卷　(清)
郭慶颺修　清同治六年(1867)刻本　五冊
十一行二十二字白口四周雙邊　存十二卷
(十三、二十四至三十三、四十二)

610000 – 1001 – 0020325　普05184
[乾隆]遂安縣志十卷首一卷　(清)鄒錫疇修
(清)方引彥等纂　清光緒十六年(1890)活
字本　四冊　十行二十字白口四周雙邊　缺
一卷(九)

610000 – 1001 – 0020326　普05185
[光緒]江陰縣志三十卷首一卷　(清)盧思誠
等修　(清)季念詒等纂　清光緒四年(1878)
刻本　十五冊　十行二十二字左右雙邊

610000 – 1001 – 0020327　普05186
漢魏六朝百三名家集　(明)張溥輯　清刻本
十冊　九行十八字小字雙行同白口左右雙
邊　存八種

610000 – 1001 – 0020328　普05187
半行庵詩存槀八卷　(清)貝青喬撰　清同治
五年(1866)刻本　三冊　十行二十二字小字

雙行同白口左右雙邊

610000 – 1001 – 0020329　普05188
史記一百三十卷　(漢)司馬遷撰　清刻本
三冊　九行二十字白口左右雙邊　存十五卷
(世家一至十二、表四至六)

610000 – 1001 – 0020330　普05189
御纂醫宗金鑑十五種　(清)吳謙編　清刻本
十冊　十一行二十五字白口四周雙邊　存
六種

610000 – 1001 – 0020331　普05190
大清宣統二年歲次庚戌時憲書一卷　(清)欽
天監編　清宣統刻朱墨印本　一冊　行數不
等字數不等上下黑口四周雙邊

610000 – 1001 – 0020332　普05191
[光緒]鹽城縣志十七卷首一卷　(清)劉崇照
修　(清)陳玉樹等纂　清光緒二十一年
(1895)刻本　六冊　十行二十一字小字雙行
同白口　存十卷(六至九、十二至十
七)

610000 – 1001 – 0020333　普05192
六科證治準繩　(明)王肯堂輯　(清)程永培
校　清刻本　六冊　十行二十字小字雙行同
白口四周單邊　存三種

610000 – 1001 – 0020334　普05196
[道光]浙江新城縣志二十四卷首一卷　(清)
吳塤修　(清)張吉安等纂　清道光三年
(1823)刻本　三冊　十行二十三字白口四周
雙邊　存十二卷(十至二十一)

610000 – 1001 – 0020335　普05197
文苑英華一千卷　(宋)李昉輯　清刻本　四
十八冊　十一行二十二字白口四周單邊　存
四百七十九卷(一至三十六、四十八至二百九
十、四百〇一至六百)

610000 – 1001 – 0020336　普05198
御纂醫宗金鑑十五種　(清)吳謙編　清刻本
九冊　九行十九字白口四周雙邊　存三種

610000 – 1001 – 0020337　普05199

粤雅堂叢書三編三十集一百八十五種 （清）
伍崇曜編　清道光至光緒南海伍氏刻本　三
冊　九行二十一字上下黑口左右雙邊　存
四種

610000－1001－0020338　普05205
午陰清舍詩草三編五卷 （清）何福堃撰　清
宣統元年(1909)刻本　一冊　九行二十一字
下黑口四周雙邊　存三卷(一至三)

610000－1001－0020339　普05206
[光緒]縉雲縣志十六卷首一卷末一卷 （清）
何乃容　（清）葛華修　（清）潘樹棠纂　清光
緒二年(1876)修七年(1881)刻本　一冊　十
行二十二字小字雙行同白口四周雙邊　存一
卷(四)

610000－1001－0020340　普05207
玉笙樓詩錄十二卷 （清）沈壽榕撰　清光緒
刻本　一冊　九行十九字下黑口左右雙邊
存二卷(九至十)

610000－1001－0020341　普05210
歷代畫史彙傳七十二卷首一卷附錄二卷
（清）彭蘊璨撰　清同治十三年(1874)刻本
二十二冊　八行二十字上下黑口四周雙邊
存五十六卷(五至十一、十六至十七、二十至
五十六、六十五至七十二,附錄一至二)

610000－1001－0020342　普05211
醫方集解三卷 （清）汪昂撰　清刻本　三冊
十一行二十七字小字雙行同白口四周單邊

610000－1001－0020343　普05212
四書義正鵠四卷 （清）朱鈞撰　清光緒二十
七年(1901)石印本　一冊　十三行三十二字
白口四周雙邊　存一卷(論語)

610000－1001－0020344　普05213
九家詩詳注□□卷 （清）梁上國等撰　清刻
本　一冊　九行二十字小字雙行同白口四周
單邊　存二卷(六至七)

610000－1001－0020345　普05214
醫方集解三卷 （清）汪昂撰　清刻本　三冊
十行二十一字小字雙行同白口左右雙邊

存三卷(上二至五、中一至三、下一至三)

610000－1001－0020346　普05215
七家詩選七卷 （清）張熙宇輯評　清刻本
一冊　九行二十一字白口左右雙邊　存二卷
(尚絅堂試帖一、檞花館試帖一)

610000－1001－0020347　普05216
新刊良朋彙集六卷 （清）孫偉輯　清善成堂
刻本　一冊　十二行二十四字白口四周雙邊
存三卷(一至三)

610000－1001－0020348　普05217
國朝閨閣詩鈔一百種 （清）蔡殿齊輯　清道
光二十四年(1844)嫏嬛別館刻本　一冊　八
行十八字上下黑口四周雙邊　存十種

610000－1001－0020349　普05218
重訂外科正宗十二卷 （明）陳實功撰　（清）
張騫翼重訂　清刻本　一冊　十二行二十六
字白口四周單邊　存六卷(一至六)

610000－1001－0020350　普05220
大清光緒三十三年歲次丁未時憲書一卷
（清）欽天監編　清光緒刻朱墨印本　一冊
行數不等字數不等白口四周單邊

610000－1001－0020351　普05221
[光緒]重修嘉善縣志三十六卷首一卷 （清）
江峯青修　（清）顧福仁纂　清光緒二十年
(1894)刻本　一冊　十一行二十四字小字雙
行同白口左右雙邊　存二卷(一至二)

610000－1001－0020352　普05222
大清光緒八年歲次壬午時憲書一卷 （清）欽
天監編　清光緒八年(1882)刻朱墨印本　一
冊　行數不等字數不等上下黑口四周雙邊

610000－1001－0020353　普05223
大清光緒十八年歲次壬辰時憲書一卷 （清）
欽天監編　清光緒刻朱墨印本　一冊　行數
不等字數不等上下黑口四周雙邊

610000－1001－0020354　普05224
東醫寶鑑二十二卷目錄二卷 （朝鮮）許浚撰
清刻本　一冊　八行二十一字小字雙行同

白口左右雙邊　存二卷(湯液篇上下)

610000－1001－0020355　普05225

**皇清經解一百六十八種**　(清)阮元輯　清道光九年(1829)廣東學海堂刻本　十冊　十一行二十四字小字雙行同白口左右雙邊　存八種

610000－1001－0020356　普05226

**小倉山房文集三十五卷詩集三十一卷**　(清)袁枚撰　清末鉛印本　二冊　十三行四十字白口四周單邊　存十卷(文集二十五至三十、詩集二十四至二十七)

610000－1001－0020357　普05227

**醒世寶訓不分卷**　(□)□□撰　清光緒三十二年(1906)刻本　一冊　七行十七字白口四周雙邊

610000－1001－0020358　普05228

**隨園三十八種**　(清)袁枚撰　清光緒十九年(1893)倉山舊主石印本　二冊　二十四行五十八字白口左右雙邊　存三種

610000－1001－0020359　普05229

**孫真人備急千金要方九十三卷**　(唐)孫思邈撰　(宋)林億校正　抄本　一冊　八行字數不等　存一卷(四十五)

610000－1001－0020360　普05230

**驗方新編八卷**　(清)丁雨生增刪　清刻本　三冊　十二行二十二字白口左右雙邊　存三卷(三、七至八)

610000－1001－0020361　普05231

**藕春齋初彙滄海集古體詩三卷今體詩五卷**　(清)宋調元撰　清刻本　四冊　十行十九字白口左右雙邊

610000－1001－0020362　普05233

**皇清經解一百七十三種**　(清)阮元輯　清道光九年(1829)廣東學海堂刻咸豐十一年(1861)補刻本　二百冊　十一行二十四字小字雙行同白口左右雙邊　存九十八種

610000－1001－0020363　普05234

**東醫寶鑑二十二卷目錄二卷**　(朝鮮)許浚撰　清刻本　二冊　八行二十一字小字雙行同白口左右雙邊　存二卷(湯液篇二至三)

610000－1001－0020364　普05237

**東醫寶鑑二十二卷目錄二卷**　(朝鮮)許浚撰　清刻本　二冊　八行二十一字小字雙行同白口左右雙邊　存二卷(雜病篇十至十一)

610000－1001－0020365　普05238

**漢魏六朝百三名家集**　(明)張溥輯　清光緒五年(1879)刻本　十七冊　九行十八字白口左右雙邊　存十九種

610000－1001－0020366　普05241

**皇清經解一百六十八種**　(清)阮元輯　清道光九年(1829)廣東學海堂刻本　七冊　十一行二十四字小字雙行同白口左右雙邊　存五種

610000－1001－0020367　普05242

**御纂醫宗金鑑十五種**　(清)吳謙編　清刻本　六冊　十行二十四字白口左右雙邊　存四種

610000－1001－0020368　普05244

**重訂外科正宗十二卷**　(明)陳實功撰　(清)張騫翼重訂　清刻本　二冊　十二行二十六字白口四周單邊　存四卷(七至十)

610000－1001－0020369　普05245

**金剛道德翼注不分卷**　(□)□□撰　清刻本　一冊　十行二十五字小字雙行同白口四周雙邊

610000－1001－0020370　普05246

**[光緒]靖邊志稿四卷**　(清)丁錫奎修　(清)白翰章　(清)辛居乾纂　清光緒二十五年(1899)刻本　二冊　十行二十五字白口四周雙邊　存二卷(三、四)

610000－1001－0020371　普05248

**河南省圖不分卷**　(清)劉恂繪　清同治九年(1870)刻本　一冊

610000－1001－0020372　普05249

**孫真人備急千金要方九十三卷** （唐）孫思邈撰 （宋）林億校正 抄本 二冊 八行字數不等 存二卷(三十二、三十五)

610000－1001－0020373 普05252

**[嘉慶]續修潼關廳志三卷** （清）向淮修 （清）王森文纂 清嘉慶二十二年(1817)刻本 一冊 十行二十四字白口四周雙邊 存二卷(中下)

610000－1001－0020374 普05253

**三益堂詳校醫宗必讀十卷** （明）李中梓撰 清嘉慶二十三年(1818)刻本 五冊 十二行二十四字小字雙行同白口四周單邊

610000－1001－0020375 普05254

**高王觀世音經一卷附感應一卷** （□）□□撰 清同治九年(1870)刻本 一冊 八行二十字白口四周雙邊

610000－1001－0020376 普05255

**濟陽綱目一百〇八卷** （明）武之望編 （清）張楠注 清咸豐六年(1856)宏道書院刻本 三十五冊 九行二十字白口四周雙邊 缺二十八卷(四至二十一、二十八、三十七至三十九、四十二至四十五、六十二至六十三)

610000－1001－0020377 普05256

**[乾隆]遂安縣志十卷首一卷** （清）鄒錫疇修 （清）方引彥等纂 清光緒十六年(1890)活字本 二冊 十行二十字白口四周雙邊 存一卷(十)

610000－1001－0020378 普05257

**皇清經解一百七十三種** （清）阮元輯 清道光九年(1829)廣東學海堂刻咸豐十一年(1861)補刻本 七十一冊 十一行二十四字小字雙行同白口左右雙邊 存三十八種

610000－1001－0020379 普05258

**[嘉慶]咸寧縣志二十六卷首一卷** （清）高廷法 （清）沈琮修 （清）陸耀遹 （清）董祐誠纂 清嘉慶二十四年(1819)刻本 一冊 十二行二十五字小字雙行同白口四周雙邊 存三卷(五至七)

610000－1001－0020380 普05260

**佛說高王觀世音經一卷** （□）□□撰 清咸豐六年(1856)刻本 一冊 九行二十四字白口四周雙邊

610000－1001－0020381 普05261

**[乾隆]咸陽縣志二十二卷首一卷** （清）臧應桐修 清道光十六年(1836)刻本 三冊 十行二十二字白口四周雙邊 存十八卷(五至二十二)

610000－1001－0020382 普05262

**[嘉慶]松江府志八十四卷首二卷圖一卷** （清）宋如林修 （清）孫星衍 （清）莫晉纂 清嘉慶二十三年(1818)刻本 三冊 十行二十二字小字雙行同白口左右雙邊 存七卷(三至九)

610000－1001－0020383 普05263

**[道光]廣東通志三百三十四卷首一卷** （清）阮元修 （清）陳昌齊等纂 清同治三年(1864)刻本 二冊 十一行字數不等上下黑口四周雙邊 存八卷(三十九至四十六)

610000－1001－0020384 普05264

**蕭閑老人明秀集注六卷** （金）蔡松年撰 （金）魏道明注 清光緒二十一年(1895)刻本 一冊 十行二十字小字雙行同上下黑口左右雙邊 存三卷(一至三)

610000－1001－0020385 普05265

**[光緒]定海廳志三十卷首一卷** （清）史致馴修 （清）陳重威等纂 清光緒十一年(1885)黃樹藩刻本 九冊 十一行二十二字白口左右雙邊 存二十五卷(六至三十)

610000－1001－0020386 普05267

**太乙舟文集八卷** （清）陳用光撰 清道光二十三年(1843)刻本 一冊 九行十九字上下黑口四周單邊 存三卷(一至二、五)

610000－1001－0020387 普05268

**愛日精廬藏書志三十六卷續志四卷** （清）張金吾撰 清道光七年(1827)刻本 十二冊 十一行二十四字小字雙行同上黑口四周單邊

610000－1001－0020388　普05269

管子校正二十四卷　（清）戴望纂　清同治十二年（1873）刻本　四冊　十二行二十四字上下黑口左右雙邊

610000－1001－0020389　普05270

[同治]山陽縣志二十一卷圖一卷　（清）張兆棟修　（清）何紹基纂　清同治十二年（1873）刻本　一冊　十行二十二字小字雙行同白口左右雙邊　存一卷（十三）

610000－1001－0020390　普05271

[嘉慶]西安縣志四十八卷首一卷　（清）姚寶煃修　清嘉慶十六年（1811）刻本　七冊　九行二十二字白口左右雙邊　存三十四卷（八至十二、十四至二十四、二十七至二十九、三十三至四十四、四十六至四十八）

610000－1001－0020391　普05273

[光緒]溧陽縣續志十六卷末一卷　（清）朱畯等修　（清）馮煦等纂　清光緒二十五年（1899）活字印本　一冊　十一行二十三字小字雙行同白口左右雙邊　存一卷（十二下）

610000－1001－0020392　普05274

寒疫合編歌括四卷　（清）王光甸編　清同治二年（1863）刻本　一冊　九行二十字白口四周雙邊　存一卷（一）

610000－1001－0020393　普05275

望堂金石初集不分卷　楊守敬摹輯　清光緒三年（1877）飛青閣刻本　一冊　行數不等字數不等白口四周單邊

610000－1001－0020394　普05276

幼科證治準繩九卷　（明）王肯堂輯　清刻本　一冊　十行二十字白口四周單邊　存一卷（一）

610000－1001－0020395　普05282

臨證指南醫案十卷續四卷　（清）葉桂撰　清道光刻本　二冊　十行二十二字白口左右雙邊　存二卷（三、六）

610000－1001－0020396　普05283

讀史方輿紀要一百三十卷方輿全圖總說五卷

（清）顧祖禹撰　清光緒二十五年（1899）鉛印本　二冊　十四行四十二字小字雙行同白口四周單邊　存十卷（五十六至六十五）

610000－1001－0020397　普05284

金匱翼八卷　（清）尤怡撰　清嘉慶十八年（1813）心太平軒刻本　五冊　九行二十字白口左右雙邊　存五卷（一、五至八）

610000－1001－0020398　普05287

皇清經解一百七十三種　（清）阮元輯　清道光九年（1829）廣東學海堂刻咸豐十一年（1861）補刻本　一百六十四冊　十一行二十四字小字雙行同白口左右雙邊　存九十七種

610000－1001－0020399　普05288

讀史方輿紀要一百三十卷　（清）顧祖禹撰　清末石印本　一冊　二十一行四十六字白口四周雙邊　存七卷（四十九至五十五）

610000－1001－0020400　普05289

西藥大成補編十卷首一卷　（英國）哈來撰　(英國)傅蘭雅口譯　（清）趙元益筆述　清末刻本　一冊　十行二十二字小字雙行同上下黑口左右雙邊　存五卷（五至九）

610000－1001－0020401　普05290

環天室古近體詩類選五卷後集一卷　曾廣鈞撰　清宣統二年（1910）刻本　一冊　十一行二十一字上下黑口左右雙邊

610000－1001－0020402　普05291

黃氏醫書八種　（清）黃元御撰　清同治刻本　八冊　十行二十四字白口左右雙邊　存三種

610000－1001－0020403　普05292

洗冤錄詳義四卷首一卷　（清）許槤編校　清光緒三年（1877）湖北藩署刻本　三冊　九行字數不等白口左右雙邊　存四卷（一至四）

610000－1001－0020404　普05293

[同治]萍鄉縣志十卷首一卷　（清）錫榮（清）王明璠纂修　清同治十一年（1872）尊經堂刻本　三冊　十行二十五字白口左右雙邊　存七卷（一至六、首一）

610000－1001－0020405　普05295

少喦賦草四卷　（清）夏思沺撰　清光緒元年(1875)永盛堂刻本　一冊　八行二十字小字雙行同白口左右雙邊　存二卷(一至二)

610000－1001－0020406　普05295

高王觀世音經一卷附感應一卷　（□）□□撰　清光緒元年(1875)裕興堂刻本　一冊　九行二十五字白口四周雙邊

610000－1001－0020407　普05296

道德經二卷　（春秋）李耳撰　（□）匡廬山人注　清道光十年(1830)刻本　一冊　九行十九字白口四周雙邊

610000－1001－0020408　普05297

[光緒]武昌縣志二十六卷首一卷末一卷　(清)鍾桐山修　(清)柯逢時纂　清光緒十一年(1885)刻本　一冊　十二行二十六字小字雙行二十五字上下黑口四周雙邊　存三卷(六至八)

610000－1001－0020409　普05298

且亭詩□□卷附本傳一卷　(清)楊思聖撰　清刻本　一冊　九行二十字白口四周單邊　存四卷(本傳一、七言絕句一、五言律詩一、五言古詩一)

610000－1001－0020410　普05299

靈州山人詩錄六卷　(清)徐灝撰　清同治三年(1864)刻本　二冊　十一行二十一字白口左右雙邊

610000－1001－0020411　普05300

關聖帝君寶訓一卷　(清)□□輯　清咸豐九年(1859)刻本　一冊　九行二十字白口四周雙邊

610000－1001－0020412　普05301

四種經文□□卷　(清)義興堂輯　清光緒八年(1882)刻本　一冊　九行二十四字白口四周雙邊　存一卷(三)

610000－1001－0020413　普05302

牗民真經一卷　（□）□□撰　清光緒十五年(1889)刻本　一冊　十行二十字上黑口四周雙邊

610000－1001－0020414　普05303

文昌帝君孝經一卷　（□）□□撰　清光緒元年(1875)刻本　一冊　九行二十字白口左右雙邊

610000－1001－0020415　普05304

法蘭西志六卷　（日本）高橋二郎譯述　清光緒二十二年(1896)上海書局刻本　一冊　九行二十一字白口左右雙邊　存三卷(一至三)

610000－1001－0020416　普05305

儀禮正義四十卷　（漢）鄭玄注　（清）胡培翬學　清同治七年(1868)刻本　十冊　十行二十二字小字雙行同白口左右雙邊　存二十卷(一至二十)

610000－1001－0020417　普05306

亞拉伯志一卷新志一卷　（清）學部圖書局編　清光緒三十三年(1907)學部圖書局鉛印本　一冊　十二行三十一字白口四周雙邊

610000－1001－0020418　普05308

西㠀山居殘草一卷補編一卷　（清）王星誠撰　清同治十年(1871)刻本　一冊　十行二十一字白口四周雙邊

610000－1001－0020419　普05309

[乾隆]潮州府志四十二卷首一卷　（清）周碩勳纂修　清刻本　七冊　十行二十字白口四周雙邊　存十五卷(九至二十二、首一)

610000－1001－0020420　普05311

高王觀世音經一卷附感應一卷　（□）□□撰　清同治十二年(1873)刻本　一冊　八行二十字白口四周雙邊

610000－1001－0020421　普05312

[乾隆]汀州府志四十五卷首一卷　（清）曾日瑛等修　清刻本　四冊　九行二十字小字雙行同白口左右雙邊　存六卷(七至九、四十一至四十三)

610000－1001－0020422　普05314

高王觀世音經一卷附感應一卷　（□）□□撰
　　清同治九年(1870)刻本　一冊　八行二十
　　字白口四周雙邊

610000－1001－0020423　普05315

[嘉慶]太平縣志十八卷　（清）慶霖修
（清）戚學標等纂　清光緒二十二年(1896)刻
本　五冊　九行二十一字白口左右雙邊　存
十卷(三至六、十至十四、十七)

610000－1001－0020424　普05316

高王觀世音經一卷　（□）□□撰　清光緒元
年(1875)刻本　一冊　七行十四字白口四周
雙邊

610000－1001－0020425　普05317

瘡瘍經驗全書六卷　（宋）竇漢卿輯　清刻本
　一冊　十一行二十六字小字雙行同白口四
周單邊　存一卷(五)

610000－1001－0020426　普05318

經驗良方□□卷　（□）□□撰　清刻本　一
冊　九行二十字小字雙行同下黑口四周雙邊
　存一卷(三)

610000－1001－0020427　普05321

康熙字典十二集檢字一卷等韻一卷　（清）張
玉書撰　清刻本　三十冊　八行十二字小字
雙行二十四字白口左右雙邊

610000－1001－0020428　普05322

來紫堂合集三卷　（清）李天秀等撰　（清）李
祖望輯　清咸豐二年(1852)刻本　一冊　九
行二十四字白口四周雙邊　存二卷(一至二)

610000－1001－0020429　普05323

洞天奧旨十六卷　（清）陳士鐸撰　清刻本
三冊　九行二十二字白口左右雙邊　存八卷
(六至十一、十五、十六)

610000－1001－0020430　普05324

本草原始合雷公炮製十二卷　（明）李中立纂
輯　清刻本　二冊　行數不等字數不等白口
四周雙邊　存八卷(一至二、七至十二)

610000－1001－0020431　普05325

外科樞要四卷　（明）薛己撰　清刻本　一冊
　十行二十字白口左右雙邊　存二卷(三至
四)

610000－1001－0020432　普05327

竈母新經不分卷　（□）□□撰　清光緒二十
三年(1897)刻本　一冊　八行十六字白口左
右雙邊

610000－1001－0020433　普05328

四聖懸樞五卷　（清）黃元御撰　清宣統二年
(1910)抄本　二冊　九行二十四字

610000－1001－0020434　普05330

針灸甲乙經十二卷　（晉）皇甫謐撰　（明）吳
勉學校　清抄本　二冊　十行二十字　存七
卷(一至七)

610000－1001－0020435　普05331

太上靈寶補謝竈君咒偈不分卷　（□）□□撰
　　清刻本　一冊　八行十六字白口四周單邊

610000－1001－0020436　普05332

新刻四書七十二朝人物考註釋四十卷　（明）
薛應旂撰　（明）朱煒註釋　清刻本　六冊
九行二十字小字雙行同白口四周單邊　存十
八卷(十二至二十九)

610000－1001－0020437　普05333

增評補像全圖金玉緣一百二十回　（清）曹霑
撰　清光緒石印本　一冊　十八行三十九字
小字雙行同白口左右雙邊　存八回(二十五
至三十二回)

610000－1001－0020438　普05334

太上感應篇一卷　（清）惠棟注　清咸豐元年
(1851)刻本　一冊　八行二十二字白口左右
雙邊

610000－1001－0020439　普05335

醫學一見能一卷　（清）唐宗海撰　清光緒十
六年(1890)文芳堂刻本　一冊　九行二十三
字小字雙行同白口四周雙邊

610000－1001－0020440　普05336

太上感應篇一卷　（清）惠棟注　清咸豐二年

(1852)刻本　一冊　十行二十二字小字雙行同白口四周雙邊

610000－1001－0020441　普05337

**訂正東醫寶鑑二十二卷目錄二卷**　(朝鮮)許浚撰　清刻本　一冊　九行二十一字小字雙行同白口四周雙邊　存一卷(雜病篇十)

610000－1001－0020442　普05338

**文莫書屋詹詹言二卷**　(清)陳僅撰　清道光二十五年(1845)四明繼雅堂刻本　一冊　九行二十二字白口四周雙邊

610000－1001－0020443　普05339

**豫工二卯事例一卷**　(清)□□撰　清道光二十三年(1843)刻本　一冊　九行二十一字白口四周雙邊

610000－1001－0020444　普05340

**新編玄機玅訣斷易黃金策三卷**　(明)劉伯溫撰　清刻本　一冊　十一行十八字小字雙行同白口四周單邊

610000－1001－0020445　普05341

**高王觀世音經一卷**　(清)□□撰　清光緒四年(1878)刻本　一冊　七行十四字白口四周雙邊

610000－1001－0020446　普05342

**高王觀世音經一卷附高王觀音經感應一卷**　(清)□□撰　清同治十二年(1873)刻本　一冊　八行二十字白口四周雙邊

610000－1001－0020447　普05343

**痘疹合用藥性本草摘要一卷**　(清)曾秉直摘錄　清抄本　一冊　八行十八字

610000－1001－0020448　普05344

**仙拈集四卷**　(清)李文炳輯　清光緒元年(1875)文海堂刻本　一冊　九行二十二字小字雙行不等白口四周單邊　存一卷(一)

610000－1001－0020449　普05346

**本草綱目五十二卷**　(明)李時珍撰　(清)吳毓昌校訂　清刻本　八冊　九行白口四周單邊　存十一卷(圖上、三上、四至十、二十九至三十)

610000－1001－0020450　普05347

**增補功過格二卷**　(清)□□撰　清同治九年(1870)刻本　一冊　九行二十四字白口四周雙邊

610000－1001－0020451　普05348

**[嘉慶]西安縣志四十八卷首一卷**　(清)姚寶煌修　(清)范崇楷等纂　清嘉慶十六年(1811)刻本　三冊　九行二十二字白口左右雙邊　存十六卷(八至二十三)

610000－1001－0020452　普05349

**文昌帝君勸懲復申集要不分卷**　(清)□□撰　清咸豐元年(1851)刻本　一冊　九行二十一字白口左右雙邊

610000－1001－0020453　普05350

**繪詩齋集二卷附一卷**　(清)姚協贊撰　清刻本　一冊　九行二十一字白口左右雙邊

610000－1001－0020454　普05352

**觀世音救苦真經一卷太上感應篇一卷關聖帝君覺世真經一卷文昌帝君陰隲文不分卷**　(清)□□撰　清道光八年(1828)長安義正堂刻本　一冊　九行二十二字白口上下雙邊間四周雙邊

610000－1001－0020455　普05353

**王洪緒先生外科證治全生二卷**　(清)王維德撰　清光緒十二年(1886)刻本　一冊　九行二十四字白口四周雙邊

610000－1001－0020456　普05354

**皇朝經世文新編二十一卷**　(清)麥仲華輯　清末石印本　一冊　二十二行四十八字白口四周雙邊　存三卷(二至四)

610000－1001－0020457　普05356

**翠岩室詩鈔二卷**　(清)韓弼元撰　清末刻本　一冊　九行二十四字小字雙行同白口左右雙邊

610000－1001－0020458　普05358

**[乾隆]常昭合志十二卷首一卷**　(清)王錦等修　(清)言如泗等纂　清光緒二十四年(1898)丁祖蔭木活字印本　一冊　十行二十

四字白口四周單邊　存二卷(一、首一)

610000－1001－0020459　普 05359

覺世警言□□卷　(□)□□撰　清刻本　二
冊　九行二十二字下黑口四周雙邊　存二卷
(六至七)

610000－1001－0020460　普 05360

編注醫學入門七卷首一卷　(明)李梴撰　清
刻本　二冊　九行二十二字小字雙行同白口
四周雙邊　存二卷(二至三)

610000－1001－0020461　普 05361

太上洞玄靈寶文昌梓潼本願眞經一卷　(□)
□□撰　清同治六年(1867)刻本　一冊　十
行二十二字小字雙行同白口左右雙邊

610000－1001－0020462　普 05362

洋務新論六卷亞東救時論議二卷　(英國)李
提摩太撰　(清)仲英譯　清末石印本　一冊
十七行三十五字白口四周雙邊　存一卷
(六)

610000－1001－0020463　普 05364

問心堂溫病條辨六卷首一卷　(清)吳瑭撰
清刻本　一冊　十行二十字白口四周單邊
存二卷(五至六)

610000－1001－0020464　普 05365

太上道德真經集註六卷　(宋)彭耜纂集　清
刻本　一冊　十一行二十四字白口四周單邊
存一卷(二)

610000－1001－0020465　普 05366

寒疫合編歌括四卷　(清)王光甸編輯　清刻
本　一冊　九行二十字小字雙行同白口四周
雙邊　存二卷(四)

610000－1001－0020466　普 05367

重訂唐詩別裁集二十卷　(清)沈德潛選　清
刻本　十冊　十行十九字小字雙行三十字白
口左右雙邊　存十八卷(一至二、五至二十)

610000－1001－0020467　普 05368

狄雲行館偶記一卷　(清)王家璧撰　清刻本
一冊　十一行二十三字白口四周雙邊

610000－1001－0020468　普 05369

男科二卷　(清)傅山撰　清光緒四年(1878)
李致遠堂刻本　一冊　九行二十二字小字雙
行同白口四周單邊　存一卷(上)

610000－1001－0020469　普 05370

文昌孝經六章　(清)朱珪校　清刻本　一冊
十三行二十二字上下黑口四周雙邊

610000－1001－0020470　普 05371

寒溫條辨七卷溫病壞證一卷　(清)楊璇撰
(清)胡漢槎校　清刻本　一冊　九行二十字
小字雙行同白口四周雙邊　存一卷(三)

610000－1001－0020471　普 05372

醫學白話四卷　(清)洪壽曼編　清光緒三十
四年(1908)上海彪蒙書室石印本　一冊　八
行二十一字白口四周雙邊　存一卷(一)

610000－1001－0020472　普 05373

時病論八卷　(清)雷豐撰　(清)劉賓臣鑒定
清末石印本　一冊　十五行三十字白口四
周雙邊　存二卷(五至六)

610000－1001－0020473　普 05375

六經定法一卷　(清)舒詔撰　清抄本　一冊
九行二十二字小字雙行同

610000－1001－0020474　普 05376

資治通鑑釋文三十卷　(宋)史炤撰　清刻本
一冊　十二行二十二至二十四字不等小字
雙行三十字上下黑口四周雙邊　存六卷(七
至十二)

610000－1001－0020475　普 05377

文昌孝經一卷　(清)□□撰　清刻本　一冊
十三行二十二字上下黑口四周雙邊

610000－1001－0020476　普 05378

陝西紹興會館條規不分卷　(□)□□撰　清
光緒九年(1883)刻本　一冊　八行二十一字
小字雙行同白口四周雙邊

610000－1001－0020477　普 05379

達生編二卷　(清)唐千頃纂　清刻本　一冊
九行二十三字白口四周雙邊

610000 – 1001 – 0020478　普05380

**文昌帝君救劫寶誥一卷本願真經一卷**　（清）
□□輯　清刻本　一冊　九行二十二字白口
四周雙邊

610000 – 1001 – 0020479　普05381

**本朝歷科小題殖學集□□卷**　（□）□□輯
清刻本　一冊　九行二十五字白口四周單邊
存四卷(三、五、八、十)

610000 – 1001 – 0020480　普05382

**文昌帝君救劫寶誥一卷本願真經一卷**　（清）
□□輯　清刻本　一冊　九行二十二字白口
四周雙邊

610000 – 1001 – 0020481　普05383

**漢桓王張聖帝警世格言一卷**　（清）□□輯
清刻本　一冊　七行十八字白口四周單邊

610000 – 1001 – 0020482　普05384

**歷代帝王法帖釋文十卷**　（清）徐朝弼集釋
抄本　一冊　九行二十字小字雙行同　存一
卷(一)

610000 – 1001 – 0020483　普05386

**雷公炮製藥性解六卷**　（明）李中梓編緝　清
桂華樓刻本　一冊　十一行二十四字小字雙
行同白口四周單邊　存五卷(二至六)

610000 – 1001 – 0020484　普05387

**圖註八十一難經辨真四卷**　（戰國）扁鵲著
（明）張世賢圖註　清刻本　一冊　十行二十
四字白口四周單邊　存一卷(四)

610000 – 1001 – 0020485　普05388

**關帝新諭一卷降諭一卷降筆一卷**　（□）□□
撰　清道光二十年(1840)刻本　一冊　九行
二十五字白口四周單邊

610000 – 1001 – 0020486　普05389

**[嘉慶]西安縣志四十八卷首一卷**　（清）姚寶
烽修　（清）范崇楷等纂　清嘉慶十六年
(1811)刻本　三冊　九行二十二字小字雙行
同白口左右雙邊　存十六卷(八至十二、二十
四至二十六、三十五至四十二)

610000 – 1001 – 0020487　普05390

**雜病證治類方八卷**　（清）王肯堂輯　清刻本
一冊　九行十八字小字雙行同白口左右
雙邊

610000 – 1001 – 0020488　普05391

**補和攻散寒熱固因不分卷**　（□）□□撰　清
抄本　一冊　八行二十二字白口四周雙邊

610000 – 1001 – 0020489　普05392

**瘡瘍經驗全書六卷**　（宋）竇漢卿撰　清刻本
一冊　十一行二十六字小字雙行同白口四
周單邊　存一卷(四)

610000 – 1001 – 0020490　普05393

**咽喉秘集一卷**　（清）吳氏　（清）張氏輯　清
刻本　一冊　十二行二十二字白口左右雙邊

610000 – 1001 – 0020491　普05394

**補注醫學入門七卷首一卷**　（明）李梴撰　清
刻本　二冊　九行二十二字小字雙行同白口
左右雙邊　存二卷(四、首一)

610000 – 1001 – 0020492　普05395

**史鑑節要便讀六卷**　（清）鮑東里撰　清光緒
二十九年(1903)陝西官運書局鉛印本　二冊
十行十九字小字雙行不等白口左右雙邊

610000 – 1001 – 0020493　普05397

**本草綱目五十二卷**　（明）李時珍撰　清刻本
十一冊　九行二十字小字雙行同白口四周
單邊　存十七卷(一至二、十至十八、二十三
至二十五、三十一至三十三)

610000 – 1001 – 0020494　普05400

**觀音夢授經一卷經解一卷**　（□）雲亭先生注
解　清末致中堂刻本　一冊　八行十字白口
四周雙邊

610000 – 1001 – 0020495　普05403

**五聖濟世經五卷**　（□）□□撰　清刻本　一
冊　九行二十字白口四周單邊

610000 – 1001 – 0020496　普05406

**太上道德真經集註六卷**　（宋）彭耜纂集　清
刻本　一冊　十一行二十四字白口四周單邊

存一卷(四)

610000－1001－0020497　普05407

**醫無閭子醫貫六卷**　(明)趙獻可撰　清刻本
一冊　九行二十字白口四周單邊　存三卷
(一至三)

610000－1001－0020498　普05408

**西湖志四十八卷**　(清)李衛修　(清)傅王露
等纂　清刻本　五冊　九行二十一字小字雙
行同白口四周雙邊　存十三卷(十四至十五、
十八至二十、三十至三十四、三十八至四十)

610000－1001－0020499　普05409

**哀絃集一卷擬明史樂府一卷外國竹枝詞一卷**
(清)尤侗撰　清刻本　一冊　十行二十一
字小字雙行同下黑口四周雙邊

610000－1001－0020500　普05410

**姓氏尋源四十五卷**　(清)張澍纂　清刻本
五冊　十行二十四字白口四周雙邊　存二十
卷(一至十六、四十二至四十五)

610000－1001－0020501　普05411

**西湖志纂十五卷首一卷**　(清)沈德潛　(清)
傅王露輯　(清)梁詩正等纂　清刻本　二冊
九行二十一字小字雙行同白口四周雙邊
存四卷(一至二、十四至十五)

610000－1001－0020502　普05412

**醫貫六卷**　(明)趙獻可撰　清刻本　一冊
九行十八字小字雙行同白口左右雙邊　存二
卷(二、四)

610000－1001－0020503　普05413

**玉歷鈔傳警世不分卷**　(□)□□撰　清道光
五年(1825)刻本　一冊　九行二十四字白口
左右雙邊

610000－1001－0020504　普05414

**船山遺書五十六種附一種**　(清)王夫之撰
清同治四年(1865)湘鄉曾國荃金陵刻本　二
十九冊　十行二十二字上下黑口左右雙邊
存十八種

610000－1001－0020505　普05415

**聖賢像贊不分卷**　(明)冠洋子撰　清刻本
一冊　十行字數不等白口左右雙邊

610000－1001－0020506　普05416

**增訂本草備要四卷附湯頭歌訣一卷**　(清)汪
昂撰　清末上海掃葉山房石印本　一冊　十
四行三十一字小字雙行四十五字白口四周雙
邊　存一卷(一)

610000－1001－0020507　普05417

**文昌帝君陰隲文校注□□卷**　(清)□□輯
清刻本　一冊　十行二十一字下黑口四周雙
邊　存一卷(五)

610000－1001－0020508　普05418

**[乾隆]嚴州府志三十五卷首一卷**　(清)吳士
進修　(清)胡書源等纂　清嘉慶十七年
(1812)亦耕抄本　一冊　九行二十五字

610000－1001－0020509　普05419

**廣玉匣記二卷**　(□)□□撰　清刻本　一冊
十二行十七字白口四周單邊　存一卷(下)

610000－1001－0020510　普05420

**[安徽]方氏族譜四卷首一卷末一卷**　(□)
□□撰　清光緒五年(1879)刻本　五冊　十
一行二十五字小字雙行同白口四周雙邊

610000－1001－0020511　普05421

**佛說天地寶懺□□卷**　(□)□□撰　清光緒
二十一年(1895)刻本　四冊　四行十六字上
下單邊　存一卷(下)

610000－1001－0020512　普05423

**漢魏六朝百三名家集**　(明)張溥輯　清光緒
五年(1879)刻本　六十冊　九行十八字白口
左右雙邊　存五十八種

610000－1001－0020513　普05424

**南無消災解厄救苦真經一卷**　(□)□□撰
清抄本　一冊　六行十五字

610000－1001－0020514　普05425

**有恆心齋詩七卷**　(清)程鴻詔撰　清刻本
一冊　十一行二十一字上下黑口四周雙邊
存四卷(一至四)

610000－1001－0020515　普05429

**純陽呂祖定生生數占法不分卷**　（□）□□撰
清嘉慶十二年(1807)志仁堂刻本　一冊
十行十字白口四周雙邊

610000－1001－0020516　普05431

**六經脉訣一卷**　（□）□□撰　清抄本　一冊
行數不等字數不等

610000－1001－0020517　普05433

**高上玉皇本行集經三卷玉皇宥罪錫福寶懺一卷**　（清）□□編　清光緒三年(1877)刻本
三冊　三行九字上下雙邊

610000－1001－0020518　普05434

**陸地仙經一卷勿藥元詮一卷**　（清）馬齊
(清)汪昂撰　清抄本　一冊　八行字數不等

610000－1001－0020519　普05435

**三多齋重訂註釋采眉故事十卷**　（清）煙霞逸
叟訂　清刻本　一冊　十一行十九字白口四
周單邊　存一卷(二)

610000－1001－0020520　普05437

**三代榮封不分卷**　（清）□□編　清光緒七年
(1881)刻本　一冊　五行字數不等白口四周
雙邊

610000－1001－0020521　普05440

**續資治通鑑綱目二十七卷**　（明）商輅撰　清
刻本　三冊　七行十八字小字雙行同白口左
右雙邊　存三卷(四至六)

610000－1001－0020522　普05441

**國語二十一卷**　（明）陳仁錫　（明）鍾惺評
清刻本　三冊　九行十八字小字雙行同白口

左右雙邊　存十三卷(一至四、九至十七)

610000－1001－0020523　普05443

**性命雙脩萬神圭旨四卷**　（□）□□撰　清刻
本　一冊　十一行十八字小字雙行不等白口
四周單邊　存二卷(亨集、利集)

610000－1001－0020524　普05444

**四子譜二卷**　（清）過百年撰　清刻本　一冊
二十二行十二字白口四周單邊　存一卷
(下)

610000－1001－0020525　普05445

**明聖經不分卷**　（清）□□撰　清刻本　一冊
六行二十二字白口左右雙邊

610000－1001－0020526　普05446

**四書體註十九卷**　（宋）朱熹集註　（清）范翔
參訂　清刻本　一冊　九行十七字小字雙行
同白口四周單邊　存五卷(一至五)

610000－1001－0020527　普05447

**慈悲至德十大深恩寶懺十卷**　（□）□□撰
清抄本　五冊　五行十五字　存四卷(二至
四、九)

610000－1001－0020528　普05455

**欽定四庫全書總目二百卷首一卷**　（清）紀昀
等編　抄本　十六摞　九行二十字白口左右
雙邊　存十六卷(三十三至三十七、一百九十
至二百)

610000－1001－0020529　普05456

**天仙聖母源留泰山寶卷五卷**　（□）□□撰
抄本　一冊　四行十五字　存一卷(五)